AF543565

DIRK BAVENDAMM

Der junge Hitler

Dirk Bavendamm

Der junge HITLER

Korrekturen einer Biographie 1889–1914

ARES VERLAG

Umschlaggestaltung: DSR – Digitalstudio Rypka/Thomas Hofer, Dobl
Umschlagfotos Vorderseite: Ullstein-Bilderdienst

Bildnachweis:
APA: II, unten re.; VII oben – Ecotext-Verlag: II ob. re., Mitte (2), unten lks.; III Mitte lks.; IV ob. lks., unten; V unten (2); IX Mitte lks., unten (3); XIV oben lks.; XVI unten re.; XVII oben lks. – Ullsteinbild: X, unten (2); XII unten lks.; XIII (2); XIV Mitte und unten; XV ob. re.; XIX oben; XX unten; XXIII oben; XXIV oben – alle restlichen Bilder: Archiv des Autors und Archiv des Verlages.
Das Bild auf der Titelseite stellt die Stadt Linz um 1900 dar sowie eine Aufnahme des jungen Hitler in der Grundschule in Leonding.

Wir haben uns bemüht, bei den hier verwendeten Bildern die Rechteinhaber ausfindig zu machen. Falls es dessen ungeachtet Bildrechte geben sollte, die wir nicht recherchieren konnten, bitten wir um Nachricht an den Verlag. Berechtigte Ansprüche werden im Rahmen der üblichen Vereinbarungen abgegolten.

Bibliographische Information Der Deutschen Bibliothek
Die Deutsche Bibliothek verzeichnet diese Publikation in der Deutschen Nationalbibliographie; detaillierte bibliographische Daten sind im Internet unter http://dnb.ddb.de abrufbar.

Hinweis:
Hinweis: Dieses Buch wurde auf chlorfrei gebleichtem Papier gedruckt. Die zum Schutz vor Verschmutzung verwendete Einschweißfolie ist aus Polyethylen chlor- und schwefelfrei hergestellt. Diese umweltfreundliche Folie verhält sich grundwasserneutral, ist voll recyclingfähig und verbrennt in Müllverbrennungsanlagen völlig ungiftig.

Auf Wunsch senden wir Ihnen gerne kostenlos unser Verlagsverzeichnis zu:
Ares Verlag GmbH
Hofgasse 5 / Postfach 438
A-8011 Graz
Tel.: +43 (0)316/82 16 36
Fax: +43 (0)316/83 56 12
E-Mail: ares-verlag@ares-verlag.com
www.ares-verlag.com

ISBN 978-3-902475-73-2

Layout: Ecotext-Verlag, Mag. G. Schneeweiß-Arnoldstein, Wien
Gesamtherstellung: Druckerei Theiss GmbH, A-9431 St. Stefan

Printed in Austria

Der Erlebnisgeneration,
ihren Kindern und Enkelkindern

„Alles ist einfacher, als man denken kann,
zugleich verschränkter als zu begreifen ist."

Johann Wolfgang von Goethe

„The childhood shows the man,
As morning shows the day: be famous, then,
By wisdom; as the empire must extend,
So let extend the mind o'er all the world."

Milton

„Was Hitler zu Hitler machte,
war dieses Erlebnis im Ersten Weltkrieg
und die Erkenntnis bei ihm,
dass die Juden verantwortlich seien
für dieses riesige, sinnlose Menschenopfer
und dass es nie wieder
zu einer Kapitulation kommen dürfe."

Ian Kershaw

„Der Führer ändert sich nicht.
Er ist so, wie er auch schon als Junge war."

Joseph Goebbels

„Die literatenhafte Genieerledigung
auf Grund armseliger Bescheidwisserei
war mir immer in tiefster Seele zuwider,
und ich würde mich selbst verachten,
wenn ich auch nur das Bedürfnis in mir spürte,
mich durch Verleugnung tiefster,
lehrreichster, bestimmendster Jugendeindrücke
urteilend an die Tete zu bringen."

Thomas Mann

Inhalt

Prolog

Teil I: Geburt eines Traumes

Teil II: Antipoden, Vorbilder, Anreger

Teil III: Führer, Volk und Reich

Epilog

Danksagung

Als Erstes möchte ich dem Archiv der Stadt Linz mit seinen Mitarbeitern und seinem engagierten Leiter, Dr. Walter Schuster, danken. Es war sicher nicht immer leicht, meine vielen Informationswünsche zu erfüllen. Aber da ich nun einmal im Norden Deutschlands lebe, hatte ich nach einem leider nur sehr kurzen Kontaktbesuch im Frühjahr 2002 keine andere Wahl, als Dr. Schuster mit einer fast endlosen Kette von Briefen, E-Mails und Telefonanrufen zu überschütten.

Sehr wohltuend war die Begeisterung, mit welcher der Chefdramaturg des Linzer Landestheaters, Herr Franz Huber, meine Forschungsarbeit von Anfang an begleitet und ermutigt hat. Wichtige Einblicke in den k. u. k. Zolldienst, dem Hitlers Vater einst angehörte, verdanke ich Herrn Walter J. Pils, der in Linz die zoll- und finanzgeschichtliche Sammlung betreut. Und wo mich Quellenstudien nicht weiterführten, half mir Herr Dr. Christian Enichlmayr, Leiter der Oberösterreichischen Landesbibliothek in Linz, mit wertvollen Literaturhinweisen aus.

An Archiven habe ich das Bundesarchiv Berlin, die *National Archives* in College Park, Md./USA und das Oberösterreichische Landesarchiv in Linz benutzt, deren Leitern und Mitarbeitern ich ebenso herzlich für ihre Unterstützung danke. Besonders gern erinnere ich mich an meinen Betreuer in College Park, Mr. Lawrence H. McDonald, der geradezu elektrisiert von meiner selbst gestellten Aufgabe war und alles tat, um mir bei meiner Suche nach neuen Dokumenten zum Erfolg zu verhelfen. Mit der *Roosevelt Library* in Hyde Park, der *Library of Congress* in Washington, der *Hoover Institution* in Stanford, Cal./USA, und *The Molly Pollock Holocaust Collection* stand ich per E-Mail in Verbindung. Trotz einer routinemäßigen Anfrage habe ich das Archiv des Instituts für Zeitgeschichte nicht mehr benutzt, nachdem mir klar geworden war, dass ich mich bei meinen Recherchen weniger auf äußere Lebensdaten als vielmehr auf die innere Bildungsgeschichte meines Protagonisten fokussieren muss, weil sich hier die großen Forschungslücken befinden. Mit meinen Recherchen in Hitlers Geburtsort, der Stadt Braunau am Inn, hatte ich wenig Glück, weil es dort damals noch gar kein allgemein zugängliches Archiv über die NS-Zeit gab. Ob sich das inzwischen geändert hat, weiß ich nicht. Trotz mancher Hindernisse fand ich aber in den Herren Wolfgang Fink, Dipl.-Ing. Rainer Reinisch und Professor Florian Kontanko Persönlichkeiten, die bereit waren, dieses Defizit ein wenig auszugleichen. Auch ihnen sei mein Dank gesagt.

Außer in Linz und Braunau habe ich auch in Fischlham, Lambach, Hafeld und Leonding recherchiert. Erstaunlich war die unbürokratische Großzügigkeit, mit der mir Frau Elfriede Wimmer und Herr Jakob Auer in Fischlham der Einfachheit halber Teile der Ortschronik samt Bildmaterial zum Kopieren überließen. In Leonding kam man mir bei der Besichtigung des einstigen Wohnhauses der Familie Hitler entgegen, das sich in einem abbruchreifen Zustand befand. Vielleicht ist es inzwischen verschwunden – ich weiß es nicht. Auf dem benachbarten Pfarrfriedhof sah ich mir das bescheidene Grabmal der Hitler-Eltern an. Obwohl es vor mehr als hundert Jahren angelegt wurde, befindet es sich in einem erstaunlich guten Pflegezustand.

In Stift Lambach war Pater Maximilian Neulinger spontan bereit, mich zu einem längeren Informationsgespräch zu empfangen. Dafür möchte ich mich ebenfalls herzlich bedanken, weil dieser Kontakt ohne Voranmeldung zustande kam. In Lambach danke ich ferner Herrn Bürgermeister Gerald Zanghellini für seine stets bereitwillige Unterstützung und Herrn Franz Fellner, der mich sehr freundlich mit Bild- und Textmaterial versorgte.

In Wien war man stets bereit, mir zu helfen, so beim Österreichischen Staatsarchiv/Finanz- und Hofkammerarchiv, beim Archiv der Akademie der bildenden Künste (Herr Ferdinand Gutschi), beim Nationalrat (Frau Maria-Louise Janota) und beim Diözesanarchiv sowie in der Nationalbibliothek. Leider konnte ich meine nur flüchtige Beziehung zum Bezirksmuseum von Wien-Brigittenau nicht vertiefen, weil dessen langjähriger Leiter, Herr Peter Herold, gerade in den Ruhestand gegangen war und sich unser flüchtiger Kontakt verlor.

Ein Höhepunkt war zweifellos mein Besuch im Männerwohnheim an der Wiener Meldemannstraße, das Hitler von 1910 bis 1913 bewohnt hat. Das Haus wurde Ende November 2003 für immer geschlossen und befindet sich derzeit im Umbau. Damit dürfte ich einer der letzten Biographen gewesen sein, die sich noch an diesem authentischen Schauplatz von Hitlers Jugend umsehen konnte. Mir gelang es sogar, jenes so genannte „Schlafabteil" von innen zu fotografieren, in dem Adolf Hitler einst genächtigt und seine privaten Studien betrieben hat. Für das in diesem Zusammenhang bewiesene Entgegenkommen habe ich Herrn Stadtrat Dr. Mailath-Pokorny und Frau Doris Buresch von der Verwaltung der Stadt Wien zu danken.

Mein Dank gilt auch den städtischen Mitarbeitern, die mir das einstige Männerasyl in Wien-Meidling zugänglich machten, obwohl sich der junge Hitler dort aller Wahrscheinlichkeit nach nie aufgehalten hat. Aber das ahnte ich damals noch nicht. Die vorbildliche Anlage mit dem von Bäumen bestandenen Innenhof machte keineswegs den tristen Eindruck, der in der Literatur beschrieben wird.

In der Bibliothek des Karl-May-Museums zu Dresden-Radebeul hat mich der dortige Kustos, Herr Dipl.-Ing. Hans Grunert, trotz der ungewöhnlich hohen Sommertemperaturen, die gerade herrschten, sehr aufmerksam betreut, wofür ich ihm aufrichtig danke. Dem Leiter des Richard-Wagner-Museums in Bayreuth, Herrn Dr. Sven Friedrich, verdanke ich ein wichtiges, vorher noch nie veröffentlichtes Dokument. Mit dem Zentrum für jüdische Studien (Herr Klaus Hödl) in Graz hatte ich einen nur kurzen, aber fruchtbaren Kontakt. Schließlich ist auch noch das Archiv der Stadt Passau zu erwähnen, das mir einige wichtige Dokumente über den einstigen Aufenthalt der Hitler-Familie freundlicherweise in Kopie überlassen hat. Auch hierfür sage ich gerne Dank.

Mein Dank gilt ferner folgenden Persönlichkeiten (in alphabetischer Reihenfolge): Pater Marcel Albert (Billerbeck) und den Herren Rainer Bendick (Friedrichsruh bei Hamburg), Pater Franziskus Büll (Münsterschwarzach), Karl Eidljörg (Linz), Ewald Hiebl (Salzburg), Professor Dr. Lothar Höbelt (Wien), Professor Dr. Lothar Machtan (Bremen), Hermann Möcker (Wien) sowie Frau Gisela Müller-Kipp (Düsseldorf). Weiter den Herren Dr. Othmar Plöckinger (Salzburg), Josef Pötsch (St. Andrä), Professor Harry Slapnicka (Linz), Professor Dr. Erwin Schmiedl (Wien) und Friedrich C. Zauner (Rainbach). Dieser erfolgreiche Roman- und Bühnenautor aus dem oberösterreichischen Innviertel, zugleich Mitglied des österreichischen P. E. N., der als Regisseur die Rainbacher Evangelienspiele leitet, hat mich in dankenswerter Weise freigiebig mit unentbehrlichen Kenntnissen des Lokalkolorits aus Hitlers oberösterreichischer Heimat versorgt. Fernmündlich sprach ich auch noch mit dem schon hochbetagten Rudolf Kubizek in Eferding, einem Sohn von Hitlers früherem Jugendfreund. Meine Hoffnung, bei ihm auf noch ungehobene Schätze aus einem Nachlass zu stoßen, erfüllte sich leider nicht, weil es keinen Nachlass von Hitlers früherem Jugendfreund mehr gibt.

At last but not at least gilt mein Dank dem Verleger dieses Buches, Herrn Magister Wolfgang Dvorak-Stocker, und seinen engagierten Mitarbeitern. Sie hatten den Mut, sich meines Buchplanes schon zu einem Zeitpunkt anzunehmen, als ich noch weit davon entfernt war, ein Manuskript vollendet zu haben. Insbesondere danke ich Herrn Hans Becker von Sothen, der seinerzeit die Brücke zwischen Reinbek und Graz geschlagen hat. Ich halte es für einen großen Vorzug, dass meine Biographie über den jungen Hitler in demselben Verlag wie einst meine wichtigste Quelle erscheinen kann, die Erinnerungen August Kubizeks an seinen früheren Jugendfreund. Beide Bücher ergänzen sich hervorragend, so dass jeder, der in Zukunft etwas über Kindheit und Jugend des späteren Diktators sowie über die geistigen Wurzeln des „Dritten Reiches" wissen will, hier schnell und sicher fündig werden kann.

Nach einer langen Pause, in der ich nur kleinere Arbeiten veröffentlicht hatte, erduldete meine geliebte Frau, Mechthild Bavendamm, die Mühen ihres schreibenden Mannes wieder einmal mit nie erlahmender Freundlichkeit, Ruhe und Geduld sieben manchmal recht lange Jahre lang. Dafür kann ich ihr mit Worten gar nicht genug danken. Wahrscheinlich muss ich mich jetzt für längere Zeit jeder Autorentätigkeit enthalten, um meine Dankesschuld abzutragen. Aber ich weiß noch nicht, ob es mir gelingen wird, weil mit der Veröffentlichung dieses Buches zwar wieder ein Vorhang fällt, aber noch viele Fragen offen sind.

Nur als Fußnote möchte ich noch anmerken, dass außer mir keine der hier genannten Personen und Institutionen für Konzeption, Zuschnitt oder Inhalt dieses Buches verantwortlich ist.

Dirk Bavendamm
Reinbek, im Mai 2009

Prolog
Hitler-Archäologie

Dieses Buch entstand am Rand einer sehr ernsten Finanz- und Wirtschaftskrise, wie sie die Welt das letzte Mal in den zwanziger und dreißiger Jahren des 20. Jahrhunderts gesehen hat. Damals wurde Adolf Hitler in Berlin zum Kanzler des Deutschen Reiches ernannt. Als sich das Ereignis am 30. Januar 2008 zum 75. Mal jährte, erhob sich für das Hamburger Nachrichtenmagazin *Der Spiegel* wieder einmal „die Königsfrage der deutschen Geschichte": „Wie konnte es dazu kommen?"[1] Mit der Leerformel, damals sei halt „etwas Unbegreifliches" geschehen, stellten die Autoren Georg Bönisch und Klaus Wiegrefe der bisherigen Hitler-Biographik ein erstaunliches Armutszeugnis aus. Denn offensichtlich ist es Historikern, Journalisten und Psychologen trotz aller Bemühungen immer noch nicht gelungen, das Geheimnis zu lüften, welches über dem politischen Triumph des NS-Führers liegt.

Vor allem fristen Kindheit und Jugend des späteren Diktators in den großen Biographien ein trauriges Schattendasein. Auf nur 52 von insgesamt 813 Seiten befasste sich Konrad Heiden, einer von Hitlers ersten Biographen und politischen Gegnern zugleich, mit diesem wichtigen Zeitabschnitt.[2] Kurz nach dem Zweiten Weltkrieg brachte es der Engländer Allan Bullock sogar auf nur 27 von 890 Seiten.[3] Nicht viel besser sah es bei Werner Maser[4] mit 91 von 529 bzw. 11 von 447 Textseiten, bei Joachim

1 *Der Spiegel* Nr. 3 v. 14. Januar 2008, S. 34.

2 Noch früher als Heiden publizierte der deutsche Journalist und Rechtsanwalt Rudolf Olden, der 1933 emigrieren musste, 1935 eine Hitler-Biographie im Amsterdamer Querido Verlag. Warum diese nicht so bekannt wurde wie Heidens Werk, entzieht sich unserer Kenntnis. Dabei hatte Olden, Sohn des Schriftstellers Johann Oppenheim und der Schauspielerin Rosa Stein, 1931 durch die erfolgreiche Verteidigung Carl von Ossietzkys im so genannten *Weltbühne*-Prozess, der mit Freispruch endete, eine gewisse Berühmtheit erlangt.

3 Bullock 1953.

4 Maser 1971 und 1980.

Fest[5] mit 70 von 1.024 Seiten, bei John Toland[6] mit 60 von 1.114 und bei Ian Kershaw[7] mit sage und schreibe nur 88 von 1.704 Textseiten aus.

Tatsächlich scheint sich die Relation zwischen dem jungen und dem älteren Hitler in der öffentlichen Wahrnehmung immer mehr zugunsten des letzteren verschoben zu haben, und das vielgelesene und oft zitierte Buch von Brigitte Hamann aus dem Jahr 1996 ist in erster Linie keine Teilbiographie, sondern „der Versuch einer Kultur- und Sozialgeschichte Wiens",[8] wie die Verfasserin sagt, die sich nur auf rund 180 Seiten mit Hitler im engeren Sinn befasst. Dessen Kindheit und Jugend wurden denn auch bisher nur ein einziges Mal monographisch dargestellt, nämlich von dem US-amerikanischen Historiker Bradley F. Smith.[9] Aber das ist mehr als vierzig Jahre her, und seitdem hängt die Hitler-Biographik ohne ein tragfähiges Fundament gleichsam in der Luft.

Wie unsicher der Grund ist, auf dem die historische Forschung auch heute noch steht, machen einige Äußerungen Kershaws deutlich, dessen zweibändiges Werk gegenwärtig als das *non plus ultra* gilt. So heißt es in Bezug auf „Hitlers geschlossene ‚Weltanschauung'" ebenso viel- wie nichtssagend, sie sei in seiner Jugend „noch im Entstehen begriffen" gewesen.[10] Der britische Historiker muss sich sogar eingestehen, „nicht sicher" zu wissen, „warum noch gar wann Hitler sich in einen manisch besessenen Antisemiten verwandelt hat".[11] Nur in einem nicht unwichtigen Punkt hat es Kershaw dem Anschein nach zu einer eindeutigen Erkenntnis gebracht: „Versuche, in dem Jungen ‚die abartige Persönlichkeit im mörderischen Diktator' auszumachen, vermochten nicht zu überzeugen."[12]

Freilich hat es Hitler seinen Biographen auch nicht leicht gemacht. Denn statt sich beizeiten auf den Hosenboden zu setzen, brach er seine Schullaufbahn ohne Abschluss vorzeitig ab. Statt ein anerkannter Kunstmaler oder Architekt zu werden, fiel er bei zwei Akademieprüfungen durch. Ohne jemals einen ordentlichen Beruf auszuüben, trieb sich der junge Mann bis 1914 scheinbar ziellos in Linz, Wien und München herum, bis er als Freiwilliger mit 25 Jahren in den Ersten Weltkrieg zog. Kein Wunder, dass „der Sonderling" (Adolf Hitler über Adolf Hitler) abwechselnd zum „früh Gescheiterten" (Konrad Heiden), zum „abgerutschten Bürgersohn" (Joachim Fest), zum „Absteiger" (Sebastian Haffner) oder zum „Aussteiger" (Ian Kershaw) erklärt worden ist. Zwar mag jede dieser Charakterisierungen, für sich genommen, eine gewisse Berechtigung haben. Legt man sie aber alle zusammen dem Aufstieg Hitlers an die Spitze des Deutschen Reiches

5 Fest 1973/5.

6 Toland 1977.

7 Kershaw 1998.

8 So die Selbsteinschätzung von Hamann 1996/4, S. 7. Ihr Buch umfasst insgesamt 570 Textseiten.

9 Smith 1967 – Das Buch umfasst 160 Textseiten.

10 Kershaw 1998/2 I, S. 84.

11 Ebda., S. 97.

12 Ebda., S. 44.

zugrunde, stellt sich in der Tat die Frage: Was hat der junge mit dem älteren Hitler, der *nobody* mit dem „Führer“, der brotlose Künstler mit einem der mächtigsten Männer seiner Zeit zu tun? Sind diese eigentlich eine oder zwei Personen? Bis heute fehlt einfach das *missing link*, das den älteren mit dem jüngeren Hitler erklärt.

Soweit ich sehe, hatte von den ernst zu nehmenden Autoren bisher nur Allan Bullock den Mut, dem Mann aus Braunau „ungewöhnliche Gaben“ zu bescheinigen, „die in ihrer Gesamtheit ein politisches Genie ergaben“.[13] Hingegen sieht sein Landsmann Kershaw denselben Hitler immer noch als „einen ungebildeten Wirtshaus-Demagogen“,[14] der sich in Kindheit und Jugend vor allem durch Faulheit, Ziellosigkeit und Schmarotzertum ausgezeichnet habe. Offenbar ist die Mauer aus Rachsucht, Verachtung und Hass, die der Diktator in den zwölf Jahren seiner Herrschaft durch Terror, Krieg und Mord um sich herum aufgebaut hat, im Verlauf eines halben Jahrhunderts immer höher geworden, so dass niemand mehr an ihr zu rütteln wagt. Die allgemein geübte Zurückhaltung, der auch ich mich anfangs nicht ganz zu entziehen vermochte, hängt offenbar mit dem Berührungsverbot gegenüber jenem „absolut Bösen“ zusammen, das Hitler im Bewusstsein der Menschheit heute verkörpert und das mit dem Einzigkeitsgebot der Holocaust-Zivilreligion in einer wechselseitigen Beziehung steht. Offenbar wird vielerorts befürchtet, Letztere würde ins Wanken geraten, wenn Ersteres schwächer wird und umgekehrt. Mein Buch wird jedoch zeigen, dass diese Befürchtung grundlos ist, weil es mir weder um eine Apologie Hitlers noch um eine Verharmlosung jener Leiden geht, die das jüdische Volk durch ihn und andere erlitten hat. So ist auch die Widmung zu Beginn dieses Buches zu verstehen.

Zwar merkte schon Kershaw an, der „umfassende Widerwille gegenüber dem Gegenstand (gemeint ist die Person Hitlers – D. B.) könnte mehr Gefahren für das Erkenntnisinteresse als die Möglichkeit des Mitgefühls“ in sich bergen.[15] Aber er handelte nicht danach. Denn wie seine Vorgänger hat Kershaw, von Haus aus eigentlich Mediävist und Strukturalist, Hitlers Kinder- und Jugendjahre nur mit spitzen Fingern angefasst. Zwar konnte er so die Gefahr des Mitgefühls bannen, wozu bei einem Engländer gewiss nicht viel gehört. Aber an jenem *hidden curriculum*, das sich in Hitlers frühen Jahren hinter den sattsam bekannten Daten und Fakten verbirgt, ist auch er ziemlich achtlos vorbeigegangen.

So haben sich über den ohnehin schon weit entfernten Zeitraum von 1889 bis 1914 viele Schichten einer unzuverlässigen und fragmentarischen, nicht selten sogar polemisch gefärbten Überlieferung gelegt, deren Kern sich nur durch eine archäologische Grabung erschließen lässt. Viel Schutt in Form von Unwahrheiten, Irrtümern und fehlgeleiteten Hypothesen musste erst einmal beiseite geräumt werden, ehe ich mich mit Spachtel und Pinsel vorsichtig jenem Kern nähern konnte, der für jede Deutung des

13 Bullock 1953, 803.

14 Kershaw 1998 II, S. 1081.

15 Ebda., S. 17.

„Phänomens Hitler“ entscheidend ist – nämlich seinem sich von der Wiege bis nach Wien und München erstreckenden Bildungsweg. Dabei habe ich allein schon zwei bis drei Jahre dafür gebraucht, um Berge verstaubter Dokumente und Haufen veralteter Bücher durchzulesen. Selbstverständlich erfasste ich dabei alle einschlägigen Daten und Fakten wie Aufenthaltsorte, Schulleistungen und sonstige Begebenheiten der Außenwelt. Dazu gehört aber auch der Zeitgeist und dessen Exponenten, die von den bisherigen Hitler-Biographen nicht immer ausreichend berücksichtigt wurden.

So hatte schon Heiden seine Grabungsinstrumente möglichst flach angesetzt, um von vornherein deutlich zu machen, dass er den Werdegang des Kindes zum Mann nur mit äußerster Abscheu und daher auch ohne besonders tiefschürfende Ergebnisse verfolgt. Er verortet den jungen Hitler „auf dem Boden des Menschentopfes Wien ... zwischen den Abfällen aller Völkerstämme Österreichs“, bei „den Insassen des Wiener Männerasyls“, „bei den ungewaschenen Gestalten der Elendsquartiere“.[16] Mit diesen unappetitlichen Bildern stimmte Heiden jenen pejorativen Grundton an, der die Hitler-Biographik im Grunde bis heute auf Kosten von Differenzierung, Verifizierung und Kontextualisierung beherrscht. So behauptet Sebastian Haffner in seinen *Anmerkungen zu Hitler*, vor dreißig Jahren ein immer wieder neu aufgelegter Bestseller: „Das entscheidende Kennzeichen dieses Lebens ist seine Eindimensionalität.“ Hitlers Leben sei „‚vorher‘ wie ‚nachher‘“ – d.h. vor und nach der so genannten Machtergreifung von 1933 – „ein inhaltsloses Leben gewesen, ausschließlich von Politik geprägt“.[17] Als ich diese Sätze las, rieb ich mir die Augen: Hatte denn dieser viel gerühmte Autor noch nie etwas von Hitlers seit frühester Jugend gepflegter Leidenschaft für Malerei, Oper und Architektur gehört?

Bei Bullock ist dann aus Heidens noch recht bescheidenem Befund schon eine ganze „Philosophie des Obdachlosenasyls“ geworden,[18] und der inzwischen verstorbene, aber als Hitler-Biograph unvergessene Joachim Fest hat die negative Grundmelodie sogar noch um einen moralischen Oberton ergänzt, indem er meinte, der junge Hitler sei in Wien in „die Schule der Gemeinheit“ gegangen.[19] Wenn aber jemand eindimensional, ungebildet und dazu schon als junger Mensch gemein oder schäbig gewesen ist – warum sollte man sich dann eigentlich noch näher mit ihm befassen? Glücklicherweise aber hat schon der US-amerikanische Historiker John Toland den jungen Hitler als „romantisch angehauchten ... Bohemien“ mit einer Vorliebe für Richard Wagner eingestuft, so dass die Spannweite möglicher Interpretationen wenigstens schon einmal ansatzweise sichtbar geworden ist.[20] Freilich hielt es bis zu dem bereits erwähnten Buch von Brigitte Hamann niemand für nötig, neben Wagner auch noch nach anderen geistigen Einflüssen zu forschen, so dass der Bayreuther Musikdramatiker in den

16 Heiden 1936 I, S. 39.
17 Haffner 1978, S. 9.
18 Bullock 1953, S. 32.
19 Fest 1973/5, S. 80.
20 Toland 1977 I, S. 38 f.

letzten Jahren – neben allerlei Rechtsradikalen und Rassisten – zu Hitlers geistigem Übervater aufstieg.[21] Dabei hat der Musikwissenschaftler Hans Rudolf Vaget erst unlängst festgestellt, „eine wirkliche Erhellung des Wagner-Komplexes“ stehe noch aus.[22]

Tatsächlich sind die Forschungslücken so riesengroß, dass ich kaum glaube, sie alle mit diesem Buch schließen zu können, obwohl es lang genug geworden ist. Um nur ein paar Fragen zu stellen, die noch offen waren, als ich mit meiner Arbeit begann: Wie sah es mit den Bildungseinflüssen von Hitlers Elternhaus aus? Gab es solche überhaupt oder war der Vater nur jener primitive Säufer und Schläger und die Mutter jene unterwürfige, vor krankhafter Kindesliebe überströmende Gattin, die mir aus der Literatur entgegentraten? Was lernte der Schüler in den Fächern Geschichte und Deutsch, die für seine politische Sozialisation so wichtig waren? Welche Lehrbücher benutzte er und wie sah das politisch-pädagogische Profil seines Lieblingslehrers Pötsch aus? Und überhaupt: Mit welchen Ideen, Träumen und Ängsten verbrachte der pubertierende Knabe jene sieben wichtigen Jahre seines Lebens in der oberösterreichischen Provinzhauptstadt Linz? Nahm er außer Wagner auch noch andere epochale Gestalten wie Schiller und Bismarck, Nietzsche und Schopenhauer, Gustav Mahler und Karl May wahr? Obwohl Hitler sie alle in *Mein Kampf* oder anderswo als prägende Gestalten seiner Jugendjahre erwähnt, sind sie von seinen Biographen bisher im Wesentlichen übergangen, zu Randfiguren erklärt oder nur mit einigen ironischen Bemerkungen als im Grunde belanglose Staffage abgetan worden. Nicht einmal das bekannte Dreieck Georg Schönerer – Karl Lueger – Victor Adler, in dem sich der junge Hitler politisch bewegte, ist bisher näher darauf hin untersucht worden, wo man ihn politisch genau einordnen muss.

Immerhin, einige Bildungseinflüsse, denen Hitler von 1908 bis 1913 in Wien ausgesetzt war, hat Brigitte Hamann in den 1990er Jahren systematisch zusammengestellt. Da es an einwandfreien und aussagekräftigen Quellen fehlt – ein Mangel, der im Prinzip alle Hitler-Biographen trifft – ist die Wiener Historikerin jedoch allzu häufig von Äußerungen des älteren Hitler ausgegangen, die sie dann 1:1 auf den jüngeren Hitler überträgt. Obwohl ich mich aus Mangel an Alternativen gelegentlich ebenfalls dieser Methode bedienen muss, habe ich mich in der Regel um die Anwendung der induktiven Methode bemüht, die von Hitlers Kindheit und Jugend ausgeht. Sie wird m. E. der Aufgabe des Historikers, geschichtliche Phänomene oder Personen aus ihrer jeweiligen Zeit heraus darzustellen und zu würdigen, besser gerecht, während die deduktive Methode nur allzu leicht zu einer Betrachtungsweise *ex post* verführt. Dadurch wurde Hamann z.B. dazu verleitet, den jungen Hitler „rechts außen“ anzusiedeln, was nicht den historischen Gegebenheiten der Habsburgermonarchie entspricht. Aus der Tatsache, dass die Wiener Historikerin den Namen „Hitler“ auf den

21 Vgl. z.B. Köhler 1997.
22 Vaget 2000, S. 265.

fast 700 Textseiten ihres Buches kein einziges Mal ausschreibt, sondern sich stets nur mit einem bloßen „H." begnügt, ergibt sich außerdem der Eindruck, dass sie ihrem Protagonisten gar nicht näher kommen wollte, während das Gegenteil die unabdingbare Voraussetzung für jeden guten Biographen ist. Man muss ja in diesem ganz besonders vertrackten Fall nicht gleich der Devise Ernst Jüngers folgen, der die Aufgabe des Biographen mit „liebend erkennen" umschreibt. Aber man sollte sich die Arbeit an einer Biographie über eine so wichtige Persönlichkeit der Zeitgeschichte auch nicht durch eine grundsätzliche Abwehrhaltung künstlich erschweren, weil so etwas im Ergebnis meist unbefriedigend bleibt. Aus diesem Grund kann ich mich auch der Feststellung von Klaus Hildebrandt nicht anschließen,[23] Hamann habe „das, was sich klären lässt, geklärt", obwohl ihr Buch fraglos einige interessante Details enthält.

Über andere Details kann man durchaus streiten und sollte es auch. So hat Brigitte Hamann – wie übrigens auch Ian Kershaw, der sich meistens auf sie stützt – die Schilderung des für den jungen Hitler entscheidenden Jahres 1908/09 ganz falsch angelegt.[24] Schließlich liegen die Fakten, die eine deutlich andere Sprache sprechen, seit 1993 auf dem Tisch.[25] Sie beweisen, dass es dem jungen Hitler in seinen beiden ersten Wiener Jahren wirtschaftlich sehr viel besser ging, als es der ältere Hitler später in *Mein Kampf* und anderswo behauptet hat. Alle seine Klagen über Geldmangel und Hunger sind plumpe Propaganda – nur darauf berechnet, Behörden und Öffentlichkeit für sich einzunehmen und eine Art Mitleid zu erzeugen, das angesichts der leicht nachweisbaren Fakten völlig unangebracht ist. Trotzdem zeichnet die gesamte Hitler-Biographik bis heute geradezu genüsslich dieses schmutzige Bild eines heruntergekommenen Lumpenproletariers nach, obwohl sie sich andererseits nach Kräften darum bemüht, Hitlers Behauptung zu widerlegen, er habe aus Not auf dem Bau gearbeitet und dabei das wahre Wesen der Sozialdemokratie kennen gelernt. Da Hitler sowohl für körperliche Arbeit als auch für den Wehrdienst erwiesenermaßen nicht taugte, frage ich mich: Wovon soll denn der junge Mann in seinen beiden ersten Wiener Jahren gelebt haben, wenn nicht von seinem eigenen Geld? Die widerspruchlose Hinnahme solcher Widersprüche ist unbegreiflich, solange man nicht annehmen muss, dass es bis heute hauptsächlich darum ging, den jungen Hitler in ein möglichst trübes Licht zu tauchen, weil man sich davon einen Mehrwert für das von dem Diktator verkörperte Bild des „absolut Bösen" verspricht.

Ähnliches gilt übrigens auch für Hitlers Antisemitismus: Alle Versuche, diesen auch heute noch – außer an Richard Wagner – nur an rassistischer Schundliteratur oder an den beinahe schon legendären *Ostara*-Heften

23 Hildebrandt 2003.

24 Hamann 1996/4, S. 195–228, Kershaw 1998/2, S. 84–88.

25 Gemeint ist Marckghott 1993, der das Haushaltsbuch der Familie Hitler mit den beiden Darlehen der so genannten „Hani"-Tante für den jungen Hitler gefunden und ausgewertet hat. Vgl. dazu Teil I, 10. Kapitel, S. 177 f.

festzumachen,[26] wirken nach siebzig Jahren Hitler-Biographik nicht mehr sonderlich kreativ, weil bis heute niemand weiß, ob er diese Publizistik überhaupt jemals gelesen hat.[27] Dabei gibt es eine Fülle von Möglichkeiten, Hitlers Antisemitismus bis in seine Kindheit und Jugend zurückzuverfolgen, wenn man sich nur die entsprechende Mühe macht.

Die Hilflosigkeit, mit der wir auch heute noch vor der Frage stehen: „Wer oder was hat aus Hitler eigentlich Hitler gemacht?“, ist somit nach wie vor sehr groß. So konnte der US-amerikanische Erfolgsschriftsteller Norman Mailer den jungen Mann kurzerhand zum Werkzeug des Teufels erklären, bevor er 2007 verstarb. Während Mailer für seinen Schauerroman *Das Schloss im Wald*[28] in deutschen Medien viel Beifall erhielt, hat Eric-Emmanuel Schmitt für seinen alternativen Versuch, sich unter dem Titel *Adolf H. Zwei Leben* eine positive Zukunft für seinen Protagonisten auszumalen, nicht einmal einen bundesrepublikanischen Verlag gefunden.[29] Beides ist kein Wunder, weil nur Mailers Bild, das sich mit Hilfe von viel Sperma, Blut und Exkrementen im Reich negativer Phantasien verliert, jener stereotypen Vorstellung vom „absoluten Bösen“ entspricht, die das Bild vom jungen Hitler nach wie vor beherrscht.

Historische Forschung ist keine zivilreligiöse Bußübung, sondern eine schwere Aufgabe, die es mit moralischem Verantwortungsgefühl *und* wissenschaftlicher Präzision zu bewältigen gilt – was ja auch in diesem Fall kein Gegensatz, sondern ein und dasselbe ist. Diesem Anspruch steht jedoch, wie schon erwähnt, eine lückenhafte und in vieler Hinsicht problematische Quellenlage gegenüber. Grundsätzlich gibt es nur fünf Primärquellen erster Ordnung für Hitlers Kindheit und Jugend, die ich etwas weiter unten vorstellen und diskutieren werde. Erstens Hitlers *Mein Kampf,* zweitens die Memoiren seines früheren Jugendfreundes August Kubizek, drittens die Erinnerungen des jüdischen Hausarztes Dr. Eduard Bloch und viertens die Schilderungen von zwei Kumpels aus Hitlers Wiener Zeit. Freilich deckt nur die erste Quelle meinen Untersuchungszeitraum vollständig ab. Die restlichen beziehen sich auf einzelne Zeitabschnitte von nur wenigen Wochen bis zu maximal zweieinhalb Jahren. Insgesamt entbehrt die Überlieferung von Hitlers ersten 25 Lebensjahren somit nicht nur der Vollständigkeit und Zuverlässigkeit, sondern auch noch der Kontinuität.

Als Primärquellen zweiter Ordnung kommen Hitlers Tischgespräche und Monologe aus späterer Zeit, die Aussagen einiger seiner früheren Lehrer

26 Hamann 1996/4, S. 300–319.

27 Kershaw 1998/2 I, S. 85 f., allerdings mit ausgeprägten Zweifeln an der *Ostara*-These.

28 Mailer 2007 – Die englischsprachige Originalausgabe war im Jahr zuvor unter dem Titel *The Castle in the Forest* erschienen.

29 In seinem kontrafaktisch aufgebauten Roman verwandelt der Autor den historischen Hitler in einen erfolgreichen Kunstmaler und Vertreter des Surrealismus, der mit Mätresse, Ehefrau und Kindern überwiegend in Paris lebt und erst in den siebziger Jahren des vorigen Jahrhunderts verstirbt. Sein Buch ist schließlich 2007 im Züricher Ammann Verlag erschienen.

und jene Interviews hinzu, die Eleonore Kandl leider zu wenig zielgerichtet und ausführlich in den 1960er Jahren mit ehemaligen Schulkameraden geführt hat,[30] sowie andere verstreute Äußerungen von Zeitgenossen und von Hitler selbst.[31] Darüber hinaus sind die Memoiren früherer Parteigenossen und Weggefährten ebenso wichtig wie die freilich nur kurzen und teils aus ideologischer Voreingenommenheit, teils aus Unkenntnis nur wenig aussagekräftigen Protokolle jener US-amerikanischer Militärbehörden, die Hitlers Halbschwester Angela Hammitzsch[32] und seine leibliche Schwester Paula Wolf[33] 1945 und 1946 verhört haben. Recht aufschlussreich, wenn auch ebenfalls nicht immer zuverlässig, ist die Version, die Hitlers ungeratener Neffe William Patrick Hitler von den innerfamiliären Verhältnissen irgendwelchen nicht näher bekannten Personen zu Protokoll gegeben hat.[34] Nicht zuletzt hat Franz Jetzinger einige Originaldokumente zusammengetragen,[35] die dem Zugriff der Gestapo entgangen waren und von denen die Hitler-Biographik bis heute zehrt.[36]

Zu Unrecht gilt der 1882 geborene Jetzinger vielen Hitler-Biographen auch heute noch als zwar bisweilen ungerechter, aber im Grunde unbestechlicher Zeitzeuge, weil der frühere Priester und Sozialdemokrat zwar profunde Kenntnisse über den jungen Hitler zu haben scheint, aber mit

30 Kandl 1963/64.

31 Vgl. u.a. Jaeckel/Kuhn 1980, Jochmann 1980, Picker 1977 sowie die Memoirenliteratur früherer NS-Führer und Mitarbeiter, soweit sie an den jungen Hitler erinnert. Vgl. dazu das Quellen- und Literaturverzeichnis am Schluss dieses Buches.

32 NACP Record Group 165, Subgroup of the Office of the Director of Intelligence 1906–49, File Headquarters Third United States Army Intelligence Center (HTUSAIC), Interrogation Report No. 9, Series Enemy POW Interrogation File (MIS-Y), 1943: Die Befragung fand am 18. Juni 1945 an einem nicht näher bezeichneten Ort statt. Nach dem Tod ihres ersten Ehemannes Leo Raubal hatte Angela ein zweites Mal geheiratet.

33 Ebda., Record Group 3/9: Records of the Army Staff, Sub-Group Records of Army Staff Relations to Intelligence Matters – Records of US Army and Security Command (USAAC), 1936–76, File XE 575580, Series Records of the Investigative Records Repository (IRR) – Personal File. Die Befragung fand am 5. Juni 1945 in Berchtesgaden statt. Die unverheiratete Paula Hitler hatte sich vor längerer Zeit den Nachnamen „Wolf" gegeben, um ihre Verwandtschaft mit Hitler vor Dritten zu verbergen.

34 Ebda., Records of the OSS, Record Group 226, Box 2, „Hitler's Source Book" – William Patrick war der Sohn von Alois Hitler, dem ältesten Sohn des Zollbeamten aus dessen erster Ehe. Alois jr. führte ein unstetes und wenig erfolgreiches Leben, das ihn u.a. nach England führte, wo er eine Engländerin namens Bridget heiratete, die ihm den gemeinsamen Sohn William Patrick gebar.

35 So veröffentlichte Jetzinger 1956 z.B. den undatierten Brief, in dem sich Hitler am 23. Januar 1914 gegenüber der Stadt Linz für die Nichterfüllung seiner Militärdienstpflicht gerechtfertigt hat. Er publizierte auch einen Brief Hitlers vom 29. November 1921 an einen anonymen „lieben Herrn Doktor", der die erste autobiographische Kurzdarstellung der eigenen Vita nach dem Ersten Weltkrieg darstellt und daher von besonderem Wert ist.

36 Einzelheiten der von Hitler persönlich befohlenen Gestapo-Aktionen nach dem „Anschluss" von 1938, die vor allem der Akte über seine so genannte „Stellungsflucht" galt, schildert u.a. Slapnicka 1998, S. 102 ff. – Da Jetzinger diese Akte über den Krieg gerettet hatte, wird sie seitdem im Oberösterreichischen Landesarchiv aufbewahrt.

dem Nationalsozialismus nicht in Verbindung zu bringen war.[37] Aus seiner Personalakte, die ich im Oberösterreichischen Landesarchiv gefunden habe, ergibt sich jedoch ein etwas anderes Bild.[38] Seit 1934 beim Magistrat der Stadt Wien beschäftigt und ab 1947 im Dienst der Oberösterreichischen Landesregierung, musste Jetzinger nämlich 1946 zugeben, dass er in Wien seinerzeit „durch die Nazi" angestellt worden war.[39] SS-Oberführer Fritz Langoth erwog 1938 sogar, Jetzinger auf dessen Anregung hin nach Linz zu versetzen, um ihn nach verschwundenen Hitler-Akten suchen zu lassen.[40] Demzufolge kann es bei Jetzinger mit der Distanz zum Nationalsozialismus nicht so weit her gewesen sein, wie bisher allgemein vermutet wurde. Anlass zu dieser Annahme war die von Jetzinger selbst verbreitete Information, er sei „nach den Februarereignissen 1934[41] … aus politischen Gründen" sechs Wochen arrestiert worden und sei dann noch einmal drei Wochen lang im Gefängnis gesessen, weil man ihn verdächtigt habe, die Akte über Hitlers Militärdienstpflicht illegalerweise an sich genommen zu haben. Dieser Verdacht bestand durchaus zu Recht – Langoth wollte Jetzinger offenbar nach eben der Akte suchen lassen, die dieser selbst an sich genommen hatte: ein quellengeschichtlicher Treppenwitz.

Jetzinger gelang es aber, die Dokumente bis Kriegsende auf dem Dachboden seines Hauses zu verstecken, um sie in einer Buchveröffentlichung auszuwerten, obwohl ihn die Gestapo 1944 noch einmal verhaftet hat. Über die ursprünglich gemeinsam geplante Verwirklichung dieses Projektes kam es dann in den 1950er Jahren zu einem urheberrechtlichen Streit mit August Kubizek, der seine Jugenderinnerungen bereits früher veröffentlicht hatte. Daher ließ Jetzinger in seinem 1956 veröffentlichten Buch nichts unversucht, Kubizek der Unzuverlässigkeit zu überführen und sogar der Lüge zu bezichtigen. Tatsächlich konnte er ihm auch kleinere Irrtümer

---

37 Vgl. dazu Hamann 1996/4, S. 81 ff., die Jetzinger fälschlicherweise unter „Quellen" einordnet, obwohl er ebenso wie alle anderen lediglich ein Hitler-Biograph ist. Denn der 1882 geborene Jetzinger kannte Hitler gar nicht in dem Sinne persönlich, dass er irgendwann einmal Zugang zu ihm gehabt hätte, obwohl er die gesamte NS-Zeit in Österreich verbracht hat.

38 OÖLA, Personalakte Jetzinger 1772.

39 Ebda., Gesuch Jetzinger vom 2. September 1946 um eine Beschäftigung im Landesarchiv. Wie sich aus einer Notiz der Personalabteilung vom 16. Dezember 1953 ergibt, hatte Jetzinger offenbar verabsäumt, diesen Umstand in seinem Lebenslauf anzugeben, und stattdessen mit seiner angeblichen politischen Verfolgung geprahlt. Tatsächlich hatten ihn die Behörden zweimal für jeweils einige Wochen arrestiert, weil sie ihn – übrigens nicht zu Unrecht – verdächtigten, Akten beiseite geschafft zu haben, die Hitler betrafen.

40 OÖLA, Personalakte Dr. Franz Jetzinger 1772, Nr. 151 – Langoth war Leiter der Dienststelle Ostmark des Hauptamtes für Volkswohlfahrt und Gauamtsleiter NSV-Oberdonau in Linz. Die Versetzung kam nicht zustande. Nach eigener Darstellung blieb Jetzinger bis 1946 als Bibliothekar der Statistischen Abteilung unter Vertrag bei der Stadt Wien, wurde 1947 von der Oberösterreichischen Landesregierung übernommen und 1954 als Leiter von deren Amtsbibliothek aus Altersgründen pensioniert.

41 Gemeint ist die Beteiligung von Nationalsozialisten an der österreichischen Regierung, nachdem Hitler den damaligen Kanzler Kurt Schuschnigg entsprechend unter Druck gesetzt hatte.

nachweisen. Seinerseits hat Jetzinger in seiner als Klassiker geltenden Biographie über den jungen Hitler aber ebenfalls einige Fehler gemacht, auf die ich im Einzelnen noch zurückkommen werde, wenn es soweit ist.

Soviel zu Jetzinger und den Primärquellen erster und zweiter Ordnung. Entgegen den sonstigen Gepflogenheiten der historischen Zunft hat es zur Quellenlage im Fall von Hitlers Kindheit und Jugend bis vor wenigen Jahren noch gar keine geordnete Diskussion gegeben, die Bezeichnungen wie „kritisch" oder gar „systematisch" verdient. So blieb den Lesern meistens verborgen, wie unvollkommen, diskontinuierlich und brüchig die Basis war, auf der sich die Biographik nur allzu oft bewegte. Das änderte sich erst 1996 mit dem Buch von Brigitte Hamann, das sich mit einigen der genannten Primärquellen und mit Jetzingers Buch auseinandersetzt – wissenschaftshistorisch ein nicht gering zu schätzendes Verdienst.[42] Bis dahin war es bei den oft ebenso heftig wie voreilig gefeierten Hitler-Biographien, soweit sie sich überhaupt mit Kindheit und Jugend des späteren Diktators befassten, wie auf einem orientalischen Basar zugegangen: Jeder nahm sich von den vorhandenen Quellen das, was er gerade brauchte, oder fügte dem mageren Angebot so viel angeblich neue Erkenntnisse hinzu, wie es ihm eben passte, um das gesellschaftlich akzeptierte Hitler-Bild zu erzeugen, oder aber ließ unbeachtet beiseite, was diesem Bild nicht entsprach. Hauptsache – so könnte man etwas salopp formulieren – möglichst sensationell, banal und negativ. Rückblickend kann man sich eigentlich nur noch darüber wundern, dass Bücher, die so komplexe Ereignisse wie Diktatur, Krieg und Holocaust darauf zurückführten, dass Hitler vielleicht einen jüdischen Großvater, eine zu liebevolle Mutter oder einen unvollständigen Hoden besaß, einst Glauben bei Millionen von Lesern gefunden haben. Zwar klang jeder dieser Erklärungsversuche zunächst recht plausibel, weil er an Hitlers dunkles, bedrohliches und geheimnisvolles Image appellierte. Doch hat keine dieser gewagten Hypothesen länger als bis zur nächsten überlebt.

An dieser Stelle sei eine ebenso kurze wie kritische Zwischenbemerkung zur Psycho-, Patho- und Sexualhistorie erlaubt. Obwohl Historiker weder Psychiater oder Familientherapeuten noch diese Historiker sind, wurden die Kriterien jener kaum präzise zu definierenden Disziplinen zwischen Seelenkunde, Anthropologie und Sexualwissenschaft immer wieder als Maßstäbe an das Phänomen Hitler angelegt.[43] Von dem US-amerikanischen Psychiater Walter C. Langer im Auftrag des US-Präsidenten Franklin Delano Roosevelt 1943 zum Zweck der psychologischen Kriegführung

---

42 Vgl. die beiden Exkurse in Hamann 1996/4, S. 77–86 („Kubizek und Jetzinger als Quellen"), und S. 264–284 („Die Quellen der Männerheimzeit").

43 Auf die so genannte „Kryptohistorie" der 1950er bis 1970er Jahre, die in Hitler einen „Dämonen", „Besessenen" oder von überirdischen Mächten gesteuerten Zombie sahen, sei hier nur der Vollständigkeit halber hingewiesen. Vgl. dazu Rissmann 2001, S. 183 ff. mit Literaturübersicht und kritischer Auseinandersetzung. Der Verfasser stellt auf S. 162 kurz und bündig fest: „Den Okkultisten Hitler gab es nicht." Vgl. dazu auch Teil III, 8. Kapitel, S. 485 dieses Buches.

angeführt,[44] hat es hier im Wesentlichen zwei Denkschulen gegeben, die beide von freudianischen bzw. neofreudianischen Grundsätzen beeinflusst waren. Die eine richtete ihren Fokus mehr auf die Vater-Sohn-Beziehung,[45] die andere mehr auf die Mutter-Sohn-Beziehung.[46] Letztere unterteilte sich wiederum in zwei Richtungen, freilich ebenfalls mit je einem negativen Vorzeichen.[47] Vor rund zehn Jahren glaubten Paul und Peter Matussek gemeinsam mit Jan Marbach zudem, bei Hitler eine Schizophrenie diagnostiziert zu haben.[48] Kurz darauf widmete sich der Historiker Lothar Machtan dem Thema „verdrängte Homosexualität".[49] Seither sind Beiträge zum Hitler-Diskurs aus dieser Richtung etwas seltener geworden, weil sich so hoch differenzierte und außerordentlich weit reichende Hypothesen, wie sie Vertreter der Psychoanalyse und Psychiatrie zu entwickeln pflegen, einfach nicht widerspruchsfrei mit den bekannten Daten und Fakten in Übereinstimmung bringen lassen. Schließlich hat der „Führer" nie auf der Couch eines Psychoanalytikers gelegen. Tatsächlich ist es bis heute nicht gelungen, den Holocaust psycho-logisch aus dessen Kindheit und Jugend abzuleiten.

Dabei hatte der deutsch-amerikanische Psychoanalytiker Erik H. Erikson, obwohl selbst Neofreudianer, schon in den 1950er Jahren auf gewisse Beziehungen zwischen Hitlers Sozialisation einerseits sowie der deutschen Kultur und Gesellschaft andererseits hingewiesen, ohne Zuflucht zu einer künstlich geschaffenen Teleologie zu nehmen.[50] Insgesamt aber konnten bisher weder psychogene noch politische, noch soziale oder ideologische

44 Die Vorarbeiten dazu enthält *Hitler's Source Book*, eine unsystematische Loseblattsammlung der verschiedensten Quellen, die man in NACP bei den OSS-Akten, Record Group 226, Box 1 und 2, findet. Das daraus resultierende Gutachten ist in Deutsch abgedruckt bei Langer 1973. Benutzt wurde auch die US-amerikanische Online-Version www.nizkor.org/hweb/people/h/hitler-adolf/oss-papers/text/profile-index.html

45 Vgl. dazu Fromm 1977, S. 424f.

46 Binion 1978 und Waite 1977.

47 Miller 1983 und Stierlin 1975 (Neuausgabe 1995).

48 Matussek et al. 2000. – Hingegen schließt Redlich 2000, S. 333, eine Schizophrenie unter Berufung auf andere Fachautoren aus. Im Übrigen sei die These von Matussek et al. schon 1966 von Wolfgang Treher formuliert worden.

49 Machtan 2001. – Hingegen hatte Koch 1995, S. 100, seinem Protagonisten „eine ‚normale' heterosexuelle Orientierung" zugeschrieben. Für etwas anderes gebe es keinen stichhaltigen Hinweis". Vgl. dazu Teil III, 7. Kapitel, S. 460f.

50 Benutzt wurde die in Erikson 1965 abgedruckte Version, deren Urfassung bereits 1950 in New York unter dem Titel *Childhood and Society* erschienen war. Ein noch weiter zurückliegender Vorläufer war offenbar der Aufsatz von Erikson, der unter dem Titel „Hitlers Legende und deutsche Jugend" in *Psychiatry*, Vol. 5 (1942), S. 475–493, erschienen ist, den wir aber nicht eingesehen haben. Weil sich die USA damals schon im Krieg gegen das „Dritte Reich" befanden, ist auch in diesem Fall ein Zusammenhang zwischen Eriksons Untersuchung und Roosevelts psychologischer Kriegführung anzunehmen. Das Bild, das der Verfasser von Hitler zeichnet, ist denn auch alles andere als positiv. Er sieht ihn als „Abenteurer großen Stils", der als *borderline*-Persönlichkeit „hinter den Kulissen" und erst recht „in seinem Schlafzimmer" „seltsam und unerträglich" gewesen sei. Vgl. dazu Erikson 1965, S. 737.

Deutungsmuster allein überzeugen. Daher hat sich die Hitler-Biographik inzwischen auf nichtssagende oder polemische Formeln wie „Unperson“ (Joachim Fest), „Mann ohne Eigenschaften“ (Ian Kershaw), „Spottgeburt aus Dreck“ (Hans-Ulrich Wehler) oder „Jahrhundertmonster“ (Lothar Machtan) festgelegt.[51] Auch wurde seit den umfangreichen Publikationen von Brigitte Hamann und Ian Kershaw nichts wesentlich Neues mehr publiziert. Insgesamt wirkt die biographische Landschaft in diesem besonders problematischen Fall so ausgezehrt, dass man schon beinahe annehmen muss, die Wechselbeziehung zwischen dem Einzigartigkeitsgebot des Holocaust und dem Berührungsverbot gegenüber dem „absolut Bösen“ habe sie in einen Friedhof der Wissenschaft verwandelt. Entsprechend negativ fiel das Urteil des Historikers Klaus Hildebrandt über das zweibändige Werk seines Kollegen Kershaw aus: „Neues an Quellen oder an Ideen, an Erkenntnissen oder Einsichten wird dem Leser nicht geboten.“[52]

Noch vor zwanzig, dreißig Jahren hatte die Biographie als literarische Form der Geschichtsschreibung unter einem gewissen Akzeptanzmangel gelitten. Damals war sie linken Theoretikern, Strukturalisten und Sozialhistorikern als zu „personalistisch“ oder „unkritisch“ erschienen. So fragte sich z. B. Gregor Schöllgen: „Ist die Biographie noch geeignet, die Persönlichkeit so zu erfassen, dass einerseits ihre singuläre Bedeutung für historische Entwicklungen greifbar wird, ohne dass andererseits das Umfeld aus dem Blick gerät, das für die Entwicklung der Persönlichkeit mitverantwortlich ist“, und Hans Mommsen hatte bereits nach einer „Antibiographie“ gesucht, um Hitlers „substantielle Leere“ nachzuweisen und ihn politisch nicht aufzuwerten.[53] Diese teils erkenntnistheoretisch, teils volkspädagogisch motivierte Zurückhaltung ist inzwischen jedoch – bekanntlich nicht nur beim Thema Hitler, „Drittes Reich“ und Nationalsozialismus – einem wahren Biographie-Boom gewichen, für den es viele lesenswerte Beispiele gibt.[54] Während sich die Autoren jedoch bei anderen geschichtlichen Gestalten stets eifrig darum bemühen, ihre Protagonisten so weit und tief wie möglich aus der jeweiligen Zeit heraus zu ergründen, haben für das geschichtliche Verständnis des jungen Hitler so wichtige Figuren wie Kaiser Franz Joseph I. und Otto von Bismarck den meisten seiner Biographen nur als dramaturgisches Füllmaterial gedient. Umso bereitwilliger stürzten sie sich auf Georg Schönerer und Karl Lueger, weil Hitler diese in *Mein Kampf* selbst zu seinen politischen Ahnherren erhebt.

Schwer taten sich viele Autoren auch mit der Notwendigkeit, ihren Protagonisten durch das Prisma der Habsburgermonarchie zu sehen. Dabei war der in Österreich an der Wende vom 19. zum 20. Jahrhundert

---

51 Alle diese Einschätzungen stammen aus den Jahren 1995 bis 2001, sind also noch aktuell, obwohl sie überhaupt nichts mehr erklären.

52 Hildebrandt 2000, S. 390.

53 Schöllgen 1983, S. 690, und Mommsen 1977, S. 67.

54 Vgl. dazu Kraus 2007.

grassierende Deutschnationalismus[55] nicht Hitlers Erfindung, sondern Ausdruck verwickelter Konflikte zwischen nationalen Minderheiten und sozialen Schichten, die Alltagskultur und Alltagsleben beeinflusst haben. Ihnen konnte ein Deutschösterreicher eigentlich nur dann entgehen, wenn er zum großbürgerlichen oder hochadeligen Establishment gehörte. Alle diese Beobachtungen haben mich dazu angeregt, auch diese Aspekte stärker in meine Untersuchungen einzubeziehen, als das bisher geschehen ist, und sie nach ihren Auswirkungen auf die tatsächliche Lebenswelt meines Protagonisten zu befragen. Daraus hat sich im Verlauf meiner Arbeit ein kulturalistischer Ansatz entwickelt, von dem ich glaube, dass er für die Hitler-Biographik etwas Neues ist.

Obwohl sich mein Ansatz im Verlauf dieses Buches ganz von selbst erschließen wird, sei hier einleitend als Begründung auf das österreichisch-ungarische Doppelreich hingewiesen, das an der Wende vom 19. zum 20. Jahrhundert zunehmend rascher verfiel, bis es 1918 endgültig unterging. Es hat in diesen reichlich zwanzig Jahren, die sich fast mit meinem Untersuchungszeitraum decken, eine Phase der rapiden Dekadenz durchlaufen, während sich mit Gustav Mahler und Alfred Roller, mit der Wiener Sezession, dem Jugendstil und den revolutionären Vorstellungen des Bauhauses in Musik, Architektur und Ästhetik zugleich jene Moderne ankündigte, die der junge Hitler einerseits bekämpft, der er andererseits aber auch gehuldigt hat. Genau auf dieser feinen Grenze zwischen ohnmächtigem Protest und übermächtigem Gestaltungsdrang ist er meines Erachtens anzusiedeln. Zwar eignen sich nationalistische, völkische oder gar rassistische Denkmuster als düstere Folie unzweifelhaft besser für die ersten zweieinhalb Lebensjahrzehnte eines Mannes, der spätestens 1945 allgemeiner Verdammnis verfiel. Doch dürfen die wenigen, dafür aber relativ klar konturierten Berührungspunkte, die es zwischen dem jungen Hitler und der Moderne gibt, in einer Biographie nicht unbeachtet bleiben, will man dem Geheimnis seines politischen Erfolges in den zwanziger und dreißiger Jahren des vorigen Jahrhunderts näherkommen, und das ist ja mein eigentliches Ziel.

Als ich vor etwa sieben Jahren mit meiner Arbeit an diesem Buch begann, wollte ich zunächst nur die vorhandene Quellenbasis verbreitern. Vor allem wollte ich die Lebensumstände der Familie Hitler vollständiger rekonstruieren, als es angesichts der dürftigen Quellenlage bisher möglich gewesen war. Wie sich aber rasch herausstellte, hatte ich mit diesen Versuchen nur schwachen Erfolg. Eines meiner ersten Ziele war selbstverständlich Braunau am Inn. Hier muss von 1938 bis 1945 in Hitlers Geburtshaus eine Art Weihestätte existiert haben, die nähere Auskunft über seine Eltern geben kann. Doch wacht dort an Stelle eines Archivars der Bürgermeister

55 Nach wie vor scheint es über den österreichischen Deutschnationalismus kein aktuelleres und besseres Buch als das grundlegende Werk von Molisch 1926 zu geben. – Eine breite und bisher kaum erschöpfend ausgewertete Quellenbasis, freilich von einem radikalen schönerianischen Blickwinkel aus, bietet die sechsbändige Materialsammlung von Pichl 1938.

höchstpersönlich über Akten, Fotos und Nachlässe der Hitlerzeit. Meinen Wunsch nach sachgerechter Information missverstand dieser Mann offenbar als Versuch, dem durch seinen Ruf als „Hitlers Geburtsstadt" ohnehin schon geplagten Braunau entweder am „braunen" Zeug zu flicken oder in ein „ewig gestriges" Licht zu tauchen. Jedenfalls wurde mir der Zugang zu jenen Unterlagen brüsk verwehrt und trotz nachhaltiger Bemühungen auch jede andere Zusammenarbeit verweigert.[56] Mein Versuch, in Spital den persönlichen Hintergrund von Hitlers Mutter weiter zu erhellen, scheiterte an der sofortigen Weigerung eines ihrer Großneffen, mit mir auch nur ein erstes Kontaktgespräch zu führen. Im Benediktinerstift Lambach wurde ich zunächst zwar bereitwillig empfangen, der Klosterarchivar ließ mich Einblick in einige seiner Bestände nehmen und gestattete mir sogar die Benutzung seines Kopiergerätes. Als ich jedoch später per E-Mail und Brief nachzufassen versuchte, rührte sich niemand mehr – offenbar hatte man dem Pater inzwischen einen Maulkorb verpasst.

Ähnlich frustrierend verliefen auch meine Bemühungen um jenes Bundesrealgymnasium in Linz, das aus der von Hitler einst besuchten Realschule hervorgegangen ist. Erfreulicherweise war es mir zunächst fernmündlich und per E-Mail geglückt, einen Kontakt zu jenem Lehrer zu knüpfen, der die dortige Schulbibliothek verwaltet. Der gute Mann schickte mir einen jener historischen Jahresberichte, dem ich einige nützliche Informationen entnehmen konnte.[57] Dann aber herrschte plötzlich nur noch eisiges Schweigen, so viele Briefe und E-Mails ich auch an ihn und an die Schulleitung schreiben mochte. Nach diesen negativen Erfahrungen sieht es ganz danach aus, als würde man das erwähnte Berührungstabu in Österreich mancherorts noch rigider handhaben als in Deutschland. Denn dank allerlei günstiger Fügungen habe ich mich in München wenigstens kurz in jenem Haus umsehen können, in dem der junge Hitler 1913 für wenige Monate mit seinem damaligen Weggefährten Rudolf Häusler beim Schneidermeister Popp wohnte.[58] Doch außer dem seltsamen Gefühl, auf den längst verwehten Spuren meines Protagonisten zu wandeln, das mir auch schon in Hafeld, Leonding und in der Wiener Stumpergasse vermittelt wurde, sind solche Impressionen kaum von Belang.

Trotz aller Rückschläge habe ich anfangs noch die Hoffnung gehegt, wenigstens in den *National Archives* der Vereinigten Staaten von Ameri-

56 Der von beiden Seiten engagiert geführte Briefwechsel über das vom Verfasser immer wieder eingeforderte Grundrecht auf Informationsfreiheit gipfelte nach rund einem Jahr in der bezeichnenden Feststellung von Bürgermeister Gerhard Skiba: „Was Sie akzeptieren oder nicht, das bleibt alleine ihnen (sic!) überlassen." Brief von Skiba an den Verfasser vom 21. Mai 2003.

57 Es handelt sich um den „Jahresbericht der Staats-Oberrealschule Linz" 1901/02, dem neben einem Zuwachsverzeichnis für die Schulbibliothek auf S. 40 unter der Überschrift „Namensverzeichnis der Schüler" für die „Klasse I A" auch der Name „Hitler Adolf" zu entnehmen ist. Unter den Namen der übrigen Schüler sind die Interviewpartner Kandls übrigens nicht zu finden, so dass die Frage, welchen Altersabstand sie zu Hitler hatten, offen bleiben muss.

58 Gemeint ist das Mehrfamilienhaus Schleißheimer Straße 34, s. Bildtafel XXIII.

ka noch einiges an Neuigkeiten über den ehemaligen deutschen „Führer" herauszufinden, wie es anderen Zeithistorikern unter anderer Themenstellung schon vor mir gelungen war. Schließlich hatte das 318. Regiment der 80. US-Infanteriedivision am 3. Mai 1945 als erstes Braunau erreicht und sein Hauptquartier in Hitlers Geburtshaus aufgeschlagen. So lag die Vermutung nahe, die begleitenden Offiziere des Armeegeheimdienstes könnten einiges an Material konfisziert haben, was sie US-amerikanischen Archiven einverleibten.[59] Aber trotz der vorbildlichen Kooperationsbereitschaft meines Betreuers in *College Park* bei Washington, den mein Thema augenscheinlich faszinierte, konnte ich in dem bereits sattsam bekannten *Hitler's Source Book* nicht viel Neues entdecken. Mein Cicerone führte mich sogar in die Bestände des *Office of Strategic Services* (OSS)[60] ein und wies mir den verwinkelten Weg zum Fotoarchiv der 13. US-Panzerdivision.[61] Doch ergab sich auch dort nichts, was mir substantiell weitergeholfen hätte, und ich hatte weder die Zeit noch die Mittel, die über die USA verstreuten Archive des Heeres und einzelner Einheiten aufzusuchen. Immerhin waren einige Inhalte der von vielen Benutzerspuren gezeichneten Loseblattsammlung des *Hitler's Source Book* recht aufschlussreich, wie es sich überhaupt im Fall Hitlers stets lohnt, auch die bereits bekannten und hundertmal ausgewerteten Quellen noch einmal gründlich und kritisch durchzusehen, weil sie lückenhaft, oftmals vieldeutig und daher stets offen für unterschiedliche Interpretationen sind.

Den Weg in die *Congress Library*, wo Reste von Hitlers früherer Privatbibliothek verwahrt werden, habe ich mir dagegen von vornherein erspart, weil ich wenig Vertrauen in das aus verschiedenen Quellen zusammengeströmte und lange Zeit wohl nur oberflächlich verwaltete Sammelsurium hatte. Was können schon jene Bleistiftstriche und sonstige Benutzerspuren des früheren Diktators in Büchern aussagen, so dachte ich mir, wenn nicht einmal feststeht, wann Hitler sie wie gründlich gelesen, geschweige denn welche Konsequenzen er daraus gezogen hat? Wieder in Deutschland, fragte ich mich manchmal etwas unruhig, ob diese Entscheidung wohl richtig war. Zwar zeigt das inzwischen vorliegende Buch von Timothy Ryback,[62]

59 NACP, World War II Operations Reports, 1940–48, 80th InfDiv: Braunau kapitulierte nach mehrtägigen Verhandlungen am 2. Mai 1945, als die Brücke nach Simbach bereits gesprengt war, so dass die 13. Panzerdivision nördlich des Inns Halt machen musste (Box 16256). Das 318. (später: 380.) Infanterie-Regiment der 80. Infanteriedivision besetzte Braunau am 3. Mai (Box 12220). Der Aufenthalt dieser Einheit war nur von kurzer Dauer, weil sie seit dem 6. Mai 1945 wieder abgezogen wurde. Vgl. dazu NACP, World War II Operations Reports, 1940–48, 80th InfDiv, Box 12218.

60 Das *Office of Strategic Services* wurde von Präsident Roosevelt als Geheimdienst der USA während des Zweiten Weltkriegs gegründet. Aus ihm ging später die *Central Intelligence Agency* (CIA) hervor.

61 NACP Picture Box 117: 13th Armored Division – SCA – 6415.

62 Ryback 2009. In Washington und an verschiedenen anderen Orten der USA existieren von ursprünglich 16.500 nur noch 1.200 Bände. Sofern wir richtig zählten, hat der Verfasser davon ca. 35 ausgewählt und um sie herum eine Hitler-Biographie gruppiert, die dem üblichen Bild entspricht.

dass man mit Hilfe dieser dubiosen Quelle manche Begebenheit der Jahre 1920 bis 1945 ganz nützlich beleuchten kann. Für die Aufhellung von Hitlers Kindheit und Jugend hat sie jedoch kaum einen Wert – es sei denn, dass man sich von Ryback, der bisher nur als Autor einer Geschichte des *Rock'n Roll* hervorgetreten ist, die bereits vorhandenen Stereotypen bestätigen will. Immerhin würde es sich lohnen, sich die Bestände einmal mit deutschen Augen anzusehen, um zu sehen, ob man daraus etwas für die Beurteilung des älteren Hitler gewinnen kann.

Wie auch immer – am Ende habe ich durch meine Recherchen in mehr als fünfzig österreichischen, deutschen und US-amerikanischen Archiven und Bibliotheken, Stadtverwaltungen, Schulen, Klöstern, Theatern usw. so viel Neues zusammengetragen, dass ich an die Arbeit gehen konnte. Doch hatte sich unterdessen mein Ansatz verändert, weil ich erkannte, dass es in erster Linie gar nicht mehr darauf ankommt, Hitlers Kinder- und Jugendjahre noch detaillierter zu rekonstruieren, als es bisher schon geschehen ist. Denn welches wichtige Geheimnis kann das höchst bescheidene Leben, das der ehemalige Dorfbub und spätere Stadtindianer in Linz, Wien und München einst führte, denn noch bergen? Statt sich weiterhin in Äußerlichkeiten zu verzetteln, kommt es jetzt und in Zukunft darauf an, möglichst weit in das Innenleben des jungen Hitler vorzudringen. Fortschritte auf diesem langen und steinigen Weg kann man am besten dadurch erzielen, dass man die genannten Primärquellen erster und zweiter Ordnung nicht länger nur als billige Lieferanten für biographische Daten und Fakten benutzt. Denn sie sind auch das Material, mit dem man die Gedanken und Gefühle, Hoffnungen und Ängste, Pläne und Visionen des jungen Hitler rekonstruieren kann, die ihrerseits wiederum Folge bestimmter Wahrnehmungen und Prägungen waren.

Wie sind nun jene fünf Primärquellen zu beschreiben und zu bewerten, die diesem Buch zugrunde liegen? Als mit Abstand am ergiebigsten hat sich die Darstellung des Österreichers August Kubizek erwiesen,[63] weil dieser Autor mit Hitler in Linz anderthalb Jahre lang, von Ende 1905 bis Weihnachten 1907, seine Freizeit verbracht und 1908 in Wien fünf oder sechs Monate lang sogar ein Zimmer geteilt hat. Bis vor Kurzem gab es hier und da noch Stimmen, die Kubizeks „Erinnerungen" für das Machwerk eines Ghostwriters hielten oder sogar in den Bereich der Fabel verwiesen,[64] doch vermag ich mich diesem Urteil aus zwei Gründen nicht anzuschließen. Erstens hat mir die Alt-Verlegerin, die das Manuskript seinerzeit als Lektorin betreute, auf Anfrage versichert: Nachdem Kubizek beim Hitler-Biographen Franz Jetzinger, mit dem er zunächst gemeinsam ein Buch hatte schreiben wollen, „einen sehr ‚selektiven', um nicht zu sagen ‚kreativen' Umgang mit Quellen und Fakten" feststellte, habe er es „geradezu als Verpflichtung betrachtet, seine Erinnerungen ohne Abstri-

63 Kubizek 1995/6.

64 Der US-Amerikaner Frederic Spotts hielt sie noch 2000 für „betrügerisch" und stellte sie in eine Reihe mit den vom Magazin *Stern* 1983 veröffentlichten „Hitler-Tagebüchern", die sich als Fälschungen erwiesen haben. Spotts 2002, S. XV ff.

che oder Veränderungen in die eine oder andere Richtung, so wie sie ihm eben noch im Gedächtnis waren, wiederzugeben".[65] Diese Aussage wurde mir von ihrem Sohn, der das 1995 in 6. Auflage erschienene und in zahllose Fremdsprachen übersetzte Buch bis heute unverändert verlegt, noch einmal ausdrücklich bestätigt.[66] Zweitens habe ich die Korrespondenz zwischen Kubizek und Jetzinger eingesehen.[67] Obwohl die meisten dieser Briefe seit mehr als einem halben Jahrhundert im Grazer Verlagsarchiv liegen,[68] war vor mir offenbar noch niemand auf diesen naheliegenden Gedanken gekommen. Dabei habe ich festgestellt, dass es zwischen Briefen und Buch sowohl inhaltlich als auch stilistisch kaum ins Gewicht fallende Unterschiede oder gar Widersprüche gibt. Auch *in puncto* Facettenreichtum und Kritikfähigkeit braucht sich der Buchautor Kubizek, dem die „Schriftstellerei" während des Krieges noch „ein Kreuz" gewesen war,[69] nicht hinter dem Briefeschreiber zu verstecken.[70]

Wer war dieser August Kubizek und wie stand er zu Hitler während der NS-Zeit und danach?[71] Das ist die erste und wichtigste Frage, die man sich als Hitler-Biograph stellen muss, will man auf dieses fast 300 Seiten starke und mit zahlreichen Originaldokumenten gespickte Buch zurückgreifen. Kubizek war Jahrgang 1888, ein Jahr älter als Hitler, und er ist schon 1956 verstorben, so dass er sich nicht mehr gegen Jetzingers Vorwürfe zur Wehr setzen konnte. Der Sohn eines Linzer Raumausstatters hatte in Wien erfolgreich Musik studiert, statt die väterliche Werkstatt zu übernehmen, und wurde 1912 zweiter Kapellmeister am Stadttheater Marburg an der Drau (heute Maribor). Kubizek schildert sich selbst als einen etwas verträumten Jüngling, „sehr einfühlsam und anpassungsfähig, daher nachgiebig" – „ein ‚musikalischer Charakter' sozusagen".[72] Für Politik interessierte er sich anscheinend nicht. Trotz aller Gegensätze hielten Kubizek und Hitler als Jugendliche wie Pech und Schwefel zusammen, bis sie sich im Sommer 1908 voneinander trennten und erst 1938 wiedersahen.

Am Ersten Weltkrieg nahm der unterdessen mit einer Geigerin verheiratete Kubizek als Soldat teil, ohne sich besonders auszuzeichnen oder höhere Ränge zu bekleiden. Durch eine schwere Krankheit für den Rest seines Lebens geschwächt, wurde er 1920 Kommunalbeamter in Eferding, einer kleinen Gemeinde in der Nähe von Linz. Als er durch die Zeitungslektüre

65 Brief von Frau Professor Dr. Ilse Dvorak-Stocker an den Verfasser vom 9. Juni 2004.

66 Vgl. Schreiben von Mag. Wolfgang Dvorak-Stocker an Verfasser vom 7. April 2008.

67 Vgl. dazu das Quellen- und Literaturverzeichnis am Ende dieses Buches.

68 Einige wenige Briefe Kubizeks befinden sich auch im Nachlass Jetzingers, der vom Oberösterreichischen Landesarchiv verwahrt wird.

69 OÖLA Jetzinger-Nachlass: Brief Kubizek 19. Juni 1949 an Jetzinger.

70 Das gilt vor allem für die beiden langen Briefe vom 6. Mai 1949 (4 Seiten) und 25. April 1949 (2,5 Seiten).

71 Vgl. die folgenden Daten bei Hamann 1996/4, S. 77 ff., und Slapnicka 1998, S. 35 ff.

72 Kubizek 1995/6, S. 21.

zufällig vom politischen Aufstieg Hitlers erfuhr, bedauerte Kubizek nur, „dass er ebenso wenig wie ich seine künstlerische Laufbahn hatte vollenden können".[73] Mit einem Brief gratulierte er 1933 dem Reichskanzler zu dessen Ernennung. Hitler reagierte in seinem Antwortschreiben freundlich, duzte seinen früheren Freund und stellte eine Begegnung in Aussicht, die aber erst 1938 zustande kam, als Österreich an das Reich angeschlossen wurde. Noch zweimal sahen sich die beiden ehemaligen Freunde kurz wieder, und zwar 1939 und 1940 in Bayreuth, offenbar ohne einander über den Austausch von Jugenderinnerungen und das gemeinsame Erlebnis von Wagner-Opern hinaus näher zu kommen. Zwar erfüllte sich Kubizeks Hoffnung nicht, durch die Protektion Hitlers wieder in seinen alten Beruf als Musiker zurückzukehren. Aber selbstverständlich profitierte er davon, dass er als „ehemaliger Jugendfreund des Führers" nun in der deutschen Öffentlichkeit etwas galt. Hitler übernahm die Ausbildungskosten für die drei Söhne, wendete seinem früheren Freund einen einmaligen Geldbetrag von 6.000 RM zu und setzte ihm eine monatliche Einkommensbeihilfe von 500 RM aus – für damalige Verhältnisse viel Geld.[74]

Gewissermaßen als Gegenleistung trat Kubizek 1942 der NSDAP bei. Er betätigte sich in Eferding als lokaler Funktionär der nationalsozialistischen Freizeitorganisation „Kraft durch Freude", fiel aber sonst nicht weiter auf. Die Tatsache, dass er 1943 in seiner Besoldung als Gemeindesekretär geringfügig bevorzugt wurde, hatte offenbar damit zu tun, dass ihn der Bruder von Hitlers Privatsekretär, Albert Bormann, damit beauftragt hatte, „Erinnerungen an die gemeinsam mit dem Führer in Linz und Wien verbrachte Zeit" für das NSDAP-Hauptarchiv niederzuschreiben.[75] Kubizek erledigte diese Aufgabe, ohne dass das Ergebnis jemals veröffentlicht worden ist. Seine beiden mit der Hand angefertigten Original-Niederschriften über die Zeit in Linz und Wien, die er „Notizbüchel" nannte, überdauerten jedoch das Kriegsende, eingemauert in einer Wand seines Einfamilienhauses, und sind später unter Umständen, die wir nicht kennen, in Jetzingers Besitz übergegangen.

All das spricht nicht dafür, dass Kubizek ein überzeugter oder gar fanatischer Nationalsozialist gewesen ist. Das Hauptproblem seiner Würdigung als Quelle besteht denn auch darin, dass nur eine maschinschriftliche Abschrift einer der beiden Niederschriften, nämlich jene über die Zeit in Wien, erhalten geblieben ist.[76] Das andere „Notizbüchel" über die Zeit in

73 Ebda., S. 270.

74 Koch-Hillebrecht 1999, S. 355. Unsere Versuche, über den einen noch in Eferding lebenden Sohn Rudolf Kubizek Näheres über die beiden Vorstudien seines Vaters zu erfahren und Einblick in andere evtl. noch vorhandene Teile des Nachlasses zu erlangen, führten zu keinem Ergebnis. Vgl. Brief von Rudolf Kubizek an den Verfasser vom 20. September 2004.

75 OÖLA Jetzinger-Nachlass, Aktenstück Nr. 63 – Hamann1996/4, S. 60, schreibt den Auftrag irrigerweise Martin Bormann zu, dem Privatsekretär Hitlers.

76 Diese von Hamann 1996/4, S. 77, Anm. 14, benutzte Bezeichnung „erstes Manuskript" für die im Oberösterreichischen Landesarchiv liegende Aufzeichnung kann

Linz hat der Hitler-Biograph Jetzinger, der jene Abschrift anfertigte, hingegen offenbar „sogleich (in seiner eigenen Hitler-Biographie) verarbeitet" – ein im Grund unverzeihbarer Aktenfrevel, der übrigens in der Literatur bisher ungerügt geblieben ist.[77] Diese Abschrift ist im Oberösterreichischen Landesarchiv nicht mehr vorhanden, wie auch die beiden Originale bis heute spurlos verschwunden geblieben sind. Da es von Kubizek kein „erstes" und kein „zweites Manuskript" gibt, sondern nur diese eine maschinschriftliche Fassung, lassen sich seine in Buchform erschienenen „Erinnerungen" nur teilweise mit der ursprünglichen Version seiner Aufzeichnungen vergleichen – vorausgesetzt, dass Jetzinger sie überhaupt vollständig und originalgetreu abgeschrieben hat, wovon ich allerdings ausgehe. Deshalb hängen alle Vergleiche zwischen Original und Reproduktion, auf die sich Hamann und Kershaw berufen, in der Luft. Dasselbe gilt übrigens auch für die Verhöre durch die Amerikaner, denen sich Kubizek nach Kriegsende stellen musste.[78]

Die Frage nach Kubizeks Authentizität ist vor allem für seine Haltung zur so genannten Judenfrage wichtig, auf die ich später noch genauer eingehen werde.[79] Hier versucht Hamann den Eindruck zu erwecken, Kubizek habe sich von Hitlers Darstellung in *Mein Kampf* beeinflussen lassen, obwohl er behauptet, dieses Buch zwar schon vor Beginn der Arbeit an seinen „Erinnerungen" besessen, aber erst nach deren Abschluss gelesen zu haben.[80] Naturgemäß lässt sich diese Aussage heute nicht mehr überprüfen. Obwohl eine Beeinflussung seiner „Erinnerungen" durch *Mein Kampf* anhand des Textes kaum nachvollziehbar ist, beurteilt die Wiener Historikerin die Passagen, in denen Kubizek zur Judenfrage Stellung nimmt, als „vollends problematisch".[81] Dabei verschweigt sie jedoch, dass der Autor seinem früheren Jugendfreund gerade in einem entscheidenden Punkt widerspricht, indem er nämlich feststellt, Hitler sei schon in Linz – und nicht erst in Wien, wie in *Mein Kampf* behauptet – zum Antisemiten geworden. Dieses Urteil ist für das Bild, das ich mir von der politischen

---

leicht in die Irre führen. Denn weder handelt es sich um ein Manuskript in des Wortes eigentlicher Bedeutung, also um eine Handschrift, sondern um eine von Jetzinger mit der Schreibmaschine angefertigte Abschrift von etwa 50 Seiten Umfang, noch gibt es ein „zweites Manuskript", somit eine spätere Fassung, die man mit einer ersten vergleichen könnte.

77 OÖLA, Nr. 63, schriftlicher Vermerk Franz Jetzingers.

78 Die Protokolle dieser Verhöre, die im so genannten Anhaltelager Glasenbach stattfanden, wurden bis heute offenbar nicht bekannt. Sonst hätte sie Hamann in ihrem Text gewiss herangezogen bzw. in ihrem Archiv-, Quellen- und Literaturverzeichnis aufgeführt. Worauf sich ihr Hinweis auf Kubizeks „Verteidigungslinie" bezieht, bleibt deshalb rätselhaft. Vgl. Hamann 1996/4, S. 83, sowie die Verzeichnisse am Ende ihres Buches, die kein klares Bild ergeben, welche Dokumente die Verfasserin in welchem der von ihr genannten Archive benutzte. Das erschwert manchmal ein wenig die Nachprüfbarkeit ihrer Angaben.

79 Vgl. Teil III, 10. Kapitel, S. 505 ff. und 523 ff.

80 OÖLA Jetzinger-Nachlass: Kubizek 19. Juni 1949 an Jetzinger.

81 Hamann 1996/4, S. 82 f.

Sozialisation des späteren Diktators gemacht habe, von erheblicher Bedeutung. Trotzdem muss man Kubizeks „Erinnerungen“ gegenüber selbstverständlich dieselbe Vorsicht walten lassen wie gegenüber allen anderen Memoiren oder Zeitzeugenberichten. Dies nicht nur wegen seiner früheren Freundschaft mit Hitler, die an Verehrung grenzte, sondern weil der Autor mit seinem Buch auch den Zweck verfolgte, „dass unser Volk um so eher über diese opfervolle Epoche (gemeint ist die Zeit von 1933 bis 1945 – D. B.) hinweg findet und neuen Boden unter den Füßen gewinnt, je klarer es die Persönlichkeit Hitlers als des politischen Trägers dieser Epoche zu beurteilen vermag“,[82] was auf volkspädagogische Absichten schließen lässt. Überdies ist mit Ian Kershaw nicht zu bestreiten, dass Kubizeks Buch einige sachliche Fehler enthält.[83] Sie sind aber nur peripherer Natur, so dass sie den Wert meiner Hauptquelle in ihrer ganzen Breite und Tiefe nicht gefährden können. Was die Zeit in Wien betrifft, bin ich außerdem mit Kershaw der Meinung, dass die Buchfassung von 1953 im Vergleich zu der Abschrift, die auf dem „Notizbüchel“ von 1943 fußt, in politischer Hinsicht „zwangsläufig zurückhaltender“ ausfällt, weil zwischen diesen beiden Versionen das Epochenjahr 1945 liegt.

Ohnehin liegt der eigentliche Wert von Kubizeks Memoiren nicht so sehr auf der Ebene empirisch überprüfbarer Daten und Fakten, wo dem Autor der eine oder andere Fehler unterlaufen ist, sondern auf der Ebene der Gefühle, Gedanken und Stimmungen seines Protagonisten, die er in überreichem Maß überliefert, die aber in den bisherigen Hitler-Biographien entschieden zu kurz gekommen oder zu undifferenziert behandelt worden sind. Dabei erscheint der junge Hitler bei Kubizek keineswegs immer in einem günstigen Licht. Während der Autor von *Mein Kampf* größten Wert darauf legt, sich selbst als den schon früh gereiften, weit blickenden und durch den Gang der Ereignisse nicht nur schwer geprüften, sondern auch glänzend bestätigten „Führer“ *in spe* darzustellen, zeigt sein früherer Jugendfreund einen in vieler Hinsicht zweifelnden, zögernden und mit sich selbst ringenden oder gar zerfallenen Hitler, der sich zeitweise mehr zum Künstler als zum Politiker berufen fühlt. Dadurch ist ein komplexes, teils in sich gebrochenes, teils tiefenscharfes Persönlichkeitsbild entstanden, das es *sine ira et studio* zu nutzen galt. Freilich darf man nicht jedes Hitler-Zitat, das Kubizek in direkter Rede bringt, wörtlich nehmen. Das ändert aber nichts daran, dass seine Jugenderinnerungen auch nach Kershaws Meinung eine „unentbehrliche Quelle“ für jede ernsthafte Beschäftigung mit dem jungen Hitler sind.[84] Trotz aller Einwände ist übrigens auch Brigitte Hamann schließlich zu dieser Überzeugung gelangt, indem sie 1996 schrieb: Die Darstellung Kubizeks sei „alles in allem … glaubwürdig“ und stelle „eine reichhaltige und … einzigartige Quelle dar“.[85]

82 Kubizek 1995/6, letzte nicht mehr paginierte Seite.

83 Vgl. Kershaw 2007, S. 12 ff. Angesprochen werden der Antisemitismus, Richard Wagners *Rienzi* und die von Hitler in Linz schwärmerisch verehrte Stefanie Isak.

84 Ebda. 2007, S. 4.

85 Hamann 1996/4, S. 82.

Ähnlich wertvoll sind die „Erinnerungen“ des Dr. Eduard Bloch, der in Linz Hausarzt der Familie Hitler war. Sie stammen aus einem ganz anderen Lebensbereich, weil der seinerzeit als „Armeleutedoktor“ hochverehrte Bloch Jude gewesen ist. 1872 im böhmischen Frauenburg geboren, studierte er Medizin in Prag, diente in der österreichisch-ungarischen Armee und ließ sich 1899 in Linz als frei praktizierender Arzt nieder. Nach dem „Anschluss“ wurde Bloch von den Nationalsozialisten verfolgt und gezwungen, Österreich zu verlassen.[86] Von seinen „Erinnerungen“ ist sowohl eine deutsche als auch eine US-amerikanische Fassung überliefert. Bei ersterer[87] handelt es sich um ein maschinschriftliches Dokument für einen ungenannten Adressaten mit der Überschrift „Erinnerungen an den Führer und dessen verewigte Mutter (Obermedizinalrat Dr. Eduard Bloch, Linz, Landstraße No. 12)“, das einem „Bericht zur Sache Dr. Bloch“ beigefügt und nicht exakt zu datieren ist.[88] Verfasser war ein gewisser R. Bleibtreu, Beauftragter der Wiener Dienststelle des NSDAP-Hauptarchivs, der den Bericht wahrscheinlich im November 1938 für seine Vorgesetzten in München anfertigte. Bleibtreu hatte die Aufgabe, zur „Erforschung und Registrierung der Materialien zur Geschichte der nationalsozialistischen Bewegung in Österreich“ u.a. bestimmte Dokumente sicherzustellen, die Grabstätte von Hitlers Eltern auf dem Leondinger Friedhof vor dem Verfall zu retten und die Besitzer von Hitler-Gemälden ausfindig zu machen.[89] Möglicherweise sind alle diese Maßnahmen als Vorbereitungen auf den 50. Geburtstag des „Führers“ am 20. April 1939 zu sehen.

Dagegen ist die US-amerikanische Fassung unter dem Titel „My patient Hitler ...“ in *Hitler's Source Book* mit dem Zusatz „... as told to J. D. Radcliff, *Collier's* 15.03.1941“ enthalten,[90] was auf einen Abdruck in der gleichnamigen Zeitschrift hinweist. Blochs Darstellung war Roosevelts Geheimdienst offenbar so wichtig, dass ihr ein „Resumée“ beigefügt wurde,[91] das auf einem Interview mit Bloch im April 1943 beruht

86 Ebda., S. 57, wie die Verfasserin ohne Quellenangabe berichtet, soll Bloch freilich erst 1940 – von wo aus? – in die USA emigriert sein, wo er 1945 im New Yorker Stadtteil Bronx verstarb, ohne noch einmal seinen Beruf ausgeübt zu haben, weil ihm dafür die von den US-amerikanischen Behörden anerkannten Studienabschlüsse fehlten. Vgl. auch Hamann 2008.

87 BAB NS 26, Akten-Nr. 17 a, Mikrofilm-Nr. 71943.

88 Die Erinnerungen tragen den maschinschriftlichen Zusatz „Linz a.D., am 7. November 1937“, der wahrscheinlich erst später hinzugefügt wurde, weil er im Widerspruch zum Inhalt steht, der bereits Vorgänge nach der Pogromnacht vom 9. November enthält. Bleibtreus Aufzeichnung wurde offenbar ebenfalls nachträglich mit Bleistift auf November 1938 und in einem handschriftlichen Zusatz genauer auf den 1. November 1938 zurückdatiert, obwohl sie ebenfalls Vorgänge behandelt, die nach diesem Datum liegen.

89 Vgl. dazu die umfangreichen Listen – z.T. mit damaligen Preisen – von Hitler-Gemälden unter BAB NS 26/34-43/36. Wie es scheint, sollte anlässlich von Hitlers 50. Geburtstag 1939 ein Katalog erscheinen.

90 NACP, Records of the OSS, Record Group 226, Box 2.

91 Vgl. http://www.nizkor.org/hweb/people/h/hitler-adolf/oss-papers/text/oss-sb-bloch-01.html.

und einzelne Feststellungen des Arztes hinterfragt. Unter *page 21* kommt der ungenannte Verfasser zu dem Ergebnis, Blochs Darstellung beruhe zumindest teilweise auf der Hitler-Biographie von Konrad Heiden. Deutlich wird auch, dass die *OSS* hinter einer zweiten Halbschwester her war, die Hitler laut Bloch angeblich hatte und die debil gewesen sein soll. Der Arzt meinte, dass das Mädchen aus der zweiten Ehe des Zollbeamten hervorgegangen sei, doch wurde für seine Existenz bis heute offenbar noch kein amtlicher Beleg gefunden.

Die beiden Fassungen von Blochs Darstellung decken einander nicht nur inhaltlich, sondern sind auch mit Kubizeks Schilderung weitgehend kongruent. Sie kam jedoch erst nach dem so genannten Anschluss Österreichs an das Deutsche Reich im März 1938 unter Umständen zustande, die nachdenklich machen, weil sie diese wichtige Quelle entwerten könnten. Am 1. Oktober jenes Jahres wurde nämlich die Praxis Blochs von den Behörden zwangsweise geschlossen, Tochter und Schwiegersohn flohen nach Übersee. In seiner Not wandte sich der Obermedizinalrat an Hitler persönlich in der Hoffnung, dieser könne doch „den Arzt seiner Mutter nicht vergessen" haben, „dessen Thätigkeit stets von ethischen, nie von materiellen Gesichtspunkten geleitet" worden sei. Daraufhin ließ Hitler seinen früheren Arzt unter den Schutz der Gestapo stellen. Bloch behielt seinen Pass ohne den diskriminierenden „J"-Stempel, musste keinen gelben Stern an seiner Brust tragen und durfte, mit Lebens- und Kleiderkarten versorgt, in Linz bleiben.

Mit dieser Vorzugsbehandlung hatte es jedoch bald ein Ende, weil der „Reichsamtsleiter" im Stab des Führerstellvertreters Rudolf Heß, Ernst Schulte-Strathaus, den Arzt unter Druck setzte, seine Erinnerungen an Hitler zu Papier zu bringen. Angesichts der Bedrängnis, in der sich Bloch und seine Familie befanden, war der Arzt dazu jedoch erst auf gutes Zureden seines Schwiegervaters bereit. Bis dahin hatte die Gestapo schon die beiden Ansichtspostkarten kassiert, die Hitler einst aus Wien an Bloch geschrieben hatte, um sich für die Behandlung seiner an Krebs erkrankten und schließlich verstorbenen Mutter zu bedanken. Da er gegen die Wegnahme dieser beiden Erinnerungsstücke protestierte, wurde Bloch für 18 Tage ohne Vernehmung eingesperrt. Sein Hilferuf an Hitler, die Rückgabe der Karten zu veranlassen, verhallte ungehört.

Unterdessen hatten am 9. November 1938 im Reich und dessen „Ostmark" die bekannten Pogrome stattgefunden. Dadurch „ganz gebrochen", wurde Bloch nun aufgefordert, seinen Wohnort Linz gemeinsam mit seiner Familie bis zum 15. Dezember zu verlassen.[92] Außerdem sollte der Arzt sein Privathaus in der Rudolfstraße 34 an Kreisleiter Dr. Rudolf Keplinger, einen früheren Schulfreund Hitlers, übergeben. Dabei hatte Bloch bereits einen Interessenten an der Hand, der es ihm für 80.000 RM in

92 Wie Hamann 1996/4, S. 57, ohne Quellenangabe berichtet, soll Bloch freilich erst 1940 in die USA emigriert sein, wo er 1945 in New York, Stadtteil Bronx, verstarb, ohne noch einmal seinen Beruf ausüben zu können, weil die US-amerikanischen Behörden sein Studium nicht anerkannt hatten.

bar abkaufen wollte. Zu allem Überfluss waren auch noch zwei Gemälde Hitlers dem NSDAP-Hauptarchiv auszuhändigen, die sich im Besitz des Arztes befanden und einen hohen Schätzwert besaßen. Selbst in dieser äußersten Not, so notierte ein NS-Funktionär irritiert, soll Dr. Bloch freilich immer noch „mit Tränen in den Augen" von Hitler gesprochen haben, als er schließlich zur Feder griff, um ein durchaus freundliches Bild von dem jungen Mann und dessen verstorbener Mutter zu zeichnen. Angesichts dieser Umstände stellt sich die Frage, ob Blochs „Erinnerungen" weniger wohlwollend ausgefallen wären, hätte er sich nicht in einer so gefährdeten Lebenslage befunden. Sie lässt sich eindeutig verneinen, weil sich der Arzt in dem Interview, das er im März 1941 dem US-amerikanischen Magazin *Collier's* gab, bis in die Einzelheiten hinein ebenso positiv wie 1938 über den jungen Hitler geäußert hat.

Für die Zeit vom Sommer 1909 bis zum Frühjahr 1913 liegen nur zwei Erinnerungen von Zeitzeugen vor, denen ein gewisser Wert zukommt. Dabei handelt es sich zum einen um Äußerungen von Reinhold Hanisch und zum anderen um eine handschriftliche Niederschrift von Karl Honisch. Der seltsame Gleichklang der beiden Namen ist rein zufällig und hat nichts zu bedeuten. Von Hanischs „Erinnerungen" liegen wiederum zwei unterschiedliche Fassungen vor: eine frühere und kürzere sowie eine spätere, längere.[93] Nach eigenen Angaben war ihr Autor ein „reisender Künstler", der etwa gleichzeitig mit Hitler in Wien eine Sozialunterkunft bewohnte und in der Stadt die selbst gemalten Bilder seines Kumpels vermarktete, später jedoch mit ihm wegen geschäftlicher Unregelmäßigkeiten in einen vor Gericht ausgetragenen Streit geriet und zu einer Freiheitsstrafe verurteilt wurde. Nicht zuletzt deshalb wurden in den dreißiger Jahren des 20. Jahrhunderts aus früheren Weggefährten plötzlich Feinde – eine Tatsache, die sich deutlich in den beiden Fassungen von Hanischs „Erinnerungen" niedergeschlagen hat. Während erstere von Wohlwollen gegenüber dem jungen Hitler getragen ist,[94] holt die zweite Fassung, die lange nach Hanischs Tod erschien, zu einem raffinierten Schlag gegen den älteren Hitler aus.

Wie ist dieser Widerspruch zu erklären? Bevor Hanisch verstarb, hatte der Journalist und Hitler-Biograph Konrad Heiden mit ihm Kontakt

93 Vgl. die kürzere und handschriftliche mit dem Titel „Meine Begegnung mit Hitler" von März 1933, unterzeichnet mit Vor- und Zunamen sowie mit Hanischs selbstgewählter Berufsbezeichnung „Radierer" aus Wien unter BAB NS 26, Akten-Nr. 64. – Vgl. die längere in der US-amerikanischen Zeitschrift *The New Republic* vom 5. bis 19. April 1939 in drei Folgen abgedruckte Artikelserie „I was Hitler's Buddy" unter http://www.sources.li/Buddy.pdf im Internet.

94 Auf S. 3 des in der vorigen Anmerkung beschriebenen Dokuments ist eine Strichzeichnung zu sehen, mit der Hanisch ein aufwändiges Geschenk der Partei, vermutlich zu Hitlers 44. Geburtstag am 20. April 1933, anregte. Es handelte sich um eine Hinterglasmalerei, die Richard Wagner, Gottfried Semper und einige ihrer Werke verewigen sollte, für die Hitler seit seiner Kindheit schwärmte.

aufgenommen.[95] Heiden war nach damaliger Terminologie „Halbjude“. Er lebte seit 1935 in Paris, emigrierte 1940 in die USA und lebte dort bis zu seinem Tod im Jahre 1966. Diese Zusammenhänge legen die Vermutung nahe, dass die zweite Fassung von Hanischs Erinnerungen unter dem maßgeblichen Einfluss von Heiden entstanden ist. Denn es kann niemand anderer als Heiden gewesen sein, der den Text an den linksliberalen *The New Republic* in New York weitergab, zumal er gute Kontakte zu den US-amerikanischen Medien der Ostküste hatte und Hanisch zu jenem Zeitpunkt, wie gesagt, längst verstorben war.[96] Deshalb konnte *The New Republic* die Artikelserie Anfang April 1939, wenige Monate vor Ausbruch des Zweiten Weltkriegs, im Vorspann mit einer mysteriös klingenden Todesnachricht ankündigen, was den Sensationsreiz für das US-amerikanische Publikum zweifellos noch erhöht hat. Die Quelle spielt sogar selbst auf diesen politischen Kontext an, was bisher weithin übersehen wurde.[97] Nach längeren Ausführungen über Hitlers angeblich positive Einstellung zum Judentum und speziell zum Zionismus, die er in Wien beobachtet habe, schreibt Hanisch-Heiden nämlich, viele Leser würden gewiss bezweifeln, dass er die Wahrheit sage, indem sie auf das Dritte Reich verwiesen. „Aber“, so heißt es weiter, „ich habe oft selbst bemerkt, dass der Antisemitismus in Deutschland krudere Formen annahm als in unserem Land (d.h. Österreich). Das hat mit dem Charakter der Deutschen zu tun, besonders mit dem der Preußen. Ich bin sicher, Hitler stimmt mit vielen dieser Wahnsinnstaten nicht überein, aber er ist ein Gefangener seiner Kreise.“ Mit Wahnsinnstaten (*„insanities“*) waren die Ausschreitungen des NS-Regimes gegen die Juden z.B. in der Pogromnacht am 9./ 10. November 1938 gemeint.

Der verworrene Weg dieser von zweiter oder gar dritter Hand veränderten Quelle ist auf den ersten Blick nicht dazu angetan, sie als Basis für eine Untersuchung jener Jahre zu empfehlen, die der junge Hitler in Wien verbracht hat. Wer jedoch Hanisch-Heidens Aussagen in *The New Republic* liest, ist überrascht: Statt den jungen Hitler plump zu verunglimpfen, zeichnet der Verfasser ein differenziertes und – alles in allem – nicht ungünstiges Bild von seinem ehemaligen Kumpel. Dieses Bild geht nicht nur sehr viel mehr in die Einzelheiten als Hanischs dreiseitige Aufzeichnung von 1933. Es deckt sich vielmehr auch in seinem Tenor mit dem Bild, das

95 Vgl. die Vorgeschichte der Veröffentlichung im *The New Republic* bei Hamann 1996/4, S. 264, wobei nicht immer ganz klar zu erkennen ist, auf welche Quellen sich die Verfasserin stützt. Hanischs Originalmanuskript scheint verschollen zu sein. Hamanns Behauptung, die Aussagen der Artikelserie in *The New Republic* stimmten mit Heidens Hitler-Biographie von 1936/37 überein, geht jedoch etwas zu weit, desgleichen die Behauptung der Verfasserin, dies treffe auf die beiden Fassungen von Hanischs Erinnerungen zu.

96 Laut Wikipedia ist die deutsche Ausgabe seiner Hitler-Biographie 1937 im Züricher Europa-Verlag gleichzeitig mit einer englischen, französischen und US-amerikanischen erschienen, was den Autor weltbekannt gemacht hat.

97 Hanisch 1939, S. 8.

Kubizek und Bloch vom jungen Hitler gezeichnet haben. Insofern ist der Informationswert dieser Quelle durchaus auf der gleichen Ebene anzusiedeln und daher recht hoch. Während man bei Kubizek und Bloch aber aus den geschilderten Gründen auf hagiographische Untertöne achten muss, äußert sich Hanisch-Heiden in einer Art und Weise über Hitlers Einstellung zu den Juden, die in eklatantem Widerspruch zur Rassenpolitik des Dritten Reiches stand. Offenbar wollten die Autoren den „Führer" des Deutschen Reiches vor der Weltöffentlichkeit in Widersprüche verwickeln und seiner Glaubwürdigkeit damit einen weiteren Stoß versetzen.[98] Somit stellen Hanischs Äußerungen in *The New Republic* ein Stück paradoxer Desinformation durch Informationen dar, die Hitler der Welt bis dahin vorenthalten hatte. Ihre Veröffentlichung war eine Waffe im Propagandakrieg der Vorkriegszeit.

Trotzdem habe ich diese Quelle – wie allen anderen Hitler-Biographen vor mir – nicht nur deshalb ausführlich, wenn auch mit der gebotenen Vorsicht benutzt, weil sie „ein sehr lebhaftes Bild des jungen H., das durchaus glaubwürdig ist" (Brigitte Hamann) vermittelt, sondern auch weil sie – neben Kubizeks „Erinnerungen" und der Aufzeichnung von Karl Honisch – bis heute faktisch die einzige Quelle von Belang geblieben ist, die es für Hitlers Wiener Zeit gibt.[99] Hingegen kommt der Stimmungsbericht eines tschechischen Anonymus, den Brigitte Hamann ausgegraben hat,[100] für uns als Quelle nicht in Betracht, weil dessen Autor bei der Beschreibung des jungen Hitler als Lumpenproletarier wohl doch ein wenig zu dick aufgetragen hat. Ähnlich wie bei der wahrscheinlich von Heiden manipulierten Darstellung Hanischs scheint es sich bei diesem Bericht um einen Akt psychologischer Kriegführung zu handeln – nur mit dem Unterschied, dass dieser vermutlich von NS-Gegnern aus dem Prager Exil inspiriert worden ist.[101]

---

98 Hamann 1996/4, S. 264, geht auf diese Problematik ihrer „ausführlichsten und wichtigsten Quelle" überhaupt nicht ein. Der politische Kontext wird auch von Reuth 2009, S. 26f., ignoriert, der sich wiederum auf Hamann stützt. Kershaw 1998/2 I, S. 88 und Anmerkung 217 ebda., behauptet zwar, die beiden Versionen, die es von Hanischs Rückblick gibt, seien „eng aufeinander bezogen", was aber nur für die Tatsache gilt, dass beide – zumindest teilweise – denselben Verfasser haben. Ansonsten klaffen sie inhaltlich weit auseinander, auch wenn ihre Tendenz übereinstimmend hitlerfreundlich ist.

99 BAB NS 26, Akten-Nr. 17 a, handschr. Aufzeichnung „Wie ich im Jahre 1913 Adolf Hitler kennen lernte", o. Verf., o. D., o. O., mit einem handschr. Anschreiben an einen „sehr geehrten Herrn Doktor" (Schulte-Strathaus?) vom 31. Mai 1939, unterzeichnet mit „Heil Hitler! Karl Honisch" – Hamann 1996/4, Anm. 23, gibt das Datum irrtümlich mit 12. Mai 1939 an.

100 Hamann 1996/4, S. 271, die sich hier auf eine entsprechende Veröffentlichung in einer tschechischen Zeitschrift des Jahres 1935 bezieht, ohne zu reflektieren, wie weit diese Veröffentlichung von antideutschen oder gar direkt gegen die Person Hitlers gerichteten Ressentiments beeinflusst ist.

101 Das offenbar nicht mehr auf Tag und Monat genau feststellbare Erscheinungsdatum liegt im Jahr 1935, als das „Dritte Reich" durch Wiedereinführung der Wehrpflicht (März) und die antisemitischen „Nürnberger Gesetze" (September) im kritischen

Honischs „Erinnerungen" sind vermutlich deshalb nie veröffentlicht worden, weil sie im Auftrag der NSDAP niedergeschrieben wurden. Der frühere Büroangestellte berichtet denn auch nichts, was für den Hitler des Jahres 1939 hätte kompromittierend sein können. Dagegen legt er großen Wert auf die Feststellung, beim Männerwohnheim in der Wiener Meldemannstraße, in dem die beiden das Jahr 1913 erlebten, habe es sich nicht um „eine verrufene Herberge und Unglücksstätte", sondern um „ein in strengster Ordnung geleitetes Unternehmen" gehandelt. Diese Feststellung ist wohl als Reflex auf die Darstellung von Hanisch-Heiden zu verstehen, die der NS-Führung gewiss Sorgen bereitet hat, weil sie den „Führer" in ein Obdachlosenasyl zu entführen schien. So wenig man auch von Honischs „Erinnerungen" halten mag – als einziger Zeitzeuge berichtet er davon, dass Hitler Wien 1913 „in Begleitung eines Kameraden, der ebenfalls nach Deutschland auswanderte", Richtung München verlassen hat. Dieser „Kamerad" war ein junger Drogerielehrling namens Rudolf Häusler, der keinerlei Aufzeichnungen hinterlassen hat.[102]

Die für jeden quellenkritisch arbeitenden Historiker und Biographen vorrangige, wenn auch am meisten problematische Quelle, die es für Hitlers Kindheit und Jugend gibt, ist selbstverständlich *Mein Kampf*.[103] Deshalb habe ich sie an den Schluss meiner Quellenkritik gestellt. Denn in diesem Buch tritt Adolf Hitler *per se* nicht nur als Chronist seiner selbst und damit auch als Konstrukteur einer retrospektiven Selbsterfindung in Erscheinung. Vielmehr behauptet er darüber hinaus auch noch, wahrscheinlich nicht ganz zu Unrecht, er sei erst durch die Arbeit an dieser autobiographischen Programm- und Propagandaschrift „begrifflich über viele Dinge, die ich vorher mehr aus Ahnung vertreten hatte, ... zu voller Klarheit gelangt".[104] Dies scheint mir ein wichtiges Indiz dafür zu sein, dass dies in seiner Kindheit und Jugend überwiegend noch nicht der Fall gewesen ist. Einerseits bietet *Mein Kampf* mehr an Authentizität als jede der anderen hier genannten Primärquellen. Andererseits mahnt sie aber

---

Fokus der Weltöffentlichkeit stand, was Hamann 1996/4, S. 271, bei der Würdigung dieser Quelle möglicherweise entgangen ist.

102 Hamann 1996/4, S. 273, hat als erste Historikerin die Tochter von Reinhold Häusler aufgespürt, auf den zuvor der Münchner Hitler-Forscher Anton Joachimsthaler anhand der Münchner Meldezettel aufmerksam geworden war. Im Nachlass von Häuslers Mutter fand sie Spuren für eine offenbar zärtliche Beziehung, die der junge Hitler einst zu Häuslers jüngerer Schwester aufgebaut hatte.

103 Unserem Buch liegt die 835.–840. Auflage zugrunde, die 1938 unverändert im parteieigenen Verlag Franz Ehers Nachf. in München erschienen ist. – Ob Hitler sich bei der Wahl seines Titels von der Zeitschrift *Der Kampf* anregen ließ – eine theoretische Zeitschrift des rechten Flügels der österreichischen Sozialdemokratie, die Otto und Adolf Bauer sowie Karl Renner ab 1907 in Wien herausgaben –, wurde unseres Wissens noch nie untersucht. Da dieses Organ alle „Kulturbestrebungen" des Proletariats „kritisch und anregend" begleiten sollte, halten wir eine zumindest billigend in Kauf genommene Anleihe Hitlers nicht für ausgeschlossen, weil diese Zielsetzung ja auch eigenen Intentionen entsprach. Vgl. dazu Teil II, 7. Kapitel, S. 321 ff., und Pepper 1988, S. 95.

104 Jochmann 1980, S. 262: Hitler-Monolog v. 3./4. Februar 1942.

auch mehr als jede andere Quelle zur Vorsicht, weil man Autobiographien als Historiker grundsätzlich nicht trauen darf. Beide Umstände zusammen haben die Hitler-Biographik von jeher vor kaum lösbare Problem gestellt. Gemäß dem Prinzip *audiatur et altera pars*[105] darf man Hitlers Ego-Bericht auf der einen Seite nicht übergehen. Auf der anderen Seite muss man diesem Meister der Manipulation bei fast jeder Zeile misstrauen. Andere Probleme kommen noch erschwerend hinzu. So liegt von dem Zweibänder, der 1925 bzw. 1926 erschienen ist, bis heute keine historisch-kritische Ausgabe vor. Nach Werner Masers Standardwerk, das bis 2001 neun unveränderte Auflagen erlebte,[106] hat freilich Othmar Plöckinger erst kürzlich eine detaillierte Entstehungsgeschichte vorgelegt.[107] Da die Forschung somit noch ganz am Anfang steht, muss ich mich hier auf wenige quellenkritische Anmerkungen beschränken.

Wie Maser und Plöckinger herausgefunden haben, wurde zumindest der erste – und für meine Zwecke wichtigere – Band von *Mein Kampf* nicht von Hitler allein, sondern von einem Autorenkollektiv verfasst, von dessen interner Arbeitsteilung man nur sehr wenig weiß. Dieses Kollektiv bestand aus einer Reihe von Weggefährten, die nach dem missglückten Bierhallenputsch von 1923 mit Hitler in der Justizvollzugsanstalt Landsberg eingesessen haben, um ihre Haftstrafe zu verbüßen. Die gemeinsame Arbeit am Manuskript begann im Frühjahr 1924 und wurde schon an der Jahreswende 1924/25 abgeschlossen – bei insgesamt 406 Druckseiten eine außerordentliche Leistung.[108] Sie lässt auf die Übernahme ganzer Textpassagen aus anderen Werken oder sogar aus der zeitgenössischen Publizistik schließen. Angesichts der Umstände wird sich aber wohl nie mehr genau feststellen lassen, wer in welchem Maß Einfluss auf das gemeinsame Ergebnis genommen hat.

Dies alles erschwert die eindeutige Zuschreibung einzelner Passagen auf die Autorenschaft Hitlers ungemein oder macht sie sogar in manchen Fällen ganz unmöglich. Im Gegensatz zu anderen Abschnitten kann man aber davon ausgehen, dass dieser die Kapitel eins bis vier von *Mein Kampf* selbst geschrieben oder ihnen doch zumindest seinen Stempel aufgedrückt hat. In diesen Kapiteln, die insgesamt 171 Druckseiten umfassen, geht Hitler auf sein „Elternhaus", auf seine „Wiener Lehr- und Leidensjahre" und auf jene Zeit ein, die er bis zum Ausbruch des Ersten Weltkrieges in München verbracht hat. Allerdings ergänzt er diese autobiographisch eingefärbte Darstellung auch noch um „Allgemeine politische Betrachtungen aus meiner Wiener Zeit". Überdies bewegen sich seine Ausführungen ständig auf wechselnden Zeitebenen, wobei Hitler seine *nach* 1919 gewonnenen Erfahrungen und Einsichten teils auf die Zeit vor 1914 projiziert und, um-

105 Lateinisch = „man höre auch den anderen Teil".

106 Maser 2001.

107 Plöckinger 2006.

108 Dabei schrieb Hitler am 5. April 1924 an Siegfried Wagner: „Ich bin kein Mann der Feder und schreibe nur schlecht." Jäckel/Kuhn 1980, S. 1232. Den zweiten Band will Hitler nach seiner Haftentlassung ganz allein verfasst haben.

gekehrt, seine *vor* 1914 erlebten Ahnungen, Ängste und Träume teils auf die Zeit *nach* 1919 überträgt. Dieses Verwirrspiel mit ständig wechselnden Zeitebenen kann kein Nachbetrachter wirklich überzeugend durchschauen. Es lässt eine saubere Zuordnung des Textes auf die einzelnen Stadien der politischen Sozialisation in Kindheit und Adoleszenz nur begrenzt zu. Deshalb musste ich mich, wie die meisten anderen Biographen, damit begnügen, die unzuverlässigen Angaben Hitlers, falls möglich, anhand der anderen Primärquellen oder auch der Sekundärliteratur auf ihre Plausibilität hin zu überprüfen. Das schloss eine unkommentierte Übernahme seiner Darstellung auch nur in einzelnen Passagen so gut wie aus.

Soviel zu meinen fünf Primärquellen erster Ordnung. Sobald ich den selektiven und stellenweise polemischen Umgang der Hitler-Biographik mit ihnen bemerkt hatte, habe ich eine für mein Buch folgenreiche Entscheidung getroffen, von der bereits in anderem Zusammenhang die Rede war: Ich beschloss, auch diejenigen Bereiche der deutschen Hochkultur in meine Untersuchung einzubeziehen, die sich mit Friedrich Schiller, Richard Wagner, Friedrich Nietzsche, Arthur Schopenhauer und Gustav Mahler, aber auch mit Karl May verbinden, sofern es bei Hitler ernst zu nehmende Anhaltspunkte dafür gibt, dass er sich mit diesen Größen in seiner Jugend beschäftigt hat. Weil seine bisherigen Biographen diese Bereiche entweder stark vernachlässigt oder noch nie berührt hatten, betrat ich damit ein vollkommen neues Untersuchungsgebiet. Dabei fasste ich die Texte, Leistungen und Lebensbilder, die jene Geistesheroen in unserem kollektiven Bewusstsein hinterlassen haben, ebenfalls als Primärquellen auf, wenn auch nur dritter Ordnung, weil sie ohne direkten Bezug auf Hitler sind. Maßgebend für meinen Entschluss war die Hypothese, dass man das Geheimnis, das bis heute über dem Aufstieg eines ehemaligen Schulabbrechers, Arbeitslosen und Tagträumers an die Spitze des Deutschen Reiches liegt, wahrscheinlich nur dann ein Stück weit lüften kann, wenn man eine wie auch immer geartete Beziehung zwischen Hitler und der deutschen Hochkultur feststellen kann, zu der selbstverständlich auch politische Gestalten wie z.B. Franz Joseph I. und Bismarck gehören. Denn wahrscheinlich, so meine Hypothese weiter, haben „Führer“ und „Volk“ von 1919 bis 1945 vor allem über diese Brücke miteinander kommuniziert. Dieser Gedanke klingt ja auch im Begriff der „Nibelungentreue“ an.[109]

Mein Entschluss hatte für die Erzählstruktur dieses Buches massive Folgen, denn mit der Erweiterung meines Untersuchungsgebietes dehnte sich auch das Stoffgebiet, das ich zu bearbeiten hatte, gewaltig aus. Für eine kommentierende Vermittlung von Daten und Fakten aus Hitlers Kindheit und Jugend hatte bisher die chronologische Erzählstruktur ausgereicht. Für die großen Informationsmengen, die mir nun auf einmal zuflossen, habe ich hingegen eine systematische Struktur gewählt, die monographische und chronologische Elemente miteinander verbindet. Sie hat den Vorzug, dass sie jede innere Scheinlogik oder Teleologie vermeidet. Sie hat den

109 Andeutungen bei Seligmann 2004.

Nachteil, dass sich das Gesamtergebnis nicht mehr in eine Patentformel pressen lässt.

Mein Buch gliedert sich in drei Hauptteile. Teil I setzt den lebensgeschichtlichen Rahmen. Teil II zieht anhand der genannten Autoritäten die wichtigsten Bildungseinflüsse nach. In Teil III habe ich mich an einer themenzentrierten Zusammenfassung der gewonnenen Erkenntnisse versucht, wobei das Ganze nur ein Anfang sein kann. Gewiss wurden die Zusammenhänge zwischen der deutschen Hochkultur und dem Nationalsozialismus schon oft genug dargestellt. Nur hat man dies, wie gesagt, bisher noch nicht oder nicht eingehend genug in Bezug auf den jungen Hitler versucht. Deshalb wären vertiefende Analysen in Zukunft wünschenswert. Hier soll mein Epilog ein wenig weiterhelfen, der versucht, die sich in Linz, Wien und München allmählich herausschälende Weltanschauung des deutschen Diktators abschließend zusammenzufassen und einzuordnen.

Mit meinem Buch hoffe ich, auch einen nützlichen Beitrag zur so genannten Täterforschung zu leisten, die sich in den letzten zehn Jahren zu einem eigenständigen Bereich innerhalb der Zeitgeschichtsschreibung entwickelt hat.[110] In den ersten Jahrzehnten nach dem Zweiten Weltkrieg hatte die deutsche Nachkriegsgesellschaft das Geschehen in den Konzentrationslagern zunächst tabuisiert. Sie hatte es weitgehend von sich selbst abgespalten und in ein nationalsozialistisches Arkanum abgeschoben, wo es lange Zeit mehr oder weniger unbearbeitet liegen blieb. Seit den sechziger Jahren, in der Nachfolge des Jerusalemer Eichmann-Prozesses und der von Hannah Arendt geprägten Formel von der „Banalität des Bösen“,[111] wurden die Täter überwiegend als seelenlose Funktionäre im technischen Prozess der Massenvernichtung beschrieben, die ihrem sozialen und individuellen Kontext völlig entfremdet waren. Das heißt, die Täter wurden kriminalisiert, dämonisiert und zu im Grunde nicht mehr nachvollziehbaren Extremfällen menschlicher Existenz hochstilisiert. Schließlich haben in den neunziger Jahren die Arbeiten von Christopher B. Browning, Ulrich Herbert und Daniel J. Goldhagen[112] sowie die sich daraus ergebende „Goldhagen-Debatte“ neue Maßstäbe gesetzt. Bei Letzterer ging es vor allem um die Frage, ob uns Deutsche irgendwann einmal ein besonders bösartiger Vernichtungsantisemitismus wie ein besonders rabiater Krebs befallen hat.[113]

In einem methodisch anfechtbaren Rückgriff auf ältere Axiome hatte Goldhagen eine Art deutscher Kollektivschuld konstruiert, über die der geschichtswissenschaftliche Diskurs inzwischen mehr oder weniger folgenlos hinweggegangen ist. Hingegen befruchteten Herbert und Browning die Täterforschung durch einen Ansatz, der sich in empirischer und multifaktoraler Art und Weise auf konkrete Menschen bezieht. Dabei widmete sich der US-amerikanische Historiker den Männern eines Polizei-Ersatz-

110 Paul 2002, S. 37.

111 Arendt 1963.

112 Herbert 1996, Goldhagen 1966 und Browning 1999/2.

113 Vgl. dazu u.a. die Kritik Brownings in Browning 1996, S. 249–292.

bataillons, somit den Tätern im engeren Sinn, wohingegen der Freiburger Historiker mit dem promovierten Juristen und Verwaltungschef des SS-Vernichtungsapparates Werner Best einen in der NS-Hierarchie recht hochgestellten „Schreibtischtäter“ erfasst hat. Dabei bediente sich Herbert einer Struktur, die ebenfalls monographische Elemente enthielt und mich daher schon im Vorfeld meines Buches zum Nachdenken über mögliche Alternativen zur konventionellen Hitler-Biographik angeregt hat.

Trotz Herberts wegweisender Darstellung beschäftigt sich die Täterforschung bis heute fast ausschließlich mit der so genannten „Konzentrationslager-SS“, mit den Direkt- und Exzesstätern an den Erschießungsgruben, mit den mittleren und unteren Rängen der Zivilverwaltung in den besetzten Gebieten und deren Ehefrauen sowie mit anderen Zweigen des nationalsozialistischen Verfolgungs- und Vernichtungsapparates bis hin zur Deutschen Wehrmacht und zu deren ausländischen Hilfswilligen.[114] Zwar ist mittlerweile eine Himmler-Biographie erschienen,[115] doch fehlen noch weitgehend entsprechende biographische Studien über andere führende Köpfe der SS, des SD und der Gestapo. Trotzdem konnte in den zahlreichen Arbeiten, die zur Täterforschung unterdessen erschienen sind, fast durchgehend die „Dimension des Subjekts“ (Gerhard Paul) zurückgewonnen werden, d.h. hinter den Schreibtischen und Peletons sind *ordinary men* und, in vielen Fällen noch präziser, *ordinary Germans* sichtbar geworden, von denen bereits Browning gesprochen hatte. Dadurch wurde die bis dahin bestehende Distanz zwischen den Tätern und der deutschen Lebenswirklichkeit von heute weitgehend aufgehoben, was wiederum die Frage aufwarf, wie „es“ überhaupt möglich war. So erhielt diese für das deutsche Selbstverständnis wichtige Frage eine neue Dringlichkeit. Sie hat letztlich auch mich veranlasst, über eine neue Hitler-Biographie nachzudenken.

Freilich sind die bisher untersuchten Männer und Frauen fast ausnahmslos erst nach der Wende vom 19. zum 20. Jahrhundert geboren worden. Die Forschung nennt sie kollektiv „Kriegskindergeneration“,[116] weil es sich durchweg um Kinder von Vätern und Müttern handelt, die den Ersten Weltkrieg bei vollem Bewusstsein miterlebt bzw. selbst in ihm mitgekämpft haben. Es versteht sich daher von selbst, dass der soziale und mentale, auch der politische und kulturelle Kontext dieses Personenkreises nicht oder nicht ohne Weiteres auf den mindestens zehn Jahre älteren Hitler übertragbar ist – ganz abgesehen davon, dass einem solchen Versuch auch Hitlers Herkunft aus Österreich wenigstens zum Teil entgegen-

114 Paul 2002, S. 13 bzw. 43.

115 Longerich 2008.

116 Himmler war 1914 erst 14 Jahre und Heydrich sogar erst 10 Jahre alt. Von den absoluten Spitzen der NS-Hierarchie waren – nach dem 1889 geborenen Hitler – Hermann Göring und Rudolf Heß (beide Jahrgang 1894) die beiden Ältesten, gefolgt von Josef Goebbels (Jahrgang 1897). Nur der langjährige Reichsinnenminister Wilhelm Frick (Jahrgang 1877) war noch älter als Hitler gewesen.

steht.[117] Insofern gibt die bisherige Täterforschung inhaltlich nur wenig für eine Biographie über den jungen Hitler her. Sie hat mich aber von ihren Ansätzen her und in methodischer Hinsicht ermutigt, auf dem von mir eingeschlagenen Weg immer weiter zu gehen.

Tatsächlich wäre es ja auch nicht einzusehen, weshalb sich die Täterforschung mit so viel Eifer der einfachen Männer an der Front des Genozids annimmt, sich aber mit dem höchsten Verantwortungsträger dieser Massenverbrechen nicht beschäftigt. Ähnlich wie jene Männer und Frauen hat der junge Hitler freilich, wie erwähnt, der Nachwelt nicht viel an persönlichen Zeugnissen hinterlassen. Da er zudem 1914 noch meilenweit von jeder „Tat" entfernt gewesen ist, lässt sich sein Fühlen, Denken und Trachten praktisch nur an der relativ unauffälligen Evidenz seines Lebens- und Bildungsweges von der Geburt bis zum Eintritt in das bayerische Heer festmachen. Das heißt: Alles, was der ältere Hitler später tat oder unterließ, muss für den jungen Hitler zwangsläufig im Bereich der Potentialität, äußerstenfalls dem der Latenz, angesiedelt werden. Da sich allein schon durch die zeitliche Verschiebung des normativen Referenzrahmens nicht die Möglichkeit von Analogieschlüssen ergibt, kann mein Beitrag zur Täterforschung daher zwangsläufig nur ein begrenzter sein. Trotzdem habe ich freilich auch in dieser Hinsicht mein Bestes zu geben versucht.

Die Beschäftigung mit der Täterforschung ist für dieses Buch nicht ohne Folgen geblieben, weil die auf diesem Gebiet tätigen Historikerkollegen sich sowohl mit der Soziologie, Psychologie und Mentalität der Täter als auch mit der Frage befasst haben, mit welchen Moralvorstellungen diese Menschen ihre häufig so unfassbar schrecklichen Taten eigentlich in Übereinstimmung bringen konnten. Diesem Problem ist z.B. der Sozialpsychologe Harald Welzer nachgegangen. Er stieß dabei auf eine merkwürdige Verkoppelung von Töten und Moral. Wie er beobachtete, haben die „Massenmörder" eine Verbindung zwischen „der Einsicht in die Notwendigkeit unangenehmer Handlungen" und ihrem Gefühl hergestellt, sie seien lediglich durch die äußeren Umstände dazu gezwungen worden, diese Handlungen „*gegen* das eigene mitmenschliche Empfinden" ausführen zu müssen. Auf diese Art und Weise ordneten die Täter ihre Mordtaten in einen normativen Referenzrahmen ein, der außerhalb ihres Verantwortungsbereiches zu liegen schien und sie subjektiv soweit entlastete, dass sie das im Grund Unzumutbare vollbringen konnten. Oder anders gesagt: Die für die Ermordung von so vielen Menschen unmittelbar oder mittelbar verantwortlichen Männer und Frauen hielten ihr positives Selbstbild dadurch aufrecht, dass sie sich, wie Welzer schreibt, sowohl an „wissenschaftliche Lehrmeinungen, militärische Pflichtauffassungen und

117 Immerhin ist es bemerkenswert, dass außer Hitler auch Adolf Eichmann (1906–1962) und Ernst Kaltenbrunner (1903–1945), als Nachfolger Heydrichs nach dessen Ermordung von 1943–1945 Chef des Reichssicherheitshauptamtes der SS, zumindest zeitweise in Linz politisch sozialisiert worden sind. Ob dies für die Vermutung generationeller oder soziogeographischer Zusammenhänge ausreicht, wurde unseres Wissens noch nie untersucht.

kanonisierte Ehrendefinitionen" als auch an ein „moralisches Verhalten unter dem Imperativ der individuellen ‚Anständigkeit'" gebunden fühlten, die von der deutschen Hochkultur definiert worden waren. So lässt sich bis zu einem gewissen Grad erklären, warum ganz gewöhnliche Deutsche gleichzeitig Goethe zitieren, Geige spielen und sich über bildende Kunst unterhalten konnten, während sie reihenweise wehrlose Männer, Frauen und sogar Kinder umgebracht haben. Für diese Täter war das solange kein Widerspruch, wie sie sich hinter dem Schutzschirm jenes Referenzrahmens subjektiv „anständig" verhalten konnten. Denn die deutsche Hochkultur hatte ihnen offenbar ein ausreichendes Maß an Palliativen vermittelt, die ihnen eine Auflösung jenes an sich schreienden Widerspruchs möglich machten. Infolgedessen haben sie laut Welzer „das Töten von Juden, Behinderten, Sinti und Roma etc. bis 1945 als moralische, im völkischen Sinne notwendige Handlung" betrachtet. Man geht wohl nicht fehl in der Annahme, dass Ähnliches auch für Hitler galt, was manches an seinem späteren Verhalten vielleicht etwas erklärlicher macht.

Die Gründe lagen in einem von der deutschen Hochkultur induzierten Superioritätsgefühl, für das sich der Begriff „Herrenmenschentum" eingebürgert hat. Es machte aus ganz „normalen" Menschen Richter über Leben und Tod. Ob Welzer indessen Recht hat, wenn er das dahinter aufscheinende „Moralkonzept" als „partikular" bezeichnet, möchte ich eher bezweifeln. Denn zumindest aus der Sicht der damaligen Täter war dieses Konzept „universal", weil sie subjektiv weder einen theoretischen Grund noch die praktische Möglichkeit gesehen haben, sich ihm zu entwinden, ohne ihre „Anständigkeit" aufzugeben. Denn sie sahen sich einfach in einen Prozess von historischer und moralischer Notwendigkeit hineingestellt und empfanden diesen daher als „Universum allgemeiner Verbindlichkeit" (Helen Fein). So konnten die Täter zwischen sich und dem Vernichtungsprozess eine gewisse Distanz legen, die es ihnen erlaubte, sich selbst nicht in der Mörderrolle aufgehen zu sehen bzw. sich gegenüber moralischen Restbedenken die nötige Härte anzueignen.

Bekanntlich sind die geistigen Grundlagen für die vermeintliche Superiorität der Deutschen nicht erst 1933, sondern schon lange vorher gelegt worden. Sie sind untrennbar mit dem Aufstieg der deutschen Länder zu einer der führenden Mächte Europas verbunden, der im Deutschen Reich von 1871 seinen Kulminationspunkt fand, bis dieser durch eigene Selbstüberschätzung und die erfolgreiche Bündnispolitik Frankreichs, Russlands und Englands überschritten worden ist. Zwar sind wohl fast alle vor dem Zweiten Weltkrieg geborenen Deutschen von ihren Eltern noch in diesem superioren Selbstgefühl erzogen worden, doch sind wir gegen Versuche, erneut entsprechende Ansprüche zu erheben, nach der Katastrophe von 1945 wohl für immer gefeit. Fast scheint es mir so, als werde hierzulande neuerdings sogar der Anspruch auf eine angeborene Inferiorität erhoben. Zweifellos hängt dieser radikale Wandel in der deutschen Selbstwahrnehmung mit der Tatsache zusammen, dass der kulturelle Superioritätsanspruch von Hitler derart maßlos überzogen wurde, dass es zu einer Katastrophe von internationalem Ausmaß kam. Infolgedessen hat es im Gegenzug nicht an Versuchen gefehlt, Hitler als Verkörperung des „radikal Bösen“ (Emil Fackenheim) die Zugehörigkeit zur Gattung Mensch überhaupt abzusprechen. Noch 1998 konstatierte der US-amerikanische Publizist Ron Rosenbaum „eine tiefe Kluft ... zwischen denen, die argumentieren, Hitler könne erklärt werden durch ... Erklärungssysteme, die uns bereits vertraut sind ... und denen, die glauben, Hitler sei eine Einzigartigkeit, eine Ausnahme, unerklärbar in Begriffen dessen, was man vor ihm erfahren hat“.[118] Während es somit Stimmen gab, die Hitler die Eigenschaft als Mensch überhaupt absprachen und ihn für schlechthin unerklärbar hielten, wurde er von Claude Lanzmann kurzerhand zum „Produkt der ganzen Geschichte der westlichen Welt“ erklärt – ein Produkt, das den Grund für den Massenmord an den Juden nicht durch seinen Geist oder Willen, sondern durch „die Mentalität der westlichen Kultur“ gefunden habe.[119]

Diese ideologischen Grabenkämpfe um Entschuldigung oder Mystifizierung wurden vor allem deshalb geführt, weil man einen „postumen Sieg“ Hitlers verhindern wollte: die Entlassung aus seiner persönlichen Schuld. Kurz nach der letzten Jahrtausendwende schwächten sich diese Auseinandersetzungen aber soweit ab, dass Frank Schirrmacher, Feuilleton-Chef der *Frankfurter Allgemeinen Zeitung*, „eine neue Phase“ in der Beschäftigung mit Hitler ausrufen konnte, die mit den Filmen von Bernd Eichinger (*Der Untergang*) und Heinrich Breloer (*Speer und er*) begonnen hatte.[120] Dieser Umschwung in der öffentlichen Meinung ist wahrscheinlich auch darauf zurückzuführen, dass schon so viele Zeitzeugen verstorben waren. Vielleicht wollte man in der Hitler-Forschung aber auch nicht immer und ewig auf der Stelle treten. Darüber hinaus wurde zunehmend erkannt, dass die Einhaltung des Rationalitätsgebots, das einst die Aufklärung gesetzt hatte, eine Sache jenes wachsenden Selbstrespekts ist, der den Deutschen nach der Wiedervereinigung ihres Landes einen „inneren Souveränitätsgewinn“ (Dan Diner) beschert hat.

Bei diesem Stand der geschichtspolitischen Debatte habe ich mich entschlossen, dieses Buch zu schreiben. Die Zeit schien Anfang des neuen Jahrtausends einfach reif zu sein, in jene Tiefen vorzustoßen, die andere Hitler-Biographen bisher gemieden haben. Dabei bezog ich, neben dem sattsam Bekannten in meine Arbeit ein, was man bis jetzt „an bibliographisch erfass- und philologisch bearbeitbaren Quellen seines Weltbildes“ (Ulrich Sieg) vernachlässigt hat. Dadurch ist dieses Buch freilich auch recht umfangreich geworden. Keine Frage ist, dass mich, Jahrgang 1938, bei meiner Arbeit auch persönliche Motive geleitet haben: Als Nachkomme der so genannten Erlebnisgeneration, der sich selbst noch schemenhaft an das „Dritte Reich“ erinnern kann, möchte ich mit fortschreitendem Alter einfach etwas genauer wissen, wie „es“ möglich gewesen ist. Dennoch war

118 Rosenbaum 1998, S. 391.

119 Ebda., S. 259.

120 Schirrmacher 2004.

die Gefahr einer „Idealisierungsarbeit" in meinem Fall relativ gering. Sie besteht laut Sigmund Freud darin,[121] dass der Biograph seinen Protagonisten in die eigenen „infantilen Vorbilder" einreiht, „die individuellen Züge in seiner Physiognomie" löscht, „die Spuren seines inneren Lebenskampfes mit inneren und äußeren Widerständen" glättet und an ihm „keinen Rest an menschlicher Schwäche und Unvollkommenheit" mehr lässt. Die Gefahr, dass daraus dann „eine kalte, fremde Idealgestalt" anstatt des Menschen erwächst, „dem wir uns entfernt verwandt fühlen könnten", war für mich deshalb so gering, weil es sich im Falle des jungen Hitler genau umgekehrt verhält. Hier bestand die Aufgabe darin, aus einer „kalten, fremden Idealgestalt" des „absolut Bösen" wieder einen Menschen zu machen, in dem man das Eigene erkennt, die deutsche Hochkultur, in der ich ebenso wie einst der junge Hitler verwurzelt bin. Es versteht sich wohl von selbst, dass ich diesen Begriff nicht gewählt habe, um auf andere Kulturen herabzublicken, sondern um eine einfache und allgemein verständliche Unterscheidung gegenüber der deutschen Alltags- oder Trivialkultur treffen zu können.

Dirk Bavendamm
Reinbek, im Mai 2009

121 Sigmund Freund, Ges. Werke III, London 1941, S. 202 – op. cit. Scholdt 1984.

Teil I

Geburt eines Traumes

1. Kapitel: Der Vater

Braunau, April 1889

Im Lauf des Monats wurde das Wetter besser. Unterhalb der Festungsmauern, am Ufer des Inns, hatte die Arbeit in den grünenden Gärten begonnen: Man säte und pflanzte und schnitt die dürren Zweige aus den Obstbäumen. Nach den dunklen, kalten Wintermonaten wagten sich die jungen Mütter in ihren bodenlangen Röcken und Kleidern wieder auf die Straßen. Sie fuhren ihre Säuglinge in hochrädrigen Kinderwagen aus, die der Kaufmann F. de Giorgi in seinem Laden „zu billigsten Preisen" feilgeboten hat, und wenn die Sonne hervorkam, spielten die größeren Buben und Mädchen im Freien.

Trotz des Frühlings hing jedoch der Schatten einer apokalyptischen Zeit nicht nur über Braunau, sondern über ganz Österreich-Ungarn – einer Zeit, die auf Entscheidungen drängte, einer Wendezeit. Am 30. Januar 1889 hatte sich der Kronprinz unter mysteriösen Umständen in Schloss Mayerling bei Wien das Leben genommen – erschossen. Rudolf, die Hoffnung des Reiches! In Windeseile war die schlimme Nachricht auch nach Braunau gelangt. Die Beamten der Bezirkshauptmannschaft und der gegenüberliegenden k.k. Finanzbehörde wurden zum Trauergottesdienst befohlen. Am Rathaus und an der Stadtpfarrkirche hingen wochenlang schwarze Fahnen, Symbole für die beginnende Totenstarre der Habsburgermonarchie. Aus dem Frühjahr drohte ein österreichisch-ungarischer Winter zu werden.

Der Samstag vor dem Osterfest war wolkig und windig. An diesem 20. April 1889 wurde gegen 18.30 Uhr im Haus Salzburger Vorstadt 219, also jenseits des südlichen Stadttors, ein Kind geboren. Das Geburts- und Taufbuch der Stadtpfarre Braunau verzeichnete es unter dem Namen „Adolfus". Die *Neue Warte am Inn*, „Organ für Interessenvertretung des Bauern- und Gewerbestandes", veröffentlichte die Nachricht in ihrer Ausgabe vom 27. April.

Dienst an der Grenze

Auf der anderen Seite der Stadt, im Hinterhaus des Kameral-Amtes, versah der k.u.k. Zollamtsoffizial Hitler Alois an jenem 20. April seinen Dienst. Wie an jedem anderen Sonnabend ging er wahrscheinlich erst gegen 18 Uhr nach Hause, wo seine Frau bereits in den Wehen lag. Dabei wandte er der Grenze zwischen der Habsburgermonarchie und dem Deutschen Reich den Rücken zu, so als wollte er sie mit Nichtachtung strafen. Aber davon war der Hitler Alois weit entfernt. Denn am Morgen nach Ostern, gegen acht Uhr, nach der Geburt seines jüngsten Sohnes, strebte er ihr schon wieder mit Entschlossenheit zu, so als gälte es, sie bis zum letzten Blutstropfen zu verteidigen.

Bei Braunau lag die Grenze in der Mitte des Inns, der hier eine Breite von etwa 300 Metern hatte. Auf der anderen Seite des Flusses lag Simbach. Seit Jahrhunderten waren das niederbayerische Dorf und das oberösterreichische Städtchen durch eine lange Holzbrücke miteinander verbunden, die Fußgänger, Reiter und Fuhrwerke benutzten. Automobile gab es Ende des 19. Jahrhunderts noch nicht – sie wurden eben erst erfunden. Seit man Braunau 1870 im Zuge der neu eröffneten Strecke München–Wien eine der hoch begehrten Eisenbahnstationen zugesprochen hatte, führte außerdem etwas weiter stromab eine Eisenbahnbrücke über den Fluss.

Die Grenze zwischen Österreich-Ungarn und dem Deutschen Reich war gleichbedeutend mit dem Leben des 52 Jahre alten Hitler Alois – er stand mit ihr, und er würde auch mit ihr fallen. Sein Aufstieg in der Hierarchie hatte ihn vom manchmal harten Dienst an der Zollschranke entbunden. Der Beamte saß recht behaglich in der Zollkasse mit Parteienverkehr, wie es im Amtsdeutsch hieß. Er nahm von Kauf- und Fuhrleuten Mautbeträge und Steuerzahlungen entgegen, verbuchte sie mit gestochen scharfer Handschrift und stellte Zollbescheinigungen aus. Gelegentlich erledigte er auch Schreibarbeiten anderer Art. Es war eine recht gemächliche Tätigkeit, die viel mit Zahlen, Verordnungen und Gesetzen zu tun hatte. Dennoch war dem Hitler Alois bewusst, dass er dem alten Kaiser in Wien dadurch zu Einnahmen verhalf, die dieser benötigte, um ein Reich am Leben zu erhalten, das nun vielleicht bald zugrunde gehen würde. Denn was sollte aus Österreich-Ungarn werden, wenn der Kaiser starb und es keinen Kronprinzen mehr gab?

Der Zollamtsoffizial war ein relativ kleiner, gedrungener Mann, der jetzt, als er in die Jahre kam, ein wenig zur Fülle neigte. In seiner grüngrauen Dienstuniform mit dem blinkenden Säbel an der Seite und der steifen Kappe auf dem mächtigen Haupt wuchs aber seine Statur.[1] Sie bekam etwas leicht Martialisches, wenn der Hitler Alois durch das Städtchen ging und seine Blicke unter dem schwarz glänzenden Lackschirm prüfend schweifen ließ. Dann sah er wie eine respektable Amtsperson aus. Nicht zufällig hatte er seine Barttracht der des alten Kaisers angeglichen. Die Wirkung, die von diesem übereinstimmenden Merkmal ausging, war beabsichtigt. Denn seine Autorität leitete der Zollamtsoffizial, der trotz des klingenden Titels nicht viel mehr als ein beamteter Buchhalter war, unmittelbar von Kaiser Franz Joseph I. im fernen Wien als seinem obersten Dienstherrn ab.

Braunau war damals ein Städtchen mit nicht viel mehr als dreieinhalbtausend Einwohnern, das durch seine Brauereien, Sägewerke und allerlei Handelsgeschäfte im Lauf der Zeit recht wohlhabend geworden war. Hier

1 Fest 1973/5, S. 33 u. 35: Das hier abgedruckte Foto zeigt nicht den Zollamtsoffizial Alois Hitler, die darauf aufbauende Personenbeschreibung ist daher irreführend. Abgesehen von physiognomischen Unterschieden (Gesicht, Kinn, Bart, Brille und Haartracht), hatten Zollbeamte an ihrem Dienstsäbel kein Portepee. Auch die offenbar pompösen Ringe an den Fingern passen nicht zu Alois Hitler. Schriftliche Mitteilung der Finanz- und Zollgeschichtlichen Sammlung vom 2. Juni 2003 an den Verfasser.

hatte Alois seit 1864[2], mit seiner Aufnahme in den Zolldienst, Wurzeln geschlagen. Zwar richtete ein Stadtbrand 1874 vorübergehend große Schäden an, doch baute man Braunau unter Bürgermeister Dr. Rudolf Brunner, im Zivilberuf Notar, rund um den großen Stadtplatz schon bald wieder auf. Bahnhof, Garnison sowie der nahe Grenzübergang hoben das Städtchen in seiner Bedeutung über andere Gemeinden gleicher Größe hinaus. Durch das Denkmal für Johann Philipp Palm, das ein deutsch-österreichisches Bürgerkomitee schon 1862 hatte errichten lassen, verfügte Braunau zudem über eine Sehenswürdigkeit, die Touristen sogar aus München und Passau anzog. Der Verleger Palm war auch postum noch ein berühmter Mann, weil er durch die Verbreitung einer anonymen Flugschrift mit dem provozierenden Titel „Deutschland in seiner tiefsten Erniedrigung" Widerstand gegen Napoleon geleistet hatte und deshalb 1806 hingerichtet worden war. So brauchten sich das elegante Hotel Fink und die vielen Gastwirtschaften vor Ort über einen Mangel an Gästen nicht zu beklagen.

Beruflicher Aufstieg

Dem Schicksal, das ihn hierher geführt hatte, konnte Alois nur dankbar sein. Über seinen ersten beschwerlichen Lebensjahren, von denen er einige wohl noch mit seiner ledigen Mutter verbrachte, liegt der Schleier des Ungewissen. Aus den spärlichen Lebensdaten seiner mutmaßlichen Eltern kann lediglich geschlossen werden, dass er mit zehn Jahren Halb- und mit zwanzig Vollwaise wurde. Das war ziemlich früh und deshalb auch einigermaßen hart. Unklar ist auch, wann ihn sein Ziehvater, der Hiedler Johann Nepomuk, zu sich nach Spital Nr. 36 auf seinen Bauernhof genommen hat. Allerdings weiß man, dass Alois vermutlich schon dort das Schuhmacherhandwerk zu erlernen begann.

Damals war das Waldviertel keineswegs eine so abgelegene und unbewohnte Gegend, als die es heute in der Rückschau erscheinen mag. Im Gegenteil – im 19. Jahrhundert wurde es aus überörtlichen Gründen durch eine bemerkenswerte Mobilität geprägt.[3] Einerseits wanderten tschechische und slowakische Wanderarbeiter aus dem benachbarten Böhmen und Mähren zu, andererseits siedelte die bäuerliche Stammbevölkerung z.T. in das Wiener Becken aus, weil die Kleinbauern, die ihren kärglichen Lebensunterhalt bis dahin mit Spinnen und Weben aufgebessert hatten, durch die

2 Datum bei Heiden 1936 I, S. 17, der dafür vermutlich noch die später von der Gestapo kassierten Akten benutzt hat. Was die frühen Stationen im Leben des Hitler Alois angeht, muss man sich die Daten mühsam aus *Mein Kampf* und anderen Werken der Sekundärliteratur mit all ihren Widersprüchen zusammensuchen, weil es dafür nach der Säuberung der Archive durch die Gestapo nur noch wenige dokumentarische Belege gibt. Für die späteren Stationen greifen wir teils auf eigene Nachforschungen in den Archiven und vor Ort, teils auf die Dokumentensammlung zurück, die der Hitler-Biograph Franz Jetzinger im Oberösterreichischen Landesarchiv zu Linz hinterlegt hat.

3 Vgl. im Folgenden Parnreitner 1995, S. 349ff.

aufblühende Baumwollindustrie brotlos wurden. Es war daher kein Zufall, dass Alois ein Handwerk erlernte, statt sich darauf zu verlassen, dass ihm der Ziehvater eines Tages seine Landwirtschaft vererben würde.

Noch härter traf der Strukturwandel das Waldviertel freilich nach 1848, als es von einer kapitalistischen Agrarrevolution heimgesucht wurde, die viele Bauern von ihren Höfen vertrieb. Es ist daher nicht zufällig, dass Alois gerade dadurch „mit drei Gulden Wegzehrung“ auf Wanderschaft ging. Es war eine Notwendigkeit, die er der aufkommenden Geldwirtschaft verdankte – und auch den Juden, die diese Wirtschaft offenbar beherrschten.

Der Hitler Alois begab sich 1849 nach Wien, weil es dort mehr und sichere Arbeit gab.[4] Sechs Jahre später fand der Schuhmachergeselle im salzburgischen Saalfelden den Zugang zum Finanzwachdienst.[5] Auch dabei kam ihm wieder ein Strukturwandel zu Hilfe, diesmal in der österreichischen Bürokratie. Seit Beginn des Spätabsolutismus wurde überall in der Monarchie der Beamtenapparat ausgebaut. Überdies verlangte der 1853 zwischen dem Habsburgerreich und Preußen geschlossene Zoll- und Handelsvertrag einen höheren Personaleinsatz.[6] So entstand an der bayerisch-österreichischen Grenze „eine Pflanzschule für Zollbeamte“ (Rudolf Holzer), in deren untere Ränge man auch Bewerber ohne nennenswerte Schulkenntnisse, aber mit dem Drang nach Höherem bei gleichzeitiger Bereitschaft zu Disziplin und Gehorsam aufnahm.

Da Alois diese Gaben offenbar in hinreichendem Umfang besaß, wurde er 1864 als Provisorischer Amtsassistent[7] in den Zolldienst übernommen, gewissermaßen das Kellergeschoss der kaiserlich-königlichen Beamtenhierarchie.[8] Anfangs waren die Arbeitsbedingungen noch hart und die Besoldung gering sowie von Zufälligkeiten abhängig. Aber das änderte sich, als Alois, pünktlich, fleißig und strebsam, wie er nun einmal war, Schritt für Schritt in höhere Dienstränge mit mehr Kompetenzen und besseren Gehältern aufstieg. Insgesamt fast dreißig Jahre lang, von 1864 bis 1892, in Braunau tätig, wurde er 1875 zum Zollamtsoffizial ernannt, was ihn für Hauptzollämter der 1. Klasse qualifizierte.

Die Endstufen seiner Laufbahn erreichte Alois freilich erst 1892 bzw. 1894, kurz vor seiner Pensionierung, mit der Ernennung zum Provisorischen bzw. zum Wirklichen Zollamtsoberoffizial – das war ein zwar ziemlich später, aber durchaus achtbarer Lebenserfolg,[9] durch den er in die

4 Hitler 1925 I, S. 2f.

5 Heiden 1936 I, S. 17.

6 Engelbrecht 1982 I, S. 24, und Holzer 1961, S. 126.

7 Jetzinger 1956, S. 45.

8 Vgl. Taschenbuch für k. k. Staatsbeamte und Staatslehrpersonen für das Jahr 1909, dessen Besitz wir der zollamtlichen Sammlung Linz verdanken. Wie vieldeutig und für den Nachbetrachter irreführend die Rangeinteilung nach Dienststellung und Gehalt im alten Österreich war, ergibt sich u.a. aus der Tatsache, dass in der neunten Rangklasse sowohl Polizeiärzte Erster Klasse als auch Obergärtner rangierten.

9 Schr. Mitteilung Pilz vom 22. Januar 2003 an Verf. Die Rangklassen wurden von 12 bis 1 gezählt – man stieg also im Rang umso höher, je kleiner die Zahl war. Zwölf Rangklassen ergaben sich nur dann, wenn man die Praktikanten mitzählte.

neunte Rangklasse der k.u.k. Beamtenhierarchie aufstieg. Für mehr fehlten ihm Matura und Studienabschluss. 1892 hatte man ihn in eine so genannte Expositur versetzt, eine Zollstation in Passau, also auf reichsdeutsches Gebiet. Hingegen verbrachte der Beamte, nun wohl schon etwas müde von dieser Ochsentour, die beiden letzten Dienstjahre im Hauptzollamt zu Linz, wo er schließlich am 25. Juni 1895 von seinem obersten Dienstherrn in Wien turnusmäßig in den verdienten Ruhestand verabschiedet wurde. Insgesamt vierzig Dienstjahre waren genug.[10]

Bewegtes Privatleben

Neben der Karriere baute sich Alois in seiner knapp bemessenen Freizeit unter Mühen eine bescheidene Privatsphäre auf. Insgesamt heiratete er dreimal – 1873 eine 14 Jahre ältere, 1883 eine 24 Jahre jüngere Frau und 1885 seine Cousine, die Pölzl Klara, die ihm schon aus seiner Jugendzeit in Spital bekannt gewesen war. Offensichtlich nahm und verbrauchte dieser Mann seine Frauen, wo und wie er sie gerade fand – weder war er besonders wählerisch noch schonte er sie nach der Eheschließung. Im Gegenteil: Alois war ein herrischer und fordernder Gatte und nicht immer treu. Von seiner ersten Frau, Anna Glassl, ließ er sich 1880 scheiden, während er ein Verhältnis mit der zweiten hatte, einer Kellnerin namens Franziska Matzelsberger. Diese wiederum wurde ihm 1884 durch den Tod genommen, als er ein Verhältnis mit einer dritten Frau einging, die ihm damals im Haushalt half. Das Ergebnis waren bis 1889 sieben oder gar acht Kinder.[11] Mit Geburt der Tochter Paula kam 1896 ein achtes oder neuntes hinzu.

Auch wenn Alois privat nicht immer alles glückte, zeichnete er sich in seinem Beruf durch Pünktlichkeit, Zuverlässigkeit und einen ausgeprägten Sinn für sein Weiterkommen aus. Denn vermutlich wird es niemand anderer als er selbst gewesen sein, der 1876 auf den Gedanken kam, sich durch die nachträgliche Legalisierung seiner Geburt einen Namen zuzulegen, der angenehmer, markanter und moderner klang. Das geschah in seinem 40. Lebensjahr. Es handelte sich somit um ein Geschenk, das er sich zu seinem „runden“ Geburtstag selber machte.[12] Erbrechtliche Hintergründe sind wahrscheinlich, weil Alois' Ziehvater Johann Nepomuk mit 69 bereits in die Jahre kam. Für diese Annahme spricht auch der Briefwechsel, den der Zollbeamte 1876/77 in einer nicht näher bezeichneten Grund-

10 Hitler 1925 I, S. 2, irrt oder erliegt einem von ihm selbst für möglich gehaltenen Gedächtnisfehler, wenn er schreibt, sein Vater habe das Ziel, „etwas ‚Höheres'“, nämlich „Staatsbeamter“ zu werden, „nach fast dreiundzwanzig Jahren“, d.h. schon 1860, erreicht. In Wirklichkeit war dies erst nach 27 Jahren der Fall.

11 Die zahlenmäßige Unsicherheit rührt daher, dass Jetzinger 1956, S. 48, ohne dokumentarischen Beweis behauptet, Alois Hitler habe 1867/68 durch die Beziehung mit einer gewissen Thekla P. eine weitere Tochter gezeugt.

12 Slapnicka 1998, S. 22, meint sogar, leider ohne Quellenbeleg, Alois habe sich schon 1873 „Hitler“ genannt, als er in Braunau Anna Glassl ehelichte.

stücksangelegenheit[13] mit seinem Vetter, dem Veit Alois, geführt hat. Ausschlaggebend waren letztlich jedoch Karrieregründe: Ein „Hitler“ stieg in der Beamtenhierarchie leichter als ein „Schicklgruber“ auf.

Seine Karriere war jedoch so langwierig und mühsam, dass sich die Fortschritte an Einkommen und Prestige stets in recht engen Grenzen hielten – gemessen am Bedarf seiner Familie, die wuchs und wuchs. Das bescheidene Vermögen, zu dem es Alois bis zur Pensionierung brachte, beruhte auch weniger auf eigener Beharrlichkeit und Sparsamkeit als vielmehr auf den Mitteln seines Ziehvaters und der Mitgift seiner beiden ersten Ehefrauen. Denn als Alleinverdiener einer vielköpfigen Familie mit einem Nettoeinkommen von zuletzt rund 2.000 Kronen p.a.[14] konnte der kleine Zollbeamte keine großen Sprünge machen, obwohl vier seiner acht oder neun Kinder schon bald nach ihrer Geburt verstorben waren.

Die Einkünfte reichten 1888 für den Erwerb einer kleinen Bauernwirtschaft bei Weitra[15] im Waldviertel. Alois verkaufte sie schon drei Jahre später, weil sich die Entfernung zu Braunau, seinem damaligen Dienstort, als zu groß erwies. Aus dem Verkaufserlös erstand Alois 1895 das „Schrottau-“ oder „Rauschergut“ mit 3,8 ha Land in Hafeld Nr. 13,[16] um sich in dieser ländlichen Idylle mit Bienenzucht und Kleintierhaltung zur Ruhe zu setzen. Da sich aber sein Versuch, gegen Ende des Lebens zu seinen bäuerlichen Wurzeln zurückzukehren, nicht rechnete, musste Alois das Anwesen 1897 wieder veräußern. Mit dem Erlös finanzierte der 62-jährige Pensionist schließlich Haus und Grundstück in Leonding bei Linz,[17] wo er die letzten Jahre seines Lebens verbracht hat.

Komplexes Persönlichkeitsbild

Zeitgenossen zeichneten von diesem Mann ein Bild voller Widersprüche und Ungereimtheiten. Beim Zoll beschrieb man ihn als einen, der bei Kollegen und Untergebenen nicht sonderlich beliebt war, weil er seine Dienstpflichten mit übertriebener Pedanterie wahrnahm.[18] Andere Leute, die

13 BAB, NS 26, Akten Nr. 17, Mikrofilm-Nr. 71943 – Koppensteiner 1937, S. 350: Die Veits waren über die Schicklgrubers mit Alois Hitler verwandt.

14 Smith 1967, S. 48, gibt 2.700 Kronen plus einer Aufwandsentschädigung von 1.000 Kronen als Bruttojahreseinkommen an, das er auf 2.000 Kronen netto herunterrechnet – Jetzinger 1956, S. 60, geht dagegen von 2.600 Kronen *inkl.* Zuschläge aus. Die in der Literatur voneinander abweichenden Angaben über die Einkommensverhältnisse der Familie Hitler leiden darunter, dass fast nie zwischen „netto“ und „brutto“ unterschieden wurde.

15 BAB, NS 26, Nr. 17 a: Hitler ersteigerte das aus zwei Häusern bestehende Anwesen ein halbes Jahr nach dem Tod seines Ziehvaters und ließ es von seiner Schwägerin Johanna Pölzl bewirtschaften. Er bezahlte den Preis mit Hilfe eines Hypothekendarlehens, für das er das mütterliche Erbe seiner beiden ältesten Kinder Alois und Angela als Sicherheit einsetzte – vgl. dazu auch Smith 1967, S. 29.

16 Ortschronik Fischlham, S. 65 a – vgl. auch Jetzinger 1956, S. 60.

17 Smith 1967, S. 53.

18 Jetzinger 1956, S. 58 ff.

Alois wohl auch privat kannten, empfanden ihn als „gemütlichen, aber strengen Herren".[19] Einerseits soll der Zollbeamte verschlossen und mürrisch, andererseits ein „geschätzter Gesellschafter"[20] mit „stets guter Laune" gewesen sein.[21] Offenbar konnte Alois „leicht aufbrausen und grob werden", wenn ihm jemand oder etwas in die Quere kam, wobei sich dann seine „angeborene Heftigkeit und im Dienst erworbene Strenge summierten", wie es bei August Kubizek vielsagend heißt.[22] Alles in allem lässt sich nur eindeutig feststellen, dass Alois „seine Marotten" hatte. Er war ein Mensch mit Ecken und Kanten, ein schwieriger Zeitgenosse, der wohl zur Eigenbrötelei neigte und daher zumindest in jüngeren Jahren nirgendwo leicht und auf Dauer Anschluss fand. Vielleicht hängt damit sein auffallend häufiger Quartierwechsel in Braunau zusammen.[23] Der Grund mag in gelegentlichen Streitigkeiten mit den Nachbarn gelegen haben.

Tatsächlich war man in Braunau auf Alois nicht gut zu sprechen,[24] und zwar sowohl aus privaten als auch aus Gründen, die mit seinem Beruf zusammenhingen. Seit der Zollbeamte für seine zweite Frau den Sarg bestellte, bevor sie das Zeitliche gesegnet hatte, hielt man ihn in der römisch-katholischen Gemeinde für herzlos und kalt. Darüber hinaus kreidete man ihm an, dass seinen Eheschließungen in zwei Fällen ein Liebesverhältnis vorausgegangen war – davon eines mit Folgen, bevor die Hochzeit stattfand. Mit insgesamt drei Ehen hatte der Hitler Alois das ortsübliche Maß überschritten. Erschwerend kam noch hinzu, dass die Matzelsberger Franziska und die Pölzl Klara blutjung waren, wohingegen sich der Zollbeamte bereits in einem fortgeschrittenen Alter befand, als er sie nacheinander zur Frau nahm. Zu allem Überfluss musste Franziska vorzeitig für volljährig erklärt und für Klara sogar der Segen des Papstes eingeholt werden. Wegen dieser Eskapaden wurde Alois von den Männern beneidet, die weniger sexuelle Erfahrungen als er gesammelt hatten, während ihm jene Frauen übel hinterherredeten, die er verschmäht hatte. Insgesamt lag sein schlechter Ruf wohl teils in der üblichen Bigotterie begründet, teils in der nicht unberechtigten Empörung über seine Selbstherrlichkeit. Es war ein schweres Kreuz, das Alois in Braunau zu tragen hatte – vielleicht wurde er deshalb an einen anderen Dienstort versetzt.

Die lebenslange Last seines Berufes als Zöllner, die von der bisherigen Hitler-Biographik übersehen wurde, kam noch hinzu. Sie bestand aus

19 BAB, NS 26, Nr. 17 a, Mikrofilm-Nr. 71943, vgl. die Aussage der Rosalia Hörl o. O., o. D., die 1884/85 Köchin im Haushalt der Familie Hitler war.

20 Ebda., Aussagen des Zollbeamten Hebenstreit, o. O., o. D., die sich auf Eindrücke von 1881/82 beziehen, als Alois Hitler sen. noch beim Hauptzollamt in Simbach beschäftigt war, die also noch älteren Datums sind.

21 ÖLA, Nachlass Franz Jetzinger, Materialien zum Hitler-Buch, Nr. 19, Korrespondenz mit Emanuel Lugert, ehemaliger Kollege von Alois Hitler und Firmpate Adolf Hitlers.

22 Kubizek 1995/6, S. 49.

23 Kubizek 1995/6, S. 51, verzeichnet zwölf solcher Wechsel, Jetzinger 1956, S. 75 immerhin vier.

24 Slapnicka 1998, S. 25.

zweierlei: aus einem schlechten Leumund und aus einer angeblichen Berufung zu Höherem – ein Spagat, ist man versucht zu sagen. Einerseits stellen „mehr als ein Dutzend Bibelzitate ... den Zöllner mit Sündern, Fressern und Säufern, Heiden und Dirnen gleich“, wie Alfons und Jutta Pausch in ihrem Buch über den „Zöllner-Apostel“ Matthäus schreiben.[25] Andererseits soll Jesus ausgerechnet diesen Jünger zum „Apostel mit außergewöhnlicher Vollmacht“ berufen haben. Anderenorts in Österreich baute man Matthäus deshalb Kirchen und schnitzte Heiligenfiguren. In Grenzorten wie Braunau war dies jedoch nicht der Fall.

Wegen der biblisch sanktionierten und daher tief in der Volksreligiosität verankerten Vorurteile sowie der angeblichen Berufung zu höherer Verantwortung brauchte der Hitler Alois ein breites Kreuz, um mit diesem Spagat fertig zu werden. Noch schwerer wogen freilich die Vorbehalte, die man ihm aus sehr profanen Gründen entgegenbrachte: Da war erstens der Hauch der Korruption, der jeden Zöllner umwehte. Denn niemand konnte oder wollte ganz ausschließen, dass diese Beamten bei Ausübung ihres Dienstes in die eigene Tasche wirtschafteten oder Freunde und Bekannte ungerechtfertigt begünstigten. Der Grund: Im Gegensatz zum Finanzbeamten, der dem Steuerzahler das Geld durch den Steuerbescheid indirekt aus der Tasche zieht, kassiert der Zollbeamte die Abgaben, Steuern und Gebühren an der so genannten Gefällswache oder in der Zollkasse persönlich in bar. Nicht zufällig galt deshalb im alten Österreich die Vorschrift, Zöllner nicht länger als sechs Monate an der Zollschranke zu belassen. Um irgendwelchen Amtsmissbräuchen vorzubeugen, wurden sie dann versetzt.[26]

Nicht nur an der bayerisch-österreichischen Grenze kam im 19. Jahrhundert noch etwas anderes hinzu, was die Mautner oder Zöllner unbeliebt gemacht hat. Durch ihre amtliche Tätigkeit griffen sie empfindlich in die lokalen und regionalen Wirtschafts- und Verkehrsabläufe ein. Seit Menschengedenken hatten der Waren- und Personenverkehr zwischen Simbach und Braunau störungsfrei und zum Vorteil aller funktioniert, weil das Innviertel noch zu Bayern gehörte, und das war – mit Unterbrechungen – bis 1816 der Fall. Seitdem aber wurde die Staats- und Zollgrenze von Handelsleuten, Gewerbetreibenden und Fuhrleuten aller Art als lästiges Hindernis empfunden, das 1871 durch die zwischen Simbach und Braunau entstandene Reichsgrenze noch größer wurde. Danach blieb vermutlich nur mehr der tägliche Bagatellverkehr von umständlichen Zollformalitäten oder gar Personenkontrollen verschont, jeder andere Wirtschaftsverkehr musste sich dem Regime der Zöllner beugen. Diese Beamten kassierten jedoch nicht nur Gebühren, sondern hatten auch die lokale Geschäftswelt zu überwachen. Wurden die Verbrauchssteuern pünktlich bezahlt? Oder lag eine so genannte Steuerdefraudation oder Gefällsübertretung vor? Fast niemand konnte sich ihren prüfenden Blicken entziehen.

25 Pausch 1986, S. 14.
26 Holzer 1961, S. 84.

Zollbeamte verwalteten überdies die Monopole für Salz, Tabak und Alkohol – viel und hoch begehrte Güter des täglichen Bedarfs. Kein Wunder, dass sie in den grenznahen Orten nur wenige Freunde hatten. Denn ob nun im Einzelfall berechtigt oder nicht – ausgesprochen oder unausgesprochen zogen die Zollbeamten viele Aggressionen auf sich herab.

Diese kollektive Ablehnung war offenbar recht weit verbreitet – das heißt, nicht nur auf Braunau beschränkt. Sie machte aus Verstößen gegen die Zoll- und Steuergesetze ein Kavaliersdelikt, wenn nicht sogar eine Ehrensache. Das Schmuggeln sollen damals sogar „hohe Herren", also Adlige und Staatsbeamte, als „eine Art romantische Passion" betrachtet haben.[27] Zöllner, die gegen den grenzüberschreitenden Schleichhandel einschritten, wurden von der Bevölkerung sogar zuweilen offen verhöhnt, da sie nur allzu oft machtlos waren. Auch blieben die Angehörigen dieses umstrittenen Berufsstandes z.B. bei Versuchen, eine Ehe zu schließen oder Freunde zu gewinnen, mehr oder weniger unter sich. Dies gilt auch für den Hitler Alois: Er hatte einen tschechischen Kollegen zum Freund. Ein anderer Kollege erklärte sich bereit, die Patenschaft für Sohn Adolf zu übernehmen. Zwei weitere Zollbeamte hatten Alois schon bei dessen zweiter Ehe als Trauzeugen gedient. Viel mehr ist über Freundschaften und andere Personen, die ihm nahestanden, nicht bekannt – für einen Mann, der beruflich mitten im Leben stand, privat eine schmale Basis.

Zollbeamte wie der Hitler Alois waren somit gesellschaftlich weitgehend isoliert und standen unter dem nicht unbeträchtlichen Druck ihrer Umgebung, zumal manche Verdächtigungen unausgesprochen blieben. Dies wirkte sich auf die Psyche des Hitler Alois negativ aus. Denn was an Vorurteilen gegen seinen Berufsstand in der Luft lag, konnte bei passender Gelegenheit hervorgeholt und als moralische Keule gegen ihn persönlich verwendet werden. Bei einem Mann wie ihm, der gern autoritär und etwas gespreizt auftrat und der sich durch zu viele Ehen, zu junge Frauen und ein offensichtlich gern zur Schau getragenes Repräsentationsbedürfnis angreifbar gemacht hatte, war dies gewiss der Fall. Nicht zufällig heiratete Alois seine zweite Frau im benachbarten Ranshofen, wo er sie auch begrub. Durch diese defensiven Gesten wollte er sie und sich selbst den hämischen Blicken und dem heimlichen Getuschel seiner Braunauer Mitbürger entziehen.[28]

Die gesellschaftliche Isolierung und die zumindest unterschwellige Ablehnung, auf die er bei seinen Mitmenschen traf, frustrierten Alois, machten ihn misstrauisch und stimmten ihn latent aggressiv. Wahrscheinlich hat er deshalb so häufig seinen Dienst- und Wohnort gewechselt. Erst als sich der Hitler Alois in Leonding bei Linz zur Ruhe setzte, konnte er außerhalb seines eigenen Hauses aufatmen und sich ein wenig entspannen, so dass sich die Urteile seiner Mitmenschen deutlich aufhellten, wie der Nachruf auf den Verstorbenen in der *Linzer Tages-Post* beweist. Auf der

27 Holzer 1961, S. 14, und das folgende S. 81.
28 Slapnicka 1998, S. 25.

anderen Seite aber kamen seit seiner Pensionierung neue Belastungen auf ihn zu: das Gefühl, nicht mehr gebraucht zu werden, die Empörung über die Sprachenpolitik des Kaisers und die Auseinandersetzungen mit seinem jüngsten Sohn, der statt Staatsbeamter unbedingt Kunstmaler werden wollte und sich dadurch dem Machtspruch seines treu sorgenden Vaters zunehmend entzog.

Politisches Vexierbild

Ebenso widersprüchlich wie die Urteile über die Persönlichkeit des Hitler Alois fallen auch die Einschätzungen seiner politischen Einstellung aus. In seiner Braunauer Zeit hatte er sich nachweisbar dafür eingesetzt, dass auch arme Kinder, wie er früher einmal eines gewesen war, die Schule besuchen konnten. So meldete die in Braunau erscheinende *Warte am Inn* unter dem 13. Januar 1889, dass u.a. ein „Hr. A. Hitler, Hauptzollamts-Offizial", die „Suppenanstalt für arme Schulkinder" mit einer Spende von 60 Kreuzern unterstützt hatte.[29] Suppenanstalten waren „humanitäre Einrichtungen" für Kinder, die so weite Wege zu ihren Schulen hatten, dass man ihnen besonders im Winter zur Mittagszeit wenigstens eine warme Suppe anbieten musste, damit sie überhaupt kamen. Andernfalls wären sie dem Unterricht in vielen Fällen ferngeblieben. Viel waren 60 Kreuzer nicht, aber sie wiesen in jene Richtung, in die Alois dachte und die sein Sohn in *Mein Kampf* als „weltbürgerlich" bezeichnet hat:[30] Unabhängig von Religion, Stand und Einkommen sollte jeder Mensch das gleiche Recht auf Bildung haben, auch die Juden! Das war sein Credo. Dafür setzte sich der Hitler Alois ein. Diese Einstellung kam auch seinen Kindern zugute.

Aus diesem Grunde war der Zollbeamte auch gegen eine Klerikalisierung des Schulwesens, die sich schon vor 1869 in den Beratungen über das Reichsvolksschulgesetz bemerkbar gemacht hatte.[31] Alois trat nicht nur dafür ein, dass jeder Mensch das gleiche Recht auf Bildung hatte – ein Menschenrecht. Er wollte auch, dass die Schulen frei von konfessioneller Bevormundung blieben, obwohl er Diener eines eng mit der römisch-katholischen Kirche verflochtenen Staates war. Dies alles weist ihn als ausgeprägten Freigeist aus. Es hatte daher seine Berechtigung, dass die *Linzer Tages-Post* in ihrem Nachruf auf den Verstorbenen feststellte: „Alois Hitler war ... ein warmer Freund der freien Schule."[32] Die Betonung lag auf dem Wort „frei".

Die übrigen Äußerungen über seine politische Einstellung sind widersprüchlich und geben allerlei Rätsel auf. Adolf Hitler meinte rückblickend, sein Vater sei von „schroffster nationaler Gesinnung" gewesen,[33] was in spürbarem Widerspruch zu seiner soeben zitierten Aussage über die

29 *Warte am Inn*, 6. Jgg., Nr. 2, v. 13. Januar 1889, S. 5.
30 Hitler 1925 I, S. 54.
31 Engelbrecht 1986 IV, S. 29f., und Pichl 1938 I, S. 184.
32 *Linzer Tages-Post* vom 1. Januar 1903.
33 Hitler 1925 I, S. 13

„weltbürgerlichen" Ansichten des Hitler Alois steht. Bestünde diese nationalistische Einschätzung zu Recht, würde sie eine politische Nähe des Zollbeamten zu Georg Ritter von Schönerer nahelegen, dem Anführer der „Alldeutschen". Für den Mayrhofer Josef, nach dem Tod des Zollbeamten der Vormund der beiden jüngsten Hitler-Kinder, war Alois „Pangermane, dabei merkwürdigerweise doch kaisertreu"[34] – auch dies ein Widerspruch in sich selbst. Hingegen blieb die *Linzer Tages-Post* ihrem freiheitlich gestimmten Tenor treu, indem sie den alten Herrn in ihrem bereits zitierten Nachruf „durch und durch fortschrittlich" nannte, was man nach damaligem Sprachgebrauch auch „altliberal" nennen kann. Damit bezeichnete man jene nach Lebensjahren älteren Österreicher, die in der liberalen Epoche des franzisko-josephinischen Systems politisch sozialisiert worden waren. Diese Bewertung lässt sich freilich weder mit Nationalismus noch mit Pangermanismus in Übereinstimmung bringen. Schließlich hielt Hitlers Jugendfreund Kubizek den Zollbeamten, den er nicht mehr persönlich kennen gelernt hatte, für liberal und staatsloyal,[35] und dieses Urteil scheint in der Mitte der vier hier zitierten Meinungen zu liegen. Es schließt extremistische Einstellungen zur einen oder anderen Seite hin aus.

Wie lassen sich diese vielen verschiedenen Einschätzungen nun zu einem halbwegs geschlossenen Gesamtbild zusammenfügen? Die beiden Begriffe „kaisertreu" und „staatsloyal" sowie „fortschrittlich" und „altliberal" sind nach damaligem Sprachgebrauch nahezu deckungsgleich. Der tendenzielle Restwiderspruch, der sich zwischen dem ersten und dem zweiten Begriffspaar ergibt, löst sich im Opportunismus der österreichischen Staatsbeamten auf. Hingegen ist es kaum möglich, eine „schroffste nationalistische Gesinnung", die Adolf Hitler seinem Vater attestiert, und den von Mayrhofer apostrophierten „Pangermanismus" mit altliberaler Kaisertreue und fortschrittlicher Staatsloyalität zur Deckung zu bringen, denn dies schließt sich im Prinzip gegenseitig aus. Aber es kommt noch ein weiterer Widerspruch hinzu, wenn Hitler behauptet, er habe dank der „weltbürgerlichen Auffassungen" seines Vaters im Haus seiner Eltern noch nicht das Wort „Jude" gehört, weil „der alte Herr (darin) ... eine kulturelle Rückständigkeit erblickt" haben würde. Denn „schroffste nationalistische Gesinnung" und „Pangermanismus" hatten meistens auch antisemitische Vorurteile zur Folge.

Um unsere Verwirrung zu vervollständigen, hat Hitlers bereits erwähnter Neffe William Patrick behauptet, Alois sei „antideutsch" eingestellt gewesen.[36] Widersprüche also, wohin man blickt! Zumindest kann man

34 Op. cit. Hamann 1996/4, S. 22.

35 Kubizek 1995/6, S. 52.

36 NACP, Records of the OSS, Record Group 226, Box 2, Hitler's Source Book, Aussage William Patrick Hitler, 10. September 1943, S. 928. Das Gleiche soll auch bei Alois Hitler jun., dem ältesten Sohn des Zollbeamten aus erster Ehe, der Fall gewesen sein. Patricks Mutter, eine Irin, habe seinen Vater im Streit stets damit zum Schweigen bringen können, dass sie ihm zurief: „Halt' die Klappe, du dreckiger Deutscher!" Alois jr. habe die Deutschen so heftig abgelehnt, dass er in diesem Fall seinen Zorn auf sie habe

wohl sagen, dass es mit der angeblich „schroffsten“ pangermanischen Nationalgesinnung des Zollbeamten nicht sehr weit her gewesen sein kann, weil er nun einmal im Dienst des Kaisers und Staates stand. Es wird sich bei dieser Einschätzung wohl um eine Übertreibung Hitlers handeln, mit der er beweisen wollte, dass die politische Einstellung seines Vaters auf ihn „abgefärbt“ habe, d.h. dass er aus einem deutschnationalen Elternhaus stammte. Aber so einfach lagen die Verhältnisse nicht.

Zwar gehörte der pensionierte Zollbeamte, wie August Kubizek berichtet,[37] am Ende seines Lebens in Leonding offenbar einem Stammtisch an, an dem auch deutschnationale Ansichten vertreten wurden. Vielleicht hat sich der Hitler Alois dort sogar selbst gelegentlich in schönerianischem Sinne geäußert. Schließlich gehörte er zum deutschen Teil der Staatsbeamtenschaft im Vielvölkerstaat, eine Tatsache, die ihm durch die scharfen Auseinandersetzungen zwischen den aus dem benachbarten Böhmen zuwandernden Tschechen und den ortsansässigen Deutschen gerade an seinem früheren Dienstort Linz fast täglich vor Augen geführt worden war. Dennoch muss man zwischen einem geschärften Bewusstsein, Deutscher zu sein, und „schroffster nationaler Gesinnung“, die sich oftmals in Antitschechismus und Antisemitismus niederschlug, gewisse Unterschiede machen.[38] Zudem hatte sich Schönerer, der Anführer der „Alldeutschen“, erst vor wenigen Jahren ins Abseits manövriert. Er war an der Wende vom 19. zum 20. Jahrhundert politisch ein toter Mann, so dass es dem in Ehren ergrauten Hitler Alois gewiss kaum eingefallen wäre, sich mit einem Exzentriker politisch zu identifizieren, der durch seinen Anschlussgedanken den österreichischen Staat in Frage gestellt hatte und den das Kaiserhaus deshalb als Staatsfeind Nr. 1 betrachtete. Allenfalls konnte es sich der pensionierte Zollbeamte leisten, im Kreis seiner Zechkumpane offene Sympathien für die Sache der Deutschen *in Österreich* zu äußern. Aber vielleicht genügte das schon, um aus ihm in den Augen seines Sohnes einen heimlichen „Rebellen“ zu machen.[39]

Tatsächlich ist nicht zu leugnen, dass es zwischen Treue zum Kaiserstaat und Sympathien für das Deutschtum ein gewisses Spannungsverhältnis gab. Es zwang Alois einfach dazu, mit zwei verschiedenen Zungen zu

---

konzentrieren müssen. Aus dieser in sich recht schlüssig wirkenden Erzählung lässt sich folgern, dass Patrick von seinem Vater in wahrscheinlich unzulässiger Weise auf seinen Großvater geschlossen hat, den Zollbeamten. Alois jr. soll, wie Patrick weiter berichtet, ausgesprochen stolz auf sein Österreichertum gewesen sein.

37 Kubizek 1995/6, S. 94.

38 Jetzinger 1956, S. 60: Der Zollbeamte Emanuel Lugert, Firmpate Adolf Hitlers, hielt eine schönerianische Zuschreibung im Fall des Alois Hitler denn auch „für einen Unsinn“, indem er auf dessen Freundschaft mit dem Zollbeamten Wessely verwies, der offenbar tschechischer Abstammung war.

39 An einer Stelle in *Mein Kampf* schildert Hitler das Dilemma der deutschösterreichischen Beamten so anschaulich, dass man glauben könnte, es wäre den Erinnerungen an seinen Vater entnommen. Er schreibt von „Rebellen nicht gegen die Nation, auch nicht gegen den Staat an sich, sondern gegen eine Art der Regierung, die ihrer Überzeugung nach zum Untergang des eigenen Volkstums führen musste“. Vgl. Hitler 1925 I, S. 103.

sprechen: Gegenüber Vertrauten und Freunden etwas deutschnationaler, gegenüber Vorgesetzten und weitläufig Bekannten ein wenig österreichtreuer. Das Ganze lief auf einen gepflegten Opportunismus hinaus. Denn nur so konnte es die deutschnationale Seele in der Brust des Zollbeamten vermeiden, mit der österreichischen Staatsräson in offenen Konflikt zu geraten. Sein Opportunismus gab Freunden und Nachbarn manches Rätsel auf. Für seinen Sohn Adolf aber bedeutete er eine ständige Herausforderung. Denn dieser hatte sich bereits *gegen* den Kaiserstaat und *für* das Deutschtum entschieden; er lehnte alle faulen Kompromisse ab. So ist denn auch darin der harte Kern des Vater-Sohn-Konfliktes zu erblicken: Indem sich Adolf gegen den Beruf des österreichischen Staatsbeamten entschied, lehnte er sich gegen Alois' Opportunismus auf. Deshalb muss man Hitlers Schutzbehauptung in *Mein Kampf*, der Nationalismus seines Vaters habe auf ihn abgefärbt,[40] in der Entschiedenheit, wie sie hier geäußert wird, einerseits in den Bereich der Fabel verweisen. Andererseits ist daran aber auch soviel richtig, dass die Entwicklung des jungen Hitler, die letztlich auf einem Protest gegen die väterliche Autorität beruhte, wahrscheinlich ganz anders verlaufen wäre, hätte der Vater seinem Sohn eine politische Orientierung vermittelt, die auf einer festen inneren Überzeugung beruhte.

Gerade das aber war dem Hitler Alois nicht möglich. Denn eine offene Parteinahme für Schönerer hätte nicht nur sein Selbstverständnis als kaisertreuer Staatsbeamter, sondern auch das in vierzig langen Dienstjahren wohlerworbene Anrecht auf seine Pension in Frage gestellt. Tatsächlich befand sich der altliberale Zollbeamte an der Jahrhundertwende in einem aktuen Konflikt. Nachdem er die kaiserliche Politik drei Jahrzehnte lang mehr oder weniger willig mitgetragen hatte, forderte ihn die Sprachenpolitik des Kaisers im vierten und letzten Jahrzehnt vor seiner Pensionierung offen heraus. Zwar konnte er darüber voller Groll mit vertrauten Freunden im Wirtshaus sprechen, nicht aber zu Hause mit seinem Sohn, weil dieser jedes offene deutschnationale Wort wahrscheinlich als Aufforderung zur Steigerung seines rebellischen Verhaltens verstanden hätte. Das Ganze glich einem Teufelskreis: Je opportunistischer sich Alois verhielt, desto rebellischer wurde Adolf, bis es für beide kein Zurück mehr gab. Das war nicht nur eine große psychische Belastung für den Sohn, sondern auch für den Vater selbst, weil diesen das österreichische Dienstrecht verpflichtete, sich in der Öffentlichkeit aller politischen Äußerungen zu enthalten – und ausgerechnet im Jahr seiner Pensionierung wurden diese Bestimmungen verschärft. Tatsächlich ermahnte ein entsprechender Erlass die Beamten 1895 noch einmal, „diesmal aber in einem noch strengeren Ton, die ihnen auferlegte Beschränkung ihrer staatsbürgerlichen Rechte stärker als bisher zu beachten, um eine ‚Anarchisierung des Staates' (Josef Redlich) abzuwenden". „Es wurde ihnen verboten, öffentlich und von außen den allerhöchsten Dienstherrn zu kritisieren, es wurde ihnen verboten, öffentlich Partei zu ergreifen oder gar eine ‚agitatorische Tätigkeit' zu entfalten."

40 Ebda., S. 54.

Selbstverständlich galt dieser Erlass sowohl für aktive Beamte als auch für Pensionisten. Die Folge war vielfach, „‚nach oben' einen bedientenhaften österreichischen Patriotismus vorzutäuschen, im Innern aber vom Staat bereits abgefallen zu sein".[41]

Maßgebend für die aktuelle Verschärfung dieser Repression war der Nationalitätenkonflikt, den das Kaiserhaus nach 1895 durch seine Sprachenpolitik zu entschärfen suchte: Nachdem in ganz Cisleithanien, vom Bodensee bis zur ungarischen Grenze an der Leitha, seit Jahrhunderten Deutsch unangefochten als Amtssprache gegolten hatte, sollten sich die Staatsbeamten nun auf einmal in jenen Gebieten, die überwiegend von Tschechen oder Polen bewohnt wurden, von Amts wegen auch der slawischen Sprachen bedienen. Sie sollten sie schreiben und sprechen, wozu die meisten von ihnen noch gar nicht fähig waren. Hingegen hatten viele tschechische Beamte längst Deutsch gelernt, so dass sie sogar in den deutsch besiedelten Gebieten Böhmens deutsche Kollegen ersetzen konnten, erst recht aber in gemischtsprachigen Gebieten. Für diesen Abbau des deutschen Sprachenprivilegs, der aus deutschnationaler Sicht auf eine Slawisierung hinauslief und für viele deutsche Beamten unmittelbar existentielle Bedeutung hatte, konnte der Hitler Alois gewiss nur wenig Verständnis aufbringen, zumal er sich mit seinen früheren Kollegen innerlich verbunden fühlte. Was hatte sich der Kaiser bloß dabei gedacht? Kein Wunder, wenn den Zollbeamten hin und wieder apokalyptische Ängste vor einer Zeitenwende beschlichen hätten. Schließlich hatte Franz Joseph I. keinen Kronprinz mehr, nachdem sich sein Sohn Rudolf umgebracht hatte, sondern nur noch den wenig sympathisch wirkenden Neffen Erzherzog Franz Ferdinand, der als präsumtiver Nachfolger im Verdacht der Slawenfreundlichkeit stand.

Trotz dieser bohrenden Frage, die an sein kaisertreues Selbstverständnis rührte, musste Alois zumindest seinem Sohn Adolf gegenüber doch immer wieder als staatsloyaler Beamter auftreten, was ihn im Vergleich zu den tschechischen oder polnischen Beamten der Monarchie deutlich schlechter stellte. Denn: „Der nichtdeutsche Beamte konnte schließlich noch den Deutschen spielen, um sich ins rechte Licht zu setzen. Dem deutschen Beamten blieb zum Spielen nichts mehr übrig. Er war entwurzelt und klammerte sich ängstlich an ein imaginiertes Österreichertum, das ihm unter den Händen zerschmolz."[42] So stand Alois auf einem nahezu verlorenen Posten. Statt sich mutig zu seinem Deutschtum zu bekennen und einen vernehmbaren Widerspruch gegen die kaiserliche Politik zu formulieren, ritt er Adolf gegenüber auf der im Grunde zweitrangigen Frage der Berufswahl herum. Diese Doppelmoral hat den Vater zwar vor dienstrechtlichen Konsequenzen bewahrt, den Sohn jedoch immer weiter in die deutschnationale Opposition getrieben.

---

41 Hanisch 1994, S. 221, unter Berufung auf ein Zitat von Friedrich Kleinwaechter.

42 So ebenfalls Friedrich Kleinwaechter, op. cit. Bruckmüller 1995, S. 273.

Ende der Tragödie

So befand sich der Hitler Alois in einer extrem schwierigen, weil konfliktreichen Situation, die sein Leben verkürzte – der Wahl zwischen seiner Treue zum Kaiser und seiner Liebe zum Sohn. Aufschlussreich ist in diesem Zusammenhang, dass Hitler ihn einmal „fanatischer Vater" nannte.[43] Wer war damit gemeint? Etwa der „Haustyrann" (Josef Goebbels) mit ausgeprägtem Hang zur Prügelstrafe? Oder der Beamte, der seinen Beruf unter allen Umständen als Lebensziel seines Sohnes durchsetzen wollte? Was immer man als zutreffend annehmen mag – Tatsache ist, dass das Verhalten des Vaters massive Auswirkungen auf die Persönlichkeitsentwicklung des späteren Diktators hatte,[44] denn dieser war offenbar schon bei jenem in die Schule des Fanatismus gegangen. Aus der Rückschau betrachtet und in Anbetracht der Folgen wäre es allerdings viel vernünftiger gewesen, den Streit über die im Grunde sekundäre Frage des Berufs nicht auf die Spitze zu treiben. Etwas weniger Treue zum Kaiser, etwas mehr Einsicht in die eigene Doppelmoral und mehr Verständnis für die inneren Nöte des pubertierenden Sohnes wären wohl das richtigere Konzept gewesen. Es hätte Alois nicht nur einen längeren, weil ruhigeren Lebensabend beschert, sondern der Welt auch viel Unheil erspart.

Am 3. Januar 1903, während eines Frühschoppens im Gasthaus Wiesinger, verstarb der Hitler Alois plötzlich im Alter von 65 Jahren in seinem letzten Wohnort Leonding. Er erlitt eine Lungenblutung oder einen Schlaganfall – das wurde nie eindeutig geklärt. Jedenfalls kam jede Hilfe zu spät. Der Nachruf seiner Freunde in der *Linzer Tages-Post*[45] stellte den Verstorbenen als jugendlich-frohen Zecher und freisinnigen Freund des Gesanges dar. Weiter hieß es: „Fiel auch ab und zu ein schroffes Wort aus seinem Munde, unter einer rauhen Hülle barg sich ein gutes Herz. Für Recht und Rechtlichkeit trat er jederzeit mit Energie ein. In allen Dingen unterrichtet, konnte er überall ein entscheidendes Wort mitreden. ... Nicht zum wenigsten zeichnete ihn große Genügsamkeit und ein sparsamer, haushälterischer Sinn aus."

Alois wurde von seiner Witwe, seinen Kindern, Verwandten und Freunden auf dem Friedhof zu Leonding begraben. Die Inschrift auf dem Grabstein lautet: „Hier ruhet in Gott Herr Alois Hitler, k.k. Zollamts-Oberoffizial i. P. und Hausbesitzer, gest. 3. Jänner 1903 im 65. Lebensjahr" – den Begriff „Hausbesitzer" sollte man sich merken. Er ist für das, was nach seinem Tod auf die Familie Hitler zukam, wichtig. Das Medaillon mit einem Schwarzweißfoto zeigt den Verstorbenen im Halbprofil. Die Grabstätte aus grob behauenen Steinen und einem schwarz lackierten Blech, die sein Sohn Adolf entworfen hatte und die vier Jahre später auch die sterblichen Überreste seiner Frau aufnahm, ist noch heute erhalten. Sie befand sich bei unserem Besuch in einem guten Pflegezustand.

43 Goebbels Tagebücher 2004 I/II, S. 727, Eintragung vom 15. November 1936.
44 Duden, Herkunftswörterbuch, 3. Aufl., Mannheim u.a., o.J.
45 *Linzer Tages-Post* vom 8. Januar 1903.

2. Kapitel: Herkunft und Abstammung

Ein (un-)erfüllter Traum

Adolf Hitler wurde in Deutschösterreich geboren, wie man den deutschsprachigen Teil der Habsburgermonarchie damals nannte. Die enge Nachbarschaft zum Deutschen Reich war ihm von Kindesbeinen an Lust und Last zugleich – Lust, weil sie ihm den glänzenden Aufstieg des Bismarck-Reiches zur europäischen Macht aus nächster Nähe zeigte, und Last, da Deutschösterreich seit 1871 keinem gesamtdeutschen Reich mehr angehörte. Denn aus ihm war die Habsburgermonarchie durch den Sieg der preußischen Truppen bei Königgrätz fünf Jahre zuvor ausgeschlossen worden.

Dieser Ausschluss hatte sich 23 Jahre vor Hitlers Geburt ereignet – eine große Zeitspanne, damals mehr als ein halbes Menschenalter. Trotzdem war das Ereignis vielen Deutschösterreichern noch gegenwärtig, zumal es ihre Lebensbezüge in vielfältiger Art und Weise berührte. Das galt für Hitler ganz besonders, weil sein Vater an der österreichisch-deutschen Grenze diente. Zwar war der k.u.k.-Zollbeamte froh, dass es diese Grenze gab, weil er ihr seinen Brotberuf und vermutlich sogar seine Aufnahme in den Staatsdienst verdankte. Aber sein jüngster Sohn litt darunter, weil er diese Grenze täglich vor Augen sah und praktisch nichts dagegen unternehmen konnte.

Eine baldige Änderung dieses quälenden Zustandes durch die nachträgliche Aufnahme Deutschösterreichs in das Deutsche Reich war nicht zu erwarten. Denn dann wäre der Vielvölkerstaat entlang der ethnischen, religiösen und sprachlichen Grenzen, die ihn wie Sollbruchstellen durchzogen, auseinandergefallen. Folglich hätte eine Veränderung der bestehenden Situation zwar den Wünschen des jungen Hitler entsprochen, nicht aber den Interessen des Kaiserhauses. Im Gegenteil: In Wien neigte man eher zu einer Verfestigung der Teilung, wenn nicht sogar zu einem gelegentlichen Revanchekrieg gegen das Reich, bei dem man sich für Königgrätz – oder „Sadowa“, wie die Franzosen sagten – zu rächen gedachte. So blieb das Deutschland „von der Etsch bis an den Belt“, das einst Hoffmann von Fallersleben in der Nationalhymne besungen hatte, für den jungen Hitler zwar ein schöner, aber auch ein frustrierender Traum.

Dabei wäre rund vierzig Jahre vor seiner Geburt, in der Revolution von 1848/49, beinahe eine Neuauflage des Heiligen Römischen Reiches Deutscher Nation in etwas veränderter Form zustande gekommen. Damals hatten sowohl die Deutschösterreicher als auch die übrigen Deutschen an Wahlen zu einer gemeinsamen Nationalversammlung teilgenommen, die eine neue Reichsverfassung beschließen sollte. Selbst das Habsburger Kaiserhaus war zeitweilig bereit, an diesem Einigungswerk mitzuwirken, bis ihm die Revolution im eigenen Land zu gefährlich wurde und auch in Preußen die Reaktion marschierte. Die Folge dieser Ereignisse bestand darin, dass in der Freien Stadt Frankfurt am Main *und* im südmährischen

Kremsier zeitweilig zwei deutsche Parlamente tagten, bis sie durch die Ungunst der Umstände auseinandergetrieben wurden. Da sich der preußische König inzwischen geweigert hatte, die Krone eines neu zu errichtenden Reiches aller Deutschen aus der Hand gewählter Volksvertreter entgegenzunehmen, kam eine Vereinigung mit der Habsburgermonarchie nicht mehr zustande. So wurde Hitlers Traum erst 1938 unter völlig veränderten Umständen durch den so genannten „Anschluss" an das „Dritte Reich" realisiert, den niemand anders als er selbst zu verantworten hatte.

Fünfzig Jahre vorher, zum Zeitpunkt seiner Geburt, hatte in Deutschösterreich ein manchmal an Irredentismus grenzender Zustand geherrscht: Deutschnationalisten und so genannte „Alldeutsche" versuchten, einen Anschluss an das Deutsche Reich populär zu machen. Die von ihnen entfachte Bewegung war immerhin so stark, dass Philipp Fürst von Eulenburg, deutscher Botschafter am kaiserlichen Hof zu Wien, seinen obersten Dienstherren und Freund, den deutschen Kaiser Wilhelm II., 1897 vor den Deutschösterreichern warnte. Diese seien „unbequemer als alle anderen Völker" der Doppelmonarchie, weil sie „ihr Heil in dem Anschluss an das große deutsche Vaterland" suchten. Denn ihr Verlangen lag nicht im Interesse Berlins, wo man sich nicht mehr als irgend nötig mit einem zwar verbündeten, aber in sich schon morschen Reich belasten wollte.

So kam es, dass sich der junge Hitler wie in einer Falle fühlte, weil niemand die Deutschösterreicher wirklich haben wollte: Die Habsburger nicht, weil sie an deren Reichstreue zweifelten, und die Hohenzollern auch nicht, da sie sich nun einmal für ein Reich ohne die Deutschösterreicher entschieden hatten. Für die meisten „Reichsdeutschen" war das kein großes Problem. Sie lebten in ihrem Staat scheinbar sicher und gut. Hingegen wussten viele Deutschösterreicher nun nicht mehr so recht, wohin sie eigentlich gehörten, so dass der Schriftsteller Hermann Bahr wohl das Richtige traf, als er über seine Landsleute urteilte: „Der österreichische Deutsche kam sich ausgesetzt vor."[46] Denn dieser suchte nach einer sinnvollen politischen Zukunftsorientierung, da er sich inmitten seiner Heimat heimatlos fühlte.

Deutschösterreichische Ambivalenzen

Dafür, dass sich junge Deutschösterreicher wie der Hitler Adolf ihrem Gefühl, ihrer Sehnsucht, ihrem Verlangen nach zu den übrigen Deutschen rechneten, obwohl sie ohne Zweifel österreichische Staatsbürger waren, gab es gegen Ende des 19. Jahrhunderts im Wesentlichen drei Gründe: erstens den zunehmenden Nationalismus und Chauvinismus unter allen Völkern Amerikas, Europas und speziell der Habsburgermonarchie. Zweitens den glänzenden Aufstieg des Bismarckreiches zu einer kontinentalen Führungsmacht. Drittens gaben junge Wissenschaften wie die Anthropologie und die Ethnologie völlig neue Antworten auf die Frage nach Ursprung

46 Bahr 1917, S. 22.

und Natur der Völker. Schon bei den europäischen Revolutionen der dreißiger und vierziger Jahre hatte sich nicht nur bei den deutschen, sondern auch bei den slawischen Völkerschaften der Habsburgermonarchie, also unter den Tschechen, Polen und Ungarn, ein zunehmendes Eigenbewusstsein geregt, das nach staatlicher Selbständigkeit bzw. nach Vereinigung mit der größeren, vom zaristischen Russland dominierten Völkerfamilie strebte. Seit 1871 suchten daher viele Deutschösterreicher ebenfalls wieder die Einheit mit ihrem reichsdeutschen Brudervolk, da sie an dessen glanzvoller Erfolgsgeschichte teilhaben und so der aus ihrer Sicht drohenden Überfremdung durch die Slawen entgehen wollten.

Auch wenn sich diese Einheitsgefühle aus den geschilderten Gründen nicht in staats- und völkerrechtliche Formen gießen ließen, waren sie doch unzweifelhaft tief im österreichischen Teil des deutschen Volkes verwurzelt und historisch auch wohl begründet. Denn erstmals hatten einst bayerische Bauern die Alpenländer jenseits von Zugspitze, Watzmann und Hausruck besiedelt, und sieben Jahrhunderte lang waren die habsburgischen Erblande fest, unmittelbar und noch dazu in führender Funktion mit dem Heiligen Römischen Reich Deutscher Nation verbunden. Erst als Napoleon 1806 bei Austerlitz gesiegt hatte und die mit ihm verbündeten Fürsten vom Reich abfielen, legte der Habsburger Franz II. die gesamtdeutsche Kaiserkrone nieder, so dass sich sein Haus fortan auf das österreichische Kaisertum und ungarische Königtum beschränken musste. Dennoch verstanden sich die Habsburger weiterhin als „deutsch“, obwohl sie sich längst mit den spanischen und bourbonisch-lothringischen Herrscherfamilien verbunden hatten.

Mit Recht hatten die Habsburger ihre weit überwiegend von Deutschen besiedelten Erb- und Kronlande von jeher als Kernbestand ihres Herrschaftsgebietes betrachtet. Sie waren es letzten Endes auch, die den Deutschösterreichern im Verlauf ihrer langen Geschichte – mit Ausnahme Ungarns – zu einer beherrschenden Stellung in der Gesamtmonarchie verhalfen. Als umso schmerzlicher wurde von den Deutschösterreichern deshalb empfunden, dass Kaiser Franz Joseph I. (1848–1916) den gegen Ende des 19. Jahrhunderts um sich greifenden Deutschnationalismus schlichtweg zum „Landesverrat“[47] erklärte, nur weil der alternde Monarch zur Aufrechterhaltung seiner Herrschaft offenbar kein anderes Mittel mehr als die politische Bevorzugung von Polen, Tschechen und Ungarn wusste. Obwohl dieser Kurswechsel in seiner Nationalitätenpolitik letzten Endes ebenso auf die Schwächung, wenn nicht sogar Auflösung seines Reiches hinauslief, wie es eine fortwährende Benachteiligung der nichtdeutschen Völker getan hätte, betrachtete Franz Joseph I. das Deutsche Reich von 1871 immer noch hochmütig als „außerösterreichisches Deutschland“ – so als wäre Österreich nach wie vor der Nabel der deutschen Welt.

In Wirklichkeit war es eher umgekehrt: Ende des 19. Jahrhunderts bildete das Dreigestirn Otto von Bismarck, Richard Wagner und Friedrich

47 Margutti 1924, S. 228 f.

Nietzsche die geistige Achse, um die Österreich kreiste – einschließlich Böhmens, Mährens und der von Friedrich dem Großen nicht eroberten Teile Schlesiens. „Als würden diese drei die kulturelle Atmosphäre auch in Wien magnetisch aufladen, so fasziniert richtete sich in der Tat nicht nur die ‚frei schwebende Intelligenz' nach diesen Heroen aus, sondern das Kult-, Kitsch- und Machtbedürfnis sehr viel weiterer Kreise", schreibt Nike Wagner,[48] Urenkelin des Musikdramatikers und Komponisten, dem Hitler wichtige Impulse verdankte. „Während sich im Windschatten dieser Übermenschen allerlei sozialdarwinistische Ideale breitmachten, imprägnierten sie die Sphäre der Werte mit deutschkulturellen Idealen." Zwar bestand z.B. die Einwohnerschaft der böhmischen Hauptstadt Prag zu Beginn des 20. Jahrhunderts zu 95 Prozent aus Tschechen und den Angehörigen anderer Nationalitäten, wie der Journalist Egon Erwin Kisch aus seiner Kindheit berichtet. Aber die fünf Prozent Deutschen besaßen „zwei prunkvolle Theater, ein riesiges Konzertgebäude, zwei Hochschulen, fünf Gymnasien und vier Oberrealschulen, zwei Tageszeitungen ..., große Vereinsgebäude und ein reges Gesellschaftsleben".[49]

Wie wenig die Dominanz der deutschen Kultur freilich an den deutsch-österreichischen Ambivalenzen änderte, macht das Beispiel Hitlers und dessen Geburtsort Braunau deutlich. Jahrzehntelang war das Innviertel, in dem das malerische Städtchen liegt, zwischen den Wittelsbachern, dem Fürsterzbischof von Salzburg und den Habsburgern hin und her geschoben worden, bis es 1816 endgültig an Österreich fiel. Die Unsicherheit, die daraus für Hitlers Status resultierte, klingt in vielen seiner Äußerungen an. So heißt es in seiner autobiographischen Programmschrift *Mein Kampf*, Braunau sei „bayerisch dem Blute, österreichisch dem Staate nach" gewesen.[50] Als Hitler 1925 die österreichische Staatszugehörigkeit aberkannt wurde, stellte er mit dem Brustton der Überzeugung fest: „Ich empfinde den Verlust ... nicht als schmerzlich, da ich mich nie als österreichischer Staatsbürger, sondern immer nur als Deutscher gefühlt habe"[51], um ein anderes Mal wiederum mit unerschütterlicher Festigkeit zu erklären: „Ich selbst bin meinem Herkommen nach, meiner Geburt und Abstammung nach ein Bajuware", obwohl Braunau seit 1816 dem österreichischen Staatsverband angehörte.[52]

Sicher war er sich seiner selbst also nicht – vielleicht klangen seine Äußerungen gerade deshalb so markig. Sonst hätte Hitler in *Mein Kampf* nicht den schieren Zufall, dass Napoleon einst mit dem Nürnberger Buchhändler Johann Philipp Palm einen frühen Vorkämpfer der deutschen Einheits- und Freiheitsbewegung in Braunau hatte hinrichten lassen, als schicksalhaftes „Symbol einer großen Aufgabe" bemüht, die er mit den Worten

48 Wagner, in: Ley 1997, S. 217.

49 Op. cit. Rilke 1992, S. 25.

50 Hitler 1925 I, S. 2.

51 Jäckel/Kuhn 1980, S. 1246/47.

52 Vgl. Domarus, 1973 I 1, S. 214; Hitler am 24. Februar 1933 auf einer Parteigründungsfeier.

umschrieb: „Gleiches Blut gehört in ein gemeinsames Reich."[53] Denn das würde ja das Ende aller Unsicherheit bedeuten. Hitlers deutschösterreichische Odyssee war denn auch erst 1932 mit dem Erwerb der deutschen Staatsbürgerschaft und 1938 mit dem so genannten „Anschluss" beendet, als der Diktator im März auf dem Wiener Heldenplatz mit einer sich vor Erregung überschlagenden Stimme von Österreich als seiner „Heimat" sprach.[54] Hingegen war Hitler von 1925 bis 1932 mitten im Deutschen Reich staatenlos gewesen.

„Völkischer Universalismus"

Die Erinnerungen an diese Ereignisse sind inzwischen längst verblasst. Von „Deutschösterreich" spricht die Fachwelt heute nicht mehr in nationalen, sondern in milieutheoretischen Kategorien, die eine „soziale Einheit" bezeichnen.[55] Darunter ist die „Koinzidenz mehrerer Strukturdimensionen wie Religion, regionale Tradition, wirtschaftliche Lage, kulturelle Orientierung, schichtspezifische Zusammensetzung der intermediären Gruppen" zu verstehen.[56] Diese Art der milieutheoretischen Deutung begann gegen Ende des 19. Jahrhunderts fast überall auf der Welt eine anthropologische, ethnographische und letztlich auch rassistische Färbung anzunehmen. Das heißt, die Vorstellung griff um sich, man könne die biologische und geistige Substanz eines ganzen Volkes wie bei einem Stamm, einer Sippe oder Familie über Jahrhunderte hinweg von Generation zu Generation im Wesentlichen unverändert bis an ihre Anfänge zurückverfolgen und damit politische Ansprüche begründen. Anders gesagt: „Die ethnische Fiktion des ‚Volkes' als nationaler Verwandtschaftskreis"[57] breitete sich unter dem Einfluss von Charles Darwin, Arthur de Gobineau und Herbert B. Spencer fast epidemisch aus.

Dieser „völkische Universalismus" entwickelte allerdings in Österreich-Ungarn, wie Brigitte Fuchs herausfand, „eine spezifisch konservativ christlich-antisemitische Variante", deren Epizentrum eine bebende Angst vor „rassischer" und kultureller Vermischung und damit „Entartung" und Abstieg war. Den Anfang dieser Entwicklung hatte der Präsident der statistischen Verwaltungskommission, Karl Freiherr von Czoernig, 1858 mit einer „Ethnographie der österreichischen Monarchie" (1855–1857) gemacht.[58] Während aber das offizielle Wien, gestützt auf von Czoernigs ethnographische Erhebungen, sein Heil in der „Vermischung der Racen"

53 Hitler 1925 I, S. 2 f.

54 Schmiedl 1994, S. 216 ff. Der Kernsatz in seiner damaligen Erklärung vor einer Viertelmillion jubelnder Menschen lautete: „Als Führer und Reichskanzler der deutschen Nation und des Deutschen Reiches melde ich vor der deutschen Geschichte nunmehr den Eintritt meiner Heimat in das Deutsche Reich."

55 Blaschke 1996, S. 22 ff.

56 Lepsius in Ritter 1973, S. 68.

57 Fuchs 2003, S. 16.

58 Vgl. dies und das folgende ebda., S. 152 ff.

erblickte, um dem eskalierenden Nationalitätenkonflikt die Grundlage zu entziehen, setzte sich im deutschösterreichischen Bildungsbürgertum die „Germanentheorie" durch. Danach waren die Alpenländer, wie der Wiener Prähistoriker Matthäus Much 1884 in einem Buch nachzuweisen versuchte, ursprünglich, also noch vor den Bayern, von den arischen Indogermanen besiedelt worden.

Damit verschaffte Much jenem unheilvollen Arier-Mythos, der auf den deutschen Kulturphilosophen, Literaturhistoriker und Übersetzer August Wilhelm von Schlegel (1767–1845) zurückgeht, Eingang in die historische Genealogie Deutschösterreichs. Ausgehend von seinen sprachwissenschaftlichen Studien hatte Schlegel das *Junge Deutschland* schon zu Beginn des 19. Jahrhunderts für die Idee begeistert, einst seien die Arier, aus Indien kommend, nach Nordafrika und Europa vorgedrungen, um dort Reiche zu bilden und Kulturen zu begründen; schließlich seien sie sogar bis hinauf nach Skandinavien gewandert. Als Beweis führte der Gelehrte u.a. die „Riesengröße und Festigkeit der Bauart in ägyptischen und indischen Denkmälern im Gegensatz zu der gebrechlichen Kleinheit moderner Gebäude" an.[59] Andere Autoren und auch die Wagnerianer in Bayreuth sahen die Arier hingegen umgekehrt aus Nordeuropa nach Indien und von dort aus wieder zurück nach Europa wandern.

Aber damit nicht genug der Verwirrung. Da sich die Ableitung des Germanentums von den Indern mit der nordischen „Germanentheorie" nicht so recht vertrug, wurde diese im Lauf der Jahre und Jahrzehnte von ihren indischen Wurzeln abgelöst und im antisemitischen Sinn aufgeladen. Danach zeichneten sich die von den „Ariern" abstammenden oder mit diesen sogar identischen Ur-„Germanen" durch aristokratische Tugenden wie Bodenständigkeit, Kriegertum, kultur- und staatsbildende Fähigkeiten aus, wohingegen die Juden – christlichen Vorurteilen ebenso wie der realen gesellschaftlichen Entwicklung in der Diaspora zufolge – mit negativen Vorurteilen wie Händlertum, Wucher, ewige Wanderschaft und Unfähigkeit zur Kultur- und Staatsbildung in Verbindung gebracht wurden.

Pro und contra Wiedervereinigung

Darüber, ob und wie sich dieses Deutschösterreich nun mit dem Deutschen Reich – und darüber hinaus vielleicht sogar mit anderen „germanischen" oder „nordischen" Ländern Europas – verbinden könnte und sollte, gab es Ende des 19. Jahrhunderts in Deutschösterreich selbst grundverschiedene Auffassungen und z.T. abenteuerlich anmutende Ansichten und Theorien, die sich im Laufe der Zeit immer wieder verändert haben.

Auf keinen Fall steuerten alle Deutschösterreicher unterschiedslos und geradenwegs auf einen simplen „Anschluss" zu, wie er von Hitler dann

59 So Schlegel in seinem Essay „Über die Sprache und Weisheit" von 1808, hier zitiert nach Poliakov 2004/2, S. 215.

1938 vollzogen wurde.[60] Die Vorstellungen reichten von einer bloßen Allianz nach dem Muster des so genannten Zweibundes von 1879 über eine Zollunion bis hin zu den ebenso radikalen wie irrealen Verschmelzungsphantasien der Alldeutschen unter Georg Schönerer, auf die wir später noch ausführlich eingehen werden.[61] Im schroffen Gegensatz dazu konnten sich große Teile, wenn nicht die Mehrheit der Aristokratie und des liberalen Bürgertums eine wie auch immer geartete engere Verbindung zwischen den beiden Reichen überhaupt nicht vorstellen. Diese Schichten wurzelten fest in ihren altösterreichischen Traditionen und in ihrer Loyalität zum Herrscherhaus. Manche ihrer Vertreter waren außerdem von tief sitzenden Ressentiments gegen das kleindeutsche, hackenschlagende und als ebenso humor- wie kulturlos empfundene Preußentum erfüllt, das sich gegenüber der Idee von einem größeren Reich nicht erst 1866 und 1871, sondern auch schon 1848/49 als ausgesprochen treulos erwiesen hatte.

Ein wegen seines Einflusses auf Richard Wagner – und damit indirekt auf den jungen Hitler – wichtiger Vordenker einer großdeutschen Wiedervereinigung war der promovierte Mathematiker und politische Publizist Constantin Frantz (1817–1891), der als Diplomat vorübergehend in preußischen Diensten gestanden hatte. Frantz favorisierte als zukunftsweisendes Modell ein so genanntes „Trinum“[62], d.h. ein politisches Subjekt, das gewissermaßen als neutrale Instanz über Österreich und Preußen schwebte. Es sollte die beiden Rivalen um die Führung in Deutschland nur politisch miteinander verweben, ohne sie territorialstaatlich miteinander zu verschmelzen.

Selbst als der Ausschluss Österreichs aus dem Deutschen Reich 1866 bzw. 1871 völlig neue, nämlich zentralistische Fakten geschaffen hatte, auf die sein „Trinum“ nicht mehr passen wollte, blieb Frantz seinem föderalistischen Ansatz treu. Dabei berief er sich letztlich auf das Heilige Römische Reich Deutscher Nation, in dem er eine „internationale Institution“ sah, „deren Trägerin die deutsche Nation“ gewesen sei.[63] An die Stelle von Bismarcks „Pseudo-Reich“ sollte ein „wahres“ Reich treten, weil Deutschland nach Frantz' Ansicht „nie ein ‚Staat‘ wie jeder andere gewesen“ war. Deutschland müsse daher „über die Staatsidee hinausgehen und die Idee eines ganz anders gearteten und auf viel höhere Zwecke ge-

60 Für sein Ziel, die Republik Österreich fest mit dem Deutschen Reich zu verbinden, hatte sogar Hitler selbst bis zum Moment des Anschlusses im März 1938 offenbar noch keine feste Form gefunden. Vgl. dazu u.a. Slapnicka 1998, S. 99, und Schmiedl 1994, S.212 ff.

61 Vgl. Teil II, 4. Kapitel, S. 273ff.

62 Vgl. dazu „Preußen und Österreich. Eyn Aufruf. 3 kleine Blätter“, undatierte fragmentarische hdschr. Ausarbeitung Richard Wagners. Nationalarchiv der Richard-Wagner-Stiftung, Bayreuth, B II c 12, von fremder Hand „auf Juni 1866“ datiert, also unmittelbar vor dem preußisch-österreichischen „Bruderkrieg“.

63 Frantz, 1882 II, S. 128ff.

richteten Gemeinwesens fassen – darin liegt die Vorbedingung zur Lösung der deutschen Aufgabe."[64]

Vor dem Hintergrund von Wagners Konzept für ein „Gesamtkunstwerk", das die grundverschiedenen Sphären der Kunst und der Politik zusammenfassen und zugleich überhöhen wollte, wird die Sympathie des Komponisten für eine solche „metaphysische" Lösung des deutschen Problems verständlich. Doch klingen in den Vorstellungen, die Frantz Ende des 19. Jahrhunderts entwickelte, wahrscheinlich auch schon jene Gedanken an, die sich der junge Hitler einige Jahre später über die deutsche Frage gemacht hat und auf die wir an anderer Stelle eingehen werden.

Die Vorfahren

Die Vorfahren der Familien Schicklgruber, Pölzl, Walli (oder Wally), Göschl, Decker und Hitler[65] wanderten im Rahmen der mittelalterlichen Ostkolonisation aus Bayern in das niederösterreichische Waldviertel ein. Hält man sich an die Etymologie, dann verweist der Familienname „Hitler" auf ein kleines Anwesen („Hütte"), das die frühen Vorfahren besaßen. Damit gehörten sie einst zur bäuerlichen Unterschicht. Jahrhunderte lang siedelten diese Ahnen auf verhältnismäßig kleinem Raum um Weitra, Zwettl und Döllersheim.[66]

Abgesehen von Armut, gelegentlicher Inzucht und dem einen oder anderen minderbegabten Vorfahren ist die Genealogie der oben genannten Stämme, denen der Hitler Adolf schließlich seine Existenz verdankte, relativ unauffällig, bis seine Großmutter, die Schicklgruber Maria Anna, 1795 ins Leben trat. Sie wurde in dem Weiler Strones als sechstes Kind eines Kleinbauern geboren, der seinen Hof 1817 dem ältesten Sohn vermachte.[67] Danach teilte die Schicklgruber das ziemlich traurige Los aller Bauerntöchter jener Zeit, die keine Hoferbinnen waren. Ohne nennenswerte Schulbildung und von der übrigen Gesellschaft weitestgehend unbeachtet, mussten sich die meisten von ihnen mühsam als Stall- oder Hausmägde durchschlagen, bis sie irgendwann unter ihresgleichen einen Ehemann fanden oder außerehelich geschwängert wurden. Letztere fielen meistens der Armenpflege anheim, da der leibliche Vater ihrer Kinder seine Vaterschaft nicht anerkannte und daher auch keine Alimente zahlte.

Im Gegensatz zu ihren Schicksalsgefährtinnen, die gänzlich unbeachtet blieben, ist über die Schicklgruber Maria Anna unverhältnismäßig viel geschrieben worden, da sie Hitlers Großmutter war. Angeblich heiratete sie

64 Ders. 1874, S. 63f.

65 Zur etymologischen Geschichte des Gattungsnamens „Hitler" vgl. J. A. Schmeller, Bayerisches Wörterbuch, I. Bd., Spalte 1189, und die Ausführungen bei Klein 1970, S. 27. Die apodiktische Behauptung bei Jetzinger 1956, S. 10, der Name könne nur aus dem Tschechischen abgeleitet werden, der Zusammenhang mit einem „Kleinhäusler" sei „sprachlich unmöglich", hielt wissenschaftlicher Nachprüfung nicht stand.

66 Lechner 1938, S. 72ff.

67 Slapnicka 1998, S. 20.

1842 den Müllergesellen Hiedler Johann Georg, der so arm war, dass er nicht einmal eine eigene Bettstelle besaß, sondern in einem Viehtrog schlafen musste. Schon lange vor der Hochzeit hatte dieser Hiedler die Schicklgruber geschwängert, denn deren gemeinsamer Sohn Aloys wurde bereits am 7. Juni 1837 in Strones bei Döllersheim geboren. Das uneheliche Kind trug fortan natürlich den Namen seiner Mutter. Erst am 7. Januar 1876, fast 40 Jahre später, wurde die Ehe der Schicklgruber mit dem Hiedler Johann Georg sowie dessen Vaterschaft von den Behörden anerkannt.[68] Just zu diesem Zeitpunkt vollendete der Hiedler Aloys, vormals Schicklgruber, sein 40. Lebensjahr. Die Tatsache, dass er sich künftig Hitler Alois nennen durfte, verdankte er einem Schreibfehler der zuständigen Bezirkshauptmannschaft Mistelbach[69] sowie der inzwischen eingetretenen Modernisierung seines Vornamens.

Eine so verworrene Geschichte von Armut, vorehelichem Geschlechtsverkehr und späterer Anerkennung umstrittener Ehe- und Vaterschaftsverhältnisse kam in den bäuerlichen Unterschichten des Waldviertels sicher recht häufig vor. Den entscheidenden Unterschied bildet jedoch in diesem Fall die Tatsache, dass der Hitler Alois, vormals Schicklgruber, der spätere Vater des Hitler Adolf war. Denn für die Annahme, dass der bereits 1857 verstorbene Hiedler Johann Georg tatsächlich der Vater seines Vaters war, gibt es nur drei eigentümliche Zeugen, die nicht einmal des Schreibens kundig waren. Aufgeboten und angeführt von dem Bruder des mutmaßlichen Vaters, dem Hiedler Johann Nepomuk, erschienen sie im Herbst 1876 im Waldviertler Markt Döllersheim. Was sie dem dortigen Pfarrer Zahnschirm vortrugen, hat zu vielen Spekulationen über Hitlers „wahre" Identität geführt. Laut Geburtenbuch Döllersheim[70] verlangte das Quartett von Zahnschirm mit Erfolg, dass er die Eintragung „unehelich" hinter dem Namen Aloys Schicklgruber durch den Vermerk „ehelich" ersetzte sowie einen gewissen „Georg Hitler, kath. Inwohner in Spital" in die Rubrik „Vater" eintrug.

Danach scheint die Vaterschaft des Hiedler Johann Georg zwar festzustehen, doch ist die Rechtsgültigkeit der vorgenommenen Änderung zumindest umstritten,[71] so dass sich zwei Fragen erheben: Was könnte den Hiedler Johann Nepomuk zu diesem seltsamen Korrekturwunsch am Rande der Legalität veranlasst haben? Kommt er vielleicht selbst als Vater in

68 Die Behauptung Jetzingers 1956, S. 27, die in diesem Fall zur Anwendung kommende *legitimatio per subsequens matrimonium* sei „rechtlich null und nichtig" gewesen, wurde von Merinsky 1966, S. 35 ff. und Anlage Nr. 23, unter Hinweis auf die einschlägigen gesetzlichen Bestimmungen der Monarchie mit Hilfe eines Rechtsgutachtens widerlegt.

69 Die entsprechende Note datiert vom 6. Januar 1877. Vgl. Ortschronik Fischlham, S. 64, die sich hier auf eine private Aufzeichnung der Braunauer Lehrerin Pernstein beruft.

70 Ortschronik Fischlham, S. 60, die auf das Geburtenbuch Döllersheim, tom. VII, fol. 7 verweist.

71 Vgl. Mayrhofer, Handbuch für den politischen Verwaltungsdienst, 5. Aufl., Band 2, S. 1161 ff. Op. cit. Ortschronik Fischlham, S. 64.

Frage? Ausgeschlossen ist das nicht, weil dieser Bauer in Spital bei Weitra zwar drei Töchter, aber keinen Sohn hatte. Der Hiedler Johann Nepomuk hatte den damals fünf Jahre alten Aloys überdies schon 1842 zu sich genommen und wie einen eigenen Sohn aufgezogen. Wäre er tatsächlich der Vater von Hitlers Vater, würde hier allerdings ein klarer Fall von Inzucht vorliegen. Denn dann wäre eine Tochter des Hiedler Johann Nepomuk, nämlich die Pölzl Klara, gleichzeitig Hitlers Mutter und die Schwester seines Vaters gewesen. Für diese Annahme hat jedoch noch niemand den Beweis angetreten, so dass heute der Hiedler Johann Georg allgemein als Vater gilt.

Die Mär vom jüdischen Großvater

Aber damit nicht genug. Seit den zwanziger Jahren, also in der so genannten „Kampfzeit" der nationalsozialistischen Bewegung, liefen Gerüchte in der oppositionellen Presse um, Hitlers Großvater väterlicherseits sei weder der Hiedler Johann Georg noch der Hiedler Johann Nepomuk, die beide zur deutschen Stammbevölkerung gehörten, sondern in Wirklichkeit ein Grazer Jude gewesen. Als Hitlers Neffe William Patrick, auf den wir noch öfter als allerdings unzuverlässigen Zeitzeugen zurückgreifen werden, seinen Onkel später mit jenen Behauptungen zu erpressen versuchte, hat dieser angeblich seinen Anwalt Hans Frank eingeschaltet, den späteren Reichsminister und Generalgouverneur von Polen. Frank sollte entsprechende Nachforschungen anstellen.

Das Ergebnis war, soweit man weiß, keine amtliche Akte, die man heute noch in irgendeinem Archiv einsehen könnte, sondern eine höchst widersprüchliche Aussage, die Frank in seine Lebensbilanz aufgenommen hat. Diese bittere, von Selbstanklagen strotzende Bilanz wurde freilich erst nach Ende des Zweiten Weltkriegs, kurz vor Franks Hinrichtung, im alliierten Kriegsverbrechergefängnis zu Nürnberg niedergeschrieben.[72] In ihr hat Frank zwar auf der einen Seite tatsächlich einen Juden namens Leopold Frankenberger zum Großvater Hitlers erklärt. Auf der anderen Seite aber kommt der frühere NS-Funktionär zu dem Schluss, „dass Adolf Hitler bestimmt kein Judenblut in seinen Adern hatte" – ein mehr als eigentümlicher Widerspruch. Trotzdem vermutet Frank, Hitlers „Judenhass" habe auf „blutempörter Verwandtenhasspsychose" beruht, was immer er darunter auch verstehen mochte.

Wer vermag in diesen teils widersprüchlichen, teils kaum verständlichen Aussagen irgendeinen Sinn zu erkennen? Was wollte Frank damit erreichen? Vielleicht hat er unter Drogen gestanden, als er seine Lebensbeichte niederschrieb, vielleicht hatte sich sein Geist aber auch aus anderen Gründen verwirrt. Jedenfalls geisterten nach Franks Eröffnungen alle möglichen Spekulationen über Hitlers angeblich jüdischen Großvater durch die Medien und durch die Hitler-Biographik, bis sie 1970 von dem Grazer

72 Frank 1953, S. 330 f.

Historiker Anton Adalbert Klein widerlegt und damit wohl endgültig zu den Akten gelegt worden sind.[73]

Klein weist nämlich nach, dass bis 1860 gar keine Juden in Graz gelebt haben, da sie Kaiser Maximilian I. wegen Zinswuchers bereits 1496 aus der Steiermark ausgewiesen hatte. Zudem war der nach Lage der örtlichen Gegebenheiten überhaupt nur in Frage kommende Frankenreiter Leopold, der in Graz eine so gut gehende Fleischhauerei und Flecksiederei betrieb, dass er eine Hausmagd hätte beschäftigen können, in Tiefenbach bei Passau als Sohn römisch-katholischer Eltern geboren worden und selbst ebenfalls römisch-katholischen und nicht mosaischen Glaubens. Überdies hatte Frank statt Frankenreiter einen gewissen „Frankenberger" als Hitlers möglichen Großvater genannt, was offenbar auf einem Schreibfehler beruhte, weil dieser Name in den Grazer Einwohnerlisten jener Zeit überhaupt nicht vorkommt. Tatsächlich geriet dieser Frankenreiter erst aufgrund von Gerüchten ins Visier der Öffentlichkeit, die Hitlers Neffe William Patrick in den dreißiger Jahren ausgestreut hatte und die 1954 von der Grazer Tageszeitung *Neue Zeit* in einem anonymen Artikel aufgegriffen wurden. Zwar schließt auch Klein nicht ganz aus, dass die Schicklgruber Anna Maria irgendwann einmal in Frankenreiters Diensten gestanden hat – ihr Grazer Aufenthalt lässt sich aktenmäßig nicht nachweisen, weil das damalige Melderecht noch unvollkommen war. Aber wenn überhaupt, dann kann dieses Dienstverhältnis nach menschlichem Ermessen nur bis spätestens 1835 bestanden haben – also ausreichend lange vor der Geburt ihres Sohnes Alois –, um eine Vaterschaft Frankenreiters auszuschließen. Danach geriet dieser Fleischhauer nämlich wirtschaftlich so in Bedrängnis, dass er keine Magd mehr beschäftigen konnte. Sollte es späterhin tatsächlich noch eine Korrespondenz zwischen den Frankenreiters und Hitlers Großmutter gegeben haben, wie in der Verwandtschaft des ersteren behauptet wurde, dann weniger über nicht gezahlte Alimente, als vielmehr über ausstehende Lohnzahlungen, da es mit dem Fleischhauer wirtschaftlich immer weiter bergab gegangen war.

Nebenbei: Wie weit Franks Spekulationen z.T. an der Wirklichkeit vorbeigehen, ergibt sich auch aus der Tatsache, dass er neben Leopold Frankenreiter auch noch dessen Sohn für einen möglichen Vater des Alois Hitler gehalten hat. Dieser Sohn war aber zum Zeitpunkt der angeblichen Zeugung, wie Klein nachweist, erst zehn Jahre alt. Hitler hat freilich selbst kräftig dazu beigetragen, dass sich Gerüchte und Spekulationen über seine Abstammung sehr lange halten konnten. Als Österreich auf sein Geheiß 1938 von der Deutschen Wehrmacht besetzt und an das Deutsche Reich angeschlossen wurde, ließ er von der Gestapo u.a. alle Dokumente sicherstellen, die darüber Auskunft geben konnten. Zudem wurde hart nördlich von Döllersheim ein Truppenübungsplatz angelegt, wodurch diese Gemeinde längst von der Bildfläche verschwunden ist.[74] Geschah dies alles

73 Klein 1970.

74 Wie Merinsky 1966, S. 23 f., nachweist, war Döllersheim 1945, als hier die Russen einmarschierten, aber noch soweit erhalten, dass ein Wiederaufbau möglich gewesen

wirklich aus „irrsinnigem Hass gegen seinen Vater, der vielleicht einen Juden zum Vater hatte?“.[75] Oder aus Hass auf seine Großmutter, die ihm, dem Rassenfanatiker, der nie in der Lage gewesen wäre, selbst den von ihm bedingungslos eingeforderten Ariernachweis zu erbringen, durch ihren unsteten Lebenswandel eine so schwere Hypothek hinterlassen hatte? Dies ist nach allem, was wir heute wissen, kaum anzunehmen. Als Tatsache bleibt lediglich festzuhalten, dass der Hitler Adolf von Kindesbeinen an keine Klarheit über die Identität seines Vaters hatte, dass er in diesem für sein Selbstverständnis wichtigen Punkt zeit seines Lebens seiner selbst so unsicher bleiben musste, wie er es in Bezug auf seine deutschösterreichische Herkunft war, dass somit seine Identität zwei Defekte hatte, die ihm wahrscheinlich sein Leben lang zu schaffen gemacht haben.

Inzestuöse Verbindung der Eltern

Sein familiäres Selbstbild wurde aber zusätzlich noch durch Vater und Mutter belastet. Denn die Geburt des Hitler Adolf ging auf einen vorehelichen Geschlechtsakt zwischen dem Hitler Alois und der Pölzl Klara zurück, der nach damaligen Begriffen auch dann als inzestuös zu betrachten war, wenn man den Hiedler Georg Johann als Vater von Hitlers Vater annimmt. Denn wie oben ausgeführt, war dieser 1876 zum Vater des Alois erklärt worden. Dadurch trat Alois zwar in ein nicht ganz so enges Verwandtschaftsverhältnis zu Georg Johanns Bruder, dem Johann Nepomuk, doch ist dieser dadurch immerhin zumindest auf dem Papier des Döllersheimer Geburtenbuches zu Hitlers Großonkel geworden. Denn der Hiedler Johann Nepomuk war über seinen Schwiegersohn, den Pölzl Johann Baptist, mit der Familie Pölzl verwandt, so dass der Hitler Alois und die Pölzl Klara, als sie 1885 heiraten mussten, nach weltlichem Recht Vettern und Kusinen zweiten und nach kirchlichem Recht dritten Grades waren. Da eine Eheschließung unter diesen Umständen nach dem Recht der römisch-katholischen Kirche einer Ausnahmegenehmigung des Heiligen Stuhles bedurfte, wurde beim Papst eine entsprechende Dispens eingeholt.

Fazit: Als der Hitler Adolf am 20. April 1889 in Braunau am Inn zur Welt kam, war weder über jeden Zweifel erhaben, dass der bettelarme Hiedler Johann Georg sein Großvater gewesen war, noch wäre er als eheliches Kind geboren worden, hätte der Papst im fernen Rom kein Einsehen mit seinen zwar heiratswilligen, aber zu nahe miteinander verwandten Eltern gehabt. Da er dieses Einsehen jedoch hatte, wies Hitlers Genea-

wäre. Zu der im Schrifttum häufig anzutreffenden, allerdings jeder Grundlage entbehrenden Behauptung, Hitler habe Döllersheim „ausradieren“ lassen, um die Matriken der dortigen Pfarrei zu vernichten, die u. U. kompromittierende Angaben über seinen Vater und seine Großmutter enthielten, vgl. z.B. Rosenbaum 1998, S. 4 ff. Diese Pfarrmatriken wurden lange vor ihm an das Diözesanarchiv St. Pölten abgegeben und werden dort noch heute verwahrt.

75 Jetzinger 1956, S. 34.

logie zwei wichtige Defekte auf, die ihn wahrscheinlich ein Leben lang verunsichert haben: Teils hingen seine familiären Wurzeln dadurch in der Luft, teils überschnitten sie sich. Vielleicht haben diese als schmachvoll empfundenen Tatsachen mit dazu beigetragen, dass der Diktator später von jedem Volksgenossen den Ariernachweis bis ins dritte Glied verlangte – eine Form der familiären Selbstvergewisserung, die er auf das nationale Kollektiv übertragen hatte.

3. Kapitel: Die Mutter

Kindheit und Jugend

Spital. Nicht einmal ein Dorf. Ein Flecken mit einem Kirchlein. Vom nächsten Bahnanschluss in Weitra fuhr man mit dem Ochsengespann über die Hochebene eineinhalb Stunden bis dorthin. Die schmale Straße, die sich in leichten Windungen hügelan zog und dann im Wald verschwand. Bei Regen und während der Schneeschmelze verwandelte sie sich in fließenden Schlamm. Links und rechts die kleinen Bauernhöfe – in der vorderen Quermauer das breite Tor, durch das der hochbeladene Erntewagen passte, auf der einen Seite das lang gestreckte Wohnhaus, auf der anderen die Scheune und die Stallungen. Das Ganze erinnerte an eine kleine Festung.

Einer dieser Gehöfte, Spital 37, gehörte dem Pölzl Johann Baptist und seiner Ehefrau Johanna. Hier wurde die Pölzl Klara am 12. August 1860 als siebentes von elf Kindern geboren. Ihre Mutter war eine Tochter des Hiedler Johann Nepomuk, der seinen Hof gleich nebenan in Spital 36 hatte und den kleinen Schicklgruber Alois im Alter von vielleicht fünf Jahren, also etwa 1842, als Pflegekind zu sich nahm. Wegen des großen Altersunterschiedes ist es ausgeschlossen, dass Klara und Alois noch als Kinder in Spital einander persönlich kennenlernten, denn bekanntlich ging Alois als Schusterjunge bereits um 1851 nach Wien.

Über Klaras Kindheit und Jugend ist so gut wie nichts bekannt. Sie war kein Bub, sondern ein Mädchen, ihre Nichtbeachtung gründete auf jahrhundertealten Konventionen wie auf einem Naturgesetz. Mädchen aus dem Bauernstand galten im alten Österreich vor allem deshalb nicht viel, weil sie nur in Ausnahmefällen als Hoferbinnen in Frage kamen. Überdies versperrten ihnen Vorurteile der Mittel- und Oberklasse gewöhnlich den Aufstieg in die bürgerliche Gesellschaft. So waren Bauerntöchter in der Regel ohne Alternative zu einem unscheinbaren Dasein als Eheweib, Mutter und Hausfrau anderer Bauern verurteilt oder sie mussten irgendwo in der Stadt „in Stellung gehen“.

Im Fall der Pölzl Klara kam aber noch erschwerend hinzu, dass ihr Vater seine kleine Landwirtschaft auf Dauer nicht halten konnte, so dass die Familie verarmte. Welcher Bauer aber wollte eine Bauerntochter zur Frau haben, die kein anständiges Heiratsgut mit in die Ehe brachte? So musste sich Klara nach dem Besuch der Volksschule wohl oder übel mit dem Gedanken anfreunden, unverheiratet zu bleiben und ihr Leben als Haus- oder Stallmagd zu fristen, sofern sie irgendwo eine freie Stelle fand.

Verblasstes Erscheinungsbild

Die einzigen Primärquellen, die der Nachwelt vorliegen, sind ein fotografisches Brustbild aus mittleren Jahren, eine krakelige Unterschrift aus späteren Jahren sowie ein papierenes Marienbild in Schwarzweiß, das dem Andenken an den verstorbenen Hitler Alois mit der Inschrift „Süsses Herz Mariä sei meine Rettung (300 Tage Ablass)" gewidmet ist. Es fällt dem Forscher entgegen, der die Hitler-Akte im Oberösterreichischen Landesarchiv benutzt.[76] Im Gegensatz zum Hitler Alois gibt es offenbar kein einziges Schriftstück, das die Pölzl Klara mit eigener Hand geschrieben hat. Selbst das Gesuch, mit dem sie die zuständige Behörde nach dem Tod ihres Mannes um die Ausfolgung der Witwenpension bat, verfasste nicht sie, sondern ein Kanzlist, der sie auch eigenhändig unterschrieb. So ist die Nachwelt über das Wesen, den Bildungsgrad sowie über die Haltung der Pölzl Klara, verheiratete Hitler, zu politischen, religiösen und pädagogischen Fragen ausschließlich auf Vermutungen angewiesen, zumal auch nur ganz wenige Aussagen von Zeitzeugen vorliegen, auf die man sich ohne größere Vorbehalte verlassen kann.[77]

Das oben erwähnte undatierte Brustbild[78] zeigt ein weibliches Wesen von unbestimmbarem Alter mit einem ovalen Gesicht und auffallend großen, etwas glasig wirkenden Augen, die den Betrachter ernst anblicken. Die vollen Lippen unter der Stupsnase sind fest geschlossen, als hätten sie Übung im Schweigen. Das rechtsseitig gescheitelte dunkle Haar lässt die Ohren frei und fällt als kleine Krause über die Stirn. Es wäre gewiss übertrieben, dieses sehr bieder wirkende weibliche Wesen als „hübsch" oder „schön" zu bezeichnen. Stellt man sich das flächige Gesicht aber einmal lachend vor, ließe sich an ihm unter bestimmten Umständen auch ein gewisser Liebreiz entdecken.

76 ÖLA, Panzerschrank „Hitler Akte 1". Auf der Rückseite steht: „Christliches Andenken an Herrn Alois Hitler … welcher … plötzlich im Herrn sanft entschlafen ist." Dazu ein Gedicht, das mit den Worten beginnt: „O teure Gattin, hemme deine Tränen …" und die Schlussformel enthält: „Heiliger Josef, Freund des heiligsten Herzens, bitte für uns (100 Tage Ablass)." Es handelt sich um Tröstungen, die Klara Hitler nach dem Tod ihres Mannes entweder von Verwandten und Freunden zuteil wurden oder die sie selbst erworben und höchstwahrscheinlich selbst zur Hand genommen hat. Jetzinger, der diese Akte anlegte, offenbart nicht, woher dieser Fund stammt.

77 Die Aussagen der Zeitzeugin Rosalia Hörl, die Smith 1967 seinerzeit offenbar noch befragen konnte, ließen sich bei Recherchen im Bundesarchiv Berlin nicht mehr auffinden.

78 Das von Fest, 1973, S. 35, ohne Quellenangabe gezeigte Ganzfoto hat mit dem bekannten Brustbild so wenig physiognomische Ähnlichkeit, dass es sich auf ihm kaum um Klara Pölzl, verheiratete Hitler, handeln kann.

Viel zu lachen hatte die Pölzl Klara in Kindheit und Jugend jedoch nicht. Ihre Schulbildung war rudimentär,[79] und in sexueller Hinsicht wurde sie über das hinaus, was sie sich in Viehställen oder in der freien Natur durch eigene Anschauung an Grundkenntnissen aneignen konnte, wohl kaum aufgeklärt. Wie die meisten Mädchen und Frauen jener Zeit, die in Deutschösterreich lebten, öffnete sich Klara dem römisch-katholischen Glauben vermutlich schon in sehr frühen Jahren. Das war Brauch in ländlichen Gegenden, und die seelische Stärkung, die sie durch die Begegnung mit der Kirche, dem in Österreich weit verbreiteten Marienkult und „den letzten Dingen" des Lebens überhaupt erfuhr, half ihr dann gewiss auch – wie schon der Mutter und Großmutter – bei der Bewältigung ihres entsagungsvollen Lebens.

Ehe mit dem Hitler Alois

Von ihrer Firmung, für die bisher keine Dokumente vorliegen, muss man einen verhältnismäßig großen Sprung machen, um in Klaras Biographie wieder auf einigermaßen festem Boden zu stehen. Das ist erst im Jahr 1875[80] der Fall. Damals soll der Braunauer Zollamtsoffizial Hitler Alois die 15-jährige als Helferin für seine erste Ehefrau Anna, die wohl bereits kränkelte, angefordert haben. Zwar kann man davon ausgehen, dass Vetter und Cousine einander zuvor schon das eine oder andere Mal in Spital begegnet waren; man kannte sich also wenigstens von fern. Ob darüber hinaus bereits Sympathien bei Alois mit im Spiel waren, ist aber nicht bekannt. Jedenfalls betrug der Altersunterschied nicht weniger als 23 Jahre. Es ist daher gar nicht so abwegig, dass Klara, wie es heißt, Alois nie mit seinem Vornamen, sondern stets mit „Onkel" angeredet hat. Das war kein Zeichen von übertriebene Devotion, wie häufig angenommen wurde, sondern Folge einer bestimmten Konvention, wonach es einfach unüblich war, dass junge Mädchen ältere Männer, auch wenn sie mit ihnen entfernt verwandt waren, mit dem Vornamen anredeten. Aber in zärtlichen Momenten, sofern es sie gegeben hat, wird dies aber gewiss auch anders gewesen sein.

Die Pölzl Klara trat zunächst nur für kurze Zeit als Hausmagd in das Leben des Hitler Alois ein. Schon 1883 musste sie wieder gehen, weil sich die zweite Ehefrau des Zollbeamten, Franziska, ihre weitere Anwesenheit verbat. Klara soll dann für einige Zeit nach Wien „in Stellung" gegangen sein, kehrte aber auf Wunsch von Alois schon 1884 nach Braunau zu-

79 So meinte Adolf Hitler in späteren Jahren einmal, wenn man seine Mutter z.B. gefragt hätte, warum ein eisernes Schiff schwimmen könne, hätte sie sicher nicht die richtige Antwort zu geben gewusst. Jochmann 1980, S. 376, Monolog vom 29. August 1942.

80 Kubizek, 1995/6, S. 41. Wir folgen hier Hitlers Jugendfreund, der behauptet, „die Lebensdaten von Frau Klara Hitler geborene Pölzl sind eindeutig belegt", obwohl er – übrigens ebenso wenig wie alle bisherigen Hitler-Biographen – keinen einzigen Beleg beibringt.

rück, um wieder im Haushalt zu helfen, da Franziska mittlerweile krank geworden war. Bei diesem Hin und Her wird sich dann irgendwann in den nächsten beiden Jahren eine geschlechtliche Beziehung zwischen dem Zollbeamten und seiner jungen Hausmagd ergeben haben. Denn die beiden mussten am 7. Januar 1885 mit päpstlicher Dispens heiraten, weil ihr erstes gemeinsames Kind unterwegs war, dessen Geburt sich kaum anders legitimieren ließ. Zu diesem Zeitpunkt war die Hitler Franziska noch nicht einmal seit einem Jahr tot.

Handelte es sich bei der Eheschließung zwischen Klara und Alois um eine Liebesheirat? Erwiesen ist nur, dass Frauen damals im alten Österreich – wie fast überall sonst auf der Welt – auch einem ungeliebten Bewerber die Hand zum Ehebund reichten. Die Gründe waren gewiss von Fall zu Fall unterschiedlich, aber im Wesentlichen gab es deren drei: Entweder wollten die betreffenden Frauen versorgt sein oder sie wollten sozial aufsteigen oder sie wollten vor Familienangehörigen und Freunden nicht länger als „sitzen geblieben“ gelten.[81] Häufig kamen auch alle drei Gründe zusammen. Weshalb sollte dies in Klaras Fall anders gewesen sein? Man heiratete damals in der Regel sehr früh, vor allem in ländlichen Gegenden. Klara hingegen vollendete 1885 bereits das 25. Lebensjahr, in dem die meisten ihrer Altersgenossinnen längst verheiratet waren. Dies war der jungen Frau bei ihrem Entschluss, die Ehe mit „Onkel Alois“ einzugehen, sicher ebenso bewusst wie die Tatsache, dass sie so gut wie mittellos war. Durch die Verbindung mit einem Staatsbeamten konnte sie aber voraussichtlich besser versorgt sein und auf der gesellschaftlichen Stufenleiter höher steigen, als sonst zu erwarten gewesen wäre. Vielleicht redeten Klara deshalb auch ihre Eltern zu, diesen Schritt zu tun, der ja kaum abzuwenden war, wenn man „ein Kind der Schande“ vermeiden wollte, wie man unehelichen Nachwuchs damals zu nennen pflegte.

Dennoch ist keineswegs bewiesen, dass diese „Muss-“ oder Zweckheirat die beiden Partner unglücklich machte. Eher scheint das Gegenteil der Fall zu sein, denn es gibt Hinweise darauf, dass Alois und Klara aneinander Gefallen fanden und so im Verlauf ihrer knapp vierzehn Ehejahre einander zu schätzen oder sogar zu lieben lernten. Wie weit diese Gefühle gingen, weiß man freilich nicht so genau. Die Frage wird hier etwas breiter diskutiert, da man bisher dazu neigte, die Ehe der beiden als eine Art „Gefängnis“ darzustellen, über dem der zur Gewalttätigkeit neigende Ehemann ständig die Peitsche schwang. Dabei gibt es, wie gesagt, Indizien, die für das Gegenteil sprechen. Denn was hätte Alois z.B. außer Zuneigung bewegen sollen, in das Grundbuch für die Grundstücke, die er erwarb, als Eigentümer nicht nur sich selbst, sondern auch Klara als Miteigentümerin eintragen zu lassen, und zwar stets zu gleichen Teilen?[82] Zwar mögen dafür zuallererst Zweckmäßigkeitsgründe gesprochen haben. Hätte Alois jedoch seine frühere Hausmagd nicht für würdig befunden oder sie sogar

81 Jusek 1994, S. 175.

82 ÖLA, „Nachlass Franz Jetzinger, Materialien zu Hitler Buch“, Nr. 17.

jenseits der Befriedigung seines Geschlechtstriebes innerlich abgelehnt und schlecht behandelt – er hätte gewiss alles ganz für sich allein behalten. Unter Berufung auf „verschiedene Bekannte", die er freilich gar nicht alle selbst gekannt haben kann, hat August Kubizek diese Ehe sogar „durchaus glücklich" genannt.[83] Insgesamt wird man den Tatsachen wahrscheinlich dann gerecht, wenn man annimmt, dass Alois und Klara mit der Zeit eine in Maßen partnerschaftliche Ehe auf der Basis gegenseitiger Zuneigung und Achtung geführt haben.

Eheweib, Hausfrau und Mutter

In nur 18 Ehejahren hat sich die Hitler Klara einen festen Stand als „Frau Zolloberamtsoffizial" und Mit-„Hausbesitzerin" erarbeitet, was nicht heißt, dass diese Ehrentitel jemals auf irgendeiner Visitenkarte oder auch nur auf einem Klingelschild gestanden haben. Es bedeutet nur, dass sie 18 Jahre lang in Haus, Hof und Garten hart gearbeitet hat. Dabei waren die Aufgaben zwischen den Ehepartnern völlig ungleich verteilt. Denn Alois, der sechs Tage der Woche von morgens bis abends im Amt verbrachte, glänzte bis auf die Abende durch Abwesenheit, wenn er diese nicht auch noch im Wirtshaus verbrachte, was oft genug geschah. Haushalt, Kinder und alles andere blieben ganz und gar Klara überlassen – große Bürde und große Chance zugleich. Eisschränke, Küchengeräte und andere Maschinen zur Erleichterung der Hausarbeit waren damals noch weitgehend unbekannt. Die Wohnungen wurden nicht zentral mit Öl oder Gas, sondern über einzelne Öfen und den Küchenherd beheizt. Man machte Feuer meist mit Hilfe von Papier und Holz und musste es dann mit Holz und Kohle am Laufen halten – eine umständliche und zeitraubende Prozedur, die ständige Aufmerksamkeit verlangte. Bei längerer Abwesenheit ging das Feuer aus, und man musste wieder von vorn anfangen. Als sich Alois und Klara zusammentaten, gab es in Braunau noch nicht einmal elektrisches Licht. Man erleuchtete die Stuben mit Kerzen und Petroleumlampen. In Leonding musste das benötigte Wasser draußen im Garten an einer Pumpe geholt werden. Spülklosetts waren in den vielen Behausungen, welche die Familie Hitler im Laufe der Zeit bewohnte, vermutlich ebenfalls noch nicht überall vorhanden, so dass sie ihre Notdurft in irgendeinem außerhalb gelegenen Häuserl oder auf einem Etagen-WC verrichten musste.

Das waren die äußeren Lebensumstände, mit denen es Klara zu tun hatte. Gewiss wurden die Kinder, sobald sie groß genug dafür waren, zu Hilfsarbeiten herangezogen. Im Übrigen aber war ihre Mutter auf die eigene seelische und körperliche Spannkraft angewiesen. Trotz der einseitigen Arbeitsverteilung und aller technischen Hindernisse hatte sie den reibungslosen Ablauf des häuslichen Geschehens gegenüber ihrem Ehegatten zu verantworten. Klara kochte Alois morgens seine Frühsuppe, versorgte tagsüber die Kinder und hatte das Abendessen bereitzuhalten, wenn ihr

83 Kubizek 1995/6, S. 43.

Mann wieder nach Hause kam. Sie heizte, kochte, wusch, putzte, backte fast ohne Unterlass, und dann musste sie abends auch noch nähen, stopfen oder stricken und ihrem Mann, sofern dieser nicht lieber ins Wirtshaus ging, eine freundliche Zuhörerin sein, bis ihr die Augen zufielen.

Das war kein besonderes Drama, sondern der Alltag, wie ihn damals Millionen von Frauen erlebten. Er muss hier aber einmal deutlich genug angesprochen werden, weil die mühselige Lebensrealität der Klara Hitler in den Biographien über ihren jüngsten Sohn meist hinter dem dominanten Bild ihres Mannes verschwindet und dadurch von dem Ehepaar leicht ein schiefes bzw. unvollständiges Gesamtbild entsteht. In diesem Zusammenhang ist auch an die Krankenpflege zu denken, die Klara in ihrer Rolle als Ehefrau und Mutter oblag. Es war ihre Aufgabe, das kranke Kind oder den leidenden Ehemann sauber zu halten, ihn eventuell mit diätetischen Speisen, auf jeden Fall aber mit Hausmitteln oder Medikamenten zu versorgen sowie an kritischen Tagen und in fiebrigen Nächten am Bett der Kranken und Sterbenden auszuharren. Der Arzt kam selten, wenn überhaupt einer greifbar war, denn er musste aus eigenen Mitteln bezahlt werden. Die Krankenversicherung steckte damals noch in den Kinderschuhen, wenn es sie überhaupt schon gab.

Da Krankheit und Tod die Familie Hitler recht häufig heimsuchten, muss man annehmen, dass Klara, obwohl sie durch Erfahrung wenigstens rudimentär über den menschlichen Körper und dessen wichtigste Funktionen Bescheid wusste, seelisch viel und oft gelitten hat. Ihre beiden ersten Kinder Gustav und Ida starben schon nach zwei Jahren, das dritte, Otto, sogar nach nur wenigen Tagen, und ihren Sohn Edmund, den fünf Jahre jüngeren Bruder Adolfs, der an Masern erkrankt war, musste sie bis zu seinem Tod pflegen.

Außerdem diente Klara ihrer Familie gewiss oft genug als ebenso stummer wie unentbehrlicher Katalysator für Temperamentsausbrüche aller Art, die von Seiten ihres Mannes und ihrer Kinder wie Gewitterschauer auf sie niedergingen. Dabei versuchte sie sicher im Rahmen ihrer Möglichkeiten, tapfer alle zu beschwichtigen oder doch zu trösten. Denn nach den Anschauungen der damaligen Zeit war letztlich die Hausfrau dafür zuständig, dass in der Familie Harmonie und Frieden herrschten und die Stimmung nicht allzu häufig auf den Gefrierpunkt sank. Eine Erfüllung all dieser einander z.T. widersprechenden Anforderungen war jedoch oft genug nur um den Preis der Selbstverleugnung möglich. Wenn auch das nicht mehr half, blieb als letzter Ausweg, in die Kirche zu eilen, sich hastig mit Weihwasser zu betupfen, das Kreuz zu schlagen und ein paar „Gegrüßet sei'st du, Maria, voller Gnade" vor sich hin zu murmeln. Höchstwahrscheinlich machte auch Klara von dieser Möglichkeit Gebrauch, wenn ihr die Dinge wieder einmal über den Kopf zu wachsen drohten – erzählt man sich doch, sie sei eine „tief religiöse" Frau gewesen.[84]

84 BAB, NS 26, Nr. 65, Mikrofilm Nr. 71991 (hdschr.) und ebda. Nr. 17 a, Mikrofilm Nr. 71943 (masch. schr.), „Erinnerungen an den Führer und dessen verewigte Mutter (Obermedizinalrat Dr. Eduard Bloch, Linz, Landstraße Nr. 12)". – Wenn nichts anderes

Lebens- und Wirtschaftsbedingungen

In Geldangelegenheiten war Klara von Alois abhängig, denn sie hatte keine eigenen Einnahmen, und die Höhe des Haushaltsbudgets wurde von dem sparsamen Hausherrn einseitig festgelegt – ob immer ausreichend, weiß man nicht. Auch wurden die Ausgaben, die Klara tätigte, von Alois nach Art und Höhe mit buchhalterischer Genauigkeit kontrolliert, denn diese penible Nachrechnerei war er ja von seiner Dienststelle her gewöhnt. Innerhalb dieses engen Rahmens stand es Klara frei, das Geld so auszugeben, wie sie es für richtig hielt, wobei sie es sich freilich so einteilen musste, dass sie damit bis zum Wochen- oder Monatsende auskam. Nachforderungen waren peinlich und wurden vom Haushaltsvorstand, wie der Ehemann damals hieß, nur unter Murren bewilligt, wenn überhaupt. Diese Geldwirtschaft war keine Spezialität der Familie Hitler, sondern entsprach dem patriarchalischen Familienmodell. Klara hatte die nötigen Besorgungen zu machen und andere Gänge zu erledigen. Angesichts der großen Familie, die bis zu fünf Köpfe und Münder zählte, war sie rastlos tätig. Sie opferte sich für Alois und die Kinder beinahe auf. Dennoch war sie Undank und Unverständnis ihrer Familie immer dann ausgesetzt, wenn irgendetwas nicht klappte, obwohl es vielleicht gar nicht ihre „Schuld“ gewesen war.

Pannen und Unzuträglichkeiten wird es schon allein wegen der vielen Umzüge, welche die Familie Hitler im Lauf der Zeit hinter sich brachte, nicht selten gegeben haben. Dabei konnte sich Klara kaum mit Aussicht auf Erfolg gegen Anwürfe und Vorhaltungen zur Wehr setzen. Denn die Hausfrauen jener Zeit hatten sich in der Regel dem Urteil des Hausherrn zu unterwerfen. Da dieser von Hausarbeit nichts verstand und diese im Stillen wahrscheinlich sogar als – im Vergleich zu seiner Berufs- und Erwerbstätigkeit – minderwertig verachtete, war dieses Urteil oft hart und ungerecht.

Zwei weitere Rahmenbedingungen erschwerten und erleichterten das Leben Klaras als Eheweib, Hausfrau und Mutter zugleich. Erschwerend wirkten die vielen Umzüge, welche die Familie teils durch die dienstlichen Versetzungen des Haushaltsvorstandes, teils durch dessen persönliche Unrast zu bewältigen hatte. Nicht nur, dass dann der Haushalt jedes Mal mühsam zusammengepackt werden musste – es musste auch jede neue Behausung wieder für Ehemann und Kinder einigermaßen wohnlich hergerichtet und das Beziehungsnetz zu Nachbarn, Behörden, Einkaufsläden usw. neu geknüpft werden. Über die ersten Räumlichkeiten ist nur wenig bekannt.[85] Immerhin heißt es von der Wohnung, welche die Familie Hit-

---

angegeben, wurde diese Fassung benutzt. Vgl. auch die Fassung in englischer Sprache, NACP, Records of the OSS, Record Group 226, Box 2, „Hitler's Source Book“, hier: „Dr. E. Bloch, My patient Adolf Hitler as told to J. D. Ratcliff, 15. 03. 41“ – beide Fassungen sind inhaltlich nicht ganz kongruent.

85 Trotz intensiver Recherchen vor Ort gelang es nicht einmal, einen Grundriss der Wohnung in jenem Braunauer Gasthof aufzutreiben, in dem Adolf Hitler geboren wurde. Die Grundstücksakte im Archiv des Bauamtes der Stadt Braunau ist für Außenstehende

ler zeitweilig in Passau bewohnte, sie sei „ärmlich" gewesen und habe nur aus einem einzigen Zimmer bestanden.[86] Im Gegensatz dazu waren zweimal, in Hafeld und in Leonding, zusätzlich zu deutlich geräumigeren Häusern noch jeweils eine kleine Bauernwirtschaft oder ein großer Garten mit Kleintierhaltung, Obstbäumen und Gemüse zu versorgen.

Erleichternd wirkte sich dagegen der Umstand aus, dass die Wohnungen, welche Klara mit ihren Angehörigen in Braunau und zeitweilig auch in Lambach bewirtschaftete und bewohnte, über je einer Gastwirtschaft lagen. So konnte die viel beschäftigte Hausfrau die dort vorhandenen Kücheneinrichtungen oder hin und wieder auch die eine oder andere Dienstleistung für sich, den Mann und die Kinder in Anspruch nehmen. Außerdem hatte Alois schon bald nach der Eheschließung gestattet, dass Klara ihre Schwester Johanna als Haushaltshilfe zu sich nahm, so dass die viele Haus-, Garten- und Stallarbeit wenigstens auf vier Schultern verteilt war.

Wie schon erwähnt, musste Klara den frühen Tod von nicht weniger als vier Kindern verkraften. Das letzte, Edmund, verstarb im Alter von sechs Jahren am 29. Februar 1900, nur wenige Wochen nach der Jahrhundertwende. Alle diese Verluste waren für die Mutter herbe Schicksalsschläge, für deren Überwindung ihr jedoch der Glaube die nötige Kraft gegeben haben dürfte. Denn die römisch-katholische Kirche vermittelt nun einmal das „eschatologische Existenzverständnis" (Olivia Wiebel-Fanderl), dessen der gläubige Mensch in Krisenzeiten bedarf. Denn wenn man daran glaubt, dass alles auf Gott hin gerichtet ist, lassen sich tragische Todesfälle sogar zum Übergang vom irdischen in das ewige Leben verklären, und dieser Glaube ist dann Bestandteil einer „ars bene vivendi", einer guten Lebenskunst. Tatsächlich trösteten sich trauernde Eltern damals über den Verlust ihrer Kinder oft mit einem Leitsatz hinweg, der aus den ländlichen Gegenden Österreichs stammt: „Ein Engerl im Himmel darf man nicht beklagen, und nächstes Jahr kommt wieder ein Kindlein zur Welt."[87] Und tatsächlich: Nach Edmunds Tod wurden der Hitler Klara mit Adolf und Paula sogar noch zwei überlebende Kinder geboren.

Damit soll Klaras Leid nicht bagatellisiert werden, doch man sollte die Bedeutung dieser fünf Kindstode auch nicht übertreiben. Nur soviel ist klar: Alle ihre schmerzlichen Verluste und sonstigen Belastungen musste Klara im 47. Lebensjahr mit ihrer Gesundheit, mit ihrem Leben bezahlen. Denn da machte sich plötzlich ein bösartiger Krebs in ihrer Brust bemerkbar. Inzwischen aber war die Klara Hitler bis zum Tod ihres Mannes zur wahren Herrin im Hause des Zolloberamtsoffizial geworden. Alle, die sie kannten, rühmten ihre „Hausfrauentüchtigkeit", von der noch ihr Sohn

---

nicht zugänglich. Die heutige Eigentümerin des Grundstücks ließ uns durch einen Mittelsmann wissen, sie verfüge über keine Unterlagen.

86 So Cornelia Wohlhüter unter Berufung auf den früheren Hauseigentümer in „Ein Haus erinnert noch an unselige Mieter", *Passauer Neue Presse*, 9. Februar 1991.

87 Vgl. Wiebel-Fanderl 1990, S. 233, über einen Kindstod noch aus dem Jahr 1921. Die Verfasserin spricht in diesem Zusammenhang von einer „Todesbewältigungsstrategie".

in *Mein Kampf* schwärmt, da seine Mutter „den Familienbesitz nach und nach“ vermehrt habe.[88] Wahrscheinlich meint Hitler damit „das eine oder andere gesellschaftsspezifische Statussymbol“, durch das sich seine Familie mit Hilfe hausmütterlicher Sparsamkeit über den Durchschnitt ihrer sozialen Schicht erheben konnte.[89] So wären z.B. Erwerb und Erhalt jener beiden Einfamilienhäuser, welche die Familie Hitler in Hafeld und Leonding bewohnte, ohne Klaras umsichtige Wirtschaftsführung gewiss kaum möglich gewesen. Denn so viel verdiente Alois nicht, dass er sich einen großzügigen Lebensstil mit Eigenheimen, Gärten und Feldern hätte leisten können. Nachdem man Klara als junges Ding in Braunau noch von oben herab die „Hitler-Klara“ genannt hatte,[90] galt sie gegen Ende ihres Lebens in Leonding als „recht g'rührig“,[91] was soviel heißt, dass sie in allem, was mit Haushalt und Familie zusammenhing, eine tüchtige und glückliche Hand bewiesen hat.

Erziehungsfragen

Nachdem ihr Mann 1903 verstorben war, versuchte die Hitler Klara zunächst die von ihm festgelegte Linie in der Erziehung ihres Sohnes beizubehalten. Adolf war somit auch von ihr weiterhin für den Beruf des Staatsbeamten bestimmt, der Sicherheit und Wohlstand versprach. Doch ihr Sohn wehrte sich nach wie vor dagegen, so dass ihm seine Mutter heftige Vorwürfe machte. „Unser guter Vater hat im Grabe keine Ruhe, weil du absolut nicht nach seinem Willen tust. Gehorsam ist die Grundlage für einen guten Sohn. Du aber hast keinen Gehorsam. Deshalb bist du auch in der Schule nicht weitergekommen und hast kein Glück im Leben.“ [92] So berichtet Kubizek, der manchmal aus nächster Nähe Zeuge ihrer Vorhaltungen wurde. Wie zum Beweis dafür, dass die oberste Maxime ihres Mannes auch über dessen Tod hinaus galt, blieben Alois' Tabakspfeifen säuberlich im Wandbord aufgereiht, als würden sie auch weiterhin über Adolfs Wohl und Wehe wachen.[93]

Im Laufe der nächsten vier Jahre bis zu ihrem Tod scheint Klaras Widerstand gegen die Künstlerträume ihres Sohnes jedoch schwächer geworden zu sein. Sie ließ ihn schließlich sogar auf die Kunstakademie nach Wien ziehen, wie sie arglos meinte. Damit hatte Adolfs Beharrlichkeit über die Bedenken seiner Mutter gesiegt. Oder hat Klara die von einem fanatischen Deutschnationalismus beflügelten Träume ihres Sohnes am Ende sogar heimlich gefördert? Hat sie sich gegen Ende ihres Lebens soweit von ihrem verstorbenen Mann emanzipiert?

---

88 Zoller 1949, S. 46.

89 Wiedemann 1991, S. 118.

90 Jetzinger 1956, S. 50.

91 Ebda., S. 71, unter Berufung auf Josef Mayrhofer, den späteren Vormund des jungen Hitler.

92 Kubizek 1995/6, S. 40.

93 Ebda., S. 46.

Das traditionelle Bild der Frau trug in Österreich an der Wende vom 19. zum 20. Jahrhundert im Allgemeinen die Züge einer liebe- und verständnisvollen, sanftmütigen und gehorsamen Persönlichkeit ohne eigene Ambitionen. Von Emanzipation oder gar von einer selbständigen politischen Betätigung keine Spur. Denn Politik war fast ausschließlich „Männersache". Das Vereinsgesetz von 1867 verbot Frauen sogar den Beitritt zu den Parteien, die sich damals noch „politische Vereine" nannten, und auf nationaler Ebene wurde das Frauenwahlrecht erst nach dem Ende der Monarchie eingeführt. Da sich Adolf jedoch zunehmend im deutschnationalen Milieu bewegte, musste Klara nicht nur in ihrer Erziehung, sondern auch in ihrem Selbstverständnis darauf reagieren, und so wurde sie als alleinerziehende Mutter *nolens volens* eine politische Frau.

Inzwischen hatten sich parallel zum österreichischen Nationalitätenkonflikt in den verschiedenen politischen Lagern neue Geschlechterideologien herausgebildet, auch im deutschnationalen Milieu. Das Ergebnis in der so genannten „Frauenfrage" war jedoch widersprüchlich. Teils wurde die Tatsache, „dass der warme Herzschlag unserer deutschen Frauen- und Mädchenwelt die Scheu vor dem Hervortreten in der Öffentlichkeit überwunden" habe, vom Vorsitzenden des *Deutschen Schulvereins*, Moritz Weitlof, ausdrücklich begrüßt.[94] Teils aber waren die Deutschnationalisten Ende des 19. Jahrhunderts immer noch davon überzeugt, es sei Aufgabe der Frauen und Mütter, ihre Kinder *zu Hause* in deutscher Sprache und Kultur zu unterweisen. Dieser Widerspruch wurde dadurch aufgelöst, dass man „den Tätigkeiten der Frauen in diesem Bereich neue Bedeutung" verlieh. Damit wurden die österreichischen Frauen von den deutschnationalen Geschlechterideologen weder auf das Bild der „öffentlichen" – notabene politischen Frau – noch auf das der Mutter und Hausfrau festgelegt. Sie sollten vielmehr beides in *einer* Person sein. Entsprechend widersprüchlich wurden die österreichischen Frauen von der Politik behandelt. Einerseits wurde ihnen das zeitweise schon einmal gewährte Wahlrecht zu den Landtagen der Kronländer wieder entzogen. Andererseits wurde das Postulat, „nationale Anliegen" seien ein wesentlicher Teil der so genannten weiblichen und häuslichen Aufgaben, immer mehr forciert. Letzten Endes wurden die Frauen somit aufgefordert, nicht öffentlich, sondern zu Hause politisch tätig zu werden.

Es stellt sich freilich die Frage, wieweit Klara überhaupt von diesen einander widersprechenden Umständen und Botschaften erreicht worden ist. Unwahrscheinlich ist es jedoch nicht, da vor allem der *Deutsche Schulverein*, dem sich Adolf angeschlossen hatte, als Diskursplattform für jene Botschaften diente. Dieser Verein entwickelte seit Beginn der achtziger Jahre in ganz Deutschösterreich eine beachtliche Aktivität, vor allem in grenznahen Bereichen wie der Stadt Linz, die in unmittelbarer Nähe zu dem von den tschechischen Nationalisten beanspruchten Böhmen lag. So traten diesem Verein allein bis 1885 mehr als 10.000 Frauen bei, immerhin

94 Judson 1994, S. 33.

ein Zehntel der damaligen Gesamtmitgliedschaft. Therese Ziegler, eine der Aktivistinnen, erklärte 1883, sie halte es „für eine Pflicht jeder deutschen Frau, für den Schulverein zu wirken“.[95] Vielerorts wurden Ortsgruppen für Mädchen und Frauen gebildet, auch in Linz.

Zwar ist über einen Beitritt Klaras zu einer dieser Ortsgruppen nichts bekannt, da zumindest in Linz keine Mitgliederverzeichnisse geführt wurden.[96] Doch ist nicht auszuschließen, dass sich Adolfs Mutter die Feststellung Therese Zieglers zu Herzen nahm, man könne große Erfolge im Sinne der deutschnationalen Bewegung erzielen, wenn man „die Söhne zu tüchtigen deutschen Männern erziehe“.[97] Denn wie sonst wäre zu erklären, dass sich Adolf ungehindert an den Aktivitäten des Schulvereins beteiligen konnte? Die Realschule, die er in Linz besuchte, war ausdrücklich gegen ein solches Engagement. Wegen der nachlassenden Leistungen ihres Sohnes hatte Klara häufigen Kontakt mit ihr. Die ablehnende Haltung gegenüber jeder Form deutschnationaler Agitation, die Schulleitung und Lehrer offiziell einnahmen, war ihr somit bekannt und trotzdem ließ sie es zu, dass Adolf am Knopfloch seines Jankers als Erkennungszeichen seiner Gesinnung die blaue Kornblume trug, mit der Sammelbüchse durch die Straßen ging und die deutschnationalen Klubs besuchte. Vielleicht ermutigte Klara ihn sogar dazu. Vielleicht wurde sie von ihm aber auch entsprechend unter Druck gesetzt.[98]

Eine Beeinflussung insbesondere Klaras durch die deutschnationale Propaganda ist umso wahrscheinlicher, als die deutschösterreichischen Frauen jener Zeit in Form von Rundschreiben, Flugblättern und Kalendern einem wahren Trommelfeuer an schriftlichen Handlungsanweisungen ausgesetzt waren. Sie lernten daraus, „wie deutsche Eltern ihren Kindern deutsche Tugenden einflößen, sie in typisch deutscher Tracht kleiden, sie mit anregenden deutschen Geschichten versorgen und mit deutschen Speisen verköstigen sollten“. Zwar ist nicht ganz klar, was man damals unter „deutschen Speisen“ verstand – vielleicht Sauerkraut oder Knödeln. Aber lief der kleine Adolf nicht mit Lederhose und Seppelhut in einer „typisch deutschen Tracht“ herum? Vielleicht beklebte Klara, den Empfehlungen des Schulvereins folgend, sogar die Wände ihrer Wohnungen in Linz und Urfahr mit Bildern von Siegfried, Wieland dem Schmied und Wilhelm Tell – deutsche Sagen- und Leitfiguren, die Adolfs Phantasie nachweislich gefesselt haben.

Wie tief das gesamtdeutsche Bewusstsein in der Familie Hitler trotz aller Kaisertreue und Staatsloyalität verankert war, machen auch die Vornamen der Kinder deutlich. Diese Tatsache ist zu auffällig, um weiterhin

95 Ebda., S. 40.

96 Dr. Enichlmayr, ÖLA, E-Mail vom 21. April 2005 an den Verf. Quelle: Österreichischem Amtskalender von 1895 und 1905.

97 Judson 1994, S. 41.

98 Hitler 1925 I, S. 10. Hitler schildert seine damaligen Aktivitäten ziemlich ausführlich, geht aber auf die Frage, welche Haltung seine Eltern, insbesondere seine Mutter dazu einnahmen, nicht ein.

übergangen zu werden, und sie wirft ein neues Licht sowohl auf die politische Grundeinstellung des Zollbeamten als auch auf die seiner Ehefrau. Bei drei ihrer vier leiblichen Söhne hatten sich erst Alois und dann Klara für typisch „deutsche" Vornamen, wie Gustav, Otto und Adolf, entschieden. Dagegen ist der im 19. Jahrhundert häufiger vorkommende Name Edmund eher auf die damals als „modern" geltende England-Begeisterung zurückzuführen. Es fällt schwer, in den drei erstgenannten Namengebungen vor allem dann kein verschlüsseltes Bekenntnis zum Deutschtum zu erblicken, wenn man „Gustav" und „Adolf" zu „Gustav Adolf" zusammenzieht. Tatsächlich zählte der protestantische Schwedenkönig, der sich im Dreißigjährigen Krieg der Ausdehnung der habsburgisch-katholischen Macht bis zur Ostsee erfolgreich entgegengestellt hatte, sowohl zu den mythischen Gestalten des germanisch-nordischen Formenkreises als auch zu den emblematischen Figuren des österreichischen Deutschnationalismus. Der Schwedenkönig war in Deutschösterreich gegen Ende des 19. Jahrhunderts so populär, dass sich vielerorts Gustav-Adolf-Vereine bildeten.[99] Diese 1844, also im so genannten Vormärz, begründete Organisation war militant-antikatholisch, aber zunächst nicht alldeutsch gewesen. Sie setzte sich zum Ziel, „Andersgläubige" in der römisch-katholischen Diaspora zu betreuen. Nachdem sich das Kaiserhaus ihrer Meinung nach im Nationalitätenkonflikt jedoch auf die Seite der Slawen geschlagen hatte, gerieten die Gustav-Adolf-Vereine gegen Ende des 19. Jahrhunderts stärker in das alldeutsche Fahrwasser und näherten sich der von Georg Schönerer ins Leben gerufenen Los-von-Rom-Bewegung. Indem sie zwei ihrer drei leiblichen Söhne „Gustav" und „Adolf" nannten, hatten die Eltern Adolf Hitlers somit ein teils antikatholisches, teils antihabsburgisches, teils deutschnationales Bekenntnis abgelegt.

All das macht Klaras grundsätzliche Aufgeschlossenheit für die Geschlechterideologie und sonstigen Inhalte des Deutschnationalismus mehr als wahrscheinlich. Dazu konnte sie ihren Neigungen, die ihr verstorbener Mann zu Lebzeiten noch mühsam unterdrückt hatte, viel offener nachgeben, ohne ihre Witwenpension durch disziplinarrechtliche Konsequenzen zu gefährden. Natürlich war die Hitler Klara keine politische Frau im engeren Sinn – über Politik wurde in ihrer Gegenwart kaum gesprochen, wie Kubizek berichtet.[100] Aber vieler Worte bedurfte es ohnehin nicht, weil sich Mutter und Sohn innerlich so nahe standen, dass sie sich wahrscheinlich auch nonverbal gut miteinander verständigen konnten. Zudem kam das, was der Schulverein und die Deutschnationalisten von Klara wollten, im un- oder überpolitischen Gewand „nationaler" und „deutscher" Hausfrauen- und Mutterpflichten daher, so dass sich diese einfache und unpolitische Frau durchaus angesprochen fühlte, ohne viel darüber nachdenken und reden zu müssen. Alles in allem könnte der Ausweg aus ihrem

99 Pulzer 1964, S. 187: Der 1844 gegründete Gustav-Adolf-Verein war militant-antikatholisch, aber zunächst nicht alldeutsch und hatte es sich zum Ziel gesetzt, „Andersgläubige" in der römisch-katholischen Diaspora zu betreuen.

100 Kubizek 1995/6, S. 88.

Dilemma, ihrem verstorbenen Mann dadurch die Treue zu halten, dass sie einerseits Adolf gegenüber auf dem Berufsziel des Staatsbeamten bestand, andererseits aber auch eigenen deutschnationalen Neigungen nachzugeben, darin bestanden haben, dass Klara das eine tat, ohne das andere zu lassen.

Witwenschaft, Krankheit und Tod

Für ihre letzten Lebensjahre in Leonding, Linz und Urfahr, wo sie an Brustkrebs erkrankte und verstarb, gibt es mit Hitlers Jugendfreund August Kubizek und mit dem Hausarzt der Familie Hitler, Dr. Eduard Bloch, gleich zwei Gewährsleute, die Einzelheiten über die Hitler Klara berichtet haben. Obwohl beide ihr allmähliches Sterben aus nächster Nähe, wenn auch aus unterschiedlichen Blickwinkeln, erlebten, haben Bloch und Kubizek zwei Schilderungen hinterlassen, die stimmungsmäßig voneinander abweichen.[101] Der Mediziner zeichnete das fast idyllische Bild „einer einfachen, bescheidenen, freundlichen Frau", „schlank und groß gewachsen", die ihr bräunliches Haar „adrett geflochten" habe. Bloch hatten es vor allem Klaras Augen angetan, weil diese, wie er fand, einen so hübschen und ausdrucksstarken Blick hatten. Hingegen wirkt das Porträt, das Kubizek von der Mittvierzigerin entwirft, schwermütig und resignativ. Es hat die Hitler-Biographik bisher ziemlich einseitig bestimmt. Was bis heute fehlt, ist ein Abgleich dieser beiden konträren Bilder, der erforderlich ist, um abschließend zu einer annähernd realistischen Einschätzung der Ehe von Alois und Klara Hitler und damit auch der familiären Atmosphäre zu kommen.

Mit Bloch stimmt Kubizek darin überein, dass Hitlers Mutter ein stilles, bescheidenes Wesen mit einer „von Herzen kommenden Freundlichkeit" hatte.[102] Von einer überfließenden, zur Verhätschelung neigenden oder sogar das Pathologische streifenden Liebe zu ihrem letztgeborenen Sohn, dem Stammhalter der Familie, ist bei beiden Zeitzeugen nicht die Rede. Sie ist aber das Lieblingsthema jener Psychohistoriker, die meinen, sie könnten charakterliche Defizite ihres Protagonisten auf übertriebene Mutterliebe zurückführen. Bloch und Kubizek wussten, dass aus der Ehe von Alois und Klara Hitler innerhalb von elf Jahren nicht weniger als sechs Kinder hervorgegangen waren. Sie wussten auch, dass von diesen nur zwei länger als sechs Jahre am Leben blieben. Dennoch weigerten die beiden Zeitzeugen sich, daraus allzu gewagte Schlussfolgerungen abzuleiten. Sicher hat Klara der Teilverlust ihrer Kinder ebenso belastet wie die herrischen und jähzornigen Seiten, die ihr Mann nicht selten zu Hause aufzog. Dennoch sollte man nicht vergessen, dass sowohl eine hohe Kinderzahl als auch eine hohe Kindersterblichkeit Ende des 19. Jahrhunderts überall zu den leidvollen Alltagserfahrungen von Eltern gehörten. Man darf sie zwar nicht

101 Vgl. Anm. 84 in diesem Kapitel.

102 Kubizek 1995/6, S. 38.

verharmlosen, aber auch nicht überbewerten. Außerdem wird die Hitler Klara den nötigen Trost, wie gesagt, in ihrem Glauben gefunden haben.

Die Ehe von Klara und Alois dauerte nur 18 Jahre, weil der Zollamtsoberoffizial 1903 relativ früh verstarb. Anderenfalls hätten die beiden gewiss noch die Silberne Hochzeit oder andere Landmarken eines bürgerlichen Ehelebens erreicht. Zwar bekannte Klara einmal gegenüber Kubizek: „Was man sich als junges Mädel von der Heirat erhofft und erträumt, ist meine Ehe auch nicht geworden",[103] und Emanuel Lugert, ein Freund ihres Mannes, hielt sie rückblickend sogar für eine vom Leben „enttäuschte Frau".[104] Aber was sollen solche Allerweltsweisheiten schon besagen? Wer nach manchmal harten, aber immer arbeitsreichen Jahren sieht, dass er, früh verwitwet, früh sterben muss, wird selten von seinem Leben begeistert sein. Dennoch ordnete Klara die Erfahrungen mit ihrer Ehe recht realistisch ein, als sie im Nachsatz zu Kubizek sagte: „Aber wo kommt dies (die Erfüllung der Jugendträume von einer Ehe – D. B.) schon vor?" Dafür, dass die Gefühlsbeziehung zu Alois tiefer reichte als bisher angenommen, spricht letzten Endes auch die Tatsache, dass Klara nach Blochs Urteil[105] „bis zur Verzweiflung beunruhigt durch den Tod ihres Mannes" war, und vielleicht hat gerade dieses Ereignis mehr als alles andere zur Entstehung ihrer bösartigen Krankheit beigetragen.

Spätestens während ihrer Witwenschaft bewegte sich Klara am Rand der Überforderung. Sie musste das kleine Anwesen in Leonding verkaufen und zog mit ihren Kindern nach Linz, wenig später nach Urfahr auf dem jenseitigen Donauufer, jeweils in eine Etagenwohnung, weil sie sich ein eigenes Haus von ihrer Witwenpension nicht mehr leisten konnte. Gleichzeitig kam ihr Sohn Adolf in die Pubertät, und Klara machte sich Sorgen über die Zukunft der kleinen Paula, die 1903 erst sieben Jahre alt geworden war. Es waren leidvolle letzte Jahre. Sie wurden vom Kummer über den Tod ihres Mannes ebenso überschattet wie von den Sorgen über die Entwicklung ihres Sohnes. Im Vergleich zwischen dem eingangs geschilderten Brustbild und seinen eigenen Eindrücken aus späterer Zeit meint Kubizek zwar, die Gesichtszüge der Hitler Klara hätten sich kaum verändert. Doch habe „das Leid jetzt noch deutlicher aus ihnen (gesprochen)"[106] als in jüngeren Jahren, und ihr ursprünglich dunkelblondes Haar sei inzwischen grau geworden.

Im Januar 1907 verspürte Klara so starke Schmerzen in der Brust, dass sie ihren Linzer Hausarzt Dr. Bloch in dessen Praxis aufsuchte, Landstraße Nr. 12. Er diagnostizierte Krebs und empfahl dringend eine Operation, die in seiner Gegenwart am 18. Januar 1907 von Dr. Karl Urban am Linzer Krankenhaus der Barmherzigen Schwestern durchgeführt wurde. Dabei wurde Klara die linke Brust entfernt, und danach wurde sie als „geheilt"

103 Ebda., S. 43.

104 Jetzinger 1956, S. 62.

105 Vgl. Anmerkung 84 in diesem Kapitel.

106 Kubizek 1995/6, S. 38.

entlassen.[107] Anscheinend ging es der 47-Jährigen dann zunächst besser, so dass sie im Lauf des Sommers zweimal umziehen und zur Erholung mit ihren Kindern einige Zeit bei ihrer Schwester in Spital verbringen konnte. Im Oktober verschlechterte sich Klaras Zustand jedoch, so dass ihr von Bloch eine schmerzhafte und wenig hilfreiche, aber auch nicht schädliche Jodoformbehandlung verordnet wurde. Seiner Ansicht nach hatte freilich von Anfang an nur wenig Aussicht auf eine Heilung der bösartigen Krankheit bestanden. Ihr ist Hitlers Mutter dann am 21. Dezember 1907 in Urfahr auch erlegen. Wenig später wurde sie auf dem Pfarrfriedhof von Leonding an der Seite ihres Mannes beigesetzt.

4. Kapitel: Die Familie

Wer gehörte dazu?

Aus der Verbindung des Hitler Alois mit der Matzelsberger Franziska gingen zwei Kinder hervor, Alois jr.[108] und Angela. Seltsamerweise hatten diese am 13. Januar 1882 und am 28. Juli 1883 im weit entfernten Wien das Licht der Welt erblickt, ohne dass man bis heute den Grund dafür kennt.[109] Möglicherweise wollte der Zollbeamte damit vor seinen Braunauer Mitbürgern die Folgen eines außerehelichen Verhältnisses verschleiern. Denn Alois und Franziska heirateten erst am 22. Mai 1883.

Die übrigen sechs Kinder des Zollbeamten entstammten seiner Ehe mit der Pölzl Klara, die am 7. Januar 1885 geschlossen wurde, Im Einzelnen handelte es sich zunächst um Gustav und Ida, die am 17. Mai 1885 und 23. September 1886 in Braunau geboren wurden. Auf diese folgte Otto, von dem nicht einmal das Geburtsdatum bekannt ist. Er hat angeblich ebenfalls in Wien das Licht der Welt erblickt. Adolf und Edmund wurden am 20. April 1889 in Braunau und am 24. März 1894 in Passau geboren. Zum Schluss kam noch Paula am 21. Januar 1896 in Hafeld zur Welt.

Für die damalige Zeit waren so viele Kinder nichts Ungewöhnliches. Ende des 19. Jahrhunderts gab es im deutschen Kulturraum sehr viele Familien, die mehr als ein Dutzend Köpfe zählten. Nur war dies für die Mütter stets mit einer ungewöhnlichen Dauerbelastung verbunden. So hatte Klara sechs Geburten in nur elf Jahren – das ergibt nicht einmal alle zwei

107 Wir folgen hier der quellennahen Darstellung von Binion 1978, S. 32 ff., der Blochs Krankenakten auswertete. Binion verfolgte die inzwischen widerlegte These einer kontraproduktiven Jodoformbehandung durch den jüdischen Arzt, mit der er Hitlers Antisemitismus begründen wollte.

108 Dagegen behauptete Adolf Hitler in seinem Konflikt mit William Patrick Hitler, sein Vater habe Alois als Waisenkind irgendwo aufgesammelt, an Kindes statt angenommen und großgezogen. Vgl. NACP, Records of the OSS, Record Group 226, Box 2, „Hitler Source Book“ by Walter Langer, S. 924 ff., Interview with William Patrick Hitler, Sept 10th, 1943, New York.

109 Matrike der Pfarrgemeinde St. Othmar, Wien, Nr. 4/5/25 und 4/151/284 – Auskunft per E-Mail vom 21. Juni 2005.

Jahre eine Niederkunft. Von ihren sechs leiblichen Kindern verstarben die ersten drei bereits nach einer jeweils sehr kurzen Zeit von wenigen Jahren oder sogar nur Tagen. Zwar lebte Edmund, das vierte Kind, fast sechs Jahre lang. Er ging dann aber am 29. Februar 1900 an Masern zugrunde, so dass am Ende dieses Reigens von Geburt und Tod nur Adolf und Paula dem Verband der Kernfamilie auf längere Dauer erhalten blieben.

Ihm gehörten die beiden ältesten Kinder, die nicht der Ehe von Alois und Klara entstammten, lange Zeit ebenfalls an, und zwar Alois bis 1900 und Angela bis 1903. Adolf war dann 11 bzw. 14 Jahre alt, erreichte somit eben die Vorpubertät. Alois verließ sein Elternhaus im Streit, weil er sich nicht ausreichend gefördert fühlte.[110] Angela heiratete den Finanzbeamten Leo Raubal, mit dem sie drei Kinder hatte: Leo (1906), Angela, genannt „Geli" (1908), die spätere Geliebte Adolf Hitlers, und Elfriede (1910). Da Angela nach ihrer Eheschließung in Linz ansässig blieb, wo ihr Mann 1910 verstarb, konnte sie ihrer verwitweten Stiefmutter bis zu deren Tod beistehen. Hingegen verließ Alois Österreich und kehrte vermutlich nie wieder dorthin zurück.

Zum Kern der Familie Hitler zählte aber noch eine weitere Person, nämlich Klaras etwas jüngere Schwester Johanna, die so genannte „Hanni-" oder „Hani"-Tante. Die verhältnismäßig kleine, wohl etwas verwachsene und daher auf Zeitgenossen wunderlich wirkende Frau war Jahrgang 1863. Sie kam in den Haushalt des Zollbeamten, um Klara bei der Hausarbeit und Kinderbetreuung zu unterstützen. Nach deren Tod hat sie sich noch eine Zeitlang um Adolf und Paula gekümmert, bis sie wohl zurück nach Spital ging.

Führt man sich alle Geburts- und Todesdaten noch einmal vor Augen, so bestand die engere Familie Hitler zu verschiedenen Zeiten aus einem jeweils höchst unterschiedlich großen Kreis von Personen. Von Edmunds Geburt bis zu Alois' Weggang und Edmunds Tod, also von 1894 bis 1900, umfasste sie insgesamt fünf bis acht Personen – Vater, Mutter, Tante und zwei bis fünf Kinder. Von Weggang des ältesten Sohnes, Alois jr., und Edmunds Tod bis zum Ableben des Zollbeamten, also von 1900 bis 1903, bestand die Familie nur noch aus fünf Personen – aus Vater, Mutter, Tante und drei Kindern. Schließlich gehörten der Familie in der Zeit von 1903 bis 1907, also vom Tod des Zollbeamten bis zu dem seiner Frau, überwiegend nur noch vier Personen an – Mutter, Tante und drei bzw. zwei Kinder, weil Angela 1903 das Haus verließ. Schließlich blieben nach dem Tod der Hitler Klara die „Hani"-Tante sowie Adolf und Paula als einzige Überlebende der einstigen Großfamilie übrig. Innerhalb von nur sieben Jahren (1900 bis 1907) war die Kernfamilie mit Adolf als dem einzigen männlichen Nachkommen also auf einen Rest zusammengeschrumpft, in dem die beiden Eltern fehlten. Mit anderen Worten: Der Tod und andere

110 NACP, Records of the OSS, Record Group 226, Box 2, „Hitler Source Book" by Walter Langer, S. 924 ff., Interview with William Patrick Hitler, Sept 10th, 1943, New York, S. 925: Alois jun. habe eine Kellnerlehre absolvieren müssen, nachdem ihm seine Eltern früher angeblich versprochen hatten, ihn auf eine Ingenieur-Schule zu schicken.

Ereignisse hatten die familiäre Struktur ständigen und z.T. dramatischen Veränderungen unterworfen, die sie auf die Dauer schwächten und in ihrer Existenz bedrohten. Oder anders gesagt: In den fast 19 Jahren, die von Hitlers Geburt bis zu seinem endgültigen Wechsel nach Wien im Februar 1908 vergingen, fehlte es seiner Familie an struktureller Stabilität.

Es versteht sich von selbst, dass diese Veränderungen auch das Selbstverständnis eines jeden ihrer Mitglieder einem ständigen und z.T. gravierenden Wandel unterwarfen. Denn mit jeder Geburt und mit jedem Todesfall hatten sich Vater, Mutter und Kinder zueinander neu zu positionieren. Das heißt, jedes Familienmitglied musste seine alte Position gegenüber den neu hinzukommenden Familienmitgliedern verteidigen und den Verlust nächster Angehöriger verarbeiten, was sicher nicht ohne seelische Schmerzen abging. Dieser Umstand setzte die Familie als Ganzes und alle ihre Mitglieder unter dauernden Stress. Er forderte einen Aufwand an Energien, der für anderes nicht mehr zur Verfügung stand. Mit diesem keineswegs einzigartigen Schicksal wäre die Familie Hitler sicher leichter fertig geworden, hätte sie durch die dienstlich bedingten Versetzungen ihres Ernährers und dessen persönliche Unrast nicht auch noch ihren Aufenthaltsort häufig wechseln müssen.

Aufenthaltsorte

Von der Heirat des Ehepaares Hitler 1885 bis zum Tod des Zollbeamten 1903, also innerhalb von 18 Jahren, hielt sich die Kernfamilie an mindestens sieben, höchstens neun verschiedenen Orten auf, wenn man in den einzelnen Wohnorten auch noch die Umzüge von einer Wohnung in die andere mitzählt, die nicht immer dokumentarisch gesichert sind. Darüber hinaus absolvierte der Hitler Alois einen weiteren Ortswechsel ohne seine Familie. Nach seinem Tod schwächte sich diese Mobilität zwar etwas ab, blieb aber mit weiteren zwei bis drei Orts- bzw. Wohnungswechseln bis zum Ableben Klaras im Prinzip weiter erhalten.

Außer den Eltern war niemand so stark von diesen häufigen Strukturveränderungen und Wohnortwechseln betroffen wie der Sohn Adolf. Das lag einfach daran, dass er – neben seiner Schwester Paula – von allen Kindern am längsten Mitglied der Kernfamilie war. Während Paula aber erst 1896 in Hafeld geboren wurde, nachdem sich der Vater bereits zur Ruhe gesetzt hatte, hatte Adolf schon den Wechsel von Braunau nach Passau und von dort weiter nach Hafeld hinter sich. Dabei musste er sich in Passau selbst noch einmal an eine neue Umgebung gewöhnen, weil die Hitlers hier vermutlich noch einmal umgezogen sind. Zählt man die späteren Veränderungen noch dazu, die Adolf an der Seite seiner verwitweten Mutter zugemutet wurden, kommt man auf ungefähr zwölf Wechsel seines Aufenthaltsortes innerhalb der ersten 18 Lebensjahre. Das entspricht einem Orts- oder Wohnungswechsel alle anderthalb Jahre.

Im Einzelnen lassen sich folgende Aufenthaltsorte mit einiger Sicherheit feststellen: Nach ihrer Eheschließung in Braunau lebten die Eltern

Hitler mit ihren Kindern noch etwa vier Jahre lang im Gasthof „Zum Hirschen". Sie sollen dann aber in die Linzer Straße umgezogen sein.[111] 1892 wurde der Zollbeamte nach Passau versetzt, wo zwei Anschriften polizeilich bestätigt sind – die erste mitten in der Altstadt, Nähe Dom, also auf reichsdeutschem Gebiet, nämlich in der Theresienstraße, die andere in der so genannten Innstadt, nahe der österreichischen Grenze, und zwar in der Kapuziner Str. 31.[112] Hier hielt sich der auf reichsdeutschem Gebiet eingesetzte Hitler Alois bis 1894 mit seiner Familie auf, dann wurde er nach Linz versetzt, wo er reichlich ein Jahr lang allein lebte.[113] Linz war sein letzter Dienstort. Wohl schon von dort aus wurde mit dem Erwerb des „Schrottau-" oder „Rauschergutes" der Umzug nach Hafeld vorbereitet.[114] Erst nach Alois' Pensionierung am 25. Juni 1895 konnte die Familie dort einziehen.

Der nächste Ortswechsel war zwei Jahre später fällig. Die Familie siedelte nach Lambach über, wo sie erst in der Schmiedemühle, dann im Gasthof Leingartner Wohnung nahm.[115] Am 19. Dezember 1898 erwarben Alois und Klara noch von Lambach aus das Haus Nr. 61 in Leonding bei Linz; der Umzug dorthin soll im Februar 1899 erfolgt sein.

Verbindet man die verschiedenen Orte und Städte miteinander, an denen die Familie Hitler von 1885 bis 1907 lebte, ergibt sich eine Linie, die sich halbkreisförmig durch das nördliche Oberösterreich zieht und bei Passau kurzzeitig die Grenze zwischen dem Deutschen Reich und der Habsburgermonarchie überschritt. Zwar wurde die Reihenfolge der einzelnen Punkte auf dieser Linie, solange der Zollbeamte noch im Dienst war, teilweise durch die von ihm nicht weiter beeinflussbaren Entscheidungen seiner Vorgesetzten bestimmt. Für die Zeit nach seiner Pensionierung ergab sich jedoch eine Entwicklung, die unter einem soziologischen Blickwinkel bemerkenswert ist. Zwar verwirklichte Alois zunächst seinen etwas sentimental anmutenden Wunsch, zu seinen bäuerlichen Wurzeln zurückzukehren, indem er in Hafeld das Schrottau- oder Rauschergut erwarb. Denn „ein Eigenheim mit Kleintierhaltung und hauptsächlich Bienenzucht", so erzählt man sich,[116] war sein eigentlicher Lebenstraum. Dann aber folgte der pensionierte Zollbeamte mit seiner Familie jener säkularen Wanderungsbewegung vom Land in die Städte, die für das gesamte Europa des 19. Jahrhunderts kennzeichnend ist.[117] Hatte nämlich das Schrottau- oder

111 Smith 1967, S. 37. Trotz eigener Recherchen vor Ort gelang es nicht, die in der Literatur verstreuten Angaben über die verschiedenen Wohnungen des Zollbeamten und seiner Familie in Braunau zu erhärten. Nach Auskunft des Stadtamtes gab es in jener Zeit keine Adressbücher, polizeiliche Melderegister wurden noch nicht geführt.

112 Stadtarchiv Passau, EW-Liste für männliche Personen, Auszug, Fotokopie.

113 Jetzinger 1956, S. 63: „Der Vater war vom 1. April 1894 bis Juni 1895 der Finanzdirektion Linz zugeteilt."

114 ÖLA, Nachlass Jetzinger (Materialien zum Hitler-Buch), Nr. 14. Die Eintragung ins Grundbuch erfolgte am 8. Februar 1895.

115 ÖLA, Nachlass Jetzinger (Materialien zum Hitler-Buch, Nr. 28).

116 Jetzinger 1956, S. 58f., unter Berufung auf den Zollbeamten Lugert.

117 Engelbrecht 1986 IV, S. 22.

Rauschergut noch mutterseelenallein in einer feuchten Niederung gelegen, die weit entfernt von jener Idylle war, die Alfred Jetzinger von ihr gezeichnet hat, bewegte sich die Familie Hitler in den folgenden Jahren vom Städtchen Lambach (ca. 1.700 Einwohner) über den Vorort Leonding (ca. 3.000 Einwohner) bis direkt in die – nach damaligen Verhältnissen – Großstadt Linz (ca. 60.000 Einwohner) hinein, das heißt, sie folgte einer Linie, die nicht nur in quantitativer Hinsicht aufsteigend war. Denn mit der Anzahl ihrer Einwohner nahm auch die qualitative Bedeutung dieser Lebensstationen zu, bis sie in einer der größten Städte der Habsburgermonarchie bzw. in deren nördlichem Vorort Urfahr ihren Abschluss gefunden hat.

Wirtschaftliche und soziale Verhältnisse

Bis zu seiner Pensionierung 1895 hatte der Hitler Alois mit wahrscheinlich 2.700 Kronen, einschließlich Zulagen, schrittweise sein höchstes Bruttojahresgehalt erreicht. Zwar mag es durchaus sein, wie Franz Jetzinger und andere Autoren ermittelt haben, dass ein Lehrer noch weniger verdiente als ein Zollbeamter.[118] Doch darf dieser Umstand nicht darüber hinwegtäuschen, dass sich das Einkommen dieses Subalternbeamten im Verhältnis zu der steil ansteigenden Kopfzahl seiner Familie gewiss nur sehr bescheiden entwickelt hat. Selbst nach Beförderung zum „Wirklichen Zollamtsoberoffizial" und dem damit verbundenen Aufstieg in die Endstufe seiner Laufbahn, die 1894 erfolgte und etwa dem Rang eines Hauptmanns entsprach, hatte Alois es nicht weiter als bis zur neunten von insgesamt zwölf Rangklassen aller österreichischen Staatsbeamten gebracht[119] Er hatte sich also nur um drei Rangstufen hoch gearbeitet.

Dennoch ergeben sich für das Jahr 1888, drei Jahre nach seiner dritten Eheschließung, mit dem Erwerb des Anwesens bei Weitra im Waldviertel erste Anzeichen für eine gewisse Vermögensbildung. Die Mittel, die Alois dafür benötigte, entstammten vermutlich einem Erbe seines Stiefvaters Hiedler Johann Nepomuk und der Mitgift seiner zweiten Ehefrau, der Glassl Anna. Denn nur so ist es zu erklären, dass Alois sieben Jahre später nach Jetzingers Schätzungen für das Schrottau- oder Rauschergut in Hafeld einen Kaufpreis von 10.000 Kronen bezahlen konnte.[120] Damit hatte die Vermögensbildung der Familie Hitler aber auch schon 1895 ihren Höhepunkt erreicht, um in den Folgejahren schrittweise auf ein immer niedrigeres Niveau zu sinken.

---

118 Jetzinger 1956, S. 63, Slapnicka 1982, S. 332, und Leonhartsberger 1995, S. 47: Die hier angegebenen Vergleichsgehälter haben ohne Unterscheidung von brutto und netto und ohne Angaben über etwaige Zulagen sowie darüber, in welchem Dienstverhältnis die betreffenden Personen jeweils standen, wenig Aussagekraft.

119 Vgl. Taschenbuch für k.k. Staatsbeamte und Staatslehrpersonen für das Jahr 1909, dessen Besitz wir der Zollamtlichen Sammlung Linz verdanken.

120 Jetzinger 1956, S. 66.

Am Anfang dieser negativen Entwicklung stand die Tatsache, dass sich Alois beim Kauf jenes 3,8 Hektar großen Bauernhofs in Hafeld offenbar verrechnet hatte, so dass er seine Landwirtschaft drei Jahre später „mit Verlust verkaufen“ musste.[121] Wahrscheinlich ist er bei dieser Transaktion unter der Hälfte des ursprünglichen Kaufpreises geblieben. Denn beim Erwerb des Hauses in Leonding mit einem nur noch 1.900 m^2 großen Grundstück, das 7.700 Kronen kostete, konnte der Zollbeamte lediglich 5.000 Kronen bar bezahlen. Den Rest von 2.700 Kronen musste er als Hypothek, die der Voreigentümer aufgenommen hatte, auf der Immobilie stehen lassen.[122] Da diese Hypothek mit 5 % oder 270 Kronen p.a. verzinst war, entsprach der Kapitaldienst einem Zehntel seines letzten Bruttojahresgehaltes.

Mittlerweile war der Alois jedoch 1895 pensioniert worden. Damit sanken seine Jahresbruttobezüge von einem Tag zum anderen um fast 500 Kronen oder 20 Prozent auf rund 2.200 Kronen, womit der Kapitaldienst noch drückender wurde.[123] Zwar erhielt Alois mit der Pensionierung auch seine Dienstkaution vom Staat zurück, die er beim Eintritt in ein Beamtenverhältnis einst hatte hinterlegen müssen. Da er sich diese 1.100 Gulden oder 2.200 Kronen aber seinerzeit von einem Bekannten in Braunau geliehen hatte, konnten sie seinem Vermögen jetzt nicht zufließen. So musste sich die sieben bzw. – nach Edmunds Tod – immer noch sechs Köpfe zählende Familie Hitler bis zum Tod ihres einzigen Ernährers im Jahre 1903, also acht Jahre lang, mit einem um ein Fünftel reduzierten Jahresbruttoeinkommen begnügen, wenn man einmal unterstellt, dass Alois junior bis zu seinem Weggang vom Elternhaus nichts Wesentliches zum Familieneinkommen beigetragen hat.

Beim Tod ihres Mannes sank das Jahresbruttoeinkommen der Witwe noch einmal schlagartig um die Hälfte, so dass Klara mit ihren drei bzw. – nach Angelas Heirat – zwei Kindern und der „Hani“-Tante fortan nicht mehr als 1.200 Kronen jährlich an Witwenpension zur Verfügung standen. Zwar kamen noch staatliche Erziehungsbeiträge von zusammen 480 Kronen p.a. für Sohn Adolf und Tochter Paula hinzu, es gab eine einmalige Gehaltsnachzahlung von 605 Kronen für ihren verstorbenen Mann, und die „Hani“-Tante, die offenbar finanzielle Reserven hatte, steuerte immer

121 Ebda., S. 68. Es ist schleierhaft, wie Jetzinger unter diesen Umständen von einer „sehr geschickt-soliden Finanzwirtschaft“ sprechen kann. Alle seine folgenden Berechnungen sind durch das offenkundige Bestreben verzerrt, Hitlers Vater gegen den in der Literatur verbreiteten Eindruck in Schutz zu nehmen, schlichtweg ein Trunkenbold gewesen zu sein, und den offensichtlich nichtsnutzigen Sohn Adolf in ein möglichst trübes Licht zu tauchen.

122 Angaben bei Jetzinger 1956, S. 69. Wie wichtig dieses Statussymbol war, ergibt sich schon daraus, dass auf dem Leondinger Grabstein unter dem Namen des verstorbenen Alois Hitler ausdrücklich „Hausbesitzer“ stand.

123 Wimmer 1986, Nr. 5.

wieder kleinere Beträge zur Haushaltskasse bei.[124] Doch war Klaras Einkommenslage jetzt so ungünstig, dass sie sich 1905 schweren Herzens zum Verkauf des Leondinger Anwesens entschließen musste, zu dessen Alleinerbin sie durch Beschluss des Vormundschaftsgerichts Linz 1903 geworden war. Der Preis, den sie dabei erzielte, belief sich auf 10.000 Kronen – ein recht ansehnlicher Betrag. Da das Ehepaar Hitler die auf dem Haus liegende Hypothek von 2.520 Kronen jedoch nicht hatte ablösen können, zahlte der Käufer nur 7.480 Kronen.

Doch damit nicht genug. Nach dem Verkauf der Immobilie war eine Erbauseinandersetzung[125] zwischen Klara und ihren (Stief-)Kindern fällig, zumal deren Forderungen an das väterliche Erbteil grundbuchlich besichert auf dem Leondinger Anwesen gelegen hatten. Diese Forderungen durften zwar im Fall Adolfs und Paulas solange uneingelöst stehen bleiben, bis die beiden ihr 24. Lebensjahr und damit die Volljährigkeit erreichten. Hingegen mussten die Forderungen der beiden Stiefkinder Alois und Angela, die sich 1905 der Volljährigkeit näherten bzw. 1903 geheiratet hatten, ohne Verzug aus dem Verkaufserlös beglichen werden, wodurch sich dieser um rund 1.304 auf nur mehr 6.176 Kronen verringerte. Nimmt man nun noch an, dass die bei dieser Gelegenheit angefallenen Steuern und Spesen schätzungsweise 600 bis 700 Kronen betrugen, blieb Klara zum Schluss nur mehr ein Barvermögen von etwa 5.500 Kronen, also kaum mehr als die Hälfte des nominalen Verkaufserlöses. Über diese herben Verluste konnten sie auch die Zinsen nicht hinwegtrösten, die auf die väterlichen Erbanteile ihrer beiden jüngsten Kinder entfielen und die sie selbst verbrauchen durfte.

Ein Betrag von 5.500 Kronen, der etwa dem Fünffachen ihrer jährlichen Witwenpension entsprach, mag aus der Rückschau noch immer als recht ansehnlich erscheinen. Doch sah die Vermögensentwicklung der Familie Hitler aus dem Blickwinkel der davon unmittelbar Betroffenen völlig anders aus. Denn mindestens ebenso schwer wie die materiellen Verluste wog für die Witwe des Zollamtsoberoffizials und deren Kinder gewiss die Tatsache, dass sie mit dem eigenen Haus in Leonding dasjenige Statussymbol verloren hatten, das beim Bürgertum des alten Österreich den höchsten Stellenwert genoss. Die Trennung von dem eigenen Haus vermittelte der Familie daher ein Gefühl der sozialen Deklassierung. Tatsächlich konnte Klara mit dem, was ihr aus der negativen Entwicklung des Familienvermögens verblieben war, unter den damaligen gesellschaftlichen Bedingungen keine großen Sprünge mehr machen: Immerhin hatte sie noch für die Ausbildung von zwei Minderjährigen zu sorgen, und in einer Zeit, in der sie ihre Kinder und sich selbst weder gegen Arbeitslosigkeit und Unfall noch gegen Krankheit und Tod versichern konnte, blieb ihr auch die Vorsorge

124 ÖLA, „Panzerschrank Hitler-Akten 2“, „Einschreibbuch“ mit Eintragungen der Johanna Pölzl, die zwar erst am 18. Februar 1908 beginnen. Mit Marckghott 1993, S. 268, ist jedoch anzunehmen, dass es schon vorher verwendet worden war.

125 Wir folgen hier den Angaben bei Jetzinger 1956, 127 f., mit den nicht unbeträchtlichen Korrekturen, die Hamann 1996/4, S. 35, an ihnen anbrachte.

für alle Wechselfälle des Lebens fast allein überlassen. Aus diesen Gründen wäre der Witwe auch nicht im Traum eingefallen, das mühsam bewahrte Barvermögen für die Bestreitung ihres Lebensunterhalts zu verbrauchen.

Es war daher folgerichtig, dass Klara nach dem Hausverkauf nur noch Etagenwohnungen anmietete und von 1905 bis zu ihrem Tod ein außerordentlich sparsames Leben führte. Um ihre Lebenshaltungskosten weiter zu drücken, zog sie mit Adolf, Paula und der „Hani"-Tante schließlich sogar noch von Linz in das preisgünstigere Urfahr um. Hier wie dort lebte die nunmehr auf vier Köpfe zusammengeschmolzene Familie von monatlich 100 Kronen Witwenpension und den staatlichen Erziehungsbeiträgen für die beiden minderjährigen Kinder von je 40 Kronen pro Monat, was zusammen nicht mehr als 180 Kronen ergab. Dabei betrug allein schon die Monatsmiete in der Blütenstraße zu Urfahr 50 Kronen. Entsprechend mager fiel nach Beobachtungen des Hausarztes die Ernährung aus, die häufig genug nur aus „Kohl- oder Kartoffelsuppe, Brot, Knödeln und einem Becher Birnen- oder Apfelmost" bestand.[126] Infolgedessen ist auch der Beurteilung Dr. Blochs zuzustimmen, wonach sich der bescheidene Lebenszuschnitt der Restfamilie an der Grenze zur Armut bewegte. Klara und ihre Kinder konnten sich unter diesen Umständen keinerlei Extravaganzen mehr erlauben.[127] Sie mussten sogar einen gewissen Wilhelm Hagmüller aus Leonding als Kostschüler bei sich aufnehmen, um den schleichenden Prozess der Verarmung aufzufangen.

Familienleben und Familienstruktur

Solange der Hitler Alois erwerbstätig war, gab sein Dienst den Takt für das Familienleben vor. Mit der Regelmäßigkeit eines Uhrwerks verließ der Zollbeamte morgens früh das Haus, um erst am frühen Abend zurückzukehren. Selbst an seinem Hochzeitstag soll er davon keine Ausnahme gemacht haben. Das heißt: Abgesehen von der Mittagspause, die er vielleicht nicht immer im Amt verbrachte, glänzte Alois bis 1895 tagsüber vor allem durch Abwesenheit. So blieben Klara und die Kinder weitgehend sich selbst überlassen, sofern letztere nicht in der Schule waren. Das heißt, Spannungen und Konflikte zwischen den Eltern und ihren Kindern ergaben sich meist erst dann, wenn der Vater abends wieder nach Hause kam. Bei aller Liebe und Zärtlichkeit, die ihnen ihre Mutter tagsüber entgegengebracht hatte, fürchteten die Kinder dann manchmal, von ihr an das abendliche Strafgericht des Vaters verraten zu werden, falls sie irgendwelche Missetaten begangen hatten. Da dies mit Sicherheit des Öfteren vorkam, bildeten die Kinder zu ihren Eltern ambivalente Loyalitäten aus: Sie liebten, fürchteten oder hassten sie, wie es in diesem Alter üblich ist.

Die Beziehungen in der nach Abstammung und Alter so heterogenen Kinderschar waren ähnlich ambivalent. Je nachdem, aus welchen voreheli-

126 NACP, Dr. E. Bloch, My patient Hitler as told to J. D. Ratcliff. Collier's 15. März 1941, S. 25.

127 Ebda., S. 24.

chen Verhältnissen oder Ehen ihres Vaters sie im Einzelnen stammten, bildeten sich allmählich zwei Fraktionen heraus: Sie umfassten Alois jun. und Angela auf der einen sowie Adolf, Edmund und Paula auf der anderen Seite. Wie William Patrick Hitler später erzählt hat,[128] ergaben sich zwischen diesen beiden Fraktionen nach Adolfs Geburt 1889 immer wieder gewisse Spannungen, die mit der nun eingetretenen Geschwisterkonstellation zusammenhingen. Denn Adolf war der erste leibliche Sohn seiner Mutter, der länger als ein paar Tage oder Jahre am Leben blieb. Nach dem Tod seines Bruders Edmund war Adolf – außer seinem unehelichen Stiefbruder Alois jun. – sogar der einzige überlebende Sohn seines Vaters überhaupt und damit der so genannte Stammhalter der Kernfamilie.

Aus diesem quasi naturgegebenen Umstand leiteten die Eltern und insbesondere wohl die Mutter eine gewisse Vorrangstellung für Adolf ab. Folgt man Patrick William Hitler, so bildete sich nach der Geburt des Nesthäkchens Paula (1896) innerhalb der Geschwisterschar folgendes Grundmuster heraus: Während Angela bei Konflikten für Adolf Partei ergriff, suchte Alois jr. das Bündnis mit Paula. Diese „Allianzpolitik“ unter den Geschwistern soll so weit gegangen sein, dass Adolf von Angela gegen Alois und Paula und letztere wiederum von Alois gegen Angela und Adolf instrumentalisiert wurden, wenn es wieder einmal Streit zwischen den Geschwistern oder mit den Eltern gab.

Die innerfamiliären Spannungen eskalierten offenbar noch, als sich der Zollbeamte 1895 pensionieren ließ. Denn nun hielt sich auch Alois sen. tagsüber zumindest zeitweise zu Hause auf. 1895 befand sich Alois jun. im 13. und Angela im 12. Lebensjahr, dann folgten der sechs Jahre alte Adolf und der erst einjährige Edmund. Das heißt, dass das Haus in Hafeld von zwei pubertierenden Teenagern, einem herumtobenden Buben und einem schreienden Säugling bevölkert wurde, während sich Klara zwischen Gehorsam gegenüber ihrem Mann und Liebe zu ihren Kindern beinahe zerriss. Gewiss blieben diese Umstände von Alois sen. nicht unbemerkt. Er versuchte dem Chaos dadurch zu entkommen, dass er verbal oder mit Schlägen dazwischenfunkte, zu seinen Bienen flüchtete oder ins Wirtshaus ging.

Zwei verschiedene Erziehungsstile

Trotz alledem blieb Klara ihrem freundlichen und ausgleichenden Wesen, ihrer Gefühlsbetontheit und Liebesfähigkeit, Religiosität und Sittlichkeit treu. Im Europa des 19. Jahrhunderts waren die Frauen meist zuständig für das, was ihre Männer im Konkurrenzkampf ihrer Berufe vermissen ließen, und Klara stellte in dieser Beziehung keine Ausnahme dar. Ihre Hauptleistung bestand aus der Herstellung und Wahrung einer harmonischen Ordnung zu Hause, in der jeder seinen Platz hatte, die aber auch

128 NACP, Records of the OSS, Record Group 226, Box 2, „Hitler Source Book“ by Walter Langer, S. 924 ff., Interview with William Patrick Hitler, Sept 10th, 1943, New York, S. 925.

keine großen Abweichungen zuließ.[129] Dadurch, dass Klara in Abwesenheit ihres Mannes sowohl die Kindererziehung als auch die Gestaltung des engeren Wohnumfelds oblagen, trug sie wesentlich zur Gestaltung der innerfamiliären Atmosphäre bei.

Nach den damaligen Erziehungsregeln sollte die Mutter-Kind-Beziehung weder zu liebevoll noch zu vertraulich sein. Auf keinen Fall sollten die Mütter auf Seiten ihrer Kinder gegen den Vater paktieren, was für Klara angesichts der Spannungen innerhalb ihrer Familie sicher einige Probleme aufwarf. Sie war aber in ihrer Religiosität und Frömmigkeit wahrscheinlich so gefestigt, dass ihr Tun als Hausfrau und Mutter auf die anderen Familienmitglieder sinnstiftend wirken konnte. So stellte sie den ruhenden Pol der Familie dar, und die Kinder, vor allem die beiden Töchter Angela und Paula, lernten von ihrer Mutter, dass man erst durch die Überwindung der eigenen selbstsüchtigen Wünsche, das heißt im klaglosen Dienst an anderen, wenn schon nicht sein Glück, so doch eine gewisse Befriedigung finden konnte. Möglicherweise hat diese Opferbereitschaft aber auch auf ihren jüngsten Sohn Adolf abgefärbt.

Hingegen neigte ihr Ehemann teils wegen seines jähzorniges Wesens, teils weil er gegenüber den häuslichen Zuständen hilflos war häufig zur Gewalttätigkeit. Möglicherweise kommt als Grund aber auch noch der mehr oder weniger regelmäßige Alkoholkonsum des Hitler Alois hinzu. Weil Adolf Hitler irgendwann einmal behauptet hat, er habe seinen betrunkenen Vater als Kind häufig aus dem Wirtshaus holen müssen und sei dabei vor Scham fast im Boden versunken, halten die meisten Hitler-Biographen den Zollbeamten zumindest für einen verkappten Alkoholiker. Doch sind Zweifel an dieser Annahme erlaubt. So stellte Karl Wimmer schon vor zwanzig Jahren anhand der entsprechenden Akte fest, man könne den Zollbeamten wenigstens zum Zeitpunkt seiner Pensionierung „unmöglich als Alkoholiker bezeichnen",[130] denn dafür sei sein Schriftbild viel zu akkurat. Andere Aussagen gehen in die gleiche Richtung. Folgt man dem Leondinger Bürgermeister Mayrhofer, trank Alois auf den „Bürgerabenden", die er regelmäßig zu besuchen pflegte, zwei bis drei halbe Liter Wein, was zwar ein erhebliches Quantum ist. Dennoch aber soll Alois, so Mayrhofer, nie „einen Rausch" gehabt haben.[131] Fünf weitere Zeitzeugen, die er befragte, versicherten Alfred Jetzinger ebenfalls, „dass der alte Hitler, den sie gut kannten, nie betrunken war". Es muss offen bleiben, wieweit diese Äußerungen der Wahrheit entsprachen. Aber ganz an der Wirklichkeit gehen sie wohl nicht vorbei, so dass man die weit verbreitete Auffassung, der Zollbeamte sei ein „Säufer" oder „Trunkenbold" gewesen, wohl allmählich zu den Akten legen kann.

129 Wiedemann 1991, S. 50ff.

130 Wimmer 1986 – vgl. Anmerkung 123 – unter Hinweis auf das tadellose Schriftbild, das die von Alois Hitler anlässlich seiner Pensionierung ausgefertigten Dokumente zeigen.

131 Jetzinger 1956, S. 70, unter Berufung auf Gespräche mit Gemeindevorsteher Mayrhofer, dem früheren Vormund Adolf Hitlers.

Wahrscheinlich lagen die eigentlichen Gründe für die latente Gewalttätigkeit des Hitler Alois denn auch nicht nur in seiner Natur, sondern auch in seinen speziellen Lebensumständen – nämlich im ungelösten Konflikt zwischen Kaisertreue und Deutschtum des Staatsbeamten auf Lebenszeit, den wir in einem früheren Kapitel geschildert haben.[132] Wie wichtig dieser Umstand für die Beurteilung der Familienverhältnisse im Fall Hitlers ist, ergibt sich daraus, dass Alois ziemlich genau jener Definition entsprach, die Max Weber vom „deutschen Vater" gegeben hat: Dieser verlangte von seinem Sohn in erster Linie Härte und Disziplin, Treue und Opfermut und erst in zweiter Linie Zärtlichkeit, Anpassungsfähigkeit und Weichheit. Sicherlich gehörten überharte Körperstrafen deshalb manchmal auch zum Repertoire der väterlichen Erziehungsmethoden, obwohl wir mangels verlässlicher Quellen über Häufigkeit und Ausmaß auch in diesem Fall nichts Genaues wissen. Freilich soll einmal sogar eine Nilpferdpeitsche zum Einsatz gekommen sein.[133] Diese Methoden wirken heute schockierend und haben Erik H. Erikson schon vor langer Zeit zu der Vermutung veranlasst, ihnen habe in Deutschland „kein kulturelles Ideal" wie etwa in Frankreich und England gegenübergestanden, wo sich die Väter am Ideal des *chevalier* oder *gentleman*, also an aristokratischen Leitfiguren, orientiert hätten.[134] Aber abgesehen davon, dass auch in französischen und englischen Elternhäusern oder Internaten des 19. Jahrhunderts harte körperliche Züchtigungen durchaus auf der Tagesordnung standen, muss daran erinnert werden, dass sich das deutsche Bürgertum des 19. Jahrhunderts stark am preußischen Stil orientierte. Dessen Charakteristikum war aber gerade etwas Doppeltes, nämlich Härte sich selbst und anderen gegenüber einerseits sowie Aufgeschlossenheit für musische Interessen und die damit verbundene Empfindsamkeit andererseits. Deshalb wird man Hitlers Elternhaus auch nicht einseitig als Zuchthaus karikieren können, über dem der Vater im Stil eines preußischen Unteroffiziers fortwährend Peitsche und Rohrstock schwang. Denn wie wir im nächsten Abschnitt zeigen werden, zog er in der Erziehung seines jüngsten Sohnes und Stammhalters zuweilen auch kultiviertere Seiten auf.

132 Vgl. Teil I, 1. Kapitel, S. 60 ff.

133 So der wenig zuverlässige William Patrick Hitler in NACP, Records of the OSS, Record Group 226, Box 2, „Hitler Source Book" by Walter Langer, S. 924 ff., Interview with William Patrick Hitler, Sept 10th, 1943, New York, S. 925, wobei diese Züchtigung seinem Vater, Alois Hitler, dem älteren Stiefbruder Adolfs, gegolten habe. Da William behauptet, sein Vater habe ohnehin oft Prügel einstecken müssen, die eigentlich Adolf verdient hätte, ist nicht auszuschließen, dass einige Biographen den einen mit dem anderen verwechselt haben. Tatsächlich, so William, sei Adolf nicht so oft geschlagen worden wie Alois.

134 Erikson 1966, S. 375.

Provinzielles Bildungsbürgertum

In Österreich-Ungarn war alles „Provinz", was abseits der Haupt- und Residenzstädte Wien, Prag und Budapest sowie der Kulturmetropolen Salzburg und – bis zu dessen Verlust an Italien (1866) – auch Venedig lag. Selbstverständlich galt diese ungeschriebene Regel auch für Linz, obwohl diese Donaustadt immerhin Hauptstadt des Kronlandes Oberösterreich oder, wie man damals auch sagte, „Österreichs ob der Enns" war, und sie galt erst recht für Lambach und Leonding. Wenn also die Familie Hitler, soziologisch gesehen, überhaupt dem Bürgertum zuzurechnen ist, dann kann es im Verständnis der damaligen Zeit nur das Provinzbürgertum gewesen sein.

Sicher gehörten die untersten Kategorien der Staatsbürokratie, wie Amtsdiener und kleine Schreiber, dieser Schicht ebenso wenig an wie die oberen Rangklassen, welche auch zu Ende des 19. Jahrhunderts noch immer vorwiegend aus Aristokraten bestanden. Zwischen diesen beiden Polen gab es aber eine breite bürgerliche Zwischenschicht. Die Zugehörigkeit zu ihr bestimmte sich weniger nach formalen Kriterien wie Rangklasse, Einkommen oder Bildungspatent als vielmehr nach „soziokulturellem Habitus" (Thomas Nipperdey) und „kultureller Praxis" (Ulrike Döcker). Das heißt: Derjenige zählte dazu, der typisch „deutsche" Tugenden, wie Ordnung, Fleiß und Sparsamkeit, pflegte, der sich beruflich qualifizierte und seine seltenen Mußestunden damit verbrachte, dass er gesellig war und so genannte „Talente" pflegte oder – wie man heute sagt – Hobbys ausübte. Ein weiterer Ausweis von Bürgerlichkeit war die Weitergabe solcher habitueller Eigenschaften an die nächste Generation – sei es durch Dilettantismus und Autodidaktik, sei es durch formale Schul- und Hochschulbildung.

Alle diese Kriterien trafen auf den Hitler Alois und seine Familie zu. Dennoch hätte er sich trotz allen Aufstiegswillens, rein soziologisch betrachtet, nur im Kleinbürgertum wiedergefunden, wäre es ihm nicht zumindest vorübergehend gelungen, Grundeigentum zu erwerben und sich für acht Jahre in einer Kleinstadt wie Leonding zu etablieren, wo die Tatsache, dass der k.u.k. Zollamtsoberoffizial a.D. nur den Rang eines Subalternbeamten erreicht hatte, keine große Rolle spielte. Denn im kleinstädtischen Milieu rückte das Kleinbürgertum fast automatisch an das mittlere Bürgertum heran, da hier gewöhnlich das Großbürgertum fehlte. Umgekehrt drohte die Familie Hitler ihren mühsam errungenen Status wieder zu verlieren, als Alois verhältnismäßig früh verstarb, das Anwesen in Leonding aufgegeben werden musste und Klara mit Sohn Adolf und Tochter Paula in der Anonymität der Provinzhauptstadt Linz verschwand. Aber auch danach blieb das Bestreben der Witwe, einen bürgerlichen Mindeststandard zu halten, noch an den durchweg ansehnlichen Mietshäusern erkennbar, in denen sie Wohnung nahm.[135]

135 Es handelte sich um die Mietshäuser Humboldtstraße 31 in Linz und Blütenstraße 9 in Urfahr, die heute noch bestehen.

Entsprechend seinem preußischen Erziehungsstil und österreichischen Hintergrund muss man bei ihrem verstorbenen Mann eine gewisse Janusköpfigkeit vermuten. Denn neben seinem latenten Hang zur Gewalttätigkeit zeichneten Alois auch angenehmere Wesenszüge aus, die man als „bildungsbürgerlich“ bezeichnen kann. In erster Linie handelt es sich um einen auffallenden Bildungsfleiß, der für einen Mann, der höchstens eine Dorfschule besucht hatte, zu ganz erstaunlichen Ergebnissen führte. Zunächst fällt der flüssige Briefstil auf, in dem der Zollbeamte bereits in den 1870er Jahren, erst recht aber später mit verschiedenen Adressaten korrespondierte. Seine Briefe und die von ihm stammenden Dokumente – wie zum Beispiel die Gesuche um seine Pensionierung und die Devinkulierung seiner Dienstkaution – zeichnen sich nicht nur durch ein gestochen scharfes Schriftbild, sondern auch durch flüssigen Stil, fehlerlose Orthographie und Rechtschreibung aus. Gewiss ist dies vor allem darauf zurückzuführen, dass Alois durch die Schule der österreichischen Staatsbürokratie gegangen war, in der er vieles von dem, was er in Kindheit und Jugend nicht gelernt hatte, nachholen und sich aneignen konnte. Nicht zufällig heißt es in einem seiner Briefe, fast paradigmatisch, „dass alles gelernt sein muss“.[136] Dennoch bleibt die Tatsache bemerkenswert, dass der Zollbeamte überhaupt das Bedürfnis hatte, zum Beispiel mit einem früheren Nachbarn brieflich in Verbindung zu treten, denn das spricht für eine gewisse Kommunikationsfähigkeit. Wenn Alois in seiner Dienstuniform durch Braunau stolzierte oder in Galauniform zu Kaisers Geburtstag den Gottesdienst in Leonding besuchte, hatte das nicht nur mit Eitelkeit zu tun. Es war vielmehr auch Ausdruck seines Strebens nach kultureller Legitimität und sozialer Distinktion.

Ganz besonders deutlich traten die bildungsbürgerlichen Züge in jenen Jahren in Erscheinung, die der pensionierte Zollbeamte in Leonding verbrachte und in denen er offenbar Anschluss an die halb bäuerliche, halb bürgerliche Gesellschaft des Städtchens fand. Immerhin heißt es in dem bereits zitierten Nachruf, der Hitler Alois sei „ein Freund des Gesanges“ gewesen, der sich „glücklich inmitten sangesfroher Brüder“ gefühlt habe. Das und die Äußerung des Zollbeamten Lugert, sein früherer Vorgesetzter sei ein „geschätzter Gesellschafter“ gewesen, spricht nicht gerade dafür, dass Alois nur ein verbohrter Einzelgänger war, der am liebsten allein hinter dem Ofen hockte.

Hinter seinem Bildungsfleiß und seiner Kommunikationsfähigkeit stand offenbar ein allgemeineres Interesse für das, was um ihn herum vor sich ging. „Er interessierte sich für alles“, hielt der Leondinger Gemeindevorsteher Mayrhofer als Grund dafür fest, dass Alois regelmäßig den so genannten „Bürgerabend“ besuchte. Diese Veranstaltung, die im Leben der Gemeinde offensichtlich einen festen Platz einnahm, darf man sich nicht als primitive Gelegenheit für ein kollektives Besäufnis vorstellen, obwohl sie reihum in den vier Leondinger Gasthäusern stattfand. Vielmehr traf

136 Jetzinger 1956, S. 73.

man einander hier gegen acht Uhr abends aus Mangel an räumlichen Alternativen, um sich in geselliger Runde bei Bier oder Wein über die Ereignisse des Tages auszutauschen.

Für ein allgemeineres Interesse an „höheren Dingen“, das der Zollbeamte fleißig und auch unter Opfern pflegte, spricht auch seine Imkerei, die man als anspruchsvolles Hobby bezeichnen kann. Während seiner Zeit in Passau, so berichtete Lugert, habe Alois nach Feierabend den weiten Weg in das benachbarte Haibach nicht gescheut, um dort nach seinen Bienenstöcken zu sehen. Als Freizeitbeschäftigung eignet sich die Imkerei gewiss auch dazu, in der frischen Luft gemütlich vor sich hin zu pusseln und dabei das eine oder andere Pfeifchen zu rauchen. Doch wird man dieses Hobby in relativ großem Stil nur dann mit Erfolg betreiben können, wenn man sich zuvor die nötige Sachkenntnis angeeignet hat. Genau das aber war ganz offensichtlich der Fall, wie die große Anzahl von Bienenstöcken beweist, die der Hitler Alois zumindest in Leonding besaß.

Woher der Beamte sein Wissen über die Bienenzucht hatte, muss offen bleiben. Es ist aber zu vermuten, dass er wenigstens einschlägige Bücher und Schriften gelesen hat. Alfred Jetzinger spricht sogar von einer „Bibliothek“, die sich im Hause Hitler befunden habe.[137] Unwahrscheinlich ist diese Annahme nicht, weil sich auch der Sohn Adolf, wie man noch sehen wird, zu Haus erste Leseerlebnisse verschaffte. Die Vermutung eines durch Lektüre vermittelten Wissens passt ebenso gut zur Lebensweisheit seines Vaters, dass „alles gelernt“ sein müsse, wie auch zu der eisernen Entschlossenheit, mit welcher dieser den unausgereiften Lebensträumen seines Sohnes entgegentrat. Jedenfalls war der alte Herr darauf erpicht, zumindest seinen jüngeren Kindern eine Schulbildung zukommen zu lassen, die deutlich besser als diejenige war, die er selber genossen hatte.

Tatsächlich sind mindestens zwei Ortswechsel, welche die Familie hinter sich bringen musste, auf entsprechende Absichten zurückzuführen, und zwar einmal der Umzug von Passau 1895 nach Hafeld und zum anderen der von Lambach 1898 nach Leonding. Von Hafeld aus hatte der damals sechs Jahre alte Sohn Adolf einen Schulweg von nur 20 Minuten bis zur nächsten Volksschule in Fischlham – keine Selbstverständlichkeit in ländlichen Gebieten. In Lambach konnte er die Volks- und auch die Sängerknabenschule des dortigen Benediktinerstiftes besuchen, die unweit seiner elterlichen Wohnung lagen. Als seine Eltern darüber nachdachten, ob, wie und wo man Adolf den Besuch einer weiterführenden Schule ermöglichen könnte, fiel ihre Entscheidung auf Leonding, das Linz mit seinen vielfältigen Bildungsmöglichkeiten unmittelbar benachbart war. Wenn Adolf Hitler in *Mein Kampf* schreibt, „ich sollte studieren“,[138] so war damit zwar sicher nicht der Besuch eines Gymnasiums mit anschließendem Hochschulstudium, sondern nur der einer Realschule gemeint. Doch wur-

137 Jetzinger 1956, S. 92.

138 Hitler 1925 I, S. 5. Im alten Österreich wurden im Allgemeinen schon Oberrealschüler, erst recht aber Gymnasiasten als „Studenten“ und deren Lehrer als „Professoren“ bezeichnet.

den Kinder, die diesen Schultyp besuchten, ebenfalls „Studenten“ genannt. Auch für seine Schwester Paula, 1896 noch in Hafeld geboren, zeichneten sich durch den Ortswechsel bessere Bildungsmöglichkeiten als auf dem Dorf ab; sie hat später in Linz das Lyzeum besucht. In beiden Fällen reichte den Eltern somit der Besuch einer „Bürgerschule“ für ihre Kinder nicht aus, obwohl diese Schulform, deren Niveau dem der heutigen Hauptschule entsprach, für das österreichische Provinzbürgertum damals die standardmäßige Fortsetzung der Volksschule war. Wer sich, wie die Eltern Hitler, für seine Kinder nicht mit ihr begnügte, erhob offenbar einen höheren Bildungsanspruch.

Wie es um das alltagskulturelle Milieu der Familie Hitler stand – um ihre Wohnungseinrichtung und Wäsche, Raumschmuck und Tischsitten, um die Pflege von Gebräuchen und Traditionen – ist nicht bekannt. Überliefert wurde lediglich der Hinweis auf eine der beiden Wohnungen, die sie in Passau bewohnte und die „ärmlich“ gewesen sein soll. Dies kann jedoch daran gelegen haben, dass es sich hierbei um eine übergangsweise Bleibe gehandelt hat. Aus Mangel an anderen glaubwürdigen Zeugnissen ist man auf die bereits zitierten Schilderungen angewiesen, die Dr. Bloch von den blitzblanken Wohnungen der Witwe in Linz und Urfahr nach dem Tod ihres Mannes gab. Auch in anderer Beziehung verkörperte Klara eine Hausfrau und Mutter, die den damaligen Standards einer bürgerlichen Kultur entsprach. Sie war tugendhaft, das heißt, sie war sauber und ordentlich, sparsam und fleißig, häuslich und treu. Niemand hat ihr jemals einen Seitensprung oder irgendeinen anderen Akt der Untreue gegenüber Ehemann und Familie nachgesagt. Nach dem Tod ihres Mannes ging sie keine neue Bindung ein. Klara war weder übertrieben schwärmerisch noch streitsüchtig, noch emanzipiert im Sinn von erotischer Ausstrahlung, Müßiggang oder zu viel Bildung. Kurzum, sie war eine zeittypische Mischung aus „Arbeitstier und Engel“[139] oder anders gesagt: Klara verkörperte als Frau gutes Mittelmaß.

Bildungsbürgerliche Bestrebungen der Eltern scheinen vor allem Adolfs Erziehung bestimmt zu haben. In Lambach erhielt er auf Betreiben seiner Mutter Gesangsunterricht. Trotz ihrer knappen Mittel schaffte sie für ihn in Linz ein gutes Heitzmann-Klavier an und sorgte dafür, dass er Privatstunden nahm und die Oper besuchen konnte. Vor allem aber wurden Adolfs zeichnerische und malerische Talente von seinen Eltern nicht nur geduldet, geschweige denn unterdrückt, sondern sogar gefördert.[140] In dieser Beziehung folgten Alois und Klara einem geradezu modernen Trend, denn gegen Ende des 19. Jahrhunderts wurde von den Wiener Sezessionisten das Kind „als Künstler entdeckt und die Forderung nach Weckung und Entfaltung der schöpferischen Kräfte im Kind erhoben“.[141] Maßge-

139 Wiedemann 1993, S. 122.

140 NACP, „Hitler Source Book“, S. 798 f.: Alois Hitler, Adolf Hitler. In: New York American v. 30. November 1930.

141 Engelbrecht 1986 IV, S. 33. Schorske 1979, S. 327: Čizek leitete 1908 an jener Kunstschule die Pädagogische Abteilung, an der u.a. Oskar Kokoschka studierte, um

bend dafür war der aus dem böhmischen Leitmeritz stammende Maler Franz Čizek (1865–1946), der in Wien und München studiert hatte und der Sezession nahestand. Er war in Österreich wohl der Erste, der die kreativen Fähigkeiten von Kindern anerkannte. Er war aber auch der Meinung, dass diese der steuernden Impulse durch akademische Lehrer bedurften. Čizek veranstaltete Aufsehen erregende Ausstellungen von Kinderzeichnungen nicht nur in Österreich, sondern auch in Deutschland, England und den USA. Es ist zwar völlig offen, ob die Eltern Hitler und ihr Sohn Adolf in Leonding jemals von den Sezessionisten und von diesem Franz Čizek gehört haben, der als progressiver Kunstpädagoge allerdings eine Berühmtheit war. Tatsache jedoch ist, dass man im Haus Hitler die Lehre Čizeks, wonach Kinder „Offenbarungen elementarer künstlerischer Kraft, ur-primitiver Kunst“ zeigen können, in einem ganz allgemeinen Sinn sehr wörtlich nahm, indem Alois und Klara ihrem Filius den dafür erforderlichen Freiraum ließen – allerdings nur bis zu dem Punkt, an dem dieser den Wunsch äußerte, Kunstmaler zu werden. Denn das war ihrer Ansicht nach kein Brotberuf.

5. Kapitel: Das Kind

Allgemeines

Am Ostersamstag, dem 20. April 1889, einem wolkigen und windigen Tag, wurde dem Hitler Alois und seiner Ehefrau Klara in Braunau, Vorstadt Nr. 219, der Sohn Adolf geboren.[142] Es handelte sich um eine der damals üblichen Hausgeburten. Obwohl keine Komplikationen eintraten, war eine Hebamme namens Franziska Pointecker anwesend.

Über die ersten Lebensäußerungen und Entwicklungsschritte des Säuglings und Kleinkindes ist so gut wie nichts bekannt. „Man weiß nicht, ob Hitler gestillt oder mit der Flasche genährt wurde, ob es ernste Ernährungsprobleme gab oder ob er im Säuglings- oder Kindesalter unter größeren oralen Frustrationen litt. Über Sauberkeitserziehung, Bettnässen oder ernste neurotische Wesensmerkmale gibt es keine Daten. Nichts ist bekannt von Zornesausbrüchen im Säuglingsalter oder in früher Kindheit, aber es ist möglich, dass sie vorkamen.“[143] Seine Geburt wird den Eltern willkommen gewesen sein, weil drei früher geborene Kinder bereits verstorben waren.

Als einzige Primärquelle liegt ein Foto des etwa ein Jahr alten Knaben vor. Es zeigt das runde pausbäckige Gesicht eines Kleinkindes, welches, aufrecht und leicht nach vorne geneigt, in einem gepolsterten Sessel sitzt.

Kunstlehrer zu werden. Die Wiener Sezessionisten um Gustav Klimt, die in jenem Jahr mit einer „Kunstschau“ an die Öffentlichkeit traten, widmeten den allerersten Raum ihrer Ausstellung der „Kunst des Kindes“.

142 OÖLA, Pfarrmatrikel Braunau (Kopie) – Anschrift vgl. Homepage Braunau, Stand v. 11. Januar 1903.

143 Redlich 1999, S. 13f.

Das ungleichmäßig gestutzte dunkle Haar über den großen Augen, die den Betrachter anschauen, lässt eine hohe Stirn frei. Die vollen Lippen sind geschlossen, die Ohren stehen ein wenig ab. Bei etwas Phantasie ergibt sich eine gewisse Ähnlichkeit zwischen Adolf und seiner Mutter. August Kubizek, der beide aus eigener Anschauung kannte, fand diese Ähnlichkeit beim Betrachten des Fotos sogar „frappant".[144] Das Kind ist mit einem Gewand aus weißem Wollstoff bekleidet; seine kleinen Füße stecken in ebensolchen Söckchen, das linke Bein ist leicht eingewickelt und zur Hälfte entblößt. Es handelt sich offenbar um eine Innenaufnahme, bei der Kunstlicht blitzartig in Form des damals üblichen Magnesiums verwendet wurde. Der Gesichtsausdruck des kleinen Adolfs wirkt daher leicht fragend, der linke Arm und die gekrümmten Finger drücken eine gewisse Abwehrhaltung aus.

Den Status eines Kindes regelte in der Habsburgermonarchie das Allgemeine Bürgerliche Gesetzbuch von 1811.[145] Demnach war der Mensch bis zum 14. Lebensjahr unmündig und bis zum 24. minderjährig. Bis zum vollendeten 13. Lebensjahr war Kindern jede Erwerbstätigkeit verboten, danach durften sie nur gelegentlich beschäftigt werden oder ein Ausbildungsverhältnis eingehen. Somit wird sich dieses Kapitel mit dem sechsten bis 14. Lebensjahr befassen. Nur in Bezug auf die sozialpsychologische Entwicklung des Kindes greifen wir ein wenig über diesen Zeitraum hinaus.

Um die Bedingungen, unter denen Adolf seine ersten Lebensjahre verbrachte, richtig einzuschätzen, dürfte ein kurzer Seitenblick auf das Bild, das sich die bürgerliche Gesellschaft des deutschösterreichischen Kulturraums damals vom Kind machte, sowie auf deren Erziehungsmaximen nützlich sein. „Die bürgerliche Gesellschaft sah in Kindern nicht mehr kleine Erwachsene, die es großzuziehen galt, sondern unfertige Geschöpfe, die man erziehen musste", schreibt Inga Wiedemann. „Seit der Aufklärung hoffte man, durch eine richtige Erziehung aus Kindern aufgeklärte Erwachsene zu machen: vernunftbetont, gebildet, selbstbewusst, gütig sollten sie werden. ... Sowohl Erziehungsziele als auch Bildungsideale änderten sich im Laufe des 19. Jahrhunderts. Die Ideale der Aufklärung verblassten, stattdessen bewunderte man immer stärker den Typ des schneidigen, selbstbewussten, durchsetzungsfähigen, gewandten Uniformträgers ... Gleichzeitig kam es zu einer geradezu schwärmerischen Hinwendung zur Antike; eine humanistische Bildung schien wichtiger als die dringend nötige Spezialisierung in technisch-wirtschaftlichen Berufen."

Orts- und Statusveränderungen

Adolf, von Familienangehörigen und Freunden auch „Adi" genannt, wuchs in seinen ersten 14 Lebensjahren an acht verschiedenen Orten auf. Die

144 Kubizek 1995/6, S. 27.

145 Engelbrecht 1986 IV, S. 33. – Die Regelungen über die Kinderarbeit galten erst seit 1885.

ersten dreieinhalb Jahre verbrachte er mit seinen Eltern und Stiefgeschwistern in Braunau, die nächsten beiden in Passau. Nach Vollendung seines sechsten Lebensjahres kam er nach Hafeld auf das Rauscher-Gut, von wo aus er eingeschult wurde, sein siebentes und achtes Lebensjahr verbrachte er in Lambach. Sechs Jahre lang, von 1898 bis 1904, lebte der Hitler Adolf dann in Leonding, von wo aus er die Realschule in Linz besuchte und wo er sein 15. Lebensjahr vollendete. Das Jahr 1905 verbrachte er als Kostschüler überwiegend in Steyr, wo er seine Schulausbildung abbrach und von wo aus er nach Linz bzw. Urfahr zurückkehrte.

In den ersten 14 Lebensjahren war seine Stellung innerhalb der Familie ebenfalls einem ständigen Wechsel unterworfen. Adolf war fast fünf Jahre alt, als Edmund geboren wurde (1894), er war sieben, als Paula auf die Welt kam (1896), er war elf, als Edmund starb und sich sein Stiefbruder Alois davonmachte (1900), und er war 14, als seine Stiefschwester Angela das Elternhaus verließ (1903). Innerhalb seiner ersten elf Lebensjahre erlebte Adolf somit folgende vier innerfamiliäre Statusveränderungen, die mehr oder weniger schwer gewogen haben: Bis zu Edmunds Geburt war er der einzige ehelich geborene Sohn, der überlebt hatte, nicht nur der Stammhalter, sondern auch das Nesthäkchen der Familie. Dann wurde diese doppelt herausgehobene Stellung durch seinen nachgeborenen Bruder relativiert. Im Alter von elf Jahren hatte „Adi" sowohl Edmunds Tod als auch Alois' Fortgehen zu verarbeiten. Mochte ihn letzteres Ereignis wegen der vielen Streitigkeiten, die es zuvor zwischen den beiden gegeben hatte, auch mit einer gewissen Genugtuung erfüllen, so erschütterte und belastete ihn sicher der frühe und qualvolle Tod seines jüngeren Bruders, den er aus nächster Nähe miterlebte. Zwar konnte Adolf nun seine doppelt privilegierte Stellung wieder einnehmen, musste seine Rolle als Nesthäkchen aber schon zwei Jahre später an seine jüngere Schwester Paula abtreten, die jetzt das jüngste der zahlreichen Geschwister war. Aber damit nicht genug: 1903 verlor Adolf mit Angela die Halbschwester, die ihn bei früheren Streitigkeiten am häufigsten verteidigt hatte und die – neben seiner Mutter – wohl seine eigentliche Vertraute war.[146] Zu allem Überfluss war in jenem Jahr auch noch der Tod des Vaters zu verkraften. Mit 14 Jahren steckte der Hitler Adolf damals mitten in der Pubertät. Noch war er viel zu jung, die Rolle des Stammhalters wirklich auszufüllen.

Veranlagungen und Lebensumstände

Schon von klein auf war Adolf auch nach eigener Einschätzung „streitsüchtig" und alles andere als „brav im landläufigen Sinn".[147] Sein Stiefbruder Alois charakterisierte ihn als „faul und unleidlich" – der Kleine habe sich ständig verträumt draußen herumgetrieben und sei nach Hause

146 Wie wichtig diese Bezugsperson auch in späteren Jahren war, ergibt sich daraus, dass die verwitwete Angela Raubal, die in zweiter Ehe einen Dresdner Professor Hammitzsch heiratete, Hitler später auf dem Berghof den Haushalt führte.

147 Hitler 1925 I, S. 6.

gelaufen, sobald er in Schwierigkeiten geraten sei. Dort habe er dann Alois angeschwärzt, so dass dieser die eigentlich Adolf gebührenden Hiebe erhalten habe.[148] Die kürzeste, aber vielleicht treffendste Charakterisierung stammt von Adolfs jüngerer Schwester Paula. Sie hat ihn im Rückblick einen „strubbeligen kleinen Schlingel" genannt.[149] Während Adolf Hitler einräumt, er sei als Kind „ziemlich schwierig zu behandeln" gewesen,[150] hielt ihn Angela jedoch aus größerer zeitlicher Entfernung für „einen ganz normalen Jungen".[151]

Wie auffällig er tatsächlich war und wie viel davon auf gesunder Veranlagung beruhte, den äußeren Lebensumständen zuzuschreiben war oder aber als Vorbote einer verhängnisvollen Persönlichkeitsentwicklung zu bewerten ist, wird wohl immer umstritten bleiben. Tatsache ist jedenfalls, dass sich der unruhige kleine Kerl nach eigenem Urteil wenigstens in Hafeld, Lambach und anfangs auch noch in Leonding, also von seinem sechsten bis neunten Lebensjahr, fast ungehindert austoben konnte. Gern erinnert sich Adolf Hitler in *Mein Kampf* an „diese glückselige Zeit", als „Wiese und Wald ... der Fechtboden [war], auf dem die immer vorhandenen ‚Gegensätze' zur Austragung kamen".[152]

Diese erste Phase seiner kindlichen Entwicklung wurde am 17. September 1900 mit dem Eintritt in die Realschule Linz abgeschlossen.[153] Bis dahin hatte Adolf drei verschiedene Volksschulen durchlaufen. Begleitet von seinem Vater und seiner Stiefschwester Angela und mit einem so genannten Matrosenleibchen bekleidet, wurde er am 1. oder 2. Mai 1895[154] in Fischl-

---

148 NACP, Hitler Source Book, Interview William Patrick Hitler.

149 NACP, Record Group 3/9: Records of the Army Staff, Sub-Group, Records of Army Staffs Relating Intelligence Matters – Records of US Army Intelligence and Security Command (USIC), 1936–76, File XE 575580, Series Records of the Investigative Records Repository (IRR) – Personal Files: Personal Report, Berchtesgaden, June 5, 1946: Interview mit Paula Wolf (Kopie).

150 Hitler 1925 I, S. 3.

151 NACP, Record Group 165, Sub-Group: Records of the Director of Intelligence (G-2) 1906–49, File: Headquarters Third United States Intelligence Center (HTUSAIC), Interrogation Report No. 9, Series: Enemy POW-Interrogation File (MIS-Y) 1943–45 Punkt 2.: „The Very interesting life of Hitler's Half-Sister" (Kopie – gemeint ist Angela Hammitzsch, geb. Hitler) v. 18. Juni 1945).

152 Hitler 1925 I, S. 6f.

153 BAB, NS 65, Mikrofilm-Nr. 7199.

154 Ebda.: Die überlieferten Daten der Einschulung (1. oder 2. Mai) widersprechen einander. Der Widerspruch lässt sich auflösen, wenn man annimmt, dass Hitler am 1. Mai, einem Mittwoch, angemeldet wurde und dass für ihn am 2. Mai der Unterricht begann. Vgl. dazu auch Pfeffer/Karning 1938, o. Verf., o. D., und neuerdings vor allem Möcker 2000, S. 285ff. Wie Möcker nachweist, ist die Rekonstruktion von Hitlers Schulzeit ein gutes Beispiel dafür, wie schlampig selbst die prominentesten Hitler-Biographen in den vergangenen sechzig, siebzig Jahren mit den einfachsten Fakten umgegangen sind. Allerdings macht es auch der Schulmann Möcker dem Leser nicht leicht, seine Darlegungen nachzuvollziehen, die vor allem dem Nachweis dienen, dass der spätere Philosoph Ludwig Wittgenstein unter keinen Umständen „der Jude aus Linz" gewesen sein kann, den Hitler in *Mein Kampf* erwähnte und durch den er nach Ansicht des Australiers Kim-

ham eingeschult. In diesem Dorf existierte eine niedrig organisierte Volksschule, Baujahr 1785, in der es zur altersgerechten Differenzierung des Unterrichts innerhalb der einzelnen Schul- bzw. Klassenstufen auch noch „I." und „II. Abteilungen" gab. In Fischlham wurde der ABC-Schütze am Ende des 1. Schuljahrs (1895/96) in die zweite Schulstufe versetzt, in der er bis zum Schuljahrsende im April 1897 verblieb. Danach begann Adolf im Mai wahrscheinlich planmäßig mit der 3. Schulstufe, die er allerdings wegen des Anfang Juni 1897 erfolgenden Umzugs der Familie Hitler nach Lambach nicht mehr in Fischlham vollenden konnte.

An der Volksschule Lambach, integrierender Teil des dortigen Benediktinerstifts, ließen ihn die Eltern die zweite Klasse wiederholen, damit der Bub die bescheidenen Vorkenntnisse, die er als Erst- und Zweitklässler erworben hatte, ein wenig aufbessern konnte. Im Mai 1898 wurde Adolf zwar in die 3. Klasse versetzt, doch konnte er das Schuljahr 1898/99 wieder nicht ordnungsgemäß abschließen, da sich seine Familie um die Jahreswende von Lambach nach Leonding verändert hatte. So trat der bald Zehnjährige am 27. Februar 1899 in die 3. Klasse der dortigen Volksschule ein. In Leonding verbrachte Adolf die Schuljahre 1898/99 (3. Klasse) und 1899/1900 (4. Klasse) im Wesentlichen ungestört, musste das Volksschuljahr 1900/01 jedoch im September erneut vorzeitig abbrechen, da bereits das Schuljahr an der Realschule Linz begann. Anfang und Ende der Schuljahre an den Volks- und Mittelschulen des alten Österreich waren nämlich nicht miteinander koordiniert. Insgesamt hat der junge Hitler die Volksschule, bedingt durch die vielen Umzüge, fünfeinhalb statt der sonst üblichen vier Jahre lang besucht.

Über die schulischen Leistungen, die Adolf in Fischlham, Lambach und Leonding sowie an der Realschule Linz erzielte, liegen keine Originalquellen in Form von Zeugnissen mehr vor, „weil die Gestapo 1938 fast alle Schulakten Hitlers beschlagnahmt hat".[155] Was an wenigen Akten übrig blieb, ist – mit Ausnahme des Abschlusszeugnisses der Realschule Steyr[156] – für die leistungsmäßige Beurteilung des Volksschülers Hitler ohne Belang.

Hingegen gibt es aus dem Zeitraum von 1899 bis 1901 verschiedene Berichte von Zeitzeugen und zwei Fotos, die uns den Volks- und angehenden Realschüler etwas näher bringen. So erinnerte sich K. Mittermaier, Adolfs erster Volksschullehrer, noch 1938 an den „recht aufgeweckten, folgsamen, aber auch recht lebhaften Jungen", dessen Schulsachen stets mustergültig in Ordnung waren.[157] Die erste der beiden soeben erwähnten Fotografien stammt aus dem Schuljahr 1899/1900, das Adolf noch an der Volksschule Leonding verbrachte. Sie zeigt den Bub in der Mitte der obersten Reihe sei-

berley Cornish zum Antisemiten geworden ist. Vgl. Cornish 1998 – Möcker nahm diese Buchveröffentlichung, die ihn selbst zum Zeugen angerufen hatte, zum Anlass, noch einmal die ganze Biographie des Schülers Hitler nachzurecherchieren.

155 Möcker 2000, S. 291.

156 Vgl. unten 7. Kapitel, S. 144 f.

157 Jetzinger 1956, S. 88 f.

ner Klassenkameraden, wie er, etwas künstlich hochgereckt und die Arme abweisend vor der Brust verschränkt, seine Selbstsicherheit keck zur Schau zu stellen scheint.[158] Aus dem zweiten Foto, das im Schuljahr 1900/1901 von der Realschulklasse 1 b gemacht wurde, auf dem Adolf in der obersten Reihe ganz rechts steht und dadurch ein wenig verloren wirkt, haben einige Biografen auf eine mittlerweile eingetretene Randständigkeit geschlossen[159], doch kann Adolfs periphere Platzierung ebenso gut auf einem Zufall beruht haben.[160] August Kubizek fiel „das gleiche, fremde Gesicht" auf, das sein Freund auf diesen beiden Aufnahmen macht. Er hielt es für einen Ausdruck „jenes Sich-nicht-ändern-Könnens, das mir als der wesentlichste Charakterzug Hitlers erscheint".[161] Immerhin wirkt der elfjährige auf beiden Fotos im Vergleich zu den meisten seiner Altersgenossen etwas kleiner und wohl auch schmächtiger, möglicherweise Indiz für einen körperlichen Entwicklungsrückstand.

Die ausführlichste und wohl auch kompetenteste Einschätzung Adolfs in jener Phase stammt aus der Feder von Dr. Eduard Huemer, seinem ehemaligen Klassenlehrer an der Realschule Linz. Er schildert seinen früheren Schüler als „entschieden begabt, wenn auch einseitig" sowie als „widerborstig, eigenmächtig, rechthaberisch und jähzornig". Adolf habe sich „wenig in der Gewalt" gehabt, „und es fiel ihm sichtlich schwer, sich in den Rahmen einer Schule zu fügen".[162] Aus der retrospektiven Beschreibung seines Religionsunterrichts, die Adolf Hitler in einem seiner „Monologe" 1942 zum Besten gab,[163] lässt sich Huemers Urteil unschwer nachvollziehen. Danach muss der spätere Diktator als Schüler zumindest in diesem Fach ein echter Unruhestifter und Quälgeist gewesen sein, der seine Lehrer offen herausforderte und dabei ein nicht geringes Maß an Phantasie bewies – für den Direktor ein „ausgesprochenes Sorgenkind".[164] Huemer vermutet, Hitlers damaliges Fehlverhalten sei auf die Karl-May- und Indianergeschichten zurückzuführen, die er als Kind gerne gelesen habe, sowie auf den Müßiggang, zu dem ihn der lange Schulweg von Leonding nach Linz verleitet habe, doch reicht diese Vermutung als Erklärung kaum aus.

Überzeugender wirkt in diesem Punkt Kubizeks Bericht, weil er die Schwierigkeiten der Akkulturation, die der Schüler Adolf beim Übergang vom Land in die Stadt zu überwinden hatte, recht plastisch beschreibt

158 Es handelt sich hier um die Kopie eines Originals, das während einer Ausstellung zur Jahrhundertfeier der Realschule 1951 entwendet wurde. Vgl. dazu Zerlik 1976.

159 Fest 1973/5, S. 38.

160 Vgl. die beiden Fotos abgedruckt bei Jetzinger 1956, S. 80/81.

161 Kubizek 1995/6, S. 27.

162 Jetzinger 1956, S. 105 f. Diese Äußerungen kamen auf Ersuchen von Dr. Lorenz Roder zustande, dem Verteidiger Hitlers in jenem Strafverfahren, das dem gescheiterten Putschversuch vom 9. November 1923 folgte, also aus einem nicht unerheblichen zeitlichen Abstand. Ob Huemers Urteil von den politischen Ereignissen getrübt wurde, lässt sich nicht mehr feststellen.

163 Jochmann 1980, S. 185: Monolog vom 8./9. Januar 1942.

164 Jetzinger 1956, S. 105 f.

und sich offenbar auf Erzählungen seines Jugendfreundes stützen kann: „Zunächst fiel es dem 11jährigen Jungen überhaupt schwer, sich in der ungewohnten Umgebung durchzusetzen. Täglich musste er den weiten Weg von Leonding in die Stadt (d.h. nach Linz – D. B.) zu der in der Steingasse gelegenen Realschule zurücklegen. Oft hat er mir, wenn wir auf unseren Wanderungen zum alten Festungsturm kamen, der dort auf einer Anhöhe etwa am halben Weg zur Stadt liegt, erzählt, dass dieser Schulweg trotzdem für ihn das Schönste in jenen Jahren gewesen sei. Jedenfalls sicherte ihm dieser mehr als einstündige Schulweg einen Rest von Freiheit, den er um so mehr zu schätzen wusste, als er bisher ganz auf dem Lande aufgewachsen war. In der Stadt erschien ihm zunächst alles fremd. Die Mitschüler, meistens vornehmen, wohlhabenden Linzer Familien entstammend, ließen den fremden Jungen, der täglich ‚von den Bauern' hereinkam, nicht gelten. Die Professoren aber kümmerten sich nur soweit um ihn, als es ihr Fach betraf. Das war alles so anders als in der Volksschule mit dem gemütlichen Lehrer, der jeden seiner Schüler ganz genau kannte und abends mit dem Vater am Bürgertisch saß."[165]

Die Vermutung liegt nahe, dass es sich bei dem schulischen Fehlverhalten, das Adolf in Linz an den Tag legte, um eine Überkompensation jener sozialen Randständigkeit handelte, die wohl tatsächlich beim Wechsel von Leonding nach Linz eingetreten war und die Kubizek hier recht anschaulich beschreibt. Doch wird diese Annahme von den Erzählungen seiner früheren Mitschüler z.T. widerlegt. Zwar berichtet Anton Estermann, Adolf habe sich „im Kreise seiner Realschule-Mitschüler niemals als geborene Führernatur" gezeigt, nachdem er bei den Knabenspielen in Leonding „mindest zeitweise tonangebender Führer wenigstens einer Spielhälfte" gewesen sei. Hingegen meint Josef Keplinger: „Hitler hatte die Führung der Klasse. Hitler gab den Ton an. Mit finsterem Blick und einem verachtenden ‚Du Memme, du!' strafte er Feiglinge und fühlte sich verpflichtet, dem Schwächeren in Raufereien zu helfen." Robert Stockhammer wusste überdies zu berichten, der Realschüler Hitler sei „altklug" und „ein großer Kritikaster" gewesen, der „immer etwas zu erzählen" gewusst habe.[166] Alles in allem ergibt sich durch Hitlers Selbstzeugnis, Kubizeks Erinnerungen und die Aussagen zumindest eines ehemaligen Mitschülers der Eindruck, Adolf habe im Verlauf der Realschulzeit seine anfängliche Randständigkeit überwunden und ein erhebliches Selbstbewusstsein entwickelt. Außerdem ist er schon damals „ein fast fanatischer Theater-Besucher und -Liebhaber" gewesen.[167]

165 Kubizek 1995/6, S. 57.

166 Kandl 1963/64, S. XXXV: Ergänzungsschreiben. Estermann, 29. Dezember 1962, S. XXVI: Interview Josef Keplinger, 4. Januar 1963, S. XLIII: Interview Robert Stockhammer, 09–1963 (sic!).

167 Interview Anton Estermann, a. a. O.

Zwischen Vater und Mutter

Fast alle bisherigen Hitler-Biografen stellen das Kind in ein extrem polarisiertes Spannungsfeld – zwischen einen brutal-tyrannischen Vater und eine liebevoll-verhätschelnde Mutter, die nichts anderes als Wachs in den Händen ihres Mannes gewesen sei. Ausgangspunkt dieser Auffassung sind die angeblich reichlichen und harten Körperstrafen, die der Sohn bei jeder Gelegenheit von seinem Vater empfangen haben soll und die seine nachgiebige Mutter offenbar nicht verhindern konnte. Vergleicht man die Äußerungen von Adolfs Stiefgeschwistern und seiner Schwester Paula miteinander, so tun sich jedoch an Ausmaß und Häufigkeit dieser Züchtigungen gewisse Zweifel auf. Ein Zeitzeuge, der Gemeindevorsteher und spätere Vormund Adolfs und Paulas, Josef Mayrhofer, hat väterliche Prügelstrafen zumindest für die Zeit in Leonding überhaupt in Abrede gestellt. „Geschlagen, das glaub' ich nicht, g'schimpft und belfert (gepoltert) hat er oft mit ihm und über ihn, ‚der Mistbub, der elende, derschlagen tu ich ihn noch!', aber Sie wissen ja selber, bellende Hunde beißen nicht."[168]

Im Gegensatz dazu gab Angela Hammitzsch den Vernehmungsoffizieren der US-Army 1945 zu Protokoll, ihr Vater habe seinen Sohn Adolf „zwei- bis dreimal pro Woche verhauen, weil dieser nach der Schule viel herumzuspielen pflegte, anstatt pünktlich nach Hause zu kommen"[169]. Ihre Halbschwester Paula behauptete 1946 sogar, Adolf habe seinen Vater zu „extremer Härte" herausgefordert und von diesem „jeden Tag eine Tracht Prügel" bezogen.[170] William Patrick Hitler beschränkte sich hingegen auf die ungenaue Aussage, Adolf sei „oft von seinem Vater verprügelt" worden, aber nicht so oft und so heftig wie sein eigener Vater Alois Hitler jr. Denn es sei dieser gewesen, den der Zollbeamte einmal mit der Nilpferdpeitsche bis zur Bewusstlosigkeit geschlagen habe.[171]

Diesen einander widersprechenden Aussagen stehen Äußerungen Adolf Hitlers gegenüber, die er – vielleicht in bramarbasierender Absicht – viele Jahrzehnte später im Rückblick auf seine Kindheit gegenüber Weggefährten und Sekretärinnen gemacht hat. Ihnen zufolge sei sein Vater jähzornig gewesen und habe bei jeder sich bietenden Gelegenheit zugeschlagen.[172] Einmal habe er, Hitler, sogar ganz bewusst 32 Schläge auf sein verlängertes

168 Im Gespräch mit Jetzinger 1956, S. 70.

169 NACP, Record Group 165, Sub-Group: Records of the Director of Intelligence (G-2) 1906–49, File: Headquarters Third United States Intelligence Center (HTUSAIC), Interrogation Report No. 9, Series: Enemy POW-Interrogation File (MIS-Y) 1943–45 Punkt 2: „The Very interesting life of Hitler's Half-Sister" (Kopie – gemeint ist Angela Hammitzsch, geb. Hitler) v. 18. Juni 1945.

170 Ebda., Record Group 3/9: Records of the Army Staff, Sub-Group: Records of Army Staffs Relating to Intelligence Matters Records of US Army Intelligence an Security Command (USAIC), 1936–76, File XE 575580, Series: Records of the Investigative Records Repository (IRR) – Personal Files: Interview „Agent: C-10" mit Frau Paula Wolf, Alpenwirtschaft Vorderbrand 4. Juni 1946.

171 Ebda., Hitler Source Book, Interview William Patrick Hitler, S. 924.

172 Zoller 1949, S. 63.

Rückgrat ertragen, ohne nach Art der Indianer auch nur mit der Wimper zu zucken, während seine Mutter bangend hinter der Tür gestanden und gedacht habe, ihr Sohn sei verrückt geworden. Seitdem habe ihn sein Vater nicht mehr angerührt.[173] Der Zeitpunkt für dieses Schlüsselereignis ist nicht bekannt, doch muss er vor 1903 gelegen haben, vor dem Tod des Zollbeamten.

Angesichts all dieser Aussagen fällt es schwer, Dauer und Gewicht der körperlichen Misshandlungen, die Adolf durch seinen Vater erlitten hat, richtig einzuschätzen und zuverlässige Aussagen darüber zu machen, welche psychischen Folgen diese Züchtigungen für den Bub möglicherweise gehabt haben. Trotzdem neigte die Hitler-Biographik bisher dazu, in dieser Beziehung das Schlimmste anzunehmen. Da die vorliegende Evidenz jedoch nicht eindeutig ist, beschränken wir uns hier auf die vorsichtige Feststellung, dass Hinnahme der körperlichen Züchtigungen mit zusammengebissenen Zähnen, schulische Renitenz und die Sublimierung seiner körperlichen und seelischen Schmerzen durch künstlerische und politische Phantasien offenbar der Ausweg war, den Adolf in seiner Not gefunden hat. Fortan träumte er von der Rückkehr seines „Mutterlandes" Österreich in das „Vaterhaus" Deutschland, vielleicht der symbolische Ausdruck seines Versuchs, die mütterlich-weichen Seiten seines Wesens den väterlich-harten unterzuordnen.[174] Bezieht man das spätere Leben und Wirken Adolf Hitlers in die Betrachtung ein, ist ihm dieser Versuch allerdings in einer geradezu Schrecken erregenden Perfektion gelungen.

Trotz der oben geschilderten Unsicherheiten haben viele Hitler-Biografen überdies versucht, dem düsteren Bild von einem brutal-tyrannischen Vater das ebenso krasse Gegenbild von einer machtlos-verzärtelnden Mutter gegenüberzustellen und an dieses angeblich extrem polarisierte Spannungsfeld z.T. ebenfalls außerordentlich weitreichende Spekulationen über die Gründe für die defizitäre Persönlichkeitsentwicklung des späteren Diktators und dessen Untaten zu knüpfen.[175] Diesem Bild können wir uns jedoch ebenfalls nicht vorbehaltlos anschließen, weil wir uns bemühen, so quellennah wie möglich vorzugehen und die soziokulturellen Bedingungen jener Zeit in unserer Betrachtung einzubeziehen. Demnach war der Vater weniger mächtig und die Mutter weniger schwach als bisher allgemein angenommen.

Ganz gewiss hat Adolf bei Klara in den ersten fünf Lebensjahren einen relativ hohen Stellenwert genossen, da er das erste Kind aus ihrer Ehe mit Alois war, das länger als einige Tage oder Jahre überlebte. Darüber war die Mutter sicher glücklich, und dafür war sie Gott als gute Katholikin wahrscheinlich auch dankbar. Ob diese Tatsache allerdings ausreichte, zwischen Mutter und Sohn ein symbiotisches Verhältnis zu begründen, das die Grenze zum Pathologischen streifte oder sogar überschritt, wie

173 Ebda., S. 46.

174 Hitler 1925 I, S. 11.

175 Vgl. dazu Prolog, S. 15, und Rosenbaum 1998, S. XXXI, der sich insbesondere kritisch mit Alice Miller auseinandersetzt.

manchmal behauptet wurde, ist mehr als fraglich.[176] Denn, wie bereits dargestellt,[177] Klara wird nach Adolfs Geburt kaum genug Zeit und Energie gehabt haben, sich um ihn mehr als um die vielen anderen Obliegenheiten zu kümmern, mit denen sie ständig zu tun hatte. In den Jahren 1893/94 (bis zur Geburt Edmunds am 24. März 1894) und 1895/96 (bis zur Geburt Paulas am 21. März 1896) hatte sie außerdem in kurzen Zeitabständen zwei weitere Schwangerschaften. Dadurch war Klara von Adolfs viertem bis achtem oder gar neuntem Lebensjahr in zeitlicher und seelischer Hinsicht weitgehend von der Sorge um zwei weitere Säuglinge bzw. Kleinkinder absorbiert.

Außerdem dürfte feststehen, dass es Klara in ihrer patriarchalisch strukturierten Ehe mit Alois tunlichst vermied, sich weiter als unbedingt nötig von den strengen Erziehungsmethoden ihres Mannes und jenen ihrer Umgebung zu entfernen. Folgt man den Maximen der damaligen Zeit, wie sie für bürgerliche Familien typisch waren, hatte das Kind schon im Säuglingsalter zu lernen, „dass es sich in die Gemeinschaft der Erwachsenen einzufügen habe. ... Die Ratgeber behaupteten, ein Eingehen auf die Bedürfnisse des Kindes würde nur zu dessen nervöser Überreizung, zu vorlautem Betragen oder Altklugheit führen. ... Der eigene Wille, der ‚Eigensinn' des Kindes, sollte unbedingt unterdrückt werden." Nach dem pädagogischen Selbstverständnis der damaligen Zeit, das sich am Obrigkeitsstaat orientierte, waren „Festigkeit", „Unterordnung des Individuums unter das Gemeinwohl" sowie der Grundsatz, dass das Leben nicht nur aus Rechten, sondern auch aus Pflichten besteht, die ehernen Gesetze einer jeden bürgerlichen Erziehung. Diese Gesetze wurden von Alois und Klara gemeinsam eingehalten, weil sie sich darin mit der übrigen bürgerlichen Welt einig waren.[178] Wäre es anders gewesen, hätte Klara mit Alois ständig über Erziehungsfragen gestritten. Dann aber hätte Konrad Heiden, Hitlers erster Biograph und zugleich sein politischer Gegner, der sich noch auf Gespräche mit Zeitgenossen stützen konnte, das Familienleben der Hitlers ganz sicher nicht als „harmonisch und freundlich" beschrieben.[179]

Das schließt freilich nicht aus, dass Adolfs Eltern, wie deren Tochter Paula beobachtete, gelegentlich Differenzen in Erziehungsfragen hatten. Ganz sicher rutschte Alois auch mehr als einmal die Hand aus, und möglicherweise schlug er seinen ungebärdigen, wortgewandten und auf Freiräume bedachten Sohn tatsächlich öfter und härter, als es Klara lieb war. Ein- oder zweimal kam es wohl auch zu echten Gewaltexzessen. Mindestens einmal wurde Adolf von seinen Eltern außerdem in seelischer Hinsicht tief verletzt. Anlass war der Versuch des Sohnes – aus welchem Grund auch immer – splitterfasernackt aus dem Fenster seines Zimmers zu entweichen,

---

176 Diese von Erich Fromm in seinem 1973 erschienenen Buch „Anatomie der destruktiven Persönlichkeit" vertretene These wird von Rosenbaum 1998, S. XXXII, als z.T. sogar unlogisch zurückgewiesen.

177 Vgl. Teil I, 3. Kapitel, S. 82 ff., insbes. S. 86 ff.

178 Wiedemann 1991, S. 59 f.

179 Heiden 1936 I, S. 20.

das sich im Leondinger Elternhaus oben unter dem Dach befand. Als der Vater jedoch überraschend die Treppe heraufkam, musste Adolf seine Blößen hastig mit einem Tischtuch bedecken. In Gegenwart seiner herbeigerufenen Frau soll der Zollamtsoberoffizial den nur halbbekleideten Buben dann als „Togajüngling“ verspottet haben. Hitler räumte später ein, er habe „lange gebraucht, um über diese Episode hinwegzukommen“, länger als über manche Prügelstrafe.[180] Das Kind scheint somit gegenüber seelischen Kränkungen seines Ego empfindlicher als gegenüber körperlichen Züchtigungen gewesen zu sein.

Narzisstische Kränkungen wie diese und hin und wieder auch eine heftige Tracht Prügel musste Adolf gewiss einstecken, das raue Klima, das Alois zu Hause um sich verbreitete, soll nicht grundsätzlich in Abrede gestellt werden. Denn wie sonst wäre zu erklären, dass der älteste Sohn des Zollbeamten das Elternhaus schon früh im Streit verließ und dass sich der elf Jahre alte Adolf 1900 in Leonding sogar zu einer Flucht entschloss? Ersteres hing offenbar mit Hoffnungen von Alois jr. auf eine bessere Ausbildung zusammen, die seine Eltern enttäuscht hatten, für Letzteres sind die Gründe nicht bekannt. Jedenfalls: Als Adolf von seinem Vater dabei erwischt wurde, wie er sich für seinen Fluchtversuch zusammen mit zwei Freunden ein Floß baute, wurde er so schlimm zusammengeschlagen, dass man wohl befürchten musste, er sei getötet worden.[181]

In Anbetracht so dramatischer Vorfälle ist es jedoch geradezu erstaunlich, dass Hitler im Rückblick auf seine Kindheit zu folgendem Ergebnis kam: „Ich hatte den Vater verehrt, die Mutter jedoch geliebt.“[182] Auch wenn man in Rechnung stellt, dass er es schon aus opportunistischen Gründen niemals gewagt hätte, sich in aller Öffentlichkeit krass negativ über seinen Vater zu äußern, klingt dieses Urteil doch recht ausgewogen, in Bezug auf seinen Vater sogar versöhnlich. Wenn es noch eines Beweises bedarf, dass diese Äußerung nicht nur auf dem zeitlichen Abstand beruhte, der den Politiker der zwanziger Jahre von dem Kind der Jahrhundertwende trennte, sowie auf der Verklärung seines Elternhauses, die unterdessen vielleicht bei ihm eingetreten war, ist auf eine Handzeichnung des Zehnjährigen hinzuweisen: Sie zeigt das Elternschlafzimmer, in dem Adolfs Wiege bzw. Bett bis zur Geburt seines jüngeren Bruders Edmund viele Jahre lang gestanden hatte. Die eigenhändige Beschriftung lautet: „Unser Zimmer“.[183] Die Verwendung des besitzanzeigenden Fürworts „unser“ wäre kaum denkbar gewesen, hätte es zwischen dem Kind und seinen Eltern kein wie auch immer geartetes Verhältnis von Liebe und Vertrauen gegeben. Jedenfalls drücken Zeichnung und Formulierung ein gewisses Gemeinschaftsgefühl aus. Gleichzeitig widersprechen sie auch ein wenig der immer

180 Toland 1977 I, S. 12, unter Berufung auf Helene Hanfstaengl, die sich wiederum auf eine Erzählung Hitlers berief.

181 NACP, Hitler Source Book, Interview William Patrick Hitler, S. 925.

182 Hitler 1925 I, S. 16.

183 Price 1983, S. 95. Blei auf Papier. Rechts unten signiert mit „Adolf Hitler IV a“, datiert von 1899. Damals besuchte Hitler die 4. Klasse der Volksschule in Leonding.

wieder aufgestellten Behauptung, Hitler habe als Kind erleben müssen, wie seine Mutter von seinem Vater beim Geschlechtsakt brutal überwältigt wurde, und er habe auch deshalb einen elementaren Hass gegenüber seinem Vater empfunden und die Mutter verachtet, die sich solches gefallen ließ.

Der Eindruck einer gemeinsamen Basis von Vater, Mutter und Sohn verstärkt sich noch, wenn man bedenkt, in welchem Maß Alois und Klara die besonderen Talente Adolfs gefördert haben. Ohne Zweifel wollten sie dadurch im positiven Sinn zu seiner Persönlichkeitsentwicklung beitragen. So erhielt Adolf schon in Lambach Gesangsunterricht. Er durfte zu Hause in seinem Zimmer zeichnen, malen und lesen, soviel er wollte. Von seinem elften Lebensjahr an ermöglichten ihm seine Eltern auch den Besuch von Oper und Theater. Dies alles wäre gewiss nicht möglich gewesen, hätte nicht auch der Vater dahinter gestanden. Schließlich kostete der Besuch von Theater- und Opernvorstellungen sein Geld. Auch zog es der Zollbeamte vor, seinen Sohn auf eine weiterbildende Schule zu schicken, statt ihn in eine Lehre zu stecken, wie er es bei Alois jr., dem Sohn aus seiner zweiten Ehe, getan hatte. Seine Wahl fiel auf die Realschule, weil er Adolfs zeichnerischen Talenten Rechnung tragen wollte. Vielleicht würde dieser sein Auskommen so einmal als technischer Beamter in einer Baubehörde finden.

Es gibt allerdings einen Punkt, in dem Vater und Sohn einander immer unversöhnlicher gegenüberstanden, und das war ihr Verhältnis zur „deutschen Frage". Adolfs Entwicklung „zum fanatischen ‚Deutschnationalen'" setzte nach Hitlers eigenem Zeugnis „schon in verhältnismäßig früher Jugend" ein,[184] die wir hier als „Kindheit" im engeren Sinn definiert haben, also vor dem 14. Lebensjahr. Sie forderte das Selbstverständnis seines Vaters als kaiserlicher Staatsbeamter heraus, und dieses Ärgernis wurde noch dadurch verstärkt, dass sich der Zollbeamte seiner eigenen Einstellung zu Staat und Nation alles andere als sicher war. Solange es nur um seine persönliche Stellung im Verhältnis zu Kollegen anderer Nationalitäten ging, war der Hitler Alois relativ tolerant. Immerhin zählte ein Tscheche zu seinen besten Freunden. Wenn aber sein Sohn den Bestand der Habsburgermonarchie infrage stellte, indem er entweder durch Äußerungen oder Symbole ihren wie auch immer gearteten Anschluss an das Deutsche Reich forderte, musste sein Vater dem wohl oder übel energisch Einhalt gebieten. Dann nämlich geriet der Staatsbeamte in einen akuten Konflikt mit seinem eigenen Bewusstsein, ein Deutscher zu sein, aus dem er sich manchmal wohl nicht anders als durch Schläge zu befreien wusste.

So entzündete sich mancher Streit zwischen Vater und Sohn an konträren politischen Anschauungen, hinter denen verschiedene Selbstbilder standen – hier der alte Staatsbeamte, dort der „junge Revolutionär".[185] Bradley F. Smith vermutet sogar, es sei für Adolf eine „heimliche Freude"

184 Hitler 1925 I, S. 10f.

185 Ebda., S. 13. So Hitlers Selbsteinschätzung.

gewesen, seinen Vater dadurch zu reizen, dass er hin und wieder den wunden Punkt in dessen Selbstverständnis berührte – nämlich das ungeklärte Verhältnis zwischen deutscher Abstammung und Treuepflicht gegenüber dem österreichischen Staat.[186] Umgekehrt rächte sich der Zollbeamte für diese Belästigung auch dann unbewusst, wenn er seinen aufmüpfigen Sohn verprügelte, mochte der Anlass auch gar kein politischer sein.

Berufung und Beruf

In Lambach ging Adolf als externer Schüler und Eleve des Sängerknabeninstituts im Benediktinerstift aus und ein. So lag seinem kindlichen Größenselbst der Wunsch nahe, später einmal selber Abt zu werden. Das war immerhin die höchste Position, die ein Kloster zu bieten hatte. Ausschlaggebend dafür war offenbar das „rednerische Talent", das Adolf in sich entdeckt hatte und von dem er glaubte, er könnte es so am besten entfalten. Schon in den Auseinandersetzungen mit den anderen Jungen aus dem Dorf zu einigem Selbstbewusstsein gelangt, hielt sich der Volksschüler auch in fernerer Zukunft für berufen, eine leitende Position in der Gesellschaft einzunehmen.[187]

Wie viele Väter im alten Österreich und in traditionsgebundenen Gesellschaften überhaupt, wollte der Hitler Alois jedoch, dass sein Sohn in seine Fußstapfen trat. Er wollte aus Adolf einen Staatsbeamten machen. Diese Absicht kollidierte mit dem ausgeprägten Freiheitsbedürfnis seines Sohnes. Denn dem Volksschüler wurde „gähnend übel bei dem Gedanken, als unfreier Mann einst in einem Büro sitzen zu dürfen; nicht Herr sein zu können der eigenen Zeit, sondern in auszufüllende Formulare den Inhalt eines ganzen Lebens zwängen zu müssen".[188] Der aus diesem Gegensatz resultierende Konflikt gewann aber erst dadurch an Schärfe und Gewicht, dass er sich mit Adolfs ersten Leseeindrücken von deutscher Geschichte und Politik verknüpfte, nachdem er im väterlichen Bücherschrank zwei Bände einer illustrierten Zeitschrift gefunden hatte. Diese Veröffentlichung thematisierte den deutsch-französischen Krieg von 1870/71 in populärer Form und nahm dadurch Adolfs lebhafte Phantasie gefangen. Unschwer konnte sich der kleine Raufbold und Rädelsführer nunmehr mit deutschen Heroen wie Bismarck, Moltke oder Blücher identifizieren. Aber auf seine Frage, wo Österreich im Krieg gegen Frankreich gestanden und warum er selbst nicht auf deutscher Seite mitgekämpft habe, musste ihm sein Vater eine befriedigende Antwort schuldig bleiben. Dies war die Lindenblattstelle im Verhältnis zu seinem Sohn. Alois war nun einmal österreichischer Staatsbeamter und damals auch schon viel zu alt gewesen, um aktiv an jenem Krieg teilzunehmen.

186 Smith 1967, S. 85 – leider ohne Beleg.

187 Hitler 1925 I, S. 3. Hier bezeichnete er sich rückblickend in selbstironischer Absicht als „kleinen Rädelsführer".

188 Ebda., S. 6.

So war der Beamtenberuf aus Adolfs Sicht von vornherein mit einem schwerwiegenden Makel behaftet. Denn unterdessen hatte sich der Bube für die deutschnationale Sache entschieden, was sich mit der Stellung eines österreichischen Staatsbeamten nicht vereinbaren ließ. Es ist kaum anzunehmen, dass sich Vater und Sohn jemals offen über diesen wunden Punkt ausgesprochen haben. So wogte ihr Streit unentschieden hin und her, wobei der Vater immer unbedingter auf seiner Autorität bestand, während der Sohn immer stärker „in Opposition gedrängt" wurde.[189] Die ganze Sache kam schließlich zum Schwur, als Adolf von seinem Vater gefragt wurde, welchen Beruf er denn am liebsten ergreifen würde. Wahrscheinlich ohne lange darüber nachzudenken, also mehr oder weniger spontan oder intuitiv, ließ der Zwölfjährige daraufhin das Wort „Kunstmaler" fallen. Begreiflicherweise war der Zollbeamte entsetzt. „Kunstmaler?" fragte er ungläubig. „Nein, solange ich lebe, niemals." Die Folgen dieser Zuspitzung waren für das Verhältnis von Vater und Sohn, milde gesagt, nicht sehr erfreulich: „Der alte Herr war verbittert und, so sehr ich ihn auch liebte, ich auch."[190]

Der Tod des Vaters

Unglücklicherweise hat der Tod die Macht- und Willensprobe zwischen Vater und Sohn entschieden: Alois verstarb 1903, als Adolf noch nicht ganz 14 Jahre alt und daher kraft Gesetzes noch unmündig war – für eine kontinuierliche Entwicklung seines Sohnes somit viel zu früh. Trotz der Konflikte, die es zwischen den beiden gegeben hatte, brach Adolf über der Bahre seines Vaters schluchzend zusammen, was auf tiefere Gefühlsbindungen schließen lässt.[191] Zwar verlor er mit seinem alten Herrn ein Korrektiv, an dem er sich fast wund gerieben hatte. Wie Kubizek meint, bildete Alois aber auch über seinen Tod hinaus „die Gegenkraft", an welcher der Hitler Adolf seine eigenen Kräfte messen und weiter entwickeln konnte.[192] Deshalb hat Hitler von seinem Vater später auch nie anders als mit einem Unterton des Respekts gesprochen.

Dennoch entfiel für den Hitler Adolf mit dem Tod seines Vaters eine höhere personale Instanz, die ihn vielleicht daran hätte hindern können, jener Adolf Hitler zu werden, der er später geworden ist. Nach Meinung von August Kubizek hatte Alois eine ungute Entwicklung seines Sohnes schon in den Gesprächen über die Berufsfindung vorausgeahnt: „Es ging dem Vater nicht bloß um die übliche Entscheidung über den künftigen Beruf seines Sohnes. Vielmehr war ihm darum zu tun, seinem Sohn eine Stellung zu sichern, die an die Anerkennung dieser Autorität (gemeint ist die Autorität des österreichischen Staates – D. B.) gebunden war. Es ist sehr gut möglich, dass dem Vater der tiefere Grund für diese Einstellung gar

189 Ebda.
190 Ebda., S. 8.
191 Kubizek 1995/6, S. 55.
192 Ebda., S. 47.

nicht bewusst wurde. Aber die Hartnäckigkeit, mit der er seinen Standpunkt dem Sohn gegenüber vertrat, beweist, dass er wohl ahnte, was für Adolf auf dem Spiele stand. Soweit hatte er seinen Sohn schon kennen gelernt."[193] Auf der anderen Seite muss man dem Vater den bereits formulierten Vorwurf machen, dass er sich auf das zweitrangige Thema der Berufswahl versteift hat, statt sich durch Abklärung seiner eigenen Probleme dem Sohn gegenüber als echte Autorität zu erweisen und mit ihm über die objektiv bestehende deutschösterreichische Problematik in ein offen geführtes Gespräch zu kommen.

In der Tat stellt der durch den Tod errungene Sieg des jungen über den alten Hitler eine Schicksalswende in der Biografie des ersteren dar. Als kleiner Sängerknabe hatte er einst in seelischer Hinsicht der Mutter nahegestanden: Allem Großen und Schönen zugetan, ging er damals „im frommen Kirchenglauben" auf (August Kubizek). Als er sich aber mit zunehmendem Alter von diesem Glauben ab- und dem Deutschnationalismus zuwandte, geriet er mit jener mächtigen Instanz in Konflikt, der er sich entweder hätte beugen oder die er hätte bezwingen müssen – seinem Vater und damit zugleich auch dem österreichischen Kaiserstaat. Der Tod des Hitler Alois enthob ihn nicht nur der Mühe, nach Kompromissen mit seinem Vater zu suchen. Er machte ihm auch den Weg frei, mit dem österreichischen Kaiserstaat zusammen die gesamte Welt zumindest gedanklich herauszufordern.

6. Kapitel: Linz

Schul- und Wohnorte

Vom so genannten Gartenhaus auf dem Leondinger Pfarrfriedhof, wo die Hitlers im Schatten der Michaelisberger Kirche wohnten, bis zur Realschule in der Linzer Steingasse brauchte der elf Jahre alte Adolf zu Fuß gut eine Stunde. Sein Weg, der zunächst hügelan durch eine damals noch weitgehend bewaldete Gegend führte, fiel jenseits des Freinberges zum Urstromtal der Donau hin ab und lief dann mitten in das Häusermeer der oberösterreichischen Hauptstadt hinein. Oft ging der Bub diesen Weg allein, im Sommer gern barfuß. Im Winter nahm er den Zug. Häufig wurde er von anderen Schulkindern begleitet. Da Adolf den Rückweg nach fünf Stunden Unterricht nicht ohne eine stärkende Mahlzeit antreten sollte, hatten ihm seine Eltern bei einer Frau Sekira in Linz einen Kostplatz besorgt. So kam er häufig erst in den frühen Nachmittagsstunden wieder heim.

Vier Jahre lang ging das so, von Herbst 1900 bis Herbst 1904. Dann wechselte Adolf auf die Realschule in das etwa 30 km entfernte Steyr, wo er bei einem Gerichtsbeamten namens Cichini am Grünmarkt 19 zur Untermiete wohnte. Erst als er die Schule im Herbst 1905 abbrach, konnte er sich wieder mit seiner kleiner gewordenen Familie vereinigen. Sein Vater

193 Ebda., S. 51.

war mittlerweile verstorben, seine Mutter hatte das Anwesen in Leonding verkauft und stattdessen mit Tochter Paula und Schwester Johanna, der so genannten „Hani-Tante“, eine Wohnung in Linz, Humboldtstraße 31 genommen.[194] Doch auch dort blieben sie nicht lange. Im Mai 1907 zogen die Hitlers nach Urfahr, Blütenstraße 9. Die damals noch selbständige Gemeinde lag jenseits der Donau, Linz direkt gegenüber.

Bald hinter diesem Mietshaus begannen die freie Natur und der Aufstieg ins malerische Mühlviertel, doch brauchte man zu Fuß in das Stadtzentrum von Linz ebenfalls nicht viel länger als eine Viertelstunde. Adolf musste nur über die Donaubrücke gehen, und schon stand er auf dem Franz-Joseph-Platz. Von dort aus erschloss sich ihm eine Welt voller neuer Erfahrungen, Reize und Wunder.

Lebensart, Geschichte, Kultur

Linz, nicht Wien, war die entscheidende Station im Leben des jungen Hitler. Nicht ohne Grund hat er Linz später als seine „Heimatstadt“ bezeichnet, verehrt und in megalomaner Manier verändert,[195] auch wenn er sie in *Mein Kampf* aus durchsichtigen Gründen mit keinem einzigen Wort erwähnt. Hätte Hitler nämlich jener Provinzstadt die ihr zukommende Bedeutung zugewiesen, dann hätte er die Weltstadt Wien als Ort angeblich grundlegender politischer Bildungserlebnisse entthronen müssen und seine gesamte Selbststilisierung als eine naive, durch Schicksalsschläge hart geprüfte Künstlernatur wäre ins Wanken geraten – ja, sie wäre unmöglich geworden.

Die selbstinszenatorischen Absichten, die Hitler mit seiner autobiographischen Kampfschrift verfolgte, ändern jedoch nichts an der objektiven Bedeutung, welche die sieben Linzer Jahre für ihn hatten. Es handelt sich um die Zeit von seinem elften bis zum 18. Lebensjahr. Damit lebte der Heranwachsende mit Unterbrechungen länger in Linz als an jedem anderen Ort vor 1914. Hier ging er vier Jahre lang zur Schule, hier empfing er seine wichtigsten Impulse, hier erlebte er seine erste Liebe, die unglücklich war. Vor allem aber ist aus ihm hier durch Kunst, Politik und Geschichte jenes *zoon politikon* geworden, das uns am meisten interessiert. Es ist daher angebracht, einen etwas genaueren Blick auf dieses Linz und darüber hinaus auch auf Oberösterreich zu werfen.

Die Provinzhauptstadt war zugleich Bischofssitz, Garnisonstadt, Donauhafen und kulturelle Metropole auf halbem Weg zwischen Wien und München, zwar noch ohne Universität, aber mit allen weiterführenden

194 OÖLA, Nachlass Franz Jetzinger (Materialien zu Hitler Buch), Nummer 17: Der Verkauf des Anwesens in Leonding erfolgte am 21. Juni 1905. Stadtarchiv Linz, Meldebuch M 14, S. 398: Klara Hitler war vom 6. März 1905 bis 15. Mai 1907 in der Humboldtstraße 31 gemeldet. Danach erfolgte – über eine vierzehntägige Zwischenstation in der Hauptstraße – der Umzug nach Urfahr. Vgl. Meldebuch M 82, S. 446.

195 Giesler 1982, S. 22. Der Architekt Hermann Giesler (1898–1987) wurde von Hitler 1940 mit dem Um- und Ausbau von Linz zur „Stadt des Reiches“ beauftragt.

Schulen und einem nicht unbedeutenden Mehrspartentheater. Zwar hinterließen das Industriezeitalter und damit auch die Moderne hier schon ihre Spuren. Doch vermochte Linz seine ländliche Herkunft, seine lange Geschichte und seine reichen Traditionen noch nicht zu verleugnen.

Es lebte sich gut hier, inmitten des österreichischen Obstgartens, unmittelbar am südlichen Ufer der sprichwörtlich „schönen blauen Donau". Wie bei Rhein oder Weichsel handelte es bei dem Fluss um einen der großen mitteleuropäischen Ströme, als Transportweg ebenso bedeutsam wie als Gegenstand von Mythen, Sagen und geschichtlichen Erzählungen. Während auf ihm zu Lebzeiten des jungen Hitler mit Kohle betriebene Dampfer bis zum Schwarzen Meer verkehrten, waren hier in grauer Vorzeit die Nibelungen gen Ungarn gezogen. Und seit jeher bildete die Donau, die sowohl Ober- und Niederösterreich durchschneidet als auch diese Kronländer mit Ungarn verbindet, die eigentliche Lebensader der Habsburgermonarchie.

„Das Bürgertum, obwohl weitgehend selbst bäuerlicher Herkunft und vielfach mit der Landbevölkerung versippt und verschwägert, sonderte sich umso schärfer von den ländlichen Schichten ab, je mehr es diesen innerlich noch nahe stand", schreibt Hitlers Jugendfreund Kubizek, mit dem Linz der Jahrhundertwende wie mit seiner eigenen Westentasche vertraut.[196] „Beinahe alle maßgebenden Familien der Stadt kannten sich gegenseitig. Geschäftswelt, Beamtentum und Garnison bestimmten den Ton der Gesellschaft. Wer auf sich hielt, traf sich abends beim Bummel auf der Hauptstraße der Stadt, die vom Bahnhof zur Donaubrücke führt und bezeichnenderweise ‚Landstraße' heißt."

Während sich das städtische Leben an seiner Peripherie allmählich in der idyllischen Landschaft verlor, im Süden und Norden umsäumt von lieblichen Höhen, von denen aus man bei Föhn die schneebedeckten Gipfel der Alpen zumindest erahnen konnte, erreichte es rund um Franz-Joseph-Platz und die Landstraße trotz aller Behäbigkeit ein recht beachtliches Maß an Intensität und Dichte. Hier, wo zur Römerzeit die Siedlung „Lentia" gelegen hatte, ballten sich auf verhältnismäßig engem Raum die steinernen Zeugen der deutsch- oder besser, bayerisch-österreichischen Geschichte. Denn vom 6./7. Jahrhundert n. Chr. an hatte Linz – übrigens wie ganz Österreich – den bayerischen Herzögen unterstanden, bis es nach 1200 unter den Babenbergern österreichisch wurde.

Wie viele Städte an der Grenze nicht nur zu Bayern, sondern auch zu Böhmen hatte die Stadt in der Folgezeit ein wechselvolles Schicksal erlitten. In der Burg, dem späteren Schloss, pflegten die Habsburgerkaiser auf ihrem Weg zu den Reichstagen des Heiligen Römischen Reiches Deutscher Nation für einige Tage zu rasten, hier wurde ihnen von den Landständen gehuldigt. Hier wurde 1505 auch der Heirats- und Erbvertrag zwischen den Habsburgern und Jagellonen ausgehandelt, der 1521 zur Hochzeit Kaiser Ferdinands I. mit Anna von Ungarn und damit zur Bildung der

196 Kubizek 1995/6, S. 18.

österreichisch-ungarischen Doppelmonarchie führte. Linz war also ein historisch hochbedeutsamer Ort.

Doch all dies war an der Wende zum 20. Jahrhundert längst Geschichte. Durch Feuer und Umnutzungen verschandelt, fristete das Schloss nur mehr ein trauriges Dasein am Rand der Altstadt. Auf den Höhen des Pöstlingberges standen zwar noch die Reste jener Wehranlage, die Erzherzog Maximilian d'Este von 1831 bis 1837 errichtet hatte, um Linz vor weiteren Angriffen wie weiland durch Napoleon zu schützen. Jeden Morgen und jeden Nachmittag kam der Hitler Adolf auf seinem Schulweg an ihnen vorbei.

Außer durch alte, halbverfallene Bauwerke und geschichtliche Ereignisse längst vergangener Zeiten hatte sich Linz aber auch durch Zeugen anderer Art einen unsterblichen Ruf erworben. An erster Stelle sind hier Anton Bruckner, Adalbert Stifter und Hermann Bahr zu nennen – ein weltberühmter Komponist und zwei nicht minder bekannte Dichter. Ersterer hatte 13 Jahre lang als Domorganist und Chorleiter zu Linz gewirkt – sein schlichtes Grab befindet sich tief unter der Orgel von St. Florian, etwa 17 km von Linz entfernt. Stifter lebte von 1848 bis 1861 in Linz, wo er 1868 auch verstarb – er hat das kulturelle Leben der oberösterreichischen Provinzhauptstadt vor allem auf den Gebieten der Malerei und Dichtkunst bereichert. Den ruhelosen Essayisten, Dichter und Kritiker Bahr schließlich verband jedoch nur seine Geburt im Jahre 1863 mit Linz.

Diese drei Köpfe genügten schon, um der Donaustadt ihren Ruf als bedeutende Kulturstadt zu sichern. Denn welche österreichische Stadt außer Wien, Salzburg und Graz konnte schon mehr bedeutendere Männer aufweisen? Hinzu kam aber noch ihr historistisches Gewand, das in seinem Eklektizismus einem aufwändig gearbeiteten Muster aus vielen kostbaren Stoffteilen glich. „Man versetzt sich ins Mittelalter, in die frühchristliche Kunst und dann wieder in die Hochgotik, in die französische und Florentiner Renaissance und in die englische Gotik im Tudorstil", stellte Harry Slapnicka beim Betrachten der Fassaden im Stadtzentrum fest.[197]

Folglich klingt durchaus glaubwürdig, was Hitler später einmal zu seinem Architekten Hermann Giesler gesagt hat: „In einer der ältesten deutschen Kulturlandschaften bin ich aufgewachsen, an der Donau, zwischen Alpenvorland und Mühlviertel. Inmitten der Vierkanthöfe der Bauern und kultivierten Bauten der Stifte und Klöster von St. Florian, Melk und Göttweig. Deshalb habe ich mich von Jugend auf für Architektur interessiert, und die Heimatstadt Linz mit ihren Bauten trug dazu bei."[198] Der dortige Neue Dom, seit 1862 im Stil der französischen Kathedralgotik errichtet, imponierte dem jungen Hitler schon allein wegen seiner Monumentalität.[199]

Neben hochkulturellen Aspekten gab es in Linz aber auch eine breite Volkskultur, die sich in einem lebhaften Vereinswesen äußerte und die der

197 Slapnicka 1982, S. 360.
198 Giesler 1982, S.241.
199 Speer 1969, S. 112.

Entwicklung des jungen Hitler wichtige Impulse vermittelt hat. Dazu zählten der *Verein bildender Künstler und Kunstfreunde* in Linz von 1895, aus dem die Staatsgewerbeschule hervorging, der *Oberösterreichische Musealverein* von 1883, der das Oberösterreichische Landesmuseum ins Leben rief, und der *Oberösterreichische Volksbildungsverein* von 1872. Vor allem letzterer spielte in der politisch-kulturellen Sozialisation des jungen Hitler eine zentral wichtige Rolle. Daneben existierten „zahlreiche private Mal- und Zeichenschulen", die „der – übrigens in hohem Ansehen stehenden – Dilettantenkunst der Biedermeierzeit"[200] zur Entfaltung verhalfen und den Hintergrund für Adolfs eigene Bemühungen auf diesem Gebiet gebildet haben. Nicht zu vergessen das Landestheater und die ausgeprägte Musikkultur, die sich für breite Volkskreise geöffnet hatten bzw. von diesen getragen wurden. Sie waren für ihn sogar von entscheidender Bedeutung.

Das landständische Theater oder, kurz gesagt, Landestheater in unmittelbarer Nähe der Schlossanlage, war einst aus dem Ballhaus und Sommertheater hervorgegangen. Nach einem Stadtbrand wurde es in den Jahren 1802/03 nach dem Vorbild des Schikanederschen Theaters an der Wien in erheblich vergrößertem Umfang neu erbaut. Es umfasste einen Saal mit Logen und drei Rängen, kunstvoll verzierten Balustraden und Decken sowie ein großes, für vielfältige Zwecke benutzbares Bühnenhaus.

Die Spielpläne des 19. Jahrhunderts reichten von Lokalpossen, Ritterschauspielen und vaterländischen Stücken längst vergessener Autoren bis hin zu Mozart- und Wagner-Opern. Sie waren vor allem auf volkstümliche Wirkung angelegt, sie spiegelten aber auch den jeweiligen Zeitgeist wider. Manchmal, wie etwa bei der Festvorstellung anlässlich der Thronbesteigung Kaiser Franz Josephs I. oder bei jener Aufführung von Christian Grabbes „Don Juan und Faust", die 1848 von Revolutionären unterbrochen wurde, schlugen sich politische Entwicklungen sogar direkt im Theaterbetrieb nieder. Dieses Mehrspartentheater war ein für Linzer Verhältnisse künstlerisch und historisch hoch bedeutsamer Ort, der dem jungen Hitler erste Inspirationen auf künstlerischem und politischem Gebiet erschlossen hat.

Andere Anregungen erhielt er durch die reichhaltige Architektur der Stadt sowie deren Gesamtanlage im Donautal. Neubarocke Gebäude sowie andere Profanbauten aus den verschiedensten Stilepochen, die sich an der Landstraße entlangzogen, fesselten Adolfs Blick, regten seine Phantasie an und luden ihn – ebenso wie Plätze, Brücken und Straßenzüge – zu planerischen und gestalterischen Fingerübungen ein.

Nicht zuletzt gab es in Linz und Urfahr einige Leihbüchereien, mit deren Hilfe der junge Hitler seinen Lesehunger stillen konnte.[201] Dazu gehörten in erster Linie die Bücherei des Arbeiterbildungsvereins Linz und Umgebung, die auch die Sozialistenverfolgung erfolgreich überstanden hatte, seit 1895 die so genannte Holzinger-Bücherei des Volksbildungsvereins,

200 Slapnicka 1982, S. 339 f.

201 Die folgenden Angaben vgl. Schimböck 1997, S. 354–364.

der zudem seit 1888 noch eine weitere Volksbücherei in Urfahr unterhielt, die Lehrer- und Schülerbibliothek der Realschule Linz sowie die Bestände des *Oberösterreichischen Musealvereins*. In den beiden erstgenannten Büchereien, die keinen wissenschaftlichen Anspruch erhoben, sondern das Bildungsniveau breitester Bevölkerungsschichten teils in liberalem, teils in sozialdemokratischem Geiste heben wollten, konnte man Literatur aus fast allen Wissensgebieten gegen geringe Gebühren ausleihen. Ähnliches galt wohl auch für die Bibliothek des Musealvereins. In der Realschule waren die Entleihungen sogar kostenlos. Obwohl der Nachwelt in keinem der hier genannten Fälle die Benutzerdateien überliefert wurden, kann mit Bestimmtheit angenommen werden, dass sich Adolf an der einen oder anderen oder sogar an allen vier Stellen hin und wieder mit Büchern versorgte, weil der häusliche Bestand einfach nicht ausreichend war. Zeitungen wie die *Linzer Tages-Post*, das *Neue Wiener Tagblatt* oder die deutschnationale Zeitschrift *Kikeriki* konnte der begeisterte Zeitungsleser im Arbeiterbildungsverein einsehen, sofern seine Mutter nicht das erste dieser drei Blätter abonniert hatte.

Geschichte und Politik

Zweifellos wurde die wachsende Leidenschaft für Geschichte und Politik, die Adolf in Linz entwickelte, durch das in Oberösterreich gegen Ende des 19. Jahrhunderts herrschende „allgemeine Klima des historischen Interesses“ begünstigt, „das weit über den engen Kreis der Wissenschaft hinausreicht(e)“.[202] Der Linzer Alfred von Arneth, einst von Metternich in die Wiener Staatskanzlei berufen und 1848 Abgeordneter der Frankfurter Paulskirche, war „einer der prominentesten Historiker seiner Zeit“. Julius Strnadt gründete 1896 in Linz das Oberösterreichische Landesarchiv, sein 1886 erschienenes Werk über die Entstehung des Erzherzogtums ob der Enns gilt bis heute als grundlegend. Das lebhafte Interesse an historischen Themen begünstigte eine Kultur des Historimsus, die mit der langen und schwierigen Entstehungsgeschichte Oberösterreichs zu tun hatte. Denn zunächst war das frühere *Austria superior*, die spätere „Mark ob der Enns“,[203] als klar umrissene Einheit über Jahrhunderte hinweg innerhalb des habsburgischen Reichsverbandes gar nicht vorhanden gewesen. Erst das Februarpatent Kaiser Franz Josephs I. vom 26. Februar 1861 erkannte Oberösterreich als selbständiges und gleichberechtigtes Erzherzogtum an. Dieser angestammte Mangel an Identität sowie das wechselvolle Schicksal seiner Bewohner zwischen Herzogtum Bayern, Königreich Böhmen und Habsburger Kaiserstaat ermunterte Fragen nach Ursprung und Verlauf dieser verworrenen Geschichte. Und Ausgangspunkt dieser Geschichte waren nun einmal „die Germanen“, genauer gesagt: „das am weitesten

202 Ebda., S. 383 ff.

203 „Ob der Enns“ meinte diejenigen oberösterreichischen Gebiete, die von der Mündung der Enns in Richtung auf die Quellen der Donau lagen. Umgekehrt beinhaltete „unter der Enns“ die Gebiete in Richtung Schwarzes Meer.

östlich gelegene Gebiet des deutschen Königreiches, insbesondere des Herzogtums Bayern".[204]

Folglich musste sich auch mit dem Volk der „Germanen" beschäftigen, wer sich mit der über tausendjährigen Geschichte Oberösterreichs befassen wollte, und das war in den letzten Jahrzehnten des 19. Jahrhunderts in Linz und Umgebung sogar zu einer Art Volkssport geworden. Diese Feststellung ist deshalb wichtig, weil jener Germanen-Begriff, so unscharf er auch sein mochte, in der deutschnational aufgeladenen Atmosphäre der Jahre 1890 bis 1910 eine symbolhafte Bedeutung erlangte, die weit über seine ethnographischen Bezüge hinausging und sich zu einem politischen Kampfbegriff gesteigert hat. In territorialer Hinsicht war dieser Begriff an Oberösterreich, in zeitlicher Hinsicht an magisch wirkende „tausend Jahre" gebunden – ein Zeitraum, der, gerade weil er so unscharf war, auch mythische Bedeutung hatte.

So wurde im volksnahen Bewusstsein der Öffentlichkeit nicht nur das Nibelungenlied, sondern z.B. auch die Sage vom Tannhäuser in Oberösterreich angesiedelt, die Richard Wagner u.a. als Stoffe für seine von Hitler so gern gesehenen Opern dienten. Nicht ohne Grund konnte der dem Nationalsozialismus nahestehende Literaturhistoriker Josef Nadler 1938 schreiben: „Herzogtum Österreich also heißt Dichtung aus altgermanischem Erbe in solcher Fülle, Beständigkeit, ungebrochener Ausdauer wie in keiner anderen deutschen Landschaft des Mittelalters. ... Die altgermanische Kultur war ein paradiesisches Dasein, ein Goldenes Zeitalter."[205] Ganz ähnlich hatten dies die Deutschnationalen auch schon an der Jahrhundertwende gesehen.

Die gedankliche Nähe Oberösterreichs zu den „Germanen" und einem „Goldenen Zeitalter" von vor „tausend Jahren" hat ohne Zweifel auch auf den jungen Hitler abgefärbt. Denn er lebte ja inmitten einer Umgebung, die so fühlte und dachte, und er begann in Linz, wie wir noch sehen werden, den lebhaftesten Anteil an dieser germanischen Vorstellungswelt zu nehmen. Es kam aber auch noch etwas anderes hinzu, und das war die Vorstellung von einem „Lebensraum im Osten." Zwar nannte man dies damals noch nicht so, Tatsache ist jedoch, dass das Land „ob" und „unter der Enns" im Verlauf des Mittelalters mit dem Pflug erobert wurde, nachdem die deutschen Grenzfürsten rechts der Elbe die slawisch-heidnische Bevölkerung mit dem Schwert unterworfen, tributpflichtig gemacht und christianisiert hatten. Anschließend wurden deutsche Siedler herbeigerufen, die das Land kultivieren sollten. Auch wenn man Ober- und Niederösterreich um die Jahrhundertwende noch nicht als „Lebensraum im Osten" bezeichnet hat, so hatten sich entsprechende Leitideen doch schon

---

204 Gutkas 1984, S. 11 – Nadler 1939/4 I, S. 50, nennt Oberösterreich infolgedessen einfach eine „ostbaierische Landschaft". Der Begriff „Österreich" = „ostarrichi" hieß ursprünglich nur soviel wie „ein nach Osten gerichtetes Gebiet", hatte also keine ethnographischen Konnotationen.

205 Nadler 1939/4 I, S. 158.

seit vielen Jahrhunderten in deren Geschichte und damit indirekt auch in das Unbewusste des jungen Hitler eingeschrieben.

Bei Herbert Grundmann heißt es in diesem Zusammenhang: „Zweifellos war die Lebenskraft, der Schaffens- und Erwerbsdrang des deutschen Bauern- und Bürgertums die Voraussetzung für die weit reichende kulturschöpferische Ostsiedlung (des 13. und 14. Jahrhunderts, D. B.) (gewesen). ... Die Umsiedler selbst wurden gewiss nicht durch die Aussicht auf leichten Gewinn oder durch Abenteuerlust verlockt wie manche Kolonisatoren neuerer Zeit. Sie kamen durchaus nicht als ‚Ausbeuter' in reiche Länder, sondern in harter Arbeit auf bisher kaum bestelltem Boden. Denn die ziemlich dünne slawische Bevölkerung wurde fast nirgends von ihnen verdrängt oder unterdrückt; sie wurde nur bald überflügelt."[206] Dieser „Überflügelungswettbewerb" enthielt somit bereits wesentliche Grundmotive der deutschen Ostpolitik, nämlich die Verbindung von Schwert und Pflug bei der Eindeutschung der im Osten an das Reich angrenzenden Gebiete. Aber sie war ebenfalls als kulturschöpferische Leistung angelegt worden. Diesen Doppelcharakter gilt es festzuhalten, wenn man bedenkt, welche politischen und geistigen Einflüsse Hitler in Linz geprägt haben mögen. Von der Vernichtung der „slawischen Untermenschen" und des „jüdischen Bolschewismus", wie es später in seinem Jargon hieß, war Ende des 19. Jahrhunderts freilich nur selten oder noch gar nicht die Rede gewesen.

Dennoch waren die Konflikte zwischen Deutschen und Tschechen schon groß genug. Sie hatten in der Revolution von 1848 damit begonnen, dass sich letztere demonstrativ dem gesamtdeutschen Einigungswerk versagten. Die Konflikte betrafen vor allem die Grenzgebiete zwischen Nieder- und Oberösterreich einerseits, Böhmen und Mähren andererseits. Da die Familie Hitler aus Niederösterreich stammte und der junge Adolf – bis zu seinem Weggang nach Wien – in Oberösterreich lebte, sind ihm diese Auseinandersetzungen um Ethnizität, Territorialität und kulturelle Identität buchstäblich nahegegangen. Ohne die Gefahr einer Übertreibung kann man sagen, dass sie sein politisches Weltbild stark geprägt und sein Verhältnis zu den souveränen Tschechen nach dem Ersten Weltkrieg bis hin zur so genannten Sudetenkrise des Jahres 1938 vorbelastet haben.

In Böhmen wie im benachbarten Mähren waren die ethnischen Verhältnisse kompliziert. Zwar wurde dort mehrheitlich Tschechisch gesprochen, beide Länder gehörten somit dem slawischen Kulturkreis an. Doch siedelten in ihren Randgebieten, also in Nachbarschaft zu Nieder- und Oberösterreich, fast ausschließlich Deutsche. Noch schwieriger wurde die Lage dadurch, das sich die Deutschböhmen durch den tschechischen Nationalismus zunehmend unter Druck gesetzt fühlten, während immer mehr tschechische Arbeiter nach Nieder- und Oberösterreich einwanderten, wodurch einheimische Arbeitskräfte verdrängt wurden. Auch wurde den Tschechen nachgesagt, sie würden systematisch Bauernhöfe der Deutschböhmen

206 Gebhardt 1973 I, S. 579 f.

aufkaufen und dadurch die Bevölkerungsstruktur zu ihren Gunsten verändern. Die Rivalitäten zwischen Deutschen und Tschechen hatten daher auch soziale und ökonomische Gründe, und das galt insbesondere für das Einzugsgebiet der Reichshauptstadt. Schon hieß es bei tschechischen Nationalisten, man wolle – analog zu Prag – aus dem deutschsprachigen Wien eine tschechische Stadt machen. Umgekehrt fühlten sich das tschechische Böhmen und Mähren, die als einst selbständige Staatsgebilde seit einem halben Jahrtausend dem habsburgischen Staatsverband angehörten, durch den österreichischen Deutschnationalismus in ihrem territorialen Bestand bedroht, als um 1900 in der Linzer Kommunalpolitik die deutschnationale Revolution ausbrach.

Bis dahin war das zu gut 97 Prozent römisch-katholische und zu mehr als 99 Prozent deutschsprachige Oberösterreich unter dem kaiserlichen Statthalter Franz Graf von Merveldt (1890–1902) fest in der Hand konservativ-klerikaler Kräfte gewesen. Nun aber entstand in der Provinzhauptstadt eine „überhitzte nationale Atmosphäre" (Eleonore Kandl), in der die bis dahin führenden Liberalen bei den Wahlen zum Gemeinderat von deutschnationalen Mehrheiten hinweggefegt wurden. So hatte Linz seit der Jahrhundertwende in der Person von Gustav Eder einen deutschnationalen Bürgermeister, der nach der Gemeinderatswahl von 1905 in seinem Amt bestätigt gewesen ist. Ähnlich verlief die Entwicklung auch in Urfahr, wo 1901 der deutschnationale Dr. Heinrich Hinsenkamp zum Bürgermeister gewählt wurde. Er blieb sogar bis 1919 im Amt.

Am besten lässt sich der tschechisch-deutsche Nationalitätenkonflikt, dessen Zeuge der junge Hitler im grenznahen Linz wie auf einem Aussichtsbalkon geworden ist,[207] auf die Sprachenfrage fokussieren. Zum Leidwesen der tschechischen Nationalisten war in Böhmen und Mähren die Amtssprache immer noch Deutsch, bis die kaiserliche Sprachenpolitik diesen Zustand gegen Ende des 19. Jahrhunderts zu verändern suchte – vergebens, weil die Deutschösterreicher dagegen Sturm liefen und die „Badenischen Sprachenverordnungen" wieder zurückgenommen werden mussten, für Franz Joseph I. eine peinliche Niederlage. So haben sich beide Seiten bis zum Ende der Monarchie wechselseitig als Bedrohung ihrer je eigenen nationalen Identität empfunden. Dabei wurden die deutschen Überfremdungsängste noch dadurch verschärft, dass sich die tschechischen Minderheiten in Ober- und Niederösterreich zunehmend organisierten und auch optisch immer stärker in Erscheinung traten. Als z.B. 1903 die tschechische Minderheit in der Linzer Kapuzinerkirche des 50. Jahrestages ihrer stets in Tschechisch gehaltenen Predigten gedenken wollte, gab es auf deutschnationaler Seite wütende Proteste gegen diesen „Überfall". Eine an sich so harmlose Angelegenheit wie der Auftritt eines tschechischen Geigers wurde gewaltsam als unerwünscht verhindert.

207 Die tschechisch-deutschen Konflikte in Böhmen waren sogar Bestandteil seines Schulalltags. Wie Kubizek berichtet, stammten einige von Adolfs Mitschülern aus Prag, Budweis oder Prachatitz. Sie erzählten von Übergriffen der Tschechen auf Deutsche und weinten vor Wut, wenn sie von ihren Mitschülern als „Böhmen" bezeichnet wurden.

Der in Linz vor allem bei Intelligenz und Mittelstand verbreitete Deutschnationalismus organisierte sich ebenfalls. Der *Deutsche Schulverein* und der *Schutzverein Südmark* vertraten die deutschen Interessen vor allem in Orten mit sprachlich und ethnisch gemischter Bevölkerung. Sie dienten in des Wortes doppelter Bedeutung als Sammelbecken: Einerseits fokussierten diese Vereine die Ängste und Aspirationen der Deutschösterreicher auf bestimmte, meist sprachpolitisch lokalisierbare Ziele, weil sie die deutsche Sprache für den innersten Kern deutscher Kultur und deutschen Bewusstseins hielten. Andererseits sammelten sie schlicht und ergreifend Geld, um in den Grenzgebieten deutsche Schulen zu errichten und deutsche Lehrer zu bezahlen. Durch diese Aktivitäten griff die Vorstellung um sich, dass für das Deutschtum aktiv etwas getan werden müsse, um es vor Slawisierung und damit vor dem Untergang zu schützen. Sie trieb im Linzer „Germanenbund" mit der Einführung einer eigenen Zeitrechnung, der Herausgabe von politischen Traktaten sowie in der Gründung zahlloser Vereine bunte Blüten. Solche Vereine nannten sich „Gothia", „Wodan" oder „Baiuvaria".[208] Daneben gab es auch pennale Burschenschaften wie die 1905 gegründeten „Hohenstaufen". Mitglieder durften hier wie da auch Realschüler ab dem 16. Lebensjahr werden, aber es wurde schon in der Unterstufe der Realschule nach verlässlichen Mitstreitern gesucht, so dass auch der junge Hitler zum Zuge kommen konnte.[209] Man traf einander in der Regel zweimal die Woche in den Gasthäusern der Stadt, musste aber dem Direktor das Lokal zuvor bekannt geben, weil solche Treffen staatlicherseits eigentlich verboten waren. Außerdem sollte bei derartigen Kneipabenden ein Lehrer anwesend sein, der somit freiwillig-unfreiwillig zum Mitwisser und Komplizen wurde. Wegen seiner progermanischen Gesinnung wurde der Lehrer Leopold Pötsch besonders gern eingeladen.

Um sich des nationalen Zusammenhalts und der eigenen Stärke zu vergewissern, fanden nach germanischem Brauch zur Feier der Sonnenwende und des Jultages sowie an Geburts- oder Todestagen deutscher Heroen wie Schiller oder Bismarck viel besuchte Festversammlungen statt, auf denen Vorträge gehalten, „Die Wacht am Rhein" gesungen und vielstimmig „Heil" gerufen wurde, obwohl die Obrigkeit solche Manifestationen mit Rücksicht auf den Völkerfrieden innerhalb der Monarchie zum Teil verboten hatte und strafrechtlich verfolgte.

An Schiller und an den Turnvater Jahn erinnerten Denkmäler ebenso wie an den seligen Kaiser Joseph II., Sohn Maria Theresias, der einst für einen straffen Zentralstaat unter deutscher Führung eingetreten war. Bei ihrer Enthüllung wurden neben den schwarzgelben Fahnen des Kaiserstaates auch die Farben Schwarz-Rot-Gold gezeigt, welche an die großdeutschen Bestrebungen der Revolution von 1848 erinnerten. Sie brachten

208 Kandl 1963/64, S. 13, das Folgende S. 37.

209 Geschichte der Pennalen Burschenschaft Hohenstaufen sowie deren Schreiben vom 15. März 1934 an Hitler mit der Bitte um eine Fahnenspende, die erfüllt wurde. Verf. dankt einem „Alten Herren", der ihm das Schreiben überließ und von Hitlers Reaktion mündlich erzählte, der hier aber nicht namentlich genannt werden möchte.

die Monarchie immer wieder in Verlegenheit, weil es ja ab 1866 zu einer kleindeutschen Lösung und damit zum Verlust der habsburgischen Vormacht gekommen war. Deshalb wurden die Linzer Schüler auch angewiesen, sich aller „Heil"-Rufe zu enthalten und an ihrer statt ein kräftiges „Hurra" auszubringen, wenn der Kaiser auf seiner Fahrt nach Bad Ischl, wo er auszuspannen und zu jagen pflegte, mit dem Sonderzug die Stadt passierte und die Jugend neugierig zum Bahnhof eilte, um einen Blick auf Ihre Majestät zu erhaschen. „Heil" galt nämlich als groß- oder alldeutsche Demonstration, wohingegen amtlicherseits und österreichfromm „Hurra" vorgeschrieben war. Das hinderte die Gemeindevertreter nach dem Sieg der Deutschnationalen bei der Wahl von 1905 jedoch nicht daran, auf ihrer konstituierenden Sitzung ebenfalls „Heil"-Rufe auszubringen, wie überhaupt den deutschnationalen Emotionen in Linz durch kleinliche Verbote und Verhängung von Ordnungsstrafen durch die örtliche Gendarmerie kaum noch beizukommen war.

Die Linzer Schulen feierten Spiel- und Turnfeste im Geist Friedrich Ludwig Jahns, das städtische Establishment hielt „Deutsche Bürgertage" ab, Nachbarschaften und Freundeskreise unternahmen Wanderungen durch den nahen Böhmerwald, nur um sich ihres Deutschtums zu vergewissern und es wie eine stolze Fahne vor sich her zu tragen – und natürlich um die Tschechen sowie alle andere Slawen durch möglichst kraftstrotzend wirkende Manifestationen einzuschüchtern und nach Möglichkeit von der analogen Zurschaustellung ihres Sonderbewusstseins abzuhalten. Die Übergänge zum Antisemitismus waren fließend, doch war dieser in Linz noch nicht so manifest und stark, dass es zu judenfeindlichen Aktionen gekommen wäre, obwohl Antislawismus und Antisemitismus nach Meinung des Linzer Historikers Michael John durchaus „integrale Bestandteile der zeitgenössischen deutschnationalen Ideologie" gewesen sind.[210] John: „Dominant war die Verwendung des Antisemitismus als ‚kultureller Code', nicht als konkrete Handlungsanweisung zur Attacke." Das heißt, noch markierte der Antisemitismus lediglich ausgesprochen-unausgesprochen die Zugehörigkeit zu einem bestimmten ideologischen oder kulturellen Lager und nicht die konkrete Absicht, die Juden aus dem städtischen Leben auszugrenzen oder gegen diese Minderheit sogar gewalttätig vorzugehen, obwohl gedankliche Ansätze dafür in den deutschnationalen Parteiprogrammen bereits vorhanden waren.

Besonders beliebt war der Deutschnationalismus bei den Linzer Schülern – teils aus Ulk, teils aus echtem Engagement, teils als Ausdruck eines Generationenkonflikts zwischen älteren Altliberalen und jungen Deutschnationalen. Immerhin bot diese Ideologie eine willkommene Möglichkeit, sich von Vätern und Großvätern, die allerlei gesellschaftliche Rücksichten zu nehmen hatten und in altmodisch wirkenden Vorstellungen befangen waren, mehr oder weniger wirkungsvoll abzusetzen. Unter den Schülern galt es einfach als zünftig, an halb oder ganz verbotenen Aktionen teilzu-

210 John 2001, S. 1318.

nehmen, sich durch Abzeichen wie Kornblume oder schwarzrotgoldene Farben als dazugehörend und eingeweiht zu erkennen zu geben und damit gleichzeitig die Autorität von Lehrern und Eltern herauszufordern. Insgesamt bildete sich „um diesen ‚mainstream' deutschnationaler Ideologie ... eine reichhaltige, verschrobene, völkische Subkultur" heraus, zu der, wie wir noch sehen werden, auch der Hitler Adolf gehörte. Da sich die schulischen und elterlichen Autoritäten schon aus Sorge um die unruhige Jugend oft ausgleichend oder opportunistisch verhielten, galten sie bei ihr als schwach, unglaubwürdig oder sogar als zumindest latent antideutsch und slawenfreundlich. Als Vorbilder verloren sie ihre integrative Kraft, und dadurch begann das städtische Gemeinwesen einen Teil seines inneren Zusammenhalts zu verlieren.

Überzeugende Vorbilder stellten hingegen die deutschnationalen Universitätsstudenten dar, zumal sich schon die Schüler der Mittelschulen, wie oben bereits erwähnt, selbst „Studenten" nennen durften; analog dazu redeten sie ihre Lehrer mit „Herr Professor" an. Obwohl Linz noch keine Universität besaß, hatten sich hier Ende der achtziger Jahre verschiedene Burschenschaften formiert, die sich 1905 zur „Burschenschaft der Ostmark" zusammenschlossen. Der Dachverband protestierte gegen die Monarchie, die er als „aristokratisch pervertiert" sowie als „repressiven und spätabsolutistischen Polizeistaat" empfand, bekannte sich zur gesamtdeutschen Einheit und engagierte sich für die soziale Frage.[211] Hatten sich die Studenten einst mit den Farben Schwarz-Rot-Gold für die großdeutschen Ideen von 1848 begeistert, verehrten sie jetzt auch die schwarzweißroten Farben des Deutschen Reiches.

Die deutschnationale Hochstimmung hielt bis 1907 an, als die Wahlen zum oberösterreichischen Landtag auch aufgrund des mittlerweile geänderten Wahlrechts mit einem Sieg der Christlichsozialen Partei und der Sozialdemokratie endeten. Seitdem galt Linz als „sozialdemokratischste Stadt Österreichs",[212] wohingegen die Deutschnationalen den Spottnamen „Deutsch-liberale-jüdische Compromiß-Partei" (*Linzer Volksblatt*) ertragen mussten, seit sie bei den Wahlen von 1896 auf Landesebene mit den Liberalen paktiert hatten. Zu jenem Zeitpunkt beschloss der junge Hitler, seine „Geburtsstadt" zu verlassen und nach Wien zu gehen.[213] Doch ist diese Koinzidenz wohl eher zufällig, weil die lokalpolitische Entwicklung als Motiv keine nachweisbare Rolle spielte.

7. Kapitel: Die Realschule

Bildungsziele

Im Vergleich zur Volksschule in Leonding, wo noch jeder jeden gekannt hatte, glich die Realschule in der Linzer Steingasse einer anonymen Er-

211 Gehler 1998, S. 184.
212 Slapnicka 1982, S. 28.
213 Zoller 1949, S. 54.

ziehungsanstalt, die einem temperamentvollen Dorfbuben wie dem Hitler Adolf jede Lust am Lernen nehmen konnte. Das grau verputzte Gebäude mit seinen fünf Stockwerken und den beiden rückwärtigen Flügeln wirkte ausgesprochen freudlos auf ihn. Hatte in Leonding der Vater noch mit dem Lehrer Josef Brauneis hin und wieder an ein und demselben Wirtshaustisch gesessen, war der Sohn des Zollamtsoberoffizials in Linz ein Niemand. Mehr noch: Der fremde Kostschüler wurde von seinen Kameraden aus den Bürgerhäusern zunächst nur über die Schulter angesehen. An städtischen Maßstäben gemessen, galt der elfjährige Adolf so gut wie nichts.

In seiner Volksschulzeit hatte er noch ausnahmslos gute bis sehr gute Leistungen erbracht. So sagte der Leondinger Schulleiter Tregner zu Franz Jetzinger: „Ich habe selber die Schulkataloge gesehen, er hatte lauter Einser, auch in der Sittennote."[214] Auch Hitler selbst behauptete später in *Mein Kampf*, das Lernen sei ihm ursprünglich lächerlich leicht gefallen.[215] Mit dem Einpauken der Grundrechenarten und der Anfangsgründe in Lesen und Schreiben war es jetzt jedoch nicht mehr getan. Denn die Realschule, im alten Österreich mit dem Gymnasium terminologisch zur „Mittelschule" zusammengefasst, vermittelte ihren Schülern in dreizehn Fächern eine höhere Allgemeinbildung mit Praxisbezug. Anstelle der Sprachen des klassischen Altertums wurden Französisch, Englisch oder Italienisch unterrichtet, und zwar die erste Fremdsprache bereits in der Unterstufe, die von der ersten bis einschließlich der vierten Klasse reichte. In der Oberstufe kam dann eine zweite Fremdsprache hinzu. Bildungsziel war die Vorbereitung der Schüler auf die Aufnahmeprüfung für eine technische Lehranstalt oder auf einen Beruf in der gewerblichen Wirtschaft.

Die Stundentafel der Linzer Unterrealschule umfasste dreißig Wochenstunden: neun waren den mathematisch-naturwissenschaftlichen Fächern gewidmet, davon erst ab der dritten Klasse zwei der Physik. Hinzu kamen fünf Stunden Französisch und vier Stunden Deutsch. Die beiden Geschichtsstunden gab es schon ab der zweiten Klasse. Auf Geographie, Religion und Turnen entfielen ebenfalls zwei Stunden. Mit vier Wochenstunden hatte das Freihandzeichnen einen verhältnismäßig großen Stellenwert, wohingegen ein Fach „Musik" überhaupt nicht vorgesehen war.

Die Realschule war im alten Österreich – wie übrigens auch das Gymnasium – eine reine Jungenschule; Mädchen konnten allenfalls das Lyzeum besuchen, das ihnen eine etwa der Unterrealschule gleichwertige Bildung vermittelte. Der Unterricht erfolgte fast ausschließlich frontal und in autoritärer Manier, d.h. ohne nennenswerte Eigenbetätigung und Gemeinschaftsarbeit der Schüler. Durch Druck von oben wollten die Lehrer ihre Schützlinge auf die Bewältigung von Lebensaufgaben in einer überwiegend ebenfalls autoritär geordneten Gesellschaft vorbereiten. „Die Erziehung der Jugendlichen war auf Abhängigkeit, Konformität und Selbstverleug-

214 Jetzinger 1956, S. 91. Mit „Sittennote" war die Zensur in Betragen gemeint.
215 Hitler 1925 I, S. 7.

nung angelegt."[216] Erst nach der Jahrhundertwende hat die österreichische Schuljugend im Rahmen der deutschnationalen Bewegung, des Wandervogels und anderer Organisationsformen den Kampf um gewisse Freiräume aufgenommen, auch auf politischem Gebiet.

Trotz ihrer autoritären Grundstruktur orientierte sich die Mittelschule mit Wilhelm von Humboldt am Bildungsbegriff jenes Gelehrten, der nach den Befreiungskriegen gegen Napoleon das preußische Bildungssystem maßgebend mit geschaffen hatte. Danach sollte der junge Mensch seine individuellen Möglichkeiten unabhängig von seiner Herkunft zur vollen Entfaltung bringen, was seine Fähigkeit zur Kritik an den bestehenden Verhältnissen ebenso wie sein Recht auf Mitwirkung am Staatsleben einschließen sollte. Ziel war „der Sozialtypus des ‚Gebildeten'" (Helmut Engelbrecht). Darunter wurde derjenige verstanden, der „einem höheren Stand angehörte, Wissen und Kenntnisse oder einen ‚leidlichen äußeren Schliff' besaß".[217]

Der preußisch-deutsche Einfluss auf das österreichische Bildungswesen war deshalb so stark, weil die Monarchie „zur bildungstheoretischen Diskussion noch nicht viel beizutragen" hatte.[218] Als beispielsweise die Leitung des Wiener Pädagogiums, erste Berufsbildungsanstalt für österreichische Lehrer, neu zu besetzen war, bewarb sich ein halbes hundert Schulmänner aus Deutschland, aber kaum jemand aus Österreich. Direktor wurde Friedrich Dittes, vormals Inspektor der Volksschulen in Sachsen-Gotha. In inhaltlicher Hinsicht setzte sich an den österreichischen Sekundarschulen der norddeutsche Pädagoge Johann Friedrich Herbart (1776–1841) durch. Sein „erziehender" Unterricht wurde allerdings nur allzu oft als Anleitung zum Drill missverstanden. Das Ordinariat für Philosophie und Pädagogik an der Universität Prag hatte ab 1868 der Deutschböhme Joseph Loos (1853–1921) inne, „ein katholisch-deutschnationaler Grenzland-Deutscher".[219] Ab 1898 Landesschulinspektor für Oberösterreich und Salzburg mit Sitz in Linz, hat Loos die Herbartschen Werke und ein „Encyclopädisches Handbuch der Erziehungskunde" herausgegeben. Er kontrollierte auch die an den Mittelschulen verwendeten Lehrbücher, aus denen der Hitler Adolf lernte. Dessen Klassenlehrer Dr. Eduard Huemer war der Schwiegersohn von Joseph Loos.

Das deutschnationale Schulmilieu

Als Leiter der Realschule Linz amtierte Hans Commenda, der den Hitler Adolf im Schuljahr 1900/1901 in Mathematik unterrichtete. Der gleichermaßen kirchenfreundliche wie kaisertreue Beamte war „kein Sprecher des nationalen Lagers", wie es bei Leonore Kandl heißt, und Anton Ester-

216 Engelbrecht 1986 IV, S. 36.

217 Meyers Konversationslexikon, Band 3, 3. Auflage, Leipzig 1874, S. 221.

218 Engelbrecht 1986 IV, S. 39.

219 Kandl 1963/64, S. XXXIV (Anhang), Ergänzungsschreiben Estermann v. 29. Dezember 1962.

mann, einer von Hitlers Schulkameraden, fügte dieser Beurteilung noch die Bemerkung hinzu: „Deutsch-chauvinistische Ziele wurden von dieser Seite (Professoren, Leitung) absolut nicht verfolgt.“[220] Doch sind an diesen Einschätzungen erhebliche Zweifel erlaubt, weil Estermann andererseits selbst davon spricht, dass die Realschule Linz „die Tugend ... für den Kampf um die deutsche Scholle an der Grenze gegen Böhmen“ herangebildet und „die Wichtigkeit des nationalen ‚Sich-zur-Wehr-Setzens‘“ betont habe. „Alle Professoren, auch Commenda, ... haben uns den Kampf um die Heimat beigebracht.“

Tatsächlich war die Realschule Linz für ihr deutschnationales Klima bekannt, und es ist kaum vorstellbar, dass es dieses ohne die zumindest stillschweigende Zustimmung von Direktor und Lehrern gegeben hätte.[221] Die Schüler „standen fast zur Gänze auf Seiten der Alldeutschen, die Erziehung war auf die Pflege idealer Güter und die Entwicklung eines deutschen Geistes gerichtet“.[222] Als ideale Verkörperung dieses Geistes galt ihnen der Tatmensch Otto von Bismarck, der Nord-, Mittel- und Süddeutschland, einschließlich Bayerns, auf Kosten Österreichs mit Preußen vereinigt hatte. Dagegen blickten die deutschnationalen Schüler auf die österreichisch-ungarische Doppelmonarchie eigentlich nur noch mit Verachtung wie auf eine irgendwie übrig gebliebene Restmenge herab. Vor dem alten Kaiser Franz Joseph I. hatten die Schüler kaum Respekt, und seinen designierten Thronfolger Erzherzog Franz Ferdinand verachteten sie als „Halbtschechen“, weil dieser es gewagt hatte, die tschechische Reichsgräfin Sophie Chotek, spätere Herzogin von Hohenberg, zu heiraten, mit der er freilich nur in morganatischer Ehe verbunden war. Insgesamt stand das Deutsche Reich von 1871 an der Realschule Linz deutlich höher im Kurs als die Habsburgermonarchie, weil ersteres es augenscheinlich verstand, große Politik besser und erfolgreicher als letztere zu gestalten. „Den radikalsten Schülern schwebte ein Großdeutsches Reich vor, in dem es den Deutschösterreichern wesentlich besser gehen würde als im Vielvölkerstaat.“[223]

Zumindest unterschwellig war unter den Linzer Realschülern wohl auch schon ein gewisser Antisemitismus verbreitet. So erinnert sich Gustav Dietscher, einer von Hitlers früheren Schulkameraden, „dass der Boykott der Juden bereits in der vierten Klasse begann“. Dietschers Vater war mit einem Juden befreundet, dessen Sohn mit Dietschers Sohn in seine Klasse ging.“ „In der Art von Flüsterpropaganda wurde er (Gustav Dietscher, D. B.) nun auf seinen Verstoß aufmerksam gemacht, da er doch mit jenem jüdischen Mitschüler freundschaftlich verkehrte. Als ihm wiederholt gesagt worden ist: ‚Ach, mit dir kann man ja nicht reden, du bist ja mit einem Juden befreundet!‘, vermied auch er es, sich weiter mit jenem Schüler in

220 Ebda., S. 23 u. S. XXVIII.

221 So wird der Direktor in der Jubiläumsschrift der pennalen Burschenschaft „Hohenstaufen“, S. 11, unumwunden als „der uns sehr gewogene Prof. Huemer“ bezeichnet.

222 Ebda., S. 11.

223 Ebda., S. 15.

Gespräche einzulassen."[224] Dagegen berichtet Anton Estermann: „In unserer Klasse war ein Vierteljude, der aber nicht als solcher behandelt wurde ... Bei den Lehrern war keine Spur von Antisemitismus zu bemerken." Immerhin muss auch Estermann einräumen: „Generell erkannten wir, dass eine Gefahr im Judentum liege, wir zogen aber aus dieser Ansicht keine Konsequenzen." Der Antisemitismus der Linzer Realschüler, so Estermann in vielleicht richtiger Einschätzung der Gesamtsituation, sei noch „sehr liberal" wie der ihrer Väter gewesen.[225]

Leopold Pötsch

Niemand weiß, welchen Einfluss die Lehrer auf den Realschüler Hitler im Einzelnen hatten. Die einzige Ausnahme bildet Professor Leopold Pötsch, der den Bub in Geographie (ab dem Schuljahr 1901/02) und Geschichte (ab dem Schuljahr 1902/03) unterrichtet hat. Während ihm Hitler in *Mein Kampf* ein uneingeschränkt positives Denkmal als seinem politischen Lehrmeister setzte,[226] gehen die Meinungen anderer Autoren und Zeitzeugen über Pötschs politische Haltung auseinander. Wie bei dem Zollamtsoberoffizial Alois Hitler ist der Grund dafür auch in diesem Fall in jenem politischen Duckmäusertum zu suchen, das an der Wende vom 19. zum 20. Jahrhundert viele deutschösterreichische Staatsbeamte veranlasste, nach außen einen kaisertreuen Patriotismus vorzutäuschen, obwohl sie innerlich bereits Abstand von der Monarchie genommen hatten.[227] Die Weigerung Pötschs, mit seinem früheren Schüler nach 1933 noch irgendwie in Verbindung gebracht zu werden, und seine nach dem Zweiten Weltkrieg gegenüber Franz Jetzinger gemachte Aussage, er halte „diesen Hitler für ein großes Unglück für Deutschland und schäme mich, dass ich sein Lehrer war",[228] verschleiern diesen Sachverhalt nur.

Leopold Pötsch war 48 Jahre alt, als er dem Hitler Adolf in Linz zum ersten Mal begegnete, somit im fortgeschrittenen Mannesalter, obwohl er auf dem verwischten Aquarell, das sein Schüler von ihm anfertigte, deutlich älter und ein wenig zerknittert aussieht. Im Lavanttal, genauer gesagt in St. Andrä geboren, verkörperte Pötsch den für Österreich damals typischen Grenzlanddeutschen. Denn sein Geburtsort lag im äußersten südöstlichen Zipfel des Reiches, den Siedlungsgebieten der irredentistischen Slowenen gegenüber. Als Schüler eines benediktinischen Jesuiten-Gymnasiums, der ursprünglich hatte Priester werden wollen, durchlief Pötsch eine streng römisch-katholische Erziehung. Er studierte in Wien und Graz das Lehr-

224 Ebda., S. XI (Anhang): Interview Gustav Dietscher v. 6. August 1962. Die Angaben wurden von Dietschers und Hitlers ehemaligem Schulkameraden Fritz Müller am 25. August 1962 bestätigt. Vgl. ebda. S. XX (Anhang).

225 Ebda., S. XXXI, Interview Anton Estermann v. 2. November 1962 und Ergänzungsschreiben Estermann, 29. Dezember 1962.

226 Hitler 1925 I, S. 12.

227 Vgl. Teil I, 1. Kapitel, S. 60 ff., insbes. S. 63 ff.

228 Jetzinger 1956, S. 108.

amt in den Fächern Geschichte und Geographie, unterrichtete später auch Deutsch, und trat seinen Dienst 1899 an der Realschule Linz an.

Unabhängig von seinen fachlichen Qualitäten im engeren Sinn, war Pötsch ein Deutsch- und Geographielehrer, der es offenbar verstand, seinen Schülern den Stoff in eindringlicher Weise nahezubringen. Bezeichnenderweise hat Hitler den wichtigsten Ertrag dieses Bildungserlebnisses jedoch nicht in der Vermittlung von Fachwissen, sondern in seiner angeblichen Fähigkeit gesehen, das Wesentliche vom Unwesentlichen unterscheiden zu können. Vor allem aber hat Pötsch wohl durch seine mitreißende Beredsamkeit sowie durch eine Mischung aus Güte und Bestimmtheit den Zugang zu Hirn und Herz seines später so berühmten Lieblingsschülers gefunden. Jedenfalls rekapituliert dieser in *Mein Kampf* den Unterrichtsstil seines Lehrers mit einem fast ehrfurchtsvollen Unterton: „Noch heute erinnere ich mich mit leiser Rührung an den grauen Mann, der uns im Feuer seiner Darstellung manchmal die Gegenwart vergessen ließ, uns zurückzauberte in vergangene Zeiten und aus dem Nebelschleier der Jahrtausende die trockene geschichtliche Erinnerung zu lebendiger Wirklichkeit formte. Wir saßen dann da, oft zu heller Glut begeistert, mitunter sogar zu Tränen gerührt. – Das Glück war umso größer, als dieser Lehrer es verstand, aus Gegenwart Vergangenes zu erleuchten, aus Vergangenheit aber die Konsequenzen für die Gegenwart zu ziehen. So brachte er denn auch, mehr als sonst einer, Verständnis auf für all die Tagesprobleme, die uns damals in Atem hielten. Unser kleiner nationaler Fanatismus war ihm ein Mittel zu unserer Erziehung, in dem er, öfter als einmal, an das nationale Ehrgefühl appellierend, dadurch allein uns Rangen schneller in Ordnung brachte, als dies durch andere Mittel möglich gewesen wäre."[229]

An dieser Würdigung mag manches übertrieben sein. Insbesondere die Behauptung, dieser Geschichtslehrer habe seine Schüler mitunter zu Tränen gerührt, kann der nüchterne Nachbetrachter kaum noch nachvollziehen. Dennoch scheint Hitler die Wirkungsweise von Pötschs Unterrichtsstil hier recht treffend beschrieben zu haben. Dieser bestand nicht nur aus einer gelungenen Mixtur von verstandes- und gefühlsmäßigen Inhalten, sondern auch aus einer packenden Verbindung zwischen den geschichtlichen Ereignissen und den politischen Problemen der Gegenwart. Die damalige Gegenwart Pötschs und seiner Schüler wurde aber, was die Fächer Deutsch und Geschichte angeht, von nichts anderem stärker bestimmt als von den Nationalitätenkonflikten der Monarchie und der deutschnationalen Revolution, die Deutschösterreich um die Jahrhundertwende erfasst hatte.

Tatsächlich scheint sich Pötsch schon bald nach seinem Dienstantritt politisch engagiert zu haben, und zwar sowohl in der Kommunalpolitik der Stadt Linz als auch im Milieu der dortigen deutschnationalen Vereinskultur. So saß er 1905 im Wahlausschuss der Deutschfreiheitlichen, wurde Mitglied der *Deutschen Volkspartei* und gehörte vom 17. Mai 1905

229 Hitler 1925 I, S. 12.

bis 21. Mai 1913 dem Gemeinderat an, wo er sich neben seinem Fachgebiet „Unterricht und Kultus“ auf Bauangelegenheiten spezialisierte. In der Literatur umstritten ist seine politische Einstellung. Auch wird darauf hingewiesen, dass er sich später von Hitler distanziert habe, was wohl darauf hindeuten soll, er habe seinem Schüler politisch ferner gestanden als bisher angenommen.[230] Während Eleonore Kandl behauptet, Pötsch habe „auf dem Boden des österreichischen Staatsgedankens“ gestanden und sich im „Gegensatz zu Schönerer“ befunden, wird er von Kurt Tweraser in einer neueren Untersuchung über den Linzer Gemeinderat schlichtweg als „deutschnational“ bezeichnet.[231] Dieser Meinung, der wir zuneigen,[232] ist auch Reinhold Hanisch, der Pötsch aufgrund der Erzählungen seines Wohnheimgenossen Hitler sogar als „glühenden Nationalisten“ eingeschätzt hat.[233] Völlig unabhängig davon ist unumstritten, dass Leopold Pötsch zur politischen Prominenz der Stadt Linz gehörte, obwohl er mit dem konservativen Landesschulinspektor in Konflikt geriet, was konfessionelle Gründe gehabt haben könnte.

Die vorhandenen Meinungsunterschiede über seinen politischen Standort lassen sich jedoch unschwer überbrücken, wenn man sich einmal etwas genauer anschaut, welche Quellen dieser Lehrer benutzte und was er in seinen Vorträgen von sich gab. Als Quelle hat Pötsch bevorzugt das Großwerk „Germania“ von Johannes Scherr benutzt, das zu seiner Linzer Zeit

230 Bei diesen Interpretationsversuchen spielt ein Vorkommnis eine Rolle, das sich nach 1933 abgespielt hat, als in Linz Bestrebungen aufkamen, Hitler mit früheren Mitschülern zusammenzubringen und dabei auch dessen ehemaligen Lieblingslehrer einzubeziehen. Pötsch lehnte aus Altersgründen ab, mit nach Berlin zu fahren. Er zog auch eine Fotografie von sich selbst wieder zurück, die er seinen früheren Schülern eigentlich hatte mitgeben wollen. Begründung: Hitler sei ein Feind Österreichs geworden, und er, Pötsch, habe diesem Land einst einen Treueeid geleistet. Kandl 1963/64, S. 38. – Da offenbar niemand etwas über Pötschs politische Entwicklung vor und nach dem Ersten Weltkrieg weiß, kann dieses Vorkommnis keineswegs rundweg in den Bereich der Fabel verwiesen werden. Es kann aber eigentlich auch auf seine politische Einschätzung zu Anfang des 20. Jahrhunderts in Linz keinen Einfluss haben, sondern ist eher noch ein weiterer Hinweis auf seinen Opportunismus, weil 1933 noch nicht die Nationalsozialisten über Österreich herrschten.

231 Kandl 1963/64, S. 25 ff., und Tweraser 1980, S. 223.

232 Dementsprechend teilen wir die hagiographische Einschätzung von Hamann 1997/4, S. 27, nicht. Die Wiener Historikerin erkennt offenbar die taktisch bedingte Doppeldeutigkeit von Pötschs politischer Haltung nicht. Die Tatsache, dass sich dieser Lehrer schon während der NS-Zeit dagegen wehrte, von Hitler und ehemaligen Kollegen öffentlich für den Nationalsozialismus in Anspruch genommen zu werden, widerspricht dem nicht. Pötschs demonstrativ zur Schau getragener Unmut ist ein untrügliches Zeichen dafür, dass er vor früheren Kollegen nicht als politischer Ziehvater Hitlers entlarvt werden wollte, weil dies ein schlechtes Licht auf seine scheinbare Anpassung an die Loyalitätspflichten gegenüber dem österreichischen Staat vor 1933 bzw. 1938 geworfen hätte. Seine Begründung, er sei „mit Hitler wegen seiner Schmähung Österreichs nicht einverstanden“, weil er seinerzeit „für Österreich einen Amtseid geschworen habe“, spricht mehr als deutlich für diese Annahme.

233 Hanisch 1984, S. 66.

mit dem Untertitel „Zwei Jahrtausende deutschen Lebens, kulturgeschichtlich geschildert“ bereits in mehreren Auflagen erschienen war. Zwar war der Schriftsteller Scherr (1817–1886) 1848 Anführer der Demokratischen Partei Württembergs gewesen, somit seiner politischen Herkunft nach ein südwestdeutscher Liberaler. Er profilierte sich dann aber mit Erfolg als populärwissenschaftlicher Autor, der sich mit seiner „Verherrlichung der Germanen, des deutschen Volkes und darüber hinaus des Preußentums“ einem immer größer werdenden Publikum empfahl.[234] Scherrs politische Einstellung kann man deshalb wohl mit gutem Grund als „deutschnational“ bezeichnen, und ganz offenbar haben sein Enthusiasmus, seine maßlosen Abneigungen und seine scharfen Urteile, aber auch seine Verbeugung vor „deutscher Größe“ – sei es im Staatsleben, sei es in Kunst und Kultur – auf Pötschs Unterrichtsstil abgefärbt. Nicht zufällig notiert das Vorwort zur „Germania“-Ausgabe von 1905, der „Herzschlag der Vaterlandsliebe“ pulsiere „von der ersten bis zur letzten Zeile“ in diesem Werk „warm und kräftig.“ Dem Autor habe „eine unnachsichtige Kritik der deutschen Vergangenheit ... das volle Verständnis für die glorreiche jüngste Entwicklung Deutschlands erschlossen“.[235] Offensichtlich war damit die Tatsache gemeint, dass das Deutsche Reich von 1871 – freilich unter Ausschluss Österreich-Ungarns – das einst von den Habsburgern geführte Heilige Römische Reich Deutscher Nation mit seinen jahrhundertealten Gebrechen und Unzulänglichkeiten hinter sich gelassen und an seine Stelle einen homogeneren Machtstaat von europäischem Format gesetzt hatte.

Wohlgemerkt: Scherr hatte seine Geschichtserzählung auf die „glorreiche Entwicklung Deutschlands“ und nicht auf die von Österreich fokussiert, und Pötsch zögerte nicht, es ihm im Geschichtsunterricht der Linzer Realschule gleichzutun. Nur so ist zu erklären, dass der Hitler Adolf über seine Einstellung zum Habsburgerstaat schon ins Grübeln geriet, als er die Linzer Realschule besuchte. Er selbst gab später in *Mein Kampf* die Fragen wieder, die sich ihm in den Geschichtsstunden gestellt und an sein Selbstverständnis als Bürger Österreichs gerührt hatten: „Wer konnte auch unter einem solchen Lehrer deutsche Geschichte studieren, ohne zum Feind des Staates zu werden, der durch sein Herrscherhaus in so unheilvoller Weise die Schicksale der Nation beeinflusste? Wer endlich konnte noch Kaisertreue bewahren einer Dynastie gegenüber, die in Vergangenheit und Gegenwart die Belange des deutschen Volkes immer und immer wieder um schmählicher eigener Vorteile wegen verriet? Wussten wir nicht als Jungen schon, dass dieser österreichische Staat keine Liebe zu uns Deutschen besaß, ja überhaupt gar nicht besitzen konnte?“[236]

Wesentlich für Pötsch war offenbar, dass seine Schüler den „deutschen“ Charakter Deutschlands, Österreichs und der gesamten deutschösterreichischen Geschichte und Gegenwart erfassten. Trotz dieses deutschnationalen Ansatzes war Leopold Pötsch jedoch klug genug, sich nicht in offenen

234 Kandl 1963/64, S. 29f.

235 Scherr 1905, Vorwort von Hans Putz.

236 Hitler 1925 I, S. 12.

Gegensatz zur Habsburgermonarchie und damit zu seinen Dienstpflichten als Staatsbeamter zu bringen. Der schmale Steg, der über diesen Abgrund führte, war sein Lob und Preis des Germanentums, gewissermaßen der Urgrund allen Deutschtums. Deutlich kann man diesen Kunstgriff aus den wenigen Textproben jener Vorträge herauslesen, die Pötsch bei verschiedenen Gelegenheiten von 1903 bis 1906 in Linz gehalten hat.[237] Denn mit seinem „Germanentum" bekam er auch den deutschnationalen Gründungsmythos Österreichs in den Griff. Von ihm aus ließ der Lehrer dann die gesamtdeutsche Geschichte an seinen Schülern vorbeiziehen, ohne seine Beamtenpflichten zu verletzen. Denn das Kaiserhaus verstand sich bekanntlich ja selbst als „deutsch", auch wenn es sich in den Augen seiner deutschnationalen Kritiker nur allzu oft „undeutsch" verhalten hatte.

Pötschs deutschnationale Unterrichtsstrategie setzte deshalb bei den Germanen an, weil es hier einerseits noch keine Kollisionsgefahr mit dem damals noch nicht existierenden „Österreich" geben, andererseits aber doch eine gewisse Überlegenheit des germanischen Edelvolkes behauptet werden konnte, vor allem auf kulturellem Gebiet. Geschickt flocht Pötsch in seine Schilderung der germanischen Vorzeit, die er besonders breit und farbig auszumalen pflegte, die deutschen Ur-Mythen und Sagenstoffe wie z.B. das Nibelungenlied ein, um dann von Karl dem Großen über die Wahl Rudolfs von Habsburg zum deutschen König, Luther und die französischen Eroberungskriege unter Ludwig XIV. schließlich auf den Freiheitskampf der Tiroler und Preußen gegen Napoleon und Bismarcks Reichsgründung von 1871 zu kommen, als wäre Letztere von vornherein Sinn und Zweck der gesamten deutschösterreichischen Geschichte gewesen. Tatsächlich betonte dieser Lehrer stets die „Reichsbelange gegenüber dem Österreichischen", als hätte zwischen dem Heiligen Römischen Reich Deutscher Nation und der Krönung des preußischen Königs Wilhelm I. zum deutschen Kaiser ein unmittelbarer und unauflöslicher Zusammenhang bestanden.

Kunstvoll ordnete Professor Pötsch dadurch die Komplexität der deutschen Geschichte und die unübersichtliche Politik der Habsburger in einen größeren „Reichs"-Kontext ein. Mehr noch: Er machte aus der Geschichte des Hauses Habsburg praktisch ein unbedeutendes Unterkapitel der germanisch-deutschen Gesamtgeschichte, um den eindrucksvollen Höhe- und Schlusspunkt seiner Vorträge mit der Reichsgründung von 1871 zu setzen, ohne dabei expressis verbis Stellung gegen das österreichische Kaisertum zu nehmen. So konnte Pötsch gleichzeitig die großdeutschen Phantasien seines Publikums bedienen *und* sich vor dienstlichen Maßregelungen schützen. Seine Zuhörer waren durch die antihabsburgische Propaganda der Deutschnationalen ohnehin schon so weit gegen die Politik der Habsburger voreingenommen, dass sie sich den unausgesprochenen Rest mühelos denken konnten.

237 Kandl 1963/64, S. 29ff.

In diesem Sinne redete Pötsch nicht nur vor dem *Oberösterreichischen Volksbildungsverein*, sondern höchstwahrscheinlich auch im Klassenzimmer. Da er zugleich Funktionär des deutschen Schutzvereins *Südmark*, Anwalt der populären Turnbewegung und gern gehörter Redner auf den Linzer Schiller-Feiern war, kann es gar keinen Zweifel mehr an seiner deutschnationalen Gesinnung geben. Von Hitlers Klassenlehrer Huemer wurde der Kollege als Opportunist beschrieben, der seinen Schülern als „deutsch fühlender Mensch“ entgegengetreten sei, während er die ebenfalls deutschnational eingestellten Kollegen in den Debatten der Lehrerkonferenz über die erstrebenswerten Unterrichtsinhalte im Stich gelassen habe.[238] Wenigstens hat Pötsch, wie schließlich auch Adolf Hitler einräumen musste, seine Schüler nicht zu offener Rebellion erzogen.

Letzten Endes war diese Ambivalenz demselben Druck geschuldet, dem sich auch der Hitler Alois beugen musste, nämlich jenem Druck, mit dem die Monarchie ihre Beamten zu loyalem Verhalten zu zwingen versuchte. Aus berechtigter Sorge, sie sonst an den radikalen Deutschnationalismus zu verlieren, regelten zahlreiche Erlässe und Dienstanweisungen die Unterrichtsinhalte, die Lehrmethoden und die Bestände der Schülerbibliotheken vor allem der Mittelschulen „als Ort der politischen Sozialisation“.[239] Die strenge Reglementierung traf insbesondere die Lehrer für Deutsch und Geschichte, die gewissermaßen „ein Monopol in der Vermittlung weltanschaulicher Inhalte“ verwalteten, „wobei nicht selten eine suggestiv handlungsleitende Komponente mitschwang“. Gewiss geschah dies in erster Linie, um die Schüler vor einer „unpatriotischen“ Haltung dem österreichischen Staat gegenüber zu schützen. Doch ließ sich bei den Maturitäts- und Lehrbefähigungsprüfungen auch die politische Einstellung der Lehrer überprüfen.

Lehrbücher

In seiner deutschnationalen Unterrichtsstrategie wurde Professor Leopold Pötsch von den Lehrbüchern der Unterrealschule unterstützt, die Landesschulinspektor Joseph Loos für die Fächer „Geschichte“ und „deutsche Sprache“ genehmigt hatte.[240] Das Geschichtslehrbuch begann, sofern es sich nicht mit dem Altertum befasste, mit den „germanischen Staatsbil-

238 Ebda., S. XXII (Anhang), Interview Josef Keplinger vom 4. Januar 1963. Keplinger war ebenfalls ein Mitschüler Hitlers und bezog sich bei seiner Einschätzung auf eine Äußerung Huemers. Dagegen bezeichnete Antob Estermann den Professor als „höchstwertigen Menschen und Lehrer“ und als „aufrechten, weltoffenen, freiheitlichen Europa-Deutschen“, der es verstanden habe, „Edles zu wecken und im jungen Menschen zu fördern“.

239 Hoffmann 1990, S. 286. – Dort auch die folgenden Zitate, die sich schwerpunktmäßig auf Salzburg beziehen, und zwar unter Einschluss der Gymnasien. Die staatliche Repression an der Oberrealschule in Linz wird aber sicher nicht schwächer gewesen sein.

240 Vgl. Mayer 1910 II und III sowie Lampel 1905.

dungen“ und endete mit Kaiser Franz Joseph I., also mit jener Herrscherpersönlichkeit, die nach deutschnationaler Auffassung eben dabei war, die Habsburgermonarchie durch ihre proslawische Politik in den Untergang zu führen. Zwischen diesen beiden Polen erstreckte sich eine im Wesentlichen herrscher- und feldherrenzentrierte Schlachtengeschichte, die auf die Kaiserproklamation von 1871 in Versailles wie auf ihr vorherbestimmtes Ziel zueilte. Auf das traurige Schicksal Österreich-Ungarns im 19. Jahrhundert wurde dabei nur wenig Bedacht genommen. So verschwand die verlorene Schlacht von Königgrätz hinter den Siegen, welche die Monarchie kurz zuvor noch gegen Italien errungen hatte. Die komplizierte deutschösterreichische Vorgeschichte und Problematik der Reichseinigung wurden so gut wie gar nicht behandelt. Das Kapitel „Die Weltmächte der Gegenwart“ nannte nach der „nordamerikanischen Union“ zwar England, Frankreich, das Deutsche Reich und Russland, die Doppelmonarchie aber kam in dieser Aufzählung gar nicht mehr vor.

Noch deutlicher trat die Tendenz, Österreich-Ungarn zugunsten eines größeren Deutschlands zu vernachlässigen oder sogar ganz auszublenden, im Deutschlehrbuch hervor. Denn hier waren ausschließlich reichsdeutsche Autoren mit ihren Texten versammelt, und zwar mit Friedrich Rückert und Friedrich von Schiller, gefolgt von Goethe, an der Spitze. Von den verhältnismäßig wenigen Texten zu geschichtlichen und vaterländischen Themen, die in die Sammlung eingestreut waren, stammte ebenfalls kein einziger aus österreichischer Feder. Daher musste den Linzer Unterrealschülern die Literatur ihres Heimatlandes wie eine *quantité négligéable* vorkommen. Oder umgekehrt gesagt: Das Deutsche Reich von 1871 bewies auch auf literarischem Gebiet seine Überlegenheit im Rahmen der deutschen Kulturnation.

Eindeutiger Themenschwerpunkt war das Schicksal Karl Theodor Körners, Sohn des Schiller-Freundes Christian Gottfried Körner, 1791 in Dresden geboren und 1813 in den preußischen Befreiungskriegen gegen Napoleon bei Gadebusch in Mecklenburg gefallen. Dieser jugendliche Held wurde allein in fünf Texten, von denen nur Körners Gedicht „Hoch lebe das Haus Österreich“ einen Bezug zur Habsburgermonarchie hatte, für die Schüler der Linzer Realschule zu einer todesmutigen, opferbereiten und gesamtdeutschen Identifikationsfigur aufgebaut. Auf Körner folgten Rückert mit Auszügen „Aus der Wahrheit der Brahmanen“, Andreas Hofer und der Tiroler Freiheitskampf sowie Prinz Eugen, der edle Ritter, als weitere Themenschwerpunkte.

Laut Lehrplan mussten die Schüler der Klassen eins bis vier jeweils zehn Gedichte auswendig lernen – und zwar ausschließlich solche von Goethe, Herder, Körner, Rückert, Schiller und Uhland. Auch hier dasselbe Bild: Kein einziger österreichischer Dichter dazwischen. So wuchsen die Absolventen der Linzer Unterrealschule in eine illusionäre Bildungswelt hinein, in der es keinen Adalbert Stifter und keinen Hermann Bahr, keinen Franz Grillparzer und keinen Hugo von Hofmannsthal gab, in der eine österreichisch-ungarische Kultur gar nicht mehr existierte, in der

Deutschösterreich und das Deutsche Reich miteinander unmittelbar zu einer kulturellen Einheit verschmolzen waren. Freilich hörten und lasen sie im Unterricht auch von den Habsburger Kaisern, von den Türkenkriegen, von Wallenstein, Maria Theresia und der Schlacht bei Aspern gegen Napoleon. Aber wenn ihr Lehrer Pötsch davon sprach, „vor deutscher Bildung und Gesittung, als Kulturstufe, als Ganzes betrachtet, muss, willig oder ungern, jeder Ausländer den Hut ziehen",[241] dann war für seine Schüler im Geiste die Wiedervereinigung des einen Kaiserstaates mit dem anderen zu einer kulturellen Großmacht von mindestens europäischer Bedeutung bereits vollzogen, mochten auch noch so viele politische Hindernisse im Weg stehen. Dann wurde den jungen Hitzköpfen ganz heilig zumute, und die Tschechen und Kroaten, die Serben und Italiener, und wie die nichtgermanischen Stämme alle hießen, sanken zu unbedeutenden Völkern herab.

Schulleistungen

Wie gut der Hitler Adolf in der Volksschule auch immer gewesen sein mag – als Realschüler war er von Anfang an ein Versager, zum Schluss auch in seinen beiden Lieblingsfächern Geographie und Geschichte, von denen er später behauptete, hier habe er seine Mitschüler leistungsmäßig überflügelt.[242] Mit einem „Nicht genügend" in Mathematik und Naturgeschichte blieb der Zwölfjährige gleich am Ende des ersten Schuljahrs (Herbst 1901) sitzen. In der zweiten Klasse konnte er sich in diesen beiden Fächern auf „Genügend" verbessern, so dass er versetzt wurde, was ihm auch trotz einer „5" in Mathematik von der dritten zur vierten Klasse im Herbst 1903 gelang. Doch musste Adolf die Unterrealschule Linz nach einer Wiederholungsprüfung in Französisch verlassen, die er nur unter dieser Voraussetzung bestand, nachdem er in Mathematik abermals und in Französisch zunächst je ein „Nicht genügend" erhalten hatte. Auf Wunsch seiner Mutter wechselte er auf die am nächsten gelegene Realschule in Steyr über. Nach dem Besuch der 4. Klasse brach der dann 16 Jahre alte Hitler Adolf seine Schullaufbahn mit dreimal der Note „5" im Zeugnis für immer ab, obwohl er noch die Wiederholungsprüfung in Geometrischem Zeichnen bestanden hatte. Einer seiner Steyrer Lehrer, Gregor Goldbacher, führte den Abbruch darauf zurück, dass Adolf in der fremden Stadt keinen Anschluss an Gleichaltrige gefunden hatte, kränkelte und in ärmlichen Verhältnissen leben musste.[243] In „Fleiß" war der Schüler kaum je über die Note „4" hinausgekommen, zuletzt hatte er in Steyr dreißig Mal unentschuldigt gefehlt.

241 Kandl 1963/64, S. 33.

242 Vgl. dazu Jetzinger 1956, S. 100f. Jetzinger verbirgt, woher er seine Kenntnis von Hitlers Zensuren in den einzelnen Klassenstufen hatte. Die Originalzeugnisse sind auch nicht im OÖLA aufzufinden.

243 BAB NS 26, Nr. 17 a, Mikrofilm Nr. 71943: Hdschr. Aufzeichnung Gregor Goldbacher v. 29. Januar 1941, „Unser Führer Adolf Hitler als Student in Steyr".

Von allen Zeugnissen, die er in Linz und Steyr erhielt, ist anscheinend nur noch das Abschlusszeugnis der Realschule Steyr irgendwo im Original erhalten geblieben.[244] Ihm zufolge konnte sich der Hitler Adolf an der Realschule Steyr vom 1. zum 2. Semester (oder Halbjahr) nicht nur in „Fleiß" (von „4" auf „3"), sondern auch in sechs der zehn Fächer jeweils um eine Note verbessern – in Freihandzeichnen von „2" auf „1", in Religion, Geographie, Geschichte und Physik jeweils von „4" auf „3", in Deutsch, Französisch und Mathematik von jeweils „5" auf „4". In Turnen blieb es bei der „1" ebenso wie in Betragen bei der „3" und in Chemie bei der „4". Lediglich in einem Fach, dem Geometrischen Zeichnen, verschlechterte er sich von „4" auf „5". In Stenographie war Adolf nach dem ersten Halbjahr ebenfalls auf einer „5" gelandet. Dafür bekam er in „Gesang" nach dem 2. Halbjahr eine „3". Ohne diese beiden Wahlfächer ergab sein Abschlusszeugnis einen Notendurchschnitt von 3,3. Glanzpunkte waren die beiden „Einser" in Freihandzeichnen und Turnen, die auf eine gewisse künstlerische Begabung und körperliche Geschicklichkeit hindeuten. Freilich stehen die beiden „befriedigend" in Geschichte und Geographie in einem scharfen Kontrast zu Hitlers Selbsteinschätzung, der sich in diesen beiden Fächern rückblickend als Überflieger betrachtet hat. Für Hermann Möcker, der die Realschullaufbahn des späteren Diktators neuerdings noch einmal akribisch untersuchte, ergibt das Steyrer Abschlusszeugnis, „das Bild eines faulen schlechten Schülers, der erst lernt, wenn das Damoklesschwert des Durchfallens über ihm hängt".[245]

Nach der am 16. September 1905 bestandenen Wiederholungsprüfung kehrte der 16 Jahre alte Hitler Adolf der Schule „mit einem elementaren Hass" (August Kubizek) den Rücken, wobei er sich mit seinem Abgangszeugnis sogar den Allerwertesten abgewischt haben soll. Damit zugleich vergab der Schulabbrecher die Möglichkeit, entweder als Einjährig-Freiwilliger eine militärische Laufbahn einzuschlagen oder über eine Technische Hochschule den Zugang zu einer beruflichen Tätigkeit, etwa im Baufach, zu finden, wo er seine zeichnerischen Fähigkeiten hätte anwenden können. Selbst einem Lehrherrn wäre der Adolf jetzt kaum noch willkommen gewesen. Dennoch rieten ihm sein Vormund, der Mayrhofer Josef, und sein Schwager, der Raubal Leo, dringend, wenigstens ein Handwerk zu erlernen. Doch wollte der Querkopf partout keinen „Brotberuf" ausüben, wie er seinem späteren Freund, dem Kubizek August, im Herbst 1905 anvertraute.[246] Er wollte etwas ganz anderes werden, ohne schon zu wissen was.

---

244 Heiden 1937 II, Anhang: Abdruck eines Faksimiles aus dem Hauptkatalog der Realschule Steyr – Möcker 2000, S. 297, bestätigt diese Angaben als korrekt. Offenbar hatte sich Heiden für sein bereits 1937 erschienenes Werk eine Kopie beschaffen können, bevor die Gestapo das Original 1938 kassierte. Siehe dazu ergänzend die Darstellung von Zerlik (o. D.), S. 2, der sich für Hitlers Linzer Realschulzeit auf Auskünfte von Hitlers früherem Klassenlehrer Huemer bezieht.

245 Möcker 2000, S. 300.

246 Kubizek 1995/6, S. 19.

Seine schlechten Schulleistungen erklärte Hitler später damit, dass ihm sein Vater den Beruf des Staatsbeamten habe aufzwingen wollen. Durch eine Art „Lernstreik" habe er die Pläne seines alten Herren durchkreuzt. „Ich glaubte, dass, wenn der Vater erst den mangelnden Fortschritt in der Realschule sähe, er gut oder übel eben doch mich meinem erträumten Glück würde zugehen lassen. ... Was mich freute, lernte ich, vor allem auch alles, was ich meiner Meinung nach später als Maler brauchen würde. Was mir in dieser Hinsicht bedeutungslos erschien oder sonst nicht so anzog, sabotierte ich vollkommen."[247] Diese Darstellung klingt auf den ersten Blick plausibel. Wenn man jedoch an die Lieblingsfächer des Realschülers Hitler denkt, stellt sich die Frage: Weshalb erwärmte sich ein angehender Kunstmaler für Geschichte und Geographie? Zudem war Hitlers Vater seit dem 3. Januar 1903 tot, der Grund für den angeblichen Lernstreik mithin schon seit geraumer Zeit entfallen, als Adolf erfolglos die Schule verließ.

Die Gründe für sein Schulversagen sind denn auch woanders zu suchen. Auf der einen Seite erging es dem Buben, der in den Jahren 1900 bis 1905 das schwierige Alter der Pubertät erreichte, ähnlich wie dem nur sechs Jahre älteren Kafka Franz, der in Prag das deutsche Gymnasium besuchte. Die beiden litten „unter dem konservativen Schulgeist, der Lebensfremdheit des Unterrichts, den verknöcherten, autoritären Lehrern und der maßlosen Pedanterie, mit der das jeweils vorgeschriebene Stoffpensum übermittelt und kontrolliert wurde".[248] Vor allem aber: Ihre Abstraktionsfähigkeit war genau so wenig ausgeprägt wie ihr „logisch-diskursives Denken". Auf der anderen Seite aber kollidierte der Schulunterricht mit den Lebenszielen der beiden Buben, die, wie unklar auch immer, offenbar schon früh ein Gefühl für ihre eigentliche Bestimmung entwickelt hatten. Während Franz nach Entfaltung seiner künstlerischen Persönlichkeit strebte, nahm der Adolf nur diejenigen Lernstoffe in sich auf, von denen er glaubte, sie würden ihm irgendwann einmal bei Erfüllung seiner deutschnationalen Mission nützen.

Den Ertrag seiner Realschulzeit hat der ehemalige Schulversager denn auch später einmal mit folgenden Worten festgehalten: „Erstens: *Ich wurde Nationalist.* Zweitens: *Ich lernte Geschichte ihrem Sinne nach verstehen und begreifen.*"[249] Wichtiger als die Aneignung von Schulwissen waren Hitler also die Formung seiner politischen Persönlichkeit und das seiner Meinung nach richtige Verständnis der Geschichte gewesen. Die Unfähigkeit seiner Lehrer, darauf mit Ausnahme Pötschs einzugehen, hatte ihm den Besuch der Realschule zu einem Martyrium gemacht. Dagegen wird das scheinbar schwerelose Dasein, das der Hitler Adolf in den beiden Jahren vom Schulabbruch im Herbst 1905 bis zum Tod seiner Mutter im Winter 1907/08 durchlebte, von den bisherigen Hitler-Biographen einfach mit Faulheit bzw. mit fehlender Neigung zu geregelter Arbeit begründet. So schreibt z.B. Ian Kershaw: „In den beiden Jahren führte Hitler das

247 Hitler 1925 I, S. 8.

248 Kafka 1982, S. 46. Dort auch das folgende Zitat.

249 Hitler 1925 I, S. 8. Hervorhebungen im Original.

Leben eines schmarotzenden Faulenzers."[250] Das nächste Kapitel wird jedoch zeigen, dass er sowohl in Linz als auch ab Februar 1908 in Wien rastlos tätig war – wenngleich nicht in den geregelten Bahnen von Schulunterricht, Brotstudium und Erwerbsleben, wie es dem Raster der damals üblichen Bildungsgänge und Laufbahnen entsprochen hätte.

8. Kapitel: Das Studium generale

Kontemplative Neigungen

Abgesehen von seiner alterstypischen Vorliebe für Trapper-und-Indianer-Spiele oder für den Kampf der tapferen Buren gegen die Engländer im Süden Afrikas, scheint sich der Hitler Adolf schon recht früh für so genannte „Kontemplationsobjekte" (Wolfgang W. Hilgers) interessiert zu haben – Bücher, Malsachen, Opernaufführungen und Architektur – die einen großen Einfluss auf seine Persönlichkeitsentwicklung genommen haben. Dadurch fand der Bub von seinem kindlichen Egozentrismus zu einer Zwiesprache mit der Umwelt, die in ihm allerlei Stimmungen und Gefühle, frei schwebende Gedanken und absichtsvolle Überlegungen erzeugte. Vor allem aber brachte der Umgang mit diesen Kontemplationsobjekten Adolf dazu, sein Selbst vornehmlich im Besitz von geistigen Dingen zu suchen, deren Gestalt er für wesentlich hielt; weniger in der Begegnung mit Menschen. Das mag zur seelischen Verarmung und gesellschaftlichen Isolierung beigetragen haben, die man – je länger, desto mehr – an Hitler beobachtet hat.

Adolfs Tendenz, sich seiner selbst durch symbolische Kommunikationsprozesse zu vergewissern, wurde, wie wir unterdessen wissen, von seinen Eltern nach Kräften unterstützt. Denn diese förderten die künstlerischen und intellektuellen Interessen ihres Sohnes. Vielleicht hofften sie, ihn dadurch etwas anpassungsfähiger zu machen. Doch genau das Gegenteil war der Fall: Adolfs Freiheitsdrang gipfelte in seinem Entschluss, Kunstmaler zu werden, womit er sich der provinzbürgerlichen Sehnsucht seiner Eltern nach Sicherheit, Wohlstand und sozialer Anerkennung offen widersetzte. Das scheint schon sehr früh der Fall gewesen zu sein, in seinem elften oder zwölften Lebensjahr. Gefolgt von der Idee, Architekt oder Baumeister zu werden, gedieh ihm jener Wunsch zu einer Chiffre für einen vagen Lebensplan, für den Adolf zunächst offenbar keine bessere Formel als „Kunstmaler" finden konnte.

Lesen, Zeichnen und Malen, dazu die Beschäftigung mit der musikalischen Kunstform der Oper, mit Architektur und Baugeschichte sowie mit Geschichte und Politik füllten seine Freizeit aus, seit der Knabe im Herbst 1900 damit begonnen hatte, von Leonding aus die Realschule in Linz zu besuchen. Dank einer gewissen Begabung konnte er mit Hilfe von Zeichenstift und Pinsel schon bald ganz leidliche Ergebnisse erzielen. Die Kenntnis

250 Kershaw 1998/2 I, S. 51.

aller anderen Gebiete eignete Adolf sich durch unentwegte Lektüre sowie durch das fortwährende Studium seiner Umgebung an. In der Hauptsache war es jedoch das Gesamterlebnis der Stadt Linz, das ihn durch neue Sinneseindrücke und emotionale Erlebnisse anregte und die Pflichten, die ihm das Schulleben auferlegte, langsam aber sicher verdrängte. Dabei wurden diese prägenden Erfahrungen noch durch die Freundschaft mit dem Kubizek August gesteigert und vertieft.

Der Männerbund

Adolf und der acht Monate ältere August lernten einander im Herbst 1905 kennen,[251] somit zu einem Zeitpunkt, als jener seine verunglückte Schullaufbahn in Steyr bereits ohne regulären Abschluss beendet hatte und zu seiner verwitweten Mutter nach Urfahr zurückgekehrt war. Die beiden Burschen begegneten einander des Öfteren im Stehparterre des Landestheaters, wo sie unter der Kaiserloge ihre Lieblingsplätze hatten. August war der Sohn eines Polsterers und Tapezierers, der in der Linzer Klammstraße 9 wohnte, ganz in der Nähe des Franz-Joseph-Platzes. Jedes Mal, wenn Adolf das Landestheater besuchen wollte, kam er dort vorbei.

Was Adolf und August zusammenführte, war außer der Musik auch der soziale und vor allem schulische Hintergrund, den sie miteinander teilten. Als kleiner selbständiger Handwerker gehörte Vater Kubizek dem unteren Mittelstand an. Sein Sohn, der einmal die Werkstatt übernehmen sollte, hatte in der Bürgerschule nichts Bedeutendes geleistet. Er blickte – ähnlich wie Adolf – auf eine wenig rühmliche Schullaufbahn zurück. Was die beiden aber mehr noch als das zusammenführte, waren die privaten Utopien, die sie gegen den Widerstand ihrer Eltern verfolgten: Träumte Adolf vom Beruf des Malers, wollte August am liebsten Musiker werden. Vor allem aber – und das sollte sich für die Dauer und Tiefe ihrer Beziehung als entscheidend erweisen – verfügte August, der sich für Politik und Geschichte nicht interessierte, über die Fähigkeit, lange und geduldig zuzuhören. Er wurde Adolfs erstes Publikum, sein erstes Volk und, bis zu einem gewissen Grad, auch sein erstes Opfer. An ihm hat Hitler nämlich seine charismatischen Talente erstmals erprobt.

„Aber ich fühlte mich in dieser passiven Rolle gar nicht unglücklich; denn gerade dabei empfand ich am deutlichsten, wie notwendig mich mein Freund brauchte“, hat Kubizek nach dem Zweiten Weltkrieg bekannt.[252] „Er musste eben sprechen und brauchte jemand, der ihm zuhörte. Ich staunte oft, wenn er vor mir allein mit lebhaften Gesten eine Rede hielt. ... Solche Reden, meistens irgendwo im Freien, unter den Bäumen des Freinberges, in den Auwäldern an der Donau, wirkten oft wie vulkanische Entladungen. Es brach aus ihm, als dränge etwas Fremdes, ganz anderes in

251 Kubizek 1995/6, S. 17, gibt als Zeitpunkt „Allerheiligen des Jahres 1904“ an. Vgl. dazu die Gegenargumente bei Jetzinger 1956, S. 140f., die überzeugend für Spätherbst 1905 sprechen.

252 Kubizek 1995/6, S. 22.

ihm empor. Ich hatte solche Ekstasen bisher nur im Theater bei Schauspielern erlebt ... Aber ich begriff bald, dass dieses ‚Theater' gar kein Theater war. Nein, das war nicht gespielt, nicht übertrieben, nicht ‚aufgetragen', das war unmittelbar erlebt. Ich sah ja auch, wie bitter ernst ihm dabei war ... wenn er sich ganz von einer Empfindung hinreißen ließ. Nicht was er sprach, gefiel mir zuerst an ihm, sondern *wie* er sprach. Das war für mich etwas Neues, etwas Großartiges. ... Von mir erwartete er dabei nur eines: Zustimmung." (Hervorhebung im Original)

Dadurch, dass der eine unablässig reden konnte, während der andere geduldig schwieg, ergänzten die beiden einander recht gut. Nur gelegentlich wagte August, eine Frage zu stellen, eine kritische Bemerkung zu machen oder einen eigenständigen Gedanken zu äußern. Doch löste er damit außer dem Unwillen, den Adolf ungehemmt zum Ausdruck brachte, nur die nächste Tirade aus. Jedoch ließ sich August durch die rhetorische Dominanz seines Freundes im Gegensatz zu vielen anderen Zuhörern, die Adolf Hitler in seinem späteren Leben hatte, nicht von seinem eigenen Weg abbringen. Denn nachdem Adolf die Eltern Kubizek überredet hatte, dem Orts- und Milieuwechsel ihres Sohnes zuzustimmen, ging August 1908 mit ihm nach Wien, wo er zäh und schließlich auch erfolgreich sein Musikstudium absolvierte.

Es war infolgedessen auch nicht so, dass August nur nahm und Adolf nur gab – so einseitig war diese Freundschaft nicht. Denn was wäre aus dem jungen Hitler geworden, wenn es diesen Kubizek August nicht gegeben hätte, der auf die Begabungen seines Freundes wie ein Katalysator wirkte? Tatsächlich war Adolf bei allem, was er dachte und sagte, auf diesen einen Menschen angewiesen. Denn er hatte keinen anderen Freund, weder in Linz noch in Wien. Aus Gründen, die mit der kontemplativen Form seiner Sozialisation zusammenhängen, mied Adolf sogar alle weiteren Kontakte. Gewiss, er ergriff von August mit einer Selbstverständlichkeit und Ausschließlichkeit Besitz, die bei seinem Freund eine gewisse Leidensfähigkeit voraussetzte. Aber noch mehr hätte wohl Adolf selbst leiden müssen, wäre ihm dieses Ohr und dieses Auge versagt geblieben, dem er alles, was ihn innerlich bewegte, fast rückhaltlos mitteilen und an dem er, ganz nebenbei, auch noch seine rednerischen Fähigkeit schulen konnte.

Zudem war Adolf „ein einfacher Tapeziergeselle als Freund lieber als einer jener geschniegelten Hofratssöhne, die bereits den durch Protektion, Beziehungen und politische Querverbindungen gesicherten Stellenplan fertig im Kopf mit sich herumtrugen und damit den voraussichtlichen Ablauf ihres Lebens im Vorhinein schon kannten".[253] So diente August seinem Freund auch als Puffer gegen dessen Unterlegenheits- und Versagensängste. Gerade dadurch, dass er so unglaublich geduldig zuhören konnte, war es Adolf paradoxerweise sogar möglich, sich trotz seiner objektiven Inferiorität subjektiv von jenen gesellschaftlichen Überfliegern abzuheben.

253 Ebda., S. 24. Dort auch das folgende Zitat.

So erlebte der junge Hitler durch das Medium seiner Rede, der August keinen Einhalt gebot, manchen kühnen Traum.

August ertrug es auch geduldig, dass bei seinem Freund in Bezug auf dessen Lebensplanung „alles im Ungewissen" blieb. Er ertrug die Tatsache, dass er die Gefühle, die ihm sein Freund entgegenbrachte, niemals richtig durchschauen konnte. Hatte Adolf überhaupt Gefühle? Konnte er „Freund" in einem liebenden, in einem vertrauenden Sinn sein, der den anderen Menschen ernst nimmt, ihn um seiner selbst willen schätzt und ihn nicht nur als Mittel zu eigensüchtigen Zwecken betrachtet? Konnte sich Adolf vor seinem Jugendfreund vorbehaltlos öffnen, ihm so etwas wie „Herz" oder „Seele" zeigen und nicht nur immer rhetorisch stark, sondern in anderer Beziehung manchmal auch schwach sein, ohne sich dafür grämen und vor anderen verstecken zu müssen?[254] Hin und wieder gab es solche Momente der Öffnung und der Vertrautheit wohl, und wir werden an anderer Stelle noch auf sie zurückkommen. Sie waren zumindest in Wien fast unvermeidlich, wo Adolf und August einige Monate lang miteinander ein Zimmer teilten. Solche Augenblicke der Nähe, der Intimität, gab es jedoch nicht oft.

Im Hochsommer 1908 geschah dann plötzlich das für August völlig Unerwartete: Adolf setzte sich von August ohne jede Vorwarnung ab, während dieser noch auf Urlaub in Linz weilte – als wäre der Freund ein Nichts, ein Niemand oder ein toter Gegenstand, der für den jungen Hitler jede Bedeutung verloren hatte. „So sehr ich mich bemühte, die Gründe für sein Fernbleiben zu entdecken", schreibt Kubizek in den Erinnerungen an die gemeinsame Jugendzeit, immer noch ein wenig mitgenommen von seinem Verlust, „ich konnte nicht den geringsten Anlass hierzu finden. ... Je heftiger ich mir darüber den Kopf zermarterte, umso mehr empfand ich, was Adolf für mich bedeutet hatte. Ich fühlte mich allein und verlassen." Erst dann löste sich für ihn das Rätsel auf: „Er wollte keinen Freund mehr haben. Allein und einsam wollte er seinen Weg gehen und tragen, was ihm das Schicksal auferlegte."[255]

Das, was die beiden jungen Leute drei Jahre lang miteinander verbunden hatte, war nicht nur eine puerile Freundschaft. Es handelte sich vielmehr um einen Bund werdender Männer, um ein soziales Gebilde zwischen „Gesellschaft" und „Gemeinschaft", in dem für Adolf vor allem deutschnationale Werte zählten, Mädchen keinen Platz hatten und die beiden unter sich bleiben wollten. Es war diejenige Form der Gesellung, die Adolf in Linz unter Einfluss eines bündischen Zeitgeistes mehr als jede andere zu schätzen lernte. Schließlich drang die 1901 in Berlin gegründete „Wandervogel"-

254 Interessant ist in diesem Zusammenhang die Äußerung, die Albert Speer nach dem Zweiten Weltkrieg machte, immerhin einer von Hitlers wichtigsten Ministern und engsten Mitarbeitern: „Manchmal fragte ich mich: Was fehlt mir eigentlich, um Hitler als meinen Freund zu bezeichnen? ... Es fehlte alles. Nie in meinem Leben habe ich einen Menschen kennen gelernt, der so selten seine Gefühle sichtbar werden ließ, und wenn er es tat, sich augenblicklich wieder verschloß." Vgl. Speer 1969, 114.

255 Kubizek 1995/6, S. 263f.

Bewegung über Böhmen gerade damals nach Österreich vor. Hier wie dort spielten vielleicht auch homoerotische Motive eine gewisse Rolle; wir werden diesen Punkt an anderer Stelle noch genauer beleuchten.[256] Aber wichtiger war dem jungen Hitler wahrscheinlich, dass Männerbünde, wie ein kluger Beobachter feststellte, „tendenziell immer wieder Unruhe, soziale Bewegungen, revolutionäre Umbrüche aus(-lösen)".[257] Dieses Potenzial, das sein späteres Leben prägte, hat Hitler durch seine vorübergehende Symbiose mit Kubizek zum ersten Mal in Linz erkannt.

Wie jeder andere Männerbund, so hatte auch dieser durch die gemeinsamen Opernbesuche sein außeralltägliches Ritual. Wie jeder andere Männerbund steigerte er sich zeitweilig zu einer echten Lebensgemeinschaft, und wie jeder andere Männerbund hat er sich mit der „Kunst" emphatischen Zielen verschrieben. Unausgesprochen bildeten Adolf und August so etwas wie eine „Eidgenossenschaft" „‚gleicher' und ‚freier' Brüder",[258] die durch die Art ihres Zusammenseins sowohl ihre soziale Stellung, als auch ihr eigenes Ich neu definierten. Wolfgang Lipp hat für diesen Prozess drei typische Phasen nachgewiesen, die wir auch bei unseren beiden Protagonisten wieder finden: Erstens die Phase der „Abtrennung" von der Herkunftsgruppe, in diesem Fall also vom soziokulturellen Milieu ihrer Familien, zweitens den „Schwellenübertritt", der sie in eine symbolische Zwischenwelt führte, und drittens ihre „Angliederung" an neue und größere Gemeinschaften. In Kubizeks Fall geschah dies 1912 durch seine Tätigkeit als Orchestermusiker bzw. nach dem Ersten Weltkrieg als Kommunalbeamter, durch Eheschließung und die Gründung einer eigenen Familie, in Hitlers Fall 1918/19 durch dessen Anschluss erst an eine sozialistische, dann an eine nationalistische und antisemitische Bewegung.

Lektüre

Bei dem, was Adolf in Linz und später in Wien erst neben der Schule, dann in seiner reichlich bemessenen Freizeit trieb, kann nicht von einem „Studium" im landläufigen Sinne gesprochen werden, weil hierfür die wichtigsten Voraussetzungen fehlten, vor allem der wissenschaftliche Anspruch und die entsprechenden Methoden. Dazu fehlten ferner Aufsicht und Anleitung durch dazu berufene Personen, da der Autodidakt aus Schüchternheit oder in seinem nahezu manisch anmutenden Freiheitsdrang den persönlichen Kontakt zu allen Autoritäten auf den von ihm bearbeiteten Feldern mied. So war das, was Hitler seit 1905 unternahm, um sich jenseits von Schule und Hochschule autodidaktisch fortzubilden, nur ein mühevolles und scheinbar unstrukturiertes Herumtasten und Suchen, zumal er noch gar keinen klaren Begriff davon hatte, wer er war und was er eigentlich werden wollte. Wegen der Fülle der Themenbereiche, die er berührte, und wegen des überaus breiten Ansatzes, den der junge Mann wählte, kann

256 Vgl. Teil III, 7. Kapitel, S. 460 ff.
257 Lipp 1998, S. 368.
258 Ebda., S. 369 ff.

jedoch alles in allem von einem selbst verordneten und selbst verantworteten *studium generale* gesprochen werden. Hitler selbst hat seine intensive Beschäftigung mit den weiter unten folgenden Wissensgebieten so benannt – freilich ohne den Zusatz „generale", den er als Nichtakademiker wahrscheinlich gar nicht kannte. Kurzum, die vielen Bücher, die er las, die vielen Bibliotheken, die er benutzte, das Landestheater in Linz und später die Hofoper in Wien, die Vereine, denen er angehörte, und die verschiedenen Studier- und Schlafzimmer, in denen er las, malte, zeichnete und schrieb, haben seine ganz private Universität gebildet.

Typisch für seine Vorgehensweise war der Umgang mit Büchern, den sein Freund plastisch beschrieben hat: „Bücher, immer wieder Bücher; ich kann mir Adolf gar nicht ohne Bücher vorstellen. ... Er musste ein Buch, das ihn beschäftigte, immer um sich haben. Auch wenn er nicht darin las. ... Bücher waren seine Welt. In Linz hatte er sich, um jedes gewünschte Buch erreichen zu können, gleichzeitig in drei Büchereien einschreiben lassen.[259] In Wien benutzte er die Hofbibliothek.[260] ... Adolf besaß eine ganz besondere Witterung für Dichter und Autoren, die ihm etwas zu sagen hatten. ... Wenn er las, konnte ihn kaum etwas stören. Aber er störte sich mitunter selbst; denn sobald ihn ein Buch ergriff, begann er darüber zu sprechen. ... Die Lektüre begann schon bei der Auswahl der Bücher. ... Interessant war, wie Adolf ein Buch vornahm. Das Wichtigste war ihm ... das Inhaltsverzeichnis. Dann erst ging er ans Werk ..."[261] Aus bildungsbürgerlicher Dünkelhaftigkeit hat man bisher leider versäumt, diesen sprunghaften und daher im Einzelnen nicht nachvollziehbaren, weil offenbar vor allem auf Ahnungen und Eingebungen beruhenden Prozess als ernst zu nehmenden Wissenstransfer zu deuten. Natürlich war Adolfs Lektüre unsystematisch, aber sie war ganz gewiss nicht ohne inneren Zusammenhang mit der deutschnationalen Frage, die ihn im Grunde mehr als alles andere beschäftigte und deren kontemplatives Erlebnis offenbar am Anfang seiner emotional-intellektuellen Entwicklung stand.

Nur wenige nicht nachprüfbare Einzelheiten dieses imaginären Lese- und Lernprogramms, das ein offenbar hervorragend funktionierendes Gedächtnis unterstützte, sind überliefert worden. *Lederstrumpf* und *Der letzte Mohikaner* des US-amerikanischen Schriftstellers James Fenimore Cooper sowie die Romane des Sachsen Karl May dürften nach Hitlers eigenen Angaben – neben der Illustrierten Geschichte des deutsch-französischen Krieges, die wir bereits erwähnten – zu seinen frühesten Leseerlebnissen gehört haben.[262] Ihnen verdankte er seine „ersten geographischen

259 Vgl. zur den in Linz seinerzeit existierenden Leihbüchereien Teil I, 6. Kapitel, S. 125. Nach Lage der Dinge kamen dafür in erster Linie die Holzinger-Bibliothek und die Bücherei des Arbeiter-Bildungs-Vereins in Frage, weil es dort durch Hitlers Mitgliedschaft im Musealverein sowie in der Schüler- und Lehrer-Bibliothek der Realschule vermutlich keiner gesonderten Einschreibung bedurfte.

260 Vgl. hierzu Teil II, 5. Kapitel, S. 291, FN 139.

261 Kubizek 1995/6, S. 188f.

262 Jochmann 1980, S. 281: Monolog vom 17. Februar 1942.

Kenntnisse". Laut August Kubizek[263] nahmen „den ersten Rang" in Adolfs Programm jedoch „die deutschen Heldensagen" ein. „Unberührt von der jeweiligen Stimmung und der äußeren Situation, in der er sich befand", so Kubizek, „wurden sie immer wieder vorgenommen und gelesen. Längst kannte er sie alle auswendig. Trotzdem las er sie immer wieder von neuem. Das Buch, das er in Wien besaß, hieß, wenn ich nicht irre: ‚Götter- und Heldensagen, germanisch-deutscher Sagenschatz'." Darüber hinaus soll sich der junge Hitler von Dante über Herder, Schiller und Goethe bis zu Stifter durch die klassische Literatur gelesen haben. Selbst Wedekind und Ibsen werden genannt, obwohl ihm nach Meinung der meisten Biographen die neuen literarischen Tendenzen um die Jahrhundertwende überhaupt nichts sagten. Schließlich gehörten wohl auch die Werke Nietzsches und Schopenhauers zu seinen Anregungen, ein immerhin denkbarer Einfluss auf das Weltbild des jungen Mannes, den bisher noch kein einziger Biograph gewürdigt hat.

Sport, Natur, Heimat

Seit frühester Kindheit war Adolf immer besonders gern „draußen" gewesen – dieses „Draußen" war zu den kontemplativen Beschäftigungen des Heranwachsenden zumindest in Linz das selbst verordnete Ergänzungsprogramm. Adolf wanderte und schwamm sehr gern. Rückblickend sah ihn sein Freund „immer in Bewegung": „Er konnte stundenlang gehen, ohne zu ermüden. Die weite Umgebung von Linz haben wir kreuz und quer durchwandert."[264] Jenes „Draußen" bezog sich jedoch nicht so sehr auf einzelne Tiere oder Pflanzen, wohl auch nicht – mit Ausnahme des Mühlviertels und der Anhöhen, die Linz umgaben – auf bestimmte Landschaften, als vielmehr auf die Natur an sich, auf die Natur als Ganzes, auf ihren metaphysischen Begriff, das heißt auf den Zusammenhang von Leben und Vergehen in seiner kosmischen Überhöhung. Hier, in dieser endlosen Umgebung mit direkter Verbindung zur Ewigkeit, zum Schicksal, zur Vorsehung, fühlte sich Adolf offenbar frei und aufgehoben zugleich. Hier setzte er seine Kontemplationen fort, hier konnte er ebenfalls schöpferisch tätig sein und hier konnte er zugleich andere Wesenszüge als in der Stadt entfalten. „Im Rhythmus des Gehens", so beobachtete Kubizek, „flossen auch seine Gedanken und Einfälle viel ruhiger und zielsicherer als anderswo."[265]

An schönen Sommertagen richtete sich Adolf auf einer Sitzbank, die im Freien stand, eine Art „Studierzimmer" (Kubizek) ein. Dort konnte er ungestört lesen, zeichnen und aquarellieren. Dort schrieb er angeblich auch zeitweise Gedichte. An einem anderen Platz, der noch abgelegener war und von dem aus man aus großer Höhe die Donau sehen konnte, ließ er sich wiederum vom Anblick des mächtigen Stromes ergreifen. „Wie oft

263 Kubizek 1995/6, S. 189f.

264 Ebda., S. 31.

265 Ebda., S. 32. Dort auch die folgenden Zitate.

hat mir mein Freund da oben von seinen Plänen erzählt. Mitunter geschah es, dass ihn das Gefühl überwältigte. Dann ließ er seiner Phantasie freien Lauf." Diese Augenblicke der Besinnung, der Konzentration und der Emphase waren jedoch nie von langer Dauer. Denn bei aller Liebe zur ewigen Natur – Adolf freute sich jedes Mal, wenn er seine Schritte wieder zurück in die ihm vertraute Stadt mit ihrem Getriebe lenken konnte. Denn Linz wurde nach der Ruhelosigkeit seiner ersten Lebensjahre, die ihm die Eltern aufgezwungen hatten, zu seinem Ruhepol, zu seiner Heimatstadt.

Architektur und Stadtplanung

Adolfs Liebe zu Linz hing auf das Engste mit seinem Faible für Architektur, Planen und Bauen zusammen. Offenbar hatte sich der Schulabbrecher in den ihm zugänglichen Bibliotheken einschlägige Literatur beschafft, aus der er in ästhetischer, historischer und konstruktiver Hinsicht das Erforderliche lernte. In Bezug auf die verschiedenen Baustile erteilte ihm schon die Barockstadt selbst, in welcher der Klassizismus nur bescheidene Spuren hinterlassen hatte, einen höchst anschaulichen Unterricht. In dem Kabinett, das ihm seine Mutter in der gemeinsamen Wohnung eingerichtet hatte, arbeitete der junge Hitler fast wie ein professioneller Architekt an einem Reißbrett aus, was er draußen gesehen oder durch Lektüre in sich aufgenommen hatte. Hier fertigte er eine Fülle von Skizzen, Zeichnungen und Entwürfen an, die ihn wie einen schützenden Wall umgaben. „Bei dem, was er in der Phantasie baute", urteilte sein Freund, „stand sein ganzes Wesen. Bis ins Innerste war er gepackt. Wenn ihn ein bestimmter Einfall erfasst hatte, war er davon wie besessen. Da existierte nichts anderes mehr für ihn. Er konnte darüber die Zeit, den Schlaf, den Hunger vergessen."[266]

Leider ist von diesen frühen Arbeiten so gut wie nichts erhalten geblieben. So utopisch manches auch anmuten mochte und so vermessen es für einen mittellosen Dilettanten wie Adolf auch war, felsenfest an die behördlich genehmigte Ausführbarkeit seiner Pläne zu glauben, fand sein Freund doch, dass es sich „um kein Phantasieren im Uferlosen" gehandelt habe. In Adolfs Gedanken sah August eine Logik walten, die für ihn etwas Bezwingendes hatte, wobei sich romantische Einfälle mit „äußerst modernen technischen Ideen" verbanden. „Es war kein zügelloses Schwelgen in unwirklichen Vorstellungen, vielmehr ein sehr diszipliniertes, in gewissem Sinne geradezu systematisches Vorgehen" – ein „Komponieren in Architektur", wie er es nannte.[267]

Adolf wurde nicht müde, die markante Stadtsilhouette von allen Seiten zu betrachten. Aber auch im Inneren von Linz gab es immer wieder Neues zu entdecken. Inbrünstig sog der Heranwachsende den Duft der Jahrhunderte ein, der Straßen und Plätze durchwehte. Pausenlos dachte er darüber

266 Ebda., S. 99.
267 Ebda., S. 105.

nach, wie sich die Infrastruktur sowie die Führung der Verkehrswege verbessern ließen. Gern flanierte er mit seinem Freund an Sonntagen über die Landstraße, den Ort des Sehens und Gesehenwerdens. Das eine Mal plante er ein neues Landestheater, an anderes Mal eine neue Donaubrücke, wieder ein anderes Mal beschäftigte ihn der Neu- oder Umbau einzelner Häuser und Plätze, der das Stadtbild günstig beeinflussen sollte. Den Linzer Bahnhof verlegte er in Gedanken kurzerhand an die Peripherie der Stadt. „Seine Leidenschaft, alles um sich zu verändern, feierte dabei wahre Triumphe", erinnerte sich Kubizek viele Jahrzehnte später. „Meistens lebte ein gutes Dutzend Bauvorhaben zugleich in seinem Kopfe."

Noch als sein Freund bereits in Wien war, musste ihm August, wenn er für einen kurzen Urlaub nach Hause fuhr, hin und wieder über den Fortschritt bei einzelnen Bauten und dessen Wirkung auf das Erscheinungsbild der Stadt als Ganzes berichten. Einmal, gegen Ende seiner Linzer Zeit, hatte sich Adolf sogar an einem offenen Wettbewerb für den Umbau des Landestheaters beteiligt. Er war maßlos enttäuscht, als er den Zuschlag nicht erhielt. Noch in den späteren Plänen des Diktators für den kolossalen Um- und Ausbau der Donaumetropole meinte sein früherer Freund, das Muster dieser ersten Entwürfe wiederzuentdecken.

Zeichnen und Malen

Obwohl er doch eigentlich Kunstmaler werden wollte, rangierte für Adolf das Zeichnen und Malen hinter seiner Vorliebe für Stadtplanung und Architektur. So jedenfalls hat sein früherer Jugendfreund die beiden Interessengebiete gegeneinander gewichtet. Meist pflegte Adolf einen rasch mit Bleistift hingeworfenen Umriss lediglich mit Temperafarben zu kolorieren. Seinen Aquarellen, die man nach Kubizeks Meinung eigentlich gar nicht so benennen darf, habe das „typische rasche Erfassen einer Atmosphäre, einer gewissen Stimmung, dieses Duftige, Zarte, das auch im fertigen Werk noch etwas vom frischen Hauch des Wassers verrät", gefehlt, sie seien „mit minutiöser Genauigkeit gepinselt" worden.[268]

Kubizek geht sogar noch einen Schritt weiter, indem er in seinen „Erinnerungen" behauptet, man dürfe von den vielen Aquarellen, die Hitler hinterließ, „keine künstlerischen Aufschlüsse erwarten. Er wollte damit nicht etwas, das ihn bewegte, zum Ausdruck bringen, sondern nur gefällige Bildchen malen. Meist suchte er auch dafür beliebte Gegenstände aus, mit Vorliebe Architektur, nur selten Landschaft. ... Malen war für Hitler etwas, das er nicht allzu ernst nahm, es blieb mehr oder weniger eine Beschäftigung, die sich am Rande des eingeschlagenen Weges vollzog, Malen war das Spiel mit einer Anlage, Bauen aber bedeutete viel mehr für ihn". – Für einen Mann, der sein Leben lang behauptete, er habe ursprünglich Kunstmaler werden wollen, der sich deswegen mit seinem Vater überwarf und zwei vergebliche Anläufe machte, um als Malschüler von der Kunst-

268 Ebda., S. 98. Dort auch das folgende Zitat.

hochschule Wien angenommen zu werden, klingen diese von der Nachwelt bisher völlig ignorierten Urteile einigermaßen erstaunlich. Sie bestätigen im Grund aber nur die bereits oben geäußerte Vermutung, dass der junge Hitler für seine eigentlichen Lebenspläne noch nicht die passende Formel gefunden hatte.

Theater und Oper

Neben der Architektur waren es vor allem Oper und Theater, für die sich der junge Hitler am meisten begeistern konnte. Schon früh, nämlich in Lambach, war er als Sängerknabe des dortigen Stiftes der Musik begegnet und hatte vielleicht auch gelegentlich an den Theateraufführungen von Pater Bernhard Grüner mitgewirkt. Vor dem Stimmbruch soll Adolf eine recht hübsche Singstimme gehabt haben; seine Eltern spendierten ihm Klavier- und Geigenstunden. Dennoch war seine musikalische Vorbildung, wie der fachlich beschlagene Kubizek urteilt, noch „sehr bescheiden", als die beiden einander kennen lernten.[269] Doch scheint sich dies aufgrund eigener Erlebnisse und unter dem Einfluss seines Musikerfreundes sehr schnell geändert zu haben. Um den edlen Wettstreit mit August zu bestehen, nahm Adolf in seiner Linzer Zeit vorübergehend sogar wieder Klavierstunden bei einem gewissen Josef Prewratzky.

Sehr bald wurde den beiden Freunden das Linzer Landestheater zu einer „Stätte innerer Erbauung" (August Kubizek), ja zu einer künstlerischen und sozialen Weihestätte. „Alles, was uns bewegte und beschäftigte, drehte sich irgendwie um das Theater. Während ich in meiner Phantasie die größten Theaterorchester dirigierte, baute Adolf mit noch viel größerem Einfallsreichtum Theatergebäude von wahrhaft grandiosen Ausmaßen."[270] Trotz einiger technischer Unzulänglichkeiten, einem verhältnismäßig kleinen Orchester und beengter Verhältnisse im Bühnenraum leistete das 1803 neu erbaute Haus, was die Qualität seiner Darbietungen anging, im Vergleich mit anderen Provinzbühnen durchaus Respektables. In buntem Wechsel brachte es sowohl Theater- als auch Operninszenierungen heraus. Gerade um 1900 erreichte es eine Hochblüte. Im Landestheater fanden jedoch auch Varietévorstellungen, Konzerte, Bälle und Festvorträge statt. Diese Bandbreite zeigt bereits, dass es sich hier nicht um einen elitären Kunsttempel handelte, sondern um ein echtes Volkstheater, in dessen Mauern „‚Adel und Bürger, Hofrat und Kanzlist, Geschäftsleute und Schneidermamsells, Offiziere und Zivilisten'" aufeinander trafen.[271] Nachdem frühere Direktoren und die Linzer Gesellschaft durch ihre Preis- und Programmgestaltung die untersten Bevölkerungsschichten vom Theatergenuss faktisch ausgeschlossen hatten, führte Direktor Alfred Cavar um das Jahr 1904 an Sonntagnachmittagen Extravorstellungen für Arbeiter zu ermäßigten Preisen ein.

269 Ebda., S. 76.
270 Ebda., S. 79.
271 Leonhartsberger 1995, S. 185.

„Wenn wir im Theater waren, hatte ich oftmals den Eindruck, als würde er über die höchst mangelhafte Wiedergabe hinweg ganz unmittelbar den künstlerischen Grundgehalt des Werkes erleben können", berichtete Kubizek anlässlich eines gemeinsamen Besuches von Richard Wagners *Lohengrin*. Die ernüchternde Tatsache, dass der Schwanenritter zur Erheiterung Elsas versehentlich aus dem Kahn in den Staub der Bühne fiel, schien seinen Freund nicht weiter zu stören. „Trotz dieser ungewöhnlichen Fähigkeit, sich einer Illusion hinzugeben, war Adolf auch, was die Zustände am Theater betraf, ein harter, strenger Kritiker."[272]

Schon bald waren die beiden Freunde so oft gemeinsam im Theater, wie sie es sich zeitlich und in Anbetracht ihrer bescheidenen finanziellen Mittel leisten konnten. Diese gemeinsame Übung setzten sie 1908 auch in Wien fort, wo sie durch mehr oder weniger häufige Besuche der weltberühmten Hofoper und des Hofburgtheaters, gelegentlich auch der Volksoper am Währinger Gürtel, noch eine Steigerung ihrer künstlerischen Genüsse erleben konnten. Besonders interessiert waren sie an den Werken Richard Wagners, mit dessen theoretischen Schriften sie sich ebenfalls beschäftigten, um dann hinterher, beseligt von ihren Erlebnissen, gemeinsam nach Hause zu gehen, meist in lebhafte Gespräche über die jeweilige Inszenierung vertieft. Auch auf ihren gemeinsamen Wanderungen und Spaziergängen war zwischen ihnen häufig genug gerade von jenem deutschen Komponisten die Rede.

„Zu jener Zeit war Richard Wagner schon seit mehr als zwanzig Jahren tot", rekapituliert Kubizek in seinen Erinnerungen die damalige Begeisterung.[273] „Aber der Kampf um die Durchsetzung seines Werkes war noch in vollem Gang. … Für uns gliederten sich die Menschen nur in zwei Kategorien: Freunde und Gegner Richard Wagners. Wenn ich heute den Streit um gewisse Erscheinungen in der modernen Musik beobachte und den gedämpften Eifer der Beteiligten sehe, kann ich nur mitleidig lächeln. Was ist das für ein harmloses Treiben gegenüber dem rauhen Kampfe, den wir für Richard Wagner führten …"

Vereinsmitgliedschaften

In Linz bzw. Urfahr durchbrach der Hitler Adolf die Isolierung, die ihm teils seine bisherigen Lebensumstände, teils aber auch seine kontemplativen Neigungen auferlegt hatten, indem er drei Vereinen beitrat – dem *Linzer Musikverein*,[274] dem *Oberösterreichischen Musealverein* (OÖMV)[275] und dem *Oberösterreichischen Volksbildungsverein* (OÖVV),[276] von denen er sich ebenfalls eine Vermehrung seines Wissens und seiner Bildung erhoffte. Wegen seines baldigen Wechsels nach Wien scheinen diese Mit-

272 Kubizek 1995/6, S. 80.
273 Ebda., S. 85
274 So Zerlik o. J., leider ohne Quellenangabe.
275 Kandl 1963/64, S. 60.
276 Slapnicka 1998, S. 32.

gliedschaften freilich nur kurze Zeit bestanden zu haben. Sie zeigen an, dass der junge Hitler über Architektur, Städtebau und Oper hinaus auch noch allgemein musikalische, historische und volkskundliche Interessen hatte.

Der *Linzer Musikverein* war 1821 nach dem Vorbild der *Gesellschaft der Musikfreunde in Wien* gegründet worden. Er diente der volksnahen Musikerziehung, insbesondere im Bereich des Gesanges und der Orchestermusik. Aus ihm ist das spätere Bruckner-Konservatorium hervorgegangen. Kurz bevor die Familie Hitler nach Leonding zog, hatte der in Linz geborene Wagner-, Liszt- und Bruckner-Verehrer August Göllerich 1896 das Amt des Musikdirektors übernommen. Unter ihm erlebte der Schulbetrieb zwar sowohl in quantitativer als auch in qualitativer Hinsicht einen bedeutenden Aufschwung, bewegte sich aber dennoch stets auf dem Niveau „von echten Liebhabern", wie es in einer Festschrift heißt.[277] Wie der junge Hitler über den gelegentlichen Besuch von Vereinskonzerten hinaus von diesen Anregungen profitiert haben könnte, ist nicht ersichtlich. Denkbar ist immerhin, dass er die 1905 neu eröffnete Knabenchor-Gesangschule besuchte, zumal er über entsprechende Vorkenntnisse aus Lambach verfügte.

Der *Oberösterreichische Musealverein* war 1833 als Spätfrucht der Romantik gegründet worden. Er leistete Pionierarbeit auf dem Gebiet der Landeskunde und Heimatgeschichte, dokumentierte sie und sicherte sie durch entsprechende Funde. Im Rahmen seiner bescheidenen Möglichkeiten diente der Verein somit wissenschaftlichen Zwecken, die in der Forschungstätigkeit und den Sammlungen des aus ihm später hervorgegangenen *Oberösterreichischen Landesmuseums* sowie in einem Jahrbuch und anderen Publikationen zum Ausdruck kamen. Viel zur Gelehrsamkeit von Verein und Museum hatte die historische Schule St. Florians und anderer Klöster beigetragen. Als Referent für Kunst und Altertum zählte Adalbert Stifter von 1852 bis 1868 zum Mitarbeiterkreis. Kaiser Franz Joseph I. übergab dem Landesmuseum 1895 ein neues Gebäude, in dem auch der Musealverein seine Aktivitäten entfalten konnte. Der prunkvolle Neubau war für Adolf von Urfahr aus bequem zu erreichen.

Im Gegensatz zum OÖMV diente der *Oberösterreichische Volkbildungsverein* (OÖVV), wie sein Name schon andeutet, einer breiten, d.h. volksnahen Bildungsarbeit. 1872 gegründet, stand die Organisation sowohl Männern als auch Frauen aus allen Schichten, Konfessionen und politischen Richtungen in Stadt und Land offen. Obwohl im Kern bürgerlich und kaisertreu, engagierte sich der Verein auch für die liberalen und demokratischen Tendenzen seiner Zeit bis hin zur österreichischen Sozialdemokratie. Das Vereinsorgan *Der Volksbote* wurde gratis an die Mitglieder verteilt, der Mitgliedsbeitrag war für fast jeden Geldbeutel erschwinglich. Der Verein arbeitete in so genannten Ortsgruppen, die in Oberösterreich ein ausgedehntes Filialnetz bildeten; eine solche Ortsgruppe bestand auch

277 Jerger 1963, S. 23.

in Urfahr. Unter dem Motto „Bildung ist Macht“ veranstaltete der OÖVV in den Jahren 1900 bis 1911 Vorträge und gab Schriften vornehmlich geistes-, kultur- und gesellschaftswissenschaftlichen Inhalts heraus. Wo immer er tätig war, unterhielt er Leihbüchereien, förderte die Einrichtung von Kindergärten und unterstützte die Volksschulen mit Lern- und Lehrmitteln. Professor Pötsch zählte zu den Vortragsrednern des OÖVV. Vielleicht hatte er Adolf an den Verein herangeführt. Auf jeden Fall konnte Pötsch seine Zuhörer auch hier für seine Sicht der vorgeschichtlichen Germanenwelt begeistern.

Geschichte und Politik

Bei aller Begeisterung für Architektur und Stadtplanung, Oper und Theater, Volkskunde und Geschichte fasste Adolf Hitler, wie bereits dargelegt, den wesentlichen Ertrag seiner Linzer bzw. Urfahrer Jahre in seinem Nationalismus und in seiner Behauptung zusammen, er habe damals gelernt, „*Geschichte ihrem Sinne nach (zu) verstehen und begreifen.*“ (Hervorhebung im Original)[278] Beides, seine nationalistische Haltung und sein kongeniales Verständnis von Geschichte, gehörte offenbar in einem später noch zu erörternden Sinn auf das Engste zusammen. Gemeinsam mit Architektur und Oper bildeten sie jenen Urgrund, in dem der junge Hitler wurzelte und auf dem er im Laufe der folgenden Jahre zum zunächst erfolgreichen Politiker des demokratischen Massenzeitalters gewachsen ist.

Auf die deutschnationale Einstellung seiner Schulkameraden wurde bereits hingewiesen. Vielleicht ist Hitlers spätere Behauptung, er habe „schon in verhältnismäßig früher Jugend am Nationalitätenkampf des alten Österreich“ teilgenommen, etwas hoch gegriffen.[279] Aber ganz unberechtigt ist sie auch wieder nicht, denn er sammelte als Schüler für den *Deutschen Schutzverein Südmark* und provozierte seine Lehrer dadurch, dass er sich hin und wieder die blaue Kornblume an seinen Janker steckte, angeblich die Lieblingsblume der preußisch-deutschen Kaiserin Auguste Viktoria und tatsächlich das Erkennungssymbol der alldeutschen Bewegung. Vielleicht sang Adolf gemeinsam mit seinen Kameraden hin und wieder „Deutschland, Deutschland über alles“ oder „Die Wacht am Rhein“, wenn ihm danach zumute war, und wahrscheinlich rief er verbotenerweise auch „Heil“ statt „Hurra“, wenn der Kaiser in seinem Sonderzug wieder einmal Linz passierte. Aber das waren für ihn offenbar nur Nebensächlichkeiten. Denn in *Mein Kampf* legte er Wert auf die aus seiner Sicht gewichtigere Feststellung, der Unterschied zwischen „dynastischem ‚Patriotismus‘ und völkischem ‚Nationalismus‘“ sei ihm schon im Alter von 15 Jahren, also 1904, aufgegangen,[280] und zwar nichts weniger als in dessen weltgeschichtlichem Zusammenhang. Das heißt, er nahm eine intellektuelle Anstrengung, zu-

278 Hitler 1925 I, S. 8.
279 Ebda., S. 10 f.
280 Ebda.

mindest aber ein bestimmtes Wissen für sich in Anspruch, das für sein deutschnationales Engagement offenbar grundlegend war.

Tatsächlich gilt es schon seit Langem als erwiesen, „dass Hitler in Linz deutschnational sozialisiert“ worden ist,[281] wenngleich einige Einzelheiten dieses Prozesses nur der völlig unpolitische August Kubizek überliefert hat. Die wichtige Frage, wann, wie und mit welcher Tiefenwirkung dieser Prozess im Einzelnen abgelaufen ist, kann daher trotz aller Bemühungen, dafür weitere dokumentarische Belege zu finden, noch immer nicht mit der an sich wünschenswerten Schärfe beantwortet werden.

Immerhin ist soviel bekannt, dass es neben dem deutschnationalen Klima, das an der Realschule herrschte und Adolf in seinen Bann zog, in Linz jene bereits erwähnten Studentenverbindungen des „Germanenbundes“ gab, in denen Schüler schon im Alter von 15 Jahren mitwirken konnten. So erwog die Verbindung mit dem programmatischen Namen „Walhalla“ im Juli 1903 offenbar vorübergehend auch, „den als besonders national eingeschätzten Adolf Hitler ... zu gewinnen“, obwohl dieser eben erst das 14. Lebensjahr vollendet hatte. Den Gedanken habe man dann aber fallen lassen, so heißt es, weil der Realschüler von Leonding nach Linz einen zu weiten Weg hatte, um regelmäßig am Verbindungsleben teilzunehmen.[282] Sollte diese Darstellung zutreffen – und daran kann eigentlich kein Zweifel bestehen –, hatte sich Adolf mit der deutschnationalen Sache schon vor 1903 identifiziert, als sein Vater noch lebte. Das heißt: Zwischen diesem Zeitpunkt und seiner Freundschaft mit Kubizek tut sich eine zeitliche Lücke von etwa zwei Jahren auf, in denen sich Hitler dem Deutschnationalismus im Wesentlichen durch seine Lektüre und seine schulischen Erfahrungen genähert hat.

In der Tat scheint ein Leseerlebnis der konkrete Auslöser gewesen zu sein – gewissermaßen der „Urknall“, nach dem alles andere kam. Dieses Erlebnis war bezeichnenderweise wiederum ein kontemplativer Akt. Adolf entdeckte nämlich im Bücherschrank seines Vaters „zwei Bände einer illustrierten Zeitschrift“, die in populärer Form den deutsch-französischen Krieg von 1870/71 beschrieb. „Nicht lange dauerte es“, so heißt es dazu in *Mein Kampf* in erfreulicher, wenn auch nicht weiter überprüfbarer Genauigkeit, „und der große Heldenkampf war mir zum größten inneren Erlebnis geworden. ... Zum ersten Male wurde mir, wenn auch in noch unklarer Vorstellung, die Frage aufgedrängt, ob und welch ein Unterschied denn zwischen den diese Schlachten schlagenden Deutschen und den anderen sei? Warum hat denn nicht auch Österreich mitgekämpft in diesem Kriege, warum nicht der Vater und nicht all die anderen auch? Sind wir denn nicht auch dasselbe wie eben alle anderen Deutschen? Gehören wir denn nicht alle zusammen? ... Mit innerem Neide musste ich auf vorsichtige Fragen die Antwort vernehmen, dass nicht jeder Deutsche das Glück besitze, dem Reich Bismarcks anzugehören. Ich konnte dies nicht begreifen.“[283]

281 John 2001, S. 1381.

282 Kandl 1963/64, S. 13 und 58.

283 Hitler 1925 I, S. 4 f.

Zwar bringt Kubizek in seinen Erinnerungen Hitlers politische und künstlerische Sozialisation auf eine prägnante Formel, wenn er schreibt: „Die Linzer Jahre standen im Zeichen der Kunst, die nachfolgenden Wiener Jahre im Zeichen der Politik." Bezieht man aber Hitlers soeben zitierte Darstellung in die Betrachtung ein, handelte es sich bei seiner Sozialisation nicht um eine Entwicklung, bei der politische Interessen die künstlerischen ablösten, also um einen konsekutiven Prozess. Vielmehr stand sein historisches und politisches Interesse für die deutsche Frage am Anfang und überschattete von vornherein offenbar alle anderen Aktivitäten, auch diejenigen künstlerischer Art. Dieser Punkt, den die Hitler-Biographik bisher übersehen hat, ist für das Gesamtverständnis seiner persönlichen Entwicklung von größter Wichtigkeit und verdient es infolgedessen, hier mit Nachdruck festgehalten zu werden.

Seinen weiteren Weg in die Politik hat Adolf Hitler ebenfalls detailliert in seiner autobiographischen Kampfschrift beschrieben. So will er erst in Wien, von dem er später zugab, dass er es hasste, den „Völkerbrei" der österreichisch-ungarischen Doppelmonarchie, die soziale Frage, den „Mangel an ‚Nationalstolz'", den Marxismus und die Kampfmethoden der Arbeiterbewegung, die Sozialdemokratie und die christlichsoziale Bewegung, das Judentum, den Parlamentarismus und die westliche Demokratie hautnah und leidvoll kennen gelernt haben. Jedes dieser anscheinend existentiellen Erlebnisse habe er dazu noch durch gründliche Lektüre von Literatur und Tagespresse sowie durch theoretische Reflektionen bis hin zu endgültigen Erkenntnissen vertieft. Im Verlauf dieser Entwicklung, so schließlich Hitlers Resümee, habe er sich „vom schwächlichen Weltbürger zum fanatischen Antisemiten" gewandelt,[284] der im August 1914, bei Ausbruch des Ersten Weltkriegs, begeistert und „von den ärgerlichen Empfindungen der Jugend" erlöst,[285] als Freiwilliger zu den Fahnen des bayerischen Heeres geeilt sei. Ob dies alles der Wahrheit entspricht, wird sich wohl kaum jemals wirklich ermitteln lassen. Aber einige dieser vermeintlichen Stationen werden wir im Lauf unserer Darstellung noch etwas gründlicher untersuchen müssen.

9. Kapitel: Der Wendepunkt

Reifungsprozess

Die zweieinhalb Jahre vor seinem Weggang nach Wien verbrachte der Hitler Adolf keineswegs in jener „Hohlheit des gemächlichen Lebens", die ihnen Adolf Hitler in *Mein Kampf* bescheinigt hat.[286] Diese Darstellung ist nichts weiter als eine willkürliche Fabrikation, die sich der Autor einfallen ließ, um jenen angeblich paradiesischen Zustand möglichst wirkungsvoll gegen die folgenden Wander- und Notjahre sowie die damit angeblich ver-

284 Ebda., S. 69.
285 Ebda., S. 177.
286 Hitler 1925 I, S. 20.

bundenen politischen Erweckungserlebnisse abzuheben. Zwar wurde sie von der Nachwelt geradezu dankbar übernommen, weil sie das weit verbreitete Klischee vom arbeitsscheuen Taugenichts zu untermauern schien. Sie verträgt sich aber kaum mit den Realitäten der Jahre 1905 bis 1908.

Denn jene Jahre waren für Adolf alles andere als paradiesisch. Vielmehr durchlebte der junge Mann damals nach dem sehr wahrscheinlich zutreffenden Urteil seines Freundes Kubizek „eine schwere Krise",[287] die anfangs auch noch seinen Aufenthalt in Wien überschattet hat. Maßgebend dafür war weniger jenes Lungenleiden, das sich der spätere „Führer" selbst attestierte und das auch Kubizek für gegeben hielt, weil er in seinen „Erinnerungen" behauptet, er habe Hitler in Linz „nahezu täglich" am Krankenbett besucht.[288] Ein solches Leiden ist jedenfalls aktenmäßig nicht nachweisbar, und der Hausarzt der Familie, Dr. Bloch, der es eigentlich genau hätte wissen müssen, stellte angesichts anders lautender Gerüchte nur kopfschüttelnd fest: Bei Adolf sei – außer gelegentlichen Halsentzündungen – in gesundheitlicher Hinsicht „nie etwas ernsthaft in Unordnung" gewesen. Seiner Meinung nach hat der Bub damals hauptsächlich „nach innen" gelebt.[289]

Tatsächlich gibt es Gründe genug, für jene Jugendjahre ein Leiden ganz anderer Art anzunehmen, das sich hinter dem Schulabbruch und der Hingabe an ein brotloses *studium generale* verbarg. Allein schon das äußere Erscheinungsbild und das Verhalten des jungen Hitler sprechen dafür. Bloch schildert ihn geradezu als „zerbrechlich".[290] Nach den Beobachtungen eines seiner Lehrer unterbrach der Stubengelehrte seine Studien oft, um aufgewühlt in der Gegend umherzurennen, um Zwiesprache mit windbewegten Bäumen zu halten oder erregt auf seinen Freund „Gustl" einzureden, den einzigen, den er hatte.[291] All diese Symptome und Sonderbarkeiten waren nicht Anzeichen für eine körperliche Krankheit oder für eine schon früh einsetzende geistige Verwirrung, wie oft behauptet wurde, sondern Symptome eines überaus schmerzhaften Reifungsprozesses.

Wie war Adolfs Ausgangslage? Der erst vor zwei Jahren verstorbene Vater hatte seinen Sohn auf eine weiterführende Schule geschickt, „um ihm jene Ausbildung zu ermöglichen, die ihm einst verwehrt gewesen war".[292] Auch Adolf war im Grund genommen bildungswillig, wie seine studentischen Aktivitäten zeigen. Nur hatte ihn der starre Anstaltsbetrieb der Lin-

---

287 Kubizek 1995/6, S. 62.

288 Hitler 1925 I, S. 16, der Autor beruft sich hier auf ein solches „schweres Lungenleiden" als Grund für das ebenso schnelle wie ruhmlose Ende seiner Schullaufbahn im Herbst 1905. Kubizek 1995/6, S. 62, vermutet als Ursache einen Lungenspitzenkartarrh, Schwester Paula soll von einem Blutsturz geredet haben, wieder andere Beobachter suggerierten ein Magenleiden.

289 NACP, Records of the OSS, Record Group 226, Box 2: „Hitler's Source Book", Bloch, Dr. E., My patient Hitler as Told to J. D. Radcliff. Collier's, 15. März 1941, S. 26.

290 Ebda., S. 25.

291 Jetzinger, 1956, S. 107, Beobachtungen des Lehrers Gissinger.

292 NACP, Records of the OSS, Record Group 226, Box 2: „Hitler's Source Book", Bloch, Dr. E., My patient Hitler as Told to J. D. Radcliff. Collier's, 15. März 1941, S. 25.

zer Realschule abgestoßen, zumal deren Besuch ja von Anfang an nur als Voraussetzung für den verhassten Beamtenberuf gedacht worden war. So leicht, wie er es später in *Mein Kampf* darstellte, wird es Adolf denn auch kaum gefallen sein, zweimal nacheinander unrühmlich aus einem Klassen- bzw. Schulverband auszuscheiden. Schließlich war der sechzehn Jahre alte Pennäler klug genug, um sich auszumalen, was das für sein weiteres Leben bedeuten würde – nämlich genau jene soziale Deklassierung, die dem von ihm erträumten Aufstieg zu führenden gesellschaftlichen Positionen nun im Wege stand.

Hinzu kam die fast tragische Note, welche die Auseinandersetzung um seine berufliche Zukunft durch den frühen Tod des Vaters erhalten hatte. Mochte Adolf unter dessen Strenge und Schlägen auch noch so oft gelitten haben – im Grunde betrachtete er die väterliche Autorität als Vorbild, das ihm nun plötzlich abhanden gekommen war. Übrig blieb nur die geliebte Mutter, die freilich zunächst noch auf Erfüllung der väterlichen Wünsche bestand. Sie hatte sich das, was ihr Sohn als Realschüler nicht zum Familieneinkommen beitragen konnte, seit 1903 buchstäblich vom Mund abgespart, um ihm Schulbesuch und eigene Studien zu ermöglichen. Es war ein Opfer, das wegzuwerfen Adolf gewiss nicht leicht fiel, als er die Schule verließ, soviel Erleichterung er über Letzteres auch empfand.

Was seinen weiteren Bildungsweg angeht, befand sich Adolf vor seinem Weggang nach Wien in einer äußerst schwierigen Situation, aus der ihm der „elementare Hass" auf die Schule allein, die August Kubizek an ihm beobachtete, keinen Ausweg weisen konnte. Die Heftigkeit dieser Abneigung verrät dem kundigen Nachbetrachter vielmehr Adolfs heimlichen Wunsch, den Schulbesuch unter anderen Umständen, mit anderen Zielen und besseren Ergebnissen fortzusetzen, um am Ende vielleicht doch noch den erträumten Erfolg zu haben. Nach dem Konflikt mit seinem Vater war es das zweite Mal in seinem Leben, dass der Heranwachsende eine so zwiespältige und mit so vielen widerstreitenden Gefühlen beladene Situation zu meistern hatte. Den Ausweg, den er wählte, bildete der von ihm geplante Besuch der Akademie der bildenden Künste in Wien.

Wie hat man sich den so vielseitig beschäftigten Schulabbrecher und Studenten von seinem 16. bis 19. Lebensjahr vorzustellen? Vorbei die Zeiten, in denen der kleine Lausbub – sei es in Siegerpose, sei es als Außenseiter – auf den Gruppenbildern seiner Klasse zu sehen war. Vom heranwachsenden Hitler Adolf scheint es kein fotografisches Porträt zu geben, jedoch hat sein Profil ein früherer Mitschüler namens Sturmlechner, wenn auch nicht meisterlich, so doch recht glaubhaft mit dem Zeichenstift festgehalten.[293] Es zeigt das unreife Gesicht eines Knaben mit Himmelfahrtsnase und struppigem Haar, der wohl kaum ein Mädchenschwarm war. Im Übrigen ist man auf verbale Beschreibungen von Zeitgenossen angewiesen.

Während seiner Pubertät schoss Adolf enorm in die Höhe, bis er mit seinen fast 1,80 m so groß wie ein Erwachsener war. Die kurzen Hosen,

293 Kubizek 1995/6, Bildtafel gegenüber S. 112.

den Janker und den Sepplhut tauschte er gegen einen dürftigen, an Ärmeln und Kragen abgewetzten Anzug aus, der in einem undefinierbaren Mischfarbton gehalten war. Nur wenn Adolf abends ins Landestheater ging, wertete er seine Kleidung stutzerhaft mit Hut, Umhang und Spazierstock auf. Seinem Freund erschien er als „ernster, reifer als die meisten Menschen seines Alters".[294] Sein Lehrer Theodor Gissinger erinnert sich: „Seine Gestalt war schlank und aufrecht, sein Gesicht meist blass und sehr mager, beinah wie das eines Lungenkranken, sein Blick offen, die Augen leuchtend."[295] Dem Hausarzt Dr. Bloch fiel der „geschreckte Blick" des Jungen auf. Für Alfred Jetzinger bot er rückblickend sogar den Anblick eines „Schwindsüchtigen".

Aus diesem wenig vorteilhaften Erscheinungsbild stachen angenehm oder unheimlich oder doch wenigstens irgendwie anrührend lediglich die hellen Augen mit ihrem eindringlichen Blick hervor. In ihnen spiegelte sich das innere Drama wider, das der junge Mann durchlief. „Es war unheimlich, wie sich der Ausdruck dieser Augen ändern konnte, insbesondere wenn Adolf sprach", so erinnerte sich sein Freund Kubizek später.[296] „Adolf sprach ja tatsächlich mit den Augen. Auch wenn der Mund schwieg, wusste man, was er sagen wollte. Als er zum ersten Male in unser Haus kam und ich ihn meiner Mutter vorstellte, sagte diese abends vor dem Schlafengehen zu mir: ‚Was hat nur dein Freund für Augen!' Und ich kann mich erinnern, dass mehr Erschrecken als Bewunderung in ihren Worten lag." Was mag Kubizeks Mutter zu dieser Äußerung bewogen haben? Woher rührte die sprechende Kraft dieser Augen? Was machte ihren Blick so unheimlich? Wahrscheinlich wird man das niemals ergründen können. Wenn aber ein junger Mensch von sechzehn, siebzehn Jahren bereits über ein so beredtes Augenspiel verfügte, liegt die Vermutung nahe, dass hinter seiner Stirn allerhand vor sich ging. Dafür spricht auch die wort- und nuancenreiche Beschreibung, die August Kubizek von der Unruhe, Sprunghaftigkeit, Kreativität, Emotionalität, Begeisterungs- und Leidensfähigkeit seines Freundes gegeben hat.

Statt uns in Spekulationen über die seelischen Ursachen dieser Anlagen zu verlieren, die möglicherweise auf Abwege führen, wollen wir uns hier an die nachprüfbaren Fakten halten, die das Wachsen und Werden dieser sonderbaren Persönlichkeit in ihren jungen Jahren beeinflusst haben. Das sind Adolfs erste Liebe zu einem Mädchen, Krankheit und Tod der Mutter sowie die Staatskrise, von der die österreichisch-ungarische Doppelmonarchie seit der Jahrhundertwende erfasst worden war. Mit der Nachprüfbarkeit ist es aber so eine Sache, weil es für die kritischen Jahre 1905 bis 1907 im Wesentlichen nur zwei problematische Primärquellen gibt, nämlich Kubizeks „Erinnerungen" und *Mein Kampf*. Hinzu kommen als dritte Quelle die Aussagen des Hausarztes Dr. Bloch, die aber, wie wir wis-

294 Ebda., S. 131.
295 Op. cit. Jetzinger 1956, S. 107.
296 Kubizek 1995/6, S. 29.

sen[297], unter der Gefahr für Leib und Leben entstanden sind und den jungen Hitler deshalb vielleicht etwas positiver schildern, als er wirklich war. Wie in manch anderer Beziehung wird es deshalb auch jetzt wieder nicht ganz einfach sein, Legende und Wirklichkeit sauber auseinanderzuhalten. Im Übrigen überrascht es kaum, dass der kommende politische „Führer“ Deutschlands in seiner autobiographischen Kampfschrift mit keinem einzigen Wort zu seiner ersten und einzigen Jugendliebe Stellung genommen hat, die allem Anschein nach unglücklich verlaufen und deshalb unerfüllt geblieben ist.

Schwärmerische Liebe

Im Frühsommer 1906[298] fiel Adolf beim Bummel durch die Linzer Innenstadt, den er mit seinem Freund abends zu unternehmen pflegte, ein junges Mädchen namens Stefanie Isak auf.[299] Es handelte sich um eine offenbar etwa gleichaltrige Bürgerstochter, die am Arm ihrer Mutter ebenfalls dort spazieren ging und die, wie sich herausstellte, auch in Urfahr wohnte. Die damaligen Anstandsregeln erlaubten es Adolf nicht, die junge Dame auf offener Straße anzusprechen; dazu hätte es erst eines gegenseitigen Vorstellens durch einen Dritten bedurft. Umgekehrt wäre es undenkbar gewesen, dass das Mädchen – wie von Adolf je länger, desto mehr erträumt – von sich aus auf die jungen Männer zuging. So blieb den beiden Freunden nichts anderes übrig, als die blonde und offenbar recht gut aussehende Person[300] aus der Ferne zu beobachten, und da es nie zu einer näheren

297 Vgl. Einleitung, Ausführungen zur Quellenlage.

298 Kubizek 1995/6, S. 64, datiert den Beginn des Flirts auf das Jahr 1905. Da er Hitler aber erst im Herbst 1905 kennen gelernt haben kann – vgl. dazu Teil I, Kapitel 8, Anm. 251 – ist frühestens von Frühsommer 1906 auszugehen. Vgl. dazu auch die Erkenntnisse bei Jetzinger 1956, S. 143 ff. Wie lange sich Hitler innerlich mit diesem Mädchen beschäftigt hat, muss naturgemäß offen bleiben.

299 Der ursprünglich von Jetzinger überlieferte Nachname Rabatsch bezieht sich darauf, dass Stefanie, die Tochter eines Landgerichtsrates, 1910 einen k.u.k. Hauptmann dieses Namens geheiratet hat. Ihr Mädchenname Isak wurde erst von Joachimsthaler 2003, S. 48, ermittelt. Entgegen vielfachen Spekulationen vor allem in der britischen Sensationspresse war die Familie Isak nicht jüdischer Abstammung, worauf die Ähnlichkeit mit „Isaak“ auf den ersten Blick hindeuten könnte. Zwar war Stefanie, wie sie später Jetzinger sagte, wegen dieser Ähnlichkeit in Linz wohl selbst des Öfteren für eine Jüdin gehalten worden. Ob dies auch für den jungen Hitler galt, wie Jetzinger vermutet, muss jedoch dahingestellt bleiben. Der in Süddeutschland recht weitverbreitete Name Isak war dem jungen Hitler jedenfalls bekannt, weil er Stefanie aus Wien offenbar einen Brief geschrieben hat, wie Jetzinger berichtet. Frau Rabatsch konnte sich jedoch an keine Einzelheiten erinnern. Möglicherweise hatte ihr Hitler anonym geschrieben.

300 So die Beschreibung Kubizeks 1995/6, S. 65, der zwei Fotografien vorlegen konnte. Ebda., Abbildungen S. 128 und S. 144 ff. Diese stammen angeblich von dem Fotografen Hans Zivny aus Urfahr. Doch ist nicht einwandfrei erwiesen, ob die beiden hier abgebildeten Personen miteinander und mit „Stefanie“ identisch sind, deren Nachnamen Kubizek mit Rücksicht auf die Anonymität der betreffenden Person nicht bekannt geben wollte. Erst Jetzinger lüftete Stefanies Identität.

Berührung kam, ist es dann auch bei diesem wahrscheinlich einseitigen Blickkontakt geblieben.

Wichtiger als die zwischen August Kubizek und Alfred Jetzinger umstrittenen Einzelheiten dieser Fernstenliebe sind die Reaktionen, die sein Freund an Adolf beobachtet hat, und die Schlussfolgerungen, die dieser angeblich aus der Unnahbarkeit der jungen Schönen zog. Sie spiegeln den inneren Tumult, den diese erste, wenn auch nur flüchtige Begegnung mit dem weiblichen Geschlecht in ihm auslöste, eindringlich genug wider. Zunächst hatten die Begegnungen mit Stefanie auf Adolf freilich noch eine wohltuende Wirkung ausgelöst. Der sonst in seine Studien verbohrte Jüngling wurde plötzlich weich und zugänglich, „wie verwandelt".[301] Schon bald aber begann sich Adolf auf die junge Dame zu fixieren, bedachte alle nur denkbaren Nebenbuhler mit seiner Eifersucht und steigerte sich bisweilen ekstatisch in eine Phantasiewelt hinein, in der Stefanie augenscheinlich mit der Welt der germanischen Mythen verschmolz, wie Richard Wagner sie einst gesehen hatte. Schließlich träumte Adolf davon, nach Bewährung als akademischer Maler mit Erfolg um die Hand der jungen Dame anhalten zu können. Bis dahin erwartete er von ihr wie selbstverständlich Treue und Enthaltsamkeit.

Das Besondere an der Reaktion des unglücklichen Schwärmers bestand ferner darin, dass er zunächst allerlei Pläne schmiedete, durch die er felsenfest hoffte, die sich vor ihm auftürmenden Hindernisse überwinden zu können. Das Zweite war der unbedingte Glaube an die beiderseitige Intuition – auch ohne dass er und Stefanie jemals nur ein einziges Wort gewechselt hätten, ging Adolf davon aus, dass die Angebetete ihn sofort erhören würde, sobald sie Tiefe und Glut seiner Liebe erkannte, und zwar ganz einfach deshalb, weil sie, wie er annahm, ein ebenso außergewöhnlicher Mensch sei wie er und über die gleichen telepathischen Fähigkeiten verfügte. Im Gegensatz dazu verknüpfte er seine Schwärmerei, drittens, mit der ganz praktischen Erkenntnis, dass er beruflich erst etwas werden müsse, bevor er bei Stefanie die verdiente Chance bekam. Dann wollte er für sie und sich selbst ein gemeinsames von ihm selbst entworfenes Haus im Stil der Renaissance erbauen lassen.

Einerseits verschanzte sich Adolf damit hinter bürgerlichen Konventionen wie hinter einem Schutzwall, nur um dem Mädchen nicht nähertreten zu müssen, andererseits aber verachtete er die bürgerliche Welt, der Stefanie angehörte. Dieser Widerspruch wird uns später noch weiter beschäftigen.[302] Fest steht einstweilen nur, dass Adolf diesen Widerspruch nicht aus eigener Kraft und auch nicht mit Hilfe seines wohlwollenden Freundes auflösen konnte, dass er darunter litt und dass er sich schließlich in eine Scheinwelt flüchtete, in der er glaubte, sich des von ihm geliebten Wesens sicher zu sein, ohne die geringste Aussicht zu haben, es jemals auch wirklich zu besitzen. So blieb die junge Schöne aus Urfahr für Adolf nichts wei-

301 Kubizek 1995/6, S. 65 f. Dort auch das Folgende.

302 Vgl. Teil 3, 7. Kapitel, S. 460.

ter als „ein Wesen seiner Traumwelt, in das er seine Wünsche, Pläne und Ideen hineinprojizieren konnte“. Sein Jugendfreund Kubizek leitete aus diesem Befund allgemeine Schlüsse auf Hitlers Wesen ab, die wir hier nicht verschweigen wollen, weil sie etwas Richtiges zu treffen scheinen: „So bewahrte er sich selbst davor, vom eigenen Weg abzukommen, ja noch mehr, dieses eigentümliche Verhältnis steigerte durch die Kraft der Liebe sein eigenes Wollen. ... Das Ineinandergreifen von Traum und Wirklichkeit ist für den jungen Hitler charakteristisch.“[303]

Krankheit und Tod der Mutter

Das schwere Brustkrebsleiden, das die Hitler Klara vom 18. Januar bis zu ihrem Tod am 21. Dezember 1907 durchlitt, überschattete das scheinbar so sorglose Leben ihres Sohnes Adolf ebenfalls mehr und mehr. Die Operation, die in Gegenwart von Dr. Bloch stattfand und bei der ihr die linke Brust abgenommen wurde, verlief zwar gut. Klara wurde am 5. Februar als „geheilt“ aus dem Linzer „Krankenhaus der Barmherzigen Schwestern“ entlassen. Sie schien sich zunächst zu erholen, zog im Juli von Linz nach Urfahr um und konnte dort wieder einkaufen gehen. Im Sommer besuchte sie gemeinsam mit Sohn Adolf und Tochter Paula ein letztes Mal ihr Heimatdorf Spital, um bei ihrer dort wohnenden Schwester Theresa ein wenig zu verschnaufen. Aber schon im April hatte Klara eine weitere Krise erlebt, so dass sie Dr. Bloch von da an des Öfteren konsultieren musste.[304] Die schlimmste Phase, die nach qualvollem Leiden zu ihrem Tod führte, trat jedoch erst im November 1907 ein.

Die schwere Krankheit der verwitweten Hitler Klara war für ihre Familie eine sehr ernste Prüfung. Die beiden unmündigen Kinder Adolf und Paula sowie die „Hani“-Tante machten sich schon deshalb große Sorgen, weil niemand Dauer, Verlauf und Ausgang vorhersagen konnte. Krebs war ein damals noch weitgehend unerforschtes Leiden. Wenn Klaras Angehörige aber in das zunehmend sorgenvolle Gesicht des Hausarztes blickten, mussten sie spätestens seit dem Sommer mit dem Schlimmsten rechnen. Rückblickend konstatiert Dr. Bloch, er habe den Fall sogar schon im Januar 1907 für unheilbar gehalten.[305] Zu diesen Zeitpunkt hatten sich Metastasen, wie man bei der Operation feststellte, schon im Rippenfell ausgebreitet. Dennoch verordnete er der geduldigen Kranken noch Ende Oktober eine so genannte Jodoformbehandlung, bei der Klara mit Jod getränkte Gaze auf ihre mittlerweile eiternden Wunden gelegt wurde. Offenbar war ihre Krebsgeschwulst nach außen durchgebrochen. Diese Behandlung war

303 Kubizek 1995/6, S. 74.

304 Einzelheiten der Datierungen bei Binion 1978, S. 32 bzw. S. 105 ff., der sich auf Dr. Blochs Krankenblätter stützen konnte. Hamann 1996/4, S. 51, datiert den zweiten Aufbruch Hitlers nach Wien, für den kein Heimatschein vorzuliegen scheint, ohne Begründung auf Anfang 1907.

305 Binion 1978, S. 33.

ebenso schmerzhaft wie nutzlos. Sie hat das tödliche Krebsleiden weder verkürzt noch verlängert.

Neben Dr. Bloch trug der jetzt 18 Jahre alte Adolf die Hauptverantwortung für seine Mutter – die ältere Halbschwester Angela war ja, um zu heiraten, schon 1903 aus dem Haus gegangen. Adolf war der älteste noch lebende leibliche Sohn. Er lebte mit Klara, Paula und der „Hani"-Tante in Urfahr zusammen. Obwohl der junge Hitler bei allem, was ihn sonst noch beschäftigte, genügend Zeit hatte, um sich intensiv um seine kranke Mutter zu kümmern, tat er es nicht kontinuierlich, sondern mit einer auffallenden Unterbrechung. Denn zwischen dem ersten Gespräch, das er am 27. September mit Dr. Bloch über Klaras bedenklichen Gesundheitszustand führte, und der nächsten Konsultation Ende Oktober klafft eine Lücke von drei Wochen. Erst von diesem Zeitpunkt bis zu ihrem Tod Ende Dezember nahm sich Adolf seiner Mutter wieder kontinuierlich an, und zwar mit einer Bedingungslosigkeit, die nach Blochs und Kubizeks übereinstimmender Meinung von Liebe, Hingabe und „überströmender Zärtlichkeit" (Paula Wolf) zeugte. Seither haben alle, die seine Sorge um Krankenlager und Haushalt aus nächster Nähe miterlebten, ein hohes Lied auf die angeblich symbiotische Herzensbeziehung zwischen Sohn und Mutter gesungen. Doch klafft in diesem Mythos, der die Hitler-Biographik bis heute durchzieht, das finstere Loch jener drei Wochen.

Nachdem er die Reichshauptstadt im Frühsommer 1906 schon einmal besucht hatte, begab sich Hitler nämlich im Frühherbst 1907 zum zweiten Mal nach Wien.[306] Bei seinem ersten Aufenthalt, der angeblich nur einer Lustreise glich, hatte er die Hauptsehenswürdigkeiten der Ringstraße bewundert, die „wie ein Zauber aus Tausendundeiner Nacht" auf ihn wirkten, Gemäldegalerie sowie Hofoper besucht und sich nach Stefanie gesehnt, der die beiden Freunde den Tarnnamen „Benkieser" gegeben hatten.[307] Dagegen wollte sich der junge Hitler im Frühherbst 1907 der Aufnahmeprüfung für die Malklasse der Akademie der Künste stellen. Angeblich hatte seine Mutter in diese Entscheidung schon 1905, am Ende seiner Realschulzeit, eingewilligt. Tatsächlich aber nabelte sich Hitler im Frühherbst 1907 von ihr mit einer Härte ab, die ihm bisher keiner seiner

306 Über die drei Reisen nach Wien, die er gegen Ende seiner Linzer Zeit unternahm, herrscht eine gewisse Verwirrung, an der Hitler nicht ganz unschuldig ist, die sich aber mit Hilfe von August Kubizek und Brigitte Hamann aufklären lässt. Die erste fand 1906 und nicht 1905 statt, wie Hitler in *Mein Kampf* auf S. 118 behauptet. Dafür spricht der sog. Heimatschein vom 21. Februar 1906 der Stadt Linz, den er für eine solche Reise benötigte; vgl. Hamann 1997/4, S. 42. Dafür sprechen auch die Ansichtspostkarten, die Hitler am 7. und 8. Mai sowie am 6. Juni an Kubizek schrieb; vgl. dazu die Faksimiles bei Kubizek 1995/6, S. 192, 208, 224 und 240 sowie die Texte auf S. 122 ff. Diese Reise dauerte etwa vier und nicht zwei Wochen, wie Hitler behauptet hat. Sie diente aber dem von ihm beschriebenen Zweck. Die zweite Reise nach Wien unternahm Hitler im Frühherbst 1907, um sich der Aufnahmeprüfung an der Kunstakademie Wien zu stellen; vgl. Hitler 1925 I, S. 18.

307 Vgl. den lesbaren Text bei Kubizek 1995/6, S. 123, das unleserliche Faksimile der Postkarte vom 7. Mai 1906 auf der Bildtafel gegenüber S. 193.

Biographen zugetraut hat. Denn wichtiger als Klaras tödliche Krankheit war ihm das „Projekt Wien“, das er seit 1906 mit zäher Hartnäckigkeit verfolgte.[308]

Schon nach diesem ersten Wien-Aufenthalt war in der Familie Hitler ein erbitterter Streit um die berufliche Zukunft des damals Siebzehnjährigen entbrannt, und schon damals war es um die Prioritäten zwischen Mutter und Studium gegangen.[309] Als Eigentümerin eines kleinen Geldvermögens, das ihr der verstorbene Mann hinterlassen hatte, war Klara hin- und hergerissen: Auf der einen Seite redete Adolf auf sie ein, seinem Wunsch, Kunstmaler zu werden, nachzugeben. Auf der anderen Seite hielt Schwager Raubal, Finanzbeamter von Beruf, dieses Ziel für Schwachsinn, dem man nicht nachgeben durfte. Seiner Meinung nach konnte ein Leben als Künstler nur mit dem Verlust der mütterlichen Barschaft durch den ungeratenen Sohn enden, wenn dieser sein Erbteil verbraucht und dann kein Auskommen mehr haben würde. Deshalb machte sich Raubal ebenso wie der aus dem benachbarten Leonding herbeieilende Vormund Mayrhofer dafür stark, dass Adolf das Handwerk des Bäckers erlernte, um endlich festen Boden unter die Füße zu bekommen und eigenes Geld zu verdienen. Auch Kubizek wurde in die heftigen Auseinandersetzungen hineinzogen, weil sich ihm die völlig verunsicherte Klara von Zeit zu Zeit anvertraute. Zum Schluss nahm die ganze Hausgemeinschaft der Blütenstraße 9 an den Streitereien teil. Außer seinem Freund „Gustl“, der gelegentlich zu vermitteln suchte, stellten sich alle gegen den jungen Hitler und dessen nebulöse Berufswünsche. Dieser war schließlich so isoliert, dass er „die anderen“ wieder einmal hassen konnte.

So sah sich Adolf nach den harten Auseinandersetzungen mit seinem Vater, die erst wenige Jahre zurücklagen, 1906/07 zum zweiten Mal tief in eine Opposition getrieben. Doch diesmal befreite er sich selbst daraus, indem er im Herbst 1907 kurz entschlossen nach Wien reiste, um dort seine Aufnahmeprüfung für die Akademie zu machen. Selbstverständlich vermochte sich seine Mutter, eine einfache und in diesen Dingen völlig unbewanderte Frau, kein klares Bild von seinen Begabungen und Plänen zu machen. Wie der verstorbene Zollbeamte, war sie in dem häufig anzutreffenden Vorurteil befangen, Kunst sei etwas zutiefst Unsolides, auf je-

308 Nach dem Tod seiner Mutter brach Hitler im Februar 1908 zum dritten Mal nach Wien auf, um sich dort niederzulassen, wobei er den Zweck verschleiert, abermals die Aufnahmeprüfung zu bestehen, diesmal im Fach Architektur; vgl. Hitler 1925 I, S. 19.

309 Wir folgen hier der Darstellung, die Kubizek 1995/6, S. 121 ff., von den Ereignissen gibt. Folgt man dagegen der widersprüchlichen und gekünstelten Darstellung von der Vorgeschichte seines Aufbruchs nach Wien, die Hitler 1925 I, S. 17 f., gibt, dann hatte seine Mutter bereits im Herbst 1905 – also zeitgleich mit ihrem Entschluss, den Sohn unter dem Eindruck eines angeblichen Lungenleidens von der Realschule zu nehmen – auch in seinen Wunsch eingewilligt, die Akademie der bildenden Künste in Wien zu besuchen. Das aber erscheint im Licht der innerfamiliären Streitigkeiten des Jahres 1907 als unwahrscheinlich. Selbstverständlich geht Hitler auf diese Konflikte in *Mein Kampf* mit keinem einzigen Wort ein.

den Fall aber keine ausreichende und zuverlässige Lebensgrundlage. Klara hatte gewiss auch Angst um ihre Barschaft, die sie aus guten Gründen wie ihren Augapfel hütete. Außerdem fühlte sie sich schon als Sachwalterin ihres verblichenen Mannes dazu verpflichtet, gegenüber ihrem Sohn auf eine solide Ausbildung zu dringen, am besten auf den Besuch einer weiterführenden Schule, damit dieser die verspielte Matura oder einen ähnlichen Abschluss nachholen konnte. Andererseits vermochte sich die kranke Mutter aber auch den Einflüsterungen ihres Sohnes nicht zu entziehen, obwohl sie klagte, dieser steuere offenbar „völlig ins Ungewisse" (August Kubizek). Vielleicht war sie sogar heimlich stolz darauf, dass Adolf „etwas Höheres" werden wollte. Und hatte dieser seine Begabung nicht schon oft genug durch seine vielen Zeichnungen und Aquarelle unter Beweis gestellt, die er mit leichter Hand bei jeder sich bietenden Gelegenheit auf das Papier zu werfen wusste?

Nachdem Adolf sie durch seine Abreise nach Wien vor vollendete Tatsachen gestellt hatte, sah Klara zwar ein, dass ihr Sohn irgendwie aus der Art geschlagen war, dass sie seinen unbändigen und wortreichen Vorwärtsdrang auf die Dauer nicht aufhalten konnte, dass sie ihn gewähren lassen musste. „Er ist der gleiche Dickschädel wie sein Vater."[310] Mit dieser resignierenden Einsicht versuchte sie sich über das offenbar Unvermeidliche hinwegzutrösten. Aber sie wusste nicht einmal genau, „auf was er überhaupt studiert. Leider schreibt er nichts darüber. Aber es lässt sich denken, dass er viel zu tun hat".[311] Auch die Tatsache, dass er vor Aufnahme in die Malklasse der Akademie am 1. und 2. Oktober eine Prüfung bestehen musste, hatte ihr Adolf ebenso wie das niederschmetternde Ergebnis verheimlicht.

Fast vier Wochen lang blieb Adolf in Wien, ohne seiner Mutter ein einziges Mal zu schreiben. Erst nachdem ihn sein Freund August darum gebeten hatte, kehrte er noch einmal nach Linz zurück. Angesichts dieser Tatsachen fragt man sich: Wollte der junge Hitler eigentlich schon im Herbst 1907 für immer in Wien bleiben? Wollte er seine Mutter ungerührt ihrem Schicksal überlassen? Immerhin hatte er am 20. April 1907 sein 18. Lebensjahr vollendet. Von da an konnte Adolf zwar noch nicht über sein väterliches Erbteil verfügen, weil dieses bis zur Vollendung seines 24. Lebensjahres gesperrt war.[312] Aber es gab ja auch noch die „Hani"-Tante, die mit Klara und Paula in der Urfahrer Blütenstraße lebte. Hatte Adolf von ihr noch eine weitere Geldzuwendung zu erwarten? War das der Grund für seine Rückkehr? Diese Fragen müssen leider offen bleiben – schlüssige Antworten würden zweifellos ein noch schärferes Licht auf die Realität

310 Kubizek 1995/ 6, S. 131 f.

311 So Klara Hitler zu August Kubizek, Kubizek 1995/6, S. 135.

312 Jetzinger 1956, S. 172, nimmt an, dass Hitler den Betrag von 652 Kronen plus inzwischen aufgelaufener Zinsen, zusammen mehr als 700 Kronen, am 1. August 1907 bei der Oberösterreichischen Hypothekenanstalt behob, allerdings ohne dafür einen Beleg beizubringen.

dieser Mutter-Sohn-Beziehung werfen.[313] So bleibt uns einstweilen nichts weiter, als Klaras Martyrium noch bis zu ihrem Tode zu begleiten. Ende Oktober[314] war Adolf wieder in Urfahr – übrigens nicht nur, um seine Mutter wiederzusehen, sondern weil er auch Sehnsucht nach dem „Benkieser" hatte. Innerlich hatte sich der verlorene Sohn bereits auf eigene Füße gestellt, denn er verriet weder seiner Mutter noch seinem Freund „Gustl", dass er die Aufnahmeprüfung nicht bestanden hatte.[315] Als wäre nichts gewesen, schaltete sich Adolf sofort wieder tatkräftig in Klaras Behandlung ein, indem er weitere Gespräche mit Dr. Bloch führte. Die Jodoformbehandlung wurde eingeleitet. Der Arzt bereitete die Familie auf das Schlimmste vor.

Im Rückblick auf die jetzt anbrechende letzte Phase, in der Adolf auch die Arbeit in dem kleinen Urfahrer Haushalt übernahm, schreibt Kubizek in Anknüpfung an den bereits erwähnten Mythos: „Er war wie verwandelt. Ich hatte bisher geglaubt, ihn gründlich und von allen Seiten zu kennen ... Doch in diesen Wochen kam es mir vor, als wäre mein Freund ein völlig anderer Mensch geworden. ... Er war nichts mehr als der getreue, hilfsbereite Sohn seiner Mutter."[316] Das liest sich schön und edelmütig. Wahrscheinlich aber, so ist nüchtern zu vermuten, hat der junge Hitler mit seiner Hingabe lediglich jenen Treubuch überkompensiert, den er durch seinen ersten Aufbruch nach Wien gegenüber seiner Mutter begangen hatte, und damit bekommt der Mythos vom treusorgenden, mit seiner Mutter symbiotisch verbundenen Sohn weitere Risse.

Am 21. Dezember 1907 verschied die Hitler Klara. Man hatte sie zum Schluss unter Morphium gesetzt. Zum letzten Mal brach ihr Sohn schluchzend über einer Bahre zusammen. Den Heiligen Abend verbrachte er allein, obwohl ihn die Kubizeks zu sich eingeladen hatten. Wie sein Freund notierte, blieb für Adolf nun „alles fremd und leer".[317]

Die Reichskrise

Das Jahrzehnt von 1897 bis 1907 war „das verhängnisvollste in der inneren Entwicklung"[318] der Habsburgermonarchie. Seit der greise Kaiser Franz Joseph I. den Regierungschef der cisleithanischen Reichshälfte, den

313 Vgl. das nächste Kapitel.

314 Datum bei Binion 1978, S. 32. – Kubizek 1995/6, S. 138, meint dagegen, es könnte auch erst Ende November, Anfang Dezember gewesen sein, vermochte sich bei Abfassung seiner „Erinnerungen" aber nicht mehr genau zu erinnern. Jetzinger 1956, S. 178, meint unter Berufung auf eine senile Zeitzeugin, Hitler sei sogar erst nach dem Tod seiner Mutter nach Urfahr zurückgekehrt, vermutlich am 22. Dezember 1907, einen Tag vor der Beerdigung in Leonding an der Seite ihres vor vier Jahren verstorbenen Ehemannes. Dem stehen aber alle in diesem Zusammenhang bereits wiedergegebenen Fakten entgegen.

315 Kubizek 1995/6, S. 133.

316 Ebda., S. 138.

317 Ebda., S. 145.

318 Aubin 1919, S. 18.

polnischen Grafen Kasimir Felix Badeni, unter dem Druck der Straße hatte fallen lassen müssen, um den eskalierenden Sprachenkonflikt zwischen den Nationalitäten halbwegs wieder unter Kontrolle zu bringen, „war das Reich der Habsburger dem Untergang geweiht".[319] In den nächsten Jahren folgte eine Regierung der anderen, die transleithanische Reichshälfte, also Ungarn, drohte von den Habsburgern abzufallen, und die Doppelmonarchie schlitterte allmählich in eine veritable „Reichskrise" (V. Bibl) hinein. Während die Deutschnationalen immer schriller eine Wiederherstellung der deutschen Vorherrschaft oder sogar den Anschluss an das Deutsche Reich forderten, legten sich die Sozialdemokraten unter ihrem Anführer Victor Adler auf einen „demokratischen Nationalitäten-Bundesstaat" fest, der bei seiner Verwirklichung zwar allen Bevölkerungsteilen die gleichen Rechte und Pflichten zuerkannt, dafür zugleich aber die deutsche Vorherrschaft ein für allemal beendet hätte.

Schließlich wusste sich der Monarch keinen anderen Rat mehr, als zu versuchen, den Teufel des Nationalitätenkampfes mit dem Beelzebub einer Wahlrechtsreform auszutreiben. Sie wurde im Lauf des Jahres 1906 von beiden Häusern des Reichsrats angenommen und am 26. Januar 1907 vom Kaiser sanktioniert. Statt nach so genannten Kurien, d.h. nach Stand und Steueraufkommen, zu wählen, genossen von da an alle erwachsenen Österreicher männlichen Geschlechts das gleiche, geheime und direkte Wahlrecht. Die erstmals nach diesen Prinzipien am 14. Mai 1907 durchgeführten Neuwahlen zum Abgeordnetenhaus brachten für die Deutschnationalen jedoch eine böse Überraschung: Stärkste Partei wurden die Christlichsozialen (96 Mandate), gefolgt von den Sozialdemokraten (87 Mandate). Dagegen wurde die alldeutsche Gruppe bis auf drei Sitze praktisch aufgerieben. Die „Vereinigung der deutschen Parteien", zu der die amtliche Statistik weder die Christlichsozialen noch die Sozialdemokraten zählte, hielt zusammen zwar 79 Prozent der Sitze, war aber untereinander heillos zerstritten. Allein in Linz gingen alle drei deutschnationalen Mandate an die Sozialdemokratie verloren.

Das sind in groben Zügen die politischen Rahmenbedingungen, vor deren Hintergrund man die beiden Wien-Reisen betrachten muss, die der junge Hitler in den Jahren 1906 und 1907 unternomen hatte, bevor er 1908 zum dritten Mal, dieses Mal aber endgültig, in die Reichshauptstadt aufgebrochen ist. Der guten Ordnung halber muss aber darauf hingewiesen werden, dass schon sein erster Wien-Aufenthalt keineswegs nur jene „Lustreise" gewesen war, als die er ihn in *Mein Kampf* darstellt.[320] Diese Version ist von der Hitler-Biographik vermutlich nur deshalb unwidersprochen übernommen worden, weil sie am besten dem Klischee vom „Muttersöhnchen" entspricht, das sich „in der Hohlheit des gemächlichen Lebens" von seiner sterbenskranken Mutter aushalten ließ. Wir aber hal-

319 So der österreichische Staatsmann und Zeitgenosse Josef Redlich, op. cit. Bibl 1933, S. 9.

320 Hitler 1925 I, S. 19.

ten diese Version aus mehreren Gründen für irreführend, woran Hitlers eigene Angaben in *Mein Kampf* freilich nicht ganz unschuldig sind.

Gewiss hatte der politisch Interessierte das zähe Tauziehen um die Wahlrechtsreform in den Jahren 1906/07 mit ebenso heißem Herzen verfolgt wie die erbitterten Auseinandersetzungen zwischen den verschiedenen Bevölkerungsteilen, insbesondere diejenigen zwischen Deutschen und Tschechen. An die Reformdebatte knüpfte der junge Hitler die Befürchtung, dass der deutsche Bevölkerungsanteil nun endgültig seine Mehrheit im Reichsrat verlieren würde, wofür er den Habsburger Staat mehr denn je hasste. Fast täglich las er in den Zeitungen von den aufgeregten Beratungen des Reichsrats in Wien, und der heiße Wahlkampf des Jahres 1907 spielte sich ja sogar unmittelbar vor seiner Urfahrer Haustür ab. Es wäre daher mehr als überraschend, hätte sich die dramatische Entwicklung in der österreichischen Politik nicht auch auf seine Entscheidung ausgewirkt, gerade in jener Zeit nach Wien zu gehen.

In der Tat lagen seine beiden Aufenthalte der Jahre 1906 und 1907 in unmittelbarer zeitlicher Nähe zu Knotenpunkten der innenpolitischen Entwicklung. Am 2. Mai 1906, wenige Tage vor Adolfs Ankunft zu einem zunächst nur etwa vierwöchigen Aufenthalt, hatte wieder einmal die österreichische Regierung gewechselt – der Streit um die unerledigte Wahlrechtsreform schwelte gefährlich weiter. Ein Jahr später hatte sich der neu gewählte Reichsrat erst vor wenigen Wochen konstituiert, nämlich am 17. Juni 1907, als Adolf Ende September in der Hauptstadt der österreichisch-ungarischen Doppelmonarchie eintraf. Einerseits wollte er sich möglichst zeitnah ein Bild von den neuen Mehrheitsverhältnissen im Reichsrat verschaffen. Andererseits musste er aber auch den Termin der Aufnahmeprüfung für die Kunsthochschule beachten, um als angehender Kunstmaler vor sich und seiner Familie glaubwürdig zu bleiben. Hätten sich die häuslichen Auseinandersetzungen nicht so lange hingezogen, wäre der Hitler Adolf wahrscheinlich schon früher aufgebrochen.

Wo der junge Mann bei seinem ersten Wien-Aufenthalt gewohnt hat, ist unbekannt. Da dieser nur kurz war, brauchte er sich bei den Behörden nicht zu melden, so dass keine polizeilichen Meldeunterlagen vorhanden sind. Bei seinem zweiten Besuch im Herbst 1907 mietete Adolf in der Wiener Stumpergasse 31 der gebürtigen Tschechin Maria Zakreys ein möbliertes Zimmer ab, das er dann während seines dritten Wien-Aufenthaltes von Februar bis etwa Juli 1908 gemeinsam mit seinem Freund bewohnte.

Auch bei der Wahl seiner Anschrift ließ sich Adolf wahrscheinlich von politischen Überlegungen leiten. Allerdings war die Stumpergasse auch nicht allzu weit von der Akademie der bildenden Künste entfernt. Die Straße lag im Gemeindebezirk Mariahilf, einer überwiegend von Arbeitern und so genannten „kleinen Leuten" bewohnten Gegend, die sich sechzig Jahre zuvor noch jenseits der Wallanlagen und Stadttore befunden hatte. In der Revolution von 1848 erlangte Mariahilf eine gewisse Berühmtheit, weil von dort aus Massen von Arbeitern und Lumpenproletariern in das Innere der Reichshauptstadt vordrangen und dem revolutionären Geschehen erst dadurch das entscheidende Momentum verliehen. Vor allem aber erlangte in jenen Märztagen „der Name ‚Student' ... einen eigenthümlichen, jedermann Achtung gebietenden Zauber". In der Nacht vom 13. auf den 14. März 1848 – „einer Nacht voll Gräuel und Entsetzen", wie es in einer zeitgenössischen Darstellung heißt – verbrüderten sich Studenten und Arbeiter miteinander vor dem Schwender'schen Kasino. Auf dem Judenplatz errichteten sie die erste Barrikade zum Sturz des Kaisers, in Mariahilf feierten sie auch zum ersten und einzigen Mal in dieser Revolution die Einheit aller Nationalitäten.[321]

Von diesen Erinnerungen an eine längst vergangene ruhmreiche Zeit, die identisch mit seinen Träumen von einer ebenso ruhmreichen Zukunft waren, ließ sich der junge Hitler bei der Wahl seines Aufenthaltsortes in Wien vermutlich in der Hauptsache leiten. Denn Adolf verstand sich nun einmal als Student, und durch den Besuch der Kunsthochschule wollte er nun sogar ein „richtiger" Student werden. Hingegen behauptet Brigitte Hamann, für Hitlers Standortwahl sei die Tatsache entscheidend gewesen, dass sich die Redaktion des antisemitischen *Alldeutschen Tagblattes* ein paar Häuser weiter in der Stumpergasse befunden habe.[322] Auf diesen Widerspruch sei hier zunächst nur kurz hingewiesen. Er wird uns noch im Zusammenhang mit der Einordnung des jungen Hitler in das innenpolitische Spektrum der Habsburgermonarchie näher zu beschäftigen haben.[323]

10. Kapitel: Der Aufbruch

Ein gut vorbereiteter Entschluss

Acht Wochen nach dem Tod seiner Mutter, vermutlich am 17. Februar 1908,[324] brach der Hitler Adolf zum dritten und letzten Mal in die Reichshauptstadt auf, und zwar dieses Mal endgültig. Begleitet von seinem Freund, dem Kubizek August, erschien er mit vier Handkoffern voller Wäsche, Kleidung und Büchern auf dem Bahnhof von Linz und fuhr mit dem Dampfzug nach Wien. Dort stieg er am Westbahnhof aus und begab sich zu Fuß in die Stumpergasse 31, wo er schon seit 1907 seinen Wohnsitz hatte.[325]

Der Zeitpunkt war nicht zufällig gewählt, und der Aufbruch folgte einer Idee, die den jetzt Neunzehnjährigen wahrscheinlich schon seit 1905 bewegt hatte. Angeblich hatte die Hitler Klara bereits damals, unmittelbar nach dem unrühmlichen Schulabbruch ihres Sohnes, grundsätzlich in des-

321 Reschauer 1872 I, S. 260 und S. 320 ff.

322 Hamann 1996/4, S. 50.

323 Vgl. dazu das 4., 6. und 7. Kapitel in Teil II sowie das 10. Kapitel in Teil III sowie den Epilog.

324 Datum ohne dokumentarischen Beweis, aber aus plausiblen Gründen bei Jetzinger 1956, S. 187 und S. 190.

325 Der polizeiliche Meldezettel mit dieser Anschrift wurde bisher anscheinend weder von Kandl 1963/64 noch von Hamann 1996/4 gefunden.

sen Entschluss eingewilligt, eines Tages nach Wien zu gehen.[326] Adolf reiste daraufhin im Frühsommer 1906 erstmals in die Hauptstadt der Habsburgermonarchie, um den Ortswechsel vorzubereiten.[327] Wie bereits dargestellt, begab er sich Anfang September 1907 zum zweiten Mal nach Wien. Anlass war diesmal, wie erwähnt, die Aufnahmeprüfung an der Akademie der bildenden Künste, die in den ersten Oktobertagen stattzufinden pflegte und der Adolf sich stellen wollte – anderenfalls wäre er vielleicht schon früher aufgebrochen und für immer in Wien geblieben.[328] Da aber seine Mutter mittlerweile auf den Tod erkrankt war, kehrte er noch einmal nach Linz zurück, so dass wir die Gründe für seine temporäre Abwesenheit in der Zeit ihrer höchsten Not jetzt abschließend betrachten können. Dadurch ergibt sich die Möglichkeit, den Mythos vom bedingungslos liebenden und verzärtelten „Muttersöhnchen" endgültig zu entkräften, der bis heute die Hitler-Biographik beherrscht.

Durch Klaras Krankheit, die sich ständig verschlimmerte, war Adolf vor eine schwere Entscheidung gestellt worden. Würde er seinen Plan verwirklichen, schon 1907 endgültig nach Wien zu gehen, würde er seine Mutter im Stich lassen und tief enttäuschen. Bliebe er hingegen an ihrer Seite, würde er nicht nur seine hochfliegenden Pläne umwerfen, sondern auch die seelischen Qualen verlängern, unter denen er in Linz und Urfahr litt. In dieser Konfliktsituation hat sich der junge Hitler, zumindest vorübergehend, gegen seine Mutter und für die Kunsthochschule entschieden. Trotzdem war Adolf zugleich auch auf Klaras Schonung bedacht. Sein mutiger Schritt, aus Linz wegzugehen, so dachte er wahrscheinlich, würde der sterbenskranken Frau über die Enttäuschung hinweghelfen, die er ihr als Schüler in den letzten Jahren bereitet hatte. Vielleicht hoffte Adolf sogar, seine Mutter würde neue Hoffnung schöpfen und damit auch neue Lebenskraft gewinnen, wenn sie sah, dass ihr Sohn entschlossen war, die Scharte seiner abgebrochenen Schulausbildung durch das Studium an einer Hochschule auszuwetzen. In diese Richtung deutet auch die Schilderung,

326 Hitler 1925 I, S. 16. Auch wenn diese Behauptung nicht stimmen sollte, wofür vieles spricht, könnte das Datum den Beginn entsprechender Überlegungen Hitlers bzw. den Beginn von Gesprächen mit seiner Mutter markieren.

327 Dokumentarischer Beweis ist der so genannte „Heimatschein" vom 21. Februar 1906. Vgl. Hamann 1997/4, S. 42. Er bestätigte Hitler, dass er in Linz ein Heimatrecht besaß. D. h., für den Fall, dass er in Wien in Not geraten wäre, hätten die Linzer Behörden die Pflicht gehabt, ihn in ihre armenrechtliche Obhut zu nehmen, so dass er nicht der Stadt Wien zur Last gefallen wäre. Für eine bloße „Reise", wie Hamann schreibt, wäre dagegen eine solche ausdrückliche Bestätigung verbriefter Rechte nicht erforderlich gewesen. Bei diesem ersten Wien-Aufenthalt hat Hitler vermutlich bei Verwandten gewohnt. Kubizek 1995/6, S. 147.

328 Hitler muss die Wohnmöglichkeit in der Stumpergasse spätestens bei seinem zweiten Wien-Aufenthalt 1907 gefunden haben. Vgl. Kubizek 1995/6, S. 132. Ob Hitler den Mietvertrag mit Frau Zakreys gleich auf längere Sicht abgeschlossen hat, weil er von vornherein einen Daueraufenthalt plante, ist nicht bekannt. Wahrscheinlich hat er aber die Miete bis zum Beginn seines dritten Wien-Aufenthaltes 1908 durchbezahlt, so dass er bei seiner Ankunft gleich wieder bei Frau Zakreys einziehen konnte.

die August Kubizek von jener dramatischen Entscheidungssituation gibt. Denn weshalb hatte sich Adolf vor seiner Abreise geweigert, der Mutter Näheres über seine Studien mitzuteilen? Warum verschwieg er ihr nach seiner Rückkehr nach Urfahr das negative Prüfungsergebnis? Die Antwort, die Hitler in *Mein Kampf* gibt, ist ebenso einfach wie überzeugend: „Ich konnte doch der sterbenden Mutter nicht diesen Kummer bereiten."[329]

Das ist das eine. Das andere ist das rührende Verhalten, das Adolf nach seiner vorübergehenden Rückkehr seiner Mutter gegenüber bewies. Nachdem sein Plan, akademischer Kunstmaler zu werden, gescheitert war, wollte er ihr offenbar seine vorbehaltlose Liebe beweisen, weil ihn ein schlechtes Gewissen plagte. Unser abschließendes Urteil über diese angeblich inzestöse Mutter-Sohn-Beziehung fällt also zunächst etwas zwiespältig aus. Letztlich ist aber der Treuebruch im September/Oktober 1907 ausschlaggebend. Damals hat sich der junge Hitler von seiner Mutter abgenabelt, und diese Tatsache lässt die Legende vom „Muttersöhnchen" nicht länger zu.

Um noch etwas tiefer in sein Seelenleben hineinzuschauen, muss man in diesem Zusammenhang aber auch noch einmal die Beziehung des jungen Hitler zu seinem Vater in die Betrachtung einbeziehen. Obwohl hier die konfrontativen Momente zweifelllos überwogen, hat im Hintergrund doch auch die Zuneigung des Sohnes zu seinem Vater eine gewisse Rolle gespielt. Sonst wäre Adolf nicht schluchzend über dem Sarg von Alois zusammengebrochen. Beides zusammen – Zuneigung und Konfrontation – kann aber eigentlich nur bedeuten, dass der junge Hitler aufgrund seines Temperaments, seines stets wachen Widerspruchsgeistes und seines ganzen Wesens nicht in der Lage war, Menschen, die ihm nahestanden, eindeutige Gefühle entgegenzubringen. Egoistische oder, vielleicht besser, egozentrische Regungen lagen bei ihm von früh an stets im Widerstreit mit Zuneigung und Liebe. Dahinter stand offenbar die Unfähigkeit, sich bedingungslos an einen anderen Menschen zu binden – eine Art Bindungsfurcht, die letztlich auch die Beziehung des jungen Hitler zu seinem Freund Kubizek charakterisiert. Immer wollte Adolf unabhängig, das heißt Herr seiner eigenen Entschlüsse bleiben. Aber dieser Eigensinn hat ihn auch schon früh in eine gewisse Einsamkeit geführt.

Das schloss emotionale Entladungen, die sturzbachartig aus Adolf herausbrachen, keineswegs aus. Im Gegenteil spricht dies erst recht für eine fast krampfhafte Zurückhaltung von Gefühlen über längere Zeit. Das war auch jetzt beim Tod seiner Mutter wieder der Fall, als sich der junge Hitler abermals weinend über einen Sarg warf. Sicher, es war der zweite schwere Verlust, den der noch nicht einmal ganz 19 Jahre alte Jüngling innerhalb weniger Jahre erlitt und durch den er nun zum Vollwaisen wurde. Denkt man aber noch einmal an die krampfhafte Zurückhaltung von Gefühlen zurück, die wir soeben festgestellt haben, dann könnte man auch vermuten: Adolf hat beim Tod von Vater und Mutter stets auch sich selbst und

329 Kubizek 1995/6, S. 167.

sein Schicksal als einsamer Mensch beweint hat. Jedenfalls erinnerte sich Dr. Bloch nicht daran, in seiner beinahe vierzig Jahre währenden Tätigkeit als Arzt jemals „einen jungen Menschen so schmerzgebrochen und leiderfüllt gesehen" zu haben, als Adolf in jenen Dezembertagen des Jahres 1907 kam, „um mir mit thränenerstickter Stimme für meine ärztlichen Bemühungen Dank zu sagen".[330] Folglich beantwortet auch dieser besonders wertvolle Augenzeuge die viel diskutierte Frage nach dem „Müttersöhnchen" mit einem klaren „nein": „Als früherer Vertrauter der Familie glaube ich nicht, dass dies wahr ist." Wenn es aber wahr ist, dass sich der junge Hitler im Laufe des Jahres 1907 von seiner Mutter als dem letzten noch lebenden Elternteil innerlich gelöst hat, dann leuchtet es auch ein, dass für ihn die Gewissheit, sein einziger und engster Freund würde ihm bald nach Wien folgen, umso wichtiger war. Auf jeden Fall waren die Motive für den Aufbruch des jungen Hitler sehr komplex, und diese lassen sich, wie bereits angedeutet, sogar bis in das Jahr 1906 zurückverfolgen.[331]

Zum einen war Adolf des „altvertrauten, aber kleinbürgerlichen Linz" schon damals überdrüssig geworden. Zum anderen fühlte er sich von der Architektur und den Kunstschätzen sowie von den Theatern und Opernhäusern der Reichshauptstadt Wien magnetisch angezogen, vor allem von der Hofoper, damals neben der *Grande opéra* in Paris das bedeutendste Opernhaus der Welt. Sein Liebeskummer, mittlerweile in eine bedrückende Obsession umgeschlagen, beflügelte Adolf in seinem Wunsch, der angebeteten Stefanie einen wie auch immer gearteten Lebenserfolg vorzuweisen. Nach dem Urteil seines Freundes war dies sogar „der persönlichste und deshalb auch entscheidendste Grund". Dabei spielte auch das Vorbild seines vor sieben Jahren verstorbenen Vaters eine Rolle, der einst als armer Schusterjunge vom Land in die Reichshauptstadt gezogen war, um sich zum Staatsbeamten hochzuarbeiten. Aktueller war Adolfs „Scham, sich als junger Mann von 18 Jahren von seiner Mutter weiterhin erhalten zu lassen".[332] Auch soll er vor seinem Aufbruch an Depressionen gelitten haben. In Linz hatte er wahrlich alles versucht, um die behäbige Landstadt in seinem Sinn umzugestalten. Er hatte gelesen, gemalt und für ihr äußeres Erscheinungsbild zahllose Entwürfe gezeichnet, er hatte die Konzerte des Musikvereins, die Vorträge des Volksbildungsvereins und die Vorstellungen des Landestheaters besucht und gemeinsam mit seinem Freund oder allein die Umgebung von Linz erwandert, um sich über seinen künftigen Weg klar zu werden. Er hatte sich sogar unaufgefordert, wenn auch am Ende erfolglos, an einem Wettbewerb um die Neugestaltung des Landestheaters beteiligt. Aber nach jedem seiner gedanklichen Höhenflüge war Adolf wieder auf das Niveau der oberösterreichischen Provinz zurückgesunken. Nun endlich wollte er „Größeres vor Augen" haben (August Kubizek), so z.B. die prunkvollen Bauten der Wiener Ringstraße, die welt-

330 NACP, Records of the OSS, Record Group 226, Box 2: „Hitler's Source Book", Bloch, Dr. E., My patient Hitler as Told to J. D. Radcliff. Collier's, 15. März 1941, S. 27.

331 Kubizek 1995/6, S. 121 ff.

332 Ebda., S. 127.

berühmten Inszenierungen der Hofoper und „das Zentrum des Sturmes“, der sich politisch über der Doppelmonarchie zusammenbraute. „In Wien ballten sich die Energien des Donaustaates zusammen. Dreizehn Nationen kämpften dort um ihre nationale Existenz und Freiheit. Dieser Nationalitätenkampf erzeugte eine geradezu vulkanische Atmosphäre. Sich mitten in diese hineinzustellen, unmittelbar teilzunehmen an diesem Ringen, sich an dem Kampf aller gegen alle zu beteiligen – wie musste das ein junges Herz bewegen!“ schreibt August Kubizek, der wie kein anderer die innersten Regungen seines Freundes kannte, soweit das überhaupt möglich war.[333]

Wenn Adolfs endgültiger Aufbruch im Februar 1908 aber trotz aller nachhaltigen Motive eher einer „Flucht“ glich (August Kubizek), dann lag dies nur an seinen unleidlichen Anverwandten, die ihm das Weiterleben in Linz mit ihren kleinlichen pekuniären Bedenken zur Hölle machten. Nun aber, nach dem Tod seiner Mutter, konnte das ein Ende haben. Der junge Hitler war jetzt in doppelter Hinsicht frei – sowohl in seelischer als auch in finanzieller Beziehung. Denn nun wurde eine Waisenrente von monatlich 25 Kronen fällig, die Adolf am 29. Februar 1908 solange von der Oberösterreichischen Landesfinanzdirektion zuerkannt wurde, wie er „unversorgt“ blieb, äußerstenfalls bis zum 19. April 1913, wenn er sein 24. Lebensjahr vollenden würde. Ein Betrag von 25 Kronen im Monat war nicht viel, aber er floss in den nächsten Jahren regelmäßig.

Über die sonstige finanzielle Ausstattung des jungen Hitler ist vor allem von Franz Jetzinger viel spekuliert worden.[334] Manches hat bereits Brigitte Hamann richtiggestellt,[335] manches ist aber auch von Ian Kershaw übersehen worden.[336] Hamann und Jetzinger stellen wiederum nicht das mütterliche Erbteil in Rechnung, das nach dem Tod der Klara Hitler an der Jahreswende 1907/08 mit an Sicherheit grenzender Wahrscheinlichkeit an die Erben ausgezahlt wurde. Allerdings meint Bloch, Hitler habe sein mütterliches Erbteil schon 1907, vor seiner zweiten Wien-Reise, schriftlich auf seine beiden Schwestern Angela und Paula übertragen, was übrigens ebenfalls für die Endgültigkeit seines damaligen Entschlusses spricht, nach Wien zu gehen.[337]

Insgesamt herrscht somit über den finanziellen Status des jungen Hitler an der Jahreswende 1907/08 eine gewisse Konfusion und Unsicherheit. Dabei ist die Rechnung ziemlich einfach: Setzt man das mütterliche Erbteil

333 Ebda., S. 130.

334 Jetzinger 1956, S. 180 ff.

335 Hamann 1996/4, S. 85. Danach war das väterliche Erbteil bis zu Hitlers 24. Lebensjahr gesetzlich gesperrt, ist also nicht schon 1907, wie von Jetzinger behauptet, anlässlich Hitlers 18. Lebensjahr zur Auszahlung gekommen.

336 Kershaw 1998/2 I, S. 93, hat eines der beiden von uns etwas weiter unten erwähnten Darlehen übersehen.

337 NACP, Records of the OSS, Record Group 226, Box 2: „Hitler's Source Book“, Bloch, Dr. E., My patient Hitler as Told to J. D. Radcliff. Collier's, 15. März 1941, S. 29.

mit 2.500 Kronen an[338] und geht man mit Alois, Angela, Adolf und Paula von insgesamt vier erbberechtigten Personen aus, dann entfielen auf jeden rund 625 Kronen. Zusätzlich gewährte die „Hani"-Tante ihrem Neffen Adolf zwei Darlehen von je 924 Kronen, zusammen 1.848 Kronen, die „am Ende von Adolfs Linzer Zeit" (Gerhart Marckghott), also an der Jahreswende 1907/08, geflossen sind.[339] Insgesamt verfügte der junge Hitler somit theoretisch über ein Startkapital von fast 2.500 Kronen, als er im Februar 1908 endgültig nach Wien ging. Zieht man davon sein mütterliches Erbteil ab, dann blieben ihm immer noch knapp 2.000 Kronen. Dieser Betrag hat als finanzielle Basis bis Anfang 1910 ausgereicht, als der junge Hitler in das Männerwohnheim an der Meldemannstraße einzog, wo er übrigens für seinen Aufenthalt eine monatliche Gebühr von 10 Kronen entrichten musste.[340]

Eine mit den Tatsachen übereinstimmende Berechnung seines Startkapitals ist deshalb so wichtig, weil von ihr die Beantwortung der Frage abhängt, ob der junge Hitler sich im Herbst 1909 tatsächlich aus „Geldnot" (Brigitte Hamann), also unter dem Zwang einer wirtschaftlichen Notlage, in die Obhut der Wiener Armenfürsorge begeben hat, oder freiwillig, d.h. aus eigenem Entschluss, um neue Erfahrungen zu machen. Wie gesagt, aufgrund der vorhandenen Quellen kann nur Letzteres der Fall gewesen sein, denn die beiden Darlehen seiner Tante wurden ihm mit an Sicherheit grenzender Wahrscheinlichkeit an der Jahreswende 1907/08 ausgezahlt.[341] Dafür spricht auch die allgemeine Lebenserfahrung, weil für die Auszahlung so namhafter Beträge in bürgerlichen Familien üblicherweise

338 So Jetzinger 1956, S. 180, der das Barvermögen von Klara Hitler zum Zeitpunkt ihres Todes auf 3.000 Kronen schätzt, wovon noch ungefähr 400 Kronen für die Kosten ihrer Beerdigung abgingen. Sicherheitshalber haben wir den Betrag noch etwas abgerundet.

339 Marckghott 1993, S. 275. Das von ihm entdeckte Haushaltsbuch der Hitler-Familie vermerkt für das Jahr 1908 ohne Angabe von Tag und Monat zwei handschriftliche Eintragungen über Darlehen der „Hani-Tante". Die eine lautet „Adolf Hitler 924 Krone (sic!) gelihen (sic!) Johana (sic!) Pölzl", die andere „Adolf 924 Kronen". Die Rechnung des Verfassers, es habe sich bei den beiden Darlehen von insgesamt 1.824 Kronen um ein Fünftel des Barvermögens von 3.800 Konen gehandelt, das Johanna Pölzl bei ihrem Tod 1911 hinterließ, ist allerdings falsch. Bezogen auf eines der beiden Darlehen würde es sich um ein Viertel und auf beide Darlehen zusammen um fast die Hälfte handeln. Freilich bestreitet Hamann 1996/4, S. 85, die Behauptung Jetzingers, dass es ein solches Barvermögen überhaupt gegeben hat.

340 Vgl. Hamann 1996/4, S. 230. – Eine wöchentliche Gebühr von 2,50 Kronen ergibt 120 Kronen pro Jahr. Es ist daher schleierhaft, was die Verfasserin meint, wenn sie schreibt: „Das konnte sich ein allein stehender Hilfsarbeiter oder Handwerksgeselle mit Einnahmen von rund 1.000 Kronen pro Jahr leisten." Tatsächlich reichten für Hitlers Schlafplatz samt Verköstigung seine Waisenrente und die kleinen Honorare, die er mit seinen Gelegenheitsmalereien erzielte, um ein Mehrfaches von 120 Kronen p.a. aus.

341 Im Gegensatz zu Marckghott, aber ohne Angabe von Gründen nehmen Hamann 1996/4, S. 196, den „August 1908" und Kershaw 1998/2 I, S. 93, ganz allgemein das „Jahr 1907" als Auszahlungstermine an, wobei Letzterer, wie gesagt, auch noch eines der beiden Darlehen vergisst. Zu beiden Zeitpunkten hat sich Hitler möglicherweise bei

ein entsprechender Anlass vorhanden sein muss, wenn man nicht gerade im Geld schwimmt, und das ist bei der „Hani"-Tante ganz gewiss nicht der Fall gewesen. Für diese in bescheidenen Verhältnissen lebende Frau kommen aber erkennbar nur der Tod ihrer Schwester Klara und der damit unmittelbar bevorstehende Weggang ihres Neffen nach Wien als Anlass in Frage. Deshalb gehen wir davon aus, dass der junge Hitler mit Hilfe seiner finanziellen Gesamtausstattung im Herbst 1909 den Einzug in das Obdachlosenasyl vermeiden konnte und erst im Februar 1910 aus eigenem Entschluss Aufnahme im Männerwohnheim in der Meldemannstraße des XX. Bezirks gefunden hat.[342]

Mit anderen Worten: Wir halten Reinhold Hanischs Erzählung von dem völlig heruntergekommenen und zerlumpten Hitler, den er zuerst im Obdachlosenasyl Wien-Meidling angetroffen haben will, für nur wenig glaubhaft, wenn nicht sogar für frei erfunden, zumal sie von niemandem sonst bestätigt worden ist. Ihre Zwecke sind angesichts des politischen Kontextes, in dem man diese Quelle sehen muss, offenkundig dubios, und ihre fundamentalen Voraussetzungen stimmen einfach nicht. Entsprechendes gilt logischerweise auch für die Schilderung, die Hitler in *Mein Kampf* von seinen angeblichen Wiener Notjahren gibt.[343] Damit ist freilich auch die gesamte Hitler-Biographik von Heiden bis Kershaw, soweit sie sich für die Jahre 1908 bis 1910 nur auf diese beiden Quellen stützt, in Frage gestellt.

Das Startguthaben, über das der junge Hitler im Februar 1908 verfügte, entsprach dem Einkommen, das damals ein junger Jurist oder Lehrer in zwei Jahren verdiente.[344] Dazu kam noch seine Waisenpension von 25 Kronen im Monat für laufende Ausgaben. Damit war die finanzielle Seite seines Aufbruchs geklärt. Die letzte wichtige Voraussetzung bestand darin, dass sich die Eltern Kubizek widerstrebend dazu bereit erklärten, ihren mittlerweile 19 Jahre alten Sohn August ebenfalls nach Wien ziehen zu lassen. Anstatt in Linz die Werkstatt seines Vaters zu übernehmen, wollte August Musik studieren. Auf dieses Ziel hatte Adolf bereits seit August 1906 hingearbeitet. Damals schickte er seinem Freund aus der Reichshauptstadt eine Ansichtspostkarte, auf deren Vorderseite ein Pfeil mit einem entspre-

---

seinen Verwandten im Waldviertel aufgehalten. Doch sind die Zwecke seiner eventuellen Besuche nicht bekannt.

342 Dieser Fall hätte auch dann eintreten können, wenn Hitler die beiden Darlehen erst im August 1908 erhalten hätte. Denn dann hätte sein Geld einfach entsprechend länger gereicht. Nur für den ebenso unwahrscheinlichen Fall, dass ihm Johanna Pölzl einen der beiden Beträge oder sogar beide schon im Laufe des Jahres 1907 ausgezahlt hat, wäre er vielleicht tatsächlich im Herbst 1909 in finanzielle Schwierigkeiten geraten.

343 Hitler 1925 I, S. 16f., wo er von „Not und harter Wirklichkeit" spricht, die ihn gezwungen hätten, nach dem Tod seiner Mutter an der Jahreswende 1907/08 „einen schnellen Entschluss" zu fassen, „zumal die geringen väterlichen Mittel ... durch die schwere Krankheit der Mutter zum großen Teil verbraucht" worden seien. Wie in Anmerkung 13 ausgeführt, gab es solche „väterlichen Mittel" nicht, jedenfalls nicht in Hitlers Besitz.

344 Angabe in Anlehnung an Marckghott 1993, S. 275.

chenden handschriftlichen Vermerk beziehungsvoll auf das „Konservatorium" zeigt.[345] Den Rest besorgten Adolfs Überredungskünste im Winter 1907/08. Unterdessen hatte August seine musikalische Ausbildung so weit vorangetrieben, dass er ein Hochschulstudium mit Aussicht auf Erfolg – und daher auch mit Einwilligung seiner Eltern – aufnehmen konnte.

Realitäten, Ziele, Visionen

Als ihn sein Vater einst gefragt hatte, was er denn einmal werden wolle, antwortete Adolf spontan „Kunstmaler" – er hätte auch gut „bekannter Opernexperte", „berühmter Architekt" oder ebenso einfach wie unbestimmt „führend auf irgendeinem Gebiet, das mir liegt" sagen können. Denn der Knabe wollte ja schon von Kindesbeinen an hoch hinaus, höher als alle anderen. Jedes dieser Berufsbilder entsprach seinen Neigungen gleichermaßen. Sie alle zusammen waren geeignet, den Zollamtsoberoffizial zu provozieren, weil sie dessen grundsoliden Vorstellungen vom Beruf des Staatsbeamten diametral widersprachen. Denn sie lösten sich bei näherem Hinsehen in lauter Nebel auf. Wenn sich Adolf in der heftigen Auseinandersetzung mit seinem Vater mehr oder weniger spontan für den Kampfbegriff „Kunstmaler" entschieden hatte, dann vermutlich deshalb, weil er damit einigermaßen glaubwürdig an seine durch Zeichnungen und Aquarelle schon vielfach belegten Talente anknüpfen konnte. Zielsicher erkannte der junge Hitler in den Jahren bis 1906/07 außerdem, dass er durch den Besuch der Malschule an der Akademie der bildenden Künste in Wien den begehrten Status eines „Studenten" erwerben konnte, obwohl ihm die Matura fehlte. Er verschaffte seinem Inhaber nicht nur ganz allgemein ein höheres Ansehen im deutschnationalen Lager, das die akademische Jugend als ihre Speerspitze betrachtete. Der Studenten-Status bedeutete in Adolfs besonderem Fall auch einen bescheidenen Beitrag zu seiner Existenzsicherung. Denn nach dem Tod seiner Mutter hing der Bezug seiner Waisenrente davon ab, dass er „unversorgt" war, und unversorgt war z.B. ein Student, der kein nenneswertes Einkommen hatte.

Obwohl es in Linz damals noch keine Universität gab, hatten die Donaustadt von jeher großdeutsche Stimmungen und Ideen der deutschösterreichischen Studentenschaft durchweht, die sich mit dem „völkischen Hochgedanken" paarten und bekanntlich auch den jungen Hitler bewegten.[346] Prominente Vertreter des Deutschnationalismus wie z.B. der seit 1883 in Linz tätige Anwalt und Agitator Dr. Carl Beurle hatten für ihre Verbreitung gesorgt. In Wien war 1859, zum 100. Geburtstag Schillers, zu Füßen des dortigen Schiller-Denkmals die Burschenschaft „Olympia" gegründet worden. Bei dieser Gelegenheit wurden von den Festrednern jene Worte des verehrten Dichters zitiert, in denen die deutschnationale Studentenbewegung ihren universalen Anspruch wiedererkannte: „Der

345 Vgl. Kubizek 1995/6, das Faksimile auf der Bildtafel gegenüber S. 224f.

346 Festschrift des Linzer Delegierten Convents.

Menschheit Würde ist in Eure Hand gegeben." Der Wiener Festkommers für den kurz zuvor verstorbenen Richard Wagner, an dem 4.000 überwiegend studentische Besucher teilnahmen, entwickelte sich 1883 zu einer so machtvollen Kundgebung des Deutschnationalismus, dass er von der Polizei vorsichtshalber abgebrochen wurde.

Unter dem Wahlspruch „Ehre, Freiheit, Vaterland" gründete sich in Adolfs Geburtsjahr der Linzer Delegierten Convent (LDC) auf dem ersten ostmärkischen Burschenschaftertag, über dem die schwarzrotgoldenen Fahnen der gesamtdeutschen Revolution von 1848 wehten. 1897 nahm der LDC am alldeutschen Burschenschaftertag in München teil. Sei es in Bayern, sei es in Oberösterreich – beiderseits der Grenze verstanden sich große Teile der Studentenschaft als „Hort des deutschen Volksgedankens". Sie beriefen sich auf Ernst-Moritz Arndt, Friedrich Ludwig Jahn, Johann Gottlieb Fichte, Theodor Körner und Max von Schenkendorf als gemeinsame geistige Ahnen. Sie sahen sich in der Pflicht, mit ihrer Einsicht in die politische Notwendigkeit der nationalen Einheit jene Kraft zu verbinden, die man brauchte, um etwas Tüchtiges für „des Vaterlandes Macht und Herrlichkeit" zu lernen – und das war vor allem die Kunst. „Die Kunst, die aus dem Gegensatz der Rassen emporgeblüht ist", hieß einer jener heroisch klingenden, aber nur schwer umsetzbaren Merksätze, die auf den jungen kunstbeflissenen Hitler abgefärbt haben, „hat dem Germanentum mächtigen Beistand geleistet, diesen Gegensatz zu überwinden."

Tatsächlich wusste Adolf bis 1908 allerdings nur, dass er irgendetwas mit Kunst machen wollte – was genau, das wusste er nicht. Zu disparat waren seine Neigungen und Interessen. Diesen Eindruck bestätigt Hitler auch in *Mein Kampf*, wo er in einem verwickelten und z.T. widersprüchlichen Rückblick auf seine Neigungen und Optionen zwischen Malerei, Musik, Architektur und Politik als den Lieblingsgebieten seiner Jugend hin und her schwankt.[347] Erkannte der angehende Kunstmaler nach der ersten Aufnahmeprüfung, bei der er Anfang Oktober 1907 durchgefallen war,[348] auch angeblich innerhalb weniger Tage, „dass ich einst Baumeister werden würde",[349] so wechselten seine polizeilich beglaubigten Berufsbezeichnungen in den folgenden sieben Jahren zwischen „Student", „Schriftsteller"

347 Hitler 1925 I, S. 18ff.

348 Das Archiv der AHBK datiert das so genannte Probezeichnen, das Voraussetzung für die Aufnahme in die Malschule war, auf den 1./2. Oktober 1907. Das Ergebnis war im Fall Hitler ein „Ungenügend". Vgl. AHBK, „Klassifikationsliste der allgemeinen Malerschule 1905 bis 1911".

349 Hitler 1925 I, S. 19. Dieser Erkenntnis vorausgegangen war angeblich ein Gespräch, um das Hitler den Rektor der Akademie gebeten hatte, um die Gründe für sein Scheitern zu erfahren. Dieses Gespräch ist aber ebenso unverbürgt wie die angebliche Auskunft des Professors, „dass aus meinen mitgebrachten Zeichnungen einwandfrei meine Nichteignung zum Maler hervorgehe, da meine Fähigkeit doch ersichtlich auf dem Gebiete der Architektur liege". Der angeblichen Empfehlung, die Architekturschule der Akademie zu besuchen, glaubte Hitler nicht folgen zu können, da ihm dafür die Matura als Voraussetzung fehlte. Mit Heiden 1936 I, S. 31, ist jedoch anzunehmen, dass Hitler die Aufnahme an der Architekturschule trotzdem gelungen wäre, wenn er wirklich ge-

und wieder „Kunstmaler" doch ständig hin und her – je nachdem, in welchem Stadium seiner persönlichen Entwicklung er sich gerade befand.[350] Auch Kubizek meint, sein damaliger Freund habe 1907/08 in Bezug auf seine beruflichen Ziele „eben so gut vom Architekten und Baumeister (gesprochen), wie auch vom Dichter oder Maler, es konnte aber vielleicht auch der Staatsmann sein. Jedenfalls aber immer ein Mann, der an der Spitze stand über dem Durchschnitt der Menschheit".[351] Entsprechend verworren lautet im Rückblick auf jene Zeit Hitlers Selbstauskunft: „Ich malte zum Brotverdienen und lernte zur Freude. ... Dass ich dabei mit Feuereifer meiner Liebe zur Baukunst diente, war natürlich. Sie erschien mir neben der Musik als die Königin der Künste. ... Ich war fest überzeugt, als Baumeister mir dereinst einen Namen zu machen. – Dass ich nebenbei auch das größte Interesse für alles, was mit Politik zusammenhing, besaß, schien mir nicht viel zu bedeuten. Im Gegenteil: Dies war in meinen Augen die selbstverständliche Pflicht jedes denkenden Menschen überhaupt."[352]

Akzentverschiebung

Eindeutig ist nach all dem nur, dass Adolf damals um nichts in aller Welt einen Brotberuf erlernen wollte, dass er stattdessen mit großer Energie „nach einem neuen Weg" in die eigene Zukunft suchte und dass ihm dabei „die seligen Gefilde der germanischen Vorzeit", „jene ideale Welt ... als höchstes Ziel vorschwebte".[353] Eindeutig ist weiterhin in Kubizeks Worten: „Die Menschen interessierten ihn, der eigentlich Baumeister werden wollte, so, dass er selbst seine beruflichen Ziele auf das Politische ausrichtete. Wenn er einmal tatsächlich das bauen wollte, was er in seinem Kopf bereit hielt und zum Teil schon in ausgeführten Pläne niedergelegt hatte, ... so musste vorher ein revolutionärer Sturm die unhaltbar gewordenen politischen Zustände beseitigen und Möglichkeiten für ein großzügiges Schaffen gewährleisten. ... Instinktiv suchte er in der kaum zu bändigenden Fülle von Aufgaben und Problemen, die ihn bedrängten, nach einer Stelle, an der man den Hebel ansetzen könne, um die ungeheure Last, die ihn bedrückte, zu bewegen und in die gewünschte Richtung zu bringen."[354]

Tatsächlich begann Adolf im Lauf der Jahre 1907/08 seinen Fokus von der Kunst mehr auf die Politik zu lenken, obwohl sich diese beiden Bereiche in seinem Bewusstsein auch in den folgenden Jahren weiter überlappt und bis 1918/19 eine unauflösbare Einheit gebildet haben. Um noch ein-

---

wollt und wenn er tatsächlich jene Ausnahmebegabung gehabt hätte, die er sich selber in *Mein Kampf* zuschrieb.

350 Vgl. die Übersicht bei Kandl 1963/64, Anhang, und Joachimsthaler 2000, S. 33.

351 Vgl. den hier erstmals veröffentlichten Brief-Auszug Kubizek 6. Mai 1949 an Jetzinger – mit bestem Dank an den Leopold Stocker Verlag, Graz.

352 Hitler 1925 I, S. 35.

353 Kubizek 1995/6, S. 198.

354 Ebda., S. 240.

mal Kubizek zu zitieren: Bis etwa 1906, also bis zu seinem 17. Lebensjahr, hatte er noch gehofft, „als bedeutender Maler, Dichter, Architekt Großes schaffen zu können. Doch mag er dann eingesehen haben, dass hierfür seine künstlerische Begabung nicht ausreichte, denn mangelnde Begabung vermag auch der glühendste Wille nicht zu ersetzen. Vielleicht erschien ihm auch damals schon die Kunst als ein im letzten doch zu weiter und mühsamer Weg, um die erstrebten Ziele zu erreichen. In Wien war ihm die Kunst, von seinem persönlichen Wollen aus betrachtet, bereits zu einem wenig Erfolg versprechenden Umweg geworden, denn inzwischen hatte er die ihm wesensgemäße Ansatzstelle für sich entdeckt: die Politik. – Tatsächlich nahm die Politik für ihn in der Rangordnung der Werte in steigendem Maße eine Art Schlüsselstellung ein. Selbst die schwierigsten Probleme, die aus sich heraus nicht zu lösen waren, wurden, sobald man sie ins Politische übertrug, mit einem Schlage lösbar. Auf dieser Ebene drängten sich jetzt die Entscheidungen für seine weitere Zukunft zusammen."[355]

Aus all diesen Gründen hatte sich der Erfolgswille des jungen Hitler schon deutlich abgeschwächt, als er Anfang 1908 von Linz aus zum dritten Mal in die Reichshauptstadt reiste, um die wieder für den Herbst vorgesehene zweite Aufnahmeprüfung an der Kunsthochschule zu absolvieren. Entsprechend nachlässig fielen seine Vorbereitungen aus. Wie schon bis 1906 in Linz, beschäftigte sich Adolf auch im ersten Halbjahr 1908 wieder vorzugsweise mit Lesen und Zeichnen sowie mit Opernbesuchen und allerlei für die bevorstehende Prüfung nutzlosen Projekten wie dem Entwurf eines Schauspiels und einer Oper. Vor allem aber verzichtete er darauf, durch jene Tür zu gehen, die ihm eine frühere Nachbarin aus Urfahr durch einen Bittbrief an Professor Alfred Roller doch noch für den Besuch der Akademie geöffnet hatte.[356] Wider Erwarten erklärte sich nämlich der berühmte Bühnen- und Kostümbildner der Wiener Hofoper am 6. Februar 1908 bereit, den jungen Mann zu einem Vieraugengespräch über dessen Zukunft zu empfangen. Aber Adolf hatte nicht den Mut, sich dem Urteil dieses Fachmanns zu stellen. Begründung: Er sei damals noch so befangen gewesen, dass er nicht gewagt hätte, auch nur vor fünf Menschen zu reden, die ihm fremd waren.[357] Schüchternheit mag also noch durchaus erschwerend hinzugekommen sein, doch im Grunde hatte der junge Mann bereits beschlossen, von der Aufnahme in die Akademie vollkommen Abstand zu nehmen.

Offenbar wollte er durch Verzicht auf diese Chance jetzt einen ganz anderen Weg einschlagen und sich dafür auch eine gewisse Askese auferle-

355 Quelle wie in Anmerkung 351 dieses Kapitels-

356 Vgl. Brief Johanna Motlock v. 5. Februar 1908 an Alfred Roller und dessen Antwort vom 6. Februar 1908 im IfZ, F 19/19.

357 So Hitler bei Picker 1993, S. 276, in einem Tischgespräch vom 10. Mai 1942. In Übereinstimmung damit berichtet der spätere Gauleiter Wiens, Eduard Frauenfeld 1940, S. 237, unter Berufung auf ein „überraschend freimütiges" Gespräch, das Hitler einmal mit ihm geführt habe, dieser habe 1908 drei Anläufe für das Gespräch mit Roller gemacht, sei aber immer wieder aus Schüchternheit umgekehrt.

gen.[358] Hitler suggeriert dem Betrachter diesen Gedanken selbst, wenn er 1942 in einem seiner Monologe rückschauend erklärt: „Als ich nach Wien kam, hatte ich eine Empfehlung für Roller. Ich habe nur keinen Gebrauch gemacht davon. Wenn ich damals damit zu ihm gekommen wäre, so hätte er mich sofort genommen. Aber ich weiß nicht, ob das besser für mich gewesen wäre. Es wäre mir alles viel leichter geworden!“[359] Solche heroisch anmutenden Sätze klingen auf den ersten Blick nach eitler Selbstbespiegelung. Aber sie enthalten auch einen wahren Kern, wie die nächsten Jahre beweisen werden, die der junge Hitler in Wien verbrachte. Nach dem Tod seiner Mutter von dem Zwang befreit, ihr irgendeinen messbaren Erfolg vorzuweisen, und darüber hinaus entschlossen, mit seinen Bemühungen um die Kunst letztlich politischen Zwecken zu dienen, war Adolf nunmehr bereit, dafür auch gewisse Härten in Kauf zu nehmen. Das einzige, was ihn davon abhielt, war der Gedanke an den „Benkieser“, seine Fernstenliebe Stefanie Isak in Linz. Halbherzig versuchte Adolf daher im Herbst 1908 noch einmal, die Aufnahmeprüfung für die Malschule der Akademie zu bestehen, doch wurde er diesmal nicht einmal mehr zum Probezeichnen zugelassen.[360] Als alleiniger Anker für die Gestaltung seiner Zukunft hatte die Kunstakademie damit ausgedient.

Zugleich begann sich ab 1908 ein „neuer“ Hitler Adolf herauszukristallisieren – der angehende Redner und Politiker, der allmählich von seinen rein künstlerischen Berufsträumen Abschied nahm, um sich auf dem Felde der Architektur vor einem imaginären Volk als einsamer und gleichermaßen kunstsachverständiger wie politisch qualifizierter Führertyp hochzustilisieren. So heißt es in *Mein Kampf*:[361] „Ich wollte Baumeister werden, und Widerstände sind nicht da, dass man vor ihnen kapituliert, sondern dass man sie bricht. Und brechen wollte ich diese Widerstände. ... Und was damals mir als Härte des Schicksals erschien, preise ich heute als Weisheit der Vorsehung. Indem mich die Göttin der Not in ihre Arme nahm und mich so oft zu zerbrechen drohte, wuchs der Wille zum Widerstand, und endlich wird der Wille Sieger. – Das danke ich der damaligen Zeit, dass ich hart geworden bin und hart sein kann.“ Tatsächlich kommt hinter solchen reichlich geschwollen klingenden Floskeln allmählich jenes Selbstbild eines „Genies“, „Helden“ oder Übermenschen zum Vorschein, das man noch heutzutage aus der NS-Propaganda kennt. Aber Adolf hatte schon bei seinem Abschied aus Linz nach den Sternen gegriffen, als er zu einer Nachbarin sagte: „Markart und Rubens haben sich auch aus ärmlichen

358 Jochmann 1980, S. 200: Monolog v. 15./16. Januar 1942. Angeblich hatte er schon nach dem ersten Versuch, zum Studium an der Kunstakademie zugelassen zu werden, beschlossen „als Autodidakt weiterzuarbeiten und im Reich eine praktische Schulung durchzumachen“, obwohl ihm der Professor damals ein Studium der Architektur empfohlen hatte.

359 Jochmann 1980, S. 200: Monolog vom 15./16. Januar 1942.

360 Hamann datiert dieses Ereignis auf September 1908, diesmal ohne Quellenbeleg. Ebda., S. 196.

361 Hitler 1925 I, S. 19f.

Verhältnissen hochgearbeitet."[362] Kein Ziel war ihm zu hoch, neuerdings auch kein Schmerz zu groß, um es zu erreichen.

Mit seiner persönlichen Zielsetzung war der junge Hitler nahe bei dem, was in völkischen und deutschnationalen Kreisen gedacht und geschrieben wurde, vor allem in der Studentenbewegung: Hier war man ohne Rücksicht auf die Realitäten ideal gesinnt. Man wollte kämpfen, man wollte – anknüpfend an den Geniekult der deutschen Romantik – eine sittlich hochstehende, unverwechselbare, möglichst heldenhafte deutsche Persönlichkeit im Dienste seines Volkes werden, am besten ein Genie. „Soll das Wort Genie einen Sinn behalten", so schrieb etwa 1904 einer der meistgelesenen deutschvölkischen Autoren und Gatte der Wagner-Tochter Eva Wagner, der Engländer Houston Stewart Chamberlain,[363] „so dürfen wir es nur auf Männer anwenden, die unser geistiges Besitztum durch schöpferische Erfindungen ihrer Fantasie dauernd bereichert haben." Wesentlich sei, „dass jedes Werk der Kunst immer und ausnahmslos eine stark individuelle Persönlichkeit voraussetzt, ein großes Kunstwerk eine Persönlichkeit allerersten Ranges, ein Genie". Für Chamberlain und viele andere Schriftsteller seiner Zeit lag es einzig und allein am individuellen Menschen, ob er es wagte, „Genie zu haben". Genie war also kein Gnadenakt der Schöpfung sondern ein Willensakt, ein Wagnis. „Und aus diesem Wagestück entsteht ein neuer Begriff des Menschlichen; jetzt erst ist der Mensch ‚in das Tageslicht des Lebens eingetreten'."

An anderer Stelle hieß es bei Chamberlain: Die „Quintessenz" von Rasse sei „der Held", „das Genie."[364] Genie und Held waren Brüder im Geiste seit Friedrich von Schiller. Rousseau hatte ausgerufen: „Ohne Helden kein Volk", und Kant definierte Genie als „das Talent der Erfindung dessen, was nicht gelehrt oder gelernt werden kann" – eine Auffassung, der Adolf mit seinem „Studium" und seiner „Universität" ziemlich nahe kam. Nach Kant saugt das Genie „Nahrung von überall ein und trägt wiederum Lebenskraft überall hin".[365] Damit soll nicht behauptet werden, dass Adolf jemals die theoretischen Schriften Schillers, Rousseaus oder Kants gelesen hat. Zumindest gibt es dafür keinen belegbaren Anhaltspunkt. Auch Houston Stewart Chamberlain hat er vermutlich nicht vor Ende des Ersten Weltkriegs kennen gelernt. Aber in mancher Beziehung dachte, schrieb und handelte Hitler seit seiner Jugend wie er, wie sie.

362 Price 1983, S. 6.
363 Chamberlain 1904/05 I, S. 26, die folgenden Zitate S. 69 f.
364 Ebda., S. 294.
365 Op. cit. Chamberlain 1904/05 II, S. 896 ff.

Wohngemeinschaft

Vom 22. Februar 1908 bis zum Sommer des gleichen Jahres bildeten Hitler und Kubizek in Wien eine Wohngemeinschaft, eine WG.[366] Sie lebten in der Stumpergasse 31, zweite Stiege, Kellergeschoss, Tür Nr. 17, in zwei ärmlich eingerichteten, dunklen, verwanzten und wegen der Lampen, die sie benutzten, nach Petroleum riechenden Zimmern, die kaum die Bezeichnung „Wohnung" verdienten. Vermieterin war eine aus Mähren stammende Näherin, Maria Zakreys, des Deutschen nicht ganz mächtig. Die Miete betrug anfangs zehn Kronen monatlich für das Kabinett, das Adolf zunächst allein bewohnt hatte, wurde aber auf 20 Kronen pro Monat erhöht, nachdem die Zakreys den beiden jungen Männern ihr großes Zimmer abgetreten hatte und sich selbst mit Küche und Bad begnügte. So konnte August, der in Wien ja Musik studieren wollte, seinen gebrauchten Flügel zum Üben unterbringen. Aber es war dann nur mehr wenig Platz. August musste sich entweder auf sein Bett legen oder auf dem Klavierschemel Platz nehmen, wenn Adolf, wie es seine Art war, beim Reden die wenigen Schritte auf und ab ging, die ihm die knappen Raumverhältnisse gestatteten.

Außer dem Flügel und den beiden Betten bestand das Inventar aus je einem Nachttisch, dem gemeinsamen Kleiderschrank, einer Waschgelegenheit, einem Tisch und zwei Stühlen. Die Ernährung war dürftig, sofern sie nicht durch Esspakete von Augusts Mutter aufgebessert wurde. Adolf beschränkte sich morgens in der Regel auf eine Flasche Milch und ein Stück Brot, mit etwas Butter belegt, mittags nahm er häufig ein Stück Mohn- oder Nussstrudel zu sich, manchmal kamen etwas Gemüse, eine Milchsuppe oder Mehlspeise hinzu, im Übrigen hungerte er oft. Für ihre Notdurft suchten die beiden das WC im Treppenhaus auf, das auch von den anderen Mietparteien benutzt wurde.

Trotz aller Entbehrungen gestaltete sich die Wohngemeinschaft bis auf gelegentliche Auseinandersetzungen recht harmonisch. August verließ morgens das Haus, um am Konservatorium fleißig und zielstrebig seinen Studien nachzugehen. Adolf schlief gern lange und verbrachte den restlichen Tag mit Lesen, Schreiben oder Zeichnen – sei es zuhause, sei es im Schlosspark Schönbrunn, wo er sich einen Arbeitsplatz im Freien eingerichtet hatte, sei es in einer der Wiener Leihbibliotheken, die er benutzen durfte. Nicht selten besuchte er die öffentlichen Sitzungen des Abgeordnetenhauses an der Ringstraße. Abends schlossen sich die beiden Freunde entweder wieder zu gemeinsamen Opernbesuchen zusammen, oder Adolf arbeitete bis tief in die Nacht hinein und hinderte seinen Freund am Einschlafen, indem er ihm, heftig gestikulierend auf und ab gehend, lange Vorträge hielt.

366 Kubizek 1995/6, S. 155: Im Text heißt es irrtümlich „1907". Gegenüber S. 240 ist ein Faksimile von Hitlers Aufforderung an seinen Freund abgedruckt, ihm so rasch wie möglich nach Wien zu folgen. Die Initiative ging auch hier wieder von ihm aus.

Im Gegensatz zum jungen Kubizek sah es im jungen Hitler alles andere als harmonisch aus. Denn nun bereitete er sich auch innerlich auf seine „Häutung“ vor. Er war jedenfalls „ganz aus dem Gleichgewicht gekommen“, aus nichtigem Anlass konnte er in Wut geraten, „mit aller Welt war er überworfen“, stellte August fest, als er mit seinem Freund im Februar zusammenzog.[367] „Wohin er blickte, sah er nur Ungerechtigkeit, Hass, Feindschaft. Nichts hatte vor seinem kritischen Urteil Bestand. Nichts ließ er gelten. Nur allein Musik vermochte ihn etwas aufzuheitern ...“ Erst nach Wochen machte Adolf seinen Freund mit der Tatsache bekannt, dass er bei der Aufnahmeprüfung für die Akademie im Oktober 1907 durchgefallen war. Wenn dieser ihn fragte, wie es denn nun weitergehen solle, antwortete er nicht etwa mit der Versicherung, er werde die nächste Prüfung im kommenden Oktober wiederholen, sondern damit, dass er „an der Lösung des Wohnungselends in Wien“ arbeite, wofür er offenbar auch nachts gewisse Feldstudien trieb.[368] Wenn sich August wunderte, was denn die architektonischen Entwürfe seines Freundes mit dessen politischen Projekten zu tun hatten, erhielt er die Antwort: „Man kann erst bauen, wenn die politischen Voraussetzungen dafür geschaffen sind.“ Kubizeks Fazit: „Je hartnäckiger er vor sich selbst wiederholte: ‚Ich will Baumeister werden‘, desto mehr verflüchtigte sich dieses Ziel in der Wirklichkeit.“[369] Immer öfter und konkreter umschrieb die von ihm stets wiederholte Metapher vom „Baumeister“ den Wunsch des jungen Hitler, als Politiker etwas aufzubauen. Die beiden Begriffe wurden für ihn gleichbedeutend, synonym.

Die Wohngemeinschaft endete Anfang Juli 1908 mit dem Ende des Unterrichtsjahres am Konservatorium, als August für den üblichen Sommerurlaub zu seinen Eltern nach Hause fuhr.[370] Zwar meinte er, er sei seinem Freund in der gemeinsamen Zeit auch menschlich nähergekommen. Doch hatte Adolf mit seinen Gefühlen stets hinter dem Berg gehalten. Und so kam, was offenbar kommen musste: Während August seine Semesterferien zu Hause in Linz verbrachte,[371] um in der zweiten Novemberhälfte wieder in die Stumpergasse zurückzukehren, seilte Adolf sich ohne jede Vorwarnung ab, nachdem er möglicherweise noch einmal zu seinen Verwandten ins Waldviertel gefahren war, um für seine neue Lebensphase noch einmal etwas Luft zu holen.[372] An seinem plötzlichen Abschied von der Stumpergasse hinderte ihn nicht einmal die Tatsache, dass der treue Freund jeden

367 Kubizek 1995/6, S. 163.

368 Ebda., S. 167.

369 Ebda., S. 187.

370 Jetzinger 1956, S. 202, unter Berufung auf die erste Postkarte, die Hitler aus Wien an Kubizek schrieb, deren Tagesdatum jedoch unleserlich ist.

371 Ob er in diesem Zeitraum auch seinen Wehrdienst ableistete, ist umstritten. Vgl. dazu Kubizek, ebda., S. 261, und Jetzinger 1956, S. 209.

372 So Jetzinger 1956, S. 206. Der Besuch ist nur unzureichend durch eine Postkarte Hitlers mit der Ansicht von Schloss Weitra im Waldviertel, nicht aber durch einen entsprechenden Poststempel belegt, weil dieser unleserlich ist. So könnte diese Karte an Kubizek zu dessen Namenstag auch aus Wien abgesandt worden sein.

Monat seinen Anteil an der gemeinsamen Miete zahlte. August hatte Adolf sogar versprochen, ihn finanziell zu unterstützen, sobald er selbst eine Anstellung gefunden hätte. Aber daran war der junge Hitler nicht interessiert. Er war ja gut versorgt. Vielleicht hat er das Angebot seines Freundes sogar als Beleidigung empfunden. Denn abhängig – auch finanziell abhängig – war er in seinem bisherigen Leben genug gewesen. Jetzt wollte er frei sein und ungebunden seinen Weg in Richtung auf ein Ziel weitergehen, das er wohl selbst noch nicht genau kannte. Ein Vierteljahrhundert oder 25 Jahre lang sahen die beiden Jugendfreunde einander nicht wieder, ohne dass Kubizek von Hitler jemals eine Erklärung für dessen Verhalten bekommen hätte. Aber auch dann sind die Gründe zwischen den beiden Männern offenbar nicht zur Sprache gekommen.[373]

Ab Juli 1908 bereitete der Hitler Adolf seine neue Lebensphase auch in praktischer Hinsicht vor. Zwar gestand er einem tschechischen Bekannten später, er sei der Kunsthochschule nur deshalb davongelaufen, weil er sich in Studentenvereinen zu viel politisch betätigt und für eine Fortsetzung seines Studiums zu wenig Geld besessen habe.[374] Aber die wahren Gründe lagen bekanntlich tiefer, und mit „Fortsetzung des Studiums“ war jetzt etwas völlig anderes gemeint. Denn was den jungen Hitler im Sommer und Herbst 1908 stärker als alles andere fesselte, war die Politik. Es war das Jahr einer schweren Doppelkrise für die Habsburgermonarchie, eine der schwersten vor dem Ersten Weltkrieg überhaupt. Außenpolitisch hatte Österreich-Ungarn am 5. Oktober mit der Annexion der formal noch türkischen Provinzen Bosnien und Herzegowina viel Staub in der Welt aufgewirbelt. Innenpolitisch strebte der Nationalitätenkonflikt einer neuen Zuspitzung zu. Die außenpolitische Krise brachte den Kaiserstaat erstmals seit vielen Jahren wieder an den Rand einer internationalen Isolierung, wenn nicht gar eines militärischen Konflikts. Derweil tagte in Prag ein Panslawischer Kongress. Tschechen, Ungarn und Italiener wurden unruhig, und in deutschnationalen Kreisen ging wieder einmal die Angst vor einer „Slawisierung Österreichs“ um. In Böhmen und Mähren spitzten sich die Auseinandersetzungen besonders zu, weil hier Deutsche und Tschechen auf verhältnismäßig engem Raum zusammenlebten. Zugleich stieg am politischen Himmel der deutschen Studenten der Stern des Deutschradikalen Karl Hermann Wolf auf, der seine Kommilitonen aufforderte, „sich ganz in den ‚Dienst am deutschen Volk‘ und der ‚Slawenabwehr‘ zu stellen. Dabei maß er der Bildung einen besonders großen Wert bei, um dem Ansturm der Slawen auch geistig gewachsen zu sein“.[375] Als politischer Anführer der Burschenschaften heftete Wolf in den Augen seiner begeisterten Anhänger unsterblichen Ruhm an seine nationalistischen Fahnen,

373 Erst 1933 hatten sie wieder miteinander Kontakt. Vgl. dazu die Schilderung bei Kubizek 1995/6, S. 267ff.

374 So die angebliche Äußerung gegenüber einem Mitbewohner 1912 im Wiener Männerheim. Vgl. Anonymus, Mein Freund Hitler. In: Moravský ilustrovany zpravodaj, 1935, Nr. 40 – op. cit. Hamann, Anm. 1 auf S. 541.

375 Ebda., S. 387.

als er „am 1. Dezember 1908, kurz vor der Verhängung des Standrechts in Prag, umringt von hunderten randalierender und johlender Tschechen, unbeirrt vom Deutschen Kasino zur *mensa academica* ging, während die Polizei vergeblich versuchte, ihn zu schützen".[376]

Undenkbar, dass der junge Hitler diese Ereignisse nicht mit größter Anteilnahme verfolgt hätte. Kam jetzt die Revolution, von der er als Voraussetzung für die Verwirklichung seiner Visionen geträumt hatte? Gab es vielleicht sogar Krieg? Würde das verhasste „Völkerbabel" (Adolf Hitler) endlich unter seiner Doppelbelastung auseinanderbrechen? Für sein politisches Engagement gibt es in diesen Sommer- und Herbstmonaten des Jahres 1908 zwar keinen positiven Beweis, weil Kubizeks Jugenderinnerungen mit der Trennung von seinem Freund enden. Damit ist diese ergiebige Quelle versiegt. Dafür aber tut sich mit der letzten Postkarte und den drei Briefen, die Hitler noch im Spätsommer 1908 aus Wien an seinen Freund in Linz geschrieben hat, eine neue, wenn auch nur kurz sprudelnde Quelle auf, deren Wert von der Hitler-Biographik bisher übersehen wurde. Denn diese schriftlichen Zeugnisse sind *ex negativo* der Beweis dafür, dass Adolf in jenen Wochen und Monaten tatsächlich nichts mehr als die Politik interessiert hat. Bevor sie voneinander schieden, hatte er nämlich versprochen, August über alles in Wien zu informieren, was diesen interessieren könnte. Dieser freundschaftlichen Abmachung folgend, schrieb der junge Hitler vom 15. Juli bis zum 17. August 1908 insgesamt viermal nach Linz.[377] Dabei kehrte mit schöner Regelmäßigkeit die Formulierung wieder: Er, Adolf, wisse eigentlich gar nicht, mit welchen Neuigkeiten er aufwarten solle. Wenn man sich einerseits die politische Hochspannung jener Wochen und Monate sowie andererseits die Tatsache vor Augen hält, dass August für Politik keinerlei Interesse hatte, dann mag man in jener Wendung das indirekte Eingeständnis dessen erblicken, was seinen ehemaligen Freund Adolf im Sommer 1908 tatsächlich beschäftigt und worin letztlich auch der Grund für die abrupte Trennung von seinem einzigen Freund gelegen hat: die Politik. Wäre es anders gewesen, hätte Adolf gewiss genug Themen gefunden, die auch seinen unpolitischen Freund interessierten.

11. Kapitel: Die Weichenstellung

Wanderleben

Nach dem Abschied von seinen akademischen Ausbildungsplänen und der Trennung von seinem Freund war der Hitler Adolf im Hochsommer 1908 gezwungen, neu Tritt zu fassen. Weder vermochte er Dritten gegenüber

376 Ebda., S. 389.

377 Vgl. die Faksimiles bei Kubizek 1995/6, S. 256 ff. Eine weitere Postkarte, die lediglich Glückwünsche zu Kubizeks Namensfest enthielt, wird auf Seite 261 erwähnt. Ferner sandte Hitler unter dem 20. August 1908 eine Postkarte mit der Ansicht des Schlosses Weitra aus dem Waldviertel an seinen Freund, die hier wegen ihres belanglosen Inhaltes außer Betracht bleiben kann. Dann brach der Kontakt zwischen den beiden ab.

noch lange glaubhaft machen, er sei ein „Student“, noch hatte er einen ihm nahestehenden Menschen an seiner Seite. Ohne in der Riesenstadt Wien irgendjemand persönlich zu kennen, der ihm weitergeholfen hätte, stand der junge Hitler erstmals ganz und gar auf eigenen Füßen. Mittlerweile hatte er sogar die innere Beziehung zu seiner Fernstenliebe Stefanie gekappt und jede Hoffnung, sie jemals als „gemachter Mann“ zu gewinnen, unter seelischen Schmerzen aufgegeben.[378]

An eine Rückkehr nach Linz war nicht zu denken. Das ließ sein Stolz nicht zu. Adolfs einst so mutig gefasster und so sorgfältig vorbereiteter, nur durch den Tod seiner Mutter vorübergehend gebremster Aufbruch in ein neues Leben schien gescheitert, wenn man ihn an bürgerlichen Maßstäben misst. Aber obwohl der jetzt bald Zwanzigjährige noch immer keine berufliche Perspektive hatte, lebte er nicht einfach so vor sich hin. Im Gegenteil: Adolf war fest entschlossen, in Wien auszuharren und auf bessere Zeiten zu warten, von denen er allerdings nicht wusste, ob sie jemals eintreten würden: Das Darlehen seiner Tante gab diesem Entschluss auch eine feste Basis, die bei sparsamer Lebensführung für zwei Jahre reichen konnte. Wenn man ihn damals fragte, worauf er denn konkret warte, sagte Adolf zwar: „Ich weiß es selbst nicht.“ Aber er sagte auch: „Eine Revolution könne ... nur von der studierenden Klasse bewerkstelligt werden“, der er sich weiterhin zurechnete, und vielsagend fügte er noch hinzu: „Wie im Jahr 1848“, wobei er wohl an die Verbindung von Studenten und Soldaten dachte wie einst bei den Kämpfen nationaler revolutionär Milizionäre in den Straßen Wiens.[379] Auch soll er schon von der Gründung einer Partei gesprochen haben.[380] Trotz seiner schwierigen Lage hielt Adolf somit eisern an seiner Vision fest, eines Tages als Baumeister oder Politiker – das lief für ihn letztlich auf dasselbe hinaus – führend an der Schaffung eines größeren Deutschland mitzuwirken. Dabei umkreiste er den kulturellen, sozialen und politischen Betrieb der Reichshauptstadt als kritischer Beobachter auch weiterhin wach und aufnahmefähig auf gesellschaftlich niedrigem Niveau. Insofern ist es auch objektiv gerechtfertigt, ihn weiterhin – mit gewissen Abstrichen – „Student“ zu nennen.

Bis zum 19. August 1908 ist der Aufenthaltsort des jungen Hitler bei der Zakreys dokumentarisch belegt.[381] Schon kurz darauf wird Adolf von der Stumpergasse in die nicht weit entfernte Felberstraße umgezogen sein,[382] in die Nähe des Westbahnhofs, wo er bis zum 20. August 1909 als

378 Kubizek 1995/6, S. 166.

379 Von Arbeitern, auf die er als „indolente Masse“ herabsah, scheint er nicht mehr viel gehalten zu haben. Diese kümmerten sich seiner Meinung nach nur um Essen, Trinken und Frauen. Vgl. Hanisch 1939, S. 8.

380 Ebda., S. 2.

381 Vgl. Jetzinger 1956, S. 205: Ansichtspostkarte mit Poststempel von diesem Tag, auf der Hitler erwähnt, die Zakreys lasse für Kubizeks Mietzahlung danken.

382 Jetzinger 1956, S. 218. Dieses Datum ist aus zwei Gründen plausibel: Erstens war Hitler nach Jetzingers Darstellung kurz zuvor aus dem Waldviertel nach Wien zurückgekehrt. Zweitens traf Kubizek seinen Freund in der Stumpergasse nicht mehr an,

„Student" bei einer Vermieterin namens Helene Riedl gemeldet war. Was er in diesem Jahr getrieben hat – außer dass er sich noch einmal halbherzig und daher auch ohne Erfolg um die Aufnahmeprüfung zur Kunstakademie bewarb – weiß niemand. Das ist bis heute ein weißer Fleck in seinem Lebenslauf geblieben.

Die nächsten drei Wochen, vom 20. August bis 16. September 1909, verbrachte er bei einer Vermieterin namens Antonia Oberlerchner, Sechshauser Straße 58, nunmehr den Behörden als „Schriftsteller" bekannt. Vom 16. September 1909 bis zum 9. Februar 1910 soll der junge Hitler schließlich auch noch in der Simon-Denk-Gasse 11 gewohnt haben.[383] Zwar fehlen für diese Adresse die polizeilichen Meldeunterlagen, dafür gibt es aber einen eindrucksvollen Fotobeweis aus dem Jahre 1938.[384] Die von Hamann gewählte Bildunterschrift zu diesem Foto – „Diese einzige offiziell gefeierte Hitler-Wohnung war falsch" – ist nicht nur sprachlich verunglückt. Sie ist auch unplausibel weil Hitler das Obdachlosenasyl im Arbeiterbezirk Wien-Meidling tatsächlich schon im Herbst 1909 aufgesucht hätte. Denn dann würden sich die für die Simon-Denk-Gasse und das Asyl angegebenen Zeiträume decken.[385] Die Behauptung, Hitler habe vom Herbst 1909 an in diesem Asyl gelebt, stammt aber, wie wir wissen, einzig und allein von Hanisch, über dessen Zuverlässigkeit schon im Pro-

als er in der zweiten Novemberhälfte nach Wien zurückkehrte, um seine Ausbildung am Konservatorium fortzusetzen, wo das neue Schuljahr am 1. September begann. Hingegen nimmt Hamann 1996/4, S. 196, den 18. November 1908 als Datum für Hitlers Wegzug aus der Stumpergasse an, weil dieser sich unter dem gleichen Datum bei der Polizei als in der Felberstraße wohnhaft gemeldet hat.

383 Daten bei Kandl 1963/64, Anhang V, aufgrund von beglaubigten Kopien der Meldezettel. Die Originale waren 1933 bzw. 1936 dem Polizeimuseum Wien ausgeliefert worden und sind seitdem verschollen. Wahrscheinlich wollte Hitler dadurch vertuschen, dass es ihm 1908/09 gar nicht so schlecht ergangen ist, wie er es verschiedentlich geschildert hat. Dagegen nimmt Hamann 1996/4, S. 208, im Vertrauen auf Hanischs Darstellung an, dass es sich bei der Simon-Denk-Gasse 11 um eine fiktive Adresse gehandelt habe.

384 Dagegen beweist das von Hamann 1996/4, S. 207, abgedruckte Foto aus dem in Wien erscheinenden „Welt-Blatt" vom 20. März 1938, das Hitlerjungen vor dem mit Hakenkreuzen, Hitler-Porträt und Girlande verzierten Eingang zu dem betreffenden Haus zeigt, sehr wohl, dass Hitler hier eine Zeitlang gewohnt haben kann. Nur führt der Text unter dem Foto in die Irre. Hier wird Hitler als „schlichter und unbekannter Arbeiter" bezeichnet, was überhaupt nicht zu dem pompös wirkenden Hauseingang passt. Wegen der Widersprüche zwischen seiner Darstellung in *Mein Kampf*, die von der Bildunterschrift zitiert wird, und der Tatsache, dass er sich trotz seines angeblichen Elends eineinhalb bis zwei Jahre lang möblierte Zimmer oder sogar Wohnungen leisten konnte, hat Hitler seine Wiener Spuren fast völlig verwischt.

385 Hanisch 1939, S. 1–3. Auf diesen Seiten springt Hanischs Darstellung vom Jahr 1909 unmotiviert auf das Jahr 1910 über. In der kürzeren und früheren Fassung von 1933, die wir im Prolog erwähnten, ist die betreffende Stelle in Hanischs Bericht offenbar irgendwann einmal manipuliert worden. Genaueres ist auf der Kopie des Bundesarchivs nicht zu erkennen. Beides fordert fast zwangsläufig zu der Vermutung heraus, dass Hanisch den Eintritt Hitlers in das Obdachlosenasyl erfunden hat und diesem erst im Männerwohnheim an der Meldemannstraße begegnet ist. Sollte diese Vermutung zutreffen, hätte Hitler nie, auch nicht für kurze Zeit, in jenem Obdachlosenasyl gelebt.

log das Notwendige gesagt wurde.[386] Sie ist also weder von irgendeiner amtlichen Stelle noch von Hitler selbst bestätigt und daher ihrerseits äußerst unsicher.

Immerhin bleibt festzuhalten, dass der Hitler Adolf in Wien zeitweilig ein Wanderleben führte, über das man außer einigen Anschriften so gut wie gar nichts weiß. Das schließt allzu weitgehende Schlüsse über seinen Umgang und über seine Lebensverhältnisse in jenem Zeitraum aus. Möglicherweise ist der junge Mann vorübergehend seelisch etwas aus dem Gleichgewicht geraten. Als Grund kommt Geldmangel jedoch kaum in Frage, da das Startguthaben von rund 2.000 Kronen, mit dem Adolf im Februar 1908 nach Wien gegangen war, bei der für ihn typischen Lebensweise mindestens noch bis Februar 1910 ausgereicht haben muss.

So ist auch die Annahme auszuschließen, der junge Hitler habe seine Wohnung so häufig wechseln müssen, weil er seine Miete schuldig blieb, oder er habe das eine oder andere Mal entweder in einem Café oder auf einer Parkbank im Freien genächtigt. Alle dieser Angaben – wie auch die über den unbeschreiblichen Aufzug, in dem Adolf schließlich in besagtem Obdachlosenasyl aufgekreuzt sein soll – stammen ausschließlich von Hanisch-Heiden und sind möglicherweise als Mittel der psychologischen Kriegführung aus dem Frühjahr 1939 zu verstehen.[387] Denn keine dieser Angaben ist jemals von Dritten beglaubigt worden. Bei den wund gelaufenen Füßen sowie der stark verschmutzten und durch Witterungseinflüsse verfärbten Kleidung, von der Hanisch-Heiden schreibt, kann es sich deshalb ebenso gut um eine sachgerechte Darstellung wie um eine grobe Übertreibung handeln.[388] Wir neigen eher zu Letzterem. Und wer sagt denn, dass der junge Hitler nichts mehr von jenen Beträgen besaß, mit denen er nach Wien gekommen war? Er wird sein Geld schon nicht dem wegen Diebstahls und Urkundenfälschung vorbestraften Hanisch vorgezählt haben, wenn er es überhaupt bei sich trug! Auch könnte unsere Annahme, dass er noch über einen ansehnlichen Restbetrag von vielleicht 1.000 Kronen verfügte, ohne Weiteres erklären, weshalb es der junge Hitler gar nicht nötig hatte, so emsig und profitgierig für seinen Lebensunterhalt zu sorgen, wie es sein Geschäftspartner Hanisch von ihm erwartet hat. Hitler verzichtete doch 1911 auch auf seine Waisenrente, die ihm sein Vormund

386 Vgl. Prolog, S. 37ff.

387 Hanisch 1939, S. 1. Die Beschreibung von Hitlers Aufzug in diesem Jahr 1909 ähnelt verdächtig jener Beschreibung, die der „Brünner Anonymus" für das Jahr 1912 gibt. Vgl. Hamann 1996/4, S. 541. Der Hinweis Hamanns 1996/4, S. 222 und 247, auf ein Polizeiprotokoll, das angeblich „amtlich bestätigt", Hitler sei im Herbst 1909 so heruntergekommen gewesen, dass er das Obdachlosenasyl habe aufsuchen müssen, geht ins Leere. Die beiden von ihr wiedergegebenen Polizeiprotokolle aus dem Jahr 1910 (!) enthalten keinerlei Hinweis darauf. Tatsächlich weicht Hamann trotz intensiver Recherchen einer klaren Antwort auf die Frage aus, ob Hitler dieses Obdachlosenasyl überhaupt jemals bewohnt hat oder nicht.

388 Immerhin schreibt Hitler in *Mein Kampf* über diese Zeit: „Meine Kleidung war noch etwas in Ordnung, meine Sprache gepflegt und mein Wesen zurückhaltend." Hitler 1925 I, S. 40.

Mayrhofer bis dahin aus Linz überwiesen hatte, zugunsten seiner Schwester Paula.[389] Für den Empfang dieser Zahlungen muss er ein Konto bei irgendeiner Bank oder eine zustellungsfähige Postanschrift besessen haben. Am Ende wird unsere Annahme, dass Hitler im Winter 1909/10 in materieller Hinsicht keinerlei wirtschaftliche Not gelitt hat, sogar durch einen kleinen Hinweis von Hanisch selbst gestützt, der berichtet, der angeblich völlig mittellose Neuling habe Weihnachten 1909 plötzlich einen Fünfzig-Kronen-Schein aus seiner Tasche gezogen, für seine damaligen Kameraden sehr viel Geld.[390] Woher soll dieses Geld gekommen sein, wenn nicht aus dem Startguthaben, das Hitler besaß?

Allerdings muss auch die Tatsache berücksichtigt werden, dass sich Hanisch bei seiner Schilderung auf Angaben Hitlers beruft und dieser im Zusammenhang mit dem „Herbst 1909" selbst einmal von einer „unendlich bittere(n) Zeit" gesprochen hat.[391] Eine solche Bemerkung aber schließt auch eine Übertreibung Hitlers nicht aus, weil sie in einem erkennbar apologetischen Kontext fällt. Auch ist „Herbst 1909" ein durchaus dehnbarer Zeitbegriff. Liest man nämlich ein paar Sätze weiter, wird deutlich, dass Hitler hier im Grunde den gesamten Zeitraum meint, der von seinem plötzlichen Auszug bei Frau Zakreys (Juli 1908) bis zu seinem Einzug in das Männerwohnheim in der Meldemannstraße (9. Februar 1910) reicht, plus einer gewissen Zeit der Eingewöhnung in die neue Umgebung. Er hatte somit während eines deutlich längeren Zeitraumes als nur im Herbst 1909 „keine andere Freundin als Sorge und Not", da er sich erst auf seine völlig neue Lebenssituation umstellen musste,[392] was erfahrungsgemäß immer mit Schwierigkeiten und Unannehmlichkeiten verbunden ist.

Durch die Ausdehnung unseres Beobachtungszeitraumes über den angeblich so trostlosen Herbst/Winter 1909/10 hinaus wird die dramatische Schilderung des bei seiner Aufnahme in das Obdachlosenasyl angeblich völlig ausgehungerten und verwahrlosten Hitler, auf die sich die Hitler-Biographik bis heute stützt, freilich erheblich relativiert.[393] Trotzdem muss

---

389 Vgl. das Schreiben des Bezirksgerichts Linz als zuständige Vormundschaftsbehörde, undatiert, bei Jetzinger 1965, S. 226 ff.

390 Hanisch 1939, S. 2 f. Danach stammten diese 50 Kronen von Hitlers Schwester. Doch klingt auch diese Behauptung zweifelhaft. Denn Hitler hatte sich angeblich zunächst geweigert, seine Stiefschwester Angela anzupumpen, weil diese „erst seit kurzem verheiratet" sei. Das kann Hitler aber gar nicht gesagt haben, denn die Eheschließung von Angela und Leo Raubal lag 1909 bereits sechs Jahre zurück.

391 Jäckel/Kuhn 1980, Brief Hitlers vom 21. Januar 1914 an den Magistrat der Stadt Linz, S. 55. In diesem Brief versucht sich Hitler dafür zu rechtfertigen, dass er es im Herbst 1909 versäumt hatte, sich bei den Militärbehörden für die Ableistung seines Wehrdienstes zu melden.

392 Dazu heißt es vielsagend in *Mein Kampf*: „Ich hatte mit meinem Schicksal noch soviel zu tun, daß ich mich um meine neue Umwelt nur wenig zu kümmern vermochte." Hitler 1925 I, S. 40.

393 Kershaw 1998/2 I, S. 87 f., Hamann 1996/4, 222 ff., drückt sich etwas vorsichtiger aus, wenn sie nur von Hitlers „dunkelster Zeit in Wien" spricht. Sie hat Hanischs Bericht aber ohne jeden Vorbehalt fast in voller Länge übernommen.

diese Schilderung nicht völlig unzutreffend sein. Vielmehr ist nicht ganz auszuschließen, dass der junge Hitler seine Selbstdisziplin im Lauf des Jahres 1908/09 vorübergehend tatsächlich verloren hat, dann aber aus ganz anderen – nämlich seelischen – Gründen. Denn was war in diesem Zeitraum passiert? Adolf hatte sich von seinem Freund August getrennt, er war bei seiner zweiten Aufnahmeprüfung für die Akademie durchgefallen, seine politischen Erwartungen und Träume hatten sich nicht erfüllt. Weder war nach der Annexion der ehemals türkischen Provinzen am 5. Oktober 1908 ein europäischer Krieg ausgebrochen noch hatten die Unruhen in Prag und anderswo zu einem Ende der Habsburgermonarchie geführt. Nichts von alledem, worauf der junge Hitler gesetzt hatte, war eingetroffen – vor allen Dingen keine Revolution, die ihn vielleicht wie durch ein Wunder nach oben getragen hätte. Stattdessen war der junge Mann vom hohen Sockel seiner Ambitionen kläglich abgestürzt und hing nun mit allen seinen Wünschen und Plänen in der Luft.

Selbstverständlich war diese Desillusionierung für den standesbewussten und keineswegs uneitlen Beamtensohn eine zutiefst enttäuschende Erfahrung, wahrscheinlich sogar schlimmer, als es Kälte und Hunger jemals hätten sein können. Doch Vorsicht gegenüber der vorhandenen Überlieferung ist weiterhin geboten. Denn mit seiner Notlage hat Adolf Hitler wiederholt seinen Anspruch begründet, er könne den deutschen Arbeiter aufgrund eigener schlimmer Erfahrungen in Wien mit ungleich größerem Recht vertreten als jeder andere deutsche Politiker. Diese Behauptung hat seinen überkritischen Biographen Alfred Jetzinger allerdings dazu veranlasst, das Kind gleich wieder mit dem Bad auszuschütten, wenn dieses Bild hier ausnahmsweise einmal erlaubt sein darf. Denn Jetzinger behauptet, Hitler habe sich 1909/10 in überhaupt keiner Notlage befunden, sondern nur auf der Flucht vor seiner Einberufung zur österreichisch-ungarischen Armee.[394] Daher sein häufiger Wohnungswechsel.

Obwohl viele Biographen diese Vermutung teilen, sind auch an dieser Deutung erhebliche Zweifel erlaubt. Denn weder kann man Hitlers Beteuerung, er habe ständig versucht, sich bei den Behörden zur Ableistung seines Militärdienstes zu melden, sei aber an den Umständen gescheitert, ohne Weiteres in das Reich der Fabel verweisen[395] noch kann Jetzinger seine eigene These am Ende aufrechterhalten. Denn auch er muss einräumen, dass die Schutzbehauptung „demnach immerhin wahr sein" könnte,[396] er, Hitler, habe sich im Februar 1910 bei den Behörden mit der Bitte gemeldet, seinen Wehrdienst in Wien ableisten zu dürfen, sei aber nicht berücksichtigt worden.

394 Jetzinger 1956, S. 253ff.

395 Vgl. Jäckel/Kuhn 1980, Brief Hitlers an den Magistrat der Stadt Linz vom 21. Januar 1914 , S. 54. Jetzingers Behauptung steht schon deshalb auf tönernen Füßen, weil Hitler sich überall da, wo er 1909/10 Quartier nahm, ordnungsgemäß bei der Polizei meldete, so dass seine Verfolgung durch die Militärbehörden ein Leichtes gewesen wäre.

396 Vgl. den so genannte „Rechtfertigungsbrief" Hitlers in seiner Wehrdienstsache an den Magistrat der Stadt Linz, abgedruckt bei Jetzinger 1956, S. 262 und S. 268.

Krisenmanagement

In den Jahren 1908 bis 1910 durchlebte der rund zwanzig Jahre alte Hitler Adolf eine Krise, die für sein späteres Leben entscheidend war – aber nicht aus wirtschaftlichen, sondern aus seelischen Gründen. Es war die dritte Krise in kurzer Folge, die er in seiner Kindheit und Jugend bewältigen musste. Bei der ersten in den Jahren 1904/06 hatte er in der Schule und bei der ersten Begegnung mit dem anderen Geschlecht nicht die ersehnte Erfüllung gefunden. Bei der zweiten zerstoben 1907/08 seine Künstlerträume, nachdem er die beiden Aufnahmeprüfungen zur Akademie nicht bestanden hatte. Als nun in den Jahren 1908/09 weder die innen- noch die außenpolitischen Ereignisse eintraten, von denen er sich eine Wende seines Schicksals erhofft hatte, musste er sich vollkommen neu orientieren.

Ziellos, wie oft behauptet wird, hat der junge Hitler in diesen drei Krisen nicht operiert. Zwar hatte er seine Erwartungen immer zu hoch gesteckt, aber nach jeder Krise schwang er sich wieder zu einer neuen Stufe seiner persönlichen Entwicklung auf. Nach dem Schulabbruch hatte er sich aus seiner Linzer Umklammerung befreit. Nach der endgültigen Ablehnung durch die Akademie hatte er sich vollends auf eigene Füße gestellt. Nun hatte sich auch Adolfs drittes Ziel, als Baumeister und Staatsmann ganz Deutschland zu verändern, 1908/09 vorerst in Luft aufgelöst. Deshalb entschloss sich der junge Hitler zu einer völlig neuen Strategie. Bisher hatte er sich als *Bohemien* – mit oder ohne Freund August –, weitgehend abgeschlossen von seiner unmittelbaren Umgebung, durch das Leben bewegt. Zwar war Adolf nie jener faule Schmarotzer gewesen, als den man ihn heute noch immer gerne sieht. Er hatte auf seine Art und Weise gearbeitet und gerackert, so viel er nur konnte, sich dabei jedoch stets auch auf jenen provinzbürgerlichen Bahnen bewegt, die ihm sein Elternhaus vorgezeichnet hatte.

Irgendwann aber im Herbst oder Winter 1909/10 hat der junge Hitler dann aber beschlossen, diese Bahnen zu verlassen, die ihn zuletzt auf eine Rolle als bürgerlicher Untermieter möblierter Zimmer festgelegt und damit zu einer Existenz als Einzelwesen gezwungen hatte. Er war des Alleinseins müde geworden. Er wollte sich für neue soziale Erfahrungen öffnen. Intuitiv hatte er erkannt, dass für ihn in der Mischung aus Kunst und Masse, Spezialität und Generalität, Subjektivität und Objektivität die größten Chancen für die Verwirklichung neuer Träume als Baumeister und Politiker lagen. Deshalb landete der junge Hitler 1910 in einer Wiener Sozialunterkunft. Es war die einzige Chance zur Selbstverwirklichung, die er – aus Mangel an anderen Kontakten – für sein neues Leben in Wien hatte.

Kein Wunder, dass er auf seine neuen Schicksalsgenossen in der für ihn „vollkommen neue(n) Welt" zunächst einen unbeholfenen Eindruck machte.[397] Auf der anderen Seite ist auch nicht verwunderlich, in welche sozialen Abenteuer sich Adolf Hitler später hineinphantasiert hat, um sei-

397 Hanisch 1939, S. 2.

ne Umwelt maximal zu beeindrucken. Dabei rührte er „Frostbeulen an Fingern, Händen und Füßen“[398] mit frei erfundenen Geschichten über Hilfstätigkeiten auf dem Bau zu einer schwer durchdringbaren Melange zusammen. Es würde kaum lohnen, sich damit noch einmal näher zu befassen, würde Hitler daran in *Mein Kampf* nicht ellenlange Erkenntnisse zu seinen Lieblingsthemen Marxismus, Sozialdemokraten, Gewerkschaften und Juden knüpfen, von denen er zwar behauptet, er habe sie schon in Wien gewonnen, die jedoch in ihrer monomanischen Entschiedenheit ganz offensichtlich erst aus der Zeit nach dem Ersten Weltkrieg stammen.[399] Aus diesem Grund lohnt es sich doch, Hitlers „Bauarbeiterlegende“ (Brigitte Hamann) kurz zu rekapitulieren.

Obwohl er in Wien über reichlich Geld verfügte, hat Hitler später wider besseres Wissen den Eindruck zu erwecken versucht, er sei als junger unerfahrener, aber stolzer Mann in Wien „ohne jede Geldhilfe“ gewesen und daher von der „Faust des Schicksals“ zur Annahme einer Lohnarbeit gezwungen worden – und diese Arbeit will der schmächtige Schöngeist ausgerechnet auf dem Bau verrichtet haben, „um nicht zu verhungern“. Eigentlich, so meint er weiter, habe er nur etwas Geld für seine Weiterbildung verdienen wollen. Dann aber sei er durch die Begegnung mit ideologisch verblendeten Arbeitskollegen und Sozialdemokraten auf des Pudels Kern seiner Weltanschauung gestoßen – die so genannte Judenfrage. Diese mit allerlei echt, weil lebensnah wirkenden Details ausgeschmückte Legende ist in der Sache selbst schon so oft als höchst unwahrscheinlich durchschaut worden,[400] dass wir uns hier mit einem Hinweis auf die zeitliche Einordnung begnügen können. Denn in dieser wichtigen Beziehung hat Hitler seine Bauarbeiterlegende selbst unglaubhaft gemacht.

In einem späteren Brief behauptet Hitler nämlich, er habe seinerzeit in Wien „als noch nicht 18jähriger als Hilfsarbeiter auf eine(m) Bau“ gearbeitet.[401] Das kann schon allein deshalb nicht stimmen, weil er sein 18. Lebensjahr größtenteils noch in Linz verbracht hatte. Doch beruht seine Angabe möglicherweise auf einem Zahlenfehler, weil Hitler mit Daten notorisch auf Kriegsfuß stand. Eine Tätigkeit auf dem Bau wäre aber auch dann äußerst unwahrscheinlich, wenn er sein 18. Lebensjahr tatsächlich erst am 20. April 1908 vollendet hätte. Warum? Etwa am 17. Februar 1908 war er mit einer angeblichen Barschaft von nur 80 Kronen aus Linz abgereist. Deshalb habe er in Wien sofort Arbeit suchen müssen. Da sein Freund August aber schon am 23. Februar 1908 bei ihm eintraf, hätte

398 Jäckel/Kuhn 1980, S. 55: Brief Hitler an den Magistrat der Stadt Linz vom 21. Januar 1914.

399 Vgl. Hitler 1925 I, S. 40–70, und Teil III, 10. Kapitel dieses Buches.

400 Vgl. zuletzt Hamann 1996/4, 206 ff.

401 Vgl. Joachimsthaler 2000, S. 92/93: Faksimile des Briefes von Adolf Hitler an Dr. Emil Gansser vom 29. November 1921. Hitler wollte die Kontakte nutzen, über die dieser ehemalige Mitarbeiter der Firma Siemens & Halske verfügte, um sich Gelegenheiten für Auftritte als politischer Redner zu verschaffen. Er wird seinem Brief also einige Bedeutung beigemessen haben. Umso erstaunlicher, dass er sich in den Daten irrte.

Hitler nur in jenen knapp sechs Tagen auf dem Bau arbeiten können, die zwischen seiner Abreise aus Linz und Kubizeks Ankunft in Wien vergangen waren. Aber das ist nicht zuletzt auch deshalb sehr unwahrscheinlich, weil Kubizek in seinen „Erinnerungen" gar nichts davon erwähnt. Im Gegenteil: Dieser Zeitzeuge hatte bei seiner Ankunft den Eindruck, dass Hitler das Leben eines schöngeistig und politisch interessierten Privatiers, das er schon in Linz geführt hatte, in Wien nahtlos fortgesetzt hat. Zudem ist eine Postkarte, die Hitler seinem Freund am 18. Februar 1908 von dort schrieb,[402] in einem so leichten und humorvollen Ton gehalten, dass man einfach nicht glauben kann, sie sei von einem schlecht bezahlten Bauhilfsarbeiter geschrieben worden, den wirtschaftliche Not niederdrückte und deshalb Frostbeulen an sämtlichen Extremitäten plagten.

Wenn der junge Hitler aber nie in Wien auf dem Bau gearbeitet hat – und das ist nach allem mehr als wahrscheinlich –, dann hat er auch nicht jene praktischen Erfahrungen mit Arbeitskollegen machen können, auf die er sich in *Mein Kampf* beruft. Dann aber bricht auch Hitlers Behauptung in sich zusammen, er habe sich schon in Wien „die Grundlagen eines Wissens" sowie „ein Weltbild und eine Weltanschauung angeeignet", von denen er noch in den zwanziger Jahren gezehrt haben will, und das „granitene Fundament" seiner Kampfzeit, das in seiner autobiographischen Propagandaschrift aufscheint, entpuppt sich als eindeutige Farce.[403] Hingegen gibt Hitler in seinem bereits erwähnten Brief an Dr. Gansser einen wahrscheinlich viel bescheideneren und daher wohl auch authentischeren Aufschluss über das, was er in Wien gelernt hatte: „Im Verlauf der 4 Jahre, vom 20. bis 24. (Lebensjahr – i. e. von 1909 bis 1913, D. B.), hatte ich mich mehr und mehr mit politischen Dingen beschäftigt, weniger durch den Besuch von Versammlungen als vielmehr durch gründliches Studium volkswirtschaftlicher Lehren, sowie der damals zur Verfügung stehenden gesamten antisemitischen Literatur. Seit meinem 22. (Lebensjahr – i. e. 1911, D. B.) warf ich mich mit besonderem Feuereifer über militärpolitische Schriften und unterließ die ganzen Jahre niemals, mich in sehr eindringlicher Weise mit der allgemeinen Weltgeschichte zu beschäftigen. ... Auch in dieser Zeit war das letzte Ziel unverrückbar, Baumeister zu werden."[404] Dieser Brief freilich war nicht für die Öffentlichkeit bestimmt.

Experimentierfeld

Obwohl wir Hanischs Erzählung insofern für eine faustdicke Lüge halten, kommen wir noch einmal auf jenes Obdachlosenasyl zurück, das Hitler im Herbst 1909 aufgesucht haben soll. Denn die Möglichkeit, dass ihn der beabsichtigte Ausbruch aus der Existenz eines Einzelwesens vorübergehend aus dem seelischen Gleichgewicht gebracht hat, können auch wir nicht ganz ausschließen. Das Asyl lag im Arbeiterbezirk Meidling nahe

402 Text bei Kubizek 1995/6, S. 153f.

403 Hitler 1925 I, S. 21.

404 Joachimsthaler 2000, S. 92f.

der Südbahn, gleich hinter dem dortigen Friedhof, also in einer unattraktiven Stadtrandlage. Die Einrichtung selbst war allerdings recht gepflegt. Sie hatte einen mit Bäumen bestandenen Innenhof, in dem sich die Bewohner tagsüber aufhalten durften. Rund tausend Menschen auf einmal erhielten hier – für maximal fünf Nächte hintereinander, dann mussten sie das Heim wieder verlassen – eine Pritsche zum Schlafen, warme Mahlzeiten sowie ab und zu auch Gelegenheit zu einem Wannenbad. Der Nachteil: Niemand durfte sich tagsüber in dieser Sozialunterkunft aufhalten. Schon hier soll Hitler auf Hanisch getroffen sein, wie dieser erzählt. Doch halten wir es für viel wahrscheinlicher, dass die beiden sich erst im Männerwohnheim an der Meldemannstraße getroffen haben.

Im Gegensatz zu dem Meidlinger Obdachlosenasyl hatte das Männerwohnheim für jeden Tippelbruder drei wesentliche Vorteile: Es war relativ neu, infolgedessen sehr viel moderner, und man konnte hier auch tagsüber bleiben und seinen Beschäftigungen nachgehen. Man konnte sich an der Meldemannstraße sogar eine Schlafkabine mieten und hatte dadurch wenigstens ein Fleckchen für sich allein, die Andeutung einer Privatsphäre im Miniformat. Zugleich aber bot das Heim Begegnungsmöglichkeiten der mannigfaltigsten Art. Hitlers neuer Kumpel stammte aus dem Sudetenland und bezeichnete sich selbst als „Wandermaler". Weil die beiden Männer künstlerische Interessen hatten, wurden sie schon bald wenn nicht Freunde, so doch Geschäftspartner. Dafür hatte der Hanisch Reinhold die entscheidende Idee: Er überredete den Hitler Adolf, seine spendable Tante erneut anzupumpen, von dem Geld Farben und Pinsel zu kaufen und damit Bilder zu malen, die er, Hanisch, dann an Rahmenhändler, Trödler und Touristen verkaufen wollte.[405] Bei den vielen kleineren Aquarellen, die so im Laufe der Zeit entstanden, handelt es sich um gefällige Gelegenheits- oder Auftragsarbeiten ohne großen künstlerischen Anspruch.[406] Meist sind auf ihnen mehr oder weniger berühmte Bauwerke der Reichshauptstadt zu sehen, die der talentierte Autodidakt serienmäßig von Ansichtspostkarten abmalte, bevor sie sein Kumpel verkaufte. Die dabei erzielten Spottpreise mussten sich die beiden teilen. Darüber kam es bald zum Streit, der zur Trennung führte.

Mit seiner Aufnahme in das Männerwohnheim an der Meldemannstraße erwies sich der Hitler Adolf eine große Wohltat, die alles, was an seelischen Entbehrungen hinter ihm lag, vergessen machte. Die riesige Sozialunterkunft war eine Einrichtung des *Kaiser Franz Joseph I.-Jubiläumsfonds für Volkswohnungen und Wohlfahrtseinrichtungen*, in die besonders viele Juden investiert hatten. Mit einer Grundfläche von nur 1,5 x 2,5 Metern glich Adolfs Schlafkabine zwar eher einem Schlafwagenabteil. Dafür aber

405 Hanisch 1939, S. 3ff. Da Hitler eigene Mittel hatte, ist diese Behauptung mit Vorsicht zu genießen.

406 Die Formate sollen meistens nicht größer als 35 x 45 cm gewesen sein. Bis heute wurde diese Produktion offenbar noch nicht vollständig und nach wissenschaftlich einwandfreien Kriterien erfasst, eine entsprechende Publikation fehlt. Das bereits 1963 erschienene Buch von Price füllt diese Lücke noch nicht.

war sie mit einer stets sauber bezogenen Bettstelle, einem Tischchen, Kleiderhaken und einem Spiegel ausgestattet. Die Verbesserung seiner äußeren Lebensbedingungen schlug sich auch in einem neuen Erscheinungsbild des jungen Hitler nieder. Denn vorzugsweise soll er sich jetzt in einen bodenlangen Mantel gekleidet haben, der an einen Kaftan erinnerte. Dadurch und durch das dichte, fast schwarze Haar, das er auf seine Schultern fallen ließ, wirkte er fast wie ein junger Jude. Als wäre er sich seiner charismatischen Wirkung schon damals bewusst geworden, bewegte sich Adolf in seiner neuen Umgebung würdevoll. Sowohl in dem größeren Aufenthaltsraum als auch im so genannten Schreibzimmer hatte er schon bald seinen festen Stammplatz. Die Folgen dieses neuen Auftritts waren bemerkenswert. Alle seine Mitbewohner nannten ihn schon bald respektvoll nur noch „Herr Hitler", anstatt ihn, wie unter ihresgleichen üblich, grob nur mit Vor- oder Nachnamen anzureden.

Von Karl Honisch, einem anderen Mitbewohner des Männerheims, stammt eine kleine Charakterskizze, die ahnen lässt, welchen bewusst oder unbewusst eingesetzten Mitteln der junge Hitler seine hervorgehobene Position in dieser neuen Umgebung verdankte. „H(itler) führte eine stets gleichmäßige, äußerst solide Lebensweise... H(itler) war ... im Großen und Ganzen ein freundlicher und liebenswürdiger Mensch, der an dem Schicksal jedes seiner Gefährten Anteil nahm. ... Und doch besaß er bei aller Freundlichkeit eine Art, niemand zu nahe kommen zu lassen. ... Man erlaubte sich ihm gegenüber keine Vertraulichkeiten. Aber er war durchaus nicht stolz oder arrogant. Im Gegenteil: er hatte ein gutes Herz und war stets hilfsbereit. ... Ich habe schon betont, dass er im allgemeinen heiter und liebenswürdig war. Es gab aber auch Stunden, in denen er sich zurückzog, mit einem Buch oder auch nur, um vor sich hin zu träumen. Mitunter konnte er wohl auch recht jähzornig sein. Wir kannten diese Stimmungen und respektierten sie."

Auf Honisch wirkte dieser 24-Jährige „unscheinbar", „schlecht genährt", „äußerst sparsam" und „sehr fleißig". In der Umgebung von unschuldig in Not geratenen und gescheiterten Existenzen, die oft ohne besonderen Ehrgeiz und erkennbare Grundsätze in den Tag hinein leben, waren das gewiss auffallende Eigenschaften. In der Tat scheint Adolf, der weder trank noch rauchte und sich auch nicht für die z.T. wüsten Frauengeschichten seiner Umgebung interessierte, im Männerwohnheim eine Sonderstellung eingenommen zu haben. Dabei sollte sich das dort vorhandene Schreibzimmer als besonderer Glücksfall erweisen. Tag für Tag pflegten sich hier jene Männer zu versammeln, die trotz Arbeits- und Obdachlosigkeit etwas höhere Ansprüche an sich und ihre Umwelt stellten und zu denen sowohl der junge Hitler als auch der Honisch Karl gehörten. Nicht von ungefähr wurde dieser Personenkreis von den übrigen Bewohnern mit einer Mischung aus Hochachtung und Spott als „Intelligenz" bezeichnet. So bot sich dem jungen Hitler einerseits zum ersten Mal ein kleines Forum, vor dem er seine Fähigkeiten als politischer Redner unter Beweis stellen konnte. Andererseits bot sich Karl die Gelegenheit, den jungen Mann aus nächster Nähe zu beobachten. Sein Fazit ist aufschlussreich, auch wenn man in Rechnung stellen muss, dass hier ein Parteigenosse schreibt, der seinen „Führer" wahrscheinlich in dessen Lieblingsrolle als politischer Prophet bestätigen wollte: „Es ist sicher, dass H(itler) vieles, was er später verwirklichte, im Keime in sich trug, dass es in ihm arbeitete und gärte. Daher kamen wohl auch seine wechselvollen Stimmungen."[407]

Im Rahmen dieser Schreibzimmer-Intelligenz praktizierte Adolf zum ersten Mal jene vier habituellen Eigenschaften und Fähigkeiten, die ihn in seinem späteren Leben als Berufspolitiker ausgezeichnet und viel zu seinem Erfolg beigetragen haben: nämlich, erstens, ein bewusstes Distanzverhalten bei zugleich fallweise zur Schau getragener Hilfsbereitschaft und Kameradschaftlichkeit; zweitens eine persönlich gleichmäßige und bescheidene Lebensweise bei gelegentlich heftigen Stimmungsschwankungen; drittens eine demonstrative Selbstsicherheit bei gleichzeitig vorhandener Unsicherheit im Innern und schließlich, viertens, die Fähigkeit, durch den Wechsel von freundlicher Nähe und geheimnisvoller Distanz eine charismatische Aura um sich herum zu verbreiten. Daher kann man sich dieses Schreibzimmer mit etwas Phantasie wie ein kleines politisches Labor vorstellen, in dem der angehende Volkstribun seine Talente erstmals an einem Kollektiv erprobte. Ob es der junge Mann dabei tatsächlich schon bewusst und direkt darauf anlegt hat, oder ob er sich einfach nur spontan so gab, wie er von Natur aus war, lässt sich heute natürlich nicht mehr entscheiden. Doch ist der Effekt – eine männerbündische Gruppenbildung mit Hitler als kultureller Autorität, rhetorischem Anführer und einfachem Kameraden an der Spitze – hier deutlicher als jemals zuvor in Erscheinung getreten. Im Vergleich zu seiner Zweisamkeit mit Kubizek ist die Zugehörigkeit zu einer ganzen Gruppe das wichtigste Merkmal der Unterscheidung.

Zweifellos konnte der junge Hitler die übrigen Heimbewohner allein schon dadurch beeindrucken, dass er sich als „Künstler" (Karl Honisch) gab. Tag für Tag, von morgens bis in die Nachmittagsstunden, saß er an einem schweren Eichentisch in der Nähe des Fensters, pinselte seine Bilder, die anfangs Hanisch, danach meist einer seiner jüdischen Geschäftspartner und manchmal auch er selbst unter die Leute brachten. War der künstlerische Ertrag dieser Gelegenheitsarbeiten auch denkbar gering, wenn überhaupt gewollt, so genügte allein schon diese bescheidene schöpferische Tätigkeit, um Hitler bei seinen Schicksalsgefährten den erwünschten Respekt zu verschaffen. Die Folge: Wenn es ein Neuling des Männerheims wagte, sich in Hitlers Abwesenheit ahnungslos auf dessen Platz zu setzen, wurde er von den Anwesenden sofort jenes auratischen Feldes verwiesen, das sich der angehende Baumeister-Politiker in seiner kleinen neuen Welt bereits geschaffen hatte.

---

407 BAB NS 26, 17 a, handschr. Anlage zum Schreiben des früheren Kontoristen Karl Honisch an einen ungenannten „Herrn Doktor" vom 31. Mai 1939, S. X f. Die Aufzeichnung entstand im Auftrag des NSDAP-Parteiarchivs, der wohl im Zusammenhang mit Hitlers 50. Geburtstag ergangen war, und ist daher ebenfalls mit Vorsicht zu genießen.

Zu seinem damals gewiss noch bescheidenen Nimbus passte es auch, dass der junge Hitler nach dem Eindruck Karl Honischs anscheinend der Einzige unter seinesgleichen war, „der einen klaren Weg vor sich sah".[408] Bekanntlich entsprach dies keineswegs den Tatsachen. Zwar hatte sich sein ausgeprägtes politisches Interesse gerade erst vor das Berufsbild des „Baumeisters" geschoben und dieses untrennbar mit staatsmännischen Konnotationen verbunden. In welchem Rangverhältnis diese beiden Sphären aber zueinander standen, war in Adolfs Bewusstsein offenbar noch völlig unentschieden. Das heißt, obwohl er seinen Mitbewohnern gegenüber behauptete, „er wollte nach München fahren, um dort die Kunstakademie zu besuchen, um dort seine zeichnerischen Fähigkeiten auszubilden",[409] kam für den jungen Hitler 1913 wohl auch schon eine politische Tätigkeit in Frage. Insgesamt konnte er sein Berufsziel jedoch noch keineswegs klar definieren. Dennoch beeindruckte er seine Gefährten durch kernige Aussagen über angeblich genau vorgezeichnete Lebenspläne und durch seine zur Schau getragene „Wissbegierde" (Karl Honisch), die fast alle Bereiche des menschlichen Lebens umfasste. Damit verfügte der junge Hitler offenbar schon damals über eine ausgeprägte Fähigkeit, seine Umgebung zu beeindrucken und ihr gleichzeitig etwas vorzumachen.

Aus diesem Grund ist es auch denkbar, dass seine Kameradschaftlichkeit wenigstens zum Teil nur auf kalter Berechnung beruhte. Von seinen Schicksalsgenossen wurde sie jedoch offenbar als echt empfunden. Denn folgt man Honischs Darstellung, so hat sich das Ansehen, das Adolf im Männerwohnheim genoss, allmählich in Sympathie verwandelt. Gewiss standen seine Bewohner alle auf der Schattenseite des Lebens – sonst wären sie ja nicht dort gewesen – und so etwas kann ganz von selbst ein gewisses Zusammengehörigkeitsgefühl erzeugen. Wenn dieses Gefühl dann auch noch in gemeinsame Ressentiments gegenüber der besser gestellten Gesellschaft umschlägt, ist es erfahrungsgemäß relativ einfach, Solidarität gegenüber seinen unmittelbaren Nachbarn zu zeigen. Dennoch wurde von den anderen Heimbewohnern anerkennend vermerkt, dass dieser hohlwangige junge Mann seine Lektüre oder Malereien jedes Mal unterbrach, wenn im Schreibzimmer für einen schlechter gestellten Kumpel ein paar Heller gesammelt wurden. Selbstverständlich trug der junge Hitler auch sein eigenes Scherflein dazu bei oder ging sogar selbst mit dem Hut in der Hand herum. Die erforderlichen Mittel waren ja an sich bei ihm vorhanden.

Überdies sorgte sein unbestreitbares Redetalent dafür, dass der junge Hitler unter seinen Schicksalsgenossen schon bald eine gewisse Autorität genoss. Das wurde im Verlauf jener politischen Debatten deutlich, die häufig genug im Schreibzimmer geführt wurden. Zwar schwingt in der Bemerkung seines Geschäftspartner Hanisch: „In dieser Zeit (die sie gemeinsam im Männerwohnheim verbrachten –D. B.) ließ sich Hitler mehr auf De-

408 Ebda., S. VIII.

409 Ebda.

batten ein als auf die Malerei“, ein tadelnder Unterton mit. Denn solange Hitler diskutierte, konnte er keine Aquarelle malen, die Hanisch für ihn vertreiben wollte, und das gereichte besonders Letzterem zum Nachteil, weil dieser dann keine Einnahmen hatte. Reinhold bezichtigte Adolf deshalb der Faulheit und schimpfte ihn einen „Farbenkleckser“. Als er sich eines Tages sogar erdreistete, seinem Kompagnon auf den Kopf zuzusagen, er sei überhaupt „kein Künstler“, reagierte dieser zwar ärgerlich, da er sich in diesem Moment wohl seines Nimbus’ entkleidet fühlte. Aber letzten Endes musste sich auch Hanisch bewundernd eingestehen, bei den z.T. wohl heftigen Debatten der „Intelligenz“ über tagesaktuelle Ereignisse in Wien und „die hohe Politik“ (Karl Honisch) sei Hitler im Allgemeinen der „Rädelsführer“ (*ringleader*) gewesen.[410] Als Selbstbeschreibung kennt man diesen Schlüsselbegriff ja schon aus Hitlers Knabenzeit. In Wien begegnet er uns zum ersten Mal als Fremdwahrnehmung; er beschreibt rhetorische Fähigkeiten, die im Ansatz offenbar schon vor dem Ersten Weltkrieg vorhanden waren – eine Tatsache, die bisher zu wenig beachtet wurde.

In technischer Hinsicht war dieses Talent damals jedoch noch so unterentwickelt, dass es die wenigen Zuhörer, die der Hitler Adolf hatte, bisweilen ungewollt zum Lachen reizte. Bei Widerspruch konnte er nämlich so heftig in Rage geraten, dass sich seine Rede zum Gebrüll steigerte, wobei ihm die schwarze Haartolle zu allem Überfluss auch noch in die Stirn fiel. In solchen Momenten mangelnder Selbstbeherrschung, die an seinen Vater denken lässt, kam es wohl mehr als einmal vor, dass Adolf mit seinen Malsachen um sich warf, mit seiner Staffelei auf den jeweiligen Kontrahenten eindrang und dadurch einen unfreiwillig komischen Anblick bot. Offenbar suchten seine langjährigen Frustrationen dann nach irgendeinem Ventil. Einmal soll der junge Mann dabei so außer sich geraten sein, dass er gar nicht mehr bemerkte, welchen Schabernack seine Schicksalsgenossen mit ihm trieben: Während eines immer erregter geführten Wortwechsels hatten sie die Zipfel seines langen Rockes unauffällig mit der Bank verknüpft, auf der er saß. Als Adolf nun aufsprang, schleppte er die Bank polternd hinter sich her, was für sein Auditorium eine Mordsgaudi war. Überhaupt, wie es scheint, wurden politische Kontroversen im Schreibzimmer manchmal nur angezettelt, weil sich die „Intelligenz“ wieder einmal an den Unbeherrschtheiten des „Herrn Hitler“ ergötzen wollte. So traten im Wiener Männerwohnheim auch schon einige unangenehme Eigenschaften des späteren „Führers“ hervor.

Unter diesen Umständen ist es vielleicht gar nicht mehr so verwunderlich, dass Hitler nach dem Ersten Weltkrieg, zu Beginn seiner politischen Karriere, frühere rhetorische Aktivitäten überhaupt in Abrede stellte.[411]

410 Hanisch 1939, S. 9 u. 2.

411 So Hitler in seinem Brief an Gansser, vgl. oben Anm. 13, wo es heißt: „Ich vermied es (in Wien – D. B.), irgendwo als Redner aufzutreten schon aus dem Grunde, weil keine der damals bestehenden Parteien mir innerlich irgendwie sympathisch gewesen wäre.“ Damit ließ er geschickt offen, ob er außerhalb parteipolitischer Zusammenhänge nicht doch als Redner aufgetreten war.

Denn an diese Augenblicke mangelnder Selbstkontrolle, unfreiwilliger Komik und wenig überzeugender Semantik wollte er verständlicherweise nicht mehr erinnert werden. Infolgedessen geht Brigitte Hamann vielleicht etwas vorschnell davon aus, dass ihr Protagonist vor 1913 überhaupt nur im Männerwohnheim rhetorisch in Erscheinung trat, also noch nicht in der Öffentlichkeit. Hingegen behauptet der frühere Leiter des Bezirksmuseums Wien-Brigittenau, Roland Peter Herold, der junge Hitler habe politische Reden schon 1910/11 hin und wieder im Gasthaus Kaineder-Pichler gehalten, ein Lokal am Höchstädtplatz, das heute nicht mehr existiert, weil es schon vor längerer Zeit abgerissen wurde.[412] Wie dem auch sei – wir neigen dazu, in diesen rhetorischen Gehversuchen die erste greifbare Spur einer politischen Betätigung zu erblicken.

Die damals gesammelten Erfahrungen waren für den jungen Hitler umso wertvoller, als die „Intelligenz" eine Art Elite des Männerwohnheimes repräsentierte. Bis zu einem gewissen Grad entsprach der Begriff tatsächlich den Gegebenheiten, denn im Schreibzimmer saßen in der Tat „Angehörige von Intelligenzberufen", die irgendwann von ihrer Lebensbahn abgekommen waren. Vermutlich gab es in dem „kleinen ‚ausgewählten' Kreis" aber auch den einen oder anderen Arbeiter und Handwerker. Nach Honischs Erinnerung wurde dort „jeder gern gesehen, soweit er sich anständig aufführte".[413] Während dieser politischen Debatten hatte der junge Hitler somit Gelegenheit, Argumente, Denkstrukturen und Reaktionsweisen verschiedener Gesellschaftsschichten zu studieren und daraus für seine spätere Karriere entsprechende Schlüsse abzuleiten. Gewiss lernte er im Lauf der Zeit auch, geschickter mit Widerspruch umzugehen, der sich immer dann erhob, wenn er sich zu weit auf Gebiete vorwagte, auf denen er sich nicht gut genug auskannte. Streckenweise waren die Debatten offenbar so kontrovers, dass das Schreibzimmer nach einer Beobachtung Hanischs wirkte, als würde dort ein Wahlkampf stattfinden.[414] Wie Honisch schreibt, ging es dabei am häufigsten „um die Roten und die Jesuiten". Mit anderen Worten: „Die Juden" waren bemerkenswerterweise noch nicht das große Thema, wohl aber der Einfluss, den die Sozialdemokratie und die römisch-katholische Kirche angeblich auf öffentliche Angelegenheiten nahmen.

Nach München

Anfang 1913 wurde der Hitler Adolf im Männerheim mit dem vier Jahre jüngeren Drogerielehrling Häusler Rudolf aus Niederösterreich bekannt. Schon bald entwickelten sich zwischen den beiden dieselben Strukturen einer instrumentellen Freundschaft, wie sie einst auch zwischen Hitler und dem Kubizek August bestanden hatten: Ersterer fungierte als eine Art cha-

412 Herold, Roland P., Brigittenau. Von der Au zum Wohnbezirk. Wien 1992, S. 50.

413 BAB NS 26, 17 a, handschr. Anlage zum Schreiben des früheren Kontoristen Karl Honisch an einen ungenannten „Herrn Doktor" vom 31. Mai 1939, S. X f.

414 Hanisch 1939, S. 4.

rismatischer Mentor und genoss auch das Vertrauen von Häuslers Eltern. Adolf benutzte Rudolf als Resonanzboden für seine Auslassungen und duldete kaum Widerspruch. Da Rudolfs Vater – ähnlich wie einst Hitlers Vater – beim österreichischen Staat die Stellung eines Finanzwacheoberkommissars bekleidete, ergaben sich aus der gemeinsamen sozialen Herkunft ebenso Anknüpfungspunkte für eine Art Männerbund wie aus der Tatsache, dass Rudolf – wie Adolf – „das schwarze Schaf der Familie" war.[415] Nur war der Zusammenhalt dieses Mal wohl nicht so stark.

Kurz darauf beschlossen die beiden jungen Männer, gemeinsam nach München zu gehen. Beim Umsetzen dieses Beschlusses legte Adolf die gleiche Umsicht an den Tag, die er schon vor seinem Aufbruch nach Wien bewiesen hatte.[416] Er wartete nämlich solange damit, bis mit Vollendung seines 24. Lebensjahres, am 20. April 1913, das väterliche Erbteil fällig wurde, das er noch zu erwarten hatte. Tatsächlich verfügte das Bezirksgericht Linz am 16. Mai 1913 die Auszahlung von 819 Kronen und 98 Hellern durch die Post – ein stattlicher Betrag, auf den sich das Erbteil von ursprünglich 652 Kronen durch den Zinseszins-Effekt inzwischen erhöht hatte. Schon dieses kaltblütige Abwarten spricht gegen die These von Franz Jetzinger, Hitler sei wegen seiner unerledigten Militärstellungssache „in Wien der Boden zu heiß" geworden, und er habe sich vor den Behörden deshalb auf der „Stellungsflucht" nach München befunden.[417] Hätte es sich tatsächlich um eine „Flucht" gehandelt, hätte Hitler mit der Auswanderung nach Deutschland sicher nicht so lange gewartet, bis er den österreichischen Behörden durch die Erledigung seiner Erbschaftsangelegenheit eine besonders bequem zu verfolgende Fährte legte.

Dennoch ist es nicht ganz auszuschließen, dass die unerledigte Militärstellungssache bei Hitlers Entschluss, sich am 24. April 1913 in Wien polizeilich abzumelden, wenigstens indirekt doch eine gewisse Rolle gespielt hat. Mittlerweile hatte sich nämlich die innen- und außenpolitische Lage der Doppelmonarchie zugespitzt, und die Gefahr eines großen europäischen Krieges war deutlich angestiegen. Nach endlosen Konflikten und Krawallen hatte der Kaiser den Reichsrat 1911 aufgelöst, so dass Neuwahlen erforderlich wurden. Während des folgenden Wahlkampfes ereigneten sich überall in der cisleithanischen Reichshälfte beunruhigen-

---

415 Hamann 1996/4, S. 265 und 566 ff. Bei den Vorarbeiten zu ihrem 1996 in 1. Auflage erschienenen Buch über *Hitlers Wien* machte Brigitte Hamann erstmals die Häusler-Tochter Marianne Koppler ausfindig, nachdem Rudolf Häusler bereits 1952 von dem Journalisten Thomas Orr identifiziert worden war. Frau Koppler kannte Hitler freilich nur mehr aus wenig ergiebigen Erzählungen von zweiter bzw. dritter Hand.

416 Machtan 2000, S. 70, hält es sogar für möglich, dass der von Hitler in *Mein Kampf*, S. 138, angegebene Zeitpunkt für seinen Wechsel nach München – Frühjahr 1912 – auf einem zahlenmäßigen Irrtum beruhte. Da es hier aber heißt, er habe sich zu diesem Zeitpunkt erst „endgültig" in München niedergelassen, könnte Hitler seinen Aufenthalt in München, wie einst im Fall Wiens, ebenfalls schon im Vorjahr durch eine Erkundungsreise vorbereitet haben. Diese theoretische Möglichkeit konnte aber bisher nicht verifiziert werden.

417 Jetzinger 1956, S. 249.

de Zwischenfälle. In Galizien führten die Konflikte zwischen Polen und Ruthenen zu einem Blutbad mit 26 Toten, als das aufgebotene Militär in die Menge feuerte. In Böhmen stritten sich Deutsche und Tschechen mit zunehmender Vehemenz. In Wien kam es wegen Teuerung und darauf folgender Hungersnot zu Massendemonstrationen. Sie drohten sich – wie zuletzt 1848 – zu einer revolutionären Situation auszuwachsen, bis sie von ungarischen Kavalleristen und bosnischen Fußsoldaten blutig niedergeschlagen wurden. In mancher Beziehung erinnert das Wahlergebnis auch an die Endphase der Weimarer Republik: Einerseits wurde die Christlichsoziale Partei von den Sozialisten überflügelt, andererseits brach die gemäßigte Mitte gegenüber den radikal nationalistischen Flügelparteien ein. Bei der Konstituierung des Abgeordnetenhauses am 5. Oktober 1911 prügelten deutsche und tschechische Parlamentarier aufeinander los. Im Plenarsaal wurde auf den Justizminister sogar ein Schuss abgegeben, nur durch einen Zufall blieb der Mann unverletzt. Im Endeffekt musste der Kaiser zu einer Regierung per Notverordnung übergehen, weil es keine tragfähige Mehrheit mehr gab.

Nicht weniger kritisch sah es in außenpolitischer Hinsicht aus: Auch hier zogen dunkle Sturmwolken über Österreich-Ungarn auf. Durch ihren Zweibund von 1879, der 1882 um das als unzuverlässig geltende Königreich Italien zum Dreibund erweitert wurde, hatten die Habsburgermonarchie und das Deutsche Reich ihre Schicksale auf Gedeih und Verderb miteinander verknüpft. Ihre internationale Isolierung wurde umso größer, je mehr sich die deutsch-französischen und deutsch-englischen Beziehungen komplizierten. Dazu kam, dass Österreich-Ungarn die wachsende Konfrontation mit den südslawischen Völkern und deren russischer Schutzmacht auf dem Balkan nur noch mit deutscher Rückendeckung durchstehen konnte. Somit schwebten die beiden Nachbarreiche für den Fall eines bewaffneten Konflikts in Gefahr, von einer Mehrheit der sie umgebenden Staaten unter Führung Englands, Frankreichs und Russlands überwältigt zu werden. Die Annexion der noch türkischen Provinz Tripolitanien (heute Libyen) durch Italien löste 1911 den so genannten „Tripolis-Krieg“ aus. Ein Jahr später begannen Montenegro, Serbien, Bulgarien und Griechenland den Ersten Balkankrieg gegen die Türkei. Da beide Auseinandersetzungen in der einen oder anderen Weise die Interessen aller europäischen Mächte berührten, sprach die Welt fortan von einem latenten Kriegszustand. Folgerichtig erhöhte die Regierung in Wien die Anzahl der einzuberufenden Rekruten durch das neue Wehrgesetz von 1912.

Vor diesem Hintergrund musste der Hitler Adolf, der die österreichisch-ungarische Armee als „nationaler Revolutionär“ wie der Teufel das Weihwasser scheute, ab 1912 in der Tat zunehmend mit seiner Einberufung rechnen, zumal er im Frühjahr desselben Jahres die – dritte und letztmögliche – Erfassung durch die Militärbehörden, die so genannte Assentierung, versäumt hatte. In der Tat waren die österreichischen Behörden seit dem 11. August 1913 hinter ihm her. Als sie ihn schließlich an seinem neuen Aufenthaltsort in der bayerischen Hauptstadt ermittelt hatten, vermochte der junge Hitler seine Unterlassung jedoch zu rechtfertigen. Die für ihn zuständige Stellungskommission holte die Musterung am 5. Februar 1914 in München nach. Das Ergebnis konnte für einen jungen Mann, der sich geschworen hatte, nie in die Dienste der Habsburgermonarchie zu treten, nicht besser ausfallen. Der Hitler Adolf, so hieß es, sei nicht nur „zum Waffen- und Hilfsdienst untauglich, zu schwach". Er sei vielmehr überhaupt „waffenunfähig".[418] Diese Feststellungen wurden allerdings nur ein halbes Jahr später durch die Aufnahme Hitlers in das bayerische Heer widerlegt.

12. Kapitel: Die Erlösung

Heim ins Reich

Gemeinsam mit seinem neuen Weggefährten bezog der junge Hitler in München bei Schneidermeister Joseph Popp und dessen Frau ein möbliertes Zimmer, Schleißheimer Straße 34, 3. Stock. Die Anschrift verweist auf eine kleinbürgerliche Wohngegend am Rand des Künstlerviertels Schwabing, die vor allem den Vorzug hatte, preisgünstig zu sein. Gegenüber dem Männerwohnheim stellte sie insofern einen weiteren Fortschritt dar, als der junge Hitler jetzt wieder eine eigene Adresse hatte. Das wog die zeitweilige Rückkehr in ein Untermietverhältnis wieder auf.

Mit seinem Wechsel nach München beginnt erneut das Rätselraten, welche Motive und Ziele den Hitler Adolf dabei geleitet haben. Einerseits behauptet Adolf Hitler in *Mein Kampf*, er habe Wien in erster Linie aus „politischen Gründen" verlassen.[419] Andererseits wollte er sich in München – auf dem Umweg über den „Architekturmaler" – dereinst als „Baumeister" einen Namen machen.[420] Tatsächlich wird beides der Fall gewesen sein, heißt es doch in *Mein Kampf* an anderer Stelle: „Was mich neben meiner beruflichen Arbeit am meisten anzog, war auch hier (in München) wieder das Studium der politischen Tagesereignisse, darunter besonders außenpolitische Vorgänge."[421] Wie sich das eine mit dem anderen vertrug, hat Hitler offen gelassen. Wenn es in seinem Brief heißt, „auch in dieser Zeit war das letzte Ziel unverrückbar, Baumeister zu werden",[422] benutzte Hitler einfach wieder seine bereits bekannte Chiffre, die auch „Staatsmann" bedeuten konnte. Sein Zukunftshorizont war also nach wie vor

418 Jetzinger 1956, S. 265.

419 Hitler 1925 I, S. 179.

420 Ebda., S. 136f. Vgl. auch den zeitnäheren Rechtfertigungsbrief an Dr. Gansser bei Joachimsthaler 2000, Faksimile S. 92, und die Aussage Hitlers vor dem Münchner Volksgericht vom 26. Februar 1924 bei Joachimsthaler 1989, S. 31, sowie Jochmann 1980, S. 115: Monolog vom 29. Oktober 1941.

421 Hitler 1925 I, S. 139. Was er unter „beruflicher Arbeit" verstand, ließ Hitler an dieser Stelle offen. Auf der Seite davor hatte er davon gesprochen, seine Absicht sei es gewesen, „mein weiteres Studium zu gestalten".

422 Rechtfertigungsbrief an Dr. Gansser bei Joachimsthaler 2000, Faksimile S. 93.

offen. Immerhin erzählte er viele Jahre später, er habe damals in München geplant, noch drei Jahre lang zu lernen, um „mit 28 Jahren ... als Zeichner zu Heilmann & Littmann zu gehen“ und sein Können als Spezialist für Theaterbauten durch die Teilnahme an Wettbewerben praktisch unter Beweis zu stellen. Diesen Status hätte er möglicherweise 1917 erreicht, wäre nicht der Krieg dazwischengekommen.

Tatsächlich dürfte sich die Gewichtung zwischen seinen beiden Wunschberufen fürs Erste wieder in Richtung „Baumeister“ verschoben haben. Denn der große Knall – die große Umwälzung –, sei es durch Krieg, sei es durch Revolution, war für Österreich-Ungarn und das Deutsche Reich trotz mancher internationaler Krisen bis 1913 ausgeblieben. Letztlich ist es aber auch gleichgültig, welches seiner Ziele für Adolf gerade Vorrang hatte, denn beide wurden in seinem Bewusstsein gleichermaßen von der Tatsache aufgehoben und verklärt, dass er jetzt endlich in einer *„deutschen* Stadt“ leben konnte, im „gemeinsamen Vaterland“, im Deutschen Reich, um von dort aus, wie er in *Mein Kampf* schon vorausschauend schwärmte, eines Tages „wieder an das Herz der treuen Mutter“ Österreich zurückzukehren und dadurch beide miteinander zu vereinigen.[423] Durch die ihm von Kindesbeinen an vertraute Sprachmelodie fühlte sich der Zuwanderer in München bald heimisch, und er genoss in vollen Zügen „die wunderbare Vermählung von urwüchsiger Kraft und einer künstlerischen Stimmung“, die ihm die Hauptstadt des Königreich Bayern bot.

Kontinuität

Am 26. Mai 1913 meldete sich der Hitler Adolf bei den dortigen Polizeibehörden als staatenloser „Kunstmaler“. Wie man weiß, hatte diese Bezeichnung inhaltlich längst jede tiefere Bedeutung verloren. Sie sollte lediglich seinen augenblicklichen Broterwerb in einem für deutsche Beamte nachvollziehbaren Sinn umschreiben. Aus nicht ersichtlichen Gründen änderte Adolf seine Berufsbezeichnung schon wenig später wieder in „Schriftsteller lt. Pass“,[424] was seine eigentlichen Intentionen wohl ebenso wenig traf. Die Selbstdefinition des jungen Hitler als Staatenloser, die nach dem Ersten Weltkrieg in der deutschen Öffentlichkeit für einige Verwirrung sorgte, war in rechtlicher Hinsicht sogar falsch – sie sollte den Wehrpflichtigen nur vor den Nachstellungen der österreichischen Militärbehörden schützen, indem sie den deutschen Behörden vorspiegelte, er gehöre dem österreichisch-ungarischen Staatsverband gar nicht mehr an.

Bekanntlich waren diese Bemühungen vergeblich, da ihm die Behörden dennoch auf die Spur kamen. Hitler erhielt am 18. oder 19. Januar 1914

423 Hitler 1925 I, S. 136 u. 138. Hervorhebung im Original.
424 BAB NS 26, 17 a.

eine Stellungsvorladung nach Linz,[425] die er zunächst telegrafisch mit der Bitte beantwortete, den Termin auf den 5. Februar zu verschieben. Drei oder vier Tage später bat er unter Hinweis auf seine beschränkten Geldmittel zusätzlich darum, den gesamten Vorgang über das österreichisch-ungarische Konsulat in München abzuwickeln, was schließlich auch geschah. Mit der Militärdienst-Angelegenheit war der Magistrat in Linz deshalb befasst, weil Hitler nach wie vor nicht nur die österreichisch-ungarische Staatsbürgerschaft, sondern auch das Heimatrecht der Stadt Linz besaß. Seine Heimatstadt hätte ihn deshalb jederzeit wieder übernehmen und mit dem Nötigsten versorgen müssen, wäre er aus irgendeinem Grund aus München abgeschoben worden. Dies war aber nicht der Fall. Denn dem jungen Hitler gelang es wie zuvor schon in Wien, sich unauffällig und unbescholten über Wasser zu halten, ohne der Armenfürsorge zur Last zu fallen.

Ein ungenannter Zeitgenosse fasste den ersten Eindruck, den er von dem jungen Österreicher in der bayerischen Hauptstadt gewonnen hatte, mit den Worten zusammen: „hager, kränklich, unfrisch, unsportlich" und „direkt unsympathisch".[426] Andere entdeckten angenehmere Züge an ihm, wenn der Gelegenheitsmaler durch die Straßen, Biergärten und Lokale Schwabings streifte, um seine Aquarelle zu verkaufen. Der Bremer Historiker Lothar Machtan vermutet, dass der junge Hitler dabei sogar „Anschluss" an jene Gesellschaftsschicht zu gewinnen suchte, die man damals noch „höhere Kreise" nannte.[427] Im Fall des Regierungsassessors Ernst Hepp, der ihn gelegentlich in sein Landhaus nach Wolfratshausen einlud sowie mit Opern- und Konzertkarten beschenkte, ist ihm dies sogar nachweislich gelungen. Hingegen behauptet Alfred Jetzinger, Hitler sei es in München „noch weit schlechter als in Wien" gegangen, es habe sich bei ihm nur mehr um einen „recht unbeholfenen, armseligen, verhungerten fraglichen ‚Kunstmaler'" gehandelt, der nicht einmal das Geld hatte, um auf eigene Kosten mit der Eisenbahn nach Linz zu fahren.[428] Aber hiermit scheint dieser Biograph wieder einmal das Opfer seiner eigenen Vorurteile geworden zu sein.

Hitler hat sein Jahreseinkommen in München mit etwa 1.200 Mark angegeben.[429] Für damalige Verhältnisse war das recht viel, obwohl die Einnahmen freilich „sehr schwankend" waren. Alles in allem wird sich der frugale Lebenswandel, den der junge Hitler in München pflegte, kaum von dem seiner Wiener Jahre unterschieden haben: er aß wenig, er trank nicht,

---

425 Jäckel/Kuhn 1980, S. 53: In seinem Telegramm an den Magistrat der Stadt Linz vom 19. Januar 1908, in dem er um Aufschub bat, spricht Hitler in Bezug auf das Empfangsdatum der Vorladung von „heute", in seinem Brief vom 21. Januar 1919 nennt er den „18ten, halb 4 h Nachmittags".

426 Heiden 1936 I, S. 52.

427 Machtan 2000, S. 71.

428 Jetzinger 1956, S. 262.

429 Jäckel/Kuhn 1980, S. 53: Brief an den Magistrat der Stadt Linz vom 21. Januar 1914.

er rauchte nicht, er hurte nicht, er klaute nicht, er nahm keine Drogen, er hatte keine Freundin und er war sparsam, wo er konnte, wenn es nicht um Oper, Theater, Bücher oder Kunstausstellungen ging. Wahrscheinlich hat Adolf auch in München morgens lange geschlafen und dafür die Nacht zum Tage gemacht. Das heißt: Privat setzte er seine „lunare" Existenz fort. Im Übrigen pinselte er die Sehenswürdigkeiten der Stadt nach Vorlagen im Postkartenstil ab, las Unmengen von Büchern aus der nahen Staatsbibliothek sowie Zeitungen in den Schwabinger Cafés, und nahm, soweit möglich, am kulturellen Leben der Isarmetropole teil. Viel Zeit und Gelegenheit dafür hatte er freilich nicht mehr, denn bald kam der Krieg.

Neben dieser eher privaten Existenz setzte Hitler auch seine öffentlichen Auftritte in Ansätzen fort. So will Konrad Heiden noch von ungenannten Zeitzeugen erfahren haben, dass der junge Hitler – wie schon in Wien so auch im Vorkriegsmünchen – hin und wieder als politischer Redner auftrat.[430] Nach Hitlers eigenen Worten hat er seine Zuhörer damals sogar schon davon überzeugen können, „dass die Frage der Zukunft der deutschen Nation die Frage der Vernichtung des Marxismus ist".[431] Aber das mutet wenig wahrscheinlich an, weil der Marxismus erst nach der russischen Oktoberrevolution von 1917 und den revolutionären Ereignissen von 1918/19 als akute politische Gefahr in das allgemeine Bewusstsein der Deutschen trat. Angesichts der seit 1912 immer stärker werdenden Sozialdemokratie ist dies aber auch nicht ganz ausgeschlossen. Überdies verbürgt sich Häuslers Tochter dafür, dass der junge Hitler ihren Vater einst in das Werk Richard Wagners eingeführt und durch politische Bekehrungsversuche zu nächtlicher Stunde auf eine harte Geduldsprobe gestellt habe. Die allzu feuchte Aussprache sowie das zu Jähzorn und Rechthaberei neigende Temperament seines Zimmergenossen gingen Rudolf schließlich derart auf die Nerven, dass er eine kurze Abwesenheit Adolfs im Februar 1914 nutzte, um sich eine Tür weiter ein eigenes Zimmer zu nehmen.[432] Dennoch blieb der Kontakt zwischen den beiden noch eine Weile bestehen.

Kriegsausbruch

Am 28. Juni 1914, einem Sonntag, trat ein Ereignis ein, auf das der junge Hitler wahrscheinlich schon lange gehofft hatte: In Sarajewo, Hauptstadt des 1908 von den Habsburgern annektierten Paschaliks Bosnien-Herzegowina, wurden der österreichische Thronfolger Erzherzog Franz Ferdinand und dessen Gattin, die Herzogin von Hohenberg, auf offener Straße von dem Serben Gavrilo Princip durch Revolverschüsse ermordet. Die Nachricht eilte wie ein Lauffeuer um die ganze Welt und wurde allgemein als Fanal für den nahenden Untergang der Habsburgermonarchie verstanden. Ob der Hitler Adolf schon damals ahnte, welche Auswirkungen dieses Ereignis eines fernen Tages auf ihn selbst haben würde, ist nicht anzuneh-

430 Heiden 1936 I, S. 65.
431 Hitler 1925 I, S. 171.
432 Vgl. diese Einzelheiten bei Hamann 1996/4, S. 570 ff.

men. Auf jeden Fall aber wird er die anschließende Julikrise, in der die Diplomatie versuchte, den Weltkonflikt noch einmal abzuwenden, während die Kriegswolken immer dunkler wurden, mit heißestem Herzen verfolgt haben. Bei allem, was er damals fühlte und dachte, ist der Biograph auf *Mein Kampf* als einzige Quelle angewiesen, wo sich Adolf Hitler als allwissender Seher und Missionar des Großdeutschen Reiches inszeniert. Er wird aber die endgültige Wende zum Krieg Ende Juli, wie viele andere diesseits und jenseits der deutsch-österreichischen Grenze, begrüßt haben. Denn dieses Ereignis, soviel war klar, würde mit großer Wahrscheinlichkeit katastrophale Auswirkungen zumindest für Österreich-Ungarn haben. Damit verband sich vielleicht auch schon Hitlers Hoffnung, dass sich die nationalen Probleme aller Deutschen in seinem Sinne lösen ließen und schließlich jenes „Dritte Reich" seinen Anfang nehmen würde, das er jenseits der Habsburger und Hohenzollern ersehnte.

Soweit war der junge Hitler gewiss schon informiert, um zu wissen, dass der Dreibundvertrag zwischen Österreich-Ungarn, Italien und dem Deutschen Reiches letzteres wahrscheinlich mit in den Abgrund eines Krieges reißen würde. Glücklich war er darüber sicher nicht. Denn auch wenn er die Monarchie als Staatsform ablehnte und das Ende der Habsburgermonarchie ersehnte, so wollte er doch ganz bestimmt nicht, dass das glanzvolle und große Reich von 1871 unterging. Dazu heißt es in *Mein Kampf*: „Ich machte schon damals in den kleinen Kreisen, in denen ich überhaupt verkehrte, kein Hehl aus meiner Überzeugung, dass dieser unselige (Dreibund-)Vertrag mit einem zum Untergang bestimmten Staat auch zu einem katastrophalen Zusammenbruch Deutschlands führen werde, wenn man sich nicht noch zur rechten Zeit loszulösen verstünde."[433] Aber dazu kam es bekanntlich nicht mehr.

Als noch schlimmer hätte es der junge Hitler wohl empfunden, wäre der österreichisch-ungarische Thronfolger nicht von feindlichen Ausländern ermordet worden, wie folgendes Zitat aus *Mein Kampf* zeigt: „Als die Nachricht von der Ermordung des Erzherzogs Franz Ferdinand in München eintraf (ich saß gerade zu Hause und hörte nur ungenau den Hergang der Tat)", heißt es weiter in *Mein Kampf*, „fasste mich zunächst die Sorge, die Kugeln könnten vielleicht aus den Pistolen deutscher Studenten stammen, die aus Empörung über die dauernde Verslawungsarbeit des Thronfolgers das deutsche Volk von diesem inneren Feinde befreien wollten. ... Als ich jedoch gleich darauf schon die Namen der vermutlichen Täter hörte und außerdem ihre Feststellung als Serben las, begann mich leises Grauen zu beschleichen über diese Rache des unerforschlichen Schicksals. – Der größte Slawenfreund fiel unter den Kugeln slawischer Fanatiker ..." Dann aber folgen Sätze, die zeigen, welche Bedeutung er dem Attentat von Sarajewo für seine Person beimaß: „Mir selber kamen die damaligen Stunden wie eine Erlösung aus den ärgerlichen Empfindungen der Jugend vor. Ich schäme mich heute nicht, es zu sagen, dass ich, überwältigt von

433 Hitler 1925 I, S. 163.

stürmischer Begeisterung, in die Knie gesunken war und dem Himmel aus übervollem Herzen dankte, dass er mir das Glück geschenkt, in dieser Zeit leben zu können."[434]

Aus allen diesen Äußerungen treten die beiden Ebenen hervor, auf denen der junge Hitler fühlte und dachte – einerseits die mehr objektive, politische, andererseits die mehr subjektive, lebensgeschichtliche. In freudiger Erwartung des unmittelbar bevorstehenden Krieges sind diese beiden Ebenen im Juli 1914 miteinander zur Deckung gekommen. Was aber könnte Hitler mit „Erlösung aus den ärgerlichen Empfindungen der Jugend" gemeint haben? Angeblich hatte ihn schon als „jungen Wildfang" die Aussicht betrübt, sich niemals in einem Befreiungskrieg auszeichnen zu können, wie es den Preußen hundert Jahre vor ihm gegen Napoleon gelungen war. Adolf hatte unter dem „friedlichen Wettbewerb der Völker" gelitten, der die europäische Szenerie bis zum ersten Balkankrieg überwiegend beherrschte und den Hitler in *Mein Kampf* mit ironisch gemeinten An- und Abführungszeichen versehen hat. Und er hatte bedauert, dass die Staaten immer mehr Wirtschaftsunternehmen ähnelten, bis „die ganze Welt zu einem einzigen großen Warenhaus" zusammenwachsen würde, das angeblich den Juden gehörte, während die Deutschen nur noch die „Verwaltungsbeamten" stellten.[435] Folgt man ihm, dann war er „schon als Junge kein ‚Pazifist'" gewesen, und wie viele junge Leute seiner Generation hatte Adolf den Burenkrieg (ab 1899) den Russisch-japanischen Krieg (1905) und die Balkankriege (1911–1912) zumindest vom Hörensagen kennen gelernt. Denn bis zu einem gewissen Grad war der Krieg schon lange vor Ausbruch des Ersten Weltkrieges zu einem anderen Ausdruck der internationalen Politik geworden.

So nimmt es nicht wunder, dass der junge Hitler jenes Ultimatum begrüßte, das Österreich-Ungarn den Serben nach dem Attentat mit deutscher Rückendeckung stellte. Seiner Meinung nach war mit den Schüssen von Sarajevo eine Lawine ins Rollen gekommen, die niemand mehr aufhalten konnte und sollte, und wenn die Habsburgermonarchie schon zu den Waffen greifen musste, um an ihrer „Südgrenze einen unerbittlichen Todfeind" auszuschalten, dann war dies, wie er meinte, früher besser als später. Aber das waren nur die realpolitischen Überlegungen eines jungen Mannes, die sich auf der Ebene der Objektivität bewegten. Subjektiv und lebensgeschichtlich war für ihn etwas ganz anderes wichtig, nämlich die Erkenntnis – oder sagen wir besser: das instinktive Gefühl? –, dass mit dem kommenden Krieg „ein Freiheitskampf ... um Sein oder Nichtsein der deutschen Nation" entbrennen würde,[436] und zwar diesseits und jenseits der deutschösterreichischen Grenze. Mit anderen Worten: Die Komplexität der internationalen Beziehungen und alle anderen Folgen entschlossen beiseite schiebend, fokussierte der junge Möchtegern-Revolutionär den kommenden Weltkrieg auf den einzigen für ihn wichtigen Punkt: auf eine

434 Ebda., S. 173f. und 177.
435 Ebda., S. 172.
436 Ebda., S. 177.

Erhebung aller Deutschen diesseits und jenseits ihrer Teilungsgrenze zur Wahrung ihrer gemeinsamen Existenz. In diesem Sinne hieß es zehn Jahre später in *Mein Kampf*: „Meine eigene Stellung zum Konflikt war mir ebenfalls sehr einfach und klar; für mich stritt nicht Österreich für irgend eine serbische Genugtuung, sondern Deutschland um seinen Bestand, die deutsche Nation um Sein oder Nichtsein, um Freiheit und Zukunft."

Auch diese pathetischen Wendungen mögen wieder Ergebnis einer Rückschau aus der Distanz von zehn Jahren sein, in denen sich für Hitler in biographischer und politischer Hinsicht vieles gravierend verändert hatte. Ganz gewiss aber war es jeher sein Wunsch gewesen, sein „Vater-" und sein „Mutterland" zu einer Art heiliger Familie aller Deutschen vereinigt zu sehen.[437] Deshalb hatte der junge Mann auch keinen größeren Wunsch, als so rasch wie möglich zu den Fahnen zu eilen, um „doch wenigstens einmal auch durch Taten bezeugen zu können, dass mir die nationale Begeisterung kein leerer Wahn sei".[438]

Mit diesem Wunsch stand der junge Hitler nicht allein. „Der Krieg wurde nicht nur von den besonders ‚deutschen' Autoren der Heimatkunstbewegung lauthals begrüßt, sondern quer durch das Spektrum der großen Namen", heißt es dazu bei Wolfgang Emmerich, einem Spezialisten für die germanistische Volkstumsideologie jener Jahre. In diesem Zusammenhang fallen Namen aus der literarischen Szene Deutschlands und Österreichs, die jeder kennt: „Gerhart Hauptmann, Arno Holz, Richard Dehmel, Stefan George, Hugo von Hofmannsthal, Rainer Maria Rilke, Thomas Mann, Robert Musil." Dazu nennt Emmerich auch noch einige führende Persönlichkeiten des deutschen Judentums, wie den Maler Max Liebermann, den Theaterregisseur Max Reinhardt, die Dichter Alfred Döblin und Arnold Zweig sowie Intellektuelle und Wissenschaftler von Rang wie Ernst Toller, Max Planck und Max Weber. Mit seiner Kriegsbegeisterung stand der Hitler Adolf also nicht allein. Er ahnte ebenso wenig wie alle anderen, was ihn „im Feld" erwarten würde.

Am 28. Juli 1914 erklärte Österreich-Ungarn Serbien den Krieg, nachdem Russland mobil gemacht hatte. Am 1. August 1914, 17.00 Uhr, befahl der Kaiser in Berlin die Generalmobilmachung Deutschlands. Die Nachricht elektrisierte die Massen im gesamten Reich. Sie traf gegen 18.30 Uhr auch in München ein. Rund 20.000 mehr oder weniger begeisterte Menschen setzten sich Richtung Wittelsbacher Palais in Bewegung. Der bayerische König Ludwig III. erschien auf dem Balkon und hielt eine kurze Rede. Die Menge fieberte in nationalistischer Erregung. Am nächsten Tag, einem Sonntag, strömten die Münchner und Münchnerinnen auf dem Odeonsplatz zusammen, unter ihnen auch der junge Hitler. Den Anblick seines Kopfes in dieser historischen Stunde hielt ein zufälliger Schnappschuss des Fotografen Heinrich Hoffmann für alle Ewigkeit fest: Hohlwangig und

437 Ebda., S. 178.

438 Ebda.

mit lächelndem, fast leuchtendem Gesicht scheint der 25-Jährige den Worten des bayerischen Monarchen zu lauschen.

Am nächsten Tag richtete der Hitler Adolf ein Immediatgesuch an Ludwig III., er möge ihn als Kriegsfreiwilligen akzeptieren. Schon am 4. August – kaum 24 Stunden nach der deutschen Kriegserklärung an Frankreich – wurde es positiv beschieden. „Als ich mit zitternden Händen das Schreiben geöffnet hatte und die Genehmigung meiner Bitte mit der Aufforderung las, mich bei einem bayerischen Regiment zu melden, kannten Jubel und Dankbarkeit keine Grenzen", erinnerte sich Adolf Hitler noch Jahre später.[439] Mit Unterstützung von Martha Hepp, der Schwester seines Gönners, versorgte sich der junge Österreicher mit dem, was er für den Felddienst brauchte. Am 16. August trat er in das 6. Rekruten-Ersatzbataillon des 2. bayerischen Infanterieregiments Nr. 16 ein. Ort des Geschehens: die Münchener Elisabeth-Schule. Damit begann, wie Adolf Hitler aus der Rückschau urteilte, „nun auch für mich die unvergesslichste und größte Zeit meines irdischen Lebens".

Biographisches Resümee

Zu diesem Zeitpunkt, Anfang August 1914, stand der Hitler Adolf in seinem 26. Lebensjahr – zwar schon ein junger Mann in seiner vollen Blüte, aber noch immer ohne Ausbildung, ohne Beruf, ohne feste Stellung im Leben, völlig im Ungewissen schwebend. Betrachtet man den winzigen Ausschnitt jenes Fotos, das ihn inmitten der kriegsbegeisterten Menge auf dem Münchener Odeonsplatz zeigt, etwas näher, machte er zu jenem Zeitpunkt einen gepflegten, ausgeglichenen, fast heiter-überlegenen Eindruck – von der konstitutionellen Schwäche, die ihm die Militärbehörden attestiert hatten, ist nicht viel zu sehen. Man kann also davon ausgehen, dass ihn der sich nun endlich abzeichnende Kriegsbeginn seelisch stabilisierte, dass er sich durch die weltpolitischen Ereignisse endlich in einen größeren Zusammenhang eingebunden fühlte, dass er total bei sich und bei den anderen Deutschen war, bei seinen Volksgenossen. Die „Psychopathenzüge", die einer seiner früheren Biographen im Gesicht dieses Deutschösterreichers zu entdecken glaubte,[440] sind beim besten Willen nicht zu erkennen. Trotz einiger unleidlicher Wesensmerkmale, die bereits gestreift wurden, wirkt der junge Hitler auf dem Foto noch nicht wie ein „unangenehmer Mensch",[441] um Joachim Fest weiter zu zitieren, sondern fast sympathisch. Denn im Grund war Adolf zu diesem Zeitpunkt in biographischer Hinsicht noch ein weitgehend unbeschriebenes Blatt, wenn auch bereits durch eine Reihe von Schicksalsschlägen deutlich gezeichnet.

Folglich konnten wir zwischen den relativ wenigen Zeilen jenes Blattes gewisse lebensgeschichtliche Voraussetzungen für die Geburt seines Traumes von einem dritten Reich über denen der Habsburger und Hohenzol-

439 Ebda., S. 179.
440 Fest 1973/5, S. 19.
441 Ebda., S. 20.

lern erkennen. Wir haben sie in diesem Teil des Buches bereits möglichst knapp, nüchtern und quellennah beschrieben. Sie stimmten uns weder besonders hoch noch zogen sie uns besonders herunter. Denn sie verweisen weder auf eine wie auch immer geartete „historische Größe“ noch auf einen späteren Untergang in Schimpf und Schande. Mit anderen Worten: Wie bei jungen Menschen, die Produkte ihrer Anlagen und Umgebungen sind, war auch Adolfs Zukunft bei Kriegsbeginn noch weitgehend offen. Nichts besonders Positives – außer seinem kühnen Vorsatz, Kunst und Politik im Kontext nationaler Leidenschaften zu vereinen – zeichnete seinen vagen Lebensplan für die Zukunft aus. Nichts besonders Negatives haftete ihm aus der Vergangenheit an, das er nicht, günstige Umstände vorausgesetzt, im Lauf der Zeit korrigieren, verarbeiten oder irgendwie sonst zum Besseren hätte wenden können – im Rahmen einer bürgerlichen oder auch nichtbürgerlichen Existenz.

Freilich hatte seine Kindheit unter einem ungünstigen Stern gestanden: Die ständigen Ortsveränderungen der Familie und die vielen Positionswechsel innerhalb ihres Verbandes, die mit Tod und Geburt einiger seiner Geschwister verbunden waren, dazu der Besuch so vieler unterschiedlicher Schulen, der Wechsel vom Land in die Stadt, der relativ frühe Tod von Vater und Mutter und das daraus folgende Vollwaisentum Ende des 18. Lebensjahres haben zweifellos eine schwere Hypothek gebildet. Sie stellten Adolfs Fähigkeit, sich anzupassen, ohne sich selbst darüber zu verlieren, auf eine harte Probe. Sie förderten aber auch seine Flexibilität und innere Unabhängigkeit bis hin zu Trotz, Eigensinn und der Kunst der Verstellung. Denn bis zu seinem 11. Lebensjahr konnte Adolf nirgendwo länger bleiben, nirgendwo Wurzeln schlagen, nirgendwo heimisch werden. Immer wieder wurde er herumgeschubst, verpflanzt und mit z.T. radikal anderen Lebensumständen konfrontiert, so dass sich sein suchender Blick ganz von selbst nach innen wendete und sowohl seinen Überlebenswillen als auch seine Phantasie stimulierte. Wie viel Gutes hätte aus seinen Begabungen werden können? So aber lag die Gefahr nahe, sich zu isolieren, zu verbohren und dadurch nicht nur alle Maßstäbe, sondern auch den Kontakt zu den Mitmenschen zu verlieren.

Adolfs Verhältnis zu seiner Umwelt lässt sich am besten wohl mit dem Wort „ambivalent“ beschreiben. Im Deutschnationalismus hatte es seinen harten Kern, im Übrigen war es von fließender Wertorientierung. Durch die ständig wechselnden Lebensumstände lernte schon das Kind, dass es sich auf nichts und niemand verlassen konnte, dass sich alles in seiner Umgebung ständig veränderte, dass es selber sehen musste, wo es blieb. So fand Adolf letztlich nur im österreichischen Deutschnationalismus einen Halt, den er wie eine Burg nach außen hin abschirmte und verteidigte. In diese hermetisch verschlossene Welt zog er all das hinein, wozu ihn seine schöngeistigen Interessen verleiteten. So kommunizierte Adolf mit seiner Umwelt nicht über die Begegnung und den Austausch mit anderen Menschen, sondern vornehmlich über symbolische Prozesse. Wahrscheinlich wäre es immer dabei geblieben, hätte er nicht schon früh sein rhetorisches

Talent entdeckt. Zwar ist auch die Rede nichts anderes als ein symbolischer Prozess – aber sie ist auch ein Medium, mit dessen Hilfe man Menschen führen und verführen kann. Die Kunst, sie zu beherrschen, rettete Adolf vor der Gefahr, für den Rest seines Lebens ein Sonderling zu bleiben.

Auffallend sind die Vielzahl seiner Interessen, sein Wissensdurst und Bildungsfleiß. Ungewöhnlich für einen Jungen, dessen Vater das uneheliche Kind einer Hausmagd war. Das alles spricht für ein aufgeschlossenes Klima in seiner Familie. Weit davon entfernt, ein finsteres Gefängnis zu sein, ermöglichte sie Adolf die Begegnung mit Kunst und Kultur schon früh und in reichlichem Maß. Vielleicht wäre alles anders gekommen, hätten Vater und Mutter länger gelebt. Denn als rechtschaffene, solide und zeitweise wirtschaftlich verhältnismäßig gut gestellte Leute waren Alois und Klara durchaus um Adolfs Zukunft bemüht. Natürlich haben sie dabei auch Fehler gemacht – vor allem der Vater, der sich für seinen Sohn in das Berufsziel des Staatsbeamten vernarrte, ohne mit ihm das Gespräch über seine eigenen Probleme zu suchen. Doch ergeben ein manchmal überstrenger Vater sowie eine gelegentlich allzu nachgiebige Mutter noch kein familiäres Grundmuster, das nur zu dramatischen Schlussfolgerungen zwingen kann. Solche Gegensätze kommen zu allen Zeiten vor, ohne dass sie bei Kindern immer gleich zu Katastrophen führen.

Schwerer wog für Adolfs Persönlichkeitsentwicklung der viel zu frühe Verlust seiner beiden engsten Bezugspersonen. Er befreite ihn von der Notwendigkeit, sich mit dem Vater bis zum notfalls bitteren Ende über die eigenen Lebenspläne auseinanderzusetzen und sich vor seinen Eltern auch später noch für alles zu rechtfertigen, was er tat und unterließ. Mag sein, dass er auf Letzteres gern verzichtet hätte. Aber mit seinen Eltern verlor Adolf nicht nur eine Instanz, an der sich sein Gewissen weiter hätte ausbilden können, sondern auch die beiden einzigen Menschen, zu denen er als Kind und Jugendlicher eine unbestreitbare Gefühlsbindung besessen hatte.

Etwa gleichaltrige Geschwister, die Adolf ersatzweise hätten zur Seite stehen können, gab es nicht. Der fünf Jahre jüngere Bruder Edmund starb viel zu früh – gewiss ein Trauma, ein schrecklicher, aus nächster Nähe miterlebter Verlust. Die sieben Jahre jüngere Schwester Paula war zu klein, um Adolf wirklich etwas geben zu können. Die anderen hatten entweder schon das Zeitliche gesegnet oder waren deutlich älter als er und verließen schon bald das gemeinsame Elternhaus. Dies betrifft vor allem die sechs Jahre ältere Stiefschwester Angela, die Hitler in späteren Jahren zeitweise den Haushalt versah. Wo und bei welchen Menschen seiner Altersklasse hätte dieser Bub jetzt noch den Umgang mit anderen Menschen lernen können? Bei seinen Spielkameraden im Dorf? Die konnte er beherrschen, aber gleichrangige Partner waren sie nicht. In der Realschule zu Linz? Für die Bürgersöhne der Stadt, mit denen sich Adolf ernsthaft hätte messen können, war er lange Zeit Luft. Was also lag für diesen temperamentvollen und aufgeweckten Realschüler näher als der Versuch, um fast jeden Preis aufzufallen? Bei seinen Mitschülern den Beschützer und Kommandeur herauszukehren und die Lehrer zur Verzweiflung zu treiben – das war sein Konzept.

Die Schule – ein einziges Martyrium: zu eng, zu autoritär, zu pedantisch auf das Erlernen von Stoffen bedacht, von denen meistens niemand genau sagen konnte, was sie den Schülern im praktischen Leben nutzen würden. Folglich schob Adolf sie lustlos beiseite, wobei er gewiss auch glaubte, seinen Vater durch schlechte Zensuren erpressen zu können. Außerdem: Für wissenschaftliche Gründlichkeit, die das Hirn ebenso wie den Hosenboden strapaziert, war er nicht geschaffen. Von Natur aus nicht in dem Sinn so fleißig und strebsam, dass er sich für das, was andere für nötig hielten, Kopf und Sitzfleisch zermartert hätte, war Adolf zu sprunghaft, zu hastig und wohl auch zu ideenreich – eben eine Naturbegabung, die ohne Spalier wachsen wollte. Von seinem Lehrer Pötsch dazu angeregt, reizten ihn die Kräfte, die hinter der Welt der Erscheinungen standen: die großen historisch-politischen Entwicklungslinien, deren Ursprünge für diesen Lehrer und seinen Lieblingsschüler in der mythischen Urwelt des Germanentums lagen und die für beide in die klägliche Scheinwelt der österreichisch-ungarischen Monarchie mündeten, obwohl Pötsch dies aus opportunistischen Gründen niemals zugeben durfte. Für diese Linien, für das Unsagbare, für das oftmals auch Unausgesprochene, Geheimnisvolle, Erhabene, Monumentale, das er intuitiv erfasste, war Adolf bereit, sich mit aller Kraft und Konsequenz hinzugeben, ohne dabei das Praktische, das rein Technische und Umsetzbare jemals ganz aus den Augen zu verlieren.

Ja, er war eine eigentümlich Doppelbegabung: einerseits der in sich gekehrte Kreative, der Träumer, auch der Fantast, andererseits der scharf beobachtende Kritiker, kalte Rationalist, schneidige Anführer, der alles, was er soeben noch mit heißem Herzen erlebt, gefühlt, erträumt hatte, im nächsten Moment schon wieder auseinandernehmen, auf seine Brauchbarkeit hin untersuchen und neu zusammensetzen wollte. Vielleicht hat sein Mitschüler Keplinger diese Doppelbegabung mit der Formulierung, Hitler sei „ein stiller Fanatiker" gewesen,[442] richtig erfasst. Für die Freisetzung seiner beiden Potenziale war die Freundschaft mit August Kubizek jedenfalls von größter Wichtigkeit – ohne sie wäre vieles, was Adolf in seinem Innersten bewegte, unausgeprägt, unausgesprochen und daher dann auch ohne Kontur geblieben. Ohne den Kubizek August wäre der Hitler Adolf so unmittelbar nach dem Tod seiner Mutter und mitten in seinem Liebeskummer über die unerreichbare Stefanie wahrscheinlich nicht zum dritten Mal nach Wien gegangen oder er hätte den schwierigen Wechsel von der Provinz in die Anonymität der Weltstadt nicht überlebt. Mit einer Prüfungsniederlage an der Kunsthochschule hinter und den verständnislosen Verwandten vor sich wäre der depressive Schulabbrecher möglicherweise völlig abgestürzt. Ganz auszuschließen ist das nicht. Hingegen gab ihm der Handwerkersohn in den wenigen Monaten, die sie gemeinsam verbrachten, jenes Minimum an Wärme, Rückkoppelung und Stabilität, das

442 Op. cit. Heinz 1934, S. 25.

der entwurzelte Einzelgänger in der kritischen Situation der Jahre 1905 bis 1908 dringend brauchte, als zum ersten Mal alles auf der Kippe stand. Trotz der widrigen Wohnverhältnisse war es die Beste aller denkbaren Erholungspausen. So gesehen, erhält Kubizek für Hitlers Biographie eine Gewichtung, die man bislang in dieser Deutlichkeit kaum gesehen hat.

Dennoch bleibt es fraglich, ob diese Beziehung die Bezeichnung „Freundschaft" verdiente. Für August war die Sache klar: Er als der schwächere Partner bewunderte seinen schwierigen, manchmal auch unheimlichen, immer aber an- und aufregenden und auf jeden Fall charismatischen Mentor auf eine scheue, bescheidene Art und Weise. Er selbst wäre ja, wie er in seinen „Erinnerungen" betont, ohne Hitler nie Musiker geworden. Indes scheint der Terminus „Männerbund" auf das ungleiche und doch wieder so gleichartige Gespann besser als Freundschaft zu passen, weil er verschwörerische und distanzierende Konnotationen enthält. Die beiden Heranwachsenden waren sich gewiss manchmal recht nahe, aber Adolf liebte August nicht in einem herzerwärmenden Sinn. Denn seine Beziehungen zu diesem Bundesgenossen liefen weniger über emotionale Bahnen als vielmehr über symbolische Prozesse: einerseits über seine Rhetorik, andererseits über die gemeinsame Passion für Musik. Dem hatte August nicht viel entgegenzusetzen. Für Politik interessierte er sich nicht.

Über seine Pläne und Projekte redete Adolf fast ohne Unterlass, getreu der Kleistschen Devise, dass sich die besten Gedanken meist beim Schreiben bzw. Reden einstellen, und für die Oper war Adolf kein Opfer zuviel. Dies wies ihm den Weg aus der Einsamkeit und zu kultischer Kommunikation. Während er der Musik lauschte und das Geschehen auf der Bühne verfolgte, konnte sich der Wagner-Fan innerlich so frei bewegen, als sei er von niemandem und nichts mehr gefesselt und fremdbestimmt. Das Bedürfnis nach Freiheit, nach Selbstbestimmung – von jeher einer von Adolfs stärksten Antrieben – lebte er im Opernhaus emotional und kognitiv aus. Das verlieh ihm ein Gefühl der Stärke, das er dann als magnetische Kraft an August weitergeben konnte. Nachdem der junge Hitler erst einmal den Absprung aus Linz geschafft hatte, kam er mehr und mehr mit sich selbst zurecht, mochte es ihm nach der Trennung von seinem Bundesgenossen in Wien auch eine Zeitlang in seelischer Hinsicht schlecht ergehen, da er den völlig neuen Weg, den er nun einschlagen wollte, erst finden musste. Denn die politischen Umstände waren nicht danach.

Innerlich frei sein, um führen zu können – anstatt selbst geführt zu werden –, das war offenbar das große Ziel des jungen Hitler. Kann man es ihm verdenken? Von Anfang an hatte er hoch hinaus gewollt – erst ein Abt, dann ein zweiter Rubens, Richard Wagner oder Fischer von Erlach werden. Adolf wusste, dass dies Kampf bedeutete. Aber er ahnte wohl auch, dass er mit seiner Kreativität, Aggressivität und Beweglichkeit, mit seiner Beredsamkeit und seinen sprechenden Augen über Gaben verfügte, um diesen Kampf mit Aussicht auf Erfolg aufnehmen zu können. Ihm mangelte es nie an Selbstvertrauen, im Gegenteil – bisweilen hatte er zu viel davon. Dabei bot der Deutschnationalismus eine willkommene Möglichkeit, sich mit dem größeren Ganzen zu verbinden und dadurch weiter an innerer Kraft zu gewinnen. Alles, was er in seinen Entwürfen zu Papier brachte oder auch nur erdachte, sollte letztlich dem erhabenen Ziel seiner geistigen Führerschaft dienen, sollte außerordentlich groß und alles überragend sein, obwohl es in Wirklichkeit, seinem jugendlichen Alter entsprechend, oft nur pubertär war, unreif und unausgegoren. Dieses deduktive Denken vom gewünschten Ergebnis der Macht und des Beifalls her unterschied Adolf vom echten Künstler. Während dieser, von Selbstzweifeln geplagt, eher klein zu beginnen pflegt, um sich allmählich zu größeren Aufgaben vorzuarbeiten und schließlich – aus der Fülle seiner gereiften Begabungen und perfektionierten Fähigkeiten – das große Meisterwerk wagt, ging der junge Hitler umgekehrt vor: Stets das überragende Ziel eines großdeutschen Reiches vor Augen, mit ihm selbst in führender Position, leitete er davon deduktiv seine Mittel, Wege und erhofften Wirkungen ab. Nicht, dass er zuerst Bedacht auf seine Substanz, auf seine Fähigkeiten und die sich daraus ergebenden Möglichkeiten für die Gestaltung genommen hätte nein, das kam für ihn nicht in Frage. Vielmehr zielte Adolf von vornherein auf die sich aus seinen Entwürfen, Plänen und Phantasien ergebenden Wirkungen auf ein imaginäres Volk ab, das heißt: Sein Ziel war letztlich die Politik und die Ausprägung unverkennbarer Markenzeichen. Seit wann aber hätten sich Kunst, Politik und Marke vertragen?! Trotz aller Bedenken – Richard Wagner und Friedrich von Schiller haben daran geglaubt. Sie sind nicht zuletzt deshalb zu den großen Vorbildern und Anregern für den jungen Hitler geworden, und die Markenstrategien großer Konzerne, die selbst oft halbe Kunstwerke sind, haben ihn postum bestätigt.

Seine eigene Kunst, sofern sie sich in der Form von Aquarellen und Zeichnungen erhalten hat, war denn auch in ästhetischer Hinsicht schwach, von vornherein auf nationalpolitische Wirkungen bedacht und gerade deshalb völlig wirkungslos. Aber wie könnte man das nennen, was ihm stattdessen vorgeschwebt hat? Vielleicht politische Programmkunst, ohne dass sich dieser Begriff hier schon mit konkreten Inhalten füllen ließe. Denn dafür sind die beiden folgenden Teile dieses Buches vorgesehen. Insofern muss auch Thomas Mann widersprochen werden, der Hitler in einem Essay einmal zu seinem „Bruder" ernannte, weil er in ihm den Künstler sah. Denn nimmt man diesen Begriff ernst, kann doch von einer Bruderschaft im Geiste zwischen Mann und Hitler nicht die Rede sein. Oder hat Ersterer seine Kunst politischer verstanden, als es ihm selbst und seinen Lesern bewusst gewesen ist? Ganz aus der Luft gegriffen scheint dieser Gedanke nicht, wenn man die *Betrachtungen eines Unpolitischen* als Programmschrift nimmt, die Manns künstlerisches Werk tiefgründig beeinflusst hat. Wenn überhaupt, dann kann man in Anknüpfung an Manns Bemerkung über Hitlers „Genie" bei diesem von einem „Genie der Wirkungen" sprechen, das von 1905 bis 1914 allmählich wuchs und Kraft sammelte, bis es schließlich – durch die furchtbaren Hammerschläge des Krieges verhärtet und verformt – nach 1919 unter ganz anderen und verhängnisvollen Umständen zur Geltung kam.

Als Gegengewicht zu seiner deutschnationalen Fixierung, die ja letztlich nur aus Tönen, Bildern und Buchstaben bestand, hätte man Adolf in seinen Linzer und Wiener Jahren eine echte Liebesbeziehung aus Fleisch und Blut gewünscht. Vielleicht hätte es die zarte, begütigende Hand einer jungen Frau wie Stefanie Isak verstanden, die weicheren und leiseren Saiten am Klingen zu halten, die bei Adolf doch einst zweifellos vorhanden waren. Stefanie war eine Bürgertochter von höherem Stand. Sie hätte den bohrenden Widerspruch zwischen Minderwertigkeitskomplex und allerhöchstem Anspruch, der Adolf antrieb, vielleicht auflösen können. Und sie hätte seinem unruhigen, hochfliegenden Geist möglicherweise jene „sanfte Befriedigung“, „schöne Nahrung und Erholung“ gegeben, die Friedrich von Schiller einst dankbar von seiner Charlotte von Kalb entgegennahm. Aber vielleicht wäre eine Verbindung zwischen Adolf und Stefanie auch schiefgegangen. Auf jeden Fall war in der prüden Gesellschaft von damals ein Ersatz nicht so leicht zu finden, aber wie es scheint, hat Adolf auch gar nicht mehr danach gesucht. Die eine große Enttäuschung hatte ihm gereicht. Pubertäre Selbstzweifel, geistige Interessen und Selbstgenügsamkeit taten ein Übriges, um ihn für lange dem weiblichen Geschlecht zu entfremden.

Linz hatte dem Hitler Adolf zweifellos schon jene Härte des Lebens vermittelt, die Adolf Hitler in *Mein Kampf* verherrlicht, wobei er diese um der politischen Wirkung willen nur auf Wien bezieht. Diese Farce, von der die Hitler-Biographik mehr beeinflusst wurde, als ihr gut tat, haben wir bereits aus ökonomischen Gründen entlarvt. Die Notjahre, die er sich so gerne bescheinigte und die mancher Autor ebenso gerne benutzte, um ein möglichst düsteres Bild von ihm zu zeichnen, hat er nie wirklich erlebt, jedenfalls nicht aus wirtschaftlichen Gründen. Aus seiner Linzer Zeit zog Adolf den Schluss, dass es immer und unter allen Umständen das Beste sei, seine eigenen Wunschträume und Pläne zu verfolgen, selbst wenn es um den Preis des eigenen und des Untergangs anderer sei. Sein Verhalten gegenüber der todkranken Mutter spricht Bände. Hätte ihn sein Freund nicht zurückgerufen, wäre er vielleicht nie an Klaras Krankenbett zurückgeeilt. Und wie durchtrieben und von langer Hand er seinen Aufbruch organisierte, fordert dem Nachbetrachter sogar einige Achtung ab. Waisenrente und Darlehen der Tante reichten vollkommen aus, um seinem Leben in Wien eine dauerhaft haltbare Basis zu geben, wenn man nicht übertrieb. So war der junge Hitler Adolf zumindest in den beiden ersten Jahren seines Wien-Aufenthaltes viel bessergestellt, als er Behörden, Freunden und Lesern aus jeweils recht durchsichtigen Gründen glaubhaft gemacht hat, und vielleicht hat Adolf Hitler die Vernichtung aller Spuren, die er in Wien hinterließ, nicht zuletzt auch deshalb so eifrig betrieben. Niemand sollte ihm auf die Schliche kommen, niemand sollte merken, dass das, was er über seine dortigen Jahre in die Welt gesetzt hatte, großteils gelogen war. Wenn der Hitler Adolf dennoch recht genügsam lebte, dann hatte er dies schon zu Haus nach dem Tod seines Vaters gelernt, und diese Genügsamkeit wurde durch den verschwenderischen Umgang mit Büchern,

Gemälden, Bauten und Opernaufführungen bekanntlich mehr als reichlich kompensiert. Denn sie waren seine geistige Nahrung.

Sein Versuch, Kunst und Politik zu nationalpädagogischen Zwecken miteinander zu vereinigen, war die Einigung über der Einigung, die er den Deutschen diesseits und jenseits der Grenze zugedacht hatte. Sie war seine eigentliche Vision für das deutsche Volk und zugleich eine Herkulesaufgabe, die Hitler von Anfang an überforderte – ein Superprojekt. Und dafür war er eigentlich seinem ganzen Wesen nach zu schwach. Hinzu kam, dass er zum Erreichen dieses hehren Zieles, so wie die Dinge in Europa nun einmal lagen, auf Krieg und Revolution hoffen musste, weil friedliche Zeiten und bürgerlich-saturierte Zustände seinem Vorhaben nicht günstig waren. Dieses Leben unter dem ständigen Risiko, die viel zu hochgesteckten Ziele zu verfehlen, weil die eigenen Kräfte dafür nicht ausreichten oder sich die Umstände plötzlich ungünstig veränderten, hat schon den jungen Hitler – man denke nur an das kritische Jahr 1908 – in unmögliche Situationen hineingehetzt. Daraus aber hat sich nach dem Großen Krieg – je länger, desto mehr – für Deutschland und die Welt ein Gesamtrisiko ergeben, das schließlich kaum noch tragbar war.

Andererseits: Was wäre aus Bach ohne die Reformation, was wäre aus Schiller ohne die Französische Revolution, was wäre schließlich aus Wagner ohne den Umsturz der klassizistisch-biedermeierlichen Weltbilder und Werte durch das Bündnis von Kapitalismus, Wissenschaft und Technik geworden? Selbstverständlich gibt es immer wieder die alles und alle überragende Persönlichkeit, die von sich aus eine ihrem Schaffen günstige Wendung der Gedanken und des Geschmacks herbeizuführen vermag. Aber eine so überragende Persönlichkeit war der junge Hitler nicht – dazu fehlten ihm einige wichtige Charaktereigenschaften, wie Großmut, Geduld und Liebesfähigkeit, die ihn zu wirklich Großem befähigt hätten. Dafür hatte er schon in seiner Kindheit und Jugend zu gut das Hassen gelernt und zu lange und schwer unter Wut und Frustrationen gelitten. Da Adolf schon früh, wie noch zu zeigen sein wird, der römisch-katholischen Kirche den Rücken kehrte, fehlte ihm jenes christliche Ethos, das für den jungen Bismarck charakteristisch war, und erst recht fehlte ihm jene Noblesse, die wohl schon Kaiser Franz Joseph I. ausgezeichnet hat. Ohne Schul- und Hochschulabschluss verfügte Adolf nicht einmal über eine wissenschaftliche Ausbildung, die – ähnlich wie die Künste – ihre handwerklichen Aspekte hat.

Bei aller Freiheit der Entscheidung, die der junge Mann sich noch in Linz oder Wien einbilden mochte, war er schon damals zu unfrei, zu niedergedrückt, zu verklemmt gewesen, um sich selbst unter glücklicheren Umständen noch in wirklich große Höhen aufschwingen zu können, dazu fehlte ihm nicht nur die Substanz, dazu fehlten auch geeignete Zeitumstände. Während Adolf stets nach innen lebte, hat er sich aber schon in Wien nach außen geöffnet, so dass seine Entwürfe, Pläne und Träume immer stärker unter die Kontrolle der sozialen Realität gerieten. Was er an Menschenkenntnis und Fähigkeit zur Menschenführung besaß, hat der junge

Hitler denn auch zuerst in den Einrichtungen der Wiener Armenfürsorge gelernt und später natürlich im Krieg. Die Menschen, die er im Männerwohnheim studieren konnte, stellten gewiss keine Elite dar. Aber sie waren ebenso wenig Abschaum, sondern unteres Mittelmaß – mit anderen Worten: ein zufälliger Ausschnitt aus jener für die Großstadt typischen Masse Mensch, die für seinen späteren Erfolg als Redner und Reichskanzler so unerhört wichtig war.

Durch seinen Wechsel nach München schließlich hat sich der junge Hitler zudem eine Umgebung verschafft, in der ihm seelisch wohler war, in der er freier atmen konnte, die ihm nach Linz zur zweiten Heimat wurde. Aber geändert hat dies an seinem handlungsarmen Leben nicht viel. Zwar lebte Adolf nun in jenem bayerischen Teil Deutschlands, den er wohl schon damals als Rumpf des von ihm erträumten großdeutschen Reiches betrachtete. Wenigstens er also hatte die trennende Grenze nach Deutschösterreich bereits überwunden! Aber während andere junge Männer seines Alters bereits Familie hatten und Verantwortung trugen, setzte er sein einsames Leben am unteren Rand der bürgerlichen Gesellschaft fort – bis mit dem Großen Krieg seine erste und einzige Chance gekommen war. Von ihm erhoffte sich der junge Hitler wohl das Wunder, von allen seelischen Leiden erlöst zu werden, die er um der Verwirklichung seines großen Traumes willen nun schon so lange auf sich genommen hatte.

Teil II

Antipoden, Vorbilder, Anreger

1. Kapitel: Franz Joseph I.

Nähe und Distanz

Kaiser Franz Joseph I. und sein junger Untertan haben zwar zeitgleich in Österreich-Ungarn gelebt, aber wie auf zwei verschiedenen Sternen. Während sich der eine für gewöhnlich in der Wiener Hofburg, in Schloss Schönbrunn oder an irgendeinem anderen glanzvollen Ort seiner Monarchie aufhielt, gelegentlich auch auf seinem Landsitz in Bad Ischl, musste sich der andere mit bedeutend schlichteren Quartieren begnügen. Herkunft, Stand und Profession passten ebenfalls nicht zueinander, und was die Politik angeht, muss man einerseits schlichtweg von Unkenntnis und andererseits von erbitterter Gegnerschaft, wenn nicht sogar von Hass auf das Kaiserhaus ausgehen. Denn dieses hatte nach Meinung des jungen Hitler mindestens seit Kaiser Joseph II. (1765–1790), also seit ungefähr 150 Jahren, deutschlandpolitisch so gut wie alles falsch gemacht – sei es aus Dummheit oder aus Eigennutz. Dadurch aber, dass sein Vater in den Diensten des Kaiserhauses stand, erhielt Adolfs innere Beziehung zu Franz Joseph I. zusätzlich eine ganz besondere Komponente. Denn der Hitler Alois trug des Kaisers Rock, und wenn es wieder einmal zu Auseinandersetzungen mit seinem Filius oder sogar zu dessen körperlicher Züchtigung kam, kam es dem Hitler Adolf so vor, als stünde ihm mit seinem Vater ein ganzes Imperium gegenüber, und das hat dessen Ablehnung sicher noch verstärkt.

Tatsächlich hatten Deutschnationalisten aus ihrer Sicht wenigstens drei gewichtige Gründe, den Habsburgern feindlich gegenüberzustehen. Erstens hatten diese ihre dynastischen Interessen fast immer über die der Deutschen gestellt. Zweitens hatte Franz Joseph I. seinen Thron im Alter von 18 Jahren als Exponent jener reaktionären Kräfte bestiegen, denen 1848/49 die Revolution in Österreich zum Opfer fiel. Drittens stand für den Fall, dass der mittlerweile stark gealterte Kaiser irgendwann einmal abtreten oder sterben würde, mit Franz Ferdinand von Österreich-Este ein designierter Thronfolger bereit, von dem die Deutschnationalen befürchteten, er würde Deutschösterreich endgültig den Slawen ausliefern. Schließlich war der selbst in Hofkreisen nicht überall wohlgelittene Erzherzog nicht ganz standesgemäß mit einer tschechischen Gräfin verheiratet, was als übles Vorzeichen galt. Bekanntlich wurde das Paar jedoch am 28. Juni 1914 in Sarajevo ermordet, so dass es nicht mehr zur Thronfolge kam. Ob und wie weit das Attentat serbischer Nationalisten schon aus diesem Grund die Billigung des jungen Hitler gefunden hat, ist nicht bekannt, doch darf vermutet werden, dass er es mindestens mit Erleichterung zur Kenntnis genommen hat.

Daneben gab es aber für den jungen Hitler noch viele andere Gründe, mit den Leistungen Kaiser Franz Josephs I. unzufrieden zu sein und dem von ihm repräsentierten Staat jene Hochachtung zu verweigern, auf die der Monarch glaubte, Anspruch zu haben. Denn dieser vorletzte in

Wien regierende Habsburger hat in seiner fast 60 Jahre währenden Regierungszeit bemerkenswert wenig Fortune gezeigt. Persönlich anspruchslos, leutselig und im Umgang angenehm, von soldatischer Erziehung und in seinem Pflichteifer als Staatsoberhaupt und Oberbefehlshaber unübertroffen, gegenüber Mitarbeitern und Untertanen kritisch, unbeugsam und ausgleichend, machte der hoch und schlank gewachsene Franz Joseph I. zwar selbst im fortgeschrittenen Alter noch eine gute, d.h. ungebeugte Figur. Er sprach Deutsch, Ungarisch und Französisch ausgezeichnet, Tschechisch und Italienisch recht gut und Polnisch sowie Latein immerhin noch mäßig, was von einer gewissen Bildung zeugte. In der nach ihm benannten franzisko-josephinischen Epoche erlitt der Monarch jedoch so viele persönliche und politische Niederlagen und Schicksalsschläge, dass man für den Fall seines Rücktritts oder Ablebens eigentlich nur noch mit dem Äußersten rechnen konnte: mit dem Untergang der Habsburgermonarchie. Der englische König Eduard sowie der deutsche Kaiser Wilhelm II. sprachen jedenfalls schon zu seinen Lebzeiten ganz offen davon.[1]

Dazu kamen andere Misshelligkeiten eher privater Natur. Franz Josephs ältester Sohn Rudolf, der Kronprinz, hatte sich 1889 unter nie ganz geklärten Umständen selbst entleibt. Seine vom Volksmund als „Sisi“ verehrte Ehefrau, Kaiserin Elisabeth, wurde 1898, nachdem sie sich ihrem Gatten entfremdet hatte, auf offener Straße ermordet. Mit seinem ambitionierten Neffen und präsumtiven Nachfolger Franz Ferdinand lebte der Kaiser in einem permanenten Spannungszustand. Das einzige, was Franz Josef I. unter diesen Umständen noch blieb, waren die beiden wackeligen Kronen Österreichs und Ungarns auf seinem Haupt, zwei Töchter und zahlreiche Enkelkinder, von denen nicht alle wohlgeraten waren, und die kokette Beziehung zu der Wiener Burgschauspielerin Katharina Schratt, aus der der Kaiser gar kein Hehl machte, weil es ihm so am bequemsten war.

Der konstitutionellen Entwicklung des 19. Jahrhunderts und damit einer zumindest indirekten Beteiligung seiner Untertanen an der Regierung hatte Franz Joseph I. stets reserviert gegenübergestanden. Mit den bewegenden Kräften seiner Zeit – Demokratie, Nationalismus und Sozialismus – konnte er nur wenig anfangen. Vielmehr war der Monarch davon überzeugt, dass sich sein Reich – im Gegensatz etwa zu England – nicht als parlamentarische Monarchie regieren ließe. Wahlrechtsreformen bewilligte er deshalb erst dann, als es für diese eigentlich schon zu spät war. Römisch-katholisch, antiprotestantisch und den Juden gegenüber wohlwollend, regierte der Kaiser sein auseinanderstrebendes Reich zwar unter dem Wahlspruch *viribus unitis* (Mit vereinten Kräften), wie er es von seinen politischen Lehrmeistern Metternich und Schwarzenberg gelernt hatte. Aber je länger die teils ethnisch, teils politisch bedingten Konflikte zwischen den einzelnen Nationalitäten andauerten, desto mehr entfielen die Voraussetzungen für Einheit und Zukunft seines Reiches.

1 Schüßler 1925, S. 16.

Erfüllt von der eigenen Größe, Würde und Aufgabe, fehlten Franz Joseph I., den der Historiker Heinrich Friedjung nur für einen besonders noblen Opportunisten hielt, jene Schnelligkeit, Rücksichtslosigkeit und visionäre Kraft, die aus einem gutwilligen einen bedeutenden Monarchen gemacht hätten. Während sich der Kaiser Entwicklungen, die er nicht verhindern konnte, in den großen Fragen seiner Zeit zu langsam anzupassen pflegte, konnte er in kleinen Dingen „starrköpfig, ja tyrannisch" sein.[2] Sein großes Ziel war die friedliche Erhaltung der Habsburgermonarchie im Konzert der europäischen Mächte. Rein moralisch betrachtet, war diese Zurückhaltung gewiss lobenswert. Aber machtpolitisch gesehen, brachte sie seinem Reich zu wenig. Denn der Kaiser erkannte nicht die umwälzenden Veränderungen, die sich in der politischen Partitur Europas ergeben hatten, und noch weniger verstand er sie für sich und sein Reich zu nutzen. Mehr pflichtbewusster Verwaltungsbeamter denn ideenreicher Staatsmann, mehr penibler Kenner der Akten als der realen Lebenszusammenhänge, unflexibel und durch das steife Zeremoniell seines Hofes vom Volk isoliert, orientierte sich Franz Joseph I. am paternalistischen Leitbild des „Völkervaters". Aber es entging ihm dabei, dass Österreich zu Beginn des 20. Jahrhunderts in eine gefährliche Abhängigkeit von Ungarn geraten war, die jede zeitgemäße Reform des Gesamtreiches blockierte. Für diesen lebensbedrohlichen Dualismus hatte Franz Joseph I. ebenso wenig eine Lösung wie für die gravierenden Probleme, die sich der Doppelmonarchie außerhalb ihrer Reichsgrenzen – vor allem im Verhältnis zu den Südslawen – stellten. Mehr noch: Indem er den intransigenten Ungarn die praktische Ausgestaltung der Beziehungen zu Serbien überließ, hatte der Kaiser zu Beginn des 20. Jahrhunderts selbst den Weg bereitet, der schließlich zum Attentat von Sarajevo führte.

Staat und Staatsgewalt

Konnte der alte und müde Mann an der Spitze die spontane Begeisterung junger Menschen schon persönlich kaum wecken, so vermochte es das seltsame Staatsgebilde, das er repräsentierte, noch viel weniger. War Österreich-Ungarn überhaupt ein „Staat" in der engeren Bedeutung dieses Wortes? Nach dem Urteil des Schriftstellers Robert Musil war das Doppelreich jedenfalls „keine einige Nation und keine freie Vereinigung von Nationen", sondern nur „ein anonymer Verwaltungsorganismus; eigentlich ein Gespenst, eine Form ohne Materie",[3] die jede vernünftige Identifikation seiner Bürger erschwerte, wenn nicht unmöglich machte. Andere Zeitzeugen haben Österreich-Ungarn als „Reich der Unwahrscheinlichkeiten" (Theodor Gomperz), als „Länderhaufen", „Hofratsnation" oder sogar als „Völkerkerker" bezeichnet, um dessen Zufälligkeit, Ungreifbarkeit und Zwanghaftigkeit zu unterstreichen. Der umständliche und durch

2 Schneider 1984, S. 63.
3 Op. cit. Fellner 1982, S. 41.

Allerhöchstes Handschreiben von 1867 festgelegte, aber kaum gebräuchliche Staatsname lautete „Österreichisch-ungarische Monarchie“ oder „Österreichisch-ungarisches Reich“.[4] Zumindest nach ungarischer Auffassung handelte es sich dabei jedoch keineswegs um einen einzigen Staat, sondern um zwei selbstständige Staaten, die sich durch den so genannten „Ausgleich“ – ein Grundgesetz, das die Inhalte und Formen des Zusammenlebens regelte – 1867 lediglich auf einen gemeinsamen Monarchen und sonstige „gemeinsame Angelegenheiten“ geeinigt hatten.

Diese Angelegenheiten betrafen das Heer, die Finanzen und die Außenpolitik. Sie mussten alle zehn Jahre in einem umständlichen und ergebnisoffenen Prozess neu ausgehandelt werden. Hätten sich die beiden Seiten nach manchmal mehr als zähen Verhandlungen nur einmal nicht geeinigt, dann wäre das Reich schon lange vor 1918 auseinandergebrochen. Obwohl dem Anschein nach für die Ewigkeit gebaut, handelte es sich bei dem seltsamen österreichisch-ungarischen Zwitterwesen in Wirklichkeit somit um eine „Monarchie auf Kündigung“ (Isabel F. Pantenburg). Nicht ohne Grund fand daher selbst der Kaiser, sein Reich sei durch die Ausgleichsverhandlungen mit Ungarn, die bisweilen die Grenzen des Absurden streiften, „zum Gespött der ganzen Welt“ geworden,[5] und Musil erfand für Österreich-Ungarn den Spottnamen „Kakanien“, in dem nicht von ungefähr der Begriff der „Kakophonie“ anklingt.

Da der territoriale Besitzstand der Habsburger ständig wechselte, änderten sich sowohl die Titulaturen des Kaisers als auch das Staatswappen häufiger als es dem Reichsbewusstsein seiner Untertanen guttat. Der Doppeladler, primäres Symbol der römisch-deutschen Kaiserwürde, wurde als gemeinsamer Bestandteil des Staatswappens von Ungarn sogar mit Fug und Recht bis 1915 abgelehnt, da dieses Land niemals dem Heiligen Römischen Reich Deutscher Nation angehört hatte. Entsprechend zwiespältig war das Verhältnis der beiden Reichshälften zur Reichssymbolik – von der Staatshymne bis zu den Banknoten. Die so genannte Haydn-Hymne („Gott erhalte Franz den Kaiser ...“ – gemeint war Franz II., der Großvater Franz Josephs I.) wurde nur in Österreich gesungen, hier allerdings wiederum mit verschiedenen Textvarianten. Die Banknoten waren vorne deutsch und auf der Rückseite ungarisch bedruckt.

Die Herrschergewalt des Monarchen zerfiel in drei verschiedene Gliederungen: Franz Joseph I. war sowohl Kaiser von Österreich als auch „Apostolischer König von Ungarn“, als auch Oberbefehlshaber der gemeinsamen Armee. Seit dem so genannten Ausgleich von 1867 versah er seine Amtsgeschäfte abwechselnd in Wien – und zwar entweder in der mittelalterlichen Hofburg oder in Schloss Schönbrunn, wo er auf einem Feldbett zu nächtigen pflegte – und in Buda, dem deutsch auch „Ofen“ genannten Burghügel über der Donau, auf deren anderem Ufer Pest lag. Die beiden Städte wurden erst 1872 miteinander zu Budapest vereinigt. Hielt

4 Bringazi 1998, S. 506: 1915 wurde der Staatsname noch einmal in „Die zur Monarchie untrennbar vereinten Staaten Österreichs und Ungarns“ geändert.

5 Bled 1988, S. 468.

sich Franz Josef I. in der Reichshauptstadt auf, pendelte er Tag für Tag in einer Kutsche mit vergoldeten Speichenrädern zwischen Schönbrunn und der Innenstadt hin und her, lediglich von einer kleinen Eskadron Berittener begleitet. Dadurch und durch seine Allgegenwart auf Briefmarken, Postkarten, Devotionalien, Orden und Denkmalssockeln erschien der Kaiser seinen Untertanen als so virtuell, dass sie bisweilen schon an seiner realen Existenz zweifeln konnten.

Im Reichskanzlertrakt der Hofburg, diesem verwinkelten „Babelsturm" (Friedrich Sieburg), amtierte der Monarch in prachtvollen Räumen, die er sich selbst gegönnt und die infolgedessen Franz-Joseph-Appartements genannt wurden. Von hier aus blickte er auf das Kaiser-Franz-Denkmal in einen der Innenhöfe, auf dessen Sockel in Lateinisch die Worte standen: „Meine Liebe meinen Völkern." Angesichts der Nationalitätenkämpfe, die sein Reich erschütterten und ihn mit Ingrimm erfüllten, wirkte dieser Ausspruch nur noch sentimental. In Schloss Schönbrunn begnügte sich Franz Joseph dagegen mit zwei winzigen Zimmern, die nach Norden, d.h. zu der vom Park abgewandten Seite hinausgingen. Das eigentliche Nervenzentrum der Habsburgermonarchie war jedoch seit Maria Theresia die Hofkanzlei am Ballhausplatz. Von hier aus, der Mitte des Reiches, herrschten Minister und Hofräte mit Hilfe des Kaisers über insgesamt drei Regierungen und zwei Parlamente: über die gemeinsame Regierung der beiden Reichsteile, den so genannten Kronrat, dem außer Franz Joseph I. der „Minister des kaiserlichen Hauses und des Äußeren", der Finanz- und der Kriegsminister, angehörten, sowie über die österreichische und die ungarische Regierung mit je einem Ministerpräsidenten an der Spitze, die vom Kaiser bzw. König ernannt wurden. Alsdann noch über den Reichsrat mit dem Herren- und Abgeordnetenhaus für die österreichische sowie mit den entsprechenden Gremien für die ungarische Reichshälfte.

Für diese fast neoabsolutistische Machtfülle aber fehlte dem Kaiser der verfassungsrechtlich gesicherte Rückhalt im Volk. Bis zum Beginn der Wahlrechtsreformen von 1905/07 war der Reichsrat lediglich eine Vertretung der Grundbesitz-, Handels- und Gewerbeinteressen. Die Bevölkerungsmehrheit der Arbeiter und kleinen Handwerker sah sich politisch entweder gar nicht oder nur in einem ihrer Kopfzahl völlig unangemessenen Verhältnis vertreten. Das Parteienwesen stand noch in den Anfängen. Es explodierte dann aber so, dass 1911 insgesamt 36 verschiedene Parteien im Abgeordnetenhaus des Reichsrates vertreten waren, die wiederum in lauter mehr oder weniger kleine, nach Nationalitäten zersplitterte Fraktionen zerfielen. Da ihr Einfluss auf Bildung und Handlungen der Regierung nur schwach war, fehlte es dem ganzen System an Transparenz und Handlungsfähigkeit. Der Kaiser konnte den Reichsrat nach Belieben einberufen, eröffnen, vertagen oder auflösen. Gegen jeden Parlamentsbeschluss, der ihm nicht passte, hatte er das Recht zu einem absoluten Veto. Den Parlamentarismus betrachtete Franz Joseph I. abschätzig sowie fern von dessen Idee und Realität nur als „Sicherheitsventil, im Sinne, dass die Leute sich vertreten fühlen". Der Kaiser verkörperte im Zeitalter der wachsenden

Volkssouveränität noch ein derartig ausgeprägtes Prinzip der Autokratie, dass der österreichische Staatsrechtslehrer Friedrich Tezner 1912 durchaus folgerichtig feststellte, er, Tezner, habe sein Buch über den österreichischen Parlamentarismus offenbar „in der Epoche des fortgeschrittenen Verfalls" geschrieben.[6] In Wahrheit hatte dieser in Österreich-Ungarn – bis auf das Jahr 1848 – nie wirklich existiert.

Trotz seiner außerordentlichen Vollmachten verschliss Kaiser Franz Joseph I. von 1895 bis zum Ausbruch des Ersten Weltkrieges mit Agenor Maria Adam Graf von Goluchowski, Aloys Graf Lexa von Aehrenthal und Leopold Graf Berchthold von und zu Ungarschlitz nicht weniger als drei Minister des kaiserlichen Hauses, so dass es seiner Außenpolitik an Kontinuität fehlte. Aus der Tatsache, dass er in demselben Zeitraum ein halbes Dutzend österreichischer Ministerpräsidenten und deren Kabinette verbrauchte, schloss ein Beobachter messerscharf, „dass der Herrscher Ratgeber gesucht, aber nicht gefunden hat".[7] Da der Vielvölkerstaat eine Fülle von Menschen und Begabungen bereithielt, war dies mehr als ein Armutszeugnis. Es war ein unverkennbares Anzeichen für die Arteriosklerose des ganzen Systems.

Ministerpräsidenten und Minister hatten sich theoretisch ausschließlich vor ihm, dem Kaiser, zu verantworten, nicht vor den Parlamenten. Der Kaiser ernannte und entließ die Regierungen, er erklärte Kriege, er machte Frieden und er schloss völkerrechtliche Verträge, wie es ihm beliebte, weil er laut Staatsgrundgesetz von 1867 „geheiligt, unverletzlich und unverantwortlich" war.[8] Um ihre Haushalte und andere wichtige Gesetze durchzubringen, waren die Regierungen der beiden Reichsteile – und damit letzten Endes auch der Kaiser selbst – in der tagespolitischen Praxis aber doch auf Mehrheiten in den beiden Parlamenten angewiesen. Als sich die Nationalitätenkonflikte ab 1911 so zuspitzten, dass sich Mehrheiten nicht mehr fanden, griff Franz Joseph I. auf sein Recht zurück, Notverordnungen zu erlassen. So wurde Österreich-Ungarn von Historikern oft mit einer „neoabsolutistischen" Herrschaft in der Tradition Kaiser Josephs II. verglichen.

Die Staatsgebiete

Es war ihr Glück und ihr Verhängnis zugleich, dass die Habsburgermonarchie in nicht weniger als fünf Himmelsrichtungen zugleich blickte – nach Südosten die Donau entlang in Richtung Balkan und Schwarzes Meer, nach Westen, den schneebedeckten Alpenkämmen folgend, in Richtung Schweiz und Frankreich, nach Norden über Bayern hinweg in das Deutsche Reich hinein und Richtung Süden nach Italien bis zur Adria. Die Gleichzeitigkeit dieser verschiedenen Blickrichtungen und die einander widerstreitenden Interessen der einzelnen Nationalitäten machten es dem Donaureich fast

6 Brauneder 2000, S. 208.
7 Novotny 1975, S. 83.
8 Marsch 1986, S. 23.

unmöglich, ein Zentrum herauszubilden, das die auseinanderstrebenden Reichsteile davon abhielt, ihre Bestimmung bei den ethnisch verwandten Nachbarn außerhalb der Reichsgrenzen zu suchen.

Die beiden nordöstlichsten Provinzen Galizien und Bukowina, überwiegend von Polen, Ruthenen, Ukrainern, Rumänen und Juden bevölkert, grenzten unmittelbar an das russische Zarenreich. In Böhmen und Mähren fühlten sich die dort ansässigen Tschechen dem Slawentum und damit ebenfalls Russland verbunden, in Deutschösterreich sympathisierten viele ihrer Mitbürger mit dem Deutschen Reich von 1871. Das Eigenleben der oberitalienischen Provinzen wurde seit Garibaldi vom nationalen Irredentismus unterminiert. Zu allem Überfluss bildete Ungarn eine in ethnischer und sprachlicher Hinsicht geschlossene Einheit, die unfähig war, zu ihren slawischen, aber auch zu ihren rumänischen und deutschen Minderheiten sowie zu dem südlich angrenzenden Serbien ein erträgliches Verhältnis zu finden. Paradoxerweise führte gerade dieser Umstand mehr noch als die zentrifugalen Kräfte in den übrigen Reichsteilen unmittelbar zum Untergang der Monarchie.

Die geopolitische Grenze zwischen Österreich und Ungarn bildete der Fluss Leitha. Von der Reichshauptstadt Wien aus gesehen, war die westliche Reichshälfte daher „Cisleithanien“, während man das östlich gelegene Ungarn und die sich daran südöstlich anschließenden Gebiete auf dem Balkan auch „Transleithanien“ nannte. Obwohl der deutsche Bevölkerungsteil in Cisleithanien tonangebend war, gehörten zu dieser Region auch Galizien und die Bukowina, Böhmen, Mähren, die slowenischen Gebiete (Untersteiermark und Krain), Dalmatien sowie italienischsprachige Gebiete rund um Trient und Triest sowie in Istrien. Da alle diese Territorien überwiegend von Nichtdeutschen bewohnt wurden, verloren die Deutschösterreicher nach der Wahlrechtsreform von 1907 im Reichsrat die Mehrheit, die sie jahrzehntelang besessen hatten.

In den nach Geschichte, Sitte und Brauchtum so unterschiedlichen Territorien der Doppelmonarchie wurden zehn Hauptsprachen gesprochen, deren Verbreitungsgebiete sich aber – außer im Falle Ungarns – nirgends mit den ethnischen und politischen Grenzen deckten. Tschechisch, Slowakisch, Polnisch, Ukrainisch, Slowenisch und Serbokroatisch gehörten zur Familie der slawischen Sprachen. Ungarisch, Rumänisch, Italienisch und Deutsch waren autochthone Sprachen. Etwas einheitlicher gestalteten sich nur die konfessionellen Verhältnisse: sowohl die deutschen als auch die meisten slawischen Sprachgebiete gehörten zur römisch-katholischen Kirche, dessen *summus episcopus* der Kaiser war. Außer den tschechischen Protestanten lebten unter dem Dach der Habsburgermonarchie aber auch noch griechisch-orthodoxe, jüdische und muslimische Bevölkerungsteile, letztere hauptsächlich in den östlichen und südöstlichen Randgebieten.

Durch die unterschiedliche Provenienz der vielen Regionen, die einst entweder Provinzen anderer Reiche oder eigenständige Herrschaftsgebiete fremder Könige und Fürsten gebildet hatten, war im Lauf der Jahrhunderte das Gegenteil eines Einheitsstaates entstanden, nämlich ein bunter

Flickenteppich aus Kronländern, Fürsten- und Herzogtümern, Grafschaften und Provinzen, den die Zentrale nicht glanzvoll regieren, sondern nur mühselig verwalten konnte. Den uralten Kern bildete die frühere Ostmark des Heiligen Römischen Reiches Deutscher Nation, die in überwiegender Zahl Deutsche bewohnten. Die sächsischen Kaiser hatten sie im 10. Jahrhundert gegründet, um Bayern vor den damals noch heidnischen Ungarn zu schützen. Diese Ostmark, lateinisch ursprünglich „Marchia orientalis", später „Marchia Austriae" genannt, bestand im Wesentlichen aus der Nordwestecke der Alpen, erstreckte sich aber nordwärts über die Donau hinweg nach Bayern und ostwärts in die pannonische Ebene hinein. Ende des 12. Jahrhunderts wurde sie mit „Styria" vereinigt, der späteren Steiermark. 1526 kam das ursprünglich selbständige Königreich Böhmen hinzu. 1699 entrissen die Habsburger den Türken die ungarische Tiefebene und Transsylvanien. 1718 arbeiteten sie sich bis an den Fuß der Karpaten vor. Außerdem gewannen sie durch die Teilungen Polens im Laufe des 18. Jahrhunderts Galizien, die Bukowina und die Nordostecke Moldawiens hinzu. Schließlich wurde 1908 durch die Annexion Bosnien-Herzegowinas die ungarische Tiefebene mit dem dalmatinischen Küstenstreifen verbunden. Im Ergebnis war der Bestand dieses buntscheckigen Gebildes nicht nur durch die zentrifugalen Kräfte seiner Völker, sondern umgekehrt auch durch die Ansprüche und Machtgelüste seiner Nachbarstaaten bedroht.

Die Staatsvölker

Obwohl sich Kaiser Franz Joseph I. selbst als „deutsch" bezeichnete – in Wirklichkeit entstammte er der bourbonisch-lothringischen Linie der Habsburger – behauptete er oft und gern, für keine Nationalität eine besondere Vorliebe zu haben. Der Monarch sprach demnach nie von „meinem Volk", also von der Gesamtheit seiner Untertanen, sondern von „meinen Völkern", womit er zwar Böhmen, Tiroler, Steirer usw., aber nicht *die* Tschechen oder *die* Deutschen im nationalen Sinne meinte. Franz Joseph I. war weder ein Parteigänger der konservativen noch der liberalen, noch der demokratischen, geschweige denn der nationalistischen Kräfte. Weil er zu allen Untertanen „ein möglichst kühles, gerechtes, korrektes und harmonisches Verhältnis" suchte,[9] war er von allen politischen Kräften, die sich in seinen Völkern regten, gleich weit entfernt. Zur Wahlrechtsreform von 1907 wäre es, ohne dass der Kaiser sie gewollt hätte, zwar niemals gekommen. Dieser versprach sich davon aber kein Mehr an Demokratie, sondern nur eine Verringerung der Spannungen zwischen den Nationalitäten. Da den Vielvölkerstaat aber nur ein undurchsichtiges System von *checks and balances* zusammenhielt, war letzten Endes keine der verschiedenen Nationalitäten mit dem ihr zugeteilten Maß an Rechten und Möglichkeiten zufrieden.

9 Novotny 1975, S. 65.

Nach der Volkszählung von 1910 hatte die österreichisch-ungarische Doppelmonarchie rund 53 Millionen Einwohner, davon 12,2 Millionen Deutsche (23,7 %), 10,1 Millionen Ungarn (19,7 %), 6,6 Millionen Tschechen (12,7 %), 5,1 Millionen Polen (9,9 %), 4,7 Millionen Serben und Kroaten (9,0 %), 4,1 Millionen Ruthenen (Ukrainer) (8,0 %), 3,3 Millionen Rumänen (6,4 %), 2,0 Millionen Slowaken (3,8 %), 1,3 Millionen Slowenen (2,5 %), 0,9 Millionen Italiener, Ladiner, Friauler (1,7 %) sowie 1,4 Millionen Muslime und 1,3 Millionen Juden (nicht erfasst).[10] Verglichen mit jeder einzelnen Nationalität hatten die Deutschösterreicher also den größten Anteil an der Gesamtbevölkerung, im Verhältnis zu allen anderen Nationalitäten bildeten sie jedoch nur eine Minderheit. Das galt sogar für die österreichische Reichshälfte. Alle diese verschiedenen Volksgruppen wurden „Nationalitäten" genannt, weil viele von ihnen – mit Ausnahme der Ungarn oder „Magyaren" – in mehr als einem Territorium der Monarchie siedelten und letztlich nur mit ihren Brüdern und Schwestern jenseits der jeweiligen Grenze eine „Staatsnation" bilden konnten. Fast jede „Nationalität" war also zumindest theoretisch die Vorstufe eines anderen Staates, was sie zur potentiellen Sprengkraft für das Gesamtreich machte.

Aus der Vielzahl der Konflikte, die sich aus dieser Ausgangslage ergaben, ragte das prekäre Verhältnis zwischen jenen rund 3,2 Millionen Deutschen einerseits und jenen ca. 6,1 Millionen Tschechen und Slowaken andererseits heraus, die in Böhmen und Mähren miteinander um ihre politische und kulturelle Hegemonie rangen.[11] Das Gebiet war mit fast 27.000 qkm so groß wie Belgien, seine Gesamtbevölkerung so zahlreich wie die der Schweiz, und es grenzte direkt an jenes Nieder- und Oberösterreich, in dem der Hitler Adolf sein Leben bis zum 18. Jahr verbrachte. Dieser hat den verbissenen Nationalitätenkampf also während seiner Adoleszenz aus allernächster Nähe miterlebt.

Franz Josephs Großvater, Kaiser Franz II. (I.), hatte sich noch 1809 von der zynischen Maxime leiten lassen: „Meine Völker sind eines dem anderen fremd – umso besser. Ich schicke Ungarn nach Italien und Italiener nach Ungarn. Aus ihrer Antipathie entsteht die Ordnung und aus ihrem wechselseitigen Hass der allgemeine Friede."[12] Soweit hat Kaiser Franz Joseph I. sicher nicht gehen wollen. Aber auch er spielte die Nationalitäten bis zu einem gewissen Grade gegeneinander aus, um seine Herrschaft zu erhalten. Schon nach der Juli-Revolution von 1830 hat dem Dichter Franz Grillparzer daher geschwant, was seit Beginn des 20. Jahrhunderts allmählich und nach dem Ersten Weltkrieg sehr schnell Wirklichkeit wur-

10 Mitteilung Frau Dr. Osiebe per E-Mail vom 22. Mai 2007 in Tabellenform.

11 Übersicht XXVI in Neue Folge Österreichische Statistik, 1. Band, 1. Heft, hg. von der k.k. Statistischen Zentralkommission, „Die Ergebnisse der Volkszählung vom 31. Dezember 1910", Übersicht XXVI. Die zahlenmäßig genaue Ermittlung der einzelnen Volksgruppen oder Nationalitäten ist schwierig, weil nur nach der Umgangssprache und der Religion, nicht aber nach der ethnischen Herkunft gezählt wurde.

12 Häusler 1995, S. 224. Dort auch das folgende Zitat.

de: „Der Ungar hasst den Böhmen, dieser den Deutschen und der Italiener sie alle zusammen, und wie widerwillig gekuppelte Pferde werden sie sich in alle Welt zerstreuen, wenn der fortschreitende Zeitgeist die Gewalt des klemmenden Joches schwächt oder bricht."

Tödliche Dosis

Konnte die Habsburgermonarchie einem jungen Deutschnationalen wie dem Hitler Adolf wenigstens mit ihrem morbiden Pathos, ihrem kulturellen Glanz, ihrer geschichtlichen Patina imponieren? Das Gegenteil war der Fall. Im Allgemeinen wurden Glanz und Pathos um die Jahrhundertwende nur noch als Symptom für eine „innere Verwesung" empfunden. Wie sein Jugendfreund August Kubizek urteilt, empfand so auch der junge Hitler: „Was er später wurde, hat dieses sterbende kaiserliche Wien aus ihm herausgeformt."[13] Tatsächlich zeichneten sich die sechzig Jahre, die Franz Joseph I. an der Spitze seines Reiches gestanden hat, durch eine Fülle von Niederlagen aus, die sich bis 1908 zu einer unheilvollen Bilanz verdichtet haben, so dass der Kaiser – neben den russischen Zaren – am Ende einer der erfolglosesten Monarchen ganz Europas gewesen ist. Sein einziger und nicht gering zu schätzender Erfolg bestand im Grunde darin, das Doppelreich überhaupt so lange zusammengehalten zu haben.

Die schwankende Haltung, die Franz Joseph I. während des Krimkrieges eingenommen hatte, entfremdete ihm Russland, zu dem ihm auch später kein gedeihliches Verhältnis mehr gelang. Der unglücklich eingeleitete und geführte Krieg gegen das sich einigende Italien hatte 1859 den Verlust der Lombardei und zwei Jahre später die Gründung des selbständigen Königreichs Italien zur Folge. Von den Preußen, der rivalisierenden Macht jenseits der Donau, wurden die kaiserlichen Heere 1866 bei Königgrätz vernichtend geschlagen. Danach riss die letzte Verbindung des ehemals führenden Österreich mit den gesamtdeutschen historischen Wurzeln, die über viele Jahrhunderte hinweg das Heilige Römische Reich Deutscher Nation symbolisiert hatte, endgültig ab.

Gegen den sich steigernden Nationalismus der Ungarn, die sich 1848 gegen die Herrschaft der Habsburger aufbäumten, wusste Franz Joseph. I. lange Zeit kein Mittel, bis er 1867 im Dualismus der beiden Reichshälften einen höchst problematischen Ausweg fand. Der Werbung des britischen Königs Eduard VII., der ihn in den Jahren 1903 bis 1908 in das Lager der Entente ziehen wollte, verschloss er sich um den Preis, dass Österreich-Ungarn gemeinsam mit dem Deutschen Reich gegenüber den Westmächten in eine zunehmende Isolierung geriet. Abgesehen von der umstrittenen Annexion Bosniens und der Herzegowina, die ihn 1908 auf dem Balkan in einen neuen Gegensatz vor allem zu Russland brachte, stand der Kaiser den Konflikten mit den südslawischen Völkern hilflos gegenüber. Einen Ausgleich mit den Tschechen, der auch den deutschen Bevölkerungsteil

13 Kubizek 1995/6, S. 170.

Böhmens befriedigt hätte, brachte er nicht zustande, obwohl die Tschechen darauf – nach den Ungarn – das größte Anrecht hatten.

Das allgemeine, gleiche und direkte Wahlrecht der Männer führte Kaiser Franz Joseph I. viel zu spät ein, ohne Rücksicht auf die Interessen der Deutschösterreicher zu nehmen, und den Bestand seines Reiches stellte er dadurch selbst in Frage, dass er sich nie wirklich zwischen dem Föderalismus auf ethnischer Grundlage und der Rückkehr zum alten Zentralismus entscheiden konnte. Eine solche Rückkehr wäre freilich nur dann möglich gewesen, wenn sich der Kaiser gleichzeitig darauf besonnen hätte, dass die Deutschösterreicher – also die Tiroler, Kärntner, Steirer sowie die Österreicher „ob und unter der Enns" – jenen Kitt im nur grob gefügten Mauerwerk seiner Monarchie bildeten, auf dem seit jeher die Macht der Habsburger geruht hatte. Aber das Gegenteil war der Fall.

Sicher wäre die bleibende Bevorzugung der deutschen Minderheit in Böhmen auf den wachsenden Widerstand der Tschechen gestoßen. Indem Franz Joseph I. aber in der Krise seines Gesamtreiches nicht mehr auf die Deutschen, als vielmehr auf die Polen und Tschechen setzte, schwächte er jenen Bevölkerungsteil, der ihm bis dahin geschlossen ergeben gewesen war. Darüber hinaus schwächte er auch die Monarchie, die in fast allen ihren Lebensäußerungen auf der ungeteilten Energie und dem guten Willen des deutschen Bevölkerungsteils beruhte.

Franz Josephs Verhältnis zu Deutschland und den Deutschen war schon immer zwiespältig gewesen, obwohl er sich stets als „deutscher Fürst" bezeichnete. Als die Deutschen und die deutschen Österreicher 1848/49, unmittelbar nach seiner Thronbesteigung, diesseits und jenseits der Donau um einen gemeinsamen Nationalstaat rangen, ließ es der Kaiser zu, dass sein Reichskanzler Schwarzenberg einen deutschen Staatenbund forderte, ohne die Führung aus der Hand geben zu wollen – eine Unmöglichkeit gegenüber dem machtvoll aufstrebenden Preußen.[14] Nach der Niederlage von Königgrätz träumte der Kaiser 1870 sogar von einem „Rachekrieg"[15] an der Seite Frankreichs, dem größten Feind der deutschen Einigung. In den Jahren danach pflegte Franz Joseph I. seine Freundschaft mit den deutschen Monarchen nur noch als Ausdruck seiner „Regentenpflicht",[16] und für das Deutsche Reich hatte er trotz des Bündnisses, das er 1879 mit diesem schloss, „zweifellos keine Sympathien".[17]

Mit der Gründung des kleindeutschen Bismarck-Reiches hatte der Monarch in Wien seinen Traum, irgendwann einmal wieder selbst – wie

---

14 Valentin, Veit, Geschichte der deutschen Revolution von 1848/49, Bd. 2, Berlin 1931, S. 370, und Botzenhart, Manfred, Die österreichische Frage in der deutschen Nationalversammlung 1848/49. In: Gehler, Michael, u. a. (Hrsg.), Ungleiche Partner? Österreich und Deutschland in ihrer gegenseitigen Wahrnehmung. Historische Analysen und Vergleiche aus dem 19. und 20. Jahrhundert (= Histor. Mitteilungen im Auftrag der Ranke-Gesellschaft, Beiheft 15) Stuttgart 1996, S. 134.

15 Schüßler 1925, S. 58.

16 Ebda.

17 Bled 1988, S. 326.

seine Vorfahren – der Kaiser aller Deutschen zu werden, endgültig begraben müssen. Die Beziehungen zwischen Wien und Berlin waren eigentlich während der gesamten Laufzeit des Zwei- bzw. Dreibundes von „Verstimmungen und Konflikten“[18] geprägt. Zwar versuchten Bismarck und seine Nachfolger eine Eskalation der Spannungen zu vermeiden, indem sie den deutschnationalen Österreichern bewusst die kalte Schulter zeigten. Das ändert aber nichts daran, dass diese von Kaiser Franz Joseph I. mit dem „denkbar stärksten Hass“ verfolgt wurden, wie der deutsche Botschafter in Wien, Fürst Eulenburg, 1897 beobachten konnte.[19] Ihre irredentistischen Bestrebungen empfand der Monarch schlicht und ergreifend als „Verrat“ an seiner eigenen Person.

Vor diesem Hintergrund begann sich der Kaiser in der zweiten Hälfte des 19. Jahrhunderts stärker denn je zuvor den Polen und Tschechen seines Reiches zuzuwenden. Im südlichen Teil des früheren Königreichs Polen, das durch die bekannten Teilungen des 18. Jahrhunderts als Galizien an Österreich gefallen war, wurde Polnisch 1869 als interne Amtssprache und 1870/71 auch als Unterrichtssprache an den Universitäten Krakau und Lemberg eingeführt, nachdem das Schulwesen schon früher polonisiert worden war. Seit 1871 gab es in Wien ein eigenständiges Ministerium, das nur für Galizien zuständig war. Mit Alfred Graf Potocki und Kasimir Graf Badeni amtierten 1870/71 bzw. von 1895 bis 1897 erstmals zwei Polen als Ministerpräsidenten ganz Cisleithaniens, also auch aller eindeutig deutschen Gebiete der Monarchie. Schließlich ernannte Franz Joseph I. den Polen Agenor Graf von Goluchkowski 1895 sogar zum Minister des kaiserlichen Hauses und Außenminister des Gesamtreiches, eine ungewöhnliche Auszeichnung für eine ethnische Minderheit, die noch kleiner als die deutsche war. Der Anteil der Polen am Personal der gemeinsamen obersten Behörden und der Armeeführung nahm infolgedessen beachtliche Ausmaße an. Was die Tschechen angeht, hatte Kaiser Franz Joseph I. schon ein Dreivierteljahr nach Gründung des Bismarck-Reiches, am 12. September 1871, dem böhmischen Landtag seine Bereitschaft zu einem Ausgleich erklärt. Das Vorhaben, das zu seinem Gelingen eine Änderung des bereits bestehenden Staatsgrundgesetzes von 1867 erfordert hätte, scheiterte jedoch am Widerstand der Ungarn und der Deutschösterreicher. Dennoch relativierte er die deutsche Dominanz in Cisleithanien ab 1879 zugunsten der Tschechen immer mehr. Den Höhepunkt bildete der Versuch des Kaisers, die Tschechen in den Jahren 1895 bis 1897 durch sprachpolitische Zugeständnisse für die Erneuerung des österreichisch-ungarischen Ausgleichs zu gewinnen. Doch wurde dieser Versuch durch die Obstruktion des Reichsrates zunichte gemacht. Das hinderte den österreichischen Ministerpräsidenten Beck jedoch nicht daran, die tschechische Sprache in Böhmen „auf dem kleinen Dienstweg“[20] wenigstens noch für den behördeninternen Gebrauch einzuführen. Dagegen scheiterte die administrative

18 Pantenburg 1996, S. 17.

19 Hamann 1996/4, S. 228.

20 Höbelt 1990, S. 258.

Aufteilung Böhmens nach nationalen Gesichtspunkten, wie vom deutschen Bevölkerungsteil gefordert, am tschechischen Widerstand.

Zwar war die Gefahr eines slawischen Bündnisses und damit einer Majorisierung der Deutschösterreicher innerhalb des Reichsrates relativ gering, weil die reichstreuen Polen keine nennenswerte irredentistische Bewegung entfalteten und dem Kaiser sogar gegenüber der slawischen Schutzmacht Russland die Treue hielten. Doch wurde die Überrepräsentanz des polnischen Elementes zusammen mit dem tschechischen Nationalismus und der slawenfreundlichen Politik sowohl des Kaisers als auch seines Thronfolgers Franz Ferdinand von den Deutschösterreichern mit einigem Recht als bedrohlich empfunden. Nach der Wahlrechtsreform von 1907 verzeichneten deshalb die hauptsächlich in Böhmen beheimateten Agrarier und Deutschradikalen bei den Wahlen im Mai starke Gewinne, wohingegen die *Deutsche Volkspartei* und die Schönerianer, denen der junge Hitler nahestand, bei den häufig notwendig werdenden Stichwahlen nicht mehr zum Zug kamen. Vielerorts entschied über Erfolg oder Misserfolg der deutschnationalen Kräfte zu Beginn des 20. Jahrhunderts praktisch die österreichische Sozialdemokratie, die sich als internationalistisch verstand. Als einzige Partei Österreichs, die sich nicht an den nationalen, sondern an den sozialen und ökonomischen Interessen aller Völkerschaften orientierte, war sie aus den Nationalitätenkämpfen praktisch als Siegerin hervorgegangen – als „die erste Reichspartei", wie ihr Anführer Victor Adler in der Arbeiter-Zeitung vom 25. Mai 1907 frohlockte.[21]

Der junge Hitler und Franz Joseph I.

Nur an einer einzigen Stelle enthält *Mein Kampf* eine direkte Äußerung über den Kaiser, die aus den zwanziger Jahren des vorigen Jahrhunderts stammt: „Der ganze Staat", so heißt es hier im Rückblick auf Österreich-Ungarn, „stand in den letzten Jahren schon so sehr auf den beiden Augen Franz Josephs, dass der Tod dieser uralten Verkörperung des Reiches in dem Gefühl der breiten Masse von vornherein als Tod des Reiches selber galt. Ja, es gehörte mit zu den schlauesten Künsten besonders slawischer Politik, den Anschein zu erwecken, dass der österreichische Staat ohnehin nur mehr der ganz wundervollen, einzigartigen Kunst dieses Monarchen sein Dasein verdanke; eine Schmeichelei, die in der Hofburg umso wohler tat, als sie den wirklichen Verdiensten dieses Kaisers am wenigsten entsprach. Den Stachel, der in dieser Lobpreisung versteckt lauerte, vermochte man nicht herauszufinden. Man sah nicht oder wollte vielleicht auch dort nicht mehr sehen, dass, je mehr die Monarchie nur noch auf die überragende Regierungskunst, wie man sich auszudrücken pflegte, dieses ‚weisesten Monarchen' aller Zeiten eingestellt war, um so katastrophaler die Lage werden musste, wenn eines Tages auch hier das Schicksal an

21 Meysels 1997, S. 141.

die Türe pochte, um seinen Tribut zu holen."[22] Wie bei vielen Aussagen über das alte Österreich, die der Diktator in späteren Jahren machte, ist auch bei dieser nicht zu entscheiden, ob sie die authentischen Einsichten und Gefühle des jungen Hitler wiedergibt oder späteren Reflexionen entstammt. Immerhin aber scheint es denkbar, dass auch schon der Hitler Adolf die voraussichtliche Lebensdauer der Habsburgermonarchie an die des Monarchen selbst geknüpft hat, auch wenn er vor 1914 freilich noch nicht wissen konnte, dass Kaiser Franz Joseph I. 1916 inmitten eines mörderischen Weltkriegs versterben würde.

Auf jeden Fall hatte der junge Hitler keinerlei Veranlassung, sich mit dem Kaiser und dem von diesem repräsentierten Reich politisch verbunden zu fühlen, was sich natürlich auch in unserer Darstellung niedergeschlagen hat. Diese nimmt für sich keine wissenschaftliche Ausgewogenheit in Anspruch, sondern ist Spiegelbild deutschnationaler Idiosynkrasien. Vor diesem Hintergrund konnte unser Protagonist weder die innen- und außenpolitischen Entwicklungen gutheißen, von denen er einiges in den Zeitungen las. Noch hatte er das Recht, selbst am politischen Leben der Monarchie teilzunehmen. Sowohl nach dem Wahlgesetz von 1897, als auch nach dem von 1907 war er nicht vor Vollendung seines 24. Lebensjahres wahlberechtigt. Da er dieses Alter erst 1913 erreichte, als er nach München ging, aber schon 1911 die letzten Wahlen zum Abgeordnetenhaus des Reichsrates stattgefunden hatten – das nächste Mal wurde erst wieder 1917 gewählt – erhielt der Hitler Adolf im alten Österreich kein einziges Mal Gelegenheit, sich durch sein Votum mit dem Staat zu identifizieren, geschweige denn auf dessen politische Gestaltung einen auch nur geringen Einfluss auszuüben.

Ohnehin bot der verknöcherte Gesamtstaat kein Bild, mit dem sich ein junger Deutschnationaler leicht hätte identifizieren können, und die irredentistischen Impulse, die Georg Ritter von Schönerer dem jungen Hitler vermittelte, trugen noch zusätzlich zu seiner Entfremdung bei. Dennoch stand Adolf auf sonderbare Art und Weise dem greisen Kaiser sehr nahe – und zwar nicht nur, weil sein Vater dessen Rock trug. Vielmehr hatte diese Nähe mit seinem „Genie der Wirkungen" zu tun. Schon als deutschnationaler Schüler, der dem Kaiserstaat feindselig gegenüberstand, begeisterte er sich für die prachtvolle Architektur der Residenzstadt, als er 1906 erstmals nur für wenige Tage Wien besuchte.[23] Nachdem er sich ein Jahr später auf Dauer hier niedergelassen hatte, wählte er seinen Platz stets in der Nähe der Gloriette, wenn er im Freien arbeitete, um sich vom prachtvollen Schloss Schönbrunn inspirieren zu lassen. Es entbehrt nicht eines gewissen Reizes, sich vorzustellen, dass der greise Kaiser und dessen rebellischer Untertan zeitweilig nur einen Steinwurf weit voneinander entfernt ihren Träumen nachhingen – der eine bei Nacht, der andere bei Tag. Als Liebhaber der Architektur interessierte den jungen Hitler an dem

22 Hitler 1925 I, S. 174 f.
23 Ebda., S. 18.

Schloss in erster Linie die gewaltige Konzeption des Gebäudes. Mehr noch dürften ihn aber die suggestiven politischen Wirkungen fasziniert haben, die von dieser zu Stein gewordenen Verkörperung eines imperialen Herrscherwillens ausgingen. An ihnen konnte er erstmals durch eigenen Augenschein studieren, wie sich das Oberhaupt eines Reiches gegenüber seinem Volk am wirkungsvollsten repräsentieren kann: nämlich durch Masse und Wucht mehr noch als durch Zierat und Dekor.

Die ausschlaggebenden Gründe für das negative Verhältnis des jungen Hitler zum Kaiser waren jedoch ohne Zweifel der immer geringere politische Einfluss, den dieser den Deutschösterreichern innenpolitisch zugestand, seine Angst vor der Majorisierung durch die slawischen Völker und Völkerschaften sowie seine Trennung von den übrigen Deutschen im Bismarck-Reich. Denn all das war ja mindestens zum Teil auf die Handlungen und Unterlassungen des Monarchen zurückzuführen. Die nationalen Frustrationen, die daraus resultierten, haben den Hitler Adolf so tief geprägt, dass er in ein kulturelles Phantasiereich auswich. Von diesem glaubte er offenbar, dass es sowohl den deutschösterreichischen Dominanzanspruch innerhalb der Monarchie behaupten als auch mit dem „außerösterreichischen Deutschland" vereinbar sein würde, ohne dass dafür irgendein politischer Willensakt *in nuce* erforderlich war. Denn Österreich und Deutschland, so hatte es der junge Hitler schon bei seinem Lehrer Pötsch in der Linzer Realschule gelernt, bildeten von jeher ein und dieselbe gesamtdeutsche Kulturnation.

Objektiv gesehen, grenzte dieser Glaube zwar an eine Illusion, denn zwischen der österreichischen und der deutschen Kultur – vor allem in deren preußischer Ausprägung – gab es durchaus mannigfaltige und gravierende Unterschiede. Aber jene Illusion vermittelte Adolf ein Gefühl der Freiheit – und Freiheit von den Beengtheiten seines Elternhauses ebenso wie von denen der Habsburgermonarchie war es vor allem, wonach er strebte. Als ihn der Vater eines Tages in das Linzer Hauptzollamt, seine letzte Dienststelle, mitnahm, fiel es dem Sohn denn auch wie Schuppen von den Augen: „Mir wurde gähnend übel bei dem Gedanken, als unfreier Mann einst in einem Büro sitzen zu dürfen; nicht Herr sein zu können der eigenen Zeit, sondern in auszufüllende Formulare den Inhalt eines ganzen Lebens zwängen zu müssen."[24] Tatsächlich hat Adolf Hitler an keiner anderen Stelle seines schriftlichen Nachlasses den niederdrückenden Eindruck, den der österreichische Staat durch das Prisma des väterlichen Berufs auf ihn machte, in einem so prägnanten Bild zusammengefasst.

Dieses Erlebnis hat den Hitler Adolf so abgestoßen, dass es Adolf Hitler noch viele Jahre später in seiner autobiographischen Programmschrift *Mein Kampf* mit den soeben zitierten Worten wiedergab. Die Textstelle, die seinen damaligen Gefühlen beredten Ausdruck verleiht, ist vielleicht sogar eine Schlüsselstelle für seine Einstellung zum Staat überhaupt. Sie ist eine Absage nicht nur an die Bürokratie, sondern auch an jede geregelte

24 Ebda., S. 6.

Tätigkeit. Nein, diesen Weg wollte Adolf nicht gehen. Er wollte von allen Zwängen frei sein, um die Einheit aller Deutschen mit Hilfe von Kunst und Kultur herbeizuführen.

2. Kapitel: Otto von Bismarck

Passau, 1. April 1895

Sein erstes Rendezvous mit dem Bismarck-Mythos verpasste der Hitler Adolf nur knapp. Denn seine Familie war mit dem sechs Jahre alten Buben wohl schon von Passau nach Hafeld verzogen, als der Altreichskanzler am 1. April 1895 in Friedrichsruh bei Hamburg seinen 80. Geburtstag feierte. Die Wellen, die das ferne Ereignis in der deutschen Öffentlichkeit schlug, umspülten die Ufer der niederbayerischen Bischofsstadt an Donau, Ilz und Inn. Von dort rollten sie in das nahe Oberösterreich weiter, wo sich die Familie Hitler niedergelassen hatte.

Am Vorabend des Ehrentages versammelten sich viele Passauer Bürger auf der Inn-Promenade und anschließend in den Redoutensälen, um sich das aus diesem Anlass stattfindende Platzkonzert der örtlichen Regimentskapelle sowie die Darbietungen des Männergesangsvereines anzuhören. Am nächsten Morgen wurden zur Feier des Tages die schwarzweißroten und blauweißen Fahnen des Reiches und des Königreichs Bayern über den Gebäuden der Stadt aufgezogen. Im Rathauskeller fand ein festlicher Frühschoppen mit der Staatskapelle statt, zu dem allerdings nur die männliche Bevölkerung geladen war. Nach der Laudatio von Bürgermeister Muggenthaler auf den greisen Jubilar brachte der Advokat Naager einen längeren Toast auf Kaiser und Reich aus. Indem er vom stattlichen „Reichsbau“ sprach, der geeignet sei, „die ganze Nation in sich aufzunehmen, ihr Schutz zu gewähren und die Möglichkeit zu schaffen zu weiterem Fortschreiten auf der Bahn ihrer Entwicklung“,[25] schlug er ganz ungewollt das Lebensthema des jungen Hitler an.

Obwohl schon vor fünf Jahren von Kaiser Wilhelm II. aus seinem Amt entfernt, hatte die Popularität Bismarcks wegen der Schwäche seiner Nachfolger ständig zugenommen und die z.T. bizarren Formen eines nationalen Kultes angenommen. Landauf, landab wurde der frühere Reichskanzler als „Recke“, „Fels“, „Reichsschmied“, „Baumeister und Ingenieur des Reiches“ oder sogar als „Reichsfassbinder“ gefeiert, was schon fast einen komischen Beigeschmack hatte. Besonders gern verglich man den alten Herrn mit einer knorrigen Eiche, Sinnbild deutscher Kraft und Standhaftigkeit, und maß ihm heldenhafte Eigenschaften wie Unbeugsamkeit, Härte und Kampfgeist zu. Der „Alte im Sachsenwald“ galt als ebenso schlicht wie wahrhaftig, klug wie listenreich, gebildet wie volkstümlich – alles in allem ein wahres Genie, und viele Bewunderer versahen ihn, halb Messias, halb Wotan, sogar mit einer Art Heiligenschein. In häufig anzutreffen-

25 Vgl. Beilage „Die Bismarck-Feier in Passau“, *Passauer Zeitung* v. 2. April 1895.

den Allegorien, die meistens einen martialischen Anstrich hatten, erschien „Germanias größter Sohn“ als zweiter St. Georg, der mit seiner Lanze den Drachen feindlicher Mächte tötet, als „getreuer Eckart“ des mittelalterlichen Reiches oder als St. Michael, der mit eiserner Hand die deutsche Zwietracht erwürgt.

Warmherzige Gefühle der Zustimmung, der Zuneigung und Dankbarkeit flossen Bismarck in ebenso breiten wie tiefen Strömen aus jenen Bevölkerungsschichten entgegen, die dem nationalliberalen und konservativen Bürgertum angehörten. Auf der anderen Seite fielen die Urteile im katholischen Zentrum und bei der Sozialdemokratie seit dem von Bismarck entfesselten Kulturkampf und der von ihm veranlassten Sozialistenverfolgung ebenso scharf wie ablehnend aus. Der Passauer Klerus blieb den Feierlichkeiten anlässlich des 80. Geburtstages geschlossen fern, nachdem das Zentrum die letzten Reichstagswahlen in der Bischofsstadt gewonnen hatte, und die oppositionelle *Donau-Zeitung* nörgelte schon allein aus Kostengründen an den örtlichen Bismarck-Feierlichkeiten herum. Zwar gratulierte die Redaktion dem Altreichskanzler artig zum Geburtstag, äußerte aber im Übrigen den Wunsch, Bismarck möge in Friedrichsruh doch endlich einmal Ruhe geben, anstatt mit seinen publizistischen Aktivitäten ständig in die deutsche Innenpolitik einzugreifen.[26]

Ähnlich umstritten war der Gründer des Deutschen Reiches von 1871 auch in Österreich. Der Ablehnung in katholischen und sozialistischen Kreisen stand eine an Fanatismus grenzende Begeisterung bei den Alldeutschen um Georg Ritter von Schönerer gegenüber, während der Adel, sofern er überhaupt deutsch war und fühlte, in seiner jahrhundertealten Treue zur Krone verharrte und von so starken Gefühlen weitgehend unbehelligt blieb. Doch hatten mehr oder weniger alle deutschstämmigen Österreicher im Gegensatz zu den Reichsdeutschen ein Trauma zu verarbeiten, das ihnen Bismarck 1866 bei Königgrätz zugefügt hatte und das durch den Zweibund von 1879 je länger, desto weniger geheilt wurde: die Ausstoßung aus dem gesamtdeutschen Reichsverband, den viele – je nach Geschmack – als ihr Vater- oder Mutterland empfanden.

Königgrätz und Zweibund

Schon ein Jahr nach seiner Ernennung zum preußischen Ministerpräsidenten, hatte Bismarck erkannt, dass Frankreich und Österreich die beiden wichtigsten Gegner seiner hegemonialen Bestrebungen waren. In den folgenden Jahren versuchte er erfolgreich, die Habsburgermonarchie durch ein Wechselspiel von Ausnutzung und Provokation in die Enge zu treiben und sich Frankreich durch unverbindliche Zusagen auf Distanz zu halten. Nachdem eine Reform des Deutschen Bundes[27] gescheitert war, schied Preußen aus ihm aus. Die gesamtdeutsche Entwicklung lief im Sommer

26 *Donau-Zeitung*, 1. April 1898.

27 Der Deutsche Bund war vom Wiener Kongress nach der Niederwerfung Napoleons gegründet worden und ersetzte das Heilige Römische Reich Deutscher Nation.

1866 auf eine Entscheidung zu, als Kaiser Franz Joseph I. die Truppen des Deutschen Bundes gegen Preußen mobilisierte und König Wilhelm I. daraufhin Kriegshandlungen gegen Sachsen, Hannover und Kurhessen eröffnen ließ.

Während Preußen in den thüringischen und norddeutschen Staaten nur wenige kleinere Verbündete hatte, im Übrigen aber durch die russische Neutralität gedeckt wurde, standen auf Seiten Österreichs immer noch alle bedeutenden Mittel- und Südstaaten Deutschlands. Das waren Sachsen, Hannover, Baden, Württemberg und Bayern. Ohne auf großen Widerstand zu stoßen, drangen dennoch drei preußische Armeekeile unter Führung von Generalstabschef Helmuth von Moltke planmäßig bis an die Grenze Böhmens vor, wo sie in den Nachmittagsstunden des 3. Juli 1866 in der Nähe des Dorfes Königgrätz die Entscheidung gegen ihre weniger gut organisierten Gegner suchten. Nur mit Mühe gelang es dem österreichischen Oberkommandierenden Ludwig von Benedek, ein vollständiges Debakel abzuwenden. Noch gerade rechtzeitig zog er seine erschöpften und dezimierten Truppen über die Elbe zurück, so dass die auch moralisch stärkeren Einheiten Preußens mit ihren modernen Zündnadelgewehren siegen konnten. Auf dem blutgetränkten Schlachtfeld blieben 10.000 österreichische und nur 2.000 preußische Gefallene liegen. Dadurch und durch den zügig herbeigeführten Vorfrieden von Nikolsburg war das jahrzehntelange Ringen um die Führung in und über Deutschland auf militärischem Weg ebenso rasch wie definitiv beendet, ohne dass ausländische Mächte in den preußisch-österreichischen Bruderkampf hatten eingreifen können. Gegen Widerstände seines eigenen Königs gelang es Bismarck, eine aus seiner Sicht unnötige Demütigung Österreichs zu vermeiden, indem er darauf verzichtete, in Österreich einzumarschieren und Wien einzunehmen. Wie sich aber bis zur Reichsgründung 1871 zeigen sollte, wurde die Habsburgermonarchie durch den Aufstieg Preußens als deutsche Führungsmacht entthront und in eine für das Selbstverständnis ihrer deutschen Untertanen ungewisse Zukunft abgedrängt.

Tatsächlich bedeutete der Ausschluss aus dem sich neu formierenden Reichsverband für viele deutsch gesinnte Österreicher ein tiefes Trauma, das durch den Zweibund von 1879 nicht geheilt, sondern nur noch weiter verschlimmert wurde. Denn seit Königgrätz lebten sie sowohl im Schatten ihrer nationalen Kränkung als auch unter der Sonne einer in ihrer unmittelbaren Nachbarschaft kometenhaft aufsteigenden Siegermacht, die sie ihre Inferiorität mit jedem Jahr mehr spüren ließ. Bismarck hatte den Zweibund mit Österreich seit 1875 ins Auge gefasst, doch bis 1879 zwischen dem Zarenreich und der Habsburgermonarchie als möglichen Hauptverbündeten hin- und hergeschwankt. Was ihn schließlich zur Allianz mit Österreich bewog, war neben der russischen Intransigenz auch die Befürchtung, mit dem großen Nachbarn im Osten sonst auf Dauer allein zu bleiben, was für die kleinere Macht gefährlich werden konnte. Ein solches Ungleichgewicht war von dem durch Königgrätz und den Dualismus mit Ungarn geschwächten Österreich nicht zu befürchten. Im Gegenteil, die beiden ihrem Ursprung nach „deutschen“ Mächte schienen miteinander ein verwandtschaftliches Verhältnis zu teilen. So meinte Bismarck im Sommer 1879:[28] „Mit dem Staate Österreich haben wir mehr Momente der Gemeinsamkeit als mit Russland. Die deutsche Stammesverwandtschaft, die geschichtlichen Erinnerungen, die deutsche Sprache, das Interesse der Ungarn für uns tragen dazu bei, ein österreichisches Bündnis in Deutschland populärer, vielleicht auch haltbarer zu machen als ein russisches.“

Gleichwohl versuchte der Reichskanzler und Meisterdiplomat Russland durch den 1887 abgeschlossenen Rückversicherungsvertrag bei der Stange zu halten. Der Vertrag verpflichtete St. Petersburg, bei einem französischen Angriff auf Deutschland oder Italien neutral zu bleiben und wurde vor dem Allianzpartner in Wien geheim gehalten. Als der Reichskanzler im September 1879 in die altehrwürdige Reichshauptstadt an der Donau reiste, um das Defensivbündnis endgültig auszuhandeln, empfing ihn die dortige Bevölkerung mit überschäumender Begeisterung. Der Zweibund wurde gegen Widerstände des deutschen Kaisers Wilhelm I. vereinbart, der seinen Neffen Alexander II. auf dem Zarenthron nicht kränken wollte. Er verpflichtete das Deutsche Reich erstmals, Österreich-Ungarn für den Fall eines Krieges Beistand zu leisten.

Aber die Hoffnungen, die viele Deutschösterreicher an die Partnerschaft mit ihren Brüdern und Schwestern jenseits der Grenze knüpften, erfüllten sich auf die Dauer nicht. Die „tausendjährige Gemeinsamkeit der gesamtdeutschen Geschichte“ (Otto von Bismarck) war schwächer als die politischen Reibungsverluste zwischen den beiden Mächten und die innenpolitischen Probleme der Habsburgermonarchie. Während in Berlin unter Bismarcks Nachfolgern die Neigung wuchs, „mit Wien ‚durch dick und dünn zu gehen‘“[29], und der Rückversicherungsvertrag nicht mehr verlängert wurde, begann sich die zunehmende Instabilität der Donaumonarchie seit der Jahrhundertwende immer negativer auf das gemeinsame Bündnis auszuwirken. Um die innenpolitische Krise auszugleichen, neigte Wien dazu, außenpolitisch immer größere Risiken einzugehen, die zum Leidwesen Berlins beide Partner tragen mussten. Durch diese Abwärtsspirale in den gegenseitigen Beziehungen blieben alle Hoffnungen auf Annäherung oder gar Verschmelzung der beiden Reiche auf der Strecke. Während Kaiser Franz Joseph I. einerseits die irredentistischen Bestrebungen der Alldeutschen bekämpfte, fühlten sich andererseits viele Deutschösterreicher von den Reichsdeutschen verraten. Denn diese träumten mehr von ihrer Weltmacht als ihren Stammesgenossen jenseits der bayerisch-österreichischen Grenze die Treue zu halten.

28 Engelberg 1998 II, S. 290.
29 Studt 1999, S. 16 f.

Bismarck = Deutschland

Alle Verbote und alle Enttäuschungen hinderten den Bismarck-Kult jedoch nicht daran, nach Deutschösterreich überzugreifen, obwohl die Habsburgermonarchie alles tat, um dies zu verhindern. Je weiter der Anschluss an das Deutsche Reich in die Ferne rückte, desto mehr verstärkten die Alldeutschen ihre Anstrengungen, sich den früheren Reichskanzler als Schutzheiligen ihrer Selbstunsicherheit und Zukunftsängste anzueignen. Den wenigsten wurde dabei wohl bewusst, dass sie mit Bismarck gerade jene Person am meisten verehrten, die sie zu Deutschen zweiter Klasse gemacht hatte.

Über diese Paradoxie half man sich mit schierer Bewunderung für das leuchtende Beispiel hinweg. „Herakles-Bismarck" hatte nicht nur „den Augiasstall der deutschen Kleinstaaterei gereinigt", nicht nur „den Gürtel der Amazonenkönigin, Wehr und Waffen der besiegten Gallia" geholt, womit Frankreich gemeint war, und „die goldenen Äpfel aus dem Hesperiden-Garten, die Kriegsschatzung von 5 Milliarden, eingesackt", wie ein deutschnationaler Festredner in Wien den Sieg über Frankreich in Anspielung auf die antike Mythologie blumig zu preisen verstand.[30] Vielmehr wurde die Verehrung des Reichgründers mancherorts sogar zur nationalen Pflicht eines jeden Deutschösterreichers erhoben. Im deutschnationalen Milieu Österreichs betrachtete man Bismarck denn auch nicht als Feind, sondern als kühn entschlossenen Arzt, der den todkranken Patienten Deutschland durch eine Amputation vor dem Tode gerettet hatte, so dass der Anschluss Deutschösterreichs irgendwann zwangsläufig folgen würde. Solange das realpolitisch nicht möglich war, blickte man sehnsuchtsvoll nach Deutschland, „um gleichen Schrittes zu bleiben in Gesetzgebung, Bildung, in wirtschaftlicher und sozialer Reformarbeit". So freuten sich viele Deutschösterreicher „des Aufschwunges, des täglich wachsenden Ansehens und der Ehrfurcht gebietenden Macht des Deutschen Reiches", als würde es sie selbst betreffen. Aber obwohl sich an der deutschen Teilung gar nichts änderte, fand ihr verletztes Selbstwertgefühl ein gewisses Genügen daran.

Otto von Bismarck verstarb am 30. Juli 1898 in Friedrichsruh, kurz nachdem der Hitler Adolf in Hafeld sein neuntes Lebensjahr vollendet hatte. Möglicherweise entdeckte der Bub bereits zu jenem Zeitpunkt im Bücherschrank seines Vaters jene illustrierte Geschichte des deutsch-französischen Krieges von 1870/71, die ihm den Reichsgründer erstmals nahebrachte. Jedenfalls sollte er jenes zweibändige Werk auch noch 14 Jahre später im Wiener Männerheim wie einen kostbaren Schatz mit sich führen.[31] Noch zwei Jahre vor Beginn des Ersten Weltkriegs, so berichtet ein

30 So Julius Krickl d. Ä. anlässlich des 70. Geburtstages Bismarcks am 1. April 1885 auf einer deutschnationalen Festveranstaltung im Wiener Sofiensaal – op. cit. Pichl. 1938 II, S. 417. Dort auch die folgenden Zitate.

31 Hamann 1996/4, S. 20, unter Berufung auf einen anonymen Zeitzeugen.

anonymer, wenn auch nicht sonderlich zuverlässig wirkender Zeitzeuge, habe der junge Hitler für Bismarck geschwärmt.

Im deutschnationalen Klima der Linzer Realschule war der Heranwachsende dem Kult um den deutschen Reichskanzler näher gerückt, hatten sich doch manche seiner Mitschüler eine jener kleinen weißen Bismarck-Büsten zugelegt, die auch in Deutschösterreich als Devotionalie gehandelt wurden. Hier zierte das mächtige Haupt des Reichsgründers in deutschnationalen Häusern manchen Schreibtisch oder Nippesschrank. Die Bewunderung für den Kanzler von „Blut und Eisen“ war auch unter den Schülern im Allgemeinen so groß,[32] dass sich Adolf den verführerischen Wirkungen dieses Personenkults kaum entziehen konnte. So lag für ihn, der sich lebhaft für Malerei, Architektur und Musik im Dienst deutschnationaler Ziele interessierte, der Gedanke nahe, eine Art „Bismarck der Kunst und Kultur“ zu werden.

Denn mittlerweile war aus dem früheren Kanzler längst über alle Grenzen hinweg die repräsentative „Gestalt des deutschen Nationalmythos“ (Lothar Machtan) geworden. Alles, was bismarckisch war, galt in den Augen seiner Bewunderer gleichzeitig als deutsch, und was deutsch war, galt in ihren Augen als bismarckisch. Zwischen Deutschland, gleichgültig in welcher Form und Größe, und dem Gründer des Deutschen Reiches von 1871 hatte sich im öffentlichen Bewusstsein längst eine fast vollständige Identität ergeben. Dabei bildete der Gedanke der deutschen Einheit den eigentlichen Kern aller Bismarck-Verehrung. Wenn aber der frühere Reichskanzler jene Leitfigur war, die Deutschland mehr als jeder andere Deutsche verkörperte – mehr sogar noch als die ebenfalls hoch verehrten Dichterfürsten Schiller und Goethe –, dann durfte diese mit ihrem Tod auch nicht vergangen sein. Dann musste Bismarck in seinen Bewunderern wie dem jungen Hitler weiterleben.

Für die Ausprägungen des Bismarck-Kultes hatte diese Erkenntnis durchaus ihre „ikonographischen Konsequenzen“, wie der Historiker Hans-Walter Hedinger schreibt:[33] „Ist Bismarck die Quelle deutschen Lebens, so wird alles Bismarckische, alles auf Bismarck Bezogene oder von ihm Stammende national bedeutsam und damit gedicht- und denkmalwürdig.“ Und in der Tat – die schweifende Phantasie aller Deutschnationalen diesseits und jenseits der deutsch-österreichischen Grenze hatte dafür um die Wende vom 19. zum 20. Jahrhundert bereits ihre bildkräftigen Symbole gefunden. Ganze Heerscharen von Malern, Schriftstellern, Musikern, Bildhauern und Architekten arbeiteten an der Heroisierung und Monumentalisierung Bismarcks und damit auch Deutschlands, wobei sie hier und da auch den Bereich des Religiösen streiften. So unterschiedlich die Ergebnisse dieser Bemühungen im Einzelnen auch waren – ihr gemeinsames Ziel bestand darin, das Deutsche Reich, dem Bismarck in einer konkreten geschichtlichen Situation eine konkrete Gestalt verliehen hatte, in

32 Kandl 1963/64, S. 15: „Innerhalb der Realschülerschaft galt Bismarck als höchstes Idol.“

33 Hedinger 1981, S. 292f.

schiere Metaphysik aufzulösen, in eine „ewige“ Idee von unbestimmbarer, fast göttlicher Dauer und Größe. Diesem Sog konnte sich auch der junge Hitler nicht entziehen, ja er arbeitete mit den bescheidenen Mitteln, die ihm zu Gebote standen, in Linz und zunächst auch in Wien ebenfalls fast fieberhaft an diesem überirdischen Ziel.

Beispiele dafür, wie man „das nationale Selbstwertgefühl“ der Deutschen „durch die Farben und Stilmittel“ prägen konnte, „die einflussreiche Künstler in der Welt der politischen Kultur gerade dem Bismarck-Bild zu geben verstanden“,[34] gab es in Groß-Deutschland genug. An ihnen konnte sich Adolf ein Beispiel nehmen, und zwar auf allen Gebieten der Kunst, mit denen er sich in seiner Jugend befasste. In erster Linie ist hier an jenen Münchner Malerfürsten Franz von Lenbach (1836–1904) zu denken, der zeit seines Lebens nicht müde wurde, den Fürsten in fast allen Lebenslagen zu porträtieren. Dabei stellte er ihn oft genug in Uniform dar, um das deutsche Volk daran zu erinnern, dass es seine Einheit drei Kriegen zu verdanken hatte. „Seine malkünstlerischen und damit dichterischen Rekonstruktionen der Bismarck-Gestalt“, schreibt Machtan treffend über jenen Lenbach, der sich dunkler und bräunlicher Farben bediente, um den geheimnisvoll-magischen Effekt seiner Bildnisse zu steigern, „haben jahrzehntelang die historische Phantasie der Bismarck-Deutschen beflügelt.“[35] Wahrscheinlich ist das der Hintergrund, vor dem sich in dem zehn oder elf Jahre alten Hitler Adolf zunächst der Wunsch regte, ebenfalls Kunstmaler zu werden.

Doch boten auch andere Künste heroisierende und monumentalisierende Möglichkeiten. Tatsächlich lagen Malerei, Architektur und Musik nah beieinander, wenn man sie in den Dienst nationalpädagogischer Bemühungen stellte. Mangels Talent suchte Adolf nicht nach Exzellenz in einer dieser Einzelkünste. Weder in der Malerei noch in der Architektur, geschweige denn in der Musik konnte er irgendetwas Bedeutendes leisten. Auch war es wohl weniger Unstetigkeit, Flüchtigkeit oder gar Unlust an geregelter Arbeit, die ihn so unruhig und unentschlossen zwischen Bleistiftzeichnungen und Aquarellen einerseits, architektonischen Schnellentwürfen und häufigen Opernbesuchen andererseits hin und her springen ließ, wie oft vermutet wurde. Vielmehr gelang es ihm trotz aller Versuche nicht, die passende Form für ein nationalkünstlerisches Gesamtkunstwerk zu finden. Über Skizzen, Experimente und Ansätze für eine volkspädagogische Kunstformel, die alle deutschnationalen Probleme revolutionär lösen würde, kam er bis 1914 nicht hinaus. Dieser große Wurf sollte ihm erst nach 1933 mit Gründung seines „Dritten Reiches“ jenseits der Habsburger und Hohenzollern glücken.

Inspirierend wirkte auf den jungen Hitler an der Wende vom 19. zum 20. Jahrhundert auch die Denkmalbewegung, die Deutschland diesseits und jenseits der Teilungsgrenze rund um die Gestalt des Reichsgründers

34 Machtan 1994, S. 18.

35 Ebda.

und Einheitsstifters erfasst hatte. Nicht von ungefähr feilte Adolf schon in Linz am Bau eines Nationaldenkmals. An den z.T. monumentalen Hervorbringungen aus Findlingen, grob behauenem Granit oder Sandstein konnte man auf dem Gebiet der Architektur gut die Kombination von Dimension, Textur und Wirkung studieren. Fast überall im Deutschen Reich schossen Bismarck-Türme, -Denkmale und -Säulen wie Pilze aus dem Boden – und zwar meist nicht auf Befehl von oben, sondern mitten aus dem Volk heraus. Auch die Dichtkunst stand nicht selten im Dienst nationalpolitischer Überhöhung, so dass es für Adolf keinesfalls abwegig war, sich in Linz mit Gedichten und in Wien mit dem Entwurf für ein *Wieland*-Drama zu befassen. Denn hatte sich nicht auch Wieland einst aus den Fesseln fremder Herrschaft befreit, wie es Deutschösterreich seiner Meinung nach in der Gefolgschaft Bismarcks würde tun müssen?

Als besonders beredtes Beispiel dafür, wie man den Rückgriff auf den historischen Bismarck, auf deutsche Geschichte überhaupt, dichterisch mit dem Aufruf zu politischem Handeln in der Zukunft verbinden konnte, mag hier ein Gedicht stehen, das Ernst von Wildenbruch (1845–1909) zum Tod des Fürsten unter dem Titel „Unser Bismarck“ verfasste. In der letztem Strophe heißt es unter anderem: „Lass’ nicht den Bismarck sterben in Dir! / Gib es nicht her, das errung’ne Panier/ Lass in Vergessens Erbärmlichkeit / Nicht versinken die heilige Zeit, / Die uns den Kaiser gab und den Vater: / Wilhelm und Bismarck, seinen Berater. / Siehst Du die Feinde? Hörst Du sie flüstern, / wie sie die Beute schleichend umlüstern? / Strafe sie Lügen, mach’ sie zu schand, / Wolle Dich selber, deutsches Land! / Wolle Dich selbst! Zwinge die Not! / Bismarck war tot, ist nicht mehr tot. / In Deiner Seele, die sich erhebt, / Steht er Dir auf, kommt wieder und lebt, / Kommt und ist da, / Allgegenwärtig und nah / Deutschland, Dein Bismarck, er lebt.“[36] Ob der junge Hitler dieses Gedicht gekannt hat, weiß man nicht. Mit dem Not- und Zwangsmotiv sowie mit seinem Aufruf zum Handeln in unverbrüchlicher Treue zu einer nationalen Heiligenfigur hätte Wildenbruch jedoch zweifellos Adolfs Geschmack getroffen.

Auf der Suche nach einer volkspädagogischen Patentformel konnte selbstverständlich auch die Musik weiterhelfen, nicht nur in Form von Bismarck-Liedern, wie sie z.B. Paul von Heyse (1830–1914) oder Walter Flex (1887–1917) dichteten, sondern auch von Richard Wagners Opern, die der junge Hitler mehr als alles andere liebte. In einem von Heyse 1885 geschriebenen Lied heißt es z.B.: „Wem soll das Lied erklingen? / Dem Manne, dem Keiner gleich, / Der in gewalt’gem Ringen / Uns neu erschuf das Reich.“ Zwar mochten auch Zeilen wie diese in gesungener Form die Herzen vieler Deutschen erheben. Die nationalpolitische Absicht aber, die zwischen ihnen deutlich wird, verstimmte auch manchen Hörer und Sänger, weil er den Kunstgenuss störte. Da hatten es Opern wie *Lohengrin* oder *Rienzi* mit ihren verschlüsselten Botschaften in Wort und Ton leichter, zumal sie die in die ferne Zukunft enteilende Phantasie des deutsch-

36 Ebda., S. 23.

national gestimmten Zuhörers und Zuschauers an uralte Märchen und Mythen zurückbanden.

Kult und Kritik

Für viele Deutsche, jung und alt, war der geistvolle Macht- und Tatmensch Otto von Bismarck in den Jahren bis 1914 eindeutig die Leitfigur, das nie wieder erreichbare politische Genie, gegen das alle Nachfolger verblassten, mochten sie nun im Reich oder auch in Deutschösterreich leben. So nimmt es nicht wunder, dass der Geburts- und Todestag des Reichsgründers hier wie dort alljährlich gefeiert wurde, und zwar vorzugsweise zu nächtlicher Stunde an zu diesem Zweck errichteten Bismarck-Türmen und -Säulen. Aus den nach oben offenen Turmhelmen loderten dann oft genug Feuer dem dunklen Himmel entgegen, während Fackeln die freie Natur rings herum in ihr magisch wirkendes Licht tauchten. In dessen Widerschein pflegten Honoratioren feurige Reden zu halten, die in ihrem deutschnationalen Pathos mehr oder minder zum Anlass passten. Zwar waren solche Feierlichkeiten in Österreich offiziell verboten. Anträge auf Errichtung von Bismarck-Türmen wurden von den habsburgischen Behörden abgelehnt und Organisatoren wie Teilnehmer kleinerer Veranstaltungen, wie z.B. Festkommerse und Vereinsfeste, sofern sie Bismarck huldigten, mit polizeistaatlichen Mitteln kleinlich verfolgt. Um diesen Schikanen aus dem Weg zu gehen, empfahl Schönerer seinen Anhängern, in den böhmischen Wäldern unauffällige Bismarck-Eichen zu pflanzen. Diese wurden jedoch von Tschechen nur allzu oft wieder herausgerissen.

Ob und wie weit der junge Hitler an diesen Aktivitäten beteiligt war, ist unbekannt. Immerhin aber hat die Historikerin Brigitte Hamann seine Teilnahme an einer Bismarck-Feier für das Jahr 1908 in Wien namhaft gemacht.[37] Denn am nationalen Bismarck-Mythos nahm er Maß für seine eigenen künstlerischen Projekte. Wie andere Zeitgenossen auch hat er sich hier mit an Sicherheit grenzender Wahrscheinlichkeit nicht nur erste Anregungen in reichsbildnerischer und einheitsstiftender Absicht geholt. Vielmehr wird der junge Hitler von der verklärten Gestalt des Reichsgründers, der selbst mit im Feld gegen Frankreich gestanden hatte, auch jene Vision einer nationalen „Revolution in Kriegsform" (Ernst Engelberg) abgeleitet haben, die Bismarck einst gelungen war und die letzten Endes auch hinter dem so genannten „Augusterlebnis" des Jahres 1914 stand. Obwohl direkte Belege dafür fehlen, ist nicht auszuschließen, dass auch Bismarcks Sozialgesetzgebung den Beifall des jungen Hitler fand.[38] Gewisse Grund-

37 Hamann 1996/4, S. 364 f.

38 Der früheste Beleg findet sich in der Rede, die Hitler am 10. Dezember 1919 in einem Münchner Gasthaus hielt (Jäckel/Kuhn 1980, S. 97). Kritisch merkte er jedoch schon bei dieser Gelegenheit an, man habe dem Volk damals nur ein „Almosen" gegeben, damit es „zufrieden" sei. Hitler vermisste also jene dezidiert politischen Zwecke, die er mit seiner eigenen Sozialpolitik später verfolgte.

züge in seinem Konzept eines fürsorgenden Staates legen diesen Gedanken nahe.[39]

Alle z.T. mythische Bismarck-Schwärmerei hinderte Adolf jedoch nicht daran, dem deutschen Nationalheros in mancher Beziehung kritisch gegenüberzustehen. Diese Tatsache klingt viele Jahre später – nach dem verlorenen Ersten Weltkrieg, nach Niederlage und einer ganz anderen Revolution – noch in *Mein Kampf* an. Zwar kann man auch in diesem Fall nicht klar zwischen zeitgenössischer und Kritik *ex post* unterscheiden, obwohl Hitler in seiner autobiografischen Programmschrift ausdrücklich beteuert, Zweifel an Bismarcks Bündnispolitik seien ihm schon „in meinen österreichischen Zeiten" gekommen.[40] Doch lag der Grundgedanke seiner Kritik für jeden unbefangenen Beobachter schon damals so nahe, dass er durchaus bereits aus den Jahren vor 1914 stammen kann. Danach stellte der Bündnispartner Österreich-Ungarn für das Deutsche Reich schon deshalb eine tödliche Gefahr dar, weil sein Bestand wegen der inneren Konflikte im Kriegsfall nicht gesichert war. Und Krieg lag in Europa seit der Annexionskrise von 1908, seit der zweiten Marokko-Krise von 1911 und dem Balkankrieg der Jahre 1912/13 in der Luft. Obwohl er den Untergang der Habsburgermonarchie wünschte, stellte ein Krieg in den Augen des jungen Hitler somit ein viel zu großes Risiko für die deutsche Sache insgesamt dar.

Daher lag schon damals eine Frage nahe, die Hitler sich rückblickend in *Mein Kampf* stellt, indem er sich noch einmal in Bismarcks Rolle hineinversetzt:[41] „Mit welchem Staate konnte man sich denn da überhaupt sonst verbünden?" Seine Antwort: „Mit Österreich zusammen vermochte man allerdings nicht auf kriegerische Eroberung, selbst nur in Europa, auszugehen. Gerade darin aber bestand vom ersten Tag an die innere Schwäche des Bundes. Ein Bismarck konnte sich diesen Notbehelf erlauben, allein dann noch lange nicht jeder stümperhafte Nachfolger, am wenigsten jedoch zu einer Zeit, da wesentliche Voraussetzungen auch zu dem bismarckischen Bündnis längst nicht mehr vorhanden waren; denn Bismarck glaubte noch in Österreich einen deutschen Staat vor sich zu haben. Mit der allmählichen Einführung des allgemeinen Wahlrechts aber war dieses Land zu einem parlamentarisch regierten, undeutschen Wirrwarr herabgesunken." Zwar begeht Hitler hier den Fehler, expansionistische Ziele als Sinn und Zweck von Bündnissen anzugeben, wie sie gerade Bismarck nicht schließen wollte, weil er Deutschland für saturiert hielt. Insofern geht seine Kritik ins Leere. Auch trifft diese weniger den Reichsgründer selbst als vielmehr dessen Nachfolger. Dennoch bezeichnet *Mein Kampf* den Zwei- bzw. den später um Italien erweiterten Dreibund nur als „Notbehelf", somit nicht als freie und langfristig tragende Entscheidung zwischen mehreren sich

39 Vgl. Teil III, 9. Kapitel, S. 494 ff.

40 Hitler 1925 I, 139 ff. – Andererseits meinte Hitler 1942 rückblickend: „Was Bismarck wert war, konnte man erst ermessen, als man 1918 erlebt hatte." Vgl. Jochmann 1980, S. 288 (Monolog vom 20./21. Februar 1942).

41 Ebda., S. 160.

bietenden Alternativen, und so hat es mancher Kritiker vor 1914 ebenfalls gesehen. Denn je ausschließlicher und fester die Sicherheitspartnerschaft der Mittelmächte damals wurde, desto mehr teilten diese auch den zunehmenden Gegensatz, in den sie zu den europäischen Flügelmächten gerieten. Die Gefahren, die aus dieser Entwicklung resultierten, mögen einem so eifrigen Zeitungleser, wie es der junge Hitler war, durchaus schon in Linz und Wien bewusst geworden sein – es sei denn, er ließ sich wie so viele andere vom Mythos der preußisch-deutschen Unbesiegbarkeit blenden, eine Möglichkeit, die ebenfalls nicht ganz von der Hand zu weisen ist.

Hingegen handelt es sich bei der Kritik, die Adolf Hitler in *Mein Kampf* aus rassenpolitischen Gründen am Dreibund übt, eher um nachträgliche Überlegungen, weil der Hitler Adolf vor 1914 noch nicht jener manifeste Rassist und Antisemit späterer Jahre gewesen ist, wie wir an anderer Stelle darlegen werden.[42] Zweifellos beunruhigte ihn aber der Niedergang des deutschen Einflusses auf die österreichische Politik schon in Linz und erst recht in Wien, weil er damals durch ein schleichend slawisiertes Österreich die Gefahr „einer neuen slawischen Großmacht an der Grenze des (Deutschen) Reiches" heraufkommen sah.[43] Sein Fazit: „Schon um die Jahrhundertwende war das Bündnis (Deutschlands) mit Österreich in genau das gleiche Stadium eingetreten wie der Bund Österreichs mit Italien. Auch hier gab es nur zwei Möglichkeiten: Entweder man war im Bunde mit der Habsburger Monarchie, oder man musste gegen die Verdrängung des Deutschtums Einspruch erheben." Und in der Tat – den Vorwurf, dass dieser Einspruch mit Rücksicht auf den Zweibund unterblieb, konnte man dessen Schöpfer vom Standpunkt eines deutschnationalen Österreichertums schon um die Jahrhundertwende nicht ersparen.

Aber Hitlers Kritik am Zwei- bzw. Dreibund geht noch weiter:[44] Sie zielt auf einen tatsächlich gegebenen Schwachpunkt in Bismarcks Bündnissystem, den ein an großer Politik interessierter Beobachter, wie es der junge Hitler war, sicher schon um die Jahrhundertwende bemerkt haben wird. Dieser Schwachpunkt betrifft die Tatsache, dass Österreich-Ungarn gewissermaßen von Natur aus „zu viele Feinde hatte, die den morschen Staat zu beerben gedachten, als dass nicht im Laufe der Zeit ein gewisser Hass gegen Deutschland entstehen musste, in dem man nun einmal die Ursache der Verhinderung des allseits erhofften und ersehnten Zerfalls der Monarchie erblickte". Außerdem konnte man Bismarck durchaus schon seit 1879 vorhalten, dass Deutschland durch sein Bündnis mit der Habsburgermonarchie, so viel dafür in der gegebenen Situation auch sprechen mochte, „die besten und aussichtsreichsten Bündnismöglichkeiten" verlor, insbesondere gegenüber dem zaristischen Russland. Schließlich – und darin gipfelt Hitlers bündnispolitische Kritik – „musste … dieser Bund für Deutschland eine ganz unendliche Gefahr deshalb in sich bergen, weil es nun einer dem bismarckschen Reiche tatsächlich feindlich gegenüber-

42 Vgl. dazu im Einzelnen Teil III, 10. Kapitel.

43 Hitler 1925 I, S. 160 – dort auch das folgende Zitat.

44 Hitler 1925 I, S. 161.

stehenden Macht jederzeit mit Leichtigkeit gelingen konnte, eine ganze Reihe von Staaten gegen Deutschland mobil zu machen, indem man ja für jeden auf Kosten des österreichischen Verbündeten Bereicherungen in Aussicht zu stellen in der Lage war". Hitler weiter: „Gegen die Donaumonarchie war der gesamte Osten Europas in Aufruhr zu bringen, insbesondere aber Russland und Italien." Sein Fazit: „Niemals würde die sich seit König Eduard[45] einleitend bildende Weltkoalition zustande gekommen sein, wenn eben nicht Österreich als der Verbündete Deutschlands ein zu verlockendes Erbe dargestellt hätte. Nur so war es möglich, Staaten mit sonst so heterogenen Wünschen und Zielen in eine einzige Angriffsfront zu bringen. ... Dass nun diesem Unglücksbunde auch noch die Türkei als stiller Teilhaber anzugehören schien, verstärkte diese Gefahr auf das außerordentlichste."

Wie es scheint, hätte Hitler aus all diesen nachvollziehbaren Gründen an Bismarcks Stelle ein Bündnis mit Russland gegen England vorgezogen.[46] Aber ist der junge Hitler wirklich schon in der Lage gewesen, das Bismarcksche Bündnissystem in seiner gesamten Komplexität zu erfassen und seine Kritik derart präzise auf den Punkt zu bringen? Diese Frage muss hier aus Mangel an aussagefähigeren Quellen offen bleiben. Hingegen ist es mehr als wahrscheinlich, dass er der Bismarckschen Außenpolitik und damit dem Reichsgründer selbst – bei aller Inspiration durch den Bismarck-Kult – aus anderen Gründen schon als junger Mensch mit grundlegenden Vorbehalten gegenüberstand. Von diesen spricht Adolf Hitler in *Mein Kampf* ganz offen, wenn er schreibt, das Bündnis mit der Habsburgermonarchie habe ihn „schon in Österreich immer mit Missmut erfüllt" und sei „zur Ursache langer innerer Prüfungen" geworden, „die mich in der Folgezeit nur noch mehr in der schon vorgefassten Meinung bestärkten". Seiner Darstellung zufolge hatte er schon vor 1914 „in den kleinen Kreisen, in denen ich überhaupt verkehrte, keinen Hehl aus der Überzeugung" gemacht, „dass dieser unselige Vertrag mit einem zum Untergang bestimmten Staat auch zu einem katastrophalen Zusammenbruch Deutschlands führen werde, wenn man sich nicht noch zur rechten Zeit loszulösen verstünde".[47]

Letzten Endes aber übt Hitler in *Mein Kampf* nicht nur Kritik an Bismarcks Bündnis mit Österreich, sondern auch an jeder auf Frieden und Ausgleich bedachten Politik überhaupt, die er als den von vornherein fehlgeleiteten Versuch einer „‚wirtschaftsfriedlichen' Eroberung der Welt" verächtlich macht.[48] Mag sein, dass auch in dieses Urteil antisemitische Vorurteile aus späterer Zeit eingeflossen sind. Aber Hitlers Kritik an einer „Herrschaft des Geldes" war schon für die Wende vom 19. zum 20. Jahrhundert geradezu „typisch deutsch" oder, besser, „deutschnational" und

45 Gemeint ist König Eduard VII. von England (1841–1910), ältester Sohn von Königin Viktoria, der Kaiser Franz Joseph I. für die Entente zu gewinnen suchte.

46 Hitler 1925 I, S. 157.

47 Ebda., S. 163.

48 Ebda., S. 157.

ist daher auch für den Hitler Adolf durchaus glaubhaft zu machen. Immerhin erinnert die Unterscheidung von „Schwertadel" und „Finanzadel", die Adolf Hitler in diesem Zusammenhang trifft, an jene alten Sagen, die er in seiner Jugend bevorzugt gelesen hat. Recht authentisch wirkt in diesen Passagen von *Mein Kampf* auch wieder die direkte Kritik an Bismarck: „Seine Majestät der Kaiser (gemeint ist Kaiser Wilhelm II. – D. B.) handelte unglücklich, als er besonders den Adel in den Bannkreis des neuen Kapitals hineinzog. Freilich muss man ihm zugute rechnen, dass leider selbst Bismarck in dieser Hinsicht die drohende Gefahr nicht erkannte. Damit aber waren die ideellen Tugenden praktisch hinter den Wert des Geldes getreten."[49] Wie sich später zeigen wird, entsprach diese Kritik exakt jener Haltung, die der junge Hitler zu Wirtschaft und Geld einnahm.[50]

Seine Verehrung, die er Wagner, Nietzsche und Schopenhauer entgegenbrachte,[51] bestätigt unsere Annahme ebenfalls, dass der Hitler Adolf jenen Wertewandel schon damals als „Zeichen eines kommenden Verfalls des Reiches" empfunden hat.[52] Überdies will Adolf Hitler die deutsche Innen- und Außenpolitik ebenfalls schon lange vor 1914 als ziellos erkannt haben, und auch für diesen Befund schiebt er Bismarck in *Mein Kampf* die Hauptverantwortung zu. Denn hatte dieser mit seiner Auffassung von der Politik als der „Kunst des Möglichen" nicht erst jene „Kompromisswirtschaft" ermöglicht, die dem Deutschen Reich von 1871 schließlich zum Verhängnis geworden war? Zwar schwächt Hitler sein vernichtendes Urteil gleich insofern wieder ab, als er behauptet, Bismarck habe unter der „Kunst des Möglichen" nicht den grundsätzlichen Verzicht auf „politische Gedanken oder gar Ziele" verstanden. Der Reichsgründer habe lediglich gemeint, dass man als Politiker oder Staatsmann alle Möglichkeiten ausschöpfen müsse, um seine Ziele zu erreichen – eine Auffassung übrigens, die wohl nicht allzu weit neben der Sache liegt. Aber deutlich lässt sich aus diesem Definitionsversuch der Wunsch Hitlers herauslesen, das Idol seiner Jugend aus einem Abstand von zehn, zwanzig Jahren vor Entzauberung zu bewahren, um nicht in einen allzu großen Widerspruch zu sich selbst zu geraten.

Als wie authentisch man die hier wiedergegebenen Äußerungen im Einzelnen auch bewerten mag – die Ambivalenz, mit der Hitler Bismarck offensichtlich schon als junger Mensch gegenüber gestanden hat, ist noch in diesen Passagen von *Mein Kampf* mit Händen zu greifen. Hingegen hat das „Genie der Wirkungen" die Möglichkeit, das deutsche Volk durch den ästhetischen Rückgriff auf mythische Symbole für nationalpolitische Zwecke zu verzaubern, durch das Erlebnis des Bismarck-Kultes schon frühzeitig zielsicher erkannt. Als praktisch handelnder Politiker wollte Hitler aber später vieles, allzu vieles radikal anders als Otto von Bismarck machen, was schließlich Deutschlands Verhängnis war.

---

49 Ebda., S. 256.

50 Vgl. Teil III, 9. Kapitel, S. 488, insbes. S. 500ff.

51 Vgl. dazu Teil II, 5., 9. und 10. Kapitel.

52 Hitler 1925 I, S. 295.

3. Kapitel: Friedrich von Schiller

Wilhelm Tell

Im zarten Alter von zwölf Jahren, also 1901 oder 1902, habe er „zum ersten Mal Wilhelm Tell, wenige Monate darauf als erste Oper meines Lebens Lohengrin", berichtet Adolf Hitler in *Mein Kampf*,[53] und er fährt fort: „Mit einem Schlage war ich gefesselt. Die jugendliche Begeisterung für den Bayreuther Meister kannte keine Grenzen." Zwar gerät Friedrich von Schiller durch diese Äußerung ein wenig in den Schatten Richard Wagners. Aber abgesehen davon, dass bereits Thomas Mann die beiden Künstler als „Brüder *in theatralicis*" bezeichnet hat, wird Schillers Freiheitsheld den Realschüler Hitler kaum weniger als Wagners Phantasiefigur begeistert haben. Denn, wie Anton Estermann bestätigt,[54] sein früherer Mitschüler war nicht nur ein entschiedener Freund der Oper, sondern auch des Theaters. So stellte Hitler 1933 rückblickend fest: „Ich habe als junger Mann im Wiener Burgtheater sämtliche Klassiker in so hervorragender Form erlebt, daß mich spätere Schauspielbesuche in München mehrfach enttäuscht haben."[55]

Auf jeden Fall bildeten die beiden theatralischen Ersterlebnisse, die der Realschüler mit *Tell* und *Lohengrin* hatte, den Ausgangspunkt einer langen Entwicklung, die für den jungen Hitler entscheidend war. In ihrem Verlauf verwandelten sich erst das Landestheater in Linz und dann die Hofoper in Wien in eine Art Universität, an welcher der angehende Baumeister eines neuen Reiches den wirkungsmächtigen Umgang mit Emotionen und die Kunst der Inszenierung des Unaussprechlichen durch Rhetorik, Bühnenbild und Musik immer wieder aufs Neue studieren und sich einprägen konnte. Dabei eignete sich Schillers volkstümliches Stück als Einführung in die Gattung „nationalpolitisches Drama" für die unteren Klassen der Linzer Realschule besonders gut. Der Stoff für den *Tell* verdankt seinen sagenhaften Ursprung nämlich der germanischen *Thidrek-Saga*, verband sich im Lauf der Zeit mit der eidgenössischen Geschichte und nimmt Bezug auf die Fremdherrschaft der Habsburger über die Schweiz, die durch einen verhassten Landvogt ausgeübt wurde.

Da Adolf bereits mit dem deutschnationalen Gedankengut in Berührung gekommen war, fiel es ihm gewiss nicht schwer, eine gedankliche Brücke von der historischen Selbstbefreiung der Schweizer zur aktuellen politischen Situation zu schlagen. In der Tat lag die Analogie zu einer künftigen Selbstbefreiung der Deutschösterreicher vom Joch der Habsburger – Ziel der deutschnationalen Bewegung – nicht nur nahe, sondern drängte sich geradezu auf. Dabei ist allerdings auf die bekannte Tatsache hinzuweisen,

53 Hitler 1925 I, S. 15.

54 Kandl 1963/64, Anhang XXXII: Aussage Dipl. Ing. Architekt Anton Estermann v. 2. November 1962: „Hitler hatte eine unglaubliche Liebe zum Theater. Er war der begeistertste Theaterbesucher der Klasse – besonders Schiller begeisterte ihn."

55 Ziegler 1977/4, S. 59f.

dass die Schweizer seit Gründung ihrer Eidgenossenschaft im 14. Jahrhundert stets selbständig blieben, das heißt sich nie an das Heilige Römische Reich Deutscher Nation oder gar an das Deutsche Reich von 1971 angeschlossen haben. Wenn man also eine Analogie zwischen Geschichte und Zukunft sehen wollte, dann nicht in einem Anschluss, wie ihn sich die Alldeutschen unter Schönerer wünschten, mochten sich die Schweizer auch ebenso wie die Österreicher dem gesamtdeutschen Kulturkreis zurechnen. Insofern war Schillers *Tell* für den jungen Hitler vielleicht die erste Anregung, die Lösung der deutschen Frage in einer anderen Richtung zu suchen.

Die Handlung des Dramas ist eingängig genug, um einen aufgeweckten Knaben wie den Hitler Adolf nachhaltig zu beeindrucken. Sie vollzieht sich in drei Zyklen. Der erste betrifft die Eidgenossen: Sie geraten durch die Fremdherrschaft aus ihrer naturgegebenen Idylle in den Mahlstrom historisch-politischer Ereignisse hinein und kehren am Ende wieder in ihre bukolische Idylle zurück. Der zweite Zyklus betrifft die zentrale Figur des Wilhelm Tell: Anfangs eher abseits stehend und jedem politischen Kalkül abgeneigt, wird der gutmütige Tatmensch vom Landvogt bis aufs Blut gereizt, so dass er sich zum Tyrannenmord entschließt, ehe er wieder zu Weib und Kind zurückkehrt. Der dritte Zyklus betrifft das Verhältnis eines Territorialstaates zum Heiligen Römischen Reich Deutscher Nation: Zwar lehnen sich die Eidgenossen gegen die Fremdherrschaft der Habsburger auf, stellen sich aber loyal unter den Schirm des Reiches, sobald dieses wieder ihren Frieden sichert und ihre Freiheit schützt; dabei spielt der Adel, der zuvor mit dem Landvogt gegen das Volk paktiert hat, eine ausschlaggebende Rolle.

Diese drei kreisförmigen Bewegungen sichern dem Handlungsablauf seine archaische Kraft. Sie wühlen den Zuschauer auf und besänftigen ihn zugleich. Denn alles, was gut war, weil es der angestammten Ordnung entsprach, wird am Ende wieder gut, ja lässt sogar auf eine Besserung der Welt im Sinn von mehr Freiheit, mehr Gleichheit und mehr Brüderlichkeit hoffen. Den Idealen der Französischen Revolution, die das Stück feiert, steht also dessen restaurativer Grundzug gegenüber. So ist der *Wilhelm Tell*, obwohl häufig als „Revolutionsdrama" bezeichnet und in einer Reihe mit den *Räubern* und dem *Fiesko* gesehen, im Grunde ein konservatives Stück. Damit die unerhörte Tat eines Tyrannenmordes aus Vater- und Vaterlandsliebe nicht allzu krass gegen Moralgrundsätze verstößt, stellt ihr Schiller außerdem noch einen Mord aus kalter Berechnung, der Heldentat also ein Verbrechen gegenüber. So kann sich jeder Zuschauer mit Tell identifizieren, ohne mit seinem Gewissen in Konflikt zu geraten, und damit ist die wiederhergestellte Ordnung am Ende auch in moralischer Hinsicht perfekt. Da der Tyrannenmord auch als symbolischer Vatermord gedeutet werden kann – Schiller hat sich damit seit den *Räubern* befasst –, ist nicht auszuschließen, dass sich der von dem Stück begeisterte Hitler Adolf vorübergehend sowohl in die Ermordung des Kaisers als auch in die seines eigenen Vaters hineinphantasierte, mit dem er soeben in einem Kleinkrieg über seine Berufspläne lag.

Das deutschnationale Schiller-Bild

Höchstwahrscheinlich hat der Linzer Realschüler den künstlerischen Gehalt des *Wilhelm Tell* nicht so rational wie ein Theaterwissenschaftler, sondern eher intuitiv erfasst. Denn das war seine große Stärke. Überdies wurde das Drama wahrscheinlich im Unterricht durchgenommen. Auf jeden Fall haben sich Lehrer und Schüler damals sowohl in Deutschland als auch in Österreich sehr ausführlich mit Schiller befasst. Die Tatsache, dass dies auch an der Linzer Realschule der Fall war, ergibt sich aus den Inhalten jenes Deutsch-Lehrbuches, das wir bereits in einem früheren Kapitel gestreift haben.[56] Denn darin gab es allerlei Leseproben aus Schillers Werken. Zwar ergibt sich aus deren Mischung noch kein schlüssiger Hinweis auf die Art und Weise, in der Schiller von den Lehrern an die Schüler der Linzer Realschule vermittelt wurde. Da in Pötschs Deutschunterricht jedoch ein deutschnationaler Geist herrschte, ist anzunehmen, dass diese Vermittlung in einem entsprechenden ideologischen Kontext erfolgte.

Mit der *Germania* von Johannes Scherr, die Pötsch zur Vorbereitung seiner Unterrichtsstunden benutzte, liegt sogar eine Quelle vor, aus der man ziemlich genau schließen kann, welche Züge das deutschnationale Schiller-Bild jener Zeit trug. Es zerfiel in zwei Teile – in den Schiller vor der Französischen Revolution und in den Schiller danach. Der Schiller davor war den Deutschnationalen suspekt, wenn nicht sogar zuwider. Zum Beweis seiner vaterländischen Unzuverlässigkeit wurde mit Vorliebe der verräterische Satz aus seinen *Xenien* zitiert: „Deutschland? Aber wo liegt es? Ich weiß das Land nicht zu finden; wo das gelehrte beginnt, hört das politische auf." Oder man erinnerte sich daran, dass Schiller einmal geschrieben hatte: „Es ist ein armseliges kleinliches Ideal, für eine Nation zu schreiben; einem philosophischen Geist ist die Grenze durchaus unerträglich. Dieser kann bei einer so wandelbaren, zufälligen und willkürlichen Form der Menschheit, bei einem Fragmente (und was ist die wichtigste Nation anderes?) nicht stillstehen; er kann sich nicht weiter dafür erwärmen, als soweit ihm diese Nation oder National-Begebenheit als Bedingung für den Fortschritt der Gattung wichtig ist." Dieser Schiller war den Deutschnationalen zu kosmopolitisch, zu anational, zu menschheitlich.

Hingegen registrierten sie umso lieber die Wendung, die Friedrich von Schiller unter dem schockierenden Eindruck jenes Umschlags von den Idealen der Revolution zur blutigen Gewaltherrschaft der Jakobiner vollzogen hatte. Damals habe der Dichter, so Scherr, in Napoleon bereits „den künftigen Welttyrann" vorausgeahnt, und so sei ihm unwillkürlich die Erkenntnis aufgegangen, „dass in dem einst von ihm verherrlichten Weltbürgertum ... für das deutsche Volk kein Heil zu hoffen" sei. Daraus sei

56 Vgl. Teil I, 7. Kapitel, S. 142 f.

dann als „kostbares Vermächtnis" der *Wilhelm Tell* entstanden. In diesem Drama sei „die Idee der Freiheit unlösbar verbunden mit dem Gedanken des Vaterlandes und in geläuterter Schönheit dargestellt".[57]

Zwar weist Thomas Mann in seinem *Versuch über Schiller* mit Recht darauf hin, dass dieser Dichter niemals in einem engstirnigen, platten und aggressiven Nationalismus befangen war. Schiller habe vielmehr „am Geist der Nation, ihrer Moral und Bildung, ihrer seelischen Freiheit, ihrem intellektuellen Niveau" gearbeitet, „das sie in den Stand setzte, zu gewahren, dass andere, unter anderen historischen Voraussetzungen, einem verschiedenen Ideensystem, einer anderen sozialen Gerechtsame Lebende auch Menschen sind." Er habe „an der Menschheit" gearbeitet, „welcher man Anstand und Ordnung, Gerechtigkeit und Frieden wünscht statt gegenseitiger Anschwärzung, verwilderten Lüge und speiendem Hass". Kurzum, Schillers Nationalismus sei „in höchster Potenz" sublimiert gewesen.[58] Aber das hinderte die Deutschnationalen nicht daran, sich ihren Schiller nach eigener Opportunität zurechtzubiegen – und zwar getreu jenem Wort, das einst der weltläufige Goethe im Nachruf auf seinen Dichterfreund verwendet hatte: „Denn er ist unser!"

Die historisch-politische Realität, wie sie sich seit Napoleon in Deutschland darstellte, kam den Deutschnationalen bei ihrer Manipulation freilich entgegen, und sie fanden dazu auch noch Ermutigung in manchem Schiller-Wort, wie z.B. „Wie mächtig ist der Trieb des Vaterlandes!" oder „O lerne fühlen, welchen Stamms du bist! Die angebornen Bande knüpfe fest, ans Vaterland, ans teure, schließ dich an, das halte fest mit deinem ganzen Herzen, hier sind die starken Wurzeln deiner Kraft", oder „Nichtswürdig ist die Nation, die nicht alles setzt an ihre Ehre".[59] Und in der Tat: im Geiste des *Don Carlos*, der *Jungfrau von Orleans* und des *Wilhelm Tell* hatte sich 1815 die preußische Jugend gegen die französische Fremdherrschaft erhoben. Das Zeitalter der Restauration, das den deutschen Nationalismus mit Polizeimethoden verfolgte, empfand den *Tell* denn auch als so umstürzlerisch, dass es dessen Aufführung verbot.

Hingegen berief sich die gesamtdeutsche Revolution von 1848 wieder auf Friedrich von Schiller als nationalen Freiheitsdichter – schon 1839 war das erste Schiller-Denkmal Deutschlands in Stuttgart errichtet worden. Als in den kritischen März-Tagen des Jahres 1848 in Graz *Don Carlos* aufgeführt wurde, brach bei den Worten „Geben Sie Gedankenfreiheit!" ein Beifallssturm los. Obwohl die Zensurbehörden der Habsburgermonarchie immer wieder in Schillers Werke eingriffen, bevor sie auf die Bühne kamen, gestaltete sich der hundertste Geburtstag Schillers 1859 in Deutschösterreich – nicht weniger als im übrigen Deutschland – zu einem einzigen Reigen viel besuchter Jubelfeste, und seither gehörten öffentliche Feierlichkeiten anlässlich von Geburts- und Todestag des Dichters zum festen Bestandteil des nationalen Festkalenders, soweit die deutsche Zunge klang.

57 Scherr 1905, S. 379.
58 Mann 1955, S. 187 und 165.
59 Op. cit. Scherr 1905, S. 384.

Patriotisch anmutende, aber meist aus dem Zusammenhang gerissene und kurzschlüssig interpretierte Schiller-Zitate waren zu diesem Zeitpunkt als geflügelte Worte längst in aller Mund. Sie konnten jederzeit entweder im deutschnationalen oder im Sinn eines zu nichts verpflichtenden Idealismus missbraucht werden.

Im Grunde geschah mit Friedrich von Schiller im Lauf des 19. Jahrhunderts im Bereich der Dichtung das Gleiche, was auch Otto von Bismarck im Bereich der Politik widerfuhr: die Überhöhung einer realgeschichtlichen Gestalt zu einem nationalen Mythos, zu einer nationalen Identifikationsfigur, zu einer Inkarnation des nationalen Selbst. In diesem Sinn könnte man Schiller auch unschwer einen „Bismarck des Wortes" nennen. In allen nationalpolitischen Belangen war er für die Deutschnationalen – und somit auch für den jungen Hitler – eine moralisch-ästhetische Autorität.

Schiller-Feiern in Wien und Linz

Wien feierte den hundertsten Geburtstag Schillers 1859 sechs Tage lang als Fest der deutsch-österreichischen Verbrüderung, obwohl Preußen die Habsburgermonarchie gerade im Stich gelassen hatte. Anstatt in jenen Krieg aktiv einzugreifen, den Österreich damals gegen Frankreich in Italien führte, bestand Berlin nämlich auf Ebenbürtigkeit im Kommando über das gemeinsame Bundesheer. So kam es zu jener blutigen Niederlage der kaiserlichen Truppen bei Solferino, die zum Verlust der Lombardei und damit zur Schwächung der Stellung Österreichs in ganz Italien führte. Dennoch bekannte die Wiener Bevölkerung durch ihren pompösen Fackelzug, so die *Presse* vom 10. November 1859, „in entschiedener Weise, dass wir uns als Deutsche fühlen, dass wir uns als ein starkes, von Deutschland unabtrennbares Glied betrachten und dass wir uns trotz alledem ein warmes Herz erhalten haben, fähig der Begeisterung für ideale Zwecke".[60] Das Festprogramm bestand hauptsächlich aus zentralen Veranstaltungen teils in der Hofoper, teils im Hofburgtheater, teils auch im Redoutensaal, also an Stätten, die für die Selbstdarstellung der Monarchie schon immer hochbedeutsam, nun aber mit Zustimmung des Kaisers plötzlich auch für breiteste Bevölkerungskreise zugänglich waren. Außerdem erlaubte der Monarch, dass der Platz vor dem damaligen Franzentor an der neuen Ringstraße in „Schillerplatz" umbenannt wurde. Wollte sich Franz Joseph I. mit diesen Gesten auch nur zum Zeitpunkt einer besonders schmerzhaften Niederlage der Zustimmung seiner Bürger versichern, die das Schiller-Fest wohl noch überwiegend als Bekenntnis zur „deutschen Kulturnation" verstanden, so konnte er doch auch nicht verhindern, dass dies alles von den Deutschnationalen für ihre Zwecke nutzbar gemacht wurde.

Folgerichtig deutete Johannes Scherr die Wiener Hundertjahrfeier als Ereignis, das „den in Schillers Werken beschlossenen Schatz nationaler Begeisterung auf das ganze Volk ausströmen" ließ – in den Huldigungen

60 Op. cit. Mikoletzky 1995, S. 167.

an den Dichter habe sich „die ganze deutsche Nation wieder einheitlich zusammen (gefunden)“.[61] Für die deutschnationale Schiller-Überlieferung war jedoch auch wichtig, dass an den Wiener Festivitäten „alle Stände“ teilgenommen hatten, also erstmals auf österreichischem Boden durch kulturelle und ästhetische Erlebnisse eine Art „Volksgemeinschaft“ zustande kam. Entsprechend heißt es bei Scherr: „Der demokratische Zug in Schillers Wesen ließ alle Stände ohne Unterschied sich in dem Kultus des Idealen zusammenfinden.“ In dieser Lesart wurden Schillers Werke jedoch nicht nur als Katalysator für die nationale und soziale Einheit aller Deutschen verstanden, sondern – und das betrifft speziell den *Wilhelm Tell* – sogar als konkrete politische Handlungsanweisung. „Besonders nahm unter dem Eindruck der nationalen Krisis, die in Deutschland eingetreten war“, schrieb Scherr, und er meinte damit die Ereignisse der Jahre 1859, den Streit zwischen Preußen und Österreich um die Führung in Deutschland, „manche wohlbekannte Stelle aus dem ‚Tell‘ jetzt eine praktisch-politische Bedeutung an.“ Gemeint ist das bereits oben wiedergegebene Zitat aus dem zweiten Aufzug, erste Szene, in dem der alte Attinghausen zum abtrünnigen Rudenz sagt: „Ans Vaterland, ans teure, schließ’ dich an.“ Im Kontext des Jahres 1905, in dem Scherrs „Germania“ erschienen ist, konnten diese Worte nur als Aufforderung an die Adresse Deutschösterreichs verstanden werden, sich dem Deutschen Reich anzuschließen.

Von Wien ausgehend, verbreiteten sich die Schiller-Feiern über alle deutschsprachigen Kronländer bis nach Böhmen und Prag. Zwischen den österreichischen Städten, zu denen auch Linz gehörte, trat geradezu ein edler Wettstreit um die prächtigste Ausgestaltung dieser Feste ein. In der oberösterreichischen Provinzhauptstadt huldigten die Bürgerinnen und Bürger dem Dichter am Vorabend seines hundertsten Geburtstags ebenfalls mit einem Fackelzug. Das Rathaus zierte ein überlebensgroßes Schiller-Porträt, das von Gasflammen beleuchtet wurde – damals Inbegriff der Modernität. Adalbert Stifter, Vorstand des Linzer Schiller-Komitees, sprach zu den Festreden das Schlusswort, wobei er der allgemeinen Begeisterung freilich durch die Aufforderung, „unserem gnädigsten Kaiser und Herren ein dreifaches Hoch zu bringen“, jede deutschnationale Spitze nahm.

Ähnlich war das Bild der Feiern anlässlich des hundertsten Todestages Friedrich von Schillers im Mai 1905. Zwar hatte sich das Kaiserhaus diesmal angesichts der innenpolitischen Akzentverschiebung, die inzwischen zugunsten der slawischen Bevölkerungsteile eingetreten war, jede zentrale Veranstaltung in Wien versagt. Doch duldete es immerhin einen Zyklus aus zehn Schiller-Dramen, den das Hofburgtheater an zehn Abenden hintereinander gab. Während viele kleinere Veranstaltungen unter Ausschluss der breiteren Öffentlichkeit stattfanden, führte ein Fackelzug der korporierten, farbentragenden Studentenschaft, die ihren gesellschaftlichen Durchbruch den Schiller-Feiern des Jahres 1859 verdankt hatte, am Abend des 10. Mai zum Schiller-Denkmal vor der Kunstakademie. Es war das er-

61 Scherr 1905, S. 426. Dort auch die beiden folgenden Zitate.

ste Mal seit zwanzig Jahren, dass sie sich wieder in den Straßen der Reichshauptstadt zeigte – eine unübersehbare Demonstration des erstarkenden Deutschnationalismus. In Linz, wo kurz vorher eine deutschnationale Revolution die kommunalpolitischen Verhältnisse verändert hatte, verhielt es sich nicht anders, denn hier notierte ein gewisser Ferdinand Krakowizer in seinem Tagebuch: „Schiller-Todesfeier allerorten, wo deutsche Herzen schlagen."[62] *Der Volksbote*, Zeitschrift des Oberösterreichischen Volksbildungs-Vereins, dem der junge Hitler angehörte, brachte in seiner „Schiller-Nummer" eine Biografie des Dichters mit längeren Zitaten aus dem *Lied von der Glocke*. Die *Linzer Tages-Post* veröffentlichte eine „Unterhaltungsbeilage" ähnlichen Inhalts und erinnerte an die Feierlichkeiten des Jahres 1859. Obwohl mit Rücksicht auf den Zensor im Ton gedämpft, wurde Schiller hier „als wackerster, geistiger Vorkämpfer" für „Freiheit und Einheit" eines nicht näher spezifizierten „Volkes" gefeiert, „das er bis zum letzten Atemzug so glühend geliebt" habe. Immerhin wagte es die Redaktion, an dieser Stelle, auf den *Don Carlos*, *Wallenstein* und *Tell* hinzuweisen, allesamt Stücke, in denen nach ihren Worten „Schiller die traditionelle Politik des habsburgischen Herrscherhauses bekämpfte".[63]

In den Vormittagsstunden des 9. Mai 1905 fanden aus Anlass von Schillers hundertstem Todestag, entsprechende Feierlichkeiten an allen Linzer Schulen statt. An diesen konnte der Hitler Adolf zwar nicht mehr teilnehmen, da er bereits 1904 an die Realschule nach Steyr gewechselt war. Doch dürfte die allgemeine Schillerverehrung auch an dieser Stadt nicht spurlos vorbeigegangen sein, obwohl das Schulklima in Steyr wegen des hohen Anteils der Industriearbeiterschaft an der Gesamteinwohnerschaft sicher nicht ganz so deutschnational geprägt war wie in Linz. Aber das Bemerkenswerte am Schiller-Mythos war ja gerade die Tatsache, dass er, wie die *Linzer Tages-Post* in ihrem Aufmacher vom 9. Mai 1905 betonte, von der „deutschen Arbeiterschaft" genauso getragen wurde wie von der „alldeutschen Presse"[64] – gerade darin lag seine gemeinschaftsbildende Kraft. Selbstverständlich vergaß Professor Pötsch in seinem Festvortrag vor den Schülern der Oberrealschule Linz denn auch nicht, Schiller als „Vorbild und Erzieher seiner ganzen Nation" zu feiern und auf die „hohe Begeisterung des Dichters für alles" hinzuweisen, „was sein Edelvolk im Innersten bewegt und erfüllt".[65]

Für die Schiller-Feiern des Jahres 1905 – sei es in Linz, sei es in Steyr, sei es anderenorts in Deutschösterreich – war aber noch etwas ganz anderes charakteristisch: nämlich die Einigungswirkung, die man dem Dichter und seinem Werk nicht nur in Bezug auf die deutsche Nation, sondern auf die gesamte Welt nachsagte – mithin ein universaler Geltungsanspruch. Wer

62 Hamann 1996/ 4, S. 39.

63 *Der Volksbote*, Nr. 9 v. 8. Mai 1905, Unterhaltungsbeilage der *Linzer Tages-Post*, Nr. 19 v. 7. Mai 1905, jeweils S. 1.

64 Maurice von Stern, „Zum 100. Todestage Friedrich v. Schillers", In: *Linzer Tages-Post*, 9. Mai 1905, S. 1 f.

65 Ebda., o. Verf., „Schiller-Feier", S. 3.

sich zu Schiller bekannte, der bekannte sich auch zu dem „Muth ..., zu glauben, was er ersehnt" und „zu wollen, wozu ihn die Sehnsucht antreibt" sowie auch zu Schillers „Wille", der den Himmel berührt habe, wie sich Maurice Stern in der *Linzer Tages-Post* ausdrückte. Unschwer konnte ein phantasiebegabter junger Mensch wie der Hitler Adolf somit den Bogen von seinen deutschnationalen Überzeugungen über die von Schiller angeblich verkörperte Willenskraft und „Humanität" (Maurice Stern) zu einer kulturellen Weltmission des deutschen „Edelvolkes" schlagen, um diesen dann wieder an „das Ansehen und die Machtstellung" Deutschlands zu binden, die in Linz im Vordergrund standen, wohin ja der dann 16 Jahre alte Hitler Mitte 1905 wieder zurückgekehrt ist.

Sprachgewalt und Volksgefühl

Bei der Aufführung im Landestheater, die er als Zwölfjähriger gesehen hatte, handelte es sich um eine der damals üblichen Inszenierungen im historistisch-realistischen Stil mit Liebe zum pittoresken Detail. Schon die Eröffnungsszene mit Fischerknabe, Hirt und Alpjägern vor dem malerischen Felsenufer des Vierwaldstädter Sees, erst recht aber dann der gesamte dramatische Ablauf des weiteren Geschehens zwischen Hoffen und Bangen, zwischen Poesie und politischer Realität zogen den Knaben in ihren Bann. Den großen Rest besorgte Schillers Sprache. Denn erst sie erzeugte jene „Phantasieentzündlichkeit", die Thomas Mann als hervorstechenden Wesenszug der von seinem schwäbischen Dichterkollegen geschaffenen Werke bezeichnet hat. Ebenso wie sich der junge Hitler durch das Vorbild Bismarcks zur großen politischen Tat aufgerufen fühlte, überzeugte ihn erstmals Schiller unbewusst davon, dass das gesprochene Wort große, ein gesamtes Volk bewegende, magische Grenzen berührende Wirkungen entfalten kann. Es war seine erste prägende Begegnung mit einer grandiosen, geradezu überwältigenden Sprachgewalt.

Der junge Hitler war nicht der erste und einzige, der sich dieser Gewalt unterworfen hat. Seit Beginn des 19. Jahrhunderts beeindruckte ganze Generationen von Deutschen jener „Hang zur Großartigkeit", der Schillers Sprache innewohnt und der diesen Dichter insgesamt für sein Publikum so ungemein „generös, hochfliegend, flammend, emporreißend, weltallstrunken und menschheitlich-kulturpädagogisch, männlich in alldem aufs höchste" macht, dem aber auch etwas „ewig Knabenhaftes" anhaftet, um hier nur einige der fast hymnisch anmutenden Umschreibungen Thomas Manns anzuführen.[66] Lehrer und Pastoren, Politiker und Väter sowie Festredner aller Art eiferten Schiller bei mehr oder minder offiziellen Anlässen mehr oder minder unbeholfen darin nach. Die gesamte gehobene Rhetorik Deutschlands war von seinem Pathos durchdrungen.

Darüber hinaus hatte Schiller ein ganz „persönliches Theater-Idiom erfunden, unverwechselbar nach Tonfall, Gebärde und Melodie, sofort als

66 Mann 1955, S. 122. Dort auch das folgende Zitat.

das Seine zu erkennen – das glänzendste, rhetorisch packendste, das im Deutschen und vielleicht in der Welt je erfunden worden, eine Mischung aus Reflektion und Affekt, des dramatischen Geistes so voll, dass es schwer ist seither, von der Bühne zu reden, ohne zu ‚schillerisieren'". Mag diese Feststellung mit Rücksicht auf die Theatersprache anderer Autoren auch etwas übertrieben sein – jeder, der wie z.B. der junge Hitler viel von seiner eigenen Beredsamkeit hielt, tat gut daran, sich an dieser besonders einprägsamen Idiomatik ein Beispiel zu nehmen, und sei es auch nur unbewusst. Denn nur so konnte man werden, was Schiller für die Deutschen des 19. und auch noch des beginnenden 20. Jahrhunderts war – „Wortführer der Volksgefühle" (Thomas Mann).

Aber das war noch nicht alles, was auf Adolf seit seinem *Tell*-Erlebnis eingewirkt hat. Hinzu kam, wie Thomas Mann weiter analysiert, das „Begreifen und Ergreifen des Theaters als des Instrumentes stärkster unmittelbarster, handgreiflichster künstlerischer Wirkung", die Friedrich von Schiller Richard Wagner vorweggenommen hat. Zwar macht Thomas Mann einen „Charakter-Unterschied" zwischen den beiden aus, indem er den einen als „Edlen" und den anderen nur als den „ehrgeizig Klugen" bezeichnet. Aber mochten Schiller bei seinem Umgang mit den Möglichkeiten der dramatischen Kunst auch noch so ideale, philosophisch begründete Motive leiten – „was ihm im ‚Tell' gelang, ist klassische Popularität", die nicht ohne Eindruck auf den jungen Hitler bleiben konnte. So vermochte er an Schiller erstmals und gewiss noch halb bewusst zu studieren, wie „die Macht des Wortes dem Wort der Macht ebenbürtig antwortet".[67]

Außerdem musste dieser Friedrich von Schiller in einem größeren Zusammenhang mit der deutschen Klassik einerseits und den romantischen Freiheitsdichtungen von Karl Theodor Körner bis Ludwig Uhland gesehen werden. Maximilian von Schenkendorf mit seinen „seelenvollen Vaterlandsliedern" (Johannes Scherr) gehörte ebenfalls dazu. Dieser Zusammenhang wurde Adolf im Deutsch- und Geschichtsunterricht der Linzer Realschule nahegebracht. Die Klassik, so dozierte Scherr und mit ihm Lehrer Pötsch, hatte die Deutschen zwar „zu freien Menschen gemacht, aber auch nicht selten zu Wolkenwandlern, welchen erst wieder durch das Umschlagen der Kosmopolitik in das Nationalbewusstsein ein deutlicheres Gefühl der Erden- und Staatsbürgerschaft beigebracht wurde".[68] Angeblich war es im Wesentlichen Schiller gewesen, der dieses „Umschlagen" gefördert hatte. Ihm sei die „Rückbesinnung auf Deutschland" zu verdanken, er habe „den Gedanken des Vaterlandes ... zum Grundmotiv aller nationalen Zivilisation gemacht". Gern wurde in diesem Zusammenhang sein Bonmot „Wie mächtig ist der Trieb des Vaterlands!" zitiert, als handelte es sich beim Nationalismus um eine natürliche, d.h. von keiner Kultur beeinflussbare Macht.

67 Safranski 2004, S. 36.

68 Scherr 1905, S. 384. Dort auch die folgenden Zitate.

Folgerichtig wurde Körner, Sohn des vertrautesten Schiller-Freundes, der im Deutschunterricht an der Linzer Realschule mit seinen Gedichten und Erlebnissen einen so großen Raum einnahm, als „das verwirklichte Ideal einer deutschen Jugend" beschrieben, „die sich am Tell herangebildet hatte", „zugleich ein Sänger und ein Held". Sein „Heldentod für das Vaterland" schien den Schülern als nationaler Opfergang im Geiste Schillers, und wenn an die Eiche von Wöbbelin bei Gadebusch erinnert wurde, unter der man Körner einst begraben hatte, dachte Adolf wohl zugleich auch an die Bismarck-Eichen im Böhmerwald, die von den Jungtschechen wieder herausgerissen wurden. Dann hätte er sich gewiss ebenso gern wie Körner einem offenen Kampf gestellt, um Deutschösterreich endgültig von fremder Herrschaft zu befreien.

„Der Starke ist am mächtigsten allein"

Im Mittelpunkt seines Schiller-Erlebnisses stand unzweifelhaft die Gestalt des Wilhelm Tell. Dieser Held erscheint in dem Stück „von Anfang an als Helfer in der Not, als ein Mann der direkten Aktion".[69] Tell will mit Politik im demokratischen Sinne, also mit Beratungen, Koalitionen und Mehrheitsentscheidungen, gar nichts zu tun haben. Er „handelt als Naturmensch mit unmittelbaren, intuitiven, spontanen Reaktionen. Sein Freiheitswille ist Selbstbehauptung als Instinkt", schreibt der Schiller-Biograph Rüdiger Safranski und fügt den Nachsatz hinzu: „Kultur ist jenseits der Berge." Er will damit sagen, dass Schiller nicht nur jedes Nationalgefühl, sondern auch den Willen zur Freiheit als Naturgewalt charakterisiert, die mit Kultur nichts zu tun hat. Safranski betont diesen Aspekt noch einmal, indem er schreibt: „Für Tell gehört Politik zu jener ‚Kultur', von der er sich fern hält. Er verteidigt seine Unmittelbarkeit gegen die Welt der Vermittlungen, der Ränke, Pläne, Strategien." Aber warum ist das so? Weil sich das Naturrecht auf Widerstand für Tell auf das Eigentum an Grund und Boden gründet, das heißt auf eine „Ordnung der Väter" (Friedrich von Schiller), die von alters her gegeben ist, also auf eine bestimmte Überlieferung, auf eine Tradition. Tell rafft sich erst dann zum Tyrannenmord auf, als diese quasi naturgegebene Ordnung auf das Empfindlichste gestört wird, als ihn der Landvogt zunächst mit Gefangenschaft und dann mit dem Tod seines Sohnes bedroht.

Betrachtet man seine späteren Handlungsmuster, dann ist Schillers *Wilhelm Tell* für den jungen Hitler Adolf ganz offenbar eine prägende Lektion gewesen. Ähnlich wie durch Wagners *Rienzi* lernte er hier einen halb geschichtlichen, halb mythischen Helden kennen, der eine große politische Tat als Einzelner vollbringt – allein, aus eigener Kraft und auf eigene Verantwortung, gewissermaßen als Vertreter der Natur. Ein Lehrbeispiel für Demokratie war das gerade nicht! Zwar hatten die Eidgenossen den Aufstand bereits geplant, bevor Tell in Aktion trat. Zwar hatten sich schon

69 Safranski 2004, S. 498. Dort auch die folgenden Zitate.

die Urkantone gegen den verhassten Landvogt verschworen. Aber die Verschwörer waren nicht in der Lage, sich ohne Tells Zutun von der Fremdherrschaft zu befreien. Stattdessen sahen sie dem Apfelschuss, mit dem Tell das Leben seines Sohnes auf Geheiß des Tyrannen gefährdet, tatenlos zu. Sie duldeten sogar Tells Gefangennahme. Erst als sich der Naturmensch aus eigener Kraft befreite und bei Küssnacht in der hohlen Gasse zur rettenden Tat schritt, gelang die eidgenössische Revolution.

Was für ein Beispiel von seltener Eindringlichkeit für einen Knaben, der ja nichts mehr wollte, als Deutschösterreich von der Zwingherrschaft der Habsburger zu befreien! In der Tat wurde dem jungen Hitler durch Schillers Drama gezeigt, dass man in Entscheidungssituationen als Einzelner handeln muss, weil sich ein Kollektiv niemals rechtzeitig zur rettenden Tat aufraffen kann. Ihm wurde weiter gezeigt, dass eine solche Tat immer dann erforderlich ist, wenn man die eigene als „natürlich" betrachtete Lebensordnung bedroht sieht. Und ihm wurde drittens gezeigt, dass man dabei auch nicht vor dem Risiko zurückschrecken darf, durch die eigene Tat das aufs Spiel zu setzen, was man am meisten liebt. In der Tat sind die Parallelen zwischen Schillers *Wilhelm Tell* und Hitlers Kampf um sein Großdeutschland nicht zu übersehen. Fast scheint es so, als hätte der eine für den anderen Modell gestanden. Das betrifft übrigens auch den Abschied von der Politik. Denn ebenso wie Tell nach vollbrachter Tat wieder zu Frau und Kind zurückkehrte, wollte sich Hitler ja bekanntlich irgendwann zur Ruhe setzen, und zwar auf einem Hügel über der Stadt Linz, in deren Landestheater er einst den Tell gesehen hatte.[70]

Noch wichtiger war jedoch eine ganz andere Lektion, nämlich das „Verlangen nach totaler Revolution" (Bernard Yack),[71] das man aus Schillers Werken herauslesen kann, insbesondere aus seinen Briefen über die ästhetische Erziehung des Menschengeschlechts. Schiller stand mit seinem Verlangen nach totaler Revolution in einer bedeutenden Denktradition des 18. und 19. Jahrhunderts, die von Rousseau über Kant bis zu Marx, Wagner und Nietzsche reichte.[72] Keinem dieser Denker reichten die Veränderungen aus, welche die Französische Revolution erzwungen hatte, zumal deren Freiheitsverheißung durch die jakobinische Terrorherrschaft zu einem Rückfall in die Barbarei führte. Jeder wollte die Gebrechen seiner Zeit auf andere Art und Weise ein für allemal heilen – Rousseau durch die Rückkehr des Menschen zu einem naturhaften Urzustand, Kant durch den moralischen Imperativ, Marx durch die Revolution des Proletariats, Wagner durch sein Gesamtkunstwerk und Nietzsche durch den Übermenschen jenseits von Gut und Böse. Das Ziel war in jedem der genannten Fälle der wahre, der ganze, der menschliche Mensch jenseits der modernen Zivilisation.

70 Giesler 1982, S. 21.

71 Vgl. auch Schillers 27. „Brief über die ästhetische Erziehung", wo der Terminus „totale Revolution in seiner (des Menschen) ganzen Empfindungsweise" vorkommt. Vgl. Friedrich von Schiller BA 2005 X, S. 401.

72 Yack 1986, S. 3 ff.

Der Fall Hitler zeigt jedoch, dass das Verlangen nach totaler Revolution auch zu totalen Konsequenzen führen kann. Daran ist gewiss nicht Schiller schuld, dessen *Briefe über die ästhetische Erziehung des Menschengeschlechts* der spätere Diktator wahrscheinlich nie gelesen hat. Dennoch führt kein Weg an der Erkenntnis vorbei, dass Hitler die Menschheit durch den von ihm angestrebten Sieg der Arier über die Juden ebenfalls in ästhetischer Hinsicht erziehen wollte. Freilich, „der wahre Gegensatz ist der von Ethik und Ästhetik", schreibt Thomas Mann in seinem Essay über *Nietzsches Philosophie im Lichte unserer Erfahrung*. Denn: „Nicht die Moral, die Schönheit ist todverbunden, wie viele Dichter gesagt und gesungen haben – und Nietzsche wollte es nicht wissen? ‚Als Sokrates und Platon anfingen, von Wahrheit und Gerechtigkeit zu sprechen', sagte er einmal, ‚da waren sie keine Griechen mehr, sondern Juden – oder ich weiß nicht was.' Nun, die Juden haben sich, dank ihrer Moralität, als gute und ausharrende Kinder des Lebens erwiesen. Sie haben nebst ihrer Religion, ihrem Glauben an einen gerechten Gott, die Jahrtausende überdauert, während das liederliche Ästheten- und Artistenvölkchen der Griechen sehr bald vom Schauplatz der Geschichte verschwunden ist."[73]

Ja, so spricht Thomas Mann im Lichte der Erfahrung. Und der Hitler *vor* dem Holocaust – der junge Hitler? In welchem Geist hat der *Wilhelm Tell* zu ihm gesprochen? Es sei ein Geist gewesen, der „eingeweiht in die Mysterien des Schönen, Edlen und Wahren, zu dem Volke bildend hernieder steigt, aber auch in der vertrautesten Gemeinschaft mit demselben nie seine himmlische Abkunft verleugnet". Das sind Worte, die Schiller einmal über die Gedichte von Gottfried August Bürger gesagt hat und die das Problem von Kunst und Popularität betreffen.[74] Darin kommt der Dichter des *Wilhelm Tell* zu dem Schluss, dass Popularität „eine so schwere Aufgabe" sei, „dass ihre glückliche Auflösung der höchste Triumph des Genies genannt werden kann". Der Verfasser dieser Biographie fragt sich und seine Leser: Kann man dem Hitler Adolf zugutehalten, dass er es einmal versucht hat, „Wortführer der Volksgefühle" zu werden? Er hat es wohl nie in dem aufgeklärten und verfeinerten Sinne getan, wie Schiller es verlangte. Und wenn er es versucht hat, dann ist Adolf Hitler auf jeden Fall an seinem eigenen Genie der Wirkungen tragisch gescheitert.

4. Kapitel: Georg von Schönerer

Rebell im Abseits

Spätestens durch seinen Wechsel an die Realschule Linz kam der Hitler Adolf schon als Kind mit der deutschnationalen Bewegung in Berührung. Einer ihrer Gründungsväter und lange Zeit auch wirkungsvollsten Wortführer war Georg Ritter von Schönerer gewesen. In Wien 1842 als Sohn

73 Mann 1947, S. 426.

74 Wir zitieren hier aus Mann 1956, S. 160f.

eines wegen seiner Verdienste in den erblichen Ritterstand erhobenen Eisenbahnpioniers geboren und seit 1869 auf einem Schloss im Waldviertel ansässig, machte sich Schönerer etwa zehn Jahre lang als landwirtschaftlicher und sozialer Reformer einen guten Namen, ehe er sich den Deutschliberalen und damit der Tagespolitik verschrieb. Gemeinsam mit Victor Adler, Engelbert Pernerstorfer und anderen bekämpfte er den als steril und daher letztlich auch als deutschfeindlich empfundenen Rationalismus jener Epoche aus einer linksdemokratischen Position. Unter dem Eindruck des Wiener Börsenkrachs von 1873 und des Nationalitätenkonflikts vor allem mit den Tschechen wandte sich Schönerer allmählich vom Liberalismus ab und bezog zunehmend radikal deutschnationale Positionen. Schließlich führte er den Rassenantisemitismus in die österreichische Innenpolitik ein. Zwar hatte das Linzer Programm von 1882, das unter seiner maßgebenden Mitwirkung zustande kam und „einen nationalpolitischen und sozialreformatorischen Charakter“ (Hugo Hantsch) trug, noch allgemeine Anerkennung auf dem linken Flügel des österreichischen Parteienspektrums gefunden, doch fügte ihm Schönerer drei Jahre später eigenmächtig einen so genannten „Arierparagraphen“ hinzu. Da dieser „die Beseitigung des jüdischen Einflusses auf allen Gebieten des öffentlichen Lebens“ forderte, bedeutete er die Trennung Schönerers von seinen z.T. jüdischen Kampfgefährten, die 1888/89 die *Sozialdemokratische Arbeiterpartei* gegründeten.

Als einfallsreicher Parlamentarier und mitreißender Redner genoss der ebenso beleibte wie autoritäre Waldviertler, der stets im Oberösterreich benachbarten Böhmen für den Reichsrat kandidierte, zeitweise eine erstaunliche Popularität vor allem bei der studentischen Jugend Deutschösterreichs, die nach einer zugkräftigen Gegenfigur zu Kaiser Franz Joseph I. suchte. Da er sich aber zunehmend in antisemitische und irredentistische Forderungen wie den Anschluss Deutschösterreichs an das Deutsche Reich verrannte, war Schönerers politischer Weg mit parlamentarischen Sanktionen, Ehrenhändeln und Prozessen gepflastert, bis er als eine Art „Staatsfeind“ Ende der achtziger Jahre vollends ins Abseits geriet. Nach einem Gewaltakt gegen die Redaktion des *Neuen Wiener Tagblatts* wurde er kurz vor der Geburt des Hitler Adolf zu vier Monaten schwerem Kerker, zum Verlust seines Adelstitels und zur Aberkennung seiner politischen Rechte für die folgenden fünf Jahre verurteilt.

Zwar gehörte Schönerer von 1897 bis 1907 noch einmal zehn Jahre lang als gewählter Abgeordneter dem Reichsrat an, doch war seine Macht über die deutschnationale Bewegung an der Wende vom 19. zum 20. Jahrhundert endgültig gebrochen. Während diese allmählich in mehrere miteinander zerstrittene Parteien, Verbände und Fraktionen zerfiel und damit auch im Abgeordnetenhaus ständig an Bedeutung verlor, überwarf sich Georg Schönerer durch die von ihm gegründete „Los von Rom“-Bewegung schließlich auch noch mit der römisch-katholischen Kirche. Im Reichsrat trat er nur noch selten als Redner auf. Sein letztes Mandat endete, bevor sich der junge Hitler 1907 in Wien niederließ, so dass dieser ihn nie leibhaftig zu Gesicht bekommen hat.[75] Völlig vereinsamt und weitgehend vergessen, verstarb Schönerer 1921 auf seinem Schloss Rosenau, bis ihn Adolf Hitler wenige Jahre später in *Mein Kampf* zu seinem politischen Ahnherrn erhob. Schaut man jedoch genauer hin, lässt sich diese Behauptung, die alle Hitler-Biografen in einem hohen Maße beeinflusst hat, nur bis zu einem gewissen Grade mit den Fakten in Übereinstimmung bringen.

Zwar wurde der Realschüler Hitler ohne Zweifel „in Linz deutschnational sozialisiert", wie der Historiker Michael John zutreffend schreibt.[76] Merkwürdigerweise taucht der Name Schönerers als Benennung eigener politischer Prägungen im 1. und 2. Kapitel von *Mein Kampf*, wo Adolf Hitler Rechenschaft über seine Kindheit und Jugend ablegt, jedoch nur an einer einzigen Stelle auf – und dann ausgerechnet auch nur da, wo er herbe Kritik an Georg Schönerer übt. Zwar habe dieser mit seiner Forderung nach Vereinigung aller Deutschen als erster das Richtige erkannt und gewollt, aber bei der Verwirklichung seiner Ideen auch Entscheidendes falsch gemacht.[77] Im Übrigen beschränkt sich Hitler bei der Darstellung seiner Linzer Zeit auf die nicht weiter spezifizierte Aussage, er sei damals „Nationalist" und „junger Revolutionär" geworden, wofür er nicht Schönerer, sondern seinem Lehrer Pötsch das entscheidende Verdienst zuschreibt. Pötsch war jedoch kein kompromissloser Schönerianer, weil er – zumindest aus taktischen Gründen – „auf dem Boden des österreichischen Staatsgedankens" stand.[78]

In diesen Passagen von *Mein Kampf* ist ebenfalls nirgends von einem „Anschluss" Österreichs an das Deutsche Reich die Rede – bekanntlich die politische Hauptforderung Schönerers. Zwar schreibt Hitler an einer Stelle, seine „Sympathien" hätten „voll und ganz auf der Seite der alldeutschen Richtung" gelegen, als er nach Wien gekommen sei.[79] Aus dem Kontext ergibt sich aber eindeutig als Grund für diese Sympathie lediglich der Umstand, dass Georg Schönerer „zum ersten Male die Sonde an diesen faulen Staat (Österreich)" gelegt und „den herrlichen Begriff der Vaterlandsliebe aus der Umarmung dieser traurigen Dynastie (der Habsburger) erlöst" habe. Damit bezieht sich Hitler freilich auf Verdienste, die schon in seiner Kindheit „historisch" waren und nicht auf Einzelheiten von Schönerers Politikkonzeption. Das betrifft insbesondere auch die Hohenzollern und die Monarchie als Regierungsform, die Schönerer verehrte,[80] denen

75 Pichl V 1938, S. 480: „Zeittafel der Tätigkeit Schönerers im Reichsrate". Hier werden unter dem 26. Januar 1907 ein Dringlichkeitsantrag und eine Rede Schönerers als letzte Akte seiner parlamentarischen Tätigkeit vermerkt – Pichl 1938 VI, S. 609: Die hier abgedruckte „Zeittafel der Versammlungstätigkeit Schönerers von 1897 bis 1913 enthält keinen einzigen Eintrag für Linz.

76 John 2001, S. 1318.

77 Hitler 1925 I, S. 107 ff.

78 Kandl 1963/64, S. 25 ff.

79 Hitler 1925 I, S. 106.

80 Pichl 1938 II, S. 426. Die angeblich 1881 einsetzende Hohenzollern-Verehrung habe, so Pichl, auch hinter jenem Übergriff auf die Redaktion des *Neuen Wiener Tagblatts* gestanden, die zur Verurteilung Schönerers in einem Strafprozess und damit zu-

der junge Hitler aber ablehnend gegenüberstand. Da Hitler in *Mein Kampf* zugleich betont, er sei bei seinem Wechsel von Linz nach Wien noch kein Antisemit gewesen,[81] bleibt nur der Schluss übrig, dass er damals eben auch kein überzeugter Schönerianer gewesen sein kann. Denn ein Schönerianer, der kein Antisemit war, glich einem schwarzen Schimmel, war also ein Widerspruch in sich selbst. Allerdings wird noch zu zeigen sein, dass Hitler hier nicht die ganze Wahrheit sagt.

Übrigens hält es auch August Kubizek für ausgeschlossen, dass der Hitler jemals ein überzeugter Schönerianer gewesen sei, obwohl sein Freund in der gemeinsamen Wiener Zeit gelegentlich Gegenteiliges geäußert habe, wenn auch nur „zwischen unseren vier Wänden". Begründung: „Als hungernder, existenzloser Student hätte er sich in den Reihen des Georg Ritter von Schönerer schlecht ausgenommen. Um sich diesem Manne ganz verschreiben zu können, hätte die Schönerer-Bewegung starker sozialer Impulse bedurft. Was hatte Schönerer den Massen ... zu bieten? Nichts!"[82] Auch in Bezug auf Oper und Architektur, Hitlers Lieblingsgebiete, sind außer der damals in deutschnationalen Kreisen weit verbreiteten Vorliebe für Richard Wagner keine Impulse Schönerers nachweisbar.

Schönerer und Linz

Die begriffliche Unschärfe, die Hitlers deutschnationale Sozialisation umgibt, resultiert aus der Tatsache, dass die alldeutsche Bewegung in Linz hauptsächlich durch den Anwalt Dr. Carl Beurle vertreten wurde. Zwar war dieser Burschenschafter als Jurastudent im Wien der 1870er Jahre ein fanatischer Anhänger und zuweilen auch wichtiger Stichwortgeber Schönerers gewesen. Beurle regte zum Beispiel an, die massenhafte Einwanderung von Juden aus Russland und Galizien abzuwehren und diejenigen, die bereits in Österreich waren, unter gesetzliche Kuratel zu stellen. Gemeinsam mit dem *Verband der Gewerbegenossenschaft* gelang dem von Beurle gegründeten *Deutschnationalen Verein für Oberösterreich und Salzburg* 1894/95 auch der kommunalpolitische Durchbruch in Linz, der bereits in einem früheren Kapitel dargestellt wurde.[83] Aber erste Differenzen „über Schönerers taktische Starrheit" stellten sich schon kurz darauf ein; sie vertieften sich in den Folgejahren zu einer wachsenden Kluft, die den Begriff „Apostel Schönerers in Linz", den der Historiker Kurt Twera-

gleich auch zu seiner politischen Ausschaltung für die nächsten Jahre führte. Zu diesem Übergriff kam es 1888, nachdem die Zeitung ein Extrablatt mit der Falschmeldung vom Tod Kaiser Wilhelms I. veröffentlicht hatte. Da während des Prozesses unklar blieb, ob Schönerer bei seinem Auftritt in der Redaktion den deutschen Kaiser als „unseren Kaiser" bezeichnet hatte, konnte er nicht wegen Hochverrats verurteilt werden.

81 Hitler 1925 I, S. 55: „Vom Vorhandensein einer planmäßigen Judengegnerschaft ahnte ich überhaupt noch nichts. – So kam ich nach Wien." – vgl. dazu im Einzelnen Teil III, 10. Kapitel, S. 521 ff.

82 Kubizek 1995/6, S. 248.

83 Vgl. Teil I, 6. Kapitel, S. 129 f.

ser für Carl Beurle prägte, je länger desto mehr als schieren Euphemismus erscheinen lässt.[84] Denn Beurle wandte sich nach 1886 schrittweise von Schönerer ab.

Verschiedene Faktoren hatten diese Entfremdung verursacht. Zum einen war Karl Beurle, der seit 1890 in Linz eine eigene Anwaltskanzlei betrieb, offenbar seinem ganzen Wesen nach, das von Tweraser als „gewinnend" beschrieben wird, weniger Ideologe als politischer Pragmatiker. Nachdem man seine Bewerbung um die Stelle als Erster Sekretär der Linzer Handelskammer 1886 wegen Differenzen in der „Judenfrage" abgelehnt hatte, rückte Beurle allmählich von seinen deutschnationalen und antisemitischen Positionen ab, um bei den anderen vielfach noch altliberalen Honoratioren der Stadt nicht seine gesellschaftliche Akzeptanz zu verlieren. Auf der anderen Seite waren „in der Nationalitätenfrage die Fortschrittler in Linz beinahe Schönerianer", wie Tweraser feststellt,[85] so dass es in dieser Beziehung zwischen den verschiedenen Mitgliedern des städtischen Establishments keine unüberbrückbaren Differenzen gab. Beide Vorgänge – die Anpassung Beurles an das *juste milieu* des Linzer Bürgertums und die hier offenbar vorhandene Nachbarschaft zwischen liberalem Fortschritt und deutschnationaler Bewegung – führten dazu, dass Schönerers Alldeutschtum gerade in jener Zeit, in welcher der Realschüler Hitler seine ersten politischen Impulse empfing, in Linz deutlich an Profil verlor.

Ausschlaggebend war jedoch die „beinahe vollkommene Desintegration der immer von amorphen Tendenzen bedrohten deutschnationalen Bewegung", die nach der Ausschaltung des alldeutschen „Führers" aus dem politischen Leben Mitte der neunziger Jahre eintrat, also ebenfalls gerade dann, als der Hitler Adolf politisch zu Bewusstsein kam. Bereits 1886 hatte Beurle mit Dr. Otto Steinwender Verbindung aufgenommen, einst wie er selbst ein enger Gefolgsmann Schönerers, der sich von diesem dann aber abwandte, um 1891 eine eigene Partei zu gründen, die *Deutsche Nationalpartei* (vorher *Deutscher Klub* und *Deutschnationale Vereinigung*). Die beiden „zogen eine scharfe Trennungslinie zwischen Radauantisemitismus ... und ihrer eigenen verfeinerten Marke von Antisemitismus", die allerdings nach wie vor eine gesetzliche Regelung der „Judenfrage" zum Ziel hatte.

Obwohl Schönerer 1893 wieder in seine politischen Rechte eintreten durfte, zerfiel die deutschnationale Bewegung in den folgenden Jahren immer weiter. Denn nicht nur für Beurle war die Unfähigkeit des alldeutschen Führers, wenigstens jetzt „der deutschnationalen Bewegung Richtung und Ziel zu geben ... eine große Enttäuschung", wie Kurt Tweraser schreibt.[86] So gründete der Linzer Anwalt 1892 den *Deutschen Volksverein*, der in den folgenden Wahlkämpfen äußerst erfolgreich als *Deutsche Volkspartei*

84 Tweraser 1989, das obige Zitat auf S. 72.
85 Ebda., S. 74 f.
86 Ebda., S. 80.

auftrat,[87] und übernahm in ihr 1896 selbst Leitungsfunktionen. In den Augen „echter" Schönerianer handelte es sich dabei jedoch nicht um eine ernst zu nehmende Vertretung deutschnationaler Interessen, sondern nur um die „allergetreueste schwarzgelbe Oppositionspartei", wie es bei ihnen in Anspielung auf die Farben der Habsburgermonarchie mit beißendem Spott hieß.[88]

Nach Steinwender und Beurle begann sich 1901 mit Karl Hermann Wolf schließlich auch noch ein dritter wichtiger Gefolgsmann von Schönerer zu trennen, der ein Jahr später die *Deutschradikale Partei* gründete. Maßgebend dafür waren Schönerers antikatholische „Los von Rom"-Bewegung und dessen „Preußenseuchlerei", wie man seine fixe Idee, Deutschösterreich unter allen Umständen an Preußen-Deutschland anzuschließen, mittlerweile ironischerweise selbst in deutschnationalen Kreisen nannte. So bot die deutschnationale Bewegung dem politisch erwachenden Realschüler Hitler ein heterogenes und diffuses Bild, in dem die erratische Figur Georg Schönerers immer mehr in den Hintergrund trat und an Bedeutung verlor. Da die ideologischen Grenzen nicht nur zwischen Liberalen und Deutschnationalen, sondern auch zwischen den einzelnen Gruppierungen der Deutschnationalen selbst fließend waren, konnte man diese zwar vielleicht noch unter dem unscharfen Sammelbegriff der „Alldeutschen" oder „Schönerianer" zusammenfassen, wenn man an ihre gemeinsamen Ursprünge dachte. Doch hatte dieser Begriff Anfang des 20. Jahrhunderts im Grunde jede konkrete Aussagekraft verloren. Es ist daher kein Zufall, sondern Zeichen einer gewissen Orientierungslosigkeit, wenn Reinhold Hanisch von Hitler berichtet: „Er war ein großer Verehrer Schönerers. Auch Karl Wolf war sein Mann."[89] Denn Schönerer und Wolf waren innerhalb der deutschnationalen Bewegung zu jenem Zeitpunkt längst geschiedene Leute.

Bei der Reichsratswahl von 1897, diesem Sturmjahr der österreichischen Innenpolitik, errang die *Deutsche Volkspartei* einen erdrutschartigen Sieg, und zwar nicht nur in Linz. Sie zog mit 42 Sitzen in das Abgeordnetenhaus des Reichsrats ein. Für ihren radikalen Flügel, der sich „Neue Linke" nannte, hatte die nationale Frage „unbedingten Vorrang" (Lothar Höbelt). Sie war außerdem bürgerlich, antikapitalistisch und antiklerikal, aber nicht unbedingt antikatholisch. Auch war ihr Antisemitismus ein gemäßigter. Wenn man den damals noch vorwiegend musisch und schöngeistig interessierten Hitler Adolf der Linzer Zeit überhaupt politisch verorten kann, dann in der Nähe zu dieser Partei, die allerdings bei den Wahl von 1907 schon wieder gewaltig in sich zusammenschrumpfte und 1910 im *Deutschen Nationalverband* aufging.

87 Die *Deutsche Volkspartei*, die bei den Wahlen zum Reichsrat seit 1897 von Sieg zu Sieg eilte, rechnet der Wiener Historiker Lothar Höbelt der „deutschen Linken" innerhalb des deutschnationalen Lagers zu; vgl. Höbelt 1990, S. 127f., insbesondere S. 167.

88 Pichl 1938 V, S. 101.

89 Op. cit. Hamann 1996/4, S. 238. Trotz mehrfacher Durchsicht von Hanischs Bericht konnte die Textstelle dort nicht gefunden werden.

Neuromantik versus Tagespolitik

Über den Zerfall der deutschnationalen Bewegung in verschiedene, bald gegenseitig verfeindete, bald miteinander koalierende Lager war der Hitler Adolf im Großen und Ganzen gewiss informiert, denn er war ja schon in Linz ein eifriger Zeitungleser. Ideologische oder parteitaktische Einzelheiten werden ihn aber kaum interessiert haben, denn er schwebte ja bekanntlich in höheren Sphären. Wie bereits dargestellt, war sein politischer Ansatz damals noch künstlerischer Natur. Als eine Art geistiger Führer *in spe* wollte der pubertierende Realschüler eines Tages die Herzen der Deutschösterreicher mit Hilfe der Malerei erobern, um – wie und wann auch immer – zu ihrer Befreiung von der Habsburger Zwangsherrschaft beizutragen. Dafür arbeitete er, dafür litt er, das war sein Traum. Gewiss nahm Adolf am Linzer Vereinsleben und an einzelnen antihabsburgischen Aktionen seiner Schulkameraden teil. Insofern wurde er von dem hier herrschenden Deutschnationalismus sicher ganz allgemein tief geprägt. Aber noch lieber hielt er sich von den Niederungen der Tagespolitik fern, um zu Stift und Pinsel zu greifen, sich in das Studium der Weltgeschichte zu vertiefen und mit seinem Freund in die Oper zu gehen.

Dass sich hinter seinen künstlerischen Ambitionen mehr als Faulheit und die Unfähigkeit zu geregelter Arbeit verbarg, wurde bereits dargelegt. Ergänzend dazu ist hier aber auch noch auf jene „antirationalistische Politikkonzeption“ hinzuweisen, die seit den siebziger und achtziger Jahren des 19. Jahrhunderts von großen Teilen der deutschnationalen Studentenschaft Österreichs gepflegt wurde. Auf ihren „romantisch-emotionalen Stil“ sowie auf „die bemerkenswerte intellektuelle Beziehung in der Entwicklung von symbolistischer Kunst und populistischer Politik“ haben Kurt Tweraser und William J. McGrath schon vor Jahrzehnten hingewiesen, ohne dass dies von der Hitler-Biographik bisher angemessen rezipiert worden ist.[90] Wie stark sich der Hitler Adolf jedoch mit jener antirationalistischen Politikkonzeption identifizierte, ergibt sich allein schon daraus, dass er trotz fehlender Matura um fast jeden Preis „Student“ sein wollte. Das war das Leitbild seiner Linzer und frühen Wiener Zeit, weshalb ihn sein späterer Freund Kubizek nach Gebaren und Kleidung auch schon für einen Studenten hielt, als er den Sechzehnjährigen 1905 im Landestheater erstmals sah und kennen lernte.[91]

Der neoromantisch-emotionale Stil der akademischen Jugend war eine Reaktion auf den Hochliberalismus, der Österreich von 1867 bis Ende der siebziger Jahre beherrscht hatte. Seine Anhänger kritisierten einen Individualismus, der sich ihrer Meinung nach vor sozialer Verantwortung drückte, kosmopolitische Einstellungen übertrieb und sich in intellektuellen Spitzfindigkeiten verlor, statt das deutsche Volk in allen seinen Stämmen, Ländern und Schichten zu lieben und sich für dessen Zukunft

90 McGrath 1974, S. 2.

91 Kubizek 1995/6, S. 19.

aktiv einzusetzen. Wichtigste Keimzelle dieses Stils war ursprünglich jene 1865/66 in Wien gegründete „Telyn-Gesellschaft" gewesen, der zunächst nur Engelbert Pernerstorfer, Victor Adler, Heinrich Friedjung, Max Gruber und Gustav Mahler angehörten, der sich aber später – in veränderter organisatorischer Form – auch noch andere Intellektuelle und Politiker anschlossen, unter ihnen zeitweise auch Georg Schönerer.[92] Die Impulse, die von diesem geistigen Nukleus noch Jahrzehnte später ausgingen, haben die ästhetische Entwicklung des jungen Hitler in erheblichem Maß beeinflusst, und zwar weniger in einem intellektuell reflektierten, als in einem emotionalen Sinne. Sie rücken ihn im politischen Spektrum der Habsburger Monarchie weiter nach links, als man bisher im Allgemeinen angenommen hat. Ähnliches gilt übrigens auch für die erstmals von Erik Erikson als „typisch deutsch" bezeichnete Revolte der deutschösterreichischen Söhne gegen ihre Väter: Ebenso wie dem Hitler Alois von Adolf der Vorwurf gemacht wurde, seinen jugendlichen Idealismus an einen servilen Konservatismus verraten zu haben, hatten die Mitglieder der „Telyn-Gesellschaft" ihren Vätern ebenfalls geistige Korruption zu Lasten ihrer deutschnationalen Gesinnung vorgeworfen.[93]

Teils von den Krisen und Kriegen der hochimperialistischen Epoche auf dem Balkan, im Orient, im Fernen Osten und in verschiedenen Teilen Afrikas in nervöser Spannung gehalten, teils durch den Nationalitätenkonflikt ständig an ihre deutschen Wurzeln erinnert und zusätzlich noch von den wirtschaftlichen und sozialen Verwerfungen des hochkapitalistischen Industriezeitalters herausgefordert, wollte die deutsch-österreichische Jugend im letzten Drittel des 19. Jahrhunderts vom vorsichtig kalkulierenden Rationalismus ihrer liberalen Väter oft nichts mehr wissen. Ihr neoromantisch-emotionaler Stil, mit politischen und sozialen Fragen umzugehen, wurde u.a. durch den Schiller- und Bismarck-Kult genährt und erreichte mit dem Festkommers zu Ehren des kürzlich verstorbenen Richard Wagner am 5. März 1883 in Wien einen einmaligen Höhepunkt. Diese von 4.000 Menschen besuchte Massenveranstaltung in den Wiener Sofiensälen, auf der Pernerstorfer, Beurle und Hermann Bahr unter einer riesigen schwarzweißroten Fahne des Deutschen Reiches von 1871 als Redner auftraten, entwickelte sich unter den Klängen von Wagners Musik und den Gesängen der Anwesenden zu einer so gewaltigen gesamtdeutschen Manifestation, dass sie von der Polizei vorsichtshalber aufgelöst wurde, bevor sie endgültig außer Kontrolle geriet. Auf die deutschnationale Bewegung wirkte diese denkwürdige Veranstaltung jedoch noch Jahrzehnte später wie eine einzige überzeugende Bestätigung jener Synthese aus Religion, Kunst und Politik nach, die der Bayreuther Meister einst als Geheimnis der

92 Die Gesellschaft nannte sich nach einem harfenähnlichen Instrument der Kelten. Ihre Mitglieder symbolisierten damit die in der deutschösterreichischen Gesellschaft des 19. Jahrhunderts immer populärer werdende Suche nach den eigenen kulturellen Wurzeln; McGrath 1974, S. 17.

93 Erikson 1963, S. 334f.

griechischen Tragödie erkannt und seiner Forderung nach einer kulturellen Wiedergeburt Deutschlands zugrunde gelegt hatte.

Diese Studenten öffneten sich unter Berufung auf den Sturm und Drang, die Romantik und die Freiheitskriege sowie auf Schopenhauer, Nietzsche und Wagner irrationalistischen Strömungen mit völkischen Ober- und Untertönen, für deren massenwirksame Artikulation Georg Schönerer zeitweise die passende Sprache und mit den Juden auch ein handfestes Ziel gefunden hat, obwohl er noch nicht zu Gewalttätigkeiten gegen letztere aufrief. Ebenso wie einst der Wagner-Festkommers zogen Schönerers Veranstaltungen die Menschen gelegentlich zu Tausenden an. So war der Alldeutschen-Führer wahrscheinlich der erste Massenredner der österreichischen Geschichte überhaupt, ein Anwalt der kleinen Leute und in den Augen seiner begeisterten Anhänger eine Art „Volkstribun". Als Schönerer jedoch um die Jahrhundertwende durch Gründung einer „Charakteristischen Burschenschaft" den antisemitischen Gedanken über den akademischen stellte, indem er Juden grundsätzlich die Aufnahme verwehrte, trennte sich der Linzer Delegierten Convent unter Leitung von Dr. Julius Sylvester, einem engen Freund Beurles, ebenfalls von ihm, was noch einmal die damals eintretende Isolierung des alldeutschen Führers selbst in der akademischen Jugend Deutschösterreichs unterstreicht.[94]

Ausgangspunkt der radikalen Forderungen, die Adler, Pernerstorfer und deren Freunde einst erhoben hatten, waren sowohl ästhetisch-philosophische Fragen als auch national-soziale Probleme. Das gemeinsame Ziel bestand in einer „ästhetischen Politik" oder, wie Pernerstorfer es einmal ausdrückte, in „freundlichen Beziehungen zwischen deutscher Kunst und deutscher Politik",[95] was dem von Wagner und Nietzsche geprägten Ideal einer kulturellen Gemeinschaft sehr nahekam. Politik wurde nicht mehr isoliert als Gegenstand rationaler Kalkulationen und taktischer Spielchen im abgehobenen – und daher als unecht und lügnerisch empfundenen – Stil traditioneller Kabinetts- oder Parteipolitik verstanden, sondern als überpolitischer, lebendiger und „wahrer" Ausdruck des Volkes, als „Metapolitik" (Engelbert Pernerstorfer) im Dienst nationaler Solidarität und Identität. Dadurch sollte jeder einzelne Deutschösterreicher befähigt werden, sich das geistige Erbe der Nation anzueignen, „um gleichzeitig ein empfangendes und schaffendes Mitglied im großen Körper der deutschen Volksgemeinschaft zu sein".[96] Zu Recht hat man in diesen Ansichten sowohl „eine in sich schlüssige ideologische Alternative zum liberalen Credo" (William McGrath) als auch Ansätze für einen nationalen Sozialismus vor Hitler gesehen.

---

94 Beurle hatte Schönerer 1874 stolz gemeldet, seine eigene Verbindung, die „Libertas" – die Kurt Tweraser als „eine der ersten Brutstätten des Rassenantisemitismus" bezeichnet und der auch Sylvester angehörte – sei „judenrein". Diese Tatsache zeigt, welchen weiten Weg die beiden bis zu ihrer Trennung in der so genannten „Judenfrage" zurückgelegt haben. Vgl. Tweraser 1989, S. 69.

95 McGrath 1974, S. 182.

96 Ebda., S. 185: So Pernerstorfer am 16. September 1882.

„Großdeutschland“ versus „Anschluss“

Unter dem Einfluss der deutschnationalen Bewegung gewöhnte sich der fünfzehnjährige Hitler Adolf schon in Linz daran, zwischen „dynastischem ‚Patriotismus‘ und völkischem ‚Nationalismus‘“ zu unterscheiden.[97] Mit dem einen meinte er die Treue zum Habsburgerreich, mit dem anderen diejenige zum „ganzen Deutschtum“, das die Habsburger und die Hohenzollern im Lauf des 19. Jahrhunderts „in zwei verschiedene Machtbereiche“ aufgeteilt hatten. Obwohl er sich klar zum „völkischen Nationalismus“ bekannte, weil er die Habsburger als Feinde des Deutschtums hasste, schienen dem jungen Hitler die Kaiserinsignien des Heiligen Römischen Reiches Deutscher Nation, die in der Schatzkammer der Hofburg zu Wien aufbewahrt wurden, immer noch wie ein „wundervoller Zauber weiter zu wirken als Unterpfand einer ewigen Gemeinschaft“ aller Deutschen.[98] Im Stillen hoffte Adolf daher, dass sich der österreichisch-deutsche Dualismus irgendwann einmal zugunsten jener übergeordneten Einheit überwinden ließe, wie sie in früheren Jahrhunderten zwischen den Deutschen diesseits und jenseits der Donau auch formal in Gestalt eines gemeinsamen Reichsverbandes bestanden hatte.

Für Adolf waren es vor allem die Habsburger, die das gesamtdeutsche Schicksal aus lauter Eigennutz unheilvoll beeinflusst hatten. Ihre slawenfreundliche Politik lieferte ihm dafür den letzten Beweis. Infolgedessen konnte er *rebus sic stantibus* nur in der „Vernichtung Österreichs“ die Voraussetzung für „die Sicherung des Deutschtums“ sehen. Zweifellos wäre der sofortige Anschluss Deutschösterreichs an das Deutsche Reich dafür ein naheliegender, weil direkter Weg gewesen. Denn wäre dieses Ereignis eingetreten, hätten sich die slawischen Nationalitäten dem östlichen Nachbarn Russland angeschlossen, und die Habsburgermonarchie wäre binnen kurzem auseinandergefallen. Aber abgesehen davon, dass sich der junge Hitler ein solches Ereignis bestenfalls nach einer längeren Periode des inneren Zerfalls vorstellen konnte,[99] gab es zwei Gründe, weshalb ihm ein einfacher „Anschluss“ von Österreich damals als nicht gangbarer Weg erschien. Erstens hatte ausgerechnet jenes Bündnis, welches das Deutsche Reich 1879 mit den Habsburgern geschlossen hatte, die befürchtete „Ausrottung des Deutschtums in der alten Monarchie“ sanktioniert, und zweitens schienen dem jungen Hitler die maßgebenden Politiker des Deutschen Reiches, die das seiner Meinung nach schon weitgehend slawisierte Österreich immer noch für einen deutschen Staat hielten, „mit Blindheit geschlagen“ zu sein. Er hatte also massive Vorbehalte gegen das Deutsche Reich und dessen Österreich-Politik, die einen simplen „Anschluss“ in seinen Augen verbaten.

Infolgedessen wollte Adolf die von ihm gehassten Habsburger als Erstes durch eine Revolution stürzen, was nicht nur die politischen Struk-

97 Hitler 1925 I, S. 11 f. Dort auch die folgenden Zitate.

98 Ebda., S. 11.

99 Ebda., S. 39.

turen Österreichs, sondern womöglich auch die des Deutschen Reiches grundlegend verändern und damit das Deutschtum auf eine völlig neue Basis stellen würde. Mit anderen Worten: Bei allen Vorbehalten gegen das westliche Demokratie-Modell und die Monarchie gleichermaßen wollte er eine erfolgreiche Wiederholung der gescheiterten Revolution von 1848/49, über die er „Beträchtliches gelesen" hatte:[100] Als gesamtdeutsche Einheit, die sich „unten" auf den Volkswillen stützte und die „oben" ein deutscher Fürst als autoritäre Spitzenvertretung des Ganzen repräsentierte, war das damals verfehlte „Reich" für ihn offenbar jenes Modell der Zukunft, das lange Zeit auch Richard Wagner vorgeschwebt hatte.[101] In der Tat hatten die Deutschen innerhalb und außerhalb Österreichs erstmals 1848/49 versucht, sich auf ein gemeinsames Reich zu einigen. Letztlich scheiterten sie damit aber am Eigensinn Wiens und Berlins, so dass es in den Jahren danach zu einer Neuauflage des österreichisch-preußischen Dualismus innerhalb jenes gemeinsamen Reichsverbandes gekommen ist, der damals „Deutscher Bund" hieß. Zwar wurde dieser 1866 durch die gewaltsame Ausgrenzung Österreichs aus dem „kleindeutschen" Reich endgültig beseitigt. Das hinderte den jungen Hitler aber nicht daran, sich auch drei Jahrzehnte später noch Gedanken über ein „großdeutsches" Reich zu machen, das mindestens Böhmen, Mähren und den österreichischen Teil Schlesiens, wenn nicht sogar das Deutschland traditionell wohlgesonnene Ungarn umfassen sollte.[102]

Den geistigen Hintergrund für seine Versuche, ein neues Reich für alle Deutschen zu erfinden, bildeten unkonventionelle Ideen, wie sie z.B. in den Werken von Constantin Frantz (1817–1891) zum Ausdruck kamen. Im konservativ-christlich-antisemitischen Spektrum war dieser Frantz einer der bekanntesten politischen Schriftsteller des 19. Jahrhunderts. Er wurde 1862 aus dem preußischen Staatsdienst entlassen, weil er Kritik an der Politik Preußens während des Krimkrieges geübt hatte und das von ihm vertretene Bild eines föderalistisch strukturierten Großdeutschland nicht mehr in eine deutschlandpolitische Landschaft passte, die zunehmend das preußische Hegemoniestreben prägte. Seit 1865 Korrespondenzpartner Wagners, publizierte Frantz auch in den *Bayreuther Blättern*, bis es über Schopenhauers Philosophie zum Bruch zwischen den beiden kam.

---

100 Hanisch 1939, S. 6.

101 So bezeichnete sich Hitler in der Rede, die er am 31. März 1938, unmittelbar nach dem so genannten „Anschluss", im Kaisersaal des Frankfurter Römers hielt, als „Vollender einer Sehnsucht, die einst hier ihren Ausdruck fand" (Domarus 1972 I 2, S. 841). Vgl. dazu aber auch Hitler 1925 I, S. 80, wo sich der Autor rückblickend gegen den „Geist der westlichen Demokratie" ausspricht, der dem Frankfurter Paulskirchenparlament zum Verhängnis geworden sei.

102 In diesem Zusammenhang berichtet Roberts 1938, S. 4, der Deutschland vor Kriegsausbruch bereiste, der Realschüler Hitler habe seine Klassenkameraden, die ihn irgendwann einmal neckten, mit glasigem Blick fixiert und würdevoll mit den Worten zurechtgewiesen: „Ich lösche die deutschen Grenzen aus und mache sie größer, mache sie größer." Dies, so Roberts, habe ihm einer von Hitlers früheren Schulkameraden erzählt.

Frantz und zeitweise auch Wagner schwebte ein mitteleuropäischer Bund mit einem Großdeutschland als Zentrum vor. In einem seiner Hauptwerke über *Die Wiederherstellung Deutschlands* hatte der Publizist daher die beiden deutschen Großmächte Preußen und Österreich aufgefordert, auf ihre wechselseitigen Vorherrschaftsansprüche zu verzichten und sich mit den deutschen Mittelstaaten zu einem „Trinum" zu verbinden, zu einem staats- und völkerrechtlichen Gebilde *sui generis*, das als dritte und letzthin entscheidende Kraft gewissermaßen über Österreich-Ungarn und Preußen schweben und somit ein drittes, höheres oder reineres Reich verkörpern sollte – gereinigt von den profanen Machtrivalitäten früherer Zeit.

Niemand weiß, ob der junge Hitler die Werke von Constantin Frantz jemals zur Kenntnis genommen hat. Bedeutsam wurden sie aber für ihn dadurch, dass Frantz die deutschlandpolitische Konzeption Richard Wagner beeinflusst hat, jenes Fixsterns am geistigen Himmel des jungen Hitler, dem dieser in fast allen Belangen gefolgt ist. Außerdem war Frantz nicht der einzige, der über eine dialektische Lösung der deutschen Frage nachdachte, bei der sich der österreichisch-preußische Gegensatz in einer gesamtdeutschen Synthese aufheben sollte. Insbesondere hatten z. B. auch schon der sächsische König und dessen Regierungschef Friedrich Ferdinand Graf von Beust daran gedacht, wie deren Politik in der schleswigholsteinischen Frage noch Mitte der 1860er zeigte. Bei der Erörterung der zweckmäßigsten oder idealen Organisation eines neuen oder „dritten" Reiches jenseits des österreichisch-preußischen Gegensatzes hat es sich somit um einen kräftigen Traditionsstrang im deutschlandpolitischen Diskurs vor allem der vielen deutschen Klein- und Mittelstaaten gehandelt. Denn diese befürchteten zu Recht, über kurz oder lang zwischen die beiden deutschen Großstaaten wie zwischen Hammer und Amboss zu geraten. Die öffentliche Diskussion über ein solches „drittes Reich" wurde also beileibe nicht nur von Constantin Frantz bestimmt, so dass der junge Hitler gedanklich daran teilhaben konnte, auch wenn er die einschlägigen Werke dieses Publizisten nicht gelesen und auch nicht Kenntnis von Wagners Überlegungen genommen hat.

Wie stark Richard Wagner von Constantin Frantz wenigstens vorübergehend beeinflusst wurde, geht aus jenem „Aufruf" an die deutschen Fürsten" hervor, den der Komponist unter dem Titel „Preußen und Österreich" im Juni 1866, also kurz vor dem preußisch-österreichischen Waffengang, formuliert hatte.[103] In ihm wies Wagner nicht dem sächsischen, sondern dem bayerischen König Ludwig II. als dem Repräsentanten des ältesten und, wie er meinte, mächtigsten deutschen Volksstammes eine führende

103 RWMN, B II c 12: „Preußen und Österreich. Ein Aufruf. 3 Kleine Blätter" (hdschr. Fragment, undatiert), und, was die Beziehung Frantz–Wagner angeht, Westernhagen 1938, S. 43–53. Wagners „Aufruf" wurde noch nie gedruckt und wird hier zum ersten Mal ausgewertet. Der Verf. dankt dem Direktor des Richard-Wagner-Museums und Nationalarchivs, Dr. Sven Friedrich, für seinen Hinweis vom 21. Juni 2002. Friedrich datiert die undatierte Marginalie auf das Jahr 1866, also auf die deutschlandpolitische Entscheidungssituation des 19. Jahrhunderts.

Rolle um das Werden und Wachsen eines dritten Reiches zu. Ludwig sollte einen deutschen Fürstenkongress nach Nürnberg oder Bamberg einberufen, um einen neuen „deutschen Bund" zu gründen.[104] Dieser sollte sich aus einem engeren Bund, dem Preußen und die deutschen Gebiete Österreichs angehörten, sowie aus einem weiteren Bund mit den nicht-deutschen Gebieten Österreichs zusammensetzen. An diesen weiteren Bund, so glaubte Wagner, würden sich bald auch die Schweiz, Belgien, Holland und Dänemark anlehnen, so dass aus diesem neuen deutschen Bund über kurz oder lang eine kontinentaleuropäische Großmacht entstehen würde.

Die Leitung des gesamten Gebildes sollte ein von den deutschen Fürsten gewähltes Direktorium mit einem Prinzen an der Spitze übernehmen, das über ein gemeinsames Bundesheer gebot. Als Repräsentant eines höheren, reineren oder dritten Deutschlands hatte jenes Gremium die Einzelheiten der doppelten Bundesverfassung sowohl mit Preußen als auch mit Österreich auszuhandeln – als quasi neutrale Instanz und damit auch moralische Autorität, die über dem Ganzen schwebte. Zu verfassungspolitischen Details zählte in erster Linie der Allianzvertrag, der zwischen dem engeren und dem weiteren Bund zu schließen war. Bundesverfassung und Allianzvertrag sollten Bestand und Selbständigkeit der preußischen und österreichischen Monarchie sowohl untereinander als auch im Verhältnis zu den übrigen europäischen Mächten verteidigen wie gleichermaßen auch den Bestand und die Eigenständigkeit eines jeden Bundesstaates gegenüber Österreich und Preußens gewährleisten. Darüber hinaus sollte der neue deutsche Bund aber auch Garant für die „innere deutsche Freiheit" sein, weil die Fürsten – nach Wagners Überzeugung – nur solange politisch überleben würden, wie das Volk hinter ihnen stand, sie sich also als Vertreter „des Ganzen" ausweisen konnten. Ausgehend von dem Grundsatz, dass Freiheit nur sichern kann, wer Macht hat, glaubte der hier als Staatstheoretiker auftretende Musikdramatiker, dass „nur die begeisterte Betheiligung des Volkes ... den Fürsten die ihnen nöthige Macht geben" könne. In dieser „Wechselwirkung" zwischen Fürstenmacht und plebiszitärer Mitwirkung sah er „die Gewähr der deutschen Freiheit auch nach innen".[105]

Den staatspolitischen Konzepten von Frantz und Wagner war gemeinsam, dass sie den Dualismus der beiden deutschen Führungsmächte auf einer übergeordneten dritten Ebene aufheben wollten – der eine durch ein so genanntes „Trinum", der andere durch Bundes- und Allianzverträge zwischen allen deutschen Fürsten. Für die Haltung des jungen Hitler zu Schönerer war entscheidend, dass beide Autoren – im Gegensatz zu diesem – Deutschösterreich nicht einfach an das Deutsche Reich von 1871 „anschließen" wollten, sondern an ein völlig neu zu erschaffendes

104 Der alte, noch vom Wiener Kongress begründete „Deutsche Bund" war 1866 durch die Gründung eines nur mehr „Norddeutschen Bundes" durch Preußen und 1871 durch die Gründung des Deutschen Kaiserreiches schrittweise untergegangen.

105 RWMN, B II c 12: Preußen und Österreich. Ein Aufruf. 3 kleine Blätter (handschr. Fragment, undat.), S. 4.

Reich dachten, in dem auch das Territorium der Habsburgermonarchie in seiner historisch gewachsenen Struktur, mit ihren deutschen und nichtdeutschen Gebieten, ihren Platz würde finden können. Diesem „großdeutschen" Ansatz, dem zugleich eine gesamteuropäische Bedeutung zukam, stand der junge Hitler in der geistigen Nachfolge von Richard Wagner und Constantin Frantz näher als dem simplen Anschlussgedanken Georg von Schönerers, der in seinen Augen zudem noch den Nachteil hatte, von einer deutschösterreichischen Initiative auszugehen. Denn ein integrierter Machtblock von einer Größe und Festigkeit, wie sie Wagner, Frantz und dem jungen Hitler als Ideal vorschwebte, hätte das Gewicht der europäischen Flügelmächte England, Frankreich und Russland zumindest aufgewogen und die Gefahr einer Einkreisung und Vernichtung der beiden Einzelreiche Deutschland und Österreich-Ungarn, die Bismarck und Franz Joseph I. nur lose miteinander verbunden hatten, in einem immer denkbaren Kriegsfall wahrscheinlich ausgeschlossen.

Die Frage, wie konkret sich der Hitler Adolf diesen Konzepten von einem dritten Reich schon damals im Einzelnen angeschlossen hat, muss mangels aussagefähiger Quellen offenbleiben – zumindest in Linz war er noch gar nicht an Einzelfragen der staatlichen Neugestaltung interessiert. Dennoch waren jene Ideen und Konzepte bereits Teil eines deutschlandpolitischen Diskurses, der ihn nicht gleichgültig lassen konnte, auch wenn manches davon durch die Gründung des Bismarck-Reiches mittlerweile überholt zu sein schien. Immerhin wurde selbst Richard Wagner nach 1871 in seiner Ablehnung des kleindeutschen Reiches schwankend. Er suchte vergebens die Nähe zu Bismarck, dem Adolf damals, wie bereits geschildert, nicht nur wohlwollend gegenüberstand. So nimmt es nicht weiter wunder, dass dieser an jener Idee eines großdeutschen Reiches als Fixpunkt seiner staatspolitischen Vorstellungen festhielt, das die Revolutionäre 1848/49 anfangs ebenfalls angestrebt hatten und das dem Heiligen Römischen Reich Deutscher Nation durch die ursprünglich beabsichtigte Einbeziehung Österreichs historisch näher gestanden hätte als das Reich von 1871. Wenn der junge Hitler so auffallend oft von diesem „Reich" schwärmte, wie es August Kubizek für 1908 und Reinhold Hanisch für 1910/11 bezeugen,[106] dann meinte er somit auf keinen Fall das preußisch-deutsche Bismarck-Reich mit Kaiser Wilhelm II. an der Spitze.[107] Zwar sang er gemeinsam mit Hanisch im Wiener Männerheim manchmal *Die Wacht am Rhein*, eine musikalische Kampfansage an den damaligen Erzfeind Frankreich, die im Reich nach 1871 zu einer Art Nationalhymne aufgestiegen war, und seine Augen sollen dabei sogar vor lauter deutschnationaler Begeisterung geglänzt haben. Wie er aber wirklich über Preußen-Deutschland dachte, hat er Hanisch mit dem Satz verraten, „dass wir

106 Kubizek 1995/6, S. 180 und S. 212 ff., sowie Hanisch 1939, S. 2 und S. 5.

107 Hanisch gegenüber nannte Hitler den deutschen Kaiser verächtlich „einen eitlen Schwätzer, der für Denkmäler posierte"; Hanisch 1939, S. 9.

in Österreich uns immer auf unsre eigne Stärke verlassen müssten, wenn die deutsche Zivilisation in Gefahr sei".[108]

Tatsächlich lässt das, was der Hitler Adolf in diesem Zusammenhang sagte, eine beträchtliche Distanz zum außerösterreichischen Deutschland – und insbesondere Preußen – erkennen: „Wo waren die Norddeutschen, als die Türken Wien bedrohten?" fragte er z.B. seinen zeitweiligen Geschäftspartner, um sich gleich selbst die Antwort zu geben: „Ein Pole, König Johann Sobieski, habe Wien gerettet. Der Neid zwischen den Herrschern Deutschlands habe die Teilung Deutschlands unter Napoleon herbeigeführt. Friedrich der Große sei niederträchtig genug gewesen, Deutschlands Erzfeind Frankreich gegen seine deutschen Brüder anzurufen, und Bismarck habe nicht gezögert, in seinem Bruderkrieg (gegen Österreich 1866 – D. B.) das Bündnis mit Italien zu suchen." Deutlicher als alles andere sprechen diese Aussagen dafür, dass der junge Hitler das Hohenzollernreich von 1871 schon damals für keine unverrückbare Gegebenheit mehr hielt, an die sich Deutschösterreich einfach anzuschließen hätte. Wenn er sich Hanisch gegenüber „sehr enthusiastisch über das Reich" äußerte, dachte er an etwas Drittes in größeren geschichtlichen und territorialen Zusammenhängen. Diese verwiesen auf ein Phantasiereich der Zukunft, das Österreich und Preußen-Deutschland überwölben und auf einer höheren Ebene zu einer großdeutschen Einheit zusammenschließen sollte. Dies bestätigt auch August Kubizek, der berichtet, der junge Hitler habe bei den Gesprächen, die sie führten, stets von einem nicht näher definierten „Reich" gesprochen. „Wenn aber mein Freund das Wort ‚Reich' gebrauchte, meinte er damit mehr als nur den deutschen Staat, ... denn in diesem Wort ‚Reich' musste alles Raum haben, was ihn politisch bewegte, und das war viel."[109]

Vor allem aber – und das war wohl das Entscheidende – ist der junge Hitler im Lauf seiner Wiener Jahre zu der Überzeugung gelangt, dass Schönerer einen grundfalschen Ansatzpunkt gewählt hatte, als er den Anschluss Österreichs an das Deutsche Reich von Österreich aus suchte. „Immer klarer sah ich endlich auch", so schreibt Adolf Hitler rückblickend in *Mein Kampf*, „dass das Schicksal der deutschen Nation nicht mehr von dieser Stelle aus (also von Österreich aus – D. B.) entschieden würde, sondern im Reiche selber. Dies galt aber nicht nur für allgemeine politische Fragen, sondern nicht minder auch für alle Erscheinungen des gesamten Kulturlebens überhaupt."[110] Dieser Grundgedanke hat letztlich wohl auch hinter seinem Entschluss vom Frühjahr 1913 gestanden, nach München zu gehen. Denn dort stand mit dem bayerischen König bis 1918/19 offensichtlich der laut Wagner wichtigste Akteur für die Umsetzung einer deutschlandpolitischen Konzeption bereit, die bei aller Vergangenheitsbezogenheit auch nach Meinung des jungen Hitler in die Zukunft wies.

108 Hanisch 1939, S. 5.
109 Kubizek 1995/6, S. 91
110 Hitler 1925 I, S. 131.

Schönerer und die Stumpergasse

Auch für die Wahl seiner ersten Behausung in Wien hat Schönerer sicherlich nur eine untergeordnete Rolle gespielt. Zwar trifft es zu, dass sich in der Stumpergasse Redaktion und Druckerei des *Alldeutschen Tagblatts* ansässig waren[111] – benannt nach der mittlerweile zu einer unbedeutenden Splittergruppe herabgesunkenen Schönerer-Bewegung, die sich erst seit 1901 in Anlehnung an ihr reichsdeutsches Vorbild „Alldeutsche Vereinigung“ nannte. Auch befand sich in geringer Entfernung ein Vereinslokal, in dem sich Anhänger und Sympathisanten jener „Vereinigung“ trafen. Allerdings hat sich diese schon 1904 „infolge der um sich greifenden Gesinnungsarmut“ selbst auflöst – also vier Jahre, bevor der junge Hitler endgültig nach Wien gegangen ist.[112] Sicher kann man nicht ganz ausschließen, dass dieser hier gelegentlich verkehrte und auch hin und wieder das *Alldeutsche Tagblatt* las. Aber für die Wahl seiner Aufenthaltsorte in der Reichshauptstadt – das waren die Bezirke Mariahilf und Brigittenau, eventuell auch Meidling – war die Nähe zu der hier lebenden Arbeiterschaft viel entscheidender, weil der junge Mann sich von dieser zumindest zeitweilig eine Unterstützung bei der Verwirklichung seiner deutschnationalen Träume versprochen hat. Im Übrigen wurde der Hitler Adolf, wie Adolf Hitler in *Mein Kampf* zugibt,[113] Schönerer in Wien sofort untreu, indem er den dortigen Bürgermeister Lueger zu seinem politischen Idol erkor, wovon im übernächsten Kapitel zu handeln sein wird.

Fazit: Auf Georg Schönerer als seinen politischen Lehrmeister konnte sich Adolf Hitler 1925, als der erste Band von *Mein Kampf* erschien, getrost berufen, ohne Gefahr zu laufen, sich in Widersprüche zu verwickeln und dadurch selbst zu beschädigen. Denn so genau wie er kannten sich damals sicher nur wenige Reichsdeutsche in der österreichischen Innenpolitik aus. Ganz im Gegenteil, durch die Berufung auf Schönerer wollte Hitler im geschlagenen Nachkriegsdeutschland wahrscheinlich sogar Punkte machen, denn er war bei den Wahlen auch auf die Stimmen des nationalkonservativen Bürgertums angewiesen, das dem „Eisernen Kanzler“ nach wie vor die Treue hielt. Da konnte ein Bekenntnis zum treuesten Knappen, den Bismarck einst in Österreich gehabt hatte, wahrlich nicht schaden.[114] Aber deutschlandpolitisch war der Hitler Adolf in Wirklichkeit weit weniger auf Georg Schönerer fokussiert, als von Adolf Hitler in *Mein Kampf* behauptet und von seinen Biographen bisher angenommen.

111 Hamann 1996/4, S. 50.

112 Pichl 1938 V, S. 95.

113 Hitler 1925 I, S. 106 ff.

114 Nach seinem Tod 1921 ließ sich Georg Schönerer sogar auf dem Waldfriedhof in Aumühle bei Friedrichsruh begraben, weil seine letzte Ruhestätte ganz in der Nähe des Fürstlich von Bismarck'schen Mausoleums liegen sollte. Das Grab besteht dort noch heute, ist aber in der Kirchengemeinde umstritten.

5. Kapitel: Richard Wagner

Die Botschaft

Kurze Zeit, nachdem er durch Friedrich von Schiller zum ersten Mal „die Zauberkraft des gesprochenen Wortes" erfahren hatte,[115] hat der Hitler Adolf durch Richard Wagner die Magie der Musik erlebt: 1901 hörte und sah er als Zwölfjähriger die romantische Oper *Lohengrin* und vier Jahre später, im Januar oder Februar 1905,[116] die große tragische Oper *Rienzi*. Alle drei Schlüsselerlebnisse – sowohl das wortdramatische als auch die beiden musikdramatischen – ereigneten sich im geheimnisvollen Halbdunkel des Landestheaters zu Linz, wo der junge Hitler und sein Freund preiswerte Stammplätze im Stehparterre hatten.

Aus literatur- und musikgeschichtlichem Blickwinkel mag es ungewöhnlich sein, Wagners Opern mit Schillers Drama in eine Reihe zu stellen, doch drängt sich diese Perspektive hier geradezu auf, weil alle drei Werke im Grund ein und dasselbe Thema haben: den einsam handelnden Helden in der großen politischen Krise als Hauptperson. Während der Tell als eine wie aus dem realen Leben gegriffene Figur erscheint, entspringt der gleichsam gottgesandte Gralsritter Lohengrin einer Sage, die ursprünglich Wolfram von Eschenbach, Schöpfer auch des *Parzival*, im Mittelalter aufgezeichnet hat: Von einem weißen Schwan die Schelde hinaufgezogen, tritt Lohengrin bei Antwerpen inkognito auf, um die schuldlos in politische Intrigen verstrickte Fürstentochter Elsa, die er liebt, vor dem Todesurteil zu retten und das zerstrittene Volk der Brabanter zu einen, mit dem König Heinrich zum Schutz des Reiches gegen die Ungarn zu Felde ziehen will. Höfische Kabalen und die menschliche Schwäche Elsas zwingen Lohengrin jedoch dazu, das Geheimnis seiner Herkunft und seines Namens preiszugeben, so dass er zum Gral zurückkehren und die vor lauter Gram sterbende Elsa ihrem Schicksal überlassen muss. Die Brabanter werden durch den von Lohengrin in den Sohn des Fürsten zurückverwandelten Schwan freilich wieder geeint, so dass König Heinrich mit ihnen siegreich Krieg führen kann.

Hingegen versetzt *Rienzi, der letzte der Tribunen*, wie der vollständige Operntitel lautet, sein Publikum in das Rom des 14. Jahrhunderts, das Adel und Kirche in ein politisches Chaos gestürzt haben. Hauptperson ist Cola di Rienzi, eine ihrem Ursprung nach historische Figur, die Wagner in einigen Zügen abgewandelt hat. Mit Hilfe seiner begnadeten Rednergabe will der Sohn eines Gastwirts die Größe, Würde und Freiheit des alten

115 Hitler 1925 I, S. 116.

116 Vaget 2003, S. 21, ermittelte den 3., 5., 10., 19. Januar oder 19. Februar 1905 als einen der Tage, an denen die beiden Freunde *Rienzi* gesehen und gehört haben müssen. Dann wurde die Oper mangels Erfolg beim Publikum vom Spielplan abgesetzt. Offenbar erinnerte sich Kubizek nur an das nebelige und kalte Wetter, das damals geherrscht hatte, als er fälschlicherweise von „November" (1905) als dem Zeitpunkt des *Rienzi*-Erlebnisses sprach.

Rom durch Rückkehr zur republikanischen Verfassung wiederherstellen. In diese Haupt- und Staatsaktion ist eine unglücklich ausgehende Liebesgeschichte eingeflochten, von der die Haupthandlung wie durch einen roten Faden zusammengehalten wird.

Zunächst ist der Volkstribun erfolgreich: Die Römer und die katholische Kirche stehen hinter ihm; der vom Volk besiegte Adel scheint schließlich klein beizugeben. Doch aus Menschlichkeit, dem ein Mangel an politischem Kalkül entspricht, macht Rienzi verhängnisvolle Fehler. Er verschont den Adel und beansprucht für das von ihm erneuerte Rom das Recht, an Stelle der deutschen Fürsten den Kaiser zu wählen, der ein Freund des Papstes ist. Letzterer schlägt sich daraufhin auf die Seite des Adels und belegt Rienzi mit dem Bann. Das Volk wiederum, das in seinem Glauben nicht irre werden will, fällt von seinem letzten Tribunen ab. Seinerseits Rom verfluchend, findet Rienzi unter den Trümmern des in Flammen aufgehenden Kapitols den Tod, und der Adel rächt sich mit einem Blutbad am treulosen Volk.

Die Vision

Spätestens mit dem *Rienzi,* also 1905, hatte die zentrale Botschaft dieser drei Werke den jungen Hitler erreicht: Unmittelbar im Anschluss an die Aufführung eröffnete er seinem Jugendfreund Kubizek auf einem nächtlichen Spaziergang „in großen und mitreißenden Bildern", er selber spüre den „Auftrag" in sich, dermaleinst ein zweiter Rienzi zu werden, der dazu berufen sei, das deutsche Volk „aus der Knechtschaft empor zu führen zu den Höhen der Freiheit".[117] Die pathetische Wortwahl legt die Vermutung nahe, dass dem jungen Mann der historische Kontext, in dem Wagner diese Oper und auch den *Lohengrin* schrieb, schon damals bekannt gewesen ist – die Revolution von 1848/49.

Einer Vorlage des englischen Romanschriftstellers Edward George Bulwer-Lytton folgend, hatte Richard Wagner den *Rienzi* schon 1837/38 begonnen und 1842 vollendet, d.h. im so genannten Vormärz, als sich die Märzrevolution von 1848 in Deutschland bereits ankündigte. Unterbrochen von der Arbeit am *Tannhäuser,* entstand der *Lohengrin* hingegen erst ab Juli 1845. Diese Oper erhielt ihre Musik 1846/47, wurde im März des Revolutionsjahres 1848 vollendet und 1850, nach dem Sieg der Reaktion, in Weimar uraufgeführt. Wagner bewegte sich mit beiden Werken somit in der Zeit des *Jungen Deutschland*, im Vorfeld und auf dem Höhepunkt jener Revolution, mit der sich Gesamtdeutschland 1848/49 zum ersten Mal durch freie Wahlen zu einer Nationalversammlung von der bis dahin fast unumschränkten Fürstenherrschaft zu befreien suchte. Das Experiment scheiterte bekanntlich am Ende daran, dass sich der preußische König weigerte, die deutsche Kaiserkrone aus den Händen von gewählten

117 Kubizek 1995/6, S. 111 ff. Dort auch die folgenden Zitate.

Vertretern des Volkes entgegenzunehmen, nachdem Österreich bereits aus dem Einigungsprozess ausgeschieden war.

Wegen des vorrevolutionären Hintergrundes erfasste das Publikum schon bei der Uraufführung des *Rienzi* 1842 in Dresden eine derartige Erregung, dass Wagner dachte, die Revolution sei bereits ausgebrochen. Das Werk „traf den Nerv der Zeit",[118] weil in ihm „der Geist" pulsierte, der nach Meinung des Musikkritikers Eckart Kröplin „in der März-Revolution (von 1848) zur Erscheinung kam". In dieser Revolution stand Wagner selbst – gemeinsam mit dem russischen Anarchisten Michail Bakunin – zeitweise auf der Barrikade. Mit seinem Wunsch, das deutsche Volk zu den „Höhen der Freiheit" emporzuführen, knüpfte der junge Hitler an diese mittlerweile historischen Vorgänge an. Wenn erst einmal durch mich die Freiheit von der Fürstenherrschaft erkämpft ist, so wird er gedacht haben, stellt sich die Einheit aller Deutschen diesseits und jenseits der Donau ganz von selber ein.

Es entspricht wohl den Tatsachen, wenn Kubizek die Eröffnung seines früheren Jugendfreundes nach dem gemeinsamen Opernbesuch nicht als „Entschluss" bewertet, Politiker zu werden, sondern nur als eine mehr oder weniger vage „Vision". Denn jenen Entschluss hat Adolf Hitler bekanntlich erst viele Jahre später, am Ende des Ersten Weltkriegs, unter dem Druck von Niederlage und Revolution gefasst. Immerhin aber setzte sich durch sein *Rienzi*-Erlebnis bereits 1905 auch der Gedanke an eine politische „Mission" (August Kubizek) in ihm fest, somit reichlich ein Jahr vor dem endgültigen Wechsel des jungen Hitler nach Wien.

Aber was wollte er in politischer Hinsicht damit sagen, als er sich so engagiert mit Rienzi identifizierte und (z.B.) nicht mit Wilhelm Tell? Hier ist man auf Vermutungen angewiesen. Während sich dieser nach Vollendung seiner politischen Taten wieder ins Privatleben zurückzog, zu Frau und Kindern, verschrieb sich jener auf Leben und Tod ganz und gar der Politik. Eine solche Unbedingtheit mag dem jungen Hitler in seinem nationalistischen Überschwang mehr imponiert haben. Worum handelte es sich überhaupt bei diesem Amt? Tribunen oder Volkstribunen waren Amtsträger der römischen Republik (510–31 v. Chr.). Eduard George Bulwer-Lytton und Richard Wagner verlegten ihre Fabel nur deshalb in das Spätmittelalter, weil sie den chronischen Streit zwischen dem deutschen Kaiser und dem Papst um die Einheit des Reiches als zusätzliches Spannungsmoment in ihren Roman bzw. in ihr Musikdrama einbauen wollten. Aus diesen beiden Sachverhalten ergibt sich, dass die Vision oder Mission des jungen Hitler von Anfang an eine republikanische Ausrichtung hatte und sich auf die von ihm gewünschte Einheit aller Deutschen in einem Reich bezog.

Welche Rechte und Funktionen hatte ein „Volkstribun", und wie wurde man im alten Rom *tribunus plebi*? Sehr frei aus dem Lateinischen übersetzt, lautet die Bezeichnung „(An-)Führer der Plebejer" – in der deutschen Übersetzung taucht somit also zum ersten Mal jene vieldeutige Bezeich-

118 Op. cit. Köhler 1997, S. 47.

nung auf, die der Reichskanzler und Reichspräsident Adolf Hitler nach 1933 für sich selbst in Anspruch genommen hat. Es war ursprünglich ein hohes Staats- oder Regierungsamt. Hatte der *plebs*, das gemeine Volk, den in der Regel aus der Mittelschicht stammenden Kandidaten in das Volkstribunat gewählt, wurde dieser als Staatsbeamter anerkannt. Umgekehrt war der Amtsinhaber auch auf die Zustimmung des Volkes angewiesen. Dieser Umstand machte seine Stellung sakrosankt und verlieh seiner Macht eine plebiszitäre Basis – vor allem in den Spannungszeiten am Anfang und Ende der Republik. Die Volkstribune schützten das Volk vor den Übergriffen patrizischer Staatsorgane und konnten gegebenenfalls den gesamten Staatsapparat durch ihr Veto lahmlegen. Später hatten sie sogar Zutritt zum Senat, dem ältesten und obersten Beschlussgremium der Republik.

Für den jungen Hitler gab es somit Anknüpfungspunkte genug, an denen er sein soziales Selbstverständnis und seine politischen Ambitionen festmachen konnte. Wie sein historisches Vorbild, Cola di Rienzi, war er weder Plebejer noch gehörte er der privilegierten Kaste der Hofräte an, die im alten Österreich so etwas wie das Patriziat repräsentierte. Soziologisch gesehen, befand sich der Beamtensohn aus Braunau ebenfalls in einer mittelständischen Position. Als „kleiner Rädelsführer" von ehedem hoffte er, vom deutschen Reich der Zukunft als „Führer" in kultureller oder politischer Hinsicht anerkannt zu werden und damit ebenso in eine höhere Gesellschaftsschicht aufzusteigen wie ehedem die Tribunen. Noch stärker als das wird den Hitler Adolf jedoch die plebiszitäre Komponente gereizt haben. Möglicherweise träumte er schon in jener Novembernacht des Jahres 1905 davon, die Habsburgermonarchie eines Tages durch Ausübung seines Vetorechts blockieren und die Regierung in Wien mit Unterstützung des Volkes davonjagen zu können. Andererseits wird ihn das überaus traurige Ende, das Cola di Rienzi einst inmitten des brennenden Kapitols genommen hat, bis zum Selbstmord 1945 im Bunker unter Berlin als ständiges Menetekel begleitet haben.

Dienst am Idol

Die Begegnung des jungen Hitler mit Richard Wagner war weder zufällig noch beruhte sie einzig und allein auf der freien Entscheidung des Linzer Realschülers. Schließlich muss die Mutter dem Zwölfjährigen die Erlaubnis für den Besuch der beiden ersten Opernaufführungen seines Lebens und das dafür notwendige Geld gegeben haben. Die überindividuellen Gründe für die schicksalhafte Begegnung lagen teils in den arisch-germanisch-deutschen Leitbildern vom „Edelvolk", die Professor Pötsch mit seinem helden- und schlachtenzentrierten Geschichtsunterricht an der Realschule vermittelte, teils in der deutschnationalen Bewegung selbst, die hinter jenen Leitbildern stand und der Adolf angehörte. Somit waren die Schüler in Linz auf die tragische Rolle des einsamen Helden, der in aussichtsloser Lage aus dem Nichts erscheint und das politische Blatt wendet, bevor er tragisch scheitert, bestens vorbereitet. Man braucht hier nur an den Mythos um den Opfergang des jungen Freiheitskämpfers Karl Theodor Körner, an Schillers Helden sowie an die Titanengestalten Bismarck oder Moltke zu erinnern, um festzustellen, dass es so oder ähnlich gewesen sein muss, was sich in Adolfs Bewusstsein abspielte, als er zum ersten Mal den *Rienzi* hörte und sah. Den Rest besorgte die deutschnationale Revolution, die Österreich seit dem Tod des Tondichters erfasst und Linz in ein „kleines Bayreuth" verwandelt hatte:[119] Denn unter der Leitung von Alfred Cavallar, genannt „Cavar", brachte das Linzer Landestheater von 1897 bis 1903 nicht weniger als sieben Wagner-Opern zur Aufführung, darunter die ersten drei Teile des *Ring*. Zumindest einige dieser Aufführungen wird der Hitler Adolf mit seinem Busen- und Musenfreund besucht haben.

Die deutschnationale Bewegung Österreichs hatte den erst 1883 in Venedig verstorbenen Musikdramatiker schon sechs Jahre vor Hitlers Geburt endgültig auf ihren Schild gehoben. In Wagner verehrte sie sowohl den Revolutionär, der beim Dresdner Maiaufstand von 1849 auf der Barrikade gestanden hatte, als auch den Künstler-Helden, durch dessen revolutionäre Musikdramen die deutsche Opernwelt wenigstens zum Teil von der Vorherrschaft des französischen und italienischen Geschmacks befreit worden war.[120] Für ihn als den Vertreter einer „deutschen" Sache ließ sich im Nationalitätenkampf trefflich streiten, und überdies trafen Wagners Themen, die großen Teils der germanischen Mythologie entstammen, mit traumwandlerischer Sicherheit auch ganz allgemein den Nerv seiner Zeit.

Mit Wagner teilte die deutschnationale Jugend Österreichs die Überzeugung, dass die Verbreitung seiner Musik zu einer kulturellen Wiedergeburt Deutschlands, wenn nicht der gesamten Menschheit, führen werde. Nach dem Zeitalter des österreichischen Liberalismus, der an den wissenschaftlichen Rationalismus geglaubt hatte, wurde sie durch Wagners Musik wieder zu Irrationalität und Gefühl hingeführt. In ihren Ohren und Augen stellten seine Opern einen Zusammenhang zwischen „deutscher" Kunst und „deutschem" Volkstum her, der seit dem Mittelalter verlorengegangen war. Nach der Überzeugung seiner jugendlichen Anhänger verkörperte Wagner die Einheit von Volk, Kunst und Genie, die sie durch ihren unermüdlichen Dienst am Idol in eine deutschnationale Haltung umzusetzen versuchten. Es nimmt daher nicht wunder, dass sich der Hitler Adolf seit seinem 13. Lebensjahr nichts sehnlicher wünschte als dem Genius Richard Wagners – und damit auch einer Quelle seines eigenen politischen Engagements – durch den Besuch der Festspiele in Bayreuth so nahe wie mög-

119 Wimmer 1958, S. 61.

120 Vgl. dazu die Äußerung Hitlers gegenüber Hans Severus Ziegler von 1925, die wie ein Echo auf die deutschnationalen Stimmungen seiner Jugendzeit wirken: „Wissen Sie, Wagner ist nicht nur der geniale Künstler, sondern eben auch die starke Kämpfernatur, mehr noch, ein revolutionäres Genie." Er habe den „Mut" gehabt, „an der Beseitigung von Übelständen auf staatspolitischem, kulturpolitischem und künstlerischem Sektor mitzuwirken. Zu diesem Dresdner Revolutionär vom Mai 1849 habe ich mich von jeher hingezogen gefühlt." Vgl. Ziegler 1977/4, S. 125.

lich zu kommen. Gleichzeitig spielte er offenbar mit dem Gedanken an ein zweites *Haus Wahnfried*, diesmal jedoch auf deutschösterreichischem Boden, das er 1906 in Form einer hochherrschaftlichen Villa für seinen Freund Kubizek und sich selbst mit dem Aquarellpinsel entwarf.[121] Als jedoch absehbar wurde, dass sich dieses ehrgeizige Vorhaben aus Geldmangel in überschaubarer Zeit nicht würde verwirklichen lassen, planten Adolf und August als Ersatz eine erlesen eingerichtete Wohnung in Urfahr, in der sie einen Kreis „kunstbegeisterter Persönlichkeiten" um sich versammeln wollten. Oberstes Ziel blieb jedoch stets die gemeinsame Reise nach Bayreuth. Das Motiv der Nähe zum Meister hat wohl auch 1913 beim Wechsel des jungen Hitler von Wien nach München eine Rolle gespielt.

Erst unter gänzlich veränderten Umständen, nämlich am Vorabend des Zweiten Weltkrieges, ließ sich Hitlers Wunsch auch verwirklichen, gemeinsam mit Kubizek auf dem Hügel „die Musikdramen des großen Meisters in vollendetster Aufführung (zu) genießen". Nachdem sich die beiden einstigen Jugendfreunde mehr als dreißig Jahre lang aus den Augen verloren hatten, traten sie im Sommer 1939 gemeinsam an Wagners Grab. Als der nunmehrige „Führer" bei dieser Gelegenheit von Kubizek an das *Rienzi*-Erlebnis erinnert wurde, sagte er nur sibyllinisch: „Damals begann es."[122] Was dieses „es" gewesen war, ließ Adolf Hitler offen. Es kann sich aber nur um den Beginn seiner „Mission" gehandelt haben, so unscharf deren Ziele 1906 auch noch gewesen waren.

Parallelen und Unterschiede

Wesen und Wirkung von Wagners Musik erfasste der Hitler Adolf auch deshalb so intensiv, weil er sich persönlich durchaus mit Wagners Leben und Leiden identifizieren konnte. Wie der junge Hitler stammte der 1813 geborene Musikdramatiker aus kleinen Verhältnissen, verlor sehr früh seinen Vater und zeigte schon bald erkennbare Neigungen für das „reizende Dämonium" des Theaters als phantastischer Gegenwelt zum Alltag.[123] Wie der junge Hitler brachte Wagner Fleiß und Aufmerksamkeit nur für jene Unterrichtsfächer auf, die ihn interessierten, verließ die Schule ohne Abschluss und gerierte sich als Student, ohne jemals eine Universität besucht zu haben. Wie der junge Hitler nach 1908, verzichtete auch der junge Wagner auf ein „dauerndes persönliches Freundschaftsverhältnis" zu einem Gleichaltrigen, begeisterte sich für die Revolutionen von 1830 und 1848 und unternahm eine frühe Bildungsreise nach Wien und dann auch nach Prag. Alle diese Parallelen sind so frappierend, dass man sich unwillkürlich fragt, ob der junge Hitler den ersten Teil seines Lebensweges bewusst oder unbewusst nach dem Vorbild Richard Wagners gestaltet hat.

121 Das Aquarell s. Kubizek 1995/6 vor dem Innentitel, die Haus- und Wohnungspläne vgl. ebda., S. 101 und S. 107 ff.

122 Kubizek 1995/6, S. 286.

123 Wagner 1963, S. 20.

Freilich sind auch die Unterschiede in den ersten Schritten zur Verwirklichung der eigenen Lebensentwürfe nicht zu übersehen. Im Gegensatz zu seinem Adepten konnte der junge Wagner schon bald fertige, ausgefeilte und von der Kritik anerkannte Musikwerke vorweisen, die durchaus aufgeführt wurden, wenn auch anfangs noch an recht entlegenen Orten. Anders als der junge Hitler, der – mit Ausnahme eines Wettbewerbes um die Neugestaltung seiner Heimatstadt Linz – vor jeder praktischen Bewährung in seinem Wunschberuf zurückscheute und daher als angehender Architekt von Fachleuten weder Anregungen erhielt noch bei diesen Anerkennung genoss, suchte der ehrgeizige Wagner von Kindesbeinen an mit Erfolg den Kontakt zur professionellen Musikszene, ohne sich seiner ungewöhnlichen Begabung schon vor dem 30. Lebensjahr ganz sicher zu sein. Immerhin war er bereits mit Anfang zwanzig wohlbestallter Chor- und Musikdirektor gewesen und hatte infolgedessen Einkünfte erzielt – wenn auch für seine Begriffe immer noch zu wenig. Außerdem hatte Wagners Leben, in dem ausgelassene Zechereien mit Freunden ebenso ihren Platz hatten wie wüste Whistpartien und allerlei übermütige Possen, schon in jungen Jahren einen ganz anderen Zuschnitt als die frugale bis kümmerliche Existenz seines Verehrers. Wie z. B. seine erste Ehe mit der vier Jahre älteren Schauspielerin Wilhelmine („Minna“) Planer bezeugt, suchte und hatte Wagner schon bald Erfolg bei den Frauen. Hingegen ging der junge Hitler dem weiblichen Geschlecht fast ängstlich aus dem Weg, was letztlich auch für Stefanie Isak galt. Von seinem 24. bis zu seinem 26. Lebensjahr amtierte der junge Wagner als Musikdirektor in Riga, wo er übrigens mit der Arbeit am *Rienzi* begann, wohingegen der im Grunde berufslose Hitler mit 25 Lebensjahren als *nobody* in einen Weltkrieg zog.

Für die folgenden Lebensjahre, in denen Richard Wagner zu einem zwar umstrittenen, aber weit über Deutschlands Grenzen hinaus bekannten Operndichter aufstieg, verbietet sich ein Vergleich, wenn man einmal von dem für Hitler gewiss wichtigen Umstand absieht, dass das Leben des Komponisten ein ständiger Kampf um seine Anerkennung als Künstler blieb, wobei sich die Grenzen zwischen dem musikalischen und dem politischen Revolutionär ständig verwischt und tendenziell sogar aufgehoben haben. Dieses Grenzgängertum, bei dem die Musik auch gesellschaftspolitischen Zielen diente und völkisch-nationale Utopien umgekehrt auch die Musik prägten, war ohne Zweifel jener Grundzug in Wagners Leben und Werk, der den jungen Hitler am meisten anzog und inspirierte. In dieser entscheidenden Beziehung wurde ihm Wagner zum Vorbild und zugleich auch zum Rivalen, wenn es um die langfristige Geltung ging. Ihn mehr als jeden anderen wollte der junge Hitler auf seinen Aktionsfeldern der Malerei, der Baukunst und dann auch der politischen Rede nicht nur erreichen, sondern sogar noch übertreffen, zumindest was die mittelbare nationalpolitische Wirkung angeht.

Gewiss war dem jungen Hitler dabei auch klar, dass er für seine hochgesteckten Ziele – wie Wagner – ungewöhnliche Wege gehen und große Opfer auf sich nehmen musste. Wer sich, wie er, derartig stark mit seinem

Lehrmeister identifizierte, dass er sich schon als dessen *alter ego* sah, nahm auch die Tatsache wahr, dass Wagner „alles nur aus Not" hervorgebracht hatte.[124] Denn unter der „Not" der Deutschösterreicher, die Hugo von Hofmannsthal einmal sehr treffend als „Zweiseelenkrankheit" bezeichnet hat, litt auch der junge Hitler: Er fühlte sich als Deutscher, war aber durch die Ungunst der historisch-politischen Umstände gezwungen, Österreicher zu sein. Ähnlich wie Wagner, der seiner Entfremdung von den deutschen Verhältnissen mit Hilfe seines musikdramatischen Werkes zu Leibe rückte, versuchte der junge Hitler infolgedessen, seine Not mit Hilfe von Malerei, Architektur und Opernmusik zu lindern. Vergegenwärtigte er sich jedoch die späteren Erfolgsjahre Wagners, die mit der allmählichen Einigung des Deutschen Reiches zusammenfielen, kam der junge Hitler fast zwangsläufig zu dem Schluss, dass große Kunst nur dort blühen kann, wo ihr bedeutende politische Entwicklungen die Möglichkeit zur Entfaltung bieten.[125] Mit anderen Worten: Nach seiner an Wagner geschulten Einschätzung wurden Künstler und Kunst aus ihrer Not erst durch die Politik oder den Krieg erlöst, was im Prozess der deutschen Einigung bekanntlich zusammenfiel. Diese fundamentale Erkenntnis hat zweifellos sehr viel zur Politisierung des jungen Hitler beigetragen.

Missionsmusik

Auf dem nächtlichen Spaziergang nach dem gemeinsamen *Rienzi*-Erlebnis, als Adolf zum ersten Mal seine Fernziele formulierte, gewann August den Eindruck,[126] „ein anderes Ich" würde aus seinem Freund sprechen, „von dem er selbst mit gleicher Ergriffenheit berührt wurde wie ich. Keineswegs war es so, wie man von einem mitreißenden Redner mitunter sagt, dass er sich an den eigenen Worten berauschte. Im Gegenteil! Ich hatte den Eindruck, als würde er mit Staunen, ja mit Ergriffenheit selbst miterleben, was da mit elementarer Kraft aus ihm hervorbrach. Ich mute mir kein Urteil über diese Beobachtung zu. Aber es war ein ekstatischer Zustand, ein Zustand völliger Entrückung". Ähnlich wie vor ihm der junge Friedrich Nietzsche und der junge Thomas Mann war der junge Hitler von der Musik Richard Wagners offenbar wie von einem Blitz aus heiterem Himmel getroffen worden, der sein Innerstes freilegte. Während sich die beiden Erstgenannten durch diesen *coup de foudre* zu philosophischen Betrachtungen und schriftstellerischen Betätigungen angeregt fühlten, verhalf jene Musik dem jungen Hitler erstmals zur Entfaltung seiner angeborenen Rednergabe.

In seiner Linzer und Wiener Zeit besuchte er daher so oft wie möglich Wagner-Opern, bevorzugt den *Lohengrin* und *Die Meistersinger*. Allein den *Lohengrin* soll Hitler, solange er mit Kubizek zusammen war, zehn-

124 Mann 1933, S. 364.

125 So Adolf Hitler fast wörtlich in seiner Rede vom 13. August 1920, s. Jäckel/Kuhn 1980, S. 186 f.

126 Kubizek 1995/6, S. 116.

mal gehört und gesehen haben.[127] Aus jeder dieser Aufführungen schöpfte Adolf offenbar die Inspiration, Kraft und Fähigkeit, seiner Bestimmung nachzuleben, ohne dass er schon wusste, wann, wie und unter welchen Umständen aus ihm ein „Volkstribun“ werden würde.[128] Seit seinem *Rienzi*-Erlebnis von 1905 kannte er zwar sein Fernziel, aber noch nicht den Weg dahin, denn vorerst wollte er ja Maler oder Architekt werden. Diese Ungewissheit kümmerte den frauenlos vor sich hin lebenden Hungerkünstler und Bonvivant anscheinend jedoch nur wenig, weil ihn Wagners Musik sowohl in spiritueller als möglicherweise auch in sexueller Hinsicht für alle Unsicherheiten und Frustrationen entschädigte, die er bis dahin erlitten hatte. Sie befriedigte Adolf auf ebenso kunstreiche wie feierliche Art und Weise, indem sie ihm half, lang aufgestaute Gefühle der Selbstentfremdung explosiv zu entladen und wenigstens zeitweise zu sich selbst zu finden. Seitdem waren Opernhäuser für den angehenden Massenredner nicht nur Universitäten, sondern auch Lust- und Weihetempel.

Wie zum Beleg dieser sexuellen Konnotation führt Kubizek die hingebungsvolle Begeisterung seines Freundes für den „großen Meister“ direkt auf das unbefriedigende Stefanie-Erlebnis zurück.[129] Überdies hat Hitler die Musik Wagners wiederholt als „Religion“ und den Besuch von dessen Opern mit einem Kirchgang gleichgesetzt.[130] Durch die „dionysische“ Urkraft der Wagner'schen Musik, so seine wiederholte Erfahrung, war er schon in seinem Knabenalter zu jenem „apollinischen“ oder transzendenten Erlebnis einer gesamtdeutschen Volksgemeinschaft gelangt, in der er ja schon immer eine führende Rolle hatte übernehmen wollen. Dieser rituelle Prozess der Annäherung an sein Wunschziel, den Hitler offenbar als eine Art Gottesdienst verstand, hat ihn nach Wagner-Opern fast süchtig gemacht. Infolgedessen war er, wie bereits August beobachtet hatte, bei jedem der gemeinsamen Opernbesuche „wie verwandelt. Dann fiel alle Heftigkeit von ihm ab, er wurde still, fügsam, lenkbar. Die Unruhe verschwand aus seinem Blick. Was ihn tagsüber bewegt hatte, versank im Nichts eines rauschhaften Zustandes. Das eigene Schicksal, so schwer es auch auf ihm

---

127 Ebda.

128 Entsprechend vage fiel Hitlers eigene Erinnerung aus. Auf dem Reichsparteitag von 1938 soll er zur Begründung dafür, dass er diese Massenveranstaltungen stets mit der *Rienzi*-Ouvertüre eröffnen ließ, zu Robert Ley gesagt haben: „Bei dieser gottbegnadeten Musik hatte ich als junger Mensch im Linzer Theater die Eingebung, dass es auch mir gelingen müsse, das deutsche Reich zu einen und groß zu machen.“ Zur Frage des „Wie?“ begnügte sich Hitler mit der Bemerkung, Rienzi habe „mit 24 Jahren das römische Volk dazu gebracht, den korrupten Senat zu vertreiben, indem er die großartige Vergangenheit des Imperiums beschwor“ – d.h., er dachte in diesem Zusammenhang offenbar vor allem an eine damit verbundene rhetorische Leistung. Hitler war 24 Jahre alt, als er nach München ging; Speer 1975, S. 136.

129 Kubizek 1995/6, S. 75.

130 Das vollständige Zitat aus Langer 1973, S. 110, lautet: „Für mich ist Wagner etwas Göttliches, seine Musik ist meine Religion. Ich gehe zu seinen Aufführungen wie andere in die Kirche“ und ist auf ein Interview mit dem US-amerikanischen Reporter Frederick Oechsle zurückzuführen.

Der Vater Alois Hitler, Altersbild

Die noch junge Mutter Klara

Der k.k. Zollamtsoberoffizial in seiner Ausgehuniform

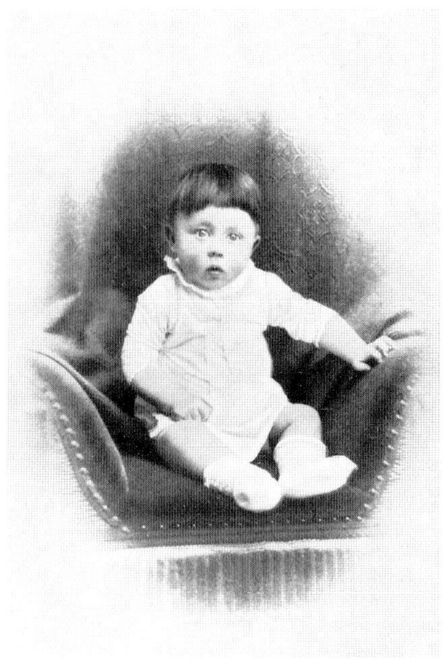

Der Knabe Adolf Hitler im ersten Lebensjahr

Spital 36, ehemaliger Hof von Johann Nepomuk Hitler (links); Wohnhaus der Familie Hitler in Passau, Kapuzinerstraße 31, 1893–94 (rechts)

Das Rauschergut in Hafeld bei Lambach – Ausdruck für einen gewissen Wohlstand. Hier lebte die Familie 1895–1897

Geburtshaus von Alois Hitler in Strones/ Niederösterreich (Aufnahme um 1938)

Döllersheim: Hospital (lks.) und Pfarrkirche des zwischen 1938 und 1941 aufgelassenen Ortes (Zustand um 1909)

Hitlers Geburtshaus in Braunau, Salzburger Vorstadt 219 (rechts auf dem Bild in Höhe des Vordachs)

Zugang zur Wohnung der Familie im Gasthof „Zum Hirschen"

Ex offo – 12

Land: Oberösterreich. Diözese: Linz.
Polit. Bezirk:
Ortsgemeinde:

Z. 990.

Taufschein und Geburtszeugnis.

Landesregierung für Oberösterreich A/2 Zl. 5478/7.

(Stempel)

Aus dem Geburts- und Taufbuche der Stadt- Pfarre Braunan a/Inn Tom. XIX fol. 152 wird hiemit amtlich bezeuget, daß im Jahre Eintausend acht- hundert neunundachtzig am 20. April d. i. am zwanzigsten April (6½ abds) 1889 folgendes Kind geboren und vom Hochw. Herrn Beneficiaten Ignaz Probst am 22. April (3¼) 1889 nach römisch-katholischem Ritus getauft worden

Name des Täuflings	ehelich	unehelich	Ort der Geburt Ortschaft (Gasse Hausnummer	Vater Name, Religion, Charakter, Wohnort, Zuständigkeit, Abstammung	Mutter Name, Religion (bei unehelichen Müttern auch Charakter, Wohnung und Zuständigkeit), Abstammung, bei Witwen und gerichtlich Geschiedenen auch Familienname des verstorbenen oder geschiedenen Ehegatten	Pate Name, Charakter Wohnort	Anmerkung
Adolfus	1	–	Vorstadt 219 (neu 19)	Alois Hitler, k.k. Zollamts-Offizial.	Klara, des Johann Pölzl, Bauers in Spital in Nieder-Österr. u. der Johanna gb. Hitler, eheliche Tochter.	Johann und Johanna Prinz, Privat in Wien, Löwengasse Nr. 28. Locum tenavit: Johanna Pölzl, Schwester der Kindesmutter	Hebamme: Franziska Pointecker Löwengasse

Urkund dessen die pfarrämtliche Fertigung und das beigedrückte Pfarrsiegel.

(L. S.)

Pfarramt Braunau a/Inn, 10. Dezember 1924.

P.H. Alois Epeme, Be.

Hitler wurde auf den Namen „Adolfus" in der Stadtkirche St. Stephan in Braunau getauft

Die niedrig organisierte Volksschule Fischlham (erbaut 1785). Hier wurde Hitler 1895 eingeschult. Insgesamt durchlief er fünf Schulen in seinen ersten zehn Lebensjahren

Innenhof des Benediktinerstifts Lambach mit dem Wappen des Lambacher Abtes Theoderich Hagn († 1872), das eine Wolfsangel zeigt

Die Volksschule, die Hitler 1897 in Lambach besuchte, war dem Stift zugeordnet (Aufnahme um 1938)

Um das liebende Gebetsalmosen bittet inständig

P. Bernhard Grüner O. S. B.

Prior des Stiftes Lambach, geistlicher Rat, Senior des Stiftes und der Diözese Linz, Jubelprofeß und Jubelpriester, Präses der Marianischen Kongregation, Leiter des III. Ordens, Gründer der K. F. O., Jerusalem-, Rom- und Lourdespilger

geb. 12. Jänner 1850 zu Karthaus, Südtirol, Priesterweihe 26. Juli 1874, 20 Jahre Kooperator und Katechet, 32 Jahre Chorregent, Leiter des Sängerknabeninstitutes, gestorben 2. Februar 1938 ½2 Uhr früh.

O gekreuzigter Jesus, der Du am Kreuze Deine Arme ausgestreckt hast, um alle, die an Dich glauben, auf Dich hoffen und Dich lieben in dieselben liebend einzuschließen, umfasse auch die Seele Deines Dieners BERNHARD und führe sie ein zu Deiner ewigen Anschauung. Amen.

Mein Jesus Barmherzigkeit!

Jesus, Maria, Josef, Benediktus, Bernhardus, erbarmet Euch meiner Seele!

Pater Gruber, der gestrenge Leiter des Sängerknabeninstituts in Lambach

Stiftskirche Lambach, Blick von der Orgelempore (oben), und Barocktheater (unten)

Wohnquartiere in Lambach: Schmiedmühle (lks.) und Gasthof Leingartner

Klasse IV a der Grundschule Leonding mit Lehrer Josef Brauneis (M.) und Adolf (oberste Reihe Mitte)

Die Familie wohnte in diesem Haus hinter dem Leondinger Friedhof, bis der Vater 1903 plötzlich verstarb

Elternhaus in Leonding, handsignierte Kohlezeichnung des angehenden Kunststudenten

Die Zeichnung des Elfjährigen („Unser Zimmer") zeigt trotz heftiger Konflikte die Verbundenheit mit seinen Eltern

Der etwa einstündige Schulweg von Leonding über den Micheliberg nach Linz

1. Klasse der Unterrealschule Linz mit dem Außenseiter vom Dorf (oberste Reihe ganz rechts und Bildausschnitt oben rechts)

Linz von Urfahr aus gesehen

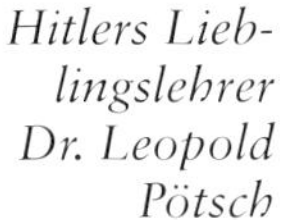

Linz, Realschule, Steingasse 6

Hitlers Lieblingslehrer Dr. Leopold Pötsch

Realschule Steyr; Kostschüler bei der Familie Cichini, Grünmarkt 19 in Steyr; Rückkehr zur Mutter nach Linz, Humboldtstraße 31 (v.l.n.r.)

Hauptstraße in Linz Urfahr mit elektrischer Straßenbahn und Pferdefuhrwerk

Im Haus Blütenstraße 9 (lks. Außenansicht, rechts Hofseite mit offenem Fenster zu seinem Zimmer, links neben dem Baum) verbrachte Hitler wichtige Jugendjahre, in denen sein Weltbild entstand

„Der Starke ist am mächtigsten allein": Hans Marr 1913 in der Rolle von Schillers „Wilhelm Tell" mit Sohn (lks.) und Richard Wagners „Rienzi", 4. Akt

Landestheater in Linz bis zu seinem Umbau im Jahre 1940

Ganz hinten im Großen Saal hatten die beiden Opernfreunde Adolf Hitler und August Kubizek ihre Stehplätze

Alfred Cavar, von 1897 bis 1903 Direktor des Mehrspartentheaters

Magischer Ort für politische Visionen im Halbdunkel (nach einem Gemälde von Otto Novak)

Männerbund mit junger Dame als Störfaktor und Anziehungspunkt: August Kubizek, Stefanie Isak, Adolf Hitler (v.l.n.r.); rechts in der Zeichnung seines Mitschülers Sturmlechner, etwa 16 Jahre alt

Das Grab der Eltern in Leonding; die Mutter starb an Brustkrebs

Der
Oberösterreichische
Volksbildungsverein
in den Jahren
1872 bis 1912.

Ein Beitrag zu seiner Geschichte
von
Karl Timmel.

Schrift des Volksbildungsvereins

Der hochgeschätzte Hausarzt der Familie, Dr. Eduard Bloch

Akademie der Künste mit Schiller-Denkmal, Schauplatz der 1848er Revolution in Wien (Aufnahme um 1900)

So sah Adolf Hitler in der Kopie einer Ansichtspostkarte die Wiener Ringstraße. Links das Parlament, rechts das Burgtheater, am linken Rand das Rathaus, hinten die Doppeltürme der Votivkirche, vorn die elektrische Straßenbahn

Kaiser Franz Joseph bei einer Prozession zur Brigittakapelle, 14. September 1913

Die Hofoper (um 1910) Außenansicht (oben) und Bühnenraum (oben rechts) – Ort der Inspiration und Imagination

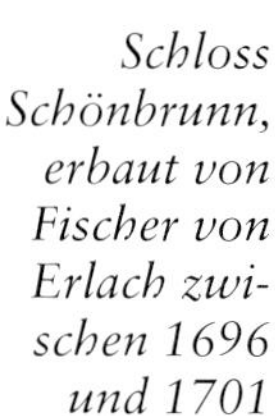

Schloss Schönbrunn, erbaut von Fischer von Erlach zwischen 1696 und 1701

Mangels Begabung nicht zugelassen – Wandelgang der Akademie der Künste (aktuelle Innenansicht)

Keine Protektion durch Alfred Roller (Aufnahme um 1900)

Probezeichnung „Musketier“

August Kubizek und Alfred Jetzinger (Aufnahme nach 1945)

Sehnsucht nach Bayreuth: Entwürfe für ein „Haus Wahnfried“ in Linz

Friedrich Schiller (1759–1805)

Richard Wagner (1813–1883)

Friedrich Nietzsche (1844–1900)

Gustav Mahler (1860–1911)

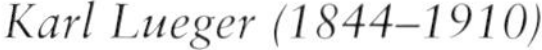
Karl Lueger (1844–1910)

Victor Adler (1852–1918)

Alldeutsches Tagblatt

Unbestechliche Zeitung.

Schönerer und Bismarck als Baumeister eines künftigen Reichs. Titel der „Alldeutschen Zeitung“, Sondernummer zu Bismarcks Geburtstag 1908

Georg von Schönerer (1842–1921)

Krawalle deutscher und italienischer Studenten an der Wiener Universität

Debatte im Reichsrat 1897 (kolorierte Zeichnung der Pariser Zeitschrift „Le Petit Journal")

Ministerpräsident Kasimir Graf Badeni verschärfte mit seinen Sprachverordnungen den Konflikt zwischen Deutschen und Tschechen

Jüdische Einwanderer in Wien um die Jahrhundertwende

Soziales Elend im Asyl: Massenquartier in der Wiener Floßgasse (1908)

Die Wiener Stumpergasse, in Richtung Süden gesehen

Stumpergasse 31: Hier ging der junge Hitler aus und ein, um die Wohnung von Frau Zakreys zu erreichen; Tür hinten rechts (Aufnahme ca. 2002)

In der Felberstraße (lks., aktuelle Aufnahme) und in der Sechshauser Straße wohnte Hitler noch in Untermiete

Das Männerwohnheim in der Wiener Meldemannstraße 27

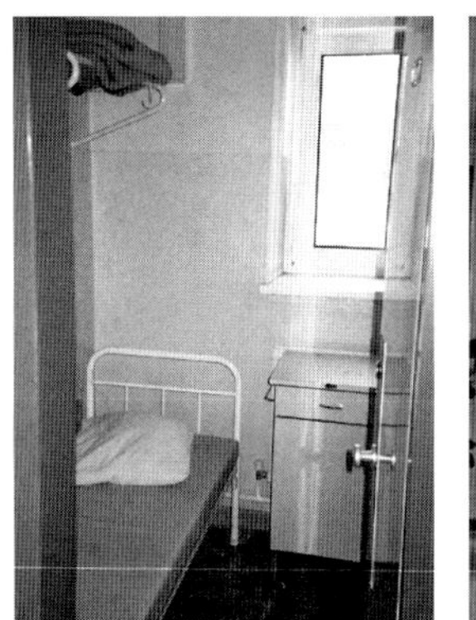

Hitlers Schlafkabine und Rückzugsraum, daneben das Lesezimmer (Aufnahmen um 2002)

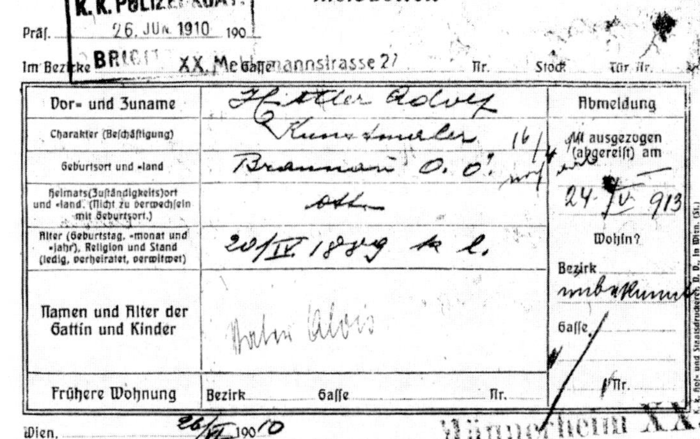

Meldzettel.

K. K. POLIZEI KOAT. BRIG...

Präs. 26. JUN. 1910 190

Im Bezirke BRIG... XX. Meldemannstrasse 27 Gasse Nr. Stock Tür Nr.

		Abmeldung
Vor- und Zuname	Hitler Adolf	Ist ausgezogen (abgereist) am
Charakter (Beschäftigung)	Kunstmaler	24. IV. 913
Geburtsort und -land	Braunau O. Ö.	
Heimats(Zuständigkeits)ort und -land. (Nicht zu verwechseln mit Geburtsort.)	detto	Wohin?
Alter (Geburtstag, -monat und -jahr), Religion und Stand (ledig, verheiratet, verwitwet)	20/IV. 1889 r. k. l.	Bezirk unbekannt
Namen und Alter der Gattin und Kinder		Gasse
Frühere Wohnung	Bezirk Gasse Nr.	Nr.

Wien, 26/VI 1910

Männerheim XX

Meldezettel des „Kunstmalers" für die Wiener Polizeibehörde

München, Schleißheimer Straße 34/III. Hitlers Zimmer in der Wohnung des Schneidermeisters Popp befand sich 1913/1914 im obersten Geschoß, zweites Fenster von rechts

Hitlers Kamerad Rudolf Häusler und dessen Mutter Ida

„München Alter Hof" – Aquarell Hitlers aus den Jahren 1913/14 (Sammlung Heinrich Hoffmann)

Vaterländische Begeisterung am 2. August 1914 auf dem Münchner Odeonsplatz, einen Tag nach der deutschen Kriegserklärung an Russland. In der Menge auch ein junger Kriegsfreiwilliger aus Österreich (Bildausschnitt)

lastete, wurde für wenige Momente höchsten Glücks ausgelöscht".[131] Dann fühlte sich Adolf nicht mehr ausgeschlossen und verkannt. Obwohl an und für sich einsam, sah er sich plötzlich mit dem Volk verbunden. Er ließ sich willig in eine mythische Welt emportragen, die dann vorübergehend wirklicher als die reale Welt des Tages war. So lässt sich wohl beschreiben, was sich in seinem Innersten abgespielt hat. Das Ergebnis war eine ideale Welt, die in einem scharfen Kontrast zu Adolfs realer Welt in der engen Wohnung seiner Eltern oder in einem muffigen Hinterhaus stand und die mit den seligen Gefilden der germanischen Vorzeit ident war. Sie hat ihm bei allen seinen Bemühungen um Ausdruck und Form als Ziel geleitet.

Praxistest

Die Gemütsverfassung, in die man beim Besuch von Wagner-Opern offenbar geraten kann, hat Thomas Mann in Anlehnung an Schopenhauer einmal als „ästhetischen Zustand" bezeichnet, „worin das Wunder geschieht, dass die Erkenntnis sich vom Willen losreißt". Die Empfindungen, die den jungen Dichter eine halbe Generation vor dem Hitler Adolf beim Genuss von Wagner-Opern überwältigt hatten, beschreibt er folgendermaßen: „Das ästhetische Gefallen war rein, interesselos, willensfrei, es war Vorstellung im zugleich intensivsten und heitersten Sinne, klare, ungetrübte und tief beruhigte Anschauung. Und warum war es das? Hier musste Platon helfen und der latente Ästhetizismus seiner Ideenlehre. Die Ideen! Sie waren es, für die im ästhetischen Zustande die Erscheinungen, diese Abbilder der Ewigkeit, durchsichtig wurden; der geöffnete Blick auf sie ..."[132] Trotz dieses gelegentlichen Zustands konnte Mann seine Romane und Novellen verfassen und ein von großen Erfolgen gekrönter Schriftsteller werden. Gelegentliche *Absencen* in einer Welt glücklicher Träume, so folgern wir, schließen also pragmatisches Handeln am Schreibtisch nicht aus, wie oft in Bezug auf Hitler behauptet wurde. Im Gegenteil: Wie auch die menschliche Alltagserfahrung zeigt, kann das eine in vielen Fällen überhaupt erst durch das andere möglich werden.

Bekanntlich hat sich Hitlers spontane Wagner-Begeisterung im Lauf seines Lebens zu wahrer Kennerschaft ausgewachsen. Das wird u.a. von Heinz Tietjen bestätigt, während der NS-Zeit einige Jahre lang musikalischer Leiter der Bayreuther Festspiele: „Wenn ich in Bayreuth Gelegenheit hatte, mit Adolf Hitler vertraulich zu sprechen, so habe ich immer mit Erstaunen festgestellt, wie gut Hitler die Wagnerschen Partituren kennt."[133] Diese Aussage deutet darauf hin, dass Wagners Musik in Hitlers Wagner-Verständnis eine zentrale Rolle spielte. Warum hätte er sich sonst in die Partituren vertieft? Hingegen gibt es, außer bei Kubizek, keinerlei Hinweise darauf, ob und in welchem Umfang sich Hitler jemals mit Wagners theoretischen Schriften beschäftigt hat. Zwar behauptet Kubizek von

131 Ebda., S. 19.
132 Mann 1938, S. 318.
133 Köhler 1997, S. 373.

seinem Jugendfreund: „Er las mit fieberhaftem Herzen alles, was er über diesen Meister erlangen konnte ... Insbesondere verschaffte er sich, wo er nur konnte, biografische Literatur über Richard Wagner, las seine Aufzeichnungen, Briefe, Tagebücher, seine Selbstdarstellung, seine Bekenntnisse." Daran, ob diese Aussage in vollem Umfang zutrifft, lässt sich jedoch zweifeln. Zunächst bleibt festzuhalten, dass Kubizek nur *Das Kunstwerk der Zukunft* und *Die Kunst und die Revolution*[134] als Wagner-Lektüre des jungen Hitler einigermaßen sicher belegt, nicht aber Wagners provokante Schrift über *Über das Judentum in der Musik*. Die beiden zuerst genannten Essays sind 1849 entstanden, nachdem sich der in Dresden polizeilich gesuchte Revolutionär ins Exil nach Zürich abgesetzt hatte. Wagner hat sie – neben seinem Essay über *Oper und Drama* – als seine „eigentlichen Werke" bezeichnet. Ihnen kommt eine hervorgehobene Stellung in seinem Gesamtwerk zu. Ähnliches, wenn auch aus anderen Gründen, gilt auch für *Über das Judentum in der Musik*. Dieser erstmals 1850, also unmittelbar nach der gescheiterten Revolution von 1848/49 zunächst unter Pseudonym und erst 1869 unter seinem vollen Namen veröffentlichte Essay wird heute zu Recht als Schlüsseltext für Wagners Antisemitismus bewertet. Es wäre deshalb wichtig zu wissen, ob und gegebenenfalls wann ihn der junge Hitler gelesen hat.

Als Referenzwerk kommt in erster Linie die von ihrem Urheber noch selbst betreute Ausgabe der *Gesammelten Schriften und Dichtungen* in Betracht, die 1871–1873 bei E. W. Fritsche in Leipzig erschienen ist. Sie umfasst die Bände 1 bis 9 und erlebte laufend Neuauflagen. Erst 1883, nach Wagners Tod, kam Band 10 hinzu, 1911 wurde das *opus magnum* zu einer zwölfbändigen Ausgabe erweitert. Weite Verbreitung fanden darüber hinaus die bekannten Wagner-Biographien von Karl F. Glasenapp (mehrbändig erschienen ab 1876), von Fritz Muncker (1. Auflage 1891) und Houston Stewart Chamberlain (1. Auflage 1895). Unsere Anfrage, ob diese Werke seinerzeit zu den Beständen der Linzer Bibliotheken gehört haben könnten, wurde vom Leiter der Oberösterreichischen Landesbibliothek, Dr. Christian Enichlmayr, im Hinblick auf die Vorgängerbibliothek verneint.[135] Die anderen drei Leihbüchereien, die der junge Hitler in Linz benutzte,[136] verfolgten Ziele, die den Erwerb von Wagner-Literatur nach

134 Kubizek 1995/6, 84. Die beiden Essays entstanden 1849, nachdem sich der in Dresden polizeilich gesuchte Revolutionär ins Exil nach Zürich abgesetzt hatte. Wagner hat sie – neben seinem Essay über *Oper und Drama* – allerdings als seine „eigentlichen Werke" bezeichnet, ihnen also eine hervorgehobene Stellung in seinem Gesamtwerk zugemessen. Andererseits aber sah Wagner auch seine Musik als „Weltanschauungsträger" (Klaus Umbach). Es wäre daher nicht sachgerecht, Musik und theoretische Fragen im Fall Wagners gegeneinander auszuspielen. Für ihn selbst bestand zwischen beiden Medien eine Wechselwirkung.

135 E-Mail Dr. Enichlmayr (nach Rücksprache mit Dr. Max Schimböck) an Verf. vom 21. November 2002.

136 Kubizek 1995/6, S. 188.

Enichlmayrs Einschätzung ausschließen.[137] In den Zuwachsverzeichnissen der *bibliotheca pauperum* der Staats-Oberrealschule Linz, die ebenfalls als Quelle für Hitlers Wagner-Kenntnisse in Frage kommt, fanden sich „bei grobem Überfliegen nicht Ihre gesuchten Titel".[138] Danach erheben sich ernst zu nehmende Zweifel, ob der Hitler Adolf in Linz überhaupt die Möglichkeit hatte, sich in Wagners theoretische Schriften zu vertiefen, und was Wien angeht, ist Kubizeks Behauptung, Hitler habe die Hofbibliothek benutzt, sogar nachweisbar falsch.[139] Insofern handelt es sich bei seiner Behauptung, sein Freund habe seinerzeit „alles" über Wagner gelesen, offenbar um eine maßlose Übertreibung.

Freilich ist es durchaus denkbar, wenn nicht wahrscheinlich, dass sich Hitler in seiner Kindheit und Jugend irgendwann und irgendwo als Leser bei der überall erhältlichen Wagner-Publizistik – etwa in Gestalt der *Bayreuther Blätter* – bediente und sogar einzelne Essays gelesen hat, die als Einzeldrucke vertrieben wurden, so auch jenen über *Über das Judentum in der Musik*. Er selbst hat sich nirgendwo und niemals dazu geäußert. In *Mein Kampf* wird Richard Wagner mit keinem einzigen Wort erwähnt. Denn wichtiger als alle Theorien des großen Meisters war für Hitler die Praxis der Musik, sein eigenes Musikerlebnis, wie schon der obige Hinweis auf seine Kenntnis der Opernpartituren beweist. In den „Erinnerungen" seines Jugendfreundes gibt es jedoch eine Stelle, die unseres Erachtens zeigt, dass ihm Wagners Musik einst sogar jene charakteristische Stimme verliehen hat, die Hitler später mit so erstaunlich großem Erfolg als politischer Redner benutzte. Dabei handelt es sich um eine Begebenheit, die sich Anfang 1908 in Wien abspielte.[140] Sie wurde, soweit wir sehen, noch von keinem Hitler-Biographen ernsthaft gewürdigt, sondern stets nur der Lächerlichkeit preisgegeben, so dass sie bis heute als Beweis für unreifes Phantastentum gilt.[141] Obwohl man Kubizek nicht immer vertrauen darf, wie das soeben zitierte Beispiel zeigt, sind wir in diesem Fall geneigt, seine Erzählung wieder einmal zum Nennwert zu nehmen. Denn wir sehen in dieser Begebenheit den symbolischen Versuch des jungen Hitler, sich Wagners Musik als Material für sein eigenes rhetorisches Potential anzueignen.

---

137 Vgl. dazu Max Schimböck 1997, S. 353–369. Volksbüchereien in Linz. In: Historisches Jahrbuch der Stadt Linz. Linz 1997.

138 Vgl. Enichlmayr a. a. O.

139 Stummvoll 1968, S. 528. Laut der zu Beginn des 20. Jahrhunderts gültigen Benutzerordnung gehörten brotlose Künstler wie der junge Hitler nicht zu jenem privilegierten Personenkreis, dem der Kaiser das Recht zur Benutzung seiner Bibliothek eingeräumt hatte.

140 Kubizek 1995/6, S. 200–207.

141 So Kershaw 1998/2, S. 73 f. Hamann 1996/4, S. 96, geht über Kubizeks Darstellung mit der Bemerkung hinweg, diese sei „schönfärberisch". Sie sieht in dem Vorgang nur einen Beweis für „die Verbissenheit und Selbstüberschätzung" des jungen Hitler. Der hochsymbolische Kern der Begebenheit geht an ihr vorbei.

Stimmbildung

Ausgangspunkt war ein Gespräch, das die beiden Freunde in Wien über *Wieland der Schmied* führten – ein Musikdrama, das der Komponist nur als Fragment hinterlassen hat.[142] Es handelt von einem Schmied, der sich durch selbst hergestellte Flügel aus der Gefangenschaft eines Despoten befreit, nachdem ihm dieser zuvor die Fußsehnen durchtrennt hat, um genau das zu verhindern. Der Inhalt stellt also eine Paraphrase jenes deutschnationalen Freiheitsthemas dar, das dem jungen Hitler mehr als alles andere am Herzen lag. Kaum hatte August davon erzählt, schlug Adolf in seinen deutschen Götter- und Heldensagen nach, die er stets griffbereit hatte, um die gleichnamige Sage nachzulesen. Dann setzte er sich an Augusts Flügel, um dazu eine Musik zu komponieren. Da ihm die entsprechenden Fertigkeiten fehlten, übernahm sein Freund diesen Part, woraus der zunächst etwas seltsam anmutende Versuch wurde, gemeinsam eine Oper zu komponieren.

Aufschlussreich ist dabei die Dreistufigkeit des gemeinsamen Schaffensprozesses: Nachdem Adolf ursprünglich ein Schauspiel oder eine Novelle „in einer seltsam übersteigerten Sprache“ geplant hatte, die wie seine Textvorlage in der Welt der Germanen spielte,[143] begann er seine Worte „mit natürlichen musikalischen Elementen“ zu untermalen, bis daraus „Verse“ wurden, „die sich unerbittlich in das Herz hämmerten, getragen von einer ebenso unerbittlich strengen, ursprünglichen Musik“. Der Prozess lief also vom Wort über die Musik wieder zum Wort zurück. Im Ergebnis war das eigenwillige Gesamtkunstwerk „völlig von der Tonwelt Wagners“ beherrscht.

„Er schrieb und schrieb, ich arbeitete an der Vertonung“, schildert Kubizek die Koproduktion, die übrigens gar nicht so seltsam war, da sie gelegentlich auch in ganz anderen Kreisen vorkam.[144] Weiter heißt es bei Kubizek: „Wenn ich, von Müdigkeit übermannt, einschlief, wurde ich von Adolf unsanft aus dem Schlafe gerüttelt. Kaum hatte ich die Augen offen, trat er, das Manuskript in der Hand, vor mich hin und las mir mit hastigen, in der Erregung sich überstürzenden Worten vor, was er geschrieben hatte. Er musste leise sprechen, denn Mitternacht war schon vorüber. Die Notwendigkeit, seine Worte zu dämpfen, obwohl sich das Geschehen, das er in seinen Versen schilderte, mit vulkanischer Wucht vollzog, gab seiner von Leidenschaft getragenen Stimme einen unwirklich fremden Klang.“

---

142 Wagners Skizze für das Drama befindet sich am Ende seines Essays über *Das Kunstwerk der Zukunft*, eine der beiden bereits weiter oben erwähnten Züricher Kunstschriften, die der junge Hitler mit an Sicherheit grenzender Wahrscheinlichkeit gelesen hat.

143 Vgl. die gesamte Episode bei Kubizek, S. 200 ff. Dort auch die folgenden Zitate.

144 So betätigten sich z. B. zeitgleich auch Arthur Schnitzler und Alma Schindler, die spätere Alma Mahler-Werfel, am Klavier als so genannte „Wagner-Wühler“ (Jens Malte Fischer), was Bestandteil des in Wien grassierenden Wagner-Kultes war.

Wir wissen zwar nicht, ob wir die Bedeutung dieser Passage überschätzen. Es kommt uns aber so vor, als würde Kubizek hier beschreiben, wie Hitler mit Hilfe von Wagners Musik erstmals zu seiner eigentlichen Stimme gefunden hat – zu seiner Stimme als politischer Redner. Wäre dem so, dann wurde der tiefste Grundstein für seine spätere Karriere nicht erst nach dem Ersten Weltkrieg in München, sondern schon lange vorher in Wien gelegt.[145] Auch hat der Hitler Adolf selbst einmal einen Hinweis auf die Wirkung der Wagner'schen Musik gegeben:[146] „Nur wenn die mächtigen Tonwellen durch den Raum fluten und das Säuseln des Windes dem furchtbaren Rauschen der Tonwogen weicht, dann fühlt man Erhabenheit, vergisst man Gold und Sammt (sic!), mit dem das Innere (der Wiener Hofoper – D. B.) überladen ist." Offensichtlich brauchte er diese musikalische Inspiration, um sich über die Widrigkeiten des Alltags zu erheben. Denn das war die entscheidende Voraussetzung für seine späteren Höchstleistungen als „Volkstribun" sowohl im Guten wie im Schlechten. Und hat Wagner nicht einmal selbst gesagt, Volk, Sprache und Musik gehörten zusammen?[147] Dabei war es sicher nicht so, dass sich der junge Hitler in musikalische Schwelgereien verlor, die Phantasiewelt der Oper mit der Realität verwechselte und in Wagners Werken „für den Rest seines Lebens die Existenzform gefunden" hat, wie z.B. Joachim Köhler behauptet.[148] Die Vorstellung, dass er Oper und Wirklichkeit miteinander vertauschte und daher seit seinem *Lohengrin*-Erlebnis in einer Traumwelt lebte, ist angesichts der politischen Erfolge, die Adolf Hitler später wenigstens zeitweise in der Welt der Tatsachen erzielte, zu einfach, um zu überzeugen. Vielmehr muss man im Gegenteil annehmen, dass Hitler die Musik und die Inszenierungen von Wagner-Opern, schon während er ihnen beiwohnte, wie mit einem siebten Sinn analysierte, um intuitiv zu erfassen, was davon für ihn als politischen Massenredner brauchbar war, während er sich mit seinen sechs übrigen Sinnen in das jeweilige Werk vertiefte.

Farbtonsprache

Voraussetzung für diese somnambule Technik war allerdings, dass Hitler über die Gabe verfügte, „ganz unmittelbar den künstlerischen Grundge-

145 Ohne es zu wissen, folgte Hitler damit wahrscheinlich jenem „normativen Leitsatz", mit dem Wagner in seinem Aufsatz über *Oper und Drama* „die Tonkunst zur bloßen Funktion der Dichtkunst" erklärt. Spätestens mit seiner Beethoven-Denkschrift von 1870 verkehrte Wagner diese Rangordnung jedoch in ihr Gegenteil, um den absoluten Charakter der Musik zu betonen, weil diese „jeden Zwiespalt zwischen Begriff und Empfindung aufhebt", wie es in seinem Essay über *Religion und Kunst* heißt; vgl. Hein 2006, S. 249 f.

146 Vgl. die Ansichtspostkarte vom 7. Mai 1906 mit einer Abbildung von der Bühne des Hofoperntheaters, die Hitler an Kubizek schrieb und auf der er erstmals seinen Eindruck von Wagners Musik niederlegte; Kubizek 1995/6, S. 123, und Faksimile vor S. 193.

147 Vgl. dazu Bermbach 2003, S. 320 ff., über Wagners Sprachtheorie.

148 Köhler 1997, S. 71.

halt des Werkes erleben zu können“, wie Kubizek behauptet. Darüber hinaus vermutet sein früherer Geschäftsfreund Reinhold Hanisch, Hitler habe schon damals „einen Sinn dafür gehabt, was auf der Bühne vor sich ging und was dargestellt werden müsste“.[149] Beide Beobachtungen zusammen lassen den Schluss zu, dass der junge Hitler bei seinen Opernbesuchen sowohl das in sich aufnahm, was musikalisch im Orchestergraben vor sich ging, als auch das, was szenisch auf der Bühne geschah, während er in seinem „Rausch“, seiner „Ekstase“ oder seinem Wahn versank. Das Wort „Wahn“ leitet sich von mittelhochdeutsch „gewinnen“ ab. Man darf es nicht kurzerhand mit „krankhafter Einbildung“ gleichsetzen, wie es dem heutigen Sprachverständnis entspricht. Vielmehr hatte dieses Wort im 19. Jahrhundert einen durchaus positiven Klang. Es bedeutete soviel wie „mit Anstrengung, Arbeit und Kampf, Qual und Leid etwas wünschen, verlangen und hoffen oder etwas schaffen, erringen, erlangen“.[150] „Wahn“ wurde daher mit einem ganzen Bündel positiver Empfindungen und Bestrebungen in Verbindung gebracht, die im Ergebnis auf eine höchst mühselige Kopf- und Seelenarbeit hinausliefen und nicht auf irgendeine Form des Irreseins. Auf den jungen Hitler übertragen bedeutet dies, dass er durch den häufigen Besuch von Wagner-Opern jene buchstäbliche Hellhörigkeit und Hellsichtigkeit erwarb, die aus ihm ein politisches „Genie der Wirkungen“ gemacht haben. Und wie soll man sich das konkret vorstellen? Nun, indem Hitlers Verstand für die Dauer einer Wagner-Oper die Leitung des Wahrnehmungsvermögens an sein Gefühl abtrat, wuchsen ihm jene Fähigkeiten zu, mit deren Hilfe es ihm gelang, musikalische Mythen in praktische Politik zu verwandeln – und nicht umgekehrt „alle Politik ins Mythische“ umzudeuten, wie Joachim Fest annimmt.[151]

Ein kurzer Seitenblick auf Inhalt und Semantik von Hitlers *Wieland der Schmied* wird unsere These von der ausschlaggebenden Bedeutung, die Wagners Musik für den jungen Hitler hatte, noch einmal abschließend erhärten.[152] Denn zum ersten Mal taucht hier bei der Benennung des Schauplatzes, an dem die Oper spielen sollte („Wolfsee“), jenes Pseudonym auf, unter dem Adolf Hitler zwölf Jahre später in die Politik eintrat. „Wolf“ ist ein Alias-Name für Wotan aus Wagners *Ring*-Zyklus. Bedeutsam ist gewiss auch, dass der Hitler Adolf – gewissermaßen im unbewussten Vorgriff auf seine späteren Auftritte als Parteiführer – für seine Hauptfiguren genaue Choreographien entwarf. Er beschäftigte sich daher inszenatorisch auch mit dem Bühnenraum, in dem seine Oper spielte. Schließlich zeichnete er mit Feder, Stift und Kohle auch noch die passenden Kulissen selbst, so dass Kubizek für dieses teils musikalische, teils malerische, teils inszena-

149 Kubizek 1995/6, S. 80; Hanisch 1939, S. 11.

150 Duden Herkunftswörterbuch 2001, S. 276.

151 Fest 2000, S. 32. Fest trifft aber das Richtige, wenn er feststellt, Wagners Musik kennzeichne „dieser nackte, ungenierte Blick auf Wirkungen“. Ob mit ihr „die Epoche der unlauteren Massenverzauberung in der Kunst“ begann, ein „demagogisches Künstlertum“, muss dem Urteil von Musikwissenschaftlern überlassen bleiben. Ebda., S. 76.

152 Kubizek 1995/6, S. 207.

torische, teils rhetorische Experiment die Bezeichnung „Farbtonsprache" erfand[153] – ein für die spätere Selbstinszenierung Hitlers als politischer Redner und Volkstribun geradezu kongenialer Begriff, weil er die Trias Bild – Musik – Sprache umfasst. Mit „Sturm der Revolution", „Flamme des Lebens" und „Heiliges Reich aller Deutschen" – Metaphern, die der junge Hitler in seinen Ansprachen an den Kubizek August immer wieder benutzte – zeichneten sich auch bereits die ersten Ansätze für das semantische Repertoire einer politischen Rhetorik ab, das Hitler in folgenden Jahren immer weiterentwickelt hat.

Wie zur Bekräftigung unserer These, dass er seine politische Rhetorik letztlich Wagners Musik verdankte, hat sich Adolf Hitler im Verlauf seines Lebens immer nur über seine Hör- und nie über seine Leseerlebnisse geäußert, wenn er von dem Musikdramatiker sprach.[154] Offenbar war es ihm schon als junger Mensch gelungen, in dessen Musik die „geistige Erscheinung" (Thomas Mann) zu erkennen, weil diese in innerste Bezirke seines Wesens eindrang und dem jungen Mann so auch im übertragenen Sinn ihre Stimme gab. Hitler bezeichnete Wagners Musik wohl denn auch nicht zuletzt deshalb als „Religion", weil er diese fundamentale Erfahrung als nicht weiter ableitbare Offenbarung empfand.[155] In seinem Fall kam aber noch etwas ganz Spezielles hinzu: nämlich jene rednerische Begabung, die man an ihm von Kindesbeinen an beobachten kann. Da trifft es sich gut, dass Gesang laut Wagner die „in höchster Leidenschaft erregte Rede"[156] und diese wiederum „die Umsetzung des innersten Wesens menschlicher Gebärde in Klang" ist[157] – eine Definition übrigens, die durchaus auch dem weiter oben bereits herausgearbeiteten Schema „Wort – Musik – Wort" entspricht. Wenn Wagners Begriffserklärung zutrifft, liegt das Geheimnis von Singen wie von Reden also darin begründet, dass es „eine Sturmflut von Gefühlen, Angst und Hass und Wut und Entschlossenheit in eine Gebärde überführt", wie es der bekannte Musikkritiker Jürgen Kesting in sei-

153 Ebda., S. 200: Dieser Begriff fiel Hitlers früherem Jugendfreund erst einige Jahre später ein, als ein russischer Komponist in Wien mit Farbtonexperimenten einiges Aufsehen erregte. Vgl. dazu auch Bermbach 2003, S. 32, der Begriffe wie „Tonsprache" und „Wortmusik" benutzt, um den Doppelcharakter jener „Urzelle" in Worte zu fassen, die nach Wagners Auffassung der Volkskultur zugrunde liegt.

154 Jäckel/Kuhn 1980, S. 234: „Wenn ich Wagner höre, ist mir, als seien das Rhythmen der Vorwelt." Monolog im Führerhauptquartier vom 25./26. Januar 1942. Zoller 1949, S. 57: „Wagners Musik klang in seinen Ohren wie eine göttliche Offenbarung." Monolog im Führerhauptquartier vom 25./26. Januar 1942.

155 Langer 1973, S. 110. Vgl. dazu auch die kindlichen Empfindungen, die Rilke der Zentralfigur Malte Laurids Brigge in seiner gleichlautenden Novelle in den Mund legt: „... ich ertrug diese Musik, auf der man aufrecht aufwärts steigen konnte, höher und höher, bis man meinte, dies müsste ungefähr schon der Himmel sein, seit einer Weile." Vgl. Rilke 1980 III/1, S. 224f.

156 Richard Wagner, Oper und Drama, Gesammelte Schriften und Dichtungen, Bd. 4, S. 72.

157 Op. cit. Kesting 2000, S. 7.

ner Biographie über die Opernsängerin Maria Callas einmal ausgedrückt hat.

Auf den ersten Blick mutet die Beziehung Callas – Hitler gewiss ungewöhnlich, wenn nicht sogar anstößig an. Dennoch ist eine große Ähnlichkeit zwischen der dramatischen Sängerin und dem politischen Redner in einem Punkt nicht zu übersehen: Trotz ihrer im landläufigen Sinn „hässlichen" Stimmen verfügten beide über eine vokale Massenwirksamkeit, die bis heute beinahe einmalig geblieben ist. Denn in dieser Stimme, so Kesting weiter, allerdings ohne auf Hitler Bezug zu nehmen,[158] „bebt nicht nur der Klang von Traurigkeit, von Wehmut, von Verzweiflung und Aggressivität ... – in dieser Stimme spielt sich selber ein Drama ab, weil sich ein unruhiger, gequälter, verwirrter Geist im Klange ausdrückt und purifiziert".[159]

Kestings Befund passt unserer Meinung nach auch sehr gut auf Hitler. Zweifellos verfügte dieser seit frühester Jugend über eine gesteigerte Kunst des Ausdrucks, nicht zuletzt durch das auffallende Spiel seiner Augen, die bei seinen Hörern „eine Art von Resonanz und magnetischer Vibration" erzeugte (Jürgen Kesting), und genau diese Kunst hat er, beginnend in Linz und Wien, mit und durch Wagners Musik gelernt. So gesehen war er damals, nimmt man das Wort einmal im übertragenen Sinn, keineswegs nur ein „brotloser Künstler". Von Eduard Hanslick (1825–1904), dem wichtigsten Musikkritiker seiner Zeit, stammt denn auch eine Beschreibung von Wagners Musik, die man durchaus auf den Stil späterer Hitler-Reden übertragen kann: „Es ist das bewusste Auflösen aller festen Form in ein gestaltloses, sinnlich berauschendes Klingen, das Ersetzen selbständiger gegliederter Melodien durch ein unförmig vages ‚Melodisieren'. Man kann dafür Wagners schiefes Wort ‚unendliche Melodie' getrost als technischen Ausdruck gebrauchen ... Die ‚unendliche Melodie' ist die herrschende, d.h. die musikalisch unterwühlende Macht."[160]

Gesamtkunstwerk

Unsere von Kubizek genährte Vermutung, dass den jungen Hitler die Musik Wagners viel stärker als dessen theoretische Schriften geprägt hat, darf freilich nicht zu dem Fehlschluss führen, dass das eine nichts mit dem anderen zu tun hätte. Tatsächlich lässt sich Wagners Musik als Vertonung seiner in den theoretischen Schriften niedergelegten Ideologie deuten, wie man umgekehrt auch seine Essays als Kommentare zu seiner ideologischen Musik lesen kann. Das eine lässt sich nicht von dem anderen trennen und wird uns noch einmal im Zusammenhang mit dem Antisemitismus des jungen Hitler beschäftigen.[161] Diese innere Verzahnung und Verschränkung seines Gesamtwerkes haben auch etwas mit dem Gesamtkunstwerk zu tun, an dem Wagner zeit seines Lebens gearbeitet hat. Damit wollte er

158 Ebda., S. 13.

159 Vgl. Kesting über die schöne und die hässliche Stimme ebda., S. 45 ff.

160 Hanslick 1900, S. 302.

161 Vgl. Teil III, 10. Kapitel, S. 512 ff.

die seit dem Altertum und dem Ende der griechischen Tragödie zersplitterten Einzelkünste in der Hoffnung wieder zusammenführen, daraus würde sich am Ende eine „große Menschheitsrevolution“ ergeben, eine moralisch und – folglich auch politisch – bessere Welt.

Wahrscheinlich teilte der junge Hitler dieses utopische Ziel seit der Erstbegegnung mit Wagner in seiner Linzer Realschulzeit. Intuitiv aber hatte er dieses Ideal offenbar schon als Kind in sich gefühlt, als er seinem Vater sagte, er wolle Kunstmaler werden. Seitdem übte der junge Hitler von den insgesamt sechs Künsten – der Malkunst, der Baukunst und der Bildhauerkunst, die sich nach Wagners Vorstellungen mit den drei „rein menschlichen“ Kunstarten der Tanzkunst, Tonkunst und Dichtkunst vereinigen sollten – zumindest zeitweise vier aus: nämlich die Malkunst, die Baukunst und ein wenig auch die Ton- und Dichtkunst. Zwar war ihm in keiner dieser Künste irgendein nennenswerter Erfolg beschieden, da es ihm dazu an Substanz, Talent und Ausdauer fehlte. Dennoch darf die auffallende Übereinstimmung zwischen seinen mehr oder weniger künstlerischen Gehversuchen in jene vier Richtungen und den von Wagner enumerativ aufgezählten Bestandteilen seines Gesamtkunstwerkes nicht einfach unbeachtet übergangen werden, wie es die Hitler-Biographik bisher getan hat.

Offenbar sah der junge Hitler ebenso wie sein Idol in der Vollendung des Gesamtkunstwerkes die entscheidende Voraussetzung für die Herbeiführung einer besseren Welt, weil sein künstlerischer Dilettantismus schon in Linz, vor allem aber dann in Wien unentwegt und aufs Engste mit sozialen und politischen Reflektionen und Aspirationen verbunden war. Vielleicht schon in seinem kindlichen Wunsch, Kunstmaler zu werden, auf jeden Fall aber in seinen Entwürfen für Opern- und Wohnhäuser, für Stadtviertel, Oper und Drama, die Hitler anfertigte, sowie in den Kommentaren, die er dazu seinem Freund Kubizek gegenüber abgab, ließ sich das eine vom anderen ebenso wenig trennen wie von seiner Vision des „Volkstribunen“. Dieser erscheint im Kontext seines gesamtkünstlerischen Schaffens vielmehr als Agent einer von dem jungen Hitler angestrebten Menschheitsrevolution.

Tatsächlich ist es kein Zufall, dass alles, was der junge Hitler in städtebaulicher Hinsicht plante, eine starke ästhetische Komponente hatte – und umgekehrt, dass alles, was er an architektonischen Entwürfen zu Papier brachte, letztlich eine volkspädagogische und damit politische Zweckbestimmung verfolgte. Schon das neue Linz seiner Realschulzeit sollte eine neue Tonhalle sowie ein neues Opernhaus erhalten, um das alte Landestheater zu entlasten. Gleichzeitig sollte dieses einem Neubau weichen. Den Neubau der *Bank für Oberösterreich und Salzburg* auf dem Linzer Hauptplatz verfolgte der Hitler Adolf mit so nervöser Spannung, dass ihm sein Freund laufend über den Baufortschritt nach Wien berichten musste. Und selbstverständlich wollte er die Reichshauptstadt nicht nur mit neuen

Stadtquartieren und Wohnhaustypen beglücken, sondern auch mit „Tonhallen, Theater(n), Museen, Schlösser(n), Ausstellungen".[162]

Die Anreicherung seiner z.T. utopisch anmutenden Planungen mit ästhetischen Elementen im städtebaulichen Bereich ist ebenso wie seine Leidenschaft für die Oper nur vor dem Hintergrund von Wagners Gesamtkunstwerk verständlich. Da der junge Hitler aber in seine Überlegungen auch technische Neuerungen, wie die Verlegung der Eisenbahn in unterirdische Tunnel, sowie „Industriezentren, Schiffswerften und Hafenanlagen"[163] einbezog, löste er sich auch von Wagners eher an historischen Vorbildern orientiertem Gesamtkunstwerk in Richtung auf eine zukunftsbezogene Modernität, die er kämpferisch verwirklichen wollte. „Wissen Sie", soll Hitler denn auch einmal zu einem Vertrauten im Rückblick auf seine Jugend gesagt haben,[164] „Wagner ist nicht nur der geniale Künstler, sondern auch die starke Kämpfernatur, mehr noch ein revolutionäres Genie, das den Mut hatte, an der Beseitigung von Übelständen auf staatspolitischem, kulturpolitischem und künstlerischem Sektor persönlich mitzuwirken, ohne eigentlich politisch sein zu wollen." An diesem Kampfesmut wollte sich der junge Hitler eines Tages, wenn es soweit war und er seine Chance bekam, als Künstlerpolitiker oder Politikerkünstler ein Beispiel nehmen und messen lassen.

6. Kapitel: Karl Lueger

Die soziale Frage

Trotz kindlicher Verarmungsängste, die nach dem frühen Tod seines Vaters auftraten, hatte der Hitler Adolf noch nie wirklich wirtschaftliche Not gelitten, bevor er sich 1908 in Wien niederließ. Seine Mutter, seine kleine Schwester und er hatten bis dahin zwar nicht in üppig zu nennenden Verhältnissen gelebt. Ihre Versorgungsansprüche reichten aber für das bescheidene Leben aus, das die Familie bis zum Tod der Hitler Klara führte. Danach begann eine neue Zeit. Aufgewachsen im Bewusstsein einer Beamtenfamilie, die sich dem Proletariat nach Stand, Einkommen und sozialer Absicherung haushoch überlegen fühlte, sah sich der junge Hitler nun in Wien zum ersten Mal in seinem Leben mit einem Ausmaß an Armut und Elend konfrontiert, für das ihm bis dahin jede Vorstellung gefehlt hatte. Mit zwei Millionen Einwohnern aus vieler Herren Ländern war die Residenzstadt Anfang des 20. Jahrhunderts die sechstgrößte Stadt der Welt mit allen Problemen, die auch andere Metropolen wie Berlin oder Paris, London oder New York im sozial noch nicht abgefederten Zeitalter des Manchesterkapitalismus hatten.

162 Hein 1996, S. 174.
163 Kubizek 1995/6, S. 109.
164 Ziegler1977/4, S. 125.

Bei seiner ersten Stippvisite im Sommer 1906 hatte der angehende Kunststudent noch relativ naiv die prachtvolle Architektur der Ringstraße und andere Sehenswürdigkeiten bewundert. Seit der Jahreswende 1907/08 entdeckte der nun beinahe 19-Jährige hinter der glänzenden Fassade die vielen Arbeits- und Obdachlosen, die in trostlosen Mietskasernen, öffentlichen Wärmestuben und unterirdischen Kanälen hausten. Neben seinem anhaltenden Interesse an Oper, Architektur und Schriftstellerei begann sich der junge Hitler deshalb lebhaft für die soziale Frage zu interessieren, bevor er sich im Hochsommer 1908 von seinem Freund Kubizek trennte, um selbst unmittelbare Bekanntschaft mit dem unteren Rand der Gesellschaft zu machen. Denn angesichts der Umstände, die an anderer Stelle dargestellt wurden,[165] muss man davon ausgehen, dass Adolf das Los der Arbeits- und Obdachlosen aus freien Stücken auf sich nahm, um konkreter als bisher an jener sozial-nationalen Mission zu arbeiten, die unmittelbar mit seinem politischen Ziel eines großdeutschen Reiches zusammenhing. Ein nur theoretisches Studium anhand von Büchern und Schriften, wie er es bis dahin betrieben hatte, wäre ihm angesichts der Umstände, unter denen er jetzt lebte, auf die Dauer als moralisch verwerflich und politisch nutzlos vorgekommen.[166]

Als der Kubizek August im Februar 1908 zu ihm stieß, hatte sich der Hitler Adolf zwar noch einmal in die einschlägige Literatur vertieft und den Fußboden der gemeinsamen Klause mit Lösungsentwürfen auf dem Papier übersät. Aber der junge Mann befand sich bereits zu diesem Zeitpunkt „in einer wütenden Auseinandersetzung ... mit den Angehörigen jener vornehmen Kreise überhaupt, die durch klug arrangierte Heiraten sich die unverdienten Vorteile, die sie innerhalb der menschlichen Gesellschaft genießen, gegenseitig garantieren ... Die alte Kaiserstadt mit ihrer Atmosphäre von falschem Glanz und verlogenem Pathos, mit ihrer kaum noch zu verhüllenden inneren Verwesung war der Boden, auf dem sich seine sozialen und politischen Ansichten formten. Was er später wurde, hat dieses sterbende kaiserliche Wien aus ihm herausgeformt. ... Sein ganzes Denken, Sinnen und Trachten drehte sich darum, den kleinen Leuten, dem einfachen, anständigen, praktisch rechtlosen Volk zu helfen. Er rechnete sich selbst dazu".[167]

Unter dem Eindruck der neuen Erfahrungen veränderten sich auch seine architektonischen Auffassungen im Eiltempo. Statt nach rein ästhetischen Gesichtspunkten nur Monumentalbauten zu planen und städtische Quartiere zu verändern, begann der Hitler Adolf „in Wien ... allmählich für die Menschen zu bauen".[168] Es war „ein soziales Bauen", das um die Verbesserung der Wohnungs- und Lebensverhältnisse von Arbeiterfamilien kreiste. Um sich hierfür empirische Kenntnisse zu erarbeiten, begab sich Adolf bisweilen zu Feldstudien in den Arbeiterbezirk Meidling. Begleitet wurden

165 Vgl. Teil I, 11. Kapitel, S. 195 ff.

166 Hitler 1925 I, S. 23.

167 Kubizek 1995/6, S. 164 ff.

168 Ebda., S. 174.

alle diese Exerzitien von wütenden Angriffen „gegen Bodenspekulationen und ausbeuterisches Hausherrnregime“, bis Adolf nicht mehr weiter wusste und Zuflucht zu der bereits bekannten Metapher von jenem „Sturm der Revolution“ nahm, der wie ein *deus ex machina* alles ganz von selbst richten werde. Statt wie bisher nur an sich zu denken, so notierte Kubizek über den sich abzeichnenden Einstellungswandel seines Freundes, begann der junge Hitler nun an „alle“ zu denken, d.h. an das ganze deutsche Volk in allen seinen Schichten und Gliederungen.[169] Da August sich für Fragen so gut wie gar nicht interessierte, ist letztlich wohl in dieser Tatsache auch der Grund für die spätere Trennung der beiden Freunde zu suchen.

Die Wendung vom „Sturm der Revolution“ lässt erneut aufhorchen und erinnert an jene Revolution von 1848, in der Adolf das Modell für die Gestaltung der Zukunft sah. Damals forderten sowohl rebellierende Nationalgardisten als auch zu allem entschlossene Studenten und Arbeiter in einer so genannten „Sturmpetition“ die Zurücknahme jener Verfassung, die das Kaiserhaus den Österreichern kurz zuvor oktroyiert hatte. Ziel der Revolutionäre waren zunächst nur allgemeine, direkte und freie Wahlen zu einem Reichstag, der über eine neue Verfassung im Zeichen der uneingeschränkten Volkssouveränität entscheiden sollte. Als Fortschritte in diesem Prozess auf sich warten ließen, kam es erneut zu Straßenkämpfen, so dass Kaiser Ferdinand I., der Vorgänger Franz Josephs I., jene Forderungen vorübergehend bewilligen musste. Am 17. Mai 1848 sah der Monarch sich sogar gezwungen, mit seiner Familie vorübergehend nach Innsbruck auszuweichen, da die Lage in seiner Residenzstadt vollends außer Kontrolle zu geraten drohte.

Unruhen führten zur Schließung der Universität und zu weiteren Barrikadenkämpfen, nachdem bekannt geworden war, dass die *Akademische Legion* aufgelöst werden sollte. Im Schockzustand ihrer zunehmenden Lähmung wusste sich die Regierung in Wien jedoch dann nicht mehr anders zu helfen, als weitere Zugeständnisse zu machen: Sie ließ nicht nur die Legion bestehen, sondern bewilligte auch die Bildung eines so genannten „Sicherheitsausschusses“ aus Bürgern, Nationalgardisten und Studenten, der nach dem Abzug des Militärs – ähnlich wie einst Robespierres „Wohlfahrtsausschuss“ während der Französischen Revolution – in Wien vorübergehend das eigentliche Machtzentrum bildete. Zudem setzte ein unter dem Studenten A. Willner gebildetes „Arbeiterkomitee“ soziale und wirtschaftliche Forderungen wie den Zehn-Stunden-Tag, Lohnerhöhungen und die Gründung des *Ersten österreichischen Arbeitervereins* durch. Obwohl dies alles nicht ausgereicht hatte, um die Habsburger von ihrem Thron zu stürzen, standen jene dramatischen Vorgänge dem Hitler Adolf wahrscheinlich lebhaft vor Augen, als er die Metapher vom „Sturm der Revolution“ benutzte, um sich ein wenig Mut zu machen.

169 Ebda., S. 179.

Lueger versus Schönerer

Die politische Ratlosigkeit des jungen Möchte-gern-Revolutionärs hing damit zusammen, dass er sich mit keiner der bestehenden Parteien identifizieren konnte – mit den Alldeutschen nicht, weil diese sich selbst bis zur Bedeutungslosigkeit dezimiert hatten, und mit den im Verdacht des Klerikalismus stehenden Christlichsozialen auch nicht, weil diese gerade dabei waren, ihre Vorherrschaft an die Sozialdemokraten zu verlieren, die in der Habsburgermonarchie ebenso wie im Deutschen Reich seit der Jahrhundertwende immer stärker wurden. Mit diesen tauchte am Horizont des jungen Hitler freilich ein neuer Faktor auf, den das nächste Kapitel behandeln wird. Zwar hatte Adolf im Linz seiner Realschulzeit die historische Leistung Georg Schönerers durchaus gewürdigt, „in klarer und eindeutiger Weise festgestellt zu haben, dass eine Staatsautorität nur dann das Recht hat, Achtung und Schutz zu verlangen, wenn sie den Belangen eines Volkstums entspricht, mindestens ihm nicht Schaden zufügt".[170] Damals hatte er auch mit heißem Herzen die religiöse Inbrunst begrüßt, mit der die Alldeutschen die „deutsche Sache" an die Spitze ihres Programms stellten. Dass diese Bewegung aber nach ihrem phänomenalen Aufstieg um die Jahrhundertwende so kläglich in sich zusammenfiel, „konnte ich nicht verstehen. Noch weniger aber, dass die christlich-soziale Partei in dieser gleichen Zeit zu so ungeheurer Macht zu gelangen vermochte".[171]

In den ersten Jahren des 20. Jahrhunderts hatten die Christlichsozialen den Gipfel ihrer Popularität erreicht. Die Tatsache, dass sich der Hitler Adolf nun für deren Anführer, Dr. Karl Lueger, öffnete, spricht jedoch nicht so sehr für „ein gewisses Maß an politischer Selbstständigkeit", wie Brigitte Hamann gönnerhaft vermerkt,[172] sondern ist vielmehr der letzte Beweis dafür, dass er zuvor eben nicht jener überzeugte Schönerianer gewesen war, den die bisherige Hitler-Biographik in ihm sehen will. Denn zwischen Schönerer und Lueger lagen 1908 politisch Welten, obwohl beide Antisemiten waren. Die plötzlich aufflammende Begeisterung des jungen Hitler für den Wiener Bürgermeister hing denn auch vor allem damit zusammen, dass dieser inmitten der morbiden Doppelmonarchie einen „deutschen Idealstaat" *en miniature* aus der Residenzstadt gemacht hatte. Denn nach dem Urteil Kubizeks baute der angehende Baumeister insgeheim schon an diesem utopischen Zukunftsmodell, seit er sich für die soziale Frage engagiert hatte.[173]

Karl Lueger stand 1908 bereits in seinem 64. Lebensjahr, war von schwerer Krankheit gezeichnet und trat nur noch selten öffentlich in Erscheinung. Mag sein, dass der Neubürger aus Linz, der übrigens niemals das Bürgerrecht der österreichischen Hauptstadt erworben hat, diesen grauhaarigen Mann mit dem malerischen Vollbart im Juli jenes Jahres tat-

170 Hitler 1925 I, S. 104.
171 Ebda., S. 107.
172 Hamann 1996/4, S. 394.
173 Kubizek 1995/6, S. 180.

sächlich einmal *live* erlebt hat, als der Bürgermeister bei einer Zeremonie in der Vorhalle des Wiener Rathauses anderen Neubürgern den Bürgereid abnahm.[174] Sicher ist es indessen nicht, weil Adolf Hitler in *Mein Kampf* nur von einer einzigen Begegnung spricht – nämlich von der mit dem toten Karl Lueger, als die Stadt Wien im März 1910 feierlich Abschied von ihrem früheren Oberhaupt nahm und zehntausende die Straßen säumten. Zu diesem Zeitpunkt war der Verstorbene bereits zu einer Legende geworden, in der es für die Ohren eines engagierten Deutschnationalen allerdings einige unüberhörbare Missklänge gab.

Ebenso wie Victor Adler hatte auch Karl Lueger einst Georg Ritter von Schönerer im Kampf um die Erhaltung der deutschen Vormacht über die österreichisch-ungarische Doppelmonarchie unterstützt. Ebenso wie der Sozialdemokrat hatte er sich dann aber vom Anführer der alldeutschen Bewegung abgewendet. Während sich Adler der sozialistischen Bewegung anschloss, suchte Lueger die Nähe zur katholischen Kirche und gründete 1893 die *Christlichsoziale Partei*, die ihn auf ihren Schild für das Amt des Wiener Bürgermeisters hob. Zwar gewann die Partei dadurch 1895 die nächste Kommunalwahl. Aber obwohl Lueger den Kaiser gar nicht erst um die Bestätigung seines neuen Amtes ersuchte, weil ihm die Mehrheit im Stadtparlament nicht groß genug ausgefallen war, hielt er eine „ultramontane Siegesfeier" (Eduard Pichl) ab. Auf dieser wurde der amtierende Papst Leo XIII. gefeiert und eine Resolution verabschiedet, die zur „Herrschaft des Christentums im Unterrichtswesen und im ganzen öffentlichen Leben" aufrief[175] – für alle Deutschnationalen ein klerikales Alarmsignal, weil man den Kaiserstaat dort in einem unheimlichen Bündnis mit den undeutschen Römlingen im Vatikan sah. Angesichts der antiklerikalen Einstellung, die der alte Zollamtsoberoffizial hegte, wird man deshalb im Hause Hitler kaum positiv über den promovierten Volljuristen und „Anwalt der kleinen Leute" gesprochen haben. Hinzu kam, dass sich Lueger sofort wieder von eben jenem in deutschnationalen Kreisen populären Antisemitismus distanzierte, kaum dass er mit dessen Hilfe und mit Zustimmung Franz Josephs I. doch noch in sein neues Amt gekommen war. Aus diesem Grund hatte sich nicht nur Lueger von Schönerer, sondern auch Schönerer von Lueger getrennt. Nur der Deutschradikale Karl Wolf hielt dem Wiener Bürgermeister noch eine Weile die Treue, kehrte dann aber wieder in den Schoß der deutschnationalen Gesamtbewegung zurück.

Die Art und Weise, wie sich Karl Lueger in den Jahren 1895 bis 1897 das Wiener Bürgermeisteramt erkämpfte und dabei sowohl die anderen Parteien als auch den Kaiser ebenso offen wie erfolgreich herausgefordert hatte, nötigte Freund und Feind höchsten Respekt ab. Bei zwei der vier Wahlgänge, die auf den ersten folgten, wurde Lueger von Franz Joseph I. nicht in seinem Amt bestätigt, weil der Monarch – vor allem im Hinblick auf den christlichsozialen Antisemitismus – nicht die Gleichbe-

174 Hamann 1996/4, S. 397.
175 Pichl 1938 IV, S. 35.

rechtigung aller Bürger vor dem Gesetz für gewährleistet hielt. Nach dem vierten Wahlgang wollte ihm der Kaiser zwar seine Zustimmung geben, doch verzichtete Lueger diesmal nach einer Audienz erneut freiwillig auf sein Amt. So fanden der Bürgermeister und das Staatsoberhaupt erst nach dem fünften Wahlgang einen Akkord – in der Doppelmonarchie, die sich im Wesentlichen auf die persönliche Autorität Franz Josephs I. stützte, ein einmaliger und vorher wie nachher nie wiederholter Vorgang von seltener Eindringlichkeit in der Geschichte der Donaumonarchie.

Nach seinem fulminanten Start genoss Bürgermeister Lueger in den dreizehn Jahren ununterbrochener Amtsausübung ein unbestreitbar hohes Ansehen bei allen Bevölkerungsschichten, da er sich buchstäblich unsterbliche Verdienste um die Stadt Wien erwarb. Die modernen Strukturen, die er hier zu Beginn des 20. Jahrhunderts schuf, sind zum Teil noch heute wie in Stein gemeißelt zu erkennen. Auch diese Metapher ist wörtlich zu nehmen, zumal der Bürgermeister bei städtischen Gebäuden nur selten davon absah, irgendwo an markanter Stelle eine Inschrift mit den Worten „Erbaut von Dr. Karl Lueger“ anbringen zu lassen. Zu den modernen Strukturen gehörten vor allem die Kommunalisierung der Gas- und Stromversorgung, der öffentlichen Verkehrsmittel und anderer Einrichtungen, die sich zuvor in Privathand befunden hatten, der Bau der zweiten Hochquellenleitung, die Elektrifizierung der Verkehrsbetriebe, die Anlage eines Wald- und Wiesengürtels sowie die Schaffung einer modernen Kranken- und Sozialfürsorge.

Wenn auch fast überall innerhalb und außerhalb Wiens Einigkeit über die Beispielhaftigkeit dieser kommunalpolitischen Leistungen herrschte, so wies das *Allgemeine Tageblatt* in einem Nachruf dennoch unmissverständlich auf die Punkte hin, die Lueger und Deutschnationale voneinander trennten. Der Bürgermeister, so hieß es da,[176] sei „die Verkörperung aller gegen das deutsche Volk in Österreich gerichteten Pläne und Unternehmungen, das jederzeit bereite Werkzeug der slawisch-klerikalen Politik“ gewesen. Er habe „den nationalen Antisemitismus an das römische Pfaffentum“ verraten, er sei „für alles und alle zu haben“ gewesen und habe „die Kornblume der alldeutschen Bewegung zeitweise nur aus opportunistischen Gründen getragen, um Bürgermeister Wiens zu werden. Wo immer es einen Streich gegen die Stellung der Deutschen Österreichs zu führen galt, führte ihn Dr. Lueger, indem er sich mit Slawen und den jüdischen Sozialdemokraten verband, wie gelegentlich der Einführung des gleichen Wahlrechts“. Dieses unmissverständliche Verdikt aus deutschnationalem Blickwinkel zeigt mit aller Deutlichkeit, welchen Graben der junge Hitler hätte überwinden müssen, wenn er vorher tatsächlich ein Parteigänger Schönerers gewesen wäre. Umgekehrt müssen aus seiner Sicht sehr erhebliche Argumente für Lueger gesprochen haben, die schwerer wogen als jenes deutschnationale und antiklerikale Credo, das er aus Linz mitgebracht hatte.

176 *Allgemeines Tageblatt*, 10. März 10, op. cit. Pichl 1938 IV, S. 397.

In einer langen, sich über 26 Seiten erstreckenden Passage von *Mein Kampf* vergleicht Hitler die beiden Leitfiguren seiner Kindheit und frühen Jugend miteinander sowohl in politischer als auch in charakterlicher Hinsicht. Wie bei vielen anderen Textstellen fällt es auch bei dieser nicht leicht, eine saubere Unterscheidung zwischen Gedanken aus jener Zeit und nachträglichen Rationalisierungen zu treffen. Ihrem ganzen Charakter nach wirkt Hitlers Darstellung nämlich wie der Auszug aus einem politischen Lehrbuch, mit dem der Autor sein deutsches Leserpublikum 1925 als weit blickender Stratege, philosophischer Denker und taktisch geschickter Führer *in spe* beeindrucken wollte. Dennoch ist die Vermutung nicht von der Hand zu weisen, dass es sich im Kernbereich immer noch um eine authentische Beurteilung jener beiden Politiker durch den jungen Hitler handelt. Mit aller gebotenen Vorsicht wird man daher zugeben müssen, dass dieser „den ganzen Vorgang des Werdens und Vergehens der alldeutschen Bewegung einerseits und des unerhörten Aufstiegs der christlich-sozialen Partei andererseits" in seiner Wiener Zeit tatsächlich „als klassisches Studienobjekt" betrachtet hat, das für den künftigen Politiker „von tiefster Bedeutung" war.[177] Dabei muss allerdings bis auf Weiteres die Frage offen bleiben, ob der Antisemitismus schon damals tatsächlich zum „Kernbereich" seiner politischen Einstellung gehörte, wie er in *Mein Kampf* behauptet.[178] Die Beantwortung dieser wichtigen Frage wird Gegenstand eines eigenständigen Kapitels sein.[179]

Zu Beginn seiner Darlegungen rekapituliert Hitler die Punkte, mit denen die deutschnationale Bewegung und insbesondere Schönerer auf ihn schon in Linz großen Eindruck gemacht hatten.[180] Dazu zählte vor allem der „Mut", „im Parlament den Ruf ‚Hoch Hohenzollern' auszustoßen" und die Tatsache, dass Schönerer bei jeder sich bietenden Gelegenheit verkündete, Deutschösterreich sei lediglich „ein vorübergehend getrennter Bestandteil des Deutschen Reiches", weil dies Ausdruck einer aufrechten Gesinnung war. Auch hatte schon dem Realschüler imponiert, „dass man in allen das Deutschtum betreffenden Fragen rücksichtslos Farbe bekannte und niemals zu Kompromissen sich herbeiließ". Dieser verbale Radikalismus, so bekennt Hitler offen, sei für ihn damals „der einzige noch gangbare Weg zur Rettung unseres Volkes" gewesen.

Es war dann aber das Erlebnis der sozialen Frage, das ihm in Wien die Augen für die Schwächen der alldeutschen Bewegung und die Gründe für deren Niedergang geöffnet hat.[181] In erster Linie habe es sich dabei um deren Unvermögen gehandelt, auf den „manchesterlichen Liberalismus" in den neunziger Jahren „nicht aus in erster Linie sozialen Gesichtspunkten heraus, sondern aus nationalen" zu reagieren. Dem sei der „Unsinn" ge-

177 Hitler 1925 I, S. 106.

178 Ebda.

179 Vgl. Teil III, 10. Kapitel S. 502 ff.

180 Hitler 1925 I, S. 106.

181 Die folgenden Zitate, auf deren Einzelnachweis wir hier verzichten, befinden sich ausnahmslos ebda. auf den bereits erwähnten Seiten 102 bis 131.

folgt, für die Interessen der Deutschösterreicher mit Hilfe der verfassungsmäßigen Organe statt in „großen öffentlichen Volksversammlungen" zu kämpfen, d.h. sich Wahlen zu stellen und in die Parlamente zu gehen, um letztere „von innen heraus auszuhöhlen". Dadurch sei „der Zusammenhang mit dem breiten Volk verloren gegangen". Ferner habe sich Schönerer, als er die „Los von Rom"-Bewegung gründete, im „Irrtum" über die Macht der katholischen Kirche befunden. Insgesamt habe er verkannt, „dass sich zu Trägern solcher nahezu religiöser Überzeugungen (wie der „Vaterlandsliebe" – D. B.) in erster Linie immer nur die breiten Massen eines Volkes eignen".

Hingegen habe Karl Lueger, ein „seltener Menschenkenner", die unteren Mittelschichten für sich gewonnen, „deren Dasein bedroht war und mithin eher zu einem Ansporn als zu einer Lähmung des Kampfeswillens wurde", heißt es weiter in *Mein Kampf*. Außerdem habe sich der Wiener Bürgermeister die katholische Kirche und das Kaiserhaus geneigt gemacht, „um aus solchen alten Kraftquellen für die eigene Bewegung möglichst großen Nutzen ziehen zu können". Schließlich seien zu dem „klugen Taktiker" auch noch „die Eigenschaften eines wahrhaft großen und genialen Reformators" gekommen. Zusammenfassend stellt Adolf Hitler fest: „Die alldeutsche Bewegung hatte wohl recht in ihrer prinzipiellen Ansicht über das Ziel einer deutschen Erneuerung, war jedoch unglücklich in der Wahl des Weges. Sie war nationalistisch, allein leider nicht sozial genug, um die Masse zu gewinnen. ... Die christlichsoziale Bewegung besaß eine unklare Vorstellung über das Ziel einer deutschen Wiedergeburt, hatte aber Verstand und Glück beim Suchen ihrer Wege als Partei. Sie begriff die Bedeutung der sozialen Frage ..."

Nationalisierung durch Sozialisierung

Wie gesagt: Ob bereits der junge Hitler die hier wiedergegebene Einschätzung mit derselben Eindeutigkeit und Klarheit hätte formulieren können, wie es dem massendemokratischen Machtpolitiker Adolf Hitler aus einem zeitlichen Abstand von fast zwanzig Jahren tat, steht dahin. Diese Ungewissheit ändert jedoch nichts an der wichtigen Erkenntnis, dass dem jungen Mann in Wien die soziale Frage schlagartig als Schlüssel für den Erfolg jeder nationalen Bewegung bewusst geworden ist. Das ergibt sich auch aus der Schlussfolgerung, die er aus dem Quervergleich alldeutscher und der christlichsozialer Positionen zog: *„Die Frage der ‚Nationalisierung' eines Volkes ist mit in erster Linie eine Frage der Schaffung gesunder sozialer Verhältnisse als Fundament einer Erziehungsmöglichkeit des einzelnen. Denn nur wer durch Erziehung und Schule die kulturelle, wirtschaftliche, vor allem aber politische Größe des eigenen Vaterlandes kennen lernt, vermag und wird auch jenen inneren Stolz gewinnen, Angehöriger eines solchen*

Volkes sein zu dürfen. Und kämpfen kann ich nur für etwas, das ich liebe, lieben nur, was ich achte, und achten, was ich mindestens kenne."[182]

Die Erfindung und Anwendung dieses Konzepts, das man auf die Kurzformel „Nationalisierung durch Sozialisierung" bringen könnte, war es denn auch, die dem Wiener Bürgermeister in der autobiografischen Programmschrift Adolf Hitlers eine geradezu hymnische Beurteilung eingetragen hat. Tatsächlich ist uns kein anderer Politiker bekannt, dessen Leistungen der Diktator jemals als „unsterblich" bezeichnet hat. Dabei klingt in dem Begriff der „Sozialisierung" schon der vom jungen Hitler erkannte Erziehungsauftrag einer nationalen Bewegung an. Denn gegenüber seinem Geschäftsfreund im Wiener Männerheim zeigte er „großes Interesse" an den so genannten Knabenhorten, die Lueger für die Kinder aus christlichsozialen Familien geschaffen hatte.[183] Diese Jungen trugen Uniform, bildeten z.B. Musikkapellen und machten gemeinsame Ausflüge, wodurch sie als Kader von morgen für die *Christlichsoziale Partei* gewonnen wurden – erste Anregungen für die spätere Hitlerjugend.

Zwar hält der Autor in *Mein Kampf* dem früheren Bürgermeister als einzige „Schwäche" vor, dieser habe zu spät versucht, „den kranken und alt gewordenen Körper des morschen Reiches" von Wien aus wiederzubeleben.[184] Umso mehr preist er aber den „Staatsmann" Lueger[185] wegen der Leistungen, die dieser vollbracht hatte und die Hitler „unsterblich" nennt.[186] Aus der Sicht des jungen Baumeisters, der intensiv die soziale Frage studierte und daran in zunehmendem Maß seine politische Bestimmung erkannte, wird es sich bei diesen unsterblichen Leistungen sowohl um die Bauwerke, die Lueger mit seinem eigenen Namen markierte, als auch um dessen soziale Reformen und den erfolgreichen Versuch gehandelt haben, den deutschen Charakter Wiens wenigstens in sprachlicher und in mancherlei anderer Hinsicht zu erhalten.

„Deutsch" war Wien trotz der vielen Tschechen, Juden und nichtdeutschen Bevölkerungsgruppen, die hier um die Jahrhundertwende zusammenströmten, vor allem deshalb, weil es der Bürgermeister so wollte. Von einer „Germanisierungspolitik" zu sprechen, wie es Brigitte Hamann tut, geht vielleicht ein wenig zu weit. Tatsache ist aber, dass Lueger erklärtermaßen stets deklamatorisch auf dem deutschen Charakter von Wien bestand, obwohl er nicht verhindern konnte, dass die Millionenstadt faktisch immer multinationaler wurde. Seine Intention kam z.B. im Wortlaut des Bürgereides zum Ausdruck, mit dem sich jeder Neubürger – und sei er auch Tscheche, Ungar oder Italiener – dazu verpflichten musste, „den deutschen Charakter der Stadt nach Kräften aufrecht zu erhalten".[187] Diese Selbstverpflichtung hatte Lueger der Eidesformel eigenhändig eingefügt.

182 Ebda., S. 34f. Hervorhebung im Original.
183 Hanisch 1939, S. 8.
184 Hitler 1925 I, S. 109.
185 Ebda., S. 74.
186 Ebda., S. 109.
187 Hamann 1996/4, S. 429.

Obwohl er sich politisch mit seiner *Christlichsozialen Partei* zu einem Gutteil auf die vielen tschechischen Handwerker und Kleingewerbetreibende stützte, die überwiegend katholisch waren, wird die Treue, die der Bürgermeister dem deutschen Bevölkerungsteil hielt, selbst noch von Hitler in *Mein Kampf* anerkannt.[188]

„Deutscher Idealstaat" en miniature

Die Beschäftigung mit dem Wohnungselend der Arbeitermassen brachte den Hitler Adolf ganz von selbst darauf, sich auch mit den kommunalpolitischen Leistungen des Wiener Bürgermeisters zu befassen, und wahrscheinlich waren es die neuen Wohnquartiere, die er entwarf, *und* die von Lueger durchgesetzte Überführung der Versorgungsbetriebe in städtische Hand, die der politische Baumeister mit dem Wort „Sozialreformen" zusammenfasste. Dieser modern anmutende, weil auch heute noch gebräuchliche Begriff war offenbar neu in seinem Vokabular. Jedenfalls tauchte er, wie August Kubizek berichtet, 1908 immer häufiger in den Diskussionen mit dem Freund auf. „Wenn eines Tages der ‚Sturm der Revolution' hereinbrach und der ‚Idealstaat' auferstand, wurde auch die längst fällige ‚Sozialreform' Wirklichkeit", soll Adolf seine Auffassung erläutert haben. Dann sei auch der Augenblick gekommen, „um die Zinsburgen der ‚Berufshausherren' niederzureißen und in dem schönen, anmutigen Wiesengelände hinter Nussdorf mit dem Aufbau seiner Wohntypen zu beginnen".[189]

Das war der Kern jener Utopie, zu dem ihn Luegers Wien inspirierte – und zugleich die erste Spur eines politischen Programms in Hitlers Lebensgeschichte. Dieses Programm setzte bei der Verstaatlichung von Grund und Boden und dem damit einhergehenden Verbot der Bodenspekulation an, führte von dort zum Genossenschaftseigentum an Wohnungen sowie zur Planung neuer Stadtviertel und gipfelte schließlich in architektonischen Skizzen für bestimmte Haus- und Wohnungstypen, die der junge Mann in seinem Wiener Hinterzimmer offenbar mit großer Geduld und Konsequenz zu Papier gebracht hat. Dabei handelte es sich nicht um Behausungen für mittelständische oder sozial noch höherrangige Bevölkerungsgruppen, sondern *expressis verbis* um „Arbeiterwohnungen". Jede dieser Wohnungen sollte den sozial benachteiligten Schichten mit Küche, Stube, getrennten Schlafzimmern für Eltern und Kinder, Wasser in der Küche, einem WC und einem Badezimmer ein Mindestmaß an Bewegungsmöglichkeiten und Komfort sichern. In einer Zeit, in der sehr viele Wiener Wohnungen nicht einmal über ein WC verfügten, war ein eigenes Badezimmer, wie es der junge Hitler plante, „eine unerhörte Neuigkeit".[190] Diese vergleichsweise großzügigen Wohnungen sollten nicht mehr Bestandteil von Mietskasernen und Zinshäusern sein, sondern in den Uferbereichen der Donau liegen, wohin der junge Hitler die bisherigen Arbeiterbezirke ausdehnen wollte.

188 Hitler 1925 I, S. 131.
189 Kubizek 1995/ 6, S. 180.
190 Ebda., S. 177.

Breite Straßen würden diese Gebiete durchziehen, und ein Anschluss an das Eisenbahnnetz war auf dem Papier sichergestellt, wodurch sich der Weg von den Wohnungen in die Fabriken verkürzen ließe.

Aber damit nicht genug. Je vier Wohnungen wollte der Reichsbaumeister *in spe* zu einem zweistöckigen Haus zusammenfassen und, wo immer es die Umstände erlaubten, aus diesem wiederum Komplexe von acht bis 16 Wohnungen bilden, die mit Gartenanlagen, Kinderspielplätzen und Baumgruppen zu umgeben waren. Aber der junge Hitler ging sogar noch weiter. Mit Hilfe eines Stadtplans, den er auf dem Flügel seines Freundes ausbreitete, überzog er ganz Wien mit Verkehrsnetzen und Industriezentren. Dafür sollten Wohnquartiere, die sich in seinen Augen überlebt hatten, mehr oder weniger schematisch abgerissen werden. Sehr rasch nahm diese Konzeption so umfassende Formen an, dass sich Adolfs schäumender Geist sogar mit der Detailfrage beschäftigte, „ob dieses neu erstandene Wien Wirtshäuser brauche oder nicht“. Schließlich wollte der junge Hitler sogar, um Alkohol und Nikotin aus dem Leben der Massen zu verbannen, „ein neues Volksgetränk“ einführen, das den Familienvätern den Weg ins Wirtshaus ersparen sollte. „Als ich ihm entgegenhielt, dass die Wiener, soweit ich sie kenne, kaum auf ihren Wein verzichten würden, antwortete er schroff: ‚Da wirst du nicht gefragt werden!‘ Das hieß mit anderen Worten: Und die Wiener ebenfalls nicht.“[191]

Neben seinem Willen zu autoritären Lösungen lassen die umfassenden Pläne des jungen Hitler eine Verbindung zur architektonischen Moderne erkennen, die in der Hitler-Biographik bislang weitgehend unbeachtet geblieben ist. Obwohl in seinen Vorstellungen von Häuserbau und Städteplanung durchaus Ideen anklangen, wie sie etwa 1909 in der allgemein als fortschrittlich geltenden Gartenstadt Hellerau bei Dresden verwirklicht wurden,[192] behauptet z. B. Joachim Fest, indem er sich an dem Hitler Adolf von 1906 orientiert, der bei seinem ersten Wien-Besuch noch „wie verzaubert vor den klassischen und neobarocken Fassaden der Ringstraße“ gestanden hatte: „Wie unberührt ging er (der Hitler Adolf – D. B.) an den Symptomen von Unruhe und Durchbruch in der Kunst vorbei. ... Allenfalls schien er eine Tendenz zur Herabwürdigung des Erhabenen zu spüren.“[193] Offenbar regte der Mikrokosmos Luegerscher Prägung den jungen Mann an, sich eine – nach dem Vorbild Wiens – „deutsche“ Stadt auszudenken, die ausgesprochen moderne Züge trug. Neben diesem „deutschen Idealstaat“ *en miniature* spielte auch der Begriff des Reiches

---

191 Ebda., S. 179.

192 Unter Leitung von Richard Riemerschmid wurde diese Gartenstadt, einschließlich Musikschule und Festspielhaus, ab 1909 für ca. 2.000 Angestellte der Deutschen Werkstätten (DW) bei Dresden u. a. von Hermann Muthesius, Theodor Fischer und anderen namhaften Architekten aus dem Dunstkreis des Deutschen Werkbundes erbaut.

193 Fest 1973/5, S. 56 f. Wie sich aus dem folgenden Halbsatz ergibt, saß Fest hier offenbar Hitlers übertriebenen Aussagen in *Mein Kampf* auf, die z. T. im Widerspruch zu den Erfahrungen stehen, die der junge Hitler einst in Wien nach der recht authentisch wirkenden Darstellung seines Freundes Kubizek gemacht hatte.

„in seinem Denken eine besondere Rolle“,[194] wie noch an anderer Stelle darzustellen sein wird.[195] Leider unterlässt es August Kubizek in seinen Jugenderinnerungen, näher zu beschreiben, wie sich der junge Hitler das Binnenverhältnis von „Staat“ und „Reich“ gedacht hat. Aus der Zusammenschau verschiedener Textstellen, die sich in dieser Quelle auf das „Reich“ beziehen, lässt sich jedoch auf dessen Überordnung schließen. Der „Staat“ war für den jungen Hitler der Unter-, das „Reich“ der Oberbegriff von fast magischer Bedeutung.

Eine neue Partei

Wenn Kubizek in seinen „Erinnerungen“ schreibt: „Die alte Kaiserstadt wurde auf dem Zeichentisch eines neunzehnjährigen Jünglings, der in einem düsteren Hinterhaus der Vorstadt Mariahilf wohnte, zu einer weit in das offene Gelände wachsenden, lichtdurchfluteten, lebenerfüllten Stadt, die sich aus Vier-, Acht- und Sechzehnfamilienhäusern zusammensetzte“,[196] dann sagt er nur die halbe Wahrheit. Denn der Hitler Adolf beschäftigte sich, worauf sein früherer Jugendfreund an anderer Stelle hinweist,[197] auch weiterhin mit seinen „großen Projekten: Tonhallen, Theater, Museen, Schlösser, Ausstellungen“. Das heißt, der jugendliche Baumeister plante auch in ästhetischer Hinsicht ein völlig neues Wien, das ihn im Kleinformat der Verwirklichung seiner Utopie näherbringen sollte, und so eine Utopie war ohne die angemessene Berücksichtigung von Kunst und Kultur für Adolf einfach nicht denkbar. Die Wege, die zu diesem Ziel führen sollten, waren ihm indes noch nicht klar, so dass August gewiss recht hatte, als er feststellte: „… Je mehr sich Adolf in seinen Gedanken der Realisierung seines Projektes näherte, desto utopischer wurde die ganze Angelegenheit.“[198]

Das war der Stand im Sommer 1908, bevor sich die beiden voneinander trennten. Darauf folgten bekanntlich jene eineinhalb Jahre, in denen der junge Hitler fast ganz von der Bildfläche verschwand, bis er im Männerheim an der Wiener Meldemannstraße wieder auftauchte. Über das, was er in dieser Zeitspanne dachte, plante und trieb, sind wir deshalb auf Vermutungen angewiesen, weil gleichermaßen aussagefähige wie zuverlässige Quellen fehlen. Doch ist unsere Annahme, dass sich der politisierende Baumeister damals ganz bewusst den untersten Schichten der Gesellschaft näherte, um durch praktische Erfahrungen soziale Kompetenz zu erwerben, in Anbetracht aller Umstände mehr als wahrscheinlich. Da ihn wirtschaftliche Not nachweisbar nicht trieb – welche Gründe sollen ihn sonst bewogen haben, seine Untermietzimmer gegen eine Gemeinschaftsunterkunft einzutauschen, in der ihm als Privatsphäre nur noch eine winzige

194 Kubizek 1995/ 6, S. 180.
195 Vgl. Teil III, 3. Kapitel, S. 405 ff.
196 Kubizek 1995/ 6, S. 181.
197 Ebda., S. 174.
198 Ebda., S. 179.

Schlafkabine blieb? Auf jeden Fall reichte jene Zeitspanne für Adolf aus, sein neues Idol aus der Froschperspektive gründlich zu studieren. Am Ende vertraute er seinem neuen Geschäftsfreund Hanisch die Erkenntnis an: „An Dr. Lueger sollte man sich ein Beispiel nehmen und eine *neue* Partei gründen. ... Die *neue* Partei sollte einen wohlklingenden Namen haben, und sie sollte von den anderen Parteien die besten Parolen übernehmen, um Anhänger zu gewinnen; es sei ebenso bedeutsam, die ganze Sache gut zu organisieren. Das Ziel rechtfertige die Mittel ...“[199]

Zeitpunkt und Inhalt dieser Aussage sind für jede ernst zu nehmende Hitler-Biographie hoch bedeutsam, weil sie ein weiterer Hinweis darauf sind, dass sich der damals 19-Jährige schon in Wien gedanklich mit der praktischen Umsetzung seiner nationalpolitischen Pläne, Träume und Visionen zu beschäftigen begann. Zwar ist Hitler trotzdem noch bis 1918/19 jener randständige Beobachter geblieben, der er schon vorher gewesen war. Doch hat er mit dem Gedanken an die Gründung einer neuen Partei zweifellos schon vor 1914 den ersten Schritt zum Parteipolitiker der zwanziger Jahre getan. Der zweite Schritt folgte unmittelbar *nach* Luegers Tod, als die Bevölkerung mit dem Nachfolger im Amt des Bürgermeisters unzufrieden war und daher „in Wien eine große politische Erregung“ herrschte. In einem Kinofilm, den der junge Hitler damals sah, wurde ein Unbekannter durch eine zündende Rede schlagartig berühmt. Hanisch erinnerte sich später: „Hitler entflammte sich für die Idee, dass dies der Weg sei, eine *neue* Partei zu gründen. Ich lachte darüber und nahm ihn nicht ernst.“

Bisher hat es nicht an Versuchen von Autoren gefehlt, Hanischs Reaktion nachzueifern und Hitlers ebenso spontane wie weit reichende Schlussfolgerung aus einem zufälligen Filmerlebnis als Beweis für dessen politische Unreife ins Lächerliche zu ziehen. Dabei ist gerade diese Episode ein gutes Beispiel dafür, wie man fast zwangsläufig am Wesentlichen vorbeigehen muss, wenn man negativen Vorurteilen folgt. Von Belang an dieser Episode ist nämlich einzig und allein die Tatsache, dass Hitler seine Umgebung offenbar schon in Wien sehr genau unter einem parteipolitischen Blickwinkel beobachtet und daraus bemerkenswerte Konsequenzen abgeleitet hat, die für ihn nach dem Ersten Weltkrieg wegweisend wurden. Dazu gehörte an erster Stelle die Tatsache, dass die *Chistlichsoziale Partei* ihren politischen Erfolg hauptsächlich den rhetorischen, um nicht zu sagen: demagogischen Fähigkeiten ihres Anführers verdankte. Das heißt: Neu war nicht nur jener Politikertypus, den Karl Lueger exemplarisch verkörperte. Neu ist vor allem die Tatsache, dass der junge Hitler mit seinem Gedanken an die Gründung einer neuen Partei und den Einsatz seines Rednertalents schon in Wien den ersten Grund für seine spätere politische Karriere gelegt hat. Was seinen Eintritt in die Politik und die Vorgeschichte der NSDAP

199 Hanisch 1939, S. 8. Dort auch die beiden folgenden Zitate – Hervorhebungen im Original.

angeht, wird mit dieser Erkenntnis ein neues Kapitel aufgeschlagen, das man in der Forschung bisher nicht deutlich genug gesehen hat.[200]

Bis zu seinem einschneidenden Wien-Erlebnis hatte dem jungen Hitler noch kein anderer Politiker Österreichs die für Lueger typische Erfolgskombination aus Demagogie, Machiavellismus und konkreten Leistungen in den Bereichen Ästhetik, Wirtschaft und Soziales vorgelebt, auch Schönerer nicht. Tatsächlich hat Hitler von diesem Wiener Bürgermeister gelernt, dass Rhetorik allein nicht weiterhilft, wenn man bei der breiten Masse auf die Dauer Erfolg haben will. An Luegers Nachfolgern lernte er aber zugleich, dass jeder auch noch so große politischer Erfolg sehr schnell vergeht, wenn die charismatische Führungsfigur nicht mehr zur Verfügung steht. Beide Lektionen haben ihn bis zu seinem Selbstmord in Berlin begleitet.

7. Kapitel: Victor Adler

Im Parlament

Außer der Hofoper war es vor allem das Parlamentsgebäude an der Ringstraße, das den Hitler Adolf in Wien mächtig anzog, zunächst freilich nur aus ästhetischen Gründen. Lauschte er dort ergriffen den Opern Richard Wagners, so faszinierte ihn hier die Architektur Theophil von Hansens (1813–1891), die Adolf Hitler in *Mein Kampf* als „hellenisches Wunderwerk auf deutschem Boden" bezeichnet.[201] In der Tat hatte der dänische Baumeister den 1883 eingeweihten Sitz des Reichsrats einem griechischen Tempel nachempfunden, um dadurch eine symbolische Brücke zur antiken Wiege der Demokratie zu schlagen. Schon bald aber erschien der junge Hitler auch auf der Zuschauertribüne, um Sitzungen des Abgeordnetenhauses beizuwohnen. Das geschah in seinem ersten Wiener Jahr recht oft, fand jedoch rasch ein Ende, als sich das Parlament rettungslos in die an Schärfe ständig zunehmenden Nationalitätenkonflikte verstrickte.

Bis dahin hatte der junge Hitler den Anführer der österreichischen Sozialdemokratie, Dr. Victor Adler, in den Debatten verschiedentlich als brillanten Redner erlebt. Der Großvater des bekannten Wiener Armenarztes und Psychiaters war als armer Tuchmacher ein frommer Jude gewesen, der im Ghetto aufwuchs. Der Vater, ein durch Börsengeschäfte zu Reichtum gelangter Kaufmann, hatte zwar noch die Talmudschule und eine hebräische Lehranstalt besucht sowie seine vier Söhne der rituellen Beschneidung unterworfen, sich dann aber vom Judentum gelöst und katholisch taufen lassen. Der 1852 geborene Victor Adler litt in seiner Jugend „schmerzlich an seinem Judentum".[202] Obwohl er seine Abstammung in späteren Jahren

200 Die Autoren der einschlägige Sekundärliteratur gingen bisher davon aus, dass der Grundstein für Hitlers politische Kariere in München gelegt worden ist. Vgl. dazu Deuerlein 1959 sowie Joachimsthaler 2000.

201 Hitler 1925 I, S. 83.

202 Braunthal 1965, S. 17.

als Belastung für seine Partei empfand, glaubte der Deutschösterreicher, der zunächst der deutschnationalen Bewegung angehört hatte, fest an die Möglichkeit der Assimilation. Adler selbst war das beste Beispiel dafür. Denn als Inhaber eines sicheren Wahlkreises in Nordböhmen gehörte der Arzt seit 1905 dem Abgeordnetenhaus des Reichsrats an.

Unter dem Druck der Industrialisierung war in den 1870er Jahren aus der älteren Arbeiterbewegung die österreichische Sozialdemokratie hervorgegangen, in der es vorerst noch heftige Auseinandersetzungen zwischen einem gemäßigten und einem radikalen Flügel gab, bis es Victor Adler auf dem Hainfelder Parteitag von 1888/89[203] gelang, die Partei zu einigen. Unter seiner Leitung entstand in den folgenden Jahren eine zentral geführte Organisation, die mit der *Arbeiter-Zeitung* ein eigenes Massenmedium herausgab, sich den Kongressen und Mai-Kundgebungen der internationalen Arbeiterbewegung anschloss und vom Kaiser auf gesetzlichem Weg – zwar gegen den Widerstand der Altliberalen, aber im Verein mit katholischen Sozialreformern – die Verbesserung einiger gesellschaftlicher Missstände erzwang. Ähnlich wie im Deutschen Reich von 1871 wurde auch die österreichische Sozialdemokratie von der Monarchie vorübergehend als „staatsgefährdend" verfolgt. Widrige Umstände hinderten die Partei jedoch nicht daran, sich energisch und mit zunehmendem Erfolg für eine Reform des Wahlrechts einzusetzen. Kurz bevor der junge Hitler sein „Projekt Wien" startete, gelang es ihr, beim Kaiser die Erweiterung des Wahlrechts auf alle Österreicher männlichen Geschlechts durchzusetzen, die das 24. Lebensjahr vollendet hatten. Als die Wähler im Mai 1907 zum ersten Mal nach dieser Reform von ihrem Stimmrecht Gebrauch machten, wurden die Sozialdemokraten mit 87 von 516 Mandaten die zweitstärkste Gruppierung nach den Christlichsozialen. Zwar musste die Partei infolge des Nationalitätenkonflikts, der vor ihr nicht Halt machte, bei den folgenden Wahlen hin und wieder Rückschläge einstecken. Dies änderte aber nichts daran, dass sie 1911, bei den letzten Wahlen zum Reichsrat der Habsburgermonarchie vor dem Ersten Weltkrieg, einen großen Sieg über die Christlichsoziale Partei erringen konnte.

Retrospektives Konstrukt?

Um seine deutschen Leser und Wähler nach dem kläglich gescheiterten Putsch von 1923 als weit vorausschauenden Kämpfer gegen Marxisten und Juden zu beeindrucken, erzählt Adolf Hitler in seiner autobiographischen Programmschrift *Mein Kampf* eine lange und gewundene Geschichte über seine erste Begegnung mit der österreichischen Sozialdemokratie, damals vor rund zwanzig Jahren. Diese Geschichte weicht nicht nur in wichtigen Details von den „Erinnerungen" seines früheren Jugendfreundes Kubizek ab, sondern kann auch aus anderen Gründen kaum Glaub-

203 Der Parteitag zog sich über den Jahreswechsel hin.

würdigkeit für sich beanspruchen.[204] Denn das retrospektive Konstrukt ist mit ideologischen Einstellungen und politischen Schlussfolgerungen aus seiner so genannten „Kampfzeit" in den zwanziger Jahren durchtränkt. Offenbar sollte es einzig und allein beweisen, dass Hitler mit seinem Antisemitismus und Antimarxismus schon immer Recht gehabt hatte, weil er das angeblich mit der Sozialdemokratie verbundene Verhängnis des nationalen Unterganges bereits als junger leidgeprüfter Revolutionär im alten Österreich mit schlafwandlerischer Sicherheit durchschaut habe.

Schon der Ausgangspunkt der märchenhaft wirkenden Erzählung, nämlich die Behauptung, er habe 1908/09 in Wien als Handlanger auf dem Bau gearbeitet und dadurch das moralische und wirtschaftliche Elend seiner damaligen Gefährten hautnah miterlebt, kann kaum überzeugen. Denn nach Hanischs Darstellung war Hitler damals körperlich viel zu schwach, um schwere Arbeiten zu verrichten. Ohne vom Marxismus die geringste Ahnung zu haben, sympathisierte Hitler nach seinen eigenen Worten zwar anfangs noch mit der Sozialdemokratie und der von dieser betriebenen Wahlrechtsreform. Doch wirken die Vorgänge, die ihm angeblich die Augen für den „wahren" Charakter der Partei und der Gewerkschaften öffneten, im Ganzen konstruiert und recht weit hergesucht. So will er, wie zufällig dazu angeregt, durch die regelmäßige Lektüre der *Arbeiter-Zeitung* und der theoretischen Literatur die Verlogenheit der sozialistischen Gedankenwelt erkannt haben. Den Kern seiner Erkenntnis, so heißt es in demagogischer Absicht weiter, sei aber „die Kenntnis des Judentums" gewesen.

Auf diese verschlungene Art und Weise gelingt es Hitler dadurch in *Mein Kampf*, von einer oberflächlichen Auseinandersetzung mit dem Marxismus und der Arbeiterbewegung auf dasjenige Thema überzuleiten, das ihm mehr als alles andere am Herzen lag – nämlich auf seine stereotype Botschaft, „der Jude" sei an allem schuld. Auch in dieser Beziehung, so behauptet er, sei er zunächst völlig ahnungslos nach Wien gekommen, doch habe er dann – ebenfalls durch seine Zeitungslektüre – die wahren Verhältnisse durchschaut und festgestellt, dass „auch die Führer der Sozialdemokratie und der Gewerkschaften ... ausnahmslos Juden gewesen (seien)". Auf die Personen, die Hitler in diesem Zusammenhang nennt, darunter auch Victor Adler, trifft seine Feststellung zwar zu. Doch unterlässt er es in demagogischer Absicht, zwischen den verschiedenen Positionen zu differenzieren, die diese Männer seinerzeit zum Judentum eingenommen haben. Es ist übrigens das einzige Mal, dass Adlers Name in *Mein Kampf* auftaucht; im Stichwortregister wird er nicht genannt.

Mit der pauschalen Identifizierung dieser Männer als Juden schließt sich für den naiven Leser der Kreis: Die gesamte Arbeiterbewegung schien

204 Hitler 1925 I, S. 20 bis etwa S. 110. Wir verzichten bei den folgenden Zitaten auf Einzelnachweise, soweit die Belegstellen auf den genannten Seiten zu finden sind. Auf Seite 137 und an anderen Stellen stellt Hitler selbst den von ihm didaktisch gemeinten Zusammenhang zwischen seinen Erinnerungen an die Wiener Zeit und deren Nutzanwendung auf die Weimarer Republik her.

„in den Händen eines fremden Volkes“ zu sein. Durch diese Erkenntnis, so Hitler weiter, sei seine „Liebe zu meinem Volk“ damals in Wien noch gewachsen. Abschließend heißt es dann: „Es war für mich die Zeit der größten Umwälzung gekommen, die ich im Innern jemals durchzumachen hatte. Ich war vom schwächlichen Weltbürger zum fanatischen Antisemiten geworden“ – eine durch keinen einzigen nachprüfbaren Beweis belegte Behauptung, die den Autor gegenüber seinen deutschen Lesern noch einmal als einen einst gutwilligen, aber durch leidvolle Erfahrung und bewundernswerten Scharfsinn eines Besseren belehrten Zeitgenossen ausweisen soll.

Von dieser Position aus kann Hitler dann in *Mein Kampf* auch mühelos Parlament und Parlamentarismus der Habsburgermonarchie als Verrat am Deutschtum angreifen. Denn schließlich habe seinerzeit bereits der Reichsrat an der „Entdeutschung“ Österreichs mitgewirkt, nachdem die von Hitler für national unzuverlässig erklärten Sozialdemokraten die Reform des Wahlrechts durchgesetzt hatten. Auch hier gibt sich der Autor wieder den Anschein, anfangs wohlmeinend gewesen zu sein. So wird von ihm behauptet, er habe sich eine andere als die demokratische Regierungsform ursprünglich gar nicht vorstellen können. „Denn der Gedanke irgend einer Diktatur wäre mir bei meiner Haltung zum Hause Habsburg als Verbrechen wider die Freiheit und gegen jede Vernunft vorgekommen.“ Mag der Wunsch nach Freiheit und Partizipation für die politische Haltung des jungen Hitler in der Tat auch zunächst maßgebend gewesen sein, so macht doch die Benutzung des Wortes „Diktatur“ besonders deutlich, dass man diese Passagen von *Mein Kampf* nur im Kontext der Weimarer Republik richtig einordnen kann und als politische Propaganda entlarven muss. Denn eine Diktatur, insbesondere eine Parteidiktatur, wie sie Russland nach 1917 unter Lenin und Stalin sowie Deutschland nach 1933 unter Hitlers Führung erlebte, war bis zur Wende vom 19. zum 20. Jahrhundert noch so gut wie unbekannt. Eine gewisse Ausnahme hatte lediglich die blutige Jakobinerherrschaft unmittelbar nach der Französischen Revolution unter Robespierre gebildet. Hingegen stellte die Pariser Kommune von 1871 ein Bündnis mehrerer Parteien der egalitär-demokratischen und sozialistischen Richtung dar, das sich nur wenige Wochen gehalten hat. Sollte es sich bei Hitlers Anspielung auf eine „Diktatur“, die er vermeiden wollte, also nicht ohnehin nur um eine *a posteriori* aufgestellte Behauptung ohne Realitätsbezug handeln, so hatte der Autor von *Mein Kampf* nur wenige und dazu auch noch außerdeutsche Vorbilder, auf die er sich hätte stützen können. Denn vom Zeitalter der totalitären Parteidiktaturen war das Vorkriegseuropa ein gutes ein Stück weit entfernt, obwohl das zaristische Russland in der Revolution von 1905 wohl nur mit knapper Not daran vorbeigekommen ist.

Darauf, wie es sich genau verhalten hat, kommt es Hitler auch gar nicht an. Wichtig ist ihm nur die Feststellung, dass die Sozialdemokratie aus seiner Sicht „schon damals (in Wien) nicht als deutsche Partei betrachtet“ werden konnte. So schließt sich denn auch in dieser Beziehung der Kreis:

Weil die Sozialdemokratie mit ihrer Führung durch volksfremde Juden schon immer undeutsch gewesen sei, taugten Parlament und Demokratie für Deutsche nichts, so dass „die wahrhaftige germanische Demokratie der Wahl des Führers mit dessen Verpflichtung zur vollen Übernahme aller Verantwortung“ für die Weimarer Republik als einzige Option übrigbleibe. *Quod erat demonstrandum*. Obwohl man fast nichts zum Nennwert nehmen darf, was Adolf Hitler in *Mein Kampf* über seine erste Begegnung mit ihr erzählt, besteht kein Zweifel daran, dass er sich schon in Wien intensiv mit den Gründen für den politischen Erfolg der Sozialdemokratie befasst hat.[205] Sehr wahrscheinlich hat er damals auch schon jene Lücke zwischen Bürgertum und Arbeiterschaft erkannt, in die später seine eigene Partei hineinstoßen konnte.

Zwischen Lueger und Adler

Das Verhältnis, das der Hitler Adolf zur österreichischen Sozialdemokratie unter Victor Adler hatte, durchlief verschiedene Stadien und war sehr ambivalent. Als der fast 19 Jahre alte Schulabbrecher endgültig Linz verließ, war er ein kleinbürgerlicher Deutschnationaler, der zum verbalen Radikalismus neigte. In seinen revolutionären Träumen setzte der angehende Kunstmaler und Baumeister, der sich in der akademischen Tradition von 1848 sah, infolgedessen nicht nur auf die Studenten, sondern auch auf die Arbeiterschaft. Trotz der freiwillig auf sich genommenen Selbsterfahrung der Jahre 1910 bis 1913, als er mit Arbeits- und Obdachlosen unter einem Dach lebte, wäre es dem jungen Hitler jedoch nie eingefallen, sich selbst als Proletarier zu verstehen. Obwohl ihn sein ausgeprägtes Standesbewusstsein daran hinderte, muss man den Beamtensohn aber dennoch links von der Mitte des politischen Spektrums ansiedeln.

Nachdem der Hitler Adolf zunächst eher der *Deutschen Volkspartei* nahegestanden hatte, entwickelte er in Wien neben seiner glühenden Sympathie für Karl Lueger ein reges Interesse für die österreichische Sozialdemokratie. Vom Straßenrand aus verfolgte er 1908 „mit angehaltenem Atem“ jene Menschenmassen, die sich in „endlosen Viererreihen“ durch die Innenstadt wälzten, um gegen Armut, Hunger und Teuerung zu demonstrieren.[206] Die Gefühle „unruhiger Beklommenheit“ und „banger Gedrücktheit“, die ihn dabei befielen, waren zunächst sicher darauf zurückzuführen, dass der Sohn eines Staatsbeamten instinktiv die Gefahr erkannte, die von dieser in Bewegung geratenen Masse Mensch auf die bestehende Ordnung theoretisch ausgehen konnte. Andererseits aber wird der junge Hitler ebenso instinktiv auch den Vorsprung erkannt haben, den die Sozialdemokratie bei der Organisation und damit auch bei der vorre-

205 Vgl. dazu z.B. Hitler 1925 I, S. 169, 170 f. und S. 191.
206 Hitler 1925 I, S. 43.

volutionären Beherrschung der Massen vor jener Partei bereits gewonnen hatte, die er selbst dereinst einmal zu gründen hoffte.[207]

Dieser Widerstreit der Empfindungen erzeugte einen Spannungszustand, der sich mit Vehemenz entlud, kaum waren Adolf und sein Freund August wieder bei sich zu Hause „in einem elenden, verwanzten Hinterhaus" der Stumpergasse angekommen. „Ja, er bekannte sich zu den Hungernden, Darbenden, den Ausgestoßenen", berichtet Kubizek in seinen Erinnerungen. „Aber auf das Schärfste lehnte er die Männer ab, die solche Demonstrationen arrangierten. Wer sind die Drahtzieher, die hinter diesen doppelt betrogenen Massen stehen und sie nach ihrem Willen lenken? Keiner dieser dunklen Hintermänner lässt sich bei einem solchen Aufmarsch der Massen sehen. Warum? Weil sich ihr Geschäft viel besser im Halbdunkel führen lässt, weil sie nicht Kopf und Kragen riskieren wollen, denn sie fürchten die Mächte, gegen die sie diese Massen mobilisieren ebenso wie diese Massen selbst. Wer führt dieses Volk des Elends? Nicht Männer, die selbst die Not des kleinen Mannes miterlebt haben, sondern ehrgeizige, machthungrige, zum Teil sogar volksfremde Politiker."

Wie lässt sich diese Äußerung interpretieren? Einerseits war der junge Hitler offenbar empört, dass er als Freund der Hungernden und Darbenden ohnmächtig am Straßenrand gestanden hatte, während sich die erfolgreichen Organisatoren der Demonstration feige im Hintergrund hielten, um am Ende nicht selbst unter die Räder der Staats- oder Arbeitermacht zu geraten. Andererseits machte ihn wütend, dass die Demonstranten nicht nur von Feiglingen geführt, sondern dazu auch noch ausschließlich vor den Karren sozialer Forderungen gespannt wurden, anstatt auch für deutschnationale Ziele einzutreten. Aber war er nicht gerade deshalb in Linz von Sozialdemokraten verprügelt worden?[208] Offensichtlich war der junge Hitler inzwischen zu der Überzeugung gelangt, dass grundlegende soziale Forderungen wie die Abschaffung der Bodenspekulation und die Überführung von Privat- in Staatseigentum nur durch öffentlich wahrnehmbare Führer im Rahmen einer großdeutschen Revolution durchsetzbar waren. So spiegelte die Haltung, die der junge Hitler einnahm, sowohl seinen Wunsch nach Beherrschung der Massen als auch seinen Schmerz über die Unterdrückung deutschnationaler Forderungen durch die österreichische Sozialdemokratie wider. Schließlich wird ihn auch die

207 So bezeichnete Hitler die Sozialdemokratische Partei in seiner Rede vom 27. April 1923, auf die Kaiserzeit zurückblickend, als „die bestorganisierte Bewegung nicht nur in Deutschland, sondern in der ganzen Welt. Sie war auch die diszipliniertеste Partei Europas." Op. cit. Jäckel/Kuhn 1980, S. 914. Laut *Mein Kampf* habe er ihr auch deshalb nahegestanden, weil sie in Österreich für die Wahlrechtsreform eintrat, von der er sich eine „Schwächung des mir so sehr verhassten Habsburgerregiments" versprochen habe. Op. cit. Hitler 1925 I, S. 39.

208 „Als ich ein Junge war", so führte Hitler am 7. Mai 1929 vor dem Amtsgericht München aus, „habe ich die schwarz-rot-goldene Kokarde getragen und bin dafür ... von Marxisten schwer verprügelt worden. Die schwarz-rot-goldene Fahne wurde von ihnen zerrissen und in den Kot getreten." Hitler-Reden III/2, S. 249.

Erkenntnis geärgert haben, dass der neuen sozial-nationalen Partei, deren Gründung er für nötig hielt, bis auf Weiteres jede Fähigkeit fehlen würde, den Kampf um die Hirne und Herzen der Arbeitermassen mit Aussicht auf Erfolg aufzunehmen.

Den eigentlichen Hintergrund für seine aggressiven Gefühle bildete freilich die Tatsache, dass Adolf noch nicht in der Lage war, seinen eigenen Standort parteipolitisch eindeutig zu definieren. Ohne Zweifel war er deutschnational. Um des Erfolges der großdeutschen Sache willen musste er aber auch breite Bevölkerungsschichten, zu denen die Arbeiter gehörten, sozial integrieren. August Kubizek beschreibt die widersprüchliche Seelenlage seines Freundes folgendermaßen: „Eine Frage, die ihn nach derartigen Erlebnissen quälte, obwohl er sie nie direkt aussprach: Wohin gehörte er selbst? Nahm er seine eigenen Lebensverhältnisse, die wirtschaftliche Lage, in der er sich befand, das soziale Milieu, in dem er lebte, als Maßstab, so gab es keinen Zweifel, dass er zu jenen Menschen zählte, die hinter den Hungerplakaten marschierten. ... Warum marschierte er trotzdem nicht im Zuge dieser Menschen mit? Was hielt ihn davon ab? – Vielleicht das Empfinden darüber, dass er seine Herkunft nach doch einer anderen gesellschaftlichen Schicht angehörte. ... Wie er Angst hatte, von dem allgemeinen moralischen und politischen Verfall der führenden Kreise angesteckt zu werden, hatte er eine noch viel größere Angst vor der Proletarisierung. ... Im letzten aber blieb für Adolf entscheidend, dass er sich seinen politischen Ansicht[en] nach zu keiner der herrschenden Parteien und Bewegungen hingezogen fühlte.“[209]

Die Begegnung mit der christlichsozialen Bewegung hatte den jungen Hitler bereits auf jene unteren Mittelschichten aufmerksam gemacht, die sich vom sozialen Abstieg bedroht fühlten und deshalb Lueger wählten. Daher begann sich sein Blick zunächst auf die kleinen Handwerker und Gewerbetreibenden zu richten, die in Wien – wie fast überall – gegen jede Form des Klassenkampfes waren. Dieses Kleinbürgertum musste er, wollte er erfolgreich sein, für die deutschnationale Sache gewinnen. Um sich entsprechend zu profilieren, trat der junge Hitler ab 1910 im Männerwohnheim als „Feind der Sozialdemokratie“ und als „Feind des Terrors in jeder Form“ auf, der „jede Art von Zwang und sogar Streiks“ verabscheute.[210] Zu dieser Haltung trug auch die Tatsache bei, dass er den revolutionären Elan der Arbeiter, je länger er in Wien lebte, offenbar desto geringer schätzte. „Diese seien eine indolente Masse“, sagte er einmal zu Reinhold Hanisch,[211] „die sich außer um Essen, Trinken und Frauen um nichts weiter kümmere.“ Einerseits klang in dieser Äußerung eine gewisse Enttäuschung durch, andererseits aber auch die Erleichterung des Beamtensohns, der seinen Standesdünkel pflegte. „Eine Revolution wie die des Jahres 1848“, so glaubte er deshalb in letzter Konsequenz, „könnte nur

209 Kubizek 1995/6, S. 247.

210 Hanisch 1939, S. 17.

211 Ebda., S. 16. Dort auch das folgende Zitat.

von der studentischen Klasse bewerkstelligt werden", sprich: von jener Intelligenz, zu der er sich selber zählte.

1910 war jedoch nicht nur das Jahr, in dem der junge Hitler in das Wohnheim in der Meldemannstraße zog. Es fällt auch in jene Zeit, in der Lueger verstarb und die Sozialdemokraten unter Victor Adler zur führenden politischen Kraft aufsteigen. Diese Tatsache ist dem jungen Hitler, der seine ersten Vorstellungen von einer neuen Partei an Hand der sozialen Frage entwickelt hatte, ganz gewiss nicht entgangen. So konnte seine Schlussfolgerung aus der politischen Entwicklung nach 1910 eigentlich nur lauten: Man muss die Sozialdemokratie mit ihren eigenen Waffen schlagen, indem man sie soweit wie möglich kopiert, wenn man Erfolg haben will. Tatsächlich ist der im vorigen Abschnitt wiedergegebene Überblick über jene Passagen in *Mein Kampf*, die Aufschluss über die politische Haltung des jungen Hitler zur österreichischen Sozialdemokratie geben, zwischen den Zeilen mit Hinweisen darauf gespickt, dass dieser in Wien für seine spätere Laufbahn als Politiker von Victor Adler und Genossen mindestens eben so viel wie von Karl Lueger gelernt hat.

Das betraf vor allem die Propaganda. Tatsächlich stößt man in *Mein Kampf* immer wieder auf Formulierungen, die durchaus auf entsprechenden Beobachtungen und Erfahrungen des jungen Hitler fußen könnten. In Wien lernte er zum ersten Mal, dass „die Psyche der breiten Masse nicht empfänglich für das Halbe und Schwache" ist. Hier wurde ihm auch klar, dass die österreichische Sozialdemokratie rechtzeitig „die Bedeutung der gewerkschaftlichen Bewegung" begriffen hatte, während „das Bürgertum dies nicht verstand". Denn der Hitler Adolf erlebte ja selbst hautnah mit, wie sich die Sozialdemokratie mit den Gewerkschaften jenes Instrument gesichert hatte, das nach der Wahlrechtsreform von 1905 kräftig zu ihren Erfolgen beitrug, während es dem Bürgertum, das dieses Instrument nicht ergriffen hatte, tendenziell „seine politische Stellung" kostete. Vor allem aber nahm der Hitler Adolf aus Wien die Hoffnung mit, „dass kein Arbeiter so verbohrt sein konnte, als dass er nicht besserem Wissen und besserer Erklärung erlegen wäre". Wenn man sich die nationalsozialistische Propaganda späterer Jahre vergegenwärtigt, dann hat das Geheimnis für die Lösung der großdeutschen Frage für Hitler tatsächlich in jenen „schillernden Phrasen von Freiheit, Schönheit und Würde", in „dem irrlichternden, scheinbar tiefste Weisheit mühsam ausdrückenden Wortgeflunker" und in „der widerlich humanen Moral" gelegen, die seiner Meinung nach einst die österreichische Sozialdemokratie für ihre Zwecke benutzt hatte. Ein verbaler Aufwand ähnlicher Art, vorgetragen „mit der eisernen Stirne einer prophetischen Sicherheit", war jedenfalls nach seiner in Wien gewonnenen Ansicht notwendig, um die Begeisterung der Massen für die deutschnationale Sache zu entfachen.

Kunst der Symbolik

Andere Anregungen wurden dem jungen Hitler von der österreichischen Sozialdemokratie auf metapolitischer Ebene vermittelt – angefangen mit dem Blutrot ihrer Fahnen, das er in Wien zum ersten Mal erblickte. Noch wichtiger waren die Demonstrationen anlässlich des 1. Mai, das heißt jene Manifestationen, die einst an die Bewegung zur Einführung des Acht-Stunden-Tages in den USA angeknüpft hatten, bis die *Zweite Internationale* in Paris[212] den 1. Mai eines jeden Jahres 1889 zum internationalen „Kampftag der Arbeiterklasse" bestimmte. Die ersten Maifeiern der österreichischen Sozialdemokratie fanden 1890 und 1892 noch im Rahmen einer Kampagne für den Acht-Stunden-Tag statt. Doch im Grund ging es Victor Adler dabei nicht nur um die Verkürzung der Arbeitszeit oder die Verwirklichung anderer Einzelforderungen. Er etablierte den 1. Mai vielmehr als politisches Symbol, das die Kraft hatte, die Gedanken, Gefühle und Aspirationen der Arbeiterklasse zu einem ganz bestimmten Zeitpunkt *als Ganzes* zu bündeln, und zwar überall, wo es den Kapitalismus gab.

„In Deiner Politik spielt die Ästhetik stets eine Rolle nächst der Theorie", wurde Adler denn auch widerwillig von Karl Kautsky bescheinigt, dem führenden Theoretiker des Austromarxismus. Folgerichtig stellt Adlers Biograph Julius Braunthal rückblickend fest: „Für ihn (Adler) war die Politik die Kunst der Aktion" – wobei die Betonung auf „Kunst" liegen muss.[213] Freilich war die „bewusste Wertschätzung der theatralischen Dimension von Politik" (William McGrath), die aus dem psychologisch geschulten Anführer der österreichischen Sozialdemokratie einen „Meister des politischen Symbolismus" machte, nicht nur auf die Kenntnisse zurückzuführen, die Adler als Seelenarzt besaß. Sie hatte auch etwas mit seinem deutschnationalen und speziell seinem wagnerianischen Hintergrund zu tun.

Wie schon erwähnt, hatte Adler ursprünglich gemeinsam mit seinen Freunden sowie mit seinen späteren Gegnern Schönerer und Lueger der deutschnationalen Bewegung angehört, von der er Wichtiges für die dramaturgisch richtige Ausgestaltung der Arbeiterbewegung lernte. Durch den Besuch von Wagners Opern und die Lektüre von Schopenhauers Werken erfasste Adler schon als junger Mann, dass sich Gedanken und Gefühle vieler Individuen durch quasi-religiöse Symbole wie unter einem Brennglas zu einem Gemeinschaftserlebnis verschmelzen lassen und dadurch eine Macht entwickeln, die Massen bewegen kann. In Anwendung dieser Erkenntnis gelang es Adler gegen den Widerstand der marxistischen Säkularisten in seiner Partei, die quasi-religiösen und künstlerischen Ele-

212 Bis 1914 organisatorische Vorläuferin der heutigen Sozialistischen Internationale. Weltweiter Zusammenschluss von sozialistischen und sozialdemokratischen Parteien, der auf die ursprünglich von Karl Marx (1818–1883) angeregte Internationale Arbeiter-Assoziation zurückgeht.

213 Op. cit. McGrath 1974, S. 221. Hier auch das folgende Zitat.

mente des Maifeiertages für die Entwicklung der Arbeiterbewegung zu einer formidablen gesellschaftlichen Kraft zu machen.

Auch beim Kampf um die Wahlrechtsreform kombinierte er politische und pseudoreligiöse Symbole mit großem Geschick. Nachdem der russische Zar nach der Revolution von 1905 in seinem „Oktobermanifest" das allgemeine Stimmrecht zugestanden hatte, wollte die österreichische Arbeiterbewegung das Gleiche zunächst durch einen Generalstreik auch in ihrem Land erzwingen. Durch diese grimmige Aktion sollte das gesamte öffentliche Leben der Residenzstadt für Stunden, wenn nicht Tage oder Wochen lahmgelegt werden. Zwar kam es tatsächlich zu einer massenhaften Arbeitsniederlegung, doch wählte Adler dafür den Begriff „Volksfeiertag", um seine politischen Forderungen mit einer gewissen Weihe und Würde zu verbinden. Denn der gemütliche Terminus und seine praktische Umsetzung durch die von ihm geführten Massen erinnerten eher an katholische Festtage als an die erste russische Revolution, die ganz Europa in Angst und Schrecken versetzt hatte. Die Wiener Arbeiter waren von der Parteiführung denn auch dazu aufgerufen worden, zu der von Adler geplanten Massendemonstration im Sonntagsstaat zu erscheinen. Dies und die feierliche Stille, die den gewaltigen Aufzug von etwa 250.000 Menschen dann in Wien umgab, wurde vom ehernen Marschtritt der schweigenden Massen untermalt, die dadurch äußerst eindrucksvoll sowohl ihre Rechtlosigkeit als auch ihre Disziplin und ihren Willen zur Macht demonstrieren konnten. Indem das einzigartige Ereignis genau zu Beginn jener parlamentarischen Sitzungsperiode stattfand, in der eine erste Wahlrechtsreform verabschiedet wurde, erzielte es auch eine unmittelbar politische Bedeutung.

Unmittelbarerer Zeuge dieses massenkulturellen Regieaktes hatte der junge Hitler noch nicht werden können, weil er 1905 noch nicht in Wien lebte. Dafür hatte er an den 1. Mai-Feiertagen späterer Jahre immer wieder Gelegenheit zu beobachten, wie Victor Adler es verstand, die Emotionen der Massen in eine Form zu gießen, die sowohl die Gefahr eines unkontrollierten Gewaltausbruchs als auch das Risiko eines unerwünschten Spannungsabfalls erfolgreich bannte. Mit der ihm eigenen Phantasie konnte er sich sagen, dass die von ihm so gehasste Wahlrechtsreform – die größte politische Errungenschaft aus der Spätzeit der Habsburgermonarchie – kaum jemals zustande gekommen wäre, hätte die Sozialdemokratie ihre Macht dem Kaiser nicht auf eine ebenso kontrollierte wie bedrohliche Art und Weise vor Augen geführt. Ihr Reformerfolg war somit, bei Licht besehen, ein Triumph von Adlers „ästhetischer Psychologie" (William McGrath).

Die immer wieder erfolgreich angewendete Methode, die Gefühle der Massen unter die Kontrolle der Ratio zu bringen, widersprach eigentlich der Wagner'schen Metapolitik. Dennoch zehrte Adlers Konzept von den psychologischen Theorien, die er in seiner deutschnationalen Phase verinnerlicht hatte. Sie spiegelten sich auch in den erfolgreichen Bemühungen seines Freundes Engelbert Pernerstorfer wider, die Sozialdemokratische

Partei durch ästhetische Bildung der Arbeiter zu einer kulturellen Gemeinschaft zu erweitern.

Kulturelle Konkurrenz

So trug zu den Spannungen zwischen dem jungen Hitler und der österreichischen Sozialdemokratie auch die Tatsache bei, dass diese schon verwirklichte, wovon er vorerst nur träumen konnte: die kulturelle Hebung breitester Volksschichten zu politischen Zwecken. Beginnend mit den *Arbeiterbildungsvereinen* in den 1860er Jahren, hatten Sozialdemokratie und Gewerkschaften bis Ende des 19. Jahrhundert in Österreich bereits ein kulturelles Angebot von beachtlicher Breite aus eigener Kraft hervorgebracht. Ihre Bildungsprogramme richteten sich an die Freunde des Gesanges ebenso wie an Radfahrer und Turner, Frauen und Studenten, Jugendliche und Kinder; sie waren inhaltlich universal und deckten die Bevölkerung in ihrer gesamten Breite ab. Obwohl ihrem Ursprung nach keine parteipolitischen Organisationen im engeren Sinn, gehörten die Naturfreunde- und die Abstinentenbewegung ebenfalls dazu. Wie wichtig die Parteiführung all diese Aktivitäten nahm, ergibt sich u.a. aus der Tatsache, dass führende Genossen wie Victor Adler und Engelbert Pernerstorfer z.B. dem Radfahrerverein „Biene" angehörten und die Arbeiter-Symphonie-Konzerte besuchten. Diese wurden im Dezember 1905 in Wien mit Gustav Mahlers *Dritter Sinfonie* eröffnet und führten in den folgenden Jahren zu einem regelmäßigen Konzertbetrieb.

„Der Umstand, dass Mahler mit diesem Werk unter anderem auch auf den Zarathustra von Nietzsche Bezug nahm sowie die im Arbeiter-Konzertbetrieb von Anfang an wuchernde Wagner-Verehrung", verdeutlicht Hugo Pepper diesen Zusammenhang,[214] „bedarf einer kommentierenden Bemerkung: Nietzsche hatte gedanklich den Weg zur Kompensation der 1848 erfolgten bürgerlichen Niederlage in der Revolution gebahnt, und Richard Wagner wurde als 48er, als Barrikadengenosse Michail Bakunins gesehen. Die wort- und klangreiche Abrechnung der beiden mit der mit spießbürgerlicher Gesinnung hingenommenen Niederlage in der Revolution (von 1848) mochte ein Motiv für die ansonsten heute kaum noch verstehbare proletarische Wagnerei sein."

Die „proletarische Wagnerei" führte immerhin dazu, wie Brigitte Hamann herausgefunden hat,[215] dass Dr. Wilhelm Ellenbogen sich im Streit um die Wagner-Inszenierungen der Wiener Hofoper unter dem Mahler-Nachfolger Felix Weingartner mit der Begründung gegen „die neueste Wagner-Verhunzung" wehrte, Wagners Kunst sei „‚breiten Schichten ein teures Gut, eine Heiligtum'" geworden. Begründung: „Es gelte, die Kultur zu hüten und das Recht des Volkes auf seine Kunst unverkürzt zu erhalten." Ellenbogen war ein führender Sozialdemokrat im Wiener Ar-

214 Pepper 1988, S. 92.
215 Hamann 1996/4, S. 95.

beiterbezirk Brigittenau, wo der junge Hitler bis zu seinem Weggang nach München wohnte.

Ein weiterer Höhepunkt der kulturellen Arbeiterbewegung war die *Wiener Freie Volksbühne*, die 1906 unter dem maßgebenden Einfluss Pernerstorfers gegründet wurde. Sie gab unter dem Titel *Der Strom* sogar eine eigene Zeitschrift heraus. Hauptaufgabe dieser Einrichtung war es, die Arbeiterschaft „zum Theaterbesuch zu bewegen und damit gegen den flachen vorstädtischen Konsum bei den ‚Volkssängern' oder in ‚Pawlatschentheatern' zu wirken. Man präsentierte Klassik ebenso wie die zeitgenössische Moderne". Dabei wurde die Klassik „als Erbe der ‚aristotelischen Katharsis der Griechen'" empfunden.[216] Unschwer ist aus dieser Umschreibung Wagners Gedankengut herauszulesen, das auch der junge Hitler teilte.

Dieser fühlte sich durch den regelmäßigen Konzert- und Theaterbetrieb der *Freien Volksbühne* so herausgefordert, dass er auf dem Gebiet der sinfonischen Musik ein konkurrierendes Projekt entwarf. Adolf, so schreibt August Kubizek ausdrücklich, habe in Wien „immer mehr Interesse für das Konzert" gezeigt, nachdem er sich in Linz fast ausschließlich für die Oper interessiert hatte.[217] Zwar hatte dieses Interesse ursächlich offenbar damit zu tun, dass sein Freund Bratschist war. Kubizek gehörte dem Orchester des Konservatoriums an. Adolfs Interesse an sinfonischer Musik hing aber auch mit den heftigen Auseinandersetzungen zwischen den Anhängern Anton Bruckners und Johannes Brahms' zusammen, in denen die beiden Freunde, „von seinen Symphonien ergriffen und bewegt", für ersteren Partei ergriffen, ohne über letzteren den Stab zu brechen. „Wir fühlten uns in diesem Streite als Vertreter der jungen Generation, zollten beiden Meistern unsere Anerkennung und lächelten über den unserer Ansicht nach völlig überflüssigen Eifer der Älteren", resümiert Kubizek. „Adolf aber tat noch ein Übriges. Wie Richard Wagner, so meinte er, Bayreuth zur Stätte seines eindrucksvollen Wirkens gemacht habe, müsste Linz sich des Werkes Anton Bruckners annehmen. … Er bedauerte sehr, dass Richard Wagner nur für die Bühne und nicht mit der gleichen Fruchtbarkeit auch für den Konzertsaal gearbeitet habe …" Damit tauchte in Wien erstmals in vagen Umrissen jenes große Bruckner-Grabmal auf, das Adolf Hitler nach 1933 für die oberösterreichische Provinzhauptstadt geplant hat.

Das sinfonische Erlebnis scheint den jungen Hitler auch zu einem weiteren Projekt angeregt zu haben. Er dachte nämlich schon in Wien daran, die Sinfoniekonzerte später ebenfalls für die Arbeiterschaft zu öffnen, und zwar nicht nur in der Residenzstadt, sondern auch in der österreichischen Provinz. Typisch, dass er, von einem gefühlsmäßigen Eindruck angeregt, sofort wieder an eine imperiale Umsetzung dachte, „denn in dem ‚Idealstaat', den er damals erträumte, konnte und durfte ihm nichts gleichgültig bleiben. ‚Der Sturm der Revolution' musste auch die Tore der Kunst

216 Pepper 1988, S. 93.

217 Kubizek 1995/6, S. 209 f. Dort auch das Folgende.

... weit aufreißen. ‚Sozialreform' auch auf dem Gebiet des künstlerischen Genießens!",[218] stellt Kubizek mit spöttischem Unterton fest.

Es würde überraschen, hätte der junge Hitler dabei nicht auch an die kulturelle Konkurrenz der österreichischen Arbeiterbewegung gedacht und sie vielleicht sogar gefürchtet. Denn in Kubizeks „Erinnerungen" klingt deutlich genug die Tatsache an, dass die beiden Freunde „fanatische Vorkämpfer des Gedankens waren, Kunst in das Volk zu tragen", und selbstverständlich die dazugehörenden „Vereine, Organisationen und Einrichtungen" kannten, „die mit sichtbarem Erfolg diesem Ziel entgegenstrebten". Prekär wurde die Sache nur dadurch, dass die österreichische Arbeiterbewegung ebenfalls ein so lebhaftes Interesse für die Werke Richard Wagners zeigte. Dieses Idol durfte auf keinen Fall den Sozialisten überlassen bleiben, sondern nur dem gesamten Volk und der großdeutschen Sache dienen. Das jedenfalls entsprach Adolfs fester Überzeugung.

Während er in dieser Beziehung auf seine Wiener Opernpläne vertrauen konnte, verfiel er hinsichtlich der sinfonischen Musik auf die originelle Idee, ein „mobiles Reichsorchester" zu gründen, sobald die dafür notwendigen Voraussetzungen geschaffen waren. Unter der Stabführung hervorragender Dirigenten und mit erstklassigen Instrumentalisten besetzt, sollte dieser Klangkörper durch die Provinzen seines großdeutschen Zukunftsreiches reisen und das gesamte klassische Repertoire von Bach bis Beethoven und Bruckner spielen. Augusts Fragen nach den Kosten und der technischen Durchführbarkeit seines Planes fegte Adolf mit einer energischen Handbewegung beiseite, die von verbalen Ausfällen begleitet wurde. Als ihn sein Freund erstaunt fragte, weshalb er sich für ein Orchester interessiere, da er doch Baumeister werden wolle, erhielt dieser die verblüffend einfache Antwort: „Weil ich dich derzeit um mich habe."[219]

Mag die Idee des „mobilen Reichsorchesters" auch nichts weiter als das Ergebnis einer skurrilen Augenblickseingebung gewesen sein, die von vornherein kaum Chancen auf Verwirklichung hatte, so zeigt der gesamte Vorgang doch auch, dass der junge Hitler damit energisch und zielstrebig auf die kulturellen Initiativen der österreichischen Arbeiterbewegung reagierte, insbesondere auf die sinfonischen Arbeiterkonzerte. Seine Wiener Pläne waren sowohl Ausdruck einer Frontstellung gegen die Sozialdemokratie als auch der Versuch, sie im Kampf um die Arbeiterschaft noch zu überbieten.

Sozialdemokratie und nationale Frage

Der Ambivalenz, die das Verhältnis des jungen Hitler zur österreichischen Sozialdemokratie kennzeichnete, entsprach die ambivalente Haltung, die diese zur deutschnationalen Frage einnahm und die unter der Führung von Victor Adler ganz besonders ausgeprägt war. Bei aller Treue zur *Sozialistischen Internationale* und zum Marxismus als ideologischer Basis verhielt

218 Ebda., S. 211. Dort auch das folgende Zitat.

219 Ebda., S. 213.

sich die österreichische Arbeiterbewegung bis zur Wende vom 19. zum 20. Jahrhundert faktisch nie so internationalistisch, dass sie antideutsche Positionen vertreten hätte. Eher war das Gegenteil der Fall, weil an ihrer Wiege das liberale Bürgertum gestanden hatte. Ein typisches Beispiel war Dr. Josef Netwald, Herausgeber, Verleger und Alleinredakteur der *Linzer Tages-Post*, die auch der junge Hitler gelesen hat. Netwald, einst Offizier der Wiener Nationalgarde, die 1848 z.T. zu den revolutionären Studenten und Arbeitern übergelaufen war, begründete gemeinsam mit anderen Bürgern den Linzer *Arbeiterbildungsverein*. Von den Vertretern der reichsdeutschen Sozialdemokratie, als deren Glied sie sich immer betrachtete, verehrte die österreichische Arbeiterbewegung außerdem vor allem Ferdinand Lassalle (1825–1864), der – wie der junge Hitler – „dezidiert für eine Zerstückelung der Habsburgermonarchie eintrat und deren Gebiete mit deutsch sprechender Bevölkerung als Provinzen eines zukünftigen deutschen Reiches sehen wollte".[220]

Eine gewisse Veränderung in der deutschnationalen Orientierung der Partei brachte das Neudörfler Programm von 1874, das dem Selbstbestimmungsrecht der Völker quer über die Grenzen der verschiedenen Nationalitäten hinweg einen gewissen Vorrang einräumte. Durch die Große Depression, die dem Börsenkrach von 1873 in den siebziger und achtziger Jahren folgte, zerfiel die österreichische Arbeiterbewegung jedoch in verschiedene Fraktionen. Dadurch wurde sie bis zu einem gewissen Grad ideologisch orientierungslos. Die Radikalen glaubten, sie könnten die nationalen Widersprüche Österreichs zusammen mit dem Klassengegensatz über kurz oder lang aktionistisch überwinden, das heißt im Klartext: durch eine Revolution. Hingegen traten die gemäßigten Kräfte dafür ein, dass sich die österreichische in die deutsche Sozialdemokratie integrierte.

Durch diesen Dualismus war die wenig später eintretende Spaltung der österreichischen Arbeiterbewegung in Deutsche und Tschechen eigentlich schon vorgezeichnet. Denn die jeweilige Minderheit der Arbeiterschaft versammelte sich in den sprachlichen Mischgebieten der Monarchie, z.B. in Böhmen und Mähren, um die Radikalen, während die Gemäßigten in rein deutschsprachigen Gebieten wie etwa Oberösterreich fast ausschließlich der Mehrheitsbevölkerung entstammten. So bestand die 18-köpfige Führungsgarnitur der Linzer Sozialdemokratie um 1885 aus 13 Deutschen und fünf Tschechen, von denen wiederum sieben Deutsche, aber alle fünf Tschechen den Radikalen zuzurechnen waren. Wenn der junge Hitler in seiner Schulzeit eine politische Position zwischen *Deutscher Volkspartei* und sozialdemokratischen Radikalen eingenommen hat, und davon ist auszugehen, dann wurde ihm dies durch das – trotz des massiven Zuzugs tschechischer Arbeiter – zahlenmäßige Übergewicht der Deutschen über die Tschechen ohne Zweifel erleichtert.[221]

220 Konrad 1988, S. 121.

221 Vgl. ebda., S. 125. Es wäre zu prüfen, ob der tschechische Freund des Zollamtsoberoffizials, also Hitlers Vater, der Sozialdemokratie angehörte oder nahestand. Entsprechende Anfragen bei der SPÖ wurden leider nicht beantwortet.

In den achtziger und neunziger Jahren ergriffen die deutschen und tschechischen Nationalismen von der österreichischen Arbeiterbewegung immer mehr Besitz. Vor diesem Hintergrund erwies sich das organisatorische Einigungswerk, das Victor Adler mit dem Hainfelder Parteitag vollbracht hatte, auf Dauer als äußerst problematisch. Adler selbst hatte, wie bereits angedeutet,[222] einen deutschnationalen Hintergrund. „Wie stark national Victor Adler dachte", schreibt Helmut Konrad,[223] „zeigt ein Artikel von ihm in der ‚Gleichheit', knapp zwei Jahre vor dem Hainfelder Parteitag: ‚Auch die deutschen Arbeiter (in Österreich – D. B.) sind sich bewusst, was sie ihrem Volk als Deutsche schulden, und sie sind genötigt, den Kampf aufzunehmen, wenn die slawischen Genossen sie dazu zwingen, wenn in die proletarische Bewegung der Sprachenstreit getragen wird. ... Als Deutsche kann es uns sehr gleichgültig sein, ob die Tschechen Deutsch lernen; als Sozialdemokraten müssen wir es geradezu wünschen!'" In Übereinstimmung damit meint auch Hans Mommsen, dass „in jener Zeit Adler nicht weniger als Engels, Bebel und Liebknecht einen gemäßigt großdeutschen Standpunkt einnahm, aber sich völlig dessen bewusst war, dass eine Vereinigung des deutschen Teils von Österreich mit dem (Deutschen) Reich langfristig politisch völlig unmöglich, ja sogar unerwünscht war".[224]

Unter diesen Umständen nimmt es nicht wunder, dass die tschechischen Sozialdemokraten in den neunziger Jahren eigene Wege gingen und die multinationale Arbeiterbewegung Österreichs allmählich in ihre nationalen Bestandteile zerfiel. Dieser Umstand hinderte freilich Victor Adler, die österreichische Sozialdemokratie und deren Chefideologen Karl Kautsky nicht daran, in Übereinstimmung mit dem egalitären Ansatz des Marxismus auch weiterhin den Anspruch zu erheben, sie sprächen für das Proletariat aller Länder der Habsburgermonarchie gleichermaßen. Tatsächlich entwickelten sich die Sozialdemokraten in einer gegenläufigen Bewegung zu ihrer internen Spaltung seit der Jahrhundertwende zur stärksten staatserhaltenden Kraft neben dem Kaiserhaus. Ausgehend vom Brünner Parteitag des Jahres 1899, suchte Adler nun nach einer „Aussöhnung der Arbeiterschaft mit der Reichsidee" (Robert A. Kann), und das war der Punkt, an dem sich sein politischer Weg von dem des jungen Hitler zu trennen begann.

Denn der Hitler Adolf wünschte ja nichts mehr als den Untergang der Habsburgermonarchie. Indem sich Victor Adler faktisch mit Kaiser Franz Joseph I. verbündete und ihm dafür die Wahlrechtsreform von 1907 abrang, wurde er zwangsläufig in doppelter Hinsicht zu Adolfs Gegner. Diese Reform beseitigte nämlich endgültig die Dominanz der deutschen Minderheit im Reichsrat. Darüber hinaus forderten die Sozialdemokraten „die Umbildung Österreichs in einen demokratischen Nationalitäten-Bundesstaat" und „die Errichtung von national abgegrenzten Selbstverwaltungskörpern mit völliger Autonomie in nationalen Angelegenheiten". So stand

222 Vgl. Teil II, 7. Kapitel, S. 312 f., und Teil II, 4. Kapitel, S. 270.

223 Konrad 1988, S. 126.

224 Mommsen 1980.

es schon im Brünner Programm, und das war genau das Gegenteil von dem, was der junge Hitler wollte. Denn wenn überhaupt, dann wäre ein „demokratischer Nationalitäten-Bundesstaat" die Rettung für die Habsburgermonarchie gewesen, eine mögliche Überlebensgarantie. Hält man sich diese Zusammenhänge vor Augen, so kann man in den Ausführungen Adolf Hitlers über Victor Adler und die österreichische Arbeiterbewegung, die wir im zweiten Abschnitt dieses Kapitels analysiert haben, den Widerschein einer großen Enttäuschung erblicken, wenn man *Mein Kampf* als authentischen Spiegel seiner Haltung gegenüber der Sozialdemokratie aus der Zeit vor 1914 überhaupt ernst nehmen will. Durch das Erlebnis des Krieges, der nachfolgenden Niederlage und Revolution scheint sich dies jedoch 1918/19 vorübergehend noch einmal verändert zu haben. Denn bekanntlich schloss sich Hitler damals in München zunächst nicht den Rechts-, sondern den Linksradikalen an. Bis heute ist die offenkundige Sympathie, die der Kriegsheimkehrer damals diesen großenteils jüdischen Politikern und Linksintellektuellen entgegenbrachte, ein Rätsel geblieben. Doch liegt dessen Lösung z.T. in der österreichischen Vorgeschichte begründet, die wir in diesem Kapitel nachgezeichnet haben.

8. Kapitel: Gustav Mahler

Seltener Glücksfall

Als der Hitler Adolf am 8. Mai 1906 erstmals die Wiener Hofoper besuchte, hatte er das Glück, *Tristan und Isolde* von Richard Wagner unter der Stabführung von Gustav Mahler zu sehen und zu hören. „Glück" ist hier in des Wortes doppelter Bedeutung gemeint. Denn einerseits war es wahrscheinlich reiner Zufall, dass der junge Mann aus Linz ausgerechnet Karten für eine Aufführung ergattern konnte, die der weltberühmte Komponist und Dirigent als Operndirektor in der Residenzstadt persönlich leitete.[225] Andererseits gestaltete sich die denkwürdige Inszenierung für den jungen Hitler zu einem so beglückenden Erlebnis, dass er für Mahler und dessen Mitarbeiter Alfred Roller zu schwärmen begann, obwohl ersterer seiner Abstammung nach Jude war. Tatsächlich war Adolf Zeuge einer Aufführung geworden, mit der ein Traumpaar deutschen Opernschaffens einst Epoche machte.

225 Die von Hamann 1997, S. 44, noch offen gelassene Frage, ob Mahler am 8. Mai 1906 tatsächlich am Pult gestanden ist, wurde kürzlich durch neue Funde des Mahler-Biografen Jens Malte Fischer im Archiv der Hofoper positiv beantwortet. Vgl. Fischer 2003, S. 514. Hitler hatte seinen Freund Kubizek durch eine Ansichtspostkarte vom 7. Mai 1906 davon informiert, dass er „morgen" in den „Tristan" gehen werde. Vgl. Kubizek, S. 122.

Zwei Fixsterne

Gustav Mahler wurde 1860 im ostböhmischen Kalischt geboren, der vier Jahre jüngere Roller stammte aus dem südmährischen Brünn. In einer überaus wechselvollen Karriere, die ihn von Bad Hall über Laibach, Olmütz, Kassel, Prag, Leipzig, Budapest und Hamburg führte, arbeitete sich Mahler schrittweise und zielstrebig nach Wien vor, neben Paris die damalige Welthauptstadt des Musikschaffens, wo er als künstlerischer Leiter der kaiserlich-königlichen Hofoper am 11. Mai 1897 mit Wagners *Lohengrin* debütierte.

In jenem Jahr spaltete sich eine Gruppe bildender Künstler, Maler und Kunsthandwerker unter Gustav Klimts Führung vom Künstlerhaus in Wien ab und gründete im Zeichen der Moderne und des Kosmopolitismus die *Vereinigung bildender Künstler Österreichs Secession*. Ein Jahr später konnte diese Gruppe, zu deren Mitbegründern u.a. Alfred Roller zählte, auf dem Wiener Naschmarkt einen von dem Architekten Joseph Maria Olbrich geschaffenen Kunsttempel eröffnen. Hier fand 1902 eine Ausstellung statt, deren zentralen Blickfang die monumentale Beethoven-Statue Max Klingers bildete. Rund um diese Großplastik hatte Roller das Fresko *Die sinkende Nacht* geschaffen. Mahler war von dieser Raumgestaltung derart beeindruckt, dass er Roller kurz darauf die Leitung der Bühnenausstattung im Direktorium der Wiener Hofoper anvertraute.

Wagner, Judentum und Sozialismus

Schon als Student hatte sich Gustav Mahler für die Musik Richard Wagners begeistert. Er trat dem *Wiener akademischen Wagner-Verein* bei, der den Meisterkomponisten nach Wien geholt hatte, und sympathisierte zeitweise mit dessen deutschnationalen Gedankengut. Mahler war damals aber noch so schüchtern gegenüber seinem Idol, dass er sich z.B. scheute, ihm in den Mantel zu helfen, als er Wagner einmal unversehens in einer Garderobe gegenüberstand und dieser sich mühte, mit seiner Hand das Ärmelloch zu treffen. Im Verlauf seiner Karriere mutierte Mahlers lehrlingshafte Bemühtheit jedoch zu meisterlicher Souveränität, die aus ihm den berühmtesten Wagner-Dirigenten seiner Zeit machte. Die von ihm und Roller inszenierten Wagner-Opern in der Wiener Hofoper wurden vom Publikum und der Kritik stürmisch gefeiert, sofern diese nicht im antisemitischen Sinne voreingenommen waren.

Mahler hat sich dem Bayreuther Meister mit kritischer Sorgfalt gewidmet. Zwar brachte er dessen z.T. überlangen Werke ohne die bis dahin üblichen Streichungen zur Aufführung, erlaubte sich aber auch manche Neuerung der Interpretation, indem er etwa einzelne Passagen rascher spielen ließ, dramatische Gegensätze stärker als üblich betonte und Einzelheiten der Partitur über das gewohnte Maß hinaus hervorhob. Dennoch: „Abend für Abend total ausverkauftes Haus, andachtsvolle, ja wahre Festspielstimmung der Zuhörer, nach den Aktschlüssen begeisterter Beifall, kulminierend bei dem erhabenen Ausklingen in den Schlussakkorden der ‚Götterdämmerung'."[226]

Vor Mahler hatte das Kaiserhaus noch keinen Juden zum Direktor der Hofoper berufen. Die Tatsache, dass sich der Musiker-Komponist in der Schlussphase der Verhandlungen taufen ließ, wurde daher vielfach als Akt des schieren Opportunismus missverstanden. Gewiss hatte Gustav Mahler sein Judentum zuvor als Hindernis auf seinem Weg an die Spitze des europäischen Musiklebens empfunden. Dabei lässt sich die Frage, wie er eigentlich zu seiner jüdischen Abstammung stand, „keineswegs ganz leicht ... beantworten". [227] Offenbar hatte ihn die intensive Beschäftigung mit deutscher Kultur, insbesondere mit Goethe und Beethoven, Nietzsche, Schopenhauer und Wagner sowie mit der Romantik, von früh an zu einer Entfremdung vom Judentum seiner ostböhmischen Heimat geführt, ohne dass diese in jüdischen Selbsthass umgeschlagen wäre. Das einzige, worauf Mahler in diesem Zusammenhang allergisch reagierte, waren jüdische Witze. Einerseits empfand er seine Abstammung als Ansporn zu immer höheren Leistungen, andererseits hatte er Mitleid mit seinesgleichen, die vielfach an ihrer Unterprivilegierung litten. Hinzu kamen aber wohl auch tiefe Zweifel an den Inhalten der jüdischen Religion, ohne dass man Mahlers Verhältnis zum Christentum auf eine einfache Formel bringen kann.

Bezeichnenderweise nannte ihn Alma Mahler einen „Juden-Christen". Auch die neueren Mahler-Biographen haben bislang noch keine prägnantere Formulierung gefunden. Jens Malte Fischer hält den Musiker-Komponisten im tiefsten Sinn für „christusgläubig",[228] und Wolfgang Johannes Bekh meint: „Alles zog ihn zum Christentum hin."[229] Letzten Endes muss man in Gustav Mahler aber wohl einen im engeren Sinne konfessionslosen „Gottsucher" (Oskar Fried) sehen, der eine dogmatische Verfestigung seiner religiösen Überzeugungen – sei es zum Judentum, sei es zum Christentum hin – absichtsvoll aus dem Weg ging. Stattdessen hat er sich eine individuelle Religion mit mystischen Zügen komponiert.

Schon früh hatte Mahler Anschluss an die *Telyn-Gesellschaft* und den *Leseverein der deutschen Studenten in Wien* um Victor Adler, Engelbert Pernerstorfer und Siegfried Lipiner gefunden, wo er „die wilden deutschnationalen Gesänge der jungen Leute emphatisch am Klavier begleitete".[230] Er teilte den Nietzscheanismus, Wagnerismus und Sozialismus dieser Gruppierung. Für einige Jahre ist er sogar – ebenso wie Wagner und Hitler – zum überzeugten Vegetarier geworden. Selbst aus ärmlichen Verhältnissen stammend, schloss sich Gustav Mahler für die eigentümliche Mischung aus Streben nach sozialer Gerechtigkeit, Schwärmerei für eine künstlerisch reformierte Gesellschaft und „einem gewissermaßen vorexpressionistischen

226 Op. cit. Bekh 2005, S. 195 unter Berufung auf Theodor Helm.
227 Fischer 2003, S. 321.
228 Ebda., S. 322.
229 Bekh 2005, S. 170.
230 Fischer 2003, S. 111.

'Bruder Mensch'-Pathos" auf,[231] von der die deutsch-nationale Szene bis zu ihrer Spaltung in Alldeutsche und Sozialisten beherrscht worden war und die u.a. im jungen Hitler weiterlebte.

Ende der achtziger Jahre folgte der Musiker-Komponist jedoch nicht Georg Schönerer, sondern Victor Adler, den er 1878 persönlich kennen- und politisch schätzen gelernt hatte und dem er bis zu seinem Weggang aus Wien die Treue hielt. So soll der k. k. Hofoperndirektor nach dem Zeugnis von Adlers Witwe seine Stimme bei den Wahlen zum Abgeordnetenhaus 1907 niemand anderem als dem Führer der österreichischen Sozialdemokratie gegeben haben. Der bereits geschilderten Mai-Demonstration des Jahres 1905 habe er sich sogar enthusiastisch angeschlossen. Da, umgekehrt, Victor Adler kaum eine Aufführung in der Wiener Hofoper ausließ, die Gustav Mahler dirigierte, ist es nicht ausgeschlossen, dass der Weg des jungen Hitler zu Mahler nicht nur über Wagner, sondern auch über Adler geführt hat. „So metaphysisch Mahlers Musik auch war", schreibt William McGrath in diesem Zusammenhang,[232] „sie hatte trotzdem viel mit der eminent praktischen Politik Adlers gemeinsam." Dies betreffe nicht nur ihre „theatralische Form", sondern auch ihre „psychologischen Annahmen, die dem nietzscheanischen Modell des dionysischen Theaters sowie Wagners Versuchen, es zu verwirklichen, zu Grunde liegen".

Wie noch zu zeigen sein wird, hatten Nietzsche und Schopenhauer gelehrt, dass die apollinische Vernunft im Kontext des dionysischen Theaters in der Lage sei, libidinöse Energie in einem künstlerischen Symbol auszukristallisieren, das die emphatischen Gefühle einer Gemeinschaft zum Ausdruck bringt. William McGrath hat schon vor längerer Zeit nachgewiesen,[233] dass diese Axiome von Mahlers 3. *Sinfonie* und von Adlers „Volksfeiertagen" übernommen wurden: „Beide ... besaßen eine in sich schlüssige und feingliedrige Kenntnis dieser symbolistischen Psychologie, und beide machten in ihrer Arbeit signifikanten Gebrauch davon" – nur mit dem Unterschied, dass Mahler „versuchte, das künstlerische Symbol als Vehikel dafür zu benutzen, dass eine metaphysische Gemeinschaft entstand, welche die gewöhnliche Realität transzendierte", wohingegen Adler „den künstlerischen Symbolismus einsetzte, um Massengefühle zu aktivieren und eine Willensgemeinschaft in der Welt der Realpolitik zustande zu bringen". Indem der junge Hitler in Wien sowohl den Sozialisten als auch den Komponisten und Dirigenten vor dem Hintergrund eigener politischer Absichten intensiv studierte, wird er von beiden gleichermaßen gelernt haben.

231 Ebda., S. 422.

232 McGrath 1974, S. 243, in Bezug auf Mahlers 3. Sinfonie, die kurz vor 1905 fertig geworden war und der McGrath eine „kommunitarische" Qualität attestiert.

233 Ebda, S. 246.

Opernrevolution

Sein hoch bezahltes Amt in des Kaisers Diensten fasste Gustav Mahler nicht einseitig auf. Denn er sah sich sowohl als Dirigenten wie zugleich auch als Regisseur jener Operninszenierungen, die er gemeinsam mit Alfred Roller gestaltete – außerdem natürlich als Komponisten, der völlig frei seinen künstlerischen Neigungen nachgehen konnte. Denn für die Erarbeitung seiner Sinfonien und Liederzyklen zog Mahler sich phasenweise in ein „Komponierhäuserl" am Wörther See zurück. Mit den Ergebnissen ging er dann von Zeit zu Zeit auf ausgedehnte Konzertreisen, die ihn häufig genug auch ins Ausland führten. Grundlegend für die komplexe Auffassung seiner Profession als Chefdirigent und Direktor der Wiener Hofoper sowie als Komponist war Richard Wagners Idee vom „Gesamtkunstwerk". Danach hatten Mahler und Roller nicht nur alle sechs Künste, sondern auch den Theaterbau und sogar die mutmaßliche Wirkung aller dieser Elemente auf die Zuschauer in ihre Inszenierungen einzubeziehen, und zwar nicht nur für den Fall, dass Wagner-Opern zur Aufführung kamen.

Den Auftakt für diese „neue Ära der Opernszenographie und Opernregie" (Jens Malte Fischer) bildete 1903 allerdings eben jenes Werk, das drei Jahre später auch den jungen Hitler in Wien entzückte: *Tristan und Isolde*. Mit dem zweistöckigen Bühnenbild im ersten Akt, dem nächtlich-dunklen Burggarten im zweiten und der mystisch umwitterten Burg Kareol im dritten Akt hatten hier zahlreiche Einfälle bühnenwirksame Premiere, die für viele Jahrzehnte stilbildend auf alle Opernhäuser der Welt einwirkten. Sie hoben das ästhetische Potential der Kunstgattung Oper weit über jenen historistischen Realismus hinaus, der bis dahin üblich gewesen war. Infolgedessen übten Bühnenaufbau und Bühnenbild, Bühnenbeleuchtung und Bühnenstimmung auf Zuhörer und Zuschauer einen völlig neuartigen und überwältigenden Zauber aus. Jedes Mal, wenn er Zeuge einer dieser berühmten Mahler-Roller-Inszenierungen wurde, hörte Oskar Bie „Lichtmusik", während Hermann Bahr „Töne zum Bild geronnen" sah.[234] Selbstverständlich war die Aufführung des *Tristan* von 1903 nicht das letzte Mal, dass Gustav Mahler als Dirigent und Regisseur sowie Alfred Roller als Maler und Bühnenbildner in einer genialischen Steigerung ihrer künstlerischen Möglichkeiten zusammen wirkten, so dass der junge Hitler ihre Inszenierung auch noch 1906 genießen konnte. Wie es heißt, war er davon auch 1925 noch so begeistert, dass er Zeichnungen in sein Skizzenbuch aufnahm, die sich mit dem zweiten und dritten Akt befassten.[235]

Mahler pflegte die Opern, bei denen er selbst am Pult stand, sitzend zu dirigieren. Im Gegensatz zu seinem Vorgänger an der Wiener Hofoper, Hans Richter, verzichtete er auf alle damals üblichen Insignien der Autorität und Würde wie etwa einen wallenden Bart und ein entsprechend gravitätisches Gebaren. Er vertraute allein auf sein Charisma. Wenn der

234 Op. cit. Fischer 2003, S. 519; Bekh 2005, S. 200.

235 Spotts 2002, S. 58.

schwarzhaarige Mann mit der kühn geschwungenen Nase – eher klein von Wuchs, mager und nervös und bis zum Äußersten angespannt – den Orchestergraben betrat und mit kurzen hastigen Schritten dem Pult entgegeneilte, teilte sich seine Magie auch dem Publikum mit. Zwar gelang es Mahler im Laufe der zehn Jahre, die er dort wirkte, das Haus am Opernring zu einem Magneten für die besten Wagner-Sänger seiner Zeit zu machen, und selbstverständlich verkörperten die Wiener Philharmoniker schon damals in musikalischer Hinsicht eine Extraklasse. Aber Mahlers ausgeprägter Egozentrismus, der Mitarbeitern gegenüber oft genug in Willkür und Tyrannei umschlug, sowie sein derwischhafter Dirigierstil, der Publikum und Kritik polarisierte, schufen ihm auch viele Feinde. Sogar bei einem seiner beiden Orchester lief er auf, als sich die ihm angehörenden Musiker schon nach drei Jahren der Zusammenarbeit weigerten, mit ihm weiterhin als Dirigenten bei den philharmonischen Konzerten aufzutreten. Wenigstens bei diesen Gelegenheiten wollten sie sich ihrem Dirigenten nicht bedingungslos unterwerfen, wie dieser es stets von ihnen verlangte.

Das Ende in Wien

Als der junge Hitler Anfang Mai 1906 erstmals das Wiener Opernhaus betrat, hatte sich Mahler wohl schon zur Demission entschlossen. Wie bereits bei seiner Konversion vom Judentum zum Katholizismus scheinen die ausschlaggebenden Gründe hierfür jedoch noch immer ein wenig im Dunkeln zu liegen. Jedenfalls war allerhand an Widrigkeiten und auch an Widerwärtigkeiten im Verlauf jener zehn Jahre zusammengekommen, die der geniale Künstler in Wien verbracht hatte. Gewiss stand sich Mahler in mancher Beziehung bei seinen Versuchen, in der Kaiserstadt auf längere Dauer festen Fuß zu fassen und dafür mächtige Freunde zu gewinnen, auch selbst im Weg. Hohl tönende Schmeicheleien und auf lange Sicht geplante Buhlereien um Macht und Einfluss lagen diesem impulsiven Egozentriker nicht. Widerwillig aus ihrem langjährigen Schlendrian erwacht, stand ein Teil der Orchestermusiker zu ihrem Dirigenten in kaum verhohlener Opposition. Die Tatsache, dass Gustav Mahler deshalb die Leitung der philharmonischen Konzerte schon so bald abgeben musste, war für seine Autorität ein harter Schlag, und die Sinfonien und Lieder, die er in einem bis dahin kaum bekannten Stil komponierte, erwärmten nicht unbedingt die Herzen eines breiten Publikums.

Hinzu kam die Angewohnheit vieler Wiener und Wienerinnen, ebenso verwöhnt wie arrogant, an allem herumzumäkeln, was ihnen nicht gefiel, neu war oder aus anderem Grund nicht passte. Freilich hat Mahler dieser negativen Grundeinstellung durch seine ungleichmäßige Spielplangestaltung und umstrittene Personalpolitik sowie durch seine langen und häufigen Abwesenheiten auch einen gewissen Vorschub geleistet. Schließlich gab es in Wien jene Affären, Intrigen und Kampagnen, die für jedes Opernhaus und seine treue Gemeinde typisch sind. Sie ließen Gustav Mahler daran zweifeln, dass es noch künstlerisch sinnvoll sei, länger als zehn Jahre hier zu bleiben.

Eine besondere Rolle spielten dabei die antisemitischen Ressentiments, die dem Operndirektor – je länger, desto heftiger – entgegenschlugen, obwohl der Anteil, den sie an Mahlers Entscheidung hatten, Wien zu verlassen, offenbar kaum genau zu gewichten ist. Zunächst widersprach schon sein als „typisch jüdisch" empfundenes Äußeres diametral jenen Idealvorstellungen, die sich deutschnationale Kreise von einem Wagner-Dirigenten machten. Jens Malte Fischer trifft vermutlich jene instinktiven Aversionen richtig, wenn er in seiner Mahler-Biographie bemerkt: „Das schwarze, schwielige Schwefelgezwerg, als das Wagner die Nibelungen bezeichnete, schien die Macht an der Wiener Oper und ihrem Dirigentenpult ergriffen zu haben – das war starker Tobak für alle, die deutsch, national, zumindest antijüdisch, wenn nicht antisemitisch dachten."[236]

Zwar verwendete sich noch am 11. Mai 1907 eine Reihe prominenter Persönlichkeiten in einer öffentlichen Erklärung für den Verbleib Gustav Mahlers in seiner bisherigen Position. Auch das Kaiserhaus hat bis zuletzt an ihm festgehalten. Doch sagte die weithin gegen Mahler eingestellte Wiener Presse schon wenige Tage später den Rücktritt des Hofoperndirektors und Chefdirigenten zutreffend für den kommenden Herbst voraus. Tatsächlich entschloss sich der Mahler dann, einem Ruf an die New Yorker *Metropolitan Opera* zu folgen.

Mahlers Nachfolger in Wien wurde Felix Weingartner Edler von Münzberg, kurz Felix Weingartner genannt, ein Wagner-Epigone von hohen Graden und eigenständiger Komponist, der zuletzt die Berliner Sinfoniekonzerte geleitet hatte. Weingartner gehörte zwar ebenfalls zur Spitzenklasse der deutschen Dirigenten, fiel aber gegenüber seinem Vorgänger in den Augen der Mahler-Wagner-Fan-Gemeinde deutlich ab. Obwohl er das Œuvre des Bayreuther Meisters in großem Umfang weiter pflegte, verging sich Weingartner insofern an den Inszenierungen, die ihm Mahler und Roller hinterlassen hatten, als er die Werke wieder stärker zusammenstrich. Die Erbitterung über diesen Frevel war so groß, dass es darüber im Juni 1908 anlässlich einer Aufführung der *Walküre* auf der Galerie der Hofoper zu Handgreiflichkeiten zwischen Mahler-Wagner- und sonstigen Wagner-Freunden kam. „Für Weingartner und für die Kürzungen kämpften die Antisemiten und die zahlreichen Mahler-Feinde", stellt Brigitte Hamann in ihrem Buch über *Hitlers Wien* fest.[237]

Tradition und Moderne

Ehe der junge Hitler im Frühling 1906 und September 1907 jeweils nur für wenige Wochen und ab Januar 1908 für viele Jahre nach Wien kam, hatte er für Richard Wagner im Landestheater zu Linz heftig Feuer gefangen. Die

236 Fischer 2003, S. 360.
237 Hamann 1996, S. 94.

Inszenierungen, die er dort gemeinsam mit seinem Freund Kubizek erlebte und durch das Studium von Leben und Werk des Komponisten vertiefte, waren selbstverständlich nicht im Entferntesten mit den Aufführungen der Wiener Hofoper zu vergleichen. Sie repräsentierten gutes Provinzniveau im Geist einer traditionellen Auffassung von Bühnenkunst. Immerhin reichte jenes Erlebnis aus, im lebhaften Meinungsstreit über die neuen Inhalte und Formen von Musik und Oper aus dem Linzer Realschüler einen äußerst engagierten Vorkämpfer für die Sache Wagners zu machen. Insofern war Adolf auf die erste und möglicherweise einzige Begegnung, die er mit dem Wiener Chefdirigenten im Mai 1906 hatte, bestens vorbereitet.[238] Durch sein tiefgreifendes Wagner-Erlebnis hatte er sich, was die Qualität der Musik und die Opernstoffe angeht, für Mahlers Kunst weit geöffnet.

Unter diesen Umständen war es nur folgerichtig, dass der junge Hitler dem jüdischen Musiker-Komponisten und Dirigenten „größte Bewunderung entgegenbrachte“, wie sein Jugendfreund Kubizek bezeugt.[239] Dabei hatte er von der originalen Länge und Breite, die Mahler den Wagner-Opern durch die ungekürzte Wiedergabe der Partituren verlieh, in Wien eigentlich nur Nachteile zu erleiden. Damals war es nämlich in dieser Weltstadt noch üblich, dass Nachtschwärmer, die später als um 22 Uhr wieder in ihre Wohnung gelangen wollten, beim Hauswart ein so genanntes „Sperrsechserl“ entrichten mussten. Diese Ausgabe wollten die beiden Studenten, die ohnehin an allem sparen mussten, regelmäßig gern vermeiden. Nachdem sie sich schon Stunden vor Beginn der Aufführung in eine lange Schlange hatten einreihen müssen, um wenigstens einen Platz im preiswerten Stehparterre zu ergattern, sahen sich August und Adolf daher bei den von Mahler dirigierten Wagner-Opern gezwungen, das Haus am Opernring schon lange vor deren Ende wieder zu verlassen. Nur so konnten sie vor Eintreten der Sperrstunde ihre karge Behausung bei Frau Zakreys in der Mariahilfer Stumpergasse ohne zusätzliche Kosten erreichen. Deshalb hatten die beiden eigentlich nie Gelegenheit, die Mahler'schen Operninszenierungen bis zum Ende auskosten, d.h. die häufig besonders bewegenden Schlussszenen sind ihnen regelmäßig verlorengegangen. Zum Ausgleich spielte sie August dann Adolf zu Hause auf dem Flügel vor.

Gewiss war es in erster Linie die von Wagner umgesetzte Welt einzigartiger Mysterien, mithin die dramatischen Handlungen und die dazugehörende Musik als solche, welche die beiden jungen Männer immer wieder gefesselt hat. Aber ohne entsprechende Inszenierung hätten diese Werke auch bei ihnen zweifellos eine geringere Wirkung entfaltet. Zwar war dem jungen Hitler, wie sich Kubizek erinnert, „ein mittelmäßiger Wagner noch hundertmal lieber als ein erstklassiger Verdi“, weswegen die beiden häufig

238 Ob Hitler im September/Oktober 1907 neben seinen Vorbereitungen auf die Aufnahmeprüfung für die Wiener Kunsthochschule noch Zeit hatte, die Oper zu besuchen, und ob er dabei noch einmal Mahler am Pult erlebte, muss offenbleiben. Mahler dirigierte am 15. Oktober 1907 zum letzten Mal in Wien eine Oper (*Fidelio*) und am 24. November 1907 seine 2. *Sinfonie*. Vgl. Fischer 2003, S. 684 u. 686.

239 Kubizek 1995/6, S. 192.

auch die Währinger *Volksoper* besuchten, wenn die Werke des Bayreuther Meisters dort auf dem Spielplan standen.[240] Wenn Adolf aber ausgerechnet Mahler „höchste Bewunderung" zollte, obwohl er, wie Kubizek meint, schon ein ausgeprägter Antisemit gewesen war, als er sich in Wien niederließ, dann kann das eigentlich nur an der Kunst der Inszenierung gelegen haben, die Wagner damals dem Chefdirigenten und Regisseur der Wiener Hofoper sowie dessen Ausstattungsleiter Alfred Roller verdankte.

„Wagner zu hören, war für ihn nicht das, was man einen Theaterbesuch nannte, sondern eine Möglichkeit, sich in jenen außergewöhnlichen Zustand zu versetzen, in dem er beim Anhören der Musik Richard Wagners geriet", schreibt August Kubizek. Um wie viel aber wurde dieser Zustand noch gesteigert, wenn man neben der bekannten Musik auch die ebenso neuartige wie perfekte Bühnenkunst der beiden Opernrevolutionäre genießen konnte?! Der Hitler Adolf wäre nicht jener intuitive Augenmensch und Jung-Revolutionär gewesen, der er war oder gern sein wollte, hätte er sich nicht – neben der hörbaren Kunst Wagners – auch für die sichtbaren Kunstwerke aus der Werkstatt Rollers und Mahlers und die von diesen ausgehenden Stimmungen begeistern können.

Schon oft wurde dem jungen Hitler nachgesagt, an ihm sei während seiner Wiener Jahre die Moderne spurlos vorbeigegangen. So heißt es bei Joachim Fest:[241] „Ein sensibler, zum Protest gedrängter junger Mann, dem die Musik zum großen Befreiungserlebnis seiner Jugend verholfen hatte, wusste er weder etwas von Schönberg und dem ‚seit Menschengedenken größten Aufruhr … in Wiens Konzertsälen', … und selbst nichts von Gustav Mahler oder Richard Strauss. … Und obwohl Hitler sich an der Malakademie beworben hatte, nahm er keinen Anteil an den Affären der Sezessionisten …" Dieses Urteil ist viel zu undifferenziert, um einfach akzeptiert zu werden. Denn so sehr Fests Eindruck, dass sich der Hitler Adolf mit Vorliebe „an der vorvergangenen Generation" der Künstler und Philosophen orientierte, auch für den größten Teil des geistigen Raums zutreffen mag, in dem sich der junge Mann bewegte, so unrichtig ist er im Hinblick auf die Sezession, soweit diese sich in Wagners Werken und den dazugehörenden Bühnenkunstwerken Mahlers und Rollers manifestierte. Denn diese bildeten ebenso wie die Konzeption einer Gartenstadt, die der der junge Hitler in Wien entwickelte, einen jener relativ kleinen, aber scharf umrissenen Punkte, an denen die Moderne den ansonsten eher traditionell eingestellten Freund der Künste bewusstseinsmäßig durchaus erreicht hat und in ihn eingedrungen ist.

„Der Geist der Sezession war auch der Geist des (Wagner'schen) Gesamtkunstwerkes … nichts Künstlerisches durfte isoliert existieren, der Zusammenklang und Zusammenhalt der Künste war das Entscheidende", schreibt der Mahler-Biograph Jens Malte Fischer in diesem Zusammenhang,[242] und weiter, ganz ungewollt auf die Gefühle des jungen Hitler anspielend: „Die

240 Ebda., S. 195. Dort auch das folgende Zitat.
241 Fest 1973/5, S. 56.
242 Fischer 2003, S. 520.

jungen Künstler und Intellektuellen ... sahen plötzlich auf der Bühne des altehrwürdigen Opern-Instituts ... den deutlichen Abglanz ihrer eigenen Vorstellungen und Empfindungen – kein Wunder, dass sie begeistert waren." Schließlich sagte Gustav Mahler selbst, die Worte Fischers bestätigend, in einem Interview: „Die gesamte Kunst hat der Schaubühne zu dienen. Moderne Kunst, ich sage nicht der Secession. Auf das Zusammenwirken aller Künste kommt es an."[243]

Wie weit über die Wirkung der Wagner-Mahler-Roller'schen Bühnengesamtkunstwerke hinaus auch noch die Persönlichkeit des Maestros selbst die Bewunderung des jungen Mannes aus Linz erregt hat, muss dagegen letzten Endes bloße Spekulation bleiben. Aber ganz unnütz ist es dennoch nicht, dieser Frage ein wenig nachzugehen, weil sie das Faszinosum, das Mahler für den jungen Hitler bedeutete, vielleicht noch ein wenig weiter erklären kann. Überdies lässt sich das künstlerisch Neuartige, das Gustav Mahler in die Welt der Oper einbrachte, ohnehin kaum von der Person dieses Ausnahmekünstlers trennen. Gewiss: Trotz seines merkwürdigen Versuches, im Geiste Wagners eine Oper zu komponieren, wollte der junge Hitler wohl nie ernsthaft Komponist werden. Aber was den Beruf des Dirigenten angeht, stellt sich beim Nachbetrachter schon der Gedanke ein, hier könnte Mahler durchaus ein bis heute verkanntes Vorbild für Hitler gewesen sein. Musste dieser nicht ebenso wie jener um seine Anerkennung kämpfen, nur dass Mahler fast dreißig Jahre älter war, eine ganze Generation?

Jedenfalls blieben die Kämpfe, die Gustav Mahler bis zu seinem Weggang zu bestehen hatte, dem Opern-Fan Hitler nicht verborgen. Er teilte ja einige der letzten Monate mit ihm in Wien. Er las die Zeitungen, er nahm mit heißem Herzen an den Auseinandersetzungen um die Frage teil, welche Wagner-Auffassung die richtige sei. Wie gesagt – die Fronten waren hier klar abgesteckt: Für Felix Weingartner und die Streichungen nahmen die deutschnationalen Radikalinskis und antisemitischen Mahler-Feinde Partei. Für Mahler und Roller und die ungekürzte Wiedergabe der Werke waren dagegen die „wahren" Wagner-Verehrer, zu denen auch der junge Hitler gehörte, obwohl der Maestro vom *Alldeutschen Tagblatt* als „jüdischer Gaukler" beschimpft wurde, selbst als er die Stadt schon verlassen hatte.[244] Die Unterstützung, die Adolf aus dem provinziellen Linz der ungeschmälerten Wiedergabe seiner Lieblingsopern lieh, mag letzten Endes seiner Verehrung für Richard Wagner geschuldet gewesen sein. Vielleicht aber hat er sich in seiner deutschnationalen Not darüber hinaus auch ein wenig mit dem weltberühmten Dirigenten identifiziert, der es ebenfalls schwer hatte, in der profanen Welt seinen Platz zu finden. Denn „Dirigent" und weltberühmt, wenn auch auf anderen Gebieten – das wollte der junge ehrgeizige Hitler ebenfalls irgendwann sein.

243 Ebda., S. 522.

244 Op. cit. Hamann 1976, S. 94

In diesem Zusammenhang sei an einen Ausspruch Nietzsches erinnert, der 1872 durch ein Orchester-Gleichnis den Zusammenhang zwischen Führung und Musik herstellte, indem er in seiner fünften Rede *Über die Zukunft unserer Bildungsanstalten* schrieb:[245] „Habt Ihr euch einmal ... die sonderbar verschnupft-gutmütige Spezies des Menschengeschlechts angesehen, aus der das deutsche Orchester sich zu bilden pflegt? Ihr seht nur noch das Schlaffe, Weichliche, ihr hört nur noch das Rhythmisch-ungenaue, das Melodisch-gemeine und Trivial-empfundene ... Endlich aber setzt mit beflügelter Phantasie ein Genie, ein wirkliches Genie mitten in diese Masse hinein – sofort merkt ihr Unglaubliches. Es ist, als ob das Genie in blitzartiger Seelenwanderung in alle diese halben Tierleiber gefahren sei und als ob jetzt aus ihnen allen wiederum nur das eine dämonische Auge herausschaut ... dann werdet ihr mitfühlen, was eine prästabilisierte Harmonie zwischen Führer und Geführten ist, und wie in der Ordnung der Geister alles auf eine derartig aufzubauende Organisation hin drängt ...".

Ja, eine solche Erkenntnis könnte durchaus auch diesem jungen Musikfreund aus Linz instinktiv durch den Kopf gegangen sein, als er Gustav Mahler in Wien sah und hörte. Das Exaltierte, Gebieterische, Charismatische, das dieser Dirigent an den Tag zu legen pflegte, wenn er den Stab über den Philharmonikern führte, wird ihn jedenfalls nachhaltig beeindruckt und zu eigenen „Führer"-Phantasien beflügelt haben. Wenn es tatsächlich so gewesen ist, hätte den jungen Hitler unter anderem auch ein Dirigent inspiriert, der seiner Abstammung nach Jude war. Und auch wenn dem nicht so gewesen wäre – seine gegen Widerstände aufrechterhaltene Verehrung für Mahler beweist letzten Endes auch, dass er in Wien noch nicht alles und jeden in ein und denselben antisemitischen Topf geworfen hat.

9. Kapitel: Friedrich Nietzsche

Protofaschistisch – pronietzscheanisch?

Wie August Kubizek berichtet, beschäftigte sich der Hitler Adolf u.a. auch mit Friedrich Nietzsche,[246] und in späteren Jahren hat Adolf Hitler verschiedentlich seine große Wertschätzung für den Essayisten und Philosophen zum Ausdruck gebracht. Tatsächlich machte er, seit er in den zwanziger Jahren des vorigen Jahrhunderts die Möglichkeit dazu hatte, dessen Schwester und Nachlassverwalterin Elisabeth Förster-Nietzsche symbolisch den Hof, förderte das Nietzsche-Archiv in Weimar und zählte den sperrigen Denker zu Deutschlands besten Köpfen. „In der großen Innenhalle der Bibliothek in Linz werden später einmal Kant, Schopenhauer und Nietzsche stehen ...", postulierte Hitler im Mai 1944,[247] indem er

245 Op. cit. Helmer 1988, S. 104 f.

246 Kubizek 1995/6, S.190.

247 Jochmann 1980, S. 411: Monolog vom 19. Mai 1944.

vielsagend auf den definitiven Ausbau seiner Heimatstadt zu einer europäischen Kulturhauptstadt anspielte, die er für die Zeit nach dem siegreich beendeten Zweiten Weltkrieg plante.

Selbstverständlich darf man Hitlers Nietzsche-Verehrung nicht zum Nennwert nehmen. Teils beruhte sie auf seinem durchsichtigen Wunsch, sich mit auratischen Namen zu schmücken, teils auf der sattsam bekannten Tatsache, dass sich der Nationalsozialismus der Nietzsche'schen Philosophie bediente, um sich möglichst tiefsinnig zu begründen. Auch ist ein Hitler, der sich in Linz, Wien oder anderswo geduldig in die schwer lesbaren, weil in sich widersprüchlichen und nur in größeren Zusammenhängen verständlichen Gedankengänge des Philosophen vertieft hätte, nur schwer vorstellbar. Schließlich ist der Nietzsche von vor 1914 in den Augen seiner Rezipienten auch nicht identisch mit dem Nietzsche von nach 1918 gewesen. Denn bis dahin hatte es Schwester Elisabeth im Verein mit mehr oder weniger bornierten Verehrern in Wissenschaft und Kunst tatsächlich geschafft, aus ihrem an sich friedliebenden und aller Gewalt abholden Bruder einen Kriegstreiber und Nationalisten zu machen, dem man – vor allem auf der linken Seite des politischen Spektrums und im westlichen Ausland – eine Mitschuld am Ersten Weltkrieg zusprach.

Trotz alledem ist es aber mehr als wahrscheinlich, dass Adolf Hitler mit seiner Ankündigung, er werde Nietzsche dereinst an hervorgehobener Stelle in Linz ein Denkmal setzen, an intellektuelle Eindrücke aus seiner Jugendzeit angeknüpft hat, auch wenn diese vielleicht noch so flüchtig waren. Denn wie hätte er damals diesem „Erbeben der Epoche" entkommen können, wie der nur drei Jahre ältere Dichter Gottfried Benn die Wirkungen des Philosophen auf seine Generation benennt?[248] Benn ist sogar der Meinung, dass sich „alles, was meine Generation diskutierte, innerlich auseinanderdachte, man kann sagen: erlitt, man kann auch sagen: breittrat", letzten Endes schon mit Nietzsche erschöpft hatte. Aber wenn Benn außerdem sagt, alles Weitere sei „Exegese" gewesen, dann ist es auch sehr wahrscheinlich, dass der junge Hitler an diesen Versuchen, Nietzsches Werk auszulegen und anzuwenden, auf seine ganz eigene Art und Weise teilgenommen hat. Anstatt sich noch einmal mit der schon oft und viel diskutierten Frage zu beschäftigen, ob und wie „protofaschistisch" Nietzsche gewesen ist,[249] muss eine Biographie über den jungen Hitler deshalb auch danach fragen, welche Gründe der Protagonist gehabt haben könnte, eine Affinität zu diesem Denker zu empfinden – eine Frage, der Hitler-Biographen bisher weitgehend ausgewichen sind.

In diesem Zusammenhang scheinen zwei Sachverhalte als bedeutungsvoll – nämlich zum einen das, was eine breitere Öffentlichkeit an der Wende vom 19. zum 20. Jahrhundert unter „Nietzscheanismus" verstand, und zum anderen die Tatsache, dass Adolf Hitler mit Elisabeth Förster-Nietzsche, als er die 87 Jahre alte Dame 1933 in Weimar besuchte, nicht

248 Emmerich 2006, S. 51. Dort auch die folgenden Zitate.

249 Vgl. dazu Taureck 2000, S. 11.

über irgendein Spätwerk ihres Bruders diskutierte, sondern über *Die Geburt der Tragödie aus dem Geist der Musik*. Denn dieses Werk war in den Jahren 1869 bis 1872 entstanden, also noch vor Nietzsches späterer Wendung gegen den Bayreuther Meister. Oder andersherum gesagt: Dieses frühe Werk ist noch von eben jener Verehrung Richard Wagners getragen, die der junge Hitler mit dem jungen Nietzsche geteilt hat.

Nietzscheanisches Faszinosum

Auf junge Leute vom Schlag des Hitler Adolf, die sich diesseits und jenseits der deutschösterreichischen Grenze im politischen Kontext mit kulturellen Problemen ihrer Nation befassten und damit sowohl den Deutschnationalen, als auch den jungen Rebellen innerhalb der sozialdemokratischen Bewegung nahestanden, übte Friedrich Nietzsche eine fast unwiderstehliche Faszination aus. Denn so radikal wie keiner vor ihm hatte sich dieser 1900 im Alter von nur 56 Jahren verstorbene Gelehrte in seinen Büchern und Schriften zu diesen Problemen geäußert. Infolgedessen hat es z.B. auch einen „nietzscheanischen Sozialismus" gegeben.[250] Damit war die Betonung subjektiver Momente gegenüber dem marxistischen Determinismus in der angestrebten Transformation von Kultur und Gesellschaft gemeint, wie sie dem Nachbetrachter bereits bei Victor Adler entgegentritt.

Der Hintergrund für die Nietzsche-Faszination war jedoch bedeutend weiter gespannt als es jene Auseinandersetzungen innerhalb der sozialdemokratischen Bewegung um die Ausgestaltung des 1. Mai-Feiertage nahelegen, die sich zwischen Anpassung an die herrschenden Machtverhältnisse einerseits, Generalstreik und Anarchismus andererseits bewegten. Jenseits der Sozialdemokratie bezeichnete der „Nietzscheanismus" nämlich eine Gegenbewegung „gegen die immer weitergehende Demokratisierung, Sozialisierung, Nivellierung des Lebens in Staat und Gesellschaft",[251] die auch die Kritik an der oberflächlichen Lebensgestaltung des liberalen Bürgertums in der zweiten Hälfte des 19. Jahrhunderts umfasste. Dieser Nietzscheanismus reflektierte vornehmlich auf das Begriffsarsenal des älteren Nietzsche wie „Übermensch", „Kampf durch natürliche Auslese", „Sklaven-" und „Herrenmoral", „Wille zur Macht", „Umwertung aller Werte", „ewige Wiederkunft aller Dinge" usw. und hatte eine überwiegend pejorative Bedeutung. Im Bewusstsein der Öffentlichkeit stand er denn auch für negative Eigenschaften, wie radikaler Individualismus, Selbstsucht, rücksichtslose Entfesselung der untersten menschlichen Triebe und Instinkte, Herrschsucht, Brutalität und Zerstörungslust, kurz: für die „Bestie im Menschen".[252]

Alle diese Konnotationen verwiesen auf eine allgemeine „Krisenerfahrung des Individuums in dem durch die Modernisierung vorangetriebenen

250 Grimm/Hermand (Hg.) 1978, S. 120.
251 Weitbrecht 1901, 2. Teil, S. 143.
252 Deesz 1933, S. 10.

gesellschaftlichen Umbruch“[253] an der Wende vom 19. zum 20. Jahrhundert. Vor diesem Hintergrund sah ein bürgerlicher Nietzscheaner wie der junge Hitler sein Ziel in einer seinem Wesen entsprechenden Lebensgestaltung. Denn er war ja offenbar davon überzeugt, dass der Mensch als souveränes Individuum nur aus seiner „wahren“ Natur heraus leben kann. Das bezeugt sein nachhaltiger Konflikt mit dem Vater, dem alten Zollamtsoberoffizial, über Beruf und Lebensziel. Als Kind eines kaiserlichen Beamten wusste der Hitler Adolf seiner Individualität außerdem auch einen herrschaftlichen Ausdruck zu verleihen. Das heißt, er fühlte sich nicht nur jeglicher gesellschaftlichen Bedingtheit enthoben, sondern strafte lange Zeit auch das Verhältnis zu anderen Menschen mit Verachtung, wie seine bewusst und bis 1908 konsequent durchgehaltene Beschränkung auf seinen Männerbund mit dem jungen Kubizek beweist. Diese selbstverordnete Isolierung war nicht nur eine persönliche Marotte, die vielleicht auf eine menschliche Kontaktschwäche verweist. Sie war vielmehr auch eine unter Nietzscheanern weit verbreitete Grundhaltung, die dem „Aufbruch in die Großgesellschaft, mit ihren demokratischen oder sozialistischen Organisationsformen“ nachdrücklich „ein Idealbild charaktervoller und distanzierter Individualität“ entgegenstellte.[254]

Dem Nietzscheanismus benachbart war Jacob Burckhardts Begriff des „Aristokratischen“ und Max Stirners radikaler Egoismus. Die Anhänger aller drei Lebensanschauungen verbanden ihre Wendung gegen die moderne Gesellschaft mit „einem Individualismus von prätentiöser Ausschließlichkeit und bedingungsloser Selbst-bezüglichkeit“ (Anatol Schneider). Verschärft wurde diese Haltung noch durch das Erlebnis der Großstadt, das die „Umzingelung des Menschen durch den Menschen“ (Peter Sloterdijk) als körperlich-seelische Bedrohung sinnlich erfahrbar machte.[255] Ganz gleich, ob es sich um Berlin oder Wien handelte – empfindsame junge Menschen wie der schöngeistig interessierte Hitler Adolf litten bei der Begegnung mit dem Moloch Großstadt häufig unter einem „Angstphänomen“, das „in der völligen Ausschließung alles Äußeren, Fremden, Anderen, der Versteifung des Ichs auf sich selbst, der Verhärtung in seinen Grenzen“ zum Ausdruck kam. Als „Fortführung eines primitiven Ringens um die Integrität der ‚leiblichen Existenz‘“, so der zeitgenössische Philosoph Georg Simmel, habe sich vor allem in den Großstädten eine „Negativität oder Aversion“ herausgebildet, „die jederzeit in Hass und Kampf ausschlagen“ konnte. Nicht nur bei den Nietzscheanern, sondern ganz allgemein habe sich dies als „psychische Grundbefindlichkeit und Bedingung für die Selbsterhaltung“ des Großstadtmenschen damals mit einer gewissen Notwendigkeit ganz von selbst ergeben.[256]

253 Schneider 1997, S. 7.

254 Ebda., S. 9.

255 Vgl. dazu das Gedicht von Julius Hart: „Berlin! Berlin! Die Menge drängt und wallt, / Wirst du versinken hier in dunklen Massen? / Und über dich hin schreitend stumm und kalt, / Wird niemand deine schlaffe Hand erfassen?“ Op. cit. Schneider 1997, S. 15.

256 Ebda., S. 17.

Infolgedessen ging es dem Hitler Adolf, der seine gesellschaftliche Isolierung in Wien zunächst fast zwanghaft aufrechterhielt, dabei auch nicht nur um „heroische Markierungen des Terrains der eigenen Sonderart", als vielmehr auch „um verzweiflungsvolle Defensiven".[257] Wenn er damals tatsächlich Nietzsche gelesen hat, konnte er sich aus dessen 1886 bzw. 1887 erschienenen Büchern *Jenseits von Gut und Böse* und *Genealogie der Moral* reichlich mit intellektuell nachvollziehbaren Argumenten für seine Haltung versorgen. Seine Vorbehalte gegen die rohe Kraft, welche die Masse bei ihren Aufmärschen in den Straßen von Wien zeigte,[258] wird dann auch noch aus einem höheren Grund verständlich.

Nietzsche und Wagner

Eine frühe Begegnung mit Friedrich Nietzsche ist deshalb wahrscheinlich, weil sich der junge Hitler intensiv mit dem Werk Richard Wagners beschäftigt hat, vor allem mit dessen Musik. Denn der junge Nietzsche war Wagner in schwärmerischer Verehrung zugetan, seit er den Musikdramatiker und dessen Frau Cosima 1869 über die unverwechselbare Klangwelt des ersteren näher kennengelernt hatte. Als Sprachwissenschaftler hielt Nietzsche damals eine Professur an der Universität Basel, nicht weit von jenem Landhaus entfernt, das vom Ehepaar Wagner in Triebschen bei Luzern bewohnt wurde. Aus seinen häufigen Besuchen, aus wechselseitig geschriebenen Briefen und ausgetauschten Schriften entstand in den folgenden Jahren eine innige Freundschaft, soweit dies die unterschiedlichen Temperamente überhaupt erlaubten. Die Dreierbeziehung währte jedoch nicht einmal drei Jahre – nämlich nur bis zu jenem Zeitpunkt, als Cosima und Richard Wagner nach Bayreuth gingen, um dort ihr Festspielhaus als deutsche Weihestätte zu errichten.

Danach begann ein Entfremdungsprozess, der 1876, nachdem Nietzsche und Wagner einander noch einmal im italienischen Sorrent gesehen hatten, erst mit der Trennung und schließlich, in den achtziger Jahren, mit einer geradezu wütenden Ablehnung Wagners durch Nietzsche geendet hat. Dafür ausschlaggebend war sowohl die kritische Distanz, die sich Nietzsche allmählich zu Wagners Kunst angeeignet hatte, als auch der tief enttäuschende Eindruck des Philosophen, der Musikdramatiker sei mit seinem *Parsifal* 1882 doch noch „vor dem christlichen Kreuz" niedergesunken – ein aus Nietzsches Sicht unverzeihbarer Abfall von seiner exaltierten Opposition, die im Christentum die Ursache aller Weltübel sah. Das festliche Treiben, das 1876 in Bayreuth begonnen hatte, betrachtete Nietzsche nur noch verächtlich „als eine Art Sportveranstaltung". Wie sich aus einem Brief des Philosophen aus dem Jahr 1884 ergibt, hatte aber auch Wagners „verfluchte Antisemiterei"[259] zum Bruch beigetragen.

257 Ebda., S. 24.
258 Vgl. Teil II, 7. Kapitel, S. 315.
259 Op. cit. Taureck 2000, S. 36.

Dass eine gleichzeitige Verehrung Wagners und Nietzsches, wie sie hier für den jungen Hitler angenommen wird, trotz des persönlichen Bruchs zwischen den beiden Protagonisten als durchaus möglich erscheint, zeigt übrigens auch das Beispiel Gustav Mahlers. In seinen Sinfonien bezog sich der Komponist auf Nietzsches Spätphilosophie, als Dirigent engagierte er sich wie kaum ein zweiter für Wagners Musikdramen. Carl Dahlhaus hat dazu in seiner *Musik des 19. Jahrhunderts* erklärend festgehalten, „dass Wagner und Nietzsche zusammen genommen die ‚epochale' Tendenz repräsentieren, die von Ernst Troeltsch 1913 als ‚Kulturkritik des Jahrhundert-Endes' bezeichnet worden ist: eine Tendenz, die aus dem Protest gegen das ‚demokratisch-kapitalistisch-imperialistisch-technische Jahrhundert' erwuchs".[260]

Tragischer Pessimismus

Zwischen der beginnenden Trennung und jenen gemeinsamen „Tagen des Vertrauens, der Heiterkeit, der sublimen Zufälle – der tiefen Augenblicke",[261] die Friedrich Nietzsche und das Ehepaar Wagner in Triebschen erlebt hatten, veröffentlichte der Philosoph 1871 unter dem Titel *Sokrates und die griechische Tragödie* eine wissenschaftliche Arbeit, der er ein Richard Wagner gewidmetes Vorwort voranstellte und die wenig später unter dem Titel *Die Geburt der Tragödie, Oder: Griechenthum und Pessimismus* erschienen ist. Die Ausgabe von 1886 wurde noch um den *Versuch einer Selbstkritik* als Vorwort erweitert. Es handelt sich um eben jene Schrift, über die Adolf Hitler und Elisabeth Förster-Nietzsche im Herbst 1933 miteinander diskutierten, wobei der ebenfalls anwesende Generalintendant des Deutschen Nationaltheaters in Weimar, Hans Severus Ziegler, ab und zu sekundieren musste, „wenn einer den anderen nicht verstand".[262]

In dieser Arbeit geht es Nietzsche nicht um eine sprachwissenschaftliche Untersuchung der griechischen Tragödie von Aischylos bis Euripides, sondern um Ansätze für eine ebenso umfassende wie kritische Kunst- und Lebensphilosophie, die der Autor in seinen späteren Werken immer weiter vertieft und radikalisiert hat. Seiner Meinung nach hatten in der attischen Tragödie einst die dionysische und die apollinische Kunst durch ein kompliziertes Geflecht von Wechselwirkungen, in deren Mittelpunkt der Mythos, der Chor und der tragische Held stehen, zueinander gefunden. Dadurch seien Staat und Gesellschaft, Mensch und Mensch in dem „metaphysischen Trost" vereint worden, „dass das Leben … unzerstörbar mächtig und lustvoll sei".[263] Dann aber sei die Tragödie dem „ästhetischen Sokratismus"[264] zum Opfer gefallen, der nicht nur alles verstehen und er-

260 Dahlhaus 1970, S. 278.
261 Frenzel 1966, S. 43.
262 Ziegler 1977/4, S. 11 f.
263 Nietzsche 1993, S. 50.
264 Ebda., S. 79.

klären wolle, sondern darüber hinaus auch noch einen schwächlichen Optimismus ins Leben gerufen habe.

Diese jahrhundertealte „Culturlüge“, so Nietzsche weiter, werde aber künftig die „deutsche Musik“ von „Luthers Chorälen“ über Bach und Beethoven bis hin zu Wagner ein für alle Mal beenden. Denn diese Musik sei „im höchsten Grade allgemeine Sprache“,[265] „das Ding an sich“, „das ewige Prinzip der dionysischen Kunst, die … das ewige Leben jenseits aller Erscheinung und trotz aller Vernichtung zum Ausdruck bringt“. Wie einst in Griechenland, werde der wahre Kulturzustand allerdings erst dann wieder erreicht sein, wenn „eine heranwachsende Generation mit dieser Unerschrockenheit des Blicks, mit diesem heroischen Zug ins Ungeheure“ geboren sei, die allen optimistischen „Schwächlichkeitsdoktrinen“ wie Christentum und Sozialismus kühn und stolz den Rücken zukehre. Ohne es ausdrücklich zu sagen, hat Nietzsche damit die Generation der Benns und Hitlers gemeint. Erst dann werde der „deutsche Geist“ – „ohne das Gängelband einer romanischen Civilisation“ – erwachen, gesunden und erlöst sein. Dafür sei die Tragödie der „nothwendige Genesungstrank“.

Nietzsches Arbeit hat in der professoralen Welt der Altphilologen eine überwiegend ungünstige Aufnahme gefunden – sein Doktorvater bezeichnete sie sogar als „geistreiche Schwiemelei“. Dadurch war der Autor plötzlich in Basel so isoliert, dass er seine Professur aufgab und sich bis zu seinem Lebensende nur noch als freischaffender Essayist, Aphoristiker und Philosoph betätigt hat. Seine späteren Werke verfasste der Einsiedler überwiegend im schweizerischen Sils Maria. Angeblich führte eine progressive Paralyse 1889 – zufällig Hitlers Geburtsjahr – schließlich zum geistigen Zusammenbruch. Es folgten Klinikaufenthalte in Basel und Jena. Jahrelang wurde der unverheiratete Friedrich Nietzsche von seiner Mutter und von seiner Schwester Elisabeth gepflegt, bis er 1900 in Weimar verstarb.

Damit wuchs der damals elf Jahre alte Hitler Adolf in eine Zeit hinein, in der das Bild Friedrich Nietzsches zunehmend von Elisabeth Förster-Nietzsche und dem Nietzsche-Freund Peter Gast (eigentlicher Name: Heinrich Köselitz) geprägt und zum Teil auch verfälscht worden ist. Die beiden Nachlassverwalter kommentierten das Spätwerk, in dem der Philosoph seine früher geäußerten Auffassungen teils zurückgenommen, teils bis zur Exaltation verschärft hatte, in einem aggressiv-nationalistischen Sinne. Bezeichnend für diese Tendenz ist die Tatsache, dass Förster-Nietzsche und Gast zusätzlich zum Gesamtwerk, dessen 15. Band 1900 erschienen war, aus den nachgelassenen Notizen und Aphorismen des Philosophen 1906 noch ein weiteres Buch herausgaben, das – wenn man es genau nimmt – gar nicht von Friedrich Nietzsche stammt. Es erschien unter dem paradigmatischen Titel *Der Wille zur Macht* und bestimmte weitgehend das zeitgenössische Nietzsche-Bild. Unter diesen Umständen mutet es aus der Rückschau umso bedeutsamer an, dass Adolf Hitler und Elisabeth Förster-Nietzsche im Herbst 1933 offenbar nicht über dieses Buch gesprochen

265 Ebda., S. 99 ff. Dort auch die folgenden Zitate.

haben, obwohl *Der Wille zur Macht* doch unter allen Nietzsche-Titeln am besten zu Hitlers persönlicher Situation nach der so genannten „Machtergreifung" gepasst hätte. Weshalb sie es nicht taten, kann viele Gründe haben. Es ist aber in unseren Augen auch ein weiteres Indiz dafür, wie nachhaltig Hitler noch soviele Jahre später *Die Geburt der Tragödie* beeindruckt war.

Angebote der Selbstbestätigung

An der Wende vom 19. zum 20. Jahrhundert konnte man durchaus Nietzscheaner sein, ohne Nietzsche jemals genauer gelesen zu haben. Denn dieser hatte, wie Thomas Mann erkannte, „die ganze Atmosphäre seiner Epoche verändert".[266] Sollte der junge Hitler *Die Geburt der Tragödie* jedoch schon damals tatsächlich zur Kenntnis genommen haben, wenn auch vielleicht nur oberflächlich und auszugsweise, dann fand er hier inhaltliche Angebote vor, durch die er sich in der Suche nach seiner eigenen Bestimmung kraftvoll, ja sogar suggestiv bestätigt fühlen konnte.

In der Tat enthält die Schrift eine ganze Reihe von Passagen, die auf das geistige Profil des jungen Hitler passen könnten, wie wir es in diesem Buch gezeichnet haben. Die Übereinstimmung ist teilweise so groß, als hätte dieser Nietzsche Modell gestanden, obwohl die beiden einander nie gesehen haben. Das beginnt unter dem Einfluss Richard Wagners im Vorwort durch die Gleichsetzung des „deutschen" mit einem „ästhetischen Problem", das als „Wirbel und Wendepunkt ... in die Mitte deutscher Hoffnung" gestellt werden müsse. Kam diese Forderung schon den Gedanken nahe, mit denen sich der Hitler Adolf in Linz und Wien befasste, so war „die Nothwendigkeit der Traumerfahrung", die Nietzsche auf den ersten Seiten seiner Schrift preist, dem jungen Mann erst recht auf den seelischen Leib geschrieben. Denn Träume hatte er beim Genuss der Wagner-Opern immer wieder erlebt, und diese schienen ihn in seinem Selbstverständnis als „Rausch- und Traumkünstler" zu bestätigen.[267] Das Gleiche gilt für die Erfahrung der eigenen Stimme, die ihm sein Opernerlebnis vermittelt hatte. „Die Melodie", so heißt es nämlich bei Nietzsche unter Hinweis auf das Volkslied, sei „das Erste und Allgemeine", noch vor der Dichtung, und die Sprache werde „auf das Stärkste angespannt, die Musik nachzuahmen ..."[268]

Noch deutlicher werden die Parallelen, wenn Nietzsche auf die „Musik als Muttersprache" zu sprechen kommt, denn der junge Hitler schätzte die Musik Wagners ja gerade wegen ihres „sprechenden" Charakters so hoch. Er, Nietzsche, wende sich, so heißt es da, „nur an diejenigen, ... die, unmittelbar verwandt mit der Musik, in ihr gleichsam ihren Mutterschoos (sic!) haben und mit den Dingen fast nur durch unbewusste Musikrelationen in Verbindung stehen". Nietzsche zieht in diesem Zusammenhang

266 Mann 1947, S. 140.
267 Nietzsche 1993, S. 24.
268 Ebda., S. 42 f.

ausdrücklich den *Tristan* als Beispiel heran, den Hitler das erste Mal 1906 in Wien unter dem Dirigat von Gustav Mahler hörte und sah. „An diese ächten Musiker richte ich die Frage, ob sie sich einen Menschen denken können, der den dritten Akt von ‚Tristan und Isolde' ohne alle Beihülfe (sic!) von Wort und Bild rein als ungeheuren symphonischen Satz zu percipiren im Stande wäre, ohne unter einem krampfartigen Ausspannen alle Seelenflügel zu verathmen? Ein Mensch, der wie hier das Ohr gleichsam an die Herzkammer des Weltwillens gelegt hat ...? Er sollte es ertragen, in der elenden gläsernen Hülle des menschlichen Individuums den Widerklang zahlreicher Lust- und Wehrufe aus dem ‚weiten Raum der Weltennacht' zu vernehmen, ohne bei diesem Hirtenreigen der Metaphysik sich seiner Urheimat unaufhaltsam zuzuflüchten? ... Hier drängt sich zwischen unsre höchste Musikerregung und jene Musik der tragische Mythus und der tragische Held, im Grunde nur als Gleichnis der alleruniversalsten Thatsachen, von denen allein die Musik auf directem Wege reden kann. Als Gleichnis würde nun aber der Mythus, wenn wir als rein dionysische Wesen empfänden, gänzlich unbeachtet neben uns stehen bleiben ... Hier bricht jedoch die apollinische Kraft, auf Wiederherstellung des fast zersprengten Individuums gerichtet, mit dem Heilbalsam einer wonnevollen Täuschung hervor ... So gewaltig auch das Mitleiden in uns hineingreift, in einem gewissen Sinne rettet uns doch das Mitleiden vor dem Urleiden der Welt, wie das Gleichnisbild des Mythus uns vor dem unmittelbaren Anschauen der höchsten Weltidee, wie der Gedanke und das Wort uns vor dem ungedämmten Erguss des unbewussten Willens rettet ... So entreisst uns das Apollinische der dionysischen Allgemeinheit ... Mit der ungeheuren Wucht des Bildes, des Begriffs, der ethischen Lehre, der sympathischen Erregung reisst das Apollinische den Menschen aus seiner orgiastischen Selbstvernichtung empor und täuscht ihn über die Allgemeinheit des dionysischen Vorganges hinweg zu dem Wahne, dass er ein einzelnes Weltbild, z.B. ‚Tristan und Isolde', sehe und es, durch die Musik, nur noch besser und innerlicher sehen solle."[269]

Diese Sprache ist für den heutigen Leser nur noch schwer verständlich, und dem jungen Hitler wäre es wohl auch nicht anders ergangen, hätte er sie je im Originalwortlaut gelesen. Aber darauf kommt es hier gar nicht an. Denn abgesehen von der heute befremdlich wirkenden, da nicht mehr geläufigen Unterscheidung zwischen dem Dionysischen als dämonischer Urkraft und dem Apollinischen als bildnerischer Gestaltung, die Nietzsche hier trifft und die bereits in unserem Wagner-Kapitel erwähnt worden ist – kann eindringlicher eigentlich nicht mehr geschildert werden, wie unser Protagonist die Opern seines Abgotts wahrgenommen hat. Ohne den jungen Hitler zu kennen, hatte Nietzsche das bereits erkannt. Die schon von Kubizek angesprochene Fähigkeit, sich in Wagners Musik hineinzuversetzen und diese dadurch unmittelbar künstlerisch zu erfassen, hat aus Hitler in der Tat einen Menschen gemacht, der „mit den Dingen", also mit der

269 Ebda., S. 130ff.

Welt der Tatsachen, wenn nicht „fast nur", so doch in einem starken Maße „durch unbewusste Musikrelationen in Verbindung" stand und dadurch in der Lage war, „Weltbilder" zu sehen, die im Laufe seiner Reifejahre allmählich zu einer sozial-nationalistischen Weltanschauung geworden sind. Die metaphysische Beziehung zu den musikalischen Aussagen von Wagners Opern, die der Hitler Adolf aufzubauen verstand, war denn wohl auch der Grund, weshalb er diese Musik bisweilen als „meine Religion" empfand.

Andere Passagen in der *Geburt der Tragödie* knüpfen an diese Erkenntnis an, auch wenn sie mit ihr nicht in unmittelbarem Zusammenhang stehen, z.B. der Satz über den „sonst unzugänglichen Grad von Schaubarkeit", den Wagners Opern im Gegensatz zum reinen „Wortdrama" ermöglichen. Dazu gehört auch jene Formulierung, die davon spricht, „dass wir hören wollen und über das Hören uns zugleich hinaussehnen ... ins Unendliche ..."[270] Für Nicht-Wagner-Kenner und -Liebhaber waren das gewiss Feststellungen und Aussagen, die sie nicht verstehen konnten. Sie hatten dafür einfach kein Organ. Hingegen fühlte sich Hitler von Nietzsche sicher im Kern seines Wesens angesprochen – wann immer er diesen Text und wie viel er davon auch gelesen hat. Denn seit seinen Jugendtagen fühlte er sich ja als „dieser deutsche Ritter", der „auch jetzt noch seinen uralten dionysischen Mythus in selig-ernsten Visionen träumt".

„Eines Tages", so heißt es bei Nietzsche nur wenige Zeilen weiter in Anspielung auf die Gestalt Siegfrieds in Wagners *Ring*, „wird er sich wach finden, in aller Morgenfrische eines ungeheuren Schlafes: dann wird er Drachen tödten, die tückischen Zwerge vernichten und Brünnhilde erwekken – und Wotan's Speer selbst wird seinen Weg nicht hemmen können." Unwillkürlich denkt man bei diesen prophetisch wirkenden Worten an jenes Gemälde aus dem Zeitraum 1934/36 von Hubert Lenzinger, das Hitler als „Bannerträger" in einer Ritterrüstung zeigt – ein typisches NS-Propagandabild. War dem Maler jene Stelle aus der *Geburt* bekannt? Seit wann wusste Hitler, dass ihm Nietzsche die Ritterrolle im Kampf gegen ein „mythenloses Dasein", gegen eine „zur Ergetzlichkeit herabgesunkene Kunst", gegen ein „vom Begriff geleitetes Leben" – gegen den ganzen „sokratischen Optimismus" zugedacht hatte? Und wenn er den Text seit seiner Jugend kannte: Musste er ihn nicht geradezu als Weissagung von höchster philosophischer Stelle für sein gesamtes späteres Leben verstehen?

Für Nietzsche ist der Mythos „das zusammengezogene Weltbild", das, „als Abbreviatur der Erscheinung, das Wunder nicht entbehren kann".[271] Er meint, „die Bilder des Mythus müssen unbemerkt allgegenwärtige dämonische Wächter sein, unter deren Hut die junge Seele heranwächst, an deren Zeichen der Mann sich sein Leben und seine Kämpfe deutet: und selbst der Staat kennt keine mächtigeren ungeschriebenen Gesetze als das mythische Fundament, das seinen Zusammenhang mit der Religion, sein

270 Ebda., S. 148 f. Dort auch das folgende Zitat.

271 Ebda., S. 140 f. Dort auch die folgenden Zitate.

Heranwachsen aus mythischen Vorstellungen verbürgt". Teil III dieses Buches wird noch im Einzelnen darstellen, wie der junge Hitler diese Vorstellungen Nietzsches buchstäblich mit Leben erfüllt hat. Da sein gesamtes Denken und Fühlen um ein mythisches „Großdeutschland" kreisten, um den Traum von einem „Reich", das alle deutschen Stämme in sich vereinte, und dazu noch um die Vision eines „Volkstribunen", ergibt sich zusammen mit der oben bereits apostrophierten Metapher vom Ritter das wahrscheinliche Selbstbild des jungen Hitler, das in folgender Aussage Nietzsches seine eigentliche Richtung und Bestimmung fand: „Ohne Mythus aber geht jede Cultur ihrer gesunden schöpferischen Naturkraft verlustig: erst ein mit Mythen umstellter Horizont schliesst eine ganze Culturbewegung zur Einheit ab."

Ja, das war es, wonach der junge Hitler getrachtet und gestrebt hat: der mit germanischen Mythen umstellte Horizont, der die deutsche Kulturbewegung über alle Grenzen hinweg zu einer Einheit zusammenfasst. Davon träumte er in Linz, darüber dachte er in Wien nach, für die Bewältigung dieser Aufgabe hat sich der jugendliche Ritter Adolf durch seine rastlose Beschäftigung mit Malerei, Architektur, Oper und Büchern auf seinem Weg bis nach München gerüstet. Und dabei hat er unentwegt auf das Wunder gehofft, dessen der Mythos nicht entbehren kann, wenn er irgendwann einmal politische Wirklichkeit werden soll.

Ein matter Abglanz von Hitlers früher Nietzsche-Rezeption tritt dem Leser noch aus den Erinnerungen an das Wiener Männerheim entgegen, die Hanisch-Heiden 1941 veröffentlicht haben. „Hätten die Deutschen ihrer alten Mythologie die Treue gehalten", so soll der junge Mann seinem Geschäftspartner damals gesagt haben, „wären sie heute eine geeinte Nation, und sie hätten einen höheren Stand der Zivilisation erreicht. Er (Hitler) meinte, der germanische Glaube wäre, falls man ihn aufrechterhalten hätte, im Laufe der Zeit idealer geworden. In diesem Zusammenhang wies er auf die Griechen hin, in deren Glauben die Ideale als Götter verehrt worden seien. Er war ein ausgeprägter Bewunderer der griechischen Staatsstruktur, in der Geisteswissenschaftler und Philosophen einen starken Einfluss ausübten – eine Sache, der wir hätten nacheifern sollen. Das sei das Zeitalter der Philosophie gewesen, aber in unserer technischen Zeit werde die Philosophie in schlimmer Weise vernachlässigt. Er betonte, es wäre leichter, das Elend zu bekämpfen, wenn es mehr Philosophie gäbe."[272]

Analogien und Gegensätze

Bei Nietzsche und im Nietzscheanismus konnte der Hitler Adolf gewiss vieles finden, was sein späteres Leben beeinflussen hat – teils weil er sich wohl wirklich mit dem Philosophen beschäftigte, teils weil er wohl auch jenen Verfälschungen und Missdeutungen aufsaß, die auf das Wirken von treulosen Nachlassverwaltern und irregeleiteten Verehrern zurückzufüh-

272 Hanisch 1939, S. 6.

ren sind. Im jedem Fall gibt es in der deutschen Geistesgeschichte kaum einen zweiten Philosophen, der sich in vieler Beziehung so heftig selbst widersprach. Nietzsche hatte es freilich gar nicht darauf angelegt, „fixierbare Resultate zu liefern", wie Karl Jaspers sagt, weil sein Denken „eine nirgends zum Stillstand gelangte Zweifelsbewegung" war.[273] Zwar unterbrach der Philosoph 1870 die Arbeit an der *Geburt der Tragödie*, um als Sanitäter freiwillig in den deutsch-französischen Krieg zu ziehen, in den letzten und entscheidenden der drei Kriege, die zur Einheit Deutschlands führten. Aber nach dem deutschen Sieg bei Sedan und der Reichsgründung in Versailles sprach er auch jenes Wort von der „Exstirpation des deutschen Geistes zugunsten des ‚deutschen Reiches'", das ihn als allezeit skeptischen, kritischen Geist ausweist.[274]

Mit Nietzsche war sich der junge Hitler insofern einig, als dass der Sieg der deutschen Waffen auch in seinen Augen keinen Sieg der deutschen Kultur darstellte. Wie der Philosoph – nur einige Jahre später und freilich auf einem anderen intellektuellen Niveau – litt auch Adolf unter „den schlimmen und gefährlichen Folgen eines Krieges", die er in ihrem Niedergang erblickte – in jenem „sokratischen Optimismus", der sich in einem immer festeren Glauben an Wissenschaft, Rationalität, Organisation niederschlug und sich immer weiter von den mythischen Wurzeln Deutschlands entfernte. Aber der junge Hitler zog völlig andere Schlüsse daraus. Während sich Ersterer später „über seinen Glauben von damals an den deutschen Geist verzweifelt lustig gemacht hat",[275] hielt Letzterer mit einem verzweifelten Ernst an diesem Glauben fest. Wo jener den Völkern einmal das „Wahnbild des Nationalismus" wünschte und ein anderes Mal einen europäischen Völkerbund forderte, verbohrte sich dieser immer tiefer in seine deutschnationale Mission.

Es wären noch viele solcher Übereinstimmungen und Gegensätze aufzuzeigen. Aber das Entscheidende ist wohl, dass der junge Hitler – wie viele andere – Nietzsche allzu wörtlich nahm. „Wer Nietzsche ‚eigentlich' nimmt,[276] wörtlich nimmt, wer ihm glaubt, ist verloren", meinte Thomas Mann, als wollte er damit jenes Fatum beschreiben, das der Hitler Adolf dadurch auf sich nahm. Im Geist eines antibürgerlich-heroischen Ästhetizismus hatten beide, Nietzsche und Hitler, einerseits der Moral und damit dem Christentum als einer ihrer wesentlichen Voraussetzungen abgeschworen, und sie hatten folglich andererseits allen innerweltlichen Ordnungen den Kampf angesagt. An die Stelle der Moral setzten beide das Leben als ästhetisches Phänomen, als „lyrisch tragisches Schauspiel von höchster Faszination", den heroischen Lebenslauf „bis in die Selbstmythologisierung des letzten Augenblicks und bis in den Wahnsinn hinein".[277] Aber während der eine, Nietzsche, dem Leben schließlich entsagt, begab

---

273 Düsing 2006, S. 63.

274 Op. cit. Frenzel 1966, S. 65. Dort auch die folgenden Zitate.

275 Mann 1947, S. 418 f. Dort auch das folgende Zitat.

276 Ebda.

277 Ebda, S. 435 f. Dort auch das folgende Zitat.

sich der andere, der junge Hitler, mitten in das Leben hinein – und damit in „die Nachbarschaft von Ästhetizismus und Barbarei".[278]

10. Kapitel: Arthur Schopenhauer

Indizien

Wie im Falle Nietzsches gibt es nur ungenaue und unsichere Hinweise darauf, dass sich der Hitler Adolf vor 1914 ernsthaft mit Arthur Schopenhauer befasst hat. Sie stammen erneut von Alfred Kubizek und von Adolf Hitler selbst.[279] Während sich Ersterer auf die Aussage beschränkt, „von den philosophischen Büchern (die sein Freund gelesen habe – D. B.) war Schopenhauer stets um ihn",[280] wurde Hitler während des Zweiten Weltkriegs etwas deutlicher. Vor Vertrauten sprach er dem Philosophen nämlich nicht nur – wie Nietzsche – einen Ehrenplatz in der für Linz geplanten Bibliothek zu, sondern bekannte zugleich: „Den ganzen (Ersten) Weltkrieg über habe ich die fünf Bände der Werke Schopenhauers im Tornister mit mir herumgeschleppt." Und als wäre dies noch nicht genug, fügte er gleich im nächsten Satz die ebenso sibyllinische wie gewichtige Aussage hinzu: „Ich habe viel von ihm gelernt."[281] In den großen Hitler-Biographien z.B. von Joachim Fest und Ian Kershaw sucht man diese bedeutsame Textstelle aus den *Monologen* jedoch vergeblich. War sie den Autoren nicht bekannt?

Wenn sich der junge Hitler tatsächlich dazu entschloss, mit Schopenhauer 1914 in den Krieg zu ziehen, muss seine Begeisterung für den Philosophen schon zuvor recht groß gewesen sein. Denn ein Stoß Bücher im Tornister bedeutete ein nicht unerhebliches Zusatzgepäck für den Kriegsfreiwilligen – auch wenn er seinen Hinweis sicher nur metaphorisch gemeint hat. Da Hitler sich sonst eher darüber ausschweigt, wem er geistige und politische Anregungen verdankte, gewinnt sein Hinweis auf den Philosophen durch die Aussage, er habe viel von Schopenhauer gelernt, zusätzlich an Gewicht.

Dennoch steht der Biograph wie bei Nietzsche vor dem Problem, dass er nicht zu sagen weiß, ob sich der junge Hitler tatsächlich so intensiv mit Schopenhauers Philosophie beschäftigt hat, wie behauptet, und wann genau dies, wenn es wahr wäre, der Fall gewesen ist. Erst in Wien? Oder schon in Linz? Oder gar erst in München? Zweifel sind durchaus nicht nur in geographischer Hinsicht erlaubt. Denn als sich der Hitler Adolf im

278 Ebda.

279 Für Hamann 1976/4, S. 106, ist das Grund genug, den Hinweis Kubizeks ohne jede weitere Diskussion als „höchst zweifelhaft" beiseitezuschieben. Die verstärkende Bemerkung Hitlers ist ihr möglicherweise entgangen.

280 Kubizek 1995/6, S. 190.

281 Jochmann 1980, S. 411: Monolog vom 19. Mai 1944. Laut Pirker1951, S. 382, Tischgespräch vom 7. März 1942, bezeichnete Hitler den Philosophen als einen der „größten Denker", dessen Sprachkultur ihn vor allem beeindruckt habe.

Männerheim einmal über Schopenhauer ausließ, fragte ihn ein Mitbewohner, den man wohl aufgrund seines Bildungshintergrundes den „Professor" nannte, ob er den Philosophen denn überhaupt jemals studiert habe. Wie Hanisch berichtet, sei der Angesprochene daraufhin heftig errötet und habe zugeben müssen, er habe nur „etwas" von Schopenhauer gelesen[282] – ohne leider zu sagen, was und wann genau das gewesen ist.

So fehlt im Gegensatz zu Nietzsche jeder Hinweis auf ein bestimmtes Werk, von dem aus man der Beziehung zwischen dem jungen Hitler und Schopenhauer nähertreten könnte. Dieses Manko wird jedoch bis zu einem gewissen Grad von der Tatsache aufgewogen, dass das Opus des Letzeren im Wesentlichen aus einem einzigen, wenn auch sehr umfangreichen und vielgliedrigen Werk mit dem bekannten Titel *Die Welt als Wille und Vorstellung* besteht. Es ist kaum anzunehmen, dass der junge Hitler alle rund 3.000 Seiten dieses Buches gelesen hat. Sollte er sich seine Meinung über den Philosophen daher tatsächlich nur anhand von Gedankensplittern gebildet haben, die damals aus dem viel zitierten Werk überall im Umlauf waren, so hat er in seiner eher intuitiven Art und Weise, die Welt zu sehen, vielleicht doch einige seiner Kerngedanken erfasst.

Die Welt als Wille und Vorstellung

Arthur Schopenhauer wurde 1788, ein Jahr vor dem Beginn der Französischen Revolution, in Danzig als Sohn eines wohlhabenden, weltoffenen hanseatischen Kaufmanns geboren. Schon früh Halbwaise geworden, trat der Student der Medizin und Philosophie über seine Mutter zu Johann Wolfgang von Goethe in Verbindung, mit dem er sich über die Farbenlehre austauschte. Nach seiner 1813 erfolgten Promotion zum Dr. phil. – die Dissertation trug den Titel *Über die vierfache Wurzel des Satzes vom zureichenden Grunde* und bildete eine geistige Vorstufe zur *Welt als Wille und Vorstellung* – begann Schopenhauer die vier Jahre währende Arbeit an seinem Hauptwerk, mit dem er sich 1818 habilitierte. Zwar zwangen finanzielle Gründe den jungen Gelehrten vorübergehend zur Ausübung einer Dozententätigkeit an der Berliner Humboldt-Universität, doch konnte Schopenhauer – wie Nietzsche – als ausgeprägter Selbstdenker im universitären Milieu auf Dauer nicht Fuß fassen. Er siedelte 1831 nach Frankfurt am Main über, wo er den Rest seines Lebens zwar relativ einsam, da unverheiratet, aber dank seines Vermögens wirtschaftlich abgesichert bis zum Tod im Jahr 1860 als Privatgelehrter verbrachte.

Zu seinem aus vier Büchern bestehenden Hauptwerk erschien 1844 ein *Zweiter Teil*, dessen fünfzig Kapitel sich ergänzend u.a. über Rhetorik, Metaphysik, Genie, Kunst, Musik, Architektur, Geschichte sowie über die Frage nach Leben und Tod verbreiten. Diese zu verschiedenen Zeitpunkten entstandenen Essays verhielten sich zur *Welt als Wille und Vorstellung* nach Schopenhauers eigenen Worten wie das ausgemalte Bild zur Skizze:

282 Hanisch 1939, S. 9.

Sie vervollständigten und vertieften lediglich das Gesamtpanorama, das er ursprünglich in der Welt entwickelt hatte.

Mit den beiden Bänden *Parerga und Paralipomena*, die er 1851 veröffentlichte, wechselte Schopenhauer zwar von seiner Willens- und Erkenntnisphilosophie zum „gewöhnlichen empirischen Standpunkt“ über, aber dies auch nur, „um dessen Irrtum festzuhalten“.[283] Sie brachten daher in philosophischer Hinsicht ebenfalls nichts grundlegend Neues. Die in ihnen enthaltenen *Aphorismen zur Lebensweisheit* trugen dem Gelehrten jedoch beim breiteren Publikum endlich den verdienten Erfolg ein. So hat Schopenhauer gegen Ende seines Lebens doch noch eine „unberechenbare Wirkungsweite“ (Walter Abendroth) entfaltet.

In seinem Hauptwerk vertritt Schopenhauer im Anschluss an Plato und Kant, aber auch in kritischer Auseinandersetzung mit letzterem und vor allem mit Hegel die Auffassung, dass alles, was für die Erkenntnis da ist, mithin die gesamte sinnlich erfahrbare Welt, lediglich Objekt in Beziehung auf ein Subjekt ist, also Anschauung des Anschauenden. Daher rührt der zweite Teil des Titels: „Die Welt ... als Vorstellung.“ Das innerste Wesen des erkennenden Subjekts und aller übrigen Erscheinungen der Natur, „das Ding an sich“, ist dagegen der Wille, zu dem die Vorstellung in einem dienenden Verhältnis steht. Daher der erste Teil des Titels: „Die Welt als Wille ...“ Der Wille, so Schopenhauer, müsse immer streben, weil Streben sein alleiniges Wesen sei. Er ist daher keiner Befriedigung, keines Glückes fähig. Aus dieser Erkenntnis leitet sich der pessimistische Grundzug von Schopenhauers Philosophie ab.

Berührungspunkte

Wie man Ende des 19., Anfang des 20. Jahrhunderts Nietzscheaner sein konnte, ohne sich jemals tiefer und länger mit Nietzsches Lebenswerk beschäftigt zu haben, konnte man damals auch Schopenhauer geistig nahestehen und dessen Gedankengängen zumindest oberflächlich folgen, ohne sich in seinem Hauptwerk sonderlich auszukennen. Denn an ihm behagte den Zeitgenossen des *fin de siècle*, wie Nietzsche es einmal poetisch formulierte, „die ethische Luft, der faustische Duft, Kreuz, Tod und Gruft“. Mit anderen Worten: Insbesondere für die Künstler der Jahrhundertwende war Schopenhauer so etwas wie die Inkarnation ihres Lebensgefühls. Was von ihm ausging war – in den Worten Thomas Manns – jene „geistige Lebensluft“,[284] in der zumindest teilweise auch der junge Hitler lebte.

Hinzu kommt, dass Schopenhauer bekanntlich sowohl Nietzsche als auch Wagner beeinflusst hat. Wenn der junge Hitler zu den beiden Letztgenannten in einer geistigen Beziehung stand, dann ist es mehr als wahrscheinlich, dass er irgendwann auch Schopenhauers Philosophie begegnet ist. Fragt man sich als Biograph jedoch, an welcher Stelle genau das der

283 Op. cit. Abendroth 1967, S. 101.

284 Mann 1938, S. 330.

Fall gewesen sein könnte, muss man aus der Fülle möglicher Berührungspunkte diejenigen auswählen, die angesichts dessen, was wir bereits über seine ersten 25 Lebensjahre wissen, am wahrscheinlichsten sind. Das sind der Wille, die Kunst und die Politik.

Für Schopenhauer kommt der Wille erst durch die Welt zur Erkenntnis seines Wollens, daher deren dienende Funktion.[285] Der Wille an sich ist – im Gegensatz zu allen anderen Erscheinungen – grundlos, d.h. grundsätzlich unbegründbar. Er ist außerdem Eines außerhalb von Zeit und Raum. Der Wille ist damit dasjenige, „wovon alle Vorstellung ... die Objektität ist". Den Zugang zu ihm erfährt der Mensch durch seinen Leib. Daraus leitet Schopenhauer eine doppelte Erkenntnis ab: Einerseits gehört der Leib, der, wie alle Erscheinungen, dem Satz vom Grunde unterworfen ist, zur Welt als Vorstellung. Andererseits haben wir von ihm aber auch die unmittelbare Kenntnis dessen, was der Wille „an sich" ist. Unter dieser Voraussetzung kommt Schopenhauer zu dem Schluss, dass alle Objekte unserer Umwelt einerseits „Vorstellung" und andererseits „Wille" sind.

„Die gesamte Philosophie von ‚Die Welt als Wille und Vorstellung'", konstatiert Friedrich Voßkühler in diesem Zusammenhang, „ist eine Konstruktion ‚nach Analogie' der Erfahrung unseres ‚Leibes'. So wie die ‚Leib'erfahrung für Schopenhauer zeigt, dass ‚Leib' und ‚Wille' ‚Eines' sind, so soll analog gesagt werden können, dass jede ‚Erscheinung' ‚Objektität' des ‚Willens' ist, der das ‚Innerste' alles Seienden ist." Eigentlicher Brennpunkt des Willens ist laut Schopenhauer der „Geschlechtstrieb" als letzter Zweck und höchstes Ziel von Mensch und Tier. Will sagen: Sobald das Individuum für seine Selbsterhaltung gesorgt hat, strebt es nur mehr nach Fortpflanzung seines Geschlechts. Das heißt, sein Wille ist im Kern zugleich auch Wille zum ewigen Leben der Gattung. Obwohl das Individuum somit in endloser Zeit und endlosem Raum einem endlosen Leiden zwischen Zeugung und Tod ausgesetzt ist, macht es sich zum Mittelpunkt der Welt. Es ist letztlich sogar bereit, die gesamte Welt zu vernichten, nur um sich selbst noch etwas länger zu erhalten. Dieser Egoismus, so Schopenhauer, findet seinen Grund im „Willen zum Leben", dem der Untergang des Individuums völlig gleichgültig ist.

Unter diesen Umständen kann der Mensch nur durch einen „Freiheitsakt des Willens" vom Taumel jener Motive erlöst werden, die seinem Wollen zugrunde liegen. Das geschieht entweder dadurch, dass sich der Wille bejaht, indem er sich in der Welt selbst zur Anschauung bringt. Denn dadurch wird die Erkenntnis seines Wollens nicht gehemmt, sondern, im Gegenteil: das so erkannte Leben wird durch ihn dann „bewusst und besonnen" gewollt. Oder es geschieht dadurch, dass sich der Wille zum Leben

285 Voßkühler 2004, S. 111. Wir folgen in diesem Abschnitt ohne einzelne Seitennachweise Voßkühlers Darstellung, weil sie Schopenhauers Philosophie, didaktisch geschickt, in knapper Form wiedergibt. Wir haben diese Zusammenfassung jedoch noch weiter verknappt, um sie auf die für den jungen Hitler vermutlich relevanten Topoi zu fokussieren. Die Originalzitate aus Schopenhauers Werk wurden zwar ebenfalls von Vosskühler übernommen, aber der heutigen Rechtschreibung angepasst.

verneint. In diesem Fall endet „auf jene Erkenntnis (des Lebens und der Welt) das Wollen". In diesem Fall wird „die ganze, durch Auffassung der Ideen erwachsene Erkenntnis des Wesens der Welt, die den Willen spiegelt, zum Quietiv des Willens", und dieser hebt sich in aller Freiheit selber auf.

Ist aber der Mensch erst einmal vom Willen zum Leben erlöst, dann bejaht er nicht mehr „sein eigenes, sich in der Erscheinung spiegelndes Wesen, sondern verneint es", indem er von der Tugend zur Askese übergeht. Der erste und entscheidende Schritt in diese Richtung ist laut Schopenhauer die „freiwillige vollkommene Keuschheit", d.h. die Verneinung des Geschlechtstriebes. Denn dadurch wird das motivierende Feuer im Brennpunkt des Willens gelöscht, der letzte Zweck des Individuums radikal verneint und dessen „Übergang ins leere Nichts" ermöglicht. Die Frage, ob hierin der Grund dafür liegt, dass sich der Hitler Adolf in Wien aller sexuellen Aktivitäten enthielt und nicht einmal mehr den Kontakt zum anderen Geschlecht suchte, oder ob dafür andere Faktoren maßgeblich waren, wird in einem anderen Kapitel zu behandeln sein.[286]

Insgesamt wird die Willensproblematik, die Schopenhauer in seiner Philosophie entrollt, den jungen Hitler lebhaft angesprochen haben. Denn einerseits verdankte er alles, was er bis zum Ersten Weltkrieg wurde, seinem ausgeprägten Eigenwillen. Es entsprach dem Willen des Hitler Adolf ebenso, den Besuch der Realschule vorzeitig abzubrechen, wie es seinem Willen entsprach, Kunstmaler oder Baumeister zu werden. Das heißt, hauptsächlich an seinem Willen hing seine Existenz. Andererseits aber blieb sein Liebeswille durch das von ihm in Linz verehrte Mädchen unerwidert, und für die Betätigung seines Willens als Künstler oder „Volkstribun" war die politische Situation, in der er lebte, noch nicht reif. Insgesamt also ergab sich aus dem Widerspruch, der zwischen seinem Willen und den Hemmungen bei der Verwirklichung des von seinem Willen Gewollten bestand, ein Leidenszustand, der ihn für Schopenhauers Willens- und Erkenntnisphilosophie empfänglich gemacht haben wird.

Außer der Willensproblematik wird den jungen Hitler – wie viele Kunstinteressierte und Künstler seiner Zeit – aber auch Schopenhauers Auffassung von der Kunst berührt haben, die in dessen Hauptwerk „einen bedeutenden Platz" (Friedrich Voßkühler) einnimmt. Die Kunst verdeutlicht nach Meinung des Philosophen die Sichtbarkeit des Willens und damit die Welt als Vorstellung, und und zwar frei von jeder Qual, weil sie den Willen für Augenblicke vom Leben erlöst. Damit der Mensch in den Genuss dieser Augenblicke kommen kann, muss er sich mit der gesamten „Macht seines Geistes" der Anschauung hingeben, so dass der Anschauende nicht mehr von der Anschauung zu trennen ist. In diesem Zustand, so Schopenhauer, tritt sowohl „das Objekt außer Relation zu etwas außer ihm" als auch „das Subjekt aus aller Relation zum Willen", und damit ist das, was erkannt wird, nicht mehr das einzelne Ding an sich, sondern „die *Idee*, die ewige Form, die unmittelbare Objektität des Willens".

---

286 Vgl. Teil III, 7. Kapitel, S. 458 ff.

„Ein solcherart sich in den ‚Gegenstand' der ‚Anschauung' verlierender, kontemplierender Mensch", so Voßkühler unter Berufung auf Schopenhauer, „ist ein ‚*reines*, willenloses, schmerzloses, zeitloses *Subjekt der Erkenntnis*'", d.h. es bringt „‚die Welt als Vorstellung gänzlich und rein (als) vollkommene Objektivation des Willens'" hervor. Während die höchste Stufe dieser Objektivation nach Schopenhauer das Trauerspiel, die Tragödie ist, weil sie den Willen vermittels der Ideen durch den Mythos des tragischen Helden in größtmöglicher Klarheit sichtbar und erkennbar macht, überschreitet die Kunst in der Musik sogar auch noch diese Stufe, indem sie zur „unmittelbaren Objektivation des Willens" führt. Voßkühler: „D.h., die Musik bringt den ‚Willen' nicht ‚mittelst der Ideen' zur Anschauung, sondern die Musik ist laut Schopenhauer ‚Abbild des Willens selbst'. Weil dies so sei, sei ‚die Wirkung der Musik so sehr viel mächtiger und eindringlicher als die der anderen Künste: denn diese reden nur vom Schatten, sie aber vom Wesen'".

„‚Der Komponist", so erläutert Schopenhauer diesen Zusammenhang, „offenbart das innerste Wesen der Welt und spricht die tiefste Weisheit aus, in einer Sprache, die seine Vernunft nicht versteht." Somit ist Musik seiner Meinung nach „eine im höchsten Grad allgemeine Sprache", ähnlich den Zahlen und geometrischen Figuren, „welche als die allgemeinen Formen aller möglichen Objekte der Erfahrung und auf alle *a priori* anwendbar" sind. Im Gegensatz zu den Zahlen und geometrischen Figuren ist die Musik aber „nicht abstrakt, sondern anschaulich und durchgängig bestimmt". Sie drücke „in unendlich vielen möglichen Melodien … alle möglichen Bestrebungen, Erregungen und Äußerungen des Willens" aus. Sie sei „die innerste Seele derselben" oder „zu allem Physischen der Welt das Metaphysische".

Unschwer ist erkennbar, dass hier Erscheinungen wieder anklingen, die bereits im Kapitel über Richard Wagner behandelt wurden: nämlich die unmittelbare Erfassbarkeit von Ideen durch Musik. Wenn dort von einem Rauschzustand die Rede war, in den der junge Hitler versank, wenn er die Aufführung einer Wagner-Oper genoss, dann ist damit gemeint, dass er sich in solchen Momenten in ein „Subjekt der Erkenntnis" verwandelte, das seine Vorstellung von der Welt als „vollkommene Objektivation des Willens" hervorbrachte. Das heißt, Musikgenuss, Erkenntnis, Vorstellung von Welt und Wille gingen miteinander eine spontane, enge und fruchtbare Verbindung ein. Die politische Inspiration, die der junge Hitler aus dem häufigen Besuch von Wagner-Opern bezog, ist mit Worten zwar nur schwer zu beschreiben, wird aber so zwischen unseren Zeilen vielleicht doch vorstellbar.

Anders als auf dem Umweg über „Wille" und „Kunst" fand der junge Hitler in Schopenhauers Philosophie zum Thema „Politik" nicht viel, woraus er unmittelbar lernen konnte. Dennoch ist anzunehmen, dass er sich durch die „apolitisch-antipolitische, *id est* konservative Gesinnung" des Gelehrten, auf die Thomas Mann hinweist,[287] teilweise durchaus in seiner eigenen Grundhaltung bestätigt fühlen konnte. *Die Welt als Wille und Vorstellung* zielt nämlich nicht auf Befreiung, sondern auf Erlösung, d.h. nicht auf einen politischen, sondern auf einen religiösen Begriff, den der junge Hitler, vielleicht nicht ganz zufällig, ebenfalls wählte, als der Erste Weltkrieg ausbrach. Wenn aber erst mit der Erlösung die Freiheit des Menschen beginnt, ist „eine Verbesserung und Höherführung der Welt … grundsätzlich ausgeschlossen", so Thomas Mann, der Schopenhauer nicht zu Unrecht „politische Indifferenz" bescheinigt. Denn „Erlösung" bezeichnet einen eschatologischen Endzustand, während es das Politische immer nur mit dem Provisorischen davor zu tun hat. Außerdem, so setzt Thomas Mann seine Kritik fort, messe Schopenhauer der objektiven Anschauung einen Heilswert zu, weil für ihn Objektivität gleichbedeutend mit Genialität sei – „das heißt die Fähigkeit, sich rein anschauend zu verhalten, nur als erkennendes Subjekt, als ‚klares Weltauge'", sei für den Philosophen das Wichtigste. Ein solcher Ansatz sei jedoch quietistisch, weil Kunst und Philosophie, wenn man ihnen folge, nichts an der Welt verändern können, sondern sie nur anschauen wollen.

Tatsächlich hatte Schopenhauer mit „Fortschritt" als einer schrittweisen Verbesserung der Welt durch Politik nichts im Sinn; das Volk war ihm nur „die souveräne Canaille". Bezeichnenderweise hat er sein Vermögen als alter Mann testamentarisch einem Unterstützungsfonds für jene preußischen Soldaten vermacht, die in den Märzkämpfen des Jahres 1848 gegen die Revolutionäre zu Schaden gekommen waren, das heißt, Schopenhauer stand auf Seiten der Reaktion oder doch zumindest auf der der Antirevolution. Diese Einstellung hatte mit seinem Pessimismus und mit seinem „Hass auf den unanständigen Optimismus der Jetztzeit- und Fortschrittsdemagogie" (Thomas Mann) zu tun, und sie erweist den Philosophen als Skeptiker. Sofern diese Haltung jene „deutsche Geistesbürgerlichkeit" widerspiegelt, die Thomas Mann so vertraut, so heimatlich, so „deutsch" vorkommt, mochte Schopenhauer der Beifall des jungen Hitler noch sicher sein. Doch nahm dieser zum „Volk" und zur 48er-Revolution bekanntlich eine prinzipiell andere Haltung ein.

Schopenhauer, Nietzsche, Wagner

Wenn überhaupt, dann lag der allgemeine Lernerfolg, den der junge Hitler aus der wahrscheinlich nur flüchtigen Begegnung mit der Philosophie Schopenhauers ziehen konnte, in seiner Selbstbestätigung als Willensmensch, Genie und Künstler. Denn das, was sein Leben, Denken und Trachten vor 1914 so offensichtlich bestimmte, kann ja kein bloßer Zufall gewesen sein. Es wurde vielmehr massiv vom fiebrigen Zeitgeist des *fin de siècle* motiviert, auf den auch Richard Wagner und Friedrich Nietzsche eingewirkt haben. Als deren Verehrer hatte Hitler eigentlich keine Chan-

287 Mann 1938, S. 335. Dort auch das Zitat etwas weiter unten.

ce, Schopenhauer zu entgehen, denn dieser hat sowohl Wagner als auch Nietzsche beeinflusst.

Dem Willen zu entsagen, wie es ihm Schopenhauer nahelegte, kam für den jungen Hitler nicht in Frage. Das hätte seinem Naturell, seinem Wesenskern, widersprochen. Im Gegenteil: Obwohl er immer wieder Hemmungen erlebte, die sich dem von seinem Willen Gewollten entgegenstellten, hat er Schopenhauers Hauptwerk offenbar als Apotheose des Willens, als dessen Vergottung (miss-)verstanden.[288] Denn wurde der Wille hier nicht als oberstes Prinzip der Welt und des Lebens anerkannt? Der Wille bedarf keiner Begründung, weil er nach Schopenhauer grundlos ist, und da die Erkenntnis, wie dieser Denker behauptet, dem Willen nur dient, kann ihm auch jede beliebige Erkenntnis unterworfen werden. Das heißt, der Wille setzt sich jeder denkbaren Erkenntnis gegenüber absolut – auf deren moralischen Wert kommt es gar nicht mehr an. So vermag der grundlose, weil nicht begründbare Wille die Welt schrankenlos zu regieren, so dass die so vorgestellte Welt äußerstenfalls auch der Willkürherrschaft des Willens unterworfen werden kann. Angesichts dessen, was er in seinem späteren Leben alles angerichtet hat, dürfte es durchaus möglich sein, dass der junge Hitler entsprechende Lehren aus Schopenhauers Werk gezogen hat.

Wenn er auf der einen Seite von Schopenhauer ableitete, dass sein Wille prinzipiell die gesamte Welt beherrschen konnte, fand Adolf auf der anderen Seite in der Kunst vielleicht auch eine Entlastung für jene Hemmungen, die sich dem von seinem Willen Gewollten entgegenstellten. Denn die Kunst erlöste den jungen Hitler wenigstens zeitweise vom Leben, das für ihn wegen seiner „Zweiseelenkrankheit" hauptsächlich Leiden war. Da es dem Opernfreund offenbar darüber hinaus gelang, sich mit der ganzen Macht seines Geistes in Wagners Musik zu versenken, war er laut Schopenhauer sogar in der Lage, deren Idee zu erfassen.

In seinen „Erinnerungen" schildert August Kubizek diesen Vorgang genau, ohne dass er ihn als typisch schopenhauerisch benennt. Denn jedes Mal, wenn er mit dem jungen Hitler eine Wagner-Oper besuchte, nahm Kubizek an seinem Freund eine markante Wesensveränderung wahr: Unter dem Eindruck der Musik trat in Adolf offenbar jener von Schopenhauer apostrophierte Zustand der Ruhe und Besonnenheit ein, in dem sich der Wille des Genies vom Leben löst und für die reine Idee empfänglich wird. Dies meinte wohl auch Hitler selbst, als er einmal sagte, Wagners Musik sei für ihn Religion oder – in den Worten des Philosophen – Metaphysik. Schopenhauers Beschreibung der Musik als „allgemeine Sprache" scheint den jungen Hitler besonders tief beeindruckt zu haben. Versuchte er sich selbst nicht schon in Wien an ihr im Geist von Wagners Musik? Pflegte er nicht sehr viel später, als er zu Macht und Einfluss gekommen war, die Reichsparteitage mit der Ouvertüre zum *Rienzi* einzuleiten und mit einer festlichen Aufführung der *Meistersinger* zu begleiten? Wurden

288 Dass ein solches (Miss-)Verständnis letztlich auf einen fundamentalen Schwachpunkt in Schopenhauers Erkenntnisphilosophie beruht, hat Weiner 2000, S. 31 f., nachgewiesen.

nicht die Melodien der *Götterdämmerung* bei nationalsozialistischen Toten- und Gedenkfeiern immer wieder abgespielt? In der Tat: Diese Melodien, die sich das „Genie der Wirkungen“ erwählt hatte, um sich zur Geltung zu bringen, drückten den Wesensgehalt jener Bestrebungen, Erregungen und Äußerungen seines Willens aus, für die er die entsprechenden Eingebungen schon in seiner Jugend empfangen hatte. Sie waren eine Art nationalsozialistischer Metaphysik. In der Tat passten Wagners mythische Glaubensbotschaften optimal zu dem Ziel, das hinter allem Sinnen und Trachten des jungen Hitler stand – die Vereinigung aller deutschen Stämme in einem deutschen Reich durch deutsche Kunst. Mit anderen Worten: Durch Wagners Musik verschmolzen Wille, Erkenntnis und Idee in der Person des jungen Hitler zu einer Einheit, zu einer Identität, zu „einer neuen Daseinsform“.[289]

Aber damit nicht genug. Mit seiner Öffnung für Wagner und Schopenhauer erteilte Adolf auch jener universalen Geltung von Wissenschaft, Logik und (falschem) Optimismus eine kategorische Absage, die Nietzsche als Kennzeichen der „sokratischen“, „alexandrinischen“ oder „theoretischen Kultur“ des nachliberalen Zeitalters identifiziert hat. Das „im Schoße der theoretischen Kultur schlummernde Unheil“, so der Philosoph in seiner *Geburt der Tragödie*, die der junge Hitler ja offenbar ausreichend genug kannte, um darüber zu diskutieren, sei freilich von Immanuel Kant und Arthur Schopenhauer noch einmal abgewendet worden. Die beiden Gelehrten hätten „das Rüstzeug der Wissenschaft zu benützen gewusst, um die Grenzen und die Bedingtheit des Erkennens überhaupt darzulegen“, und sie hätten dadurch „über den im Wesen der Logik verborgen liegenden Optimismus“ gesiegt. Sie hätten bereits die Wende zu einem besseren Weltzustand eingeleitet.

Während sich die wissenschaftliche Erkenntnis auf „Raum, Zeit und Kausalität als gänzlich unbedingte Gesetze von allgemeiner Gültigkeit“ wie auf Kunstgriffe stütze, um den Glauben „an die Erkennbarkeit und Ergründlichkeit aller Welträtsel“ aufrechtzuerhalten, so Nietzsche, habe Kant nachgewiesen, dass jene Kriterien nur dazu dienten, die bloße Erscheinung zur einzigen und höchsten Realität zu erheben, wodurch die „Erkenntnis vom innersten Wesen der Dinge“ verfehlt worden sei. Hingegen sei in der tragischen Kultur „an die Stelle der Wissenschaft als höchstes Ziel die Weisheit gerückt“. Diese Weisheit, so Nietzsche weiter, wende sich, „ungetäuscht durch die verführerischen Ablenkungen der Wissenschaft, mit unbewegtem Blicke dem Gesamtbild der Welt“ zu. Sie versuche, „in diesem das ewige Leiden mit sympathischer Liebesempfindung als das eigene Leiden zu ergreifen“. Sie sei der Inbegriff von Schopenhauers Philosophie und Wagners Musik. Nietzsche: „Aus dem dionysischen Grunde des deutschen Geistes ist eine Macht emporgestiegen, die mit den Urbedingungen der sokratischen Kultur nichts gemein hat und aus ihnen

289 Nietzsche/Wolfart 1993, S. 123. In diesem Umfeld auch die folgenden Nietzsche-Zitate ohne den Nachweis einzelner Seiten.

weder zu erklären noch zu entschuldigen ist, vielmehr von dieser Kultur als das Schrecklich-Unerklärliche, als das Übermächtig-Feindselige empfunden wird, die *deutsche Musik* ..."

Dass Weisheit an die Stelle der Wissenschaft getreten sei – dieser Gedanke hat dem unstudierten Schulabbrecher aus Linz, der Schulweisheit, Theoretisiererei und Professorengelehrsamkeit in jeder Form ablehnte, nachweisbar besonders behagt, wie noch zu zeigen sein wird.[290] Er ermächtigte ihn, sich selbst in seinen späteren Monologen als Philosophen zu empfinden. Denn Weisheit ist ein weiter Begriff – weiter als alles, was man sich durch Wissen aneignen kann. Und wandte sich Adolf nicht selbst ständig dem „Gesamtbild der Welt" zu, indem er sich unablässig in allen möglichen Projekten und Künsten versuchte, allen voran Wagners Musik? Nimmt man die Empfindungen ernst, die den jungen Mann in Wien angesichts von Armut und Elend erfasst haben, kommt man jedenfalls kaum darum herum, ihm zu glauben, dass er „das ewige Leiden mit sympathischer Liebesbeziehung als das eigene Leiden" begriff.

Damit schließt sich allmählich der Kreis, den der Hitler Adolf in seinen jungen Jahren umschritten hat. Wer sich, wie er, in jener schwärmerischen Stimmung, die ihm der Zeitgeist eingab, sowohl mit Wagner als auch mit Nietzsche als auch mit Schopenhauer befasste, erlebte offenbar ein „Mysterium" – die „Einheit zwischen der deutschen Musik und der deutschen Philosophie", die er einerseits von Kant, Nietzsche und Schopenhauer, andererseits von Bach, Beethoven und Wagner verkörpert sah. Nicht zufällig nannte Hitler jene drei Denker meist in einem Atemzug, wenn er sich in seinen *Monologen* viele Jahre später ausnahmsweise einmal auch über Philosophie ausließ. Durch das Zusammenwirken dieser edlen Geister, so seine naheliegende Schlussfolgerung schon in Linz oder Wien, würden die Deutschen nicht nur wieder zu jener geistig-seelischen Tiefe finden, die einst die griechische Welt auf ihre einsame Höhe geführt hatte. Vielmehr würden sich die Deutschen dadurch auch „aus dem alexandrinischen Zeitalter rückwärts zur Periode der Tragödie" bewegen. Sie würden ihren Mythos aus dem Geist der Wagner'schen Musik wieder finden und durch ihre tragischen Helden der gesamten Welt ein ermutigendes Beispiel geben. Denn wie hatte Nietzsche gesagt? „Gerade nur soviel ist ein Volk – wie übrigens auch ein Mensch – wert, als es auf seine Erlebnisse den Stempel des Ewigen zu drücken vermag", während das sokratische Zeitalter soeben noch im Begriff gestanden hatte, mit ihren Mythen nicht nur die Völker, sondern auch jeden einzelnen Menschen zu vernichten.

Das paradoxe Denken in eine rückwärtsgewandte Richtung, die der junge Hitler zugleich als verlockende Zukunft vor sich sah, hat man oft als „Kulturpessimismus" bezeichnet. Es war bekanntlich kein rein deutsches Phänomen, sondern eine internationale Epochenerscheinung. Aber wieso eigentlich „Pessimismus"? Schien für diejenigen, die Schopenhauer, Nietzsche und Wagner ernst nahmen, durch jenes Denken nicht ein

290 Vgl. Teil III, 8. Kapitel, S. 474 ff.

gewaltiger Optimismus hindurch, der sich Großes vorgenommen hatte – eine neue Kultur, eine neue Welt, einen neuen Menschen? Wuchsen aus diesem neuen Denken nicht die Lebensreformbewegung, der Jugendstil, der Expressionismus, die moderne Kunst hervor – lange bevor sich die Nationalsozialisten seiner bemächtigen konnten? Zwar fühlte sich durch dieses neue Denken auch der völkische Nationalismus ermutigt, das darf natürlich nicht verkannt werden. Aber insgesamt war jenes neue Denken keineswegs so anti- oder amodern, wie es späteren Betrachtern – vor allem nach der Katastrophe des Zweiten Weltkrieges – erschienen ist.[291] Eng verwandt mit der Psychoanalyse Sigmund Freuds, der die Triebwünsche des Menschen auf das Sexuelle zurückführt – auf den „Geschlechtstrieb" oder „die Genitalien", wie Schopenhauer mit erstaunlicher Direktheit sagt –, handelte es sich zeitweilig sogar um das modernste Denken, das die geistig-künstlerische Welt an der Wende vom 19. zum 20. Jahrhundert zu bieten hatte. Es war der letzte Aufstand dämonischer Urinstinkte gegen die Maschinenwelt, den der Maschinenkrieg von 1914 bis 1918 blutig niedergeschlagen und ins Pathologische gewendet hat. Vielleicht bedarf es erst der Erfahrung, welche die Welt an der Wende vom 20. zum 21. Jahrhundert mit den lebensbedrohlichen Gefahren für den blauen Planeten Erde macht, um das Zukunftweisende jenes rückwärtsgewandten Denkens wieder neu zu entdecken.

„Lasst uns auf neue Gedanken alte Verse machen", hatte ein Freund Hugo von Hofmannsthals über die Arbeit seiner Generation gesagt. Was für ein paradigmatisches Wort für Hitlers Wien, das alle Behauptungen, der junge Mann habe ausschließlich in einer abseitigen Vergangenheit gelebt, ganz offenbar Lügen straft! Tatsächlich fungierten Mythen und Symbole der alten Griechen bei den Wiener Sezessionisten ebenso wie beim jungen Hitler als „machtvolle Mittel zur Offenlegung jener Instinkte, welche die Epoche der Klassik entweder sublimiert oder unterdrückt hatte".[292] Nach der kundigen Einschätzung Carl E. Schorskes hat z.B. Gustav Klimt in einer „Schuld gegenüber zwei Gestalten" gestanden, „die in der *fin-de-siècle*-Krise des Rationalismus eine wichtige Rolle spielten: Schopenhauer und Nietzsche". In einem seiner Gemälde, das mit dem Titel *Musik* auf Richard Wagner anspielt, „erscheint die Musik als tragische Muse mit der Macht, begrabene Instinkte und eine geheimnisvolle kosmische Kraft in Harmonie zu verwandeln". Und in der Tat: Auf Klimts Gemälde stehen einander zwei polare Prinzipien gegenüber – das dionysische und das apollinische, die Friedrich Nietzsche in der *Geburt der Tragödie* verwendet hat. Es waren die beiden Prinzipien, zwischen denen auch der junge Hitler gestanden hat.

291 Vgl. Stern 1963, S. 2.

292 Schorske 1979, S. 220f. Dort auch das folgende Zitat.

11. Kapitel: Karl May

Ungestellte Fragen

Angeblich hat sein „Lieblingsautor" Karl May auf Hitler von Kindesbeinen an einen ungünstigen Einfluss ausgeübt.[293] Obwohl weit verbreitet, ist diese Annahme jedoch noch nie sorgfältig und differenziert überprüft worden.[294] Der einzige Autor, der es vor langer Zeit in einer Monographie versuchte, ging dabei von den bekannten Klischees der bisherigen Biographik aus.[295] Zwar hat sich Hitler selbst im Lauf seines Lebens verschiedentlich positiv über Karl May geäußert und mit *Winnetou* sogar eine der fiktiven Hauptfiguren des Radebeuler Schriftstellers gelegentlich als Vorbild benannt. Doch ist von seinen Biographen die bemerkenswerte Tatsache bisher kaum reflektiert worden, dass Hitler niemals und nirgends die beiden Zeitpunkte erwähnt, zu denen er seinem angeblichen Mentor tatsächlich zumindest räumlich sehr nahe gewesen ist – nämlich 1902 in Linz und 1912 in Wien.[296] Ebenso wenig Beachtung hat die Tatsache gefunden, dass August Kubizek, der genaue Angaben über die Lieblingsautoren und Lesegewohnheiten seines Jugendfreundes macht,[297] Karl May mit keinem einzigen Wort erwähnt. Auch in *Mein Kampf* sowie in den von Henry Picker aufgezeichneten *Tischgesprächen* Hitlers sucht man jenen Autor und die Titel seiner Werke vergebens.[298]

Sollte die kaum mehr hinterfragte Dauerbeeinflussung durch Karl May im Fall des jungen Hitler aber dennoch zutreffen, stellt sich die Frage, welche Teile des Werkes den Heranwachsenden wohl am meisten beeindruckt haben könnten. Sie ist keineswegs leicht zu beantworten. Zwar erschienen *Karl Mays gesammelte Reiseromane* im Rahmen der so genannten Fehsenfeld-Ausgabe von 1892 bis 1910 als Buch, nachdem sie einer breiten

293 Diese Einschätzung geht auf die Äußerung seines einstigen Klassenlehrers Eduard Huemer zurück, der die schlechten Leistungen seines ehemaligen Schülers u.a. auf den übermäßigen Genuss dieser Lektüre zurückführte; Jetzinger 1956, S. 105 f. Auch Hitler selbst hat sich später in diesem Sinn geäußert; Jochmann 1980, S. 281: Monolog vom 17. Februar 1942.

294 Während sich Kershaw 1998/2 I, S. 47, im Wesentlichen auf die Wiedergabe des Huemer-Zitates beschränkt, geht Hamann 1996/4, S. 514, nur auf den Auftritt Mays 1912 in Wien ein.

295 Linkemeyer 1987.

296 Als Hitler nach dem „Anschluss" Österreichs mit Speer 1938 seine Heimatstadt Linz besuchte, zeigte er diesem sogar das „Hotel Roter Krebs", in dem May seinerzeit abgestiegen war, ohne mit einem Wort den geistigen Einfluss zu erwähnen, den der Schriftsteller angeblich auf ihn ausgeübt hat. Speer 1975, S. 259 (Eintragung vom 15. Januar 1951). Die hier angegebene Jahreszahl 1901 ist falsch. Wie Mittermaier 1978, S. 111, nachweist, hat sich May ab Mai 1902 für einen nicht näher bekannten, aber wohl längeren Zeitraum in Linz aufgehalten.

297 Kubizek 1995/6, S. 188–190.

298 Hitler 1925 I, Stichwort- und Personenregister S. XVIII, und Picker 1951, Personenregister S. 460.

Öffentlichkeit durch Zeitschriften wie der *Deutsche Hausschatz* und *Der gute Kamerad* z.T. schon früher allgemein zugänglich geworden waren. Stoff für den lesehungrigen Volks- und Realschüler war somit durchaus schon reichlich genug vorhanden. Doch geben auf die Frage, welchen der 33 Bände der Hitler Adolf in Hafeld, Leonding oder Urfahr denn nun so atemlos verschlungen hat, dass man von einem bleibenden Eindruck sprechen kann, lediglich die Angaben Adolf Hitlers eine nur ungenaue Antwort. Danach scheint er sich von den *Lederstrumpf*-Romanen des US-amerikanischen Schriftstellers James Fenimore Cooper aus den Amerikaerzählungen Karl Mays genähert und von deren Lektüre erste Geographiekenntnisse abgeleitet zu haben, obwohl der erste Roman, den er jemals zur Hand nahm, angeblich *Durch die Wüste* gewesen ist.[299] Diese einigermaßen feststehenden Tatsachen sagen aber noch nichts darüber aus, wer oder was den jungen Hitler an diesen Romanen mit welchem Ergebnis wie lange gefesselt hat. Selbst wenn man annimmt, es sei vor allem die Geschichte des fiktiven Apachenhäuptlings *Winnetou* gewesen, ist man noch nicht viel weiter, da diese Gestalt sehr komplex ist und sich noch dazu im Verlauf von Mays Schaffen gewandelt hat.[300]

Außerdem muss man es für möglich halten, dass sich der Hitler Adolf – analog zu der Verehrung, die Adolf Hitler zeit seines Lebens Richard Wagner entgegenbrachte[301] – für Karl May als Künstlerpersönlichkeit mindestens ebenso brennend interessierte wie für dessen Lebenswerk, und zwar über die auch schon von anderen Hitler-Biographen herangezogenen, aber nur selten wirklich differenziert gesehenen biographischen Bezüge hinaus.[302] Ähnlich wie der bereits 1883 verstorbene Wagner war nämlich

---

299 Jochmann 1980, S. 281 (Monolog vom 17. Februar 1942). Danach ist der erste Roman von Karl May, den Hitler in seinem Leben las, nach seinen eigenen Worten *Der Ritt durch die Wüste* gewesen. Ein solcher Titel ist dem langjährigen Kurator des Karl-May-Museums in Radebeul, Hans Grunert, jedoch nicht bekannt, so seine E-Mail vom 25. September 2008 an den Verfasser. Die falsche Angabe ist entweder bereits ein Indiz für die flüchtigen Kenntnisse, die Hitler von seinem angeblichen „Lieblingsschriftsteller" hatte, oder ein simpler Erinnerungsfehler.

300 Insgesamt schrieb Karl May vier Winnetou-Romane, von denen die ersten drei bereits 1893, der vierte und letzte Band aber erst 1910 erschienen sind (i. e. Bände 7, 8, 9 und 33 der Fehsenfeld-Ausgabe). Vgl. Einzelheiten bei Ueding 2001, S. 174 ff., auch was die Veränderungen in Text und Titel angeht.

301 Vgl. dazu Hintz 2007. Dieses umfangreiche Werk konnte hier nicht mehr ausgewertet werden, da es für unsere Zwecke zu spät erschienen ist. Bei einer flüchtigen Querlektüre von „Abschnitt II., Die Nachwelt", 2. Kapitel „Hitler und der Nationalsozialismus", stellten sich jedoch sofort Einwände und Vorbehalte gegen den *Parforce*-Ritt ein, den der Verfasser hier durch Philosophie, Literatur, Musikgeschichte und Psychoanalyse unternimmt, um die Werke seiner drei Protagonisten im *mainstream* der bisherigen Hitler-Biographik mit Persönlichkeit und Ideologie des Diktators zu verknüpfen.

302 Gewisse Parallelen zwischen dem jungen Hitler und dem jungen May können darin gesehen werden, dass beide unter einem jähzornig-strengen Vater litten, beide zumindest keine ordnungsgemäß abgeschlossene Ausbildung hatten und dass ihre häuslichen Verhältnisse nicht eben üppig bzw. im Fall Karl Mays nach eigener Auskunft sogar „blutarm" waren. Auch wurde May als erstes offenbar nachhaltig von einer „Bilderbi-

Karl May (1842–1912) zu seinen Lebzeiten außerordentlich umstritten, nachdem man entdeckt hatte, dass die von ihm hartnäckig behauptete und bis zur Groteske gesteigerte Fiktion, sein Werk und dessen Gestalten seien authentisch und er selbst sei einst tatsächlich *Old Shatterhand* bzw. *Kara Ben Nemsi* gewesen, allesamt nicht stimmten. May hatte in jungen Jahren wegen einiger Diebereien und Hochstapeleien im Gefängnis gesessen. Deshalb schien es sich bei ihm nach seiner Entlarvung entweder um einen hoffnungslosen Phantasten oder um einen notorischen Lügner, wenn nicht sogar um einen Kriminellen zu handeln. Da der Vielschreiber mit einer abgebrochenen Lehrerausbildung zu den berühmtesten Personen seiner Zeit gehörte, liegt die Vermutung Gerhard Linkemeyers nahe, „Hitler (habe) ‚seinen' May nie aufgegeben", weil er in diesem den Beweis dafür gesehen habe, „dass, wenn man der ‚rechte Kerl' ist, dem es zumal an genialen Ideen nicht mangelt, man überhaupt keine Ausbildung im landläufigen Sinne braucht und die Welt gar nicht aus eigener Anschauung kennen muss, um nicht trotzdem auch die kompliziertesten Dinge viel klarer und besser beurteilen zu können als jeder noch so Studierte".[303]

Ob nun Karl May oder *Winnetou* – in beiden Fällen erhebt sich schließlich doch die Frage, welchen Karl May, welchen *Winnetou* Hitler verehrt haben mag: den vordergründigen Kolportageromanschreiber oder den tiefsinnigen Privatphilosophen, den wendigen Prototypen eines deutschen Kompanieführers oder „den roten Heiland", also eine Erlöserfigur? Keine dieser Fragen wurde von der Hitler-Biographik bisher gestellt, geschweige denn beantwortet. Mehr oder weniger alle Autoren[304] gehen mit großer Selbstverständlichkeit davon aus, Hitler habe jeweils die erste der beiden Möglichkeiten im Sinn gehabt, wenn er sich auf Karl May als lesenswerten Autor und *Winnetou* als Vorbild berief. Offenbar hat Mays lange Zeit schlechter Ruf als Trivialautor und Aufschneider[305] insofern suggestiv auf die meisten Hitler-Biographen eingewirkt, als er diese darin bestärkte, im Diktator bestenfalls einen Halbgebildeten zu sehen, der in unbegreiflicher

---

bel" und einem „Kräuterbuch" beeindruckt – ähnlich wie Hitler von der illustrierten Geschichte des deutsch-französischen Krieges, also von einem Druckerzeugnis, das in beiden Fällen die Phantasie anregte. Vgl. dazu die Selbstauskunft Mays unter Bartsch 1970, S. 56. Ob dem jungen Hitler diese Details bekannt waren, muss dahin gestellt bleiben.

303 Linkemeyer 1987, S. 93. In diesem Sinne auch Speer 1975, S. 523 (Eintragung v. 5. Mai 1960).

304 Die einzige uns bekannte Ausnahme stellt Lukacs 1997, S. 207, dar, der Hitler „seit seiner Kindheit" ein offenbar als echt eingeschätztes Interesse an Amerika und amerikanischer Geschichte bescheinigt und dessen „Bewunderung für die amerikanische Industrie und Technik" hervorhebt. Offenbar in Abwehr der stereotypen Vorstellung, Hitler habe sich mit Winnetou für einen Indianerhäuptling interessiert, den man besonders gut für die deutsche Kriegführung im Zweiten Weltkrieg instrumentalisieren könne, betont Lukacs außerdem, Karl May sei „kein Verfechter von Brutalität" gewesen.

305 Karl-May-Forscher Günter Scholdt meint, die Beschäftigung mit dem Autor sei nach einer Generation zwischen „trotzigem Liebhabertum ... und spöttischer Tabuisierung" überhaupt erst Ende der 1980er Jahre „in ein wissenschaftliches Stadium" eingetreten; Scholdt 1987, S. 258.

Verkennung der Realitäten mit spätpubertärer Hartnäckigkeit zeit seines Lebens an einem Jugendschriftsteller der seichtesten Sorte festhielt.[306] So gesehen, stellt sich der gegenwärtige Forschungsstand, soweit er die Beziehung zwischen Adolf Hitler und Karl May betrifft, als Paradefall für jene fundamentale Schieflage in der Biographik über ersteren dar, die wir in unserem Prolog ausführlich behandelt haben.

Fragwürdige Tatsachen

Außer durch Hitlers Äußerungen wird die Annahme, er habe Karl May wie einem Guru sein Leben lang die Treue gehalten und dessen Werke zum „granitenen Fundament“ seines Handelns seit dem Ersten Weltkrieg gemacht,[307] nur durch wenige fragwürdige Tatsachen gestützt. Ausgangspunkt ist ein Bericht der Münchner *Sonntag-Morgen-Post* vom 23. April 1933 über das *Haus Wachenfeld*, den späteren Berghof, auf dem Obersalzberg, von den zwanziger Jahren des vorigen Jahrhunderts bis 1945 Hitlers *Reduit* im Berchtesgadener Land. Hier will ein gewisser Robert Achenbach „auf einem Regal im Schlafgemach des Führers … eine ganze Reihe“ von Karl-May-Bänden gesichtet haben – eine Beobachtung, die der uns unbekannte Journalist gleich mit einer Leseempfehlung für „deutsche Jungen“ verbunden hat.

Naturgemäß lässt sich seine Angabe nicht mehr überprüfen. Misstrauisch stimmt allein schon Achenbachs Behauptung, Hitler habe ihm einen Blick in sein „Schlafgemach“ erlaubt. Auffallend sind weiterhin seine Leseempfehlung sowie die Tatsache, dass der Hitler-Berater Ernst Hanfstaengl am gleichen Ort bei einem Blick in die dortigen Bücherregale zu seiner Überraschung 1933 ebenfalls festgestellt haben will, dass „die Mehrzahl der Bücher aus den Wildwest-Romanen von Karl May“ bestanden habe, befanden sich diese nun im „Schlafgemach“ oder nicht.[308] Schließlich berichtet Hitlers ehemaliger Pressechef Otto Dietrich in seinen Memoiren, der „Führer“ habe in der Zeit nach der so genannten „Machtergreifung“ – als jeder vernünftig denkende Mensch meinte, der frisch gebackene Reichskanzler habe Wichtigeres zu tun – noch einmal sämtliche Karl-May-Bände durchgelesen.[309]

306 Repräsentativ Fest 1973, S. 1024, der Hitler nachsagt, dessen Welt sei „noch an der Schwelle des Atomzeitalters derjenigen identisch“ gewesen, „für die ihm … durch Karl May einst die Augen geöffnet worden waren“. Eine fast schon perfide anmutende Anspielung auf Hitlers Eingeständnis, er verdanke May seine ersten Geographiekenntnisse.

307 So Linkemeyer 1987, S. 115. Der Verfasser greift damit auf eine Formulierung zurück, die in Hitler 1925 I, S. 21, ohne jeden Bezug auf Karl May gefallen ist.

308 Toland 1977 II, S. 427, unter Berufung auf die US-Ausgabe der Hanfstaengl-Memoiren, die unseres Wissens bis heute nicht veröffentlicht sind.

309 Dietrich 1955, S. 164. Je nachdem, ob man die Fehsenfeld- oder die Radebeuler Ausgabe zugrunde legt, die von 1913 bis 1945 erschienen ist, handelt es sich immerhin um 33 bzw. 63 Bände. Die Angabe bei Fest 1973, S. 615, es habe sich um „annähernd siebzig“ Bände gehandelt, ist also in jedem Fall übertrieben. Vgl. zu den Zahlenangaben

Gewiss kann man diese teilweise übereinstimmenden Äußerungen nicht einfach als frei erfunden von der Hand weisen, doch muss der quellenkritisch arbeitende Historiker bei soviel Unsicherheit, die allein schon in Bezug auf einzelne Angaben herrscht, auch eine Legendenbildung für möglich halten, deren Urheber niemand anderes als Adolf Hitler selber ist. So könnte es durchaus im Interesse des neuen Reichskanzlers gelegen haben, der deutschen Öffentlichkeit ein außerordentliches Interesse an Karl May vorzuspiegeln, um ihr gegenüber eine angeblich besonders ausgeprägte Volksverbundenheit zu beweisen. Auch könnte Hitler den Journalisten Achenbach beauftragt haben, Karl May der deutschen Jugend als Lektüre im Sinn der nationalsozialistischen „Volkserziehung" zu empfehlen. Zudem ist nicht auszuschließen, dass Hanfstaengl und Dietrich in ihren Erinnerungen an Hitler aus der Zeit nach 1945 die Kolportage Achenbachs aufgegriffen haben, um zu zeigen, wie unbedarft und realitätsblind ihr früherer „Führer" gewesen war, und um sich unter dessen nachträgliche Verächter einzureihen. Sollte es sich tatsächlich so verhalten, dann ist Hitlers Erlaubnis für den Journalisten Robert Achenbach, *Haus Wachenfeld* zu betreten, sich dort umzusehen und darüber zu berichten, nur der Versuch eines vordergründigen Propaganda-Coups gewesen, der das ohnehin rabenschwarze Bild des Diktators für die Nachwelt noch weiter verdunkelt hat.

Schaut man sich nun die Äußerungen an, die Hitler im Lauf seines Lebens mehr oder weniger zufällig über Karl May und dessen Werke fallen ließ, wird man ebenfalls nicht viel klüger. Denn diese kommen über Allgemeinplätze nicht hinaus, wie sie jeder auch nur oberflächlich informierte Zeitgenosse produzieren könnte. Das gilt sowohl für die von der Hitler-Biographik immer wieder zitierten Äußerungen gegenüber Albert Speer als auch für diejenigen gegenüber Hans Severus Ziegler. In seinen *Spandauer Tagebüchern* erzählt Hitlers ehemaliger Lieblingsarchitekt und Rüstungsminister,[310] May habe Hitler als Beweis „für alles Mögliche" gedient, insbesondere dafür, „dass es nicht notwendig sei, die Wüste zu kennen, um die Truppen auf dem afrikanischen Schauplatz zu dirigieren". Speer spricht hier Hitlers Dilettantismus an. Besonderen Wert habe Hitler jedoch auf die Feststellung gelegt, dass er von der „Person *Winnetou* ... nicht zuletzt in der taktischen Wendigkeit und Umsicht, die Karl May ihr beigegeben habe, immer tief beeindruckt" worden sei. Es folgt das Lieblingszitat aller bisherigen Hitler-Biographen: „Er (*Winnetou*) sei geradezu das Musterbeispiel eines Kompanieführers. Noch heute greife er (Hitler) bei seinen nächtlichen Lesestunden in anscheinend aussichtslosen Situationen zu diesen Erzählungen, sie richteten ihn innerlich auf wie andere Menschen ein philosophischer Text oder ältere Leute die Bibel." Besser

Oel-Willenborg 1973, S. 14. Da von der Radebeuler Ausgabe bis 1933 nur ein uns nicht bekannter Bruchteil ihrer insgesamt 63 Bände erschienen sein kann, wird es sich bei den von Hitler, wenn überhaupt, gelesenen Bänden um eine deutlich geringere Anzahl gehandelt haben.

310 Speer 1975, S. 523 (Eintragung vom 6. Mai 1960).

– weil überzeugender – lässt sich die Anmaßung und Realitätsferne, die Hitler mit diesen Äußerungen offenbar bewiesen hat, scheinbar gar nicht belegen; obwohl von Speer nicht näher datiert, fielen sie ja offenbar mitten im Krieg. Nur sagen sie wenig darüber aus, wie genau und intensiv Hitler die Werke Karls Mays wirklich kannte und weshalb er sich von ihnen „aufgerichtet" fühlte. Zudem ist die unmittelbar anschließende Äußerung, „*Winnetou* sei zudem seit je sein Vorbild eines edlen Menschen" gewesen, das der Jugend als „Heldengestalt" näherzubringen sei, über all die anderen Zitate ein wenig in Vergessenheit geraten, obwohl sie, wie man gleich noch sehen wird, recht wichtig ist.

Ähnliches gilt für die Erinnerung, die der damalige Chefintendant des Weimarer Nationaltheaters, Hans Severus Ziegler, an einen seiner Besuche auf dem Obersalzberg hatte.[311] Damals, 1932, habe ihm Hitler erzählt, er lese „zur Zeit eine ganze Reihe der Karl-May-Bände, die das Kerlchen (gemeint war der dort offenbar soeben zu Besuch weilende Stiefsohn von Propagandaminister Goebbels, der elf Jahre alte Harald Quandt – D. B.) aus Berlin hier heraufgeschleppt hat". Anderentags pflege er, Hitler, sich dann mit dem Knaben „über *Winnetou* und all die anderen Gestalten" zu unterhalten. „Wissen Sie", fuhr der NSDAP-Vorsitzende fort, „ich halte von diesem Karl May sehr viel. Was haben die Schulmeister ihn doch angegriffen, statt zu erkennen, wie viele positive Werte seine Bücher enthalten. Ein echter Jugendschriftsteller, wie jeder andere Schriftsteller – May schreibt ja auch für den Erwachsenen –, muss eine reiche Phantasie besitzen, anständige Gesinnungen vermitteln und zeigen, was Lebenstüchtigkeit bedeutet. Vor allem aber muss er Humor haben. Und den besitzt Karl May in ebenso hohem Maße wie die Gabe der plastischen Anschaulichkeit. Was will man mehr?!"

Ohne Zweifel könnte sich so oder ähnlich nichtssagend auch jemand über den Autor aus Radebeul äußern, der – außer einigen *Winnetou*-Bänden – nichts weiter von Karl May gelesen hat. Im übrigen: Sollte sich der Alt-Nationalsozialist Ziegler hier tatsächlich an eine wahre Begebenheit erinnert haben – und auch daran besteht eigentlich kein Zweifel –, könnte man schlussfolgern, dass Achenbach, Hanfstaengl und Dietrich sich auf diese vielleicht nur durch Hörensagen bezogen und zudem auch noch im Datum geirrt haben, weil das Jahr 1932 stutzig macht. In diesem Fall wären die von Journalist Achenbach im Schlafgemach des Führers gesichteten Karl-May-Bände nicht nur von diesem, sondern auch von dem kleinen Goebbels-Sohn gelesen worden. Ein schlüssiger Beweis für die Behauptung, Hitler habe sich „als selten fanatischer Adept" (Günter Scholdt) Karl May zeit seines Lebens zum geistigen Führer erkoren, sind seine Allerweltsäußerungen jedenfalls nicht, und andere Äußerungen von ihm sind nicht erhalten, wenn sie überhaupt gefallen sind.

Im Übrigen muss darauf hingewiesen werden, dass das Gedankengut, das Karl May jenseits aller Indianer- und Trapperromantik vertritt, aus

311 Ziegler 1977/4, S. 76.

damaliger Sicht keineswegs deckungsgleich mit der nationalsozialistischen Ideologie gewesen ist. Niemand hat das klarer und unerbittlicher als jener Lehrer Wilhelm Fronemann erkannt, der im „Dritten Reich" einen jahrelangen heftigen, wenn auch fast vergeblichen Kampf *gegen* die Werke des Radebeuler Schriftstellers führte. Fronemann war der Ansicht, dass die *Winnetou*-Romane und andere Schriften Karl Mays wegen ihrer pazifistischen, marxistischen und dem Rassedenken zuwiderlaufenden Tendenzen „wie eine Faust aufs Auge" zum Nationalsozialismus passten. Tatsächlich durfte eine Reihe von Karl-May-Bänden bald nicht mehr erscheinen, in andere griff Goebbels als Zensor inhaltlich ein.[312] Wegen dieser weltanschaulichen Inkongruenzen mag es sein, dass Hitler sich öffentlich in der Sache Karl May nicht weiter als unbedingt nötig aus dem Fenster lehnen wollte. Immerhin soll er sich 1942 aber gegen ein offizielles Publikationsverbot ausgesprochen haben,[313] so dass noch 300.000 Karl-May-Bände als so genannten „Feldpostausgaben" an die Wehrmacht ausgeliefert werden konnten[314] und General Guderian seinen Soldaten im Interesse „einer listenreichen Kampfführung" mit „indianermäßigem" Verhalten „Karl-May-Bücher als Ausbildungslektüre" empfahl.[315] Wenn es aber so ist, dass der damalige „Führer" einen wenigstens teilweise im Widerspruch zum Nationalsozialismus stehenden Autor deckte, hängen alle Versuche, Karl May präfaschistische Tendenzen zu unterstellen,[316] ziemlich in der Luft. Dann muss man sich grundsätzlich neue Gedanken über das Verhältnis des einen zu dem anderen machen.

Winnetou

Nach alledem kann lediglich als einigermaßen gesichert gelten, dass Hitler durch die Amerikaerzählungen bereits als Kind die Bekanntschaft mit Karl Mays Werken machte und dass ihn die Figur des *Winnetou* nicht nur aus Gründen der militärischen Brauchbarkeit beeindruckt hat, sondern auch wegen ihres „Edelmutes". Dabei verwundert Letzteres schon deshalb, weil *Winnetou* bekanntlich eine so genannte „Rothaut" ist, die mit ihrem weißhäutigen Freund *Old Shatterhand* eine alle Rassenschranken überwindende Blutsbrüderschaft verbindet. Diese Tatsache wirft die Frage auf, weshalb sich Hitler nicht von dem gebürtigen Deutschen und daher

312 Vgl. zu diesen Vorgängen Linkemeyer 1987, S. 12f.

313 Darauf weist auch eine Stelle in seinem Monolog vom 17. Februar 1942 hin, an der Hitler sagt: „Ich würde den Karl May wieder erscheinen lassen ..." Vgl. Jochmann 1980, S. 281. Allerdings konnte von einem generellen Verbot der Romane damals nicht die Rede sein.

314 Einzelheiten bei Ziegler 1977/4, S. 76f., der berichtet, Hitler habe in diesem Fall persönlich die angesichts der allgemeinen Rohstoffknappheit ungewöhnliche Papierverfügung erlassen.

315 Op. cit. Henke 1995, S. 133.

316 Willenborg 1973, S. 143ff. Dagegen betont Scholdt 1984, S. 79, dass der „antidarwinistische Zug" seines Werkes, „nicht als Lehre, sondern als Gesinnung, ... May am deutlichsten vom Faschismus" trenne.

weißhäutigen *Old Shatterhand* oder von einem der beiden anderen ebenso berühmten wie weißhäutigen „Westmänner“ *Old Firehand* und *Old Surehand* nachhaltig beeindrucken ließ. Hat er denn sonst keine lästerlichen Reden über „Neger“ und „Bastarde“ geführt? Tatsächlich ist Letzterer ein von Karl May so genanntes „Halbblut“, also eine Mischung aus einer Indianerin und einem Weißen. Die Antwort fällt relativ leicht, wenn man die deutschnationale Prädisposition bedenkt, die Adolf als jungen Menschen geprägt hat. Tatsächlich schildert Karl May in seinem Roman „eine große, verkannte, hingemordete, untergehende Nation als Einzelperson *Winnetou*“, wie er im Oktober 1882 an seinen Verleger Friedrich Ernst Fehsenfeld geschrieben hat.[317] Daher hat der Hitler Adolf im Stamm der Apachen und deren Häuptling höchst wahrscheinlich gleichnishaft das Schicksal der Deutschösterreicher in der Habsburgermonarchie verkörpert gesehen. Mit etwas Phantasie kann sogar angenommen werden, dass der *superman* des Wilden Westens, *Old Shatterhand*, für ihn symbolisch das Deutsche Reich darstellte. Bekanntlich rettet dieser Held mit seiner vorurteilslosen Güte, seiner omnipotenten Klugheit und seinem überall gefürchteten „Jagdhieb“ *Winnetou* aus mancher Gefahr, bis dieser, getroffen von der mörderischen Kugel eines Feindes, sein Leben in den Armen des Blutsbruders aushaucht, d.h. bis Deutschösterreich im Deutschen Reich aufgeht.[318] Vielleicht – und das wäre eine kulturpessimistische Variante dieser Spekulation – symbolisierte *Winnetou* für den jungen Hitler aber auch das gesamte Deutschland, das er aus den in unserem Buch schon dargelegten Gründen in einem kulturell bedingten Niedergang begriffen sah.

Doch wie verhält es sich nun mit *Winnetous* „Edelmut“ – ein Wort übrigens, das aus dem Mund eines blutrünstigen Monsters, als das Hitler heute gemeinhin gilt, recht absonderlich, wenn nicht blasphemisch klingt? Für Karl May war der androgyne Schönling *Winnetou* „gerecht, klug, treu, tapfer bis zur Verwegenheit, ohne Falsch, ein Freund und Beschützer aller Hilfsbedürftigen, gleichviel ob sie rot oder weiß von Farbe waren“.[319] Es handelt sich bei ihm somit um eine Idealfigur, die ihr Schöpfer schon in den ersten drei überaus populären Bänden seines Fortsetzungsromans als Heiland-Figur anlegt, bis sie dann im allerdings seltener gelesenen vierten Band endgültig die Gestalt eines Erlösers annimmt. Hier wird dieser „Edelmensch“ und „Friedensfürst“ (Otto Brunken) sogar ins Para-Christliche transzendiert. Dahinter steht die private Philosophie Karl Mays, die sich zwischen den Zeilen seiner *Winnetou*-Romane zu Humanität, Zivilisation, Vernunft, Toleranz und christlicher Nächstenliebe als einziger Chance für den Frieden mit universalem Anspruch bekennt.

317 Op. cit. Brunken 1995, S. 296.

318 Dazu Günter Scholdt in Ueding 2001, S. 268: „May war vom Wiederaufstieg der roten Rasse überzeugt, wenn sie nur aus ihrem Dornröschenschlaf erwachen und die nationale Selbstzerfleischung aufgeben würde. Die weiße Invasion (der Siedler) interpretierte er im Sinne der Theodizee als Zuchtrute Gottes, die die Indianer zur Einsicht führen sollte.“

319 Op. cit. Kosciuszko 1996, S. 957.

Es ist immerhin bemerkenswert, dass diese Idealfigur dem Hitler während des Zweiten Weltkriegs noch immer als moralisches Vorbild zumindest für die deutsche Jugend vor Augen stand, nachdem er selbst den Weg des Rechts, des Friedens und der Menschlichkeit längst verlassen hatte. Könnte es denn sein, dass er in seiner Kindheit und Jugend für diese Werte mehr als nur flüchtig ansprechbar war? Sollte es sich so verhalten, könnte darin allerdings auch ein weiterer Grund dafür liegen, dass sich Hitler in seinen späteren Jahren über den geistigen Einfluss, den Karl May einst auf ihn ausübte, nie mehr als in vagen Allgemeinplätzen ausgesprochen hat. Alles andere hätte einfach nicht zu seinem selbstverordneten Image des zu allem entschlossenen „Führers" gepasst, der buchstäblich über Leichen ging.

Linz 1902 und Wien 1912

Wie schon kurz angesprochen, hielt sich Karl May, der Österreich und die Österreicher angeblich besonders schätzte, 1902 für unbestimmte Zeit in räumlicher Nähe zu jenem Hitler Adolf auf, der die Linzer Unterrealschule besuchte. Der Grund war geschäftlicher Natur: Seit Jahren hatte ein Staatsbeamter namens Dr. Alois Schießer dem Radebeuler Schriftsteller als Sekretär und „Leibfotograf" gedient, nach Josef Mittermeier eine „prominente Persönlichkeit" in der oberösterreichischen Provinzhauptstadt.[320] So kam es, dass die von Schießer angefertigten Fotografien, die Werbezwecken dienten, im Linzer Atelier Fr. Nunwarz entwickelt und abgezogen wurden, wo auch die dazu gehörenden Glasplatten lagen. Nachdem es zu Unstimmigkeiten mit dem damaligen Inhaber Adolf Nunwarz gekommen war, begab sich May in die Donaustadt, um diese Platten vernichten zu lassen und die Geschäftsbeziehung zu beenden. Der Zollamtsoberoffizial Hitler Alois lebte damals als Pensionär in Leonding. Ob er den Schießer kannte und Adolf von daher indirekten Kontakt zu Karl May hatte, ist nicht bekannt. Ob er May in Linz sogar einmal persönlich begegnete, wissen wir ebenfalls nicht. Überliefert ist lediglich, dass die *Linzer Tages-Post*, die auch der junge Hitler las, über die gegen May laufende Rufmordkampagne berichtet hat.

Unsicher ist auch die einzige Quelle, die über die angebliche Anwesenheit des jungen Hitler bei der von Karl May am 22. März 1912 in den Wiener Sofiensälen gehaltenen „Friedensrede" Auskunft gibt. Es handelt sich um den von Brigitte Hamann ausführlich ausgewerteten Bericht jenes anonymen Autors, der 1935 von der in Prag erscheinenden Zeitung *Moravský ilustrovany zpravodaj* veröffentlicht wurde.[321]

Angesichts der bereits andernorts erwähnten Umstände ist es nicht ausgeschlossen, dass der *Anonymus*, der sich in seinem Artikel sogar als Hitlers Freund ausgibt, mit seinen Angaben – ähnlich wie nach ihm Hanisch-

320 Mittermaier 1978, S. 111.

321 Hamann 1996/4, S. 541 bzw. 544 ff.

Heiden – nur ein besonders raffiniertes Stück antinationalsozialistischer Propaganda abgeliefert hat. Nicht nur, dass er den jungen Hitler, der zu jenem Zeitpunkt schon seit zwei Jahren in den relativ geordneten Verhältnissen des Wiener Männerheims lebte, denkbar deftig als malenden Lumpenproletarier schildert. Vielmehr wird dessen angeblicher Besuch der Veranstaltung mit Karl May auch von keiner anderen Quelle bestätigt. Nicht einmal der sonst so genaue Hanisch-Heiden hat davon vier Jahre später in seiner ausführlichen Schilderung der gemeinsam in der Wiener Meldemannstraße verbrachten Zeit für die US-amerikanische Zeitschrift *The New Republic* berichtet. Hanisch-Heiden erwähnt nur, der junge Hitler habe den „großen Schriftsteller" vehement gegen die von ihm als „niederträchtig" empfundenen Angriffe verteidigt und sei – als May acht Tage nach seinem Wiener Auftritt in Radebeul starb – „sehr traurig" gewesen.[322]

Die Veranstaltung in den Wiener Sofiensälen wurde nicht nur deshalb mit 2–3.000 begeisterten Zuhörern so sensationell gut besucht, weil, wie Hamann meint, „der Autor skandalumwittert war". Das ist sicher z.T. richtig, auch wenn der Schriftsteller die jahrelang gegen ihn laufenden Prozesse und Pressekampagnen soeben einigermaßen erfolgreich hinter sich gebracht hatte. Viel wichtiger war für die Wiener Öffentlichkeit die von Brigitte Hamann nicht gewürdigte Tatsache, dass Karl May mit seiner „Friedensrede" einer Einladung des *Akademischen Verbandes für Literatur und Musik* gefolgt war. Denn diese Vereinigung hat, so Karl-May-Forscher Hans Wollschläger,[323] „zu den vornehmsten und aktivsten kämpferischen Bünden gegen die Wiener Barbarei" gezählt, womit der Verfasser offensichtlich die wenige Zeilen später so apostrophierte „Gossen-Presse" der Residenzstadt meint.

In der Tat war der *Akademische Verband* in kultureller Hinsicht eine äußerst interessante Institution. Mit ihrer liberalen Grundhaltung erinnert sie ein wenig an den *Oberösterreichischen Volksbildungsverein*, dem der Hitler Adolf in Linz vorübergehend angehörte. So wollte die nur etwa 400 Mitglieder umfassende Organisation, die eine Zeitschrift unter dem Titel *Der Ruf* herausgab, als „unpolitischer, unabhängiger Sammelpunkt" in Wien vor allem „Studenten größeren Anteil am Kunstleben und die Möglichkeit künstlerischer Betätigung verschaffen". Ihr Vortrags- und Konzertprogramm richtete sich „gegen den etablierten Kunstbetrieb, die talente-erstickende Kommerzkultur, den bequemen Schacher mit dem ‚Erbe'". Kein Wunder, wenn der junge Hitler dem *Akademischen Verband* nahegestanden und die eine oder andere seiner Veranstaltungen besucht hätte.

Das Reizwort „Schacher" lässt zunächst antisemitische Motive vermuten. Wenn wir es richtig sehen, war jedoch genau das Gegenteil der Fall. Denn der *Akademische Verband* öffnete sich dezidiert der so genannten Neuen Musik (Alban Berg, Anton von Webern, Alexander von Zemlinsky,

322 Hanisch 1939, S. 6.

323 Wollschläger 1970, S. 92f., dessen Darstellung wir hier folgen.

Gustav Mahler, Arnold Schönberg), die bekanntlich zum großen Teil von jüdischen Komponisten stammt. Was die Literatur angeht, war *Der Ruf* ein Forum der frühexpressionistischen Avantgarde, und vor Karl May hatte der literarische Leiter des Verbandes, der Essayist, Dramatiker und Romancier Robert Müller, den umstrittenen Frank Wedekind zu einem Vortrag nach Wien eingeladen. Ist es nicht so, dass der junge Hitler für Gustav Mahler schwärmte und sich mit seinem Freund Kubizek in Wien eine Vorstellung von Wedekinds *Frühlingserwachen* angesehen hat? Vielleicht hat er danach oder davor auch den Vortrag dieses Dramatikers besucht und dem *Akademischen Verband* ohnehin Mahlers wegen nahegestanden.

Brigitte Hamann wirft ein schiefes Licht auf die Großveranstaltung mit dem Schriftsteller aus Radebeul, wenn sie lediglich feststellt, die Wiener Presse habe „den Vortragenden und sein Publikum eher abschätzig" geschildert und wenn sie ausschließlich gleichgültig oder gar negativ wirkende Stimmen zitiert.[324] Denn etwas anderes war von den Hauptstadtmedien, zu denen der *Akademische Verband* in Opposition stand, nach Mays Vortrag nicht zu erwarten. Die Wiener Historikerin hat sich offenbar auch nicht weiter in den Inhalt von Karls Mays „Friedensrede" vertieft. Sonst hätte sie den damals 70 Jahre alten Autor nicht in dem eher kläglichen Licht eines etwas verwirrt wirkenden Greises erscheinen lassen, der vor allem „halbwüchsigen Jünglingen und Mädchen, selbst Knaben" (so die *Neue Freie Presse*) irgendetwas schwer Verständliches mitteilen wollte. In Wirklichkeit trug Karl May 1912 in Wien mit aller wünschenswerten Klarheit seine Friedens- und Menschheitsphilosophie vor, die er seinen Lesern bis dahin nur zwischen den Zeilen seiner Romane vermittelt hatte. Programmatisch war allein schon der Titel seines Vortrages: „Empor ins Reich der Edelmenschen".

Der Grundgedanke dieser Philosophie[325] war eine manichäische Welt, aus der eines Tages durch die geistig-moralische Anstrengung der Menschen mit Hilfe der modernen Technik ein Friedensreich hervorwachsen werde. May hatte die Welt in „Ardistan" und „Dschinnistan" aufgeteilt, zwischen denen sich die „Geisterschmiede von Kulub" befindet. In „Ardistan" herrschen die „Gewaltmenschen" – nach dem Motto: „Du sollst der Teufel deines Nächsten sein, damit du dir selbst zum Engel werdest." In „Dschinnistan" sind hingegen die Edelmenschen an der Macht – gemäß der Devise: „Du sollst der Engel deines Nächsten sein, damit du dir selbst nicht zum Teufel werdest." Dazwischen liegen „die Qualen der Geisterschmiede" und die Fähigkeit des Menschen, im metaphorischen und tatsächlichen Sinn fliegen zu lernen. „Die Zeit der auch geistigen Aeroplane ist da!" rief May in den Sofiensälen seinen Zuhörern zu, während die er-

---

324 Hamann1996/4, S. 546f.

325 Von der Rede sind nur Konzepte im Nachlass Karl Mays erhalten. Wir folgen hier der Darstellung und Dokumentation von Bartsch 1970, S. 47ff., ohne Einzelnachweis der dicht beieinanderliegenden Zitate.

sten Motorflugzeuge der Menschheitsgeschichte in den Himmel stiegen.[326] „Einige fliegen schon. Andere werden es lernen.“ In solchen Sätzen zeigt sich ein überraschend symbolisches Verständnis der Luftfahrt, das Hitler vielleicht inspiriert hat, das Flugzeug in späteren Jahren nicht nur als bequemes Fortbewegungsmittel, sondern auch als Medium wegweisender Selbsterhöhung zu benutzen.

Aber damit nicht genug, May brachte 1912 in Wien seine Hoffnung zum Ausdruck, dass „die ganze Menschheit“, wenn sie „in brüderlicher Harmonie einem einzigen, großen Edelmenschen gleicht“, den Schöpferwillen Gottes vollende. Im Lauf seiner Rede bekannte sich Karl May sowohl zum Märchen – „die allerhöchste, inhaltsreichste und mir liebste Form der Poesie“, die „irdische Wahrheiten und himmlische Wahrheiten“ zugleich beinhalte – als auch zu „Israel“. Da der gleichnamige Staat noch nicht gegründet war, benutzte er dieses Wort nur im biblischen Sinn und rief im Hinblick auf das „Volk Gottes“ emphatisch aus: „Was haben wir von ihm überkommen und geerbt! Nie können wir dankbar genug sein!“ Zum Schluss kam Karl May auch noch auf die österreichische Friedensaktivistin und Nobelpreisträgerin Bertha von Suttner (1843–1914) zu sprechen, um derentwillen er eigentlich nach Wien gekommen war. Die vom Volksmund so genannte „Friedens-Bertha“, eine gebürtige Gräfin Kinsky aus Prag, war eine der berühmtesten Frauen jener Zeit und gleichzeitig eine „Freundin im Geiste“ Karl Mays. Sie hatte 1890 die *Österreichische Friedensgesellschaft* gegründet, war Präsidentin des *Internationalen Friedensbüros* in Bern und regte die Stiftung des Friedensnobelpreises an, dessen Trägerin sie selbst 1905 geworden ist.

Wie gesagt: Niemand weiß, ob der junge Hitler an dieser Veranstaltung in den Wiener Sofiensälen tatsächlich teilgenommen hat – der einzigen Quelle, die es dafür gibt, kann man nicht trauen. Die Prager Redaktion der tschechischsprachigen Zeitung könnte den angeblichen Bericht des anonymen Autors einzig und allein deshalb veröffentlicht haben, weil sie Hitler vor der Weltöffentlichkeit als früheren Friedensfreund und Philosemiten demaskieren, ihn dadurch in Widersprüche verwickeln und Verwirrung in die deutsche Führung hineintragen wollte. Ausgeschlossen ist das alles nicht.

Was aber, wenn der junge Hitler tatsächlich 1912 zu Karl Mays Zuhörern gezählt, wenn er die edlen Ansichten des Radebeuler Romanschriftstellers geteilt hätte und wenn die Erlösung der Menschheit durch ein utopisches „Dschinnistan“ die Essenz seiner eigenen Reichsidee gewesen wäre? Keine dieser Fragen lässt sich eindeutig mit „Ja“ beantworten, keine aber auch mit einem ebenso klaren „Nein“. Nur eines steht fest: Der junge Deutschnationalist dachte ebenfalls in manichäischen Kategorien. Auch er träumte von einem „Reich des Edelmenschen“. Auch er glaubte daran, der Mensch könne sich durch eine Mischung aus moralisch-geisti-

326 Zu denken ist z.B. an die Brüder Wright, die 1908 über längere Strecken erfolgreiche Flugversuche unternommen hatten.

gen Anstrengungen und Technik am eigenen Schopf aus dem kulturellen Sumpf der Gegenwart ziehen. Überdies fühlte sich der Hitler Adolf durch die märchenhaften Erzählungen von *Winnetou* und *Old Shatterhand* an die deutschen Heldensagen um Richard Wagners edle *Siegfried*-Gestalt erinnert, die er besonders schätzte. Andererseits war seine antisemitische Neigung in Wien noch nicht so ausgeprägt,[327] dass sich ihm Karl May nur deshalb entfremdet hätte, weil er Israel als „Volk Gottes" pries. Im Gegenteil hatte Hitler, was die Juden, die Zehn Gebote und den Monotheismus angeht, vor Reinhold Hanisch ebenso positiv wie May über das biblische Israel gesprochen, obwohl bekanntlich auch dieser Quelle nicht voll zu vertrauen ist.[328]

Wie dem auch sei – nach 1933 hat es viele Gründe für Hitler gegeben, die Tiefe seiner Sympathien für Karl May zu zeigen und, mehr noch, sie zu verschleiern. Nur darf der Biograph, wenn er in den frühen Jahren seines Protagonisten nach den Gründen dafür sucht, das gewichtige Wort „Edelmut" nicht übergehen. Es könnte nämlich ein Geheimnis des jungen Hitler bergen, das der Mahlstrom der Geschichte zwar längst verschlungen hat, das aber möglicherweise auf einen in Kindheit und Jugend ganz anders gearteten Hitler verweist. Wie gesagt: Ob es sich wirklich so verhält, lässt sich aufgrund der dürftigen Quellenlage nicht entscheiden. Nur eines ist gewiss: Auch wenn der Hitler Adolf nicht selbst an der Veranstaltung in den Sofiensälen teilgenommen hat, so kannte er doch den wesentlichen Inhalt der „Friedensrede", da die von ihm gelesene Wiener Presse davor und danach ausführlich darüber berichtet hat. Auch wird ihm die freundschaftliche Beziehung zwischen May und Suttner bekannt gewesen sein, und was der junge Hitler von der Privatphilosophie seines Lieblingsschriftstellers nicht *expressiv verbis* wusste, konnte er indirekt dessen *Winnetou*-Romanen entnehmen. Auf dieser relativ breiten Basis hat er sich dann wohl auch mit dem „roten Heiland" identifiziert.

Amerika-Bilder

In einer wütenden Attacke für die US-amerikanische Zeitschrift *The Living Age*[329] hat der Schriftsteller Klaus Mann seinen 1912 verstorbenen Kollegen dreißig Jahre später als „Cowboy-Mentor of the Führer", als „Schundautor" und „unbedeutenden sächsischen Kriminellen" diffamiert, der den Beweis dafür erbracht habe, „dass Wild-West-Geschichten schädlich sein können". Denn, so der Sohn von Thomas Mann, der auf der Flucht vor den Nationalsozialisten ebenfalls in die USA emigriert war, Karl May habe Hitler nicht nur ganz allgemein negativ beeinflusst, sondern sei auch für dessen angeblich falsches Amerika-Bild verantwortlich. Als Beweis führte er folgende Passage aus *Der Scout – Deadly Dust* an, eine

327 Vgl. dazu Teil III, 10. Kapitel.

328 Vgl. Prolog, S. 37ff.

329 Op. cit. Linkmeyer 1987, S. 40ff. Dort auch alle folgenden Zitate ohne Einzelnachweis.

Erzählung, die erstmals 1880 im *Deutschen Hausschatz* erschienen war und später in den 1893 veröffentlichten Band III der *Winnetou*-Quadrologie Aufnahme gefunden hat: „Amerikanische Sitten sind, ganz gleich, was gewisse Bewunderer jener jungen Zivilisation sagen mögen, allgemein niedrig, gemessen an unseren: Manchmal erniedrigen sie sich zu schauderhafter Grausamkeit ... Eine Art von verstümmeltem Christentum, wie wir es in jenem Land finden, ist unfähig, das göttliche Gebot der Vergebung zu halten ... das Lechzen nach Gold, das Lechzen nach Rache sind die beiden schrecklichsten Eigenschaften des Yankee."

Zunächst ist festzuhalten, dass es sich hier nicht um ein Original-May-Zitat handelt, sondern um eine Stelle aus dem Vorwort zur französischen Ausgabe, die von einer gewissen Marie-Juliette Charoy stammt. Sie spiegelt also nicht deutsche, sondern französische Vorurteile gegenüber den US-Amerikanern wider. Ohnedies ist ein kurzes Zitat, das Klaus Mann benutzte, um die Vereinigten Staaten zum Krieg gegen die NS-Tyrannei zu motivieren, nicht dazu geeignet, irgendeine Einstellung zu den „Yankees" einigermaßen differenziert wiederzugeben. Dennoch lässt sich kaum bezweifeln, dass der ganz auf die deutschösterreichischen Zusammenhänge fokussierte Hitler Adolf seine ersten Eindrücke von den Vereinigten Staaten aus seiner Lektüre der *Winnetou*-Romane gewonnen hat. Man kann sogar sagen, Karl Mays Romane sind, neben jenen von John Fenimore Cooper, ganz allgemein sein erstes, für längere Zeit einziges und dazu auch noch schmales Fenster zur außereuropäischen Welt gewesen. Allerdings wird sich der geschichtlich interessierte Realschüler und selbst ernannte Studiosus irgendwann auch selbst gesagt haben, dass diese Welt, zumindest was Nordamerika angeht, zum Zeitpunkt seiner Lektüre längst der Vergangenheit angehörte. Denn Mays Romane spielen in den 1840er bis 1870er Jahren,[330] während Cooper die Grenzkämpfe der Jahre 1750 bis 1805 schildert.

Trotz allem ist der zeitübergreifend negative Anstrich des US-amerikanischen Hintergrundes, den diese beiden Schriftsteller schildern, nicht zu verkennen. Insbesondere in den *Winnetou*-Romanen kommen die weißen Amerikaner, die so genannten „Yankees", schlechter weg als jede andere Personengruppen, die May auftreten lässt, vielleicht nur noch übertroffen von jenen Indianern, die nicht auf die Befehle des roten Edelmenschen hören. Hingegen sind die drei so genannten „Westmänner" – *Old Shatterhand, Old Firehand und Old Surehand* – im scharfen Kontrast zu den *Yankees* ausgesprochene Lichtgestalten, die in tatsächlicher wie moralischer Hinsicht eine an Max Webers „charismatische Gemeinde" erinnernde Führungselite bilden.

330 May, der in seinen Romanen selbst keine Daten nannte, verlegte die Geburt *Winntous* auf das Jahr 1840 und dessen Tod auf den 2. September 1874, wie Loest 1980, S. 269, unter Berufung auf einen May-Brief an die Gräfin von Slowenien schreibt. Der dazwischenliegende Bürgerkrieg zwischen den Nord- und Südstaaten findet in der Quadrologie so gut wie keine Erwähnung, wohl aber das Problem der Sklaverei.

Da wir in der Sekundärliteratur noch keine wirklich überzeugende Untersuchung über das generelle Amerika-Bild von Karl May gefunden haben, das über die Analyse einzelner Romane oder Aspekte hinausgeht, können wir von der Personengruppe der weißen Amerikaner, wie sie uns aus der *Winnetou*-Quadrologie entgegentritt, nur vorläufig sagen, dass sie in zwei Untergruppen zerfällt: in die der notorischen Verbrecher, Schurken und Geldhyänen sowie in eine zweite, die nur aus einer einzigen Person, dem geistesschwachen *William Ohlert*, besteht. Allerdings – und das scheint uns im Hinblick auf Hitlers späteres Amerika-Bild wichtig zu sein – kommt der kriminelle *Yankee*-Typ bei May nur im „Wilden Westen" vor, wohingegen die berühmt-berüchtigte „Ostküste" der USA – für die Nationalsozialisten ein Synonym für die „jüdische Weltherrschaft" – in seinen Romanen, soweit wir sehen, lediglich im Zusammenhang mit der *Ohlert*-Figur eine unbedeutende Nebenrolle spielt.

Der tiefschwarze Eindruck, den der junge Hitler durch Karl May von den *Yankees* gewonnen hat, wurde noch durch den Gegensatz verstärkt, in dem diese in den *Winnetou*-Romanen zu den drei Westmännern stehen. Denn an körperlichen, geistigen und moralischen Fähigkeiten und Tugenden sind *Old Shatterhand, Old Firehand* und *Old Surehand* nicht mehr zu übertreffen, selbst von *Winnetou* nicht. Mit anderen Worten: Jene „Großen Drei" stellen als unbesiegbare Helden zumindest halb deutschen Ursprungs vollkommene Übermenschen dar, die „als *Germania* durch den Westen" reiten, über die „niederträchtige Bigotterie der Yankees" siegen und aus dem west- und südwestlichen Teil der USA „so etwas wie ein deutsches Lehen machen".[331] Etwas allgemeiner gesagt, kommt in dieser Konstellation Mays „deutschzentrierte Völkerhierarchie und (Pseudo-) Ethnografie" zum Ausdruck, wie sie für die „Endphase der imperialistischen Ära" typisch war[332] – vermischt noch mit jenem Hochmut, mit dem fast alle Europäer, insbesondere die Deutschen, damals vom Thron ihrer vermeintlich erhabenen „Kulturen" aus auf die deutlich niedriger eingestufte „Zivilisation" der Nordamerikaner herabgesehen haben.

Wenn sich der Hitler Adolf fragte, worauf denn nun der angeblich notorische Hang zu Niedertracht, Scheinheiligkeit und Verbrechen bei den weißen Nordamerikanern beruhte, wurde er von Karl May belehrt, dass es in der Regel Hab- und Geldgier waren. Das kommt schon im Titel der Auftakterzählung zur *Winnetou*-Quadrologie *Der Scout – Deadly Dust* zum Ausdruck. Denn mit *dust* ist nicht irgendein Staub, sondern Goldstaub gemeint – eine Anspielung auf den 1848 ausbrechenden Goldrausch in Kalifornien. Umgekehrt verdankt die „charismatische Gemeinde" der Westmänner – ganz im Sinn von Max Webers Modell – ihre nie erlahmende Bereitschaft zu Liebe, Güte und brüderlicher Eintracht ganz offensichtlich der Tatsache, dass sie auf jede kontinuierliche Wirtschaftstätigkeit zur Erzielung von Gewinnen verzichtet. In der Tat scheint sie in diesen Ro-

331 Cracroft 2004, S. 131. (Hervorhebung im Original)

332 Scholdt 1987, S. 258.

manen nur von Luft und Liebe zu leben. So entsteht im Hintergrund der mehr oder weniger dramatischen Handlung eine irreale Traumwelt, in der es ständig zu Kämpfen zwischen den Mittellosen, aber „Guten", und den geldgierigen „Bösen" kommt. Damit wird das Geld oder, etwas abstrakter gesagt: der Materialismus in Karl Mays *Winnetou*-Romanen schlechthin zur moralischen Scheidemünze, zum Dreh- und Angelpunkt, der über Wohl oder Wehe der von ihm dargestellten Welt entscheidet.

Dieser Konstellation hat Karl May ganz gewiss zum großen Teil seine Wirkung auf den jungen Hitler verdankt. Denn wo das Geld nicht die Welt regiert, können sich Kunst, Kultur und Edelmut nach Belieben entfalten, und mit ihnen auch Bildungskanon und Idealismus der Deutschen. Darüber hinaus regeln sich die Beziehungen zwischen den Westmännern einerseits und den *Yankees* andererseits auf archaische Art und Weise, nämlich durch die Anwendung von roher Gewalt. Dadurch siegt mit dem von *Old Shatterhand* vertretenen Prinzip der „Gerechtigkeit" – einer von Mays moralischen Schlüsselbegriffen – stets notwendigerweise auch das nichtökonomische Prinzip. Dadurch führen die Westmänner, die zumindest zum Teil Deutschland verließen, weil sie sich in der 1848er-Revolution politisch exponiert hatten, auf nordamerikanischem Boden zwar eine Umkehr der Werte herbei, indem sie die geld- und habgierigen *Yankees* für deren Verbrechen und Schurkereien durch Selbstjustiz zur Rechenschaft ziehen. Ihr moralisch motiviertes Handeln bleibt aber gesellschaftspolitisch folgenlos, weil sie den offenbar überall im Land vorhandenen Reichtum nicht an die Armen umverteilen.

Kein Zweifel, dass der junge Hitler an dieser „restaurativen Erzählung vom Fortschritt" (Jens-Ulrich Davids) wegen ihrer ideologischen Nähe zu seinen eigenen wirtschaftspolitischen Ansichten großen Gefallen gefunden hat.[333] Tatsächlich geht, um hier einmal den Philosophen und Karl-May-Kenner Ernst Bloch zu zitieren,[334] in den *Winnetou*-Romanen zwar „der Wunschtraum nach Weltgericht für die Bösen, nach Glanz für die Guten" in Erfüllung. Doch bleibt sonst alles beim Alten. Gleichzeitig wird dieses Konzept aber so stark mit dem „zweideutigen Ludergeruch" der Kolportage durchsetzt, dass jene „wilde, wirre Freiheits-Irratio", „Fluchtlust, Marschlust, Lagerfeuerlust" entsteht, die nach Blochs Meinung für Karl Mays Romane so typisch ist, d.h. das moralische Anliegen wird vom Willen zu dramatischer Wirkung überwölbt und dadurch gewissermaßen korrumpiert. Dieser auf die Jugendbewegung verweisende Romantizismus einer von Abenteuern umwehten Flucht in weite Fernen begeisterte den jungen Hitler sicher ebenso wie alle anderen gleichaltrigen Leser, hat aber ganz gewiss auch sein „Genie der Wirkungen" in verhängnisvoller Weise anstachelt.

333 Vgl. dazu Teil III, 9. Kapitel, S. 494, insbes. S. 498ff.

334 Op. cit. Willenborg 1973, S. 83; dort auch das folgende Zitat. Neben Bloch gehörten auch Carl Zuckmayer, George Grosz und Hans Fallada zur vielgestaltigen Karl-May-Gemeinde.

Fernwirkungen

In einer Biographie über den jungen Hitler ist nicht der Platz für eine Analyse der ideologischen Wirkungen, die Karl May auf den Hitler späterer Jahre ausgeübt hat. Eine solche Analyse muss einer tiefergehenden Auseinandersetzung mit den geistigen Einflüssen vorbehalten bleiben, denen er in späteren Lebensjahren ausgesetzt war. Deshalb beschränken wir uns hier thesenartig auf die Andeutungen, die sich unmittelbar aus unseren in diesem Kapitel dargestellten Befunden ableiten lassen. Erstens wurde das „weiße" Amerika-Bild des jungen Hitler durch die Lektüre der *Winnetou*-Romane negativ grundiert. Zweitens fühlte er sich durch die „charismatische Gemeinde" der Westmänner in seinem Glauben an den Männerbund als gesellschaftspolitisches Ordnungsprinzip bestärkt. Auch dürften, drittens, die autoritären Neigungen, die der Hitler Adolf schon von Haus aus mitbrachte, durch seine Leseeindrücke weiteren Auftrieb erhalten haben. Insgesamt, so könnte man, viertens, sagen, wurde sein Bewusstsein für die Komplexität der realen Welt durch die Begegnung mit Karl Mays Werk nicht unbedingt verstärkt – ein Eindruck, der mit dem von Erich Fromm diagnostizierten „Eskapismus" Hitlers korrespondiert.[335]

Bedenkt man nun auch noch den großformatigen und dreisten Schwindel, den der Radebeuler Schriftsteller jahrelang ungestört mit den Schauplätzen seiner Romanfiguren und mit diesen selbst in aller Öffentlichkeit getrieben hat, könnte man, fünftens, noch von einem „Kultus der Unwahrheit" sprechen, in den der junge Hitler durch seine Lektüre eingeführt worden ist und der möglicherweise auf sein Verhalten abgefärbt hat.[336] Der Vollständigkeit halber sei schließlich auf die maskulinen Omnipotenzträume, phallische Waffensymbolik und das Prinzip der Ritterlichkeit hingewiesen, durch die Karl May nach Ansicht des Schriftstellers Arno Schmidt „unterschichtig" die homoerotischen Neigungen des Hitler Adolf stimuliert hat.[337]

Andererseits ist und bleibt es erstaunlich, dass sich der junge Hitler in erster Linie nicht von *Old Shatterhand*, sondern von *Winnetou* angesprochen fühlte und durch diese nichtweiße Heldengestalt zumindest eine Ahnung davon erhalten hat, was bei Karl May der Begriff „Edelmut" umschreibt – den damit korrespondierenden Begriff des „Edelvolkes" hatte ihm ja schon sein Lehrer Pötsch nahegebracht.[338] Die auffallende Sympathie des jungen Hitler für die „rote" und zugleich unverkennbar „deutsche" Idealfigur der gleichnamigen Roman-Quadrologie kann denn wohl auch nicht anders denn als Ausdruck einer Selbstinterpretation gedeutet werden, die damaligen deutschen Bildungsstandards entsprach. Diese Deu-

335 Fromm 1977.

336 So der May-Kritiker Fedor Mamroth einst in der Frankfurter Zeitung; Loest 1980, S. 306.

337 Schmidt 1963 sowie die Filme von Hans Jürgen Syberberg, Michael Herbig u.a.

338 Vgl. Teil I, 7. Kapitel, S. 140.

tung erscheint als noch bedeutsamer, wenn man bedenkt, dass *Winnetou* bei Karl May „auf den Mythos vom kämpfenden Jesus Bezug“ nimmt.[339] Damit trägt der fiktive Apachenhäuptling die parachristlichen Züge eines Erlösers, der im Mittelpunkt einer „weltumspannende(n) Mythologie, eine(r) kosmopolitische(n) Friedens- und Versöhnungsutopie, eine(r) Entwicklungsprognose der ‚germanisch-indianischen‘ Rasse und eine(r) als zeitgemäß empfundenen Sozialethik und Kunstauffassung“ steht,[340] wie sie der junge Hitler zweifellos auch für sich selbst gesehen hat.

339 Schmiedt in Ueding 2001, S. 176 f.

340 Scholdt in Ueding 2001, S. 267, im Abschnitt über den Band *Winnetou* IV.

Teil III

Führer, Volk und Reich

1. Kapitel: Physis, Psyche, Persönlichkeit

Physis und Erscheinungsbild

Über dem genitalen Bereich des jungen Hitler liegt nach wie vor der Schleier der Ungewissheit. Denn außer seinen Eltern, die ihn dabei narzisstisch kränkten[1], seinen Geschwistern und seinem Jugendfreund August Kubizek[2] haben ihn wahrscheinlich nur jene Ärzte einmal im unbekleideten Zustand vor sich gesehen, die ihn 1914 im Auftrag einer Musterungskommission untersuchten. Das Ergebnis hielten sie in nur wenigen dürren Worten fest: „Zum Waffen- und Hilfsdienst untauglich, zu schwach. Waffenunfähig."[3] Freilich erzählte der Arzt der Familie Hitler bis 1908, Dr. Eduard Bloch, dem US-amerikanischen Magazin *Collier's* 1941, der Gesundheitszustand des Heranwachsenden habe – außer gelegentlichen Halsentzündungen – in nichts zu wünschen übriggelassen. Von körperlichen Anomalien oder einem Lungenleiden war Bloch nichts bekannt.[4] Die von dem russischen Autor Lew Besymenski vor vier Jahrzehnten publizierten Behauptungen, die sich angeblich auf Informationen sowjetischer Stellen stützten und Hitler u.a. einen fehlenden linken Hoden attestierten, haben sich denn auch als Fälschung erwiesen.[5]

Demnach muss man grundsätzlich davon ausgehen, dass sich der junge Hitler, von temporären Ausnahmen abgesehen, in einer einwandfreien körperlichen Verfassung befand. Trotzdem kann selbst der sonst so nüchterne Fritz Redlich, der 1999 alle Hypothesen über psychische Anomalien in das Reich der Phantasie verwiesen hat, der Versuchung nicht widerstehen, dem jungen Hitler eine *hypospadia* und eine *spina bifida occulta* nachzusagen.[6] Redlich: „Die Ätiologie vieler Symptome ist bei Hitler unklar, wobei die Erklärungen von reiner Psychogenese bis zu ernsten somatischen Diagno-

---

1 Vgl. Teil I, 5. Kapitel, S. 117.

2 Kubizek 1995/6, S. 147. Der lakonische Befund lautete: „Zum Waffen- und Hilfsdienst untauglich, zu schwach. Waffenunfähig."

3 Jetzinger 1956, S. 253 ff. Der lakonische Befund lautete: „Zum Waffen- und Hilfsdienst untauglich, zu schwach. Waffenunfähig."

4 NACP, Bloch 1941, S. 26.

5 Besymenski 1968; vgl. dazu die ausführliche Auseinandersetzung bei Maser 1989/12, S. 528 ff. – Dazu auch Hitlers Hals-, Nasen- und Ohrenarzt Dr. Erwin Giesing, der den bettlägerigen Hitler am 1. Oktober 1944 ausführlich untersuchte, wozu auch Penis und Hoden gehörten, in seinem Tagebuch: „Ich bedeckte ... den Bauch wieder mit dem Nachthemd und zog die Bettdecke ganz nach unten ... Anomalien an den Genitalien ... habe ich nicht entdecken können." Giesing bestätigte ausdrücklich, dass auch Hitlers Hoden vollständig und normal waren; ebda., S. 535.

6 Redlich 1999, S. 224 und S. 343. Deformation des männlichen Gliedes. Als Indiz diente Redlich die angebliche Angewohnheit Adolf Hitlers, seine Unterwäsche häufig zu wechseln und manchmal mehrfach am Tag ein Bad zu nehmen. Redlich schloss daraus auf ein Nachtröpfeln beim Urinieren, das mit den erwähnten Krankheitsbildern verbunden ist. Er hielt auch eine unbemerkte Syphilis-Infektion durch eine jüdische Prostituierte für möglich, mit der Hitler in Wien Verkehr gehabt haben könnte.

sen reichen." Außerdem bietet Redlich auch noch eine Erkrankung von Hitlers Auto-Immunsystem an,[7] um die vielen Lehrmeinungen, die jahrzehntelang in der Sekundärliteratur wie lose Enden herumflatterten, zu einer neuen – und vielleicht abschließenden – Hypothese zu verknüpfen.

Aus Mangel an zuverlässigen Quellen, die in die Tiefe gehen, muss der Biograph die Einschätzung von Hitlers Physis zunächst einmal wohl oder übel auf eine Beschreibung jenes äußeren Erscheinungsbildes begrenzen, das ihm aus Aussagen von Zeitgenossen entgegentritt. Denn Fotos, die ihn in voller Länge zeigen, gibt es aus Kindheit und Jugend nicht. Der Hitler Adolf war „mittelgroß und schlank", „etwas hoch aufgeschossen und schmächtig", in seiner Wiener Zeit bleich und kränklich,[8] also eher das Gegenteil von einem sportlichen Typ.[9] Über dem Mund des 19-Jährigen bildete sich der erste dunkle Flaum. Auf dem Foto, das ihn 1914 auf dem Münchner Odeonplatz zeigt, trug er bereits jenen schwarzen Schnurrbart, freilich in etwas verlängerter Form, der später Hitlers Erkennungszeichen geworden ist.[10]

Der junge Mann hatte eine tiefe, sonore Stimme. „Er sah viel älter aus als ich, viel gereifter, männlicher", stellte der ein Jahr ältere August Kubizek rückblickend fest. Mit seinen „hellen Augen", die „in diesem Antlitz ... etwas so Bevorzugtes" waren, „dass man alles andere gar nicht beachtete", habe Adolf seiner Mutter sehr ähnlich gesehen.[11] Seinem gesamten Habitus nach wirkte der Heranwachsende, der in der Regel gewählt sprach und seine Reden mit ausdrucksstarken Gesten unterstrich, von seiner Linzer bis zu seiner Münchner Zeit wie ein Student[12] an der Grenze zum provinzbürgerlichen Dandytum, zwar bescheiden, ernst und in sich gekehrt, ja sogar zerbrechlich, aber stets auf sorgfältige Kleidung bedacht. Dr. Bloch: „Viele Biographen haben ihn als misstönend, betrügerisch, unordentlich herabgesetzt; als jungen Raufbold, der alles verkörperte, was unattraktiv ist. Das ist einfach nicht wahr."[13] Von einer „Exkrementvisage", „rohen Maske", „Maske des Gorgo", „panoptikalen Basiliskenblick" oder einem „blanken Nichts" war nach dem Urteil von Claudia Schmölders, die Hitlers Physiognomie analysiert hat, in Kindheit und Jugend des Diktators (noch) nichts zu bemerken.[14]

7 Ebda., S. 234.

8 Kubizek 1995/6, S. 28 und 92.

9 Ebda., S. 31: „Bei seiner Geringschätzung alles dessen, was sich auf den Körper bezog, bedeutet ihm auch der Sport ... nur wenig." Seine Aktivitäten beschränkten sich denn auch aufs Baden, Wandern und Schlittschuhlaufen.

10 Schmölders 2000, S. 12.

11 Kubizek 1995/6, 147, S. 28.

12 So Kubizeks Eindruck schon beim ersten Kennenlernen 1905 im Linzer Landestheater und der Arzt Dr. Hans Schirmer 1913 aufgrund einer Beobachtung im Münchner Hofbräuhaus. Kubizek 1995/6, S. 19, und Joachimsthaler 2000, S. 84.

13 NACP Bloch 1941, S. 26.

14 Schmölders 2000, S. 12.

Psyche, Psychiatrie, Psychohistorie

Der bereits zitierte Fritz Redlich hat die bisher aus psychiatrischer oder psychohistorischer Sicht abgeleiteten Befunde 1999 wie folgt zusammengefasst: „Multiple Phobien, Angstzustände; Hypochondrie; hysterische Reaktionen, neurotische Beklemmung, sexuelle Dysfunktionen, psychosoziale Krankheiten, psychopathische Persönlichkeitsstörungen, hysterische Persönlichkeitsstörungen, narzisstische Persönlichkeitsstörungen, antisoziale Persönlichkeitsstörungen (die häufigste Hitler-Diagnose) und die alles umfassende *borderline* Persönlichkeitsstörung".[15] Obwohl er ihn als „destruktiven und paranoiden Propheten" bezeichnet, sich somit selbst am diagnostischen Vokabular seiner Fachdisziplin bedient, kommt der Amerikaner zu dem Ergebnis: „Nichts ist gewonnen mit diesen Diagnosen außer dem trügerischen Gefühl, etwas zu wissen."[16] Mit anderen Worten: Über die Psyche des späteren Diktators weiß man bis heute so gut wie nichts.

Gewiss sind die verschiedenen Ansichten so vieler z.T. angesehener Psychiater und Erziehungswissenschaftler, die sich mit dem jungen Hitler befassten, nicht einfach von der Hand zu weisen – angesichts der weltgeschichtlichen Bedeutung, die dieser Mann in späteren Jahren erlangte, waren sie allen Fleißes der Edlen wert. Aber abgesehen davon, dass die vielen Meinungen in Anbetracht des Desasters, das Hitler hinterlassen hat, kaum anders als negativ ausfallen konnten, wenn man sie *a posteriori* betrachtet, litten die meisten der bisherigen Bemühungen daran, dass sie nicht – oder nicht hinreichend – zwischen dem jungen Hitler von 1889 bis 1914, dem Hitler der Jahre 1914 bis 1919 sowie dem Hitler der Jahre 1920 bis 1945 unterschieden haben, wobei letzterer Zeitabschnitt wiederum in einzelne Unterabschnitte zerfallen dürfte. Da keine der bisher vertretenen Meinungen wirklich auf wissenschaftlichen Mindestvoraussetzungen wie etwa einer längeren Analyse des tatsächlich vor dem Therapeuten sitzenden oder liegenden Probanden beruht, entbehren sie der Validität. So ist der Biograph von den vielen wissenschaftlichen Theorien, die über Hitlers Psyche aus z. T. namhafter Feder kursieren, mehr beeindruckt als von den ihnen zugrunde liegenden Tatsachen, weil einfach „nützliche Daten fehlen".[17] Diese Tatsache spricht für Sigmund Freud, der für eine Diagnose aus psychoanalytischer Sicht gewiss höher qualifiziert gewesen wäre als jeder andere, der sich aber weigerte, mit seinem berühmt-berüchtigten Zeitgenossen „eine lebende Person zu diagnostizieren, die er nicht gesehen" hat.[18]

Tatsächlich ist Hitler nur ein einziges Mal psychiatrisch begutachtet worden, und zwar nach seinem fehlgeschlagenen Putschversuch von 1923. Bei dem Gutachten, das damals ein Obermedizinalrat Dr. Joseph Birn-

15 Redlich 1999, S. 333.

16 Ebda., S. 335 f.

17 Ebda., S. 256.

18 Ebda., S. 338. So die Auskunft des Prinzen von Löwenstein gegenüber Ella Lingens, die es Fritz Redlich berichtet hat.

steiner verfasste,[19] muss jedoch wieder der Zeitunterschied zwischen dem jüngeren und älteren Hitler berücksichtigt werden, da zwischen den beiden die Zäsur des Ersten Weltkriegs mit seinen Folgen liegt. Zweitens hat das Gutachten nach dem fachmännischen Urteil Redlichs auch keinem professionellen Standard entsprochen. Da außerdem anzunehmen ist, dass Professor Edmund Forster 1918 im Lazarett zu Pasewalk ebenfalls keine Gelegenheit hatte oder nahm, den bei einem Gasangriff vorübergehend erblindeten Hitler mit psychiatrischen Methoden zu untersuchen,[20] liegt über dessen Psyche – relativ zeitnah zu Kindheit und Jugend – keinerlei Befund aus dazu berufenem Munde vor, der als wissenschaftlich zu qualifizieren wäre.

„Genialische Pubertät“

Für die Persönlichkeitsbildung des jungen Hitler ist der Übergang von der Pubertät über die Adoleszenz bis hin zum Status des Erwachsenen von ebenso entscheidender Bedeutung gewesen wie für jeden anderen Menschen. Diese schwierige Übergangsphase hat Erik Erikson mit dem Begriff des „Moratoriums“ belegt, Alice Miller sprach von einem „Drama des begabten Kindes“, und der Familientherapeut Helm Stierlin meint, Hitler sei bis zu seinem Tod der Delegierte seiner Mutter gewesen. Wie alle anderen Erklärungsmodelle, die in diesem Fall vorliegen, haben diese drei den Nachteil, dass sie in einem erheblichen zeitlichen Abstand zu Hitlers Jugend und in Kenntnis seiner geschichtlichen Hinterlassenschaften entstanden sind. Außerdem stützt sich Stierlin auf Beobachtungen, die er nach dem Zweiten Weltkrieg an der US-amerikanischen Mittelstandsjugend gemacht hat, also auf eine Referenzgruppe, die mit der österreichischen Jugend um 1900 nicht vergleichbar ist.

Hingegen wird hier ein Erklärungsmodell präsentiert, das bislang noch keinen Eingang in die Hitler-Biographik gefunden hat. Es stammt von dem Wiener Psychiater Siegfried Bernfeld (1892–1953), einem Schüler und Biographen Sigmund Freuds. Sein Modell entstand an der Wende vom 19. zum 20. Jahrhundert nicht aufgrund jenes individuellen Erscheinungsbildes, das der junge Hitler in den Berichten von Zeitzeugen und in der Sekundärliteratur hinterlassen hat, sondern wegen empirischer Untersu-

19 NACP Hitler source book, S. 19f. „Gutachten über den Geisteszustand des Untersuchungsgefangenen Adolf Hitler, i. A. der Verwaltung der Gefangenenanstalt“, Landsberg a. L., 8. Januar 1924. Birnsteiner stellte fest, Hitler sei „keinen krankhaften Zwängen“ ausgesetzt gewesen, auch „die starke Reaktion mit ihrer vorübergehenden krankhaften Gemütsdepression“, welche nach dem Putsch eingetreten sei, „lässt keinen Rückschluss auf eine krankhafte Veranlagung Hitlers zu“. Die folgenden Bemerkungen über die „fascinierende Persönlichkeit“ Hitlers erweckt den Verdacht, dass Birnsteiner eher dem „suggestiven Rednertalent“ (Birnsteiner) seines Probanden erlegen war, als den für einen Wissenschaftler notwendigen Abstand zu wahren.

20 Forster heilte den Kriegsteilnehmer 1918 durch Hypnose von einer hysterischen Blindheit, die sich Hitler nach einem Gasangriff an der Front zugezogen hatte. Vgl. dazu Koch-Hillebrecht 2003, S. 153–157.

chungen, die Bernfeld an der österreichischen Jugend von damals ganz allgemein vorgenommen hat. Im Gegensatz zu allen anderen zeichnet sich dieses Modell für eine psychosoziale Analyse des jungen Hitler also Zeitnähe und Repräsentativität aus.

Bernfeld, der jüdischer Abstammung war und in der Emigration verstarb, hat sich zeit seines Lebens um eine marxistisch-psychoanalytisch inspirierte Erziehungswissenschaft bemüht. Er hat auch die jüdische Jugendbewegung der Jahrhundertwende gefördert. Im Zentrum seines Erklärungsmodells[21] steht die „gestreckte Pubertät", die seiner Meinung nach „eine typische Form der männlichen Pubertät" darstellt und die sich durch idealistisches Interesse, produktives Verhältnis zu idealistischen Zielen, Selbsthervorhebung, Zuwendung zum „Meister" und Freund sowie durch Erweiterung der idealen Freundesbeziehung zu einem „Kreis" auszeichnet. Alle fünf Merkmale treffen auf den jungen Hitler in einem geradezu verblüffenden Ausmaß zu. Gehen wir sie der Reihe nach durch! Erstens: Der von Bernfeld diagnostizierte Jugendliche zeichnet sich in seiner Pubertät „durch eine Fülle von Interessen" aus, die „so beschaffen (sind), dass sie ‚idealistisch genannt werden'" müssen. Bernfeld: „Häufig sind die Objekte dieses Interesses die … ‚geistigen Werte' Kunst, Politik, Menschheit ... In extremen, nicht gerade seltenen Fällen scheint die ganze Libido und Ichtriebkraft auf jene ‚geistigen' Ziele gerichtet (zu sein) …" Tatsächlich muss man bei der Lektüre dieser Zeilen an die vielen künstlerischen, schöngeistigen und auch politisch-sozialen Interessen denken, die den jungen Hitler von Kindesbeinen an beschäftigt haben.

Zweitens: Laut Bernfeld hat das Verhältnis des Pubertierenden zu jenen Interessen „eine sehr charakteristische Note". Es ist nämlich produktiv. Bernfeld: „Der Jugendliche, der sich etwa für Kunst … interessiert, lässt es sich nicht genügen, die von anderen geschaffenen Kunstwerke zu genießen …, sondern er versucht, wenigstens auch solche Werke zu schaffen. Nicht immer entstehen aus dieser Tendenz auch wirklich Werke … Noch undeutlicher wird die Tatsache der Produktivität, wenn das zentrale Interesse … Werke im eigentlichen Sinne des Wortes nicht kennt." Bernfeld denkt in diesem Zusammenhang an Menschheitsfragen oder die große Politik, die den jungen Hitler ausgiebig beschäftigt haben. Tatsächlich war es für einen *nobody* in der Zeit vor 1914, die für junge Menschen häufig noch nicht einmal das aktive oder passive Wahlrecht kannte, kaum möglich, in diesem Bereich irgendwelche „Werke" zu kreieren, es sei denn, der junge Hitler hätte sich als Redner zu propagandistischen Zwecken tatsächlich einer der deutschnationalen Parteien angeschlossen.

Drittens: Der Pubertierende verfügt über „ein ausgeprägtes Selbstbewusstsein". Dazu Bernfeld: „Die eigene Person und ihre Werke werden

21 Bernfeld 1991 I, S. 139–159: „Über eine typische Form der männlichen Pubertät". Der entsprechende Vortrag wurde 1922 vor der *Wiener Psychoanalytischen Vereinigung* gehalten und ist erstmals 1923 in der Zeitschrift *Imago* veröffentlicht worden. Die folgenden Zitate stammen alle aus dieser Quelle, so dass wir hier auf Einzelnachweise der zitierten Textstellen verzichten können.

sehr hoch eingeschätzt – überschätzt, finden alle, außer den nächsten Freunden. … Zuweilen scheint sie (die Selbstliebe) sogar zu fehlen, denn zahlreiche Äußerungen des ‚Minderwertigkeitsgefühls', des Selbsthasses sind überaus vordringlich bemerkbar. … Zudem fehlt gewiss … nicht … die Herabsetzung der anderen, und zwar entweder die der älteren Generation oder der gleichaltrigen, wenigstens ihrer Mehrheit." Treffender kann man die äußerst ambivalente Einstellung des jungen Hitler sich selbst und anderen gegenüber kaum in Worte fassen.

Viertens: „Während die Herabsetzungstendenzen gegen die ‚Anderen' (beim Pubertierenden) zuweilen die äußerste Intensität annehmen und sich schlechthin gegen alle persönlich Bekannten, gegen die ‚Menschen' im allgemeinen … und gegen die Autoritäten richten können, pflegt je einer – oder einige wenige – von den Genossen der gleichen Generation und von den Alten ausgenommen zu sein: der Freund und Meister (der übrigens keineswegs unter den Lebenden ausgewählt sein muss). Diesen beiden – oder ganz wenigen – gilt Liebe und Verehrung." Zu denken ist hier an die exklusive Beziehung, die der junge Hitler jeweils zu einem etwa gleichaltrigen Genossen (Kubizek, Hanisch, Häusler) hatte sowie an seine glühende Verehrung für Richard Wagner.

Fünftens: Die Tendenz, „die Liebe zum Freund ideologisch zu fundieren und auf einen ganzen Kreis oder eine Gemeinschaft gleichgerichteter, gleichstehender, gleich wertvoller, gleich empfindender Freunde zu erweitern", ist nach Bernfeld bei Pubertierenden von „noch unerkannten psychischen – gewiss auch sozialen – Bedingungen" abhängig. Diese sozialen Bedingungen traten im Fall Hitlers zwar ansatzweise schon im Wiener Männerwohnheim und im bayerischen Heer ein, doch haben sie sich erst durch seinen Beitritt zur Deutschen Arbeiterpartei bzw. deren Umwandlung in die Nationalsozialistische Deutsche Arbeiterpartei (NSDAP) wirklich entwickelt. Im Verlauf dieses Prozesses hat Hitler die männerbündisch angelegte Freundesliebe, die er in seiner Jugend praktiziert hatte, immer weiter ideologisiert und schließlich sogar zu einer festen Parteiorganisation unter seiner Führung ausgebaut.

Schon aus Platzgründen kann hier nicht auf die tiefenpsychologischen Zusammenhänge eingegangen werden, die der gestreckten Pubertät einer männlichen Person nach Bernfeld in Anlehnung an Freud zugrunde liegen. In der Zusammenfassung dieser Konzeption heißt es jedoch: „Von den mannigfaltigen Erscheinungen, die die männliche Pubertät bietet, lässt sich ein Kreis von Phänomenen aussondern, dem gemeinsam ist: die psychischen Erscheinungen der Pubertät dauern über die Zeit der physiologischen Pubertät an. Wir sprechen dann von einer gestreckten Pubertät. Eine der nicht wenigen Formen der gestreckten Pubertät haben wir die genialische Pubertät genannt und sie als durch eine Anzahl stets oder sehr häufig zusammentreffender Merkmale charakterisiert gefunden: Ideale, Produktivität, Selbstschätzung, Freundes-(Führer-)Verehrung, Gruppenbildung. – Die gemeinsame Basis dieser Merkmale glaubten wir zu finden in der Rückverwandlung von gewissen, jedenfalls nicht geringfügigen Quanten

Objektlibido in Ichlibido; in dem Vorhandensein eines wohlausgebildeten, vom Realich scharf differenzierten, es streng beurteilenden und verwerfenden Idealichs; in dem vom Idealich ausgehenden Zwang zu Idealbildung, dem die introvertierte Libido in großem Umfang nachgibt. – Als Bedingungen für diese Verlaufsform zeigten wir auf: (1) der Abbruch der frühinfantilen Sexualität hinterlässt eine dauernde, beträchtliche narzisstische Wunde; (2) starke während der Latenzperiode andauernde inzestuöse Fixierung; (3) beginnende Idealich-Bildung in der Latenzperiode und Vorpubertät."

Dieses Bild des pubertierenden Hitler Adolf mutet in der Tat sehr plausibel an. Ihm ist noch ein genereller Aspekt hinzuzufügen, der das Persönlichkeitsbild des späteren Diktators zusätzlich bereichert und den Siegfried Bernfeld wie folgt beschreibt: „Es wird nicht leicht jemandem entgangen sein, dass das Phänomen, das wir hier in der Form der gestreckten Pubertät behandeln, in seinen wesentlichen Zügen bei einer gewissen Menschengruppe dauernd bleibt: bei den Schöpferischen, insbesondere den Dichtern. Für sie nun tritt häufig genug ganz deutlich der Kampf mit der Mutteridentifizierung und deren Auffassung als inzestuös von Seiten des Idealichs zutage. Tatsächlich meine ich, dass manches vom hier Gesagten zugleich ein Beitrag zur Psychologie des Künstlers oder des schöpferischen Menschen überhaupt ist. Man kann, gewiss nicht völlig richtig, aber fruchtbar sagen, dass der schöpferische Mensch zeitlebens die Pubertät nicht beendet. Sicherlich aber gehört die Jugendzeit aller Künstler dem Typus der gestreckten Pubertät ... an. Und der Jugendliche, der sich in ihr befindet, scheint allemal und nicht nur seinen Anverwandten – oder auch diesen zuletzt – eine große Zukunft zu versprechen. Ein Versprechen, das freilich die wenigsten halten, denn gestreckte Pubertät ist noch keineswegs Genie, so sehr sie ihm in vielen Belangen gleichen mag." Dem ist in Anbetracht dessen, was in der vorliegenden Biographie an Fakten und Vermutungen über den jungen Hitler herausgearbeitet wurde, kaum noch etwas hinzuzufügen.

Bernfelds Ausführungen sind aber noch in einer dritten Hinsicht sehr bemerkenswert, weil sie ein erhellendes Licht auf die rätselhafte und bis heute kaum plausibel gedeutete Beziehung des jungen und auch des späteren Hitler zum anderen Geschlecht zu werfen vermögen: „Wir wundern uns nicht, bei der genialischen Pubertät wenn auch nicht ausnahmslos, (so) doch allgemein eine auffallende Frühreife zu finden. Das heißt schon die Latenzperiode verläuft ein wenig anders als schematisch feststeht, wenn auf sie eine gestreckte Pubertät, wenigstens wenn die genialische, folgen wird. Und zwar handelt es sich um Differenzen nach zwei Richtungen. *Erstens* ist die sexuelle Aktivität in diesem Fall während der Latenzperiode größer, als sie sonst zu sein pflegt. Die angenommene narzisstische Kränkung hat also nicht zur völligen Lahmlegung des sexuellen Interesses geführt, sondern zur Weiterführung beider. Aber – und dies bewirkt die Abweichungen in der *zweiten* Richtung – schon in der Latenzperiode und in der Vorlibido ist dabei Vermehrung der Ichlibido und Steigerung ihrer

Tätigkeit zu bemerken und als Folge der erlebten Einschränkung des Narzissmus die Entwicklung des Idealichs. So dass die eintretende Pubertät bereits mit einem ausgebildeten Idealich zu tun hat, das der Anpassung der Entwicklung an die beginnenden Veränderungen sich widersetzt."

Die schwärmerische Liebe Hitlers zu Stefanie Isak, deren schmerzlicher Abbruch und schließlich die Tatsache, dass diesem Ereignis lange keine andere Gefühlsbindung an ein weibliches Geschöpf mehr folgte, können somit in der Ausbildung eines ausgeprägten Idealichs, welches das Realich zugunsten der Idealbildung verwirft, ihre Erklärung finden. Letztlich sind dafür aber Hitlers starke Mutterbindung und die daraus resultierende Sublimierung seiner Objektlibido entscheidend gewesen. Viele Rätsel, die sein Gefühlsleben der Nachwelt aufgab, lösen sich damit recht erhellend auf.

Identitätsprobleme

Da es als Primärquelle für die Jahre von 1908 bis 1914 fast nur die autobiographische Kampfschrift Hitlers gibt, sind wir für die Darstellung seiner Persönlichkeitsentwicklung in diesem Zeitraum entweder auf Theorien wie der von Siegfried Bernfeld oder auf bloße Vermutungen angewiesen. Trotzdem kann mit großer Sicherheit festgestellt werden, dass der junge Hitler in zweifacher Weise um seine politische Identität gerungen hat. In „Verstand und Wirklichkeit", so seine Selbstdarstellung in *Mein Kampf*,[22] lebte er bis 1913 im alten Österreich der Habsburgermonarchie. „Allein das Herz weilte woanders" – nämlich im größeren Deutschland seiner Phantasie. Darüber hinaus hatte er bis 1919[23] zwei Seelen in seiner Brust, die in seinen künstlerischen und politischen Neigungen zum Ausdruck kamen. Da solche Neigungen zueinander gewöhnlich eher in einem Spannungsverhältnis stehen als einander harmonisch zu ergänzen, ist es kein Wunder, dass den jungen Hitler in Wien ebenso wie schon in Linz eine „beklemmende Unzufriedenheit" erfüllt hat.

In diesem Seelenkampf haben sich die Akzente jedoch schon in der ersten Hälfte des Jahres 1908 vom künstlerischen zum politischen Bereich verschoben, ohne dass das Interesse des jungen Hitler für Kunst, Architektur und Musik damals schon erloschen ist. Wie August Kubizek berichtet, begann sich sein Jugendfreund damals für Politik mehr als für Kunst zu interessieren.[24] Offenbar hing die permanente Unruhe, die dieser in jenem Zeitraum an den Tag legte, mit der Suche nach dem von Siegfried Bernfeld apostrophierten „Werk" oder einem Produkt zusammen, das der junge

22 Hitler 1925 I, S. 135. Dort auch das Zitat am Ende dieses Absatzes.

23 Wie Heinrich Heim 1971 Werner Maser berichtete, versuchte Hitler noch 1919, lange nach seiner Rückkehr aus dem Krieg, „einen Teil seines Kindheits- und Jugendtraumes" zu verwirklichen und in München Kunst, nicht Architektur, zu studieren. Der Deutschen Arbeiterpartei (DAP) trat er unter der Berufsbezeichnung „Maler" bei, die er später in „Schriftsteller" änderte. Vgl. dazu Maser 1989/12, S. 110f.

24 Kubizek 1995/6, S. 240.

Hitler gegen die angeblich „undeutschen" Habsburger und für sein großdeutsches Traumreich wirksam einsetzen konnte. Trotz aller Anstrengungen war diese Suche bis dahin im Bereich der Kunst vergeblich gewesen. Weder hatte sich der junge Hitler als Kunstmaler qualifizieren können, noch hatte er jemals eine begründete Aussicht, für seine architektonischen Entwürfe einen Bauherrn zu finden. *At last but not at least* hatte er seinen Versuch, eine Oper zu komponieren, vor deren Vollendung aufgegeben.

Das einzige „Werk" oder „Produkt", das er dem deutschen Volk theoretisch anzubieten hatte, war seine Fähigkeit zu reden. Schon in Linz hatte Adolf damit begonnen, diese Fähigkeit gewissermaßen „naiv" auszubilden. Wenn sein ermüdeter Freund in Wien darüber einschlief, weckte er ihn, schrie ihn an und setzte seine Ansprachen fort. Dabei bewegte er sich jedoch immer noch in den beiden Welten zugleich, die ihm unvereinbar zu sein schienen – in der künstlerischen und in der politischen Welt. Erst durch seine Experimente als Schriftsteller und Komponist wurde der Neunzehnjährige auf eine für seinen späteren Lebensweg bedeutende, wenn nicht entscheidende Entdeckung gestoßen: Wie einst der Grieche Demosthenes, konnte er jene beiden Welten durch Rhetorik miteinander verschmelzen.

Tatsächlich zeigt die geschichtliche Erfahrung auch der Römer, dass dieses Medium die dionysischen Kräfte der Völker kräftiger anzuregen vermag als manch andere Kunst – man denke nur an die berühmten Reden Ciceros und Mark Antons, die jeweils in schicksalhaften Augenblicken gehalten wurden. Ob der junge Hitler diese historischen Gestalten kannte, muss offen bleiben, spielt aber auch keine Rolle. Immerhin wusste er bereits, dass alle „gewaltigen weltumwälzenden Ereignisse" durch das gesprochene Wort verursacht wurden.[25] So keimte in ihm seit 1908 die zunächst sicher noch vage Hoffnung auf, mit Hilfe der politischen Rede eines fernen Tages sowohl sein eigenes als auch das Identitätsproblem der Deutschen diesseits und jenseits der österreichischen Grenze durch ein Großreich von apollinischer Reinheit und Schönheit lösen zu können, vor dem die übrigen europäischen Völker ehrfürchtig in die Knie sanken.

Wahrscheinlich war dies auch der Grund, weshalb der junge Hitler auf seinen Freund in den letzten Monaten ihrer Wiener Wohngemeinschaft so friedfertig wirkte,[26] nachdem er als Kind noch für alles geschwärmt hatte, was mit Krieg und Soldatentum zusammenhing. Offenbar war unter dem Eindruck seiner Bildungserlebnisse in dieser Beziehung ein gewisser Wandel eingetreten. Denn wenn es ihm gelang, das deutsche Volk beiderseits der deutschösterreichischen Grenze zu einer Gemeinschaft von dionysischer Kraft und apollinischer Schönheit zu vereinigen, würde es über das

25 Hitler 1925 I, S. 525.

26 Kubizek 1995/6, S. 246, betont, sein Freund sei in Wien „ausgesprochener Pazifist" gewesen, der die Schuld für die Kriege bei den „gekrönten und ungekrönten Herrschern" sowie bei der „Waffenindustrie" suchte. Dagegen Hitler in *Mein Kampf*, S. 172, allerdings nur in Bezug auf seine Kindheit und mit berechnendem Seitenblick auf seine Leser in den zwanziger Jahren: „Ich war eben schon als Junge kein Pazifist, und alle erzieherischen Versuche in dieser Richtung wurden zu Nieten."

restliche Europa eine kulturelle Hegemonie erringen und Kriege überflüssig machen.

Rein intuitiv und ohne es später zuzugeben,[27] hat der junge Hitler schon seit 1910 im Männerwohnheim und bisweilen wohl auch in der einen oder anderen Gaststätte ganz informell und in kleinstem Kreis an der Vorbereitung jener rhetorischen Erfolge gearbeitet, die er dereinst feiern wollte, während er sich weiterhin mit Oper und Baukunst auseinandersetzte, seinen ursprünglichen Interessengebieten. Denn noch hatte er sich definitiv weder für das eine noch für das andere entschieden. Vielmehr dürfte ihm gerade durch seine Vielseitigkeit allmählich die Erkenntnis gedämmert haben, dass es das Beste sein würde, Rhetorik letztlich mit Musik und Architektur zu verbinden, um in politischer Hinsicht maximale Wirkungen zu erzielen. Außerdem lernte er durch seine Redeübungen „die Menschen in ihren oft unendlich primitiven Anschauungen und Einwänden kennen",[28] für den rhetorischen Autodidakten eine unschätzbare Erfahrung. Nachdem er wie als lebende Beweise für seine Vermutung so begnadete Redner wie Victor Adler und Karl Lueger erlebt hatte, wird es für den jungen Mann schließlich ein Leichtes gewesen sein, sich eine metapolitische Sphäre auszumalen, in der das Volk ihm als Redner ebenso willig wie jenen Politikern folgen würde.

Tatsächlich war der Hitler Adolf in Wien mit Adler und Lueger erstmals jenem Prototyp des modernen Politikers begegnet, wie ihn Max Weber in seinem berühmten Vortrag über *Politik als Beruf* beschreibt.[29] „Der Demagoge", so heißt es da ohne jenen polemischen Unterton, den der allgemeine Sprachgebrauch diesem Begriff zugeschrieben hat, „ist seit dem Verfassungsstaat und vollends seit der Demokratie der Typus des führenden Politikers im Okzident." Um „den unangenehmen Beigeschmack" beiseite zu schieben, den der Begriff „Demagoge" nun einmal hat, erinnert der große Soziologe daran, „dass nicht Kleon, sondern Perikles der erste war, der diesen Namen trug", und zwar nach Übernahme des einzigen Wahlamtes, das die attische Demokratie zu vergeben hatte. Der manchmal sogar amtlose Inhaber, der so genannte Oberstratege, „leitete ... die souveräne Ekklesia des Demos von Athen" (Max Weber), eine Funktionsbeschreibung, die von Weitem an den römischen Volkstribun erinnert.

Für Weber ist freilich nicht der Redner, sondern der Journalist „der wichtigste heutige Repräsentant" der Politiker-Gattung. Seine Feststellung, der Journalist teile mit dem Künstler „das Schicksal: der festen so-

27 BAK, NS 26/17 a: Brief an einen ungenannten „Herrn Doktor" vom 29. November 1921, wenige Monate nach seiner Ernennung zum Führer der NSDAP. „Aktiv betätigt habe ich mich in der Politik auch in diesen Jahren (gemeint ist die Zeit von 1911 bis 1914, wie sich aus dem Kontext ergibt – D. B.). Ich vermied es, irgendwo als Redner aufzutreten schon aus dem Grunde, weil keine der damals bestehenden Parteien mir innerlich irgendwie sympathisch gewesen wäre." Hitler versuchte also seine rhetorische Enthaltsamkeit mit seiner parteipolitischen „Unschuld" zu begründen.

28 Hitler 1925 I, S. 73.

29 Weber 1992, S. 33.

zialen Klassifikation zu entbehren", passt hervorragend auf den jungen Hitler in Wien. Wenn man den Begriff des Journalisten etwas weiter fasst, war in der Tat alles, was der Hitler Adolf damals in Wort und Bild produzierte, für den Tag (frz. *le jour)* oder, um es noch etwas mehr zu pointieren, für den alsbaldigen Verbrauch durch ein möglichst breites Publikum bestimmt, mochte der Urheber seinen Produkten im jugendlichen Überschwang auch stets einen Ewigkeitswert beimessen. So gesehen, könnte man den Journalisten als Sonderfall des Demagogen bezeichnen.

Selbststilisierung

Damit der Hitler Adolf seine rhetorische Begabung entfalten konnte, bedurfte es freilich einer politischen Situation, in der jene zur Wirkung kommen konnte. Selbstverständlich war es einem Anfänger trotz aller Bemühungen unmöglich, in jenem tristen Hinterhofzimmer, das er sich mit seinem Freund teilte, oder im kahlen Lesezimmer des Männerwohnheims mitreißende Reden zu halten, obwohl seine Zuhörer wohl schon damals wenigstens ansatzweise etwas von dem angeborenen Charisma Adolfs verspürten. Tatsächlich stellte sich August im Anschluss an das gemeinsame *Wieland*-Erlebnis die Frage, weshalb er diese seltsame Freundschaft, die ihn unnötig viel Kraft und Zeit kostete, nicht schon längst beendet hatte: „Warum tat ich es nicht? ... Was hielt mich fest? – Offen gesagt, es waren gerade Stunden wie die, die ich jetzt erlebte, die mich noch fester an meinen Freund banden. ... Ein ungeheurer Ernst lag in ihm, eine Gründlichkeit, eine wahre leidenschaftliche Anteilnahme an allem Geschehen und dazu, was mich bei ihm vor allem anzog und in den Stunden, in denen er sich völlig ausgegeben hatte, wieder ins Gleichgewicht brachte, seine unbedingte Hingabe an das Schöne, Erhabene, das Große der Kunst."[30] Wenn nicht alles täuscht, werden mit diesen Worten erstmals einleuchtend die mesmerisierende Wirkung und deren Gründe beschrieben, die der Redner Hitler auch später auf viele andere Menschen ausgeübt hat.

Lange, allzu lange wollte sich das umstürzende Ereignis, auf das der junge Hitler sehnlichst hoffte, jedoch nicht einstellen, so dass ihn bereits ärgerliche Empfindungen über die Ungnade seiner späten Geburt beschlichen. „Warum konnte man denn nicht hundert Jahre früher geboren sein", fragte er sich und August frustriert, „etwa zur Zeit der Befreiungskriege, da der Mann wirklich, auch ohne ‚Geschäft', noch etwas wert war?"[31] Dann aber kamen das Jahr 1908 mit der Annexionskrise um Bosnien und die Herzegowina sowie eine erhebliche Verschärfung des innenpolitischen Klimas – und plötzlich war alles ganz anders geworden. Denn anscheinend kam jetzt doch jene schicksalhafte Stunde, in welcher der junge Hitler seine Ambitionen als politischer Redekünstler würde verwirklichen können. Zwar hatte er bis dahin – außer dem angeblichen Beitritt

30 Kubizek 1995/6, S. 206.
31 Hitler 1925 I, S. 173.

zum Antisemitenbund[32] – formell nichts unternommen, um sich aktiv in das politische Leben einzuschalten. Unter dem Eindruck der außen- und innenpolitischen Doppelkrise hoffte er aber auf seine Selbstprofilierung durch die Begegnung mit „dem Volk“, wie es ihm sein Idol so eindrucksvoll vorgelebt hatte. Tatsächlich war Richard Wagner während des Dresdener Maiaufstands von 1849 im Handumdrehen vom Hofkapellmeister zum Barrikadenkämpfer aufgestiegen. In Anbetracht dessen fühlt sich der Biograph des jungen Hitler abermals in seiner Überzeugung bestätigt, dass die Beendigung dieser solitären Existenz als Bewohner von Untermietzimmern weder auf Mittellosigkeit beruhte noch so ziellos war, wie andere Biographen bisher angenommen haben. Vielmehr sieht es ganz so aus, als habe der junge Hitler seine rhetorischen Fähigkeiten und sein Charisma basisnah an neuen Zielgruppen ausprobieren wollen. Oder anders gesagt: Nachdem er jahrelang „im stillen Kämmerlein“ geübt hatte, startete der junge Hitler in jenem Schlüsseljahr 1908 den ersten rhetorischen Feldversuch seines politisch-künstlerischen Doppellebens.[33]

Aber das ist nur ein Aspekt. Der andere Aspekt ist die damit gleichzeitig einsetzende Verwandlung seiner privaten in eine öffentliche Person. Denn bis auf jene wenigen Monate, die er 1913/14 in München noch einmal gemeinsam mit einem eher zufällig gefundenen Gefährten in einem Untermietzimmer verbrachte, verkehrte der junge Hitler seit 1908 überwiegend in einer Sphäre, die für jedermann zugänglich war. Das mag Zufall gewesen sein – oder aber die Absicht eines jungen Mannes, der sich auf seine Rolle als rhetorischer Volkstribun vorbereitete, auch wenn ihm diese Intention damals wahrscheinlich noch nicht voll zu Bewusstsein gekommen war. Denn wie einst auch Cola di Rienzi, bekanntlich Sohn eines kleinen Gemüsehändlers oder Gastwirts, kam ein solcher Volksführer idealerweise aus dem Volk. Zwar verstand es sich für den mittellosen Beamtensohn aus Linz von selbst, dass er in Wien bestimmte Standesgrenzen nicht unterschreiten durfte. Wie der junge Hitler „Angst hatte, von dem allgemeinen moralischen und politischen Verfall der führenden Kreise angesteckt zu werden“, so hatte er nach den Beobachtungen seines Freundes[34] „eine noch viel größere Angst vor der Proletarisierung“. Insofern fiel es dem jungen Hitler subjektiv gewiss nicht leicht, sich „dem Volk“ zu nähern. Aber hinter „einem Wall sicherer, unerschütterlicher Grundsätze“ war er in der Lage, sein Leben „unabhängig von der bedrohlichen Umwelt in völliger

32 Ebda., S. 251: So sagte Hitler gegen Ende des gemeinsamen Aufenthaltes in Wien angeblich zu seinem Freund: „Ich bin heute dem Antisemitenbund beigetreten und habe dich auch gleich angemeldet.“ Eine solche Organisation war vor 1918 nicht existent.

33 Außer den bereits in Teil I, 11. Kapitel, S. 201 ff., erwähnten rhetorischen Einsätzen im Männerwohnheim und in einer Gastwirtschaft deutet Hitler in *Mein Kampf*, S. 159, eine gelegentliche Tätigkeit als politischer Redner auch für seine Münchner Zeit an: „Ich habe damals meine ersten Betrachtungen über die Nichtigkeit der Form der Propaganda angestellt.“ Und auf Seite 163 heißt es: „Ich machte schon damals in den kleinen Kreisen, in denen ich überhaupt verkehrte, keinen Hehl aus meiner Überzeugung …“

34 Kubizek 1995/6, S. 248.

innerer Freiheit aufzubauen", und so wurde der junge Hitler ab 1910 ein vergesellschaftetes oder „volkseigenes" Wesen, das bis zu seinem Tod im Rampenlicht der Öffentlichkeit gestanden hat. Sein Arkanum schirmte er mehr oder weniger sorgsam von der Öffentlichkeit ab.

Tatsächlich wusste nicht einmal sein Freund genau, was in ihm vorging. „Adolf war im Grunde genommen eine verschlossene Natur. Er hatte immer einen bestimmten Bezirk seines Wesens, in den er niemand eindringen ließ."[35] Manchmal kam er seinem Freund „geradezu unheimlich" vor.[36] Das einzige, was ihn antrieb, war offenbar seine deutschnationale Obsession. Kubizek: „Es war im Grunde genommen stets das gleiche: seine jedes Maß übersteigende Liebe zum Deutschtum. Mit übervollem Herzen nahm Adolf an diesem leidenschaftlichen Kampfe (des Deutschtums in der Donaumonarchie – D. B.) teil. Dass die politische Situation für die Deutschen so hoffnungslos war ... ließ ihn das Kaiserhaus hassen. ... Dann aber führten ihn diese erbitterten Anklagen gegen die Zeit zu seinen hoffnungsvollen Gedanken zurück. Er baute wieder am Reiche aller Deutschen", und manchmal kam er seinem Freund schon „wie ein politischer Machthaber" vor, „der über Sein oder Nichtsein des deutschen Volks" zu entscheiden hatte.[37]

Freilich hatte der junge Hitler schon durch sein Linzer *Lohengrin*-Erlebnis gelernt, wie sich ein solcher „Machthaber" zu verhalten hat – wie eine Person, die offiziell kein Privatleben mehr kennt. Denn Wagners Schwanenritter „ist durch und durch ein ‚öffentlicher' Held. Die Antwort auf die Namensfrage, von Elsa in der Brautnacht gestellt, gibt er vor versammeltem Heer. Auch sonst bleibt ihm im hier entscheidenden Verhältnis zu Elsa ‚der Heiligenschein der erhöhten Natur', welche Privatheit letztlich verhindert".[38] Um eine solche Aura der erhöhten Natur scheint es dem jungen Hitler seit 1910 gegangen zu sein. Von ihr umgeben wollte er eines Tages wie ein vom Himmel gefallener Held, wie ein Retter, wie ein Messias aus dem Volk hervortreten, sobald seine Zeit gekommen wäre. Den Preis, den er dafür durch den Verzicht auf Liebe, Freundschaft und mitmenschliche Beziehungen bezahlen musste, bezahlte er anscheinend gern.

„Autoritäre Persönlichkeit"

Neben den Symptomen einer „verlängerten Pubertät" machten sich beim jungen Hitler je länger, desto mehr offenbar auch Merkmale einer „autoritären Persönlichkeit"[39] bemerkbar, wenn er z.B. bestimmte Wahlmöglichkeiten seines Freundes in Abrede stellte, ihn anbrüllte, statt zu argu-

35 Ebda., S. 35.

36 Ebda., S. 20.

37 Ebda., S. 244f.

38 Brinkmann 1989, S. 262.

39 Der von ihm selbst mit wissenschaftlichen Vorbehalten versehene Begriff stammt von Adorno und fußt auf Umfragen, die das von Frankfurt/M. in die USA emigrierte Institut für Sozialforschung 1945 unter US-amerikanischen Probanden abhielt, um, wie

mentieren, oder wenn er bei der Ausgestaltung des von ihm anvisierten Großdeutschlands an autoritäre Konstruktionen wie eine „monarchische Republik“[40], „germanische Demokratie“ und „sociales Königtum“[41] dachte. In Anlehnung an Sigmund Freud, Erich Fromm und Max Horkheimer sieht der Komponist, Musikwissenschaftler und Philosoph Theodor Ludwig Wiesengrund Adorno hinter diesem Persönlichkeitsbild eine „psychische Dynamik“ wirken, die im Wesentlichen aus der „Ambivalenz autoritärer und rebellischer Neigungen“ bestehe, nach dem „antisemitischen ‚Ventil‘“ verlange und „von den psychischen Bedürfnissen und Trieben des Subjekts abhängig“ sei. Ob die betreffende Person durch minoritätenfeindliches Verhalten tatsächlich eine Ersatzbefriedigung ihrer verdrängten Triebe erstrebe und finde, so Adorno weiter, würde sich allerdings erst in einer objektiv gegebenen Krisensituation entscheiden.

Es führt zu weit, Adornos Typologie, die wie jede andere sozialwissenschaftliche Typologie nicht unkritisiert blieb, hier im Einzelnen zu entfalten. Indem wir seiner Einteilung in „der Rebell und der Psychopath“, „der Spinner“ und „der manipulative Typus“ folgen, begnügen wir uns deshalb damit, nur jene Grundzüge der autoritären Persönlichkeit aufzuzeigen, die auch beim jungen Hitler wenigstens ansatzweise nachweisbar zu sein scheinen.

Der „Rebell“ zeichnet sich nach Adorno dadurch aus, dass sich seine Auflehnung gegen die väterliche Autorität in „blindem Hass“ gegen jede Autorität äußert – „vermischt mit starken destruktiven Akzenten, gepaart mit der geheimen Bereitschaft zu ‚kapitulieren‘ und sich mit dem ‚verhassten‘ Stärkeren zu verbünden“.[42] Seine „negative Übertragung der Abhängigkeit“ sei jedoch zusätzlich mit dem Drang verbunden, „pseudorevolutionär gegen jene vorzugehen, die in seinen Augen schwach sind“. Der extreme Vertreter dieses Typs ist nach Adorno der „‚Psychopath‘“, dessen Über-Ich durch die Folgen seines Ödipuskonflikts völlig verkümmert sei, was der Betreffende seit seiner Kindheit durch Regression und Omnipotenzphantasieren zu kompensieren versuche. Adorno: „Die Grenzlinie zum Verbrecher ist fließend.“

Bei den so genannten „Spinnern“ handelt es sich seiner Meinung nach um Menschen, die durch die Verinnerlichung der väterlichen Disziplinierung zwar zutiefst frustriert sind, sich aber mit dem Aufbau einer „häufig an Wahn grenzenden Scheinwelt“ zu behelfen wissen und dadurch in gesellschaftliche Isolierung geraten. „Sie können nur existieren“, meint der Verfasser,[43] „wenn sie sich selbst erhöhen und die Außenwelt mit Leidenschaft verwerfen. Ihre ‚Seele‘ wird zum kostbarsten Besitz. Zugleich sind sie überaus projektiv und misstrauisch. Eine Affinität zur Psychose ist

es hieß, „die Aussichten eines faschistischen Sieges in den USA zu beurteilen“. Adorno 1973, S. 14.

40 Vgl. dazu Teil III, 5. Kapitel, S. 444.

41 Vgl. dazu Teil III, 5. Kapitel, S. 442.

42 Adorno 1973, S. 328.

43 Ebda., S. 331.

nicht zu verkennen; sie sind paranoid. Für sie ist das Vorurteil lebenswichtig; es ist ihr Mittel, akuter Geisteskrankheit durch Kollektivierung zu entgehen." Für „Spinner", so Adorno weiter, seien Stereotype entscheidend wichtig, weil sie deren projektive Formeln anscheinend sozial bestätigen und mitunter bis zu einem Grad institutionalisieren, der „oftmals religiösem Glauben nahe kommt. ... die Zwanghaftigkeit dieser Personen hat das Stadium des Fanatismus erreicht".

Im Gegensatz zum so genannten „Spinner", dem etwas Paranoides anhafte, neigt „der manipulative Typ" angeblich zur Schizophrenie. Adorno: „In einer Art zwanghaftem Überrealismus" betrachte er alles und jedes „als Objekt ..., das gehandhabt, manipuliert und nach den eigenen theoretischen und praktischen Schablonen erfasst werden muss". Die „nüchterne Intelligenz und die fast komplette Absenz von Affekten" machten Vertreter des manipulativen Typus „zu denen, die keine Gnade kennen. Da sie alles mit den Augen des Organisators sehen, sind sie prädisponiert für totalitäre Lösungen".[44]

Es ist erstaunlich, dass Theodor Adorno zwar einerseits glaubt, für den Typus des Rebellen und des Manipulators im von Hitler ermordeten SA-Führer Ernst Röhm und im ehemaligen SS-Führer Heinrich Himmler zwei paradigmatische Verkörperungen seiner Typologie zu finden, dass er aber andererseits nicht versucht hat, diese auch auf den ehemaligen „Führer" selbst anzuwenden. War ihm diese Persönlichkeit zu komplex oder zu nah? Oder fühlte er sich als Jude, der 1934 aus Deutschland emigrieren musste, dieser Aufgabe subjektiv nicht gewachsen? Da man die Gründe für seine Unterlassung nicht kennt, weiß man auch nicht, wie er zu dem Versuch stehen würde, seine Typologie auf den jungen Hitler zu übertragen. Tatsächlich fallen dem Nachbetrachter als Erstes ebenso die Hassgefühle auf, die der junge Adolf Lehrern, Professoren der Akademie sowie den Habsburgern entgegengebrachte, wie die Regression und Omnipotenzgefühle, die er seit seiner Kindheit entwickelt hat. Auch scheinen die gesellschaftliche Isolierung und die „häufig an Wahn grenzende Scheinwelt", in der er während seiner Adoleszenz manchmal lebte, sowie die sich zum Fanatismus steigernde Stereotypie des „Spinners" auf ihn und seinen Deutschnationalismus zu passen. Schließlich ist in dem jungen Mann auch die nüchterne Intelligenz des „manipulativen Typs" nicht zu verkennen, der alles und jeden als organisierbares Objekt betrachtet.

Obwohl somit manches dafür spricht, dass schon der junge Hitler Züge einer „autoritären Persönlichkeit" entwickelte, lässt sich eine grundsätzliche Skepsis gegen Adornos freudianischen Ansatz und gegen psychohistorische Erklärungsmuster generell auch an dieser Stelle nicht unterdrücken. Denn diesen Mustern wohnt in der Regel ein teleologischer Automatismus inne, der nur allzu häufig dazu neigt, so komplexe geschichtliche Vorgänge wie den Nationalsozialismus, den Zweiten Weltkrieg und den Holocaust auf eine einzige Ursache zurückzuführen – nämlich auf den

44 Ebda., S. 335.

mit untauglichen Mitteln unternommenen Versuch des deutschen Diktators, seinen „Ödipuskomplex“ und seine Auflehnung gegen die väterliche Autorität auf sadomasochistische Art und Weise zu bewältigen. Vor allem aber haben solche Theorien Historiker nur allzu häufig davon abgehalten, empirisch nach anderen Möglichkeiten der Deutung zu suchen, was jedoch in den folgenden Kapiteln geschehen soll.

2. Kapitel: Verstand, Gefühl, Intuition

Verstand und Gefühl

Von Kindesbeinen an fiel es dem Hitler Adolf offensichtlich schwer, Verstand und Gefühl miteinander in Einklang zu bringen. Vielfältig begabt, aufgeweckt, wortgewandt und durchsetzungsfreudig, fehlte es ihm zwar durchaus nicht an Intelligenz. Aber jeder schulbuchmäßig betriebenen künstlerischen oder wissenschaftlichen Tätigkeit, die aus dem Dilettanten durch Ausdauer, Fleiß und den Willen zur Perfektion einen Meister und aus dem Autodidakten durch die Einschaltung kognitiver Fähigkeiten einen Gelehrten gemacht hätte, stand er grundsätzlich fern. Sie entsprach nicht seinem Naturell. Sie war ihm wesensfremd.

Auf der anderen Seite konnte der junge Hitler starke Emotionen entfalten. Seine ausgeprägte Fähigkeit zu hassen wird von seinem Freund Kubizek ebenso bezeugt wie eine gewisse Neigung zum Jähzorn von seinem Lehrer Huemer. Neben diesen negativen Gefühlen, die oft genug aus ihm hervorbrachen, konnte der Heranwachsende aber offenbar auch lieben, und zwar sowohl in der milderen Form, wie sie gegenüber seiner Mutter, als auch in jener maßlosen Intensität, wie sie in der Stefanie-Episode und in seinem Deutschnationalismus zum Ausdruck kam. In diesen extremen Gefühlszuständen des Hasses und der Liebe, so scheint es, war der junge Hitler zu jedem Opfer bereit, auch zum Opfer seiner selbst.

War es für ihn schon schwierig genug, die einander heftig widerstreitenden Gefühle unter Kontrolle zu bringen, so gab es zwischen ihnen und seinem Verstand offenbar eine noch tiefere Kluft, die der Hitler Adolf mit der Gabe der Intuition zu schließen versuchte. Viele seiner Zeitgenossen habenihn daher auch als Politiker künstlerische Fähigkeien zugeschrieben.[45] Aber Adolf Hitler ist weder ein Künstler noch in seinen frühen Jahren schon ein Politiker, sondern ein Wesen der dritten Art gewesen, das ihn schon in seiner Jugend für Weisheiten und Irrlehren jenseits der empirischen Wissenschaft anfällig machte. So konnten bei ihm mehr oder weniger obskure Privatgelehrte mehr Glaubwürdigkeit genießen als irgendein Nobelpreisträger. Als aktenkundig gewordene Beispiele sind hier Hanns Hörbiger und Hans

45 So z. B. der so genannte Chefideologie der NSDAP, Alfred Rosenberg. Er sah „das *Entscheidende* für eine Erkenntnis seiner Persönlichkeit“ in Hitlers künstlerischer Seite. Vgl. Rosenberg 1955, S. 320. Vgl. auch den Generalintendanten des Weimarer Staatstheaters von ... bis ... und frühen Hitler-Anhänger Hans Severus Ziegler, der Hitler als „bedeutend schöpferischen Menschen musischer Art“ einschätzte. Ziegler 1977/4, S. 22.

Goldzier anzuführen, auf die wir noch an anderer Stelle ebenso wie auf das Problem des Okkultismus eingehen werden.[46]

Brücke der Intuition

Das geistig-seelische Phänomen der Intuition lässt sich ebenso schwer fassen, wie es im Persönlichkeitsbild des älteren Hitler als Mittel zur geistigen Aneignung der Außenwelt nicht zu übersehen ist. Unterstützt von seiner raschen Auffassungsgabe und von einem eidetischen Gedächtnis, das einmal Gelesenes mit fotografischer Genauigkeit festhalten und aus gegebenem Anlass blitzschnell wieder zum Vorschein bringen konnte, scheint Intuition diejenige Gabe gewesen zu sein, auf die sich der junge Hitler seit seiner Kindheit noch mehr als auf seinen Verstand und seine Gefühle verlassen hat. Sie war in der Aneignung der Außenwelt seine erste und letzte Instanz.

So berichtet Albert Speer, als Leibarchitekt des „Führers" und Rüstungsminister einer von Hitlers engsten Mitarbeitern: „Soweit ich es beobachten konnte, ließ er während der wochenlangen Beschäftigung mit unwichtigen Dingen oft ein Problem ausreifen, um dann, ‚nach der plötzlichen Erkenntnis', die ihm richtig erscheinende Lösung in einigen intensiven Arbeitstagen endgültig zu formulieren. Hatte er eine Entscheidung getroffen, fiel er wieder in seinen Müßiggang zurück."[47] Ebenso eindringlich schildert Hitlers Sekretärin Christa Schroeder die Art und Weise, wie ihr Chef seine Reden diktierte, in denen er häufig genug Entscheidungen von größtem Gewicht formulierte: „Von Zeit zu Zeit blieb er, in Gedanken versunken, vor einem Bismarck-Bild stehen und betrachtete es träumerisch, wie im Gebet. Er sah aus, als flehe er den Eisernen Kanzler an, ihn zu inspirieren. Mit nachtwandlerischen Bewegungen ging er von einem Möbelstück zum anderen Und dann begann er, hastig im Zimmer auf und ab zu schreiten, um ganz plötzlich wie gelähmt stehen zu bleiben. Dabei sah er mich kaum an, aber er begann zu sprechen. Wollte er seiner Erregung freien Lauf lassen, so unterbrach er seine Wanderung und richtete seinen Blick auf einen irrealen Punkt an der Zimmerdecke, als empfänge er von dort eine besondere Gnade."[48]

Diese zwischen scheinbarer Untätigkeit, plötzlicher Eingebung und schubweiser Aktivität schwankende Vorgehensweise hatte August Kubizek schon in den Jahren, die sie gemeinsam in Linz und Wien verbrachten, an seinem Freund beobachten können. Es ist die typische *ars operandi* des intuitiv begabten Menschen. Mit dem *Ondit* „Eine einzige brillante Idee ist mehr Wert als ein ganzes Leben voll bewusster Büroarbeit", das Hitlers Pressechef Otto Dietrich überliefert hat,[49] lässt sich diese Kunst wohl am besten zusammenfassen. Vergleicht man sie mit genialer Wissenschaftlichkeit und begnadetem Künstlertum, die sich oft erst in jahrelangen Mühen offenbaren, wird die Gabe der Intuition oft wie ein bei halber Nacht verübter Diebstahl gering

46 Vgl. dazu Teil III, 8. Kapitel, S. 475 ff. und 485 ff.

47 Speer 1969, S. 146.

48 Zoller 1949, S. 16.

49 Dietrich 1934, S. 136.

geschätzt und verächtlich gemacht. Auf jeden Fall wird sie als Mittel einer erfolgreichen Daseinsbewältigung oft nicht ganz ernst genommen. Vielleicht ist das auch ein Grund, weshalb sich die meisten Biographen bisher – milde gesagt – so zurückhaltend über die geistigen Fähigkeiten Hitlers geäußert haben. Für Franz Jetzinger bestand dessen „größter Mangel" darin, „dass er ohne jede theoretische Vorkenntnisse und ohne jede praktische Erfahrung in irgend einem Beruf abseits vom Leben und von der realen Wirklichkeit die Dinge meistern zu können meinte".[50] Für Ian Kershaw war Hitler schlichtweg „ein Mensch mit so geringen geistigen Gaben und sozialen Fähigkeiten", dass er ihn mit einem „herrenlos auf den Wellen treibenden Boot" verglich.[51] Auf der anderen Seite hat Joachim Fest schon vor langer Zeit zu Recht auf die bemerkenswerte Tatsache hingewiesen, dass Hitler „alles aus sich und alles in einem" war: „Lehrer seiner selbst, Organisator einer Partei und Schöpfer ihrer Ideologie, Taktiker und demagogische Heilsgestalt, Führer, Staatsmann und, während eines Jahrzehnts, Bewegungszentrum der Welt".[52] Wenn eine so erstaunliche Entwicklung im Wesentlichen aufgrund von Intuitionen stattfinden konnte, wird man über diese Gabe nicht nur im Fall Hitlers wohl ein wenig positiver denken müssen, auch wenn das Ergebnis oft genug nur purer Dilettantismus war und schließlich sogar in eine geschichtliche Katastrophe von ungeheurem Ausmaß umgeschlagen ist.

Tatsächlich gibt es viele berühmte Geister, die sich sehr anerkennend über die Intuition geäußert haben. Sie wurde von John Locke „der helle Sonnenschein" des Menschengeistes genannt.[53] Albert Einstein meinte sogar: „Alles, was wirklich zählt, ist Intuition."[54] Nach Meinung von Neurologen ist für diese Begabung das limbische System entscheidend, das Wahrnehmungen, Motivationen, Gedanken, Erinnerungen steuert und daher oft als „emotionales Erfahrungsgedächtnis" bezeichnet wird. Nach einer Definition der modernen Hirnforschung ist Intuition – poetisch bis banal auch „Weisheit der inneren Stimme", „die andere Art des Wissens" oder „Bauchentscheidung" genannt – ein „Vorgang, wenn plötzlich, scheinbar aus dem Nichts, eine Idee auftaucht, eine Entscheidung fällt, neue Zusammenhänge erkannt werden". Sie ist das Ergebnis einer so genannten Inkubation, ein Begriff, den man bekanntlich auch bei der Entwicklung von somatischen Krankheiten vor der offenen Manifestation von Symptomen benutzt. Unter Inkubation verstehen Neurobiologen „in erster Linie eine Leistung des Verstandes, der unbewusst an einer Fragestellung weiterarbeitet. Kluge Menschen", so heißt es in einer jüngeren Veröffentlichung aus fachärztlicher Sicht, „haben die besten Inkubationen. Emotionen sind aber auch beteiligt: Sie motivieren die Großhirnrinde zu ihrer Arbeit und bewirken das ‚Einschalten' des Be-

50 Jetzinger 1956, S. 222.

51 Kershaw 1998/2 I, S. 21.

52 Fest 1973/5, S. 17.

53 Chamberlain 1904/5 II, S. 921.

54 *Focus* Nr. 24, 7. Juni 2004, Titelgeschichte „Die Intelligenz der Gefühle". Dort auch das Folgende.

wusstseins, wenn dieses auf eine sinnvolle Lösung gestoßen ist. Gemeinsam ist beiden Varianten, dass das Unbewusste die entscheidende Rolle spielt."

Vor dem Hintergrund dieses Erklärungsversuches erhalten Äußerungen Kubizeks über die *absencen* seines Freundes beim Erlebnis von Wagner-Opern, aber auch Äußerungen des Musikdramatikers über sein eigenes Schaffen einen neuen und tieferen Sinn. Was die Neurologen meinen, hat Wagner nämlich, als er von jenem Augenblick sprach, in dem er zum ersten Mal an seinen *Tristan* dachte, in folgende Worte gefasst: „Die Welt der Erscheinung verbleicht, der Blick ist tief ins Innere gewandt."[55] Tatsächlich sah Wagner sich beim Dichten und Komponieren in drei verschiedenen Funktionen, die man sich wie ein hierarchisch geordnetes System vorstellen muss: erstens in der des Sehers, der den Schein der Dinge sieht, diesen auf den Grund schaut und das Wesen der Welt so erkennt, wie diese sich ihm als Wahrheit offenbart; zweitens in der des Dichters, der das Erschaute bewusst bildet, aus der Anschauung eine Mitteilung formt und zum Erzähler wird; und, drittens, in der des Künstlers, der verwirklicht, was der Seher geschaut und der Dichter erzählt hat. Erst durch die sukzessive Anwendung dieser drei Funktionen wird seiner Meinung nach das Kunstwerk hervorgebracht.[56] Bei allen Vorbehalten gegenüber einer linearen Übertragung dieser drei Stufen von dem einen auf den anderen, das heißt vom Künstler auf den Redner, wird so in Umrissen vorstellbar, dass in Hitler seit seiner Jugend Ähnliches vor sich gegangen ist. Einerseits kann dadurch auch das bei seinen Zeitgenossen und Biographen häufig anzutreffende Missverständnis ausgeräumt werden, Hitler habe alles, was er an Kenntnissen und Wissen besaß, nie zu einem in sich geschlossenen Weltbild verdichtet. Andererseits vermag man die Tatsache besser zu verstehen, dass Zeitgenossen und Biographen den Politiker Hitler oft genug mit einem Künstler verwechselt haben.[57]

Durch einen Vergleich zwischen dem Künstler Wagner und dem Redner Hitler kann man aber auch der Tendenz zum Größenwahn in beiden Fällen näherkommen. „Vielleicht wäre es keinem außer Wagner eingefallen, ein Opernlibretto (für den *Ring*-Zyklus – D. B.) mit der Entstehung der Welt zu beginnen und mit ihrer Zerstörung zu beenden, ... und man kann durchaus zu dem Schluss gelangen, dass überhaupt nur ein teilweise Größenwahnsinniger sich eines solchen Themas hätte annehmen können", schreibt der

55 Richard Wagner GSD 1914 I, S. 43.

56 Richard Wagner, Gesammelte Dichtungen und Schriften, 1879, Bd. 10, S. 142 f.

57 Hitler hat dieser Verwechselung selbst kräftig Vorschub geleistet, indem er z.B. 1939 auf dem Höhepunkt der Polenkrise zu Jacob Burckhardt sagte: „Oh, könnte ich doch hier bleiben und als Künstler arbeiten. Mehr als alles andere bin ich ein Künstler." Burckhardt 1960, S. 344. Zu Nevile Henderson soll er wenig später gesagt haben, er sei „von Natur aus ein Künstler, kein Politiker". Op. cit. Spotts 2002, S. 8. – Vor Tischgenossen in der Wolfsschanze erklärte er in der Nacht vom 25./26. Januar 1941: „Gegen meinen Willen bin ich Politiker geworden. Die Politik ist für mich nur ein Mittel zum Zweck ... Kriege kommen und vergehen, was bleibt, sind einzig die Werke der Kultur." (Jochmann 1980, S. 234.) Der Verdacht von reinen Zweckbehauptungen oder die Möglichkeit eines irrigen Selbstbildnisses sind nicht von der Hand zu weisen.

Wagner-Kenner Robert Donington und fährt fort:[58] „In der äußeren Welt stand Wagners Element von Größenwahn im Gegensatz zum Realitätsprinzip. … Doch es lässt sich kaum bezweifeln, dass wir diesem Größenwahn Wagners Fähigkeit verdanken, ein so gewaltiges Werk konzentrierter Einsicht und geballter Schöpfungskraft durchzuführen." Soll diese Analyse nicht nur auf Wagner, sondern auch auf Hitler zutreffen, muss man allerdings auch Doningtons Begriff der „Größe" auf letzteren übertragen. „Es ist irreführend, diese beiden Elemente (Größenwahn und künstlerisches Urteilsvermögen – D. B.) getrennt voneinander zu betrachten; gerade ihre Verbindung, und nichts anderes ist es, was wir als Wagners Größe akzeptieren müssen", schreibt Donington in diesem Zusammenhang. „Gerade weil die Widersprüche in Wagners Charakter so stark waren, konnte man erwarten, dass seine Intuition besonders gut vermochte, die Widersprüchlichkeit der inneren Gegensätze des Lebens durch seine künstlerischen Symbole auszudrücken." Das Gleiche könnte man von Hitler sagen, wenn man das Wort „künstlerisch" durch „rhetorisch" ersetzt.

Psychedelische Schulung

Unterstellt man dem Demagogen Hitler in diesem Sinne eine gewisse „Größe", muss man freilich auch einräumen, dass diese gewiss nicht einfach vom Himmel fiel, mag sie letzten Endes auch Sache seiner speziellen Gene gewesen sein. Vielmehr ist anzunehmen, dass schon der junge Hitler seine intuitiven Fähigkeiten mit jedem Besuch einer Wagner-Oper gesteigert, geschärft und immer mehr verfeinert hat. Sobald in den Tagträumen, denen er sich im Linzer Landestheater ebenso hingab wie in der Wiener Hofoper, zusammen mit der Musik seines Lieblingskomponisten die Eingebungen auf ihn einströmten, hatte der junge Mann das Gefühl eines Neubeginns, das Erlebnis einer symbolischen Wiedergeburt, eines Meilensteins in seiner Lebensgeschichte – ganz so wie man nach Aussagen von Konsumenten im Drogenrausch Tod, Auflösung und Neuschöpfung als psychedelische Erfahrung erlebt. Tatsächlich scheint dieses Erlebnis die Verteidigungsmechanismen der Persönlichkeit dadurch zu überwinden, dass es dem Ich vorübergehend seine mühsam erworbenen und aufrechterhaltenen Stützen wegnimmt. Oder anders herum gesagt: Bei seinem Versuch, Widerstand gegen dieses Erlebnis zu leisten, muss das plötzlich hilflos gewordene Ich nachgeben, um nicht dauerhaft Schaden zu nehmen. Indem es sich dem psychischen Druck öffnet, wird die Persönlichkeit jedoch von Mal zu Mal stärker und unabhängiger, so dass sie die ihr innewohnenden Möglichkeiten entdecken und im günstigen Fall auch ausschöpfen kann. „Solche Augenblicke der psychischen Erneuerung", fasst Robert Donington seine Betrachtungen zusammen,[59] „können von entscheidender Bedeutung sein, und obwohl sie niemals endgültig sind, lassen sie die Persönlichkeit doch niemals im gleichen Zustand wie zuvor."

58 Donington 1995/4, S. 13.

59 Ebda., S. 18 f.

Solche Beschreibungen, die sich in Grenzbereichen der menschlichen Existenz bewegen, sind sicher nicht ganz unproblematisch. Zur Bekräftigung aus nichtwissenschaftlicher Sicht sei deshalb hier auch noch der Dichter und Wagner-Verehrer Charles Baudelaire (1821–1867) zitiert, Hauptvertreter des französischen Symbolismus (*Les fleurs du mal*), der die bewusstseinserweiternden Folgen von Wagners Musik auf einen entsprechend disponierten Zuhörer höchst eindringlich geschildert hat. Beim erstmaligen Anhören des Vorspiels zum *Tannhäuser* hatte er die Vorstellung „einer Seele, die sich inmitten des Lichtes bewegt, eine Ekstase, gemischt aus Lust und Erkenntnis, die mich weit über die irdische Welt empor führte". Während Richard Wagner selbst bei seiner Musik eine Engelschar gesehen habe, die ein heiliges Gefäß trägt, so Baudelaire weiter, habe Franz Liszt ein überirdisch schönes Bauwerk erblickt. Sein eigener Traum sei hingegen „viel weniger von wirklichen Gegenständen erfüllt: er ist unbestimmter, abstrakter". Aber in einem Punkt hätten alle diese Empfindungen übereingestimmt: Sie hätten Gefühle „einer spirituellen und physischen Seligkeit; der Abgesondertheit; der Betrachtung eines intensiven Lichtes, das Augen und Seele bis zur Bewusstlosigkeit entzückt, und endlich das Erlebnis eines bis an die letzten vorstellbaren Grenzen ausgedehnten Raumes" zum Ausdruck gebracht.[60]

Baudelaire, der Wagners Musik letztlich als blutig und despotisch empfand, führte ihre psychedelische Wirkung auf fünf für jeden Wagner-Fan wichtige Faktoren zurück: erstens auf „den heiligen, geheimnisvollen und doch allgemein verständlichen Charakter der Sage"; zweitens darauf, dass alles an ihr „wie überflossen von dem Zauber des Ursprünglichen, durch die idealisierte Empfindung ins Erhabene versetzt, voll Feierlichkeit und doch voll von dem Reiz des Natürlichen" sei; drittens auf die „schlagende Ähnlichkeit mit der antiken Mythe von Psyche, die auch ein Opfer ihrer dämonischen Neugierde wurde und ... ihr Glück verlor"; viertens darauf, dass sich „heroischer Stil mit natürlicher Heftigkeit" mische und „stets geschmackvoll und hellhörig für alle Nuancen" sei; sowie, fünftens, auf die Leitmotiv-Technik – „dieses das Gedächtnis unterstützende System". Obwohl der Wiener Kritiker-Papst Eduard Hanslick die Leitmotiv-Technik einst ironisch „einen Rettungsanker in einem Ozean der musikalischen Unendlichkeit" nannte, musste auch dieser prominente Wagner-Widersacher zugeben, dass „die Motive selbst (z.B. in den *Meistersingern*, die er als Beispiel anführte – D. B.) die glücklichsten melodiösen Ansätze in der ganzen Oper sind".[61]

Wie man an seinen späteren Reden als Rhetor ablesen kann, hat Hitler auch in dieser Beziehung viel von Richard Wagner gelernt. Noch wichtiger war für ihn jedoch, dass er durch die bewusstseinserweiternde Wirkung von Wagners Musik intuitiv „das Vermögen der Kundgebung des Unaussprechlichen" (Richard Wagner) erworben hat. Schon Friedrich Nietzsche hatte erkannt, dass diese Kundgebung der dreifachen Verdeutlichung durch Wort,

60 Op. cit. Csampai 1989, S. 181 ff. Hervorhebungen im Original.
61 Hanslick 1900, S. 304 f.

Gebärde und Musik bedarf, „und zwar überträgt die Musik die Grundregungen im Innern der darstellenden Personen des Dramas unmittelbar auf die Seelen der Zuhörer, welche jetzt in den Gebärden derselben Personen die erste Sichtbarkeit jener inneren Vorgänge und in der Wortsprache noch eine zweite abgeblasstere Erscheinung desselben, übersetzt in das bewusste Wollen, wahrnehmen. Alle diese Wirkungen", so Nietzsche weiter im Hinblick auf den Rezipienten, „erfolgen gleichzeitig und durchaus ohne sich zu stören, und zwingen den, welchem ein solches Drama vorgeführt wird, zu einem ganz neuen Verstehen und Miterleben, gleich als ob seine Sinne auf einmal vergeistigter und sein Geist versinnlichter geworden wäre, so als ob alles, was aus dem Menschen heraus will und nach Erkenntnis dürstet, sich jetzt in einem Jubel des Erkennens frei und selig befände".[62] Wie ernst Hitler diese Lektion genommen hat, lässt sich daran erkennen, dass er sich bei Beginn seiner politischen Karriere um die Aneignung einer Gebärdensprache bemühte und seine späteren Auftritte als Redner und Führer – z. B. auf den Reichsparteitagen – stets mit Musik umgeben hat.

Lust und Last

Vor diesem Hintergrund wird auch verständlich, weshalb der Hitler so für Professor Pötsch geschwärmt hat: Durch seine Unterrichtsmethode, die offenbar das Gefühl mindestens ebenso wie den Verstand ansprach, verhalf dieser Lehrer seinem Schüler dazu, die Gabe der Intuition auch auf politische Vorgänge zu übertragen, die nach landläufiger Auffassung nur kognitiven Fähigkeiten zugänglich sind oder doch zumindest sein sollten. Darüber hat sich Hitler in *Mein Kampf* selbst geäußert, indem er mit ungewöhnlicher Emphase schreibt: „Wenige Lehrer begreifen, dass das Ziel gerade des geschichtlichen Unterrichts nie und nimmer im Auswendiglernen und Herunterhaspeln geschichtlicher Daten und Ereignisse liegen kann; dass es nicht darauf ankommt, ob der Junge nun genau weiß, wann diese oder jene Schlacht geschlagen, ein Feldherr geboren wurde, oder gar ein (meistens sehr unbedeutender) Monarch die Krone seiner Ahnen auf das Haupt gesetzt erhielt. Nein, wahrhaftiger Gott, darauf kommt es wenig an. – Geschichte lernen heißt die Kräfte suchen und finden, die als Ursachen zu jenen Wirkungen führen, die wir dann als geschichtliche Ereignisse vor unseren Augen sehen; die Kunst des Lesens wie des Lernens ist auch hier: *Wesentliches behalten, Unwesentliches vergessen.* – Es wurde vielleicht bestimmend für mein ganzes späteres Leben, dass mir das Glück einst gerade für Geschichte einen Lehrer gab, der es als einer der ganz wenigen verstand, für Unterricht und Prüfung diesen Gesichtspunkt zum beherrschenden zu machen."[63]

„Wesentlich" war für den Autor von *Mein Kampf* rückblickend offenbar, dass er dank Pötsch auch komplexe geschichtliche oder politische Sach-

62 Op. cit. Golther 1914 I, S. 186.
63 Hitler 1925 I, S. 12.

zusammenhänge intuitiv grob erfassen konnte. In der Anwendung dieser Fähigkeit auf Gegenstände und Lebensbereiche, die sich üblicherweise am besten durch Lernen, Analysieren und Konkludieren erschließen, lag für Hitler aber auch von Anfang an die Gefahr, dass er, wie Albert Speer einmal bemerkte, „zu leicht an den Kern der Dinge (kam), als dass er ihn ganz gründlich erfassen konnte".[64] Tatsächlich hat Hitler deshalb manches Problem auf intuitive Art und Weise weder erkannt noch gelöst. Aber in seiner Begabung lag noch eine ganz andere Gefahr – nämlich die Gefahr der geistigen, gesellschaftlichen und am Ende auch der menschlichen Isolierung. Die Selbstwahrnehmung seiner abnormen Fähigkeit, häufig treffendere und tiefer gehende Eingebungen als andere Menschen mit all ihrem Sachwissen zu haben, unterschied den jungen Hitler schon von seinen Spielfreunden und Schulkameraden; sie trug zu jenem ungewöhnlich ernsten und „geschreckten" Wesen bei, das August Kubizek an seinem Jugendfreund und der Linzer Arzt Dr. Bloch an seinem Patienten beobachtet haben – als würde der Bub die Gefahr der Selbstisolierung bereits ahnen. Oder anders gesagt: Die Fähigkeit der Intuition war Hitler Lust und Last zugleich.

Ihre Entdeckung ging sicherlich auch mit der Erkenntnis einher, dass es der intuitiv begabte Mensch in Bezug auf sein positives Wissen und darüber hinaus auch auf seine Diskursfähigkeit nicht immer mit den nach den üblichen Regeln von Kunst und Wissenschaft geschulten Mitmenschen aufzunehmen vermag. Denn er kann sich leicht eine Blöße geben, weil es ihm an positivem Wissen und entsprechenden Argumenten fehlt. Somit hat die Entdeckung seiner intuitiven Begabung in Hitler von Kindesbeinen an das Gefühl einer nur trügerischen Sicherheit im Umgang mit Dingen und Personen erzeugt, von der er zumindest ahnte, dass sie einer ernsten Belastungsprobe im Umgang mit Kunst und Wissenschaft nicht immer würde standhalten können. In dieser latenten Unsicherheit, über die er nie offen zu sprechen wagte, dürfte der Grund dafür liegen, dass schon der junge Hitler bei der Bearbeitung seiner verschiedenen Interessengebiete allen Fachleuten und Kennern fast ängstlich, auf jeden Fall aber konsequent aus dem Wege ging. Die beiden missratenen Aufnahmeprüfungen zur Kunstakademie und die vergebliche Teilnahme an einem Wettbewerb um die Neugestaltung seiner Heimatstadt Linz verstärkten diese Tendenz noch, weil sie dem jungen Mann die Grenzen seiner intuitiven Begabung schonungslos aufzeigten. Es ist daher nur logisch, dass Hitler den Austausch mit und den Rat von Fach-

---

64 Speer 1969, S. 246. – Vgl. dazu Hitlers Monolog am 25./26. Januar 1942: „Ich glaube, diese Fragen (nach dem Zusammenhang zwischen Mythologie und Wirklichkeit – D. B.) werden sich lösen nur, wenn eines Tages ein Mensch intuitiv Zusammenhänge erschaut und der exakten Wissenschaft damit den Weg weist … Wenn ich Wagner höre, ist mir, als seien das Rhythmen der Vorwelt. Und ich könnte mir denken, dass die Wissenschaft in den Verhältnissen der physikalisch wahrnehmbaren Schwingungen einer *Rheingold*-Musik eines Tages Maße der Schöpfung findet. Das Erlebnis der mit den Sinnen wahrgenommenen Welt geht den Entdeckungen und den Erkenntnissen der exakten Wissenschaft wie der Philosophie voraus …"

leuten für den Rest seines Lebens auf das unbedingt nötige Mindestmaß beschränkt und sich diesen oft genug einfach verweigert hat.

Schlimmer noch: Wie die von ihm zu verantwortende Politik späterer Jahre zeigt, wurde Hitler durch seine negativen Jugenderfahrungen darin bestärkt, sich wie ein Vabanquespieler intuitive Lösungen für immer größere Aufgaben vorzunehmen und damit auch für sich und seine Umwelt immer größere Risiken einzugehen – bis hin zur Vorstellung, er könne ein Volk und einen Krieg im Wesentlichen durch Intuition führen. Das war eine Überzeugung, die auf frühen Erfahrungen gründete, obwohl er damit schon in seiner Schulzeit Schiffbruch erlitten hatte. So sagte er einmal zu Alfred Rosenberg: Ludendorff müsse als Politiker versagen, „da er unmusikalisch sei. Er dagegen als musikalisch empfindender Mann verstehe die Menschen tiefer und werde sie auch politisch führen können". Rosenbergs Kommentar: „Hitler wollte also ausdrücken, dass nur der musikalische Mensch die Schwingungen einer Volksseele genau mitzuempfinden vermöge, deshalb die richtigen Worte zu seiner Beeinflussung fände und – so schloss er wohl, und *dieser* Schluss war verhängnisvoll – allein die richtigen Taten zur politischen Führung vollbringen könne."[65]

Im Schacht

Hitler ist kein Intellektueller gewesen, wenn man darunter einen frei schwebenden Geist versteht, der sich in kritischer Absicht vornehmlich seines Verstandes bedient, sondern ein nationalpädagogischer „Bourgeois-Ideologe" (so ein von Karl Marx geprägter Begriff), der wesensmäßig ein für alle Mal festgelegt zu sein schien. „Etwas Festes, Starres, Unbewegliches, hartnäckig Fixiertes, das sich nach außen hin in einem unheimlichen Ernst offenbarte, lag in seinem Wesen und bildete förmlich die Basis, auf der sich alle anderen Charaktereigenschaften entwickelten", erinnert sich sein Jugendfreund Kubizek. „Adolf konnte einfach nicht ‚aus seiner Haut heraus' … Was in diesen fixierten Bereichen seines Wesens lag, blieb unverändert für immer … Er ist niemals anders geworden."[66] Ähnlich wie bei Wagner, kam dazu sein Hang zur Einsamkeit, zum Rückzug in die eigenen vier Wände, zum Abschließen von der Welt. Dabei war der junge Hitler offenbar auf nichts anderes so fixiert wie auf sein Selbstverständnis als großdeutscher Revolutionär, der die Aufgabe hatte, sein Mutter- und sein Vaterland durch die Kunst der öffentlichen Rede zu erretten. Sein gesamtes Sinnen und Trachten drehte sich seit seiner Schulzeit um diesen Wesenskern. Alles, was er tat und unterließ, stand in dessen Dienst.

Hinzu kam der von Schopenhauer stammende Gedanke, dass er sich eine Vorstellung von der Welt nach seinem eigenen Willen bilden könne. Die Welt – das war für den jungen Hitler das größere und einige deutsche Reich als Gesamtkunstwerk der Zukunft, das er mit einer „ungeheuren Wunschkraft"

65 Rosenberg 1955, S. 320.
66 Kubizek 1995/6, S. 44.

(August Kubizek) herbeigesehnt hat. „Ebenso heftig, wie er das deutsche Volk und dieses ‚Reich' liebte, lehnte er alles Fremde ab", konstatierte sein Jugendfreund.[67] „Er hatte kein Bedürfnis, fremde Länder kennenzulernen. Jener für junge, weltoffene Menschen so typische Drang in die Ferne war ihm völlig unbekannt. Auch die für Künstler typische Begeisterung für Italien habe ich nie an ihm bemerkt. Wenn er seine Pläne und Ideen auf ein bestimmtes Land projizierte, war es immer nur das ‚Reich'."

Kam er jedoch mit seiner Intuition nicht weiter, versuchte Adolf sich eine Vorstellung von diesem „Reich" durch die schiere Manifestation seines Willens zu verschaffen. Während die dilettantischen Gehversuche des jungen Hitler in Malerei, Architektur und Opernkunst in den Bereich seiner Intuition fallen,[68] äußerte sich sein Wille in rhetorischer Form, was freilich weitere Intuitionen zur Folge hatte. „Er sprach über alles, ohne es jemals studiert zu haben!" wunderte sich August Kubizek. „Aber mit dem Darüber-Sprechen erwachte bei ihm auch das Verstehen selbst ... Sein größeres Einfühlungsvermögen, seine fruchtbare Phantasie, vor allem aber sein unbegrenztes Selbstvertrauen müssten doch, so meinte er, jene belanglosen Eigenschaften (wie „systematisches Lernen, ständiges Üben, Ausdauer und Fleiß"), von denen ich gesprochen hatte, wettmachen können." Allerdings war dem großdeutschen Jungrevolutionär *in spe* „jene gesunde Unbekümmertheit, die junge Menschen auszeichnet, ... völlig fremd. ... Jede Sache musste bis auf den Grund durchschaut und daraufhin geprüft werden, wie sie sich in das große Ziel, das er sich gesetzt hatte, einfügen würde. ... Wenn ihn ein bestimmter Einfall erfasst hatte, war er davon wie besessen. ... Bücher waren seine Welt ... Wenn er las, konnte ihn kaum etwas stören. ... sobald ihn ein Buch ergriff, begann er darüber zu sprechen."[69]

Gegenüber seiner Intuition hatte die Lektüre oder auch jede andere Form der Informationsaufnahme und -verarbeitung somit nur eine dienende Funktion. Mit anderen Worten: Immer, wenn sich in seiner Welt eine Lücke zwischen intuitiver Vorstellung und der schieren Manifestation seines Willens auftat, versuchte der junge Hitler, sie durch eine informationsgestützte Rhetorik zu schließen, die im Dienst immer weiterer Intuitionen stand, so dass er sich selbst in einen Rausch hineinreden konnte. Man wird in diesem Zusammenhang daran erinnert, dass „Hitlers Auffassung, nur die großen Redner und nicht die großen Schreiber hätten Geschichte gemacht", seinem späteren „Chefideologen" Alfred Rosenberg immer als bedenklich erschienen ist, weil sie auf „das sog. ‚musische Gebiet'" hinüberführte und „die Gefahr einer das Auge blendenden und die Fantasie gegenüber der ab-

67 Ebda., S. 91.

68 Einmal wollte Hitler in dem Hinterzimmer, das er in Wien mit Kubizek bewohnte, aus dem Stegreif das Spielen auf der Viola seines Freundes erlernen. Als er damit scheiterte, ärgerte er sich, „dass es Dinge gab, die sich seinem Willen widersetzten". Ebda., S. 77. Dort auch das Zitat im nächsten Absatz.

69 Ebda., S. 92 und 188.

wägenden Vernunft besonders fördernden Entwicklung" heraufbeschworen hat.[70]

Noch bedenklicher war jedoch die „übersteigerte Selbstbesessenheit", die der spätere Generalgouverneur Hans Frank im Rückblick auf Hitlers Gesamtpersönlichkeit hervorgehoben hat. Denn diese wurde durch dessen Rhetorik immer weiter angefacht, bis sie sich schließlich in späteren Jahren offenbar zu einem „selbstverherrlichenden Wahn" gesteigert hat.[71] Begreift man Rhetorik jedoch als „Kunst", muss man auch gelten lassen, was Rainer Maria Rilke einmal über den Künstler gesagt hat: „Wisset denn, dass die Kunst ist: das Mittel Einzelner, Einsamer, sich selbst zu erfüllen."[72] Dies entsprach nun einmal dem neoromantischen Selbstverständnis vieler Künstler an der Jahrhundertwende und hatte in Rilkes wie auch in Hitlers Fall etwas mit Prägungen durch den damaligen Zeitgeist zu tun, wenn es sich nicht sogar um ein Gesetz von überzeitlicher Gültigkeit handelt.[73]

Die Fundamente für das tautologische Wechselspiel von Intuition, Rhetorik und erneuter Intuition wurden somit schon in Hitlers Kindheit und Jugend gelegt. Es führte dazu, dass der junge Mann – je länger, desto tiefer – in seinen künstlerisch-politischen Kosmos wie in einen Schacht einfuhr, den fast nur noch subjektivistische Kontakte mit seiner Umwelt verbanden. In diesem Zusammenhang ist an die „Musikrelationen" zu erinnern, auf die wir an anderer Stelle hingewiesen haben. Nicht von ungefähr spricht Frank im Rückblick auf den Lebensweg des Diktators von „einem Einschachtelungsprozess Hitlers bis zur totalen Isolierung seiner Person". Er sieht den Urgrund für diese Entwicklung in einem „Subjektivismus" Hitlers, der eine „totale Selbstvollmacht für alles und jedes" beinhaltet habe.[74]

Tatsächlich lebte bereits der junge Hitler in einem überwiegend (schön-)geistigen Raum offenbar wie in einer Einzelzelle – ohne jede lebendige Beziehung zu Einzelpersönlichkeiten oder gesellschaftlichen Gruppierungen, die seinen Subjektivismus und seine Selbstherrlichkeit hätten einfrieden können: „Hitler verhielt sich in Wien zur Politik ebenso wie er sich in Linz zu seiner ersten Liebe verhalten hatte", erinnert sich denn auch Kubizek.[75] „Weit davon entfernt, sich ihr gewissermaßen körperlich zu nähern und sich zu seinen Zielen zu bekennen, war sie für ihn ein Produkt der Phantasie, eine künstlerisch-intellektuelle Abstraktion." Mit einer konkreten Körperlichkeit, die von ihm als umso roher empfunden wurde, brach dann

70 Rosenberg 1955, S. 322 f.

71 Frank 1953, S. 331.

72 Tagebucheintragung Mai 1898. Op. cit. Rilke 1992, S. 52.

73 Ebda., S. 11, Horst Nalewski im Hinblick auf den in Prag geborenen Rilke, der, obwohl 14 Jahre älter, ein Zeitgenosse und Landsmann Hitlers war: „‚Die Haupteigenschaft' der ‚neuen Dichter' wird ichbezogen und neuromantisch mit einem ‚Lauschen' und ‚Einsamsein' begriffen." … „Das Prager und anfangs auch das Münchner Literatenleben und eine Familie, die – bis auf die Mutter – von einem künftigen Dichterdasein nichts hielt, provozierten einen Selbstanspruch, schließlich ein Selbstbewusstsein, von dem eine geradezu hektische Aktivität ausging …"

74 Frank 1953, S. 334.

75 Kubizek 1995/6, S. 92.

der Erste Weltkrieg mit seinen Folgen über die geschlossene Welt seiner Abstraktionen herein.

Wahrscheinlich hatte der seit seiner Kindheit anhaltende „Einschachtelungsprozess" die Persönlichkeit des jungen Hitler schon bis dahin erheblich beschädigt. Wie der symbolische Interaktionismus herausfand, erfährt sich das Individuum entweder indirekt aus der Sicht einzelner Mitglieder der gesellschaftlichen Gruppe oder aus der verallgemeinernden Sicht der gesamten Gruppe, der es angehört. „Auf Grund solcher Erfahrungen", so der Psychologe Wolfgang W. Hilgers,[76] „entwickelt sich im Individuum eine intrapsychische Sanktionsinstanz", die von dem US-amerikanischen Sozialbehavioristen George H. Mead als „das verallgemeinerte Andere" bezeichnet wird. Diese Sanktionsinstanz übernimmt im Individuum die Funktion des Gewissens, mit dem es sich wie mit einem guten Ratgeber unterhalten kann oder wie mit einem strengen Richter auseinandersetzen muss. Indem der Hitler Adolf, nur auf seine Intuitionen gestützt, auf den Anschluss an irgendeinen Freundeskreis oder andere Gruppierung verzichtete, die mehr war als ein ihm ergebenes Auditorium, begann mit der „intrapsychischen Sanktionsinstanz" wahrscheinlich auch sein Gewissen zu verkümmern.

3. Kapitel: Kunst, Kultur, Reich

Das große Ziel: Freiheit und Einheit

Seit seiner Kindheit suchte der Hitler Adolf nach einer Lösung des deutschen Problems, die Österreich vom habsburgischen Joch befreien und mit dem außerösterreichischen Deutschland in einem „Reich" der Zukunft vereinigen sollte. Auf dem Weg dorthin wollte er als „Künstler" selbst eine führende Rolle übernehmen. Infolgedessen dienten seine Ideen und Pläne, so unausgegoren und fragmentarisch sie im Einzelnen auch noch waren, einem doppelten Zweck: Sie sollten das deutsche Volk diesseits und jenseits teilender Grenzen sowie auch ihn selbst in geistiger Hinsicht auf die Lösung der großen gemeinsamen Aufgabe vorbereiten.

Mit seiner einseitigen Betonung von Kunst und Kultur gliederte sich der Hitler Adolf in eine geistesgeschichtliche Entwicklung ein, die für das Deutschland seit der ersten Hälfte des 19. Jahrhundert typisch gewesen war. Denn wie sich aus den „Erinnerungen" seiner Weggenossen Kubizek und Hanisch ergibt, enthielt er sich weitgehend aller Überlegungen, wie sein Wunschreich praktisch zu verwirklichen und politisch auszugestalten wäre. Im Gegenteil, so Kubizek: „Geriet er mit einer politischen Überlegung in die Sackgasse und wusste nicht sogleich weiter, so hieß es kurzerhand: ‚Diese Frage wird das Reich lösen.' Wenn ich fragte, wer denn diese gigantischen Bauten, die er da auf dem Zeichenbrett entwarf, finanzieren würde, lautete die Antwort: ‚Das Reich'. Aber selbst belanglose Dinge

76 Hilgers 1990, S. 159f.

wurden stets auf das ‚Reich' projiziert."[77] Somit hatte „das Reich" für den jungen Hitler die Funktion eines *deus ex machina*: Es war gedanklich oder emotional immer zur Stelle, wenn er es brauchte, aber wie die Maschine funktionierte, der dieser Gott entsteigen sollte, wusste er noch nicht so genau. Denn Freiheit und Einheit aller Deutschen wollte der junge Hitler offenbar in erster Linie nicht durch Politik, sondern vor allem durch die seiner Meinung nach höchste aller Künste, die Architektur, erreichen sowie durch Musik und Malerei. Erstere war der Punkt, an dem seine künstlerische Neigung, neue Gebäude und Städte zu entwerfen, und seine politische Neigung, als Volkstribun der Baumeister eines neuen Reiches zu werden, am besten zur Deckung kamen. Oder anders gesagt: Architektur war für den jungen Hitler ein Reden in Stein, auch wenn dieser vorerst nur auf dem Papier seiner Skizzenblöcke bestand.[78]

In den einsamen Stunden, in denen Adolf über seinen Entwürfen brütete, glitt der prüfende Blick seines inneren Auges von Nietzsche, Wagner und Schiller über die mittelalterlichen Könige und Kaiser bis hinab zum Griechen-, Römer- und Germanentum. Denn seine Bauwerke sollten keine esoterischen Schöpfungen sein, nichts, was nur die Ästheten befriedigte und die Jünger der Baukunst entzückte. Gewiss, sie sollten auch in ästhetischem Sinn schön, aber sie sollten vor allem politisch zweckmäßig und damit zugleich moralisch sein. Denn sie sollten ja der Freiheit und Einheit aller Deutschen dienen. Diese Grundgedanken hatten ihm jene geistigen Heroen der Vergangenheit auf je verschiedenartige Weise eingegeben – die Germanen durch ihre Sagen und Mythen, die Griechen durch die Einheit von Religion, Kunst und politischer Gemeinschaft, wie sie in ihren Tragödien zum Ausdruck kam, die Römer durch ihre kolossalen Bauwerke und ihr riesiges Reich, die mittelalterlichen Könige und Kaiser durch ihre Burgen und Dome, Schiller durch seine Idee, Ästhetik könne den Menschen zu einem besseren Wesen erziehen, und Wagner durch seine Musikdramen und theoretischen Schriften. Dem Bayreuther Meister war nämlich das seltene Kunststück gelungen, Kunst, Politik und Mythos zusammen zu denken und gleichzeitig über die Griechen hinaus wieder an die germanische Urzeit zurück zu binden.

Wagner ging es nicht weniger als Nietzsche und Schiller darum, die Fragmentierung und Entfremdung des modernen Menschen durch gemeinsame ästhetische Erfahrung gesellschaftlich wieder aufzuheben. Die Kunstschriften dieser drei Autoren bildeten die „Vorstufen einer materialistischen Ästhetik", wie sie linke Theoretiker in der Nachfolge Immanuel Kants, die so genannten Linkskantianer, und auch Karl Marx und

77 Kubizek 1995/6, S. 91.

78 Analog zu diesem Gedanken bemerkte Hitler 1940 seinem Architekten Giesler gegenüber: „Warum sollten wir nicht die Worte der Architektur gebrauchen, die uns aus Jahrtausenden materialverbunden überliefert sind. Es ist an uns, daraus neue Sätze zu bilden, die dann in unserer Zeit Gültigkeit haben. Auf den Baugedanken kommt es an und auf seine Durchsetzung, dienend darin sind das Material und die Technik – nicht umgekehrt." Giesler 1978, S. 24.

andere linke Autoren ebenfalls konzipiert hatten. Die von ihnen geforderte „Kunst als soziales Produkt“[79] lag gedanklich ganz in der Nähe jener „Architektur der Gemeinschaft“, die der junge Hitler erstrebte.[80] Zugleich war dieser aber auch entschlossen, jeder universalen Denktradition seinen fanatischen Deutschnationalismus aufzuzwingen. Nicht in erster Linie der Menschheit, sondern den Deutschen sollten seine Bauten als kräftigende Leitmotive bei der von ihm selbst angeführten Selbstbefreiung aus Unterdrückung und Uneinigkeit dienen. So formten sich im jungen Hitler aus der Erfahrung der gesamtdeutschen Kulturnation, die ihm Schule und Selbststudium vermittelt hatten, allmählich baukünstlerische Elemente einer ästhetischen Nationalkultur heraus, die sich mit vier Schlagworten umschreiben lassen: groß, erhaben, monumental und deutsch. Zu Stein gewordene Vorbilder umgaben den Hitler Adolf in Linz, Wien und München genug. Den Rest las er sich teils aus Büchern an, teils hörte er ihn aus Wagners Werken heraus.

Die Wegbereiter

Ein Gutteil jener Kenntnisse an Architekturgeschichte, Statik und Bauausführung, die später selbst Fachleute in Erstaunen versetzten,[81] eignete sich der Hitler Adolf schon frühzeitig an. Als erstes Anschauungsmaterial dienten ihm in Linz u.a. das im Stil der Neorenaissance errichtete Oberösterreichische Landesmuseum und der neugotische Dom. Das Museum stammte von dem reichsdeutschen Architekten Bruno Schmitz (1858–1916), der auch schon die Pläne für das Völkerkriegsdenkmal in Leipzig gezeichnet hatte. Der an der Außenfassade umlaufende Kolossalfries von Melchior Zur Straßen (1832–1896) stellt die Geschichte Oberösterreichs von der germanischen Urzeit bis zur Übergabe an die Habsburger symbolisch in Halbreliefs dar. Dieses Gebäude und dessen Fassadenschmuck begeisterten den jungen Hitler deshalb so sehr, weil sie ihm durch ihre geschichtlichen Bezüge und ihre monumentale Wirkung „deutsch“ und „erhaben“ zugleich vorkamen. An dem vom seinerzeitigen Bischof Franz Joseph Rudigier ab der Mitte des 19. Jahrhunderts initiierten Neuen Dom beeindruckte ihn dagegen die schiere Größe, denn dieses sakrale Gebäude hätte mehr als 22.000 Menschen Platz bieten sollen. Obwohl der Kirchenbau in der Ausführung deutlich kleiner ausfiel, war Rudigier wahrscheinlich der einzige Kirchenfürst, den Hitler zeit seines Lebens schon wegen seiner megalomanen Planung bewundert hat.[82]

79 Bermbach 2004, S. 6, unter Berufung auf Wagners Aufsatz über „Die Kunst und die Revolution“, den der junge Hitler nach Kubizeks Zeugnis gelesen hat.

80 Giesler 1978, S. 117.

81 Auch Hitlers spätere Sekretärin, Christa Schröder, meinte: „Hitlers architektonische Kenntnisse waren in der Tat erstaunlich. Er kannte die Maße und Grundrisse aller bedeutenden Gebäude der Welt auswendig.“ Zoller 1949, S. 55.

82 Jochmann 1980, S. 123 f., Monolog 2. November 1941.

„Deutsch", „groß", „erhaben" und „monumental" sind ambivalente Begriffe, die heute – unter dem Eindruck der nationalsozialistischen Diktatur und deren Bauten – eher negative Assoziationen wecken. Häufig werden sie mit Einschüchterung, Überwältigung, „Unterwerfung unter den erschreckenden Gebrauch von Gewalt"[83] identifiziert. Ob die grundlegende Unterscheidung zwischen dem Schönen und dem Erhabenen im Anschluss an Edmund Burke tatsächlich „die europäische Ästhetik seit Mitte des 18. Jahrhunderts" beherrschte oder ob die Romantik „eine Wende vom Schönen zum Erhabenen" brachte,[84] kann hier nicht diskutiert werden. Immerhin ist in der Sprache Kants das Schöne eine Sache des Verstandes, wohingegen die Vernunft für das Erhabene zuständig ist, und Friedrich von Schiller, einer von Hitlers geistigen Vätern, hat dem Erhabenen einen ganzen Aufsatz in einem moralisch durchaus anerkennenden Sinne gewidmet.[85] Offenbar wird die Grenze zwischen dem Schönen und dem Erhabenen, um mit dem US-amerikanischen Soziologen Richard Rorty zu sprechen, von der Grenzlinie „zwischen dem Argumentativen und dem auf Inspiration Zählenden" gebildet, so dass man sagen kann, das Erhabene entspricht dem Versuch, „mit etwas Unvertrautbaren, weil Unsagbaren … in Berührung zu kommen." Diese Definition scheint in der Tat am besten den Intentionen des jungen Hitler zu entsprechen.

Im Gegensatz zu dem vieldeutigen und heute kaum noch gebräuchlichen Begriff „erhaben" scheinen die Wörter „groß" und „monumental" leichter fassbare Bedeutungen zu haben – Ersteres entweder in einem rein quantitativen Sinn oder im Sinn von inhaltlich „bedeutend", Letzteres im Sinne von „denkmalartig", „gewaltig", „von riesigem Ausmaß" oder „wuchtig". Hingegen war „deutsch" an der Wende vom 19. zum 20. Jahrhundert ein noch sehr ausdeutbarer Begriff. Angesichts der Kleinstaaterei, die unter dem Dach des deutschen Kaiserreiches noch immer herrschte, und angesichts der deutschösterreichischen Problematik wurde die politische Berechtigung eines solchen Begriffes vielfach bestritten und in akademischer Hinsicht erst durch die sich etablierende Kunstgeschichte begründet. „Es ging darum, den Virus einer französischen Moderne zu bekämpfen", schreibt Volker Gebhardt in einer der wenigen neueren Studien zu diesem Thema.[86] „Die Protagonisten der deutschen Moderne einte viel mit den Romantikern einhundert Jahre zuvor: Auch sie vertraten einen Universalanspruch, den sie wie die Begründer des Bauhauses in der deutschen Kunst des Mittelalters sahen … Dass wir heute die Designentwürfe des Bauhauses als zeitlos und international empfinden, widersprach den ursprünglichen Intentionen durchaus. Die Bandbreite der nun ‚deutsch' apostrophierten Kunst konnte nicht größer sein: von Böcklin zu Beckmann, von Thoma zu Gropius, von Behrens zu Taut. Nehmen wir noch die zahllosen Wiedereingliederungen mittelalterlicher und ‚altdeutscher'

83 Brinkmann 2003, S. 43.

84 Rorty 2000, S. 16. – Dort auch die folgenden Zitate

85 Friedrich von Schiller, Vom Erhabenen, vgl. BA VIII, S. 571–586.

86 Gebhart 2004, S. 466.

Kunst in das öffentliche Bewusstsein hinzu, ergibt sich ein verworrenes und verwirrendes Bild." Nimmt man diese Äußerung aus dazu berufenem Munde ernst, dann hebt sie den Unterschied zwischen „modern" und „nicht modern" auf und macht die vor allem von Joachim Fest vertretene Meinung gegenstandslos, der junge Hitler sei an der Moderne achtlos vorbeigegangen.

Zu seinen ersten, mehr naiven Eindrücken von „deutscher", „erhabener" und „monumentaler" Architektur, die er im Benediktinerstift zu Lambach und in der oberösterreichischen Hauptstadt Linz gewonnen hatte, kam im Fall des Hitler Adolf noch die mehr oder weniger profunde Kenntnis weiterer Baudenkmäler, Stadtquartiere und Stadtgrundrisse in Wien (Schloss Schönbrunn, Karlskirche, Belvedere und sämtliche öffentliche Bauten der Ringstraße) und München (Ludwig- und Brienner Straße, Königsplatz und Propyläen, Feldherrnhalle und Residenz, Glyptothek, Alte und Neue Pinakothek) hinzu. Mit Sicherheit kann man auch davon ausgehen, dass er teils durch eigene Anschauung, teils aus Büchern alle Bauten kannte, die der von ihm verehrte Gottfried Semper (1803–1879) geschaffen hat, einst Weggefährte Richard Wagners im Dresdner Maiaufstand von 1848. Dazu gehören die Gemäldegalerie Alte Meister und die Sächsische Staatsoper (*vulgo*: Semperoper) in Dresden, das Polytechnikum in Zürich (heute Eidgenössische Technische Hochschule), das Burgtheater, das Kunsthistorische und das Naturhistorische Museum sowie die Neue Burg in Wien. Die Wiener Bauten hatte Semper u.a. gemeinsam mit Carl Freiherr von Hasenauer (1833–1894) entworfen und ausgeführt. Im Fall des nicht zustande gekommenen Kaiserforums wäre zu prüfen, wieweit sich Hitler bei seinen späteren Planungen von den gewaltigen Ausmaßen und der Gliederung dieser Anlage beeinflussen ließ. Darüber hinaus wird sich der junge Hitler auch mit den Schriften Sempers beschäftigt haben,[87] so dass es eigentlich eine lohnende Aufgabe wäre, im Einzelnen zu untersuchen, inwiefern sich Sempers Baukunst in Theorie und Praxis am Baustil des Diktators ablesen lässt. Ferner wird der junge Hitler Parthenon und Akropolis in Athen, Pantheon und Petersdom in Rom sowie die architektonischen bzw. städtebaulichen Gesamtkunstwerke Budapest und Paris, insbesondere die *Grande Opéra* und den *Arc de Triomphe*,[88] sowohl in ihrer ästhetischen Wirkung als auch in ihren architektonischen Details studiert haben. Die beiden zuletzt genannten Bauwerke hatten in der französischen Hauptstadt unübersehbare Akzente gesetzt; ihre Grundstrukturen

87 Dazu zählen in der Hauptsache „Die vier Elemente der Baukunst" (1851), „Wissenschaft, Industrie und Kunst" (1852) und „Der Stil in den technischen und tektonischen Künsten oder Praktische Ästhetik" (1860/63), die Semper während seines Englandaufenthaltes verfasst hat.

88 Kubizek, S. 257f., berichtet, Hitler habe Wien in der Zeit, die die beiden Freunde dort gemeinsam verbrachten, zur „Weltstadt" umbauen wollen, wobei vier Triumphbogen eine besondere Rolle spielen sollten. Nach welchem Vorbild und für welchen „Triumph" diese Bogen stehen sollten, ist nicht überliefert, doch ist eine formale Anlehnung an den Triumphbogen in Paris wahrscheinlich.

kehrten schon in den frühesten Skizzen Hitlers, die erhalten sind, in mehr oder weniger abgewandelter Form wieder. Zusammen mit Rom und Athen sind Budapest und Paris die beiden einzigen außerdeutschen bzw. außerösterreichischen Ausnahmen in diesem Überblick, der mangels genauerer Quellen keinen Anspruch auf Vollständigkeit erheben kann, weil für alles andere sichere Belege fehlen. Nur eines kann man wohl mit an Sicherheit grenzender Wahrscheinlichkeit sagen: London und erst recht New York sagten dem jungen Hitler nichts – dafür fehlte ihm die Weltläufigkeit.

Dennoch lohnt es sich, bei dem soeben erwähnten Hasenauer noch einen Moment lang zu verweilen, weil dieser nicht nur ein Vertreter von Historismus und Neobarock war, sondern seinerzeit zugleich auch „der bauende Makart" genannt worden ist. Damit fällt der Name eines Künstlers, der dem jungen Hitler nachweisbar bekannt und vielleicht sogar eines seiner Vorbilder gewesen ist, als dieser noch selbst Kunstmaler werden wollte.[89] Hans Makart (1840–1884) war ein österreichischer Maler und Dekorationskünstler, der zunächst an der Wiener Akademie der Künste studiert hatte, dann aber dort – auffällige Parallele zu dem jungen Hitler – ausgesondert wurde, weil er angeblich unbegabt war, so dass er zur Fortsetzung seines Studiums nach München ging und später durch Europa reiste. 1869 wurde Makart aber wieder nach Wien gerufen, wo man ihm auf Staatskosten ein Atelier einrichtete. 1873 war er Chefarchitekt der Wiener Weltausstellung, 1876 wurde er sogar Professor an der dortigen Akademie, von 1880 bis 1882 fungierte er als Vorstand des Wiener Künstlerhauses. Mit anderen Worten: Makart holte in späteren Jahren alles an künstlerischer und damit auch an sozialer Anerkennung nach, was man ihm früher versagt hatte – einschließlich eines Ehrengrabs auf dem Wiener Zentralfriedhof. Schon allein wegen seiner berühmten Atelierfeste und besonderen Beziehungen zum Kaiserhaus gehörte das überaus schaffensfreudige Multitalent zweifellos zu den bekanntesten Künstlern seiner Zeit. Als eine Art Staatskünstler hat Makart sogar den Alltagsgeschmack einer ganzen Epoche geprägt. Der Nachwelt bekannt ist sicher noch der nach ihm benannte und durch Plüsch und Ploreusen gekennzeichnete „Makartstil" (schwere Wandteppiche und Portièren, hölzerne Vertäfelungen, wuchtige Kronleuchter, ästhetische Anmutungen von Renaissance und Barock), der Adolf Hitlers eigenen Geschmack ganz offensichtlich nachhaltig beeinflusst hat.[90] Wenn sich der Hitler Adolf im Streit um seine berufliche Zukunft auf Makart und Rubens berief, dann bewies er auch in dieser Hinsicht schon damals eine gewisse Kennerschaft, weil letzterer das künstlerische Vorbild des ersteren gewesen ist. Schließlich vertraten Makart und Hasenauer – ebenso wie Richard Wagner – die Idee des Gesamtkunstwerkes.

89 Auf die Empfehlung einer Nachbarin in Urfahr, doch lieber Postbeamter statt Kunstmaler zu werden, soll der junge Hitler trotzig geantwortet haben: „Makart und Rubens haben sich aus ärmlichen Verhältnissen hochgearbeitet." BAK NS 26/174, Mitteilungen des Turnvereins Urfahr, 67. Folge, 12. Jahrgang (März), Artikel mit der Überschrift „A.H. in Urfahr" (Kopie).

90 Vgl. dazu z.B. Jochmann 1980, S. 224: Monolog vom 24./25. Januar 1942.

Soviel zu den Architekten und Dekorationskünstlern, die für den jungen Hitler bedeutsam waren. Dagegen fällt es mangels zeitnaher Informationen schwer, ähnliche Aussagen über die von ihm damals bevorzugten Maler zu machen. Selbst Kubizek sagt dazu so gut wie nichts. Hitler hat möglicherweise schon damals die begrenzten Möglichkeiten Makarts erkannt. Was er selbst an bescheidenen Strichzeichnungen und Aquarellen hinterlassen hat, hebt sich jedenfalls in seiner naturnahen, um nicht zu sagen dürftigen Genauigkeit meilenweit vom so genannten Makart-Stil ab. Nur mit Vorbehalt, nämlich unter Bezug auf eine Äußerung aus sehr viel späterer Zeit,[91] kann man sagen, dass wohl schon der junge Hitler für Maler wie Oswald Achenbach (1815–1910), Heinrich Bürkel (1802–1869), Franz Defregger (1835–1921), Carl Theodor von Piloty (1826–1886), Wilhelm von Kaulbach (1822–1903), Ferdinand Keller (1873–1913) und Carl Spitzweg (1808–1885) geschwärmt hat. Ohne diese Künstler in unzulässiger Art und Weise über einen Kamm zu scheren oder auf eine nur regionale Bedeutung zurückzustutzen, die sie nicht verdienen, kann man sagen, dass sie – mit Ausnahme Achenbachs und Bürkels – fast ausschließlich der Münchner Malerschule entstammen, sich in ihren Werken zum Teil durch die von Hitler bevorzugte Landschafts- und Genremalerei auszeichnen und dort einem biedermeierlichen Naturalismus nahestehen. Alle waren schon um die Jahrhundertwende so bekannt, dass zumindest ihre Namen jedem Kunstinteressierten auch in Linz oder Wien geläufig waren.

Aber kehren wir zur Architektur zurück. An eigenen Bauprojekten des jungen Hitler wird von Kubizek – neben allerlei Opernhäusern, Tonhallen, Museen und anderen Profanbauten – eine Ehrenhalle im Range eines „deutschen Nationaldenkmals" erwähnt,[92] die dereinst nahe Linz entstehen sollte. Die Kuppel der Entwurfszeichnung krönte „die Figur Siegfrieds, der sein Schwert Nothung in die Lüfte streckt". Die Ehrenhalle sollte „die Büsten aller Großen" aufnehmen, „die sich um das Land Oberösterreich Verdienste erworben haben". Kubizek: „Hier spielten ersichtlich die Vorbilder der Walhalla, der Kelheimer Befreiungshalle und des Hermannsdenkmals im Teutoburger Wald herein."[93] Auffallend ist für den Nachbetrachter, dass der junge Hitler die Planung der Anlage, die

91 Ebda., S. 386: Monolog vom 3. September 1942.

92 Kubizek 1995/6, S. 104f.

93 Walhalla: Monumentale, 1842, also im so genannten Vormärz gegründete und im klassizistischen Stil nach Art eines griechischen Tempels erbaute Gedenkstätte bei Regensburg für berühmte Deutsche, die sich in besonderer Art und Weise um die Geschichte und Sprache ihres Landes verdient gemacht haben. Architekt: Leo von Klenze im Auftrag König Ludwigs I. von Bayern. – Kehlheimer Befreiungshalle: Zu Ehren der gegen Napoleon in den Befreiungskriegen gewonnenen Schlachten von 1813 bis 1815 bzw. 1863 errichtete Gedenkstätte bei Kehlheim in Bayern. Architekten: Friedrich von Gärtner und Leo von Klenze im Auftrag von König Ludwig I. von Bayern. – Hermannsdenkmal: Südwestlich von Detmold 1838 und 1875 aus Geldmangel in Etappen errichtetes Denkmal für den Cheruskerfürsten Hermann (Arminius) und die von diesem gegen die Römer unter Publius Quinticilius Varus 9 n. Chr. im Teutoburger Wald gewonnene Schlacht, eines der Gründungsdaten Germaniens. Entwurf: Ernst von Brendel, erbaut mit Hilfe

der nationalpolitischen Erziehung dienen sollte, mit dem Entwurf einer „grandiosen Bogenbrücke“ verband, die ganz in der Nähe des Standorts „den Donaustrom in großer Höhe überspannte“. Die Burg Wildberg wollte er in ein Freilichtmuseum umwandeln, und für den Lichtenberg plante er neben einem Hotel einen 300 Meter hohen Turm, von dem aus man bei gutem Wetter mit dem Fernglas die Spitze des Wiener Stephansdomes würde ausmachen können. Nationale Prestigebauten, kühne Technik und größenwahnsinnige Spielereien gingen im architektonischen Denken des jungen Hitler somit ausgefallene Kombinationen ein. Heute kann man diese eigentümliche Mixtur wohl nur noch belächeln. Aber trotz aller Realitätsferne, so gesteht der frühere Jugendfreund rückblickend, „übten diese Ideen doch einen seltsamen Zauber auf mich aus“.

Über einzelne Bauwerke hinaus war der junge Hitler auch an der Struktur ganzer Städte interessiert.[94] In Wien plante er z.B. den Heldenplatz zwischen Hofburg und Volksgarten für die von ihm schon damals anvisierten Massenaufmärsche um. Auf dem Schwarzenbergplatz ließ er sich vom „Hauch des Unwirklichen, ja des Überirdischen“ anwehen, den dort der Hochstrahlbrunnen zu verbreiten pflegt,[95] und es kann als sicher gelten, dass bereits der junge Hitler den Pariser Stadtbaumeister Georges Eugène Haussmann schätzte. Diesen hatte der französische Kaiser Napoleon III. als Präfekt für den Umbau von Paris zur modernen Weltstadt eingesetzt, um lokale Widerstände durch die Verleihung außerordentlicher Vollmachten zu umgehen. In seiner Funktion war Haussmann gewissermaßen der Vorläufer Albert Speers, den Adolf Hitler einige Jahre nach 1933 zum „Generalbauinspektor für die Reichshauptstadt Berlin“ ernannt hat.

Selbstverständlich war dem Hitler Adolf durch seine Wagner-Studien der bayerische König Ludwig I. als großzügiger, ja geradezu verschwenderischer Bauherr und Mäzen sowie wahrscheinlich auch mit dessen programmatischem Ausspruch bekannt: „Ich will aus München eine Stadt machen, die Teutschland so zur Ehre gereichen wird, dass keiner Teutschland kennt, wenn er nicht München gesehen hat.“[96] Dieses unterdessen zu Stein gewordene Bekenntnis war für die Entscheidung des jungen Mannes, 1913 von Wien in die bayerische Hauptstadt zu wechseln, sicher mitentscheidend. Hingegen sagten dem jungen Hitler die preußischen Könige als Bauherrn sowie deren Architekten und Bauten aus Gründen, auf die wir etwas weiter unten eingehen werden, offenbar noch nicht viel – sie werden bei Kubizek und in *Mein Kampf* mit keinem Wort erwähnt. Allerdings be-

---

von Spenden, eigenem Vermögen und einem Zuschuss von Kaiser Wilhelm I. nach der Reichsgründung von 1871.

94 Nach einem Besuch in Wien stellte Giesler 1938 unter Bezug auf Skizzen und Zeichnungen fest, die der gescheiterte Revolutionär während seiner Haftzeit in Landsberg angefertigt hatte: „Impulse aus den Stadterlebnissen ‚Wien‘ und sicherlich auch ‚München‘ hatten ihn zu völlig neuen, modernen Vorstellungen städtebaulicher Gestaltung geführt.“ Giesler 1978, S. 291.

95 Kubizek 1995/6, S. 174.

96 Op. cit. Giesler 1978, S. 242.

hauptete Adolf Hitler sehr viel später, er habe schon damals „vom Neubau der Stadt Berlin" geträumt.[97]

Wie schon erwähnt, hatte sich der Hitler Adolf in Wien den Park von Schloss Schönbrunn als Vorzugsort für Studien im Freien ausgesucht. Die Wahl hatte ihre Gründe, die aber gewiss nicht in irgendwelchen Sympathien für die Habsburger lagen. Den Ausschlag scheint vielmehr die Tatsache gegeben zu haben, dass man von der Gloriette aus einen herrlichen Blick auf das Schloss selbst genießen kann, das nach Plänen von Johann Bernhard Fischer von Erlach (1656–1723) erbaut worden ist. In der Tat ist dieser – neben Gottfried Semper und Leo von Klenze – für den späteren „Reichsbaumeister" Hitler ohne Frage eine zentrale, von der Hitler-Biographik bislang aber übersehene Bezugsperson mit Vorbildcharakter gewesen. Denn Fischer von Erlach war für die Entwicklung von Baustil und Baugeschmack des deutschen Diktators hauptsächlich aus drei Gründen wichtig: erstens durch den Zeitpunkt seines Wirkens, zweitens durch seine wichtigsten Bauten und, drittens, durch die imperialen Auswirkungen seines Stils.

Der Reichsstil

Fischer von Erlach wurde 1705, also 22 Jahre nach dem zweiten Sieg des Abendlandes über die Türken vor den Toren Wiens, von Joseph I. als Leiter des kaiserlichen Bauwesens nach Wien berufen. Er war damals 35 Jahre alt. Für Gesamtdeutschland hatte jener Sieg am Kahlenberg eine doppelte Bedeutung: Erstens hatte das römisch-deutsche Kaiserreich 1683 mit Hilfe polnischer Truppen unter Führung von König Johann III. Sobieski gegen einen äußeren Feind zusammengestanden. Zweitens stellte jener Sieg auch eine Zeitenwende von gesamteuropäischer Bedeutung dar, weil Österreich dadurch noch einmal für kurze Zeit die Führung des Reiches übernehmen konnte. Nationalpolitisch gesehen handelte es sich also um ein hoch bedeutsames Ereignis, wie es dem jungen Hitler auch für die von ihm erträumte Revolution nach dem Muster von 1848/49 vorgeschwebt haben mag, nur dass diesmal Frankreich als Erzfeind anzunehmen ist.

Vor der Einnahme durch die Türken gerettet und in seiner Führungsrolle bestätigt, konnte das Kaiserhaus nach 1683 eine fast ungehemmte Bautätigkeit entfalten, in der auch das neu erwachte Reichsbewusstseins glänzend zum Ausdruck kam. Zu den Ergebnissen zählten in Wien vorrangig Schloss Belvedere, das Johann Lucas von Hildebrandt (1668–1745) im Auftrag des Prinzen Eugen errichtet hatte, sowie die Karlskirche und Schloss Schönbrunn von Bernhard Johann Fischer von Erlach (1656–1723), die beiden österreichischen Meister des Barock von europäischem Rang. Wie durch verschiedene Quellen verbürgt, gehörte das Belvedere zu Hitlers Lieblingsbauten, und die dem Pestheiligen Karl Borromäus geweihte Karlskirche, hat er auf seinen Postkarten öfter als fast jedes andere

97 Jochmann 1980, S. 26: Monolog vom 27./28. September 1941.

Bauwerk festgehalten. Schloss und Kirche zählen zu den Hauptwerken Fischer von Erlachs in Wien.

Ursprünglich sollte Schloss Schönbrunn jenes Schloss an Größe und Glanz noch übertreffen, das sich der französische „Sonnenkönig" Ludwig XIV. hatte errichten lassen und das bis dahin für den Geschmack der europäischen Fürstenhäuser allein maßgebend gewesen war: Versailles bei Paris. Tatsächlich fiel Schönbrunn, 1695–1711 erbaut, dann jedoch bedeutend kleiner aus. Einst als Lust- und Jagdschloss geplant, ließ es Maria Theresia 1744–1749 so umbauen, dass in ihm die kaiserliche Familie wohnen konnte. Entscheidend für die Bedeutung, die Schönbrunn für den jungen Hitler hatte, war jedoch der neue Stil, den es verkörperte. Denn dabei handelte es sich nicht um „eine bloße Abzweigung des italienischen Barock auf deutschem Boden", wie Hans Sedlmayr in einem kenntnisreichen Aufsatz schreibt, sondern um eine Neukomposition aus italienischen und deutschen Elementen. Dieser Stil wurde „Reichsstil" genannt, weil er in den folgenden Jahren und Jahrzehnten nicht nur bis in die letzten Winkel der Habsburgermonarchie, sondern über deren Grenzen hinaus durch Balthasar Neumann, Johann Conrad Schlaun und Matthäus Daniel Pöppelmann weiter nach Süd- und Mitteldeutschland ausgestrahlt hat. Hingegen übernahm das aufstrebende Preußen mit seiner zunehmenden Distanz zum Reich diesen Stil trotz mancher Ansätze nicht, sondern begann eine eigene Formensprache zu entwickeln. In dieser Absonderung vom „Reichsstil" mag der Grund dafür gelegen haben, dass der junge Hitler zu den preußischen Königen Friedrich Wilhelm I. und Friedrich dem Großen als Bauherren sowie zu ihren berühmten Architekten einen gewissen Abstand gehalten hat.

Seine ursprüngliche Inspiration durch Hildebrandt und Fischer von Erlach darf jedoch nicht mit einer generellen Vorliebe Hitlers für den Barock verwechselt werden.[98] Denn weder kann man diese angeblich lebenslang vorhaltende Neigung am eklektizistischen Baustil des späteren Diktators nachvollziehen, noch entspricht sie seinem Begriff von „Klassizität", der „klare disziplinierte Ordnung", „Einheit der Form" und „zeitloser Endgültigkeit" in sich vereinigt hat.[99] Was den jungen Hitler an Fischer von Erlach wohl vor allem beeindruckte, obgleich er sich selbst nie dazu geäußert hat, war vielmehr die Tatsache, dass ein begnadeter Architekt, für den er sich ja potenziell selber hielt, einen historisch bedeutsamen Augenblick nutzen konnte, um einen Baustil zu kreieren, der den Geltungs- und Repräsentationsanspruch eines Reiches grenzüberschreitend wiedergab.

---

98 So Albert Speer 1969, S. 55, wenn er bemerkt: „Letzten Endes zog es ihn aber immer wieder zum schwülstigen Neobarock." Oder Speer 1975, S. 166, in seiner Eintragung vom 24. Oktober 1948: „Seine Welt waren Bogengänge, Kuppeln, Geschwungenes, Repräsentation, nie ohne ein Element von Eleganz, kurz: das Barocke."

99 So Giesler, 1978, S. 205, dem selbst Speer bescheinigte, Hitlers „Intentionen aufs genaueste" erfasst zu haben. Speer 1975, S. 147, Eintragung vom 26. Februar 1948.

Wenn man Hans Sedlmayr folgt,[100] war mit dem Tod Karls VI., Nachfolger Josephs I., „die große Zeit der österreichischen Architektur zu Ende ... Und jetzt vollzieht sich in Österreich aus freien Stücken der Umschwung, der für die Architektur ungefähr dasselbe bedeutet wie der Übergang von dem Gedanken des ‚Reiches' zu dem des ‚Staates'. Die moderne westliche Auffassung, die der Architektur viel beschränktere, durch Vernunftgründe geregelte Aufgaben zuweist, beginnt durchzudringen ... Die Architektur wird bürgerlich und ihre Repräsentanten (werden) konventionell ... Nicht nur der sakralen, *aller* Architektur überhaupt wird der Anspruch bestritten, Kunst in dem entscheidenden transzendenten Sinne zu sein." Es war diese freiwillige Selbsterniedrigung der Baukunst, gegen die der junge Hitler gut hundertfünfzig Jahre später unter dem Einfluss seiner geistigen Väter aufbegehrte. Er wollte zum „Reich", zur Transzendenz, zu den „Ewigkeitswerten" (Billy F. Price) zurück, ohne sich der Moderne – und damit der Zukunft – in sozialer, politischer und technischer Hinsicht zu verschließen. Sein Begriff von Architektur war der Versuch, die Moderne mit seinen nationalistischen Gefühlen in Einklang zu bringen. Wie die Wiener *Secession* war er in diesem Punkt Teil der Revolte der Jungen gegen die Alten – gegen die liberale Politik des Fortschritts, gegen bürgerliche Sekurität, gegen Historismus in Architektur und Literatur.

Zwischen Monarchie und Republik

Bis zum Ende der Monarchien, das für Deutschland und Österreich mit ihrer Niederlage im Ersten Weltkrieg zusammenfiel, war es bei Kaisern, Königen und sonstigen Fürsten Brauch gewesen, das eigene Streben nach kulturellem Rang und machtpolitischer Anerkennung durch Bauten von exemplarischer Bedeutung sowohl im Konzert der europäischen Mächte zur Geltung zu bringen als auch an die Untertanen weiterzugeben. Das heißt, Architektur und Städtebau hatten bei Befestigung und Bewahrung der monarchisch-feudalistischen Herrschaft eine nach innen und außen gerichtete Doppelfunktion der Repräsentation und Absicherung. Außerdem sollten ihre Resultate das Auge des Souveräns erfreuen, seinem Streben nach Selbstverwirklichung Rechnung tragen und seinem Namen einen immerwährenden Glanz verleihen.

Eines der bekanntesten Beispiele personifiziert der preußische König Friedrich II., der spätere Friedrich der Große, der als Kronprinz auf Schloss Rheinsberg einen „Musenhof" begründete und sich während seiner von 1740 bis 1786 währenden Regierungszeit in beispielhafter Art und Weise als Freund und Förderer der Künste und Wissenschaften betätigt hat. „Wirft man einen Blick auf die Gesamtheit dessen, was in Preußen in den 46 Jahren der friderizianischen Epoche gebaut, erweitert und verändert worden ist", schreibt der Historiker Johannes Kunisch in seiner Friedrich-Biographie, „so gilt es ein *œvre* in Augenschein zu nehmen, das ... in seiner

100 Sedlmayr 1960, S. 278.

Vielfalt und Originalität auch einzigartig in der Residenzlandschaft des *ancien régime* dastehen dürfte. ... (Es) markiert einen Entwicklungssprung in der Selbstdarstellung von Staat und Dynastie. ... Folgt man der Chronologie der Bauaufträge Friedrichs, so steht an erster Stelle das Opernhaus Unter den Linden (in Berlin – D. B.).“[101]

Auch wenn anzunehmen ist, dass sich der junge Hitler mit der Bautätigkeit Friedrichs des Großen noch nicht weiter auseinandersetzte, weil er dem „Französling“ reserviert gegenüberstand,[102] lebte er doch ebenfalls an der Wende vom 19. zum 20. Jahrhundert noch tief in der Epoche der europäischen Monarchien, so dass er deren Maßstäbe und Bräuche in sein Verständnis von Architektur und Städtebau übernommen hat. Das gilt auch für den von ihm immer wieder betonten Vorrang des Opernhaus-Baues.[103] Gewiss lag die Leidenschaft, die der Hitler Adolf mit seinen Entwürfen auf diesem Gebiet entwickelte, vorrangig in seiner Liebe zum musikdramatischen Werk Richard Wagners begründet, das für jeden Architekten eine besondere Herausforderung ist und war. Gleichzeitig aber dokumentierte der angehende „Reichsbaumeister“ damit auch den kulturellen, transzendenten, ja sogar sakralen Rang, den sein Reich nach dem Vorbild der Monarchien dermaleinst einnehmen sollte. Dem gleichen Zweck diente das von ihm aufwändig konzipierte „Reichsorchester“. Denn dieses sollte bekanntlich die Provinzen seines Zukunftsreiches mit sinfonischer Musik auf mindestens nationalem Niveau beglücken.[104]

War somit seine Anschauung von Kunst und Kultur auf der einen Seite auch vormodern, so hat sich der junge Hitler bei den Bauten der Ringstraße andererseits aber auch für die Moderne begeistert. Nach Kubizeks „Erinnerungen“ betrachtete sein Freund die „märchenhaften Prachtbauten“ dieser Prunkstraße im Zentrum Wiens – wegen der vielen reichen Juden, die hier lebten, im Volksmund auch „Straße Zion des neuen Jerusalem“ genannt[105] – „als die Verwirklichung seiner kühnsten künstlerischen Träume“.[106] Dies freilich nicht deshalb, weil er aufdringlichen und pompösen Fassaden den Vorzug vor zweckmäßigen Grundrisslösungen gab, sondern weil dieser erst in den 1880er Jahren anstelle der früheren Befestigungs- und Verteidigungsanlagen vollendete Boulevard seinerzeit den Ruf Wiens als „glänzendste, monumentalste Stadt Europas“ erneuert hat.[107] Als Zeichen der Modernität galt sowohl die hier im Rahmen

101 Kunisch 2005/4, S. 252 ff.

102 Vgl. Teil II, 4. Kapitel, S. 278.

103 Laut Spotts 2002, S. 280, soll Hitler einmal gesagt haben: „Ein Opernhaus ist der Maßstab, an dem man die Kultur einer Stadt oder Zivilisation misst.“ Leider ohne Quellenangabe. – Bei Kubizek 1995/6, Bildseite gegenüber S. 177, ist einer der Entwürfe für ein Opernhaus abgedruckt, wie der junge Hitler ihn sich gedacht hatte.

104 Siehe dazu Kubizek 1995/6, das Kapitel über „das ‚bewegliche‘ Reichsorchester“, S. 209 ff.

105 Bled 1988, S. 277.

106 Ebda., S. 173.

107 Sedlmayr 1960, S. 264. Dort auch das folgende Zitat.

eines Stadtentwicklungsplanes vorgenommene Konzentration öffentlicher Bauten – von Rathaus, Börse und Parlament bis hin zu Universität, Hofoper und Museen, alle aus der Hand berühmter Architekten – als auch die elektrische Straßenbahn. Somit hatten die Planer die „kalten Schemen der Vergangenheit", die sich in den historisierenden Fassaden wiederfanden, nur „für moderne Zwecke heraufzitiert".

Außer dieser Mischung aus Historismus und Moderne dürfte für den Hitler Adolf aber die Tatsache entscheidend gewesen sein, dass auch die Ringstraßenarchitektur letztlich eine „Reichskunst" (Hans Sedlmayr) repräsentierte, die sich bis nach Czernowitz, Krakau und Lemberg in alle Metropolen Österreich-Ungarns erstreckt sowie, zeitlich gesehen, als *Belle Époque*-Stil in das 20. Jahrhundert übergeleitet hat. Mehr als deutlich klingt dieser zentrale Reichsaspekt in einer Äußerung Hitlers zwanzig Jahre später an, als er in einer Rede sagte:[108] Er habe in der Ringstraße den Versuch gesehen, „der damals bereits von destruktiven Kräften zerrissenen Monarchie in einem großen, überragenden, herrlichen Mittelpunkt eine Zentralgewalt, eine Anziehungskraft zu geben ... Der kleine Mann, der in die Großstadt kommt ... soll das Gefühl haben, dass dort der König, dass dort der Herrscher lebt."

Hinzu kam aber noch ein soziologischer Aspekt. Da die prachtvollen Stadtpalais, die an diesem eleganten Boulevard liegen, damals sowohl vom Hochadel als auch vom Großbürgertum und dessen Familien bevölkert wurden, entsprach die Ringstraße exakt der „Machtteilung zwischen Kaiser und Staatsvolk",[109] wie sie sich aus der konstitutionellen Entwicklung des Habsburgerreiches seit der Dezemberverfassung von 1867 faktisch ergeben hatte. So gehörte der verschwenderisch begrünte Straßenzug aus der Sicht von damals letztlich zur Moderne des wissenschaftlich-technischen Zeitalters, die sich nur „unter Stilmasken"[110] verborgen hatte.

Die imperiale Absicht, durch Architektur „Gedanken zu kontrollieren, Respektabilität zu gewinnen, ihre Macht abzupolstern und sich selbst ein Denkmal zu setzen",[111] haben aber bekanntlich nicht nur die Habsburger Kaiser sowie die europäischen Könige und Fürsten ganz allgemein verfolgt. Sie lässt sich für alle Regierungsformen quer durch die Geschichte nachweisen – auch für die Präsidialdemokratie der USA in deren Hauptstadt Washington.[112] Insofern war der junge Hitler dadurch, dass er die Wirkungen von Architektur auf Macht und Status der Habsburgermonarchie in Wien studierte, keineswegs auf die Monarchie als Staatsform festgelegt,

108 Hitler 1993 III, S. 146: Rede vom 3. April 1929.

109 Haas/Steckl 1995, S. 11.

110 Sedlmayr 1960, S. 282.

111 Spotts 2002, S. 399. – Dort auch das Zitat etwas weiter unten.

112 Vgl. dazu *Frankfurter Allgemeine Zeitung* vom 10., 17. und 23. April 2004 mit den programmatischen Überschriften „Die Apotheose Washingtons" (gemeint ist der Gründungspräsident der Vereinigten Staaten, George Washington), „Zeus und Sphinx am Potomac" und – mehr zeitgeistig – „Bush und der Dornbusch", eine Serie in drei Folgen von Karl-Heinz Ludwig.

sondern im Gegenteil auch für die Republik offen, wie immer er diese im Einzelnen ausgestalten wollte. Er war auch keineswegs ein „Sonderfall", der als einziger „seine Herrschaft kulturell definierte und legitimierte", wie Frederic Spotts feststellt. Wie ein Maler unterschiedliche Farben in einem großformatigen Gemälde fließend nebeneinandersetzt, gingen beim jungen Hitler Kunst und Politik, Geschichte und Gegenwart durch die vermittelnde Instanz eines „Reiches" gleitend ineinander über – getreu einer intuitiv erfassten Erkenntnis, die Richard Wagner einmal so formuliert hat: „Wo Politik vorherrscht, kann es keine Kunst geben, und wo es Kunst gibt, bedarf es keiner Politik mehr."[113]

Zweifellos gibt es zu allen Zeiten nur wenige Menschen, die der anspruchsvollen Aufgabe, höchsten künstlerischen und politischen Ansprüchen zu genügen, gleichermaßen gewachsen sind. So hing der emphatische „Reichs"-Begriff des jungen Hitler auch mit seiner Hochschätzung des Helden, des Genies, des aristokratischen Prinzips einerseits sowie mit seiner Verachtung der Masse, der Majorität, der parlamentarischen Demokratie andererseits zusammen. Sollte sein Reich eines Tages den repräsentativen Gipfel der deutschen Kultur erklimmen, musste an seiner Spitze auch eine Führungsfigur stehen, die alle geistigen Energien zu einer kulturellen Höchstleistung von zuvor noch nie erreichter Kraft und Ausstrahlung zu bündeln verstand. Diese Machtprojektion wurzelte, wie wir noch sehen werden,[114] letztlich in einem quasi-religiösen Glauben an die Natur, die den kulturellen Fortschritt der Menschheit immer nur dem Stärksten und Fähigsten anvertraut, dem arisch-germanisch-deutschen Supermann.

4. Kapitel: Volk, Rasse, Nation

Deutschnational = völkisch = antisemitisch?

Der Hitler Adolf wurde hauptsächlich in Linz, „einem Zentrum des radikalen Deutschnationalismus",[115] politisch geprägt. Dadurch kam er dort auch zum ersten Mal mit Schlüsselbegriffen der völkischen Bewegung wie „Volk" und „Rasse" in Berührung. Aber obwohl der Antisemitismus „zweifellos ein konstitutives Element" jener Bewegung war,[116] fehlt das Wort „Jude" in den wenigen Äußerungen, die von dem Linzer Realschüler in diesem Zusammenhang überliefert sind. So berichtet sein früherer Klassenkamerad Anton Estermann unter Berufung auf einen weiteren Mitschüler, Hitler habe einmal in der Tür zum Klassenzimmer gestanden und die Eintretenden in „Arier" und „Nichtarier" geschieden.[117] Ein anderes Mal soll er zu seinem Kumpel Josef Keplinger auf dem gemeinsamen

---

113 Op. cit. Bermbach 2004, S. 19, aus „Oper und Drama".

114 Vgl. Teil III, 8. Kapitel, S. 479 ff.

115 Hanisch 1984, S. 66.

116 Puschner 2001, S. 9.

117 Kandl 1963/64, Anhang XXXI, Interview Anton Estermann, 2. November 1962. Dort auch auf Seite XXVI das folgende Zitat: Interview Josef Keplinger, 4. Januar 1963.

Heimweg gesagt haben: „Du bist kein Germane, du hast dunkle Augen und dunkle Haare." Beide Äußerungen verleihen der Behauptung Adolf Hitlers in *Mein Kampf*, er habe „das Wort ‚Jude'" in seinem Elternhaus noch nicht gehört, einen Hauch von Glaubwürdigkeit.[118]

Ein Vierteljahrhundert später definiert Adolf Hitler den Begriff „völkisch" an gleicher Stelle,[119] und wieder fehlt das Wort „Jude", als würde der Autor auf jene Denkmuster seiner Jugend zurückgreifen, in denen „völkisch" für ihn ganz offensichtlich noch nicht gleichbedeutend mit „antisemitisch" war. Zugleich aber stellt Hitler seiner autobiographischen Programmschrift die These sowohl von einem Pluralismus als auch von einer Hierarchie der Rassen auf und leitet davon Werturteile über einzelne Menschen ab. In ihrem „innersten Kern", so schreibt er nämlich weiter, erkenne „die völkische Weltanschauung die Bedeutung der Menschheit in deren rassischen Urelementen ... Sie glaubt somit keineswegs an eine Gleichheit der Rassen, sondern erkennt mit ihrer Verschiedenheit auch ihren höheren oder minderen Wert und fühlt sich durch diese Erkenntnis verpflichtet, gemäß dem ewigen Wollen, das dieses Universum beherrscht, den Sieg des Besseren, Stärkeren zu fördern, die Unterordnung des Schlechteren und Schwächeren zu verlangen. Sie huldigt damit prinzipiell dem aristokratischen Grundgedanken der Natur und glaubt an die Geltung dieses Gesetzes bis herab zum letzten Einzelwesen. Sie sieht nicht nur den verschiedenen Wert der Rassen, sondern auch den verschiedenen Wert der Einzelmenschen. Aus der Masse schält sich für sie die Bedeutung der Person heraus, dadurch aber wirkt sie gegenüber dem desorganisierenden Marxismus organisatorisch. Sie glaubt an die Notwendigkeit einer Idealisierung des Menschentums, da sie wiederum nur in dieser die Voraussetzung für das Dasein der Menschheit erblickt." Schließlich ordnet Hitler sogar seine Ethik dem Rassegedanken unter, indem er schreibt: „Allein sie (die völkische Weltanschauung) kann auch einer ethischen Idee das Existenzrecht nicht zubilligen, sofern diese Idee eine Gefahr für das rassische Leben der Träger einer höheren Ethik darstellt; denn in einer verbastardisierten und vernegerten Welt wären auch alle Begriffe des menschlich Schönen und Erhabenen sowie alle Vorstellungen einer idealisierten Zukunft unseres Menschentums für immer verloren." – Alle diese Äußerungen sparen die Juden aus.

Demnach verstärkt sich der Eindruck, dass eine Definition der völkischen Weltanschauung ohne einen manifesten Antisemitismus grundsätzlich möglich war. Insofern ist in der Tat denkbar, dass der junge Deutschnationalist Hitler der völkischen Bewegung nahe stand, ohne von allem Anfang an manifester Antisemit zu sein. Mit anderen Worten: Wenn dem wirklich so war – und dafür sprechen die beiden soeben zitierten Begebenheiten aus seinem Schulalltag –, hatte sich sein quasi-religiöser Glaube an

118 Hitler 1925 I, S. 54. Einschränkend heißt es an dieser Stelle allerdings: „Es ist für mich heute schwer, wenn nicht unmöglich, zu sagen, wann mir zum ersten Male das Wort ‚Jude' Anlass zu besonderen Gedanken gab."

119 Hitler 1927 II, S. 421.

das Völkische damals noch nicht zu jenem „Panier einer Kampfbewegung" verdichtet, von dem die NSDAP in ihren „Parteidogmen" nach 1933 „die neuen Staatsgrundsätze der Gemeinschaft eines Volkes" ableitete.[120] Dann erhebt sich allerdings auch die Frage: Konnte man an der Wende vom 19. zum 20. Jahrhundert überhaupt von „Ariern" und „Germanen" reden, ohne „Rassist" zu sein?

Völkisch – nationalistisch

Fest steht einstweilen nur, dass die völkische Bewegung Österreichs, deren Erforschung noch am Anfang zu sein scheint,[121] „zwischen der seriösen Gelehrsamkeit eines Wilhelm Heinrich Riehl und dem fanatisch religiösen Sektierertum eines Lanz von Liebenfels schwankte".[122] Sie wies somit eine enorme Bandbreite an Inhalten und Ausdrucksformen auf. Fest steht weiterhin, dass sie in Österreich sowohl auf den Nationalitätenkonflikt als auch „auf die nationalistische Studenten- bzw. die alldeutsche antislawische und insbesondere antikatholische Schönerer-Bewegung" zurückging. Fest steht drittens, dass die völkische Bewegung „nicht nur auf eine logisch-exakte Zusammenfassung ihrer Überzeugungen verzichtete, sondern den Irrationalismus geradezu zum Programm erhob", indem sie sich „bis zur Vergötterung des ‚Unbewussten, Dynamischen, Dunkel-Schöpferischen' (Thomas Mann)" gesteigert hat.[123] Angesichts dieser Vielzahl von Aspekten kann man sehr wohl darüber streiten, ob man das Richtige trifft, wenn man die völkische Bewegung der damaligen Zeit kurzerhand mit Nationalismus gleichsetzt.

Was nun den jungen Hitler angeht, so führt ein vorbehaltloser Rückbezug auf Schönerer aus den bereits geschilderten Gründen[124] leicht in die Irre – seine Beziehung zu diesem Wegbereiter des Antisemitismus war in Bezug auf Großdeutschland gar nicht so eng, wie oft behauptet wird und wie wir an anderer Stelle schon dargestellt haben. Sie war überdies mehr emotionaler als rationaler Natur, wie noch zu zeigen sein wird.[125] Zwar beruhte sie auf der in Tiefenschichten seines Bewusstseins verankerten Tatsache, dass der Anführer der Alldeutschen einst das Gefühl für das Deutschtum bei den Österreichern u.a. dadurch geweckt hatte, dass er es gegen die Juden in Stellung brachte. Aber „die Thesen von Rassenzucht und Reinhaltung des Blutes, von edlen Ariern und minderwertigen Mischlingsrassen waren um 1900 so verbreitet, dass kein Autor allein als Quelle für H(itler) auszumachen ist",[126] also auch Georg Schönerer nicht. Überdies muss man, wenn man Hitlers eigener Darstellung glauben darf,

120 Ebda. I, S. 415, insbes. S. 417.
121 Puschner 2001, S. 23, und Hamann 1996/4, S. 287.
122 Schüler 1971, S. 35.
123 Ebda., S. 35 und 50.
124 Vgl. Teil II, 4. Kapitel, S. 266.
125 Vgl. Teil III, 10. Kapitel, S. 519 ff.
126 Hamann 1996/4, S. 317 f.

eine Darstellung des deutsch-französischen Krieges von 1870/71, die er in einer illustrierten Zeitschrift fand,[127] für den eigentlichen Zündfunken seines künstlerischen und politischen Engagements halten. Von diesem historischen Ereignis, das zur Gründung des Deutschen Reiches führte, las der Schüler erstmals im Elternhaus. Es war aber nationalistischer und nicht völkischer Art.

Der tiefe, fast mythische Eindruck, den die Lektüre bei ihm hinterlassen hat, klingt denn auch noch ein Vierteljahrhundert später in *Mein Kampf* nach,[128] wo die Kaiserproklamation im Spiegelsaal von Versailles „als Lohn unsterblichen Heldentums" bezeichnet wird. Der Autor sieht sie hier „umgoldet vom Zauber eines die ganze Nation erhebenden Geschehens" und umwoben „vom Schimmer eines historischen Ruhmes, wie er nur den ältesten Staaten – selten – zu Teil zu werden vermochte". Ohne dass man sie als nachträgliche Billigung der kleindeutschen Lösung missverstehen darf, wählte Hitler geradezu hymnische Formulierungen, um seine damaligen Empfindungen in einem transzendenten Licht erscheinen zu lassen. Zugleich aber hob er sie auch von aller völkischen Rabulistik ab. Infolgedessen glaubt auch August Kubizek,[129] dass „jene bedingungslose Liebe zum deutschen Volkstum, die (Hitlers Geschichts- und Deutschlehrer) Pötsch mit der Ablehnung des Habsburgerstaates verband, das entscheidende Erlebnis für den jungen Hitler war". Dieser habe allerdings ebenso heftig, wie er „das deutsche Volk und dieses Reich" liebte, auch „alles Fremde" abgelehnt, wie es einschränkend heißt, was auf völkische Neigungen hindeuten wird.

Im weiteren Verlauf seiner Ausführungen macht Kubizek vollends deutlich, dass der glühende Nationalismus des Hitler Adolf zwar mit einer antihabsburgischen, vielleicht auch mit einer antitschechischen, aber nicht unbedingt mit einer völkischen Haltung gleichzusetzen ist: „In diesem stürmischen nationalen Kampf, der eindeutig gegen die österreichische Monarchie gerichtet war, kamen die ungewöhnlichen Anlagen zur Entfaltung, die in seinem Wesen lagen. Die eiserne Konsequenz vor allem, mit der er an dem, was er einmal für richtig angesehen hatte, festhielt. Die nationale Ideologie rückte als politisches Bekenntnis in den ‚unabänderlichen Bereich' seines Wesens. Kein Misserfolg, kein Rückschlag brachten ihn davon ab. Er blieb bis zu seinem Tode, was er schon mit sechzehn Jahren war: Nationalist."[130]

Wenn diese Einschätzung zutrifft, kann man zusammenfassend sagen, dass das politische Engagement des jungen Hitler primär auf einem nationalistischen Impuls beruhte, der sich allerdings in einer später noch näher

127 Vgl. Teil I, 5. Kapitel, S. 119.
128 Hitler 1925 II, S. 244.
129 Kubizek 1995/6, S. 60 und 91.
130 OÖA Material Jetzinger, Brief Kubizek v. 6. Mai 1949.

zu betrachtenden Art und Weise mit antisemitischen Einflüssen gemischt und rassistisch aufgeladen hat.[131]

Volk, Volkstum, völkisch

Je älter der Hitler Adolf wurde, desto deutlicher trat seine Vorliebe für „Volkstum" und „Volk" der Deutschen in Erscheinung – Volkstum nicht im Sinn von „Folklore" und Volk nicht von „niederem Volk", also in abwertendem Sinn gemeint. Mehr noch: Volkstum und Volk bildeten geradezu den Inbegriff dessen, was der junge Hitler und seine deutschnationalen Zeitgenossen unter „Deutschtum" in einer von anderen Nationen und Nationalitäten bedrohten Umwelt verstanden. In diesem Kontext sind auch seine Mitgliedschaft im Linzer Volksbildungsverein und seine häufigen Besuche von Opernvorstellungen im dortigen Landestheater als symbolische Akte von bekenntnishaftem Charakter zu sehen. Der *Oberösterreichische Volksbildungsverein*, ursprünglich eine Gründung liberaler Kräfte, hatte gegen Ende des 19. Jahrhunderts eine Wende zum Deutschnationalismus vollzogen. Daher wandelte er sein früheres Motto einschlägig ab. Statt „Bildung ist Macht" hieß es jetzt: „Haltet ja im Heimatlande treue Wacht / steht im Pflichtbewusstsein fest zusammen / mit der Losung: Bildung ist Deutschösterreichs größte Macht."[132] In dieser Formulierung klangen sowohl das antifranzösische Lied von der *Wacht am Rhein* an, damals so etwas wie die deutsche Nationalhymne, als auch der österreichisch-ungarische Nationalitätenkonflikt. Diese beiden Bezüge bildeten aber nur die Folie für einen kulturimperialistischen Bildungsbegriff. Gleichzeitig nahmen die Deutschnationalisten auch ihr Anliegen ernst, Bildung in das Volk als Ganzes hineinzutragen. Infolgedessen hatte sich das Landestheater unter seinem Intendanten Cavar für alle Schichten der Gesellschaft geöffnet. Dadurch konnte der junge Hitler bei seinen häufigen Opernbesuchen zum ersten Mal auch die gemeinschaftsstiftende Wirkung studieren, die kulturelle Erlebnisse haben können. Volksbildungsverein und Landestheater zogen insofern an einem Strang, als sie zur „Erziehung zum eigenen Volkstum" und damit zu „jener ausschließlichen Anerkennung der Rechte des eigenen Volkstums" beitrugen,[133] die nach Hitlers später geäußerter Meinung nicht nur im Interesse der völkischen Bewegung, sondern letztlich in dem der gesamten Menschheit lagen. Gemeinsam dienten sie einem universalen Zweck.

Ähnlich universal, aber noch ohne jede Anwandlung von Nationalismus, Rassendünkel und Fremdenhass hatten Johann Gottfried Herder und die deutsche Romantik zu Beginn des 19. Jahrhunderts die Begriffe „Volk" und „Volkstum" verstanden. Selbst die Blutmetaphorik, die Richard Wag-

131 Vgl. dazu auch Sieg 2007, S. 316: „Der Ausdruck ‚völkisch', der uns heute so charakteristisch erscheint, war lediglich ein Neologismus für ‚national', und genau so wurde er in der Regel auch gebraucht."

132 Wiesinger-Stock 2001, S. 153.

133 Ebda., I, S. 123.

ner in seinen Züricher Kunstschriften anklingen lässt, „ist nicht rassisch zu verstehen", wie Stefanie Hein in ihrer Dissertation feststellt.[134] Einerseits glaubte man, mit dem deutschen „Volk" – in Reaktion auf die napoleonische Fremdherrschaft – einen Gegenbegriff zur französischen „Staatsnation" gefunden zu haben. Andererseits lehnte man sich angesichts der politischen Zersplitterung, die Deutschland bis 1871 kennzeichnete, auch an die Hilfskonstruktion einer so genannten Kulturnation an, deren einigendes Band vor allem in der deutschen Sprache gesehen wurde. Darüber hinaus appellierte der Begriff „Volk" an den Willen der Deutschen, die heterogene Sozial- und Verfassungsstruktur des alten Reiches sowie den krassen Gegensatz von „Obrigkeit" und „Untertan" durch einen homogenen und volksnahen „Staat" *sui generis* zu überwinden, worunter man in deutschnationalen Kreisen überwiegend nicht die parlamentarische Demokratie westlicher Prägung verstand.

Bei „Volk", „Volkstum" und „völkisch" handelte es sich – übrigens quer durch Europa, denn die völkische Bewegung des 19. Jahrhunderts war ein gesamteuropäisches Phänomen – um „politische Aktionsbegriffe":[135] Was noch nicht war, sollte als etwas Arteigenes durch Gesinnung und Tat geschaffen werden, wobei Ehre, Pflichtbewusstsein und Opfermut als moralische Imperative eine besondere Rolle spielten. Denn jene Aktionsbegriffe hatten auch eine mythische Dimension, jenseits aller tagespolitischen Aspekte: Die völkische Bewegung verstand unter „Volk" eine Entität, die als „ein quasi Ewig-Ganzes" (Karl-Ferdinand Werner) schon vor aller Geschichte bestanden hatte, alle Lebensbereiche umfasste und, wenn man sorgsam genug mit ihr umging und sie tapfer genug gegen alles Feindliche verteidigte, bis in alle Ewigkeit fortbestehen würde – ein universales und zeitloses, fast „heiliges" Kollektivindividuum oder Individualkollektiv, das es vor Verfremdung, Verflachung und Vernichtung zu schützen galt. Daraus leiteten sich bestimmte Schlussfolgerungen für Menschenbild, politische Haltung und ethische Maximen ab: Nach völkischem Verständnis hatte der Einzelne sowohl in Sitte und Brauchtum als auch in politischer Hinsicht „seinem" Volk treu zu bleiben. Er hatte die völkischen Werte oder „Ideale" nicht nur in seinem privaten, sondern auch in seinem politischen Lebensbereich für immer und ewig hochzuhalten und praktisch umzusetzen.

Mit dem Aufkommen des Nationalismus, insbesondere nach 1848, als die deutschen, tschechischen und ungarischen Nationalitäten erstmals gegen die Habsburgermonarchie aufbegehrten, verschärften sich die Anforderungen, die das völkische Denken in Österreich-Ungarn sowohl an die

134 Es handelt sich um die Abhandlung über „Die Kunst und die Revolution", einen der beiden Essays, die der junge Hitler mit an Sicherheit grenzender Wahrscheinlichkeit kannte. Hein 2006, S. 61. Anders als Helmut Zemlinsky und andere Wagner-Forscher versteht Hein jene Metaphorik „als Reflex auf die Germanenbegeisterung, die seit der Mitte des 18. Jahrhunderts eine zunehmende Bedeutung innerhalb des nationalkulturellen Diskurses in Deutschland erlangte".

135 Brunner 1992, S. 152.

Individuen als auch an die Kollektive stellte. Sie nahmen jetzt eine naturalistisch, religiös oder schicksalhaft zu nennende Färbung an: Deutsche, Tschechen und Madjaren fühlten sich berufen, jeweils ein „Volk" oder eine „Nation" zu bilden, weil ihnen – je nach Standpunkt – entweder die Natur oder Gott oder die „Vorsehung" anscheinend die jeweils gleiche Abstammung verliehen hatte. Das heißt: „Volk" und „Nation" wurden mit biologistischen Mythen und quasireligiösen Dominanzansprüchen verknüpft, die einander ausschlossen. Im Fall Deutschösterreichs wurde dieser Anspruch auf die Arier zurückgeführt und vor allem in kultureller Hinsicht erhoben.

Erst nach 1866, vor allem aber nach 1871, entwickelte sich die deutschvölkische Bewegung Österreichs schließlich in einem militanten, d.h. sowohl antislawischen als auch antisemitischen Sinne: Eine besondere Rolle spielten in diesem Zusammenhang der berühmte Wiener Chirurg Theodor Billroth, der in seinem 1876 erschienenen Werk „Über das Lehren und Lernen der medizinischen Wissenschaften an den Universitäten der deutschen Nation, nebst allgemeinen Bemerkungen über die Universitäten" u.a. ausführte, die Juden seien keine Deutschen einer anderen Konfession, sondern eine eigenständige Nation – ein Gedanke, den später bekanntlich der Zionismus aufgegriffen hat. Ebenfalls von einem nichtkonfessionellen Standpunkt aus sprach der Journalist Wilhelm Marr 1879 in einem Buch mit gleich lautendem Titel vom „Sieg des Judenthums über das Germanenthum". Der Nationalökonom Eugen Dühring schließlich erklärte 1881 die Judenfrage zu einer „Racen-, Sitten- und Culturfrage". Durch diese Autoren, die mit wissenschaftlicher Autorität sprachen, wurde die traditionelle katholische Judenfeindschaft auf eine säkularisierte Ebene gehoben und gleichzeitig offenbar objektiviert.

Das ist mit wenigen Strichen der allgemeinere Hintergrund, vor dem sich die Anhänger der deutschnationalen Bewegung in Österreich einerseits von der gesamtdeutschen Entwicklung abgehängt und andererseits mit der „Entdeutschung" einer neuen Gefahr ausgesetzt sahen.[136] Völkisch empfindende Deutschnationalisten waren somit in doppelter Hinsicht entfremdet und frustriert – und genau an diesem Punkt setzte die Schönerer-Bewegung an: Durch ihre Berufung auf ein von volksfremden, insbeson-

136 Vgl. das Wort „Entdeutschung" bei Hitler 1925 I, S. 101. Hitler versuchte, die problematische Gefühlslage der Deutschösterreicher rückblickend herunterzuspielen, indem er behauptete, jeder „wahrhaft deutschgesinnte Österreicher" habe erkannt, dass Königgrätz „die ebenso tragische wie notwenige Voraussetzung ... zur Wiederaufrichtung eines Reiches" gewesen sei, „das nicht mehr mit dem fauligen Marasmus des alten (Deutschen) Bundes (von 1815) behaftet sein sollte". Angeblich hatte man schon damals erkannt, „dass das Haus Habsburg seine geschichtliche Sendung endlich beendet hatte." Vgl. ebda., S. 103. Den meisten Deutschösterreichern wird die Habsburgerherrschaft nach 1866 jedoch ebenso unabsehbar lang vorgekommen sein wie zu irgendeinem anderen Zeitpunkt vor 1914, obwohl sich die Anzeichen für den baldigen Niedergang unentwegt mehrten. Anders sind ja auch nicht die von Hitler selbst nur wenig später erwähnten „Rebellen gegen eine Art der Regierung" zu erklären, „die ihrer Überzeugung nach zum Untergang des eigenen Volkstums führen musste".

dere antisemitischen Einflüssen gereinigtes Alldeutschtum versprach sie ihren Anhängern neue Sicherheit und neues Selbstbewusstsein. Tatsächlich kandidierte ihr Anführer bei den Wahlen zum Abgeordnetenhaus des Reichsrats von 1879, sechs Jahre nach dem großen Wiener Börsenkrach, erstmals für eine Bewegung, die sich *expressis verbis* als „antisemitisch" deklarierte.[137] Zwar wurde der Agitator wegen seines Übergriffs auf die Redaktion des *Neuen Wiener Tagblatts* kurz vor Hitlers Geburt für fast ein ganzes Jahrzehnt aus dem politischen Verkehr gezogen. Er erreichte nach seiner Rückkehr in das Abgeordnetenhaus auch nie mehr jene Bedeutung, die er früher einmal für die deutschnationale Bewegung als Ganzes besessen hatte. Aber Hitler sagt selbst in *Mein Kampf*: „Als ich nach Wien kam (1907/08), standen meine Sympathien voll und ganz auf der Seite der alldeutschen Richtung."[138] Mit anderen Worten: Mit seinen eingängigen Parolen hatte Schönerer den Linzer Realschüler insofern erreicht, als er – neben Lehrer Pötsch – das „Verdienst" erwarb, „den herrlichen Begriff der Vaterlandsliebe aus der Umarmung dieser traurigen Dynastie (der Habsburger) erlöst zu haben".

Auf die interpretatorische Schwierigkeit, die sich daraus ergibt, dass sich Hitler in *Mein Kampf* einerseits als früherer Anhänger Schönerers ausgibt, andererseits aber behauptet, er sei vor seinem Weggang nach Wien noch kein Antisemit gewesen, wurde bereits an anderer Stelle ebenso wie auf die Differenzen in den deutschlandpolitischen Konzeptionen Schönerers und Hitlers hingewiesen.[139] Das stellt den Biographen bei seinem Versuch, die Frage zu beantworten, wieweit Schönerer den jungen Deutschnationalen Hitler im völkischen Sinn beeinflusst hat, vor ein nicht geringes Problem. Zwei Indizien sprechen für die Annahme, dass dieser Einfluss – allen gegenteiligen Beteuerungen zum Trotz – an der Oberfläche von Hitlers Bewusstsein zunächst nicht sehr groß gewesen sein kann. Mit Recht weist nämlich Franz Jetzinger darauf hin,[140] dass Augusts einziger Freund einem Handwerkermilieu entstammte, das tschechische Wurzeln hatte. „Kubizek" ist nichts anderes als die eingedeutschte Form von „Kubitschek". Augusts Mutter war eine geborene Blaha, was den genealogischen Zusammenhang noch deutlicher macht. Schließlich hatte sich Adolfs Vater mit einem Kollegen tschechischer Herkunft angefreundet. Dies alles wäre bei voller Übernahme des völkischen Radikalismus, wie Schönerer ihn predigte, kaum möglich gewesen.

Das zweite Indiz ist nicht ganz so eindeutig. Wie es in *Mein Kampf* heißt,[141] sammelte der Realschüler Hitler Geld für den „Schulverein". Damit kann der *Deutsche Schulverein* oder der *Schulverein für Deutsche* gemeint sein. Beide Organisationen hatte Schönerer begründet, letztere aber erst 1886 aus Protest gegen erstere, weil sich diese seinem antisemitischen

137 Pichl 1938 II, S. 4.
138 Hitler 1925 I, S. 106. Dort auch das folgende Zitat.
139 Vgl. Teil II, 4. Kapitel, S. 273 ff.
140 Jetzinger 1956, S. 138.
141 Hitler 1925 I, S. 10.

Kurs nicht anschließen wollte.[142] Zwar lässt das Wort „Schulverein“ offen, welche der beiden Organisationen der Autor meint. Da Hitler aber in diesem Zusammenhang mit der Kornblume und den Farben Schwarzrotgold ausdrücklich die Erkennungssymbole der Schönerer-Bewegung erwähnt, handelt es sich höchstwahrscheinlich um den *Schulverein für Deutsche*. Aus dieser Annahme ergibt sich die paradoxe Folgerung, dass der Hitler Adolf in Linz für eine antisemitische Vereinigung sammelte, ohne schon selbst manifester Antisemit zu sein. Doch unterstreicht gerade dieser widersprüchliche Befund die schon an anderer Stelle festgehaltene Tatsache, dass seine Beziehung zu Schönerer vorwiegend emotional, d. h. unreflektiert und inkonsequent war.

Arisch – germanisch – deutsch

Von der germanischen Welt, die der Deutsch- und Geschichtslehrer Pötsch seinem Linzer Schüler Hitler nahebrachte, war es jeweils nur ein Schritt zu den „Ariern“ einerseits und zu den „Deutschen“ andererseits. Denn zwischen diesen drei Rassen, Ethnien oder idealtypischen Menschengruppen bestand nach völkischer Auffassung ein unauflösbarer, weil „blutsmäßiger“ Zusammenhang, der bis an den Anfang der Schöpfung zurückreichte. In seiner *Germania*, die Pötschs Unterricht stark beeinflusst hat, übersetzt Johannes Scherr das Wort „Arier“ mit „Edle“ und behauptet, diese seien die „Stammväter aller Indogermanen“ gewesen. Seiner Meinung nach hatten sich die Arier ihre Nobilitierung dadurch verdient, dass sie den von ihnen abstammenden Völkern einerseits „die Anfänge einer höheren, auf den Ackerbau gegründeten Kultur“, andererseits „den Kultus des Lichts und damit den entwicklungsfähigen Keim zur Ausbildung höherer religiöser Vorstellungen und fortschreitender Veredelung fähiger sittlicher Anschauungen“ mit auf den Weg gegeben hatten. Erst im Lauf der Zeit sei daraus „das seiner Einheit bewusste deutsche Volk“ erwachsen.[143]

„Die ältesten, namentlich die mythologischen Bestandteile unserer deutschen Heldensage“, so Scherr weiter,[144] seien „schon in Germanien und während der Völkerwanderungszeit erklungen.“ Sie atmeten „die wilde Großheit einer Zeit, wo die Germanen aus der mythischen Dämmerung geschichtslosen Daseins in das historische Leben hinüber zu treten begannen“. Auf den Trümmern des weströmischen Reiches, das die „Revolutionswoge“ der Völkerwanderung hinweggefegt habe, sei dann „die germanische Weltordnung“ errichtet und „das Kreuz“ des Christentums

142 Pichl II 1938, S. 277. Bezeichnenderweise hatte sich der Konflikt an der Frage entzündet, ob mit dem eingesammelten Geld auch deutschsprachige Schulen der israelitischen Kultusgemeinden unterstützt werden sollten. Nachdem er den Konflikt nicht zugunsten seiner Position hatte entscheiden können, trat Schönerer aus dem *Deutschen Schulverein* aus und gründete den *Schulverein für Deutsche*.

143 Scherr 1905, S. 1 f.

144 Ebda., S. 41.

aufgepflanzt worden, gekrönt vom „Staatsbau Karls des Großen".[145] Doch hätten das römisch-katholische Papsttum und die lateinische Sprache dem deutschen Volk „gleich im Beginn seiner Laufbahn die Möglichkeit einer selbständigen, aus dem ureigenen Geiste der Nation sich entfaltenden Kultur" beraubt.[146] Letzten Endes sei diese falsche Weichenstellung erst durch das im 19. Jahrhundert aufkommende Nationalbewusstsein korrigiert worden.

Wie im Zeitraffer schiebt Scherr hier die nach Jahrhunderten, wenn nicht Jahrtausenden zählende Entfernung zwischen Ariern, Germanen und Deutschen zusammen, um zu seiner Apotheose des Nationalismus zu kommen. Aber was war eigentlich „deutsch"? Dazu veröffentlichte Richard Wagner, der sich erst in den sechziger Jahren völkischen Ideen geöffnet hatte, 1878 in den *Bayreuther Blättern* einen Aufsatz, der nach Meinung des Wagner-Kenners Udo Bermbach „den Kern seines Politik-, Kultur- und Theaterverständnisses berührt".[147] Bei der überragenden Bedeutung, die der Bayreuther Meister für das Selbstverständnis der deutschnationalen Bewegung auch in Österreich hatte, mag der Text hier als repräsentativer Ausdruck für viele andere Antworten auf die Frage nach dem „wahren" Deutschtum stehen. Dessen Kern bildete nach Wagners Auffassung die deutsche Sprache – das Gefäß der Volksseele, des deutschen Wesens, der deutschen Bildung, wie es seit Herder in romantischer Überhöhung hieß. In charakteristischer Anpassung an den *linguistic turn* des völkischen Zeitalters verstand der germanophile Philosoph Johann Gottlieb Fichte unter Muttersprache sogar die „Trägerin des Erbgutes der Nation". Tatsächlich hatte das althochdeutsche Wort „diutisk" einst soviel wie „Volk" und „zum Volk gehörend" bedeutet. Somit grenzte das Wort ursprünglich die Sprache des gemeinen Volkes von der lateinischen Gelehrtensprache ab und setzte sich im Laufe des Mittelalters als Synonym nicht nur für die Sprachen, sondern auch für die Völker und Territorien kontinentalgermanischer Provenienz durch. „Deutsch" bezeichnete für Wagner infolgedessen etwas, „was uns, den in uns verständlicher Sprache redenden, heimisch ist" – den Ur-Inbegriff deutscher Identität.

Vor diesem Hintergrund empfanden die Anhänger der deutschnationalen und völkischen Bewegung den Versuch des österreichischen Kaiserhauses, das Sprachprivileg der deutschen Minderheit in Böhmen und Mähren zugunsten der tschechischen Bevölkerungsmehrheit abzubauen, um den Nationalitätenkonflikt zu entschärfen, als unerhörten Angriff auf ihr nationales Selbst, als Sakrileg, obwohl die geplante Maßnahme generell den tatsächlichen demographischen Verhältnissen entsprach.[148] 1897 erließ die Regierung Badeni so genannte Sprachenverordnungen, „die, allen Forde-

145 Ebda., S. 44.

146 Ebda., S. 56.

147 Bermbach 2002/2, S. 338. Der Aufsatz ist abgedruckt in Richard Wagner, „Bayreuther Blätter", 1. Jg., S. 29 ff., und in Richard Wagner, GSD X, S. 36–54.

148 Drabek 1984, S. 57: Deutsche und Tschechen waren 1846 in Böhmen im Verhältnis von 38,6 % zu 59,7 % und in Mähren sogar nur von 27,6 % zu 70,2 % vertreten.

rungen der Deutschen ... nach einer die ethnischen Grenzen berücksichtigenden administrativen Landesteilung zum Trotz, die Gleichberechtigung der beiden Landessprachen nicht nur im äußeren, sondern auch im inneren Dienstverkehr der Behörden festsetzten".[149] Dabei handelte es sich um eben jene Regelungen, die selbst den kaisertreuen Zollamtsoberoffizial a.D. Hitler Alois in Leonding bei Linz empörten. Zwar wurden die von Anfang an heftig umstrittenen Verordnungen später wieder zurückgezogen, weil der Sprachenstreit das politische Leben der Monarchie zu lähmen drohte. Sie trugen aber zweifellos in dem Maß zur Verhärtung von Hitlers antihabsburgischer und deutschvölkischer Haltung bei, wie sie das Gemeinschafts- und Solidaritätsgefühl der Deutschösterreicher in einem bis dahin kaum für möglich gehaltenen Ausmaß stärkten.

Der kulturalistische Volksbegriff

Wie der Historiker Friedrich Meinecke in seinen Memoiren schreibt, war aufgrund der zunehmenden Zersplitterung des modernen Lebens, die auch viele Reichsdeutsche spürten, „in ganz Deutschland um 1890" „etwas Neues nicht nur in politischer, sondern auch in kultureller Hinsicht" entstanden. Die US-amerikanische Soziologin Anne Harrington nennt dieses Phänomen eine „intellektuelle Revolte" zugunsten eines „Ideals von perfekter Ganzheit", das die jungen deutschnationalen Rebellen diesseits und jenseits der deutschösterreichischen Grenze in Richard Wagners Konzept eines Gesamtkunstwerks verkörpert sahen.[150] „Volk" war für Richard Wagner nicht nur Sprache, sondern zugleich auch kulturelle und politische Produktivkraft im Sinn einer „vorgeschichtlichen Urgemeinschaftlichkeit",[151] die sich nach Jahrhunderten der Selbstvergessenheit durch das Gesamtkunstwerk wieder als Volk herstellen lassen würde. Dieses Volk sei durch jene gemeinsamen Traditionen, gewachsenen Normen und Lebenswelten eins, die alle seine Glieder teilten. Es verstehe sich als „Notgemeinschaft" derjenigen, „welche Not empfinden und ihre eigene Not als gemeinsame Not erkennen oder sich in ihr begriffen fühlen".

Wagner sah diese Gemeinschaft nicht von vornherein als Kollektiv, sondern als Pluralität von Einzelnen, die sich über das Medium der Sprache immer wieder ihrer Gemeinsamkeit versichern. Dadurch werde Gemeinsamkeit „der Ort aller politisch-ästhetischen Kreativität" und „die bedingende Kraft für das Kunstwerk", wie er in *Das Kunstwerk der Zukunft* schreibt, eine der beiden theoretischen Schriften, die der junge Hitler mit ziemlicher Sicherheit gelesen hat.[152] Dazu Udo Bermbach: „In emphati-

---

Drabek meint, dass die tschechischen Bevölkerungsanteile tatsächlich sogar noch höher lagen.

149 Ebda., S. 75.

150 Harrington 1996, S. 23. – Dort auch das Meinecke-Zitat.

151 Wir beziehen uns hier und im Folgenden auf Bermbach 2003, S. 321, ohne die Fundstellen der Zitate im Einzelnen nachzuweisen.

152 Richard Wagner, GSD 3, S. 47.

scher Überzeichnung stilisiert Wagner das Volk zum ‚Gesamtdichter' der postrevolutionären Kunst", weil es mit der „Notwendigkeit elementaren Waltens den Zusammenhang zerreißen wird, der einzig die Bedingung der Herrschaft der Unnatur ausmacht".

Leider lässt sich nicht mehr feststellen, wie genau der junge Hitler *Das Kunstwerk der Zukunft* gelesen hat – die rassistische Zweckbestimmung, die Wagner diesem Aufsatz in einer nicht öffentlichen Äußerung unterlegte, ist ihm jedenfalls verborgen geblieben.[153] Dadurch aber, dass er offenbar in der Lage war, sowohl den künstlerischen als auch den ideologischen Gehalt von Wagners Opern unmittelbar zu erfassen, wird er in Linz und Wien am eigenen Leib erfahren haben, was ihm diese Kunst sowohl in ästhetischer als eben auch in politischer Hinsicht sagen wollte – dass sie nämlich, wie Wagner sich einmal ausdrückte, „zur Rettung des germanischen Geistes" berufen sei, „wenn die Race untergeht (jüdische Mischung, lateinische übermächtige Einflüsse)".[154] In der nahezu ausweglosen Lage, in der sich die Deutschösterreicher zumindest subjektiv an der Jahrhundertwende gegenüber der slawischen Bevölkerungsmehrheit befanden, wird ihn der Begriff der „Notgemeinschaft" intuitiv besonders angesprochen haben, und sicher hoffte er inständig, durch seine Fähigkeiten auf dem Gebiet der Sprache und der Architektur irgendwann einmal irgendetwas zur Überwindung der „Unnatur", d.h. zur Erlösung der Deutschen von unnatürlichen oder „blutsfremden" Einflüssen, beizutragen. Denn „der Begriff ‚deutsch'", so Wagner an anderer Stelle, hafte „an der Sprache und der Urheimat", aus deren Schoß „Jahrhunderte hindurch die unversiegliche Erneuerung und Erfrischung der bald in Verfall geratenen (germanischen) Stämme" hervorgegangen sei.

Waren die „germanischen Stämme" nicht neuerdings durch Vermischung mit anderen Rassen und durch Verwischen ihrer arteigenen Kultur abermals „in Verfall geraten"? Mussten sie sich nicht durch ihre urheimatliche Sprache abermals erneuern und erfrischen? Genau das hofften mit Houston Stewart Chamberlain[155] sehr viele Anhänger der deutschnationalen Bewegung. In Chamberlains vielgelesenem Hauptwerk, den *Grundlagen des 20. Jahrhunderts*, das 1904 schon in fünfter Auflage erschien und vielleicht auch von dem Linzer Realschüler wenigstens oberflächlich zur Kenntnis genommen wurde, hofft der Autor, „dass wir Germanen und die Völker, die unter unserem Einfluss stehen, einer neuen harmonischen Kultur entgegenreifen, unvergleichlich schöner als irgendeine der früheren, von denen die Geschichte zu erzählen weiß, einer Kultur, in der die

153 Wie Cosima Wagner in ihr Tagebuch notierte, sagte Wagner im Zusammenhang mit dieser Schrift: „Je unkenntlicher die Racen, je gesunkener die Menschheit, umso kräftiger und deutlicher müsse sich das Kunstwerk bejahen." Op. cit. Hein 1996, S. 113.

154 Vgl. die entsprechende Notiz von Cosima Wagner in ihrem Tagebuch. Op. cit. Hein 1996, S. 112.

155 Chamberlains Hauptwerk erschien erst in Wien, wo der gebürtige Engländer, Wahlfranzose und glühende Verehrer deutscher Kultur seit 1899 lebte, bis er 1908 nach Bayreuth ging. Dort begegnete ihm Hitler erst nach dem Ersten Weltkrieg persönlich.

Menschen wirklich ‚besser und glücklicher' sein werden, als sie es jetzt sind".[156]

Dieses ideal gedachte Projekt einer ästhetischen und politischen Regeneration der gesamten Menschheit durch das Germanentum wollte der junge Hitler als Bruder im Geiste durch seine Reden in Wort und Stein aktiv mitgestalten – getreu dem Vers aus einem Gedicht des Spätromantikers Emanuel Geibel, das bereits 1861 unter dem Titel *Deutschlands Beruf* erschienen war: „Macht und Freiheit, Recht und Sitte, / Klarer Geist und scharfer Hieb / Zügeln dann aus starker Mitte / Jeder Selbstsucht wilden Trieb, / Und es mag am deutschen Wesen / Einmal noch die Welt genesen."[157] Deutlich genug klingt in diesen Zeilen, von denen die beiden letzten zu einer viel zitierten Spruchweisheit des wilhelminischen Deutschland wurden, bereits der weit über den germanisch-deutschen Siedlungsraum hinausgreifende Universalismus des völkischen Nationalismus an.

5. Kapitel: Mythos, Geschichte, Staat

Ferne Vergangenheit – ferne Zukunft

„Schon von frühester Jugend an", so berichtet August Kubizek,[158] „hatte sich Adolf an den Erzählungen aus der deutschen Heldensage berauscht. ... Ich erinnere mich, dass Adolf sogar in unserer Wiener Studentenbude eine besonders schöne Ausgabe der deutschen Heldensagen besaß ... Vertrautsein mit der deutschen Sagenwelt war also keineswegs, wie sonst zumeist, nur eine jugendliche Schwärmerei. Es war vielmehr der Stoff, der ihn auch bei seinen geschichtlichen und politischen Betrachtungen am meisten fesselte und nie mehr losließ, die Welt, der er sich zugehörig fühlte. Er konnte sich das eigene Leben nicht schöner vorstellen, als er es in den leuchtenden Heldengestalten der deutschen Frühzeit dargestellt fand."

Im weiteren Verlauf dieses Berichts ist von „romantischer Perspektive", „Reich der Phantasie" und „frommer Gläubigkeit" die Rede, in die sich der junge Hitler bei der Beschäftigung mit dem Sagenstoff verloren habe. August spricht von Adolfs „Art, Traum und Wirklichkeit zu vertauschen", und offenbart schließlich seine „Angst ..., dass mein Freund eines Tages sich in der von ihm selbst geschaffenen Verwirrung nicht mehr zurechtfinden würde". Mancher Biograph schloss daraus, Hitler habe seither in einer Traumwelt gelebt, die er mit den politischen Realitäten verwechselte. Sie durchschauten das ahnungsvolle Spiel nicht, das er offenbar schon von Kindesbeinen an mit dem arisch-germanisch-deutschen Mythos getrieben hat. Zwar schlug sich dieses Spiel vorerst nur in nicht überlieferten Entwürfen für Theaterstücke mit dramatischen Handlungsverläufen nieder, die er möglichst bombastisch zu inszenieren gedachte, wenn es soweit war.

156 Chamberlain 1904/5 I, S. 31.

157 Büchmann 1986/36, S. 173. – Das Gedicht erschien erst 1871 in den so genannten Heroldsrufen, die in Stuttgart veröffentlicht wurden.

158 Kubizek 1995/6, S. 82 f.

Doch besteht kaum ein Zweifel daran, dass der leidenschaftliche Umgang mit den Sagen zu jenen Exerzitien gehörte, die sich der junge Hitler auferlegte, um sich höchst praktisch auf die Übernahme seiner künftigen Rolle als Baumeister eines neuen Reiches vorzubereiten. Deutlich genug klang dieses Fernziel schon damals in seinem Wunsch an, eines Tages – nach einem „Leben voll kühner, weit reichender Taten" – „in Walhalla[159] einzuziehen und für alle Zeiten zu einer mythischen Gestalt zu werden, ähnlich jenen, die er selbst so innig verehrte".[160]

In der Tat gab es kaum einen wirksameren Weg als den Mythos, um ferne Vergangenheit und ferne Zukunft sowohl in sich selbst erhöhender als auch in nationalpädagogischer Absicht kurzzuschließen, und an der Wende vom 19. zum 20. Jahrhundert schien dafür die Zeit auch reif zu sein. Das Bismarck-Reich, das sich vornehmlich auf militärische Macht und wirtschaftliche Kraft stützte, zeigte seine kulturellen Schwächen. Die österreichischen Intellektuellen, in endlose Grübeleien über ihr wahres Selbstverständnis versunken, zogen sich „in intellektuell-ästhetische Gefilde" (Jörg Kirchhoff) zurück, und der jüdische Spötter Karl Kraus sprach sogar davon, bei der Donaumonarchie handle es sich um eine „Versuchsstation für den Weltuntergang". Zu diesen apokalyptischen Versuchen zählte auch die Wiederbelebung eines identitären Mythos von Volk, Nation und Führer durch Richard Wagner und Friedrich Nietzsche in Nachbarschaft zur „deutschen Bewegung" (Daniela Gretz). Denn wie das leuchtende Vorbild des hellenischen Griechentums zeigte, konnten Rückgriffe auf eine „Urzeit", auf einen „Urgrund" und auf „Urbilder", die scheinbar ewige Weisheiten jenseits des Logos bereithielten, Herrschaft stiften und Religionen begründen, und wenn man es geschickt genug anstellte, ließen sich Mythos und Moderne miteinander sogar zu einer „Dialektik der Macht und des Imaginären" (François Furet) von suggestiver und noch nie dagewesener Wucht verbinden.

Deutsche Bewegung

Nicht, dass der Hitler Adolf die Chancen, die sich für ihn persönlich daraus eines Tages ergeben würden, schon von jeher mit klarem Blick gesehen hätte – dazu war er noch lange zu naiv, zu unreif, zu unpolitisch.

159 Walhalla wird jene Ruhmeshalle bei Regensburg genannt, die, von Franz Karl Leo von Klenze 1830 bis 1842 für König Ludwig I. von Bayern erbaut, die Büsten berühmter Deutscher enthält. Die Bezeichnung leitet sich von dem altnordischen „Valhöll" ab, wohin der Gott Odin die im Kampf gefallenen Helden beruft, um mit ihnen am Weltenende in das „Ragnaröck" genannte „Götterverhängnis" zu ziehen. Die Bezeichnung „Walhalla" ist somit ihrerseits mythisch besetzt. Das Motiv des Götterverhängnisses kehrt in Wagners *Ring*-Tetralogie als „Götterdämmerung" wieder.

160 Unwillkürlich wird man an einen Vers Rilkes aus „Leben und Lieder" (1894) erinnert: „Es sei, so klagen edle Menschenkenner, / oft ein Genie dem Untergang geweiht! / Nein! Schafft die Zeit sich keine großen Männer, / so schafft der Mann sich seine große Zeit!" Op. cit. Rilke 1992, S. 35.

Aber mit seiner ausgeprägten Gabe der Intuition, die ihn von Kindesbeinen an mehr als alles andere auszeichnete, erfasste er offenbar schon früh, dass die „deutsche Bewegung", in der heutigen Literatur vielfach auch als „deutscher Sonderweg" bezeichnet, im letzten Quartal des 19. Jahrhunderts ihren geistigen Führungsanspruch noch stärker als im Zeitalter von Idealismus und Romantik anmeldete und dass er davon profitieren konnte. Einerseits bemühte sich diese Bewegung um ein „(Re-)Konstruktionsmodell nationaler Identität im Sinn einer Abwehrhaltung gegenüber dem westeuropäischen Denken", andererseits eröffnete sie dafür begabten Menschen die Möglichkeit, sich als Persönlichkeiten ästhetisch zu begründen. Individuen wie der junge Hitler, die dazu bereit und in der Lage waren, opferten sich dadurch nicht nur selbstlos einem überpersönlichen, gleichsam „höheren" Lebenszusammenhang auf. Sie zogen aus ihrem Opfer vielmehr auch doppelten Nutzen als Individuen, indem sie ihre Werke durch jenen höheren Lebenszusammenhang legitimieren und sich zugleich in eine nationale Überlieferung einbringen konnten.

Denn die deutsche „Kulturnation", in deren Geist der Realschüler Hitler erzogen wurde, hatten Goethe und Schiller, Hegel, Herder und Schelling schon um 1800 begründet – jene Generation längst sprichwörtlich gewordener „Dichter und Denker", die bis heute den „Ursprungsort eines genuin deutschen Sonderbewussteins" bilden.[161] Diese „Kulturheroen" (Daniela Gretz) vereinten sowohl Dichtung und Religion, Wissenschaft und Politik als auch Künstlertum und Deutschtum in ihrer Person – somit genau das, was auch der junge Hitler in sich vereinigen wollte.[162] Sie sahen im Eigenen „etwas Besonderes, Erhobenes, Erhabenes",[163] und sie gaben dem deutschen „Gemüt" jene „Innerlichkeit" mit auf den Weg, die letzten Endes auf einer religiösen Sehnsucht basierte und ihren repräsentativen Ausdruck in einer „deutschen" Dichtung, in einer „deutschen" Musik und, was den jungen Hitler angeht, in einer „deutschen" Baukunst fand.

Solche Dichter, Komponisten und Architekten, so schien es, waren an der Wende vom 19. zum 20. Jahrhundert umso mehr gefragt, als die Anhänger und Mitstreiter der „deutschen Bewegung" fundamentale Brüche sowohl in den künstlerischen als auch in den nationalen Traditionslinien entdeckt hatten. Sie strebten deshalb nach „Arbeit am nationalen Gedächtnis", um „eine verbindliche Bildungsgrundlage für nationalpädagogische Projekte

161 Plessner 1959, S. 13, spricht in diesem Zusammenhang ganz entspannt von „unserer Heldenepoche".

162 Wagner brachte die Gleichsetzung seiner Person mit dem deutschen Geist auf den Punkt, indem er am 11. September 1865 in seinem Tagebuch notierte: „Jetzt begreift mich kein Mensch: ich bin der deutsche Mensch, ich bin der deutsche Geist. Fragt den unvergleichlichen Zauber meiner Werke, haltet sie mit allem Übrigen zusammen: Ihr könnt für jetzt nichts anderes sagen als – es ist deutsch." Op. cit. Hein 2006, S. 161 f. – Ähnlich mag der junge Hitler gedacht haben, womit er ebenfalls die „Vorstellung einer geistig-künstlerischen Avantgarde" (Stefanie Hein) verband, ohne dass er die zu seiner Zeit noch nicht veröffentlichten Tagebücher kannte.

163 Sontheimer 1982, S. 235.

einer ‚konservativen Revolution' oder ‚schöpferischen Restauration' (zu) schaffen".[164] Angeregt durch die neuen Lebenswissenschaften der Anthropologie und Ethnologie sowie durch das völkische Denken, nahmen sie die Nation als große Familie wahr, die in fernen Vergangenheiten wurzelt, verwendeten für ihre Werke bestimmte Formen, die sie für „typisch deutsch" hielten, und stilisierten sich zu einem „symbolischen Analogon der Nationalkultur" hoch. Letztlich meldeten diese Künstler einen „absoluten Führungs- und Gestaltungsanspruch ... im gesamtgesellschaftlichen Diskurs" an, mithin auch in der Politik, und das war genau das, was letztlich auch der junge Hitler wollte, der durch Wagners *Siegfried*-Gestalt, wie er später einmal sagte, schon in Linz erstmals die Bedeutung des „Blutmythos" verstanden hatte.[165]

Von Pernerstorfer bis Wagner und Nietzsche

Man mag einen so hochgestimmten Anspruch für den Ausdruck seiner narzisstisch veranlagten Persönlichkeit halten, für das frühe Anzeichen einer Vermessenheit, die keine Grenzen kannte, für einen Vorboten des späteren deutschen Verhängnisses, soweit es mit dem Namen Hitler verbunden ist. Einiges davon ist tatsächlich auch schon in *Mein Kampf* zu lesen, wenn der Autor behauptet: „Was wir heute an menschlicher Kultur, an Ergebnissen von Kunst, Wissenschaft und Technik sehen, ist nahezu ausschließlich schöpferisches Produkt des Ariers", der „allein der Begründer höheren Menschentums überhaupt war", ja sogar der „Urtyp dessen darstellt, was wir unter dem Worte ‚Mensch' verstehen".[166] Wie ein fernes Echo aus seiner Kindheit klingen in dieser Äußerung die mythischen Quellen eines Denkens nach, das den Nicht-Arier prinzipiell als „Nicht"- oder „Unter"-Mensch aus der Menschheit ausschließt, indem es ihm jede menschliche Qualität abspricht. Nur darf auch nicht übersehen werden, dass sich bereits der *Deutsche Leseverein* um Engelbert Pernerstorfer, Heinrich Friedjung und gelegentlich Gustav Mahler intensiv mit der Sage beschäftigt hatte, ohne dass aus ihnen später Nationalsozialisten und Antisemiten geworden wären. Ihre Freunde Richard Kralik und Siegfried Lipiner gründeten sogar eine *Sagengesellschaft*, um „in Mythen, Göttern und Helden zu leben, zu denken und zu arbeiten, wie die alten Griechen und die alten

164 Ebda., S. 234. – Dort auch die folgenden beiden Zitate.

165 Jäckel/Kuhn 1980, S. 53, Text zu der von Hitler selbst 1912 gefertigten Zeichnung eines Kostümentwurfs

166 Hitler 1925 I, S. 317. Eine recht treffende Definition von „Blutmythos" hinterließ der Bildhauer Bernhard Graf von Plettenburg, der in Hitlers Auftrag den Figurenschmuck für die Linzer Nibelungenbrücke erarbeitete, darunter auch eine Riesenfigur Siegfrieds: Dieser sei der „Idealtyp eines Sprosses einer durch systematische Gattenwahl und Hochzucht in der Sitte und aller männlichen Tugenden bestimmten Familie (gewesen), welcher seinen von Geburt edlen Gliederbau durch planmäßige Körperschulung zur Vollendung gebracht hat." Da Plettenburg oft Gelegenheit hatte, mit Hitler zu sprechen, dürfte diese Definition dessen Vorstellungen entsprechen. Vgl. Wacha 1996, Anhang, S. 407.

Germanen".[167] Sie wollten der modernen verwissenschaftlichten Welt mit ihrem instrumentellen Denken eine neue künstlerische Welt entgegensetzen, in der Leben Natur und Natur Leben und Geist werden sollten und in der Inspiration und Wille den Mangel an Klarheit und Logik ersetzten.

Diese frühen Deutschnationalen beeinflussten das mythologische Denken des jungen Hitler ebenso wie es Richard Wagner und Friedrich Nietzsche getan haben, Letztere sogar in verstärktem Maß. Denn durch diese beiden Vordenker war um die Jahrhundertwende, wie Dieter Borchmeyer bemerkt,[168] eine „tief greifende Neueinschätzung des Mythos" eingetreten, eine „Wiederentdeckung", und Wagner habe sogar versucht, die Treue zum Mythos als „Kardinaltugend" durchzusetzen – nämlich als „konstantes Erklärungsmodell der Wirklichkeit". Denn dieser habe „das Unvergleichliche des Mythos" darin gesehen, „dass er jederzeit wahr und sein Inhalt, bei dichtester Gedrängtheit, für alle Zeiten unerschöpflich ist". Nach dem Vorbild der griechischen Tragödie, die Modell für sein Musikdrama stand, war der Mythos für Wagner das „Gedicht einer gemeinsamen Lebensanschauung". Denn der Mythos verkörpert zu allen Zeiten das kulturelle Gedächtnis eines Volkes und wird vom Dichter – man kann hinzufügen: auch vom Architekten, vom politischen Redner – lediglich für das Volk aufgerufen und interpretiert, und zwar als Voraussetzung für eine Gemeinschaftsbildung. Durch sein *Kunstwerk der Zukunft* wollte Wagner das dem Mythos entfremdete Zeitalter, in dem er lebte, revolutionär aufheben. Tatsächlich bildete der arisch-germanisch-deutsche Mythos vom *Tannhäuser* bis zum *Ring* das Sujet aller jener Opern, mit deren Erarbeitung er nach dem *Rienzi* in unmittelbar zeitlicher Nähe zur Revolution von 1848/49 begonnen hatte. Aus diesem Grund hat ihn Thomas Mann auch als „Mythopoeten" ohnegleichen gefeiert. Freilich hätte er Wagner ebenso gut auch einen „Poeten der Gemeinschaftsbildung" nennen können, denn darum ging es dem Musikdramatiker letztlich ebenso wie seinem Adepten Nietzsche, der die Verbindung zwischen Wissen und Leben u.a. durch eine artistische, d.h. nicht mehr historisch-kritisch verfahrende Geschichtsschreibung retten wollte.

Ob Wagners Mythos-Begriff modern im Sinne von „universal und alimitisch" ist, wie Jan Assmann behauptet, oder ob ihm eine „Invarianz der völkischen Substanz" zueignet, wie Andrea Monk annimmt, kann hier nicht erörtert werden.[169] Auf jeden Fall handelt es sich bei Mythen um weder räumlich noch zeitlich genau fixierbare Erzählungen aus einer Geschichte der entrückten Vor- und Frühzeit, die eine Kultur fundieren, Menschen und Völker im Bewusstsein einer gemeinsamen Geschichte zusammenhal-

---

167 MacGrath 1974, S. 100 ff. Kralik arbeitete an einem „deutschen Götter- und Heldenbuch", in dem er alle Mythen und Sagen der Germanen zusammentrug. Sein „Volksschauspiel vom Doktor Faust" wurde 1895 veröffentlicht. Mahlers Begeisterung über die „Sagengesellschaft", an deren Sitzungen er gelegentlich teilnahm, war so groß, dass er ein Stück mit dem Titel „O du Deutschland, ich muss marschieren" komponierte.

168 Borchmeyer 2000, S. 66 f. Dort auch das folgende Wagner-Zitat.

169 Vgl. die beiden Positionen bei Hein 2006, S. 82.

ten und damit eine bestimmte Weltsicht vermitteln. Es war genau diese „konnektive Struktur“ (Jan Assmann), die den jungen Hitler am Mythos interessierte, die er beim Besuch von Wagners Opern hautnah und seelentief miterlebte und die er in seinen plumpen schriftstellerischen Entwürfen und Sprachübungen nachzubilden versuchte. Ähnlich wie Nietzsche, dessen Aufmerksamkeit der „Anwendbarkeit und rhetorischen Effizienz (von Mythen) in einer historischen Konstellation“ gegolten hat,[170] betrachtete er den Mythos von Anfang an offenbar unter funktionalen Aspekten, um „den Bedrohungen und Einschränkungen des menschlichen Lebens durch das von Wissenschaft und Technik errichtete totale Vernunftsystem“ entgegenzutreten, „in dessen Gefolge alle beschränkten und lokalen Lebensformen aufgehoben wurden, um einem universalen Zwangssystem Platz zu machen“. Ähnlich wie Nietzsche befürchtete der junge Hitler, dass der Mensch durch Aufklärung, Positivismus und Historismus „inmitten zerrissener Horizonte seine plastische Kraft einbüßt, seine Fähigkeit, aus der Anschauung der Dinge heraus gestaltend und handelnd auf die Wirklichkeit Einfluss zu nehmen“. Und ähnlich wie Nietzsche war für ihn „das Produkt der Aufklärung ... der moderne Mensch, der weder ein noch aus weiß und dem Geschehen der Welt ohnmächtig wie einem sinn- und ziellosen Naturzusammenhang gegenübersteht“ – wenngleich alles dies freilich nicht auf demselben intellektuellen Niveau geschah.

Wenn Nietzsche die Abwesenheit von Sinn und Ziel der menschlichen Existenz, von Kunst und Religion als ewigen Mächten mit „Nihilismus“ gleichsetzte, dann wollte der junge Hitler ursprünglich wohl das genaue Gegenteil erreichen: den ermutigten, durch den Mythos wieder zu mehr als nur Verstand, nämlich auch zu Gefühl gekommenen Menschen, dessen Kultur einen „festen und heiligen Ursitz“ (Friedrich Nietzsche) hat. Kurzum, er wollte den Typus des arisch-germanisch-deutschen Menschen in der völkischen Legierung, wie er sie sich offenbar zunächst noch ohne dezidierten Antisemitismus dachte, wieder an etwas glauben machen, was aber auf keinen Fall christlich sein sollte.[171]

Mythos und Geschichte

Es liegt auf der Hand, dass zwischen Mythos und Geschichte, so wie Letztere zu allen Zeiten an Schule und Hochschule gelehrt und von studierten Historikern ausgeübt wird, für den jungen Hitler ein gewisser Spannungszustand bestanden hat. Wenn er von seinem Lehrer Pötsch lernte, „Geschichte ihrem Sinne nach (zu) verstehen und (zu) begreifen“, dann muss dies im Kontext seines mythologischen Denkens wohl eher als Bekenntnis

170 Lange 1983, S. 118 f. – Dort auch die folgenden Zitate. Dabei sei der Fairness halber ausdrücklich betont, dass der Autor in den hier nur auszugsweise zitierten Passagen keinerlei gedankliche Verbindung zwischen Nietzsche und Hitler herstellt.

171 Vgl. dazu Teil II, 4. Kapitel, S. 270 ff. und Teil III, 10. Kapitel, S. 523 ff.

zur Sage als zur Wissenschaft verstanden werden.[172] Das meint offenbar auch Albert Speer, als er im Rückblick auf seine gemeinsame Zeit mit Hitler sagte: „... seine Beziehung zur Geschichte war nur romantisch und am Begriff des Helden orientiert".[173]

Mythos und Geschichte liegen deshalb miteinander im Widerstreit, weil Ersterer Vergangenheit und Zukunft deterministisch aneinanderbindet. Denn ihm haftet ja eine Unvergänglichkeit an, die für die Gewissheit einer aufsteigenden Zukunft steht, eine Art von eherner Gesetzmäßigkeit „in Form einer substantiellen Identität und numinosen Präsenz" (Stefanie Hein), die der Kontingenz der Geschichte keinerlei Raum mehr bietet – es sei denn in der Gestalt des Helden, der den Mythos gegen alle Widerstände dieser Kontingenz kämpferisch verwirklicht hat.

Der Begriff des „Helden" stammt aus dem Altgermanischen. Er meint den „freien Mann", den „unbesiegbaren Krieger". Der Hellenismus wendete den Begriff freilich dadurch ins Tragische, dass er den kämpfenden Helden einerseits zwar wegen seiner glanzvollen Taten und hehren Ziele verherrlicht, sich andererseits aber auch an dessen unvermeidlich eintretendem Untergang und dem dadurch bedingten Leiden weidet. So ist der Held ein mythischer Zentralbegriff, mit dem sich eine Vorstellung von kämpferischer (Über- und Ohn-)Macht sowie von Edelmut und Opfer verbindet. Sein Ursprung ist wesentlich älter und seine Bedeutung sehr viel komplexer als es die „sozialdarwinistischen Ausgangsprämissen eines Denkens" sind, die der Historiker Frank-Lothar Kroll „der Lebensform des Kampfes" als einzige Kategorie unterstellt.[174]

---

172 In einem Vortrag über das Nibelungenlied, den er 1904 vor dem Oberösterreichischen Volksverein hielt, sagte Pötsch: „Seit den großen Tagen der herrlichen deutschen Siege in den Jahren 1870/71 sind wir uns des Germanentums mehr bewusst geworden und blättern mit größter Liebe in den Büchern deutscher Mythe, Sage und Geschichte." Op. cit. Kandl 1963/64, S. 33.

173 Speer 1975, S. 100, Eintragung vom 20. April 1947. Speer nannte in diesem Zusammenhang Perikles, Alexander, Cäsar, Augustus, Prinz Eugen, Friedrich den Großen und Napoleon, aber auch Old Shatterhand als von Hitler verehrte Heldengestalten. Es fällt auf, dass sich unter diesen Gestalten weder Siegfried, Hermann der Cherusker oder Theoderich, die der germanisch-deutschen Frühzeit entstammen, noch Napoleon oder Bismarck befinden, auch nicht Winnetou.

174 Kroll 1996, S. 331 – Krolls Untersuchung über „Geschichte und Politik im Weltbild Hitlers" ist für unsere Zwecke nur von begrenztem Nutzen, weil der Verfasser auf den „Geschichtsbezug von Hitlers Politik" nach 1933 abhebt und Hitlers Geschichtsverständnis von vornherein alle „theoretischen Implikationen" abspricht, die über den von Hitler nach 1919 postulierten „Rassenkampf" hinausgehen. Begründung: Weitergehende Annahmen würden Hitler einen „denkerischen Anspruch" unterstellen, der einer Überbewertung seines Erkenntnishorizontes gleichkäme. Unter diesen Umständen nimmt es nicht wunder, dass Kroll weder auf Hitlers Wagner- und Nietzsche-Rezeption noch auf andere Einflüsse aus dessen Kindheit und Jugend eingeht. Bei den hier dargestellten Zusammenhängen geht es jedoch nicht um denken und erkennen, als vielmehr um wahrnehmen und geprägt werden, somit um nichtkognitive und von außen kommende Prozesse, die keine besondere Intelligenz voraussetzen.

Vor dem Hintergrund von Heldenepos und – sage lag es für den jungen Hitler nahe, an das Recht des Stärkeren zu glauben – er wollte nicht, wie Schopenhauer es lehrte, nach der Widerlegung des schönen Scheins der Welt entsagen, sondern dieser seinen Willen aufzwingen. Für ihn bildeten die epischen Vorlagen, die Wagner und Nietzsche benutzten, gewissermaßen das Einfallstor für sozialdarwinistische Tendenzen. Denn wenn es so war, wie er es offenbar bei seinem Lehrer Pötsch gelernt hatte, dass „Weltgeschichte" dann „durch Minoritäten gemacht" wird, „wenn sich in dieser Minorität der Zahl die Majorität des Willens und der Entschlossenheit verkörpert",[175] dann kam es in der Tat darauf an, diese „Majorität" um jeden Preis zu erwerben. Tatsächlich kommt Adolf Hitler in *Mein Kampf* wie im Nachklang zu den Eingebungen seiner Jugendzeit immer wieder auf das „Recht des Stärkeren", den verdienten „Untergang des Schwachen" und auf das von Darwin erstmals propagierte Prinzip der „natürlichen Auslese" sowie auf das daraus folgende „Überleben des Tüchtigsten" als Ergebnisse eines quasi naturwüchsigen Geschichtsprozesses zu sprechen.[176]

An einer wissenschaftlich einwandfreien Aufarbeitung von Geschichte war der Hitler Adolf infolgedessen nicht besonders interessiert.[177] Er hielt sich lieber an Mythen als an Fakten.[178] Denn der Begriff „Reich", mit dem er vorzugsweise operierte, war mythologisch hochgradig besetzt und seine Phantasie von mythischen Figuren wie *Lohengrin* und *Wieland*, *Tristan* und *Siegfried* sowie nicht zuletzt von Cola de Rienzi bevölkert, der einzigen Figur im Reich seiner Phantasie, die wenigstens einen Hauch von Historizität hatte. „Das Reich war von Anfang an etwas ganz Eigenständiges, Unvergleichliches, mit Ansprüchen befrachtet, denen die staatsrechtliche Wirklichkeit nie ganz entsprach, dem Mythos stets verwandter als dem Rechtsbegriff," erläutert Lothar Kettenacker den Kontext in einer etwas älteren, aber immer noch zutreffenden Betrachtung. „Schon der althochdeutsche Ausdruck ‚ríche' war durchaus vieldeutig und konnte Herrschaftsbereiche höchst unterschiedlicher Ausdehnung und Ausprägung umschließen, am Ende sogar den unter den Staufern aufkommenden Gedanken der ‚Weltherrschaft' (‚dominium mundi')."[179]

---

175 Hitler 1925 II, S. 441. Dort auch das folgende Zitat

176 Nachweise entsprechender Zitate bei Kroll 1996, S. 332.

177 Ob diese Tatsache ausreicht, um Hitler einen „ungeschichtlichen Geschichtsbezug" zu attestieren, wie es Kroll 1999, S. 351, tut, ist fraglich. In seiner Untersuchung berücksichtigt Kroll das Verhältnis von Mythos und Geschichte zu wenig, dem in einer Biographie ebenfalls nicht weiter nachgegangen werden kann.

178 In *Mein Kampf* ließ Hitler überhaupt nur drei politische Fakten oder „Erscheinungen" der letzten tausend Jahre gelten, nämlich „die hauptsächlich von Bajuwaren betätigte Kolonisation der Ostmark", „die Erwerbung und Durchdringung des Gebietes östlich der Elbe" und, teilweise im Widerspruch zu den Ansichten seiner Jugend, „die von den Hohenzollern betätigte Organisation des brandenburgisch-preußischen Staates als Vorbild und Kristallisationskern eines neuen Reiches". Vgl. Hitler 1925 II, S. 733.

179 Kettenacker 1983, S. 261.

Offensichtlich flossen die mythischen Geschichtsvorstellungen des jungen Hitler vom „Reich" und von „Germanien" schon damals zu einem Wunschreich der dritten Art zusammen, aus dem sehr viel später – analog zu dem bekannten Buchtitel von Arthur Moeller van den Bruck – das „Dritte Reich" entstanden ist.[180] Angeblich war dafür Hitlers „geschichtliche Erziehung" verantwortlich, soweit sich diese auf jene beiden Reiche bezog, die sich bisher auf deutschem Boden befunden hatten.[181] Ausgehend von der Schrift *De origine et situ Germaniae* des römischen Schriftstellers Tacitus, Mitte des 15. Jahrhunderts entdeckt und ein halbes Jahrhundert später ins Deutsche übersetzt, hatte die ikonographische und mimetische Darstellung Germaniens und des Reiches im Lauf der Zeit ganz verschiedene Formen angenommen. War die *Germania* ursprünglich als prachtvoll gewandetes Weib symbolisch in Erscheinung getreten, verwandelte sie sich im Zeitalter der Religionskriege in eine ärmlich gekleidete Mutter – „Symbol dafür, dass Deutschland nunmehr zum *pomum eridos* (Zwietrachtsapfel) Europas" geworden war.[182] An der Wende vom 17. zum 18. Jahrhundert sah Hölderlin in ihr ein sanft schlafendes Mädchen, ein „Lobgesang auf das geistige Deutschland seiner Zeit" (Manfred Riedel), doch schlug dieses friedliche Bild schon damals, insbesondere aber nach der Besetzung Deutschlands durch Napoleon und dem Ende des Heiligen Römischen Reiches Deutscher Nation, in aggressivem Sinne um, bis es gegen Ende des 19. Jahrhunderts z.B. auf einem bekannten Gemälde von Leopold von Kalckreuth als zornblitzende Walküre mit gezücktem Flammenschwert eine finster drohende Gestalt annahm.

Welche staatliche Ausgestaltung der junge Hitler seinem Wunschreich der Zukunft geben wollte, ist aus Mangel an aussagefähigen Quellen bis heute noch nicht eingehend untersucht worden. Doch stellt Frank-Lothar Kroll für den älteren Hitler wahrscheinlich zutreffend fest: „Sein ‚Fernziel' eines ‚Germanischen Reiches deutscher Nation' orientierte sich weitaus eher an den Zuständen der mittelalterlichen Kaiserzeit, in denen er eine erste, zeitgemäße Realisierung des germanischen Reichstraumes erblickte, als an den ‚germanischen' Verhältnissen der Völkerwanderungszeit."[183] Auch hat der Hitler Adolf wohl schon früh gedankliche Anleihen bei der Antike gemacht, vor allem bei der griechischen Polis und der römischen Republik, was bei seiner engen Beziehung zu Wagner und Nietzsche nahelag. Möglicherweise hat ihn zudem das britische *Empire* beeindruckt, das gerade damals den Zenit seiner Weltgeltung erreichte. Hingegen erschien dem jungen Hitler das Bismarck-Reich, worauf schon hingewiesen wurde,[184] „in einem vollends fragwürdigen Licht" (Frank-Lothar Kroll)

180 Das Buch erschien 1923. Für die Wahl des Begriffes „Drittes Reich" nach dem Ersten Weltkrieg, der später von Hitler verboten wurde, waren verschiedene Einflüsse maßgebend, auf die hier nicht näher eingegangen werden kann.

181 Hitler 1925 I, S. 11.

182 Riedel 2007, S. 54.

183 Kroll 1999, S. 342.

184 Vgl. Teil II, 2. Kapitel, S. 248ff.

– soviel die glanzvolle Reichsgründung selbst aus seiner Sicht auch zur Einigung wenigstens eines Teiles der Deutschen beigetragen hatte.

Staat und Politik

In den „Erinnerungen“ an seinen Jugendfreund hält August Kubizek für die Nachwelt fest, der Hitler Adolf habe sich stets „von praktischer politischer Betätigung fern“ gehalten, mochte ihn „das Politische geistig“ auch noch so sehr beschäftigen.[185] Mit dieser Enthaltsamkeit, die mit seinem mythologisch geprägten Geschichtsdenken zusammenhing, stand der junge Mann freilich nicht allein, wie Wolf Lepenies erst unlängst anhand einer breit angelegten Studie anschaulich gemacht hat. Ausgehend von dem Gegensatz zwischen Macht und Kultur, den bereits Nietzsche beklagte, konstatiert der Sozialwissenschaftler, es habe seit Schiller und Wilhelm von Humboldt in Deutschland einen „Kulturstaat“ gegeben, „in dem sich die deutsche Nation ihrer Einigkeit zunächst in Kunst und Literatur, Musik und Philosophie bewusst“ geworden sei, nicht aber in den Kategorien politischer Macht.[186] Darauf wurde bereits weiter oben im Zusammenhang mit der „deutschen Bewegung“ hingewiesen. In der Tat war sich Deutschland seit dem Frankfurter „Professorenparlament“ von 1848/49 infolge der Überbetonung rein geistiger Diskurse „eine eigene politische Vision“ (Wolf Lepenies) schuldig geblieben, die über den preußisch-deutschen Obrigkeitsstaat und das von Bismarck in die Reichsverfassung eingeführte allgemeine, gleiche, freie und geheime (Männer-)Wahlrecht hinaus Anschluss an das politische Denken seiner westlichen Nachbarn und damit an die Moderne suchte.

Im Gegensatz zu Thomas Mann, der sich sogar noch in seinen 1918 erschienenen *Betrachtungen eines Unpolitischen* weigert, sich für gesellschaftspolitische Probleme aufzuschließen, hatte der junge Hitler damit jedoch, wie sein Jugendfreund berichtet,[187] schon 1908 in seinem ersten Wiener Jahr begonnen – ganz gewiss aber nicht, um durch „die Politisierung der Volksidee“ (Thomas Mann) eine Demokratisierung Deutschlands im heutigen Sinne einzuleiten. Zwar war der eifrige Zeitungsleser, folgt man der Darstellung in *Mein Kampf*,[188] „als freiheitlich denkender Mensch“ ursprünglich voller Sympathie für eine aus Wahlen hervorgegangene Volksvertretung gewesen, weil er das britische Parlament bewunderte. „Der Gedanke irgend einer Diktatur“, so fügt Adolf Hitler ausdrücklich hinzu, um seine Leser zu beruhigen, „wäre mir bei meiner Haltung zum Hause Habsburg als Verbrechen wider die Freiheit und gegen jede Vernunft vorgekommen.“ Doch wurde der Hitler Adolf dann durch den praktischen parlamentarischen Betrieb, an dem er in Wien als Zuhörer

185 Kubizek 1995/6, S. 92.
186 Lepenies 2006, S. 63 ff.
187 Vgl. dazu Teil II, 6. Kapitel, S. 298 ff.
188 Hitler 1925 I, 81 f. – Dort auch das folgende Zitat

und Zuschauer etwa zwei Jahre lang teilgenommen hatte, rasch eines anderen belehrt.

Bei seiner Schilderung in *Mein Kampf* muss die Frage, wieweit es sich hierbei um eine erst nachträglich so klar hervorgetretene Kritik oder um authentisch wiedergegebene Beobachtungen und Schlussfolgerungen aus seiner Jugendzeit handelt, wieder einmal offen bleiben. Denn diese Schilderung wird einigermaßen glaubwürdig nur von dem unpolitischen August Kubizek bestätigt.[189] Aus der Sicht eines Deutschnationalen musste freilich schon 1908 ins Auge fallen, „dass mit der Bildung eines parlamentarischen Vertretungskörpers ohne die vorherige Niederlegung und Festigung einer gemeinsamen Staatssprache … der Grundstein zum Ende der Vorherrschaft des Deutschtums in der Monarchie gelegt worden (war)“,[190] womit, so Hitler rückblickend, „auch der Staat verloren“ gewesen sei. Tatsächlich wurde der junge Mann Zeuge, wie die für eine konstitutionelle Monarchie zentral wichtige Institution des Parlaments unter dem Eindruck des Sprachenstreits in so dramatischer Art und Weise zusammenbrach, dass sich der Nachbetrachter an die Spätphase der Weimarer Republik erinnert fühlt. Zwar hatte der Reichsrat in der Habsburgermonarchie dank des persönlichen Regiments, mit dem der Kaiser das Doppelreich führte, nie eine große praktische Bedeutung besessen. Das babylonische Sprachengewirr sowie die endlosen Lärmszenen und sonstigen Störmanöver, deren Zeuge der junge Hitler im Abgeordnetenhaus an der Wiener Ringstraße wurde, brachten den Parlamentsbetrieb aber auf exemplarische Art und Weise endgültig zum Erliegen. Dieser Vorgang muss den jungen Beobachter auf der Tribüne so negativ beeindruckt haben, dass man geneigt ist, der in *Mein Kampf* aufgestellten Behauptung zu glauben, dadurch sei seiner „politischen Denkweise die Grundlage“ gesichert worden.

Diese Grundlage war von da an scharf antiparlamentarisch. Auch scheint Hitler schon damals eine politische Aversion gegen die Sozialdemokratie entwickelt zu haben, weil sie, wie er in *Mein Kam*pf schreibt, „in kritischen, das Deutschtum betreffenden Fragen … immer gegen die deutschen Belange auftrat“.[191] Schließlich veranlasste ihn einerseits die „gestikulierende, mit allen Tonarten durcheinander schreiende, wild bewegte Masse“ der Abgeordneten, andererseits die gähnende Leere im Saal bei weniger interessierenden Beratungsgegenständen, über Sinn und Nutzen des demokratischen Prinzips für den Staat überhaupt nachzudenken. Im Ergebnis zählte er dieses Prinzip zu „den Verfallserscheinungen der Menschheit“, deren Beginn er auf die sonst so positiv beurteilte Revolution von 1848 datierte, als sich die Deutschösterreicher anschickten, „den Geist der westlichen Demokratie zu erwecken“. Denn dadurch, dass sie den damals beginnenden „Rassenstreit“ mit „Klassenkampf“ verwechselt hätten, so Hitlers Argument mit Seitenblick auf den damaligen Versuch der Tschechen und Ungarn, die deutsche Vorherrschaft über die Habsbur-

189 Vgl. dazu das Kapitel „Im Parlament“, Kubizek 1995/6, S. 240–252.

190 Ebda., S. 80.

191 Ebda., S. 82 ff., insbesondere 84.

germonarchie abzuschütteln, sei den Deutschösterreichern „in kurzer Zeit ... die Grundlagen der eigenen Existenz" entzogen worden.[192]

Der Geist der westlichen Demokratie hatte 1848 in der Tat zu einem deutschen Wendejahr gemacht. Denn wie nicht nur der deutsch-jüdische Lyriker Rudolf Borchardt empfand, ereignete sich damals ein „genuin deutscher Traditionsbruch" (Daniela Gretz), durch den eine ganze „Welt, die ihr Eigentümlichstes mit der schönsten Freiheit in die geistigen Sphären hinüberträgt", zugrunde ging.[193] Mit „Welt" meinte Borchardt jenes Bildungsideal, in dem sich Geist und Leben wechselseitig durchdrangen und das bis zur 48er-Revolution jene nationale Identität der Deutschen herbeiführte, an deren Wiege einst die sprichwörtlichen „Dichter und Denker" gestanden hatten. Etwas von deren universalen Werten klingt sogar noch in *Mein Kampf* an, wo der Staat nicht als „Zweck", sondern als „Mittel ... zur Bildung einer höheren menschlichen Kultur"[194] definiert wird, die man nicht durch jene „Spottgeburt aus Dreck und Feuer" erreichen könne, als die der Autor die westliche Form der Demokratie empfindet.

Außer der Würdelosigkeit, mit dem sich ihm an der Jahrhundertwende das Abgeordnetenhaus des Reichsrats von der Tribüne aus dargestellt hatte, sprachen aus seiner Sicht gegen das „demokratische Prinzip" vor allem vier Gründe: Erstens das Problem der faktischen Verantwortlichkeit von Abgeordneten und Ministern für Beschlüsse, deren Folgen oft erst dann eintreten, wenn sie ihre Ämter und Mandate schon längst wieder aufgegeben oder verloren haben; zweitens das Problem, dass der Staatsmann in der Regel zwischen der „Genialität seiner Entwürfe" und der Suche nach Kompromissen hin und her lavieren muss; drittens das nach Hitlers Meinung bestehende Folgeproblem, dass „jeder Schieber sich nun berufen fühl(t), Politik zu machen", sowie – viertens – die daraus vermeintlich wiederum folgende „geistige Verarmung der führenden Schichten". Dies alles zusammen verstand Hitler als „Sünde" gegen „den aristokratischen Grundgedanken der Natur", ohne dass er damit, wie er im gleichen Atemzug betont, dem dekadenten Adel irgendeine Träne nachweinen wollte.[195]

Wenn aber der junge Hitler die Demokratie schon in Wien so heftig ablehnte – wo lag für ihn dann die staatspolitische Lösung für das alte Österreich und für das neu zu erschaffende Großdeutschland? Denn die Beseitigung des Reichsrats, das sah er richtig, hätte ja nur die Alleinherrschaft der von ihm gehassten Habsburger vollendet. Adolf Hitlers Antwort in *Mein Kampf*: In der „freien Wahl des Führers mit dessen Verpflichtung zur vollen Übernahme aller Verantwortung für sein Tun und Lassen", das heißt in jener angeblich „wahrhaftigen germanischen Demokratie", in der es „keine Abstimmung einer Majorität zu einzelnen Fragen, sondern nur die Bestimmung eines einzigen" geben würde, „der dann mit Vermögen und

192 Ebda., S. 80.
193 Op. cit. Gretz 2007, S. 213.
194 Hitler 1925 II, S. 430.
195 Ebda. I, S. 82ff.

Leben für seine Entscheidung einzutreten hätte".[196] Zu dieser Auffassung will er sich schon „nach zweijährigem Besuch des Wiener Parlaments" durchgerungen haben. Aber wie sollte dieser „Führer" gefunden werden, wer sollte ihn wählen – oder sollte er sich selbst, aus eigener Machtvollkommenheit, an die Spitze des Volkes setzen? In den entsprechenden Passagen von *Mein Kampf* findet man dazu nur das bereits zitierte Stichwort „freie Wahl", sonst nichts. Ausschlaggebend für eine Kandidatur sollten offenbar die „Autorität der Person" und „die besten Köpfe" sein, was immer man sich darunter auch vorstellen mag.

Es ist nicht leicht, die nebulösen Vorstellungen des jungen Hitler, die *Mein Kampf* hier vielleicht ganz authentisch wiedergibt, in irgendeine verfassungspolitische Traditionslinie einzuordnen. Vermutlich kommt man der Wahrheit am nächsten, wenn man sein Vorbild in jenem „socialen Königtum auf der Grundlage urdeutscher Stammesgenossenschaft"[197] sieht, das sich Richard Wagner und seine Anhänger ein halbes Jahrhundert zuvor zum Ideal erkoren hatten. Es scheint im *Rienzi* als „Volkskönigtum" auf.[198] Die betreffenden Verse lauten aus dem Mund des römischen Bürgers Cecco del Vecchio: „Geschaffen hat er (Rienzi) uns zum Volk / Drum hört mich an und stimmt mir bei: / Es (Rom) sei sein *Volk* und *König* Er!" (Hervorhebung nicht im Original.) Dieser Ruf erschallt auf dem vermeintlichen Gipfel des Ruhms, den Rienzi mit der Vertreibung des Adels aus der Ewigen Stadt erklommen hat, im Kontext einer enthusiastischen Friedens- und Freiheitsverheißung. Das versammelte und vor Kurzem noch bewaffnete Volk, dem sich die Vertreter der Kirche angeschlossen haben, antwortet mit „Rienzi Heil! Der Römer König! Heil!" – mit einer plebiszitären Akklamation also, die bereits den später für die nationalsozialistische Bewegung typischen „Heil"-Gruß enthält. Der Volkstribun nimmt diese Huldigung in voller Rüstung barhäuptig entgegen und verkündet u.a.: „Erstehe, hohe Roma, neu! / Sei frei! Sei jeder Römer frei! / ... Willkommen sei, wer Frieden bringt ...", womit auch die für den jungen Hitler wichtigen Motive der Erhabenheit und Erneuerung sowie des Friedens anklingen.

Aber ganz so gestrig, wie diese Rückbezüge auf Wagner, die römische Republik und die „wahrhaftige germanische Demokratie" vermuten lassen, waren diese Vorstellungen auch wieder nicht. Denn damit bekam der junge Hitler einen säkularen Trend des 19. Jahrhunderts zu fassen,[199] der den angestammten „Trägern der Krone", wie man die Monarchen damals nannte, eine „neue Rolle als personifizierte Verkörperungen der imaginierten Gemeinschaft der Nation" zudachte – etwas einfacher ausgedrückt:

196 Ebda., S. 99.

197 So die Definition des zeitgenössischen Musikkritikers und Wagner-Kenners Rudolf Louis 1898, S. 97.

198 Vgl. 4. Auftritt des 1. Aufzugs. – Es fällt nicht schwer, sich vorzustellen, dass der junge Hitler seine „Inthronisation" nach einem gewonnenen „Befreiungskrieg" ebenso imaginiert hat.

199 Kroll 2007, S. 361.

als sie „Identifikationsfiguren staatlicher Macht und nationalen Prestiges" werden sollten. Kroll will in diesem Funktionswandel, sicher nicht ganz unberechtigt, sogar eine „spezifische Dimension von Modernisierung" erblicken. Die Dynastien sollten durch kunstvoll inszenierte Feste mit dem Volk wenigstens für feierlich zelebrierte Momente eins werden und dadurch neu legitimierte Macht gewinnen. Durch „die Einbindung der Monarchie in den nationalen Diskurs" (Frank Lothar Kroll), die überall in Europa um sich griff, auch in England, dem Musterland der parlamentarischen Monarchie, wurde aber umgekehrt die Nation auch monarchischer und damit „obrigkeitsstaatlich imprägniert", wie der Historiker zutreffend schreibt. Nachdem man den nationalen Diskurs ursprünglich mit Freiheit, Emanzipation und Teilhabe des Volkes an der Macht konnotiert hatte, trat somit „eine nachhaltige ordnungspolitische Akzentverschiebung" ein, die später gerade in Deutschland, wo der preußische Obrigkeitsstaat immer stärker Platz griff, manches möglich gemacht hat – am Ende einer langen und keineswegs geradlinig verlaufenen Entwicklung eben auch die nationalsozialistische Diktatur.

Freilich, das Österreich der Habsburger und das Deutsche Reich unter der nur wenig überzeugenden Leitung Kaiser Wilhelms II. vor Augen, wird Hitler auch schon in seiner Wiener Zeit von der Erbmonarchie kritisch gedacht haben.[200] So erwog er – ebenfalls unter dem Einfluss von Wagners *Lohengrin* und *Parsifal* – vielleicht schon damals einen Ordensstaat, als dessen Oberhaupt „ein Senat des Volkes" einen „in aller Stille unter den günstigsten Voraussetzungen erzogenen und herangebildeten jungen Menschen von bester Volkstumsauslese" einsetzen sollte, wie es in Wagners Oper die Gralsgemeinschaft mit Parsifal tut.[201] In der Person dieses Staatsoberhauptes, mochte sie nun „König" oder später auch „Führer" heißen, sollte sich der Wille der Volksgemeinschaft so rein und ungetrübt aufheben, dass die Gefahr von Konflikten – und damit auch die Notwendigkeit von Wahlen und Umstürzen – nie mehr bestehen würde. Diese einerseits in mythischen Vorstellungen wurzelnde, andererseits an die aufklärerische *volonté générale* Jean-Jacques Rousseaus erinnernde Mischform aus Monarchie und Republik, die Wagner am 14. Juni 1848 in seiner weithin

200 Vgl. dazu die Ausführungen in Hitler 1925 I, S. 303 ff., wo der Verfasser die monarchische Staatsform überraschend eindeutig als eine der „gesunden Kraftquellen" der deutschen Nation in der Zeit vor dem Ersten Weltkrieg feiert, weil sie durch ihre Ehrwürdigkeit eine gewisse Autorität begründet, Beamtenschaft und Heer weitgehend von parteipolitischen Einflüssen freigehalten sowie Vorbildliches für Kunst und Wissenschaft geleistet habe.

201 So Hitler 1925 im Rückgriff auf eine Idee, die er selbst zwar für „romantisch", „aber realpolitisch für möglich" hielt und die ihm „schon lange" vorgeschwebt habe. Vgl. Ziegler 1997/4, S. 47 f.

bekannten Rede vor dem *Dresdner Vaterlandsverein* skizziert hatte,[202] bildete trotz aller Unterschiede den geistigen Ursprung des „Führerstaates“, den Adolf Hitler einige Jahrzehnte später geschaffen hat.

Das vom Hitler Adolf somit angedachte Zwitterwesen einer „monarchischen Republik“ (Rudolf Louis) bedarf aber noch einer etwas näheren Betrachtung, um es einerseits von der Monarchie des 19. Jahrhunderts, andererseits von einer Parteidiktatur des 20. Jahrhunderts abzuheben, die in Linz und Wien wohl noch außerhalb der Reichweite seiner Vorstellungskraft gelegen hat. Näherer Erläuterung bedarf auch der Zusatz „germanisch“ im Zusammenhang mit dem Begriff des „Königtums“. An der Spitze der verfassungspolitischen *contradictio in adjecto* – „Monarchie“ und „Republik“ schließen einander gewöhnlich aus – sollte offenbar ein „Genie“ in der Gestalt eines „Helden“ stehen, wie ihn für die damaligen Zeitgenossen, quer durch fast alle politischen Lager, sowohl Napoleon als auch Bismarck verkörpert haben. Die beiden tauchen auch in späteren Äußerungen Hitlers immer wieder als Vorbilder auf, weil sie Begründer von zwei Kaiserreichen waren. Dabei galt ihm Napoleon als „Mann aus dem Volk“,[203] der durch Revolution und Krieg selbst zum Kaiser geworden war, wohingegen Bismarck durch drei erfolgreich geführte Einigungskriege und die Einbindung der übrigen deutschen Fürsten in sein Verfassungswerk dafür gesorgt hatte, dass ein anderer als er selbst, nämlich der preußische König Wilhelm I., zum Kaiser gekrönt werden konnte.[204] In der Rangordnung der Monarchen stand der Kaiser über dem König.

Das Beiwort „germanisch“ knüpft unmittelbar an den im vorigen Kapitel erläuterten arisch-germanisch-deutschen Mythos der völkischen Bewegung an, wie sie für den jungen Hitler die *Siegfried*-Figur Richard Wagners symbolisierte. Dabei dachte er gewiss nicht daran, zu den politischen Umgangsformen der Germanen zurückzukehren, etwa zur Wahl des Königs durch einen so genannten „Volksthing“, obwohl die von ihm im Kampf um die Macht favorisierte „Volksversammlung“ schon in diese Richtung weist. Eine genauere Darstellung jener Formen des politischen Diskurses im alten Germanien würde hier zu weit führen. Sie ist im Grund auch entbehrlich, da sich die politische Organisation der Germanen nach Stämmen gegliedert und damit letztlich auf dem Mythos der Blutsverwandtschaft

---

202 Die Rede vom 14. Juni 1848 trägt den bezeichnenden Titel „Wie verhalten sich republikanische Zielstrebungen dem Königtum gegenüber?“; vgl. Richard Wagner GSD I, S. 108–117. Ein Unterschied lag z.B. darin, dass Wagner den Bürgern noch das Wahlrecht zugestand. Übereinstimmend mit den späteren Vorstellungen Hitlers war Wagner jedoch gegen „die konstitutionelle Monarchie auf der breitesten demokratischen Grundlage“. Der Widerspruch wurde in seiner Rede durch den König aufgelöst, der das Volk personifiziert.

203 In seiner Rede vom 12. Januar 1921 apostrophierte Hitler den Korsen als „Mann aus dem Volk“, der Frankreichs „frühere Weltgeltung“ zurückerobert habe. Op. cit. Jäckel/Kuhn 1980, S. 296.

204 So stellte Hitler in seiner Rede vom 29. Mai 1923 kurz und bündig fest: „Das Deutsche Reich sei nicht das Werk eines Mehrheitsbeschlusses, sondern eines einzigen Mannes, Bismarck.“ Op. cit. Jäckel/Kuhn 1980, S. 932.

gegründet hat, der für Hitler entscheidend war, weil sie ein Modell repressiver Harmonie implizierte.

So nebulös alle diese Vorstellungen auch anmuten – eines wurde dem Hitler Adolf angesichts des Siechtums klar, das die Habsburgermonarchie unmittelbar vor seinen Augen erfasst hatte: Ein Staat musste über das Monopol legitimierter Gewalt gebieten, und zwar auf national einheitlicher Basis in straff zentralisierter Form. So hieß er zur Verzweiflung seines Geschäftspartners Reinhold Hanisch im Wiener Männerheim „unwandelbar alle gewaltsamen Methoden als notwendig für das Staatswohl gut", wo und von wem diese auch immer angewandt wurden.[205] Zwar will Hanisch stets versucht haben, dagegen zu halten, gab aber, wie er behauptet, ein für das andere Mal entmutigt auf, weil ihn sein Partner niederbrüllte, statt weiter mit ihm zu argumentieren und nach einem sachlichen Ausgleich der Meinungen zu suchen. In diesen hitzigen Auseinandersetzungen erwähnte der junge Hitler einen gewissen Joseph Freiherr von Sonnenfels (1732–1817),[206] der Abstammung nach Jude aus Nikolsburg, dessen Vater sich aber bereits hatte taufen lassen. Dieser Sonnenfels war Hauptvertreter der Josephinischen Aufklärung gewesen (so benannt nach Kaiser Joseph II., den Sohn Maria Theresias). Er veröffentlichte unter anderem „Grundsätze der Polizei-, Handlungs- und Finanzwissenschaft" (1768–76).[207] Danach galt die dem Monarchen direkt unterstellte Polizei, die sich in einen öffentlichen und einen geheimen Zweig gliederte, als „Grundvoraussetzung für die innere Sicherheit des Staates" (Karl Gutkas). Die öffentliche Polizei hatte Person und Eigentum der Untertanen, die geheime hingegen Monarch und Staat vor seinen Untertanen zu schützen, indem sie die Loyalität der Beamten überprüfte und das Volk belauschte. Zwar lässt sich nicht nachweisen, ob und wieweit der junge Hitler diese Arbeitsteilung kannte, doch ist auch nicht gänzlich auszuschließen, dass er erste Anregungen für die Einrichtung einer geheimen Staatspolizei, der späteren Gestapo, einem Kaiser und dessen jüdischem Ratgeber verdankt hat.

6. Kapitel: Kirche, Glaube, Religion

Milieuschaden

Die religiöse Sozialisation des jungen Hitler nahm zunächst den für seine römisch-katholische Umgebung üblichen Verlauf: Der Säugling wurde zwei Tage nach seiner Geburt von Pfarrer Ignaz Probst in der Stadtkirche St. Stephan zu Braunau am Inn getauft.[208] Sieben bis neun Jahre später, wahrscheinlich in Lambach, muss – wenn überhaupt – seine Erstkommu-

205 Hanisch 1939, S. 5.

206 Ebda., S. 7.

207 Gutkas 1989, S. 288 ff. – Vgl. dazu auch Teil III, 9. Kapitel, S. 494.

208 Vgl. Taufurkunde (Kopie) – BAB NS/25: Als Taufpaten fungierten Johann und Johanna Prinz aus Wien.

nion erfolgt sein.[209] Denn die Firmung des Hitler Adolf, seine endgültige Aufnahme in den Schoß der Kirche mit allen Rechten und Pflichten, hat Pfingsten 1904 im Dom zu Linz stattgefunden,[210] kurz bevor der Bub seine Schullaufbahn im 15. Lebensjahr durch Abbruch beendete.

Zu diesem Zeitpunkt befand er sich in einer Lebenskrise, die für ihn auch den Bruch mit wesentlichen Glaubensinhalten und dem Selbstverständnis der römisch-katholischen Amtskirche zur Folge hatte. Dafür spricht nicht nur das provozierende Verhalten, das Adolf im Religionsunterricht der Linzer Realschule an den Tag legte,[211] sondern auch der Eindruck seines Firmpaten Emanuel Lugert, wonach der Bub die Firmung „nur mit größtem Widerwillen über sich ergehen ließ". Dieser Bruch reichte so tief, dass Hitler nach eigener Aussage damals „nichts mehr" glaubte, sondern nur mehr an „Dynamit" dachte,[212] um alles, was mit Glauben und Kirche zusammenhing, in die Luft zu sprengen. Dennoch ist er nie förmlich aus der katholischen Kirche ausgetreten und soll bis zu seinem Lebensende auch pünktlich die Kirchensteuer bezahlt haben.[213]

Wahrscheinlich wird man niemals mehr genau feststellen können, ob jener Bruch auf einem bestimmten Ereignis beruhte oder Folge eines Prozesses war, wie er sich bei jungen Menschen im Laufe der Pubertät nicht selten aufgrund ihrer allmählichen Reifung ganz von selbst einzustellen pflegt. So ist es durchaus denkbar, dass die Loslösung von der römisch-katholischen Kirche und ihren Glaubensinhalten schon 1896/97 begonnen hat, als der Hitler Adolf externer Schüler und sogar Sängerknabe im Benediktinerstift zu Lambach war, und dass seine Lebenskrise nicht die Ursache, sondern die Folge einer Glaubenskrise darstellt.[214] Möglicherweise

209 Der kirchenamtliche Akt sollte der Leitung des Stiftes vorliegen, wurde aber noch nie publiziert. Hitler selbst hat nie von seiner Erstkommunion gesprochen, der eine Erstbeichte vorausgegangen sein muss.

210 Slapnicka 1998, S. 31, allerdings ohne dokumentarischen Beleg. – Dort auch das folgende Zitat. Ob Hitler eine Erstkommunion empfangen hat oder ob diese praktisch mit seiner Firmung in Linz zusammenfiel, müsste noch genauer untersucht werden. Laut Theologischem Reallexikon 1977 I, S. 143, „hatte man in der Aufklärung ... die Erstkommunion bis zum 14. (Lebens-)Jahr hinausgeschoben". Erst durch Dekret von Papst Pius X. vom 20. Dezember 1905 wurde sie auf etwa das 8. Lebensjahr vorverlegt.

211 Vgl. dazu die ausführliche Schilderung Hitlers in Jochmann 1980, S. 185 f. (Monolog vom 8./9. Januar 1942).

212 Ebda., S. 288 (Monolog vom 20./21. Februar 1942), und Picker 1951, S. 348 (Tischgespräch vom 13. Dezember 1941). Wie Josef Keplinger im Gespräch mit Kandl 1963/64, S. XVII, am 6. August 1963 feststellte, habe der Hostienfrevel, der Hitler auch später noch oft nachgesagt wurde, auf einer böswilligen Verwechslung mit einem anderen Schüler beruht, wie seinerzeit bereits Hitlers Lehrer Huemer klargestellt habe.

213 Zoller 1949, S. 193.

214 Hitler 1925 I, S. 3, Kubizek 1995/6, S. 95. Seine Meinung, „der kleine, blasse Sängerknabe ging damals völlig in frommem Kirchenglauben auf", kann allerdings nur auf den möglicherweise mutwillig verzerrten Erzählungen seines Freundes Hitler beruht haben, weil die beiden erst viele Jahre später einander kennenlernten. Kubizek räumt aber auch ein, Hitler habe in der Zeit ihrer Freundschaft nur wenig über seine Einstellung zu religiösen und kirchlichen Fragen gesagt.

wandte Pater Bernhard Grüner beim Geigenunterricht mehr Gewalt gegen den Beamtensohn an und schikanierte ihn auch als Leiter des erst kürzlich gegründeten Sängerknabeninstitutes mehr, als dem Buben gut getan hat.[215] Weshalb hätte man sich sonst erzählen können, dass der von Kubizek als klein, blass und fromm beschriebene Adolf jener Zeit bei den Patres offenbar als störrisch und grausam galt? Dennoch gingen alle bisherigen Hitler-Biographen unter Berufung auf *Mein Kampf* und August Kubizek fraglos davon aus, dass sich der damals sieben- oder achtjährige Bub noch in Lambach im vollen Einklang mit seinem Glauben und seiner Kirche befunden hat.

Aber obwohl der Hitler Adolf in kindlicher Begeisterung angeblich sogar selbst irgendwann einmal Abt werden wollte, sind Zweifel an dieser Auffassung angebracht. Zunächst muss daran erinnert werden, dass das Fundament, auf dem die religiöse Sozialisation des Hitler Adolf aufbaute, brüchig war. Zwar ruhte seine Mutter fest in ihrem Glauben, doch war sein Vater freisinnig und antiklerikal – „ein lauer Christ", wie Kubizek schreibt.[216] Wie sich die Eltern unter diesen Umständen überhaupt darauf hatten einigen können, ihren Sohn auf eine Klosterschule zu geben, ist rätselhaft, lässt sich aber mit ihrer Bildungswilligkeit erklären. Dennoch reichen die Differenzen zwischen Vater und Mutter im Umgang mit ihrem jüngsten Sohn, die Kubizek als Grund für dessen Abwendung von Kirche und Glauben anführt, als Erklärungsansatz nicht aus. Vielmehr kamen außerfamiliäre Einflüsse hinzu, und zwar in erster Linie solche aus dem katholischen Milieu der damaligen Zeit selbst.

Bis zum Umzug seiner Familie nach Leonding war der Hitler Adolf in der ländlichen Ausformung dieses Milieus aufgewachsen, das unaufgeklärte Glaubensvorstellungen und eine orthodoxe Bildersprache beherrschten. Das in diesen Bildern stets enthaltene Schema von „gut" und „böse" war so strikt, dass es bei Kindern im frühen Volksschulalter, die auf die Erstkommunion zugingen, durchaus Ängste oder sogar psychische Krisen auslösen konnte, wenn es allzu oft als Erziehungsmittel eingesetzt wurde. So diente die weit verbreitete Heiligen- und Marienverehrung nicht selten der Vermittlung schauerlicher Legenden, die das unruhige Kind einschüchtern sollten, und der „brave Jesus", der sich widerstandslos in die Heilige Familie einfügt, wurde ebenso oft als Quietiv für ungehorsame oder auch für nur besonders lebhafte Buben missbraucht.

Es ist leider unbekannt, ob und in welchem Umfang die Hitler Klara von diesen Methoden Gebrauch gemacht hat. Ganz gewiss aber lernte Adolf erstmals bei seiner frommen Mutter jenes „Grundmuster katholi-

215 Läpple 2001, S. 116, will erfahren haben, dass Grüner „mehrere Fidelbogen an dem Kopf von Hitler ... abgehauen" habe. Die Vermutung, dass dieser Pater besonders gewalttätig war, bestätigte der Archivar des Stifters, Pater Maximilian Neulinger, am 3. April 2002 im Gespräch mit dem Verfasser. Danach wurde Grüner 1927 der körperlicher Misshandlung von Zöglingen beschuldigt und das Sängerknabeninstitut daraufhin aufgelöst.

216 Kubizek 1995/6, S. 95.

scher Katharsis" (Christa Hämmerle) kennen, demzufolge auf eine begangene Sünde innerer Aufruhr, Seelenqual und ein schlechtes Gewissen folgen müssen, ehe sie durch Beichte, Reue und Buße wieder getilgt werden kann. Insgesamt wuchs Adolf daher in einer manichäisch strukturierten Welt auf, in der Sünde, Hölle und Verdammnis dem Guten, Göttlichen, Heiligen schroff gegenüberstanden, so dass der zur Aufsässigkeit neigende Bub in seinen ersten Lebensjahren zumindest unbewusst ständig befürchten musste, von Gott verworfen zu werden und in Höllenqualen abzustürzen, wenn eines – hoffentlich noch fernen – Tages das Jüngste Gericht über ihn kommen würde. In diesem voraussichtlich eintretenden Zeitverzug lag womöglich sein einziger Trost.

Freilich lernte Adolf auch, dass man sich von der drohenden Apokalypse, wie sie vor allem die Propheten des Alten Testaments und das Johannes-Evangelium ausmalen, auf zweierlei Art und Weise befreien konnte: Entweder durch Beichten, Gebete und gute Taten, selbst wenn diese nur geheuchelt und mit inneren Vorbehalten versehen waren. Oder, wenn man Heuchelei und Lüge verabscheute, durch mehr oder weniger offenen Widerstand mit allen Konsequenzen für das eigene Seelenheil. Hatte Adolf die Entscheidung zwischen diesen beiden Optionen auch noch nicht getroffen, als er nach Lambach kam, wird sie sich ihm durch die Klosterzucht, der er im dortigen Benediktinerstift unterworfen war, allmählich aufgedrängt haben.

Anleitungen zur Rebellion

Denn die überwältigende Pracht der kirchlichen Feste, die glanzvollen Auftritte im Chor der Sängerknaben und die Ministrantendienste während der Messe vorne am Altar waren das eine. Das andere war die „Welt der Strenge und der kleinen Rebellen" in der alten Klosterschule, wie es im Titel eines Erfahrungsberichts von Roland Girtler über seine Zeit im Benediktinerstift zu Kremsmünster ebenso vielsagend wie überraschend heißt.[217]

Eine breitere Wiedergabe dieses aufschlussreichen Buches würde hier zu weit führen und Hitlers nur knapp zwei Jahre währender Lebensstation Lambach wohl auch zu viel Gewicht beimessen. Wir beschränken uns daher auf den Aspekt der Rebellion und auf die Quintessenz der zehn

217 Vgl. Girtler 2000. Leider ging dieser auf den Versuch des Verfassers, zwecks Gedankenaustauschs mit ihm Kontakt aufzunehmen, nicht weiter ein. Auch darf nicht unerwähnt bleiben, dass zwischen einem Konvikt- oder Internatsschüler wie Girtler und einem externen Schüler wie Hitler, der den Stiftsbereich nach Beendigung des Unterrichts wieder verlassen konnte, um nach Hause zu gehen, erhebliche Unterschiede bestanden. Ersterer war der „totalen Institution" Kloster (Erwing Goffman) dadurch und durch die längere Schulzeit, die er als Gymnasiast von 1951 bis 1959 bis zum Abitur durchlief, viel nachhaltiger ausgesetzt. Da Girtler erst nach dem Zweiten Weltkrieg Klosterschüler war, muss man jedoch davon ausgehen, dass die strenge Zucht als „Relikt des Mittelalters" (Roland Girtler) zu Zeiten des jungen Hitler noch viel ausgeprägter gewesen war.

Leitgedanken, mit denen der Autor seine eigenen Erfahrungen zusammenfasst. „Die Rebellion", so lautet einer seiner Kernsätze,[218] „war für die Burschen, die unter der Härte und unnachgiebigen Disziplin der Klosterschule litten, nötig, um ihren Seelenhaushalt im Gleichgewicht zu halten. ... Für das Selbstverständnis des Rebellen war das Brechen von Normen wichtig. Man bewies sich und anderen, dass man sich nicht unterkriegen ließ ... Auch wenn es keine Standesunterschiede (zwischen den Schülern) gab, entwickelte sich sehr wohl eine Art Rangordnung, in der diejenigen Burschen oben rangierten, denen es gelang, ihre Meinung, ihre Weltsicht den anderen aufzudrängen. ... Es war ein Zusammenspiel mehrere Komponenten ... Dazu zählten Schlagfertigkeit, ein gewisser Mut, Schulleistungen, körperliche Stärke, Witz, Kameradschaftsgeist und eine gewisse Distanz gegenüber den Ärgernissen des Konvikts sowie der Schule. ... Allerdings gab es nicht so etwas wie die Alleinherrschaft einer Führernatur."

Abgesehen von den „Strategien der Niedertracht", die man gerade in den unteren Klassen gegenüber seinen Mitschülern und bis zu einem gewissen Grad wohl auch gegenüber denjenigen Patres lernte, die unbeliebt waren, hat Girtler aus Stift Kremsmünster u.a. folgende Prägungen für sein weiteres Leben mitgenommen: an erster Stelle „einen rebellischen Geist", ferner Unvoreingenommenheit gegenüber sozialen Unterschieden, Menschenkenntnis, die Fähigkeit zur Selbstbehauptung und den Mut zu eigenen Ideen, Sinn für Kameradschaftlichkeit und Bescheidenheit, Geduld und Höflichkeit, eine tiefsitzende Verachtung für Heuchler und Verräter sowie „einen vorsichtigen Umgang mit der Wahrheit". Gewiss sind diese Erfahrungsgrundsätze nicht 1:1 auf den jungen Hitler übertragbar. Um aus ihnen auf ein zumindest kritisches Verhältnis gegenüber Glauben und Kirche ganz allgemein zu schließen, bedarf es jedoch in seinem Fall nur eines Mindestmaßes an Phantasie.

Kaum hatte der elf Jahre alte Hitler Adolf mit Linz das städtische Milieu erreicht, kamen andere Anleitungen zur Rebellion hinzu. Da war zum einen die „stark antiklerikale Einstellung des Lehrkörpers" an der Realschule, die dazu führte, dass die zu Ostern üblichen Exerzitien gegen den Protest der Religionslehrer just 1904/05 abgeschafft wurden, weil die Schüler sie nur noch als „Druck" empfunden hatten.[219] Auch gingen die neuen Wissenschaften vom Menschen, wie Anthropologie und Ethnologie, nicht spurlos an den Schülern vorbei. So behauptete Hitler, der damals angeblich „viel freigeistige Sachen" las,[220] eines Tages „allen Ernstes vor der ganzen Klasse, dass Gott nicht den Menschen erschaffen habe, sondern dass der Mensch, wie er in einem Buch gelesen habe, vom Affen abstamme".[221] Zum Beweis brachte er anderentags ein Buch des britischen Naturforschers Charles Darwin mit, der die für das Menschen- und Gottesbild des 19. Jahrhunderts bahnbrechende, aber von der Kirche lange

218 Ebda., S. 67f. und 76 f.

219 Kandl 1963/64, S. 17.

220 Jochmann 1980, S. 187 (Monolog vom 8./9. Januar 1942).

221 Zoller 1949, S. 47.

bekämpfte Evolutionstheorie aufgestellt hatte. Die Folge für den kleinen Rebellen: „Seine Mutter wurde zum Schuldirektor bestellt, der mit Relegation drohte, wenn sie nicht verhüte, dass sich ihr Sohn mit solch' unpassender Lektüre abgebe."

Ein Übriges tat der in Linz grassierende Deutschnationalismus, der Adolf immer wieder Gelegenheit gab, seinen offenbar schwachen Religionslehrer Franz Sales Schwarz herauszufordern. Der Pennäler brauchte nur seine Bleistifte in den großdeutschen Farben Schwarzrotgold vor sich auf das Schreibpult zu legen und schon fuhr der Priester mit den Worten auf ihn los: „Wer nicht für das Erzhaus Habsburg ist, ist nicht für die Kirche, und wer nicht für die Kirche ist, ist nicht für Gott."[222] Dabei war gerade die große Nähe zwischen dem Kaiser und der römisch-katholischen Kirche im Zeichen des Ultramontanismus[223] ein Reizthema für jeden Deutschnationalisten. Zwar hatte Kaiser Franz Joseph I. das Konkordat von 1855 einseitig gekündigt, als sich der Papst für unfehlbar erklärte. Doch war an die Stelle des Konkordats ab 1874 eine Gesetzgebung getreten, welche die romtreue Kirche in Österreich auch weiterhin privilegierte. So wurden Eheschließungen zwischen Katholiken dem kanonischen Recht unterworfen, was Scheidungen grundsätzlich ausschloss. Obwohl fast alle Pflichtschulen unter staatlicher Leitung standen, fuhr der Staat auch fort, Priester dafür zu besolden, dass sie den schulischen Religionsunterricht durchführten. Bis 1918 hatten alle Bischöfe des Landes automatisch Sitz und Stimme im Herrenhaus des Reichsrates, und dem Abgeordnetenhaus gehörten um 1900 nicht weniger als zwanzig Priester an.

Die deutschnationale Kritik an der Nähe von Kaiser und Papst, Thron und Altar reichte jedoch noch wesentlich tiefer, nämlich bis zu Kaiser Karl den Großen zurück – und das heißt bis an die Wurzeln des Heiligen Römischen Reiches Deutscher Nation. Mit der Krönung des Frankenkönigs durch den Papst, so das weitverbreitete Argument, hatte die gesamtdeutsche Entwicklung eine supranationale und damit grundsätzlich ungute Entwicklung genommen, die schließlich zur Spaltung des Reiches in Katholiken und Protestanten, zum Dreißigjährigen Krieg und zu jenem Zustand machtloser Zerrissenheit führte, den erst das Einigungswerk Bismarcks beendet hatte. Kaiser Franz Joseph I. streute seit 1890 jedes Jahr wieder Salz in diese schwärende Wunde, indem er bei der Fronleichnamsprozession in Wien barhäuptig hinter dem Episkopat einherschritt, und die österreichische Politik wurde infolgedessen ständig verdächtigt, den Befehlen Roms eher zu gehorchen als den gesamtdeutschen Lebensinteressen. Hingegen galt Preußen-Deutschland bei den österreichischen Deutschnationalisten rundweg als protestantisch und damit als antirömisch, ein undifferenziert positives Pauschalurteil, das Georg Schönerer dazu nutzte, seine antihabs-

222 So Hitler am 8./9. Januar 1942 laut Jochmann 1980, S. 185.

223 Ultramontanismus, von lat. „ultra montes = jenseits der Berge", die im Kulturkampf der wilhelminischen Zeit entstandene Benennung eines Katholizismus, der die staatlichen Belange den kirchlichen unterordnet, in Österreich eher als zu enge Bindung zwischen dem Kaiser und dem Heiligen Stuhl verstanden.

burgische und antikatholische „Los von Rom"-Bewegung auszulösen. Wie Schönerer hielt auch der junge Hitler den Protestantismus für „die wahre Religion Deutschlands" und bewunderte Luther als „größten deutschen Geist".[224] Aber im Gegensatz zu Schönerer vermied er die offene Konfrontation mit der katholischen Kirche schon in Linz und Wien, weil sie seiner Meinung nach nur dazu angetan sein konnte, die besten Köpfe aus der deutschnationalen Bewegung zu vertreiben.[225]

Glaubenssuche

Wie es scheint, hat der junge Hitler der Linzer sowie auch der Wiener Zeit in Bezug auf Glauben und Religion mehr Fragen gestellt als fertige Antworten erhalten.[226] Er war offenbar noch weit davon entfernt, eine in sich fest gefügte Weltanschauung zu haben und dementsprechend ein Glaubensfanatiker zu sein – außer in Hinsicht auf seinen Deutschnationalismus. Den Besuch von Gottesdiensten mied er, obwohl seine Mutter sicher das Gegenteil gern gesehen hätte, und um Widersprüche zwischen der christlichen Lehre und dem Leben aufzudecken, wie es ihm die Wissenschaft seiner Zeit erklärte, brauchte er nur in die Bibel zu gucken oder sich in die Kirchengeschichte zu vertiefen, in der er dann z.B. auf die dem Liebesgebot widersprechenden Hexenprozesse und andere Schandtaten stieß. Allerdings beschlich ihn stets ein „unangenehmes Gefühl, wenn konfessionelle Stänkereien vor mir ausgetragen wurden".[227] Glauben und Religion betrachtete er offenbar als Privatangelegenheit jedes Einzelnen, solange sie nicht die angestammte Kultur und damit auch die politische Ordnung eines Landes oder Volkes unterminierten, wie es seiner Meinung nach zum Beispiel bei den Tschechen in Böhmen und Oberösterreich der Fall war. Dieser Nachsicht verdankte der kirchentreue Katholik Kubizek die Tatsache, dass die häufigen Besuche der Heiligen Messe von seinem Freund weder negativ kommentiert geschweige denn gerügt wurden. Noch im Männerwohnheim in der Meldemannstraße pflegte Hitler die Parabel von den drei Ringen aus Lessings *Nathan der Weise* zu rezitieren, um seine Toleranz gegenüber jeder der drei monotheistischen Weltreligionen Judentum, Christentum und Islam unter Beweis zu stellen. Dazu sein zeitweiliger Weggefährte und Geschäftspartner Reinhold Hanisch: „Er hielt jede Religion für gut, und meinte, Juden seien die erste zivilisierte Nation gewesen,

224 Hanisch 1939 (sic!), S. 7.

225 So die Begründung in Hitler 1925 I, S. 48, wobei offen bleiben muss, wieweit Hitler schon damals zu einem abschließenden Urteil über die „Los von Rom"-Bewegung gekommen ist.

226 So auch Hitler rückblickend in einer Selbsteinschätzung: „Ich war der ewige Frager ... Aus der Bibel habe ich (im Religionsunterricht) mit Vorliebe die bedenklichen Themen genommen." Vgl. Jochmann 1980, S. 185 (Monolog vom 8./9. Januar 1942).

227 Hitler 1925 I, S. 55, in Bezug auf sein 14. und 15. Lebensjahr.

weil sie als erste den Polytheismus zugunsten des Glaubens an einen Gott aufgegeben hätten."[228]

Was den jungen Hitler am meisten zum konsequenten Widerstand gegen die Vereinnahmung durch das römisch-katholische Milieu aufreizte, waren die von Kirche und angeblich Gläubigen uneingestandenen Widersprüche und, damit zusammenhängend, die Gefahr der Verlogenheit.[229] Zum Schein trat er dem Linzer *Verein der von Tisch und Bett Getrennten* bei, wie man die heimlich Geschiedenen schamvoll nannte, um die Bigotterie mancher Männer zu studieren und darüber ein Fragment gebliebenes Stück zu schreiben, das leider nicht erhalten ist.[230] Um den angeblich an christlichen Werten orientierten Moralkodex der Erwachsenen zu ergründen, trieb er sich im Kino und Panoptikum herum. Als er vor dem Linzer Filmtheater einmal zufällig einen seiner Lehrer antraf, der das Eintrittsgeld vor seiner Ehefrau vermutlich – wie viele andere Männer – zu einer Spende für das Rote Kreuz umdeklariert hatte, erkannte er den moralischen Doppelstandard, der die Welt der Erwachsenen offenbar zusammenhielt.

Jedoch hat Hitler, wie es scheint, dem „Katholischsein" als dem „Lebensgefühl … einer alltäglichen, sozial plausibilisierten Selbstverständlichkeit" oder als „einer individuell und kollektiv gestützten Weise, dem eigenen Leben Ausdruck, Form und Inhalt zu geben" (Andreas Heller) trotz aller Enttäuschungen nie ganz entweichen können. Er blieb dieser Seinsform wie einem klebrigen Urschleim verhaftet[231] und plagte sich von der Pubertät bis zu seinem Lebensende mit Fragen nach Gott, Jesus und dem ewigen Leben herum. So sagte er beispielsweise am 13. Dezember 1941 im Führerhauptquartier an der damaligen Ostfront: „Den Jenseitsgedanken der christlichen Religion kann ich nicht ersetzen, weil er nicht haltbar ist"[232] – ein bemerkenswertes Eingeständnis für einen Mann, der sich sonst einbildete, so gut wie alles ersetzen zu können. Umgekehrt war Hitler offenbar der Überzeugung, er könne im Diesseits alles ersetzen, wenn er sich dabei nur im Einklang mit der Vorsehung und ihren naturwissenschaftlichen Gesetzen befand – eine Formel für Größenwahn.

Der spätere Adolf Hitler nannte Gott öffentlich und halböffentlich lieber „Vorsehung" oder „den Ewigen"[233] als „Gott", weil er so Verwechslungen

---

228 Hanisch 1939, S. 6.

229 So sagte er am 24. Oktober 1941: „Heute wird in der Religionsstunde um 10 Uhr die Schöpfungsgeschichte mit den Worten der Bibel erzählt, während in der Naturkundestunde um 11 Uhr die Entwicklungstheorie vertreten wird. Beides widerspricht sich absolut. Ich habe als Schuljunge den Widerspruch empfunden und mich hineinverbohrt; ich habe dem Professor der zweiten Stunde vorgehalten, was der der ersten gesagt hatte, so dass die Lehrer in Verzweiflung gerieten." Vgl. Jochmann 1980, S. 150.

230 Jochmann 1980, S. 187ff. – Dort auch die folgende Episode.

231 Heer 1967, S. 389, bezeichnet Hitler daher, vielleicht nicht unzutreffend, in dem Sinn als „atheistischen Katholiken" wie Charles Maurras und die „Action francaise" diesen Begriff verstanden haben, indem sie sagten: „Je suis athé, mais je suis catholique."

232 Jochmann 1980, S. 150.

233 Ebda., S. 166: Bezeichnenderweise bekannte Hitler am 1./2. Januar 1942 in einem seiner „Monologe" vor Mitarbeitern: „Irgendwie kommen wir ja um den Begriff

mit dem christlichen Gott besser vermeiden konnte. Zwar hatte Jesus nach seinem Verständnis einst wirklich gelebt, aber nicht als Jude, sondern als Sohn eines Griechen und damit als Arier, der aus Indien stammte, da es in der christlichen Lehre angeblich Spuren des Buddhismus gab.[234] Durch seine Schicksalsgläubigkeit tat sich in Hitlers religiösem Selbstverständnis ein gewisses Spannungsverhältnis zwischen der Anerkennung einer transzendentalen Macht, die in einer für den normalen Menschen nicht erreichbaren Sphäre der Natur waltet, und der Autonomie der Ausnahmemenschen, „Helden" oder „Genies", auf, die der Vorsehung durch eigene Leistung nahekamen. Da er sich zumindest in späteren Jahren wohl selbst für einen solchen Ausnahmemenschen hielt – oder sich doch entsprechend gerierte –, bildete seine Person, subjektiv und aus der Perspektive seiner Wähler und Anhänger gesehen, den numinosen Ort, an dem transzendentale Macht und diesseitige Genialität miteinander zur Deckung kamen.

Seit Linz und Wien glaubte der junge Hitler außerdem daran, dass jeder Mensch seines eigenen Glückes Schmied sei, wenn er das tat, was ihm die Vorsehung auferlegt hatte: die Vervollkommnung seiner Fähigkeiten zum Wohl der Kultur und der menschlichen Entwicklung überhaupt. Dabei hatte jeder Mensch „sein" Volk, „seine" Art, „seine" Rasse zu beachten – sie waren ihm gleichsam angeboren. Den sich aus der Ungleichheit der Rassen, Völker und Menschen ergebenden Kampf ums Dasein, so glaubte er mit Darwin weiter, würden am Ende nur diejenigen siegreich bestehen, die am stärksten waren, nämlich die Arier und die von diesen abstammenden Germanen und Deutschen diesseits und jenseits der Grenze zwischen Österreich und dem Deutschen Reich. Hinter diesem Glauben an den arisch-germanisch-deutschen Endsieg stand offenbar ein starkes Erlösungsbedürfnis, eine Eschatologie, die anders nicht zu befriedigen war.

Religionen, deren Amtsträger sich nicht in die Politik einmischten, hielt der Beamtensohn um der guten Ordnung willen für nützlich – wenn es sie nicht gäbe, müsste man sie seiner Meinung nach erfinden, weil alles andere „das einfache Volk zerstören" würde. Zur Unterstützung seiner Ansicht berief er sich mit folgender Anekdote auf Voltaire, den wohl bekanntesten Philosophen der französischen Aufklärung: Einmal von Bauern ausgeraubt, habe Voltaire eine Kirche besucht, um seinen Räubern scheinbar zu

---

Gott nicht herum." Am 28./29. Dezember 1941 kündigte er an, er wolle die Sternwarte, die er auf dem Linzer Pöstlingberg anstelle der dort noch vorhandenen Kirche zu errichten gedachte, mit der Inschrift versehen: „Die Himmel rühmen des Ewigen Ehre!" Im Nachsatz fügte er hinzu: „Es ist etwas Wunderbares, dass der Mensch dafür einen Begriff – Gott! gefunden hat. Eine Allmacht, die Welten schafft, hat sicher jedem einzelnen Wesen seine Aufgabe zugewiesen."

234 Ebda., S. 150: Monolog vom 13. Dezember 1942, und Hanisch 1939, S. 7. Dies entsprach auch der Auffassung Wagners, der Jesus „von aller alexandrinisch-judaisch-römisch despotischen Verunstaltung gereinigt" sehen wollte und diese Idee im *Parsifal* nachgestaltet hat. Op. cit. Hein 1996, S. 118f. Auch Schopenhauer stellt fest, „das neutestamentliche Christentum" sei „indischen Geistes" und „indischer Herkunft" gewesen und nur „unter ägyptischer Vermittlung … dem jüdischen Stamm … im Gelobten Land aufgepfropft" worden.

beweisen, dass er an Gott glaube. Anderenfalls hätten diese angenommen, dass es dort, wo kein Gott sei, auch keine Sünde gebe – und die öffentliche Ordnung wäre zusammengebrochen.[235]

In Anlehnung an Nietzsche wünschte sich der junge Hitler jedoch weder für sich selbst noch für das von ihm erträumte Großdeutschland eine andere Religion anstelle des Christentums. Vielmehr schwebte ihm offenbar eine idealische Philosophie vor, die in den mythischen Urgründen des Arier-, Germanen- und Griechentums wurzelte. So meinte er einmal in Wien, „die westlichen Nationen hätten eine Menge von den orientalischen Zivilisationen gelernt, und so habe unsere Kunst neue Höhen erreicht. Wären die Germanen ihrer alten Mythologie treu geblieben, wären sie heute eine geeinte Nation auf einem höheren zivilisatorischen Stand. Er meinte, dass der germanische Glaube, wenn man an ihm festgehalten hätte, im Wandel der Zeiten idealer geworden wäre, und verwies in diesem Zusammenhang auf die Griechen, in deren Glauben Ideale angeblich wie Götter verehrt wurden. Er war insbesondere ein Bewunderer der griechischen Staatsstruktur, auf die Gelehrte und Philosophen einen großen Einfluss ausgeübt hätten, ein Punkt, in dem wir ihnen hätten nacheifern sollen."

Es ist möglich, dass noch nicht jede dieser Überzeugungen in Linz und Wien endgültig ausgeprägt und in sich gefestigt war. Aber es ist mehr als wahrscheinlich, dass sie alle zusammen an jener römisch-katholischen Kirche ihren Ausgang nahmen, die der junge Hitler für die größte Betrügerin aller Zeiten hielt. „Was ist das für ein Gott, der nur Wohlgefallen hat, wenn die Menschen sich vor ihm kasteien!" hat er später einmal in Erinnerung an seine Schulzeit in Lambach und Linz ausgerufen. Im Rückgriff auf diese Erfahrungen versuchte er sich und seiner Umgebung zu beweisen, dass sie mit dem durch diese Kirche verbreiteten Christentum nur einem riesigen Schwindel aufgesessen waren.[236] Zwar sei das „evangelische Muckertum" noch schlimmer als das der katholischen Kirche – mit dem Ergebnis, dass beide Konfessionen „die Freude am Schönen" abtöten würden. Doch sei letztere, „um tausend Jahre Erfahrung reicher und, vom jüdischen Intellekt unmittelbar genährt, mit Klugheit zu Werke gegangen". Davon überzeugt, dass sie den Menschen ohnehin nicht davon abbringen könne, lasse ihn die katholische Kirche z.B. „im Fasching ‚sündigen' ..., um ihn vom Aschermittwoch an mit der Schilderung der Höllenqual den Beutel zu öffnen"[237] – bis zur Wiederholung dieses schnöden Rituals im nächsten Jahr. Das einzige, was unter diesen Umständen für das Verhältnis

235 Hanisch 1939 (sic!), S. 6. – Dort auch das folgende Zitat.

236 Jochmann 1980, S. 150 (Monolog v. 13. Dezember 1941): „Ein ganz einfaches, klares, einleuchtendes Verfahren: Der liebe Gott setzte die Voraussetzungen für den Sündenfall. Nachdem es mit Hilfe des Teufels endlich geklappt hat, bedient er sich einer Jungfrau, um einen Menschen zu gebären, der durch seinen Tod die Menschheit erlöst. ... Das Christentum ist das Tollste, das je ein Menschengehirn in seinem Wahn hervorgebracht hat, eine Verhöhnung von allem Göttlichen."

237 Ebda., S. 147: Monolog vom 1./2. Dezember 1941.

Hitlers zur katholischen Kirche übrig blieb, war seine widerstrebende Bewunderung für die Dauerhaftigkeit ihrer Organisation.[238]

Indem er gegen alle religiösen Dogmen auf die Vernunft des Menschen und die von der Wissenschaft formulierten Naturgesetze baute, folgte der junge Hitler einer aufklärerischen Denktradition. Das gilt auch für sein Lieblingsprojekt einer großdeutschen Nation. Er selbst wäre gewiss nie darauf gekommen, sich auf die Aufklärung zu berufen, denn für ihn standen im Vordergrund die Schreckgespenster der Französischen Revolution und Napoleons, die das Zeitalter der Aufklärung blutig beendet hatten. Infolgedessen war Hitler seit seiner Jugend entschlossen, den völkischen Nationalismus „aus der westlichen Zivilisation herauszuschneiden" (Lawrence Birken). Dennoch ist diesem US-amerikanischen Historiker zuzustimmen, wenn er betont, der völkische Nationalismus dürfe „nicht als Zurückweisung", sondern müsse sogar eher „als Intensivierung der Werte der Aufklärung – und so auch des Westens – verstanden" werden.[239] Begründung: „Es waren die Philosophen, welche die Welt entheiligten, indem sie die Idee des Königs, dessen Macht sich von einer jenseitigen Gottheit ableitete, durch den Begriff eines Volkes ersetzten, dessen Rechte von einer immanenten Natur herrührten." Seitdem musste „ein neues Prinzip gefunden werden, welches das Volk definieren und zusammenhalten konnte", und das war neben Freiheit und Gleichheit die Art oder Rasse als gleichsam naturgegebene Form der Brüderlichkeit. Auf diesen Zusammenhang hat schon Leon Poliakov in seinem grundlegenden Werk über den „arischen Mythos" hingewiesen. Hingegen wurde die auch heute noch unangenehm berührende Nachbarschaft von Aufklärung und Rassismus in den meisten Hitler-Biographien fast gänzlich ausgespart.

Die Ideale der Französischen Revolution kann man auch, wie Helmut Koopmann nachweist,[240] in Schillers *Wilhelm Tell* wiederfinden. Denn hier geht es ja um den Umsturz, einschließlich des Tyrannenmordes, als „letzter Möglichkeit, wenn Freiheit und Selbstbestimmung nicht anders zu erreichen sind", und damit allerdings auch um das Problem der Schuld. Eine Revolution, so Koopmann, könne sich „nur ereignen, wenn sich ein Einzelner findet, der bereit ist, die damit verbundene Schuld auf sich zu nehmen. Nur eine Gestalt wie Wilhelm Tell vermag die Schuld in Unschuld zu erleben." Nirgendwo sonst in seinem Werk habe Schiller eine so „dramatische Erklärung der Menschenrechte" abgegeben wie in diesem Stück, das als „eine politische Utopie mit Realitätsbezug" bekanntlich zu den ersten Bildungserlebnissen des Hitler Adolf gehörte.[241] Wahrscheinlich hat Adolf Hitler in späteren Jahren noch verschiedentlich daran gedacht, als

238 Hanisch 1939 (sic!), S. 6: „Er (Hitler) sagte, die katholische Kirche habe ihre gegenwärtige Macht und Größe durch gute Organisation erreicht, und wies auf die Vergangenheit hin, als sich die Kirche mit Feuer und Schwert durchsetzte." Seiner Meinung nach hatte die katholische Kirche „mehr Blut vergossen als jede andere Religion".

239 Birken 1995, S. 23 ff. Dort auch die folgenden Zitate.

240 Koopmann 1988, S. 137 ff.

241 Vgl. Teil II, 3. Kapitel, S. 253 ff.

er während seiner politischen Laufbahn glaubte, nackte Gewalt anwenden zu müssen, um Deutschland, wie er meinte, zu befreien, und sich dann u.a. mit Hilfe von Schillers Tell exkulpiert, wenn ihn sein Fatalismus und seine wissenschaftlich häufig kaum haltbaren Überzeugungen von den ehernen Gesetzen der Natur nicht überhaupt jeglichen Schuldbewusstseins enthoben haben.

Freilich war der Nationalismus für ihn zugleich auch ein „Notstandsprogramm gegen die (eigene) Todesangst", um eine prägnante Formulierung Friedrich Bringazis aufzugreifen.[242] Denn seit Justus Mösers *Patriotischen Phantasien* und der deutschen Romantik gab der Nationalismus dem Individuum das Gefühl, „zu einer generationsübergreifenden Kulturleistung beizutragen", das heißt: der Nationalismus trat in Konkurrenz zur Religion. Da sich die Kirche beider Konfessionen gleichzeitig zunehmend säkularisierte, entwickelte sich unter Deutschnationalisten wie dem jungen Hitler ein „Erwählungsglauben" (Robert Musil), der sich mit Naturwissenschaften und Rassentheorien schließlich zu einer unheilvollen Mischung verbunden hat.

Kunstreligion und politische Theologie

Wenn Adolf Hitler in späteren Jahren Wagners Kunst eine göttliche Qualität beimaß, dessen Musik als „meine Religion" bezeichnete und seine Opernbesuche mit einem Kirchgang gleichgesetzt hat,[243] dann sollte man das nicht allzu wörtlich nehmen. Denn es ist nirgendwo dokumentarisch belegt, dass er den Aufsatz über *Religion und Kunst* sowie die entsprechenden Nachträge in den *Bayreuther Blättern*, die für die hier angesprochenen Zusammenhänge zwischen Wagners Musik und dessen weltanschaulichen bzw. religiösen Auffassungen einschlägig sind, überhaupt zur Kenntnis genommen hat. Dennoch gilt für Wagner, was auch für Nietzsche oder Schopenhauer gilt: Man konnte an der Jahrhundertwende von diesen Geistesgrößen durchaus fasziniert sein, ohne ihre Werke jemals buchstabentreu gelesen zu haben, weil die in ihnen jeweils aufscheinende Weltsicht einfach Teil des damaligen Zeitgeistes war.

Im Falle Wagners kam noch die unmittelbare Wirkung von Musik und Bühnengeschehen hinzu, deren künstlerischen Gehalt der junge Hitler nach dem Zeugnis Kubizeks intuitiv zu erfassen vermochte. Außerdem wurden kunstreligiöse Aspekte und Aspekte einer politischen Theologie auch von jenen beiden Kunstschriften berührt, die der junge Hitler mit an Sicherheit grenzender Wahrscheinlichkeit tatsächlich gelesen hat: *Das Kunstwerk der Zukunft* sowie *Die Kunst und die Revolution*. Die Wechselwirkungen zwischen den kunsttheoretischen, religiösen und politischen Aspekten der beiden Aufsätze einerseits und zwischen diesen und dem musikdramatischen Gesamtwerk Wagners andererseits, das zudem noch verschiedene

242 Bringazi 1998, S. 123f. Dort auch das Musil-Zitat.

243 Vgl. das wörtliche Zitat in Teil II, 5. Kapitel, Anmerkung 130.

voneinander abweichende Phasen durchlief, sind jedoch so komplex, dass wir uns hier nur auf einige wenige Andeutungen beschränken können.

Grundsätzlich stimmte der junge Hitler mit Richard Wagner sicher darin überein, dass er die Geschichte der Menschheit seit den Indern, Griechen und Germanen als eine Verfallsgeschichte sah, an der die römisch-katholische Kirche maßgebend beteiligt war. Sie habe sich nämlich den jüdischen Glauben an einen zornigen und strafenden Gott um ihrer eigenen selbstsüchtigen Herrschaft willen zunutze gemacht. Dadurch sei aus einer reinen Liebesreligion eine verlogene Religion des Kapitalismus, Militarismus und der zur Mode entarteten Kunst geworden. Von dieser Dekadenz könne sich die Menschheit nur dann befreien, so Hitler weiter in Übereinstimmung mit Wagner, wenn sie den originalen, liebenden und sich selbst aufopfernden Heiland der einfachen und armen Leute durch wahre Kunst von seiner jüdischen Überfremdung befreie.

Die Führung in diesem universalen Umkehrprozess, so glaubten Richard Wagner und wohl auch der junge Hitler, müssten die letztlich von den Ariern abstammenden Deutschen durch Wiedererweckung ihres „deutschen Instinktes“ übernehmen. Am Ende würde die Welt dann im Sinn einer heilvollen Entsagung vom Willen erlöst sein, wie Schopenhauer es sich gedacht hatte. Kern dieser gemeinsamen Auffassung war die Überzeugung, Kunst könne – in Gestalt von Musik oder eben auch Architektur – die mythischen, d.h. ursprünglich einmal religiösen Symbole wieder lebendig machen und dadurch retten, nachdem die Religion „künstlich“ geworden, d.h. ihres ursprünglichen Sinnes und ihrer eigentlichen Intention entkleidet worden war. Nach der gemeinsamen Überzeugung Wagners und seines jugendlichen Adepten sollte die Kunst daher eine Schlüsselrolle bei der Ablösung der römisch-katholischen Kirche durch eine „religiöse Minimalethik ohne Kirche“ (Udo Bermbach) und damit auch bei der revolutionären Herbeiführung einer moralisch besseren, nämlich ästhetischen Welt jenseits aller Politik übernehmen. Vor diesem geistigen Hintergrund versuchte der junge Hitler – ähnlich wie Wagners tragische Opernhelden *Lohengrin* und *Siegfried*, *Tristan* und *Parsifal* – als messianischer Erlöser *in spe* einen eigenen Weg jenseits von Papstkirche und christlichen Glaubensinhalten zu finden, ohne in die entgegengesetzten Extreme der absoluten Gottlosigkeit und der obskuren Germanentümelei zu verfallen. Dabei wurde er von Wagners Opernmusik unterstützt, in der sich Klang und Wort „in eine(r) Art Zwischenreich“ gegenseitig durchdringen und die Dieter Schnebel einmal recht treffend als ritualisierte „Klangreligion“ bezeichnet hat.[244]

Abschließend und alles bisher Gesagte zusammenfassend könnte man den jungen Hitler als erlösungsgläubigen Pantheisten[245] bezeichnen. Da er

244 Dieter Schnebel, Religiöse Klänge – Klangreligion. In: Richard-Wagner-Handbuch 1986, S. 698–703.

245 Der Pantheismus (von griech. *pan theos* = Allgott), nach Schleiermacher „die heimliche Religion der Deutschen“, nach Schopenhauer „die vornehme Form des Atheismus“. Diese in mehrere Richtungen sich gliedernde Glaubenslehre macht das All und die

meinte, alles sei machbar, was sich seiner Meinung nach im Einklang mit den Naturgesetzen befand, schwebte er freilich auch in Gefahr, sich selbst zu überschätzen, weil alle diese Gesetze von Menschen formuliert werden und daher für Irrlehren insbesondere dann zugänglich sind, wenn man – wie der junge Hitler – glaubt, die „wahren" Zusammenhänge des Lebens und der Welt ein für allemal intuitiv richtig erfasst zu haben.[246]

7. Kapitel: Liebe, Ehe, Sexualität

Gesellschaftliche Rahmenbedingungen

Elternhaus, Schule und die provinzielle Enge der Stadt Linz bildeten den Bezugsrahmen für das stille Drama, das sich zwischen dem Hitler Adolf und seiner Sexualität abgespielt hat. Mochte der Vater in jüngeren Jahren ein lockeres Liebesleben geführt haben – ohne Beruf, ohne Status, ohne Stellung, die ihm die standesgemäße Ernährung von Frau und Kindern gestattet hätten, blieb dem Sohn eine solche Möglichkeit auch noch in Wien und München verwehrt. Schon die Annäherung an die von Ferne umschwärmte Stefanie Isak war an jener „viktorianischen Moral" (Friedhelm F. Musall) gescheitert, die im Österreich der Jahrhundertwende herrschte. Ihre rigiden Regeln schrieben nicht nur vor, wer beim täglichen Bummel auf der Landstraße zwischen Hauptstraße und Schmidttor oder Spittelwiese und Bischofstraße wo und wann zu gehen hatte – wobei zusätzlich noch zwischen „Tugend-" und „Lasterseite" unterschieden wurde.[247] Jene Regeln verboten vielmehr auch in fast jeder anderen Hinsicht, dass Jungen und Mädchen unverkrampft miteinander in direkten Kontakt treten konnten.

Jede Annäherung unterlag strengen Ge- und Verboten; Sinnlichkeit und Kultur wurden als Gegensätze verstanden und die weibliche Sexualität als pathologisch definiert.[248] Für „freie Liebe" und „wilde Ehe" war unter diesen Umständen nur ausnahmsweise heimlich Platz. Gleichzeitig verfochten Eltern ihren Söhnen gegenüber ein überzogenes Männlichkeitsideal, das sich auf disziplinierende Maßnahmen von Schule und Kirche stützen

---

Natur zu Gott. Die physiomonistische Richtung, die u.a. der deutsche Naturphilosoph Ernst Haeckel (1834–1919) und der französische Geschichtsphilosoph Hippolyte Taine (1828–1893) vertraten, kam dem, woran der junge Hitler glaubte, wohl am nächsten, sofern sich dessen synkretistischen Glaubensinhalte mangels aussagefähiger Quellen überhaupt näher spezifizieren lassen. Vgl. auch Teil III, 8. Kapitel, S. 477.

246 Standardbeispiel ist die seit ihrer Veröffentlichung im Jahre 1913 umstrittene Welteislehre des österreichischen Ingenieurs Hanns Hörbiger (1860–1931), der sich Hitler nach eigener Aussage irgendwann einmal angeschlossen hat. Nach Hörbiger entstand unser Sonnensystem u.a. durch die Explosion eines Himmelkörpers. Bezeichnend, dass Hitler bei der Erläuterung dieser Lehre 1942 darauf bestand, dass „eines Tages ein Mensch intuitiv Zusammenhänge schaut und der exakten Wissenschaft damit den Weg weist". Jochmann 1980, S. 233 (Monolog 25./26. Januar 1942).

247 Leonhardtsberger 1995, S. 63f.

248 Fuchs 2003, S. 174.

konnte. Selbstbefriedigung galt nicht nur als „Sünde“, die gebeichtet werden musste, sondern auch als Ursache von Krankheiten und Übelständen aller Art.[249] Die unter staatlicher Strafandrohung stehende Homosexualität verfiel schon deshalb der Ächtung, weil sie die Möglichkeit ausschloss, Nachkommen zu zeugen. Prostitution bzw. der Besuch von Freudenhäusern wurde notorisch mit Amoralität, Schmutz und Krankheit gleichgesetzt. Letzten Endes war nur die auf die Produktion von Kindern und damit auf den Erhalt von Familie, Volk und Staat angelegte Trauscheinehe erlaubt, wenn Mann und Frau ein wohl überwiegend eher bescheidenes Sexualleben entfalten wollten, wobei die Anwendung von Verhütungsmitteln auf Wunsch der römisch-katholischen Kirche zu vermeiden war. Kurzum: Von der Pubertät bis zur Eheschließung hatten sich die Jungen *idealiter* jeder geschlechtlichen Aktivität zu enthalten.

Alle diese Umstände machten es dem Hitler Adolf gewiss nicht leicht, ein entspanntes Verhältnis zur eigenen Sexualität und zum anderen Geschlecht zu entwickeln – ganz im Gegenteil. Wahrscheinlich erging es ihm beim Eintritt seiner Pubertät ähnlich wie jenem jugendlichen Helden *Demian*, dessen verworrene Gefühlsregungen Hermann Hesse in seinem gleichnamigen Roman folgendermaßen beschreibt: „Wie jeden Menschen, so fiel auch mich das langsam erwachende Gefühl des Geschlechts als ein Feind und Zerstörer an, als Verbotenes, als Verführung und Sünde ... Ich tat wie alle. Ich führte das Doppelleben des Kindes, das doch kein Kind mehr ist. Mein Bewusstsein lebte im Heimischen und Erlaubten, mein Bewusstsein leugnete die empor dämmernde neue Welt. Daneben aber lebte ich in Träumen, Trieben, Wünschen von unterirdischer Art ... “[250]

Es gibt Hinweise darauf, dass Hitler einen Ausweg aus diesem Dilemma durch einen sittenwidrigen Übergriff auf ein Mädchen gesucht hat, als er noch in Leonding die Volksschule besuchte, mithin in seinem 11. oder 12. Lebensjahr.[251] Andererseits erzählt Hanisch unter Berufung auf Hitler, diesem habe in seiner Jugend einmal in den Ferien auf dem Land eine Mel-

249 So hatten die Lehrer an den Schulen, die noch keine Koedukation kannten, darauf zu achten, „dass die Schüler die Beine nicht übereinanderschlagen, mit denselben nicht wetzen und reiben oder die Hände nicht in die Hosentaschen stecken, zu zweit die Abortanlagen aufsuchen u.a. Besonders sollten sie auf Schüler achten, die beim Turnen sich auffallend nach Übungen an Kletterstangen drängen.“ Vgl. Engelbrecht 1986 IV, S. 36.

250 Hesse, Demian, S. 48.

251 Vgl. NACP, „Supplement“ zu dem Interview mit Dr. Bloch: Danach soll einer seiner Verwandten in den Schulakten der Gemeinde Leonding entsprechende Hinweise gefunden haben. Der Vorfall sei jedoch damals heruntergespielt worden, so dass Hitler die Schule nicht verlassen musste. Auf die ausdrückliche Nachfrage des Interviewers, ob es sich bei der von dem Übergriff betroffenen Person um einen Jungen oder ein Mädchen gehandelt habe, antwortete Dr. Bloch, er denke, letzteres sei der Fall gewesen. Bloch betonte diese Auskunft, um jeden Zweifel auszuschließen. Er erinnerte sich auch daran, dass sein Verwandter, ein gewisser Bleibtreu, der diese Entdeckung gemacht hatte, sich beim Schulleiter darüber beschwert habe, weil dieser den Vorfall nicht öffentlich gemacht hatte, als Hitler in Deutschland Reichskanzler und „Führer“ war.

kerin eindeutige Avancen gemacht, vielleicht war es in Spital gewesen. Er, Hitler, habe das Mädchen ebenfalls gemocht, aber sofort an die möglichen Folgen gedacht. Er sei deshalb davongelaufen und dabei über einen vollen Melkeimer gestolpert.[252]

Hinzu kam dann während seiner Pubertät das niederschmetternde Erlebnis mit Stefanie: Die Unmöglichkeit und die Unfähigkeit, sich dem leidenschaftlich umschwärmten Mädchen zu nähern, führten offenbar zu einem an Wahnsinn grenzenden Gefühlsstau, aus dem der junge Hitler einen Ausweg nur mehr durch Verdrängung und Sublimierung seiner Triebenergie suchen und finden konnte. Tatsächlich gingen damals viele Jungen diesen Weg. Angespannte Selbstwahrnehmung, verbunden mit intensiver Verdrängungsarbeit, führte sie zu einer zunehmend produktiven Aneignung ihrer Außenwelt durch Beschäftigung mit künstlerischen, philosophischen oder politischen Dingen. Dabei ruhte der Fokus stets auf der eigenen Person, bis sich allmählich eine gewisse Kontinuität, Gleichmäßigkeit und Beruhigung der Gedanken, Gefühle und Handlungen einstellen konnte. So jedenfalls die idealtypische Erkenntnis, die Friedhelm F. Musall beim Studium von Adoleszenz und Sexualität der so genannten Wandervogelgeneration gewonnen hat.[253] Freilich hat Sigmund Freud bereits 1908 in einem Aufsatz über *Die kulturelle Sexualmoral und die moderne Nervosität* kritisch angemerkt: „Die Bewältigung durch Sublimierung ... gelingt nur einer Minderzahl ... Die meisten anderen werden neurotisch oder kommen sonst zu Schaden."[254]

Homoerotik und narzisstische Identifizierung

Die häufig negativen Begleiterscheinungen und Folgen von Verdrängung und Sublimierung hatte auch der junge Hitler zu tragen. Da er der Wandervogelgeneration angehörte, liegt es zudem nahe, hinter dem Männerbund, den er mit seinem Freund Kubizek schmiedete und der im Grund eine auf zwei Personen reduzierte städtische Unterform der Wanderbewegung darstellt, homoerotische Motive und, gewissermaßen als Gegenstück, frauenfeindliche Motive zu vermuten. Die einzige einigermaßen belastbare Quelle für die erste Annahme sind zwei Äußerungen Kubizeks, die einen homoerotischen Einschlag zu haben scheinen.[255] Obwohl er keinerlei Ver-

252 Hanisch 1939 (sic!), S. 9.

253 Musall 1986/87, S. 275 f. – Die Angehörigen der Wandervogelgeneration rekrutierten sich gemeinhin aus den Geburtsjahrgängen 1888 bis 1901.

254 Op. cit. Musall 1986/87, S. 277.

255 Kubizek 1995/6, S. 230: „Schon in Linz war unser gegenseitiges Verhältnis so innig, dass ich es sogleich bemerkt haben würde, wenn er die Bekanntschaft eines Mädchens gemacht hätte. Es würde ihm die Zeit für mich gefehlt haben." – Auf S. 236 f. heißt es: „Er (Hitler) hätte übrigens auch bei mir niemals eine solche Liebelei (mit einem Mädchen) geduldet. Jeder Schritt in diese Richtung hätte unweigerlich das Ende unserer Freundschaft bedeutet ... Nach wie vor galt für ihn in dieser Hinsicht absolute Ausschließlichkeit." – Dort auch das folgende Hitler-Zitat.

anlassung hat, am Lebenswandel seines früheren Geschäftsfreundes, mit dem er sich zerstritten hatte, irgendetwas zu beschönigen, tritt Reinhold Hanisch der Vermutung, Hitler sei homosexuell gewesen, jedoch mit den Worten entgegen, diese sei grundlos gewesen.[256] Hitler selbst hat sich zur Natur seiner Jugendfreundschaft nie geäußert – es sei denn, man will in seinem sibyllinischen Ausspruch „damals begann es" einen unbewussten Hinweis auf sein Sexualverhalten vermuten.[257] Er wollte vielmehr schon in Wien die Homosexualität „mit allen Mitteln bekämpft sehen" und hielt sich entsprechend veranlagte Menschen „mit geradezu ängstlicher Gewissenhaftigkeit vom Leibe", was aber auch gerade als Versuch einer Verdrängung entsprechender Triebregungen gedeutet werden kann.

Zwar kommt es auch heutzutage immer wieder vor, dass Jungen in ihrer Adoleszenz vorübergehend Neigungen entwickeln, die über das gesellschaftlich akzeptierte Maß platonischer Freundesliebe hinausgehen. Spätestens aber seit Hans Blüher[258] 1912 mit seinem Buch über *Die deutsche Wandervogelbewegung als erotisches Phänomen* eine öffentliche Diskussion ausgelöst hatte, stand diese Form juveniler Gesellung im Ruf, eine Brutstätte homosexueller Beziehungen zwischen ihren Mitgliedern und Anhängern zu sein. Tatsächlich war das Zusammenleben der beiden jungen Männer in Linz und erst recht in Wien in physischer, intellektueller und emotionaler Hinsicht so eng, dass es zwischen ihnen durchaus zu expliziten homosexuellen Handlungen gekommen sein kann. Eine solche Annahme besitzt jedoch nur ein geringes Maß an Wahrscheinlichkeit. So stellte der Psychotherapeut Fritz Redlich nach zahllosen Spekulationen zu diesem Thema kategorisch fest[259]: „Hitler war nicht homosexuell ... Hitler fällt unter die Kategorie derjenigen, die Freud latente oder unbewusste Homosexuelle nannte." Darunter werden Männer verstanden, die sexuell passiv veranlagt sind und in ihrer Kindheit den später unterdrückten Wunsch nach sexuellen Intimitäten mit ihrem Vater haben – somit das Gegenteil des so genannten Ödipuskomplexes. Für latente oder unbewusste Homosexuelle typisch ist laut Redlich eben jene „offen bekundete

---

256 Hanisch 1939 (sic!), S. 9 – Hitler erzählte Hanisch im Wiener Männerheim angeblich sogar von einer „ersten Liebe", die er in Linz zu einem Mädchen gehabt habe, die Schwester „eines engen Freundes" und Tochter eines Regierungsbeamten gewesen sei. Da außer August Kubizek kein weiterer Freund Hitlers aus Jugendtagen bekannt ist und dieser keine Schwester hatte, ist bei der Bewertung von Hanischs Aussage Zurückhaltung angebracht. In ihr stimmt auf jeden Fall nicht, dass Hitler damals „eine technische Hochschule in Linz" besuchte. Die Beschreibung „Tochter eines Regierungsbeamten" trifft aber, wie man inzwischen herausgefunden hat, auf Stefanie Rabitsch, geb. Isak, zu. Wahrscheinlich hat Hanisch hier in der Erinnerung einiges durcheinandergeworfen.

257 Vgl. den Kontext in Teil II, 10. Kapitel, S. 188.

258 Der aus Schlesien stammende Schriftsteller und Philosoph Hans Blüher (1888–1955) hatte sich schon 1902 in Berlin-Steglitz dem *Ausschuss für Schülerfahrten*, kurz „Wandervogel" genannt, angeschlossen. Durch eine Reihe von grundlegenden Werken über die Jugendbewegung gilt er bis heute als einer ihrer führenden Theoretiker und Propagandisten.

259 Redlich 2000, S. 282.

Abscheu vor Homosexualität", die, wie soeben erwähnt, auch der junge Hitler geäußert hat.

Aus diesen und anderen Gründen liegt die Annahme nahe, dass der junge Hitler mit seinen homoerotischen Gefühlen für seinen Freund eher eine „narzisstisch geprägte Identifizierung" verband – ein atavistisches „Gefühl des Zusammenfließens in der Horde", bei dem er dank seines Charismas die Führung übernehmen konnte. Tatsächlich vermittelte der Männerbund in den reichlich zwei Jahren, die er bestanden hat, den beiden Freunden wohl vor allem jene „emotionale Geschütztheit", der am Ende zumindest Kubizek nur schwer entsagen konnte.[260] Der narzisstisch geprägten Identifizierung erwuchs allmählich auch jener sich hypermaskulin gebärdende Männertyp, den Hitler in späteren Jahren, als er zu Macht und Ansehen gekommen war, mit Vorliebe verkörpert hat, um seinen in mancher Beziehung eher femininen Habitus mit Hilfe von Braunhemd, Sturmriemen, Koppel und Schaftstiefeln zu überspielen. Der Jugendforscher John A. Williams nennt diesen Typ „*invert*",[261] weil er auf das eigene statt auf das andere Geschlecht fixiert ist. Wie das Beispiel Hitlers zeigt, der über seine beiden Weggefährten August Kubizek und Rudolf Häusler das Patronat übernahm, sah dieser Männertyp vor dem Ersten Weltkrieg seine Aufgabe darin, „Jungen in das Erwachsenenalter zu begleiten". Der Gedanke lässt sich schwer unterdrücken, dass sich ein ähnlicher Prozess, diesmal allerdings auf einer Massenbasis, nach dem Ersten Weltkrieg zwischen Hitler und dem deutschen Volk abgespielt hat.[262]

„Not-Invertierte" (Elisabeth Busse-Wilson) wie der junge Hitler, die ihre Triebbedürfnisse nicht genital organisieren konnten, weil die von ihnen einst versuchte heterosexuelle Objektbesetzung aus welchen Gründen auch immer misslungen war, klammerten sich umso mehr an die ihnen schmeichelnde Männerbund-Ideologie, je unbefriedigter sie innerlich über das Ausbleiben von Liebeserlebnissen mit weiblichen Wesen waren. Ihr Verhältnis zum anderen Geschlecht blieb somit bis auf Weiteres ungeklärt, was bei dem Hitler Adolf bekanntlich zu einer „verlängerten Pubertät mit all ihren Abgründen und schweifenden Unbestimmtheiten" (William Stern) geführt hat.[263] Unter der Parole „Rein bleiben und reif werden", die aus den Reihen der *Freideutschen Jugend*[264] stammte, befolgte er wie viele Heranwachsende seiner Generation eine „strenge Keuschheitsideologie, ... die eine sexuelle Beziehung zum anderen Geschlecht auf unbestimmte

260 Siehe die Argumentation bei Musall 1986/87, S. 285.

261 Von engl. „umgekehrt, geschlechtlich verkehrt empfindend, auf das eigene Geschlecht gerichtet".

262 So Hans Blüher, wohl einer der besten Kenner der Wandervogelbewegung. Op. cit. Williams 2001, S. 168.

263 Vgl. dazu Teil III, 1. Kapitel, S. 382 ff.

264 Unter Führung der *Freideutschen Jugend* fand 1913 das berühmte Treffen verschiedener Jugendbünde auf dem Hohen Meißner statt, an dem auch der Österreichische Wandervogel teilnahm.

Zeit verschob",[265] und wahrscheinlich blieb er deshalb länger, als ihm gut tat, nämlich bis in seine dreißiger Jahre, als er die ersten Liebschaften hatte, auf dem Niveau einer sexuellen Entwicklung stehen, das etwa dem von 13- bis 15-jährigen Jungen entsprach.[266]

Der junge Hitler, der seine Pubertät überwiegend in allernächster Umgebung von Mutter, „Hani"-Tante und seinen beiden Schwestern erlebte, hatte aufgrund frustrierender Erfahrungen kein besonders positives Frauenbild, wie Hanisch bezeugt.[267] So meinte Hitler gegenüber seinem Kumpel im Wiener Männerwohnheim, im Grund sei jede Frau leicht zu haben. Man brauche nur seinen Hut kess in den Nacken zu schieben, damit das eigene Gesicht deutlich sichtbar werde – und tatsächlich, so Hanisch, habe Hitler seinen Hut so getragen, als sei er auf Brautschau gewesen. Und weiter: In der Regel sei die Frau schuld, wenn der Mann fremdgehe. Andererseits meinte er, niemals könne eine schlechte Frau durch einen guten Mann besser werden, aber jede Frau könne einen Mann besser machen. Typische Begleiterscheinungen von Verdrängung und Sublimierung seiner Triebenergie waren die Angst des jungen Hitlers vor körperlicher Berührung und Infektion, seine Idealisierung von Liebe und Ehe sowie seine übertrieben anmutende Fürsorge für Frauen und Mädchen, hinter der sich bei jungen Männern oft eine nicht anders als schick, weil besonders männlich empfundene „Weiberfeindschaft" verbirgt, sowie nicht zuletzt die Unterwerfung unter strenge Lebensregeln in allen geschlechtlichen Fragen bis hin zur „sexuellen Askese" (Friedhelm F. Musall).

All diese Erscheinungen sind bei ihm unschwer nachweisbar.[268] Ganz speziell und individuell sind in seinem Fall nur die Verbindung, die diese

265 Die von der späteren Hitler-Sekretärin Christa Schroeder, 1984, S. 40, kolportierten „‚Geliebte' namens Emilie", die Hitler nach der Trennung von Kubizek angeblich in Wien hatte, wird von Hamann 1996/5, S. 518, dahingehend relativiert, dass es sich vermutlich um die jüngere Schwester von Hitlers Weggefährten Rudolf Häusler gehandelt habe, die ebenfalls Emilie hieß und „Milli" genannt wurde. Hamann verweist in diesem Zusammenhang auf eine kolorierte Zeichnung, die Hitler für das Poesiealbum des unscheinbaren Mädchens anfertigte. Sie bezweifelt angesichts der Umstände, unter denen die Hauptbeteiligten damals lebten, wohl zu Recht, dass es je zum körperlichen Vollzug dieser Liebesbeziehung hätte kommen können, wenn eine solche überhaupt im erotischen oder sexuellen Sinn gegeben war. – Abgesehen von einem Abstecher in das Wiener Rotlichtmilieu, den er mit Kubizek angeblich zu Studienzwecken unternahm, mied der junge Hitler den Besuch von Bordellen offenbar ebenso wie die Selbstbefriedigung durch Onanie. Kubizek 1995/6, S. 234 und 237.

266 Wir folgen auch hier weitgehend den Darlegungen von Musall 1986/87, S. 285 ff., der dabei allerdings nicht, das sei ausdrücklich angemerkt, auf den jungen Hitler abzielte.

267 Hanisch 1939, S. 10.

268 Kubizek 1995/6, S. 181 und S. 238 (Angst vor körperlicher Berührung und Infektion), S. 234 (Idealisierung von Liebe und Ehe), S. 233 (Fürsorge für Frauen und Mädchen), S. 232 (Unterwerfung unter strenge Lebensregeln). – Auf S. 163 heißt es, Hitler sei „seit dem missglückten Erlebnis mit Stefanie frauen- und mädchenfeindlich eingestellt" gewesen. – Zu der beim Wandervogel üblichen „Weiberfeindschaft" schreibt Musall 1986/87, S. 283: „Man poussierte nicht, ging nicht in die Tanzstunde, genoss das

Einstellungen und Verhaltungsweisen mit staats- und gesellschaftspolitischen Konzepten und Überlegungen eingingen. Indem der Hitler Adolf das erträumte Ideal einer Vereinigung mit Stefanie auf eine politische und soziale Ebene hob, begann er sich nämlich Gedanken darüber zu machen, wie „die Probleme der Liebe, des Geschlechtsverkehrs, der Ehe, der Familie, der Nachkommenschaft" von seinem „Idealstaat" gelöst werden könnten.[269] Für diesen Vorgang hatte er mit der „Flamme des Lebens", die unbedingt erhalten bleiben müsse, auch bereits eine metaphorische Umschreibung gefunden, deren Inhalte später die Bevölkerungspolitik des Dritten Reiches ausgefüllt hat. „Die Flamme des Lebens", so erläutert Kubizek,[270] „war das Symbol der hehren Liebe, die zwischen Menschen erwacht, die sich Körper und Geist rein erhalten haben und einer Vereinigung würdig sind, aus der dem Volke eine gesunde Nachkommenschaft erwächst."

Zu den Folgen von Verdrängung und Sublimierung zählte aber nicht zuletzt auch jene Krankheit, die als Neurasthenie oder Nervenschwäche am *Fin de siècle* viele Männer befallen hat.[271] Sie hing mit den Spannungen zusammen, denen sie damals zwischen „Imperialismus und Phallokratismus als politische und kulturelle Haltungen" (Nike Wagner) ausgesetzt waren. Das Leiden wurde, vielleicht etwas unglücklich, von Jacques Le Rider eine „Selbstfeminisierung des Mannes" genannt. Tatsächlich bestand es eher darin, dass sich das männliche Individuum hinter seinen imperialen und phallokratischen Posen von den Gegenbewegungen der Frauenrechtlerinnen und der künstlerischen Moderne geängstigt und bedroht und folglich in vielen Fällen, trotz eines zur Schau getragenen Imponiergehabes, innerlich schwach und impotent gefühlt hat.[272] Erinnert man sich an das Bild, das seine Zeitgenossen vom jungen Hitler zeichnen – es trägt die Züge eines bleichen, mageren, nervösen Adoleszenten, den ein körperliches Leiden zu plagen scheint –, findet man den neurasthenischen Persönlichkeitstyp bestätigt.

---

virile Vagantentum" – allesamt Beschreibungen, die auf das Verhalten des jungen Hitler passen.

269 Kubizek 1995/6, S. 231.

270 Ebda., S. 234

271 Neurasthenie (von griech. „Nervenschwäche"), ein 1869 von G. M. Beard geprägter Begriff, der heute als veraltet gilt. Er wird „durch das Nebeneinander von pathologischer Erregbarkeit der psychischen Funktionen und pathologischer Erschöpfbarkeit" definiert und kann nach längerem Schlafentzug und bei Depressionen, gelegentlich auch bei Schizophrenie, vorkommen. Vgl. Klinisches Wörterbuch, hg. von Willibald Pschyrembel, S. 251. durchges. u. verb. Aufl. Berlin u.a. 1972, S. 834. Wir maßen es uns mangels einschlägiger Kompetenzen nicht an, dieses Krankheitsbild hier im Einzelnen nachzuweisen, zumal es laut Pschyrembel auch noch ein „pseudoneurasthenisches Syndrom" gibt, das „Ausdruck einer neurotischen Symptomatik" ist. Bei beiden Krankheitsformen gibt es Anzeichen für eine vegetative Dystonie wie etwa Schlaf- und Verdauungsstörungen, an denen Hitler tatsächlich litt. – Das Gegenstück zur Neurasthenie war bei Frauen die so genannte Hysterie, die Sigmund Freud um die Jahrhundertwende in Wien zum Ausgangspunkt seiner Psychoanalyse machte.

272 Angerer 1994, S 203.

Deutsch-völkischer Diskurs

Erst kürzlich hat die österreichische Historikerin Brigitte Fuchs einen „deutsch-völkischen Diskurs über Weiblichkeit und ‚Rasse'" herausgearbeitet, der in ihrem Land an der Wende vom 19. zum 20. Jahrhundert gelaufen ist.[273] Da der junge Hitler der völkischen Bewegung nahestand, ist anzunehmen, dass seine Einstellung zur Frau und darüber hinaus zur Sexualität davon beeinflusst wurde. Anders als man zunächst denken könnte, wurde jener Diskurs nicht von einem „biologischen Determinismus", sondern von einem „kulturalistischen Essentialismus" bestimmt, der wiederum „auf der Naturalisierung christlich-patriarchalischer Moral" beruhte. Er unterschied nämlich „zwischen ‚sittlichen' und ‚sinnlichen' ‚Rassen' und Geschlechtern". Zur ersten Kategorie wurden nicht nur Schwarze und Juden, sondern auch Frauen gezählt. Diese drei Menschengruppen hatte der völkisch denkende Privatgelehrte Jörg Lanz von Liebenfels als sexualisierte „Untermenschen" charakterisiert. Dagegen waren die „männlichen, asischen (sic! – nicht: „arischen", D. B.) ‚Edelmenschen'" für ihn völlig asexuell, womit er diesen eine höhere Kulturstufe zuschreiben wollte, die indirekt den Moralvorstellungen der römisch-katholischen Kirche entsprach. Denn wer asexuell war, konnte in sexueller Hinsicht enthaltsam sein.

Mangels quellenmäßiger Belege muss offen bleiben, ob und wieweit der junge Hitler von diesen Ansichten überhaupt Kenntnis genommen hat.[274] Beim eklektizistischen Charakter seiner Anschauungen ist jedoch nicht auszuschließen, dass sich ihm die Lehre von der angeblichen Minderwertigkeit der Frau wenigstens ansatzweise mitteilte, spiegelte sich in ihr doch, wie Fuchs meint, „die dominante Haltung des ‚deutschen Bildungsbürgertums' wider, das seinen hegemonialen Anspruch in einem Staat verteidigte, der sich als ‚gemischt' darstellte". Ähnlich wie Lanz von Liebenfels, argumentierte auch Otto Weininger, ein zum Protestantismus konvertierter Jude, der sich später aus verschiedenen Gründen das Leben nahm.[275] In seinem 1903 in Wien erschienenen Bestseller über *Geschlecht und Charakter* setzte er „die ‚jüdische Rasse' einfach mit dem ‚minderen' weiblichen Geschlecht" gleich, wohingegen das positiv konnotierte „‚idealistische' Prinzip" seiner Meinung nach „allein durch den ‚arischen Vollmann'" verkörpert" wurde. Im Gegensatz zu Lanz von Liebenfels wurde Weininger wenigstens in einem von Hitlers „Monologen" namentlich erwähnt, und zwar als Beispiel für einen „anständigen" Juden.[276] Doch ergibt sich aus

273 Fuchs 2003, S. 181 ff. – Wir verzichten bei den folgenden Zitaten, die alle aus diesem Werk stammen, auf Einzelnachweise.

274 Zur Frage, ob Hitler die „Ostara"-Hefte gelesen hat, in denen Liebenfels seit 1905 seine Ansichten publizierte, vgl. Teil III, 10. Kapitel, S. 522.

275 Vgl. ebda., S. 531.

276 Jochmann 1980, S. 148 (Monolog vom 1./2. Dezember 1941). Eckarts positive Beurteilung bezog sich darauf, wie Hitler sagte, dass sich Weininger das Leben genommen habe, „als er erkannte, dass der Jude von der Zersetzung des Volkstums lebt".

dem Kontext, dass Hitler wohl erst nach dem Ersten Weltkrieg durch seinen Mentor Dietrich Eckart auf Weininger aufmerksam gemacht worden ist.

Im Gegensatz zu Lanz von Liebenfels und Weininger verklärte der Inhaber des Lehrstuhls für nordische Philologie und germanische Altertumskunde an der Universität Wien, Rudolf Much, die Frau als „etwas Heiliges, Göttliches und Unverletzliches", indem er sich auf die Germanen bezog. Grundlage für diese Hochschätzung, so der Gelehrte, sei die ausgeprägte „Schamhaftigkeit" der germanischen Frauen gewesen. Sie hätten „die Schmach, die ihnen durch die Lüste fremder Sieger drohte, so bitter" empfunden, „dass sie sich im Falle der Niederlage oft lieber selbst den Tod gaben", als dem Feind in die Hände zu fallen. Aus der Tatsache, dass der Germane oft ein „höheres Wergeld (sic!) für die Frau" zahlte als für einen männlichen Kampfgefährten, folgerte Much, dass man damals „nicht nur die Ehre, sondern auch das Leben einer Frau gelegentlich für wertvoller hielt als das des Mannes". Für den Professor ergab sich daraus die Erkenntnis, „dass für die Rasse, für die Zukunft des Volkes das einzelne Weib viel mehr bedeutet als der einzelne Mann".

Die Polarisierung seines Frauenbildes zwischen den Extremen „minderwertig" und „heilig" ist für Adolf Hitler so typisch, dass die Lehren von Lanz von Liebenfels, Weininger und Much, die bei Brigitte Fuchs nur als *pars pro toto* für eine größere Anzahl von Diskursteilnehmern stehen, seinerzeit nicht ganz spurlos an dem Hitler Adolf vorbeigegangen sein können. Das gilt insbesondere für den bevölkerungspolitischen Aspekt. Denn wann immer sich Hitler – sei es vor dem Ersten Weltkrieg in Wien, sei es danach an anderem Ort – über „die Frau" ausließ, hatte er stets ihre Funktion als Ehefrau, Mutter und damit auch als Garantin für den Fortbestand der deutschen Nation im Sinn.

Nach der Erinnerung seines Geschäftspartners im Wiener Männerwohnheim, Reinhold Hanisch, hatte Hitler in der Tat „sehr wenig Achtung vor dem weiblichen Geschlecht, aber sehr strenge Vorstellungen von den Beziehungen zwischen Mann und Frau".[277] Im Kontext seiner Überlegungen „über die staatliche Förderung der Frühehe, über die Möglichkeit, berufstätigen Mädchen vermittels Darlehen eine Aussteuer zu finanzieren und jungen, kinderreichen Familien zu Haus und Garten zu verhelfen", die der junge Hitler im Rahmen seiner Vision von einem „Idealstaat" anstellte,[278] kann dies nur als Bekenntnis zu Ehe und Familie und damit letzten Endes auch im bevölkerungspolitischen Sinne interpretiert werden. Insofern hat er somit letztlich auch den Standpunkt der römisch-katholischen Kirche verinnerlicht, die schon damals auf einem aus der Trauscheinehe hervorgehenden Kindersegen bestanden hat.

277 Hanisch 1939, S. 9.
278 Kubizek 1995/6, S. 233.

Die Wertschätzung, die der junge Hitler der Frau als Eheweib und Mutter entgegenbrachte,[279] ging jedoch wahrscheinlich nicht so weit, dass er ihr auch ein politisches Mitspracherecht eingeräumt hätte. Zwar liegt keine entsprechende Äußerung aus seiner Linzer und Wiener Zeit vor, doch ist nicht anzunehmen, dass er jemals anderer Ansicht gewesen ist als 1942 im damaligen „Führerhauptquartier", als er vor seiner *entourage* erklärte: „Ein Frauenzimmer, das sich in politische Sachen einmischt, ist mir ein Gräuel."[280] Die Tatsache, dass er Frauen nur zu praktischen Arbeiten wie der Einrichtung einer Wohnung heranziehen wollte, obwohl sie im „Dritten Reich" das – dann allerdings nur noch theoretisch bestehende – Wahlrecht hatten, verweist noch einmal auf sein von patriarchalischer Herablassung geprägtes Frauenbild. Umgekehrt verweist der Nachsatz – „Alles, was mit Kampf- und Bluteinsatz zusammenhängt, ist Sache ausschließlich des Mannes, er hat die letzte Konsequenz zu tragen" – abermals auf seine narzisstisch geprägte Identifikation im Sinne des sich hypermaskulin gebärdenden Männertyps.

Wagners Beziehungskisten

Zu den Hemmungen, denen der junge Hitler bei der Entwicklung einer altersgemäßen Sexualität ausgesetzt war, zählte zweifellos auch das Bild, das ihm Richard Wagner sowohl von Mann und Frau als auch von den Beziehungen zwischen den beiden Geschlechtern vermittelt hat. Während der „identitätsschwache, suchende Mann, der meist auch Schwierigkeiten mit der Liebe hat", im Mittelpunkt seiner Opern steht, verkörpern Isolde, Brünnhilde und auch Kundry „die selbständige, ich-starke, wirklich liebende Frau".[281] Sobald diese beiden unterschiedlichen Menschentypen auf der Bühne zusammentreffen, wird es jedoch mehr als kompliziert. So scheitern von Lohengrin / Elsa über Heinrich von Ofterdingen, genannt Tannhäuser / Venus und Elisabeth sowie Holländer / Senta, Tristan / Isolde und Hans Sachs / Eva bis hin zu Siegfried / Brünnhilde und Parsifal / Kundry alle Paare auf mehr oder weniger tragische Weise oder kommen erst gar nicht zusammen, so dass für einen politisch ambitionierten Zuschauer und Zuhörer wie den jungen Hitler unter dem Strich eigentlich nur Rienzis Weisheit übrig bleiben konnte: „Roma ist meine Braut"[282] – das heißt die völlige Entsagung von Liebe und Ehe zugunsten politischer Mission und Macht.

Die entsprechende Szene im *Rienzi* lässt den Hitler Adolf in der Tat wie den Wiedergänger seines spätrömischen Vorbildes erscheinen. Zunächst

---

279 Vgl. dazu auch Hanisch 1939, S. 9, der notierte: „Hitler hatte (in seiner Wiener Zeit) sehr wenig Hochachtung vor der weiblichen Sexualität, aber sehr strenge Vorstellungen von Beziehungen zwischen Mann und Frau."

280 Jochmann 1980, S. 235 (Monolog vom 26. Januar 1942).

281 Dieter Schnebel, Religiöse Klänge – Klangreligion. In: Richard-Wagner-Handbuch 1986, S. 701.

282 So Rienzi im 5. Aufzug, 2. Auftritt.

fragt Irene ihren Bruder im Hinblick auf ihre eigene Liebe zu Adriano, die sie gerade beendet hat: „Und weißt / Du auch, was: einer Lieb' entsagen, heißt?" Sie selbst gibt sich die Antwort: „O nein, du hast ja nie geliebt!" Darauf Rienzi: „Wohl liebt' auch ich" – als würde er sich dunkel an die Liebe zu einer leibhaftigen Frau erinnern. Erst dann lässt er sich näher über seine wahre, seine sublimierte Liebe zur römischen Republik aus: „Ich liebte glühend meine hohe Braut, / seit ich zum Denken, zum Fühlen erwacht ..." Angesichts der programmatischen Bedeutung, die diese Oper für den jungen Hitler hatte, drängt sich die Vermutung geradezu auf, dass er sich jene Szene aufgrund seines unglücklich verlaufenden Stefanie-Erlebnisses besonders zu Herzen genommen hat. Denn seine Schwärmerei für das junge Mädchen und der Besuch jener Opernvorstellung in Linz, nach der er seinem Freund schwor, ein zweiter Rienzi zu werden, haben zeitlich nahe beieinander gelegen.

Die Gestalt des *Lohengrin* ist ein nicht weniger problematischer Ratgeber in Sachen Liebe. Zwar hofft Lohengrin, wie Richard Wagner erläutert, auf die Erfüllung seines Wunsches „nach Liebe, nach Geliebtsein, nach Verstandensein durch Liebe".[283] Doch müsste er dazu erst „ganz Mensch werden" und sich „in ein gesellschaftliches System einbringen", das er ja in Wahrheit überwinden will. Letzten Endes verzichtet Lohengrin auf die Auflösung dieses Zielkonflikts, indem er auch darauf verzichtet, „ein warm empfindender und warm empfundener Mensch" zu werden. Als „auratische Führergestalt" (Ulrich Schreiber) kehrt er zum Gral zurück. Mit anderen Worten: Lohengrin lässt sich durch die liebende Elsa nicht von der Verfolgung seiner Utopie abbringen, und Elsa wird an ihm schuldig, weil sie „das radikal Neue, Revolutionäre, Apodiktische an Lohengrins Aufgabe" nicht verstanden hat. Auch in diesem Fall vermag man Parallelen zwischen dem Operngeschehen einerseits und Hitlers persönlicher Entwicklung, der Verfolgung seiner politischen Ziele und seiner stereotypen Annahme andererseits erblicken, Frauen könnten ihm dabei nur hinderlich sein.

Während Tannhäuser ein Held ist, der sich nicht klar zwischen Venus und Elisabeth, d.h. zwischen sündhaft-sinnlicher und sublimierter Liebe, entscheiden kann, entsühnt Senta den Fliegenden Holländer von seinem Fluch, indem sie ihrer Jugendliebe zu Erik entsagt. Um ihrer hohen Pflicht zu genügen, verzichtet sie auf ihr irdisches Glück. Sie verwirklicht somit eine Forderung, die Hitler ausgesprochen oder unausgesprochen stets an die Frauen seiner Wahl gestellt hat, zuletzt auch an seine Ehefrau Eva Braun, deren Leben an der Seite des „Führers" wohl kaum glücklich zu nennen ist.

---

283 Op. cit. Bermbach 2003, S. 135. Dort auch die folgenden Zitate jeweils ohne Einzelnachweis.

Äußerst dramatisch wird es in *Tristan und Isolde*, die ebenfalls zu Hitlers Lieblingsopern gehörte.[284] Denn die beiden Liebenden, trotz aller Widerstände einander schicksalhaft verfallen, beschließen, gemeinsam aus dem Leben zu scheiden. Von unstillbarer Sehnsucht geleitet, folgen sie damit Schopenhauers These von der Verneinung des Lebenswillens als einziger Möglichkeit der Erlösung, die Wagner in sein musikdramatisches Schaffen übernommen hatte. Hintergrund der Handlung war die ungestillte Zuneigung des Komponisten zur Gattin seines Freundes und Gönners Otto Wesendonck, sie hatte daher auch einen autobiographischen Bezug. Das gesamte Werk atmet die Liebesqual in ihren verschiedenen Schattierungen, die letztlich nur durch den Tod beendet werden kann. Gleichzeitig wirft es einen verzehrenden Blick in ein Reich, das nicht von dieser Welt ist. Damit stellt sich – wie im Fall des *Rienzi* – auch hier die Frage nach der Langzeitwirkung: Hat Adolf „Tristan" Hitler am Ende seine „Braut" Deutschland („Isolde") nur deshalb zerstört, weil er glaubte, sich mit ihr nur nach dem gemeinsamen Untergang voll vereinigen zu können? Die Antwort muss Spekulation bleiben. Jedenfalls kehrte Hitler mit der Trauscheinehe, die er kurz vor dem gemeinsamen Selbstmord nach jahrelanger „wilder" Ehe mit Eva Braun geschlossen hat, zu den viktorianischen Moralvorstellungen seiner Jugendzeit zurück.

Weit weniger dramatisch verzichtet Hans Sachs in den *Meistersingern* auf Eva. Er lässt, wie Richard Wagner schreibt, „die bittere Klage eines resignierenden Mannes erklingen, welcher der Welt ein heiteres und energisches Antlitz zeigt".[285] Hans besingt seinen Verzicht denn auch mit den Worten: „Vor dem Kinde lieblich hehr / Mocht' ich gern wohl singen; / Doch des Herzens süß Beschwer / Galt es zu bezwingen." Auch hier hat der Komponist und Textdichter ein autobiographisches Motiv verarbeitet, nämlich seinen Verzicht auf Mathilde Wesendonck.

In den vier Teilen des *Ring* ist, was die Beziehungen zwischen den männlichen und den weiblichen Bühnenfiguren angeht, fast nur von Komplikationen die Rede – von Liebesfluch (*Rheingold*), Geschwisterliebe (*Walküre*), vom Konflikt zwischen Pflicht und Neigung (*Siegfried*) sowie von dem Fluch von Geld und Macht, der auf der Liebe liegt und der nicht nur zum Treuebruch sondern sogar zum Weltuntergang führt (*Götterdämmerung*). Mehr in das *Rienzi*-Schema passt schließlich der *Parsifal*: Hier widersteht der Held allen weiblichen Verführungskünsten Kundrys zugunsten seiner religiös-politischen Sendung.

Wie eng der junge Hitler sein frustrierendes Stefanie-Erlebnis mit den Opernwerken Richard Wagners verwoben sah, unterstreicht Kubizek: „Immer wieder sieht Adolf die Geliebte als Elsa, als Brünhilde, als Eva aus den ‚Meistersingern'. Seine Liebe verklärt Stefanie zu einer Schöp-

284 Fest 1973/5, S. 1049, unter Berufung auf Christa Schröder und Winifred Wagner. Angeblich hat Hitler diese Oper in Wien dreißig- bis vierzigmal gehört und gesehen. Nach Ziegler 1977/4, S. 70, trug er den Klavierauszug im Ersten Weltkrieg stets bei sich, kannte jede Note und entwarf ein Bühnenbild in Aquarell.

285 Op. cit. Golther 1914 I, S. 289.

fung des genialen Meisters selbst, die durch eine unglückliche Fügung aus der Traumwelt Richard Wagners in die Wirklichkeit herabgestiegen ist."[286] Umgekehrt erkannte sich der Hitler Adolf, was seine Beziehung zum anderen Geschlecht anging, sicher in den männlichen Hauptfiguren wieder, die – an bürgerlichen Maßstäben gemessen – im irdischen Leben eher unglücklich Liebende waren. Aber vielleicht spürte er darüber hinaus, dass ihm eine auf „Eigentum und Besitz berechnete Konventionsheirat" (Richard Wagner) auch nicht weitergeholfen hätte. Denn sein Idol hat darin den beschleunigten „Verfall der höheren Rasse" (Stefanie Hein) gesehen. Für den Musikdramatiker garantierte „allein die Ehe aus Liebestreue die Reinheit der Rasse, da nur aus einer monogamen Liebesvereinigung bedeutende Individuen hervorgehen könnten".[287] Wahrscheinlich hat sich Wagner aus diesem Grund so komplexe Liebeshändel für seine Opern ausgedacht, in denen er die „Naturalität des Weibes" der „Idealität des Mannes" gegenüberstellte. Für den frustrierten Liebhaber Hitler war das ein gewisser Trost.

Sexuelles Profil

Mit Begriffen wie „latente Homosexualität", „narzisstische Identifikation" und „hypermaskuliner Männertyp" sind aber noch nicht alle Fragen beantwortet, die sich im Hinblick auf die Sexualität des jungen Hitler stellen. Denn ihm wurden auch immer wieder perverse Neigungen nachgesagt. Immerhin räumt auch Fritz Redlich ein, dass die Schläge des Vaters „zu sadomasochistischen Wesenszügen und Symptomen" hätten führen können.[288] So behauptet der Psychotherapeut Walter Langer, der im Auftrag von US-Präsident Roosevelt 1943 im Rahmen der psychologischen Kriegführung eine Ferndiagnose des deutschen Diktators erstellte, Hitler sei ein Masochist der extremen Form gewesen, der nur dann sexuelle Befriedigung habe erlangen können, wenn er unter einer Frau lag, die auf ihn zugleich urinierte und ihren Darm entleerte, und zwar so, dass Hitler die Ausscheidungen oral konsumieren konnte.[289] Der Psychohistoriker Robert G. L. Waite[290] sieht einen indirekten Beweis für diese gewagte Behauptung

---

286 Kubizek 1995/6, S. 66.

287 Hein 2006, S. 284, unter Bezug auf Wagners Regenerationsschrift *Über das Weibliche im Menschlichen*, über deren Vollendung er 1883 verstorben ist.

288 Redlich 2000, S. 190.

289 Langer 1972, S. 186, insbes. 191.

290 Waite 1977, S. 239. – Angeblich unternahmen Mimi Reiter 1928 sowie Eva Braun 1932 und 1935 Selbstmordversuche. Hitlers Nichte Geli Raubal nahm sich unter bis heute nicht ganz geklärten Umständen 1931 das Leben. Die Daten der Suizide von Inge Ley, Renate Müller und Susi Liptauer, die mit Hitler ebenfalls Affären gehabt haben sollen, scheinen nicht überliefert zu sein. Von Leni Riefenstahl, die keinen Selbstmordversuch, geschweige denn Selbstmord beging, behauptet Waite, sie habe ebenfalls zu Hitlers Freundinnen gezählt. – Im Fall der Mimi Reiter übersieht Waite fast zwanzig Jahre später noch immer die Darstellung oder nimmt sie um seiner Theorie willen nicht zur Kenntnis, die das Magazin *stern* bereits 1959 veröffentlicht hat, nachdem es dessen Autor Günter

in den Selbstmorden und Selbstmordversuchen, die angeblich sechs Geliebte oder Freundinnen Hitlers in den zwanziger und dreißiger Jahren unternommen haben, weil sie Hitlers Perversitäten nicht mehr ertragen hätten.[291] Auch Ernst „Putzi" Hanfstaengl, Pressechef des NSDAP-Chefs in den zwanziger Jahren, räumte ein: „Hitlers Potenz war teils beschränkt und teils ins Anormale pervertiert", wobei er als Grund nicht näher spezifizierte „Erlebnisse in den Männerasylen von Wien" anführte, die nicht zu belegen sind.

Letzte Gewissheit, ob all diese Behauptungen zutreffen oder nicht, wird man wohl niemals gewinnen können, weil der investigative Blick unvoreingenommener Zeugen in Hitlers Schlafzimmer fehlt. Zeitgenossen wie August Kubizek, Reinhold Hanisch oder Hitlers langjährige Sekretärin Christa Schroeder, die etwas mehr wissen könnten, beteuern immerhin übereinstimmend, ihr Freund, Geschäftspartner und Vorgesetzter sei in geschlechtlicher Hinsicht vollkommen normal gewesen.[292] Angesichts dieser eklatanten Widersprüche fällt es schwer, sich ein abschließendes Urteil über das sexuelle Profil des jungen Hitler zu bilden. Vielleicht liegt die Wahrheit in der Mitte zwischen offener, wenn auch vielleicht nur schwach ausgeprägter Heterosexualität und verdrängten homosexuellen Neigungen. Der eben zitierte Hanfstaengl, einer der engsten Vertrauten, hat dafür mit der Formulierung, Hitler sei „weder völlig hetero- noch homosexuell"

Peis gelungen war, die frühere Verkäuferin ausfindig zu machen und mit ihr zu reden. Danach war Reiter erst 16 und Hitler schon 37 Jahre alt, als sie einander kennenlernten. Ihrer Meinung nach gestaltete der aufstrebende NSDAP-Führer seine Werbung – von Küssen bis zum Heiratsantrag – unauffällig und konventionell. Reiter versuchte sich erst dann das Leben zu nehmen, als Hitler sich von ihr abwandte. Nach einer gescheiterten Ehe, die sie inzwischen eingegangen war, kehrte Reiter 1931 zu Hitler zurück. Dabei kam es zwischen den beiden angeblich zu ernst zu nehmenden Intimitäten der heterosexuellen Art. Auch 1934 warb Hitler noch einmal heftig um Reiter, verließ sie dann aber endgültig, weil sie auf einer Heirat bestanden hatte, die er mit Rücksicht auf seine politische Tätigkeit nicht eingehen wollte. Vgl. die Einzelheiten bei Rosenbaum 1998, S. 110 ff., der konstatiert, diese Geschichte sei, sofern vollständig wahr, weit entfernt von jener sexuellen „Monströsität, die man Hitler zuordnete". Dessen Schwester Paula habe sogar gesagt, Mimi Reiter sei „vielleicht die einzige Frau (gewesen), die mein Bruder jemals liebte".

291 Mit Recht bezeichnet Rosenbaum 1998, S. 109 ff., die teils nicht belegten, teils längst widerlegten Thesen Waites spöttisch als „Legende von Hitlers Selbstmord-Maiden". Aus Platzmangel können wir hier nicht weiter darauf eingehen, auch nicht auf den skandalumwitterten Selbstmord Geli Raubals, der möglicherweise mit der Hitler-Reiter-Affäre zu tun hatte. Auf jeden Fall ging die vom früheren NS-Funktionär und Hitler-Vertrauten Otto Strasser im Fall Raubal kolportierte Perversität Hitlers in eine Studie des US-amerikanischen Geheimdienstes OSS über die Persönlichkeit des „Führers" ein, die Waite zu seinen Spekulationen anregte und die Hitler-Biographik jahrelang von ernst zu nehmenden Forschungen in anderer Richtung abgehalten hat. Auch wir verschwendeten wegen der unsicheren Überlieferung noch viel Zeit darauf, sie soweit wie möglich zu verifizieren.

292 Kubizek 1995/6, S. 231, Hanisch 1939, S. 9, Zoller 1949, S. 106.

gewesen, sondern habe in einem „sexuellen Niemandsland" gelebt, vielleicht auch zugleich die passende Formel geliefert.[293]

8. Kapitel: Landschaft, Natur, Mensch

Landschaft, Ästhetik, Ethik

Abgesehen von seiner Schulzeit, als er noch Pflanzen, Schmetterlinge und Mineralien sammelte, hat sich der junge Hitler für die physikalische Seite der Natur nur wenig erwärmt.[294] Mehr interessierte ihn offenbar deren Metaphysik, d.h. die Frage, „was hinter dem Sinnlich-Physischen als dessen übersinnlicher Grund besteht" (Werner Stegmaier), weil dies Teil seiner Versuche war, sich die Welt zu erklären. Dies galt in erster Linie für die Landschaften des Mühlviertels und rund um Linz, die Adolf als märchenhaften Naturraum wahrnahm, wenn er sie gemeinsam mit seinem Freund August durchstreifte. Nur so ist die Beobachtung zu verstehen, die Natur habe „auf ihn einen ganz ungewöhnlichen Einfluss aus(geübt)", die Kubizek in seinen Erinnerungen überliefert hat.

Es war daher auch kein Zufall, dass der junge Hitler in seiner Linzer Zeit – und später zuweilen auch in Wien – so gern im Freien las, malte und schrieb. „Wie die Wände einer stillen, vertrauten Kammer umgab ihn die Natur", heißt es dazu bei Kubizek, und weiter: „So hatte er sich das ‚Draußen' zu einem ‚Drinnen' gemacht." Der Turmleitenweg mit der von dort aus möglichen Aussicht auf das tief unter ihm liegende Donautal hatte es dem poetisch veranlagten Realschüler besonders angetan. „Der Anblick des ruhig dahinziehenden Stromes", so berichtet Kubizek, „hat Adolf immer von neuem ergriffen. Unaufhaltsam, aus dem Ewigen kommend, ins Ewige ziehend, drängte das mächtige Wasser nach Osten ..."

Kubizeks Beobachtung zufolge haben starke Landschaftseindrücke bei seinem Freund also eine transzendentale Wirkung erzielt. Aber nicht allein das. Vielmehr füllten sich die Vorstellungen, die sich der junge Hitler oben auf dem Turmleitenweg von der Ewigkeit machte, sogleich wieder mit jenen Bildern aus der germanisch-deutschen Vergangenheit, die er von der Nibelungen-Sage und den Opern Richard Wagners her bereits kannte. Denn Kubizek fährt fort: „Ich erinnere mich, wie er einmal von dieser Stelle aus Kriemhildens Zug ins Hunnenland so anschaulich schilderte, dass ich glaubte, die mächtigen Schiffe der Burgunderkönige stromabwärts treiben zu sehen."

Folgt man den Äußerungen seines Jugendfreundes, dann war der enge Wirkungszusammenhang von Landschaft, Transzendenz und Ästhetik für den jungen Hitler fundamental. Denn auch noch in späteren Jahren wurde sein Seelenleben davon mehr als von anderen Außeneinflüssen bestimmt. So wählte der spätere „Führer" in den zwanziger Jahren als Standort für

293 Hanfstaengl, Missing years, 1957.

294 Kubizek 1995/6, S. 31. Dort auch die folgenden Zitate.

sein alpines Reduit – das „Haus Wachenfeld“, den späteren „Berghof“ im Berchtesgadener Land – gewiss nicht zufällig einen Punkt, von dem aus man einen atemberaubenden Ausblick auf das sagenumwobene Watzmann-Massiv hat. Denn hier konnte seine Phantasie das Spiel mit Zeit und Ewigkeit nach Belieben fortsetzen, wann immer er sich dort oben aufhielt. Bei diesem Spiel handelt es sich nicht nur um eine persönliche Marotte, die sich auf Hitler beschränken ließe. Vielmehr hat gewiss fast jeder Mensch schon einmal die Erfahrung gemacht, dass „eine komplexe ethische und ästhetische Vorstellungswelt“ sowie ein „Raumbild der kulturellen Vorstellungen und Werte“ zum Vorschein kommen, wenn man sich in den Anblick eines beeindruckenden Landschaftsbildes vertieft.[295] Dabei ist es bedeutsam, dass Gerhard Strohmeier den Zusammenhang zwischen Landschaftseindruck und Ästhetik in diesem Zitat auch auf den Bereich der Ethik, d.h. auf die Welt der Werte, ausdehnt. Denn von dort lassen sich für eine Einschätzung dessen, was der junge Hitler einst fühlte und dachte, vielleicht weitere Ansatzpunkte ableiten.

Vermutlich war die Empfänglichkeit unseres Protagonisten für diese Zusammenhänge von Landschaft, Transzendenz und Ethik auch durch die Herkunft seiner Familie aus dem sagenumwobenen Waldviertel bedingt. Zwar hat Hitler dort als Kind und Jugendlicher, von gelegentlichen Ferienaufenthalten abgesehen, nie für längere Zeit gelebt. Dafür werden ihm aber Vater, Mutter und die „Hani“-Tante, die ja alle von dort stammten, ihre Heimat schon früh durch Erzählungen nahegebracht haben, so dass sie Bestandteil seines Über-Ichs wurde.

Auch heute noch ist das Waldviertel eine landschaftlich reizvolle Gegend von herber, fast melancholischer Schönheit. Vor hundert Jahren handelte es sich jedoch um einen teils fast vergessenen, teils heftig umstrittenen Winkel der österreichisch-ungarischen Doppelmonarchie. Denn hier, im Grenzbereich zwischen Niederösterreich, Böhmen und Mähren, überschnitten einander die Siedlungsräume von Deutschen und Tschechen. Es ist daher kein Zufall, dass der deutschnationale Heimatschriftsteller Robert Hamerling das Waldviertel damals als „die Waldmark“ besungen hat. Der kämpferische Begriff der Mark spielte nämlich auf die Tatsache an, dass die Region für Deutschnationalisten als „Grenzwacht gegen die Slawen im Norden“ fungierte. Dadurch wuchs dem Waldviertel auch im Bewusstsein der Familie Hitler eine unübersehbar völkisch-nationale Bedeutung zu.

Darüber hinaus hatte die Romantik den „Wald“ schlichtweg mit „Deutschland“ identifiziert, so dass im Lauf des 19. Jahrhundert die emblematische Metapher vom „deutschen Wald“ entstand. Auch sie drang tief in das kollektive Bewusstsein der Deutschnationalisten ein. Zum Wald, zumal des deutschen Ostens, gehört wiederum von jeher auch der Wolf, der einst den germanischen Hauptgott Odin oder Wotan verkörpert hat.

295 So Strohmeier 1995, S. 25, der diesen Wirkungszusammenhang hier allerdings auf den *Hochwald* von Adalbert Stifter bezieht, somit auf die Schilderung einer Landschaft, nicht auf eine Landschaft selbst. – Dort auch die folgenden Zitate.

Da Hitler sich in späteren Jahren den Decknamen „Wolf“ zulegte, ist anzunehmen, dass er damit zumindest unbewusst an die mythische Überlieferung seiner familiären Urheimat, möglicherweise aber auch an gottähnliche Qualitäten anspielen wollte. Denn wenn man auf Glaubensinhalte der Germanen zurückgriff, wurde die Figur des Wolfs religiös konnotiert.

Natur – Schöpfung – Leben

Wie bereits dargestellt,[296] fiel der Hitler Adolf spätestens in seiner Pubertät vom christlichen Glauben ab, obwohl er sich mangels überzeugender Alternative zumindest terminologisch nie ganz vom Wort „Gott“ lösen konnte. Seitdem vermochte er sich die Natur, von der Landschaft ein Teil ist, nicht mehr mit Hilfe der biblischen Schöpfungsgeschichte zu erklären, weil diese im Widerspruch u.a. zur Evolutionslehre von Charles Darwin steht. Er musste andere Erklärungsmuster finden, die er zumindest zeitweise bei den beiden österreichischen Privatgelehrten Hans Goldzier und Hanns Hörbiger gefunden hat. Die Tatsache, dass er vor 1914 keine nachweisbaren Anleihen bei etablierten Vertretern der Wissenschaft machte, ist bisher im Wesentlichen auf die Abweisung durch die Professoren der Wiener Kunsthochschule zurückgeführt worden,[297] doch reichen persönliche Ressentiments und eine grundsätzliche Wissenschaftsfeindlichkeit für eine Deutung wohl nicht ganz aus. Vielmehr ist zu vermuten, dass Hitler durch intuitiv-spekulative Vorstöße in unbekannte Bereiche des Wissens ein kosmologisches Erklärungsmodell zu finden versuchte, hinter dem der Wunsch nach einer arteigenen Religion aufscheint.

Bei unserem Versuch, diese These zu begründen, stehen wir im Hinblick auf die verfügbaren Quellen wieder einmal vor einem doppelten Problem: Erstens liegen für das Verhältnis Hitlers zu Goldzier und Hörbiger nur Selbstzeugnisse aus den dreißiger und vierziger Jahren des letzten Jahrhunderts vor, die somit aus einem erheblichen zeitlichen Abstand zu seiner Jugend entstanden und ohnehin nicht als besonders zuverlässige Quellen einzustufen sind. Zweitens ist auch bei akribischer Analyse dieser Quellen nicht genau zu ermitteln, ob Hitler schon in Linz von den Theorien dieser beiden Männer gehört hat oder nicht. Im Fall Goldziers ist dies eher wahrscheinlich, weil dessen Schriften schon ab 1905 erschienen sind. Tatsächlich sagte Hitler in einem Gespräch mit dem NS-Funktionär Otto Wagener,[298] er habe sich bereits „vor 1910“ mit Goldzier befasst. Hingegen bestehen in Bezug auf Hörbiger größere Unsicherheiten, weil dessen Hauptwerk erst 1913 veröffentlicht wurde. Daher ist es immerhin möglich, dass sich Hitler damit wenigstens schon in Wien beschäftigt hat.

---

296 Teil III, 4. Kapitel, S. 418 f.

297 Vgl. dazu Kubizek 1995/6, S. 167.

298 Vgl. Wagener 1978, S. 465. Otto Wagener, hochrangiger SA-Führer und wirtschaftspolitischer Berater der NSDAP, genoss von 1929 bis 1933 das Vertrauen Hitlers, bevor er in Ungnade fiel.

Hanns Hörbiger (1860–1931) und Hans Goldzier (geboren 1861) waren Ingenieure, die der Technik – und in einem weiteren Sinn der Naturwissenschaft – zuzuordnen sind. Während der Vater der beiden Schauspieler-Brüder Paul und Attila Hörbiger als angesehener Vertreter seines Fachgebiets seinerzeit relativ bekannt geworden ist, weiß man von Goldzier, der zeitweilig unter dem rätselhaften Pseudonym „Th. Newest“ publizierte, offenbar nicht einmal, wann er gestorben ist. Möglicherweise war er jüdischer Herkunft, wie Hitler später selbst einmal vermutet hat. Hörbiger entwickelte seine so genannte „Welteislehre“ aufgrund von Erfahrungen, die er im praktischen Umgang mit der Wärmetechnik gesammelt hatte. Danach lässt sich angeblich alles, was einst in der Schöpfungsgeschichte geschehen ist, auf den Faktor Eis – und nicht auf den Faktor Wasser! – zurückführen. Hingegen leitet Goldzier, der sich zunächst kritisch mit Isaac Newtons Gravitationslehre auseinandergesetzt hatte, alle Lebensenergie von elektrischen Strömen ab, die seiner Meinung nach im Erdinneren gespeichert sind. Weil keiner der beiden Autoren jemals die Richtigkeit seiner Theorien empirisch nachweisen konnte, blieb sowohl Hörbiger als auch Goldzier jegliche Anerkennung durch die etablierte Wissenschaft versagt.[299] Die Inhalte ihrer Theorien scheinen auf den ersten Blick auch gar nichts miteinander zu tun zu haben. Tatsächlich aber stellen sie zwei verschiedene Spielarten einer Kosmogonie dar, einer Lehre von der Entstehung der Welt.

Nachdem der junge Hitler vom christlichen Glauben abgefallen war, suchte er nach einem neuen, d.h. noch nicht dogmatisch verfestigten Glauben, der es ihm erlaubte, seine intuitiven Fähigkeiten zeitgerecht mit Erkenntnissen der modernen Wissenschaft und Technik zu verbinden. Dennoch verhielt es sich nicht so, dass er den Ideen Hörbigers und Goldziers blind vertraute und sie für bare Münze nahm. Vielmehr sagte er später einmal selbst: „Was also daran richtig ist oder falsch, kümmert mich nicht und kümmerte mich damals schon gar nicht.“[300] Offensichtlich kam es Hitler nur auf den Mehrwert dieser Theorien für die Begründung einer neuen Weltanschauung an. Die Vermutung, dass es sich dabei im Grunde um die Suche nach einem neuen Glauben gehandelt hat, mit der sich die Entstehung der Welt und deren Daseinsgesetze erklären ließen, belegt auch der Kontext, in dem sich Adolf Hitler zu den beiden Privatgelehrten geäußert hat.

---

299 Der Versuch Hamanns 1996/4, S. 319–320 und S. 322–324, Goldzier und Hörbiger in eine Reihe mit Rassisten und Gegnern der römisch-katholischen Kirche wie Guido von List und Lanz von Liebenfels sowie ganz allgemein mit Vertretern des völkischen Nationalismus zu stellen, nur weil sie Beachtung bei Hitler und der nationalsozialistischen Bewegung fanden, wirken nicht besonders überzeugend. Vgl. dazu im Einzelnen Nagel 2000/2.

300 Wagener 1978, S. 466. Vgl. dazu auch Jochmann 1980, S. 287: Monolog vom 20./21. Februar 1942.

Sein Ausgangspunkt im Fall Hörbiger[301] waren Überlegungen zur „Entstehung der Menschenrassen", über die er früher einmal „viel" nachgedacht habe. Dabei sei er zu dem Schluss gekommen, dass die Erklärung dafür nicht in irgendwelchen wissenschaftlichen Theorien liegen könne, sondern in jenen Märchen und Sagen, in denen vom Menschen die Rede ist. Den Grund für seine Annahme sah er in dem Wort „Sage", das bekanntlich von „sagen" kommt. Sagen deuteten seiner Meinung nach darauf hin, dass schon vor Beginn aller mündlichen Überlieferungen „Menschen unseres Stils" gelebt hatten. Zugleich aber sei sowohl in den Schöpfungsgeschichten der Assyrer und Babylonier als auch in jenen der Juden von einem „Himmelssturz" die Rede gewesen. Hitlers Schlussfolgerung: „Ich kann mir das nur so erklären, dass eine ungeheure Naturkatastrophe eine Menschheit ausgelöscht hat, die im Besitz der höchsten Kultur gewesen ist." Bei dieser Katastrophe könne es sich, wie Hitler im Rückgriff auf Hörbigers Welteislehre feststellt, um einen Zusammenstoß von Mond und Erde gehandelt haben. Doch ließe sich diese Frage wohl erst dann klären, so meinte er, „wenn eines Tages ein Mensch intuitive Zusammenhänge schaut und der exakten Wissenschaft den Weg weist".[302]

Ohne ein grundsätzliches Misstrauen gegenüber der sokratischen Welt wäre eine derartige Äußerung gewiss kaum möglich gewesen. Zugleich aber kommt in ihr auch wieder jenes mythologisch beeinflusste Denken zum Ausdruck, das Hitlers Weltbild von Kindesbeinen an geprägt und ihm den Weg zu Richard Wagners Opernwelt sowie zu Sagen und Märchen als prähistorischen Zeugnissen der germanisch-deutschen „Volksseele" gewiesen hat. Ferner klingt seine pubertäre Glaubenskrise erneut an, wenn er in diesem Zusammenhang politisiert: „Die Religionen sind, glaube ich, dadurch entstanden, dass man die Bilder der Erinnerung, die zu Schemen verblasst waren, begrifflich gefasst und intellektuell mit den Vorstellungen umgeben und vermengt hat, die den Kirchen dazu dienen, sich an der Macht zu halten." Schließlich fehlt auch der direkte Hinweis auf seinen Abgott Wagner nicht: „Wenn ich Wagner höre, ist mir, als seien das Schwingungen der Vorwelt. Und ich könnte mir denken, dass die Wissenschaft in den Verhältnissen der physikalisch wahrnehmbaren Schwingungen einer *Rheingold*-Musik eines Tages Maße der Schöpfung findet."

Die hier in Auszügen wiedergegebene Textstelle schließt mit einer Feststellung Hitlers, die an den Sensualismus der vorletzten Jahrhundertwende erinnert und die auch die Erkenntnistheorie nicht widerlegen kann: „Das Erlebnis der mit den Sinnen wahrgenommenen Welt geht den Entdeckungen und Erkenntnissen der exakten Wissenschaften wie (auch) der Philosophie voraus." Sicher darf man seine in diesem Zusammenhang fallende Äußerung nicht auf die Goldwaage legen, er, Hitler, wäre „Künstler oder Philosoph" geworden, wenn sich „ein anderer gefunden" hätte, der an

301 Vgl. Jochmann 1980, S. 232: Monolog im Führerhauptquartier vom 25./26. Januar 1942. Inhaltlich übereinstimmend auch Picker 1951, S. 298: Tischgespräch vom 25. Januar 1942.

302 Jochmann 1980, S. 232 f.: Monolog vom 25./26. Januar 1942.

seiner Stelle bereit gewesen wäre, in die Politik zu gehen. Dennoch kann kaum ein vernünftiger Zweifel daran bestehen, dass er sich schon in jungen Jahren – und sei es auch nur als Folge seines Wagner-Kults – jenseits des christlichen Glaubens mit der letzten Endes „philosophischen" Frage nach dem Ursprung der Schöpfung und vor allem der des Menschen beschäftigt hat, um den Zusammenhängen zwischen Gott, Welt und Leben auf die Spur zu kommen. Sicher ist es nicht unproblematisch, Äußerungen, die Adolf Hitler zwanzig bis dreißig Jahre später gemacht hat, in seine Jugend zurückzuprojizieren. Wenn man aber mit der gebotenen Vorsicht analysiert, was er Ende der zwanziger, Anfang der dreißiger Jahre des vorigen Jahrhunderts zu Goldziers Lebensstrom-Theorie sagte und das wieder mit anderen Erkenntnissen zusammenführt, die wir im Verlauf unserer Forschungen gewonnen haben, werden bestimmte Mentalitätsstrukturen sichtbar, die eine seine verschiedenen Lebensalter übergreifende Allgemeingültigkeit für sich beanspruchen können.

Das Wesentliche an Goldziers Idee war für Hitler, dass sich die angeblich im Erdinnern befindliche „Elektrizität stets die besten Leiter aussucht, um an die Erdoberfläche zu gelangen". Daraus würden sich „Zweckmäßigkeitsgebilde entwickeln, um den Verbrauch und die Weiterleitung der elektrischen Kräfte zu übernehmen. Kurzum ... so entstehen die Pflanzen, die Lebewesen, und letzten Endes der Mensch".[303] Zwar schränkte Hitler diese spekulative Einschätzung vernünftigerweise mit den Worten ein: „Das kann Unsinn sein." Im gleichen Atemzug fragte er sich aber auch: „Wo ist der Richter? Und wer hat vorher oder nachher Besseres gebracht?" An Goldzier faszinierte ihn offenbar, dass dieser mit seiner Annahme, es sei Aufgabe aller Lebewesen, die im Erdinnern gespeicherte Elektrizität in sich aufzunehmen und dann wieder nach außen abzugeben, anscheinend ein allgemein gültiges Lebensgesetz formuliert hatte, das er als Welterklärungsmodell übernehmen konnte. Außerdem glaubte Hitler, dass sich Goldziers Theorie mit jenem „Logos" des „Johannesevangeliums" deckte, das ihm die römisch-katholische Kirche nahegebracht hatte. Im unmittelbaren Rückgriff auf die Lebensstrom-Theorie interpretierte Hitler aber das Wort Gottes jetzt als naturgegebene Aufgabe aller irdischen Lebewesen, Erdelektrizität in sich aufzunehmen und wieder abzugeben: „Am Anfang war eben der Trieb, diesen Zweck des irdischen Lebens zu erfüllen. Aus ihm entwickelten sich dann konsequent der Selbsterhaltungstrieb und der Fortpflanzungs- und Vermehrungstrieb, um dieser von der Natur gegebenen Aufgabe, diesen Sinn alles Lebens, möglichst lange und möglichst vielfältig, also in möglichst großem Umfang zu dienen. ... Und in der Natur wird alles, was diesem Zweck wirklich dient, sich erhalten,

303 Wagener 1978, S. 466. In der Tat hatte Wagener, Jahrgang 1888, nach eigenen Angaben Goldziers Schriften als junger Leutnant in Rastatt ebenfalls gelesen. Er gibt das diesbezügliche Gespräch mit Hitler, wiewohl aus erheblichem zeitlichen Abstand aufgezeichnet, in direkter Rede wieder. Vgl. zur Kritik dieser Quelle das Vorwort von H. A. Turner jr., S. I bis XVII, der Wageners Aufzeichnungen trotz aller Bedenken „als einzigartige Informationsquelle" einschätzt (S. XV).

weil es die Aufgabe seines Seins erfüllt. Was ihm dagegen nicht dient, das wird verkümmern und mit der Zeit absterben."[304]

Von diesem lebensgesetzlichen Ansatz leitete Hitler eine deterministische Philosophie ab, die alle Bereiche des Seins umfasste – von den Pflanzen und Tieren über den Menschen bis hin zu den Völkern und Staaten sowie zu Kunst und Politik. Wichtige Bausteine dieser Lebensphilosophie, die sich zu einem neuen Glauben jenseits des Christentums formierten, sind Hitler wahrscheinlich schon in seiner Jugend durch Goldzier vermittelt worden. Sie haben ihm die Welt analog zu seinen deutschnationalen und sozialdarwinistischen Grundanschauungen erklärt, und sie erfüllten ihn mit einer Gewissheit, die seiner Handlungsfähigkeit als Politiker später zugutekam – bis hin zu seiner alle moralischen Grenzen sprengenden Brutalität. Denn derjenige, der sich – zu Recht oder Unrecht – auf die Naturgesetze berufen kann, ist im Kampf um die Macht am wenigsten angreifbar. Er setzt sich gegen alle und alles durch.

Wie gesagt: Dies alles sind Vermutungen, die sich nur auf eine fragwürdige Quellenbasis stützen können. Dafür aber, dass ihn zumindest Goldziers Lebensstrom-Theorie schon in seiner Kindheit und Jugend beeinflusst hat, spricht auch die Tatsache, dass sich Hitler dreißig Jahre später gleich zweimal auf die väterliche Welt der Bienen berief, um sich seinem Gesprächspartner Wagener verständlich zu machen. Denn war es nicht so, wie Hitler sagte, dass „die Arbeitsbienen im Herbst die Drohnen töten, da sie (die Drohnen) ihre Lebensaufgabe für die Vermehrung und Fortpflanzung erfüllt haben"? Hitlers Schlussfolgerung: „Die Beseitigung unwerten Lebens" sei nun einmal „eine von der Natur diktierte Konsequenz", die dem „Zweck des menschlichen Daseins" diene. Selbst „die Gesetze der Ethik" hätten dahinter zurückzustehen. In Wirklichkeit hatte Hitler damit aber eine neue, aus unserer heutigen Sicht unmenschliche Ethik formuliert.

Das unwandelbare Gesetz des Lebens, so glaubte er, sei dem Menschen im Verlauf der Evolution jedoch noch nicht von selbst ausreichend zu Bewusstsein gekommen. Denn nur so sei zu erklären, dass sich Moses, Konfuzius, Christus und Mohammed jenes Gesetzes bemächtigen konnten, um ihre Religionen zu begründen. Dabei hätten sie allerdings „an die Stelle des unbewussten Triebes: ‚Gott' gesetzt. Durch diesen Verrat am Lebensgesetz sei es den höher entwickelten Menschen möglich geworden, sich zu den ‚Oberen', zu den ‚Herren' über die anderen" aufzuschwingen – als würden plötzlich „die Drohnen die Bienen beherrschen". Obwohl Christus von Hitler so zunächst in eine Reihe mit den anderen Religionsstiftern gestellt wird, kommt er im Endeffekt überraschenderweise relativ gut weg: „Christus will die Religion wieder auf den natürlichen Trieb, den Logos, auf die reale Verpflichtung zurückführen. Was sich dann aber als so genanntes Christentum entwickelte, war die Umfälschung der christlichen Gedanken, ja ihre Verdrehung ins Gegenteil, und die Rückkehr und Neufestigung der Lehre der ‚Oberen', der ‚Herren'. Politisch ausgedrückt: es war

304 Ebda., S. 467.

die Reaktion". Seither sei es in der Geschichte der Menschheit zu einem ständigen „Hin und Her zwischen Reaktion und wahrer Lehre Christi, zwischen Knechtungswillen der Oberschicht und Aufbäumung der Massen" gekommen, „die geweckt und immer wieder genährt wird durch eine vielleicht nur intuitive Ahnung, vielleicht aber auch durch die instinktive Erkenntnis der wirklichen kosmischen Zusammenhänge".

An diesen Äußerungen wird deutlich, dass Hitlers Kritik am Christentum, die einst zu seiner Abwendung geführt hatte, letztlich auf politischen Motiven beruhte. Die Frage ist nur, ob er seine neue Glaubensgewissheit schon in der Jugend so klar als politische Botschaft hätte zum Ausdruck bringen können, wie er es dreißig Jahre später mit folgenden Worten tat: „Die nationalsozialistische Bewegung ist Künderin der Rückkehr zum Willen und Auftrag der Natur und Trägerin des sozialistischen Gedankens, wie er der christlichen Lehre entspricht und der wahren Religion, und die lehnt dabei die jüdische Führung ab." Nach allem, was wir jetzt über den jungen Hitler wissen, ist dies aber eher unwahrscheinlich. Denn wir haben unseren Protagonisten als eher schöngeistigen oder „philosophischen" denn als politischen Menschen wahrgenommen. Wahrscheinlich wurden aber die weltanschaulichen, um nicht zu sagen: quasireligiösen Fundamente der nationalsozialistischen Ideologie durch die kreative Beschäftigung mit Hörbigers und Goldziers Theorien bereits in seinen Linzer und Wiener Jahren gelegt.

Der Arier – Ur- und Edelmensch?

Wenn der Hitler Adolf glaubte, dass es vor dem Einsturz des Himmels „Menschen unseres Stils" gegeben habe, die sich „im Besitz der höchsten Kultur" befanden, muss für ihn auch der Schluss nahegelegen haben, dass es sich dabei um die Arier gehandelt hat. Immerhin ist die Tatsache auffällig, dass 1911, also einige Jahre nach Goldziers Lebensstrom-Theorie und unmittelbar vor Hörbigers Welteislehre, in Wien ein Buch unter dem Titel *Die Vollendung des arischen Mysteriums in Bayreuth* erschien, das ein gewisser Leopold von Schroeder geschrieben hat. In ihm vertritt dieser Indologe die Auffassung, die griechische Kultur sei im Vergleich zur arischen „nicht die älteste und auch nicht in jedem Betracht die vorzüglichste" gewesen.[305] In der Tat wurde die arische Ur- oder Vorzeit von den Wagnerianern noch vor und über die griechische Antike und erst recht vor und über die Weimarer Klassik gestellt.[306] Freilich sei erst durch Wagners Musik, so von Schroeder weiter, „ältester Mythus und jüngste ewig-junge Weisheit" am Ende eines Prozesses, der Jahrtausende gedauert habe, zu einer Einheit verschmolzen worden. Denn mit Errichtung seines Festspiel-

305 Op. cit. Schlüter 1971, S. 217.

306 Hitler sagte einmal kurz und bündig: „... auch die Griechen waren Germanen", d.h. die hier angedeutete Rivalität dieser beiden Völker in der Frage, wer von ihnen die älteste oder höchste Kultur repräsentiere, war für ihn gegenstandslos. Vgl. dazu Jochmann 1980, S 232: Monolog vom 25./26. Januar 1942.

hauses habe Wagner den „idealen Mittelpunkt aller arischen Völker" geschaffen, „wo des Grales Wunder sich enthüllt, der Drache (unter) dem Schwert des furchtlos reinen Helden fällt und über dem dunklen Grunde urzeitlicher Gedanken sich strahlend die rettende Idee der Erlösung erhebt". Als Beispiele nennt der Verfasser die Sagen von *Lohengrin*, *Parsifal* und dem *Ring des Nibelungen*, die Hitler als Opern von Kindesbeinen an tief beeindruckt haben.

Zwar wissen wir nicht, ob der junge Hitler jemals das Buch Leopold von Schroeders zu Gesicht bekommen hat. Insofern bewegen wir uns weiterhin im Bereich der Spekulation. Allerdings verhält es sich auch in diesem Fall so, dass wir unsere Annahmen durch spätere Äußerungen Hitlers bestätigt finden. Der ursprünglich aus der Philologie stammende Begriff des „Ariers", der sich auf die indische Vor- und Frühgeschichte bezieht, war an der Wende vom 19. zum 20. Jahrhundert ein spekulatives Phänomen an der Grenze zwischen Wissenschaft, Mythologie und Religion. Denn die Deutschnationalisten sagten dem Arier nicht nur bestimmte habituelle Eigenschaften nach, sondern auch einmalige religions-, kultur- und staatsbildende Fähigkeiten, die sie mit den Rassentheorien des Grafen Gobineau und mit der Evolutionslehre Darwins in Verbindung brachten. Und genau hier lag denn auch die Problematik ihres Arier-Begriffs: Da nach Darwins Überzeugung von allen Rassen nur die tüchtigste überleben würde, konnte dies am Ende, d.h. möglicherweise erst nach tödlichen Kämpfen mit allen anderen Rassen, nur die arische sein. Dadurch erhob der rassistisch begründete Arier-Begriff einen finalen Exklusivitätsanspruch. Begründet wurde er damit, dass man in den Ariern und in den von ihnen abstammenden Deutschen eine grundsätzlich andere und bessere Kategorie von Volk oder Menschen sah, weshalb z.B. Hitlers Lehrer Pötsch in diesem Zusammenhang auch von einem deutschen „Edelvolk"[307] gesprochen hat. So erhebt sich unweigerlich die Frage: Welche Wertewelt rief der Arier-Begriff in seinem prominentesten Schüler auf?

Selbstverständlich setzten auch die *Bayreuther Blätter* „arisch" mit „edel", „vornehm", „ritterlich", „heldenhaft", „treu" und „rein" und anderen Werten gleich. Ihrer Meinung nach hatten die Arier sowohl „Sinn für den metaphysischen Hintergrund, für das Absolute, das Ewige" als auch für „das Ideal", was exakt auf die Selbstwahrnehmung des jungen Hitler zu passen scheint. Hingegen stand „unarisch" bei für „plebejischen Geist", für „Krämergeist", „rohes Banausentum" und „Philistertum", für „moralische Feigheit", „Genusssucht" und „Ichsucht". Der nicht-arische Geist, so hieß es, nehme die Welt, wie sie ist, und „arrangire" sich mit ihr, während der arische Geist angeblich stets hohe, d.h. ideale Ziele verfolgt. Wohl absichtlich wurde „arrangire" – wie im Französischen – nur mit einem einfachen „i" geschrieben, um schon auf der orthographischen Ebene das Fremdartige, Feindliche und Minderwertige der Nicht-Arier anzudeuten. Glaubten die Arier angeblich „an Gott", so glaubten die „Unarier"

307 Vgl. Teil I, 7. Kapitel, S. 138 ff.

angeblich „nur an Götter", was immer dies auch in dem einen oder anderen Fall heißen sollte. Wie weit diese angemaßten Merkmale auf beiden Seiten oder auch nur im Fall der Arier tatsächlich zu Recht bestanden, wurde wissenschaftlich nie geklärt, obwohl der typische Arier aufgrund von empirisch gewonnenen Beobachtungen und Messungen im Allgemeinen als groß, blond, weißhäutig und langköpfig galt.[308] Fest steht nur, dass ihm der eher schmächtige sowie dunkelbraun- bis schwarzhaarige Hitler Adolf in mindestens zwei der angeblich vier rassetypischen Merkmale seines Äußeren nicht entsprach. Dennoch hat er sich offenbar schon als Schüler aufgrund seines Innenlebens und seiner Wertorientierung für einen Nachfahren der Arier gehalten, wie die bereits an früherer Stelle herangezogene Begebenheit aus seinem Linzer Schulalltag beweist.[309]

Rief somit der Begriff des Ariers in Deutschnationalisten wie dem jungen Hitler die Vorstellung von „höheren" Werten hervor, die offenbar selbst durch untypische Körpermerkmale nicht widerlegt werden konnten und daher den Charakter von Wesensmerkmalen annahmen, bedarf noch eine andere Frage der Klärung: Woher kam eigentlich diese geheimnisvolle Noblesse, die sich angeblich seit den Ariern wie durch einen geheimen genetischen Code von Generation zu Generation auf die Deutschen und Deutschösterreicher vererbt hatte? Offenbar war sie irgendwann einmal in grauer Vorzeit buchstäblich vom Himmel gefallen. Welcher Himmel war aber gemeint, wenn Hitler in späteren Jahren von einem „Himmelssturz" sprach, womit er offensichtlich ein sagenhaftes Ereignis nicht nur vor Beginn jeder Zeitrechung, sondern sogar vor jeder mündlichen Überlieferung meint? Leider liegt uns keine Quelle aus seiner Jugendzeit vor, mit deren Hilfe sich diese Frage präzise beantworten ließe. Deshalb sind wir auch hier wieder auf ein Selbstzeugnis aus sehr viel späterer Zeit angewiesen, und zwar dieses Mal auf die autobiographische Programmschrift *Mein Kampf*, in der sich der Autor in einer längeren Passage Gedanken über diese Frage macht.[310] Erstaunlicherweise lässt Hitler hier zunächst offen, „welche Rasse oder Rassen die ursprünglichen Träger der menschlichen Kultur waren und damit die wirklichen Begründer dessen, was wir mit dem Worte Menschheit alles umfassen". Demzufolge hätten theoretisch am Beginn der kulturellen Wertschöpfungskette durchaus auch die Assyrer, Babylonier oder Juden stehen können. Aber schon im nächsten Satz wird deutlich, dass dafür nach Hitlers Meinung einzig und allein die Arier in Frage kamen. Denn alles, „was wir heute an menschlicher Kultur, an Ergebnissen von Kunst, Wissenschaft und Technik vor uns sehen", sei als „schöpferisches Produkt" ausschließlich den Ariern zu verdanken. Sie verkörperten in Hitlers Augen nicht nur den Gipfel der Schöpfung, sondern sogar den „Urtyp" dessen, „was wir unter dem Worte ‚Mensch' verstehen": den Menschen schlechthin. Hitler: „Er (der Arier) ist der Pro-

308 Op. cit. Hein 2006, S. 140.

309 Vgl. Teil III, 4. Kapitel, S. 418 f.

310 Vgl. Hitler I, S. 87.

metheus der Menschheit, aus dessen lichter Stirn der göttliche Funke des Genies zu allen Zeiten hervorsprang ..."

„Corpus mysticum"

Mit „göttlicher Funke" ist ein Stichwort gefallen, das im Zusammenhang mit Hitlers Kosmologie zu denken gibt, weil hinter ihm wieder der Wunsch nach einer arteigenen Religion aufscheint. Tatsächlich hat sich der Autor von *Mein Kampf* in der hier herangezogenen Textstelle zu folgender Doppelaussage verstiegen: Einerseits stellt er fest, dass der Arier „im innersten Grunde dem letzten Wollen der Natur" entspricht.[311] Andererseits verkörpert dieser aber auch „das höchste Ebenbild des Herrn".[312] Das heißt, der „Arier" wird hier mit „Natur" und „Gott" gleichgesetzt, er nimmt die Qualität einer göttlichen Natürlichkeit oder natürlichen Göttlichkeit an, durch ihn werden Gott und Natur eins. Wie aber muss man sich eine Natur denken, die den „göttlichen Funken" der Arier über Jahrtausende an die Deutschen weitergibt? Da weder *Mein Kampf* noch irgendeine andere Quelle darauf eine Antwort geben, ist zu vermuten, dass sich dieser Vorgang in Hitlers (Unter-)Bewusstsein offenbar analog zu entsprechenden Lehren der römisch-katholischen Kirche vollzog, die er gewissermaßen mit der Muttermilch in sich aufgenommen hatte und von denen er sich nie ganz zu lösen vermochte. Tatsächlich hat die *una sancta ecclesia* die Gläubigen im Lauf ihrer tausendjährigen Geschichte davon überzeugt, dass sie mit Christus eins werden und dadurch Gottes Heil empfangen können, obwohl sie ursprünglich nur Menschen sind. Um diesen Widerspruch zu heilen, entwickelte sie im Hochmittelalter die Lehre vom *corpus Christi mysticum* – vom mystischen Leib Christi. Diese wurde 1551 auf dem Konzil von Trient mit dem Dogma von der Wesensverwandlung verbunden, der so genannten Transsubstantiation. Danach geht Jesus Christus, der nach der Weihe von Brot und Wein „als wahrer Gott und Mensch wahrhaftig, wirklich und wesentlich unter der Gestalt jener sinnfälligen Dinge enthalten" ist,[313] durch das Abendmahl in den Menschen ein, so dass zwischen diesem und Gott, zumindest zeitweise, ein Zustand der Wesensgleichheit entsteht, die so genannte Konsubstantiation.

Der Grundgedanke, dass sich Gott durch Wesensgleichheit zeit- oder fallweise mit dem Menschen verbindet, ist im Lauf der Zeit auf Geschichte und Politik übertragen worden, nur dass an die Stelle frommer Glaubensvorstellungen jetzt der Geist des säkularisierten Zeitalters trat. Tatsächlich definierte der Philosoph Georg Wilhelm Friedrich Hegel (1770–1831) den Staat nur noch völlig abstrakt als „die vollständige Realisierung des Geistes im Dasein", wobei er ihn zugleich auch noch mit dem völkischen Nationalismus verband. Für Hegel existierte der Staat als „Wirklichkeit des

311 Ebda., S. 328

312 Ebda. II, S. 421.

313 So der Wortlaut des entsprechenden Lehrkapitels. Op. cit. Theologisches Reallexikon, Bd. I, Berlin/NY 1977, S. 124, Stichwort „Abendmahl".

substantiellen Willens" nämlich nur dann, wenn sich eine „substantielle Einheit" der Individuen ergab, wohingegen der so genannte Not- und Verstandesstaat seiner Meinung nach lediglich die Interessen einzelner Bürger vertrat. Um daher den Staat in seiner höchsten Vollendung hervorzubringen, musste erst einmal die substantielle Einheit der Individuen hergestellt werden, die Volksgemeinschaft. Nicht von ungefähr sah der Philosoph „das Princip der Einheit der göttlichen und menschlichen Natur" denn auch nur in Verbindung mit „dem nordischen Princip der germanischen Völker" als Vollendung der Weltgeschichte entstehen.[314]

Niemand wird jemals behaupten wollen, der Hitler Adolf habe ernsthaft Hegel gelesen. Aber mit diesem Philosophen und seinen Auffassungen verhielt es sich ähnlich wie mit Wagner, Nietzsche und Schopenhauer: Was Hegel gedacht und geschrieben hatte, war an der Wende vom 19. zum 20. Jahrhundert längst als „gesunkenes Kulturgut" in den bürgerlichen Bildungskanon, damit auch in den gesellschaftlichen Diskurs und folglich in das öffentliche Bewusstsein eingedrungen. Diesseits und jenseits der deutschösterreichischen Grenze hatten sich Hegels Gedanken zudem mit dem organischen Staatsdenken verbunden, so dass sie, wie verdünnt und verformt auch immer, für den jungen Hitler zugänglich und von ihm bewusst oder vorbewusst weitergefühlt und weitergedacht werden konnten. Während das organische Denken im Staat ganz allgemein ein organisches Lebewesen sah, das – ähnlich wie eine Pflanze oder ein Tier – wächst und vergeht und bis in sagenhafte Vergangenheiten zurückreichende Wurzeln hat, die man nicht kappen darf, ohne seine Lebensfähigkeit aufs Spiel zu setzen, war der Staat für Hitler „der lebendige Organismus zur Erhaltung und Vermehrung einer Rasse".[315] Das heißt: Der organische Staatsgedanke wurde von ihm wie von den meisten anderen Anhängern des völkischen Nationalismus früher oder später in den Dienst des Rassegedankens gestellt.

Ethische Entgrenzung

Die Tatsache, dass Hitler dem Arier eine quasireligiöse Dimension zumaß, ohne sich an die explizite Ethik der römisch-katholischen Kirche gebunden zu fühlen, hatte für sein politisches Denken und Handeln außerordentlich weitreichende Konsequenzen. Denn nun fühlte er sich nur noch an ein vermeintliches Naturgesetz gebunden, wie es ihm Goldzier mit seiner Lebensstrom-Theorie nahe gebracht hatte. Die Folge: Wenn Gott und die Natur in den Ariern und – über die Germanen – auch in den Deutschen waren, dann besaßen diese der übrigen Schöpfung gegenüber gottähnliche Vollmachten, solange sie sich an das Naturgesetz hielten. Sie hatten in der Welt die absolute Kommandogewalt. Insbesondere konnten sie dann tun

314 Alle Hegel-Zitate nach Bärsch 2002, S. 25 f.

315 Hitler 1925 I, S. 331.

und lassen, was sie wollten, ohne an Werte gebunden zu sein, wenn ihre Herrschaft gefährdet war.

In dieser ethischen Entgrenzung liegt denn auch der Grund, weshalb der Sozialdarwinismus offenbar schon so früh in das politische Denken des jungen Hitler eindringen konnte. Denn wenn sich der Arier im Kampf ums Dasein als der tüchtigste durchsetzt, dann ist er als naturgegebener Gottmensch auch berechtigt, über alle anderen Menschen zu herrschen. So heißt es in einem geschichtlichen Rückblick von *Mein Kampf* ganz unverblümt: „Als Eroberer unterwarf er (der Arier) sich die niederen Menschen und regelte dann deren praktische Betätigung unter seinem Befehl, nach seinem Wollen und für seine Ziele. ... Solange er den Herrenstandpunkt rücksichtslos aufrechterhielt, blieb er nicht nur wirklich der Herr, sondern auch der Erhalter und Vermehrer der Kultur." Warum? Weil der Arier den stärksten „Aufopferungswillen ... für andere" habe, weil sein „Selbsterhaltungstrieb ... die edelste Form" erreiche, weil „Idealismus ... die Voraussetzung zu dem war, ist und sein wird, was wir mit menschlicher Kultur bezeichnen, ja weil er allein erst den Begriff ‚Mensch' geschaffen hat".[316] Und wie zur Bekräftigung heißt es dann noch einmal reichlich geschwollen: „Dieser inneren Gesinnung verdankt der Arier seine Stellung auf dieser Welt, und ihr verdankt die Welt den Menschen; denn sie allein hat aus dem reinen Geist die schöpferische Kraft geformt, die in einzigartiger Vermählung von roher Faust und genialem Intellekt die Denkmäler der menschlichen Kultur erschuf." Umgekehrt, so muss gefolgert werden, hatte der Arier Vollmacht, alles zu beseitigen, was seinem Anspruch nicht entsprach.

Auf diese Art und Weise leitet Hitler in *Mein Kampf* von seinem arischen Glauben nicht nur jene Definition vom Menschen ab, die Nichtarier zu Nicht- oder Untermenschen macht. Er erhebt darüber hinaus auch noch einen kulturalistischen Weltherrschaftsanspruch, den Hitler unbewusst – oder zumindest schon unausgesprochen – in den architektonischen und gesellschaftspolitischen Entwürfen seiner Linzer und Wiener Jahre zu verwirklichen suchte und der später ein zentrales Markenzeichen des Nationalsozialismus geworden ist. Zwar mag es sein, dass er diesen Anspruch in Wien noch nicht so radikal ausformuliert hatte, als er mit seinem Freund nur ein schäbiges Zimmer in einem verwanzten Hinterhaus teilte und von jeder Machtausübung meilenweit entfernt war. Wie das übernächste Kapitel zeigen wird, war sein manichäisches Denken damals noch nicht so ausgeprägt, dass er im Juden den Feind der Menschheit sah. Doch hat der junge Hitler den seiner Meinung nach unaufhebbaren, ja sogar möglicherweise tödlichen Gegensatz zwischen Ariern und Nichtariern damals unzweifelhaft schon vorausgeahnt.

316 Ebda., S. 325f.

Ariosoph oder Theosoph?

Die Ariosophie ist eine okkulte Wissenschaft, die u.a. von der Russin Helena Gräfin Blavatsky begründet wurde und um die vorletzte Jahrhundertwende in Wien mit Jörg Lanz von Liebenfels und Guido von List ihre Hauptvertreter gefunden hat. Ihr liegt „die Vorstellung von einem Goldenen Zeitalter in vorgeschichtlicher Zeit zugrunde, als die arische Rasse noch rein und von einer weisen Priesterschaft geführt worden sei. Diese ideale Welt sei durch Rassenmischung wie durch eine Naturkatastrophe zerstört worden, und darauf seien Kriege, wirtschaftliche Not und politische Unsicherheit zurückzuführen. Um dem entgegenzuwirken, gründeten die Ariosophen religiöse Geheimorden mit dem Ziel, das verlorene okkulte Wissen wiederzuerwecken, die rassischen Tugenden der alten Germanen zu erneuern und ein neues alldeutsches Reich zu schaffen".[317] Einige dieser Ideen wurden von Rudolf von Sebottendorf (1875–1945)[318] und der von ihm gegründeten „Thule-Gesellschaft" aufgenommen, somit von jenem Kreis rechtsradikaler Schwärmer, mit dem Adolf Hitler nach dem Ersten Weltkrieg in Berührung kam.[319]

Auf der anderen Seite des Okkultismus steht die Theosophie, die sich nach eigenem Verständnis vorgenommen hat, „eine universelle Bruderschaft ohne Rücksicht auf Rasse, Geschlecht und Hautfarbe zu bilden, das vergleichende Studium von Religionen, Philosophien und Wissenschaften zu fördern sowie die unerklärten Naturgesetze und die verborgenen Kräfte des Menschen zu erforschen".[320] Einige dieser Motive klingen in Goldziers Lehre von den elektrischen Strömen an, auf die wir bereits weiter oben eingegangen sind. Schließlich ist hier auch noch der 1912 in Leipzig unter anderem von dem bekannten Antisemiten Theodor Fritsch gegründete „Germanenorden" oder „Reichs-Hammer-Bund" zu nennen, und zwar schon wegen der Namensähnlichkeit mit jenem „Germanenbund", dem der junge Hitler in Linz nahestand. Ohne eine spezifisch okkulte Organisation zu sein, verherrlichte diese Organisation die Reinheit des deutschen Blutes in mystischer Art und Weise und schrieb den Runen der Germanen magische Kräfte zu.

317 Vgl. den anonymen Eintrag „Ariosophie" bei Wikipedia.

318 Alias Erwin Torre, ursprünglich Adam Alfred Rudolf Glauer, der angeblich durch eine Adoption zu seinem Adelsprädikat gekommen war. Ariosophischer und theosophischer Abenteurer mit Verbindungen zum Orient, seit dem Ersten Weltkrieg Mitglied des Germanenordens und der rechtsradikalen Thule-Gesellschaft in München, somit einer der intellektuellen Wegbereiter des Nationalsozialismus. Hitler hat der Thule-Gesellschaft ausweislich der Mitgliederlisten nicht angehört. Wohl aber gehörten ihr später führende Nationalsozialisten wie Rudolf Hess, Alfred Rosenberg, Julius Streicher und Hans Frank an.

319 Nach den Vorstellungen ihrer Anhänger war Thule – entsprechend dem nordischen Atlantis-Mythos – ein sagenhafter Ort, an dem einst riesenhafte Übermenschen lebten, die mit dem Kosmos in Verbindung standen. Sie verfügten angeblich über technische Errungenschaften, welche die der Gegenwart überragten.

320 Relinfo 2009.

Wegen dieser Bezüge ist der Okkultismus im Laufe der letzten Jahre und Jahrzehnte zum Gegenstand einer ganz speziellen Historiographie geworden, deren Vertreter man als „Hitler-Okkult-Autoren" bezeichnen kann.[321] Freilich kann man bis heute nicht klar unterscheiden, ob deren Motiv parapsychologische Grenzerfahrungen oder Apologie ihrer eigenen okkultistischen Weltanschauung sind, die sie dadurch zu reinigen versuchen, dass man Hitler als deren ganz besonders bösartigen Auswuchs definiert. Jedenfalls wurde diese Spielart des Okkultismus, die fließende Übergänge einerseits zur *science fiction,* andererseits zu Verschwörungstheorien und modernen Märchen hat inzwischen schon durch den Film „Jäger des verlorenen Schatzes" von Steven Spielberg thematisiert. Unserer Meinung nach hat sie jedoch nichts Erhellendes zur Aufklärung des „Phänomens Hitler" beigetragen. Statt vor dem als geheim, dunkel, böse und übermächtig dargestellten Nationalsozialismus zu warnen, scheint dieser durch den Okkultismus auf manche Jugendliche von heute sogar eine magisch anziehende Kraft auszuüben.[322]

Aus diesen Gründen beschränken wir uns hier nur auf das, was Brigitte Hamann über die beiden schon erwähnten Hauptvertreter der Ariosophie in Wien, List und Liebenfels, zusammengetragen hat,[323] um zu sehen, ob man einer Antwort auf die eingangs gestellte Frage näherkommen kann. Dabei werden wir es uns schon aus Platzgründen ersparen, die reichlich bizarr anmutenden Lehren dieser beiden „Rassentheoretiker und Welterklärer" (Brigitte Hamann) zu referieren, weil man sie in „Hitlers Wien" nachlesen kann. Denn letzten Endes wurde dadurch nur eine neue Unsicherheit in die Einschätzung des „Phänomens Hitler" hineingetragen, ohne dass dabei neue beachtenswerte Erkenntnisse herausgekommen sind.

Hamanns Hinweis auf das Hakenkreuz, den sie im Zusammenhang mit ihren Ausführungen über Guido von List bringt, ist ein gutes Beispiel für ihre manchmal recht unscharfe Arbeitsweise.[324] Zwar ist es richtig, wenn Kubizek berichtet, Hitler habe das Hakenkreuz seinerzeit als „Symbol" oder „Feldzeichen" empfohlen, um den „internationalen Begriff des ‚Deutschen' darzustellen".[325] Es trifft auch zu, dass sich Hitler 1920 im Münchner Hofbräuhaus vor Parteigenossen im Sinn der Ariosophie und Thule-Gesellschaft über die Herkunft des Hakenkreuzes von den arischen Lichtmenschen geäußert hat.[326] Doch geht die Schlussfolgerung, Hitler

321 Dazu zusammenfassend Goodrick-Clark 1985.

322 Es wäre unseres Erachtens interessant, einmal die weltbekannten Harry-Potter-Romane der englischen Schriftstellerin Joanne K. Rowling daraufhin zu untersuchen, wie weit sie unausgesprochen – und daher unbewusst – auf den epochalen Kampf zwischen „dem Westen" und dem „Nationalsozialismus" anspielen und damit im weitesten Sinn ebenfalls zur Hitler-Okkult-Literatur gehören. Anklänge daran sind nach flüchtiger Lektüre des ersten Bandes nicht zu verkennen.

323 Vg. Hamann1996/4, S. 285 ff.

324 Ebda., S. 299 f.

325 OÖLA, Jetzinger-Nachlass, Kubizek 6. Mai 1949 an Jetzinger.

326 Jäckel/Kuhn 1980, S. 186.

habe sich dabei auf „Lists 1908 erschienenes Buch *Das Geheimnis der Runen* bezogen", viel zu weit, weil sie nicht beweisbar ist. Hamann ist sich ja selbst nicht sicher, weil sie wörtlich schreibt, „hier dürfte es sich" um dieses Buch als Quelle „gehandelt haben". Auch hilft ihr Hinweis auf ein anderes Buch, das man nach dem Zweiten Weltkrieg in Hitlers Privatbibliothek fand,[327] nicht wirklich weiter. Zwar enthält es die Zuwidmung einer gewissen Barbara Steininger mit dem Wortlaut: „Herrn Adolf Hitler meinem lieben Armanenbruder B. Steininger" – einer frühen Parteigenossin aus München. Der „Armanenbund" oder „-orden" war eine der Geheimgesellschaften, die List gegründet hatte. Damit ist aber, wie Hamann selbst indirekt einräumt, die Mitgliedschaft Hitlers zu diesem Bund oder eine wie auch immer sonst geartete Verbindung zu Guido von List ebenfalls noch nicht bewiesen. Schließlich liegt zwischen Steiningers Zuwidmung und Hitlers Wiener Zeit der tiefe Graben des Ersten Weltkrieges und seiner Folgen, und niemand weiß bis heute genau, was der Kriegsheimkehrer damals gelesen oder sonstwie in sich aufgenommen hat. Auch darf man nicht das linksextremistische und projüdische Engagement vergessen, das Hitler 1919 vorübergehend eingegangen ist und das wir weiter unten etwas näher betrachten werden.[328] Ein solches Engagement wäre für einen ariosophischen *hardliner*, der in den Juden alles Unglück der Welt sieht, schlichtweg undenkbar gewesen. Unter diesen Umständen ist nicht einmal die Feststellung von Brigitte Hamann, „Zweifellos aber kannte der junge H. in Wien die Thesen Lists", mit diesem Brustton der Überzeugung haltbar. Es könnte sein – aber es könnte auch nicht sein. Hieb- und stichfeste Beweise bleibt die Historikerin schuldig.

Das gleiche Bild bieten ihre Ausführungen über Lanz von Liebenfels, einen von Lists Schülern. Dessen Glaubenskanon bestand, wie Hamann schreibt, „aus einem Sammelsurium von zeitgenössischen Theorien", die bestimmten Autoren gar nicht zuzuordnen sind oder von List übernommen wurden. Wollte man mit Aussicht auf Erfolg behaupten, Hitler habe sich einer dieser Theorien schon in Wien angeschlossen, müsste man gleichzeitig auch Liebenfels als Autor identifizieren. Alles andere ist ein Herumstochern im Nebel – ganz abgesehen davon, dass Hamann im Gegensatz zu dem Eifer, mit dem sie ihre Recherchen betrieben hat, kurz und trocken feststellt: „Der Antisemitismus stand vor 1914 … noch nicht im Mittelpunkt der Lanzschen Theorien."[329] Das Ergebnis ist daher auch in diesem Fall eher negativ.

Trotz aller Einwände kann man freilich nicht ganz ausschließen, dass Hitler in Wien irgendwelche Kontakte zu List und Liebenfels hatte, mit deren Schriften in Berührung kam oder tatsächlich die vielzitierten *Ostara*-Hefte gelesen hat. Aber ehe nicht Beweise dafür vorliegen, können dies nur Vermutungen bleiben. Wäre der junge Hitler aber vor 1914 tatsächlich

327 Ryback 2009 erwähnt dieses Buch von Tangore über den Nationalsozialismus nicht.

328 Vgl. Epilog, S. 545 ff.

329 Hamann 1996/4, S. 315.

Ariosoph gewesen, hätte er nicht gleichzeitig auch Theosoph sein können, da sich die Inhalte dieser beiden Glaubensrichtungen, Philosophien oder Ideologien, soweit wir das überblicken können, gegenseitig weitgehend ausschießen oder sogar direkt widersprechen. Das Gleiche gilt natürlich auch in umgekehrte Richtung. Die eingangs gestellte Frage kann daher von uns nicht beantwortet werden. Beziehungen des jungen Hitler zum „Germanenorden" oder „Reichs-Hammer-Bund" sind unseres Wissens ebenfalls noch nicht nachgewiesen worden.

9. Kapitel: Geld, Wirtschaft, sozialer Nationalismus

Ein Unverhältnis

„Ach was, Geld!" pflegte der Hitler Adolf unwirsch zu sagen, wenn ihn sein Freund fragte, wie er denn seine aufwändigen Projekte finanzieren wolle. Obschon von einem Vater abstammend, der als Zollbeamter vorwiegend mit Zahlen zu tun hatte, schien der Sohn keinerlei Interesse an der Berechnung wirtschaftlicher Zusammenhänge zu haben. Ähnlich wie sein Abgott Wagner, verachtete und hasste er das Geld sogar, weil es vom Bürgertum seit der Gründerzeit vielfach mit quasi religiöser Inbrunst angebetet wurde. Der Meister und sein Adept sahen im „Mammonismus"[330] den anonymen Zwingherrn einer falschen, nämlich auf den „idealisierten Eigennutz" (Richard Wagner) fixierten Ordnung, die ihrer Meinung nach zu den aufdringlichsten Verfallserscheinungen einer untergehenden Epoche gehörte.

Es gab anscheinend nur wenige Gelegenheiten, bei denen sich der junge Hitler in seiner Linzer und Wiener Zeit überhaupt zu wirtschaftlichen Fragen geäußert hat. Trotzdem werden vage Umrisse einer Wirtschafts- und Sozialordnung deutlich, die zwar nicht auf das Geld als Verkehrsmittel verzichtete, es aber nach ganz anderen Prinzipien und Prioritäten ordnete und verteilte als die liberal-kapitalistische Welt. Während hier Unternehmer nach Maßgabe der Produktivität bzw. Rentabilität individuell und in der Regel dezentral über Investitionen, Kosten und Preise entscheiden, schwebte dem jungen Hitler eine zentrale Befehlswirtschaft vor, in der er zugunsten von Kunst und Kultur eigenwillige Prioritäten setzte. Ein gutes Beispiel dafür ist „das ‚bewegliche' Reichsorchester".[331] Wie an anderer Stelle schon erwähnt,[332] wollte der junge Hitler ein Ensemble erstklassiger Musiker bis in die entferntesten Provinzen seines „Idealstaates" entsenden, um das Volk mit guter Musik zu erfreuen, dadurch im nationalpolitischen Sinn zu bilden und damit zur kulturellen Höherentwicklung des großdeutschen Reiches der Zukunft beizutragen.

---

330 Von aramäisch „mamon" = der Besitz. Verächtliche Bezeichnung für die Anbetung von Geld und Reichtum.

331 Wir folgen hier Kubizek 1995/6, S. 209 ff., ohne die Fundstellen der Zitate im Einzelnen nachzuweisen.

332 Vgl. Teil II, 7. Kapitel, S. 321 ff.

Offensichtlich war Adolf dieses Projekt ebenso wichtig wie die von ihm geplanten Opernhäuser, Wohnquartiere und Industrieanlagen. Der erlesene Klangkörper sollte deshalb nicht nur mit einer, nein, sondern gleich mit drei hochwertigen Pedalharfen ausgestattet werden. Kostenpunkt: 54.000 Gulden (sic!).[333] Dieser für damalige Verhältnisse enorme Betrag drohte freilich die Verwirklichung des gesamten Projektes zu gefährden. Als sein sachverständiger Musikerfreund davor warnte, erhielt er die bereits bekannte Antwort: „Ach was, Geld!" Alsdann wurde der Kubizek August auf die von seinem Gesprächspartner freilich doch für notwendig gehaltene Konsultation von Finanzfachleuten sowie auf „das Reich" als Kostenträger verwiesen. Als August noch immer nicht Ruhe geben wollte, fiel ihm Adolf mit den Worten über den Mund: „Dich wird man am wenigsten darüber befragen."

Die Art und Weise, wie er in seiner Jugend das Problem der Finanzierbarkeit zu lösen gedachte, implizierte bereits Hitlers späteren „Führerstaat". In ihm würde die Zentralgewalt, somit er selbst, letzten Endes über alle wichtigen Projekte entscheiden. Dabei genossen künstlerische Vorhaben oberste Priorität. Da sie letztlich im Dienst sozialer Zwecke standen, kann man das, was sich der junge Hitler im Bereich von Wirtschaft und Gesellschaft vorgenommen hatte, in der Terminologie seiner Zeit auch als „soziales Kaisertum" bezeichnen.[334] Dieses übergreifende Projekt hieß dann im „Dritten Reich" jedoch „nationalsozialistische Wirtschaftsordnung".

Geld ohne Markt?

Freilich, sosehr er sich auch umschaute – außer bei den verhassten Liberalen konnte der junge Hitler nirgends eine wirtschaftspolitische Programmatik entdecken, die ihm gezeigt hätte, woher das viele Geld kommen sollte, das er bzw. „das Reich" für die Umsetzung seiner großartigen Pläne benötigt hätte. Denn eine marktwirtschaftliche Ordnung, die auf kräftige Profite der Unternehmen und sprudelnde Steuereinnahmen als Quellen des gesellschaftlichen Reichtums setzte, sahen weder die ordnungspolitischen Vorstellungen des römisch-katholischen Milieus noch die der deutschnationalen Bewegung, noch auch die der österreichischen Sozialdemokratie vor. Die wirtschafts- und sozialpolitischen Modelle dieser drei für die Sozialisation Hitlers wichtigsten ideologischen Lager waren durchweg korporativer und defensiver Natur, d.h. sie versuchten die Spannungen zwischen dem aggressiven Manchesterkapitalismus ihrer Zeit und den sozialen Bedürfnissen der Massen durch staatskapitalistische, ständestaatliche und sozialreformerische Maßnahmen zu lösen. Wie diese finanziert werden sollten, blieb jedoch in allen drei Fällen weitgehend offen.

Im römisch-katholischen Milieu war man Ende des 19. Jahrhunderts noch nicht über die Auffassung der Gesellschaft als „ständisch aufgelöst"

333 Der Gulden war in Österreich-Ungarn die Währung vor der Kronenwährung.

334 Loth 1991, S. 274.

hinausgekommen, d.h. man trauerte der jahrhundertealten Einteilung der Bevölkerung in Adlige, Bürger und Bauern vielfach noch nach. Auf der anderen Seite versuchten Sozialreformer wie Karl Freiherr von Vogelsang, Aloys Prinz von und zu Liechtenstein („der rote Prinz") sowie Leo Graf Thun-Hohenstein unter dem Pontifikat Papst Leos XIII. (1878–1903), der 1891 die erste Sozialenzyklika *Rerum novarum* in der Geschichte seiner Kirche erließ und seither als „Arbeiterpapst" galt, Anschluss an die moderne Entwicklung der Gesellschaft zu gewinnen. Stellenweise wurde von der katholischen Soziallehre sogar die Grenze zum Marxismus gestreift, wenn nicht sogar überschritten. Vor allem dank Vogelsang[335] gelang es der christlichsozialen Bewegung, die sich in Österreich zur Partei des Wiener Bürgermeisters Lueger formierte, den Liberalen einige Sozialreformen abzutrotzen. Ziel war ein *ordo socialis,* eine von unten organisierte sozialpartnerschaftliche Ordnung, die dem Einzelnen in der industriellen Massengesellschaft wieder Halt und in seinem engeren Lebens- und Arbeitskreis auch gewisse Mitspracherechte geben sollte, ohne die kapitalistische Ordnung so radikal wie Karl Marx anzugreifen. Das Motto lautete nicht Expropriation der Expropriateure, sondern Eigentum verpflichtet.

Während sich der alte Mittelstand – mit Ausnahme des Handels – bei Katholiken nach wie vor besonderer Wertschätzung erfreute, hatte man dort „keinen Blick für die wirtschaftliche Unternehmerfunktion" oder verstand diese nach dem großen Börsenkrach von 1873 oft im antisemitischen Sinne.[336] Besonders rückständig war die ländliche Bevölkerung diesseits und jenseits der Grenze zum Deutschen Reich. Sie fühlte sich durch die moderne Entwicklung wirtschaftlich unter Druck gesetzt und sozial deklassiert. Das führte bei vielen Bauern und Landarbeitern dazu, „den Honoratioren, denen sie bis dahin die Vertretung anvertraut hatten, die Gefolgschaft aufzukündigen und sich unter Vermittlung eines neuen Typs politischer Volkstribunen zu einer Bewegung zu konstituieren, die sich in ihrer Mischung aus rückwärts gewandten und modernen, antiliberalen und elementar-demokratischen Elementen am besten als populistisch charakterisieren ließe".[337] Exponenten dieser Entwicklung waren der „Presskaplan" Georg Friedrich Dasbach, der „Bauerndoktor" Georg Heim und auch der junge Matthias Erzberger.[338]

335 Karl Freiherr von Vogelsang (1818–1890) studierte Rechts- und Staatswissenschaft in Rostock und Berlin, trat zunächst in den preußischen Staatsdienst ein und zur römisch-katholischen Kirche über. Ab 1864 in Österreich lebend, machte er sich als Publizist einen Namen („Die materielle Lage des Arbeiterstandes in Österreich"). Vogelsang gehörte damit zu den Gründern der christlichsozialen Bewegung.

336 Mooser 1991, S. 129.

337 Loth 1991, S. 269. Dort auch das folgende Zitat.

338 Der römisch-katholische Württemberger Matthias Erzberger (1875–1921), von Beruf Lehrer, Schriftsteller und Journalist, war seit 1903 für das Zentrum Mitglied des Deutschen Reichstages. Er zählte gegen Ende des Ersten Weltkrieges zu den Befürwortern eines Verständigungsfriedens sowie zu jener Delegation, die am 11. November 1918 den Waffenstillstand von Compiègne unterzeichnet hat. Zu Beginn der Weimarer Republik

Die wirtschafts- und gesellschaftspolitische Rückständigkeit zumindest des katholischen Bürger- und Kleinbürgertums begann sich erst in der Hochkonjunktur aufzulösen, die in Österreich kurz nach Hitlers Geburt Mitte der neunziger Jahre begann und zu einem „lautstarken Bekenntnis zu den Errungenschaften des modernen Industriestaates" führte. Jetzt war man auch in diesem Milieu eher bereit, Wissenschaft und Technik nicht länger als nur bedrohlich zu empfinden, sondern auch als Grundlage für die eigene Existenzsicherung anzunehmen. Einzig in der Einstellung zur Arbeiterschaft hatten sich, bedingt durch die katholische Soziallehre, immer schon progressive Ansätze gezeigt, obwohl die ihr zugrunde liegenden Theorien nie die an und für sich verdiente Anerkennung der Öffentlichkeit fanden. So wurden analog zu Bismarcks Sozialgesetzgebung seit den 1870er Jahren Ausbau der staatlichen Sozialpolitik, genossenschaftliche Selbsthilfe, Tarifautonomie, Reallohnsteigerungen sowie Mitbestimmung durch öffentlich-rechtliche Arbeitskammern gefordert, dies allerdings fast immer in Frontstellung zum Marxismus.

Die alldeutsche Schönerer-Bewegung sah „die Hauptaufgabe eines deutschen Staates" darin, „die wirtschaftlich weniger kräftigen Volksbestandteile gegen die übermächtigen Teile, gegen das aussaugende Kapital zu schützen", um sie „zu starken Stützen und Trägern des nationalen Gedankens heraus(zu)bilden" – mit einem gesunden Mittelstand „als der festesten Grundlage des Staatswesens".[339] Sie forderte Zoll- und Handelsverträge mit dem Deutschen Reich, ein Aktiengesetz sowie Kontrolle der Banken, Steuergerechtigkeit und Schutz gegen Wucher, Verstaatlichung der Eisenbahnen und des Versicherungswesens, Mittelstands- und Arbeiterschutz sowie ganz allgemein „Hebung des Volkswohlstandes", die man sich offenbar vom Staat erwartete. Außer einer ausgeprägt antisemitischen Tendenz,[340] die sich vor allem gegen das „bewegliche Kapital" richtete, und dem Ruf nach „Volkswirtschaftsräten" und „Wirtschaftskammern", die Gesetzesvorhaben sachverständig begleiten und die Interessen zwischen Arbeitgebern und Arbeitnehmern ausgleichen sollten, war jedoch auch hier aus den bereits dargelegten Gründen[341] keine marktwirtschaftliche Ordnungsvorstellung im Sinn des Liberalismus erkennbar.

In seiner Jungfernrede, die er 1873 im Abgeordnetenhaus des Reichsrates hielt,[342] bedauerte Schönerer, dass die Arbeiterschaft nicht in der gesetzgebenden Körperschaft vertreten sei. Das Linzer Programm von 1882, das noch im Einvernehmen mit den späteren Sozialdemokraten Victor Adler und Engelbert Pernerstorfer verabschiedet wurde, enthielt in den Punk-

---

zum Finanzminister aufgestiegen, ist Erzberger als sogenannter Erfüllungspolitiker einem Fememord zum Opfer gefallen.

339 Pichl 1938 II, S. 233.

340 Die antisemitischen Forderungen gipfelten seit der Jahrhundertwende in einem Einwanderungs-, Niederlassungs- und Beschäftigungsverbot für ausländische Juden. Vgl. dazu Pichl 1938 V, S. 84.

341 Vgl. Teil II, 4. Kapitel, S. 270.

342 Pichl 1938 II, S. 248 ff.

ten 16 bis 18 eine Reihe von arbeiterfreundlichen Forderungen, u.a. nach einem steuerfreien Existenzminimum, progressiver Einkommenssteuer mit niedrigem Eingangssatz, Arbeitergewerkvereinen, Verbot der Kinder- und Frauenarbeit. Dahinter stand die offen erklärte Hoffnung, die Arbeiter würden die „Heiligkeit des Eigentums" bei anderen achten, wenn man sie auch ihnen garantiere. Diese Hoffnung verband sich mit der ebenfalls nicht verschwiegenen Erwartung, dass radikalere Arbeiterführer sofort ihre Gefolgschaft verlieren würden, sobald man die Massen zufriedenstellte.[343] Die Forderungen dienten daher einem sozialpolitisch defensiven Zweck: Sie sollten die Arbeiter jenen radikalen Kräften der marxistischen Linken abspenstig machen, die letztlich den Bestand des Obrigkeitsstaates bedrohten. Woher aber die Mittel kommen sollten, um die vorgeschlagenen Wohltaten zu finanzieren, blieb mehr oder weniger ungesagt.

Vor österreichischen Gewerbetreibenden führte Schönerer aus,[344] Aufgabe des Staates sei es, sich „um das Wohl seiner Bürger zu kümmern", damit jeder „ein menschenwürdiges Dasein" führen könne. In erster Linie müsse die staatliche Fürsorge aber dem Arbeiter und nicht dem Kapitalisten gelten. Dieses „demokratische Prinzip", so Schönerer weiter in unangemessener Verkürzung, werde auch von Bismarck praktiziert. Dessen „Wohlfahrtspolitik" stellte der deutschnationale Führer der in Österreich geltenden Gewerbefreiheit gegenüber, die er, allerdings nicht ganz zu Unrecht, als „Vogelfreiheit" der arbeitenden Bevölkerung karikierte. Besonders nahm sich Schönerer des Mittelstandes an, dessen „Verderben für die Entwicklung der semitischen Glückseligkeitstheorien notwendig" sei, womit er den Marxismus meinte. Schon sah er „hunderttausende" in ihrer Existenz bedroht. Zwar könne man diesen zurufen: „Sterbet für die Freiheit, für das Vaterland und für den Ruhm Eurer Nation." Niemals aber sollten die aus Osteuropa eingewanderten Juden dem christlichen Bürger zurufen dürfen: „Darbt – hungert – löset Eure Familienbande, damit die von uns gewollten Gesetze und Einrichtungen ruhig, sicher und rasch zu unseren Gunsten sich einleben dürfen." Im wirtschafts- und sozialpolitischen Konzept Schönerers überwogen letztlich somit die antisemitischen Unter- und Obertöne.

Die österreichische Sozialdemokratie, bis Ende der 1880er Jahre in sich uneins und nach außen hin zeitweilig auch staatlicherseits in ihrer Existenz bedroht, musste sich im Grunde zwischen gesellschaftspolitischer Profilierung und Gleichberechtigung der verschiedenen in ihr vertretenen Nationalitäten entscheiden. Um ihrer inneren Einigkeit willen optierte sie für das Letztere. Zwar orientierte sie sich in ideologischer Hinsicht an der Sozialdemokratie des Deutschen Reiches, hielt es aber mehr mit der

343 Ebda., S. 265.

344 Ebda., S. 283, Rede vom 13. November 1882. In der Tat war die Gewerbeordnung von 1859 ein sozialreaktionäres Manifest, das Kapital und Arbeitgeber einseitig begünstigte und nicht vor polizeistaatlichen Methoden gegenüber Arbeitnehmern zurückschreckte. Eine Wende trat erst nach dem Börsenkrach von 1873 ein, die ab 1883 zu fortschrittlicheren Reformen der Gewerbeordnung führte.

Lassalleschen Richtung, d.h. sie übernahm die betont marxistische und klassenkämpferische Akzentuierung der reichsdeutschen Sozialdemokratie nicht. Die Einführung einer staatlichen Gewerbeaufsicht (1883) sowie einer Unfall- und Krankenversicherung für Arbeiter (1887 und 1888) war denn auch nicht ihr, sondern den Liberalen und dem konservativen Ministerpräsidenten Eduard Graf von Taaffe zu verdanken. Ähnlich wie im Deutschen Reich, ließ sich jedoch nicht verhindern, dass die österreichische Sozialdemokratie allmählich zu einem innenpolitischen Machtfaktor wurde, der den Schwerpunkt seiner Forderungen nach der Russischen Revolution von 1905 vor allem auf die Reform des Wahlrechts legte. Als die Partei damit 1907 Erfolg hatte, konnte die vor allem im tschechischen Teil Böhmens bereits aufgeflackerte Streikbewegung wieder eingedämmt werden. Danach war der österreichischen Sozialdemokratie – trotz aller klassenkämpferischen Rhetorik – als inoffizieller Staatspartei bis 1914 vorrangig an einer Umwandlung der Habsburgermonarchie „in einen demokratischen Nationalitäten-Bundesstaat" (so schon das Brünner Programm von 1899) gelegen, die, wäre sie jemals gelungen, wahrscheinlich auch ihre internen Probleme behoben hätte. Da ihr dieser Erfolg jedoch nicht konzediert wurde, musste sie hinnehmen, dass die tschechischen Sozialisten aus der Partei ausscherten und deren innenpolitischer Einfluss bis zum Ausbruch des Ersten Weltkriegs allmählich wieder sank.

Den ersten Versuch, das Dilemma zwischen innerer Einigkeit und marxistischer Ideologietreue zu lösen, hatte der Cheftheoretiker der Partei, Karl Kautsky,[345] Ende des 19. Jahrhunderts eingeleitet. Er glaubte nämlich, die Mechanik der Revolution würde Zug um Zug auch das Nationalitätenproblem der österreichischen Arbeiterbewegung lösen. Als diese Hoffnung trog, weil die Revolution ausblieb, versuchten zu Beginn des 20. Jahrhunderts junge marxistisch geschulte Theoretiker wie Otto Bauer,[346] Karl Renner[347] und Max Adler,[348] einen Kompromiss zu formulieren. „Jedes Proletariat entwickelt seine besonderen Tugenden kraft der Natur seiner Aufgabe", hieß es in einer ihrer – trotz allen guten Willens etwas hilflos

345 Karl Johann Kautsky (1854–1938), seit 1875 Mitglied der sozialdemokratischen Bewegung Österreichs. Zusammen mit Eduard Bernstein, wenn auch von einer antagonistischen Position aus, gehörte er zu den führenden Theoretikern des internationalen Sozialismus. Gemeinsam mit Bernstein und August Bebel bereitete er das Erfurter Programm der SPD vor (1891). Kautsky lebte zeitweise in London, wo er mit Karl Marx und Friedrich Engels verkehrte, während des Ersten Weltkrieges aber überwiegend in Deutschland, wo er 1916 zusammen mit anderen die USPD aus der Taufe hob. Kautsky emigrierte nach dem „Anschluss" von 1938 nach Amsterdam, wo er auch verstorben ist.

346 Otto Bauer (1881–1938), führender Vertreter des Austromarxismus. 1918 bis 1934 Vorsitzender der Sozialdemokratischen Arbeiterpartei (SDAP).

347 Karl Renner (1870–1950), 1918 bis 1920 als Staatskanzler maßgeblich beteiligt an der Entstehung der Ersten Republik Österreichs.

348 Max Adler (1873–1937), Jurist, Politiker und Sozialphilosoph, ab 1920 mit einem Lehrstuhl an der Universität Wien.

wirkenden – Verlautbarungen.[349] „Wurden die Deutschen als Kinder des Volkes der Dichter und Denker die Lehrmeister der Theorie, die Engländer die Vorbilder der gewerkschaftlichen Organisation, die Belgier die Meister der revolutionären und parlamentarischen Taktik, die Russen endlich bewunderte Vorbilder persönlichen Kampf- und Opfermutes ... so blieb uns Österreichern eine Besonderheit vorbehalten. Wir hatten und haben vor allem die schwere Aufgabe, den Gedanken der Internationalität in die lebendige Wirklichkeit zu übersetzen" – das heißt in die Realität eines demokratischen Nationalitätenbundesstaates.

Es versteht sich von selbst, dass sich der junge Hitler von den wirtschafts- und gesellschaftspolitischen Vorstellungen der österreichischen Sozialdemokratie am wenigsten angesprochen fühlte, weil sie unter dem Primat des Internationalismus standen. Dagegen sagte ihm, wie Adolf Hitler in *Mein Kampf* rückblickend schreibt, „das Wort ‚Marxismus'" 1906, als der Siebzehnjährige erstmals Wien besuchte, noch wenig.[350] Angeblich bedurfte es erst „der Faust des Schicksals", um ihm „das Auge über diesen unerhörten Völkerbetrug zu öffnen". Auch die Gewerkschaftsfrage hatte der junge Hitler zunächst falsch beurteilt. Dann aber korrigierte er sich, indem er die Gewerkschaften als Instrument „zur Verteidigung allgemeiner sozialer Rechte des Arbeitnehmers" anerkannte.

„Demokratischer Josefinismus"

Der etatistische Grundzug in den wirtschafts- und sozialpolitischen Vorstellungen sowohl des römisch-katholischen Milieus als auch der deutschnationalen und der sozialdemokratischen Bewegungen war tief in der Geschichte der Habsburgermonarchie verankert. Er verband sich im Wesentlichen mit der Gestalt Kaiser Josephs II., der als Schöpfer eines „fürsorgenden Staates" in die österreichische Wirtschafts- und Sozialgeschichte eingegangen ist und zumindest unterschwellig auch den jungen Hitler beeinflusst hat. Der Sohn Maria Theresias, eine „unbelehrbare, despotische Natur" (Erich Zöllner), hat als Zeitgenosse Friedrichs des Großen von 1765 bis 1780 erst als Mitregent seiner Mutter Maria Theresia und von 1765 bis 1790 als Kaiser an der Spitze des Vielvölkerreiches gestanden. Der nach ihm benannte „Josefinismus"[351] war „eine nahezu alle Bereiche von Staat und Gesellschaft mehr oder weniger nachhaltig berührende Reformbewegung",[352] die einen Herrschaftskompromiss zwischen Aufklärung, Absolutismus und Katholizismus darstellte.

„Joseph II. galt der Staat als oberster Zweck, dem sich alles unterzuordnen hatte und dem jedes historische Recht zum Opfer fallen musste", urteilt Helmut Reinalter, ein Kenner des aufgeklärten Absolutismus öster-

349 Op. cit. Konrad 1988, S. 129.

350 Hitler 1925 I, S. 40. Dort auch die beiden folgenden Zitate.

351 Im Schrifttum wird der Begriff teils in Anlehnung an den Namen seines Urhebers mit „ph", teils mit „f" geschrieben. Wir halten uns an letztere Schreibweise.

352 Klueting 1993, S. 64.

reichischer Observanz. Fürst und Volk sollten gleichermaßen dem Staat dienen, da alle Sonderinteressen hinter dem Gesamtinteresse zurückzutreten hätten. Kaiser Joseph II. betrieb eine merkantilistische Wirtschaftspolitik mit ausgeprägt physiokratischen Zügen, d.h. eine im Naturrecht verwurzelte Staatswirtschaftspolitik. Nachdem er im Verlauf seiner Kirchenreformen neben den wohltätigen Bruderschaften auch viele Klöster und fromme Stiftungen aufgehoben hatte, übernahm der Monarch durch Errichtung von Spitälern, Altersheimen und Waisenhäusern, durch Ausbildung von Allgemeinmedizinern, Chirurgen und Hebammen sowie durch die Einrichtung von Armeninstituten die Wohlfahrtspflege seiner Untertanen selbst in die Hand – eigentlicher Kern seines fürsorgenden Staates.

Mit Erich Zöllner kann man den Josefinismus als „österreichische Spielart der Aufklärung“[353] oder mit Eduard Winter „als Resultat der bürgerlichen Entwicklung im entstehenden Nationalstaat“[354] interpretieren. Beides ist richtig. Seine historische Bedeutung lag „in der Wirksamkeit der pflichtbewussten und weithin erfolgreichen Tätigkeit einer Beamtenschaft, die sich mit dem Staate identifizierte“, und vielleicht kann man in dem Zollamtsoberoffizial Alois Hitler eine seiner letzten Personifizierungen erblicken. Für die österreichischen Revolutionäre von 1848 war Joseph II. Symbol für innenpolitische Veränderungen großen Stils und Vorkämpfer für ein großdeutsches Reich gewesen – ein Mythos. Sein Denkmal auf dem Wiener Josephsplatz, unter dem Bürger und Studenten in jenen Märztagen ihre Kundgebungen abhielten, wurde damals ehrerbietig mit den schwarzrotgoldenen Farben drapiert. In den folgenden Jahrzehnten ging die historische Gestalt des Kaisers in die Traditionsbesitzstände sowohl der Liberalen als auch der Deutschnationalen über. Für ihn wurden Denkmäler errichtet, politische Festgaben veranstaltet und volkstümliche Lebensbilder verfasst. Sein Erbe war auch Ende des 19. Jahrhunderts im öffentlichen Bewusstsein noch so deutlich präsent, dass der österreichische Handelsminister Joseph Baernreither die Meinung vertreten konnte, die soziale Frage müsse durch den Staat gelöst werden – eine Idee, die er, dem herrschenden Zeitgeist entsprechend, „demokratischen Josefinismus“ nannte.

Joseph II. wird in *Mein Kampf* an drei Stellen erwähnt, und zwar zweimal in positivem und einmal in negativem Sinne.[355] Darüber hinaus gibt es einen Anhaltspunkt dafür, dass Hitler mit Joseph Freiherr von Sonnenfels der führende Kopf unter den Reformern der Josephinischen Aufklärung durchaus geläufig war.[356] Als positiv wird in *Mein Kampf* sowohl Josephs Versuch bewertet, einen zentralisierten Einheitsstaat mit Deutsch als einheitlicher Amtssprache zu schaffen, als auch das Streben des Kaisers nach bedeutenden Regierungsleistungen innerhalb eines relativ kurzen

353 Zöllner 1993, S. 36. – Dort auch das folgende Zitat.
354 Op. cit. Reinalter 1993, S. 15.
355 Hitler 1925 I, S. 77, 79, 429.
356 Siehe Teil III, 5. Kapitel, S. 445.

Zeitraums.[357] Als negativ bewertet Hitler die so genannte „Germanisation" Österreichs, die Eindeutschung des Völkergemischs mit Hilfe der Sprachpolitik, was allerdings auf einem rassenideologisch bedingten Missverständnis der kaiserlichen Absichten beruht.[358] Nebenbei dürfte in Hitlers Augen für Joseph II. auch die Tatsache gesprochen haben, dass dieser das Wiener Burgtheater 1776 als „Teutsches Nationaltheater" per Dekret unter die direkte Administration des Hofes stellte, den Spielplan autoritär nach eigenem Geschmack gestaltet und dadurch eine literarische Revolution gegen die despotischen und kleinkrämerischen Fürsten Deutschlands entfacht hatte.

Deutsche Arbeiterpartei

Weitgehende sozialpolitische Forderungen ohne klare Vorstellung, woher der Staat das viele Geld für deren Verwirklichung nehmen sollte, kennzeichneten auch die Programmatik der *Deutschen Arbeiterpartei*, die 1903 im böhmischen Aussig gegründet wurde. Nur wenige Jahre zuvor hatten die Tschechen, ebenfalls in Böhmen, eine *National-Soziale Partei* geschaffen. In Ersterer kann man zumindest eine Namensvetterin, wenn nicht sogar die Namensgeberin jener *Deutschen Arbeiterpartei* erblicken, der Adolf Hitler 1919 in München beigetreten ist. Hingegen klingt im Namen der Letzteren erstmals der Begriff des Nationalsozialismus an. Aus beiden Gründen sowie wegen der räumlichen und zeitlichen Nähe zum jungen Hitler, in der sich die Gründung der beiden Parteien vollzog, liegt die Vermutung nahe, dass er schon in Linz bzw. Wien von ihnen gehört hatte oder sich sogar von ihnen anregen ließ.

Die *Deutsche Arbeiterpartei* und die *National-Soziale Partei* verdankten ihre Existenz der ethnischen Gemengelage Böhmens. Hier, in einem verhältnismäßig hoch industrialisierten Raum, lebten Deutsche und Tschechen relativ eng zusammen. Hier wurden aber auch tschechische Arbeiter von deutschen Unternehmern ausgebeutet und umgekehrt. Beide Parteien entfalteten ihre antikapitalistische und antisozialistische Programmatik denn auch zunächst aufgrund konkreter gesellschaftspolitischer Missstände, wurden jedoch insofern schon bald Opfer des Nationalitätenkonflikts, indem sich sozialreformerische zunehmend mit nationalistischen Positionen vermischten.

Unter Führung des Schriftsetzers Ferdinand Buschkofsky und des Buchhändlergesellen Ludwig Vogel war 1898 aus einem *Bund deutscher Arbeiter Germania* der *Verband der deutschen Gehilfen- und Arbeiterverei-*

357 Die Differenz zu der eingangs genannten Regierungszeit ergibt sich daraus, dass Joseph II. bis zum Tod seiner Mutter Maria Theresia im Jahr 1780 nur Mitregent war.

358 Hitler meinte, die Übertragung der deutschen Sprache auf die anderen Nationalitäten hätte zu einer „Niedersenkung des rassischen Niveaus der deutschen Nation geführt". Vgl. Hitler 1927 II, S. 429. Dabei war dem Kaiser, wie Gutkas 1989, S. 456, bemerkt, nicht an einer Germanisierung der anderen Völker, sondern nur an einer „Durchsetzung der deutschen Sprache als Verständigungsmittel der Behörden" gelegen.

ne hervorgegangen, nach seinem Gründungsort kurz *Mährisch-Trübauer Verband* genannt. In ihm gaben kleinbürgerlich-handwerkliche Schichten den Ton an. Die nationalistischen Leidenschaften, die sich damals am deutsch-tschechischen Sprachenstreit entzündeten, veranlassten die Verbandsfunktionäre, sich mit den in Böhmen unter Schönerers Führung[359] stark vertretenen Alldeutschen zusammenzutun und einen deutschnationalen Sozialismus zu begründen. Wahlspruch: „Die soziale Frage ist eine nationale Frage." Der *Mährisch-Trübauer Verband* geriet jedoch schon bald in den Strudel der Auseinandersetzungen, die um die Jahrhundertwende zwischen Schönerer einerseits und seinem früheren Vertrauten Karl Hermann Wolf und Franz Stein andererseits entbrannten. Im Endergebnis sagte sich der Verband vom Anführer der Alldeutschen los, gründete die *Deutsche Arbeiterpartei Österreichs* und löste sich 1903 ganz auf. Im Jahr darauf verabschiedete die Partei in Trautenau ihr Programm eines gleichermaßen nationalen wie antimarxistischen Sozialismus. Ihr oberstes Ziel war die Einführung einer Alters- und Invalidenversicherung für Arbeiter nach Bismarck'schem Vorbild. Außerdem wurden die Einführung von Mindestlöhnen und die des Acht-Stunden-Tages sowie die Verstaatlichung der Eisenbahn sowie der Montanindustrie bzw. deren Überführung in Gemeineigentum gefordert. Nach ihrer Niederlage bei den Reichsratswahlen des Jahres 1907 führte die *Deutsche Arbeiterpartei Österreichs* nur mehr ein Schattendasein, bis sie der frühere Sozialdemokrat Dr. Walter Riehl, unterstützt von Rudolf Jung und Hans Knirsch, neu belebte. Riehl, von Beruf Journalist, war der Enkelsohn eines Revolutionärs von 1848/49; sein Vater war mit Victor Adler und August Pernerstorfer befreundet gewesen. Ab 1911 hatte die *DAP* im Abgeordnetenhaus des Reichsrats drei Sitze. Im Sommer 1918 änderte sie ihren Namen in *Deutsche Nationalsozialistische Arbeiterpartei (DNSAP)* um.

Um diesen kurzen historischen Abriss noch durch einen wichtigen Hinweis abzurunden, der zum Gesamtverständnis Hitlers nicht unwichtig ist: Eine weitere *Deutsche Arbeiterpartei (DAP)* wurde aus den Reihen der rechtsradikalen *Thule-Gesellschaft* und einer seit August 1916 in Bremen bestehenden Organisation namens *Freier Ausschuss für einen deutschen Arbeiterfrieden* Anfang 1919 in München gegründet. Es war diese *DAP*, der Adolf Hitler 1919 beigetreten ist und deren Name wenig später in *Nationalsozialistische Partei Deutschlands (NSDAP)* umgeändert wurde. Dennoch kam eine Vereinigung der *NSDAP* mit der österreichischen Schwesterpartei in den Folgejahren nicht zustande. Maßgebend dafür waren Hitlers politischer Alleinvertretungsanspruch und seine Entschlossenheit, sich in München eine Machtbasis zu schaffen, ohne sich mit irgendeiner anderen Partei abstimmen zu müssen. Er wollte die uneingeschränkte Gestaltungsfreiheit. Dennoch liegt die Vermutung nahe, dass sich Hitler und seine Gesinnungsgenossen von den österreichischen Vorgängerpar-

359 Georg Schönerer hatte seinen Wahlkreis für das Abgeordnetenhaus des Reichsrats jahrzehntelang im böhmischen Eger.

teien wenigstens bei den Namensgebungen anregen ließen.[360] Wieweit sie bei ihnen auch ideologische Anleihen machten, lässt sich in Kürze schwer sagen und würde einen höheren Forschungsaufwand erfordern, der hier nicht zu leisten ist. Zumindest waren sich österreichische und deutsche Nationalsozialisten darin einig, dass Nationalismus und nichtmarxistische Arbeiterfreundlichkeit einander ergänzen müssten. Dahinter stand ihr Wunsch, Deutschland und Österreich, deren Vereinigung die Siegermächte nach den Ersten Weltkrieg verboten hatten, so stark zu machen, dass sie ihre Wiedervereinigung eines Tages würden erzwingen können.

Kybernetischer Zirkel

Ein gewisses soziales Engagement kann man schon den Linzer Realschülern nicht absprechen. Nachdem sie auf ihren Wanderungen in den umliegenden Wäldern „die elenden Behausungen der Holzarbeiter" gesehen hatten, grassierte unter ihnen ein ideologisch verschwommener „Sozialismus der Tat"[361], d.h. ein Sozialismus, der noch der ideologischen Fundierung entbehrte. Ob auch der Hitler Adolf von dieser Bewegung erfasst wurde, muss mangels Quellen offen bleiben, ist aber wahrscheinlich, weil „Volk" für „die nationalistischen Volkspropheten … durchaus eine soziale Kategorie"[362] darstellte. Tatsächlich gehörte der junge Hitler einer Generation an, „die sozialistisch dachte, ohne dabei noch Stellung zu den Parteien zu beziehen".[363] Diese Generation kritisierte Adel und Bürgertum als geschichtlich überholt und in gesellschaftspolitischer Hinsicht indifferent. Während der junge Hitler die Kritik am Bürgertum von Anfang an teilte, erklärte er den Adel in Wien allerdings noch zur „überlegenen Rasse", dies aber wohl nur aus kulturellen Gründen.[364]

Stärker noch als von den elenden Lebensbedingungen der Waldarbeiter wurde der Hitler Adolf von jenem Abgrund an Armut, Not und sittlicher Verrohung angesprochen, in den er zum ersten Mal in Wien blickte und der zu den hier gleichzeitig vorhandenen Gipfeln an Reichtum, Eleganz und Dekadenz einen äußerst schmerzhaften Kontrast gebildet hat. Noch 25 Jahre später erzählte Adolf Hitler vom Zusammenprall dieser beiden Lebenswelten in *Mein Kampf* allerlei Geschichten. Indem er die Blicke

360 Alfred Rosenberg brachte den Sachverhalt in seinen „Letzten Aufzeichnungen" auf die kurze Formel: „Der Name stammt aus dem Sudetenland. Die politische Idee als Neugeburt des Volkstums in einer die Schwächen der Demokratie überwindenden Lebens- und Staatsform hat Adolf Hitler geprägt, gestaltet, erkämpft, zur Höhe des Reiches geführt." (op. cit. Deuerlein 1968.)

361 Kandl 1963/64, S. XXII: Interview Josef Keplinger, 4. Januar 1963.

362 Talmon 1963 III, S. 252. – Vgl. auch die dort wiedergegebene Definition des italienischen Nationalisten Giuseppe Mazzini: Volk sei „das eine und unteilbare Volk, das weder Kaste noch Privileg, weder Proletariat noch Aristokratie des Grundbesitzes oder der Finanz kennt".

363 Kandl 1963/64, Anhang XXXI. Interview von Hitlers früherem Mitschüler Dipl.-Ing. Anton Estermann.

364 Hanisch 1939, S. 8.

seiner Leser dadurch auf das Milieu der Arbeiter lenkte, wollte er auch das Wasser der Wählerzustimmung auf seine nationalsozialistischen Mühlen leiten.[365] Seine Erzählungen verfolgten somit einen eminent politischen Zweck. Trotzdem ist wohl nicht zu bestreiten, dass sie zumindest teilweise auf eigenen Erfahrungen beruhten, weil der Hungerkünstler, Ideenproduzent und Pläneschmied in seinen späteren Wiener Jahren gelegentlich Mühe hatte, ohne seine Waisenrente und nach dem Verbrauch seiner Ersparnisse, d.h. nur aus den Erträgen seiner Postkartenproduktion die laufenden und nicht unerheblichen Kosten für Wohnheim, Oper und Bücher zu bestreiten. Zwar zielte das soziale Engagement des jungen Hitler damals insofern in die Richtung der radikalen Sozialisten, als dass auch er sich letztlich ein neues politisches Bewusstsein durch die revolutionäre Veränderung der gesellschaftlichen Verhältnisse versprach. Während sich dieser Vorgang bei den Marxisten aber im Modus der „internationalen Solidarität" abspielen sollte, wollte der junge Hitler die Arbeiter und kleinen Angestellten für seinen großdeutschen Nationalismus gewinnen. Im Gegensatz zur marxistischen Linken war er auch bereit, den Unternehmern das Eigentum an ihren Produktionsmitteln unangetastet zu lassen, um sie für die nationale Sache einzuspannen, statt sie gegen sich aufzubringen. Lediglich die großen Aktiengesellschaften sollten verstaatlicht[366] und „Grund und Boden" der „privaten Spekulation" entzogen werden.[367]

Dies alles ergab noch kein in sich geschlossenes Konzept, das sich inhaltlich, d.h. in seiner ideologischen Fundierung, auch nur entfernt mit den Streitschriften von Karl Marx und Friedrich Engels hätte messen können. Auch ließ der junge Hitler seinem Geschäftsfreund und Wohnheimgenossen Reinhold Hanisch gegenüber erkennen, dass er keineswegs so heroisch von den Arbeitern dachte, wie es die marxistischen Lehrväter vor ihm getan hatten. Nach anfänglicher Begeisterung für eine Volksgemeinschaft, in der Arbeiter nach dem Muster von 1848 ebenfalls eine große Rolle spielen sollten, waren diese für ihn in seinen späteren Jugendjahren nur noch „eine indolente Masse, die sich um nichts weiter als essen, trinken und Frauen kümmere",[368] keinesfalls aber die künftigen Herren der Geschichte. Daraus spricht eine gewisse Ernüchterung. Zudem war der junge Mann, der ständig das hohe Lied vom Wert der schöpferischen Einzelpersönlichkeit auf den Lippen hatte, einerseits gegen jede Form des

365 Vgl. dazu die oft zitierte Stelle in Hitler 1925 I, S. 32f., wo die Arbeiterkinder dank beengter Wohnverhältnisse miterleben, wie es zwischen Vater und Mutter zu rohen Ausschreitungen und „Misshandlungen in betrunkenem Zustand" kommt. Diese Stelle wurde von der Hitler-Biographik vielfach als indirekter Beleg dafür gedeutet, dass der junge Hitler Ähnliches in seinem Elternhaus erlebt habe. Der Kontext, in dem sie steht, macht jedoch deutlich, dass Hitler diese Fiktion nur deshalb in seine Kampfschrift einbaute, um die Notwendigkeit einer Nationalisierung der Arbeiterschaft durch bessere soziale Verhältnisse zu unterstreichen.

366 Ebda., S. 9.

367 Kubizek 1995/6, S. 177.

368 Hanisch 1939, S. 8. Dort auch die folgenden Zitate.

Egalitarismus, obwohl er andererseits eine ethnisch homogene Volksgemeinschaft anstrebte, die sich gleichgerichtet um seine autoritäre Führung scharen sollte. Als Sohn eines Staatsbeamten allem Höheren aufgeschlossen, hat er sich selbst in Wahrheit wohl stets für etwas Besseres gehalten als die breite Masse.

Zwar räumte Adolf ein, dass bedeutende Industrielle seiner Zeit wie Johann Georg Halske und Alfred Krupp einst „von ganz unten" nach oben an die Spitze der Gesellschaft aufgestiegen seien. Diesen *selfmademen* zollte er einen gewissen Respekt, weil er in ihnen Spielarten des „Genies" erblickte. Während er sie als vereinzelte „Ausnahmen" anerkannte, stand er dem Gros der Kapitalisten, insbesondere den Bankiers, als Exponenten des nationalpolitisch indolenten Bürgertums skeptisch bis ablehnend gegenüber. Vollkommen auf den nationalen Machtstaat als künftigen Herren der Wirtschafts- und Sozialordnung fixiert, verurteilte er aber dennoch jede Form von Terror, Zwang und Streik, wie sie die Marxisten praktizierten. Der junge Hitler hatte auch etwas dagegen, dass die Sozialdemokraten Beiträge für ihre Parteiorganisation leisteten, „weil, wie er sagte, diese Beiträge eine Menge Parasiten in die Lage versetzen würden, auf Kosten der Masse des Volkes bequem zu leben". Er bedauerte es sehr, dass der Staat keine Möglichkeit hatte, gegen dieses vermeintliche Unwesen mit einem Verbot einzuschreiten. Als ein Fabrikarbeiter am 1. Mai 1910 die Kühnheit besaß, mit einer roten Nelke im Knopfloch im Lesesaal des Männerwohnheims aufzukreuzen, hätte er den guten Mann am liebsten unter Anwendung von körperlicher Gewalt des Hauses verwiesen, um ein Exempel zu statuieren. Dabei bewunderte der junge Hitler insgeheim die organisatorische Kraft der österreichischen Sozialdemokratie.

Versucht man, seine wirtschafts- und sozialpolitischen Vorstellungen, die sich zum Teil erheblich widersprechen, funktional auf einen kurzen Nenner zu bringen, so drängt sich der Vergleich mit einem kybernetischen Regelkreis auf: Nach Auffassung des jungen Hitler konnte nur derjenige die Kultur seines Landes kennen und infolgedessen auch lieben lernen, der sozial einigermaßen abgesichert war. Nur derjenige, der die Kultur seines Landes kannte und liebte, konnte national sein. Nur derjenige, der national war, konnte etwas für Rasse und Volk tun. Nur derjenige konnte etwas für die Erhaltung von Rasse und Volk tun, der die Menschen im nationalpolitischen Sinn erzog. Und nur derjenige konnte dieses volkspädagogische Ziel in seiner gesamten Breite erreichen, der auch für die sozial Benachteiligten sorgte. Denn nur so ließe sich jene Masse Mensch gewinnen, die man für eine revolutionäre Umwälzung brauchte.

Führt man sich diese Gedankenkette vor Augen, liegt es nahe, die Ideologie des Hitler Adolf nicht als „nationalen Sozialismus", sondern, umgekehrt, als „sozialen Nationalismus" zu bezeichnen. In der Tat beruhte die politische Botschaft des „Nationalsozialismus", die Adolf Hitler nach dem Ersten Weltkrieg ausgab, inhaltlich auf einem ideologischen Etikettenschwindel, wenn man sie von einem marxistischen oder sozialdemokratischen Standpunkt aus betrachtet. Hingegen hat der junge Hitler dabei wohl eher an die frühere Gemeinwirtschaft der germanischen Völker und Stämme gedacht. Denn was wird der Geschichtslehrer Pötsch seinen Linzer Schülern erzählt haben, wenn er in der Klasse von Adolf die Schautafel von jenem neolithischen Pfahldorf aufhängen ließ, das noch heute am Bodensee zu besichtigen ist?[369] Er wird ihnen jene Bauern nahe gebracht haben, die in ihren Hofgemeinschaften von der so genannten Eigenwirtschaft lebten. Dieses Modell basierte auf dem Gedanken der Autarkie, d.h. die frühgermanischen Bauern verbrauchten immer nur so viel, wie sie selbst in Wald, Feld und Garten erwirtschaften konnten. Zwar betrieben sie auch diejenigen Gewerbe, die sich aus ihren individuellen Fähigkeiten und den vorhandenen Rohstoffen gleichsam von selbst ergaben. Dabei erwarben einzelne besonders begabte Individuen den Ehrentitel des „Meisters", wie ihn z.B. Hans Sachs in den *Meistersingern* trägt, einer der von Hitler besonders gern besuchten Wagner-Opern. Aber Handelsgeschäfte haben diese neolithischen Bauern nur in begrenztem Maße gepflegt und auch das nur zu bestimmten Zeiten auf eigens dafür bestimmten Märkten.

Erst durch die Einwanderung der Indogermanen entstand allmählich eine Gesellschaft mit neuen Bräuchen und Sitten, in der das Geld aber nach wie vor gar keine Rolle spielte. Aus Indien hatten diese Migranten ihre nomadische Kultur mit dem Pferd als Fortbewegungsmittel und die kultische Vorstellung von der menschenähnlichen Gestalt eines Himmelsgottes mitgebracht. Sie deuteten die Sonne als von Pferden gezogene Scheibe und sollen bereits echte Führergestalten besessen haben. In dieser Gesellschaft wurde die männliche Jugend im Gebrauch von Waffen, im Reiten und in der Haltung von Pferden erzogen. Reifte der Jüngling zum Mann, wurden ihm feierlich Schild und Speer verliehen, und es bildeten sich allmählich Gefolgschaften mit Gefolgsherren an ihrer Spitze heraus.

Diese neue Gesellschaft, so erzählt Tacitus in seiner *Germania*, konnte der Gefolgsherr nur mit Hilfe von Gewalt und Kriegshandlungen zusammenhalten. So erhob sich über den so genannten Gemeinfreien allmählich eine Führungsschicht künftiger Grundherren. Zwar trieb man jetzt auch schon Fernhandel, da man Bodenschätze wie Gold, Kupfer, Zinn und Eisen gefunden hatte, aus denen Gebrauchsgegenstände gefertigt werden konnten, und so entstand ein Münzwesen. Aber das Geld als Zahlungsmittel lernten als Erste planmäßig wohl nur jene Germanen an Rhein und Donau kennen, die dort in den Diensten der unmittelbar benachbarten römischen Weltmacht standen oder mit dieser Handel trieben.

So etwa wird Leopold Pötsch seinen Schülern in Linz die ur- und frühgermanische Welt erläutert und ihre deutschnationalen Phantasien befeuert haben.[370] Sicher wäre es verfehlt, daraus unmittelbar die so genannte Ge-

369 Kandl 1963/64, S. XXX, berichtet davon, dass Pötsch gern auf dieses anschauliche Beispiel für die germanische Kultur abhob und dass sein Lieblingsschüler Hitler in Absprache mit ihm die Karten und Schautafeln vor Beginn des Unterrichts aus dem entsprechenden Nebenraum holen durfte.

370 Wir folgen hier der Darstellung, die Ernst Wahle von der „Ur- und Frühgeschichte im mitteleuropäischen Raum" gibt , vgl. Gebhardt (1973) IV, S. 24.

meinwirtschaft abzuleiten. Denn auf die Entwicklung dieser Wirtschaftsform, die das Gemeinwohl über das individuelle Gewinnstreben stellt, hat die Entwicklung der Moderne mit ihren großen Gemeinschaftsaufgaben im Lauf der Jahrhunderte ebenso eingewirkt wie es zuletzt sozialistische Ideen und das deutsche Genossenschaftswesen getan haben. Deshalb wollten wir hier nur in denkbar groben Strichen andeuten, auf welche geschichtlichen Bilder und aktuellen Zeitströmungen sich die Vorstellungen des jungen Hitler von Wirtschaft und Gesellschaft stützten, ohne irgendeine Vollständigkeit oder gar Wissenschaftlichkeit anzustreben. Aber es wäre nicht verwunderlich, wenn sich aus Pötschs frühen Belehrungen, aus der Autarkie-Idee und aus der geopolitischen Denkschule, die der von Hitler geschätzte Professor Karl Haushofer[371] nach dem Ersten Weltkrieg an der Universität München vertrat, allmählich die nationalsozialistische Wirtschaftsdoktrin eines blockadefesten, weil von Außenhandelsbeziehungen nicht mehr abhängigen Großraums entwickelt hätte, die sich nicht an vergänglichen Werten wie Kapital und Profit, sondern an Ewigkeitswerten wie Blut und Boden orientierte.

10. Kapitel: Antisemiten und Juden

Das Rätsel der Quellen

Der „kulturelle Code" (Michael John) fremden- und demokratiefeindlicher Stimmungen und Parolen hat den jungen Hitler an der vorletzten Jahrhundertwende zunächst wie ein Kokon umgeben. In der Tat bewegte er sich von seiner Schulzeit in Linz bis zu seinem Weggang nach Wien in einer deutschnationalen Subkultur, die aus Antiliberalismus, Antitschechismus und Antisemitismus bestand. Deshalb stellt sich die Frage, wann, wie und wo er in seinen ersten 25 Lebensjahren mit welcher Intensität zum Antisemiten geworden ist[372] – sei es in dessen „eliminatorischer", sei es in

371 Karl Ernst Haushofer (1869–1946) stand zunächst im Dienst des bayerischen Heeres, für das er zu Studienzwecken u. a nach Japan reiste. Danach wurde er Professor für Geographie an der Universität München, wo er die Disziplin der Geopolitik begründete. Zu Haushofers Studenten zählte 1919 Rudolf Heß. 1921 begegnete er erstmals Adolf Hitler, den er später in dessen Amtszeit als Reichskanzler beraten hat. Nach Heß' Englandflug geriet Haushofer, der mit einer Jüdin verheiratet war, in das Visier der Gestapo. Unter nie ganz geklärten Umständen hat er 1946 Selbstmord begangen.

372 Vgl. dazu John 2001, S. 1319, der meint, dass sich die Antworten der Hitler-Biographen auf die Frage des Zeitpunkts neuerdings „zeitlich nach hinten verlegt" hätten. Bullock 1953, S. 19, war noch der Meinung gewesen, Hitlers Antisemitismus sei die Frucht dessen gewesen, was er „vor 1914 in Wien gelesen" habe. Dieser Meinung haben sich viele Biographen – mit wechelnden Akzenten und Begründungen – angeschlossen. Vgl. Smith 1967, S. 147f., Maser 1971, S. 176. Fest 1973/4, S. 51f., räumte ein, Hitlers Antisemitismus sei in Linz „vorgeprägt", aber erst in Wien „endgültig ausgeformt" worden. Toland 1977, S. 72, hält den Antisemitismus für „eine persönliche Sache" Hitlers, die er – ähnlich wie die Psychohistoriker Langer, Waite und Binion – auf Erlebnisse in seiner Kindheit zurückführt. Hamann 1996/4, S. 502, mag sich nicht zwischen Wien und Linz

dessen „exstirpatorischer" Form (Daniel J. Goldhagen).[373]Trotz vieler Versuche ist diese wichtige Frage bis auf den heutigen Tag noch nicht wirklich überzeugend beantwortet worden.

Schon in Linz war Adolf „öfters auf das Wort Jude" gestoßen. Zwar sei dies bereits im Zusammenhang mit politischen Gesprächen geschehen, doch habe er sich dabei noch nichts Schlimmes gedacht.[374] Erst nachdem er sich endgültig in der Residenzstadt niedergelassen hatte, so Hitler in *Mein Kampf*, habe er sich, vom „Anschauungsunterricht der Wiener Straße" und anderen negativen Erfahrungen belehrt,[375] in einen „fanatischen Antisemiten" verwandelt. Da dieser Prozess angeblich höchstens zwei Jahre in Anspruch nahm, muss das Endstadium seiner antisemitischen Entwicklung somit etwa 1910 erreicht worden sein. Hingegen behauptet Kubizek: „Meiner Erinnerung nach ist Adolf Hitler bereits als ausgeprägter Antisemit nach Wien gekommen. Er brauchte es nicht erst zu werden, wenngleich die Erlebnisse in Wien ihn über diese Fragen noch radikaler denken ließen als bisher."[376]

Dabei hatten nach Hitlers eigener Einschätzung in Linz „nur sehr wenige" und dazu noch in ihrem äußeren Erscheinungsbild „europäisiert" und „menschlich" wirkende Juden gelebt.[377] Nicht zuletzt deshalb sagt Dr. Bloch über den jungen Hitler der damaligen Zeit: „Noch hatte er nicht damit begonnen, die Juden zu hassen",[378] und Hanisch hat sogar noch für die Zeit, die er zusammen mit Hitler in Wien verbrachte, zu Protokoll gegeben, dieser sei nicht einmal 1909/10 „ein Judenhasser" gewesen. „Das wurde er erst später",[379] wofür in erster Linie die Zeit in München in Frage kommt.

Widersprüche also, wohin man blickt. Insgesamt erweist sich die Quellenbasis auch in diesem besonders wichtigen Fall als lückenhaft und als wenig belastbar. Immerhin ergeben sich für die Lösung des Rätsels drei Möglichkeiten: Entweder wurde Hitler schon in Linz oder erst in Wien

---

entscheiden und verschiebt die Entstehung auf die „Weltkriegsjahre", insbesondere auf 1918/19, also auf München. Kershaw 1998 I, S. 97ff., neigt den Jahren 1909/10 zu und führt Hitlers Antisemitismus auf einen „Selbsthass", nicht auf eine „durchdachte ‚Weltanschauung'" zurück. Redlich 1999, S. 317ff., unterscheidet zwischen einem „ethnophobischen" (Linz) und einem „ressentimentgeladenen" Antisemitismus Hitlers (Wien).

373 Eliminatorisch von „eliminare", lat. = aus dem Haus treiben – exstirpatorisch von „exstirpare", lat. = ausrotten.

374 Hitler 1925 I, S. 55.

375 Ebda., S. 63 und 69.

376 Kubizek 1995/6, S. 94.

377 Ebda., S. 55.

378 NACP, Records of the OSS, Record Group 226, Box 2: „Hitler's Source Book", Bloch, Dr. E., My patient Hitler as Told to J. D. Radcliff. Collier's, 15. März 1941, S. 69.

379 Hanisch 1939, S. Hingegen liegen für die folgenden drei Jahre bis zu Hitlers Weggang nach München – außer von einem „Brünner Anonymus", den Brigitte Hamann ausgrub, der aber nichts Wesentliches zur Klärung des Sachverhalts beiträgt – keine einschlägigen, geschweige denn zuverlässigen Aussagen vor, und dasselbe gilt auch für das Jahr 1913/14 in München.

oder sogar erst zu einem noch späteren Zeitpunkt zum Antisemiten. Dabei beschreiben „Antisemitismus“, „ausgeprägter Antisemitismus“ und „Judenhass“ drei unterschiedliche Grade der Intensität, dem wir noch den von uns geprägten, in diesem Buch schon mehrfach benutzten und inhaltlich etwas anders gelagerten Begriff des „manifesten Antisemitismus“ hinzufügen. Darunter ist eine judenfeindliche Haltung zu verstehen, die sich derart verfestigt und verschärft hat, dass sie nichts anderes mehr als antisemitische Äußerungen oder Handlungen zulässt, sei es aus blindem Hass, sei es aus kalter Berechnung oder sei es auch aus ohnmächtiger Bewunderung für eine Judenheit, die jahrtausendelange Verfolgung und Unterdrückung erfolgreich überstanden hatte und die man auf arisch-germanische Art und Weise nachahmen oder sogar übertreffen wollte. Es gibt viele Möglichkeiten, diese Gefühle und Einstellungen zu benennen. Aber im Grunde weiß bis heute niemand, worum es sich im Falle Hitlers gehandelt hat.

Bevor wir untersuchen, wie, wo und unter welchen Umständen er zum Antisemiten wurde, müssen wir uns noch kurz mit einer These auseinandersetzen, die Ralf Georg Reuth erst kürzlich vorgelegt hat. Im Gegensatz zu allen anderen Hitler-Biographen vertritt dieser Historiker und Publizist nämlich die Meinung, sein Protagonist sei von Linz über Wien bis München überhaupt noch kein Judenfeind gewesen, sondern, im Gegenteil, sogar „ein Judenfreund“ – jedenfalls sei das „mehr als wahrscheinlich“.[380] Gewiss ist es stets von Reiz, Hitler zu widersprechen oder sogar zu widerlegen. Stellt man aber eine so waghalsige Behauptung auf, sollte man die Quellen studieren und sich nicht allein auf Brigitte Hamann verlassen, wie Reuth es tut. Außerdem schiebt die Wiener Historikerin die „Erinnerungen“ Kubizeks keineswegs als „Konstrukt“ beiseite, wie er behauptet. Vielmehr hält Hamann den Jugendfreund Hitlers für durchweg „glaubwürdig. Sein Buch stellt eine reichhaltige und – für die frühe Hitlerzeit – einzigartige Quelle dar“.[381] Dennoch darf man auch diese Quelle selbstverständlich nur mit Vorsicht benutzen, weil einige ihrer Passagen „problematisch“ (Brigitte Hamann) sind.

Zwar hat sich Reuth mit der Darstellung von Hitlers Münchner Zeit *nach 1918* durchaus einige Meriten erworben, indem er sich mutig – nämlich in Übereinstimmung mit dem dafür viel gescholtenen Historiker Ernst Nolte[382] – auf exogene Einflüsse wie etwa den „jüdischen Bolschewismus“ und den Vertrag von Versailles beruft. Sein Buch bringt dafür interessante, weil bisher zum Teil nur wenig bekannte Details. Aber was die Zeit *vor 1914* angeht, blendet Reuth den Kontext, den wir in diesem Buch ausgebreitet haben, vollkommen aus, und dieser Kontext reicht nun einmal zurück bis in Hitlers Linzer Zeit. Um es etwas überspitzt zu sagen: Die Entwicklung des späteren Diktators zum Antisemiten kann man nicht erfassen, wenn man sich auf seine Entwicklung zum Antisemiten beschränkt,

380 Reuth 2009, S. 28.

381 Vgl. Prolog, S. 34.

382 Nolte 1987. – Sein Buch löste den so genannten Historikerstreit über „eine Vergangenheit“ aus, die nach Ansicht von Jürgen Habermas „nicht vergehen darf“.

denn bekanntlich hat sich Hitler von 1910 bis 1919 so gut wie nie zu diesem Thema geäußert. Daraus aber zu schließen, dass er von der Kindheit bis zum Mannesalter nicht in antisemitischem Sinne beeinflusst wurde, kommt einem Kurzschluss gleich.

Kehren wir zu unseren Quellen und zu den Zeitpunkten zurück, zu denen sie entstanden sind. Hitler beschrieb seine Bekehrung zum fanatischen Antisemiten als Häftling in der Festung Landsberg des Jahres 1924, nachdem ihm im Vorjahr der Sturz der bayerischen Staatsregierung und damit ein Putsch gegen das Reich misslungen war. Kubizek brachte seine gedruckten Erinnerungen an den Jugendfreund kurz nach dem Zweiten Weltkrieg in Österreich zu Papier, wo er eine Beschäftigung als Kommunalbeamter gefunden hatte. Dr. Bloch äußerte sich 1941 in den USA, nachdem man Hanischs Einschätzung dort schon 1939 veröffentlicht hatte. Soviel zu den Zeitpunkten.

Was nun die Motive und Ziele dieser vier Autoren angeht, versuchte Hitler sich in *Mein Kampf* als ungewöhnlich weitblickender Führer zu empfehlen, nachdem er sich gerade erst als ziemlich kurzsichtig erwiesen hatte. Denn dass sein Putschversuch scheitern würde, war abzusehen. Deshalb berief Hitler sich auf „ein Weltbild und eine Weltanschauung“, die er angeblich schon in Wien als das „granitene Fundament“ seines „derzeitigen Handelns“ erworben hatte.[383] Kubizek sah sich kurz nach dem verlorenen Krieg gezwungen, seine Jugendfreundschaft mit dem früheren „Führer“ zu rechtfertigen. Deshalb stellt er sich als Freund der Juden dar, den Hitler in einem antisemitischen Sinne vergewaltigt habe.[384] Bloch nahm den jungen Hitler rückblickend nicht als Antisemiten wahr, weil ihn trotz seines schweren Schicksals noch kurz vor dem Kriegseintritt der USA eine – angesichts seines Schicksals – sentimental wirkende Zuneigung zu seinem früheren Patienten erfüllte. Hanisch hatte wegen der Streitigkeiten, die ihn ins Gefängnis brachten, eigentlich allen Grund, sich an Hitler zu rächen. Doch stellte er diesen als jemanden dar, der den Juden durchaus eine gewisse Anerkennung zollte, weil Heiden den „Führer“ in einen Gegensatz zu dem in dieser Beziehung angeblich noch viel schlimmeren Preußen-Deutschland bringen wollte. Somit bieten die mutmaßlichen Motive und Ziele dieser vier Autoren ein äußerst disparates Bild: Im Gegensatz zu Kubizek behauptet Hitler, er sei erst in Wien zum Antisemiten geworden. Bloch und Hanisch-Heiden glauben, dass dies erst später der Fall gewesen sei, ohne einen bestimmten Zeitpunkt zu nennen.

---

383 Hitler 1925 I, S. 21.

384 So heißt es bei Kubizek 1995/6, S. 251 und 291, er habe zu den Schülern und Lehrern im Wiener Konservatorium, sofern diese Juden waren, „ausgezeichnete persönliche Beziehungen unterhalten“ und die „radikalen Ansichten“ seines Freundes nicht geteilt. Kubizek will sich bei Hitler 1938 auch für den bedrängten Dr. Bloch eingesetzt haben, als dieser ihn darum bat, sei aber von Martin Bormann abgewiesen worden. In seiner Korrespondenz mit Jetzinger, soweit diese im Archiv des Stocker Verlages liegt, schneidet Kubizek die so genannte „Judenfrage“ nicht an, so dass von daher keine Möglichkeit zur Überprüfung seiner Aussagen besteht.

Wie sind nun die bisherigen Hitler-Biographen mit der Unsicherheit umgegangen, die sich aus dieser Quellenlage ergibt? Einige von ihnen haben sich für Linz oder Wien entschieden. Andere ließen ihre Entscheidung offen, und wieder andere – wie etwa Reuth[385] – meinten, Hitler sei in München erst dann zum überzeugten Antisemiten geworden. Wenn wir uns nicht täuschen, stellt diese Auffassung heute so etwas wie „die herrschende Lehre“ dar – insofern sind Reuths Erkenntnisse eigentlich auch gar nicht so neu.[386] Erstmals soll hier nun der Versuch unternommen werden, alle drei Denkschulen miteinander zur Deckung zu bringen.

Das antisemitische Familiengeheimnis

Wie an anderer Stelle bereits dargestellt,[387] benutzte der Hitler Adolf das Wort „Jude“ selbst im Zusammenhang mit seinen völkischen Anschauungen während seiner Linzer Schulzeit noch nicht. Diese Tatsache könnte Adolf Hitlers Behauptung in *Mein Kampf* stützen, er habe das Wort „Jude“ in seinem Elternhaus bis zum Tod des Vaters nie gehört, weil „der alte Herr ... schon in der besonderen Betonung dieser Bezeichnung eine kulturelle Rückständigkeit erblickt haben“ würde.[388] Einmal abgesehen davon, dass Hitler diese sehr weit gehende Behauptung in *Mein Kampf* als Exposition für die dramatische Erzählung über sein angebliches Bekehrungserlebnis benutzt, scheint sie auch im Hinblick auf den Beruf und die politische Einstellung seines Vaters nur bedingt glaubhaft zu sein.

Bekanntlich hat der Zollamtsoberoffizial zwischen Treue zur Habsburgermonarchie und Loyalität gegenüber seinem Deutschtum geschwankt. Letztere versuchte er mehr oder weniger krampfhaft vor seinem Sohn zu verbergen. Wenn aber die politische Haltung des Hitler Alois im Allgemeinen schon ambivalent war, warum dann nicht auch gegenüber den Juden? Tatsächlich ermutigt uns das wenige, was wir über den Angehörigen des kaiserlich-königlichen Zolldienstes von damals wissen, zu der Annahme, dass bei Adolfs Vater in Bezug auf die so genannte „Judenfrage“ ebenfalls erhebliche Ambivalenzen bestanden haben. Und Kubizek, der den alten Herren allerdings nicht mehr persönlich kennen gelernt hatte, meint sogar, dieser habe das Judentum „sicherlich ... entschieden“ abgelehnt.[389] Verwunderlich wäre das nicht, weil Juden im alten Österreich am Schmuggel und Schleichhandel ebenso wie an legalen Handelsgeschäften beteiligt wa-

385 Reuth 2009, S. 103ff.

386 Vgl. den Abwägungsprozess bei Kershaw 1998/2, S. 97ff., der sich zögernd auf die Monate „zwischen dem Kriegsende und seinem (d.h. Hitlers) ‚politischem Erwachen‘ in München im Jahr 1919“ festlegt (S. 108).

387 Vgl. Teil III, 4. Kapitel, S. 418.

388 Hitler 1925 I, S. 54.

389 Kubizek 1995/6, S. 94.

ren.[390] So kam der leitende Zollbeamte Rudolf Holzer nach einer Inspektionsreise schon 1864 zu dem für ihn ärgerlichen Schluss: „Die Juden Galiziens sind die wahren Herren im Lande, Handel und Gewerbe sind fast ausschließlich in ihrer Hand." Dann folgen reihenweise jene Stereotypen, die damals in Österreich allgemein üblich waren und auf einen tief sitzenden Antisemitismus schließen lassen: Der Adel befinde sich „in erschreckendem Maße in der Juden Hände", diese hätten sich auch die Bauern durch den Aufkauf von deren Höfen „sklavisch dienstbar gemacht". Und schließlich: „Der Juden geheimnisvolle Macht drang damals bis zu den höheren Stellen. In allen Geschäften und Angelegenheiten unterhielten sie undurchsichtige Beziehungen, Verbindungen mit den höchsten Persönlichkeiten. Sie hatten vorzeitig Kenntnis von Verordnungen, von Maßnahmen und schlugen aus allem Gewinn und Nutzen. Und dazu war kein Mittel, kein Handel zu unmoralisch oder verwerflich."

Mit diesem Zitat aus älterer Zeit ist freilich noch nicht gesagt, dass der Hitler Alois diese Ansichten teilte, aber unwahrscheinlich ist es nicht. Denn wenn es bei Holzer heißt, die „Immoralität" der Juden sei geradezu „sprichwörtlich" gewesen, kann man wohl davon ausgehen, dass sich dieses Vorurteil im Lauf der Jahre auch bis zu den Dienststellen in Braunau, Passau oder Linz herumgesprochen hat, wo der Zollbeamte zuletzt tätig war. Unter diesen Umständen ähnelt Hitlers Behauptung, sein Vater sei kein Antisemit, sondern, im Gegenteil, sogar ein kulturell hochstehender Mensch mit weltbürgerlichen Anschauungen gewesen, eher einer demonstrativen Schutzbehauptung. Zwar war die Einschätzung als Weltbürger, wie weiter oben dargestellt,[391] in Bezug auf sein universelles Bildungsideal nicht ganz falsch. Aber sie war in Bezug auf den Antisemitismus des Hitler Alois wahrscheinlich auch nicht ganz richtig. Da im unteren Mittelstand des alten Österreichs, zu dem die „kleinen" Beamten zählten, antirömische und antisemitische Ressentiments nahe beieinanderlagen, könnte dies auch bei Hitlers Vater der Fall gewesen sein.

Demnach ist denkbar, dass der Hitler Alois – entgegen seiner eigenen Einstellung – seinen Sohn dazu vergatterte, das Wort „Jude" in der Öffentlichkeit nicht zu benutzen, um das Familiengeheimnis seiner politischen Ambivalenz auch in dieser Beziehung zu wahren. Leicht erregbar, wie er war, zog der alte Herr aber gewiss am Stammtisch das eine oder andere Mal auch über die Juden her, weil dies einfach der antisemitischen Stimmung jener Jahre entsprach, vor allem während des Sprachenstreits, als viele Deutschösterreicher für ihre nationalen Verlassenheitsängste nach Sündenböcken suchten. Indirekt fühlt man sich in diesen Spekulationen be-

390 Holzer 1961, S. 181. – Der Autor beendete seine Laufbahn ?wann? als Oberamtskontrollor oder Direktor eines Hauptzollamts. Leider konnten wir bei unseren Recherchen keine zeitnähere und noch aussagekräftigere Quelle finden. Das folgende Zitat auf S. 174.

391 Siehe Teil I, 2. Kapitel, S. 60f.

stätigt, wenn man in Übereinstimmung mit Brigitte Hamann vermutet,[392] der Zollamtsoberoffizial habe der *Deutschen Volkspartei* nahegestanden, die damals in Oberösterreich politisch zeitweise den Ton angab. Zwar soll sich einerseits die *DVP* 1898 von Georg Schönerer distanziert haben, weil dieser nach Meinung des Wiener Bürgermeisters Lueger zu radikal gewesen war, andererseits soll sie sich dem Anführer der Alldeutschen dann aber auch wieder angenähert haben.[393] Mit ihrer Position zwischen Schönerer und Lueger, die längst geschiedene Leute waren, scheint die *Deutsche Volkspartei* für den Hitler Alois die politische Ambivalenz in Perfektion verkörpert zu haben: Sie forderte „die Befreiung von den nachteiligen Einflüssen des Judentums" und „als dringendste Maßnahme das Verbot weiterer jüdischer Einwanderung aus Russland und Polen",[394] was den antisemitischen Anwandlungen des Zollbeamten offensichtlich entgegenkam. Trotzdem soll die Partei, wie Hamann schreibt, um die Jahrhundertwende noch Juden aufgenommen haben.

Das römisch-katholische Milieu

Zu den Faktoren, die auf den Hitler Adolf von Kindesbeinen an in antisemitischem Sinn eingewirkt haben, gehört auch das römisch-katholische Milieu. Allerdings muss man in diesem Zusammenhang eher von „antijüdisch" oder „antijudaistisch" sprechen, weil sich judenfeindliche Gefühle in diesem Fall überwiegend auf die Religion, nicht auf die Rasse bezogen. Die starke Bindung der Hitler Klara an ihre Religion wurde bereits dargestellt, und obwohl ihr Ehemann alles andere als ein Freund der Kirche war, ging ihr gemeinsamer Sohn in Lambach bei diesem Milieu buchstäblich in die Schule. Zwar weiß man bis heute nur sehr wenig über die erzieherischen Inhalte, die ihm die Benediktiner in der dortigen Stiftsschule vermittelt haben. Das wenige aber, was man weiß, legt die Vermutung nahe, dass Adolf schon damals mit judenfeindlichen Tendenzen in Berührung gekommen ist. So fanden wir im Archiv der Abtei das Theaterstück *Treue für Treue*, das Pater Grüner, Leiter des dortigen Sängerknabeninstituts, 1893 in einem Salzburger Verlag veröffentlicht hatte und dadurch größere Verbreitung fand. Die Hauptfigur in diesem Stück ist eine arme Näherin, die als Lohnarbeiterin in Abhängigkeit von einer „Modistin" zu geraten droht, sich dieser Gefahr aber aus Gewissensgründen entziehen kann. Die Modistin hat in dem Stück nicht einmal einen eigenen Namen. Sie verkörpert nämlich kein Individuum, sondern einen bestimmten Typ – den der kaltherzigen, da nur an Geld und Geschäften interessierten Jüdin, die

392 Hamann 1996/4, S. 22. – Ob die Volkspartei um die Jahrhundertwende trotzdem noch Juden aufnahm, wie Hamann schreibt, muss auch in Anbetracht des weiter unten zitierten Paragraphen bezweifelt werden.

393 Pichl 1938 V, S. 101.

394 Das Programm forderte „die Befreiung von den nachteiligen Einflüssen des Judentums". Insbesondere wurde „als dringendste Maßnahme das Verbot weiterer jüdischer Einwanderung aus Russland und Polen" verlangt. Siehe Tweraser 1980, S. 80.

eine „sündhafte" Moderichtung vertritt. Die negativen Züge dieser Bühnenfigur entsprechen unverkennbar einem antisemitischen Feindbild, das damals weit verbreitet war.[395]

Darüber hinaus besteht kein Zweifel, „dass viele gebräuchliche Rationalisierungen des Antisemitismus ihren Ursprung im Christentum haben".[396] Die Motive, in denen sie zum Ausdruck kamen, sind vom Jesus, der die Wucherer aus dem Tempel vertrieb, über den Verräter Judas bis hin zum Verlangen der Juden nach der Kreuzigung Jesu allgemein bekannt. Unstrittig ist auch, dass, wie Theodor W. Adorno schreibt, der kirchliche Autoritätsanspruch gerade durch die neuzeitliche Säkularisierung paradoxerweise weiter verstärkt wurde. Diese Entwicklung führte vor allem im 19. Jahrhundert nicht nur zu verstärkter Unterwürfigkeit und Anpassung vieler Gläubigen an die Kirche, sondern vielfach auch zu Hass auf die aus ihrer Sicht Ungläubigen, die Juden. Dies traf sicher am ehesten auf „die ‚schwachen' Christen" zu, von denen der junge Hitler einer war.

Überdies sah das römisch-katholische Milieu nicht nur im alten Österreich das Judentum „in einer charakteristischen ‚Nähe' zu den Einrichtungen der Moderne",[397] denen es skeptisch bis ablehnend gegenüberstand. Die für die Moderne charakteristische Glaubenslosigkeit oder -schwäche wurde vielfach als Ergebnis einer Verschwörung beargwöhnt, die von Juden und den mit ihnen angeblich verbündeten Freimaurern ausgegangen sein soll. Sie schien letztlich auf die Weltherrschaft eines Volkes hinauszulaufen, das sich selbst als von Gott auserwählt – und damit als allen anderen Völkern und Religionen überlegen – betrachtete. Antimoderne und antisemitische Affekte dieser Art waren besonders im niederen Klerus des alten Österreich virulent. Sie wurden über die so genannte „Kaplanpresse" in der Landbevölkerung und im alten Mittelstand der Städte verbreitet und dienten der Hitler Klara möglicherweise als Mittel zur „sozialdisziplinierenden Milieustabilisierung" (Olaf Blaschke) gegenüber ihrem rebellischen Sohn. Auf diese Art und Weise könnte Adolf schon in seinem Elternhaus einen Teil jener antisemitischen Stereotype verinnerlicht haben, die aus römisch-katholischer Richtung kamen. Sie hatten jedoch in der Regel noch keine rassistischen Konnotationen, weil eine Einteilung der Menschen nach rassenbiologischen Kategorien mit Eckwerten der römisch-katholischen Amtskirche wie „Taufverständnis", „Sakramenttheologie", „göttliche Gnadenwirksamkeit", „Offenbarungsfundament" nicht vereinbar war.[398]

395 Dank an Pater Neulinger, der dem Verfasser eine Kopie des Textes am 3. April 2002 im Klosterarchiv ermöglichte.

396 Adorno 1973, S. 282.

397 Rürup/Nipperdey Erscheinungsjahr vgl. Brunner, Geschichtliche Grundbegriffe, S. 129–153.

398 Blaschke 1991, S. 250.

Antisemitismus à la Linz

Es ist extrem unwahrscheinlich, dass Hitler bis zu seinem 14. oder 15. Lebensjahr in Linz noch nie das Wort „Jude“ in dessen pejorativer Bedeutung gehört hat, obwohl er selbst in *Mein Kampf* auf politische Gespräche außerhalb seiner Familie hinweist, in denen das mit an Sicherheit grenzender Wahrscheinlichkeit der Fall war. Auch wenn die in der Biographik weitverbreitete Auffassung, er habe höchstwahrscheinlich die Zeitschrift *Der Scherer*[399] oder die *Linzer Fliegenden Blätter*[400] gelesen, kaum jemals überzeugend bewiesen worden ist, muss man davon ausgehen, dass Hitler an anderer Stelle ausreichend Gelegenheit hatte, den in Linz üblichen Antisemitismus kennenzulernen.[401] Diese Auffassung vertritt – im Gegensatz zu Brigitte Hamann – neuerdings auch der Linzer Historiker Michael John.[402]

Immerhin reichte der Antisemitismus an der Realschule, wie zwei von Hitlers ehemaligen Schulkameraden nach dem Krieg bezeugten, bis zum „Boykott der Juden bereits in der vierten Klasse“, d.h. Buben, die mit einem gleichaltrigen Juden freundschaftlich verkehrten, wurden von vielen ihrer Kameraden so lange geschnitten, bis sie diese Beziehung aufgaben.[403] Im Hintergrund stand das verschwommen wirkende Vorurteil, „dass eine Gefahr im Judentum liege“.[404] Zwar wurde dieses Vorurteil von den Lehrern nicht offen artikuliert, da sie Rücksicht auf ihren Beamtenstatus zu nehmen hatten.[405] Es war aber unter den Schülern so weit verbreitet, dass

---

399 Vgl. dazu Banuls 1970/2, S. 203, wo der Verfasser am Ende seiner Ausführungen nur „eine unbewiesene Beziehung zwischen der Zeitschrift und Adolf Hitler“ feststellen kann. Das illustrierte Blättchen, das die so genannten „Römlinge“ offenbar noch mehr als die Juden beschimpfte, weil es der von Hitler abgelehnten „Los von Rom“-Bewegung ebenso nahe stand wie einem „naiv germanischen Heidentum“, dem Hitler ebenfalls nichts abgewinnen konnte, ist von 1903 bis 1904/05 in Linz erschienen.

400 Die Behauptung, Hitler habe diese Zeitschrift in Linz gelesen, stammt ursprünglich von dem unzuverlässigen Wilfried Daim sowie von Maser 1965, S. 99, der sich, was die *Linzer Fliegenden Blätter* betrifft, nur auf nicht weiter spezifizierte „Aussagen gut informierter Zeugen“ berufen kann.

401 Die von Cornish 1998 aufgestellte Behauptung, Hitler sei durch eine „Jugendstreiterei“ mit dem späteren Philosophen Wittgenstein, der jüdischer Abstammung war und mit ihm vorübergehend zeitgleich die Linzer Realschule besuchte, zum Antisemiten geworden, wurde längst in den Bereich der Fabel verwiesen.

402 John 2001, S. 1316.

403 Kandl 1963/64, S. XI (Anhang), Interview mit Gustav Dietscher, 6. August 1962, und S. XX (Anhang) mit Fritz Müller, 25. August 1962.

404 Ebda., S. XXXI (Anhang), Interview mit Anton Estermann (undat.). – Das folgende Zitat stammt aus einem Ergänzungsschreiben Estermanns vom 29. Dezember 1962.

405 Anders Kubizek 1995/6, S. 93, der behauptet: „Bei der Darstellung der Schulzeit wird verschwiegen, dass es an der Realschule ausgesprochen antisemitisch eingestellte Lehrer gab, die auch vor den Schülern ihren Judenhass offen bekannten.“ Ob Pötsch zu diesen Lehrern gezählt hat, ist nicht bekannt und aus dienstrechtlichen Gründen auch nicht zu vermuten.

es sehr wahrscheinlich auch den Hitler Adolf beeinflusst hat. Adolf Hitler äußert sich dazu in *Mein Kampf* auffallend ungenau.[406] Er führt die „Vorsicht", die seine Kameraden und er einem jüdischen Mitschüler gegenüber beobachteten, nur auf dessen „Schweigsamkeit" zurück, somit auf ein individuelles Wesensmerkmal und nicht auf ein antisemitisches Stereotyp. Irgendwelche „Gedanken" antisemitischer Art, so fügt Hitler noch bekräftigend hinzu, habe er dabei „wie die anderen" nicht gehabt. Aber gerade diese weitergehende Behauptung wird ja von seinen soeben zitierten ehemaligen Mitschülern widerlegt, indem sie in ihren nichtarischen Schulkameraden eine überindividuelle Gefahr erblickten. Sie klingt daher ebenfalls nur wie eine Schutzbehauptung.

Von Zeitzeugen wie Anton Estermann wird der Antisemitismus Linzer Provenienz freilich als „sehr liberal" beschrieben. So habe damals z.B. niemand daran gedacht, „brave bewährte ortsansässige Juden" aus den Vereinen auszustoßen, denen sie gemeinsam mit ihren christlichen Mitbürgern angehörten. Wie weit diese Einschätzung tatsächlich zutrifft, lässt sich am Besten an den Aktivitäten von Dr. Carl Beurle ablesen, dem Wortführer der Deutschnationalen in der oberösterreichischen Landeshauptstadt.[407] Der Rechtsanwalt war Anfang der achtziger Jahre dem örtlichen *Liberal-politischen Verein* beigetreten, der sich unter seinem maßgeblichen Einfluss in *Deutscher Verein* umbenannte und ideologisch neu ausrichtete. Dabei wurde „keinerlei Diskriminierung von Juden" ersichtlich.[408] Zwar versuchte Beurle in der Folgezeit, den Verein doch noch in eine antisemitische Richtung zu drängen, setzte sich damit aber bei den liberalen Honoratioren der Stadt nicht durch und wurde deshalb sogar aus dem Hauptausschuss des Vereins abgewählt. Beurle erklärte daraufhin seinen Austritt. Nach Rücksprache mit Georg Schönerer gründete er 1888, ein Jahr vor Hitlers Geburt, eine eigene Partei, die eigentlich die liberale Vorherrschaft in der Stadt brechen sollte. Diese Partei verschwand jedoch schnell wieder in der Versenkung, als sich Schönerer aus dem politischen Leben hinauskatapultierte. Selbst für Beurle war es danach untunlich, eine Verbindung zu dem gestürzten Helden seiner Jugend aufrechtzuerhalten. Freilich blieb der Rechtsanwalt, wenigstens zunächst, auch zur christlichsozialen Bewegung Karl Luegers auf Abstand.

Am historischen Sieg der Deutschnationalen bei der Wahl zum Linzer Gemeinderat an der Jahrhundertwende hatte Beurle maßgeblich Anteil. Folgt man der Darstellung Kurt Twerasers, blieb er dabei im antisemitischen Sinn unauffällig. Zwar hatte der Anwalt zuvor noch die *Linzer Montagspost* gegründet, welche „die Judenfrage so vernünftig" erörtern sollte „wie zum Beispiel die Zigeunerfrage".[409] Doch wurde das Blatt schon 1901 wieder eingestellt, weil es sich gegen die *Linzer Tages-Post* nicht behaupten konnte. Insgesamt, so scheint es, blieb den in der Stadt

406 Hitler 1925 I, S. 55.

407 Siehe auch Teil II, 4. Kapitel, S. 267ff.

408 Tweraser 1980, S. 73.

409 Ebda., S. 78.

lebenden Juden ein schärferer Antisemitismus vor allem deshalb erspart, weil Liberale und Deutschnationale in ideologischer Hinsicht konvergierten – ein sich über mehrere Jahre hinziehender Prozess, der erstere immer mehr deutschnational und letztere immer weniger antisemitisch machte. Schließlich gab es Juden weder im Linzer Gemeinderat noch im Oberösterreichischen Landtag, an denen sich Ängste vor einer „Verjudung" des öffentlichen Lebens hätten festmachen können.

Am Ende sah sich Beurle veranlasst, „eine scharfe Trennlinie" zwischen Schönerers „Radauantisemitismus" und seiner „eigenen verfeinerten Marke von Antisemitismus" (Kurt Tweraser) zu ziehen. Der Linzer Historiker spricht sogar von einem „Bruch mit Schönerer", den dieser seinerseits mit der Distanzierung von Beurle beantwortet habe. Zwar hielt der Anwalt an der Unvereinbarkeit von Judentum und Ariertum sowie an anderen antisemitischen Grundanschauungen fest. Er wollte die angebliche Unvereinbarkeit aber gesetzlich und nicht durch hetzerische Reden oder gar Gewalttätigkeiten markieren. Am bekanntesten wurde Beurles teils taktisch, teils ideologisch gebrochener Antisemitismus durch seinen Vorschlag, die US-amerikanische *Chinese Exclusion Act* von 1882 auf Österreich zu übertragen. Wie die Amerikaner dadurch den Zustrom chinesischer Einwanderer nach Kalifornien hatten verhindern wollen, sollte nun auch den Juden aus Galizien, der Bukowina und Russland der Zuzug nach Österreich gesetzlich verwehrt bzw. deren Aufenthalt hier befristet und mit Auflagen versehen werden.[410]

Vergegenwärtigt man sich die Unterscheidung zwischen „Radauantisemitismus" und jener gesetzlich geregelten Form von Antisemitismus, die Beurle in Linz zum ersten Mal formulierte, wird man fast zwangsläufig daran erinnert, dass Adolf Hitler in seinem bereits zitierten Brief an Adolf Gemlich 1919 eine ganz ähnliche Unterscheidung getroffen hat, nämlich zwischen einem „Antisemitismus aus rein gefühlsmäßigen Gründen", der „seinen letzten Ausdruck ... in der Form von Pogromen" finden müsse, also in Gewaltmaßnahmen, und einem „Antisemitismus der Vernunft", der „zur planmäßigen gesetzlichen Bekämpfung und Beseitigung der Vorrechte der Juden" führen werde.[411] Es ist das erste Dokument überhaupt, in dem sich Adolf Hitler jemals zum Antisemitismus geäußert hat – ein Schlüsseldokument. Wie es scheint, fußt es auf einer Anregung, die er einst in seiner Heimatstadt Linz empfangen hatte.

Wagner, Nietzsche, Schopenhauer

Mehr als für Politik interessierte sich der Hitler Adolf in Linz noch für Malerei und Oper, vor allem für die musikdramatischen Schöpfungen Richard

410 Das zunächst nur auf zehn Jahre befristete Gesetz wurde 1884 und 1902 auf unbestimmte Zeit verlängert.

411 Jäckel/Kuhn 1980, S. 89. Ein paar Zeilen weiter heißt es zur Verdeutlichung: „Sein (des Antisemitismus) Ziel aber muss unverrückbar die Entfernung der Juden überhaupt sein."

Wagners, zu denen Friedrich Nietzsche und Arthur Schopenhauer in einem teils mehr nehmenden, teils mehr gebenden Verhältnis standen. Auf diese beiden Denker muss ebenfalls kurz eingegangen werden, weil sich der junge Hitler mit ihnen – sei es schon in Linz, sei es erst in Wien – entweder mehr oder minder aktiv beschäftigt hat, oder weil sie als Exponenten des Zeitgeistes passiv auf ihn eingewirkt haben.

Zunächst aber ist anzumerken, dass sich Hitler niemals und nirgends ausdrücklich auf Wagners Antisemitismus berufen oder auch nur bezogen hat. Saul Friedländer vermutet als Grund, dass ersterer nicht die Erwartung des letzteren teilte, wonach sich die Juden irgendwann einmal selbst von ihrem „Geist" befreien würden oder durch Dritte davon befreit werden könnten.[412] Hätte sich Hitler offen zu Wagner bekannt, etwa in *Mein Kampf*, so der Historiker weiter, hätte er sich nämlich auch „die ideologischen Kompromisse auf Seiten Wagners oder dessen Schwäche in seinen persönlichen und künstlerischen Beziehungen zu Juden" eingestehen müssen. Vor diesem Hintergrund wirkt die These von einer durchgehenden „antisemitischen Werkidee" überzogen, die Hartmut Zelinsky in Bezug auf den Musikdramatiker vertritt.[413] Dennoch kann der Einfluss, den der Bayreuther Meister und sein Kreis auf die negative Einstellung des jungen Hitler zum Judentum ausübten, heute nicht mehr mit guten Gründen bestritten werden. Angesichts der rauschhaften Eindringlichkeit, mit welcher der Schüler erst den *Lohengrin*, dann den *Rienzi* im Landestheater erlebte, muss man sogar annehmen, dass dieser Einfluss schon sehr früh zur Geltung kam. Dies umso mehr, als zu vermuten ist, dass sich der Hitler Adolf weniger von Wagners theoretischen Schriften als vielmehr von dessen Musik und Bühnenkunst inspirieren ließ, einschließlich einiger Bühnenfiguren.

Die Wagner-Forschung geht davon aus, dass antijüdisches oder – je nachdem, wie man diese beiden Begriffe interpretieren und gegeneinander abgrenzen mag – antisemitisches Gedankengut integraler Bestandteil von Wagners Weltanschauung gewesen ist.[414] So hatte sein junger Fan mit jeder Oper, die er hörte und sah – und es waren deren bekanntlich sehr viele –, auch immer wieder Gelegenheit, diese Gedanken über das Medium von Wort, Bild und Ton mehr oder weniger unbewusst in sich aufzunehmen. Insbesondere vertrat der Musikdramatiker Ansichten, die man schlagwortartig folgendermaßen zusammenfassen kann: Erstens sind die Juden „kein

412 Friedländer 2000, S. 165. – Diese Erwartung hat Wagner z.B. in seiner Schrift *Über das Judentum in der Musik* zum Ausdruck gebracht. – Die von Zelinsky vertretene Ansicht, Hitler habe sich deshalb vor 1914 nicht zu Wagners Antisemitismus geäußert, weil er – wie der Musikdramatiker selbst – an einer Verschwörung von „Eingeweihten" teilnahm, die einen spezifisch deutschen Vernichtungsantisemitismus so eindeutig vertreten hätten, dass sie gar nicht mehr darüber zu sprechen brauchten, überzeugt nicht, weil sie im Grunde tautologisch und überdies auch nicht beweisbar ist. Vgl. dazu Zelinksy 2000, S. 309f.

413 Ebda., S. 312.

414 Wir folgen hier im Wesentlichen Bermbach 2003, S. 317.

Volk wie andere Völker ..., weil ihnen eine eigene Sprache fehlt,[415] überdies ein eigenes Territorium und folglich auch ein eigener Staat". Zweitens: Da Juden die Sprache der Nation, in der sie jeweils leben, nur als „Ausländer" sprechen, können sie nicht an den Gefühlen teilhaben, aus denen sich Sprache konstituiert. Drittens: Da sie nicht Anteil an seiner sprachlichen Entwicklung nehmen, haben sie mit dem jeweiligen Volk auch keine „geschichtliche Gemeinsamkeit". Viertens: Juden können folglich nicht an der „Regeneration" von Kultur, Sprache und Volk teilhaben, sollte diese durch das „Kunstwerk der Zukunft" gelingen. Fünftens: Da die verzerrende Art und Weise, wie Juden die deutsche Sprache artikulieren, jenes Verhältnis von Wort und Ton verhindert, das Sprache überhaupt erst begründet, sind sie zur Kunst nicht fähig. – In dieser oder jener Form sprach Adolf Hitler alle diese Punkte in seinen Reden und Monologen nach dem Ersten Weltkrieg als inzwischen verinnerlicht deutlich genug an. Aus seiner Linzer und Wiener Zeit sind derartige Äußerungen jedoch nicht bekannt.

Trotz der Geistesfreundschaft mit dem französischen Rassentheoretiker Arthur Graf Gobineau (*Essai sur l'inégalité des races humaines,* 1853/54) beweist die knappe Zusammenfassung von Wagners Argumentation nach Meinung mancher Autoren freilich noch nicht, dass dieser tatsächlich durch und durch Antisemit gewesen sei. Darüber, wann und wo Wagners antijüdische Einstellung, die zunächst seinem kulturalistischen Ansatz geschuldet war, in einen manifesten Antisemitismus umschlug und wieweit dieser wiederum rassenbiologisch begründet war, scheint die Forschung nach wie vor uneins zu sein. Wagners Argumentation zeigt aber schon, dass der Musikdramatiker mit seiner kritischen Perspektive sehr tief ansetzt, nämlich bei der theoretischen Begründung seiner Ästhetik, und weil dieser Ansatz für sein gesamtes Werk grundlegend ist, konnte er sich auch überall wirkungsvoll mitteilen: in seinen Texten und theoretischen Schriften ebenso wie in seiner Musik. Dadurch aber, dass Wagner seine ästhetischen Ansichten auf das Engste mit seinen gesellschaftspolitischen Auffassungen verschränkte, hatten sie auch eine beträchtliche Wirkung über sein musikdramatisches Werk hinaus. Schließlich strebte der Komponist nicht weniger als „eine vollständige Revolutionierung der bürgerlichen Gesellschaft" (Udo Bermbach) an. Zwar lud er die Juden ein, an diesem Vorgang mitzuwirken – er schloss sie daher nicht von vornherein davon aus. Dies aber nur um den Preis, dass sie restlos in der deutschen Mehrheitsgesellschaft aufgingen oder auf andere Art und Weise aus ihr verschwanden. Diesen Gedankengang vertiefte Richard Wagner besonders in seiner Schrift *Über das Judentum in der Musik*, von der man allerdings nicht weiß, ob sie der junge Hitler jemals gelesen hat. Da in diesem Text so auslegungsbedürftige Formulierungen wie „Erlösung Ashavers" und „Untergang" der Juden vorkommen, wird häufig angenommen,[416] Wagner

415 Jiddisch galt in der Habsburgermonarchie als Idiom der Juden, nicht aber als amtlicherseits anerkannte Sprache, weil es dafür zu sehr mit dem Deutschen verwandt war.

416 Vgl. z.B. Fischer 2000, S. 59.

habe hier zumindest zwischen den Zeilen einen Antisemitismus vertreten, von dem niemand bis heute genau weiß, wie weit dieser letztlich ging – bis zur freiwilligen Integration der Juden in die Mehrheitsgesellschaft, bis zu ihrer Vertreibung oder bis zu ihrer Ermordung. Im letzteren Fall müsste man Wagners Antisemitismus der exstirpatorischen, im zweiten der eliminatorischen Variante zuordnen.

Der hier bereits mehrfach zitierte Wagner-Kenner Udo Bermbach ist z.B. der Meinung, da Nicht-Juden und Juden nach Wagners Vorstellung letztlich gemeinsam die großen Menschheitsfragen lösen sollten, könne ein Ausschluss der Letzteren aus dem dann folgenden Gesamtkunstwerk – und damit ihre physische Vernichtung –, nicht im Bereich von dessen Denkmöglichkeiten gelegen haben. Folglich sei dem Antisemitismus weder eine strukturelle noch eine substantielle Bedeutung für das ästhetische Konzept Richard Wagners zugekommen. Da dieses Konzept nicht nur „politikübergreifend", sondern sogar „politikbeseitigend" gemeint sei, könne es auch nicht vom zeitgenössischen Antisemitismus beeinflusst worden sein, und deshalb könne dieser „auch für die den Musikdramen zugrunde liegende ‚Weltanschauung' und die darauf gestützte Interpretation keine wirklich eingreifende Rolle gespielt" haben.[417] Dagegen ist Annette Hein der Ansicht, Wagner habe explizit „antisemitisches und rassistisches Gedankengut" verbreitet, und zwar nicht nur in den *Bayreuther Blättern*, die der junge Hitler wahrscheinlich gelegentlich gelesen hat, sondern auch durch seine Musik als „Weltanschauungsträger".[418] Allerdings geht sie wohl nicht so weit zu sagen, Wagner habe die Juden ermordet sehen wollen.

Mangels eigener Aussagen muss offen bleiben, als wie antisemitisch der junge Hitler die Musikdramen seines Vorbilds tatsächlich aufgefasst oder, besser, erlebt hat. Immerhin wurde er mit einigen Bühnenfiguren konfrontiert, die tatsächlich oder virtuell jüdische Züge trugen und daher, gewollt oder ungewollt, der Ausbildung von antisemitischen Stereotypen Vorschub leisten können. Als besonders prägnante Beispiele gelten nach Adornos Urteil „der Geld raffende, unsichtbar-anonyme, ausbeutende Alberich, der achselzuckende, geschwätzige, von Selbstlob und Tücke überfließende Mime (im *Ring*), der impotente intellektuelle Kritiker Hanslick-Beckmesser (in den *Meistersingern*)" sowie der *Fliegende Holländer*, auch „Ashaver der Meere" genannt, und Klingsor aus dem *Parsifal*. Bei einiger Phantasie ist diese Aufstellung fast beliebig verlängerungsfähig.[419] Auch aus einzelnen Passagen von Wagners Musik, wie etwa der Verspottung Alberichs durch die Rheintöchter wurden schon antisemitische Motive herausgehört. Wie dem auch sei: Auf jeden Fall lässt sich in Anlehnung an Udo Bermbach vermuten, dass Opernbesucher wie der junge Hitler,

417 Bermbach a. a. O, S. 325.

418 Hein 1994, S. 103. – Ihre Dissertation trägt daher den bezeichnenden Titel „Es ist viel ‚Hitler' in Wagner", ein Zitat von Thomas Mann.

419 So sieht z.B. Köhler 1997, S. 44, auch in Wagners *Rienzi* ein verschlüsselt antisemitisches Werk. Für ihn sind die Nobili, die römischen Adligen, die Feinde des Volkstribunen, „in Wahrheit Juden".

die möglicherweise ohnehin schon im antisemitischen Sinn „angefressen" waren, ihre eigenen Vorurteile und Ressentiments in die Bühnenfiguren hineinlegen konnten, weil in deren Subtext gewisse Eigenarten codiert waren, die man den Juden seit dem Mittelalter zugeschrieben hatte.[420] Paul L. Rose geht sogar so weit, hier eine bewusste Strategie des Musikdramatikers anzunehmen.[421] Wenn Wagner seine Opern aber von vornherein tatsächlich so konzipiert hatte, dass sie seinem Publikum antisemitische Vorurteile auf einer unterschwelligen Bewusstseinsebene wie im Traum suggerierten, konnten diese von einem für derartige Trancezustände empfänglichen Hitler Adolf besonders leicht rezipiert und in seinen nationalpolitischen Vorstellungen auch jederzeit reproduziert werden.

Das vielstimmige Konzert der Meinungen über das komplexe und daher mehrdeutige Gesamtwerk Wagners kann hier freilich ebenso wenig auch nur in Ansätzen wiedergegeben werden wie jenes über Nietzsche und Schopenhauer. Über Ersteren wurde einmal sehr treffend gesagt, er sei „werttheoretisch, moraltheoretisch ein Antijudaist und rassenontologisch ein Anti-Antisemit" (Bernhard H. F. Taureck) gewesen – der Philosoph lehnte nämlich das Judentum als Urgrund von Christentum und Demokratie ebenso vehement ab, wie er sich gegen den rassenbiologischen Antisemitismus verwahrte. Von Schopenhauer ist bekannt, dass er sich u.a. in § 132 seiner *Paralipomena* zumindest doppeldeutig über die Juden geäußert hat:[422] Einerseits hält es der Philosoph für „absurd", ihnen „einen Anteil an der Regierung einzuräumen", weil sie „parasitisch auf den anderen Völkern und ihrem Boden" lebten. Andererseits begeistert ihn ihr „Patriotismus sine patria", d.h. der Zusammenhalt der Juden über alle Grenzen hinweg. Man kann hier darauf verzichten, die beiden Denker noch weiter zu zitieren. Denn schon jetzt dürfte deutlich geworden sein, dass der junge Hitler nicht nur von Wagner, sondern auch von Nietzsche und Schopenhauer antisemitische Impulse empfangen haben könnte, die ihn, sollte dies zutreffen, wenigstens zum Teil vermutlich schon in Linz erreicht haben.

Aufklärung, Idealismus, „linker" Antisemitismus

Wahrscheinlich wird man nie alle geistigen Einflüsse kennen, denen der junge Hitler ausgesetzt war. Es ist aber davon auszugehen, dass ihm der Unterricht bei Dr. Pötsch und das *Tell*-Erlebnis mindestens eine Ahnung von Schiller und dem deutschen Idealismus vermittelt haben. Der Heranwachsende sah sich ja selbst als „Idealist" und stand damit z.T. in einer

420 BAB NS26/17 a: Karl Honischs Bericht über die ersten Monate des Jahres 1913, die er wie Hitler im Wohnheim in der Meldemannstraße verbrachte, enthält keinerlei Hinweis auf diese Thematik. Die Tochter von Rudolf Häusler, von Brigitte Hamann befragt, soll es immerhin für möglich gehalten haben, dass Hitlers Antisemitismus in München entstanden sei, weil dieser sich beim Verkauf seiner Bilder von einem jüdischen Trödler übervorteilt gefühlt habe. Hamann 1996/4, S. 498.

421 Rose 1999, S. 111.

422 Vgl. Friedrich Schopenhauer SWSt 1986 V, S. 309–312.

Denktradition, in der auch die so genannten Linkshegelianer gestanden haben. Jedoch muss man den Hitler Adolf noch aus einem anderen Grund weiter links einordnen, als dies bisher gemeinhin geschehen ist. Während man sich seit 1945 angewöhnt hat, alles als „rechts" oder „rechtsradikal" zu bezeichnen, was einst mit Deutschtümelei, Nationalismus und Antisemitismus zusammenhing, hatte es sich um die Wende vom 19. zum 20. Jahrhundert in Österreich beinahe umgekehrt verhalten. Mit Recht ordnet der Wiener Historiker Lothar Höbelt die *Deutsche Volkspartei* links, ihren radikal-nationalen Flügel noch weiter links und die Schönerianer am weitesten links in das politische Spektrum der Habsburgermonarchie ein.[423] Tatsächlich bezeichneten sich die im engeren Sinn deutschen Parteien Österreichs damals selbst ebenso als „Linke", wie es die österreichischen Sozialdemokraten taten.

Diese aus heutiger Sicht reichlich seltsam anmutende Einheitsfront löste sich erst mit dem Aufstieg der letzteren zur „Staatspartei" nach der Reichstagswahl von 1907 auf. Bis dahin aber hatten sich die genannten Parteien in einer gemeinsamen Frontstellung gegenüber der Monarchie befunden, die sich im Reichsrat seit den 1870er Jahren auf altliberale, konservative, klerikale und slawische Kräfte stützte, den so genannten „Eisernen Ring". Sieht man den jungen Hitler vor diesem „linken" Hintergrund, dann wird auch seine ambivalente Stellung zwischen *Deutscher Volkspartei* und dem radikalen Flügel der österreichischen Sozialdemokratie plausibler, in der wir ihn zumindest in Linz stehen sehen, als er noch keine so stark ausgeprägten parteipolitischen Präferenzen hatte wie möglicherweise nachher in Wien.[424]

Damit rückt auch ein Phänomen in das Blickfeld, das in der Hitler-Biographik bisher kaum Beachtung fand, das aber durch die zeitweilige Weggenossenschaft Richard Wagners mit Michail Bakunin für den jungen Hitler möglicherweise von größerer Bedeutung gewesen ist – der „linke" Antisemitismus. Vor einigen Jahren hat Micha Brumlik die Frage nach dem Verhältnis des philosophischen Idealismus zum Judentum aufgeworfen,[425] die hier freilich nur andeutungsweise beantwortet werden kann. Immerhin weist der Soziologe darauf hin, dass schon Immanuel Kant, gewissermaßen der Gottvater der deutschen Aufklärung an der Wende vom 17. zum 18. Jahrhundert, die Juden als „Vampyre der Gesellschaft" und die „Euthanasie des Judentums" als rein moralische Religion bezeichnet hat. Auf den Zusammenhang mit dem Linkshegelianismus wiederum verweist die bekannte Schrift von Karl Marx über *Die Judenfrage*, die 1843 erschienen ist. In ihr bezeichnet der Sohn eines Trierer Rabbiners das Judentum in einem kaum mehr zu überbietenden Selbsthass als „ein allgemein gegenwärtiges antisoziales Element", was mit der revolutionär-antibourgeoisen Haltung des Privatgelehrten zusammenhing. Auch Fichte, Schleiermacher,

423 Höbelt 1990, S. 174. – So übrigens auch Pulzer 1964, S. 169, der Schönerer ebenfalls „auf der extremen Linken" ansiedelt, schon lange vor Höbelt.

424 Vgl. Teil II, 4, 6. und 7. Kapitel.

425 Bumlik 2000, S. 14. – Dort alle folgenden Zitate.

Schelling und Hegel selbst äußerten sich, so Brumlik, in antijudaistischem Sinne.

Pierre-Joseph Proudhon und die französischen Frühsozialisten, in deren geistiger Tradition Bakunin zu sehen ist, waren sämtlich antisemitisch eingestellt. Für sie verschmolzen „der hässliche Bürger und der hässliche Jude als Diener des hässlichen Kapitals" – ähnlich wie bei Wagner – zu einer Figur, die man durch sozialästhetische Erziehung im Sinn Schillers um einer besseren Welt willen zu überwinden hatte.[426] Der russische Revolutionär und Anarchist Bakunin äußerte sich in Dresden während der Revolution von 1848/49 in einer Art und Weise über die Juden, die stark an die Ausdrucksweise des späteren Adolf Hitler gemahnt: „Nun, diese ganze jüdische Welt, die eine ausbeuterische Sekte, ein Blutegelvolk, einen einzigen fressenden Parasiten bildet, eng und intim und nicht nur über die Staatsgrenzen hinweg, – diese jüdische Welt steht heute zum großen Teil einerseits Marx, andererseits Rothschild zur Verfügung."[427]

Ob der junge Hitler jemals eine Zeile von Bakunin gelesen hat, ist unbekannt – ganz unwahrscheinlich ist es jedoch nicht. Aber das ändert nichts daran, dass sich, wie Peter G. J. Pulzer ausführt,[428] „der Antisemitismus vor der Gothaer Wiedervereinigung von 1875 in den Antimarxismus der Lassalle-Anhänger einschlich", somit auch in der österreichischen Sozialdemokratie Fuß gefasst hat. In der Tat schrieb Karl Kautsky fünf Jahre vor Hitlers Geburt alarmiert an Friedrich Engels: Der Antisemitismus habe in Wien „kolossale Dimensionen" angenommen und „ein gut Teil kleinbürgerlicher – mitunter sehr ‚radikaler' – Elemente aufgenommen, die bisher bei uns waren". Engelbert Pernerstorfer, einer von Victor Adlers engsten Weggefährten, bat Paul Anton de Lagarde, einen Wortführer des reichsdeutschen Antisemitismus, 1883 um Erlaubnis für einen Nachdruck aus dem zweiten Band seiner *Deutschen Schriften* in der Zeitschrift *Deutsche Worte*, deren Mitarbeiter er selber war.[429] Auf dem Internationalen Sozialistischen Kongress zu Brüssel riet der überall respektierte Anführer der österreichischen Sozialdemokratie von einer Entschließung ab, die den Antisemitismus ächten sollte. Pernerstorfers und Adlers Haltung muten zunächst völlig unverständlich an – schließlich hatten sich die beiden führenden Repräsentanten der österreichischen Sozialdemokratie ja erst wenige Jahre zuvor von Schönerer nicht zuletzt wegen dessen Antisemitismus getrennt. Offenbar aber bewegte sie ebenso wie viele ihrer Parteigenossen

426 Straub 2003, S. 24.

427 Op. cit. Bumlik 2000, S. 282.

428 Pulzer 1964, S. 212.

429 Sieg 2007, S. 213. Pernerstorfer interessierte sich für Lagardes Ausführungen über „die graue Internationale", ein antisemitischer Kampfbegriff gegen den Liberalismus. Der Nachdruck sollte in einem völkischen Blatt erfolgen, das den Untertitel *Politische Zeitschrift für das Deutsche Volk in Österreich* trug und dem österreichischen Antisemitismus nahe stand. Nachdem der genehmigte Abdruck erschienen war, wies die Redaktion ausdrücklich auf die „gute Zusammenarbeit mit dem Göttinger Professor" (Ulrich Sieg) hin.

die Hoffnung, „die Lösung der Judenfrage – wie die aller andern Probleme – werde das Kommen des Sozialismus bringen". Diese Utopie war in der österreichischen Sozialdemokratie so verbreitet, dass ihr Adler um der Einheit seiner Organisation willen nicht den Boden entziehen wollte. Viele Sozialisten hofften darüber hinaus, der Sozialismus werde nicht nur den Antisemitismus aus wirtschaftlichen Gründen gegenstandslos machen, sondern sogar auch „die individuelle Andersartigkeit der Juden beseitigen". Hinter der wohlwollenden Duldung des antisemitischen Gedankenguts stand somit eine Eschatologie, eine gewaltige Erlösungshoffnung, wie sie auch der junge Hitler hatte.

Das deutschnationale Milieu

Der entscheidende Faktor für die antisemitische Depravation seines politischen Denkens war freilich das deutschnationale Milieu, das den jungen Hitler in Linz geprägt hat. Denn obwohl er hier aus tagespolitischen Gründen wohl eher der *Deutschen Volkspartei* des Dr. Carl Beurle zuneigte,[430] hallten in den Straßen der oberösterreichischen Provinzhauptstadt die antisemitischen Parolen, parlamentarischen Attacken und umjubelten Massenauftritte Georg Schönerers noch Ende des 19. Jahrhunderts so kräftig nach, dass sie den Deutschnationalismus des jungen Hitler zumindest unterschwellig beeinflusst haben müssen. Nicht von ungefähr wurde der politisch bereits erledigte Agitator aus dem Waldviertel in einschlägigen Kreisen nicht nur als „Märtyrer für die deutsche Sache", sondern auch als „Bahnbrecher" des Antisemitismus gefeiert.[431] In seiner besten Zeit hatte Schönerer durch seine Auftritte ein derart leuchtendes Beispiel an massenwirksamer Beredsamkeit, persönlicher Risikofreude und suggestiver Überzeugungskraft gesetzt, dass sein Mythos zumindest im Unbewussten von revolutionär gesonnenen Deutschnationalisten wie dem Hitler Adolf trotz aller tagespolitischen Bedenken immer noch weiterlebte.

Einige besonders eingängige Schönerer-Parolen hatten sich als wahre Ohrwürmer erwiesen.[432] Um nur ein paar davon zu nennen: „Ob Jud', ob Christ, in der Rasse liegt die Schweinerei", „Durch völkische Reinheit zur Einheit", „Hinaus mit der von korrupten und jüdischen Einflüssen beherrschten Presse" oder „Wir Deutschnationalen betrachten den Antisemitismus ... als die größte nationale Errungenschaft dieses Jahrhunderts". Auch die markigen Aufrufe Schönerers zu ewiger Gesinnungstreue[433] dürften ihre Wirkung auf die idealistisch gesonnene und daher opferbereite Jugend kaum verfehlt haben. Sein nahezu legendärer Nachruhm wurde durch

430 Vgl. Teil II, 4. Kapitel, S. 267 ff.

431 Pichl 1938 II, S. 15.

432 Op. cit. Whiteside 1981, S. 96, und Pichl 1938 IV, S. 433, ebda., II, S. 10, 26.

433 Gemeint ist z. B. der Satz: „Wenn wir Deutschnationale auch jetzt nur Rufer in der Wüste bleiben, dann werden doch gewiss aus unseren Gebeinen dereinst die Rächer erstehen. Arische Volksgenossen! Deutsche Stammesbrüder! Tut Eure Pflicht und seid fest wie Fels und Erz!" Op. cit. Pichl 1938 II, S. 422 f.

Medien wie die von ihm herausgegebenen *Unverfälscht deutschen Worte*, die ausdrücklich „auf dem brutalen Rassenstandpunkte“ standen,[434] durch allerlei deutschnationale Organisationen, wie z.B. *Germanenbund* und *Schulverein*, sowie durch Schüler- und Studentenverbindungen, denen der Hitler Adolf nahestand, nicht zuletzt auch durch Devotionalien wie die blaue Kornblume und die schwarzrotgoldenen Farben, so genannte „Schönererpfeifen“ und „Judenbitter-Zigarrenspitzen“ auch in Linz verbreitet und wach gehalten.

Allerdings sollte der persönliche Einfluss Schönerers in antisemitischer Hinsicht auch nicht überschätzt werden. Schließlich war die Tatsache, dass seine Ehefrau und seine Kinder angeblich „semitisches Blut in ihren Adern“ hatten, seit 1887 auch in deutschnationalen Kreisen bekannt.[435] Damals hatte die *Sonn- und Montags-Zeitung* berichtet, dass der Urgroßvater von Philippine Schönerer ein gewisser Schmul Leeb Krohn gewesen sei, der sich allerdings habe taufen lassen und dadurch den Namen Leopold Provander erhielt. Vor diesem Hintergrund wirkte Schönerers Behauptung, aus Juden könnten immer nur wieder Juden werden, auch wenn sie sich taufen ließen, wie ein Eigentor. Sie hat aber der Glaubwürdigkeit seiner antisemitischen Tiraden offenbar nur wenig Abbruch getan.

Alles in allem hatte der Antisemitismus in Linz einen doppelten Boden: Während sich Dr. Beurle und seine erwachsenen Mitbürger im Bereich bewusst gesteuerter Verhaltensnormen, die noch von Vernunft, Sitte und Anstand getragen wurden, gegenüber ihren jüdischen Mitbürgern relativ zivilisiert verhielten, war im jugendlichen „Unterreich“ (Gottfried Benn), in dem Gefühle, Widerspruchsgeist und Nonkonformismus den Ton angaben, immer noch der Antisemitismus schönerianischer Prägung lebendig. Vieles davon ist sicher nur verbalradikaler Ausdruck des zu allen Zeiten üblichen Konflikts zwischen den Generationen gewesen. Aber was man sich lange genug einredet, kann irgendwann auch geglaubt und damit zur Überzeugung werden. Und der Sprachenstreit, der seit 1897 vor allem zwischen Deutschen und Tschechen tobte, war für die Übernahme explizit fremdenfeindlicher – und damit auch antisemitischer – Feindbilder ganz gewiss der passende Nährboden, obwohl Juden, die sich wie z.B. die Familie Kafka in Prag zum deutschen Kulturkreis bekannten, in Böhmen häufig genug die deutsche Sprache gegen das Tschechische verteidigt haben.[436] Denn der Sprachenstreit verunsicherte die deutsche Minderheit so existentiell, dass sie neben dem Liberalismus und dem Kaiserhaus vermehrt auch die Juden als Sündenböcke für ihren eigenen Niedergang sahen. Die parlamentarischen Debatten im Reichsrat, der Aufruhr an den Universitäten in

434 Hitler 1925 I, S. 58f.

435 Sieghart 1932, S. 307f.

436 Der Vollständigkeit halber muss freilich darauf hingewiesen werden, dass sich Franz Kafka in seiner Lebenswende ab 1909/10 durch den Verein jüdischer Hochschüler Bar-Kochba der nationaljüdischen Sache gegenüber aufgeschlossen, die Assimilation an das Deutschtum neben seiner familiären Situation als Ursache seiner persönlichen Probleme erkannt und ab 1917 Hebräisch gelernt hat.

Wien und Prag sowie die Proteste der grenznahen Städte und Gemeinden lieferten dazu die tumultuarische Begleitmusik, so dass Franz Joseph I. die umstrittenen Sprachenverordnungen wieder weitgehend zurücknehmen musste. Den überall in Österreich grassierenden Antisemitismus beseitigte er damit freilich nicht. So musste sich der Kaiser, der die Juden durch das Staatsgrundgesetz von 1867 formal mit allen anderen Bevölkerungsgruppen gleichgestellt hatte und ihnen darüber hinaus bei jeder sich bietenden Gelegenheit seine Gunst bezeugte, schließlich resignierend feststellen: „Ja, ja, man tut natürlich alles, um die Juden zu schützen, aber wer ist eigentlich kein Antisemit?“[437]

Fasst man die verschiedenen Einflüsse und Milieus zusammen, die bereits in Linz auf den Hitler Adolf eingewirkt haben – das antisemitische Familiengeheimnis, die jahrhundertealten Vorurteile und Ressentiments des römisch-katholischen Milieus, die judenfeindlichen bzw. antisemitischen Botschaften Richard Wagners, der sozialdemokratische und der alldeutsche Antisemitismus –, kommt man nicht um die Erkenntnis seines Jugendfreundes herum: „Schon in Linz, wo die Juden keine Rolle spielten, war ihm diese Frage (gemeint ist die so genannte „Judenfrage“ – D. B.) nicht gleichgültig.“ Zwar steht diese lapidare Feststellung in einem gewissen Gegensatz zu der viel härteren und umfassenderen Aussage Kubizeks, Hitler sei schon in Linz ein „ausgeprägter“ Antisemit gewesen – ein scheinbarer Widerspruch, mit dem wir uns im Lauf dieses Kapitels noch gesondert befassen werden. Trotzdem aber muss man dem früheren Jugendfreund in einem Punkt Recht geben: Der Hitler Adolf brauchte sich nicht erst in Wien zum Antisemitismus zu bekehren. Denn diesen hatte er schon in Linz gleichsam mit der Muttermilch in sich aufgenommen.

Eine Katharsis, die nicht stattfand

Wie schon erwähnt, behauptet Adolf Hitler in *Mein Kampf*,[438] er sei erst in Wien zum Antisemiten geworden. Zunächst habe er das politische Tagesgeschehen dort noch anhand der Hauptstadtpresse verfolgt.[439] Ihn habe aber die Boshaftigkeit, mit der diese Blätter die innenpolitische Entwicklung des Deutschen Reiches kommentierten, so abgestoßen, dass er hin und wieder zum *Deutschen Volksblatt* griff. Zwar sei das zunächst nur widerwillig geschehen, weil diese Zeitung, die der christlichsozialen Bewegung nahestand, einen „scharfen antisemitischen Ton“ anschlug. Doch legte sich der Widerwille des jungen Hitler angeblich in dem Augenblick, als er seine Begeisterung für den Wiener Bürgermeister Karl Lueger entdeckte, den er kurz zuvor noch für „reaktionär“ gehalten hatte. In dem

437 Hamann 1996/4, S. 474.

438 Hitler 1925 I, S. 57ff.

439 Hitler 1925 I, S. 56, nennt ausdrücklich die *Neue Freie Presse* und das *Wiener Tagblatt*. In der Terminologie der Schönerianer handelte es sich bei ersterer um „das Blatt der Börsenmänner und Geldfürsten“, bei letzterem um eine Zeitung, der eine „franzosendienerische“ Haltung nachgesagt wurde. Vgl. dazu Pichl 1938 II, S. 14.

Maß aber, wie sich seine Einstellung zu Lueger und zur christlichsozialen Bewegung änderte, so Hitler weiter, habe auch sein Verstand über sein Gefühl gesiegt, und er sei innerhalb recht kurzer Zeit – „wohl meine schwerste Wandlung überhaupt“ – zum „fanatischen Antisemiten“[440] geworden. Freilich habe ihm dabei auch der „Anschauungsunterricht der Wiener Straße ... unschätzbare Dienste geleistet“. Zum Beleg dafür erwähnt Hitler „eine Erscheinung in langem Kaftan mit schwarzen Locken“ – offenbar ein orthodoxer Jude aus Galizien, der Bukowina oder Russland, ein so genannter Ostjude –, dem er irgendwo in Wien begegnet sei und den er längere Zeit beobachtet habe. Dabei seien ihm folgende Fragen durch den Kopf gegangen: „Ist dies auch ein Jude? ... Ist dies auch ein Deutscher?“ Um seinen Fragen mit wissenschaftlicher Genauigkeit auf den Grund zu gehen, habe er sich dann erstmals „antisemitische Broschüren“ gekauft. Nach Wochen und Monaten, in denen ihm angeblich immer wieder Zweifel kamen, ob es sich bei Juden nicht doch um „Deutsche einer besonderen Konfession“ handle, sei ihm dann aber plötzlich ganz Wien „in einem anderen Licht“ erschienen: „Wo immer ich ging, sah ich nun Juden ...“ Dafür habe ihm der Zionismus die Augen geöffnet. Denn diese Bewegung sei „auf das schärfste für die Bestätigung des völkischen Charakters der Judenschaft“ eingetreten.

Soweit Hitlers *Mein Kampf*. Seine lange, gewundene und sprunghafte Erzählung wirkt auf den ersten Blick recht überzeugend. Sie kann aber schon deshalb kaum zutreffen, weil die Auffassung vom „völkischen“ Kern der so genannten „Judenfrage“ von jeher der Kardinalpunkt des antisemitischen Diskurses gewesen ist und daher praktisch von niemandem mehr bestritten wurde. Da der Hitler Adolf dem völkischen Nationalismus schon in Linz nahegestanden war, kannte auch er diesen Punkt, als er nach Wien ging, ganz abgesehen davon, dass sich Richard Wagner und Georg Schönerer stets ebenfalls in diesem Sinn geäußert haben. Irgendeiner Nachhilfe durch das *Deutsche Volksblatt* – inhaltlich eine „geschickte Mischung von Deutschnationalismus, Demokratie, Freidenkertum und Judenfresserei“[441] –, durch irgendwelche antisemitische Broschüren[442] oder den Zionismus bedurfte es daher nicht mehr. Zwar könnten theoretisch der Wiener Bürgermeister Lueger und seine Christlichsoziale Partei eine besondere Rolle bei der Bekehrung des jungen Hitler zum radikalen An-

440 Die beiden Zitate nach Hitler 1925 I, S. 59 und 69.

441 Whiteside 1981, S. 131.

442 Die Hitler-Biographik vermutet hinter diesen im Allgemeinen die so genannten *Ostara*-Hefte, die seit 1906 von dem in Rodaun lebenden Lanz von Liebenfels, einem germanophilen und antisemitischen Privatgelehrten, herausgegeben wurden. Der Tiefenpsychologe Wilfried Daim 1988, S. 27, behauptet unter Berufung auf Liebenfels, Hitler habe von diesem 1909 die ihm noch fehlenden Hefte erhalten und Liebenfels habe dem Obdachlosen sogar noch 20 Heller Fahrgeld für die Benutzung der Straßenbahn auf dem Rückweg nach Wien geschenkt. Seitdem geistert Lanz von Liebenfels als „der Mann, der Hitler die Ideen gab“ durch fast alle Hitler-Biographien, obwohl der Wahrheitsgehalt seiner Erzählung nicht überprüfbar ist.

tisemiten gespielt haben. Doch scheidet auch diese Möglichkeit praktisch aus, weil Lueger seinem früher einmal sehr viel schärferen Antisemitismus abgeschworen hatte,[443] seit er in Amt und Würden war. Anderenfalls wäre seine Wahl zum Bürgermeister der Residenzstadt Wien wohl nie vom Kaiser bestätigt worden. Im Übrigen beruhte die Anziehungskraft, die Lueger auf den jungen Hitler ausübte, ganz gewiss nicht auf irgendwelchen rassenbiologischen Ideologemen oder darauf, dass der Wiener Bürgermeister zugleich auch als Anführer der *Christlichsozialen Partei* fungierte. Sie beruhte auf Luegers Charisma und Rhetorik sowie auf seinen kommunalpolitischen Leistungen für Wien, in denen der junge Hitler ein Vorbild für seinen „Idealstaat" sah. Mehr noch: Wie einst sein Vater fühlte sich der Hitler Adolf von der christlichsozialen Ideologie eher abgestoßen, da er in ihr – nicht ganz zu Unrecht – den Versuch zur Errichtung einer klerikalen Herrschaft über ganz Österreich erblickte.[444]

So bleibt von Hitlers Bekehrungsgeschichte eigentlich so gut wie nichts an glaubhaften Argumenten übrig. Ganz offensichtlich handelt es sich bei der Darstellung in *Mein Kampf* um eine teils frei erfundene, teils künstlich zugespitzte Version eines sich ziemlich lange hinziehenden, diskontinuierlichen und sowohl tiefer als auch breiter angelegten Entwicklungsprozesses mit zunächst ungewissem Ausgang, der allerdings eher *nach* als *vor* dem Ersten Weltkrieg in manifestem Sinn verfestigt worden ist. Wir werden dazu im Epilog noch Näheres ausführen.[445] Kurzum: Eine plötzliche antisemitische Katharsis, wie sie *Mein Kampf* den beiden ersten Jahren in Wien zuschreibt, hat mit an Sicherheit grenzender Wahrscheinlichkeit in der von Hitler geschilderten Art und Weise nicht stattgefunden. Dennoch ist es aber richtig, dass sein bereits in Linz unterschwellig vorhandener Antisemitismus in Wien durch die Begegnung mit dem Ostjudentum und der zionistischen Bewegung sowie durch jene Dominanz verstärkt worden ist, welche die Juden sowohl in der kulturellen Szene der Stadt als auch in der Führung der österreichischen Sozialdemokratie errungen hatten.[446]

„Ein ausgeprägter Antisemit"?

Um zu beweisen, dass sein Freund schon in Linz ein „ausgeprägter Antisemit" gewesen sei, berichtet August Kubizek in seinen Jugenderinnerungen

443 Schönerianer von echtem Schrot und Korn wie Leopold Pichl bezeichneten die *Christlichsoziale Partei* wegen ihres Mangels an programmatischem Profil nur noch verächtlich als „Wiener Wurstkesselpartei". Sie behaupteten sogar, Lueger sei „nie Antisemit" gewesen. Vgl. Pichl 1938 II, S. 501. Letztlich behielt es Lueger seinem persönlichen Geschmack vor, wer in seinen Augen als Jude galt und wer nicht. Er ließ somit jede rassenbiologische Grundsatztreue vermissen. Vgl. Whiteside 1981, S. 133.

444 Siehe dazu auch die Bemerkung in Kubizek 1995/6, S. 248, Hitler habe an der christlichsozialen Bewegung „die Bindungen an den Klerus" gestört, „der in die Politik dauernd eingriff".

445 Vgl. Epilog, S. 547ff.

446 Vgl. dazu Hitler 1935 I, S. 61ff. und 64 ff.

von fünf Begebenheiten,[447] die er gemeinsam mit seinem Freund 1908 in Wien erlebt haben will. Begebenheit Nr. 1: Jedes Mal, wenn die beiden zum Essen die Mensa der Universität aufsuchten, mokierte sich der junge Hitler darüber, dass er seinen Nussstrudel in unmittelbarer Nachbarschaft zu jüdischen Studenten verzehren musste. Begebenheit Nr. 2: Nachdem er in einem der Redakteure einen Juden erkannt hatte, lehnte der junge Hitler die freie Mitarbeit am Literaturteil des *Wiener Tagblatts* ab, die ihm der Kubizek August hatte vermitteln wollen. Begebenheit Nr. 3: Der junge Hitler beteiligte sich daran, einen Juden vor der Polizei der Bettelei zu überführen, die in den Straßen der Stadt verboten war, und die 3.000 Kronen, die man überraschenderweise bei dem armselig wirkenden Schlucker fand, interpretierte er als Beweis für „die Ausbeutung Wiens durch die aus dem Osten einwandernden Juden". Begebenheit Nr. 4: Nach der Aussage seines damaligen Jugendfreundes war der junge Hitler mit den zu beachtenden Riten recht gut vertraut, als die beiden gemeinsam eine Synagoge besuchten. Begebenheit Nr. 5: Eines Tages soll der junge Hitler dem *Antisemitenbund* beigetreten sein und seinen Freund gleich mit angemeldet haben.[448]

Bis auf diesen angeblichen Beitritt, der sich als sachlich unzutreffende Behauptung erwiesen hat, klingen die übrigen vier Begebenheiten aus Kubizeks Feder authentisch, so dass sie eine gewisse Glaubwürdigkeit für sich beanspruchen können. Wichtiger ist jedoch, dass keine dieser vier Skizzen den jungen Hitler in einem besonders üblen Licht zeigt – obwohl Kubizek sogar noch übertrieben haben könnte, um sich als willenloses Opfer seines Freundes in Szene zu setzen. Im Gegenteil: Vier der fünf Begebenheiten könnten auch jedem anderen Österreicher zugeschrieben werden, der sich damals mit dem Judentum beschäftigte und antisemitische Gefühle zeigte. Rassenbiologische Konnotationen fehlen hier jedenfalls noch ganz.

Die Aversionen und Vorbehalte, die der junge Hitler 1908 gegenüber den Juden Wiens an den Tag legte, vor allem gegenüber den so genannten „Ostjuden," hinderten ihn jedoch nicht daran, Gustav Mahler zu verehren und gelegentlich im Haus eines gewissen Dr. Rudolf Jahoda zu verkehren,[449] der zwar jüdischer Abstammung, aber mit einer Katholikin verheiratet war und daher ebenfalls zu jenen Juden zählte, die sich der deutschen Kultur assimiliert hatten. Der vermögende Direktor einer chemischen Fabrik

447 Die hier angeführten Begebenheiten finden sich bei Kubizek 1995/6, S. 162 (Nr. 1), S. 249 f. (Nr. 2) und auf den dort folgenden Seiten (Nr. 3–5). Kubizek meint in der Begebenheit mit dem bettelnden Juden jenes angebliche Schlüsselerlebnis mit einem „Ostjuden" wiederzuerkennen, von dem Hitler 1925 I, S. 59, in *Mein Kampf* erzählt.

448 Da eine solche Vereinigung vor 1918 in Wien nicht nachweisbar ist, hat es sich möglicherweise um die von Arthur von Suttner (1850–1902) gegründete *Liga gegen den Antisemitismus* gehandelt. Suttners Ehefrau war die Friedensaktivistin und Nobelpreisträgerin Bertha von Suttner. Da der junge Hitler vor dem Ersten Weltkrieg pazifistisch eingestellt war und – über Karl May – der Suttner nahestand, hat Kubizek die beiden Vereinsnamen möglicherweise miteinander verwechselt.. Vgl. dazu Teil II, 11. Kapitel, S. 367 ff.

449 Erwähnt wird diese Tatsache erstmals von Kubizek 1995/6, S. 238. Dort auch die folgenden Zitate. Weitere Einzelheiten bei Hamann 1996/4, S. 503 ff.

pflegte in seiner Wiener Stadtvilla von Zeit zu Zeit kammermusikalische Hauskonzerte zu veranstalten, an denen der Kubizek August als Bratschist mitwirkte, so dass dieser seinen Freund eines Tages – übrigens auf Einladung des Hausherrn – in die dort versammelte Abendgesellschaft einführen konnte. „Es handelte sich um einen Kreis von Menschen mit großem Kunstverständnis und sehr kultiviertem Geschmack, eine wirklich geistvolle Geselligkeit, wie sie in dieser Art nur auf dem Boden Wiens gedieh", heißt es in den „Erinnerungen" an den Jugendfreund. Diesem habe der Abend ebenfalls „ausnehmend gut" gefallen. „Insbesondere imponierte ihm die Bibliothek, die sich Dr. Jahoda eingerichtet hatte und die für Adolf einen wesentlichen Maßstab zur Beurteilung der hier versammelten Menschen bedeutete. Weniger behagte es ihm, dass er den ganzen Abend über nur ein unbeteiligter Zuhörer bleiben musste", weil ihm für die Gespräche, die sich offenbar um kammermusikalische Fragen drehten, die erforderliche Sachkenntnis fehlte.

Ein ähnlich „prosemitisches" Bild ergibt sich auch für jene Zeit, die der Hitler Adolf im Männerwohnheim in der Meldemannstraße verbrachte – eine private Wohlfahrtseinrichtung, die ihre Existenz übrigens im Wesentlichen dem Gemeinsinn jüdischer Großbürger verdankte. Damals pflegte der verhinderte Kunstmaler sowohl persönliche Kontakte zu jüdischen Mitbewohnern wie Josef Neumann und Simon Robinson als auch geschäftliche Verbindungen zu jüdischen Händlern wie Samuel Morgenstern und Moses Altenberg, die ihm gegen Geld seine Produktionen abnahmen.[450] Darüber hinaus unterhielt sich Adolf mit seinem Geschäftspartner Reinhold Hanisch und anderen Wohnheimbewohnern angelegentlich über verschiedene Aspekte des Judentums, und zwar überwiegend in positivem, bisweilen sogar bewunderndem Sinne. Wenn man Hanischs Erzählung glauben darf, dann hatte sich der junge Hitler zeitweilig sogar in Kleidung, Haar- und Barttracht dem typischen Wiener Juden anverwandelt, wie er in der so genannten Leopoldstadt, dem früheren Ghetto auf der Insel zwischen Donau und Donaukanal, zu beobachten war.[451] Sollte diese Mimikry vielleicht auch nur die Absatzchancen seiner Bilder erhöhen, so sprachen Adolfs Äußerungen über das Judentum doch eine relativ eindeutige Sprache. Am meisten bewunderte er die Tatsache, dass die Juden in ihrer langen Geschichte alle Verfolgungen überstanden und trotz individueller Nachteile stets an ihrem kollektiven Glauben festgehalten hatten. Er war sich zwar nicht ganz sicher, ob die *Zehn Gebote* tatsächlich von Moses' Begegnung mit Gott auf dem Berg Sinai herrührten, räumte aber ohne Umschweife ein, die Juden hätten „eines der fabelhaftesten Dinge der Geschichte" vollbracht, wenn es sich so verhalten würde, weil „unsere ganze Zivilisation auf den *Zehn Geboten* beruhe". Weitere Äußerungen über Religionsfragen

450 Einzelheiten bei Hamann a. a. O., S. 498 ff.

451 Vgl. Hanisch 1939, S. 4, wo es heißt: „Hitler trug einen langen Mantel ..., er trug eine unglaublich speckige Melone auf dem Hinterkopf. Sein Haar war lang und wirr, und ein Bart wuchs ihm am Kinn, wie ihn Christen selten tragen ..."

wurden bereits an anderer Stelle zitiert.[452] Der junge Hitler brachte nicht nur der Poesie Heinrich Heines Hochachtung entgegen, obwohl er, wie er sagte, mit dessen Ansichten nicht übereinstimmte, sondern benannte auch Felix Mendelssohn Bartholdy[453] sowie Jacques Offenbach[454] als bedeutende jüdische Künstler, und wie selbstverständlich konnte er angeblich Gotthold Ephraim Lessings *Ringparabel*[455] zitieren.

Die Frage eines anderen Wohnheimbewohners, „warum Juden stets Fremde in den Nationen gewesen seien", soll der junge Hitler mit dem Hinweis beantwortet haben, dass „sie von anderer Rasse seien" – ein kleiner Beleg dafür, dass dieser Begriff für ihn noch immer keine zwangsläufig antisemitischen Konnotationen hatte. Allerdings meinte er auch, „Juden röchen anders", was auf eine instinktive Abneigung schließen lässt. Gegen die Ritualmord-Anklagen, die damals im Schwange waren, nahm der Hitler Adolf die Juden mit den Worten in Schutz, „dies sei absoluter Unsinn, eine grundlose Verleumdung". Hanisch weiter: „So scherte er sich nicht viel um den Antisemitismus. Hitler bestritt sogar oft, dass jüdische Kapitalisten Wucher trieben, und führte aus, das meiste Kapital befinde sich in den Händen von Christen. Er klagte den Adel wucherischer Praktiken an, indem sie sich jüdischer Handlanger bedienten."

Angesichts dieser Fülle an positiven Äußerungen über das Judentum und konkludenter Handlungen gegenüber einzelnen Juden, die sich für

---

452 Vgl. Teil III, 6. Kapitel, S. 452.

453 Die Wertschätzung ist umso bemerkenswerter, als Wagner sich in seiner Schrift über *Die Juden in der Musik* abfällig über Mendelssohn-Bartholdy geäußert hat – ein weiteres Indiz dafür, dass der junge Hitler diese Schrift nicht kannte. Felix Mendelssohn-Bartholdy (1809–1847), deutscher Komponist der Romantik und Wiederentdecker von Johann Sebastian Bach: Nachdem er sich schon früh als Komponist, Dirigent und Pianist hervorgetan hatte, wurde Mendelssohn-Bartholdy 1843 als Direktor der Berliner Sing-Akademie auch aus antisemitischen Gründen abgelehnt, hatte dann aber in Düsseldorf, Frankfurt/M. und vor allem London und Leipzig den verdienten Erfolg. 1841 wurde er von König Friedrich-Wilhelm IV. nach Berlin berufen und zum Kapellmeister, wenig später zum preußischen Generalmusikdirektor ernannt. Mit seiner Schwester Fanny (verheiratete Hensel, 1805–1847) verband Mendelssohn-Bartholdy bis zu deren Tod eine innige persönlich-künstlerische Beziehung.

454 Auch diese Wertschätzung ist bemerkenswert, weil Jacques Offenbach, 1819 als Jakob Offenbach in Köln geboren, nachdem sein Vater, Isaac Ebers, seinen Namen gemäß der Herkunft seiner Familie entsprechend abgeändert hatte, Wahlfranzose war. Offenbach wurde durch seine Operetten in Frankreich berühmt und dort 1860 sogar zum Ritter der Ehrenlegion ernannt. In Deutschland zeitweise als „Vaterlandsverräter" geschmäht, geriet Offenbach während des deutsch-französischen Krieges zwischen die Propaganda-Fronten, so dass er nach Spanien, später nach England und New York ausweichen musste. Er kehrte aber später wieder nach Paris zurück, wo er auf dem Friedhof von Montmartre ruht.

455 Gotthold Ephraim Lessing (1729–1781) wies dem deutschen Theater mit seinen Dramen und theoretischen Schriften im Zeitalter der Aufklärung den Weg. In seiner Ringparabel, Bestandteil seines Stückes *Nathan der Weise* und literarisches Paradebeispiel für den Toleranzgedanken, spricht sich Lessing für die Gleichberechtigung der drei monotheistischen Religionen aus.

seine frühe Wiener Zeit nachweisen lassen, kann der Antisemitismus des jungen Hitler von Linz bis Wien noch nicht so ausgeprägt gewesen sein, wie Kubizek behauptet, selbst wenn Hanisch übertrieben haben sollte, um Hitler zu diskreditieren. Auf keinen Fall lässt sich für das Jahr 1910 schon von Hass oder gar von einem Willen zur physischen Vernichtung der Juden und anderen Indizien für einen eliminatorischen oder gar exstirpatorischen Antisemitismus sprechen. Angesichts dieser Fülle an Belegen kann Kubizeks Behauptung, Hitler sei bereits in Linz „ein ausgeprägter Antisemit" gewesen, eigentlich nicht stimmen – es sei denn, der ehemalige Jugendfreund habe etwas ganz anderes gemeint, was unter der Oberfläche sonst üblicher antisemitischer Manifestationen steckte und nur ein musisch begabter Mensch erkennen konnte, dem das Innerste seines Freundes vertraut war: die innige Liebe des jungen Hitler zu deutscher Kunst und Kultur.

Springende Punkte

Für den Hitler Adolf hat der Wechsel von Linz nach Wien in fast jeder Beziehung einen tiefen Einschnitt bedeutet. Nach dem frühen Tod seiner Eltern und dem vorzeitigen Ende seiner Schulausbildung hatte er so gut wie alle Brücken hinter sich abgebrochen, ohne das rettende Ufer künstlerischer Anerkennung oder wenigstens doch bürgerlicher Sicherheit zu erreichen. Denn die Kunsthochschule hatte ihn gleich zweimal abgewiesen. Nach der Trennung von seinem Freund völlig auf sich selbst gestellt, blieben dem jungen Mann nur noch seine vagen nationalpädagogischen Projekte, die er als Baumeister oder Volkstribun bzw. durch eine Kombination dieser beiden Funktionen, im Übrigen aber vor allem durch geduldiges Warten auf eine Chance als Redner zu verwirklichen hoffte, die ihm die Vorsehung vielleicht irgendwann irgendwo einräumen würde. Bis dahin versuchte der kulturell interessierte Hungerkünstler hauptsächlich durch Anspannung seines Willens unbescholten und auf schmaler Kante unter jenen Menschen im Männerwohnheim am Leben zu bleiben, die ihm ein wenig Selbstbestätigung geben konnten.

Dabei verlieh ihm sein deutschnationales Credo den entscheidenden Halt. Es bestand einerseits aus dem hasserfüllten Vorwurf an die Adresse der Habsburger, dem österreichischen Deutschtum ein Unrecht von historischer Größe anzutun. Andererseits beinhaltete es die fanatische Sehnsucht nach einem einigen Großdeutschland, das außer der Wende in seinem persönlichen Schicksal auch in fast jeder anderen Hinsicht einen Zustand der Wunscherfüllung und damit der Erlösung herbeiführen sollte – eine Epiphanie. Für diese weit gespannte Perspektive stellte der Deutschnationalismus jedoch keine besonders kräftige Stütze dar. Denn trotz aller zur Schau getragenen Aggressivität und Siegesgewissheit handelte es sich bei dieser Ideologie um nicht viel mehr als um eine pseudowissenschaftlich begründete Xenophobie, der ein solides, nämlich über Jahrhunderte gewachsenes Selbstvertrauen sowie ein zu praktischer Verwirklichung innerhalb überschaubarer Zeiträume taugendes Instrumentarium fehlten. So hatte der in diesem Buch schon mehrfach zitierte Johannes Scherr die von Unsicherheit und Selbstmitleid geprägte Seelenlage der Deutschen in Österreich 1883 sehr treffend wie folgt gegeißelt:[456] „Es ist ja wahr, ihre Stellung war seit lange (sic!) eine höchst ungünstige. Vom Hof hatten sie selbstverständlich gar nichts zu erhoffen, gar nichts. Sie hatten ferner in ihrer rechten Flanke den magyarischen Sporn, in der linken den slawischen Stachel. Von oben den Druck des feudalen Junkertums, von unten den Gegendruck des römischen Bonzentums. Trotz alledem hätten sich neun Millionen Deutsche nicht so kläglich unterkriegen lassen sollen. Jenseits der Leitha haben es fünf Millionen Magyaren mittels festen Zusammenhaltes und mittels Beharrlichkeit fertig gebracht, über weite Länder ausschließlich zu herrschen. Diesseits der Leitha ist es Polen und Tschechen gelungen, die führende und ausschlaggebende Macht in die Hände zu bekommen ... Ihnen (den Deutschen) ist nur zu helfen, wenn sie sich endlich einen gesunden, straffen und rücksichtslosen National-Egoismus anschaffen."

Niemand weiß, ob der junge Hitler diese negative Selbsteinschätzung in allen Punkten unterschrieben hätte – vorausgesetzt, er hätte sie überhaupt gekannt. Aber in punkto Aneignung eines „gesunden, straffen und rücksichtslosen National-Egoismus" stimmte er zweifellos mit Scherr überein, und er selbst hoffte ja, etwas dazu beizutragen. Gewiss war ihm die Ausbreitung nicht-deutscher Elemente umso mehr zuwider, als sich die Vorposten des Slawentums bereits nach Österreich vorgeschoben hatten. Pechschwarze Untergangsvisionen und der übersteigerte Glaube an eine lichtvolle Zukunft lagen im Deutschnationalismus des jungen Hitler dicht beieinander. Sein labiler Seelenzustand wurde nun aber durch die kaiserliche Sprachenpolitik noch zusätzlich erschüttert. Das Problem bestand nicht nur darin, dass es die Deutschen, wie Scherr meint, in den vergangenen Jahrhunderten verabsäumt hatten, ihre Sprache als Amts- und Verkehrssprache in der Gesamtmonarchie durchzusetzen. Es lag vielmehr darin, dass das Kaiserhaus die Deutschösterreicher, umgekehrt, dazu zwingen wollte, mit dem Tschechischen eine slawische Sprache als gleichberechtigt anzuerkennen und sich gegebenenfalls sogar anzueignen. Zu allem Überfluss sollte dies auch noch im westlichen Böhmen geschehen, das die Deutschösterreicher als ihr eigenes Territorium betrachteten. Deutschnationalisten wie der junge Hitler sahen in der kaiserlichen Politik einen Schritt zur Verdrängung der deutschen Sprache und darüber hinaus zur Vernichtung des Deutschtums schlechthin, als dessen kulturellen Kern sie zu Recht ihre eigene Sprache betrachteten.

Aus diesem Grund hatte sich der junge Hitler schon als Schüler nicht nur der deutschnationalen Bewegung, sondern eben vor allem der Malerei, Musik, Literatur und Architektur zugewandt, wodurch er wiederum mit jener „völkischen Umwälzung" in Berührung kam, die Georg Schönerer schon zwanzig Jahre zuvor in Gang gesetzt hatte. Folgende Stelle in *Mein*

456 Pichl 1938 I, S. 96.

Kampf macht den antisemitischen Kontext dieser Entscheidung, wie er von Hitler wohl schon als Kind mit innerer Zustimmung wahrgenommen wurde, besonders deutlich: „Die alldeutsche Bewegung hatte wohl recht in ihrer prinzipiellen Ansicht über das Ziel einer deutschen Erneuerung" – an der er durch seine künstlerischen Aktivitäten mitwirken wollte –, „war jedoch unglücklich in der Wahl des Weges. ... Ihr Antisemitismus aber beruhte auf der richtigen Erkenntnis der Bedeutung des Rassenproblems und nicht auf religiösen Vorstellungen ..."[457] In der Tat wollte der alldeutsche Führer den Anschluss Österreichs an das Deutsche Reich durch die „Verbreitung bismarckschen und hohenzollerschen Geistes", durch das „Donnerwort von der Notwendigkeit, den jüdischen Einfluss auf allen Gebieten des öffentlichen Lebens zu beseitigen" und durch die Erhebung des Antisemitismus zum „Grundpfeiler des nationalen Gedankens",[458] also durch eine brachiale Mischung aus Nationalismus und Antisemitismus, erreichen. Auf kulturellem Gebiet war dafür der große Trauerkommers für Richard Wagner von 1883 in den Wiener Sofiensälen – „eine gewaltige Kundgebung gegen das Judentum und für das unverfälschte Deutschtum" – die unvergessliche Initialzündung gewesen. Alles, was danach von Deutschnationalisten auf künstlerischem und kulturellem Gebiet gedacht, gesagt oder getan wurde, hatte durch diesen Urknall eine antisemitische Legierung erhalten. Seitdem schwang bei Deutschnationalisten wie dem jungen Hitler, die sich mit der „nationalen Wiedergeburt", mit der „Erstrebung, Förderung und Pflege der nationalen Kunst" sowie mit der „Ehre und Größe des deutschen Volkes" befassten, zumindest unterschwellig immer eine antisemitische Intention mit, ohne dass diese in seinem Fall schon in einen manifesten Antisemitismus umgeschlagen wäre. Denn nur so lässt sich Kubizeks Einschätzung, sein Freund sei schon in Linz „ein ausgeprägter Antisemit" gewesen, einigermaßen widerspruchfrei mit seiner zurückhaltenderen Aussage in Übereinstimmung bringen, dem jungen Hitler sei die so genannte Judenfrage „nicht gleichgültig" gewesen.

Seit dieser Kunst und Kultur „als den gewaltigsten Hebel zur Förderung des Bewusstseins der nationalen Zusammengehörigkeit der Deutschen" entdeckt hatte,[459] arbeitete Adolf unaufhörlich an seinem Ziel, „deutsches Wesen allüberall zur Geltung zu bringen und jeden fremden, besonders als gefährlichsten den semitischen Geist zu bekämpfen". Nur hinderten ihn auch in Wien noch seine dankbare Erinnerung an Dr. Bloch,[460] sei-

457 Hitler 1925 I, S. 133.

458 Wir bedienen uns hier um der Kürze und Prägnanz willen der deutschnationalen Sprache bei Pichl 1938 II, S. 531. – Dort auch die folgenden Zitate.

459 Dieses und die vorstehenden Zitate alle bei Pichl 1938 II, S. 531 ff.

460 Ein Grund für seine Dankbarkeit war sicher auch die Tatsache, das der Arzt für die langwierige Behandlung der krebskranken Mutter, trotz der 46 Hausbesuche, die er bei ihr hatte machen müssen, nur 300 Kronen berechnete. Außer dem Dankesbesuch, den er Dr. Bloch unmittelbar nach der Beerdigung seiner Mutter abstattete, sandte Hitler dem Arzt zum Jahreswechsel 1907/08 noch eine aquarellierte Glückwunschkarte, die mit den Worten schloss: „... Ihr stets dankbarer Adolf Hitler". Schließlich schenkte er ihm auch

ne positiven Erfahrungen mit anderen Juden wie Dr. Jahoda, Neumann und Robinsohn sowie seine Reflektionen über die Verdienste des Judentums um die Entwicklung der Menschheit daran, schon zum manifesten Antisemiten zu werden. Damit ist die Geschichte von der antisemitische Katharsis ein für allemal widerlegt, die Hitler in *Mein Kampf* erzählt und für die er dort maximal zwei Jahre veranschlagt.[461] In Wahrheit hat sein Wandel[462] vom deutschnationalen Freund der Künste zum antisemitischen Propagandisten[463] ungefähr 15 Jahre gedauert, in denen der junge Hitler von der Latenz über die Ambivalenz bis zur Manifestation drei verschiedene Stadien durchlief.[464] Ausgangspunkt war die etwa in das Jahr 1905 fallende Ahnung des Linzer Realschülers, im Judentum liege „eine gewisse Gefahr", wie es einmal ein Mitschüler formuliert hat. In Wien kamen während der Jahre 1908 bis 1913 einander widerstreitende Erfahrungen und Erkenntnisse hinzu,[465] und im München der Jahre 1918/19 ist der Prozess dann mit der Übernahme des manifesten Antisemitismus zu einem gewissen Abschluss gelangt. Damit haben wir unsere zu Anfang dieses Kapitels gegebene Zusage eingelöst, wir würden die verschiedenen Versionen über Hitlers antisemitische Entwicklung miteinander zur Deckung bringen.[466]

Jüdische Evidenz

Dafür, dass Wien in diesem Prozess eine wichtige Rolle spielte, hat schon die dominierende Stellung gesorgt, welche die Juden seit etwa vierzig Jahren in vielen Bereichen des öffentlichen Lebens errungen hatten, als Hitler endgültig in die Residenzstadt kam. Seit dem Staatsgrundgesetz von 1867 waren sie in rechtlicher Hinsicht mit den anderen Deutschösterreichern gleichgestellt,[467] und viele von ihnen versuchten auch tatsächlich und mit

---

noch ein größeres Gemälde von eigener Hand. Vgl. Slapnicka 1998, 49 f., und neuerdings Hamann 2008.

461 Selbst Hitlers eigene Aussagen über die zeitliche Dauer dieses Prozesses sind nicht eindeutig; sie schwanken zwischen „monatelang" und „zwei Jahren". Vgl. Hitler 1925 I, S. 64 und 59.

462 Bei Hitler 1925 I, S. 59, ist davon die Rede, dies sei „meine schwerste Wandlung überhaupt" gewesen, was angesichts der langen Vorgeschichte nicht ganz unwahrscheinlich ist.

463 Hitler 1925 I spricht auf S. 64 von einem „Seelenkampf", ein Wort, dass die mit diesem Wandel verbundenen Skrupel, die er hatte, recht gut zum Ausdruck bringt und etwas ganz anderes als eine plötzliche Bekehrung bedeutet.

464 Vgl. den Epilog, S. 551, auch zu dem etwas weiter unten erwähnten Gemlich-Brief.

465 In Hitler 1925 I, S. 59 spricht der Autor recht treffend davon, wenn es heißt: „Erst nach monatelangem Ringen zwischen Verstand und Gefühl begann der Sieg sich auf die Seite des Verstandes zu schlagen."

466 In dieser Beziehung sind jetzt eigentlich nur noch die vier Kriegsjahre von 1914 bis 1918 offen, weil hierfür noch keine entsprechende Untersuchung vorliegt.

467 Die österreichischen Juden wurden bei der Volkszählung vom 31. Dezember 1910 als „Israeliten" erfasst, d.h. als religiöse Gruppe, nicht als Nationalität, weil ihr nach Auffassung der kaiserlichen Behörden eine eigenständige Sprache fehlte. Sie waren

Erfolg, im Sinne der arisch-germanischen Traditionslinie ebenso deutsch wie die anderen zu sein. Andere Juden wie z. B. der Philosoph Otto Weininger hatten mit dieser Identifikation hingegen erhebliche Schwierigkeiten. Weininger war einst zum Protestantismus übergetreten. In seiner Dissertation über *Geschlecht und Charakter*, die ihres neuartigen und aufrüttelnden Inhalts wegen viele Auflagen erlebte, sah er sich zwischen dem von ihm als geistig und schöpferisch betrachteten Prinzip des Männlichen und Arischen sowie dem von ihm als triebhaft und zersetzend beurteilten Prinzip des Weiblichen und Jüdischen so rettungslos zerrieben, dass er 1903 Selbstmord verübte.[468]

Angesichts dieser Tatsachen gingen die Meinungen darüber, wieweit sich die Juden wirklich in die deutsche Kultur eingefügt hatten, damals weit auseinander. Der weltläufige Stefan Zweig meinte, das Judentum habe „dem Österreichischen, dem Wienerischen" durch „ein Wunder der Einfühlung" sogar erst „den intensivsten Ausdruck" verliehen. Hingegen glaubte der völkisch-konservative Ottokar Stauf von der March, die Dekadenz hätte „keinen so auffallenden Stich ins Pathologische erhalten, wenn nicht eben semitischer Einfluss vorgewaltet haben würde".[469] Weil Hitler in einer „Verjudung" der deutschösterreichischen Kultur eine lebensgefährliche Infektion erblickte, sah er hier vielleicht schon in Wien gelegentlich heimtückische, wenn nicht sogar tödliche „Bazillenträger" am Werk. Die Erkenntnis ging ihm buchstäblich unter die Haut, weil sie ihn als Gefährdung seiner eigenen Identität erregte. Denn wie er später in *Mein Kampf* schrieb,[470] seien damals „neun Zehntel alles literarischen Schmutzes, künstlerischen Kitsches und theatralischen Blödsinns auf das Schuldkonto eines Volkes" gegangen, das nicht einmal „ein Hundertstel aller Einwohner" Österreichs ausgemacht habe.

An dem massenhaften Zustrom von Juden aus Galizien, der Bukowina und Russland, den Wien an der Wende vom 19. zum 20. Jahrhundert und vor allem nach der Russischen Revolution von 1905 erlebte, war der quantitative Aspekt jedoch nicht das Entscheidende. Aufsehen erregte vielmehr die Tatsache, dass Ostjuden häufig innerhalb kürzester Zeit gesellschaftlich aufstiegen und in Wirtschaft, Presse, Theater, Literatur, Musik und Malerei schon bald führende Positionen einnahmen. Spektakulär war daher vor allem der qualitative Aspekt. Um nur einige Zahlen aus dem Buch von Yuri Slezkine über *Das jüdische Jahrhundert* zu nennen:[471] „Im Wien der Jahrhundertwende lag der jüdische Bevölkerungsanteil bei rund zehn Prozent, doch etwa 30 Prozent der Gymnasiasten waren Juden. Im Zeitraum von 1870 bis 1910 lag der Anteil jüdischer Maturanten (Abiturienten) in der Wiener Innenstadt sogar bei 40 Prozent ... In den 1880er

---

auch noch nicht in jeder Beziehung mit den anderen Österreichern gleichgestellt. So durften sie z. B. keine Staatsämter bekleiden.

468 Laut Frank 1953, S. 313, hat sich Hitler irgendwann mit Weininger befasst.

469 Op. cit. Kirchhoff 2002, S. 126.

470 Hitler 1925 I, S. 62.

471 Slezkine 2006, S. 67 ff.

Jahren stellten Juden drei bis vier Prozent der österreichischen Bevölkerung, jedoch 17 Prozent aller Studenten und an der Universität sogar ein Drittel der Studentenschaft. ... Da Juden der öffentliche Dienst in der Regel nicht offen stand und möglicherweise auch, weil Juden im Allgemeinen die Selbständigkeit bevorzugten, entschieden sich die meisten Studenten für die so genannten freien Berufe. Diese Berufszweige standen im Einklang mit ihrer merkurianischen Erziehung und waren, wie sich herausstellte, unabdingbar für die moderne Gesellschaft: Medizin, Recht, Journalismus, Wissenschaft, das höhere Bildungswesen, die Unterhaltungsbranche und die Künste. Im Wien der Jahrhundertwende waren 62 Prozent der Anwälte, die Hälfte der Ärzte und Zahnärzte, 45 Prozent der Mitglieder medizinischer Fakultäten und ein Viertel des universitären Lehrkörpers Juden, ebenso wie 51 bis 63 Prozent der Journalisten."

Man muss diese Aufzählung noch erweitern und mit Slezkine darauf hinweisen, dass um die Jahrhundertwende mit Ausnahme einer einzigen Wiener Bank alle anderen von Juden verwaltet wurden und sich der Großteil der ungarischen Industrie in jüdischem Besitz befand, um ein einigermaßen vollständiges Bild von dieser „Invasion" zu erhalten. Juden beherrschten auch den Kunsthandel, was für den jungen Hitler unmittelbar relevant war, obwohl er seine bescheidenen Einkünfte gerade jüdischen Kleinhändlern verdankte. Was ihn aber noch mehr bestürzte, war die Tatsache, dass in Deutschland, Österreich und Ungarn am Anfang des 20. Jahrhunderts „die meisten nicht explizit christlichen oder antisemitischen Zeitungen von Juden geschrieben, redigiert und herausgegeben wurden", wie Slezkine vermerkt, und dass sich auch Verlagshäuser und „die vielen öffentlichen Orte, an denen Botschaften, Prophezeiungen und Meinungen mündlich oder wortlos, das heißt durch Gesten, Moden oder Rituale ausgetauscht wurden", vielfach entweder Juden gehörten oder unter jüdischer Leitung standen. Da dies z.B. auch Opernhäuser und Theater betraf, hätte der junge Hitler mit seinen nationalpolitischen Projekten, die nicht nur die deutsche Kunst und Kultur fördern, sondern sie zugleich auch – was in seinen Augen dasselbe war – „entjuden" sollten, hier nicht mehr landen können. Da ihm dadurch der Weg in die Öffentlichkeit versperrt war, sah er sich zur Untätigkeit verurteilt, solange er keinen jüdischen Förderer fand, der bereit gewesen wäre, antisemitische Projekte zu finanzieren. Denn das kam im Wien des *fin de siècle* durchaus gelegentlich vor. Vielleicht nahm der junge Hitler auch nur deshalb an den musikalischen Soireen des Dr. Jahoda teil, weil er in ihm einen solchen Mäzen zu finden hoffte. Doch waren Glücksfälle dieser Art naturgemäß nur selten, und der Fabrikdirektor gehörte nicht dazu.

Der Spötter Karl Kraus, selbst jüdischer Abkunft, aber auf dem Weg von der jüdischen Kultusgemeinde über die Konfessionslosigkeit hin zum Katholizismus, brachte die kulturelle Hegemonie der Juden auf den Punkt, indem er in Anspielung auf den Begründer der Psychoanalyse meinte: „Sie haben die Presse, die Börse, jetzt haben sie auch das Unterbewusstsein!" – was Nike Wagner, Urenkelin von Hitlers Abgott, mit den Worten kommentiert: „Denn Freud und die Folgen verpathologisierten ihm (Kraus) auch noch den Schöpfungsbegriff, indem die Psychoanalyse Kunst als Sublimationsleistung interpretiert. Aus ruhenden Gütern, ewigen Werten wird mobile Ware; aus mythischer Echtbürtigkeit ein gewinnbringender Tauschartikel. Dazu bedarf es der Agenten und Makler, solcher, die die Vermittlung und Zwischenträgerschaft übernehmen und davon profitieren – kurz: der Parasiten. Sie sind bei Kraus für das elende, das apokalyptische ‚Zwielicht' verantwortlich, das seither in der Kultur herrscht, für die nicht mehr reinen, sondern gemischten Verhältnisse. Von seinen kulturellen Höchstansprüchen her befindet sich Kraus auf der Seite ... der Deutschnationalen und Antisemiten."[472]

In der Tat veränderten sich mit dem Vordringen von Juden in Kunst und Kultur auch substanzielle Bereiche der intellektuellen und ästhetischen Landschaft. Während man noch überall sonst in Europa davon auszugehen pflegte, dass Bildung zu Geld führt, schienen „Juden ... nahezu ausnahmslos zu erwarten, dass Geld zu Bildung führte" (Yuri Slezkine). Da die meisten jüdischen Studenten mehr oder weniger reiche Kaufleute als Väter hatten, begannen sich mit ihrem massenhaften Eintritt in akademische Berufe allmählich auch die traditionelle deutsche Kunst und Kultur zu verändern. Sie wurde freier, aufgeklärter, gesellschaftskritischer, zugleich aber auch merkantiler, d.h. auf ihren aktuellen Tauschwert reduziert. August Kubizek berichtet, wie er und sein Freund eines Tages *Frühlings Erwachen* von Frank Wedekind auf der Bühne sahen, das vor allem in Bezug auf die sich damals wandelnde Sexualmoral völlig neue und verstörende Töne anschlug und anstößig wirkende Szenen zeigte.[473] Das antinaturalistische Stück hatte der jüdische Regisseur Max Reinhardt erst 1906 nach zensurbedingten Streichungen an den Berliner Kammerspielen uraufgeführt und damit einen unerhörten Skandal verursacht. Denn vom konventionellen Kunstgeschmack wurde es als provokativ, obszön und sogar pornographisch empfunden. Der damals gerade 19 Jahre alte Hitler Adolf nahm die Vorstellung in einem der Wiener Theater zwar zum Anlass, mit seinem Freund einen Abstecher in das Bordellviertel zu machen, um einmal wenigstens *en passant* die käufliche Liebe zu studieren. Aber im Grund führten die beiden Bildungserlebnisse – wie übrigens auch die ebenso unfreiwillige wie flüchtige Bekanntschaft mit einem Homosexuellen – nur dazu, dass Adolf die Unterdrückung seiner sexuellen Bedürfnisse, die er sich ohnehin schon auferlegt hatte, noch weiter verschärfte, weil er ein anderes Verhalten nicht mit seinem Selbstbild vereinbaren konnte.

Selbstverständlich waren die kulturellen Verwerfungen der damaligen Zeit nicht allein auf die Juden zurückzuführen, obwohl sie als progressive Schriftsteller und Theaterleute auch in Wien eine erhebliche Rolle spielten. Man braucht in diesem Zusammenhang nur an Arthur Schnitzler, Stefan Zweig und Hugo von Hofmannsthal als Zeitgenossen des jungen Hitler

472 Wagner 1997 (in: Ley 1997), S. 224f.
473 Kubizek 1995/6, S. 235f.

zu denken. Dadurch aber, dass sich die kulturellen Maßstäbe in einer Zeit verschoben, in welcher der jüdische Bevölkerungsanteil sowohl quantitativ als auch qualitativ dramatisch an Gewicht gewann, konnte das Missverständnis entstehen, der Jude sei „an allem" schuld. In der Tat hat die Koinzidenz von neuem Reichtum und wachsendem Einfluss der Juden auf die Kultur dem Antisemitismus zweifellos erheblichen Vorschub geleistet. Denn damit begannen offenbar das Geld, das kapitalistische Zeitalter und die von ihnen ausgehende Entfremdung, die der junge Hitler als so bedrohlich empfand, dass er sich ganz auf sich selbst zurückgezogen hatte, gierig nach jenen Gütern zu greifen, die ihm am heiligsten waren, und damit begannen sich die Juden in seinen Augen sowohl in materieller als auch immaterieller Hinsicht durchzusetzen. Alle Metaphysik wurde plötzlich physikalisch, so dass sie gemessen, gewogen, standardisiert und in Geld bezahlt werden konnte. Kurzum: Der „eindimensionale Mensch", wie ihn Ludwig Marcuse viele Jahrzehnte später beschrieben hat, trat erstmals verstörend in Erscheinung. Wo würden unter diesen Umständen die alten Mythen und Sagen und all das andere bleiben, in dem sich Kunst und Kultur der Deutschen von jenen anderer Völker nicht nur unterschieden, sondern diesen nach Meinung des jungen Hitler sogar haushoch überlegen waren? Wenn jüdische Emanzipation bedeutete, um es in den Worten von Jacob Katz zu sagen,[474] dass Juden „nach einer neutralen oder wenigstens ‚halbneutralen' Gesellschaft" suchten, „in der neutrale Akteure an einer neutralen säkularen Kultur teilhaben konnten", dann war dies für den Hitler Adolf gleichbedeutend mit einer Kriegserklärung an die aus seiner Sicht so spezifisch arisch-germanisch-deutsche Nationalkultur, deren Kommen er so begierig zu fördern hoffte. Das heißt: Die Richtungen, in denen die Juden handelten und in die er fühlte und dachte, sind in Wien deutlich mehr noch als in Linz, perspektivisch gesehen, völlig auseinandergelaufen.

Mit der Veränderung von Kunst und Kultur veränderten sich zu Beginn des 20. Jahrhunderts aber auch die Menschenbilder, und dabei kamen vollkommen neue Identitäten zustande, die das Selbstbild des jungen Hitler in einem noch viel fundamentaleren Sinn bedrohten. Fast überall, nicht nur im Geschäftsleben, begann sich jener Typus durchzusetzen, der „mobil, clever, wortgewandt, beruflich flexibel und im Fremdsein begabt" ist. Ihn hat Yuri Slezkine in seinem bereits mehrfach zitierten Werk mit einer schon beinah genial anmutenden Wortschöpfung als „merkurialen Dienstleistungsnomaden" bezeichnet.[475] Hätte er jemals freie Wahl gehabt, dann hätte der junge Hitler gewiss den bodenständigen Wehrbauern arisch-germanisch-deutscher Provenienz als Idealtypus bevorzugt. Je län-

474 Op. cit. Slezkine 2006, S. 70.

475 Ebda., S. 49. – „Merkurianisch" von Merkur, dem altrömischen Gott des Handels und Gewerbes. Slezkines Gegenbegriff des „Apolloniers", der zu dem von Hitler bevorzugten Idealtyp des bodenständigen Wehrbauern passen könnte, halten wir für wenig glücklich, weil er an Nietzsches Gegensatzpaar „apollinisch" und „dionysisch" erinnert, ohne sich mit ihm zu decken.

ger sich der entwurzelte Beamtensohn aber in Wien aufhielt, mit seinem nationalpolitischen Messianismus durch die Straßen lief und gleichzeitig wie ein Jude mit seiner Aquarellproduktion kleine Geschäfte machte, desto mehr merkte er, dass einige dieser „typisch jüdischen" Fähigkeiten und Eigenschaften allmählich auch auf ihn selbst zutrafen. Der anonyme Modernisierungsprozess hatte ihm die Wahl zwischen verschiedenen Lebensstilen aus der Hand genommen. Unausweichlich ging dieser Prozess mit der Emanzipation der Juden einher, wodurch „der Tendenz nach alle Menschen zu ‚Juden'" wurden,[476] das heißt möglicherweise auch er selbst.[477]

Zweifellos hat diese Jahrhunderttendenz die „antisemitische Verwirrung" (Dan Diner) gesteigert, die den jungen Hitler in Wien zeitweise befiel. Sie konfrontierte ihn nämlich mit einer Vielfalt jüdischer Zugehörigkeitsvorstellungen, die ihm einerseits „nur schwer fassbare Eindrücke von mobiler, transterritorialer und transnationaler sowie ethnischer und religiöser Mehrdeutigkeit" vermittelten und die andererseits im Widerstreit mit seinen Auffassungen von „nationaler Homogenität und Territorialität, Staatsangehörigkeit und Bodenständigkeit" lagen. Was den jungen Hitler jedoch vermutlich am meisten irritierte, war die Tatsache, dass der Zionismus die Juden plötzlich zu einer Nation erklärte. Denn elf Jahre, bevor er nach Wien kam, hatte der Jurist, Journalist und Bühnenautor Theodor Herzl (1860–1904) damit begonnen, für einen „Judenstaat" in einem fernen Land zu werben, ganz gleich ob es sich nun um Uganda oder Palästina handelte.[478] Nachdem sich der Erste Zionistische Weltkongress 1897 hinter diese überaus kühne Idee gestellt hatte, kam deren Verwirklichung überraschend schnell voran, so dass die Wiener Judenschaft Anfang des 20. Jahrhunderts z.T. erbittert über das „Pro" und „Kontra" dieses Projekts diskutierte.

Schon damals will Adolf Hitler erkannt haben,[479] dass diese Debatten nur auf „Lügen" beruhten. Denn die assimilierten Juden hätten die Zionis-

---

476 So Dan Diner im Vorwort, S. 10, zu Slezkine 2006. – Dort auch die folgenden Zitate.

477 So auch Brigazi 1998, S. 518, in seiner Beschäftigung mit dem *Mann ohne Eigenschaften* von Robert Musil: „Die Angst vor dem Identitätsverlust ist der wahre Grund (für den Antisemitismus)", das heißt „nicht das wahrgenommene Fremde", sondern „die bedrohliche Nähe". Musil hatte sogar einmal festgestellt, die Deutschösterreicher seien ebenso wie die Juden „vaterlandslose Menschen" gewesen.

478 Herzl, einst Zeitungskorrespondent in Paris, schrieb sein Buch *Der Judenstaat. Versuch einer modernen Lösung der Judenfrage* unter dem Eindruck der Dreyfus-Affäre, bei der ein jüdischer Offizier allein aufgrund der Tatsache, dass er Jude war, verurteilt und unehrenhaft aus der französischen Armee ausgestoßen wurde. Dieses Ereignis, das europaweit die Gemüter bewegte, raubte Herzl alle Hoffnung, die Juden könnten durch Assimilation noch irgendwo anders als in einem fernen Land ein Leben in Sicherheit und frei von Diskriminierungen führen.

479 Vgl. das Folgende Hitler 1925 I, S. 61. Auf die ebda. II, S. 356 ff., folgende Polemik gegen die Möglichkeit eines Judenstaates, dessen Gründung 1925 bekanntlich noch in weiter Ferne lag, gehen wir hier nicht ein, weil sie erkennbar die nach dem Ersten Weltkrieg eingetretene Lage und wohl kaum die Gedanken des jungen Hitler reflektiert.

ten nicht deshalb abgelehnt, weil sie in ihnen „Nichtjuden" sahen, sondern weil sich diese öffentlich zu ihrem Judentum bekannt hätten, und dies sei den assimilierten Juden zu gefährlich gewesen. Deshalb waren auch die „liberalen" oder assimilierten Juden in den Augen des jungen Hitler nichts anderes als ebenfalls ethnische Juden. Da somit der „völkische Charakter der Judenschaft" von den liberalen Juden nicht aufgrund völkischer Prinzipien, sondern lediglich „aus reinen Zweckmäßigkeitsgründen" bekämpft worden sei, habe er, Hitler, sich von diesen Auseinandersetzungen schon bald angeekelt abgewandt. Immerhin – und das ist im Zusammenhang dieses Kapitels seine wichtigste Aussage – sei er schon damals von den Zionisten überzeugt worden, dass es sich bei den Juden nicht um Menschen wie die sie umgebenden Deutschen, sondern um ein Volk ganz eigener Prägung handle. Der Autor von *Mein Kampf* will dadurch seinen Eindruck, einst hätten „besonders die innere Stadt (Wien) und die Bezirke nördlich des Donaukanals" nur so vor lauter Juden gewimmelt, einen völkischen Grund unterlegen.

Trotzdem soll sich der junge Hitler gegenüber seinem jüdischen Freund und Geschäftspartner im Wiener Männerwohnheim, Franz Neumann, damals noch etwas gemäßigter, um nicht zu sagen positiv über das Judentum geäußert haben.[480] In diesem Sinne diskutierte er offenbar auch oft und ausführlich mit ihm über den Zionismus. Neumann meinte, ein Exodus würde für Österreich „ein großes Unglück" bedeuten, weil die Juden „das ganze österreichische Kapital mitnehmen würden". Darauf antwortete Hitler angeblich nur kühl, der Habsburgerstaat würde „das Geld (dann) ... ganz klar konfiszieren, weil es nicht jüdisch, sondern österreichisch sei". Diese Auffassung stand offenbar in engem Zusammenhang mit seinen etatistischen Wirtschaftsvorstellungen, die an anderer Stelle behandelt wurden.[481] Sie finden sich später auch in der nationalsozialistischen Politik der dreißiger Jahre gegenüber den ausreisewilligen und -fähigen Juden wieder. Ob der junge Hitler die zionistische Idee bereits als symbolische Trennung des Judentums von der deutschen Kultur aufgefasst hat, wie es ein Teil der Zionisten selbst wohl tat,[482] lässt sich dagegen aus den bekannten Quellen nicht erschließen. Es ist daher auch nicht zu erkennen, ob er diese Auffassung – ähnlich wie Neumann, der darüber Witze machte – auf die leichte Schulter nahm oder sogar begrüßt hat.

---

480 Hanisch 1939, S. 7.

481 Vgl. Teil III, 9. Kapitel, S. 488 ff.

482 So kommentierte die zionistische *Neue National-Zeitung* eine Debatte des Reichsrats über einen *numerus clausus* für jüdische Gymnasiasten und Studenten an deutschen Schulen und Hochschulen, die 1908 in Wien stattfand, mit den Worten: „Es war höchste Zeit, dass sich ein großer Teil unseres Volkes vom Deutschtum und seiner Kultur losgesagt hat." Vgl. Hamann 1996/4, S. 481.

Zusammenfassung

Nach alledem kann es keinerlei Zweifel mehr daran geben, dass Adolf Hitler bereits in Linz antisemitisch beeinflusst worden ist. Vor allem hatte Georg Schönerer den kulturellen Deutschnationalismus, dem sich der Realschüler anschloss, so stark in diesem Sinn geprägt, dass jeder, der dem einen diente, sich zwangsläufig auch in den Dienst des anderen stellte. Dieser Antisemitismus war aber von Hitler zunächst nur gefühlt und sowohl durch das Schweigegebot des Vaters als auch durch allerlei gesellschaftliche Rücksichtnahmen gezügelt, insbesondere durch dankbare Gefühle gegenüber Dr. Bloch. Im Übrigen trug das in antisemitischer Hinsicht allgemein mildere Klima der oberösterreichischen Landeshauptstadt zur Mäßigung bei. Schaut man sich diesen frühen Antisemitismus genauer an, so wird ersichtlich, dass Hitler selbst noch in Wien frei von den beiden auffälligsten Stereotypen des radikalen oder manifesten Antisemitismus war: Weder verkörperte „der" Jude für ihn schon den kapitalistischen Wucherer, noch umgab er seinen Rassebegriff bereits mit den später für ihn so charakteristischen Schmähungen und Invektiven aus dem Wörterbuch des Unmenschen, wie seine Gespräche mit Hanisch zeigen. Von irgendeinem „Lösungsvorschlag" für die so genannte Judenfrage war er noch weit entfernt. Im Gegenteil: Hitler war in Wien davon überzeugt, „man könne nur mit den Juden Geschäfte machen, weil nur sie bereit seien, Risiken einzugehen",[483] und was deren nationalen Zusammenhalt und Religion betrifft, sprach er sogar mit Hochachtung von ihnen, als könne man in dieser Hinsicht noch von ihnen lernen. Zwar hatte der junge Hitler die Juden offenbar schon von früh an buchstäblich „nicht riechen" können, was abermals auf den gefühlsmäßigen Ursprungscharakter seines latenten Antisemitismus verweist. Doch vermochte Hitler seine Abneigung gegen ihre körperliche Nähe soweit zu unterdrücken, dass er gelegentlich an den musikalischen Veranstaltungen im Haus Jahoda teilnahm. Er genoss die kultivierten Abende bei diesem erfolgreich assimilierten Juden vielleicht auch deshalb, weil er sich von seinen Begegnungen mit Dr. Jahoda gewisse Vorteile versprach. Tatsächlich soll der junge Hitler in Wien von einem anderen Juden, Dr. Josef Feingold, gefördert worden sein.[484]

Aufgrund dieser positiven Erfahrungen hatte Adolf seine antisemitischen Gefühle in dieser Phase seiner Entwicklung durchaus noch unter Kontrolle, was ihm manches Mal sicherlich auch schiere Taktik gebot. Obgleich es wohl etwas übertrieben ist, seine jüdischen Geschäftspartner und Mitbewohner in der Meldemannstraße als „Freunde" zu bezeichnen,[485] wollte er vermeiden, die Abnehmer seiner Aquarelle durch antisemitische Äußerungen vor den Kopf zu stoßen, weil dies seine Einnahmen gefährdet

483 Hanisch 1939, S. 7. Man kann sich auch nicht einerseits auf *Mein Kampf* als Quelle berufen und andererseits ganz anderer Meinung als deren Autor sein, ohne sich in Widersprüche zu verwickeln.

484 Hamann 1996/4, S. 500.

485 Vgl. Reuth 2009, S. 27, und Hanisch 1939, S. 3.

hätte. Auch hilft man in Wohnheimen immer einander aus und tut sich gegenseitig manchen Gefallen. Das ist unter Menschen, die sich am unteren Saum der Gesellschaft bewegen, nun einmal zu allen Zeiten so üblich gewesen. Es hat auch im Fall Hitlers und seiner Wiener Kumpel weder etwas mit Freundschaft im emphatischen Sinn noch mit dem hier diskutierten Verhältnis von Juden und Nichtjuden zu tun. Eine gewisse Ausnahme bildete wahrscheinlich nur der gelernte Kupferputzer Josef Neumann, ein von Hanisch als „gutherzig" geschilderter Mann, mit dem der junge Hitler über den Antisemitismus sowie über Heinrich Heine, Mendelssohn Bartholdy und Jacques Offenbach diskutiert haben soll.[486] Für diesen Juden empfand er möglicherweise tatsächlich so etwas wie freundschaftliche Gefühle. Jedenfalls haben sich die beiden gemeinsam manchmal außerhalb ihres Wohnheims herumgetrieben und Wiener Sehenswürdigkeiten besichtigt.

Ohne Umschweife kann man daher zusammenfassend sagen, dass sich bei Hitler auch noch in Wien negative und positive Gefühle gegenüber dem Judentum die Waage hielten. Ob das eine oder andere überwog, hing wahrscheinlich von seiner Tagesform und mehr oder weniger zufälligen Beobachtungen und Begebenheiten ab. Auf keinen Fall kann er damals in Wien schon wie ein Paranoiker überall nur Juden gesehen haben, wie er in *Mein Kampf* behauptet. Freilich wird sich dem jungen Hitler in der Zeit von 1909 bis 1913 auch die Einsicht, dass ihm die gesellschaftliche Anerkennung als nationalpolitischer Künstler und Architekt bis auf Weiteres versagt bleiben würde, unter dem Eindruck von Abstieg und Armut allmählich zur Gewissheit verdichtet haben. Dieser Umstand hat ihn für antisemitische Ressentiments anfällig gemacht. So vertraute er seiner Schwester Paula in späteren Jahren an, er führe „sein(en) Fehlschlag mit der Malerei", den er in Wien erlitten hatte, darauf zurück, „dass der Kunsthandel in den Händen der Juden lag".[487] Dennoch wird man die Entstehung seines Antisemitismus nicht allein auf rein persönliche Erfahrungen reduzieren können. Vielmehr war dieser Vorgang in politische, gesellschaftliche und kulturelle Veränderungsprozesse eingebettet, die man hinnehmen oder bekämpfen konnte, die aber damals keinen auch nur halbwegs gebildeten Zeitgenossen gleichgültig gelassen haben. So war Akzeptanz oder Renitenz die Alternative, vor welcher der junge Hitler noch in Wien unentschlossen hin und her schwankte. Sein Weg war alles andere

486 Hanisch 1939, S. 3.

487 In diesem Zusammenhang ist die Mitteilung von Hitlers jüngerer Schwester Paula Wolf aufschlussreich, die vor den US-amerikanischen Vernehmungsoffizieren 1946 aussagte, es könne sein, „dass die harten Jugendjahre in Wien seine antijüdische Haltung" verursacht hätten. Wolf: „In Wien hungerte er stark, und er glaubte, sein Fehlschlag mit der Malerei sei darauf zurückzuführen, dass der Kunsthandel in den Händen der Juden lag." NACP, Record Group 3/9: Records of the Army Staff, Sub-Group Records of Army Staff Relations to Intelligence Matters – Records of US Army and Security Command (USAAC), 1936–76, File XE 575580, Series Records of the Investigative Records Repository (IRR), S. 7.

als „klar“ und „gradlinig“.[488] Ohne ernst zu nehmende Quellen lassen sich die einzelnen Stationen auf diesem Weg über das Jahr 1910 hinaus leider nicht mehr dokumentieren. Fest steht nur, dass von Hitler für die Kriegszeit bisher keine einzige antisemitische Äußerung glaubhaft überliefert worden ist,[489] und dann begann für ihn ohnehin eine ganz neue Zeit. Auch aus diesem Grunde sehen wir uns in der Entscheidung bestätigt, dieses Buch mit dem Jahr 1914 enden zu lassen.

Schlusswort: Zu Beginn dieses Kapitels haben wir an das Buch über *Hitlers willige Vollstrecker* des US-amerikanischen Historikers Daniel J. Goldhagen erinnert, der die empirisch zwar nur denkbar schwach belegte, aber außerordentlich weit reichende Behauptung aufstellte, die Deutschen hätten ihre „Ausschaltungsmentalität“ in Bezug auf die Juden bereits im Verlauf des 19. Jahrhunderts in eine „Auslöschungsmentalität“ umgewandelt, und so sei „der Samen“ für den späteren Holocaust schon zu Beginn des 20. Jahrhunderts „aufgegangen“.[490] Goldhagens Begriffspaar „Ausschaltungs-“ und „Auslöschungsmentalität“ entspricht jenen beiden Begriffen, die wir eingangs aus seinem Buch zitiert haben: „eliminatorischer“ und „exstirpatorischer“ Antisemitismus. Goldhagen dürfte überrascht sein, würde er feststellen, dass wir bei Kubizek, Bloch oder Hanisch weder für das eine noch für das andere irgendwelche Beweise gefunden haben. Mag sein, dass der junge Hitler das eine oder andere von und über Richard Wagner gelesen hat. Von den übrigen 54 Autoren und Publikationen, die Goldhagen als Beleg für seine kühne These namhaft machte, ist uns jedoch nicht bekannt, dass sie unser Protagonist jemals zur Kenntnis genommen hat.

488 Hamann 1996/4, S. 496.

489 Wiedemann 1964, S. 33f. Außer ihm bestreiten auch die beiden anderen Meldegänger von Hitlers Regiment, Ernst Schmidt und Ignaz Westenkirchner, ihr Kamerad sei bereits damals Antisemit gewesen. Gegenteiliges hatten zwei andere Kameraden behauptet.

490 Goldhagen 1986, S. 97.

Epilog

Der lange Weg zu sich selbst

Nach allem, was in Teil I und II gesagt worden ist, kann die Erkenntnis als gesichert gelten, dass der junge Hitler in einer engeren Beziehung zur deutschen Hochkultur gestanden hat als bisher allgemein angenommen. Dabei wurden die Umrisse eines Weltbildes und, daraus folgend, einer Weltanschauung sichtbar, die auf den Nationalsozialismus und das „Dritte Reich" vorauswiesen. Die Ideologie des jungen Hitler basierte auf dem arisch-germanisch-deutschen Mythos und einer entsprechenden Kosmogonie, die den Anspruch einer erst intuitiv, dann aber irgendwann auch einmal wissenschaftlich beweisbaren Religion erhob. So sagte Hitler einmal mit aller wünschenswerten Klarheit: „Niemals aber darf der Nationalsozialismus sich bemühen, in äffischer Weise eine Religion nachzuahmen, für ihn gilt immer nur, wissenschaftlich eine Lehre aufzubauen, die nichts weiter ist als ein Kultus der Vernunft."[1] Zwar stand diese Ideologie im Dienst einer kulturschöpferischen Reichsidee. Da diese Reichsidee sich aber auf das Recht des vermeintlich Stärkeren berief, nämlich auf das des Ariers, verfügte sie über kein ethisches Regulativ. So zeichnete sich im Grunde schon vor dem Ersten Weltkrieg prinzipiell jener Weg ab, der im Verlauf des Zweiten Weltkrieges zum Holocaust geführt hat. Unter diesen Umständen bedarf es eigentlich keiner besonderen Phantasie mehr, um sich vorzustellen, dass Hitler am Ende seines Lebens in der Vernichtung der europäischen Juden eine epochale Kulturleistung gesehen hat, so pervers eine solche Vorstellung heute auch anmuten mag.[2]

Schon in sehr jungen Jahren hatte er mit fanatischer Ausschließlichkeit von einem Großdeutschland geträumt, dessen staatliche Verfassung sich teils an römischen, teils an germanischen Vorbildern orientieren soll-

1 Jochmann 1980, S. 67: Monolog vom 23. September 1941.

2 So sagte Hitler am 2. April 1945, dem letzten seiner Bormann-Diktate, zu seinem engsten Mitarbeiter: „In einer moralisch mehr und mehr durch das jüdische Gift verseuchten Welt muss ein gegen dieses Gift immunes Volk schließlich und endlich die Oberhand gewinnen. So gesehen wird man dem Nationalsozialismus ewig dankbar sein, dass er die Juden aus Deutschland und Europa ausgerottet hat." Hitlers politisches Testament 1981, S. 122.

te. Wie der Nexus zwischen „Volkstribun" und „Volk" letztlich aussehen würde, ließ er offen. Doch kam es ihm darauf letztlich auch gar nicht an, weil der junge Hitler beide Seiten durch ästhetische Genüsse, vor allem in den Bereichen Malerei, Musik und Baukunst, zu einer Volksgemeinschaft zusammenschmieden wollte, die kein „oben" und „unten" mehr kannte. Mit den egalitären Vorstellungen von Liberalen und Demokraten hatte ein solches Modell repressiver Harmonie freilich nichts zu tun, wohl aber sehr viel damit, dass ein künstlerisch begabtes „Genie der Wirkungen" als politischer Führer sein Volk so besser beherrschen konnte.

Der penible Rigorismus, mit dem der junge Hitler an der Organisation seines Reiches und seines „Idealstaates" arbeitete, brachte sowohl seine Herkunft aus dem Milieu der altösterreichischen Bürokratie als auch die deutschnationalen Frustrationen zum Ausdruck, die er in der Habsburgermonarchie erlitten hatte.[3] Was vom Kaiserhaus angeblich in Jahrhunderten, wenn nicht sogar tausend Jahre lang versäumt worden war, sollte irgendwann einmal im Eiltempo und mit tausendjähriger Dauerhaftigkeit nachgeholt sowie gegen Widerstände durchgesetzt und behauptet werden. Möglicherweise hat der junge Hitler in dieser Beziehung auch vom Judentum gelernt, mit dem ihn noch in Wien eine ambivalente Haltung verband. So sagte Hitler zu seinem Kumpanen Hanisch in Wien: „Am meisten (neben der Poesie Heinrich Heines und ihrer Barmherzigkeit – D. B.) bewunderte er die Juden aber für den Widerstand gegen alle Verfolgungen. Über Rothschild bemerkte er, dieser möge das Recht des Zutritts zum Hof gehabt, aber verweigert haben, weil dies einen Wechsel seiner Religion bedeutet hätte. Hitler meinte, dies sei anständig und dass sich alle Juden ähnlich verhalten sollten"[4] – und, so darf man wohl hinzufügen, alle Deutschen auch.

---

3 Dazu sein früherer Schulkamerad Anton Estermann in seltener Eindringlichkeit: „Wir erkannten erbittert die ganz offenkundige antideutsche Wühl- und Einkreisungspolitik und -arbeit um uns herum, wir sahen ganz augenfällig die aktive Expansionswut unserer völkischen Nachbarn ... Wir sahen mit noch größerer Erbitterung die Tatsache, dass alle unsere nationalen erbarmungslosen Gegner – der Adel, die katholische Priesterschaft, die Sozialdemokratie, die jüdische Presse und das Großkapital etc. – hervorragend offen, klar, verbissen und machtvoll aktiv für diese antideutsche Angriffsaktionen in Wort, Schrift und Tat eintraten." Vgl. Kandl 1963/64, Anhang XXXIII, Schreiben vom 9. Dezember 1962.

4 Vgl. Hanisch 1939, S. 4. Zu Rothschild vgl. Neue österreichische Biographie 1972, S. 82: Salomon Mayer Rothschild (1774–1855), zweitältester Sohn von Meyer Amschel Rothschild, dem Begründer des gleichnamigen Bankhauses, wuchs noch unter ungünstigen Umständen in der Frankfurter Judengasse auf, wurde von Kaiser Franz II. (I.) auf Anraten Metternichs 1817 in den einfachen Adelstand und 1822 zum Freiherren erhoben. Er stieg in den Folgejahren „zum hauptsächlichsten Geldgeber des Kaiserstaates" auf. Zu seinem Sohn und Enkel vgl. Österreichisches biographisches Lexikon 1988, S. 289: Anselm Salomon Frhr. von Rothschild (1803–1874) leitete nach dem Tod seines Vaters bis 1871 das Bankhaus in der Wiener Renngasse („Rothschild Palais"), das 1848 u.a. im Brennpunkt der revolutionären Kämpfe stand, gründete mit anderen Finanziers die k.u.k. „Österreichische Creditgesellschaft für Handel und Gewerbe", die zum größten Bankhaus der Monarchie aufstieg. Sein Sohn, Albert Salomon Freiherr von Rothschild

Auffallend an der großdeutschen Zielvorstellung des jungen Hitler vor 1914 ist zweierlei: Weder kann man sie widerspruchsfrei politisch „links" oder „rechts" einordnen, noch war sie von vornherein mit Krieg und gewaltsamer Eroberung verbunden. Das eine hängt mit der zwischen Deutschnationalismus schönerianischer Prägung, christlichsozialem Kommunitarismus und dem revolutionären Aktionismus radikaler Sozialdemokraten hin und her schwankenden Haltung unseres Protagonisten zusammen, die man nicht präzise verorten kann. Das andere beruhte vermutlich auf der chiliastischen Erwartung, dass sich die nord-, west- und osteuropäischen Randstaaten einem großdeutschen Reich ganz von selbst anschließen würden, wenn dieses erst einmal seine kulturelle Überlegenheit und damit auch seine politische und wirtschaftliche Macht entfaltet hatte. Angesichts der globalen Verhältnisse, die sich am Vorabend des Ersten Weltkrieges unwiderruflich in „deutsch und widerdeutsch" (Robert Musil) zu scheiden begannen, war eine solche Vorstellung entweder naiv, oder der junge Hitler verbarg dahinter zweite und dritte Gedanken, die er nie offen ausgesprochen hat.

Wenn man bedenkt, was daraus später geworden ist, liegt es nahe, seine Ideologie als „präfaschistisch" oder „faschistoid" zu bezeichnen. Vieles spricht dafür, doch ist der Begriff unscharf und nicht unproblematisch, weil ihn der parteipolitische Tageskampf häufig genug für sich in Anspruch nimmt. Was wäre mit seiner Anwendung gewonnen? Außer der Einsicht, dass in Hitlers Leben – wie im Leben eines jeden Menschen – manches von Kindheit und Jugend an vorgezeichnet war, nicht viel. Stattdessen würde sich damit wieder die Frage nach dem „deutschen Sonderweg" stellen, die nicht nur von wertkonservativer Seite, sondern neuerdings auch von der Fachhistorie mit dem ebenso schlichten wie überzeugenden Argument negativ beantwortet wird, dass es in der Geschichte wohl noch nie einen Normalweg gegeben habe, an dem man andere Wege messen kann.[5] Im Übrigen lässt sich jene Frage mit den bescheidenen Mitteln einer Biographie nicht beantworten. Dafür müsste man zumindest die „Action Française" und die „Tory-democracy" der Engländer sowie bestimmte innenpolitische Entwicklungen in den USA einem empirischen Vergleich unterziehen.

Auch war der junge Hitler kein „Wahlpreuße",[6] wie der Historiker Ludwig Dehio unter dem niederschmetternden Eindruck der totalen Niederlage von 1945 meinte, weil es für die ersten 25 Jahre seines Lebens eher Anhaltspunkte für das Gegenteil von einer Affinität zum Preußentum gibt. Dreierlei nur scheint festzustehen: Weder der Messianismus, den er praktizierte, noch der völkische Nationalismus, dem er huldigte, noch

(1844–1911), seit 1874 an der Leitung des Bankhauses beteiligt, widmete sich maßgeblich der wirtschaftlichen Erschließung Ungarns und investierte in Versicherungen, Bergbau und Schwerindustrie.

5 Clark 2008, S. 10 f., und Kocka 1988, S. 3–16.

6 Dehio 1948, S. 223.

die totalitäre Demokratie, die er anstrebte, waren deutsche Spezialitäten.[7] Sie waren transnationale Früchte der Aufklärung und der Französischen Revolution, und der Antisemitismus war an der Wende vom 19. zum 20. Jahrhundert ohnehin ein internationales Problem.[8] Die teleologischen Kräfte, die bei näherer Betrachtung von dieser individuellen Biographie ausgehen, sind jedoch so stark, dass jeder, der den Nachweis diese überindividuellen Relationen übertreibt, zwangsläufig in den Verdacht gerät, ein Apologet Hitlers zu sein.

Alles in allem fällt es schwer, Weltbild und Weltanschauung des jungen Mannes jenseits vorgestanzter Denkschablonen und politischer Kampfbegriffe auf eine einfache Formel zu bringen. Vieles lief bei ihm damals noch durcheinander und schloss sich gegenseitig aus, anderes war nur in Umrissen erkennbar. Fast allem, was der junge Hitler sagte und dachte, lag jedoch schon ein totalitärer Subtext zugrunde, weil er die menschliche Existenz in ihrer Totalität zu erfassen und in idealistischer Art und Weise zu verbinden versuchte. So gesehen war er, wie die meisten Menschen in ihrer Pubertät, ein Selbstdenker, ein Wahrheitssucher, ein kleiner Philosoph.

Von solchen Erkenntnissen ist Brigitte Hamann jedoch noch weit entfernt.[9] Da sie am Mantra aller bisherigen Biographen festhält, der junge Hitler sei „ungebildet" gewesen, sieht sie die vielen Hinweise auf dessen Weltanschauung nicht, die eine vorurteilslose Beschäftigung mit dem an sich reichlich vorhandenen Material zutage fördern kann. So kommt die Wiener Historikerin zu folgender Einschätzung des späteren Diktators, die schon an eine fatale Verharmlosung grenzt: Der junge Hitler sei nichts weiter als „ein jähzorniger ‚Streithansel' gewesen, der immer Recht haben wollte und seine Gesprächspartner niederredete". Zwar habe sich Hitler in Wien „in eigentümliche Theorien über die Entstehung der Welt vertieft", sei aber im Übrigen wegen seiner „Starrheit im Denken" nicht aufgefallen und auch, an künstlerischen und intellektuellen Maßstäben gemessen, völlig „uninteressant" gewesen. „Er hatte keine originellen Einfälle, war unkreativ, nicht witzig, und wenn er redete, dann sprach er in angelesenen

7 So schreibt z. B. der US-amerikanische Historiker Birken 1955, S. 23, der völkische Nationalismus sei „nicht als eine Zurückweisung, sondern als Intensivierung der Werte der Aufklärung – und so auch des Westens" zu verstehen, weil damals Gott und König durch Volk und Natur ersetzt worden seien und „ein neues Prinzip gefunden werden musste, welches das Volk definieren und zusammenhalten konnte". Zur totalitären Demokratie vgl. Talmon 1963 III, 235, wo es z. B. heißt: Die Überzeugung, die individuelle müsse in der nationalen Vernunft wie ein Fluss im Meer aufgehen, so dass „die natürliche Ordnung des Staates unzerstörbar" werde, sei seit 1789 das gewesen, was man als „totalitäre Demokratie" bezeichnet habe. Und weiter auf Seite 459: „Antrieb für jedweden Propheten des politischen Messianismus" seien „nicht die von der industriellen Revolution geschaffenen sozialen Probleme" gewesen, sondern das „Bedürfnis, die Antinomie von individuellem Selbstausdruck und sozialer Kohäsion und in einem weiteren Sinne das Problem von Mensch und Natur zu lösen".

8 Vgl. dazu z. B. Kühl 1997.

9 Hamann 1996/4, S. 576 ff.

Phrasen, die er aus Zeitungen, sektiererischen Broschüren und Büchern auswendig gelernt hatte."

Wie im Prolog zu diesem Buch dargestellt, stimmt die bisherige Hitler-Biographik mit dieser Beurteilung weitgehend überein. Entsprechend unsicher tappt sie in der Erkenntnisfalle herum, die sie sich selbst gestellt hat. So schreibt z.B. Ian Kershaw reichlich vage, „die Entfernung der Monarchien durch die Revolution" habe Hitler sicher „begrüßt". Doch sei „der Zeitpunkt, wann er zum pathologischen Antisemiten wurde, schwer zu bestimmen".[10] Die gut belegte und vielsagende Tatsache, dass sich Hitler 1919 nacheinander erst für die erste bayerische Räterepublik unter dem jüdischen Sozialisten und Pazifisten Kurt Eisner (1867–1919)[11] und dann für die rechtsradikale *Deutsche Arbeiterpartei (DAP)* engagierte, hält der britische Historiker nur für den Ausdruck eines schieren Opportunismus. Er erblickt darin keinen tieferen Sinn, obwohl es ein starkes Indiz dafür ist, dass man Hitler auch noch unmittelbar nach dem Ersten Weltkrieg „links" statt „rechts" der politischen Mitte ansiedeln muss.[12] Hätte sich Kershaw um die Beziehungen des jungen Hitler zum radikalen Flügel der österreichischen Sozialdemokratie vor 1914 bemüht, wäre sein Urteil sicher anders ausgefallen.

Zwar habe der junge Mann schon in Wien gewisse Ansichten „über Juden und Sozialdemokraten, Marxismus und Internationalismus, Pazifismus und Demokratie" vertreten, fährt der britische Historiker fort, ohne die Inhalte darzustellen, die sich für seinen Protagonisten hinter diesen Schlagworten verbargen. Doch sei dies nur „der Beginn einer Ideologie" gewesen, keine Bildung in irgendeinem substanziellen Sinn.[13] Erst unter dem Einfluss der Reichswehr, die 1919 unter den Bedingungen der Weimarer Republik das kaiserliche Heer ablöste, habe „Hitlers Weltbild

10 Kershaw 1998/2 I, S. 163.

11 Kurt Eisner wurde als Sohn eines Textilfabrikanten in Berlin geboren, wo er Philosophie und Germanistik studierte, bevor er Journalist wurde. Er versuchte, aus dem Neukantianismus eine „Symbiose von Kant und Marx" abzuleiten. Als zunächst inoffizieller Chefredakteur des SPD-Zentralorgans *Vorwärts* ab 1898 geriet Eisner zwischen die Mühlsteine des „Revisionismusstreites", weil er sich der marxistischen Parteilinie nicht beugen wollte. Nach verschiedenen Zwischenstationen kam Eisner 1910 nach München, wo er sich im Schwabinger Künstler- und Intellektuellenmilieu als unabhängiger Journalist und Schriftsteller zu behaupten versuchte. Als Kriegsgegner 1917 zur *Unabhängigen Sozialdemokratischen Partei (USPD)* übergetreten, organisierte er im Januar 1918 den Streik der Münchner Munitionsarbeiter, was ihn vorübergehend ins Gefängnis brachte. Aus der von ihm geleiteten Massendemonstration am 7. November auf der Theresienwiese entwickelte sich in München parallel zu ähnlichen Vorgängen im Reich die Revolution, so dass Eisner schon am 8. November die Republik Bayern als „Freistaat" ausrufen und den bayerischen König für abgesetzt erklären konnte. Als revolutionärer, d. h. noch nicht durch eine Volkswahl bestätigter Ministerpräsident war Eisner jedoch nur etwa 100 Tage lang im Amt, weil er am 21. Februar 1919 von einem jungen Adeligen auf offener Straße erschossen wurde.

12 Im Titel der etwas weiter unten erwähnten „Sozialrevolutionären Partei" kommt das Wort „national" denn auch noch nicht vor.

13 Kershaw 1998/2 I, S. 146.

schließlich Gestalt" angenommen. Letzteres ist zweifellos richtig. Doch ist Kershaw entgangen, dass dieses Weltbild im Wesentlichen von jenen Bildungserlebnissen vorgeprägt worden war, die der junge Mann schon lange vor dem Ersten Weltkrieg genossen hatte und die nicht nur von der Reichswehr, sondern auch von der überwiegenden Mehrheit des deutschen Volkes geteilt wurde.

Das kurze Intermezzo mit Eisner bestätigt auf höchst eindrucksvolle Art und Weise viele der Befunde, die wir für die Zeit vor 1914 erhoben haben. Es bestätigt vor allem das schwärmerische Verhältnis des jungen Hitler zur Politik, zu seiner Umwelt überhaupt sowie zu Privatgelehrten obskurer Observanz, den Eisner mit seinem wallenden Kinnbart, der kleinen Nickelbrille und dem kahlen Haupt im Grunde ebenso verkörperte wie einst Hörbiger und Goldzier. Und nun schickte sich dieser „Volkstribun" auch noch an, jene Ziele zu verwirklichen, von denen Hitler bis 1918 nur geträumt hatte: Die revolutionäre Gründung einer Republik, hinter der zunächst nicht viel mehr als eine überragende Rednergabe stand. Denn außer seiner Verankerung in der kleinen USPD war Eisner parteipolitisch weitgehend isoliert, das heißt ohne nennenswerten Anhang gewesen.

Als Etatist von Haus aus an Ordnung gewöhnt und entschlossen, diese auch unter ungünstigen Umständen zu verteidigen, wird Hitler auch gefallen haben, dass Eisner alle Beamte und Offiziere in ihren Ämtern beließ, um die Novemberrevolution in ruhigeres Fahrwasser überzuleiten. Zwar konnte die damalige Schlüsselfrage „parlamentarische oder Rätedemokratie", solange Eisner lebte, nicht definitiv beantwortet werden. Aber es steht außer Frage, dass sich die Positionen, die Hitler zu Kultur, Gesellschaft und Staat einnahm, Eisner in wesentlichen Punkten zumindest sehr nahe kamen. Wie dieser wollte Hitler die Republik und die Tatsache, dass Eisner die Wittelsbacher durch eine einzige große Rede stürzen konnte, die er im Münchner „Mathäserbräu" hielt, wird ihn mächtig beeindruckt haben. Wie Eisner mit seiner „Donauföderation" wollte Hitler Bayern mit Deutschösterreich, einschließlich Böhmens und Mährens, vereinigen.[14] Wie Eisner, der seine „Deutsche Literaturgeschichte für das Volk" nicht mehr beenden konnte, wollte Hitler das deutsche Volk kulturell erziehen. Wie Eisner wollte Hitler die parlamentarische Demokratie nicht einfach übernehmen – das basisnahe Instrument der „Arbeiter- und Soldatenräte" hat ihm offenbar gefallen, sonst hätte er sich der Rätebewegung nicht zunächst angeschlossen. Wie Eisner wollte Hitler die großen Banken und Unternehmen vergesellschaften, für die Rechte der Arbeiter eintreten sowie Staat und Kirche voneinander trennen.

Natürlich wäre der Versuch verfehlt, aus dem jungen Hitler ein politisches *alter ego* von Kurt Eisner zu machen und umgekehrt. Tatsächlich sind die Gegensätze, die zwischen den beiden ab 1915 hinsichtlich einer Fortsetzung des Krieges bestanden haben, nicht zu übersehen. Auch ist

14 Eisners Vereinigungspläne umfassten sogar die Slowakei, nachdem die Siegermächte des Ersten Weltkrieges die Tschechoslowakei am 28. September 1918 als selbständigen Staat anerkannt hatten.

keineswegs auszuschließen, dass der Hitler des Jahres 1918/19 über kurz oder lang wieder von Eisner abgefallen wäre, hätte dieser den Februar 1919 überlebt. Aber das alles ist Spekulation. Tatsache ist nur, und die gilt es hier festzuhalten, dass Hitler sich Eisner nach seiner Rückkehr nach München im Februar 1919 als Soldatenrat unterstellte und Ordnungsaufgaben für die erste, vorübergehend sogar auch noch für die zweite bayerische Räterepublik übernommen hat, bevor er im Laufe des Sommers unter den Einfluss der Münchner Reichswehr geriet, von extrem „links" nach extrem „rechts" wechselte und mit dem Beitritt zur rechtsradikalen und antisemitischen *Deutschen Arbeiterpartei (DAP)* seine politische Karriere einleitete.

Der Anlass, so Hans Georg Reuth,[15] scheint die Bekanntgabe der vernichtenden Friedensvertragsbedingungen am 7. Mai 1919 im Schloss von Versailles gewesen zu sein. Sie belasteten die Mittelmächte einseitig mit der Schuld am Ersten Weltkrieg, bürdeten ihnen unbezahlbare Reparationsforderungen auf und untersagten die Bildung eines Großdeutschen Reiches, obwohl die Nationalversammlungen der Republik Österreich und der Weimarer Republik soeben erst das Gegenteil beschlossen hatten. Das war ein ungeheurer Schock, der Hitlers politische Neuorientierung geradezu erzwungen hat, weil dieses Ergebnis des Ersten Weltkrieges nach dem Urteil zeitgenössischer Beobachter kaum anders als durch einen zweiten Weltkrieg beseitigt werden konnte. Zuvor hatte er jedoch noch an der Trauerkundgebung für den ermordeten Eisner teilgenommen, ein weiteres Zeichen der Verbundenheit. Sicher war sein anschließender Wechsel von radikal „links" nach radikal „rechts" nicht ganz von opportunistischen Erwägungen frei. Denn letzten Endes dürfte dafür auch die Tatsache ausschlaggebend gewesen sein, dass sich Hitler nach der blutigen Niederschlagung der zweiten bayerischen Räterepublik in München durch Reichswehr und Freikorps am 2. Mai 1919 nur dort, in der Nähe der bewaffneten Macht, konkrete Handlungsmöglichkeiten boten. Trotzdem sollte man die vielfachen inhaltlichen Übereinstimmungen mit Eisner nicht vergessen, weil sie ein *missing link* zwischen Hitlers Wiener und dessen Münchner Zeit darstellen, das bisher kaum angemessen gewürdigt worden ist.

Was sagt nun Hitler selbst zu seinem Weg durch jenes für sein weiteres Leben entscheidende Jahr 1918/19, das ihn zum Berufsredner und damit zwangsläufig auch zum Berufspolitiker gemacht hat?[16] Wird unsere Ausgangsthese, er habe den Aufstieg an die Spitze der Weimarer Republik seiner bisher in Abrede gestellten Beziehung zur deutschen Hochkultur verdankt, von *Mein Kampf* gestützt? Folgt man Hitlers eigener Darstellung, dann hatte er sein jahrelanges Schwanken zwischen Kunst und Politik schon am 10. November 1918 beendet.[17] Es war der Schicksalstag des deutschen Volkes unmittelbar nach Ausbruch der Revolution am 9. November in Kiel und unmittelbar vor Unterzeichnung jenes Waffenstillstan-

15 Reuth 2009, S. 103.

16 Hitler 1925 I, S. 220.

17 Ebda., S. 225 f.

des am 11. November im Wald von Compiègne, der einer bedingungslosen Kapitulation des Deutschen Reiches von 1871 gleichkam. Damals habe er aus „Hass gegen die Urheber dieser Tat“, die Deutschland der Willkür seiner Feinde auslieferte, nicht nur zum ersten Mal seit dem Tod seiner Mutter wieder geweint, sondern auch schon beschlossen, Politiker zu werden. Deutlich tritt Hitlers Absicht zutage, seine politische Rolle ebenso wie Kershaw herunterzuspielen, wenn er weiter schreibt: „Als Namenloser“ habe er in den Wirren der Revolution „die geringste Voraussetzung zu irgendeinem zweckmäßigen Handeln“ besessen. Infolgedessen verzichtet Hitler darauf, sein nachweisbares Engagement für Eisner und die bayerische Räterepublik zu thematisieren. Stattdessen polemisiert er gegen die „Judenherrschaft“ in München, um seiner Linie, er sei schon in Wien zum glühenden Antisemiten geworden, treu zu bleiben. Wie wir in einem früheren Kapitel nachgewiesen haben,[18] stimmt diese Behauptung jedoch nicht mit den Tatsachen überein.

Im Sommer 1919, also nach Bekanntwerden des Friedensdiktatvertrages, so fährt Hitler fort, habe er an staatsbürgerlichen Bildungslehrgängen teilgenommen, die von der zunächst nur vorläufig aufgestellten Reichswehr an der Universität München für ehemalige Frontsoldaten veranstaltet wurden. Dabei sei er sich mit Kameraden sehr rasch einig geworden, dass Deutschland weder „durch die Parteien des Novemberverbrechens, Zentrum und Sozialdemokratie“, noch durch „die ‚bürgerlich-nationalen Gebilde‘“ vor dem Zusammenbruch gerettet werden könne. Ist es Zufall, dass Hitler die USPD Eisners hier nicht erwähnt? Infolgedessen habe man die Gründung einer „Sozialrevolutionären Partei“ in Erwägung gezogen. Den Ausschlag dafür habe der Vortrag eines gewissen Gottfried Feder gegeben.[19]

Nach einer Zusammenschau der beiden Darstellungen, die Reuth und Hitler vom Ablauf der Ereignisse bringen, kann damit als gesichert gelten, dass letzterer sich erst im Verlauf des Sommers 1919 politisch endgültig positioniert hat, obwohl sein Entschluss, von der weiteren Verfolgung seiner künstlerischer Ziele wenigstens vorläufig abzusehen, möglicherweise schon im Herbst 1918 gefallen war. Offen bleibt jetzt eigentlich nur noch die für dieses Buch entscheidende Frage, ob dabei auch bildungsbürgerliche Einflüsse wirksam wurden. Sollte dies der Fall gewesen sein, würde unsere These, dass Hitlers Weg zur Macht von 1919 bis 1933 über

---

18 Vgl. Teil III, 10. Kapitel, S. 521 ff.

19 Der Bauingenieur und Bauunternehmer Gottfried Feder (1883–1941) hatte im Ersten Weltkrieg Hallen für die eben erst entstehende Luftwaffe errichtet. Im November 1918 schickte er ein wirtschaftspolitisches Positionspapier an die sozialistische Regierung unter Kurt Eisner. Seit 1919 Mitglied der Deutschen Arbeiterpartei (DAP), seit 1924 für die NSDAP im Reichstag, 1933/34 Staatssekretär im Reichswirtschaftsministerium. Mit seiner Parole von der „Brechung der Zinsknechtschaft“, die das Parteiprogramm von 1925 maßgebend beeinflusste, galt Feder in den Anfangsjahren der Weimarer Republik als führender Wirtschaftstheoretiker der NSDAP. Vgl. Grebner 2008, S. 63, Kershaw 1998 I, S. 163 f., Tyrell 1975, S. 23.

die Brücke der deutschen Hochkultur geführt hat, noch deutlich mehr an Plausibilität gewinnen.

Um diesem Ziel näherzukommen, muss jedoch erst einmal der Widerspruch aufgelöst werden, der zwischen dem Inhalt von Feders Vortrag und der Überschrift „antibolschewistischer Lehrgang" besteht, unter welcher die betreffende Veranstaltung vom 5. bis zum 12. Juni 1919 gestanden hat.[20] Denn während die Überschrift auf eine antikommunistische Spitze hindeutet, nahm Feder in seinem Vortrag, dessen Titel offenbar nicht überliefert ist,[21] eindeutig und in grundsätzlicher Form gegen den Kapitalismus Stellung – ein wichtiger Unterschied, wenn man an Hitlers Engagement für den romantischen Sozialismus Eisners denkt.

Zur Begründung, weshalb ihn dieser Vortrag so tief beeindruckte, schreibt Hitler in *Mein Kampf*:[22] Bis dahin habe er nur über die soziale Frage im engeren Sinn nachgedacht. Außerdem habe er immer geglaubt, die Bedeutung des Kapitals als „Ergebnis der Arbeit" liege darin, dass es an den Nationalstaat gebunden sei und daher in einer dienenden Funktion zu dessen „Größe, Freiheit und Macht" stehe. Im Juni 1919 habe er aber durch Feder gelernt, dass es auch ein ganz anderes Kapital gebe, das sich „einbilde, Herrin der Nation zu sein" und „dessen Existenz und Wesen ausschließlich auf Spekulation beruhen", und diese erste „prinzipielle Auseinandersetzung mit dem internationalen Börsen- und Leihkapital" habe ihm dann „den Weg zur Gründung einer neuen Partei" gewiesen.

Soweit der Originalton in *Mein Kampf*. Unterstützend für die kapitalismuskritische Erkenntnis mag noch hinzugekommen sein, dass der Praktiker Feder, der keine wirtschafts- oder finanzwissenschaftliche Vorbildung im engeren Sinn besaß, ebenfalls – ähnlich Eisner – den von Hitler bevorzugten Typ des um seine gesellschaftliche Anerkennung ringenden Nicht-Fachmann verkörperte. Vermutlich ist Feders Einbeziehung in den Kreis der Referenten auch auf Seiten der Reichswehr deshalb längere Zeit umstritten gewesen.

Gewiss trifft die Feststellung Kershaws zu, dass dieser Vortrag Hitler ganz allgemein dazu verholfen hat, „seine lange gehegten Vorurteile zu rationalisieren und mit Hilfe einer ‚wissenschaftlich' fundierten Argumentation zu bestätigen".[23] Insofern ist dies für unseren Protagonisten tatsächlich „der entscheidende ‚ideologische' Durchbruch" gewesen. Aber eine

20 Datierung bei Grebner 2008, S. 63. Das genaue Datum ist offenbar ebenso wenig bekannt wie der Text von Feders Vortrag.

21 Vgl. dazu Joachimsthaler 2000, S. 225. In einer Anordnung des Bayerischen Gruppenkommandos 4, das diesen Lehrgang organisierte, tauchen unter Punkt 5 und 6 der Themenliste die Formulierungen „Der Kapitalismus als finanzpolitisches Problem" und „Unsere wirtschaftliche Lage und die Friedensbedingungen" auf. Es ist also gut möglich, dass Feder unter einer dieser beiden Themenstellungen oder unter beiden zusammen gesprochen hat. Zur Bedeutung Feders schreibt Deuerlein 1959, S. 192, dieser stelle „den Übergang von der nicht unbedeutenden alldeutschen Bewegung Münchens zum Nationalsozialismus dar". Eine Biographie über ihn scheint immer noch auszustehen.

22 Hitler 1925 I, S. 227ff.

23 Kershaw 1998 I, S. 170.

derart lapidare Feststellung reicht einfach nicht aus, um das Wesentliche an diesem für das *hidden curriculum* des späteren Diktators so entscheidenden Ereignis herauszuarbeiten. Denn wie sich aus dem Vorstehenden ergibt, ist Hitlers geistiger Durchbruch zum nationalsozialistischen Ideologen nicht in der Frontstellung gegen den Kommunismus sowjetischer Provenienz, sondern gegen den Kapitalismus westlicher Prägung erfolgt. Im Licht dieser Erkenntnis muss die These des Historikers Ernst Nolte,[24] wonach es „keinen Faschismus ohne die Herausforderung des Bolschewismus" gegeben habe, dahingehend revidiert oder erweitert werden, dass es keinen sozialen Nationalismus ohne Kapitalismus gegeben hätte.

Als Konsequenz unseres kulturalistischen Ansatzes kommt aber zu der Erkenntnis über die antikapitalistischen Wurzeln des sozialen Nationalismus noch etwas ganz anderes hinzu. Dieses andere konnte die bisherige Hitler-Biographik deshalb nicht wahrnehmen, weil sie gegenüber ihrem Protagonisten bildungsbürgerliche Vorurteile hat. Denn anschließend an die Schilderung seines politischen „Erweckungserlebnisses", das ihm Gottfried Feder vermittelt hatte, legt Hitler in *Mein Kampf* ein programmatisches Bekenntnis zur deutschen Hochkultur ab, wie man es sich als Autor dieses Buches deutlicher gar nicht wünschen kann. Tatsächlich steht hier zu lesen, dass der Hitler des Jahres 1919 „die Marathonläufer der Geschichte" nicht nur „durch die wirklich großen Staatsmänner" verkörpert sah – man könnte an Bismarck denken, obwohl dieser an jener Stelle namentlich nicht erwähnt wird. Entscheidend ist vielmehr, dass Hitler hier stellvertretend für „alle sonstigen großen Reformatoren" folgende drei Namen nennt: Friedrich der Große, Martin Luther und Richard Wagner.[25] Diese Auswahl ist sicher kein Zufall. Sie wurde mit Vorbedacht getroffen, weil Friedrich II. in Hitlers Verständnis von 1919 für „Preußen", Luther für den „Protestantismus" und Wagner für die „deutsche Musik" gestanden hat. Ganz gleich, was Hitler und die übrigen Nationalsozialisten später aus ihnen gemacht haben – es handelt sich bei diesen drei Exponenten um die „Großen Drei" der deutschen Hochkultur.

Dieser Befund wird noch bedeutsamer, wenn man zur Kenntnis nimmt, in welchem Zusammenhang er steht. Tatsächlich kommen Friedrich, Luther und Wagner nach längeren Ausführungen in *Mein Kampf* über den „Programmatiker" vor, den Hitler hier vom bloßen „Politiker" unterscheidet. Von seinem gestelzt wirkenden Sprachgebrauch sollte man sich ebenso wenig ablenken lassen wie von Hitlers Selbsteinschätzung, wonach sich der eine mit dem anderen in seiner Person „vermählt" habe. Wichtig für die Rechtfertigung unseres kulturalistischen Ansatzes ist einzig und al-

24 Vgl. Nolte 1966, S. 11. Auch in Nolte 1987, S. 16, hält dieser Verfasser an seiner aus anderen Gründen heftig umstrittenen These fest, „dass die von Furcht und Hass erfüllte Beziehung zum Kommunismus tatsächlich die bewegende Mitte von Hitlers Empfindungen und von Hitlers Ideologie war". Das mag für spätere Lebensphasen gelten. Für die Entscheidungssituation des Jahres 1919 trifft es jedoch nicht oder nicht mit dieser Ausschließlichkeit zu.

25 Hitler 1925 I, S. 232.

lein die Tatsache, dass sich der Autor von *Mein Kampf* hier im Dienst einer „allgemeinen menschlichen Kultur-, Sittlichkeits- und Moralentwicklung" sieht, wie sie einst dem klassischen deutschen Bildungsideal entsprochen hat.[26] Unschwer lässt sich von dieser Erkenntnis die Schlussfolgerung ableiten, dass sich der frischgebackene soziale Nationalist Hitler des Jahres 1919 als großer Programmatiker verstanden hat, der als Politiker auszog, um die deutsche Hochkultur vor dem Kapitalismus zu retten – was übrigens auch aus den folgenden Sätzen hervorgeht: Mit „Brechung der Zinsknechtschaft" benutzt Hitler hier nämlich die zentrale Forderung Gottfried Feders, die seiner Meinung nach „von immenser Bedeutung für die Zukunft des deutschen Volkes werden müsste". Tatsächlich, so fasst der Autor seinen antikapitalistischen Exkurs in *Mein Kampf* vielleicht wieder etwas übertrieben, aber im Kern wahrscheinlich zutreffend, zusammen, habe ihm die Entwicklung Deutschlands schon 1919 „viel zu klar vor Augen" gestanden, „als dass ich nicht gewusst hätte, dass der schwerste Kampf nicht mehr gegen die feindlichen Völker, sondern gegen das internationale Kapital ausgefochten werden musste".[27]

Wie immer bei dieser Quelle muss man sich selbstverständlich fragen: War Hitlers antikapitalistische Kampfansage im Dienst der deutschen Hochkultur nur billige Bauernfängerei *ex post*, oder stellt sie tatsächlich den genuinen Kern seiner politischen Einstellung dar? Die Antwort auf diese entscheidende Frage gibt der so genannte Gemlich-Brief vom 16. September 1919, der eigentlich „Hitler-Brief" heißen müsste, weil Adolf Gemlich der Empfänger und nicht der Verfasser war.[28] Dieses Dokument ist der Propaganda völlig unverdächtig, weil Hitler hier quasi privat, wenn auch im dienstlichen Auftrag gegenüber einem früheren Kameraden in einer fast schon akademisch anmutenden Manier sowohl zum Judentum als auch zum Kapitalismus als auch zur deutschen Hochkultur Stellung nimmt. Tatsächlich wird der antikapitalistische und bildungsbürgerliche Doppelanspruch, den Hitler 1919 zu Beginn seiner politischen Karriere erhoben hat, durch dieses Schlüsseldokument noch einmal zweifelsfrei bestätigt. Denn es reflektiert dieselben „inneren Werte", die für die deutsche Hochkultur typisch waren, ebenso überzeugend wie die soeben herangezogene Stelle in *Mein Kampf*.

---

26 Ebda., S. 230.

27 Ebda., S. 233.

28 Vollständiger faksimilierter Abdruck des Briefes, den Adolf Gemlich unter dem 4. September 1919 an Hitlers damaligen Vorgesetzten, Hauptmann Karl Mayr, schrieb, bei Joachimsthaler 2000, S. 232 f. Der Verfasser erkundigt sich hier nach dem Verhältnis von Sozialdemokratie und Judentum, um dessen „Gefahr für das Volkstum" abzuschätzen. Wie Hitler in München, so war Gemlich offenbar in Neu-Ulm im Bereich der staatsbürgerlichen Bildung tätig. – Vollständiger Abdruck von Hitlers Antwort bei Jäckel/Kuhn 1980, S. 88 f. Hitler schrieb seinen Brief, nachdem er im Auftrag Mayrs zum ersten Mal eine Versammlung der *Deutschen Arbeiterpartei*, der späteren *NSDAP*, besucht hatte, sein ideologischer Machtwechsel also vollzogen war.

Nach einer kurzen rassenbiologischen Einführung kommt Hitler in seinem Brief an Gemlich auf den für ihn entscheidenden Punkt zu sprechen: auf den „Tanz ums goldene Kalb“, der „zum erbarmungslosen Kampf um alle jene Güter“ werde, „die nach unserem inneren Gefühl nicht die höchsten und einzig erstrebenswerten sein sollen“. Obwohl seine Begründung, warum der Kapitalismus für Deutschland verderblich sei, von antisemitischen Vorurteilen nur so strotzt, lohnt es sich doch, die folgenden Passagen etwas ausführlicher zu zitieren, weil sich daraus am Ende die enge Beziehung zwischen Hitler und der deutschen Hochkultur ganz von selbst ergibt: „Bewegt sich schon das Gefühl des Juden im rein Materiellen, so noch mehr sein Denken und Streben … Der Wert des einzelnen wird nicht mehr bestimmt durch seinen Charakter, der (sic!) Bedeutung seiner Leistungen für die Gesamtheit, sondern ausschließlich durch die Größe seines Vermögens, durch sein Geld. – Die Höhe der Nation soll nicht mehr gemessen werden nach der Summe ihrer sittlichen und geistigen Kräfte, sondern nur noch nach dem Reichtum ihrer materiellen Güter. Aus diesem Fühlen ergibt sich jenes Denken und Streben nach Geld und Macht … das den Juden skrupellos werden lässt in der Wahl der Mittel … Er buhlt in der Demokratie um die Gunst der Masse, kriecht vor der ‚Majestät des Volkes‘ und kennt doch nur die Majestät des Geldes. Er zerstört … den nationalen Stolz, die Kraft eines Volkes, durch Spott und schamloses Erziehen zum Laster … Seine Macht ist die Macht des Geldes, das sich in Form des Zinses in seinen Händen mühe- und endlos vermehrt, und den Völkern jenes gefährlichste Joch aufzwingt, das sie seines anfänglichen goldenen Schimmers wegen so schwer in seinen späteren traurigen Folgen zu erkennen vermögen. Alles, was Menschen zu Höherem streben lässt, sei es Religion, Sozialismus, Demokratie, es ist ihm alles nur Mittel zum Zweck, Geld- und Herrschgier zu befriedigen. – Sein Wirken wird in seinen Folgen zur Rassentuberkulose der Völker …“

Für den Hitler-Biographen, der in den einschlägigen Quellen nach Kontinuitäten und Brüchen im *hidden curriculum* seines Protagonisten forscht, ist dieser Brief deshalb ein Schlüsseldokument, weil er mit „Religion“, „Sozialismus“ und „Demokratie“ eine kulturelle Wertetrias enthält. Wie die weiter oben zitierte und interpretierte Passage aus *Mein Kampf*, macht der so genannte Gemlich-Brief außerdem deutlich, dass Hitlers Ideologie ihrem Ursprung nach tatsächlich keine antisozialistische oder antisowjetische, sondern eine antikapitalistische oder antiwestliche Spitze hatte, die auf dem damals für viele Deutsche typischen Selbstverständnis beruhte, die weltweit einzige und wahre „Kultur“ zu besitzen, die gegen die westliche „Zivilisation“ verteidigt werden muss. Selbstverständlich darf man die in diesem Zusammenhang benutzten Schlagworte nicht zum Nennwert nehmen. So hat der Verfasser unter „Sozialismus“ gewiss nicht den orthodoxen Marxismus verstanden, den übrigens auch Kurt Eisner abgelehnt hat, sondern jenen „sozialen Nationalismus“, den wir in einem früheren

Kapitel beschrieben haben.[29] Ebenso hat er nach seinen erschütternden Eindrücken vom Reichsrat in Wien unter „Demokratie“ nicht die parlamentarische Demokratie des Westen verstanden, sondern eine „germanische Demokratie“, in der vielleicht auch Eisners „Räte“ Platz gefunden hätten.[30] Schließlich hat er „Religion“ sicher nicht mit dem Christentum oder gar mit der römisch-katholischen Kirche gleichgesetzt. Vielmehr dürfte Hitler dabei an jene arteigene Religion gedacht haben, von der schon an anderer Stelle die Rede war.[31]

Das Fazit am Schluss dieses Buches kann somit nur lauten: Der unkonventionelle Bildungsbürger aus Linz und Wien hatte den Krieg überlebt. Mit seinem Zugang zur deutschen Hochkultur, die er mit Klauen und Zähnen gegen das internationale Leih- und Börsenkapital verteidigen wollte, hatte er auch den Zugang zu den Herzen und Hirnen der Deutschen gefunden. Damit hatte er einen normativen Referenzrahmen in der Hand, den er in den folgenden Jahren und Jahrzehnten, d.h. für den Rest seines Lebens, nach eigenem Geschmack[32] manipulieren konnte. Zugleich müssen wir aber feststellen, dass mit diesem unkonventionellen Bildungsbürger auch das überlebt hatte, was die Schatten- oder Kehrseite der deutschen Hochkultur ausmachte. Zu ihr gehörten die sozialdarwinistische Einteilung der Welt in Arier- und Nichtarier, die dadurch eintretende Gefährdung alles nicht mehr „lebenswerten“ Lebens und aller „entarteten“ Kunst, der völkische Nationalismus, der Hang zur autoritären Lösung gesellschaftlicher Konflikte, die obrigkeitsstaatliche Tradition der österreichisch-ungarischen und preußisch-deutschen Reiche sowie *at last but not at least* der fürsorgende Staat auf der Basis von Autarkie, Bodenpolitik und Lebensraum. Dies alles wurde unter Hitlers Führung in den nächsten beiden Jahrzehnten schrittweise politische Wirklichkeit.

Dasselbe gilt auch für sein Verhältnis zu den Juden. War Hitlers Antisemitismus in Linz noch latent und in Wien ambivalent gewesen,[33] konnte er 1919 auch noch in München zwischen der „planmäßigen gesetzlichen Bekämpfung und Beseitigung der Vorrechte des Juden“ einerseits und „Progromen“ (sic!) andererseits unterscheiden, wie sein Brief an Gemlich zeigt. Zwar war die „Entfernung der Juden“[34] aus Deutschland schon 1919 sein „letztes Ziel“, an dem er „unverrückbar“ festzuhalten gedachte. Doch

29 Vgl. Teil III, 9. Kapitel, S. 488 ff.

30 Vgl. dazu Teil III, 5. Kapitel, S. 441 ff.

31 Vgl. Teil III, 8. Kapitel, S. 474 ff., insbes. S. 476 ff.

32 So hat schon Nietzsche in *Ecce homo* erkannt: „Die Veränderung des allgemeinen Geschmacks ist wichtiger als die der Meinungen … Wie verändert sich der allgemeine Geschmack? Dadurch, dass Einzelne, Mächtige, Einflussreiche ohne Schamgefühl … das Urteil ihres Geschmacks und Ekels aussprechen und tyrannisch durchsetzen.“ Vgl. Friedrich Nietzsche, KSA 3, S. 406 f.

33 Vgl. Teil III, 10. Kapitel, S. 502 ff.

34 Der Begriff ist so unscharf wie das Wort „Untergang“, das Richard Wagner in seiner Streitschrift über *Über das Judentum in der Musik* benutzt. Vgl. dazu Teil III, 10. Kapitel, S. 514 f., Kershaw 1998/2 I, S. 198, interpretiert „Entfernung“ als „Ausweisung aus Deutschland“. Fest 1973, S. 176, enthält sich vorsichtshalber jeder Stellungnahme.

sind Entrechtung, Verfolgung und Entfernung der Juden in einem nur noch physischen Sinn erst während des Zweiten Weltkriegs miteinander zur Deckung gekommen und von grundsätzlich anderer Qualität.

Auf jeden Fall ist die Erkenntnis, dass das internationale Leih- und Börsenkapital nicht auf Arbeit, sondern auf Spekulation beruht, für Hitler, wie er selbst sagt, „von größter Folgewirkung“ gewesen.[35] Denn der Ex-Gefreite wurde 1919 von der Reichswehr zum so genannten „Bildungsoffizier“ ernannt, um die vom verlorenen Krieg und dessen üblen Folgen verwirrten Deutschen im rechtsradikalen Sinn zu indoktrinieren. „Ich begann mit Lust und Liebe“, schildert er die ersten Schritte auf seiner politischen Karriereleiter. „Bot sich mir doch jetzt mit einem Mal die Gelegenheit, vor einer größeren Zuhörerschaft zu sprechen; und was ich früher immer, ohne es zu wissen, aus dem reinen Gefühl heraus angenommen hatte, traf nun ein: ich konnte ‚reden‘“, und nicht zuletzt deshalb ist Hitler bekanntlich im September 1919 als Mitglied Nr. 555 der *DAP* beigetreten.

Kommen wir zum Schluss. Die Brücke der deutschen Hochkultur, die Hitler in den folgenden Jahren für seine kultische Kommunikation mit den Massen erbaute, hat vor allem aus dem Heldenmythos der deutschen Sage bestanden, aus der deutschen Geschichte von den Germanen über Luther bis hin zu Friedrich den Großen und Bismarck. Sie bestand aus Schillers Dramen und Wagners Opern sowie aus dem, womit Nietzsche und Schopenhauer das deutsche Denken bereichert hatten. Sie bestand aus jenem „Reichsstil“ zwischen germanischer Urzeit und Bauhaus-Moderne, der Hitler schon seit seiner Begegnung mit den Werken Fischer von Erlachs im Park von Schloss Schönbrunn vorgeschwebt hatte, und nicht zuletzt aus der Verbindung von Kultur und Technik, wie sie z.B. das von Karl May als Friedensbringer apostrophierte Flugzeug symbolisiert.

Diese Brücke gründete in erster Linie auf der Generation des Wandervogels und der – im weiteren Sinne – Jugendbewegung, der sowohl Hitler[36] als auch alle führenden Nationalsozialisten der ersten Stunde, wie Hermann Göring (Jahrgang 1893), Rudolf Heß (1894), Joseph Goebbels (1897) und Heinrich Himmler (1900), angehörten. Sie gründet aber in zweiter und dritter Line auch auf jener restaurativen, autoritären, antisemitischen und aggressiven Grundstimmung, die viele Deutsche nach der massiven Kränkung ihrer nationalen Identität und Integrität durch

35 Hitler 1925 I, S. 235.

36 In einer Feierstunde der Hitler-Jugend bezeichnete sich Hitler am 12. September 1936 selbst als „einsamer Wanderer“, der einst „den Weg ... vom Nichts an die Spitze der deutschen Nation“ angetreten habe. Vgl. Domarus 1973 I 2, S. 641. Siehe dazu auch Koch-Hillebrecht 1999, S. 339. Die Jugendbewegung umfasste 1913 im Deutschen Reich ca. 50.000 Mitglieder im Alter von 12 bis 25 Jahren, von denen etwa 50 % dem 1901 in Berlin gegründeten Wandervogel angehörten. Seit der Jahrhundertwende war der Wandervogel auch in Deutschösterreich organisatorisch aktiv gewesen, nachdem die ersten größeren Fahrten des Ur-Wandervogels von 1897 bis 1903 schon in den Böhmerwald geführt hatten. 1905 führte eine der so genannten Grenzlandfahrten von Dresden über Passau nach Linz und Prag.

Niederlage, Revolution und die „Schmach von Versailles“ erfasst hatte. Deshalb lohnt es sich, abschließend noch einen kurzen Blick sowohl auf jene Generation als auch auf diese Grundstimmung zu werfen, um unsere Analyse des „Phänomens Hitler“, soweit sie sich auf dessen Jugend bezieht, noch etwas weiter abzurunden.

Unter Generation versteht man eine Schicksalsgemeinschaft etwa Gleichaltriger, die „ein homogenes Ganzes“ (Wilhelm Dilthey) bildet. Bei den Nationalsozialisten der ersten Stunde, Hitler eingeschlossen, handelt es sich somit um Menschen, die von gemeinsamen Lebenserfahrungen geprägt wurden, so dass sie eine vergleichbare, nämlich im Wesentlichen vom Zeitpunkt ihrer Geburt abhängige „Bewusstseins- und Erlebnisschichtung“ (Karl Mannheim) entwickelt haben.[37] Laut Mannheim ist für das Selbstbewusstsein einer Generation entscheidend, welche „erste(n) Eindrücke, Jugenderlebnisse“ ihre Angehörigen hatten, weil die Erinnerungen daran im Lauf des Lebens weitgehend stabil bleiben und die Tendenz haben, „sich als natürliches Weltbild festzulegen“. Die Jugendbewegung ist nach Thomas Nipperdey eine der „großen und folgenreichen Aufbruchsbewegungen der Zeit nach 1900“ gewesen,[38] als Hitler und Genossen ihre Pubertät erreichten. Nachdem in der industrialisierten, verstädterten, wirtschaftlich saturierten Welt des deutschen Bürgertums der Materialismus um sich gegriffen hatte, ergab sich damals eine entsprechende Gegenströmung.

Mit ihr wurde sich zum ersten Mal seit Menschengedenken eine junge Generation der Tatsache bewusst, dass sie eine eigenständige, d.h. von ihren Eltern unterscheidbare Welt verkörperte. Der für sie charakteristische Wunsch nach Emanzipation schlug sich in einem schwärmerischen Aufbruch aus der Enge des Alltags nieder, der das Ziel noch nicht kannte, auf das er zusteuerte. Ein unruhevolles Vaganten-, Scholaren- und Spartanertum war deshalb das wichtigste Charakteristikum der „Wandervögel“.[39] Hinzu kam bei den meisten von ihnen eine antiliberale, volksnahe und antikapitalistische Einstellung, die mit dem großen und idealen Ziel einer *Gemeinschaft*, nicht einer *Gesellschaft,* verbunden war, ohne dass darunter dezidiert „politische“ Korporationen verstanden wurden.[40] Ferner ist die Begeisterung für Heimat, Volks- und Germanentum für die Generation der Wandervögel ebenso kennzeichnend wie deren nationale Einstellung jenseits von Hurrapatriotismus und Staatsloyalität.

Wie in diesem Buch dargestellt, lassen sich viele dieser Grundzüge in der Biographie des jungen Hitler wiederfinden, auch in der Art und Weise,

37 Vgl. Dilthey 1875, S. 36f., und Mannheim 1928, S. 536. Das folgende Zitat dort auf Seite 538.

38 Nipperdey 1991/2, S. 118.

39 Hermann Hesse, selbst der Jugendbewegung geistig verbunden, kleidete diese Haltung 1908 in die Worte: Der Wanderer müsse „mit Liebe und Hingabe das Fremde belauschen und sich mit Ausdauer um das Geheimnis seines Wesens bemühen“. Op. cit. Sauer 1998, S. 1908.

40 Nipperdey 1991/2, S. 121, spricht in diesem Zusammenhang von „Metapolitik“, wie wir es in Teil II, 2. und 7. Kapitel, getan haben.

wie er seine Beziehung zu seinen Eltern, nämlich durch Auf- bzw. Abbruch, zu seinen beiden Freunden und Weggenossen Kubizek und Häusler sowie in seiner Nicht-Beziehung zum anderen Geschlecht strukturierte. Wurde gegenüber männlichen Artgenossen das „Führerprinzip" gelebt, bei dem sich der Anführer der „Horde" als geistiges Oberhaupt und Vorbild, als Kamerad, Freund und Helfer seiner Weggefährten verstand, wurden weibliche Artgenossinnen unter Berufung auf das Prinzip der „Ritterlichkeit" künstlich auf Distanz gehalten. Zwar hat der wohl bedeutendste Chronist und Interpret der Jugendbewegung, Hans Blüher, den Wandervogel im dritten Band seines 1912 erschienenen Werkes[41] unter dem Einfluss Sigmund Freuds als „erotisches Phänomen" beschrieben, doch ist diese Deutung schon damals beim Wandervogel selbst auf Kritik gestoßen, weil man sich einseitig missverstanden fühlte. Dennoch hat Blühers zugespitzte Formulierung bis heute zur Überbetonung homoerotischer Tendenzen in der Außenwahrnehmung der Jugendbewegung beigetragen.

Die Jugendbewegung war aber auch Ausdruck einer „schweren Krise jenes Bildungsbürgertums" (Ulrich Aufmuth),[42] das an der Wende vom 19. zum 20. Jahrhundert noch eine gesellschaftliche Elite zu sein glaubte, während die Macht bereits auf Wirtschaft, Medien und Militär überging. So gesehen waren Werte wie Bildung, Gehorsam, Opferbereitschaft, Pflichterfüllung, Ordnung, Pünktlichkeit und der sparsame Umgang mit dem Geld, an denen z. B. der Zollamtsoberoffizial gegenüber seinem Sohn Adolf ebenso eisern wie z. T. vergeblich festzuhalten suchte, auch ein Krisensymptom. Andererseits wurden Kriterien wie Zweckrationalität, Leistungs- und Innovationsbereitschaft sowie der Wille zu Profit, Komfort, Eitelkeit und Reichtum, die bei den gesellschaftlich führenden Schichten eine zunehmend wichtige Rolle spielten, vom Bildungsbürgertum nach wie vor scheel angesehen, was im individuellen und kollektiven Seelenhaushalt der Nation zu Verwerfungen führte. Diese Tatsache ist erstmals u. a. von Wilhelm Dilthey, Georg Simmel, Ferdinand Tönnies oder Max Weber erkannt und aufgearbeitet worden. Danach schien dem deutschen Kulturraum insgesamt ein Niedergang zu drohen, dem Autoren wie Friedrich Nietzsche mit seiner radikalen Absage an das Christentum, Julius Langbehn[43] mit seiner am „Rembrandtdeutschen" orientierten Kulturkritik

41 Blüher 1912.

42 Vgl. Teil I, 4. Kapitel, S. 103.

43 Julius Langbehn (1851–1907) studierte Kunstgeschichte und Archäologie nach Teilnahme am deutsch-französischen Krieg 1870/71 und lebte überwiegend in München und Wien. Ein Annäherungsversuch an Nietzsche verlief unglücklich. Seine Schrift mit dem Titel *Rembrandt als Erzieher*, die auf Nietzsches dritte unzeitgemäße Betrachtung *Schopenhauer als Erzieher* anspielt, erschien anonym und wurde als Gegenentwurf zu den modernen Tendenzen des Rationalismus, Materialismus, Liberalismus und Kosmopolitismus besonders in der Jugendbewegung sehr viel gelesen. Ob Hitler sie gekannt hat, ist ungewiss. Doch hat seine Zielvorstellung, das deutsche Volk durch die Malerei, Architektur und Musik bzw. durch die Kultur ganz allgemein vor dem Niedergang zu retten, in hohem Maße dem Langbehn'schen Konzept entsprochen.

und Paul A. de Lagarde[44] mit seiner Huldigung eines religiös überhöhten Neudeutschtums entgegenzuwirken versuchten. In diesem vielschichtigen Spannungsfeld wurde, wie Ulrich Aufmuth treffend schreibt, „die schöpferisch-individuelle Aneignung kulturbestimmender Ideale ... zur wichtigsten und edelsten Aufgabe des Individuums ... erhoben" und „gleichzeitig zur exklusiv jugendspezifischen Aufgabe deklariert".[45]

Zwischen dem Zeitgeist und der Entwicklung des jungen Hitler gab es gewiss auch noch andere Berührungspunkte – für deren erschöpfenden Nachweis kann dieser erste Versuch einer spezifischen Bildungsbiographie nur ein Anfang sein. Auf drei wichtige Aspekte sei aber der Vollständigkeit halber noch ergänzend hingewiesen: nämlich auf das Verhältnis des Wandervogels zur Modernität, zum Antisemitismus und zum Krieg. Im Anschluss an Wilhelm Flitner und in kritischer Auseinandersetzung sowohl mit Fritz Stern und Hans-Ulrich Wehler als auch mit neueren US-amerikanischen Modernisierungstheorien weist Frank Trommler auf die überragende Bedeutung einer „Haltung der Versachlichung" hin,[46] von der die Generation der Jugendbewegung getragen wurde. Auch wenn deren Mitglieder sich „subjektiv ganz auf die Wiederbelebung von Traditionen konzentrierten", seien sie doch „nicht einfach antimodern" gewesen, obwohl gerade die Künstler und Kunstkritiker des *Fin de siècle* den Begriff der Moderne nach 1904 schon wieder für alt und abgestanden hielten. Was „modern" und was „unmodern" war, maß jene Generation nicht nur am Wert von Innovationen, wie man es heute gemeinhin tut, sondern auch an jenem Wert, dem Authentizität, Substanz sowie gedankliche und emotionale Tiefe für Mensch und Gesellschaft zukamen. Daraus habe sich, so Trommler, eine dualistische Reaktion auf die Entwicklung der technisch-wissenschaftlichen Welt ergeben, die einerseits zwar den materiellen Fortschritt als *factum brutum* anerkannte, andererseits aber in diesem auch ein Zeichen der Gefahr für die kulturelle Entwicklung der Menschheit erblickte.

Die gesellschaftlichen Folgen dieses Dualismus fielen im deutschen Kulturraum widersprüchlich aus: Während die so genannten Kulturpessimisten auf der einen Seite alte Traditionen wiederbelebten, brachten der *Deutsche Werkbund*, das *Bauhaus* und der Expressionismus auf der anderen Seite eine optimistisch nach vorn gerichtete Sachkultur hervor. Diese Kultur, die Bestandteil einer bedeutend breiter angelegten Lebensreformbewegung gewesen war, hat sich auf die nichttheoretische und nichtkapi-

44 Paul Anton Bötticher (1827–1891), genannt de Lagarde, studierte evangelische Theologie und Orientalistik und habilitierte sich, erhielt aber erst 1869 einen Lehrstuhl in Göttingen. Bis dahin hatte er als Gymnasiallehrer in Berlin unterrichtet. Als Orientalist nur unter Fachleuten bekannt, dort aber hoch angesehen, entfaltete de Lagarde dadurch öffentliche Wirksamkeit, dass er mit seinen viel gelesenen Schriften erst eine deutsche Nationalreligion und dann ein sich nach Osten ausdehnendes Reich im Sinne von Alldeutschtum und Antisemitismus propagierte.

45 Aufmuth 1979, S. 160.

46 Trommler 1993–98, S. 164.

talistische Praxis des Handwerks gestützt. Sie ist aber trotzdem inzwischen längst von aller Welt als Inbegriff der „klassischen Moderne" anerkannt worden. Entscheidend war jedoch die Tatsache, dass der Widerspruch zwischen faktischer Anerkennung der Moderne und deren Identifizierung als Symptom des Verfalls von den Angehörigen der Jugendbewegung durch eine Synthese verinnerlicht wurde, nämlich durch ihren Versuch, das neoromantische „Ideal praktisch, unromantisch und sachlich zu machen", wie es in einem zeitgenössischen Aufsatz heißt,[47] also den Widerspruch zwischen Romantik und Sachlichkeit nichttheoretisch durch die Tat aufzuheben. Dieser Kompromiss begründete den eigentümlich aktivistischen und nach innen gewendeten Doppelcharakter der Jugendbewegung. Daraus leitete sie nicht nur ihre Forderung nach einer neuen sachlichen Ästhetik, sondern auch die nach einer neuen autonom-authentischen Lebenshaltung ab, wie sie z.B. in der „hohen Jugend" Stefan Georges zum Ausdruck gekommen ist.

Im Zentrum dieser Lebenshaltung, so Trommler,[48] standen „Normen eines gemeinschaftlichen Engagements, die bewusst nichtmilitärisch und nichtbürgerlich waren", die „unhierarchische Loyalitäten ebenso wie Führerverehrung" umfassten und die den deutschen Kulturraum über die Weimarer Republik hinaus bis zum „Dritten Reich" in einem bedeutenden Maß politisch beeinflusst haben. Trommler hat dafür den Begriff „Gemeinschaftskult mit Führerverehrung" geprägt, den er schon in den zwanziger Jahren des vorigen Jahrhunderts sowohl bei den Kommunisten als auch bei den Nationalsozialisten habituell verwirklicht sieht. Für die schon viel, lange und heiß diskutierte Frage, ob und wieweit der deutschen Geschichte vom Ende des 19. bis in die ersten drei Jahrzehnte des 20. Jahrhunderts eine zwingende Logik zu Grunde lag, die auf direktem Weg von der Jugendbewegung zur Hitlerjugend und damit ins Verderben führte, ist dieser Aspekt besonders wichtig. In seiner verneinenden Antwort scheint sich Thomas Nipperdey mit Frank Trommler einig zu sein, wenn er meint:[49] „Im Wunsch nach einer auf echteres und wahrhaftigeres Leben gegründeten Gesellschaft" seien sich vor 1914 „die noch einig" gewesen, „die später, nach 1918, Rechte und Linke wurden ... Nazis und Männer des 20. Juli". Diese Feststellung unterstreicht die Bedeutung der Jahre 1918/19 als Epochenbruch und als Katalysator für individuelle und gesellschaftliche Entwicklungsprozesse.

Zu den Juden nahm die reichsdeutsche Jugendbewegung lange Zeit keine manifest ablehnende Haltung ein. Während die Stimmung hier erst 1913/14 umschlug, im unmittelbaren Vorfeld des Kriegsausbruchs und

47 Karl Scheffler, „Jugend." In: Gesammelte Essays. Leipzig 1912. Op. cit. Trommler 1993–98, S. 170.

48 Ebda., S. 177.

49 Nipperdey 1991/2, S. 122 – So auch Williams 2001, Anm. 4 auf S. 174: „Neuere Darstellungen haben gezeigt, dass die (Jugend-)Bewegung weder einfach antimodern war, noch dass ein direkter Weg von den Wandervögeln zur Hitler-Jugend führte."

im Zusammenhang mit dem Treffen auf dem Hohen Meissner,[50] war der österreichische Wandervogel offenbar schon von Anbeginn stärker antisemitisch gewesen.[51] Selbst dann aber gab es im Reich zwischen dem „Alt-" und „Jung-Wandervogel"[52] in diesem Punkt noch erhebliche Unterschiede. Während Ersterer in seine Satzung einen so genannten Arierparagraphen aufnahm („Mitglieder und Wandervögel können nur deutsche Arier werden"), wurde der Antrag, die so genannte Judenfrage auf die Tagesordnung zu setzen, vom Bundestag des Jung-Wandervogels noch 1914 übergangen, weil man hier der Auffassung war, dass „lediglich der rein persönliche Wert (eines Menschen) entscheidet, ob jemand in unseren Bund aufgenommen wird oder nicht".[53] Übrigens nahm der österreichische Wandervogel erstmals 1914 an einem Deutschen Bundestag teil, und jüdische Kreise riefen etwa zum gleichen Zeitpunkt zur Gründung eines eigenen Wandervogels auf, der wenig später unter der Bezeichnung „Blau-Weiß" zustande kam.

Der Militarismus spielte in der Jugendbewegung ursprünglich so gut wie überhaupt keine Rolle.[54] So konstatiert Ulrich Aufmuth: „Der Wandervogel verabscheute den Krieg als Mittel der Konfliktaustragung unter den Völkern."[55] Hans Breuer, der 1909 mit seinem *Zupfgeigenhansel* das wohl bekannteste Liederbuch der Jugendbewegung herausgab und kurz darauf mit der Leitung des *Deutschen Bundes* auch die geistige Führung des Wandervogels übernahm, hoffte sogar, dass mit seiner Organisation „ein neues Deutschbewusstsein anfange und die Welt des säbelrasselnden Patriotismus aufhören müsse".[56] Noch am 28. Juli 1914, unmittelbar vor Ausbruch des Ersten Weltkrieges, wurde Kaiser Wilhelm II. von den Jugendbünden in einer Depesche beschworen, alles zu tun, um die drohende Kriegsgefahr abzuwenden. Unter dem schicksalhaften Eindruck des Kriegsbeginns schlug die innere Spannung, unter der viele Wandervögel standen, jedoch in ein Gefühl allgemeiner Erlösung um. Dieses Gefühl, das der junge Hitler bekanntlich teilte,[57] hat Carl Zuckmayer (1896–1977) in Worte gekleidet, die für seine Generation repräsentative Geltung beanspruchen können:[58] „Jetzt gab es kein Fragen mehr. Der Traum und die Jugend waren zu Ende.

50 Auf dem Hohen Meissner trafen einander im Oktober 1913 etwa 2.000 Vertreter von 14 verschiedenen Jugendgruppen, um die *Freideutsche Jugend* zu gründen. Es handelte sich um eine Gegenveranstaltung zu den Feierlichkeiten, die im selben Jahr anlässlich der 200-jährigen Wiederkehr der Völkerschlacht bei Leipzig begangen wurden und die vielfach einen chauvinistischen und frankophoben Charakter trugen.

51 So Nipperdey 1994, S. 96.

52 Der *Jung-Wandervogel* spaltete sich 1910 vom *Alt-Wandervogel* ab.

53 Zitiert nach Ahrens 1939, S. 172 f. Einen matten und im Grunde pervertierten Abglanz dieser Haltung findet man in einem Ausspruch, der Karl Lueger ebenso wie Hermann Göring zugeschrieben wird: „Wer Jude ist, bestimme ich."

54 Dazu passt auch, was Kubizek 1995/6, S. 246, feststellt: Sein Freund sei in Wien „ausgesprochener Pazifist" gewesen.

55 Aufmuth 1977, S. 172.

56 Zitiert nach Ahrens 1939, S. 233.

57 Vgl. dazu Teil I, 12. Kapitel, S. 206 ff.

58 Zuckmayer 1966, S. 182 172 f.

Das Schicksal hatte gesprochen – und wir begrüßten es mit unbändigem Jubel, als befreie es uns von Zweifel und Entscheidung." Offenbar hatte der vagabundierende Idealismus der Jugendbewegung plötzlich ein gemeinschaftsstiftendes Ziel gefunden, so dass aus vielen Wandervögeln die tapfersten und opferfreudigsten Soldaten wurden.

Außer auf der Generation der Jugendbewegung ruhte die Brücke der deutschen Hochkultur, über die Hitler ab 1919 mit den Massen kommunizierte, auch auf der Sehnsucht nach einem starken Obrigkeitsstaat, der Undeutsches ausgrenzte, auf aggressiven Reichs- und Bismarckmythen sowie auf einem Freund-Feind-Denken, das der Staatsrechtslehrer Carl Schmitt (1888–1985) auch theoretisch zu fassen verstand. Unter den eher kläglichen Bedingungen der Weimarer Republik mit ihren Reparationslasten, Geldentwertungen und häufigen Regierungswechseln verstanden sich Teile des deutschen Volkes, in der geistigen Nachfolge von Friedrich Nietzsche und Arthur Schopenhauer, auch als Willens- und Vorstellungsgemeinschaft, die das als Schmach empfundene Ergebnis des Ersten Weltkriegs durch einen „Krieg der Zukunft" rückgängig machen wollte. Hitlers „Leistung" bestand darin, dass es ihm als „Genie der Wirkungen" gelang, seine seit seiner Kindheit gehegten Träume, Wünsche und Visionen mit dieser Grundstimmung zur Deckung zu bringen und daraus einen völlig neuen normativen Referenzrahmen zu entwickeln. Allerdings ist ihm dies auch durch die „Urkatastrophe des 20. Jahrhunderts" (George F. Kennan), als welche der Erste Weltkrieg gemeinhin gilt, in einem bedeutenden Maße erleichtert worden. Denn dadurch entstand, um es mit dem Historiker Gerd Krumeich zu sagen, eine „existentielle und gesellschaftliche Ausnahmesituation",[59] ohne die der Redner Hitler vermutlich nie aus den Heerscharen namenloser Kriegsheimkehrer hervorgetreten wäre.

In der Tat waren die Jahre 1914 bis 1918/19 der „Auftakt einer Epoche des europäischen und des Welt-Bürgerkrieges", in dem universalistische Ideologien des Westens und Ostens mit spezifisch deutschen Ideologien rund um Ethnizität, Nationalität und Territorialität um die Vorherrschaft rangen.[60] Nach John Hornes Einschätzung entstand damals in Deutschland ein Laboratorium „für große Experimente", die für die Weimarer Republik als Ganzes, aber auch für jeden Einzelnen ihrer Bürger „eine wichtige Rolle in der Bestimmung der ökonomischen, kulturellen und politischen Entwicklungswege" spielten.[61] Den Verlauf dieser Experimente so zu beeinflussen, dass sie zu seinen Gunsten ausgingen, konnte Hitler nur deshalb gelingen, weil er an jener Brücke der deutschen Hochkultur schon seit seiner Kindheit und Jugend teils bewusst, teils unbewusst gearbeitet hatte. Als Baumeister war er mit ihr 1919 bereits so vertraut, dass er jeden größeren Stein und vor allem den Mörtel kannte, der diese Steine zusammenhielt. Dennoch ist er am Ende wie einst Richard Wagners Volkstribun unter ihren brennenden Trümmern begraben worden.

59 Krumeich 2004, S. 68.
60 Geyer 2004, S. 28.
61 Horne 2004, S. 57.

Ein Wort noch zum Begriff des Genies, den wir in diesem Buch über den jungen Hitler verwendet haben. Das ist eigentlich nur deshalb geschehen, weil uns im Verlauf unserer Arbeit bewusst wurde, dass wir unser Ziel, das „Phänomen Hitler" restlos aufzuklären, wahrscheinlich auch nicht erreichen würden, so sehr wir ihm durch unseren kulturalistischen Ansatz auch schon nähergerückt sind.[62] Unser Begriff des Genies ist daher nicht Ausdruck einer unzeitgemäßen Bewunderung, sondern steht für unser widerwilliges Eingeständnis, dass jede wissenschaftliche Anstrengung irgendwo ihre Grenzen findet. Außerdem ist „Genie", wie Thomas Mann in seinem Essay über „Bruder Hitler" sagt, „nur eine Kategorie, aber keine Klasse, kein Rang ..., weil es sich auf den verschiedensten geistigen und menschlichen Rangstufen manifestiert".[63] Deshalb empfiehlt es sich, „Genie" in diesem Fall um eine Stelle aus Nietzsches *Ecce homo* zu ergänzen, weil sie das eher Zufällige des „Phänomens Hitler" noch besser als der Begriff des Genies verdeutlichen kann: „Große Männer sind wie große Zeiten Explosiv-Stoffe, in denen eine ungeheure Kraft aufgehäuft ist ... Ist die Spannung in der Masse zu groß geworden, so genügt der zufälligste Reiz, das ‚Genie', die ‚That', das große Schicksal in die Welt zu rufen."[64]

Ganz so zufällig war dieses Phänomen freilich auch wieder nicht. Denn ähnlich wie einst Hermann der Cherusker, Ulrich von Hutten[65] und Martin Luther in ihrem Kampf gegen das Römischen Reich und die römisch-katholische Kirche so hat auch Hitler den Kampf gegen eine Weltkultur personifiziert, welche die historisch gewachsene Identität der Deutschen damals wie heute massiv bedroht. Dieser Kampf, so lautete seine fatalistische Botschaft, muss mit äußerster Entschlossenheit geführt werden – auch auf das Risiko des eigenen Unterganges hin, weil andernfalls ohnedies nichts mehr zu retten wäre. In der Welt von heute, die den Eigennutz idealisiert, den Spaß vergöttert und das Geld als Maß aller Dinge feiert, versteht natürlich niemand mehr, warum dieser Mythos seine identitätsstiftende Wirkung einst solange aufrecht erhalten konnte, bis er am 20. Juli 1944, also erst gegen Ende eines (selbst-)mörderischen Krieges, auf einen tatkräftiger Widerstand stieß. Dieser Mangel an Einsicht gilt insbesondere für die Deutschen, die nicht nur bis zur Selbstaufgabe tapfer gegen ihre Urinstinkte ankämpfen, die sie ausschließlich „rechts" vermuten, sondern

---

62 So schon Albert Speer, der einmal sagte, Hitler sei „eines jener unerklärlichen historischen Phänomene der Natur" gewesen, „wie sie die Menschheit in großen Abständen hervorbringt". Zitat bei Overy 2001, S. 227.

63 Mann 1939, GW 12, S. 884.

64 Friedrich Nietzsche, KSA 1988 VI, S. 145.

65 Ulrich von Hutten (1488–1523), Reichsritter und Humanist, entfloh 1505 einer Klosterschule und führte ein Vagantenleben an deutschen und italienischen Universitäten. Stritt seit seiner Begegnung mit Erasmus von Rotterdam gegen Papsttum und Feudalismus sowie für eine Reform des Heiligen Römischen Reiches Deutscher Nation mit einem starken Kaiser an der Spitze. Seit seiner Wiederentdeckung durch Herder freiheitliches Leitbild deutscher Studenten im 19. und frühen 20. Jahrhundert.

auch ihre eigenen Mythen durch den Gegenmythos des Holocaust ersetzt haben, um der Welt und sich selbst moralisch zu gefallen.

Hier liegen wohl auch die tieferen Gründe dafür, dass es die Hitler-Biographik bisher nicht für politisch korrekt hielt, das Innenleben ihres Protagonisten tiefer zu erkunden: Entweder hatte man Angst, sich selbst zu begegnen, oder man hatte aus anderen Gründen nicht die erforderliche Nähe zum Sujet. Jedenfalls ist es das Ergebnis einer immensen Verdrängungsarbeit. Urzeitliche Bilder vom Durchhaltewillen auf Gedeih oder Verderb in lebensgefährlichen Krisen sind jedoch langlebig. Sie haben ihren Sitz im kollektiven Unbewussten. Mit aller Macht verdrängt, pflegen sie sich mit derselben Macht wieder zurück zu melden, sobald es die Situation erzwingt. Die besten Beispiele für die überzeitliche Gültigkeit dieser Wahrheit sind in der Tat Hitler und die Juden. Deutschland hätte sich nach der verheerenden Niederlage im Ersten Weltkrieg sowie nach der Weltwirtschafts- und Finanzkrise von 1929 bis 1933 nicht wieder so schnell und kraftvoll erholt und die ganze Welt herausgefordert, hätte Hitler nicht an uralte Mythen appellieren können. Und wo stünden Israel und das Judentum heute, würden sie sich nicht unentwegt an eine lange Geschichte der Verfolgung und Zusammengehörigkeit in der Not erinnern, wie sie in ihren alten Schriften niedergelegt ist?

Abkürzungen

AHBK	Archiv der Hochschule für Bildende Künste Wien
BA	Friedrich von Schiller, Werke, Berliner Ausgabe, Bd. 1–10, hrsg. von Hans-Günther Thalheim
BAB	Bundesarchiv Berlin
BAK	Bundesarchiv Koblenz
GSD	Richard Wagner, Gesammelte Schriften und Dichtungen, hrsg. von Wolfgang Golther
GW	Thomas Mann, Gesammelte Werke
HiO	Hervorhebung im Original
JBKMG	Jahrbuch der Karl-May-Gesellschaft
KSA	Friedrich Nietzsche, Kritische Studienausgabe, hrsg. v. Colli/ Montinari
NACP	National Archives College Park
OÖLA	Oberösterreichisches Landesarchiv
RWMN	Richard-Wagner-Museum und Nationalarchiv
SWSt	Arthur Schopenhauer, Sämtliche Werke, Studienausgabe
VZG	Vierteljahreshefte für Zeitgeschichte

Quellen- und Literaturverzeichnis

Die hier aufgeführten Archivalien, Bücher und Aufsätze werden stets nur mit Standort bzw. Verfasser, Erscheinungsjahr und Seitenzahl zitiert. „Fest 1973/5" heißt z. B. „Joachim Fest, Hitler. Berlin 1973, 5. Auflage". Bei einem mehrbändigen Werk folgt auf das Erscheinungsjahr noch die Zahl des jeweiligen Bandes in einer römischen Ziffer. – Eine Anmerkung zur Zitierweise in diesem Buch: Ein Teil der in diesem Buch wiedergegebenen Zitate wurde, wo es vertretbar erschien, behutsam der neuen Rechtschreibung angepasst.

A. Quellen

1. Ungedruckte Quellen

1.1. Archive in der Bundesrepublik Deutschland

Archiv der deutschen Jugendbewegung, Burg Ludwigstein, Witzenhausen (ADJ Witzenhausen)
- A 2–11/7 1 Kneip, Rudolf, Der Feldwandervogel 1914/18

Bundesarchiv, Berlin (BAB)
- Bestand NS 26 (Hauptarchiv der NSDAP): 17, 17 a, 18, 19, 20, 22, 24, 25, 27, 28, 29, 30, 31, 32, 33, 38, 39, 40, 41, 42, 43, 43 a, 44, 45, 46, 63, 65
- Bestand NS 26: Nr. 64: „Meine Begegnung mit Hitler!", hdschr. MS, gezeichnet „Reinhold Hanisch Radierer Wien", 2 Seiten mit Beiblatt
- Bestand NS 26, Nr. 17 a: „Wie ich im Jahre 1913 Adolf Hitler kennen lernte", hdschr. MS ohne Unterschrift, S. I–XVIII, mit zwei hdschr. Anschreiben aus Wien-Siebenhirten vom 12. (?) und 31. Mai 1939 an einen „Sehr geehrten Herrn Doktor", unterschrieben mit „Heil Hitler! Karl Honisch"

Nationalarchiv der Richard-Wagner-Stiftung Bayreuth (NRWS Bayreuth)
- B II c 12: Preußen und Österreich. Ein Aufruf. Drei Blätter

Stadtarchiv Passau (StadtA Passau)
- Einwohnerliste für männliche Personen (Auszug)
- Adressbuch der Stadt Passau, 1902 und 1903 (Auszug)
- Adressbuch der Stadt Passau, 1893 (Auszug)
- *Wohlhüter, Cornelia*, Ein Haus erinnert noch an unselige Mieter. Hitler lebte von 1893 bis 1895 in der Innstadt. Besucher besichtigten die Wohnung. Nach dem Krieg wurde jüdischer Gebetsraum eingerichtet. In: Passauer Neue Presse, 9. Februar 1991

1.2. Archive in der Bundesrepublik Österreich

Österreichisches Parlament/Parlamentsdirektion
- Österreichische Statistik, hg. von der k. k. Statistischen Zentralkommission betr. die Ergebnisse der Volkszählung von 1910 und der Reichsratswahlen in den im Reichsrate vertretenen Königreichen und Ländern von 1907. Wien 1912 und 1909
- Neue Folge Österreichische Statistik, 1. Band, 1. Heft, hg. von der k. k. Statistischen Zentralkommission, „Die Ergebnisse der Volkszählung vom 31. Dezember 1910", Übersicht XXVI

Oberösterreichisches Landesarchiv, Linz (OÖLA)
- „Panzerschrank Hitler-Akten 1 und 2"
- 1772 Personalakte Jetzinger
- „Nachlass Franz Jetzinger (Materialien zu Hitler-Buch)"
- „Finanzpräsidium Linz, Nr. 70. Schiffahrtsakten 1858–1900, Expositur Passau, Donaulände 1880–1883"
- „Finanzpräsidium Linz, Nr. 71, Grenzzollamt Bhf Passau 1861–1874"
- M 86, 174 Volkszählung Urfahr 1900 und M 87, 172 Volkszählung Urfahr 1904

Gemeindeamt Fischlham (Ortschronik Fischlham)
- Ortschronik

Stadtarchiv Linz (StadtA Linz)
- ZS 901 Linzer Tagespost, Jgg. 1905–1907
- Festschrift zur Feier des 10jährigen Bestandes des Verbandes alter Burschenschafter „Wartburg" und des Linzer Delegierten-Conventes.

Hg. von der Hauptleitung des Verbandes alter Burschenschafter „Wartburg“. Linz, Pfingsten 1899
- Jahresbericht des Bundesrealgymnasiums Linz, Schuljahr 1974/75
- *Zerlik, Adolf,* Hitlers Jugendzeit. Der Realschüler – Prägender Einfluss von Linz – Erinnerungen seines letzten lebenden Mitschülers“, Typographie, S. 1–12

Stiftsarchiv Lambach (StiftsA Lambach)
- Handschrift-Nr. 570: Pfarr-Chronik
- Kalender des katholischen Volksvereins Oberösterreich für das Jahr 1906
- Frühlehre für das Fest der Übertragung der Reliquien des hl. Adalbero
- Treue für Treue (Ein Josephs-Kind). Schauspiel in einem Aufzug von P. Bernard Grüner O. S. B. Salzburg 1893
- Kurzer Bericht über die Erzbruderschaft des heil. Skapuliers unserer lieben Frau vom Berge Karmel
- Liebesbund für die armen Seelen im Fegefeuer. Verzeichniß der Ablässe
- Die Waisenknabenstiftung zu Lambach. In: Archiv für die Geschichte der Diözese Linz. Beilage zum Diözesanblatt. Hg. vom bischöflichen Ordinariate. Linz 1904

Zoll- und Finanzgeschichtliche Sammlung, Linz (ZFS, Linz)
- Div. Materialien

Bundesrealgymnasium Linz (BRG Linz)
- Bibliothekarische Zuwachsverzeichnisse, In: Jahresberichte der Staats-Oberrealschule Linz, Jahrgänge 1873/4 bis 1902/03 (mit Ausnahme der Jahresberichte 1880/81, 1890/91, 1892/93, 1893/94, 1896/97, 1897/98, 1898/99, 1900/01, die nicht vorhanden sind oder bei denen die Zuwachsverzeichnisse fehlen)

Archiv des Stocker Verlages, Graz (ASV Graz)
- Briefe Franz Jetzinger an August Kubizek vom (Datum unleserlich), 5. März 1949, (2?) 2. April 1949, 27. April 1949, 26. Juni 1949, 30. Juni 1949, 5. August 1949, 25. September 1952, 30. September 1952, 12. Oktober 1952, 21. Oktober 1952, 10. November 1952, 23. April 1953
- Briefe von August Kubizek an Franz Jetzinger vom 25. April 1949, 6. Mai 1949, 15. Juni 1949, 20. September 1952, 5. Oktober 1952, 3. November 1952, 24. April 1953

1.3. Archive in den USA

Franklin Delano Roosevelt-Library, Hyde Park (angefragt)
- Henry Field’s Papers:
- „Memo Adolf Hitler“ von Ernst Hanfstaengl für den US-Geheimdienst, 1942

Library of Congress, Washington (angefragt)
- MS-Division: A. Hitler-Collection (enthält u. a. AH-Skizzen, Äußerungen von Parteibonzen über AH)
- Rare Book Division: Restbestände der früheren AH-Bibliothek

National Archives College Park, Md. (NACP)
- OMGUS, Series 6: Box 427–430, Series 8: Box 413, Folder „Alois Hitler“
- RG 3/9: Records of the Army Staff, Sub-Group: Records of Army Staffs relating to Intelligence Matters – Records of US Army Intelligence and Security Command, 1936–76, File XE 575580, Series: Records of the Investigative Records Repository (IRR) – Personal Files, Personality Report, Berchtesgaden, 5. Juni 1946, S. 1–10 (Paula Hitler, alias Wolf)
- RG 185: Records of the War Department General and Special Staffs, Sub-Group: Records of the Director of Intelligence (G-2), 1906–49, File: Headquarters Third US Army Intelligence Center (HTUSAIC), Interrogation Record No. 9, Series: Enemy POW-Interrogation-File (MIS-Y), 1943–45; Hier: „2: The very uninteresting life of Hitler’s Half-Sister“, S. 4–5 (Angela Raubal, geb. Hitler)
- RG 226, Records of the OSS, „Interoffice memoranda relating to OSS studies of Adolf Hitler, 1942–43“, Box 1: „A Psychological Analysis of Adolf Hitler: His Life and Legend, by Walter C. Langer, M. O. Branch, Office of Strategic Studies, Washington D. C.“ (o. D.) – Box 2: „Hitler’s Source-Book“
- RG 319, CIC IRR Personal Files, Box 349, 392
- World War II Reports, 1940–1948, 80th Infantry Division, Boxes 11975, 12218, 12220, 12223, 380-Inf (319) und 380-Inf (318)
- World War II Reports, 1940–1948, 13th Armoured Division, Box 16256
- World War II Operations Report, 1940–1948, Cavalry, Box 17953
- Pictures Branch: Box 117, 13th Armoured Division: 111-SCA-6415, 80th Infantry Division: 111-SCA-6595, 380 (318) Inf.Rgt: 329621, sowie Box 61 A und 62
- The Nitzkor Project: „Supplement to Interview with Dr. Eduard Bloch“. In: Office to Strategic Services. Hitler Source Book. April 1943, S. 1–2 http://www.nitzkor.org/hweb/people/h/hitler-adolf/oss-papers/text/oss-sb-bloch-01.html

Archive The New Republic, New York (ANR New York)
- *Reinhold Hanisch,* I was Hitler’s Buddy. In: The New Republic, Ausgaben 5. April 1939, S. 239–242, 12. April 1939, S. 270–272, 19. April 1939, S. 297–300 (benutzt wurde die Internet-Version unter http://www.sources.li/Buddy.pdf, S. 1–12)

2. *Gedruckte Quellen*

2.1 Philosophische oder sonstige Urschriften

Bernfeld, Siegfried, Über eine typische Form der männlichen Pubertät. In: *Bernfeld, Siegfried,* Theorie des Jugendalters. Schriften 1914–1938 (= Siegfried Bernfeld, SämtlicheWerke in 16 Bänden, hg. von Ulrich Herrmann, Band 1). Weinheim–Basel 1991

Chamberlain, Houston Stewart, Die Grundlagen des neunzehnten Jahrhunderts. 1. und 2. Hälfte München 1904/5

Dilthey, Wilhelm, Über das Studium der Geschichte der Wissenschaft vom Menschen, der Gesellschaft und dem Staat (1875). In: *Wilhelm Dilthey,* Die geistige Welt. Einleitung in die Welt des Lebens. Erste Hälfte: Abhandlungen zur Grundlegung der Geisteswissenschaften. Stuttgart 1957, S. 1–73

Frantz, Constantin, Die Weltpolitik unter besonderer Bezugnahme auf Deutschland. Chemnitz 1882

Freud, Sigmund, Gesammelte Werke, Band 3. London 1941

Hausmann, Manfred, Freundschaft mit Straßen. In: Einer muss wachen. Essays. Neunkirchen-Vluyn 1971, S. 198

Herzl, Theodor, Der Judenstaat. Versuch einer modernen Lösung der Judenfrage. Zürich 1988

Horkheimer, Max/Theodor Adorno, Dialektik der Aufklärung. Philosophische Fragmente. Frankfurt a. M. 1969

Langbehn, Julius, Rembrandt als Erzieher. Leipzig 1890

Mann, Thomas, Betrachtungen eines Unpolitischen 1918. Ungekürzte Ausgabe. Frankfurt a. M. 1988

Mannheim, Karl, Das Problem der Generationen. In: *Karl Mannheim,* Wissenssoziologie. Auswahl aus dem Werk, eingel. u. hg. von Kurt H. Wolff. Berlin–Neuwied 1964, S. 509–565, 703–705

Marcuse, Herbert, Der eindimensionale Mensch. Studien zur Ideologie der fortgeschrittenen Industriegesellschaft. Darmstadt 1967

Moeller van den Bruck, Arthur, Das Dritte Reich. Berlin 1923

Platon. Apologie (mit Kriton). Bearbeitet von Michael Rumpf. Editionen Philosophie, hg. von Jakob Ossner u. a. Stuttgart 1994

Spengler, Oswald, Der Untergang des Abendlandes. 2 Bde. München 1923

Weber, Max, Politik als Beruf. Mit einem Nachwort von Ralf Dahrendorf (= Reclams Universitätsbibliothek Nr. 8833). Stuttgart 1992

2.2 Schöngeistige Literatur

Hesse, Hermann, Demian. Die Geschichte von Emil Sinclairs Jugend. In: Jubiläumsausgabe zum hundertsten Geburtstag von Hermann Hesse, Band 3. Frankfurt a. M. 1977 (Erstausgabe: 1919)

Kafka. Ein Leben in Prag. Text- und Bilddokumentation: Hartmut Binder. Idee und Photos: Jan Parik. München 1982

Mann, Thomas, Gesammelte Werke (GW) in 12 Bänden, Frankfurt a. M. 1956

id., Tonio Kröger. In: Sämtliche Erzählungen. Frankfurt a. M. 1963, S. 213–266

Musil, Robert, Die Verwirrungen des Zöglings Törleß. In: Gesammelte Werke. Hg. von Adolf Frisé. Band 6. Reinbek 1978

id., Der Mann ohne Eigenschaften. In: Gesammelte Werke. Hg. von Adolf Frisé. Band 1–5. Reinbek 1978

Rilke, Rainer Maria, Ewald Tragy. In: Rainer Maria Rilke, Werke, hg. von Manfred Engel u. a. Frankfurt a. M. 1996, Band III/1, S. 246–286

id., Malte Laurids Brigge. In: Rainer Maria Rilke, Werke, hg. von Manfred Engel u. a. Frankfurt a. M. 1996, Band III/I, S. 453–660

Rilke. Leben, Werk und Zeit in Texten und Bildern. Hg. von Horst Nalewski. Frankfurt a.M. 1992

2.3 Lebenserinnerungen und Tagebücher

Benedikt, Heinrich, Damals im alten Österreich. Erinnerungen. Wien u. a. 1979

Bülow, Bernhard von, Denkwürdigkeiten, Band II: Von der Marokkokrise bis zum Abschied. Hg. von Franz von Stockhammern. Berlin 1930

Burckhardt, Carl J., Meine Danziger Mission 1937–1939. München 1960

Devrient, Paul, Mein Schüler Hitler. Das Tagebuch des Schauspiellehrers, bearb. und hg. von Werner Maser. Pfaffenhofen 1975

Dietrich, Otto, Zwölf Jahre mit Hitler. München 1955

Dumba, Constantin, Dreibund- und Entente-Politik in der Alten und Neuen Welt. Zürich–Leipzig–Wien 1931

Feuersenger, Marianne, Mein Kriegstagebuch – Zwischen Führerhauptquartier und Berliner Wirklichkeit. Freiburg 1982

Frank, Hans, Im Angesicht des Galgens. Deutung Hitlers und seiner Zeit auf Grund eigener Erkenntnisse und Erlebnisse. 2. Aufl. Neuhaus 1955

Giesler, Hermann, Ein anderer Hitler. Erlebnisse – Gespräche – Reflexionen. 2. Aufl. Leoni 1978

Goebbels-Tagebücher, Hg. i. A. des Instituts für Zeitgeschichte von Elke Frölich, Teil I, II und III. München 2004

Hanfstaengl, Ernst, Hitler. The Missing Years. London 1957

id., Zwischen Weißem und Braunem Haus. Memoiren eines politischen Außenseiters. München 1970

Hanisch, Reinhold, I was Hitler's Buddy. In: The New Republic, New York 5., 12. und 19. April 1939 (benutzt wurde die Internetausgabe)

Hitler, Adolf, Mein Kampf. Bd. 1: Eine Abrechnung. Band 2: Die nationalsozialistische Bewegung. 835.–840. Auflage/8538.–8407 Tausend. München 1925 und 1927

Hitlers Politisches Testament. Die Bormann-Diktate vom Februar und April 1945. Mit einem Essay von Hugh R. Trevor-Roper und einem Nachwort von André François-Poncet. Hamburg 1981

Hoffmann, Heinrich, Hitler, wie ich ihn sah. München 1974

Holzer, Rudolf (Hg.), … ein k.k. Zöllner. Vom Finanzwachaufseher zum Direktor des Hauptzollamtes Wien. Das Leben Franz Holzers. Wien 1961

Kubizek, August, Adolf Hitler. Mein Jugendfreund. Graz 1995/6

id., The Young Hitler I Knew, mit einer Einführung von Ian Kershaw, London 2006

Langoth, Franz, Kampf um Österreich. Erinnerungen eines Politikers. Wels 1951.

Margutti, Albert von, Kaiser Franz Joseph. Persönliche Erinnerungen. Wien 1924

Mühsam, Erich, Von Eisner bis Leviné. München 1922

Redlich, J., Schicksalsjahre Österreichs. 1908–1914. Das politische Tagebuch, bearb. von Fritz Fellner. Graz 1953

Schacht, Hjalmar, Abrechnung mit Hitler. Hamburg–Stuttgart 1948

Schroeder, Christa, Er war mein Chef. Aus dem Nachlass der Sekretärin von Adolf Hitler, hg. von Anton Joachimsthaler. München 1984

Sebottendorf, Rudolf v., Bevor Hitler kam. Urkundliches aus der Frühzeit der nationalsozialistischen Bewegung. München 1933

Rosenberg, Alfred, Letzte Aufzeichnungen. Ideale und Idole der national-sozialistischen Revolution. Göttingen 1955

Schirach, Henriette von, Der Preis der Herrlichkeit. Erfahrene Zeitgeschichte. München 1980

id., Frauen um Hitler. Nach Materialien von H. v. S. München 1983

Schneider, Josef, Franz Joseph I. und sein Hof. Erinnerungen und Schilderungen aus den nachgelassenen Papieren eines persönlichen Ratgebers. Wien 1984

Schramm, Percy Ernst, Hitler als militärischer Führer. Erkenntnisse und Erfahrungen aus dem Kriegstagebuch des Oberkommandos der Wehrmacht. 2. Aufl. Frankfurt a.M. 1965

Sombart, Nicolaus, Jugend in Berlin. 1933–1943. Ein Bericht. München 1984

Speer, Albert, Erinnerungen. Frankfurt a.M. 1969

id., Spandauer Tagebücher. Berlin 1975

Stern, Fritz, Fünf Deutschland und ein Leben. Erinnerungen. München 2007/3

Turner, H. A. (Hg.), Hitler aus nächster Nähe. Aufzeichnungen eines Vertrauten (i. e. Otto Wagener) 1929–1932. Frankfurt a. M. u. a. 1978

Wiedemann, Fritz, Der Mann, der Feldherr werden wollte. Velbert–Kettwig 1964

Ziegler, Hans Severus, Hitler aus dem Erleben dargestellt. Göttingen 1964

Zuckmayer, Carl, Als wär's ein Stück von mir. Horen der Freundschaft. Frankfurt a.M. 1986

Zweig, Stefan, Die Welt von gestern. Frankfurt a.M. 1955

id., Begegnungen mit Menschen, Büchern, Städten. Frankfurt a. M. 1955

Zoller, Albert, Hitler privat. Erlebnisbericht seiner Geheimsekretärin. Düsseldorf 1949

2.4 Dokumentationen, Flugschriften, Reden

Domarus, Max, Hitler. Reden und Proklamationen 1932–1945. Kommentiert von einem deutschen Zeitgenossen. 4 Bde. Wiesbaden 1973

Hitler, Adolf, Reden, Schriften, Anordnungen. Hg. vom Institut für Zeitgeschichte. 3 Bände. München 1993 ff.

Jäckel, Eberhard/Axel Kuhn (Hg.), Hitler. Sämtliche Aufzeichnungen 1905–1924 (= Quellen und Darstellungen zur Zeitgeschichte, Bd. 21). Stuttgart 1980

Jochmann, Werner (Hg.), Adolf Hitler. Monologe im Führerhauptquartier 1941–1944. Die Aufzeichnungen Heinrich Heims. Hamburg 1980

Jung, Rudolf, Der nationale Sozialismus. Eine Erläuterung seiner Grundlagen und Ziele. Troppau o. J. (1919)

Picker, Henry (Hg.), Hitlers Tischgespräche im Führerhauptquartier 1941–1942. Frankfurt–Berlin 1951

Riehl, Walter, Unser Endziel. Eine Flugschrift für deutschen Nationalsozialismus. Leipzig–Wien 1918

id., Die deutsche nationalsozialistische Partei in Österreich und der Tschechoslowakei. In: Deutschlands Erneuerung, Heft 3, 1920

id./O. R. Achenbach, Vom 9. November 1918 zum 9. November 1923. Die Entstehung der deutschen Freiheitsbewegung. München 1933

2.5 Sonstiges

Burschenschaft „Hohenstaufen", 100 Jahre. 1905–2005. Linz 2005

Frauenfeld, Alfred, Der Weg zur Bühne. Berlin 1940

Lampel, Leopold (Hg.), Deutsches Lesebuch für die vierte Klasse österreichischer Mittelschulen. 9. Aufl. Wien 1905

Langbehn, Julius, Rembrandt als Erzieher (von einem Deutschen). Leipzig 1903

Mayer, Franz Martin, Lehrbuch der Geschichte für die unteren Klassen der Mittelschulen. Dritter Teil: Die Neuzeit vom Westfälischen Frieden bis auf die Gegenwart. 6. Aufl. Wien 1910

id., Lehrbuch der Geschichte für die unteren Klassen der Mittelschulen. Zweiter Teil: Mittelalter und Neuzeit bis zum Westfälischen Frieden. 6. Aufl. Wien 1910

Scherr, Johannes, Germania. Zwei Jahrtausende deutschen Lebens, kulturgeschichtlich geschildert. 3. Aufl. Stuttgart 1905

Zehe, Andreas/Franz Heiderich, Österreichische Vaterlandskunde für die VIII. Gymnasialklasse. Laibach 1907

Zehe, Andreas/Franz Heiderich/Josef Gruntzel, Österreichische Vaterlandskunde für die obersten Klassen der Mittelschulen. Laibach 1915

3. Zeitungen und Zeitschriften

Die Zollwacht

Linzer Tages-Post

Nervenheilkunde

Neue Warte am Inn

Warte am Inn

B. Sekundärliteratur

1. Nachschlagewerke, Dokumentationen und Atlanten

Brunner, Otto/Werner Conze/Reinhart Koselleck (Hg.), Geschichtliche Grundbegriffe. Historisches Lexikon zur politisch-sozialen Sprache in Deutschland, Bd. 1–7, Stuttgart 1992

Duden Herkunftswörterbuch. Etymologie der deutschen Sprache. 3., völlig neu bearb. u. erw. Aufl. (= Duden Band 7). Mannheim u.a. 2001

Lexikon für Theologie und Kirche, begr. von M. Buchberger, hg. von Walter Kasper, 3. Aufl., Freiburg–Basel–Rom–Wien 2000. Benutzt wurden die Bände 3, 6 und 9

Meyers Konversationslexikon 1874

Neue österreichische Biographie ab 1815. Große Österreicher. Wien u. a. 1970

Österreichisches Biographisches Lexikon 1815 bis 1950. Hg. von der österreichischen Akademie der Wissenschaften unter der Leitung von Leo Sintifeller, bearb. v. Eva Obermayer-Marnach. Graz–Köln 1957 ff.

Pschyrembel, Willibald (Hg.), Klinisches Wörterbuch. 251. durchges. u. verb. Auflage. Berlin u. a. 1972

Roder, Werner, Das Archiv des Instituts für Zeitgeschichte. In: *Möller, Horst/Udo Wengst (Hg.)*, 50 Jahre Institut für Zeitgeschichte. München 1999

Schmeller, J. A., Bayerisches Wörterbuch, Band I. Bayerische Akademie der Wissenschaften. München 2002

Theologische Realenzyklopädie (TRE), in Gemeinschaft mit Horst Balz u. a. hg. von Gerhard Müller, Bde. I und XXXII, Berlin–New York 1977 und 2001

2. Allgemeines

Ahrens, Heinrich, Die deutsche Wandervogelbewegung von den Anfängen bis zum Weltkrieg. Hamburg 1939

Aufmuth, Ulrich, Die deutsche Wandervogelbewegung unter soziologischem Aspekt. Göttingen 1979

Bode, Sabine, Die vergessene Generation. Die Kriegskinder brechen ihr Schweigen. 10. Aufl. München–Zürich 2008

Bohnenkamp, Jugendbewegung und Kulturkritik. In: *Rüegg, Walter (Hg.)*, Kulturkritik und Jugendkult. Frankfurt a. M. 1974, S. 23–38

Blüher, Hans, Wandervogel. Geschichte einer Bewegung. 2 Bde. Berlin 1912

id., Die Wandervogelbewegung als erotisches Phänomen. Berlin 1912

Blaschke, Olaf, Wider die „Herrschaft des modern-jüdischen Geistes“: Der Katholizismus zwischen traditionellem Antijudaismus und modernem Antisemitismus. In: *Loth, Wilfried (Hg.)*, Deutscher Katholizismus im Umbruch zur Moderne (= Konfession und Gesellschaft. Beiträge zur Zeitgeschichte, hg. von Anselm Doering-Manteuffel u. a., Bd. 3). Stuttgart–Berlin–Köln 1991, S. 236–265

id, Die Kolonialisierung der Laienwelt. Priester als Milieumanager und die Kanäle klerikaler Kuratel. In: *Blascke, Olaf et. al. (Hg.)*, Religion im Kaiserreich. Milieus – Mentalitäten – Krisen (= Religiöse Kulturen der Moderne, hg. von Friedrich W. Graf und Gangolf Hübinger, Band 2). Gütersloh 1996, 93–135

Blaschke, Olaf/Michael Kuhlemann, Religion in Geschichte und Gesellschaft. Sozialhistorische

Perspektiven für die vergleichende Erforschung religiöser Mentalitäten und Milieus. In: *Blaschke, Olaf et. al. (Hg.)*, Religion im Kaiserreich. Milieus – Mentalitäten – Krisen (= Religiöse Kulturen der Moderne, hg. von Friedrich W. Graf und Gangolf Hübinger, Band 2). Gütersloh 1996, S. 7–56

Bohaumilitzky, Peter/Isolde Nägl, Anleitung zu ritualisierter „Selbstanklage.“ Ein Disziplinierungsmittel im Spanungsfeld zwischen „religiöser Erziehung“ und bürgerlicher Gouvernantenpädagogik. In: *Heller, Andreas u. a. (Hg.)*, Religion und Alltag. Interdisziplinäre Beiträge zu einer Sozialgeschichte des

Katholizismus in lebensgeschichtlichen Aufzeichnungen. (= Kulturstudien. Bibliothek der Kulturgeschichte, hg. von Hubert Ch. Ehalt und Helmut Konrad, Band 19) Wien–Köln 1990, S. 90–99

Brumlik, Micha, Deutscher Geist und Judenhaß. Das Verhältnis des philosophischen Idealismus zum Judentum. München 2000

Clark, Christopher, Preußen. Aufstieg und Niedergang, 1600–1947. Aus dem Englischen von Richard Barth, Norbert Juraschitz und Thomas Pfeiffer. München 2006

Churchill, Winston S., Die Weltkrise 1911–1918, Bd. I. Zürich o. J.

Dehio, Ludwig, Gleichgewicht oder Hegemonie. Betrachtungen über ein Grundproblem der neueren Staatengeschichte. Krefeld 1948

Ebertz, Michael N., Die Organisierung von Massenreligiosität im 19. Jahrhundert. Soziologische Aspekte zur Frömmigkeitsforschung. In: Jahrbuch für Volkskunde, Neue Folge, 2 (1979), S. 38–72

id., Treue zur einzigen Wahrheit. Religionsinterner Fundamentalismus im Katholizismus. In: *Kochanek, H. (Hg.),* Die verdrängte Freiheit. Fundamentalismus in den Kirchen. Freiburg 1991, S. 30–52

Ehmig, Simone C., Generationswechsel im deutschen Journalismus. Zum Einfluß historischer Ereignisse auf das journalistische Selbstverständnis (= Alber-Reihe Kommunikation, hg. von Hans-Bernd Brosius u. a., Bd. 26). Freiburg–München 2000

Emmerich, Wolfgang, Gottfried Benn (= rowohlt monographien, begr. von K. Kusenberg, hg. von Wolfgang Müller). Reinbek 2006

Faber, Richard (Hg.), Politische Religion – religiöse Politik. Würzburg 1997

Fiedler, Gudrun, Beruf und Leben. Die Wandervogel-Idee auf dem Prüfstand. In: *Joachim H. Knoll//Julius H. Schoeps (Hg.),* Typisch deutsch: Die Jugendbewegung. Beiträge zu einer Phänomengeschichte. Opladen 1988, S. 11–33

Flaig, Egon, Das Unvergleichliche, hier wird's Ereignis. Reflexion über die moralisch erzwungene Verdummung. In: Merkur Nr. 10, 61. Jgg., 2007, 976–980

Fischer, Fritz, Griff nach der Weltmacht. Die Kriegszielpolitik des kaiserlichen Deutschland 1914/18. Düsseldorf 1961

id., Krieg der Illusionen. Die deutsche Politik von 1911 bis 1914. Düsseldorf 1969

Fritzsche, Peter, Germans into Nazis. Cambridge/Mass.–London

Frisch, Hermann-Josef, Unser Kommunionkurs. Elternbuch. Düsseldorf 1996

Gebhardt, Volker, Das Deutsche in der Deutschen Kunst. Köln 2004

Gretz, Daniela, Die deutsche Bewegung. Der Mythos der ästhetischen Erfindung der Nation. München 2007

Grün, Pater Anselm, Sakramente. Firmung, Verantwortung und Kraft. Münsterschwarzach Abtei 2000

Geuter, Ulfried, Homosexualität in der deutschen Jugendbewegung. Jungenfreundschaft und Sexualität im Diskurs der Jugendbewegung, Psychoanalyse und Jugendpsychologie am Beginn des 20. Jahrhunderts. Frankfurt a.M. 1994

Goodrick-Clarke, Nicholas, The Occult Roots of Nazism. Secret Aryan Cults and their influence on Nazi-ideology. The Ariosophists of Austria and Germany 1890–1935. Wellingborough 1985, New York 1992

Haidinger, Martin/Günther Steinbach, Unser Hitler. Die Österreicher und ihr Landsmann. Salzburg 2009

Hämmerle, Christa, Von heiligen Vor- und Schrekkensbildern. Funktionen und Wirkungsweisen katholischer Bildkultur im Kontext religiöser Kindererziehung. In: *Heller, Andreas u. a. (Hg.),* Religion und Altag. Interdisziplinäre Beiträge zu einer Sozialgeschichte des Katholizismus in lebensgeschichtlichen Aufzeichnungen. (= Kulturstudien. Bibliothek der Kulturgeschichte, hg. von Hubert Ch. Ehalt und Helmut Konrad, Band 19) Wien–Köln 1990, S. 250–286

Heller, Andreas u. a. (Hg.), Religion und Alltag. Interdisziplinäre Beiträge zu einer Sozialgeschichte des Katholizismus in lebensgeschichtlichen Aufzeichnungen. Köln 1990

id., Zur Sozialgeschichte des Katholizismus in lebensgeschichtlichen Erinnerungen. In: *Heller, Andreas u. a. (Hg.),* Religion und Alltag. Interdisziplinäre Beiträge zu einer Sozialgeschichte des Katholizismus in lebensgeschichtlichen Aufzeichnungen (= Kulturstudien. Bibliothek der Kultur-geschichte, hg. von Hubert Ch. Ehalt und Helmut Konrad, Band 19). Wien–Köln 1990, S. 287–300

id., „Du kommst in die Hölle ..." Katholizismus als Weltanschauung in lebensgeschichtlichen Aufzeichnungen. In: *Heller, Andreas/Theres Weber/Olivia Wiebel-Fanderl (Hg.),* Religion und Alltag. Interdisziplinäre Beiträge zu einer Sozialgeschichte des Katholizismus in lebensgeschichtlichen Aufzeichnungen. (= Kulturstudien. Bibliothek der Kulturgeschichte, hg. von Hubert Ch. Ehalt und Helmut Konrad. Band 19) Wien–Köln 1990, S. 28–54

Heller, Andreas/Therese Weber/Olivia Wiebel-Fanderl (Hg.), Religion und Altag. Interdisziplinäre Beiträge zu einer Sozialgeschichte des Katholizismus in lebensgeschichtlichen Aufzeichnungen. (= Kulturstudien. Bibliothek der Kulturgeschichte, hg. von Hubert Ch. Ehalt und Helmut Konrad, Band 19) Wien–Köln 1990

Heller, Hermann, Hegel und der nationale Machtstaatsgedanke in Deutschland, Leipzig 1921

Helmer, Karl, Aspekte einer historischen Topologie des Führens. In: *Joachim H. Knoll/Julius H. Schoeps (Hg.),* Typisch deutsch: Die Jugendbewegung. Beiträge zu einer Phänomengeschichte. Opladen 1988, S. 101–120

Herre, Franz, Jahrhundertwende 1900. Untergangsstimmung und Fortschrittsglauben. Stuttgart 1998

Hilgers, Wolfgang W., Lebensraum, Sozialisation und Identitätsbildung. Sozialökologische sowie umweltpsychologische Erklärungsansätze zur symbolischen Ortsbezogenheit. Diss. Düss. Düsseldorf 1990

Hintz, Hans, Liebe, Leid und Größenwahn. Eine integrative Untersuchung zu Richard Wagner, Karl May und Friedrich Nietzsche. Würzburg 2007

Höfler, Otto, Staatsheiligkeit und Staatsvergottung. In: Rechtsgeschichte als Kulturgeschichte. Festschrift für Adalbert Erler zum 70. Geburtstag. Unter Mitwirkung von Adolf Fink, hg. von Hans-Jürgen Becker u. a. Aalen 1976, S. 109–133

Hoof, Thomas, Letzte Ausfahrt weiter hinten: der deutsche Sonderweg. In: Sezession, Nr. 12 (2008), S. 4–8

Iriye, Akira, Cultural internationalism and world order. Baltimore 1997

Kennedy, Paul, Aufstieg und Fall der großen Mächte. Ökonomischer Wandel und militärischer Konflikt von 1500 bis 2000. Aus dem Englischen von Catharina Jurisch. Hist. Bearbeitung Karin Schambach. Frankfurt a. M. 1989

Kinzig, Wolfram, Eine bedeutendste Wirksamkeit ward ihm. Wie sich Wilhelm II. und Houston Stewart Chamberlain trafen. In: FAZ vom 19. Juni 2004, S. 38

Kipper, Rainer, Der Germanenmythos im Deutschen Kaiserreich. Formen und Funktionen historischer Selbstthematisierung. (= Formen der Erinnerungen, hg. von Günter Oesterle, Band 11) Göttingen 2002

Klöcker, Michael, Das katholische Milieu. Grundüberlegungen – in besonderer Hinsicht auf das Deutsche Kaiserreich von 1871. In: Zeitschrift für Religions- und Geistesgeschichte 44 (1992), S. 241–262

Knoll, Joachim H., Typisch deutsch? Die Jugendbewegung. Ein essayistischer Deutungsversuch. In: *Joachim H. Knoll//Julius H. Schoeps (Hg.),* Typisch deutsch: Die Jugendbewegung. Beiträge zu einer Phänomengeschichte. Opladen 1988, S. 11–33

Kocka, Jürgen, German History before Hitler. The Debate about the German Sonderweg. In: Journal of Contemporary History 23 (1988), S. 3–16

Koebner, Thomas u. a. (Hg.), Mit uns zieht die neue Zeit. Mythos Jugend. Frankfurt a.M. 1985

Kesting, Jürgen. Maria Callas. Biographie. Düsseldorf 1997

Kettenacker, Lothar, Der Mythos vom Reich. In: *Karl Heinz Bohrer (Hg.),* Mythos und Moderne. Begriff und Bild einer Rekonstruktion. Frankfurt a. M. 1983, S. 261–289

Kraus, Hans-Christof, Geschichte als Lebensgeschichte. Gegenwart und Zukunft der politischen Biographie. In: *Kraus, Hans-Christof/Thomas Nicklas (Hg.),* Geschichte der Politik. Alte und neue Wege. (= Beiheft der Historischen Zeitschrift, Neue Folge, hg. von Lothar Gall, Band 44) München 2007, S. 311–332

Kroll, Frank-Lothar, Die Reichsidee im Nationalsozialismus. In: *Franz Bosbach/Hermann Hiery in Zusammenarbeit mit Christoph Kampmann (Hg.),* Imperium, Empire, Reich. Ein Konzept politischer Herrschaft im deutsch-britischen Vergleich. München 1999, S. 179–196

id., Zwischen europäischem Bewusstsein und nationaler Identität. Legitimationsstrategien monarchischer Eliten im Europa des 19. und frühen 20. Jahrhundert. In: Geschichte der Politik. Alte und neue Wege. (= HZ, Beihefte, Neue Folge, hg. von Lothar Gall, Band 44) München 2007. S. 353–374

Kühl, Stefan, Die Internationale der Rassisten. Aufstieg und Niedergang der internationalen Bewegung für Eugenik und Rassenhygiene im 20. Jahrhundert. Frankfurt a. M. 1997 (= The Nazi Connection. Eugenics, American Racism, and German National Socialism, New York–Oxford 1994

Kunisch, Johannes, Friedrich der Grosse. Der König und seine Zeit. München 2004

Lepenies, Wolf, Kultur und Politik. Deutsche Geschichten. München–Wien 2006

Lepsius, M. Rainer, Parteiensystem und Sozialstruktur. Zum Problem der Demokratisierung der deutschen Gesellschaft, in: *Ritter, G. A. (Hg.),* Deutsche Parteien von 1918. Köln 1973

Liedhegener, Antonius, Der deutsche Katholizismus um die Jahrhundertwende (1890–1914. Ein Literaturbericht. In: Jahrbuch für christliche Sozialwissenschaft 31 (1991), S. 361–392, 389–392

Lipp, Wolfgang, Verbindungen als Männerbünde. In: „Der Burschenherrlichkeit." Geschichte und Gegenwart des studentischen Korporationswesen (= Veröffentlichungen des Stadtarchivs Würzburg, Band 8), hg. von Harm-Hinrich Brandt und Matthias Stickler. Würzburg 1998, S. 173–205

Loth, Wilfried, Integration und Erosion. Wandlungen des katholischen Milieus. In: *Loth, Wilfried (Hg.),* Deutscher Katholizismus im Umbruch zur Moderne (= Konfession und Gesellschaft. Beiträge zur Zeitgeschichte, hg. von Anselm Doering-Manteuffel u. a., Bd. 3). Stuttgart–Berlin–Köln 1991, S. 236–281

Mogge, Winfried, „Wann wir schreiten Seit' an Seit' …" Das Phänomen „Jugend" in der deutschen Jugendbewegung. In: *Joachim*

H. Knoll/Julius H. Schoeps (Hg.), Typisch deutsch: Die Jugendbewegung. Beiträge zu einer Phänomengeschichte. Opladen 1988, S. 35–54

Meissner, Herbert, Die Physiokraten als wirtschaftspolitische Wegbereiter der Französischen Revolution (= Sitzungsberichte der Akademie der Wissenschaften der DDR: G, Gesellschaftswissenschaften, 1990, 1)

Mitterauer, Michael, „Nur diskret ein Kreuzzeichen." Zu Formen des individuellen und gemeinschaftlichen Gebets in der Familie. In: *Heller, Andreas u. a. (Hg.)*, Religion und Altag. Interdisziplinäre Beiträge zu einer Sozialgeschichte des Katholizismus in lebensgeschichtlichen Aufzeichnungen (= Kulturstudien. Bibliothek der Kulturgeschichte, hg. von Hubert Ch. Ehalt und Helmut Konrad, Band 19). Wien–Köln 1990, S. 154–204

Mooser, Josef, „Christlicher Beruf" und „Bürgerliche Gesellschaft". Zur Auseinandersetzung über Berufsethik und wirtschaftliche Inferiorität im Katholizismus um 1900. In: *Loth, Wilfried (Hg.)*, Deutscher Katholizismus im Umbruch zur Moderne (= Konfession und Gesellschaft. Beiträge zur Zeitgeschichte, hg. von Anselm Doering-Manteuffel u. a., Bd. 3). Stuttgart–Berlin–Köln 1991, S. 124–142

Musall, Friedhelm F., „Es ist doch auch ein mönchisches Leben ..." Adoleszenz und Sexualität in der frühen Jugendbewegung. In: Jahrbuch des Archivs der deutschen Jugendbewegung (1986/87), S. 271–294

Nadler, Josef, Literaturgeschichte des deutschen Volkes. Dichtung und Schrifttum der deutschen Stämme und Landschaften. 5 Bde. Berlin 1928/29

Neitzel, Sönke, Weltmacht oder Untergang. Die Weltreichslehre in Zeitalter des Imperialismus. Paderborn 2000

Neubauer, John, The fin de siècle-culture of adolescence. New Haven 1993

Neurohr, Jean F., Der Mythos vom Dritten Reich. Zur Geistesgeschichte des Nationalsozialismus. Stuttgart 1957

Nipperdey, Thomas, Jugend und Politik um 1900. In: *Rüegg, Walter (Hg.*), Kulturkritik und Jugendkult. Frankfurt a. M. 1974, S. 87–114

id., Religion im Umbruch. Deutschland 1870–1918. München 1988

id., Machtstreben und Demokratie. Deutsche Geschichte 1866–1918. Bd. 2. München 1990

Pausch; Alfons und Jutta, Der Zöllner-Apostel Matthäus. Schutzpatron des Finanzpersonals. Hg. von Richard Müller. 2. erw. Aufl. Bonn 1986

Poliakov, Léon, Der arische Mythos. Zu den Quellen von Rassismus und Nationalismus. Hamburg 1993

Radkau, Joachim. Das Zeitalter der Nervosität. Deutschland zwischen Bismarck und Hitler. Darmstadt 1998

„Reich". In: *Otto Brunner u. a. (Hg.)*, Geschichtliche Grundbegriffe, Band 5. Stuttgart 1984, S. 423–508 (bearbeitet von Elisabeth Fehrenbach)

Reulecke, Jürgen, The battle for the young: mobilising young people in Wilhelmine Germany. In: *Roseman, Mark (ed.)*, Generations in conflict. Youth revolt and generation formation in Germany 1770–1968. Cambridge 1995, S. 92–104

Riedel, Manfred, Geheimes Deutschland. Stefan George und die Brüder Stauffenberg. Köln 2006

Rorty, Richard, Die Schönheit, die Erhabenheit und die Gemeinschaft der Philosophen. (= Erbschaft unserer Zeit, Vorträge über den Wissensstand der Epoche, Bd. 5, i. A. des Einstein-Forums hg. von Gary Smith) Frankfurt a. M. 2000

Roseman, Mark, Introduction: Generation conflict and German history 1770–1968. In: *Roseman, Mark (ed.)*, Generations in conflict. Youth revolt and generation formation in Germany 1770–1968. Cambridge 1995, S. 1–46

Rosenberg, Arthur, Entstehung und Geschichte der Weimarer Republik. Hg. u. eingel. v. Kurt Kersten. Frankfurt a. M. 1983

Rosenmayr, Leopold, Jugendbewegung und Jugendforschung. In *Rüegg, Walter (Hg.)*, Kulturkritik und Jugendkult. Frankfurt a. M. 1974, S. 61–86

Rübe, Werner, Kunst und Wahn. Zur Pathologie des Schaffensprozesses. In: Rotary Magazin, hg. i. A. des Verwaltungsrates der DER ROTARIER Verlags GmbH. Hamburg, Heft März 2003, S. S. 24–30

Rüegg, Walter, Kulturkritik und Jugendkult. Frankfurt a. M. 1974

id., Männerbund versus the family. In: *Wall, Richard/Jay Winter (eds.)*, The upheaval of war. Family, Work, and Welfare in Europe, 1914–1918. Cambridge u. a. 1988

Rürup, Reinhard/Thomas Nipperdey, Antisemitismus. Entstehung, Funktion und Geschichte eines Begriffs, In: *Brunner* O., Geschichtliche Grundbegriffe, Band 1, 129–153. Stuttgart 1992

Sauer, Walter, Der Mythos des Naturerlebnisses in der Jugendbewegung. In: *Joachim H. Knoll/Julius H. Schoeps (Hg.)*, Typisch deutsch: Die Jugendbewegung. Beiträge zu einer Phänomengeschichte. Opladen 1988, S. 55–70

Scherer, Egon W., Aus grauer Städte Mauern brach die Jugend auf. Vor einem Jahrhundert entstand mit dem Steglitzer „Wandervogel" die Urzelle der deutschen Jugendbewegung. In: Der Greif, Vierteljahresschrift für Kultur und Politik, Heft 1 (16. Jgg.), hg. vom Österreichischen Wandervogel, Hall 2002, S. 10–16

Schieder, Wolfgang (Hg.), Religion und Gesellschaft im 19. Jhdt. Stuttgart 1993

Schmidt, Jochen, Die Geschichte des Genie-Gedankens in der deutschen Literatur, Philosophie und Politik 1750–1945. 2 Bände. Darmstadt 1985 (Benutzt wurde Bd. 2: Der „Führer" als Genie.)

Schnurbein, Stefanie v./Justus H. Ulbricht (Hg.), Völkische Religiosität und Krisen der Moderne. Entwürfe ‚arteigener' Religiosität seit der Jahrhundertwende. Würzburg 2001

Schöllgen, Gregor, Die Begriffe und ihre Wirklichkeit. „Zeitgeschichtliche Kontroversen" um Faschismus und Totalitarismus. In: Historisches Jahrbuch, Bd. 103 (1983), S. 193–198

Schüßler, Wilhelm, Vom Reich und der Reichsidee in der deutschen Geschichte. Leipzig 1942

Sedlmayr, Hans, Epochen und Werke. 2 Bände. Wien–München 1960

Sieg, Ulrich, Deutschlands Prophet. Paul de Lagarde und die Ursprünge des modernen Antisemitismus. München 2007

Slezkine, Yuri, Das jüdische Jahrhundert. Aus dem Englischen von Michael Adrian, Bettina Engels und Nikolaus Gramm. Göttingen 2006

Sombart, Nicolaus, Männerbund und politische Kultur in Deutschland. In: *Joachim H. Knoll/Julius H. Schoeps (Hg.),* Typisch deutsch: Die Jugendbewegung. Beiträge zu einer Phänomengeschichte. Opladen 1988, S. 55–70

Sontheimer, Kurt, Der deutsche Geist. Tradition ohne Zukunft. In: Merkur 36 (1982), S. 232–243

Srbik, Heinrich von, Deutsche Einheit. Idee und Wirklichkeit vom Heiligen Reich von Villafranca bis Königgrätz. Bd.1–4. 3. Aufl. München 1935

Stern, Fritz, Kulturpessimismus als politische Gefahr. Analyse nationaler Kultur in Deutschland. Bern 1963

Stickler, Matthias, Reichsvorstellungen in Preußen-Deutschland und der Habsburgermonarchie in der Bismarckzeit. In: Franz Bosbach/Hermann Hiery in Zusammenarbeit mit *Christoph Kampmann (Hg.),* Imperium – Empire – Reich. Ein Konzept politischer Herrschaft im deutsch-britischen Vergleich. München 1999, S. 133–154

Talmon, Yaakov Leib, Die Geschichte der totalitären Demokratie. Band 2: Messianismus. Die romantische Phase. Köln 1963

Thapar, Romila, Some Appropriations of the Theory of Aryan Race Relating to the Beginnings of Indian History. In: *Trautmann, Thomas R. (ed.),* The Aryan Debate. New Delhi 2005

Trommler, Frank, Modernität und die Kultur der Unproduktiven. Jugend und Jugendbewegung im Prozess der Modernisierung. In: *Jahrbuch des Archivs der deutschen Jugendbewegung.* Band 18. Burg Ludwigstein 1993–98, S. 159–180

Tschudy, Julius F./Frumentius Renner, Der heilige Benedikt und das benediktinische Mönchstum. Erzabtei Ottilien 1979

Tuchmann, Barbara, Der stolze Turm. Ein Porträt der Welt vor dem Ersten Weltkrieg 1890–1914. München–Zürich 1969

Ulbricht, Justus H., „Transzendentale Obdachlosigkeit". Ästhetik, Religion und „neue soziale Bewegung" um 1900. In: *Braunert, W. u. a. (Hg.),* Ästhetische und religiöse Erfahrungen der Jahrhundertwende. Paderborn u. a. 1998

Valentin, Veit, Geschichte der deutschen Revolution von 1848/49. 2 Bde. Berlin 1930/31

Walkenhorst, Peter, Nationalismus als „politische Religion"? Zur religiösen Dimension nationalistischer Ideologie im Kaiserreich. In: *Blaschke, Olaf et. al. (Hg.),* Religion im Kaiserreich. Milieus – Mentalitäten – Krisen. (= Religiöse Kulturen der Moderne, hg. von Friedrich W. Graf und Gangolf Hübinger, Band 2) Gütersloh 1996, S. 503–529

Weber, Therese, „Ich durfte ministrieren." Sozialhistorische Aspekte in biograpischen Aufzeichnungen von ehemaligen Ministranten. In: *Heller, Andreas u. a. (Hg.),* Religion und Altag. Interdisziplinäre Beiträge zu einer Sozialgeschichte des Katholizismus in lebensgeschichtlichen Aufzeichnungen. (= Kulturstudien. Bibliothek der Kulturgeschichte, hg. von Hubert Ch. Ehalt und Helmut Konrad, Band 19) Wien–Köln 1990, S. 135–153

Wehler, Hans-Ulrich, Deutsche Gesellschaftsgeschichte. Bd. 3: Von der „deutschen Doppelrevolution" bis zum Beginn des Ersten Weltkrieges 1849–1914. München 1995

Weiß, Paul, Erstkommunion und Beichte. Hinführung in der Pfarrgemeinde. Graz–Wien–Köln 1978

Weißmann, Karlheinz, Männerbund. Schnellroda 2004

Wiebel-Fanderl, Olivia, „Wir hatten alle Heiligen besonders auswendig lernen müssen ..." Zur Bedeutung der himmlischen Helfer für die religiöse Sozialisation. In: *Heller, Andreas u. a. (Hg.),* Religion und Altag. Interdisziplinäre Beiträge zu einer Sozialgeschichte des Katholizismus in lebensgeschichtlichen Aufzeichnungen (= Kulturstudien. Bibliothek der Kulturgeschichte, hg. von Hubert Ch. Ehalt und Helmut Konrad, Band 19). Wien–Köln 1990, S. 55–89

Wiedemann, Inga, Herrin im Hause. Durch Koch- und Haushaltsbücher zur bürgerlichen Hausfrau. Pfaffenweiler 1993

Williams, John A., Ecstasies of the Young. Sexuality, the Youth Movement, an moral panic on the eve of the First World War. In: Central European History, Vol. 34, Nr. 2 (2001), S. 163–190

Yack, Bernard, The Longing for Total Revolution. Philosophic Sources of Social Discontent from Rousseau to Marx and Nietzsche. Princeton 1986

Yonke, Eric, The Catholic subculture in modern Germany. Recent Work in the Social History of Religion. In: Catholic Historical Review 80 (1994), S. 534–545

3. *Hitler, Nationalsozialismus, Holocaust*

Adorno, Theodor W., Studien zum autoritären Charakter. Aus dem Amerikanischen von Milli Weinbrenner. Vorrede von Ludwig v. Friedeburg. Frankfurt a. M. 1973

Backes, Klaus, Hitler und die bildenden Künste. Köln 1988

Banuls, André, Das völkische Blatt „Der Scherer." Ein Beitrag zu Hitlers Schulzeit. In VZG, Bd. 18 (1970/2), 196–203

Bärsch, C.-E., Die politische Religion des Nationalsozialismus. Die religiösen Dimensionen der nationalsozialistischen Ideologie in den Schriften von Dietrich Eckart, Joseph Goebbels, Alfred Rosenberg und Adolf Hitler. 2. vollst. überarb. Aufl. München 2002

Bezyminski, Lev, The Death of Adolf Hitler. Unknown Documents from Soviet Archives. London 1968

Binion, Rudolph, „... daß ihr mich gefunden habt." Hitler und die Deutschen. Eine Psychohistorie. Stuttgart 1978

Birken, Lawrence, Hitler as Philosopher. Remnants of the Enlightment in Nation Socialism. Westport 1995

Bönisch, Georg, Klaus Wiegrefe, Triumph des Wahns. Vor 75 Jahren wurde ein ehemaliger Obdachloser aus Österreich Reichskanzler: Adolf Hitler. In gut einem Jahr schwang sich der glühende Antisemit und Nationalist zum Diktator der deutschen Großmacht auf. Wie konnte es dazu kommen? Das ist die Königsfrage der deutschen Geschichte. In: Der Spiegel Nr. 3 v. 14. Januar 2008, S. 33–43

id., Romain Leick, Klaus Wiegrefe, „Morden für das Vaterland." Die Vernichtung der europäischen Juden war das Werk von rund 200.000 Deutschen und ihren Helfern. Eine Nahaufnahme der Täter, wie sie jetzt auch der Erfolgsautor Jonathan Little versucht, ergibt ein beklemmendes Bild: Die meisten NS-Verbrecher waren weder Sadisten noch Psychopathen, sondern ganz normale Männer. In: Der Spiegel, Nr. 11, 10. März 2008, S. 42–57

Boor, Wolfgang de, Hitler. Mensch – Übermensch – Untermensch. Frankfurt a. M. 1985

Bronder, Dietrich, Bevor Hitler kam. Eine historische Studie. Hannover 1964

Bucher, Rainer, Hitlers Theologie. Würzburg 2008

Bullock, Alan, Hitler. Eine Studie über Tyrannei. Übertragen von Wilhelm und Modeste Pferdekamp. Düsseldorf 1953 (Benutzt wurde die völlig neu überarbeitete Ausgabe von 1967)

id., Hitler and Stalin, Parallel Lives. London 1991

Brinkmann, Reinhold, The Distorted Sublime: Music and National Socialist Ideology – A Sketch. In: Music and Nazism. Art under Tyranny, 1933–1945. Laaber 2003, 43–63

Browning, Christopher R., Ganz normale Männer. Das Reserve-Polizeibataillon 101 und die ‚Endlösung' in Polen. Reinbek 1996

Bucher, Rainer, Hitler, die Moderne und die Theologie. In: Ztschr. für Religions- und Geistesgeschicht. 44. Jgg (1992), S. 157–176

Carr, William H., Adolf Hitler. Persönlichkeit und politisches Handeln. Stuttgart 1980

Daim, W., Der Mann, der Hitler die Ideen gab. Die sektiererischen Grundlagen des Nationalsozialismus. 2. u. erw. Aufl. Wien u. a. 1985

Deuerlein, Ernst, Hitlers Eintritt in die Politik und die Reichswehr. In: VZG Heft 2 (Jgg. 1959), S. 24–31

id. (Hg.), Der Aufstieg der NSDAP in Augenzeugenberichten. Düsseldorf 1968

id., Hitler. Eine politische Biographie. München 1969

Eitner, Hans-Jürgen, Der Führer. München 1981

Erikson, Erik H., Die Legende von Hitlers Kindheit. In: Kindheit und Gesellschaft. 2. überarb. u. veränd. Aufl. Stuttgart 1965, S. 320–352

Fest, Joachim, Hitler. Eine Biographie. Berlin u.a. 1973/4

Fischer, Jens Malte, The Very German Fate of a Composer: Hans Pfitzner. In: Music and Nazism. Art under Tyranny 1933–1945. Ed. by Michael H. Kater and Albrecht Riethmüller. Laaber 2003, 75–89

Fromm, Erich, Bösartige Aggression: Adolf Hitler, ein klinischer Fall von Nekrophilie. In: Anatomie der menschlichen Destruktivität. Reinbek 1977, S. 415–479

Gerhard, Paul, Die Täter der Shoah. Fanatische Nationalsozialisten oder ganz normale Deutsche? Göttingen 2002

Goldhagen, Daniel J., Hitlers willige Vollstrecker. Ganz gewöhnliche Deutsche und der Holocaust. Berlin 1996

Goodrick-Clarke, Nicholas, The occult roots of Nazism. The Ariosophists in Austria and Germany 1890–1935. Wellingsborough 1985

Grabner-Haider, Anton, Hitlers mythische Religion. Theologische Denklinien und NS-Ideologie. Wien 2007

Greiner, Josef, Das Ende des Hitler-Mythos. Zürich u. a. 1947

Güstrow, D, Tödlicher Alltag. Strafverteidiger im Dritten Reich. Berlin 1981

Haffner, Sebastian, Anmerkungen zu Hitler. 8. Auflage. München 1978

Hammer, Wolfgang, Adolf Hitler – ein deutscher Messias? Dialog mit dem „Führer" (I). Geschichtliche Aspekte. München 1970

id., Adolf Hitler – der Tyrann und die Völker. Dialog mit dem „Führer" (II). Politische Aspekte. München 1972 *id.* Adolf Hitler – ein Prophet unserer Zeit? Dialog mit dem „Führer" (III). Ideologische Aspekte. München 1974

Harpprecht, Klaus, „Er war einer wie wir und einer von uns. Über Adolf Hitler: Der Wortlaut der ZDF-Dokumentation ‚Der Fund – Hitlers Tagebücher'". In: FAZ v. 28. Juli 2003

Harrington, Anne, Reenchanted Science. Holism in German Culture from Wilhelm II. to Hitler. Princeton University Press 1996

Herr, Friedrich, Gottes erste Liebe. 2000 Jahre Judentum und Christentum. Genesis des österreichischen Katholiken Adolf Hitler. München–Esslingen 1967

id., Der Glaube des Adolf Hitler. Anatomie einer politischen Religiosität. 2. Aufl. Esslingen 1990

Heiden, Konrad, Adolf Hitler. Das Zeitalter der Verantwortungslosigkeit. Eine Biographie (Band 1). Zürich 1936/37

id., Adolf Hitler. Ein Mann gegen Europa. Eine Biographie (Band 2). Zürich 1937

Heinz A. Heinz, Germany's Hitler. London 1934

Heuß, Theodor, Hitlers Weg. Hg. von Eberhard Jäckel. Tübingen 1968

Herbert, Ulrich, Walter Best. Biographische Studien über Radikalismus, Weltanschauung und Vernunft. 1903–1989. 2. Aufl. Bonn 1996

Hildebrand, Klaus, Der „Fall Hitler". Bilanz und Wege der Hitler-Forschung. In: *Neue polit. Literatur 14* (1969), 375–386

id., Nationalsozialismus oder Hitlerismus? In: *Michael Bosch (Hg.),* Persönlichkeit und Struktur in der Geschichte. Düsseldorf 1977, S. 55–61

id., Nichts Neues über Hitler. Ian Kershaws zünftige Biographie über den deutschen Diktator. In: HZ 270/2 (2000), S. 388–397

Hitlers politisches Testament. Die Bormann-Diktate vom Februar im April 1945. Mit einem Essay von Hugh R. Trevor-Roper und einem Nachwort von François Poncet. Hamburg 1981

Horstmann, Bernhard, Hitler in Pasewalk. Die Hypnose und ihre Folgen. Düsseldorf 2004

Jäckel, Eberhard, Hitlers Weltanschauung. Entwurf einer Herrschaft. Erw. u. überarb. Ausgabe. Stuttgart 1981

Jetzinger, Franz, Hitlers Jugend. Phantasie, Lügen – und die Wahrheit. Wien 1956

Joachimsthaler, Anton, Korrektur einer Biographie. Adolf Hitler 1908–1920. München 1989

id., Hitlers Weg begann in München 1913–1923. Geleitwort von Ian Kershaw. München 2000

Kallenbach, Hans, Mit Adolf Hitler auf Festung Landsberg. München 1933

Kandl, Eleonore, Hitlers Österreichbild. Diss. Wien 1963/64

Kershaw, Ian, Der NS-Staat. Geschichtsinterpretationen und Kontroversen im Überblick. Aus dem Englischen von Jürgen Peter Krause. 2. Aufl. Reinbek 1995

id., Hitler 1889–1936. Aus dem Englischen von Jürgen Krauss und Jörg Rademacher. Stuttgart 1998/2

id., Der Hitler-Mythos. Führerkult und Volksmeinung. Aus dem Englischen von Klaus Kochmann und Boike Rehbein. Stuttgart 1999

id., Hitler 1936 bis 1945. Aus dem Englischen von Klaus Kochmann. Stuttgart 2000

id., Introduction in: August Kubizek, The Young Hitler I Knew, London 2006, S. 9–15

Kindermann, Gottfried-Karl, Österreich gegen Hitler. Europas erste Abwehrfront 1933–1938. München 2003

Klein, Anton Adalbert, Hitlers dunkler Punkt in Graz? Das Gerücht von Hitlers jüdischer Abstammung im Lichte der Quellen. In: *Historisches Jahrbuch der Stadt Graz,* Band 3. Graz 1970, S. 7–30

Knirsch, Hans, Aus der Geschichte der deutschen nationalsozialistischen Arbeiterbewegung Altösterreichs und der Tschechoslowakei. Aussig 1931

Koch, Friedrich, Das Sexualverhalten Adolf Hitlers. In: *Koch, Friedrich,* Sexuelle Denunziation. Die Sexualität in der politischen Auseinandersetzung. 2. erw. u. akt. Aufl. Hamburg 1995

Koch-Hillebrecht, Manfred, Homo Hitler. Psychogramm des deutschen Diktators. Berlin 1999

id., Hitler. Ein Sohn des Krieges. Fronterlebnis und Weltbild. München 2003

Köpf, G., Hitlers psychogene Erblindung. Geschichte einer Krankenakte. In: Nervenheilkunde, Nr. 24/2005, Stuttgart 2005, 783–790

Koppensteiner, Rudolf, Die Ahnentafel des Führers. Leipzig 1931

Kroll, Frank-Lothar, Geschichte und Politik im Weltbild Hitlers. In: VZH 44 (1996), S. 327–353

Läpple, Alfred, Adolf Hitler. Psychogramm einer katholischen Kindheit. Singen 2000

Langer, Walter C., Das Adolf-Hitler-Psychogramm. Eine Analyse seiner Person und seines Verhaltens, verfasst 1943 für die psychologische Kriegführung der USA. Wien 1973 (Benutzt wurde die online-Version www.nizkor.org/hweb/people/h/hitler-adolf/oss-papers/text/profile-index.html) (Der US-amerikanische Originaltitel lautet: „The Mind of Adolf Hitler. The Secret Wartime Report")

Lewis, David, The man who invented Hitler. The Making of the Fuehrer. London 2003

Loewy, Hann, Faustische Täter? Tragische Narrative und Historiographie. In: *Paul, Gerhard (Hg.),* Die Täter der Shoah. Fanatische Nationalsozialisten oder ganz normale Deutsche? (= Dachauer Symposien zur Zeitgeschichte, Bd. 2) Göttingen 2002, S. 13–90

Ley, Michael/Julius H. Schoeps (Hg.), Der Nationalsozialismus als politische Religion (= Studien zur Geistesgeschichte, Bd. 20). Bodenheim b. Mainz 1997.

Machtan, Lothar, Hitlers Geheimnis. Das Doppelleben eines Diktators. Berlin 2001

Mann, Thomas, Bruder Hitler (1939). In: Autoren des Exils und des Widerstandes sehen den „Führer“ des Dritten Reiches. Hg. von Thomas Koebner. München 1989, S. 24–31

Manvell, Roger/Heinrich Fraenkel, Adolf Hitler. The Man and the Myth, London 1978/2

Maser, Werner, Adolf Hitler. Legende, Mythos, Wirklichkeit. München–Erlangen 1971

id., Hitlers Briefe und Notizen. Sein Weltbild in handschriftlichen Dokumenten. Düsseldorf–Wien 1. Aufl. 1973

id., Mein Schüler Hitler. Das Tagebuch seines Lehrers Paul Devrient. Pfaffenhofen 1975

id., Hitlers Mein Kampf. Geschichte, Auszüge, Kommentare. Esslingen 1981/6

id., Adolf Hitlers Mein Kampf. Geschichte, Auszüge, Kommentare. Esslingen 2001/9

id., Fälschung, Dichtung und Wahrheit über Hitler und Stalin. München 2004

Matussek, Paul/Peter Matussek, Jan Marbach, Hitler. Karriere eines Wahns. München 2000

Miller, Alice, Am Anfang war Erziehung. Frankfurt a. M. 1981

id., Das Drama des begabten Kindes und die Suche nach dem wahren Selbst. Frankfurt a. M. 1983

Mommsen, Hans, Nationalsozialismus oder Hitlerismus? In: *Michael Bosch (Hg.),* Persönlichkeit und Struktur in der Geschichte. Düsseldorf 1977, S. 62–71

id., Das Charisma einer Unperson ohne inneren Kern. In: FAZ, 7. Oktober 1998, S. 20

id., Adolf Hitler in der Sicht von Gefolgsleuten und Zeitgenossen. In: *Mommsen, Hans,* Von Weimar nach Auschwitz. Stuttgart 1999

Mosse, George L., Ein Volk – ein Reich – ein Führer. Die völkischen Ursprünge des Nationalsozialismus. Königstein/Ts. 1979

Neurohr, Jean F., Der Mythos vom Dritten Reich. Zur Geistesgeschichte des Nationalsozialismus. Stuttgart 1957

Nolte, Ernst, Der Faschismus in seiner Epoche. Die Action Française, der italienische Faschismus, der Nationalsozialismus. München 1963

Nolte, Ernst, Die faschistischen Bewegungen. Die Krise des liberalen Systems und die Entwicklung des Faschismus (= dtv-Weltgeschichte des 20. Jahrhunderts, Bd. 4). Frankfurt a. M. 1966

id., Der europäische Bürgerkrieg 1917–1945. Nationalsozialismus und Bolschewismus. Frankfurt a. M.–Berlin 1987

Olden, Rudolf, Hitler. In der Übersetzung von W. Ettinghausen. New York 1936/2

Orr, Thomas, Das war Hitler. Das Ende eines Mythos. In: Revue, 4. Oktober 1952

Overy, Richard, Interrogations. The Nazi Elite in Allied Hands, 1945. London 2001 (Benutzt wurde „Part II, Interrogations: The Transcripts“ und hier das Kapitel „Perspectives of the Fuehrer, 'Document 1: the driving force'“, i.e. die Befragung Albert Speers durch O. Hoeffding vom 19. Oktober 1945, verzeichnet als „Speer Ministry Report No. 19, Part III: Adolf Hitler“)

Paul, Gerhard, Von Psychopathen, Technokraten des Terrors und „ganz gewöhnlichen Deutschen“. Die Täter der Shoa im Spiegel der Forschung. In: *Paul, Gerhard (Hg.),* Die Täter der Shoah. Fanatische Nationalsozialisten oder ganz normale Deutsche? (= Dachauer Symposien zur Zeitgeschichte, Bd. 2) Göttingen 2002, 13–90

Pausewang, Gudrun, Adi – Jugend eines Diktators (= Ravensburger junge Reihe). Ravensburg 1997

Pfeffer, Franz, Der Lebensweg des Führers in Oberösterreich. Bilder aus der Jugendzeit Adolf Hitlers. In: Heimatland. Wort und Bild aus Heimat und Ferne. XV. Jahrgang. 1938. Heft 4, S. 50–56

Plöckinger, Othmar, Geschichte eines Buches: Adolf Hitlers „Mein Kampf“. München 2006.

Price, Billy F. (Hg.), Adolf Hitler als Maler und Zeichner. Werkkatalog. Zug–München 1983

Rabitsch, Hugo, Aus Adolf Hitlers Jugendzeit. München 1938

Radisch, Iris, „Am Anfang steht ein Missverständnis. Jonathan Littles Buch ‚Die Wohlgesinnten‘ will uns erklären, warum die Mörder mordeten, aber versinkt in widerwärtigem Kitsch“. In: Die Zeit, Nr. 8, 14. Februar 2008, S. 52 f.

Redlich, Fritz, Hitler. Diagnosis of a destructive prophet. New York–Oxford 1999

Rißmann, Michael, Hitlers Gott. Vorsehungsglaube und Sendungsbewußtsein des deutschen Diktators. Zürich 2001

Ryback, Timothy W., Hitler's private library. The books that shaped his life. New York 2009

Schirrmacher, Frank, Filme, die Geschichte machen. Breloer, Eichinger und die Innenausstattung des Dritten Reiches: Der Hitler der Jahre 2004 und 2005. In: FAZ v. 22. Juni 2004

Schmölders, Claudia, Hitlers Gesicht. Eine physiognomische Biographie. München 2000

Schnauber, Cornelius, Wie Hitler sprach und schrieb. Frankfurt a. M. 1972

Schwarzwäller, Wulf, Hitlers Geld. Vom armen Kunstmaler zum millionenschweren Führer. Wien 1998

Schwarzwalder, Willi, Hitlers Geld. München 1995

Slapnicka, Harry, Hitler in Oberösterreich. Mythos, Propaganda und Wirklichkeit um den „Heimatgau des Führers“. Grünbach 1998

Smith, Bradley F., Adolf Hitler. His Family, Childhood and Youth. Stanford 1967

Smith, Woodruff D., The ideological origins of Nazi imperialism. New York–Oxford 1986

Sponheuer, Bernd, The National Socialist Discussion on the „German Quality" in Music. In: Music and Nazism. Art under Tyranny, 1933–1945. Ed. by Michael H. Kater and Albrecht Riethmüller. Laaber 2003, 32–41

Spotts, Frederic, Hitler and the power of aesthetics. London 2002

Steinert, Marlis. Hitler. Aus dem Französischen von G. Montag. München 1994

Steinle, Jürgen, Hitler als „Betriebsunfall in der Geschichte". In: *Geschichte in Wissenschaft und Unterricht,* 45 (1994), S. 288–302

Sternhell, Zeev/Mario Sznajder/Maia Asheri, Die Entstehung der faschistischen Ideologie. Von Sorel bis Mussolini. Aus dem Französischen von Cornelia Langendorf. Hamburg 1999

Stierlin, Helm, Eltern und Kinder im Prozeß der Ablösung. Familienprobleme in der Pubertät. Frankfurt a. M. 1975

id., Adolf Hitler. Familienperspektiven. Frankfurt a. M. 1995

Straub, Eberhard, Die Ursprünge des Faschismus. In: Sezession (1. Jgg.), Heft 3, 3. Oktober 2003, S. 22–28

Strohm, Harald, Die Gnosis und der Nationalsozialismus. Frankfurt a. M. 1997

Timm, Ulrich, „In jener Stunde begann es" – Präkognition, Zufall oder Vorhersehung bei Adolf Hitler? In: Ztschr. Für Parapsychologie und Grenzgebiete der Psychologie 27 (1985), S. 142–156

Toland, John, Adolf Hitler. Bd. 1: 1889–1938: Werden und Weg. Führer und Reichskanzler. Bd. 2: 1938–1945: Krieg und Untergang. Feldherr und Diktator. Bergisch-Gladbach 1977

id., Young Hitler. In: August Kubizek, Mein Jugendfreund. Graz 1953

id., Hitlers letzte Tage. Frankfurt a. M. 1965

Wagner, Manfred, Diskurs über Hitlers ästhetische Sozialisation. In: *Wagner, Manfred,* Kultur und Politik. Politik und Kunst. Wien u. a. 1991, 226–276

id., Manche unserer Symbolismen pflasterten den Weg. Diskurs über Hitlers ästhetische Sozialisation. In: Zeitgeist wider Zeitgeist. Eine Sequenz aus Österreichs Verirrung. Hochschule für angewandte Kunst in Wien. Wien 1987, S. 55–62

Waite, Robert G. L., The Psychopathic God – Adolf Hitler. New York 1977

Weißmann, Karlheinz, Der Nationale Sozialismus. Ideologie und Bewegung 1890–1933. München 1998

Welzer, Harald, Wer waren die Täter? Anmerkungen zur Täterforschung aus sozialpsychologischer Sicht. In: *Paul, Gerhard (Hg.),* Die Täter der Shoah. Fanatische Nationalsozialisten oder ganz normale Deutsche? (= Dachauer Symposien zur Zeitgeschichte, Bd. 2) Göttingen 2002, 13–90

id., Täter. Wie aus ganz normalen Menschen Massenmörder werden. Frankfurt a. M. 2007

Zelle, K. G., Hitlers psychogene Erblindung. In: Nervenheilkunde 05/2006, S. 394–395

Zitelmann, Rainer, Hitler, Selbstverständnis eines Revolutionärs. 2. überarb. u. erg. Aufl. Stuttgart 1989

id., Adolf Hitler. Eine politische Biographie. Göttingen–Zürich 1989

id., Adolf Hitler. „Der Führer". In: *Smelser, Ronald M./R. Zitelmann (Hg.),* Die braune Elite. 22 biographische Skizzen. 4. akt. Aufl. Darmstadt 1994

4. Österreich-Ungarn allgemein

Albisetti, James C., Mädchenerziehung im deutschsprachigen Österreich, im Deutschen Reich und in der Schweiz, 1866–1891. In: *Good, David/Margarete Grandner/Mary Jo Maynes (Hg.),* Frauen in Österreich. Beiträge zu ihrer Situation im 19. und 20. Jahrhundert. Wien–Köln–Weimar 1994, S. 15–31

Allmayer-Beck, Johann, Militärische Symbole des alten Österreich. In: *Leser, Norbert/Manfred Wagner (Hg.),* Österreichs politische Symbole. Historisch, ästhetisch und ideologiekritisch beleuchtet (= Schriftenreihe des Ludwig-Boltzmann-Instituts für neuere österreichische Geistesgeschichte, hg. von Norbert Leser, Band 6), S. 81–97

Andràssy, Julius Graf, Diplomatie und Weltkrieg. Berlin–Wien 1920

Angerer, Marie-Luise, Vom „Schlachtfeld weiblicher Körper" zum sprechenden Körper der Frau. Verschiebungen im Diskurs zur weiblichen Sexualität im 19. Jahrhundert. In: *Good, David/Margarete Grandner/Mary Jo Maynes (Hg.),* Frauen in Österreich. Beiträge zu ihrer Situation im 19. und 20. Jahrhundert. Wien–Köln–Weimar 1994, S. 190–206

Angerer, Thomas, Henry Wickham Steed, Robert William Seton-Watson und die Habsburger Monarchie. In: Mitteilungen des Instituts für österreichische Geschichtsforschung, Bd 99. Wien 1991

Antonicek, Theophil, „Österreichisches" in der Musik? In: *Plaschka, Rihard G./Gerald Stourzh und Jan Paul Niederkorn (Hg.),* Was heißt Österreich? Inhalt und Umfang des Österreichbegriffs vom 10. Jahrhundert bis heute (= Archiv für österreichische Geschichte, Band 136). Wien 1995, S. 335–351

Aubin, Gustav, Deutsch-Österreich. Halle 1919

Baernreither, J. M., Der Verfall des Habsburgerreiches und die Deutschen. Hg. von O. Mitis. Wien 1938

Bahr, Hermann, Schwarzgelb. Berlin 1917

Bagger, Eugene, Franz Joseph. Eine Persönlichkeitsstudie. Zürich 1927

Beller, Steven, Franz Joseph. Eine Biographie. Aus dem Englischen übersetzt von Ulrike Döcker (= Biographische Texte zur Kultur- und Zeitgeschichte, Bd. 17). Wien 1997

Bibl, V., Von Revolution zu Revolution. Wien 1922–1924

id., Geschichte Österreichs im 20. Jahrhundert. Wien 1933

Bled, Jean Paul, Franz Joseph. Der letzte Monarch der alten Schule. Wien 1988

Botzenhart, Manfred, Die österreichische Frage in der deutschen Nationalversammlung. In: *Gehler, Richard u. a. (Hg.)*, Ungleiche Partner? Österreich und Deutschland in der gegenseitigen Wahrnehmung. Historische Analysen und Vergleiche aus dem 19. und 20. Jahrhundert (= Historische Mitteilungen i. A. der Ranke-Gesellschaft). Stuttgart 1986

Brauneder, Wilhelm, Die Verfassungsentwicklung in Österreich 1848 bis 1918. In: *Rumpler, Helmut/Peter Urbanitsch (Hg.)*, Die Habsburger Monarchie 1848–1918, Bd. VII: Verfassung und Parlamentarismus, 1. Teilband: Verfassungsrecht, Verfassungswirklichkeit, Zentrale Repräsentativkörperschaften, Wien 2000, S. 69–237

Braunias, Karl, Österreich als Völkerreich. In: *Josef Nadler/Heinrich R. v. Srbik*, Erbe und Sendung im deutschen Raum. Salzburg 1936

Bringazi, Friedrich, Robert Musil und die Mythen der Nation. Nationalismus als Ausdruck subjektiver Identitätsdefekte. Frankfurt a. M. u. a. 1998

Bruckmüller, Ernst, Herkunft und Selbstverständnis bürgerlicher Gruppierungen in der Habsburgermonarchie. Eine Einführung. In: *Bruckmüller, Ernst/Ulrike Döcker u. a. (Hg.)*, Bürgertum in der Habsburgermonarchie. Wien–Köln 1990, S. 13–20

id., Österreichbegriff und Österreichbewußtsein in der franzisko-josephinischen Epoche. In: *Plaschka, Rihard G./Gerald Stourzh und Jan Paul Niederkorn (Hg.)*, Was heißt Österreich? Inhalt und Umfang des Österreichbegriffs vom 10. Jahrhundert bis heute (= Archiv für österreichische Geschichte, Band 136). Wien 1995, S. 255–288

Buzek, Vaclav u. a., Adelige Höfe und Residenzen. Architektur und Repräsentation im böhmisch-mährisch-österreichischen Grenzgebiet. In: *Komlosy, Andrea (Hg.),* Kulturen an der Grenze. Waldviertel–Weinviertel–Südböhmen–Südmähren. Wien 1995, S. 191–198

Döcker, Ulrike, „Bürgerlichkeit und Kultur – Bürgerlichkeit als Kultur". Eine Einführung. In: *Bruckmüller, Ernst/Ulrike Döcker/Hannes Stekl, Peter Urbanitsch (Hg.),* Bürgertum in der Habsburger Monarchie. Wien–Köln 1990, S. 95–104

Domandl, Hanna, Kulturgeschichte Österreichs. Von den Anfängen bis 1938. 2. erg. Aufl. Wien 1993

Drimmel, Heinrich, Franz Joseph. Biographie einer Epoche. Wien 1983

id., Die Antipoden. Die Neue Welt in den USA und das Österreich vor 1918. Wien 1984

Cohen, Gary B., Education and middle-class society in imperial Austria 1848–1918. West Lafayette 1996

Engelbrecht, Helmut, Geschichte des österreichischen Bildungswesens. Erziehung und Unterricht auf dem Boden Österreichs. Bände 1 bis 4. Wien 1982/86

Fellner, Fritz, Die Historiographie zur österreichisch-deutschen Problematik als Spiegel der nationalpolitischen Diskussion. In: *Lutz/Rumpler,* Österreich und die deutsche Frage im 19. und 20. Jahrhundert. Probleme der politischen, staatlichen und soziokulturellen Differenzierung im deutschen Mitteleuropa (= Wiener Beiträge zur Geschichte der Neuzeit, 9). München 1982, S. 33–59

Fillitz, Hermann, Zum Problem des „Österreichischen" in der Bildenden Kunst. In: *Plaschka, Richard G./Gerald Stourzh und Jan Paul Niederkorn (Hg.)*, Was heißt Österreich? Inhalt und Umfang des Österreichbegriffs vom 10. Jahrhundert bis heute (= Archiv für österreichische Geschichte, Band 136). Wien 1995, S. 325–333

Friedjung, Heinrich, Der Kampf um die Vorherrschaft in Deutschland 1855–1968. 2 Bde. 5. Aufl. Stuttgart 1901

id., Das Zeitalter des Imperialismus 1884–1914. 3 Bde. Berlin 1919/22

Fuchs, Brigitte, „Rasse", „Volk", Geschlecht. Anthropologische Diskurse in Österreich 1850–1960. Frankfurt a. M.–New York 2003

Gehler, Michael, Österreichische Studentenvereine und Korporationen. Ein Überblick von den Anfängen im 19. Jh. bis ins 20. Jh.: Entstehungsbedingungen – Zielsetzungen – Wirkungsgeschichte. In: „Der Burschenherrlichkeit." Geschichte und Gegenwart des studentischen Korporationswesen (= Veröffentlichungen des Stadtarchivs Würzburg, Band 8), hg. von Harm-Hinrich Brandt und Matthias Stickler. Würzburg 1998, S. 173–205

Göbl, Michael, Staatssymbole des Habsburger-Reiches ab 1867 mit besonderer Berücksichtigung des Staatswappens. In: *Leser, Norbert/Manfred Wagner (Hg.)*, Österreichs politische Symbole. Historisch, ästhetisch und ideologiekritisch beleuchtet (= Schriftenreihe des Ludwig-Boltzmann-Instituts für neuere österreichische Geistesgeschichte, hg. von Norbert Leser, Band 6). S. 11–36

Grosseger, Elisabeth, Der Kaiser-Huldigungs-Festzug, Wien 1908. Wien 1992

Gutkas, Karl. Geschichte Niederösterreichs (= Geschichte der österreichischen Bundesländer, hg. von Johann Rainer). 6. Auflage. München 1984

id., Kaiser Josef II. Eine Biographie. Wien 1989

Hantsch, Hugo, Die Geschichte Österreichs. 4. Aufl. Graz 1968

Gerhardt, Die Kirchenpolitik der Habsburger und ihre Auswirkungen auf das Deutschtum der Ostmark. In: *Göttinger Akademische Reden 8*, Göttingen 1939

Haas, Hanns/Hannes Stekl, Einleitung. zu *Haas, Hanns/Hannes Stekl (Hg.)*, Bürgerliche Selbstdarstellung. Städtebau, Architektur, Denkmäler. In: Bürgertum in der Habsburgermonarchie, IV), Wien u. a.1995, S. 9–22

Haberlandt, Michael (Hg.), Deutschösterreich. Sein Land, sein Volk, seine Kultur. Mit einem Geleitwort des Bundespräsidenten Dr. Michael Hainisch. Weimar 1927

Haider, Siegfried, Geschichte Oberösterreichs. (= Geschichte der österreichischen Bundesländer, hg. von Johann Rainer) München 1987

Hamann, Brigitte, Die Habsburger und die deutsche Frage. In: Österreich und die deutsche Frage im 19. und 20. Jahrhundert. Probleme der politischen, staatlichen und soziokulturellen Differenzierung im deutschen Mitteleuropa. (= Wiener Beiträge zur Geschichte der Neuzeit, 9) München 1982, S. 212–230

Hanisch, Ernst, Der lange Schatten des Staates. Österreichische Gesellschaftsgeschichte im 20. Jahrhundert (= Österreichische Geschichte 1890–1990, hg. von Herwig Wolfram). Wien 1994

id., Provinzbürgertum und die Kunst der Moderne. In: *Bruckmüller, Ernst/Ulrike Döcker et al. (Hg.)* Bürgertum in der Habsburgermonarchie. Wien–Köln 1990, S. 127–140

Häusler, Wolfgang, Kaiserstaat oder Völkerverein? Zum österreichischen Staats- und Reichsproblem zwischen 1804 und 1848/49. In: *Plaschka, Richard G./Gerald Stourzh und Jan Paul Niederkorn (Hg.)*, Was heißt Österreich? Inhalt und Umfang des Österreichbegriffs vom 10. Jahrhundert bis heute (= Archiv für österreichische Geschichte, Band 136). Wien 1995, S. 221–254

Höbelt, Lothar, Die Handelspolitik der österreichisch-ungarischen Monarchie gegenüber dem Deutschen Reich. In: *Wandruszka, Adam/ Peter Urbanitsch (Hg.)*, Die Habsburgermonarchie 1848–1918, Bd. VI, 2: Die Habsburgermonarchie im System der internationalen Beziehungen. Wien 1993, S. 561–583

id., Kornblume und Kaiseradler. Die deutschfreiheitlichen Parteien Altösterreichs 1882–1918. München 1993

id., 1848 – Österreich und die deutsche Revolution. Wien 1998

id., Die Symbole des national-liberalen Lagers. In: *Leser, Norbert/Manfred Wagner (Hg.)*, Österreichs politische Symbole. Historisch, ästhetisch und ideologiekritisch beleuchtet (= Schriftenreihe des Ludwig-Boltzmann-Instituts für neuere österreichische Geistesgeschichte, hg. von Norbert Leser, Band 6), S. 193–204

Iring, K., Nie wieder Habsburg! Die Habsburger in der Geschichte der Deutschen. München o. D.

Jahrbuch für österreichische Kulturgeschichte, Band 4: Österreichische Bildungs- und Schulgeschichte von der Aufklärung bis zum Liberalismus, 1974

Jakubec, Ivan/Fritz Prasch, Wasserwege – Schienen – Straßen. Transitrouten durch die österreichisch-tschechische Grenzregion. In: *Komlosy, Andrea (Hg.)*, Kulturen an der Grenze. Waldviertel–Weinviertel–Südböhmen–Südmähren. Wien 1995, S. 158–164

Johnston, William M., The Austrian Mind. An Intellectual and Social History 1848–1938. University of California Press 1972

Jusek, Karin J., Die Grenzen weiblichen Begehrens. Beiträge österreichischer Feministinnen zur Sexualdebatte im Wien der Jahrhundertwende. In: *Good, David/Margarete Grandner/Mary Jo Maynes (Hg.)*, Frauen in Österreich. Beiträge zu ihrer Situation im 19. und 20. Jahrhundert. Wien–Köln–Weimar 1994, S. 168–189

Kafka. Ein Leben in Prag. Text und Bilddokumentation: Hartmut Binder, Idee und Photos: Jan Park. München 1983

Kann, Robert A., Das Reich und die Völker. 2. Aufl. Graz 1964

id., Das Deutsche Reich und die Habsburger Monarchie 1871–1918. In: *Kann, Robert A./ Friedrich E. Prinz*, Deutschland und Österreich. Ein bilaterales Geschichtsbuch. Wien–München 1980, S. 143–160

Kirchhoff, Jörg, Die Deutschen in der österreichisch-ungarischen Monarchie. Ihr Verhältnis zum Staat, zur deutschen Nation und ihr kollektives Selbstverständnis (1866/67–1918). Berlin 2001

Klueting, Harm, Deutschland und der Josephinismus. Wirkungen und Ausstrahlungen der theresianisch-josephinischen Reformen auf die außerösterreichischen deutschen Territorien. In: *Helmut Reinalter (Hg.)*, Der Josephinismus. Bedeutung, Einflüsse und Wirkungen (= Schriftenreihe der Internationalen Forschungsstelle „Demokratische Bewegungen in Mitteleuropa 1770–1850", Band 9), Frankfurt a. M.–Berlin u. a. 1993, S. 63–102

Komlosy, Andrea, An den Rand gedrängt. Wirtschafts- und Sozialgeschichte des Oberen Waldviertels. Wien 1988

id., Wo die österreichischen an die böhmischen Länder grenzen: Kleinraum – Zwischenraum – Peripherie. In: *Thomas Winkelbauer (Hg.)*, Kontakte und Konflikte. Böhmen, Mähren, Österreich. Aspekte eines Jahrtausends gemeinsamer Geschichte. Schriftenreihe des Waldvierteler Heimatbundes 36. Waidhofen/ Horn 1993, S. 491–520

id., Ein Land – viele Grenzen. Waren- und Reiseverkehr zwischen den österreichischen und den böhmischen Ländern. In: *Andrea Komlosy/Vaclav Buzek/Frantisek Svatek (Hg.)*, Kulturen an der Grenze. Waldviertel – Weinviertel – Südböhmen – Südmähren. Wien 1995, S. 59–72

id., Zwischen Heimat, Sprache und überregionalem Integrationsraum. Bestimmungsfaktoren regionaler Identität im österreichisch-tschechischen Grenzgebiet. In: Regions, nations, mondialisation. Aspects politiques, économiques, culturels (Cahiers I. S. I. S. publiés par le Centre Universitaire de Luxembourg., Fascicle V) Luxembourg 1996, S. 117–138

Koralka, Jiri (Prag), Deutschland und die Habsburgermonarchie 1848–1918. In: *Wandruszka, Adam/Peter Urbanitsch (Hg.)*, Die Habsburgermonarchie 1848–1918, Bd. VI, 2: Die Habsburgermonarchie im System der internationalen Beziehungen. Wien 1993, S. 1–158

Laun, Rudolf von, Deutschland und Deutsch-Österreich. Berlin 1921

Lohrmann, Klaus, Zwischen Finanz und Toleranz. Das Haus Habsburg und die Juden. Graz 2000

Lutz, Heinrich/Helmut Rumpler (Hg.), Österreich und die deutsche Frage im 19. und 20. Jahrhundert. Probleme der politisch-staatlichen und soziokulturellen Differenzierung im deutschen Mitteleuropa (= Wiener Beiträge zur Geschichte der Neuzeit, Bd. 9). München 1982

MacGrath, William, Dionysian art and populist politics in Austria. Yale University Press. New Haven 1974

Magenschab, Hans, Josef II. Revolutionär von Gottes Gnaden. Graz–Wien–Köln 1979

Margutti, Albert von, Kaiser Franz Joseph I. und sein Hof. Hg. von Josef Schneider. Wien 1919

Mayer, Franz M., Geschichte Österreichs mit besonderer Rücksicht auf das Culturleben. 2. Aufl. Band 1: Von den ältesten Zeiten bis zum Jahre 1526. Wien–Leipzig 1900

Mitis, Oskar (Hg.), Joseph Maria Baernreither, Der Verfall des Habsburgerreiches und die Deutschen. Fragmente eines politischen Tagebuches 1897–1917. Wien 1938

Nagel, Brigitte, Die Welteislehre. Ihre Geschichte und ihre Rolle im „Dritten Reich“. 2. Aufl. Stuttgart 2000

November 1918 auf dem Ballhausplatz. Erinnerungen Ludwigs Freiherrn von Flotow, des letzten Chefs des österreichisch-ungarischen Auswärtigen Dienstes 1895–1920. Bearb. von Erwin Matsch. Wien–Köln–Graz 192

Oberhuber, Oswald/Alexandra Suess, Protokoll einer Ausstellung. In: Zeitgeist wider Zeitgeist. Eine Sequenz aus Österreichs Verirrung. Hochschule für angewandte Kunst in Wien. Wien 1987, S. 9

Pferschy, Gerhard, Gemeinschaftssinn und Landesbewußtsein in der innerösterreichischen Ländergruppe. In: *Plaschka, Richard G./Gerald Stourzh und Jan Paul Niederkorn (Hg.)*, Was heißt Österreich? Inhalt und Umfang des Österreichbegriffs vom 10. Jahrhundert bis heute (= Archiv für österreichische Geschichte, Band 136). Wien 1995, S. 51–64

Plaschka, Richard G./Gerald Stourzh, Einleitung. In: *Plaschka, Richard G./Gerald Stourzh und Jan Paul Niederkorn (Hg.)*, Was heißt Österreich? Inhalt und Umfang des Österreichbegriffs vom 10. Jahrhundert bis heute (= Archiv für österreichische Geschichte, Band 136). Wien 1995, S. 255–288

Quarthal, Franz, Österreichs Verankerung im Heiligen Römischen Reich deutscher Nation. Historische Bedeutung der österreichsichen Vorlande. In: *Plaschka, Rihard G./Gerald Stourzh und Jan Paul Niederkorn (Hg.)*, Was heißt Österreich? Inhalt und Umfang des Österreichbegriffs vom 10. Jahrhundert bis heute (= Archiv für österreichische Geschichte, Band 136). Wien 1995, S. 109–133

Redlich, J., Das österreichische Staats- und Reichsproblem. Geschichtliche Darstellung der inneren Politik der Habsburger Monarchie von 1848 bis zum Untergang des Reiches. 2 Bde. Leipzig 1920/26

Reinalter, Helmut, Aufgeklärter Absolutismus und Josephinismus. In: *Reinalter, Helmut (Hg.)*, Der Josephinismus. Bedeutung, Einflüsse und Wirkungen (= Schriftenreihe der Internationalen Forschungsstelle „Demokratische Bewegungen in Mitteleuropa 1770–1850“, Band 9), Frankfurt a. M. 1993. S. 11–21

Renner, Karl, id., Die Gründung der Republik Deutsch-Österreich, der Anschluß und die Sudetendeutschen. Dokumente eines Kampfes ums Recht, hg. und eingel. von Karl Renner. Wien 1990 (Nachdruck der Erstveröffentlichung von 1921)

Reschauer, Heinrich/Moritz Smets, Das Jahr 1848. Geschichte der Wiener Revolution. 2 Bde. Wien 1872/76

Rilke. Leben, Werk und Zeit in Texten und Bildern. Hg. von Horst Nalewski. Frankfurt a.M. 1992

Schausberger, Norbert, Anschlußideologie und Wirtschaftsinteressen 1918–1938. In: *Lutz/Rumpler* (1982), S. 282–299

Schmidl, Erwin A., Österreicher im Burenkrieg 1899–1902. Diss. Wien 1980

id., Der „Anschluss“ Österreichs. Der deutsche Einmarsch im März 1938. Bonn 1994

Schüßler, Wilhelm, Österreich und das deutsche Schicksal. Eine historisch-politische Skizze. Leipzig 1925.

Seton-Watson, Hugh and Christopher, The Making of a New Europe. R. W. Seton-Watson and the last years of Austria Hungaria. London 1981

Sieghart, Rudolf, Die letzten Jahrzehnte einer Großmacht. Menschen, Völker, Probleme des Habsburger-Reichs. Berlin 1932

Slapnicka, Harry, Oberösterreich und die „Tschechische Frage“. In: Historisches Jahrbuch der Stadt Linz 1977 (1978), 209–232 *id.*, Oberösterreich unter Kaiser Franz Joseph 1861–1918. (= Beiträge zur Zeitgeschichte Oberösterreichs 8) Linz 1982

Stolper, Gustav (Hg.), Deutsch-Österreich (= Schriften des Vereins für Sozialpolitik, 162. Band). München–Leipzig 1921 (nachgedruckt: Vaduz 1992)

Srbik, Heinrich von, Reichsidee und Staatsidee. In: *Fritz Büchner (Hg.)*, Was ist das Reich? Eine Aussprache unter Deutschen. Oldenburg 1932

id., Deutsche Einheit. Idee und Wirklichkeit vom Heiligen Reich von Villafranca bis Königgrätz. Bd.1–4. 3. Aufl. München 1935

Wagner, Manfred, Die österreichischen Hymnen. In: *Leser, Norbert/Manfred Wagner (Hg.)*, Österreichs politische Symbole. Historisch, ästhetisch und ideologiekritisch beleuchtet (= Schriftenreihe des Ludwig-Boltzmann-Instituts für neuere österreichische Geistesgeschichte, hg. von Norbert Leser, Band 6). S. 231–247

Wandruszka, Adam/Peter Urbanitsch (Hg.), Die Habsburgermonarchie 1848–1918, Bd II: Verwaltung und Rechtswesen. Wien 1975

id., Die Habsburgermonarchie 1848–1918, Bd. IV: Die Konfessionen. Wien 1985

Wandruszka, Adam/Mariella Reininghaus, Der Ballhausplatz (= Wiener Geschichtsbücher, hg. von Peter Pötschner, Band 33). Wien–Hamburg 1984

Weidenholzer, Josef, Der sorgende Staat. Zur Entwicklung der Sozialpolitik von Joseph II. bis Ferdinand Hanusch. Wien 1985

Zaar, Brigitta, Frauen und Politik in Österreich, 1890–1934. Ziele und Visionen. In: *Good, David/Margarete Grandner/Mary Jo Maynes (Hg.)*, Frauen in Österreich. Beiträge zu ihrer Situation im 19. und 20. Jahrhundert. Wien–Köln–Weimar 1994, S. 48–76

Zöllner, Erich, Geschichte Österreichs von den Anfängen bis zur Gegenwart. 8. Aufl. Wien 1990.

id., Bemerkungen zum Problem der Beziehungen zwischen Aufklärung und Josefinismus. In: *Helmut Reinalter (Hg.)*, Der Josephinismus. Bedeutung, Einflüsse und Wirkungen (= Schriftenreihe der Internationalen Forschungsstelle „Demokratische Bewegungen in Mitteleuropa 1770–1850", Band 9), Frankfurt a. M.–Berlin u. a. 1993, S. 22–38 [i. e. ein um Anmerkungen und Literaturangaben erweiterter Aufsatz aus dem Jahre 1964]

id., Der Österreichbegriff. Aspekte seiner historischen Formen und Wandlungen. In: *Plaschka, Richard G./Gerald Stourzh und Jan Paul Niederkorn (Hg.)*, Was heißt Österreich? Inhalt und Umfang des Österreichbegriffs vom 10. Jahrhundert bis heute (= Archiv für österreichische Geschichte, Band 136). Wien 1995, S. 19–33

5. Braunau/Döllersheim/ Waldviertel

Eitzlmayr, Max/Rudolf Vierlinger, Braunau – Simbach. Nachbarstädte am Inn. Aus der wechselvollen Geschichte der beiden Städte ab dem Jahre 1779. 2. Aufl. Simbach am Inn 1980

Hiereth, Sebastian, Geschichte der Stadt Braunau am Inn, II. Teil. Braunau 1973

Lechner, Karl, Aus der Geschichte des Waldviertels, der Heimat der Vorfahren Adolf Hitlers, in: Unsere Heimat. Monatsblatt des Vereines für Landeskunde und Heimatschutz von Niederösterreich und Wien, Neue Folge, Jgg. 11 (1938), Nr. 3–4

Martin, Franz, Braunauer Häuserchronik. Salzburg 1943

Merinsky, Karl, Das Ende des Zweiten Weltkrieges und die Besatzungszeit im Raum Zwettl und in Niederösterreich. Diss. Wien 1966

Parnreiter, Christof, Vom Land zum Hinterland zum Abwanderungsland. Migration und ungleiche Entwicklung in der tschechisch-österreichischen Grenzregion. In: *Andrea Komlosy u. a. (Hg.)*, Kulturen an der Grenze. Waldviertel – Weinviertel – Südböhmen – Südmähren. Wien 1995, S. 349–360

Polleroß, Friedrich, 100 Jahre Antisemitismus im Waldviertel. In: *Polleroß, Friedrich (Hg.)*, Die Erinnerung tut zu weh. Jüdisches Leben und Antisemitismus im Waldviertel. Waidhofen–Thay 1990, S. 73–156

Stromeier, Gerhard, Schöpfung, Verklärung, Distanznahme. Zur Wahrnehmung von Natur und Landschaft an der Grenze. In: *Komlosy, Andra u. a. (Hg.)*, Kulturen an der Grenze. Waldviertel – Weinviertel – Südböhmen – Südmähren. Wien 1995, S. 1732

Svatek, Frantisek, Tschechischer und deutscher Nationalismus. Der ‚Sprachkampf' der Minderheiten an der Südgrenze Böhmens im 19. Jahrhundert. In: *Komlosy, Andrea u. a. (Hg.)*, Kulturen an der Grenze. Waldviertel – Weinviertel – Südböhmen – Südmähren. Wien 1995, S. 233–248

Teufel, Helmut, Händler, Hofjuden, Pinkeljuden. 1.000 Jahre jüdisches Leben im Grenzraum. In: *Komlosy, Andrea u. a. (Hg.)*, Kulturen an der Grenze. Waldviertel – Weinviertel – Südböhmen – Südmähren. Wien 1995 S. 121–126

6. Lambach

Oberösterreichische Landesausstellung 1989. Historischer Teil. 900 Jahre Klosterkirche Lambach. Hg. vom Land Oberösterreich. Linz 1989.

Girtler, Roland, Die alte Klosterschule. Eine Welt der Strenge und der kleinen Rebellen. Wien–Köln–Weimar 2000

Grüner, P. Bernhard, Treue für Treue (Ein St. Josephs-Kind). Schauspiel in einem Aufzug. Salzburg 1893

Rehberger, Klaus, Die Stifte und Klöster Oberösterreichs. Von der Gründung bis Josef II. In: 200 Jahre Bistum Linz. In: Kirche in Oberösterreich. 200 Jahre Bistum Linz, hg. vom Land Oberösterreich. Linz 1985, S. 155–170

Wibiral, Norbert, Zum Bildprogramm der frühromanischen Wandmalereien in Lambach. In: Kirche in Oberösterreich. 200 Jahre Bistum Linz, hg. vom Land Oberösterreich. Linz 1985, S. 85–89

7. Linz/Leonding

Bukey, Evan B., „Patenstadt des Führers". Eine Politik- und Sozialgeschichte von Linz 1908–1945. Aus dem Amerikanischen v. Siegwald Ganglmair. Frankfurt a. M.–New York 1994

Cornish, Kimberley, Der Jude aus Linz. Hitler und Wittgenstein. Aus dem Englischen von Angelus Johansen. Berlin 1998

Die Gemeindevertretung der Stadt Linz vom Jahre 1848 bis zur Gegenwart. Geschichte – Biographien. Bearbeitet im Archiv der Stadt Linz unter wissenschaftlicher Leitung von Wilhelm Rausch durch Richard Bart und Emil Puffer. Linz 1968

Jerger, Wilhelm, Vom Musikverein zum Brucknerkonservatorium 1823–1963. Hg. vom Bruckner-Konservatorium des Landes Oberösterreich. Linz 1963

John, Michael, „Bereits heute schon ganz judenfrei ..." Die jüdische Bevölkerung von Linz und der Nationalsozialismus. In: *Mayrhofer/Schuster* 2001/2, 1311–1406

Karning, Karl, Leonding in der Jugendzeit des Führers. In: In: Heimatland. Wort und Bild aus Heimat und Ferne. XV. Jahrgang. 1938. Heft 4, S. 57–64

Leonhartsberger, Andrea, Freizeiträume und Freizeitaktivitäten des Linzer Bürgertums in der franzsisko-josephinischen Epoche. In: Historisches Jahrbuch der Stadt Linz 1994. Linz 1995, S. 31–202

Marckhgott, Gerhart, „... Von der Hohlheit des gemächlichen Lebens". Neues Material über die Familie Hitler in Linz. In: Jahrbuch des Oberösterreichischen Musealvereins, Band 138/1. Linz 1993, S. 268–275

Mayrhofer, Fritz/Walter Schuster (Hg.), Nationalsozialismus in Linz. 2 Bde. Linz 2001

Möcker, Hermann, War Wittgenstein Hitlers ‚Jude aus Linz', wie Kimberley Cornish aus antipodischer Sicht meint? Biographische Korrekturen zum Schüler Adolf und Gedanken zu einem krausen Buch. In: Österreich in Geschichte und Literatur mit Geographie. 44. Jgg (2000), Heft 5–6, S. 281–233

Puffer, Emil, Die Gemeindevertretung von Urfahr. In: Historisches Jahrbuch der Stadt Linz (1979), Linz 1980, S. 139–292

Schimböck, Maximilian, Volksbüchereien in Linz. In: Historisches Jahrbuch der Stadt Linz. 1997. Linz 1998, S. 353–369

Slapnicka, Harry, Linz, Oberösterreich und die „tschechische Frage". In: Historisches Jahrbuch der Stadt Linz 1977, S. 209–233. Linz 1978

Tweraser, Kurt, Der Linzer Gemeinderat 1880–1914. Glanz und Elend bgl. Herrschaft. In: Historisches Jahrbuch der Stadt Linz 1979, hg. vom Archiv der Stadt Linz. Linz 1980, S. 293–341

id., Dr. Carl Beurle. Schönerers Apostel in Linz. In: Historisches Jahrbuch der Stadt Linz 1989, hg. vom Archiv der Stadt Linz. Linz 1990, S. 67–83

Unfried, Johannes, August Göllerich. Zum 25. Todestag des Großen Linzer Künstlers. In.: Oberösterreichischer Kulturbericht, Folge 11. Hg. von Institut für Landeskunde. 12. März 1948

Wacha, Georg, Denkmale aus der NS-Zeit. In: Entnazifizierung und Wiederaufbau in Linz. Historisches Jahrbuch der Stadt Linz 1995. Linz 1996, S. 373–410

Wiesinger-Stock, Sandra, Zwischen Emanzipation und Legitimation. Der Oberösterreichische Volksbildungsverein (1872–1938) im Spannungsfeld von Zivilgesellschaft und Staat. Diss. Wien 2001

Wimmer, Heinrich, Das Linzer Landestheater 1803–1958. Linz 1958

Wimmer, Karl, Der Pensionsakt des Zollbeamten Alois Hitler. In: Die Zollwacht 1986, Nr. 5

Zerlik, Alfred, Adolf Hitlers Linzer Schuljahre. In: Historisches Jahrbuch der Stadt Linz 1975, Linz 1976, S. 335–338

id., Hitlers Jugendzeit. In: Sonderdruck aus dem Jahresbericht 1982/83 des Bundesrealgymnasiums, S. 89–103. Linz o. J.

id., Adolf Hitler in den Schulprotokollen der Realschule. In: Jahresbericht des Bundesrealgymnasiums Linz, Schuljahr 1974/75. o. O., o. D.

Zinnhobler, Rudolf, 200 Jahre Bistum Linz. In: Kirche in Oberösterreich. 200 Jahre Bistum Linz, hg. vom Land Oberösterreich. Linz 1985, S. 227–236

8. Wien

Auer, Johann, Zwei Aufenthalte Hitlers in Wien. In: VZG 14 (1966), S. 207

Bahr, Hermann, Wien. Stuttgart 1906

Beller. Steven, Wien und die Juden 1867–1938. Wien 1993

Bernhard, Marianne, Zeitenwende im Kaiserreich. Die Wiener Ringstraße. Architektur und Gesellschaft 1856–1906. Regensburg 1992

Hamann, Brigitte, Hitlers Wien. Lehrjahre eines Diktators. München 1996/4

Hennings, Fred, Die Ringstraße. Symbol einer Epoche. Wien 1989

Herold, Roland P., Brigittenau. Von der Au zum Wohnbezirk. Wien 1992

John, Michael, Wohnverhältnisse sozialer Unterschichten im Wien Kaiser Franz Josephs. Wien 1984

Jones, J. Sydney, Hitlers Weg begann in Wien. Wiesbaden–München 1980

Judson, Pieter M., Wien brennt! Die Revolution von 1848 und ihr liberales Erbe. Wien 1998

Kläger, Emil, Durch die Quartiere der Not und des Verbrechens. Wien um die Jahrhundertwende. Wien 1908 (Reprint)

Mayer, Sigmund, Die Wiener Juden 1700–1900. Wien–Berlin 1918

Schorske, Carl, Wien. Geist und Gesellschaft im Fin de siècle. Aus dem amerikanischen Englisch von Horst Günther. 2. Aufl. 1982

Stummvoll, Josef (Hg.), Geschichte der Österreichischen Nationalbibliothek. Wien 1968

Wagner, Walter, Die Geschichte der Akademie der bildenden Künste in Wien. Wien 1967

9. *München, Erster Weltkrieg, 1918–1920*

Deuerlein, Ernst, Hitlers Eintritt in die Politik und die Reichswehr. In: VZG Heft 7 (1959), S. 24–31

Drexler, Anton, Mein politisches Erwachen. Aus dem Tagebuch eines deutschen sozialistischen Arbeiters. München 1919

Geyer, Michael, Urkatastrophe, Europäischer Bürgerkrieg, Menschenschlachthaus – Wie Historiker dem Epochenbruch des Ersten Weltkrieges Sinn geben. In: Der Weltkrieg 1914–1918. Ereignis und Erinnerung. Im Auftrag des Deutschen Historischen Museums. Hg. von Rainer Rother. Berlin 2004

Grebner, Werner F., Der Gefreite Adolf Hitler 1914–1920. Die Darstellung bayerischer Beziehungsnetzwerke. Graz 2008

Horne, John, Ein Laboratorium für den totalen Krieg – Heimatfronten 1914–18. In: Der Weltkrieg 1914–1918. Ereignis und Erinnerung. Im Auftrag des Deutschen Historischen Museums. Hg. von Rainer Rother. Berlin 2004, 50–57

Joachimsthaler, Anton, Korrektur einer Biographie. Adolf Hitler 1908–1920. München 1989

id., Hitlers Weg begann in München 1913–1923. Mit einem Geleitwort von Ian Kershaw. München 2000

Krumeich, Gerd, Konjunkturen der Weltkriegserinnerung. In: Der Weltkrieg 1914–1918. Ereignis und Erinnerung. Im Auftrag des Deutschen Historischen Museums. Hg. von Rainer Rother. Berlin 2004, 68–73

Lipp, Anne, Erfahrungsraum ‚Front'. In: Der Weltkrieg 1914–1918. Ereignis und Erinnerung. Im Auftrag des Deutschen Historischen Museums. Hg. von Rainer Rother. Berlin 2004

Maser, Werner, Die Frühgeschichte der NSDAP. Hitlers Weg bis 1924. Frankfurt a. M. 1965

Rauchensteiner, Manfred, Der Tod des Doppeladlers. Österreich-Ungarn und der Erste Weltkrieg. Graz–Wien–Köln 1993

10. *Otto von Bismarck*

Angelow, Jürgen, Bismarck und der Zweibund. Friedrichsruher Beiträge, Band 3. Friedrichsruh 1998

Engelberg, Ernst, Bismarck. Band 1: Urpreuße und Reichsgründer. Band 2: Das Reich in der Mitte Europas. Berlin 1998

Hedinger, Hans-Walter, Bismarck-Denkmäler und Bismarck-Verehrung. In: *Mai, Ekkehard/Stephan Waetzold (Hg.),* Kunstverwaltung, Bau- und Denkmal-Politik im Kaiserreich. Berlin 1981, 277–314

Machtan, Lothar, Bismarck-Kult und deutscher National-Mythos 1890–1940. In: *Machtan, Lothar,* Bismarck und der deutsche National-Mythos. Bremen 1994, S. 15–67

Höbelt, Lothar, Österreich-Ungarn und das Deutsche Reich als Zweibundpartner. In: *Lutz/Rumpler* (1982), S. 256–281

Studt, Christoph, Das Bismarckbild der deutschen Öffentlichkeit (1898–1998). Friedrichsruher Beiträge, Band 6. Friedrichsruh 1999

Pantenburg, Isabel F., Im Schatten des Zweibundes. Probleme österreichisch-ungarischer Bündnispolitik 1897–1908 (= Veröffentlichungen der Kommission für neuere Geschichte Österreichs, Band 86). Wien–Köln–Weimar 1996

11. *Friedrich von Schiller*

Janke, Caroline, Schiller und Plato. Vom Staate der Vernunft und dem Scheine der Kunst. Untersuchungen zur politiko-ästhetischen Antinomie. Amsterdam 1999

Koopmann, Helmut, Schiller. Eine Einführung (= Artemis Einführungen, Band 37). München–Zürich 1988

Mayer, Hans, Das Ideal und das Leben. Eine Schiller-Rede 1955. In: Versuche über Schiller. (= Band 945 der Bibliothek Suhrkamp) Frankfurt a. M. 1967, S. 9–44

id. Schillers Dramen - für die Gebildeten unter ihren Verächtern. In: ebda., S. 45–71

Mann, Thomas, Versuch über Schiller. In: *Thomas Mann,* Deutsche Meister (= Klassiker des modernen Denkens, hg. von Joachim Fest und Wolf Jobst Siedler). Mit einem Nachwort von Wolf Jobst Siedler. Gütersloh o. J., S. 116–190

Mikoletzky, Juliane, Bürgerliche Schillerrezeption im Wandel. Österreichische Schillerfeiern 1859–1905. In: *Haas, Hanns/Hannes Stekl*

(Hg.), Bürgerliche Selbstdarstellung. Städtebau, Architektur, Denkmäler (= Bürgertum in der Habsburgermonarchie, IV). Wien–Köln–Weimar 1995, S. 165–183

Nordmann, Beate, Erläuterungen zu Friedrich Schiller, Wilhelm Tell (= Königs Erläuterungen und Materialien, Band 1). Hollfeld 2001

Safranski, Rüdiger, Friedrich Schiller oder die Erfindung des deutschen Idealismus. München 2004

Schiller, Friedrich von, Gesammelte Werke. hg. von Hans-Günther Thalheim u. a. Bd. 1–10 (= Berliner Ausgabe). Berlin 2005 (zitiert als: Friedrich von Schiller, BA)

id., 27. Brief über die ästhetische Erziehung. In: Ebda., Bd. 10. S. 401

id., Über den Grund des Vergnügens an tragischen Gegenständen. In: Ebda., Bd. 8, S. 129–143

id., Vom Erhabenen. In: Ebda., Bd. 8, S. 571–586

id., Wilhelm Tell. Schauspiel. In: Ebda., Bd. 5, S. 105–206

Schiller-Feier, Linzer Tages-Post vom 9., 10. und 11. Mai 1905

Schiller-Nummer. In: Der Volksbote. Zeitschrift des Oberösterreichischen Volksbildungs-Vereins. II. Jgg., Nr. 9 v. 8. Mai 1905

Zum hundertsten Todestage Friedrich Schillers. Unterhaltungsbeilage der Linzer Tages-Post. Jgg. 1905. Nr. 19. v. 7. Mai 1905 – Dort auch: Die Schiller-Feier zu Linz im Jahre 1859

12. Georg Schönerer

Francis, Carsten, Faschismus in Österreich. Von Schönerer zu Hitler (= Kritische Informationen, 55). München 1978

Hoffmann, Robert, Gab es ein „Schönerianisches Milieu"? Versuch einer Kollektivbiographie von Mitgliedern des „Vereins der Salzburger Studenten in Wien". In: *Bruckmüller, Ernst/ Ulrike Döcker et. al. (Hg.)*, Bürgertum in der Habsburgermonarchie. Wien–Köln 1990, S. 275–298

Judson, Pieter M., Deutschnationale Politik und Geschlecht in Österreich 1880–1900. In: *Good, David/Margarete Grandner/Mary Jo Maynes (Hg.)*, Frauen in Österreich. Beiträge zu ihrer Situation im 19. und 20. Jahrhundert. Wien–Köln–Weimar 1994, S. 32–47

Molisch, Paul, Die deutschen Hochschulen in Österreich und die politisch-nationale Entwicklung nach dem Jahre 1848. München 1922

id., Geschichte der deutschnationalen Bewegung in Österreich von ihren Anfängen bis zum Zerfall der Monarchie. Jena 1926

Pichl, Eduard (Hg.), Schönerer. Reichsinstitut für die Geschichte des Neuen Deutschland. 6 Bde. Oldenburg 1938

Pulzer, Peter G. J., Die Entstehung des polit. Antisemitismus in Deutschland und Österreich 1867–1914. Gütersloh 1964

Puschner, Uwe (Hg.), Handbuch zur „Völkischen Bewegung" 1871–1918. München u. a. 1996

Schönerer, Georg, hg. mit Unterstützung des Reichsinstituts für Geschichte des neuen Deutschlands von Eduard Pichl. 6 Bde. in drei Doppelbänden. Berlin 1938

Wandruszka, Adam, Großdeutsche und kleindeutsche Ideologie 1840–1871. In: *Kann, Robert A./Friedrich E. Prinz,* Deutschland und Österreich. Ein bilaterales Geschichtsbuch. Wien und München 1980, S. 110–142

Whiteside, A. G., Austrian National Socialism before 1918. Den Haag 1962

id., Georg Ritter von Schönerer. Alldeutschland und sein Prophet. Graz–Wien–Köln 1981

13. Richard Wagner

Adorno, Theodor, Versuch über Wagner. München 1964

Bermbach, Udo, Der Wahn des Gesamtkunstwerks. Richard Wagners politisch-ästhetische Utopie. Frankfurt a. M. 1994

id., Blühendes Leid. Politik und Gesellschaft in Richard Wagners Musikdramen. Stuttgart–Weimar 2003

Borchmeyer, Dieter, Richard Wagner und der Antisemitismus. In: *Ulrich Müller/Peter Wapnewski (Hg.)*, Richard Wagner-Handbuch. Stuttgart 1986

Borchmeyer, Dieter/Ami Maayani/Susanne Vill (Hg.), Richard Wagner und die Juden. Stuttgart–Weimar 2000

Csampai, Attila (Hg.), Richard Wagners Lohengrin. Texte, Materialien, Kommentare. Reinbek 1989

Dahlhaus, Carl, Das Drama Richard Wagners als musikalisches Kunstwerk (= Studien zur Musikgeschichte des 19. Jahrhunderts, Band 23). Regensburg 1970

Donington, Robert, Richard Wagners Ring der Nibelungen. 4. Aufl. Leipzig 1995

Fest, Joachim, Um einen Wagner von außen bittend. Zur ausstehenden Wirkungsgeschichte eines Großideologen. In: *Fest, J.*, Fremdheit und Nähe. Von der Gegenwart des Gewesenen. Stuttgart 1996, S. 275–298

id., Fremdheit und Nähe. Von der Gegenwart des Gewesenen. Stuttgart 1996

id., Wagners eigenwilliger Vollstrecker. Dort, wo sein Wähnen Quellen fand, legte Köhler Zettel an: Seine Doppelbiographie redet von Wagners Hitler, nicht von Hitlers Wagner. In: FAZ, 18. Juli 1997

Fischer, Jens Malte, Richard Wagners „Judenthum in der Musik". Eine kritische Dokumentation als Beitrag zur Geschichte des Antisemitismus. Frankfurt a. M. 2000

Friedländer, Saul/Jörn Rüsen, Richard Wagner im Dritten Reich. Ein Elmau-Symposion. München 2000

Friedländer, Saul, Hitler und Wagner: In: *Friedländer/Rüsen 2000*, S. 165–178

Goldschmit-Jentner, Rudolf K., Wagner und Nietzsche. In: *id.*, Die Begegnung mit dem Genius. Frankfurt a. M. 1954, 229–256

Hanisch, Ernst, Ein Wagnerianer namens Adolf Hitler. In: Richard Wagner 1883–1983. Die Rezeption im 19. und 20. Jahrhundert, hg. von Ursula Müller. Stuttgart 1984, S. 65–76

Hanslick, Eduard, Die moderne Oper. Kritiken und Studien. Theil 9: Aus neuer und neuester Zeit. Musikalische Kritiken und Schilderungen. Berlin 1900

Hein, Stefanie, „Es ist viel ‚Hitler' in Wagner". Rassismus und antisemitische Deutschtumsideologie in den ‚Bayreuther Blättern' (1878–1938). Mit einem Verfasser- und Schlagwortregister (= Conditio judaica 13, Studien und Quellen zur deutsch-jüdischen Literatur- und Kulturgeschichte, hg. von Hans Otto Horch in Verbindung mit Itta Shedletzky). Tübingen 1996

id., Richard Wagners Kulturprogramm im nationalkulturellen Kontext. Ein Beitrag zur Kulturgeschichte des 19. Jahrhunderts (= Epistemata. Würzburger Wissenschaftliche Schriften, Reihe Literaturwissenschaft, Band 580). Würzburg 2006

Hofmann, Peter, Richard Wagners politische Theologie. Kunst zwischen Revolution und Religion. *Paderborn u. a. 2003.*

Köhler, Joachim, Wagners Hitler. Der Prophet und sein Vollstrecker. München 1997

Louis, Rudolf, Die Weltanschauung Richard Wagners. Leipzig 1898

Mann, Thomas, Leiden und Größe Richard Wagners. In: *Thomas Mann*, Deutsche Meister (= Klassiker des modernen Denkens, hg. von Joachim Fest und Wolf Jobst Siedler). Mit einem Nachwort von Wolf Jobst Siedler. Gütersloh o. J., S. 351–406

Richard-Wagner-Handbuch. Unter Mitarbeit zahlreicher Fachwissenschaftler hg. von Ulrich Müller und Peter Wapnewski. Stuttgart 1986

Riethmüller, Albrecht (Hg.), Sprache und Musik. Perspektiven einer Beziehung (= Spektrum der Musik, hg. von A. Riethmüller, Bd. 5). Laaber 1999

Rose, Paul L., Richard Wagner und der Antisemitismus. Aus dem Englischen von Angelika Beck. Zürich 1999

id., Wagner, Hitler und historische Prophetie. Der geschichtliche Kontext von „Untergang", „Vernichtung" und „Ausrottung". In: *Friedländer/Rüsen 2000*, 283–308

Schüler, Winfried, Der Bayreuther Kreis von seiner Entstehung bis zum Ausgang der wilhelminischen Ära. Wagnerkult und Kulturreform im Geiste völkischer Weltanschauung. Münster 1971

Vaget, Hans Rudolf, Wagner-Kult und nationalsozialistische Herrschaft. Hitler, Wagner, Thomas Mann und die „Nationale Erhebung". In: *Friedländer/Rüsen 2000*, 264–282

id., Hitler's Wagner: Musical Discourse as Cultural Space. In: *Kater, Michael H./Albrecht Riethmüller (eds.)*, Music and Nazism. Art under Tyranny, 1933–1945. Laaber 2003, S. 15–32

Wagner, Gottfried, Vom Erlösungswahn Wagners im Lohengrin und Parsifal. In: *Michael Ley/Julius H. Schoeps (Hg.)*, Der Nationalsozialismus als politische Religion. Bodenheim bei Mainz 1997, S. 96–101

Wagner, Richard, Gesammelte Schriften und Dichtungen. Hg. von Wolfgang Golther. Band 1–10. Berlin–Leipzig–Wien–Stuttgart o. J. (1914) (zitiert als: Richard Wagner, GSD)

id., Das Kunstwerk der Zukunft. In: Ebda., Bd. 3, S. 42–177

id., Die Kunst und die Revolution. In: Ebda., Bd. 3, S. 8–41

id., Oper und Drama. Teil 1: In: Ebda., Bd. 3, S. 222–320, Teil 2: Bd. 4, S. 1–229

id., Über das Judentum in der Musik. Ebda., Bd. 5, S. 66–85

id., Rienzi, der Letzte der Tribunen. Große tragische Oper in fünf Aufzügen (nach Bulwers gleichnamigen Roman), Hg. und eingel. von Georg Richard Kruse (= Reclams Universal Bibliothek, Nr. 5645). Leipzig o. J.

id., Lohengrin, romantische Oper in drei Aufzügen. Hg. und eingel. von Wilhelm Zentner (= Reclam Universalbibliothek Nr. 5637). Stuttgart 1952

Wagner, Richard, Mein Leben. Vollständige, kommentierte Ausgabe. Hg. von Martin Gregor-Dellin. München 1963

Weiner, Marc A., Antisemitische Fantasien. Die Musikdramen Richard Wagners. Berlin 2000

Westernhagen, Curt von, Wagner und das Reich, in: *Strobel, Otto (Hg.)*, Schriften der Richard Wagner Forschungsstätte. Karlsruhe 1943

Winkler, Gerhard, Christian von Ehrenfels als Wagnerianer. In: *Fabian, R. (Hg.)*, Christian von Ehrenfels. Leben und Werk. Amsterdam 1986

Zelinsky, Helmut, Richard Wagner – ein deutsches Thema. Eine Dokumentation zur Wirkungsgeschichte Richard Wagners 1876–1976. Frankfurt a. M. 1976

id., Die „feuerkur" des Richard Wagner oder die „neue religion" der „Erlösung" durch „Vernichtung." In: *Heinz-Klaus Metzger/Rainer Riehn (Hg.)*, Richard Wagner. Wie antisemitisch darf ein Künstler sein? München 1981, S. 79–112

id., Richard Wagners „Kunstwerk der Zukunft" und seine Idee der Vernichtung. In: *Joachim H. Knoll/Julius H. Schoeps (Hg.)*, Von kommenden Zeiten. Geschichtsprophetien im 19. und 20. Jahrhundert. Stuttgart–Bonn 1984, S. 84–106

id., Die deutsche Lösung. Siegfried oder die „innere Notwendigkeit" des Juden-Fluches im Werk Richard Wagners. In: *Udo Bermbach (Hg.)*, In den Trümmern der eigenen Welt.

Richard Wagners „Der Ring der Nibelungen." Berlin–Hamburg 1989, S. 201–249

id., Verfall, Vernichtung, Weltentrückung. Richard Wagners antisemitische Werk-Idee als Kunstreligion und Zivilisationskritik und ihre Verbreitung bis 1933. In: *Saul Friedländer/Jörn Rüsen* 2000, S. 309–341

14. Victor Adler

Braunthal, Julius, Victor und Friedrich Adler. Zwei Generationen Arbeiterbewegung. Wien 1965

Konrad, Helmut, Die Arbeiterbewegung in der österreichischen Reichshälfte. In: *Maderthaner, Wolfgang (Hg.)*, Arbeiterbewegung in Österreich und Ungarn bis 1914. Referate des österreichisch-ungarischen Historikersymposiums in Graz vom 5. bis 9. September 1986. Wien 1986, 124–139

id., Österreichische Arbeiterbewegung und nationale Frage im 19. Jahrhundert. In: *Maderthaner, Wolfgang (Hg.)*, Sozialdemokratie und Habsburgerstaat (= Sozialistische Bibliothek, Abteilung 1: Die geschichte der österreichischen Sozialdemokratie, Band 1). Wien 1988, S. 119–130

Meysels, Lucian O., Victor Adler. Die Biographie. Wien–München 1997

Mommsen, Hans, Die Sozialdemokratie und die Nationalitätenfrage im habsburgischen Vielvölkerstaat. Wien 1963

id., Die Arbeiterbewegung in Deutschland und Österreich. Eine vergleichende Betrachtung. In: *Kann, Robert A./Friedrich E. Prinz*, Deutschland und Österreich. Ein bilaterales Geschichtsbuch. Wien und München 1980, S. 424–449

Pepper, Hugo, Die frühe österreichische Sozialdemokratie und die Anfänge der Arbeiterkultur. In: *Maderthaner, Wolfgang (Hg.)*, Sozialdemokratie und Habsburgerstaat (= Sozialistische Bibliothek, Abteilung 1: Die Geschichte der österreichischen Sozialdemokratie, Band 1). Wien 1988, S. 79–100

Reinold, K., Die österreichische Sozialdemokratie und der Nationalismus, Wien 1910

15. Gustav Mahler

Bekh, Wolfgang J., Gustav Mahler oder die letzten Dinge. Wien 2005

Blaukopf, Kurt, Gustav Mahler oder Der Zeitgenosse der Zukunft. 2. Auflage. Wien–München–Zürich 1969

Fischer, Jens Malte, Gustav Mahler – Der fremde Vertraute. Wien 2004

16. Friedrich Nietzsche

Nietzsche, Friedrich, Die Geburt der Tragödie Oder: Griechenthum und Pessimismus. Neue Ausgabe mit dem Versuch einer Selbstkritik. Nachwort von Günter Wolfart. (= Reclams Universalbibliothek, Nr. 7131) Stuttgart 1993

Düsing, Edith, Nietzsches Denkweg. Theologie – Darwinismus – Nihilismus. München 2006

Frenzel, Ivo, Friedrich Nietzsche in Selbstzeugnissen und Bilddokumenten. (rowohlt monographien, hg. von Kurt Kusenberg) Reinbek 1966

Diethe, Carol, Nietzsche und Der Wille zur Macht. Hamburg–Wien 2001

Mann, Thomas, Nietzsches Philosophie im Lichte unserer Erfahrung (1947). In: *Thomas Mann*, Deutsche Meister (= Klassiker des modernen Denkens, hg. von Joachim Fest und Wolf Jobst Siedler). Mit einem Nachwort von Wolf Jobst Siedler. Gütersloh o. J., S. 407–440

Nietzsche für Anfänger. Ecce homo. Eine Lese-Einführung von Rüdiger Schmidt und Cord Spreckelsen. München 1999

Friedrich Nietzsche, Sämtliche Werke. Kritische Studienausgabe in 15 Bänden, hg. von Giorgio Colli und Mazzino Montinari. Berlin 1988 (zitiert als: Friedrich Nietzsche, KSA)

Sandvoss, F., Hitler und Nietzsche. Eine bewußtseinsgeschichtliche Studie. Göttingen 1969

Schneider, Anatol, Nietzscheanismus. Zur Geschichte eines Begriffs. Würzburg 1997

Taureck, Bernhard H. F., Nietzsche und der Faschismus. Ein Politikum. Leipzig 2000

17. Arthur Schopenhauer

Abendroth, Walter, Schopenhauer in Selbstzeugnissen und Bilddokumenten. (rowohlt monographien, hg. von Kurt Kusenburg) Reinbek 1967

Baum, Günther, Imagination, Ich und Wille Zur Rezeption Arthur Schopenhauers in der bildenden Kunst des 19. und 20. Jahrhunderts. In: *Günther Baum/Dieter Birnbacher (Hg.)*, Schopenhauer und die Künste. Düsseldorf 2005

Kienzle, Ulrike, Tönende Metaphysik. Die Nachwirkung von Schopenhauers Philosophie im Musiktheater des 19. und 20. Jahrhunderts. In: *Günther Baum/Dieter Birnbacher (Hg.)*, Schopenhauer und die Künste. Düsseldorf 2005

Mann, Thomas, Schopenhauer (1938) In: *Thomas Mann*, Deutsche Meister (= Klassiker des modernen Denkens, hg. von Joachim Fest und Wolf Jobst Siedler). Mit einem Nachwort von Wolf Jobst Siedler. Gütersloh o. J., S. 304–350

Schopenhauer, Arthur, Sämtliche Werke. Textkritisch bearb. und hg. von Wolfgang Frh. v. Lönheysen (= Studienausgabe). 5 Bde., Frankfurt a. M. Stuttgart 1986 (zitiert als: Arthur Schopenhauer, SWSt)

id., Die Welt als Wille und Vorstellung. In: Ebda., Band 1 u. 2.

id., Kleinere Schriften. In: Ebda., Bd. 5

id., Parerga und Paralipomena. In: Ebda., Bd. 4 u. 5

18. Karl May

Bartsch, Ekkehard, Karl Mays Wiener Rede. Eine Dokumentation. In: JBKMG 1970, S. 47–80

Biermann, Joachim, Karl Mays Abschied vom Wilden Westen. In: *Sudhoff, Dieter, Hartmut Vollmer (Hg.)*, Karl Mays „Weihnacht!", In: *McClain, Reinhold Wolf (Hg.)*, Karl May im Llano Estacado. Symposium der Karl-May-Gesellschaft in Lubbock/Texas (7.–11. September 2000). Husum 2004, S. 210–253

Bochenek, Aleksandra, Romantik und Tragik der Indianer in der „Winnetou"-Trilogie von Karl May. Sonderheft Nr. 177 der Karl-May-Gesellschaft. Radebeul 1998

Brunken, Otto, Der rote Edelmensch. Karl Mays „Winnetou". In: Klassiker der Kinder- und Jugendliteratur, hg. von Bettina Hurrelmann. Frankfurt a. M. 1995

Cracroft, Richard H., Siegfried mit der Bärenfellmütze. Karl Mays (deutscher) amerikanischer Westen. In: *McClain, Reinhold Wolf (Hg.)*, Karl May im Llano Estacado. Symposium der Karl-May-Gesellschaft in Lubbock/Texas (7.–11. September 2000). Husum 2004, S. 129–143

Gerber, Adolf, Wilhelm Nihl, Paul Wilhelm, Karl May in Wien – letzte Interviews (1912). In: JBKMG 1970, S. 49–82

Gohrbradt, Elisabeth, „Selbst in einem drei Jahre langen Urbarmachen einer Wildnis wird man nur ein Settler, aber kein Westmann." – Auswanderer und Siedler in Karl Mays Nordamerikaerzählungen. In: JBKMG 1995, S. 165–205

Henke, Klaus-Dietmar, Die amerikanische Besetzung Deutschlands. München 1995

Jeglin, Rainer, Karl May und der antisemitische Zeitgeist. In: JBKMG 1990, S.107–131

Kosciuszko, Bernhard (Hg.), Großes Karl-May-Figurenlexikon (= Reihe Literatur- und Musikwissenschaft, Bd. 48). 2. verb. überarb. u. erw. Aufl. Paderborn 1996

Linkemeyer, (Gerhard), Was hat Hitler mit Karl May zu tun? Versuch einer Klarstellung. In: Materialien zur Karl-May-Forschung, hg. von Karl Serden im Auftrag der Karl-May-Gesellschaft, Bd. 11. Ubstadt 1987

Lorenz, Christoph F., Der Legitime und die Republikaner. Charles Sealsfields „Tokeah"-Roman und sein möglicher Einfluss auf Karl May. In: JBKMG 2006, S. 215–238

Loest, Erich, Swallow, mein wackerer Mustang. Karl-May-Roman. Hamburg 1980

Mittermeier, Josef, Ein Schriftsteller und sein Fotograf. In.: KM-Jahrbuch 1978, hg. von Siegfried Augustin und Thomas Ostwald. Bamberg–Braunschweig 1978, S. 111–134

Oel-Willenborg, Gertrud, Von deutschen Helden. Eine Inhaltsanalyse der Karl-May-Romane. Weinheim–Basel 1973

Pleticha, Heinrich, Das Abenteuerbuch. In: Kinder- und Jugendliteratur. Zur Typologie und Funktion einer literarischen Gattung. Stuttgart 1974, S. 312–334

Schmidt, Arno, Sitara und der Weg dorthin. Karlsruhe 1963

Scholdt, Günter, Hitler, Karl May und die deutschen Emigranten. In: JBKMG 1984, S. 60–91

id., Karl-May-Forschung und die Karl-May-Gesellschaft. In: JBKMG 1987, S. 258–295

Ueding, Gert (Hg.), Karl-May-Handbuch. 2. erw. u. bearb. Aufl. Würzburg 2001

William, Thomas E., Karl May und die „DI". In: JBKMG 2000, S. 195–231

Wollschläger, Hans, Sieg – Großer Sieg – Karl May und der Akademische Verband für Literatur und Musik. In: JBKMG 1970, S. 92–97

id., Klara May, Die Lieblingsschriftsteller Karl Mays. Mit Anmerkungen. In: JBKMG 1970, S. 149–155

Personenregister
(in Auswahl)

Die Namen Adolf Hitler und August Kubizek wurden aufgrund einer Vielzahl von Nennungen nicht mit ins Register aufgenommen. Die römischen Zahlen verweisen auf den Bildteil.
(N.) = Vorname konnte nicht ermittelt werden.